LES GUIDES

L'arrêté des comptes

TOME 2 : COMPTES ANNUELS ET DÉCLARATIONS FISCALES

— 28e édition —

Réalisé sous la direction d'Yves de La Villeguérin

Coordination : Florence Bernal
Maud Bertier-Geslot et Edith Reich

Groupe Revue Fiduciaire
100, rue La Fayette - 75485 Paris Cedex 10
www.revue-fiduciaire.com

Attention

la photocopie tue le livre

Nous alertons nos lecteurs sur la menace que représente pour l'avenir de l'écrit, tout particulièrement dans les domaines du droit et de la gestion, le développement massif du « photocopillage ».

Le code de la propriété intellectuelle interdit en effet, expressément, la photocopie à usage collectif sans autorisation des ayants droit. Or, cette pratique s'est développée dans de nombreux cabinets, entreprises, administrations, organisations professionnelles et établissements d'enseignement, provoquant une baisse notable des achats de livres et de revues au point que la possibilité même de créer des œuvres nouvelles et de les faire éditer est aujourd'hui menacée.

100 rue La Fayette - 75485 Paris Cedex 10
ISBN 978-2-7579-0705-4 (Tome 1)
ISBN 978-2-7579-0704-7 (Tome 2)
Dépôt légal mars 2021

Achevé d'imprimer sur les presses du Groupe Prenant, 157 boulevard Stalingrad, 94400 Vitry-sur-Seine - mars 202

Sommaire du tome 2

Les crédits d'impôts

Au sommaire du tome 1

Le contrôle de la balance

L'ARRÊTÉ DES COMPTES

Le contrôle de la balance

Principales nouveautés 2020

Liasse fiscale

Les entreprises industrielles ou commerciales sont tenues chaque année de produire par voie électronique la déclaration de leur résultat fiscal.

Entreprises relevant de l'impôt sur le revenu. Qu'elles soient placées sous le régime réel normal ou sous le régime simplifié d'imposition, ces entreprises (entreprises individuelles, sociétés, groupements d'intérêt économique) doivent souscrire cette déclaration à l'aide d'un imprimé commun : 2031.

À cette déclaration sont à joindre les tableaux comptables et fiscaux :
– 2050 à 2059-G (1) si elles sont soumises au régime réel normal,
– ou 2033-A à 2033-G si elles sont placées sous le régime simplifié d'imposition (ces dernières déclarations ne sont pas reprises dans le cadre de cet ouvrage).

Diverses déclarations annexes sont à souscrire en même temps que la déclaration des résultats, notamment :
– le relevé de frais généraux (relevé 2067), sauf pour les entreprises individuelles ;
– l'état prévu en cas de report d'imposition des plus-values professionnelles constatées à l'occasion de la transmission à titre gratuit d'une entreprise individuelle.

Entreprises passibles de l'impôt sur les sociétés. Qu'elles soient placées sous le régime réel normal ou sous le régime simplifié d'imposition, ces sociétés doivent souscrire cette déclaration à l'aide d'une déclaration commune 2065.

Comme les entreprises relevant de l'IR, ces sociétés doivent joindre à leur déclaration les tableaux comptables et fiscaux :
– 2050 à 2059-G si elles sont soumises au régime réel normal ;
– ou 2033-A à 2033-G si elles sont placées sous le régime simplifié d'imposition (ces dernières déclarations ne sont pas reprises dans le cadre de cet ouvrage).
– la déclaration récapitulative des crédits et réductions d'impôt dont elles souhaitent bénéficier (voir § 50-2).

Elles doivent également souscrire diverses déclarations annexes en même temps que la déclaration des résultats, notamment le relevé des frais généraux (relevé 2067) et la déclaration de report en arrière des déficits (déclaration 2039).

Les sociétés membres d'un groupe de sociétés soumis au régime d'intégration fiscale doivent souscrire des tableaux spécifiques pour la détermination du résultat d'ensemble du groupe (« L'intégration fiscale » de Patrick Morgenstern, 13e édition, Groupe Revue Fiduciaire).

Présentation de la liasse. Depuis le millésime 2019, les tableaux 2050 à 2059-G sont regroupés dans un seul formulaire intitulé « Liasse fiscale BIC/IS-RN ».

➟ **Remarque** Les tableaux 2054 bis et 2059-G ne sont pas étudiés dans cet ouvrage.

Principales nouveautés sur le millésime 2021

Elles concernent :
– sur la déclaration 2065, l'introduction d'un nouveau cadre en bas de la première page réservée à la mention de l'option pour l'examen de conformité fiscale (voir § 1-111). Le cadre C est adapté pour tenir compte de la baisse du taux de l'IS ; les informations à mentionner sur la déclaration 2065-SD bis, regroupant les cadres H à K, sont inchangées. ;
– sur la déclaration 2031, la création en bas de la première page de la déclaration d'un cadre réservé à la mention de l'option pour l'examen de conformité fiscale. Pour les informations à mentionner sur la déclaration 2031 Bis-SD (cadres D à H), une nouvelle colonne apparaît au cadre D de répartition des bénéfices et des déficits des sociétés relevant du régime des sociétés de personnes. Il convient de préciser dans la nouvelle colonne 2 si les associés ont la qualité de gérant ;
– sur le tableau 2058-A, l'ajout de deux cases YI et YL relatives à la déduction exceptionnelle applicable à certains investissements ;

– sur le tableau 2058-B, les nouvelles lignes K4bis et K4 ter. La ligne K4bis est destinée à renseigner le montant des déficits de la société absorbée, antérieurs à l'opération de fusion et non encore déduits, transférés de plein droit à la société absorbante, dans la limite d'un montant de 200 000 € (CGI art. 209, II.2). Le nombre d'opérations concernées par le transfert est porté dans la case K4ter.

S'agissant des crédits d'impôt, rappelons que leur montant doit être mentionné sur la déclaration 2069-RCI qui, constitue le support déclaration dispensant les entreprises de déposer les déclarations spéciales afférentes aux crédits d'impôt (ou aux réductions d'impôt) lesquelles sont intitulées « fiches d'aide au calcul ». Ces fiches d'aide au calcul peuvent être utilisées à titre facultatif par les entreprises pour conserver un justificatif du calcul du montant du crédit d'impôt (ou de la réduction d'impôt) qu'elles ont déclaré sur la déclaration 2069-RCI pour en bénéficier.

En pratique, pour le millésime 2021, le dépôt de la déclaration 2069-RCI dont la transmission par voie électronique est obligatoire dispense du dépôt des déclarations spéciales relatives à 8 crédits d'impôt (le crédit d'impôt maître restaurateur s'est appliqué pour la dernière fois au titre des revenus de 2019) et 2 réductions d'impôt, et uniquement ceux-là :
– le crédit d'impôt pour la compétitivité et l'emploi (CICE) applicable aux entreprises situées à Mayotte ;
– le crédit d'impôt formation des dirigeants ;
– le crédit d'impôt pour rachat d'une entreprise par ses salariés ;
– le crédit d'impôt cinéma et audiovisuel ;
– le crédit d'impôt cinéma international ;
– le crédit d'impôt pour dépenses de production de spectacles vivant et en faveur des représentations théâtrales ;
– le crédit d'impôt en faveur des bailleurs pour abandon de loyers commerciaux ;
– le crédit d'impôt en faveur des PME pour rénovation énergétique des bâtiments à usage tertiaire ;
– la réduction d'impôt mécénat ;
– la réduction d'impôt pour mise à disposition d'une flotte de vélos.

Rappelons que les tableaux comptables de la liasse fiscale (tableaux 2050 à 2057) n'ont pas été modifiés dans la forme (mais ont pu l'être dans leur contenu) par les nouvelles règles comptables sur les actifs incorporels entrées en vigueur pour les exercices ouverts depuis le 1er janvier 2016 (voir §§ 3-3, 3-11, 6-1 et 8-1). En revanche, l'annexe des comptes annuels a été impactée par les règles sur les incorporels (voir §§ 13-23 et 13-24).

L'annexe des comptes 2020

L'événement Covid-19 et ses conséquences sur la situation financière, le patrimoine et le résultat constituent un fait pertinent (PCG art. 810-1) qui doit être mis en évidence dans les comptes et les situations établis à compter du 1er janvier 2020. Il est donc attendu une information spécifique sur cet événement, que ses conséquences soient significatives pour l'entité ou non. Dans ce dernier cas, elle le justifie (ANC, « Recommandations et observations relatives à la prise en compte des conséquences de l'événement Covid-19 dans les comptes et situations établis à compter du 1er janvier 2020 », 18 mai 2020, version mise à jour le 8 janvier 2021, ANC, rec. B1 ; voir tome 1, « Covid-19 : Impacts sur les comptes 2020 ») (voir §§ 13-1 à 13-4).

➟ **À NOTER** L'Autorité des normes comptables (ANC) a lancé une consultation concernant la modernisation des états financiers et la nomenclature des comptes à laquelle les parties prenantes étaient invitées à répondre avant la fin 2020. L'un des futurs projets de l'ANC consiste en une réorganisation des dispositions de l'annexe (voir tome 1, Introduction, « Évolution des textes comptables », § 8 et « Le plan de comptes », § 1).

Souscription en euro

Les déclarations fiscales sont déposées en euro (BOFiP-BIC-BASE-30-03/02/2016).

Toute somme portée sur ces déclarations est considérée comme étant exprimée en euro par l'administration.

Arrondi fiscal

Les bases des impositions de toute nature sont arrondies à l'euro le plus proche. La fraction d'euro égale à 0,50 est comptée pour 1. Cette règle d'arrondissement s'applique (BOFiP-BIC-BASE-30-§ 20-03/02/2016) :
– aux bases d'imposition (prix, évaluation, valeur) ou à chaque élément concourant à la détermination de ces bases ;

– aux éléments venant modifier les bases d'imposition (abattement...) ;
– au résultat de la liquidation des droits, c'est-à-dire au résultat obtenu à chacune des tranches d'un barème progressif, au résultat d'un taux proportionnel ou encore au résultat de l'application d'un seuil ;
– aux éléments venant modifier les cotisations (réduction d'impôt ou de droits, décote...).

Cet arrondi fiscal s'applique en particulier à la souscription des déclarations 2031 et 2065. En revanche, pour les tableaux 2050 à 2059-G, la comptabilité de l'entreprise retraçant les opérations avec l'indication des centimes ou cents, les tableaux fiscaux doivent reprendre les montants des comptes annuels (y compris les totalisations) sans mention des centimes ou cents. Il en résulte que les montants figurant sur les lignes de totaux ne sont pas nécessairement égaux aux totaux des lignes.

Utilisation des rubriques

L'exploitation informatique de la liasse étant faite à partir des codes des rubriques mentionnées sur les tableaux, il convient de ne pas les modifier. Aucune accolade, flèche ou annotation en interligne ne doit être ajoutée.

Montants négatifs

Afin d'éviter toute confusion, tout montant négatif est inscrit entre crochets ou entre parenthèses, étant fait à partir des codes des rubriques mentionnées sur les tableaux, il convient de ne pas les modifier. Aucune accolade, flèche ou annotation en interligne ne doit être ajoutée.

Totaux

Les totaux intermédiaires sont destinés à présenter le sous-total de la rubrique générale à laquelle ils correspondent. Ils ne doivent donc pas être cumulés. Seul le total général de chaque tableau cumule les différents sous-totaux.

Les déclarations fiscales

2065 Déclaration du résultat (IS)

Déclaration annuelle des résultats des sociétés soumises à l'IS

Sociétés concernées

1-1 Sociétés passibles de l'IS, totalement ou partiellement. Les sociétés et personnes morales passibles de l'impôt sur les sociétés (IS) sont tenues de produire chaque année la déclaration de leur résultat fiscal sur un formulaire 2065-SD (CGI art. 223, 1). Sont visées :
– les sociétés passibles de plein droit de l'IS pour la totalité de leurs bénéfices, notamment les sociétés anonymes (SA), les sociétés par actions simplifiée (SAS), les sociétés en commandite par actions (SCA) et les sociétés à responsabilité limitée (SARL) (à l'exception des SARL de famille et des SA, SARL et SAS créées depuis moins de 5 ans ayant opté pour le régime fiscal des sociétés de personnes) ;
– les sociétés passibles de l'IS sur une fraction seulement de leurs bénéfices, notamment les sociétés en commandite simple et, dans certains cas, les sociétés en participation ;
– les entreprises non passibles de plein droit de l'IS, mais qui ont opté pour leur assujettissement à cet impôt.

• Sauf option pour l'IS, les **sociétés en commandite simple** souscrivent une déclaration 2065-SD (IS) pour la fraction des bénéfices sociaux correspondant aux droits des commanditaires et une déclaration 2031-SD (IR) pour la fraction des bénéfices sociaux correspondant aux droits des commandités.

• **Sociétés en participation.** Ces sociétés peuvent être conduites à souscrire une déclaration 2031-SD (IR) pour les associés indéfiniment responsables (voir § 2-3) et une déclaration 2065-SD (IS) pour la part correspondant aux droits des associés qui ne sont pas indéfiniment responsables ou dont les noms n'ont pas été communiqués à l'administration.

• **Groupes de sociétés.** Les sociétés françaises dont le capital est, pour 95 % au moins de leur montant, détenu directement ou indirectement par une autre société française peuvent choisir de se placer sous le régime fiscal des groupes de sociétés (CGI art. 223 A à 223 U). Les filiales demeurent tenues de déterminer leurs résultats dans les conditions de droit commun et de déposer la déclaration de ces résultats ainsi que les documents annexes. Quant à la société mère, elle doit déposer deux déclarations : celle de ses propres résultats dans les conditions de droit commun et celle de l'ensemble du groupe intégré. La liasse fiscale groupe est commentée dans ce cahier (voir § 26-1). Nos lecteurs peuvent également se reporter à l'ouvrage « L'Intégration fiscale » (Groupe Revue Fiduciaire, 13e édition 2020).

1-2 Création, cessation en cours d'année, exercices décalés. Sauf s'il s'agit de sociétés nouvelles passibles de l'IS créées en cours d'année, les entreprises doivent nécessairement établir une déclaration provisoire des résultats au 31 décembre (CGI art. 37). Elles sont dispensées de joindre les tableaux comptables à cette déclaration à condition de fournir un état récapitulant les éléments essentiels du compte de résultat ainsi que ceux conduisant à la détermination du résultat fiscal, ces éléments figurant dans les tableaux 2052, 2053 et 2058-A.

Ainsi, les sociétés nouvelles créées en 2020 qui n'ont pas clos d'exercice en 2020 sont dispensées de produire la déclaration provisoire de leurs résultats pour la période d'imposition allant du début d'activité au 31 décembre 2020 (CGI art. 209, I).

Les sociétés en liquidation ne sont pas dispensées de l'obligation de fournir cette déclaration (CE 22 décembre 1969, n° 75324).

1-3 Déclaration provisoire et déclaration rectificative. Par tolérance administrative, les sociétés dont le bilan n'a pas encore été approuvé dans le délai de dépôt de la déclaration de résultats peuvent souscrire une déclaration provisoire dans le délai légal, à condition de justifier de l'impossibilité de réunir avant la date limite l'assemblée appelée à statuer sur les comptes de l'exercice. Dans ce cas, la déclaration provisoire doit obligatoirement comporter l'indication des résultats qui seront soumis à l'assemblée générale. En cas de modifications apportées par l'assemblée générale, des documents rectificatifs doivent être joints à la déclaration définitive. Seule la déclaration définitive des résultats, dûment arrêtés par l'assemblée générale annuelle, est opposable à la société (BOFiP-BIC-DECLA-30-10-10-20-§ 130-17/02/2017).

Lorsqu'une entreprise qui se trouve dans l'impossibilité de souscrire une déclaration définitive dans le délai légal, a été autorisée à produire avant l'expiration de ce délai une déclaration provisoire, elle n'encourt aucune pénalité, même dans le cas où la déclaration définitive ferait apparaître un bénéfice supérieur à celui de la déclaration provisoire, sous réserve toutefois qu'elle ait fait toute diligence pour satisfaire aussitôt que possible à ses obligations (BOFiP-BIC-DECLA-30-10-10-20-§ 160-17/02/2017).

Les entreprises qui ont commis une erreur ou une omission dans une déclaration relative à l'établissement de leurs impôts ont la faculté de souscrire une déclaration rectificative. Celle-ci, bien entendu, est considérée comme couvrant l'inexactitude des indications initialement fournies si elle est déposée ou remise avant l'expiration des délais impartis pour la production de la déclaration (BOFiP-BIC-DECLA-30-10-10-20-§ 160-17/02/2017).

Dans le cas contraire, en présence d'une omission commise au détriment du Trésor, le contribuable encourt la sanction correspondant aux irrégularités commises. En présence d'une erreur commise par le contribuable, à son détriment, dans sa déclaration initiale, cette dernière déclaration seule, produite dans le délai légal, lui est en principe opposable et l'intéressé ne peut obtenir de réduction que par voie de réclamation et en apportant la preuve du chiffre exact de son bénéfice.

1-4 **Siège ou activité à l'étranger.** Les sociétés dont l'activité est exercée partiellement à l'étranger sont tenues de produire deux séries de tableaux normalisés (CGI, ann. III art. 38 terdecies A) :

– une série de tableaux 2050 à 2057 établis à partir des comptes sociaux (toutes activités réunies, indépendamment de leur localisation et de leur imposition à l'IS) ;

– une série de tableaux 2050 à 2059-G qui ne comportent que les informations rattachables aux activités soumises à l'IS.

Les tableaux de la seconde série doivent être établis dans les conditions suivantes :

– le total du bilan figurant sur les tableaux 2050 et 2051 doit être identique à celui du bilan comptable. Les éléments actifs et passifs qui sont rattachables aux activités exercées hors de France sont extournés des postes correspondants. En vue d'assurer la concordance avec le total du bilan, le montant total des postes ainsi extournés doit être compris respectivement dans les comptes de régularisation actif et passif (lignes CH et EB des tableaux 2050 et 2051). La ventilation des comptes de régularisation doit être annexée aux tableaux à caractère fiscal ;

– les autres tableaux ne doivent mentionner que les opérations courantes ou exceptionnelles qui participent à la réalisation des résultats imposables en France.

Déclaration du résultat et tableaux comptables

Déclaration 2065-SD et tableaux annexes

1-5 Quel que soit leur régime d'imposition, réel normal ou simplifié, les sociétés concernées doivent souscrire la déclaration 2065-SD (cadres A à G) et son annexe 2065 bis-SD (cadres H à K). À cette déclaration, ces sociétés doivent joindre les tableaux comptables et fiscaux suivants :

– tableaux 2050 à 2059-G si elles sont soumises au régime réel normal, deux tableaux supplémentaires 2059-H et 2059-I étant à produire par les grandes entreprises (voir §§ 1-10 et 1-26) ;

– tableaux 2033-A à 2033-G si elles sont placées sous le régime simplifié d'imposition (voir §§ 25-1 et s.) ;

– relevé de frais généraux 2067-SD (voir §§ 23-1 et s.) ;

– relevé des frais déductibles liés à des États et territoires non coopératifs 2067-BIS-SD (CGI art. 54 quater).

Elles doivent également joindre à leur déclaration de résultat, le cas échéant :

– le formulaire 2468-SD si elles ont opté pour la taxation au taux réduit de 10 % des produits de la propriété industrielle (CGI art. 238) (voir § 1-55) ;

– le formulaire 2464-SD si elles entrent dans le champ d'application de la limitation des charges financières nettes (CGI art. 212 bis) (voir § 14-22) ;

– le formulaire 2260-SD pour les entreprises réalisant une opération de fusion, de scission ou d'apport partiel d'actif, placée sous le régime de l'article 210 A du CGI, au profit d'une personne morale étrangère. La déclaration 2260-SD doit être souscrite dans le délai de production de la déclaration de résultat de l'exercice au cours duquel l'opération est réalisée.

Le relevé 2067-BIS-SD concerne les dépenses suivantes déduites pour l'établissement de l'impôt : intérêts, arrérages et autres produits des obligations, créances, dépôts et cautionnements (à l'exception de ceux dus au titre d'emprunts conclus avant le 1er mars 2010 ou conclus à compter de cette date mais assimilables à ces derniers), redevances de cession ou concession de licences d'exploitation, de brevets d'invention, de marques de fabrique, procédés ou formules de fabrication et autres droits analogues, rémunérations de services, payés ou dus par une personne physique ou morale domiciliée ou établie en France à des personnes physiques ou morales qui sont domiciliées ou établies dans un État ou territoire non coopératif (CGI art. 238 A, al. 3).

En cas de pluralité d'activités ou d'établissements, ce sont les comptes globaux de l'entreprise, considérée dans son ensemble, qui doivent être mentionnés. Les renseignements concernant chaque activité ou établissement peuvent être indiqués en annexe à la déclaration de résultats.

Les sociétés membres d'un groupe de sociétés soumis au régime d'intégration fiscale doivent en outre souscrire des tableaux spécifiques pour la détermination du résultat d'ensemble du groupe (voir §§ 26-1 et s.).

La liasse fiscale des entités soumises à l'IS doit être accompagnée de divers documents (voir §§ 1-8 à 1-11). En revanche, certaines déclarations sont à joindre non pas à la liasse fiscale, mais au relevé de solde de liquidation de l'impôt sur les sociétés. Il s'agit en particulier :
– de la déclaration d'option pour le report en arrière du déficit (voir § 24-1) ;
– des déclarations spéciales relatives aux crédits d'impôt et aux réductions d'impôt, sauf dispense (voir § 50-1).

➡ **À NOTER** Les associations et collectivités imposables au taux réduit sur leurs revenus patrimoniaux doivent utiliser un formulaire 2070.

Règles communes au remplissage de la liasse

1-6 Les tableaux comptables doivent reprendre les montants des comptes annuels (y compris les totalisations) sans mention des centimes (arrondi à l'euro inférieur). Du fait de la suppression des centimes, les montants figurant sur les lignes de totaux ne sont pas nécessairement égaux aux totaux des lignes.

Seules les bases d'imposition et les cotisations sont arrondies à l'euro le plus proche (CGI art. 1649 undecies). Les fractions d'euro inférieures à 0,50 sont négligées et celles égales ou supérieures à 0,50 sont comptées pour 1.

Afin d'éviter toute confusion, tout montant négatif est inscrit entre parenthèses.

Si un ou plusieurs formulaires sont déposés sans information, il convient de cocher la case « néant » située en haut à droite du (des) formulaire(s) concerné(s) et de ne porter aucune mention manuscrite.

La durée de chaque exercice est exprimée en un nombre entier de mois. Le cas échéant, la durée réelle est arrondie à l'unité la plus proche.

Tableaux et informations comptables

1-7 **Tableaux 2050 à 2057.** Les rubriques des tableaux comptables doivent être servies en tenant compte des définitions et des règles d'évaluation prévues par le Plan comptable général et par le code de commerce. Pour faciliter la rédaction de ces tableaux comptables, nous indiquons dans nos commentaires la correspondance avec le Plan comptable général (PCG) en rappelant l'intitulé des comptes concernés par chacune des rubriques.

Ces tableaux comptables, dont les différentes lignes sont commentées dans ce cahier, se présentent sous la forme de formulaires distincts :
– 2050 bilan (actif) ;
– 2051 bilan (passif) ;
– 2052 et 2053 compte de résultat (en liste) ;
– 2054 immobilisations ;
– 2054 bis écarts de réévaluation ;
– 2055 amortissements ;
– 2056 provisions ;
– 2057 état des échéances des créances et des dettes à la clôture de l'exercice.

Lorsqu'elles sont placées sous le régime simplifié d'imposition, les entreprises doivent joindre à leur déclaration les tableaux 2033-A à 2033-G (et non les tableaux 2050 à 2057).

Ces formulaires sont conçus de manière à en permettre une utilisation polyvalente.

Ils adoptent la forme prévue par le PCG et peuvent être déposés au greffe du tribunal de commerce lorsque les entreprises sont soumises à l'obligation de publicité de leurs comptes annuels. L'exploitation informatique étant effectuée à partir des codes des rubriques mentionnés sur les tableaux, ni les codes ni les rubriques ne peuvent être modifiés. Aucune accolade, flèche, annotation en interligne ne doit être ajoutée.

1-8 **Documents annexes.** Les entreprises doivent joindre à leur déclaration de résultats, sur papier libre, des informations détaillées ayant trait aux points suivants qui font l'objet d'une mention dans l'annexe comptable (CGI, ann. III art. 38, II.4°) :
- dérogations aux prescriptions comptables ;
- modifications affectant les méthodes d'évaluation et la présentation des comptes annuels ;
- détail des produits à recevoir et charges à payer ;
- produits et charges figurant au bilan sous les postes « comptes de régularisation ».

Les contribuables ayant la qualité de commerçant sont par ailleurs tenus de produire, sur demande de l'administration, les éléments de l'annexe comptable qui ne sont pas énumérés dans cette liste.

Tableaux fiscaux 2058-A à 2059-I

1-9 Les rubriques des tableaux fiscaux (2058-A à 2059-G) sont destinées aux divers ajustements nécessités par le passage du résultat comptable au résultat fiscal servant d'assiette à l'impôt. L'obligation de procéder à ces rectifications extra-comptables est motivée soit par les divergences entre les règles comptables et les règles fiscales, soit par l'existence de régimes spécifiques applicables à certains éléments (plus-values ou moins-values, exonérations, notamment) formant le résultat. Des renseignements à caractère statistique ou fiscal sont à mentionner sur une série de tableaux.

Trois tableaux sont destinés plus spécialement à la détermination du résultat fiscal de l'exercice :
- 2058-A : détermination du résultat fiscal ;
- 2058-B : déficits, indemnités pour congés à payer et provisions non déductibles ;
- 2058-C : tableau d'affectation du résultat et renseignements divers.

Quatre tableaux sont réservés à la détermination et à l'affectation des plus-values et moins-values :
- 2059-A : détermination des plus et moins-values ;
- 2059-B : affectation des plus-values à court terme et des plus-values de fusion ou d'apport ;
- 2059-C : suivi des moins-values à long terme ;
- 2059-D : suivi des réserves spéciales.

Trois autres tableaux sont réservés aux indications suivantes :
- 2059-E : détermination de la valeur ajoutée produite au cours de l'exercice ;
- 2059-F : composition du capital social ;
- 2059-G : filiales et participations.

En outre, les entreprises relevant de la direction des grandes entreprises (voir § 1-26) doivent joindre deux formulaires supplémentaires pour identifier, d'une part, les personnes morales qui détiennent indirectement plus de la moitié de leur capital ou des droits de vote (tableau 2059-H) et, d'autre part, celles dont elles détiennent plus de la moitié du capital ou des droits de vote (tableau 2059-I).

Des tableaux spécifiques, dont le modèle est également fixé par l'administration, doivent en outre être servis par les sociétés d'un groupe placé sous le régime d'intégration fiscale.

Tableau 2069-RCI

1-10 Les entreprises bénéficiant de crédits d'impôt et de réductions d'impôt doivent souscrire une déclaration 2069-RCI. Le dépôt de ce formulaire est obligatoire (décret 2016-395 du 31 mars 2016, JO du 2 avril).

La déclaration 2069-RCI regroupe les montants des crédits d'impôt et des réductions d'impôt dont une entreprise peut bénéficier au titre de la période fiscale concernée. Les entreprises qui remplissent la déclaration 2069-RCI sont dispensées de l'établissement et du dépôt de certaines déclarations spécifiques de crédits d'impôt, les formulaires étant remplacés par de simples fiches de calcul (voir § 50-2).

Tableaux et documents annexes à joindre à la déclaration 2065 ou au relevé de solde

1-11 Les tableaux de la liasse fiscale doivent être complétés par un certain nombre de documents qui sont à joindre soit à la déclaration 2065-SD, soit au relevé de solde de liquidation de l'IS. La plupart d'entre eux sont recensés dans le tableau suivant (liste non exhaustive).

Par commodité de présentation, nous avons mentionné dans ce tableau les mêmes informations concernant les entreprises non soumises à l'IS tenues de souscrire une déclaration des résultats 2031-SD commentée dans le chapitre suivant.

Éventuellement, il convient en outre de fournir :
– le tableau des écarts (formulaire 2054 bis), pour les entreprises ayant procédé à la réévaluation légale de leurs immobilisations amortissables ;
– la déclaration complémentaire 2038 concernant les sociétés de pluripropriété ;
– une copie des comptes rendus et extraits des délibérations des conseils d'administration et des assemblées d'actionnaires.

• **Délibérations.** En fait, ce sont seulement les délibérations ayant trait aux répartitions des bénéfices qui sont visées par cette obligation (rép. Bérard n° 14665, JO 17 juillet 1965, AN p. 2899). Eu égard à la date à laquelle la déclaration doit être déposée, il s'agit nécessairement de la répartition du bénéfice de l'exercice précédant celui dont les résultats sont déclarés ; en définitive, les documents à produire sont ceux qui viennent à l'appui du tableau 2058-C « Affectation des résultats » (voir §§ 16-1 et s.).

• **Mention expresse.** En cas d'hésitation sur la validité des choix fiscaux opérés, l'entreprise peut avoir intérêt à joindre à sa déclaration une note exposant les motifs de la position adoptée. En effet, elle n'est pas passible de l'intérêt de retard si, par une indication expresse portée sur la déclaration elle-même ou dans une note annexe, elle fournit à l'administration les renseignements propres à établir le montant réel de la base d'imposition ainsi que les motifs de droit ou de fait pour lesquels elle a adopté une solution particulière (CGI art. 1727, II.2°). L'entreprise pourrait à notre avis avoir recours à cette technique de la mention expresse lorsqu'elle a appliqué une solution offerte par la doctrine de l'administration publiée avant le 12 septembre 2012 et que cette solution n'a pas été retrouvée dans le BOFiP ou expressément rapportée.

• **Comptes ouverts à l'étranger.** Signalons que les associations (quel que soit leur régime juridique ou fiscal) et les sociétés n'ayant pas la forme commerciale (c'est-à-dire les sociétés autres que les sociétés anonymes, à responsabilité limitée, en commandite par actions, en commandite simple et en nom collectif) doivent également joindre à leur déclaration des résultats une déclaration 3916 mentionnant les références des comptes ouverts, utilisés ou clos à l'étranger (CGI art. 1649 A, 1759 et 1768 bis, 2). Les comptes à déclarer sont ceux ouverts hors de France auprès d'un établissement bancaire ou de tout autre organisme, administration publique ou personne (notaire, agent de change…) recevant habituellement en dépôt des valeurs mobilières, titres ou espèces.

Principales déclarations et documents (hors régime de l'intégration fiscale)	Personnes morales soumises à l'IS		Entreprises relevant de l'IR
	À joindre à la déclaration 2065	À joindre au relevé de solde 2572 (1)	À joindre à la déclaration 2031 (2)
Provisions			
Éléments de calcul de la provision pour hausse des prix ou pour reconstitution des gisements (CGI, ann. III art. 10 terdecies et 10 G)	X		X
Éléments de calcul de la réserve spéciale de participation et de la provision pour investissement (CGI, ann. II art. 171 bis)	X		X
État détaillé de la provision spéciale de réévaluation (CGI art. 238 bis J, II)	X		X
2027-H État de suivi des provisions pour dépréciation des immeubles de placement et des titres de participation dans des SPI dont la déduction est plafonnée (CGI, ann. III art. 10 quaterdecies)	X		X
Documents exigés des entreprises ayant obtenu l'agrément ouvrant droit aux provisions pour investissement à l'étranger (CGI, ann. III art. 10 GA quater)	X		X

Principales déclarations et documents (hors régime de l'intégration fiscale)	Personnes morales soumises à l'IS		Entreprises relevant de l'IR
	À joindre à la déclaration 2065	À joindre au relevé de solde 2572 (1)	À joindre à la déclaration 2031 (2)
Résultat imposable			
Relevé des charges inscrites en frais à payer (CGI art. 38)	X		X
2039 Report en arrière du déficit		X	NA
2468-SD Option pour le régime fiscal des produits de la propriété industrielle et assimilés (CGI art. 238)	X		X
Imputation des déficits de filiales ou de succursales étrangères (CGI, art. 209 C ; ann. III art. 46 quater-0ZS ter) (voir § 14-71)	X		NA
Actionnariat salarié : déduction pratiquée en cas d'augmentation de capital réservée aux salariés (CGI, ann. III art. 46 quater-O YD)	X		NA
État spécial des exploitants individuels ayant opté pour la déduction forfaitaire des frais de carburant (comptabilité supersimplifiée) (CGI, ann. III art. 38 sexdecies-00 B)	NA	NA	X
Régimes d'exonération des bénéfices			
2083 Aide fiscale à l'investissement outre-mer (CGI art. 242 sexies ; ann. II art. 171 1AX)	X		
État des renseignements sur la situation des entreprises créées pour reprendre une entreprise en difficulté (CGI, ann. III art. 46 quater-0 ZU) (voir § 1-63)		X	NA
État de détermination du résultat exonéré en zone franche urbaine (CGI, ann. III art. 49 L, 49 N et 49 O ; BOFiP-FORM-000032 et BOFiP-FORM-000072) (voir § 1-64)	X		X
État de situation du capital social pour les entreprises nouvelles bénéficiant de l'exonération dans les zones AFR (CGI, ann. III art. 49 J)(voir § 1-62)	X		X
États de détermination du résultat exonéré dans les bassins d'emploi à redynamiser (CGI, ann. III art. 49 V ; BOFiP-FORM-000053) (voir § 1-72)	X		X
Document comportant les éléments nécessaires à la détermination et au suivi des bénéfices exonérés en zone de restructuration de la défense (CGI, ann. III art. 49 Y ; BOFiP-FORM-000085) (voir § 1-68)	X		X
2082 Zones franches d'activité pour l'outre-mer (CGI, ann. III art. 49 ZB) (voir § 1-67)	X		X
Régimes spéciaux d'imposition			
2076 État de détermination du bénéfice relatif à la taxation au tonnage (CGI, ann. III art. 46 quater-0Z bis A)	X		NA
Pêche maritime : engagement de réinvestir et certificat de suivi du stage de formation (CGI, ann. II art. 32 D)	NA		X
Impôt sur les sociétés et plus-values			
État de répartition du résultat imposable à 15 % pour les PME et état de répartition du capital social (CGI, ann. III art. 46 quater-0ZZ bis A)	X		NA
2464 Détermination et suivi des charges financières nettes non admises en déduction (CGI art. 212 bis)	X		NA
2260 Déclaration spéciale en cas de fusion, scission ou apport partiel d'actif au profit d'une personne morale étrangère	X		NA
État de suivi des plus-values en report ou en sursis d'imposition prévu par l'article 54 septies, I du CGI (CGI, ann. III art. 38 quindecies)	X		X

Principales déclarations et documents (hors régime de l'intégration fiscale)	Personnes morales soumises à l'IS		Entreprises relevant de l'IR
	À joindre à la déclaration 2065	À joindre au relevé de solde 2572 (1)	À joindre à la déclaration 2031 (2)
État de suivi des plus-values en report ou en sursis d'imposition en cas d'apport en société (CGI, ann. III art. 41-0 A bis à 41-0 A bis B)	X		X
2904 État de suivi des moins-values en report d'imposition en cas de cession de titres de participation entre entreprises liées (CGI art. 219, I.a septies)	X		NA
2103 Option pour le report d'imposition des plus-values constatées lors de la transmission à titre gratuit d'une entreprise individuelle + États de suivi 2104 à 2106 (CGI, ann. III art. 10 H-0 bis)	NA		X
Copie de l'engagement de conservation de la société cessionnaire en cas de plus-value de cession d'immeubles ou de titres taxée à 19 % (CGI art. 210 E ; ann. III art. 46 quater-0 ZZ bis C)	X		NA
Copie de l'engagement de transformation du local commercial ou de bureau en local à usage d'habitation dont la cession est imposée au taux réduit d'IS de 19 % ou copie de l'engagement de construction pour les cessions de terrains à bâtir (CGI art. 210 F ; ann. III art. 46 quater-0 ZZ bis D)	X		NA
Copie de l'engagement du cessionnaire d'achever les locaux à usage d'habitation dans les 4 années qui suivent la date d'acquisition pour l'exonération de la plus-value de cession des droits de surélévation d'un immeuble (CGI art. 238 octies A)	X		X
2903 État de suivi des plus-values en cas d'échange de biens immobiliers effectué avec l'État, les collectivités territoriales et les établissements publics (CGI art. 238 octies C)	X		X
Engagement de réinvestir, dans le délai de 24 mois à compter de la date de cession du bateau, la plus-value exonérée lors de la cession d'un bateau de navigation intérieure affecté au transport de marchandises (CGI art. 238 sexdecies)	X		X
Autres			
Crédits d'impôts (2) (pour le détail, voir § 50-1)		X	X
2084 Biens donnés en location par des sociétés de personnes (CGI art. 39 C)	NA		X
États ou attestations exigées pour certaines opérations de crédit-bail (CGI, ann. III art. 38 quindecies E à 38 quindecies K)	X		X
Informations de l'annexe comptable (CGI, ann. III art. 38, II) (voir § 1-9)	X		X
Compte rendu et extraits des délibérations des conseils d'administration et des assemblées d'actionnaires (CGI art. 223, 2.1°)	X		NA
Entreprises utilisant un système de transmission des factures par voie électronique (CGI art. 289 bis) : état mentionnant les coordonnées du service responsable, logiciel utilisé (CGI, ann. III art. 96 F, 5)	X		X
Nature et montant des titres prêtés, empruntés ou remis en garantie (notice 2032-NOT-SD, imprimé 2057)	X		X

(1) S'agissant des sociétés membres d'un groupe fiscal, les documents sont à joindre au relevé de solde de la société mère.
(2) Pour les associés de sociétés de personnes, déclaration des crédits d'impôt imputables sur l'IR à joindre à la déclaration d'impôt sur le revenu 2042 C PRO.

Délais et modalités de souscription de la déclaration

Délais de déclaration et de paiement

1-20 Déclaration 2065 et tableaux annexes : 15 jours supplémentaires par rapport au délai légal. La déclaration du résultat de l'exercice accompagnée des documents annexes doit normalement être déposée dans les 3 mois de la clôture de l'exercice. Si l'exercice est clos le 31 décembre ou si aucun exercice n'est clos au cours d'une année, la déclaration est à déposer au plus tard le 2e jour ouvré suivant le 1er mai (CGI art. 223, 1). En 2021, cette date limite est le 4 mai au plus tard.

Toutefois, par tolérance administrative, les utilisateurs des téléprocédures disposent d'un délai supplémentaire de 15 jours calendaires au-delà de la date limite de dépôt pour réaliser la télétransmission de leurs déclarations de résultats à souscrire. Le délai s'applique à toute entreprise réalisant un dépôt dématérialisé de sa déclaration des résultats en mode EDI ou en mode EFI (BOFiP-BIC-DECLA-30-10-10-20-§ 60-17/02/2017 ; BOFiP-IS-DECLA-10-10-10-§ 190-06/04/2016).

Pour les exercices clos le 31 décembre 2020, la date limite de transmission est le **19 mai 2021**.

Ce report ne concerne pas la date limite de paiement de l'IS (voir § 1-21).

➞ **À noter** Ce délai supplémentaire ne s'applique pas aux déclarations dont la date de dépôt est déterminée par rapport à la date de dépôt de la déclaration de résultats (déclaration des prix de transfert, déclaration pays par pays, par exemple).

En cas de cession ou de cessation d'entreprise, les contribuables assujettis à un régime réel d'imposition sont tenus de faire parvenir à l'administration, dans un délai de 60 jours la déclaration de leur bénéfice réel accompagnée d'un résumé de leur compte de résultat. (CGI art. 201, 3). Ce délai est décompté comme suit :
– lorsqu'il s'agit de la vente ou de la cession d'un fonds de commerce, du jour où la vente ou la cession a été publiée sur un support habilité à recevoir des annonces judiciaires et légales (c. com. art. L. 141-12) ;
– lorsqu'il s'agit de la vente ou de la cession d'autres entreprises, du jour où l'acquéreur ou le cessionnaire a pris effectivement la direction des exploitations ;
– lorsqu'il s'agit de la cessation d'entreprises, du jour de la fermeture définitive des établissements.

1-21 Liquidation de l'IS et des contributions additionnelles le 17 mai 2021 au plus tard (ou si exercices décalés, le 15 du 4e mois qui suit la clôture). Les sociétés soumises à l'IS doivent procéder à la liquidation spontanée du solde de l'IS, de la contribution sociale sur les bénéfices des sociétés et de la contribution sur les revenus locatifs.

Le relevé de solde (relevé 2572) utilisé pour la liquidation de ces impôts doit en principe être déposé au plus tard le 15 du 4e mois qui suit la clôture de l'exercice (voir §§ 42-1 et 42-19).

Les entreprises qui clôturent leurs comptes au 31 décembre doivent déposer leur relevé de solde au plus tard le 15 mai de l'année suivante, tout comme celles qui n'ont pas clos d'exercice en cours d'année (CGI art. 1668, 2). Cette date limite de paiement s'applique aux contributions additionnelles à l'IS précédemment citées qui doivent être acquittées à la même date et au vu du même relevé 2572.

Lorsque la date limite de paiement ou de prélèvement des impôts, droits, taxes et redevances prévus dans le code général des impôts coïncide avec un samedi, un dimanche ou un jour férié, celle-ci est prorogée jusqu'au premier jour ouvrable suivant (CGI, ann. IV art. 199-0). **Le 15 mai 2021 tombant un samedi, la date limite est prorogée au 17 mai 2021.**

➞ **Attention** Pour les sociétés soumises à l'IS, le dépôt des déclarations spécifiques relatives aux crédits d'impôt est effectué à la date de liquidation de l'IS. Sauf dispense, ces documents accompagnent le relevé de solde d'impôt sur les sociétés. Ils n'ont pas à être joints à la liasse fiscale.

La liste des principaux documents à joindre soit à la déclaration de résultats, soit au relevé de solde est mentionnée dans le tableau ci-avant (voir § 1-11).

Les crédits d'impôt et les réductions sont mentionnés sur la déclaration 2069-RCI à joindre à la liasse fiscale (voir § 50-1).

1-22 Sanctions pour manquement aux obligations déclaratives. Toute déclaration non souscrite ou parvenue tardivement peut donner lieu :
– à l'intérêt de retard et à la majoration de 10 %, le taux de cette dernière pouvant être porté à 40 % lorsque la déclaration n'a pas été déposée dans les 30 jours suivant la réception d'une mise en demeure (CGI art. 1728) ;
– à une taxation d'office si la société n'a pas régularisé sa situation dans les 30 jours d'une première mise en demeure (LPF art. L. 66, 2° et L. 68).

Par ailleurs, les régimes d'allégement d'impôt sur les bénéfices en faveur des entreprises implantées dans certaines zones sont réservés aux bénéfices déclarés dans les délais impartis. Les entreprises qui ne déposent pas leur déclaration de résultats dans le délai s'exposent à la perte de ces exonérations.

Généralisation de la procédure de transmission dématérialisée

1-23 Télétransmission obligatoire. Toutes les entreprises soumises à l'IS, quel que soit leur chiffre d'affaires, ont l'obligation de souscrire par voie électronique la déclaration de leur résultat de l'exercice (CGI art. 1649 quater B quater).

Les modalités sont les suivantes :
– soit une transmission en mode « EDI » : les données comptables de l'entreprise sont intégrées automatiquement dans des fichiers de déclaration et/ou de paiement et transmises à l'administration ; cette procédure est obligatoire pour les entreprises qui relèvent du régime réel normal l'imposition (voir § 1-24) ;
– soit une transmission en mode « EFI », c'est-à-dire en accédant via Internet au site « impots.gouv.fr », dans lequel l'entreprise crée son espace abonné professionnel. Ce service n'est proposé qu'aux sociétés soumises au régime simplifié d'imposition (les entreprises au régime réel normal en sont exclues et doivent obligatoirement déclarer en mode EDI). Ce service est décrit dans le chapitre consacré à la déclaration des entreprises relevant de l'IR (voir §§ 2-8 et 2-9).

1-24 Souscription à la procédure EDI (échange des données informatisé). Pour la transmission de ses données à l'administration, l'entreprise peut opter :
– pour la transmission directe, sans recours à un prestataire externe. Elle doit être habilitée en tant que partenaire EDI ;
– pour la transmission par un ou plusieurs tiers prestataires de services ayant la qualité de partenaire EDI et qui prendront en charge la partie technique des transmissions des fichiers à l'administration.

Les déclarations souscrites par voie électronique par un prestataire habilité par l'administration dans les conditions fixées par décret sont réputées faites au nom et pour le compte de l'entreprise identifiée dans la déclaration (CGI art. 1649 quater B bis). Ces transmissions sont donc opposables à cette dernière, sans qu'il soit nécessaire qu'elle ait formellement adhéré aux téléprocédures et identifié ce prestataire comme mandaté par elle. Ainsi, un partenaire EDI habilité par la DGFiP peut donc, après signature d'une convention précisant les engagements réciproques du partenaire EDI et de la DGFiP, effectuer des télétransmissions en mode EDI de déclarations et paiements pour le compte de son client sans que ce dernier ait souscrit de dossier d'adhésion aux téléprocédures (BOFiP-BIC-DECLA-30-60-10-§ 20-05/06/2019).

L'adhésion aux services en ligne est entièrement dématérialisée. La souscription à la procédure prend effet à compter de la première télétransmission en mode EDI.

• L'usager peut utiliser des filières différentes pour chacune de ses téléprocédures (par exemple, télédéclaration et télépaiement de la TVA en EFI, télérèglement de l'IS en EDI) ou pour un impôt donné (ex. : pour le régime simplifié d'imposition de la TVA, transmission des acomptes en EFI et de la déclaration annuelle en EDI) (BOFiP-BIC-DECLA-30-60-10-§ 20-05/06/2019).

• Les transmissions des partenaires EDI comportent par ailleurs les éléments techniques de sécurisation permettant de garantir de manière absolue que l'auteur de la transmission est un partenaire EDI habilité, l'identité de ce partenaire et que les données reçues par la DGFiP n'ont pas été altérées lors de leur transmission par le partenaire EDI (BOFiP-BIC-DECLA-30-60-30-10-§ 10-14/10/2020).

• Les documents qui peuvent être transmis par EDI-TDFC sont répertoriés dans les cahiers des charges de cette téléprocédure disponible en ligne sur le site www.impots.gouv.fr à la rubrique Accueil > Partenaire > Cahier des charges EDI-TDFC actualisés lors de chaque campagne déclarative (BOFiP-BIC-DECLA-30-60-30-10-§ 80-14/10/2020).

1-25 Sanctions pour non-respect de l'obligation de télétransmission. Le non-respect de l'obligation de souscrire par voie électronique une déclaration et ses annexes entraîne l'application d'une majoration de 0,2 % du montant des droits correspondant aux déclarations déposées selon un autre procédé (CGI art. 1738, 1.al. 1). Le montant de la majoration ne peut être inférieur à 60 €.

Ces dispositions s'appliquent aussi bien la déclaration proprement dite qu'à ses annexes. L'amende est applicable en cas de défaut total (déclaration et toutes annexes) ou en cas de défaut partiel de dépôt par voie électronique (défaut de dépôt de la déclaration seule ou de tout ou partie des annexes) (BOFiP-CF-INF-10-40-50-§ 1-02/10/2019).

Le non-respect de l'obligation de souscrire par voie électronique une déclaration et ses annexes est passible, en l'absence de droits, d'une amende de 15 € par document. Le total des amendes applicables aux documents à produire simultanément est au minimum de 60 € et au maximum de 150 € (CGI art. 1738, 1.al. 2 ; BOFiP-CF-INF-10-40-50-§ 10-02/10/2019).

• **Cumul de sanctions.** L'article 1738, 1 du CGI sanctionne le non-respect des obligations de souscrire une déclaration par voie électronique et d'acquitter l'impôt selon un moyen de paiement déterminé. Il s'agit de deux obligations distinctes. Dès lors, si le redevable a à la fois enfreint son obligation de télédéclaration et son obligation de télépaiement (dépôt d'une déclaration papier et paiement par chèque par exemple), il a commis deux infractions distinctes et encourt donc une majoration au titre de chaque infraction, soit deux majorations de 0,2 %.
Lorsque le redevable dépose tardivement sa déclaration selon un autre moyen que celui requis, il commet deux infractions distinctes et encourt donc en principe, outre l'intérêt de retard, la majoration pour retard de déclaration de 10 % ou de 40 % (CGI art. 1728), la majoration de 0,2 % pour non-respect de l'obligation de télédéclaration.
De même, le contribuable qui acquitte tardivement un impôt selon un autre mode de paiement que celui requis encourt en principe, outre l'intérêt de retard, la majoration pour retard de paiement (CGI art. 1730 et 1731) et la majoration de 0,2 % pour non-respect de l'obligation de paiement selon un mode déterminé.

• **Tolérances.** Par mesure de tempérament, en cas de dépôt tardif d'une déclaration selon un autre procédé que celui requis, seuls sont appliqués l'intérêt de retard et la majoration pour retard de déclaration. De même, en cas de paiement tardif effectué selon un autre moyen que celui requis, seuls sont appliqués l'intérêt de retard et la majoration pour retard de paiement (BOFiP-CF-INF-10-40-50-§ 37-02/10/2019).

Entreprises relevant de la direction des grandes entreprises (DGE)

Un interlocuteur fiscal unique pour les grandes entreprises

1-26 La direction des grandes entreprises (DGE) est un service à compétence nationale de la direction générale des finances publiques (DGFiP), chargé d'établir l'assiette et d'assurer le recouvrement et le contrôle de la plupart des impôts, droits et taxes dus par les personnes ou groupements de personnes qui lui sont rattachés. À ce titre, la DGE constitue l'interlocuteur fiscal unique des grandes entreprises.

Rattachement obligatoire

1-27 Les entreprises relevant obligatoirement de la DGE appartiennent aux catégories suivantes (CGI art. 1649 quater B quater, I) :

1° Les personnes physiques ou morales ou groupements de personnes de droit ou de fait dont, à la clôture de l'exercice, le chiffre d'affaires hors taxes ou le total de l'actif brut figurant au bilan est supérieur ou égal à 400 M€ ;

2° Les personnes physiques ou morales ou groupements de personnes de droit ou de fait détenant à la clôture de l'exercice, directement ou indirectement, plus de la moitié du capital ou des droits de vote d'une personne morale ou d'un groupement mentionné au 1° ;

3° Les personnes morales ou groupements de personnes de droit ou de fait dont plus de la moitié du capital ou des droits de vote est détenue à la clôture de leur exercice, directement ou indirectement, par une personne ou un groupement mentionné au 1° ;

4° Les personnes morales qui appartiennent à un groupe relevant du régime fiscal d'intégration fiscale lorsque celui-ci comprend au moins une personne mentionnée aux 1°, 2° et 3° ci-dessus.

Rattachement facultatif

1-28 Les personnes morales ou groupements de personnes qui, dans le cadre d'une opération de fusion, de scission ou de confusion de patrimoine bénéficient d'une transmission de patrimoine d'une entreprise relevant de la DGE en raison du montant de son chiffre d'affaires ou de son actif brut peuvent demander leur rattachement à ce service dès la date de l'opération en cause (CGI, ann. II art. 344-0 C). Il n'est pas exigé que ces opérations bénéficient du régime spécial des fusions. L'option pour le rattachement à la DGE est valable jusqu'au 31 janvier de la 4e année suivant celle de l'opération de transmission. Si aucune des conditions de rattachement n'est satisfaite à la clôture des exercices suivant l'option, la personne ou le groupement cesse de relever de la DGE dès le 1er février de la 4e année suivant celle au cours de laquelle l'opération a eu lieu (BOFiP-IS-DECLA-30-10-§ 410-18/03/2013).

Par ailleurs, les entreprises suivantes peuvent demander leur rattachement à la DGE (BOFiP-IS-DECLA-30-10-§ 230-18/03/2013) :
– les sociétés détenues à 50/50 par des entreprises appartenant au périmètre de la DGE ;
– les sociétés en participation (à défaut, ces sociétés continuent à faire l'objet d'une gestion par les services locaux territorialement compétents biens qu'elles réunissent les critères de rattachement à la DGE, la durée réelle d'activité de ces sociétés limitant l'intérêt du rattachement à la DGE) ;
– les quartiers généraux.

Lorsque ces dernières sociétés souhaitent être rattachées à la DGE, elles doivent en faire la demande expresse auprès de ce service. La décision de rattachement dépend notamment de l'engagement pris par les entreprises de respecter les téléprocédures et de rester gérées par la DGE au moins 3 ans. En cas d'accord, le début du rattachement prend effet le 1er février suivant la date à laquelle intervient la décision de la DGE. En cas de rupture des engagements, la gestion du dossier de ces entreprises est transférée auprès du service des impôts territorialement compétent (BOFiP-IS-DECLA-30-10-§§ 220 et 230-18/03/2013).

Rattachement à la DGE à une date unique fixée au 1er février

1-29 **Début du rattachement.** Le rattachement à la DGE a lieu à une date unique fixée le 1er février de la deuxième année suivant celle au cours de laquelle l'une au moins des conditions de rattachement à la DGE est remplie à la clôture de l'exercice (CGI, ann. III art. 344-0 C). Cette date permet le dépôt des déclarations de TVA d'une année civile auprès d'un même service.

Pour les sociétés qui entrent dans un groupe soumis au régime d'intégration fiscale dont les membres font partie du périmètre de la DGE, la date de rattachement est fixée au 1er février de la première année suivant celle de leur entrée dans le groupe.

Sont déposées à la DGE toutes les déclarations dont la date limite de dépôt est postérieure à celle de rattachement. De même, l'obligation de paiement à la DGE s'applique au règlement des impôts à paiement spontané dont la date limite de paiement (acompte ou solde) est postérieure à la date de rattachement de l'entreprise à la DGE, soit le 1er février (CGI, ann. III art. 344-0 B et 406 terdecies).

→ **EXEMPLE** Une société A dont l'exercice coïncide avec l'année civile remplit pour la première fois à la clôture de son exercice, au 31 décembre N, la condition tenant au montant du chiffre d'affaires. À cette date, elle détient B à 90 %, C à 75 % et D à 38 %.

B et D n'appartenant pas au périmètre de la DGE clôturent leur exercice le 31 décembre. C clôture le 30 septembre.

Date de clôture de l'exercice	Date limite de dépôt de la déclaration de résultats	Exercice à la clôture duquel les conditions de rattachement à la DGE sont réputées satisfaites	Date d'entrée à la DGE
A : 31.12.N	3.05.N + 1	N	1.02.N + 2
B : 31.12.N	3.05.N + 1	N	1.02.N + 2
C : 30.09.N	31.12.N	30.09.N	1.02.N + 2
D : 31.12.N	3.05.N + 1	Sans objet	Sans objet

1-30 Fin du rattachement à la DGE. Les entreprises relevant de la DGE continuent de remplir leurs obligations fiscales auprès de ce service jusqu'au 31 janvier de la quatrième année suivant celle au cours de laquelle les conditions ont cessé d'être remplies à la clôture de l'exercice (CGI, ann. III art. 344-0 C). Si, à la clôture de l'un de ces exercices, l'une des conditions pour relever de la DGE est à nouveau satisfaite, l'entreprise sera à nouveau rattachée à la DGE dès le début du premier exercice suivant. Son rattachement à la DGE ne connaîtra ainsi aucune interruption. Cette dérogation permet de maintenir, au sein de la DGE, des entreprises pour lesquelles les conditions de rattachement à ce service cessent temporairement d'être satisfaites.

➡ **Exemple** Une société B relève de la DGE car elle est liée à 70 % à une société A dont le montant du chiffre d'affaires ou de l'actif brut est supérieur à 400 M€. Ces deux sociétés clôturent leurs exercices comptables à la même date. Le pourcentage de détention du capital de la société B par la société A passe de 70 % à 25 % au 15.12.N.

Exercice	Date limite de dépôt de la déclaration de résultats à la DGE	Satisfaction au 31.12.N des critères de rattachement à la DGE	Période au cours de laquelle la société reste rattachée à la DGE (1)	Fin du rattachement à la DGE
A : 1.01.N au 31.12.N	30.04.N + 1	Oui	Sans objet	Sans objet
B : 1.01.N au 31.12.N	30.04.N +1	Non	N + 1 à N + 4	1.02.N + 4

(1) B restera rattachée à la DGE pendant 3 années civiles et 1 mois suivant l'exercice au cours duquel elle aura cessé de remplir les conditions de rattachement à la DGE.

Déclarations s'inscrivant dans le cadre de lutte contre la fraude fiscale internationale

1-35 Déclaration annuelle des prix de transfert. Certaines personnes morales établies en France sont tenues de souscrire une déclaration relative à leurs prix de transfert (formulaire 2257-SD) dans le délai de 6 mois qui suit la date limite de dépôt de la déclaration annuelle des résultats (CGI art. 223 quinquies B). Le délai est décompté à partir de la date légale de dépôt sans tenir compte de la prorogation de 15 jours (voir § 1-21). La déclaration doit être souscrite par voie électronique. Dans les groupes intégrés, elle est souscrite par la société mère. Pour une date de clôture au 31 décembre 2020, la déclaration doit être produite le 4 novembre 2021 au plus tard (4 mai 2021 plus 6 mois). Le seuil déclaratif est de 50 M€ de chiffre d'affaires ou de total de bilan.

À titre dérogatoire, sont dispensées de souscrire cette déclaration les sociétés qui ne réalisent aucune transaction avec des entités liées établies à l'étranger et les sociétés qui réalisent des transactions avec des entités liées établies à l'étranger dont le montant est inférieur à 100 000 € par nature de transaction (BOFiP-BIC-BASE-80-10-30-§ 10-18/07/2018).

La déclaration comporte des informations générales concernant le groupe d'entreprises associées et des informations spécifiques concernant l'entreprise.

Sont tenues à l'obligation de souscrire la déclaration 2257-SD les personnes morales établies en France (BOFiP-BIC-BASE-80-10-30-§ 1-18/07/2018) :

a) dont le chiffre d'affaires annuel hors taxe ou l'actif brut figurant au bilan est supérieur ou égal à 50 M€ ;

b) ou détenant à la clôture de l'exercice, directement ou indirectement, plus de la moitié du capital ou des droits de vote d'une entité juridique (personne morale, organisme, fiducie ou institution comparable établie ou constituée en France ou hors de France) satisfaisant à l'une des conditions mentionnées au premier tiret ;

c) ou dont plus de la moitié du capital ou des droits de vote est détenue à la clôture de l'exercice, directement ou indirectement, par une entité juridique satisfaisant à l'une des conditions mentionnées au premier tiret ;

d) ou appartenant à un groupe relevant du régime d'intégration fiscale lorsque ce groupe comprend au moins une personne morale satisfaisant à l'une des conditions mentionnées ci-dessus.

L'expression « personnes morales établies en France » inclut les personnes morales étrangères disposant en France d'un établissement stable, étant précisé que (BOFiP-BIC-BASE-80-10-30-§ 20-18/07/2018) :

– les conditions mentionnées au a) sont considérées comme satisfaites si elles sont remplies au niveau de l'établissement stable en France ou au niveau de la personne morale à l'étranger ;
– les conditions mentionnées au b) sont considérées comme satisfaites si elles sont remplies au niveau de l'établissement stable en France ;
– les conditions mentionnées au c) sont considérées comme satisfaites si elles sont remplies au niveau de la personne morale à l'étranger.

Les déclarations des sociétés membres d'un groupe intégré doivent être déposées pour leur compte par la société mère. La société mère doit donc déposer autant de déclarations que le groupe intégré comporte de sociétés effectivement soumises à l'obligation déclarative. Le dépôt des déclarations des sociétés du groupe par la société mère n'exerce aucune influence sur le contenu des déclarations. En particulier, le seuil de 100 000 € prévu pour le montant des transactions réalisées avec des entités établies à l'étranger doit être apprécié au niveau de chaque société du groupe et non de manière consolidée au niveau du groupe (BOFiP-BIC-BASE-80-10-30-§ 170-18/07/2018).

1-36 Déclaration pays par pays. Les entreprises multinationales qui réalisent un chiffre d'affaires mondial consolidé au moins égal à 750 M€ doivent transmettre à l'administration fiscale des informations sur les entités du groupe et la localisation de leurs bénéfices, en souscrivant une déclaration « pays par pays » ou encore déclaration CBCR (« country by country reporting »). La déclaration (formulaire 2258-SD) doit être souscrite sous forme dématérialisée dans les 12 mois suivant la clôture de l'exercice (CGI art. 223 quinquies C). Les caractéristiques du support informatique et le contenu de la déclaration sont fixés par décret (CGI, ann. III art. 46 quater-0 YE). Le défaut de production de la déclaration dans le délai prescrit est sanctionné par une amende ne pouvant excéder 100 000 € (CGI art. 1729 F).

Les informations relatives à l'identification de la personne morale chargée de souscrire la déclaration 2258-SD figurent au cadre F (voir § 1-105).

1-37 Déclaration des montages transfrontières. Les conseils ou à défaut, les contribuables, doivent déclarer à l'administration les accords et les montages transfrontières potentiellement agressifs (ord. 2019-1068 du 21 octobre 2019 ; CGI art. 1649 AD à 1649 AH ; voir FH 3846, § 6-1 ; voir FH 3868, § 1-1). Ces dispositions résultent de la transposition dans le CGI de la directive dite « DAC 6 » (dir. 2018/822 du 25 mai 2018). En raison des perturbations causées par la pandémie du Covid-19, une directive européenne a autorisé les États membres de l'UE à reporter de 6 mois les obligations déclaratives découlant de cette nouvelle réglementation (dir. 2011/16/UE, art. 27 bis et 27 ter nouveaux). Transposant cette directive en droit interne français, la 3e loi de finances rectificative pour 2020 reporte les délais (loi 2020-935 du 30 juillet 2020, art. 53, II ; ord. 2019-1068 du 21 octobre 2019, art. 2, II modifié) :
– au 1er janvier 2021, pour la date d'ouverture du délai de 30 jours applicable pour déclarer les informations prévues pour les dispositifs transfrontières mis à disposition aux fins de leur mise en œuvre, ou prêts à être mis en œuvre, ou lorsque la première étape de leur mise en œuvre a été accomplie entre le 1er juillet et le 31 décembre 2020, ou lorsque les intermédiaires fournissent, directement ou par l'intermédiaire d'autres personnes, une aide, une assistance ou des conseils entre ces dates ;
– au 28 février 2021 la date limite de déclaration des dispositifs transfrontières dont la première étape a été mise en œuvre entre le 25 juin 2018 et le 30 juin 2020.

En outre, les intermédiaires sont soumis à l'obligation de communiquer à l'administration tous les 3 mois une mise à jour des informations relatives aux dispositifs conçus, commercialisés, prêts à être mis en œuvre ou mis à disposition aux fins de mise en œuvre sans avoir besoin d'être adaptés de façon importante (dispositifs « commercialisables ») (CGI art. 1649 AG, I.4° ; voir FH 3846, § 6-18). Cette déclaration doit en principe être réalisée au dernier jour de chaque trimestre (BOFiP-CF-CPF-30-40-20-§ 100-25/11/2020 ; voir FH 3846, § 6-18). La communication est reportée au 30 avril 2021 (loi 2020-935 du 30 juillet 2020 art. 53, II ; ord. 2019-1068 du 21 octobre 2019, art. 2, II modifié).

➡ **EN PRATIQUE** Pour les obligations déclaratives dont l'échéance intervient entre le 1er janvier et le 30 avril 2021, une solution transitoire de dépôt des fichiers en mode EDI est mise en place afin que les intermédiaires et les contribuables concernés soient en mesure de remplir les obligations leur incombant à partir de janvier 2021. Ces derniers doivent demander un accès à la plateforme en adressant un courriel à l'adresse suivante : dac6@dgfip.finances.gouv.fr

L'objet du message doit s'intituler DEMANDE ACCÈS EDI, et comporter l'identifiant du compte sur le portail professionnel, l'adresse e-mail et les nom et N° Siren de l'entreprise représentée. L'identifiant de connexion et le mot de passe sont adressés dans deux courriels. L'adresse de connexion pour déposer les fichiers XSD est « passtrans.impots.gouv.fr. fichiers XSD ». L'administration conseille d'effectuer une copie d'écran au moment de l'acquittement technique du dépôt du fichier.

La preuve de dépôt de la déclaration et ses références seront adressées lors de la mise en service du dispositif de réception définitif (en mai 2021).

Présentation de la déclaration 2065

Nouveautés du millésime 2021

1-40 La déclaration 2065-SD millésimée 2021 comporte comme la précédente cinq cadres principaux (cadres A à G). Le millésime 2021 est aménagé à la marge par rapport au précédent. Le cadre C est adapté pour tenir compte de la baisse du taux de l'IS.

Un nouveau cadre est introduit en bas de la première page de la déclaration réservée à la mention de l'option pour l'examen de conformité fiscale (voir § 1-111).

Les informations à mentionner sur la déclaration 2065-SD bis, regroupant les cadres H à K, sont inchangées.

Trois lignes en-tête de la déclaration

1-41 **Exercice comptable, régime d'imposition, régime de groupe.** La société doit indiquer la date d'ouverture et de clôture de l'exercice pour lequel la déclaration est souscrite. Si elle est société mère du groupe et souscrit la déclaration pour l'ensemble du groupe, elle doit cocher la case correspondante.

En tête de la déclaration, un emplacement est réservé à l'indication du régime d'imposition (« simplifié d'imposition » ou « réel normal ») dont relève l'entreprise.

1-42 **PME innovante.** Selon nos informations, il s'agit de la PME innovante au sens de l'article 217 octies du CGI, c'est-à-dire celle dont les titres ouvrent droit, pour la société investisseur soumises à l'IS, à un amortissement exceptionnel sur 5 ans des souscriptions au capital réalisées directement ou via un véhicule d'investissement (CGI art. 217 octies). La notice précise que le tableau récapitulatif des investissements réalisés doit être déposé en annexe libre.

1-43 **Option pour le régime de la taxation au tonnage.** Les entreprises dont 75 % du chiffre d'affaires au moins provient de l'exploitation de navires armés au commerce peuvent, sur option, calculer leur bénéfice imposable en fonction des jauges des navires (CGI art. 209-0 B).

L'option s'applique pour une période irrévocable de 10 ans, renouvelable au terme de cette période. Cette option est formulée au plus tard à la date limite de dépôt de la déclaration de résultat du premier exercice au titre duquel le bénéfice du régime est demandé (BOFiP-IS-BASE-60-40-20-10-§ 1-25/03/2013).

Si l'entreprise a exercé cette option, elle doit le préciser en cochant la case correspondante en tête de la déclaration 2065-SD.

Les retraitements fiscaux relatifs à cette option sont exposés lors de l'étude du tableau 2058-A (voir §§ 14-75, 14-76 et 14-134).

Identification et activité de l'entreprise

1-44 La rédaction du cadre A de la déclaration 2065-SD relatif à l'identification de l'entreprise ne comporte pas de difficulté particulière, les indications de l'imprimé étant suffisamment explicites.

Ce cadre est complété par des indications relatives au régime fiscal des groupes de sociétés. L'entreprise déclarante doit mentionner sa date d'entrée dans le groupe. Si la société déclarante est une filiale du groupe, elle doit indiquer dans le cadre A le nom, l'adresse du lieu d'imposition et le numéro d'identification de la société mère.

Au cadre B, l'entreprise doit mentionner la nature de son activité. Si elle a changé d'activité en cours d'année, elle doit cocher la case *ad hoc*. Ce changement d'activité est susceptible d'entraîner les conséquences fiscales d'une cessation d'entreprise, l'imposition des plus-values latentes et la perte du droit au report de ses déficits (CGI art. 221, 5).

Les chiffres indiqués renvoient aux commentaires de cette fiche

N° 2065-SD
2021
cerfa
N° 11084*22
Formulaire obligatoire
(art 223 du Code général des impôts)
Timbre à date du service

RÉPUBLIQUE FRANÇAISE
Liberté
Égalité
Fraternité

Formulaire à déposer en double exemplaire

IMPÔT SUR LES SOCIÉTÉS

Exercice ouvert le	1-41	et clos le	1-41	Régime simplifié d'imposition	1-41
Déclaration souscrite pour le résultat d'ensemble du groupe	1-41			Régime réel normal	
Si PME innovantes, cocher la case ci-contre	1-42				
Si option pour le régime optionnel de taxation au tonnage, art. 209-0 B (entreprises de transport maritime), cocher la case					1-43

A IDENTIFICATION DE L'ENTREPRISE

Désignation de la société:	Adresse du siège social:
SIRET	**Mél :**
Adresse du principal établissement:	Ancienne adresse en cas de changement:

RÉGIME FISCAL DES GROUPES

Les entreprises placées sous le régime des groupes de sociétés doivent déposer cette déclaration en deux exemplaires (art 223 A à U du CGI)

Date d'entrée dans le groupe de la société déclarante

Pour les sociétés filiales, désignation, adresse du lieu d'imposition et n° d'identification de la société mère:

SIRET

B ACTIVITÉ

Activités exercées	1-45	Si vous avez changé d'activité, cochez la case	

C RÉCAPITULATION DES ÉLÉMENTS D'IMPOSITION (cf. notice de la déclaration n°2065-SD)

1. Résultat fiscal

Bénéfice imposable à 31 %	1-52	Bénéfice imposable à 28%	1-54	Déficit	1-52
Bénéfice imposable à 15 %	1-53	Résultat net de cession, de concession ou de sous-concession des brevets et droits de propriété industrielle assimilés imposable au taux de 10 %			1-55

2. Plus-values

PV à long terme imposables à 15 %	1-56	PV à long terme imposables à 19 %	1-57	PV exonérées (art. 238 *quindecies*)	1-60
Autres PV imposables à 19 %	1-58	PV à long terme imposables à 0%	1-59		

3. Abattements et exonérations notamment entreprises nouvelles ou implantées en zones d'entreprises ou zones franches

Entreprise nouvelle, art. 44 *sexies*	1-62	Jeunes entreprises innovantes, art. 44 *sexies*-0 A	1-65	Pôle de compétitivité, art. 44 *undecies*	1-66
Entreprise nouvelle, art. 44 *septies*	1-63	Zone franche d'activité, art. 44 *quaterdecies*	1-67	Zone de restructuration de la défense, art. 44 *terdecies*	1-68
Bassins urbains à dynamiser (BUD), art. 44 *sexdecies*	1-69	Zone franche urbaine – Territoire entrepreneur, art. 44 *octies* A	1-64	Autres dispositifs	1-72
		Zone de développement prioritaire, art. 44 *septdecies*	1-70		
Société d'investissement immobilier cotée	1-71	Bénéfice ou déficit exonéré (indiquer + ou - selon le cas)	1-61	Plus-values exonérées relevant du taux de 15%	1-61

4. Option pour le crédit d'impôt outre-mer : dans le secteur productif, art. 244 quater W du CGI (cocher la case) 1-73

D IMPUTATIONS (cf. notice de la déclaration n° 2065-SD)

1. Au titre des revenus mobiliers de source française ou étrangère, ayant donné lieu à la délivrance d'un certificat de crédits d'impôts	1-81 à
2. Au titre des revenus auxquels est attaché, en vertu d'une convention fiscale conclue avec un État étranger, un territoire ou une collectivité territoriale d'Outre-mer, un crédit d'impôt représentatif de l'impôt de cet état, territoire ou collectivité.	1-84

E CONTRIBUTION ANNUELLE SUR LES REVENUS LOCATIFS (cf. notice de la déclaration n° 2065-SD)

Recettes nettes soumises à la contribution de 2,5% 1-90 à 1-102

F ENTREPRISES SOUMISES OU DÉSIGNÉES AU DÉPÔT DE LA DÉCLARATION PAYS PAR PAYS CbC/DAC4 (cf. notice du formulaire n°2065-SD)

1. Si vous êtes la société tête de groupe soumise au dépôt de la déclaration n °2258-SD (art. 223 *quinquies* C-I-1 du CGI), cocher la case ci-contre		1-36 et 1-105
2. Si vous êtes la société tête de groupe et que vous avez désigné une autre entité du groupe pour souscrire la déclaration n° 2258-SD, indiquer le nom, adresse et numéro d'identification fiscale de l'entité désignée	Nom/Adresse N°	
3. Si vous êtes l'entreprise désignée au dépôt de la déclaration n° 2258-SD par la société tête de groupe (art. 223 *quinquies* C-I-2 du CGI), cocher la case ci-contre		
Dans ce cas, veuillez indiquer le nom, adresse et numéro d'identification fiscale de la société tête de groupe	Nom/Adresse N°	

G COMPTABILITÉ INFORMATISÉE

L'entreprise dispose-t-elle d'une comptabilité informatisée ? OUI NON Si oui, indication du logiciel utilisé 1-110

Vous devez obligatoirement souscrire le formulaire n° 2065-SD par voie dématérialisée. Le non respect de cette obligation est sanctionné par l'application de la majoration de 0,2 % prévue par l'article 1738 du CGI. Vous trouverez toutes les informations utiles pour télédéclarer sur le site www.impots.gouv.fr

S'agissant des notices des liasses fiscales, elles sont accessibles uniquement sur le site www.impots.gouv.fr.

Nom et adresse du professionnel de l'expertise comptable:	Nom et adresse du conseil:
Tél:	**Tél:**
OGA/OMGA — Viseur conventionné — (Cocher la case correspondante)	Identité du déclarant
Nom et adresse du CGA/OMGA ou du viseur conventionné :	Date: Lieu:
	Qualité et nom du signataire:
N° d'agrément du CGA/OMGA ou viseur conventionné	Signature :
Examen de conformité fiscale (ECF) 1-11 ***prestataire :***	

Les chiffres indiqués renvoient aux commentaires de cette fiche

Formulaire obligatoire
(art 223 du Code général des impôts)

IMPÔT SUR LES SOCIÉTÉS

ANNEXE AU FORMULAIRE N° 2065-SD

N° 2065 *bis*-SD
2021

H	**RÉPARTITION DES PRODUITS DES ACTIONS ET PARTS SOCIALES, AINSI QUE DES REVENUS ASSIMILÉS DISTRIBUÉS** **1-115**					
Montant global brut des distributions (1)	payées par la société elle-même	*a*	**1-116**	payées par un établissement chargé du service des titres	b	**1-116**
Montant des distributions correspondant à des rémunérations ou avantages dont la société ne désigne pas le (les) bénéficiaire (s) (2)					*c*	**1-117**
Montant des prêts, avances ou acomptes consentis aux associés, actionnaires et porteurs de parts, soit directement, soit par personnes interposées					*d*	**1-118**
Montant des distributions autres que celles visées en (a), (b), (c) et (d) ci-dessus (3)					*e*	**1-119**
					f	
					g	
					h	
Montant des revenus distribués éligibles à l'abattement de 40% prévu au 2° du 3 de l'article 158 du CGI (4)					*i*	**1-120**
Montant des revenus distribués non éligibles à l'abattement de 40% prévu au 2° du 3 de l'article 158 du CGI					*j*	
Montant des revenus répartis (5)					***Total (a à h)***	

I RÉMUNÉRATIONS NETTES VERSÉES AUX MEMBRES DE CERTAINES SOCIÉTÉS *(si ce cadre est insuffisant, joindre un état du même modèle)*							
Nom, prénoms, domicile et qualité (art. 48-1 à 6 ann. III au CGI): * SARL, tous les associés; * SCA, associés gérants; * SNC ou SCS, associés en nom ou commandités * SEP et société de copropriétaires de navires, associés, gérants ou coparticipants	Pour les SARL	Sommes versées, au cours de la période retenue pour l'assiette de l'impôt sur les sociétés, à chaque associé, gérant ou non, désigné col.1, à titre de traitements, émoluments, indemnités, remboursements forfaitaires de frais ou autres rémunérations de ses fonctions dans la société.					
	Nombre de parts sociales appartenant à chaque associé en toute propriété ou en usufruit.	Année au cours de laquelle le versement a été effectué	Montant des sommes versées:				
			à titre de traitements, émoluments et indemnités proprement dits	à titre de frais de représentation, de mission et de déplacement		à titre de frais professionnels autres que ceux visés dans les colonnes 5 et 6	
				Indemnités forfaitaires	Remboursements	Indemnités forfaitaires	Remboursements
1	*2*	*3*	*4*	*5*	*6*	*7*	*8*
1-130 et 1-131							

J DIVERS **1-132**
* NOM ET ADRESSE DU PROPRIETAIRE DU FONDS (en cas de gérance libre)
* ADRESSES DES AUTRES ETABLISSEMENTS (si ce cadre est insuffisant, joindre un état du même modèle)

K CADRE NE CONCERNANT QUE LES ENTREPRISES PLACÉES SOUS LE RÉGIME SIMPLIFIÉ D'IMPOSITION			
RÉMUNÉRATIONS		MOINS-VALUES A LONG TERME IMPOSÉES À 15%	
Montant brut des salaires, abstraction faite des sommes comprises dans les DSN et versées aux apprentis sous contrat et aux handicapés (a)	**1-133**	MVLT restant à reporter à l'ouverture de l'exercice	**1-134** à **1-136**
		MVLT imputée sur les PVLT de l'exercice	
Rétrocessions d'honoraires, de commissions et de courtages (b)		MVLT réalisée au cours de l'exercice	
		MVLT restant à reporter	

Récapitulation des éléments d'imposition [2065, cadre C]

Résultat fiscal [rubrique 1]

Cas général

1-52 Tous les réajustements extra-comptables nécessaires ayant été opérés sur le tableau 2058-A « Détermination du résultat fiscal » (régime du réel normal) ou 2033-B (réel simplifié), il suffit, pour la généralité des entreprises, de reporter purement et simplement sur l'imprimé 2065-SD le chiffre figurant :

– sur la ligne XN (bénéfice) ou XO (déficit) du tableau 2058-A, si l'entreprise relève du réel normal ;

– sur la ligne 370 ou 372 du tableau 2033-B, si elle est placée sous le réel simplifié.

Les sociétés mères, en tant que sociétés têtes de groupes intégrés, doivent porter le résultat tel qu'il est retenu pour la détermination du résultat d'ensemble du groupe intégré.

Répartition des bénéfices imposables selon leur taux d'imposition

1-53 **Taux de 15 %.** Au cadre C, 1 de la déclaration 2065-SD, les entreprises mentionnent la fraction du bénéfice imposée au taux de 15 %.

Le taux réduit de 15 % s'applique à la fraction du bénéfice n'excédant pas 38 120 €, par période de 12 mois, réalisé par toutes les sociétés passibles de l'IS dont le chiffre d'affaires est inférieur à 7 630 000 € et dont le capital entièrement libéré est détenu de manière continue, pour 75 % au moins, directement ou indirectement, par des personnes physiques (CGI art. 219, I.b) (voir §§ 42-3 à 42-14). Pour les sociétés placées sous le régime d'intégration fiscale, il convient de prendre en compte le chiffre d'affaires de l'ensemble des sociétés membres du groupe.

Le chiffre d'affaires à apprécier est la somme des lignes 210, 214 et 218 du tableau 2033-B pour les entreprises relevant du RSI ou celui de la ligne FL du tableau 2052 pour celles relevant du réel normal.

Les entreprises concernées doivent annexer à leur déclaration un état de détermination du résultat imposé au taux réduit et un état de répartition de leur capital social. Les modèles diffusés par l'administration et reproduits ci-après à titre d'exemples ne sont pas publiés au BOFiP et ne font pas l'objet de cerfa. Ils sont extraits de l'éditeur de liasse EDI (références CALC219B1 et LTENG219B4). Il convient de souligner que les lignes e, j, et k du modèle de détermination des bénéfices soumis au taux réduit sont erronées en ce sens que le régime des produits de la propriété industrielle taxables à 10 % est désormais prévu par l'article 238 du CGI et non plus par l'article 39 terdecies -1 du CGI qui a été abrogé. En outre, ces produits taxables au taux réduit ne relèvent pas du régime des plus-values à long terme.

1-54 **Taux de 28 % et de 31 %.** Pour les exercices ouverts depuis le 1er janvier 2020 le taux normal d'IS s'établit en principe à 28 % pour toutes les entreprises (sous réserve, pour les PME, de l'application du taux de 15 % sur la fraction de leur bénéfice n'excédant pas 38 120 €) (voir § 1-53). Pour les entreprises dont le chiffre d'affaires est égal ou supérieur à 250 M€, le taux d'IS s'établit à 31 % au-delà de 500 000 € de bénéfice (CGI art. 219, I.al. 2).

1-55 **Taux de 10 %.** Les entreprises peuvent, sur option, soumettre à un taux réduit d'imposition de 10 % le résultat net portant sur la cession, concession ou sous-concession de licence d'exploitation portant sur certains droits de la propriété industrielle (CGI art. 238 ; BOFiP-BIC-BASE-110-10-22/04/2020).

Le résultat taxable à 10 % est déduit extra-comptablement du résultat de l'entreprise imposable dans les conditions de droit commun pour être soumis au taux réduit. Le résultat net doit être indiqué au niveau du cadre C 1 « Résultat fiscal » et non au niveau du cadre C, 2 « Plus-values ».

Ce montant correspond au montant du résultat net de cession, de concession ou de sous-concession de brevets et actifs incorporels assimilés imposable à 10 % après compensation éventuelle avec le déficit de l'exercice.

Les entreprises qui ont exercé l'option doivent joindre à leur déclaration de résultat le formulaire 2468-SD.

Modalités de calcul du résultat net imposable au taux réduit. Les modalités de ce calcul sont détaillées dans le tableau du cadre 1 du formulaire 2468-SD. Ce tableau doit être rempli comme suit :

Taux réduit d'impôt sur les sociétés Détermination des bénéfices soumis au taux réduit (CGI art. 219-I-b ; ann. III art. 46 quater-0 ZZ bis A)		
Identification de la société Désignation de la société et adresse de son principal établissement N° SIRET du principal établissement Code APE Adresse du siège social si différente		
	I – Résultats de l'exercice	€
A.	**Résultats imposables dans les conditions de droit commun**	
a	Bénéfice net de l'exercice avant imputation des déficits antérieurs (tableau 2058-A, ligne XI ou tableau 2033-B, ligne 352)	
b	Dont plus-value nette à court terme (tableau 2059-A, total colonne 11 ou tableau 2033-C, ligne 596)	
c	Déficits ou amortissements réputés différés imputés au titre de l'exercice (tableau 2058-A, lignes XL et XM ou tableau 2033-B, lignes 360 et 368)	
B.	Résultats relevant du régime des plus-values à long terme	
d	Plus-value nette à long terme de l'exercice pour les entreprises soumises au régime réel normal, tableau 2058-A, ligne WW	
e	Dont résultat net de la concession de licences d'exploitation d'éléments mentionnés au 1 de l'article 39 terdecies du CGI	
f	Dont moins-values à long terme ou déficits imputés au titre de l'exercice (pour les entreprises soumises au régime réel normal, tableau 2058-A, lignes WW et XB)	
	II – Bénéfices soumis au taux réduit	€
g	*Montant maximal éligible au taux réduit : 38 120 € durée de l'exercice (en mois/12)*	
h	Dont plus-value nette à court terme imposable	
i	Dont résultat net imposable dans les conditions de droit commun autre que la plus-value nette à court terme de l'exercice	
j	Dont résultat net imposable de la concession de licences d'exploitation d'éléments mentionnés au 1 de l'article 39 terdecies du CGI	
k	Dont plus-value nette à long terme autre que le résultat net imposable de la concession de licences d'exploitation d'éléments mentionnés au 1 de l'article 39 terdecies du CGI	
	Total lignes h à k à reporter cadre C-1 de l'imprimé 2065	
l	**III - Bénéfices soumis au taux normal** [Total des lignes (a – c – h – i) à reporter cadre C-1 de l'imprimé 2065]	
m	**IV - Plus-value nette à long terme soumise au taux de 19 %** [Total des lignes (d – j – k) à reporter cadre C-2 de l'imprimé 2065]	

Taux réduit d'impôt sur les sociétés

Répartition du capital

(CGI art. 219 I b ; ann. III art. 46 quater-0 ZZ bis A)

Identification de la société

Désignation de la société et adresse de son principal établissement

Numéro SIRET du principal établissement

Code APE

Adresse du siège social si différente

PARTICIPATIONS DÉTENUES PAR D'AUTRES SOCIÉTÉS À LA CLÔTURE DE L'EXERCICE

(a) Désignation de la société participante et adresse de son siège social	(b) % de participation	(c) Nom et adresse des personnes physiques participant au capital de la société (a)	(d) % de participation détenu dans la société (a)
...			
...			

PARTICIPATIONS DÉTENUES À LA CLÔTURE DE L'EXERCICE PAR DES FONDS COMMUNS DE PLACEMENT, SOCIÉTÉS DE CAPITAL-RISQUE, SOCIÉTÉ DE DÉVELOPPEMENT RÉGIONAL, OU DES SOCIÉTÉS FINANCIÈRES D'INNOVATION

(a) Désignation de la société ou du fonds et adresse de son siège social			(b) % de participation
...			
...			

MODIFICATIONS INTERVENUES DANS LA COMPOSITION DU CAPITAL AU COURS DE L'EXERCICE

Nature de l'opération	Nom et adresse de l'acheteur/souscripteur	Nom et adresse du vendeur	% de participation concerné par l'opération
...			
...			

– dans la colonne 1 « Actif, bien ou service, famille de biens ou services », il convient d'indiquer la ou les catégorie(s) d'actifs éligibles concernés et dans la colonne 2 sa dénomination ;
– la date d'ouverture du premier exercice au titre duquel l'option a été exercée pour cet actif est mentionnée colonne 3 ;
– la colonne 4 est réservée au solde de résultat net déficitaire afférent à l'actif concerné qui n'a pas pu être imputé à la clôture de l'exercice précédent et qui demeure reportable sans limite de durée sur les résultats nets bénéficiaires de cession, de concession ou de sous-concession du même actif, réalisés au cours des exercices suivants ;
– dans la colonne 5, il convient de reporter le résultat net de cession, de concession ou de sous-concession de l'exercice afférent à l'actif concerné, après imputation du montant de l'éventuel résultat net déficitaire porté dans la colonne 4 et avant application du rapport d'assujettissement au taux réduit de l'exercice porté dans la colonne 6 (le rapport d'assujettissement doit être mentionné dans la colonne 6, que le résultat soit bénéficiaire ou déficitaire) ; si le rapport de remplacement est utilisé sur agrément, il convient de le mentionner à la rubrique 3 « Résultat net imposable à taux réduit calculé en faisant usage du rapport de remplacement » ;
– la colonne 7 est à servir lorsque le résultat net de l'exercice porté dans la colonne 5 est bénéficiaire. Dans ce cas, il lui est appliqué le rapport d'assujettissement au taux réduit de l'exercice porté dans la colonne 6. Le résultat net imposable au taux réduit ainsi obtenu doit être ventilé, selon l'option choisie par l'entreprise (imposition à 10 % ou imputation sur le déficit de l'exercice), entre les colonnes 7a et 7b.

La rubrique 2 « résultat net imposable à taux réduit issu des inventions brevetables non brevetées certifiées par l'INPI » ne concerne que les PME au sens donné par l'OCDE.

Plus-values [rubrique 2]

1-56 Plus-values à long terme imposables au taux de 15 %. Il convient de reporter dans le cadre « Plus-values à long terme imposables au taux de 15 % » de la rubrique 2 du cadre C le montant net de la plus-value à long terme de l'exercice 2020 imposable au taux de 15 % après les éventuelles imputations des moins-values à long terme ou des déficits.

Le taux de 15 % s'applique aux plus-values de cession de parts de FCPR et de SCR détenues depuis au moins 5 ans, pour la fraction qui ne relève pas du taux de 0 %, ainsi qu'aux distributions réalisées par les SCR et aux répartitions effectuées par les FCPR, pour la fraction qui ne relève pas du taux de 0 %.

Pour les entreprises soumises au régime réel normal, le montant de la plus-value imposée au taux de 15 % apparaît sur la ligne WV du tableau 2058-A (voir § 14-91).

Pour les entreprises qui bénéficient d'allégements fiscaux, la fraction taxable de la plus-value est à reporter ici, le montant des allégements étant reporté dans la rubrique C3.

Le montant à déclarer dans cette case est le montant net des plus-values de l'exercice (après imputation, le cas échéant, des moins-values à long terme subies au titre des 10 exercices antérieurs et restant à reporter et des déficits imputés sur cette plus-value).

1-57 Plus-value à long terme imposable au taux de 19 %. Les plus-values taxables à 19 % ne sont pas regroupées dans une même rubrique. Il convient de mentionner dans le cadre « Plus-values à long terme imposables au taux de 19 % » les plus-values à long terme afférentes aux titres de sociétés à prépondérance immobilière cotées (CGI art. 219, I.a).

La somme mentionnée dans ce cadre a été déduite du résultat fiscal, à la ligne WP du tableau 2058-A (plus-value à long terme imposée au taux de 19 %).

Relèvent du taux de 19 % les plus-values à long terme provenant de la cession de titres de sociétés à prépondérance immobilière cotées. Les cessions de titres de sociétés à prépondérance immobilière non cotées sont exclues du régime des plus et moins-values à long terme.

➟ **À NOTER** Il convient de noter que la plus-value nette à long terme taxable au taux de 19 % a été déterminée après imputation des moins-values à long terme subies au cours des 10 exercices antérieurs (voir § 19-1, tableau 2059-C).

1-58 Autres plus-values imposables au taux de 19 %. Sont mentionnées dans le cadre « autres plus-values à long terme imposables au taux de 19 % » les sommes taxées au taux de 19 %, autres que les plus-values à long terme. Il convient de reporter dans cette rubrique la somme mentionnée sur la ligne I6 du tableau 2058-A (voir § 14-91).

Les produits bénéficiant du taux réduit de 19 % sont les suivants :

– plus-values latentes imposées à l'occasion d'une option pour le régime des sociétés d'investissements immobiliers cotées (CGI art. 208 C ; BOFiP-IS-CHAMP-30-20-20-12/09/2012) ;

– plus-values de cession de locaux à usage de bureaux, commercial ou industriel ou de terrains situés dans certaines zones à un cessionnaire qui s'engage à les transformer en locaux à usage d'habitation ou à construire de tels locaux dans un délai de 4 ans, une prorogation de 2 ans au plus pouvant être obtenue (CGI art. 210 F).

Le taux réduit de 19 % s'applique si le cessionnaire est une personne morale (loi 2020-1721 du 29 décembre 2020, art. 25). Pour que le dispositif s'applique, il ne doit pas exister pas de lien de dépendance entre le cédant et le cessionnaire au sens de l'article 39, 12 du CGI. Le cessionnaire doit s'engager à transformer les locaux acquis en locaux à usage d'habitation dans un délai de quatre ans ou à construire des locaux à usage d'habitation dans ce même délai. Le cessionnaire peut demander une prorogation de ce délai pour une durée qui ne peut excéder un an et qui peut faire l'objet d'un seul renouvellement.

➟ **À NOTER** Le montant des plus-values nettes pouvant bénéficier du taux réduit est déterminé dans les conditions de droit commun. Les plus-values nettes s'entendent du résultat algébrique des plus ou moins-values réalisées au titre des opérations éligibles à ces dispositifs temporaires. Les éventuelles moins-values nettes sont déductibles dans les conditions de droit commun (elles ne constituent pas des moins-values nettes à long terme).

1-59 Plus-values imposables au taux de 0 %. Les sociétés mentionnent dans le cadre « plus-values à long terme imposables au taux de 0 % » le montant net de la plus-value à long terme relevant du taux de 0 %. Pour les sociétés qui relèvent du régime réel normal, cette plus-value est déduite sur la ligne WH du tableau 2058-A (voir § 14-91).

On rappelle que relèvent du taux de 0 %, à l'exception des titres de sociétés à prépondérance immobilière (CGI art. 219, I.a quinquies) :
– les titres de participation (au sens comptable) ;
– les titres ouvrant droit au régime des sociétés mères (à condition de détenir au moins 5 % des droits de vote de la société émettrice) et les actions acquises en exécution d'une OPA ou d'une OPE par l'entreprise qui en est l'initiatrice, à condition que ces titres et actions soient inscrits en comptabilité à une subdivision spéciale « Titres relevant du régime du long terme ».

En contrepartie de cette exonération, une quote-part de frais et charges, égale à 12 % du montant brut des plus-values de cession des titres de participation, est comprise dans le résultat imposable.

Peuvent également bénéficier du taux de 0 % certaines distributions et répartitions réalisées par les SCR et certains fonds d'investissement (FCPR, FPCI) ainsi qu'une fraction des plus-values réalisées sur la cession de ces titres, sous certaines conditions.

1-60 Plus-values exonérées. Il convient de mentionner dans le cadre « Plus-values exonérées (art. 238 quindecies) » le montant des plus-values exonérées dans le cadre de la transmission d'une branche d'activité dont la valeur est inférieure à 300 000 € (exonération totale) ou à 500 000 € (exonération partielle) (CGI art. 238 quindecies).

Les plus-values provenant de la cession de biens immobiliers compris dans la branche d'activité cédée sont exclues de l'exonération. Ce dispositif s'applique aux entreprises soumises à l'IS si elles satisfont à certaines conditions de taille et de détention de leur capital.

Les plus-values provenant de la cession de biens immobiliers compris dans la branche d'activité cédée sont exclues de l'exonération.

Abattements et exonérations [rubrique 3]

1-61 Indications générales. Le bénéfice de l'un ou l'autre des régimes d'exonération ou d'abattement figurant dans cette rubrique doit être indiqué par une croix dans l'une des cases prévues à cet effet. Les entreprises doivent mentionner dans deux cases séparées le montant de l'exonération ou de l'abattement pratiqué :
– d'une part, sur le bénéfice ou le déficit (celui-ci doit être précédé du signe –) ;
– d'autre part, sur les plus-values imposables au taux de 15 %.

Les éléments mentionnés dans cette rubrique C3 ne doivent pas être retranchés des résultats figurant dans les rubriques C1 et C2, ces opérations ayant déjà été effectuées dans le tableau 2058-A ou 2033-B.

Sur la déclaration 2065-SD, les cases cochées de la rubrique 3 doivent correspondre aux mentions portées sur la déclaration 2058-A, ligne XF, cases K9, L2, L5, K3, PA, 0V, 1F, XC, PP, PC et PB.

1-62 Case « Entreprises nouvelles 44 sexies ». Les entreprises nouvelles soumises à un régime réel d'imposition et implantées dans les zones d'aide à finalité régionale (ZAFR) jusqu'au 31 décembre 2020 peuvent, sous certaines conditions, bénéficier d'une exonération d'impôt sur les bénéfices (IR ou IS) pendant 24 mois, puis d'un abattement dégressif au titre des 3 périodes de 12 mois suivantes (75 %, 50 %, 25 %) (CGI art. 44 sexies).

Le régime d'exonération est encore susceptible de s'appliquer pour sa durée restant à courir aux entreprises nouvelles créées jusqu'en 2010 dans les zones de revitalisation rurale (ZRR) (pour ces entreprises, l'exonération totale ou partielle s'étend sur 168 mois au lieu de 60 mois), et dans les zones de redynamisation urbaine (ZRU). Les ZRU ont été supprimées par la loi de programmation pour la ville et la cohésion urbaine (loi 2014-173 du 21 février 2014, JO du 22).

Le bénéfice de l'exonération est subordonné au respect de la réglementation communautaire relative aux aides de minimis, quelle que soit la date de création de l'entreprise.

Le montant du bénéfice exonéré ou de l'abattement porté sous la rubrique 3 de la déclaration 2065-SD figure à la ligne XF et dans la case L2 du tableau 2058-A (ou à la ligne 986 du tableau 2033-B pour les sociétés soumises au régime simplifié d'imposition). Il doit être porté sous cette rubrique 3 en distinguant selon qu'il est imputable sur le bénéfice proprement dit ou bien sur les plus-values à long terme imposables aux taux de 15 %.

Les entreprises concernées doivent par ailleurs joindre à leur déclaration de résultat un état comportant des renseignements sur la situation et la composition de leur capital et sur la situation de leurs associés personnes physiques, établi sur papier libre et conforme au modèle publié par l'administration (CGI, ann. III art. 49 J ; BOFiP-LETTRE-000230-03/06/2015). Les sociétés exerçant une activité professionnelle au sens de l'article 92, 1 du CGI doivent, pour bénéficier du dispositif d'allégement d'impôt, employer un effectif minimal de salariés. Elles doivent donc mentionner leur effectif salarié sur l'état précité.

1-63 Case « Entreprises nouvelles 44 septies ». Ce régime concerne les entreprises créées entre le 1er juillet 2007 et le 31 décembre 2021 pour reprendre une entreprise industrielle en difficulté.

Le montant du bénéfice exonéré figure à la ligne XF et dans la case K9 du tableau 2058-A (ou à la ligne 981 du tableau 2033-B pour les sociétés soumises au régime simplifié d'imposition). Il doit être porté sous la rubrique 3 de la déclaration 2065-SD en distinguant le bénéfice proprement dit des plus-values à long terme imposables aux taux de 15 %.

Les sociétés qui bénéficient de l'exonération doivent, en principe, produire, à l'appui de leur déclaration de résultat de chaque exercice, un état établi sur papier libre comportant des renseignements sur leur situation et sur celle de leurs associés ainsi que sur la situation de l'entreprise reprise et de ses associés ou exploitants (CGI, ann. III art. 46 quater-0 ZU ; BOFiP-FORM-000071-03/06/2015).

Cette exonération est placée sous l'encadrement communautaire des aides de minimis. Sur agrément, les entreprises peuvent bénéficier d'un plafond d'aide majoré.

1-64 Entreprises implantées dans les zones franches urbaines (ZFU-TE). L'exonération est susceptible de s'appliquer aux activités implantées dans les zones franches urbaines-territoire entrepreneur (ZFU-TE) de troisième génération le 1er janvier 2006 et aux activités implantées dans les trois générations de ZFU-TE depuis cette date et jusqu'au 31 décembre 2022 (CGI art. 44 octies A).

L'exonération des bénéfices est totale pendant 5 ans. Cette période d'exonération totale est suivie d'une période d'exonération dégressive sur 9 ans (5 ans d'abattement à 60 %, 2 ans à 40 % et 2 ans à 20 %). Pour ces entreprises, le bénéfice exonéré ne peut dépasser 100 000 € par période de 12 mois, majoré d'une majoration pour embauche de 5 000 € par salarié, dans certaines conditions.

Pour les entreprises implantées dans les ZFU-TE du 1er janvier 2012 au 31 décembre 2014, qui emploient au moins un salarié, l'exonération est subordonnée à l'exonération des cotisations sociales. Cette règle peut conduire à une exonération partielle des bénéfices, limitée au nombre de mois pour lesquels l'entreprise a été exonérée des cotisations sociales.

Pour les entreprises qui créent des activités dans une ZFU-TE depuis le 1er janvier 2015 :
– après la période d'exonération totale de 60 mois (qui reste inchangée), la période d'imposition progressive des résultats est réduite à 3 périodes de 12 mois (au lieu de 9 périodes de 12 mois). Les bénéfices sont ainsi soumis à l'impôt sur le revenu ou à l'impôt sur les sociétés à concurrence de 40 %, 60 % ou 80 % de leur montant, selon qu'ils sont réalisés respectivement au cours de la 1re, de la 2e ou de la 3e période de 12 mois suivant la période d'exonération. La durée de la période d'exonération totale ou partielle est donc de 8 périodes de 12 mois ;
– le bénéfice exonéré ne peut pas excéder 50 000 € (au lieu de 100 000 €) par contribuable et par période de 12 mois. La majoration du plafond pour embauche de salariés est maintenue et reste fixée à 5 000 € par nouveau salarié embauché à compter du 1er janvier 2015, domicilié dans un QPV ou dans une ZFU et employé à temps plein pendant une période d'au moins 6 mois.

En outre, sont tenues de respecter le plafond communautaire relatif aux aides de minimis :
– les entreprises implantées dans les ZFU depuis le 1er janvier 2012 ;
– pour les implantations antérieures : les entreprises implantées au 1er janvier 2006 dans les ZFU-TE de 3e génération, les entreprises implantées au 1er janvier 2007 dans les ZFU-TE de 1re et de 2e génération étendues, les entreprises implantées dans les ZFU-TE de 1re génération et placées sous le régime d'exonération visé par l'article 44 octies du CGI, pour les avantages accordés à compter du 1er janvier 2007, les entreprises implantées au 1er janvier 2004 dans les ZFU de 2e génération.

Le régime décrit ci-dessus s'est substitué à un précédent régime d'exonération en ZFU (CGI art. 44 octies), lequel prévoyait une phase d'exonération totale pendant 60 mois suivie d'une phase d'abattement dégressif pendant 36 mois pour la généralité des entreprises et pendant

108 mois pour les entreprises employant moins de 5 salariés. Les entreprises encore placées sous ce régime continuent de bénéficier de l'exonération jusqu'à son terme. Pour ces entreprises, le bénéfice exonéré ne peut dépasser 61 000 € par période de 12 mois.

Le montant du bénéfice exonéré porté sous la rubrique 3 de la déclaration 2065-SD figure à la ligne XF et dans la case 0V du tableau 2058-A (ou à la ligne 987 du tableau 2033-B pour les sociétés soumises au régime simplifié d'imposition). Il doit être porté sous la rubrique 3 de la déclaration 2065-SD en distinguant le bénéfice proprement dit des plus-values à long terme imposables aux taux de 15 %.

Ces entreprises doivent par ailleurs joindre à leur déclaration de résultat un état comportant les éléments nécessaires à la détermination du bénéfice ouvrant droit à exonération (CGI, ann. III art. 49 L ; BOFiP-FORM-000072-05/08/2015 ; BOFiP-FORM-000078-05/08/2015). Pour les entreprises qui créent des activités dans les ZFU à compter du 1er janvier 2012, cet état est complété par le document conforme au modèle établi par l'administration précisant si elle a bénéficié de l'exonération sociale et le nombre de mois pendant lesquels elle en a bénéficié au cours de l'exercice clos ou de la période d'imposition (BOFiP-FORM-000032-05/08/2015).

Les bailleurs d'immeubles ne sont pas tenus de produire cet état et doivent joindre à leur déclaration la liste et le lieu d'implantation de leurs propriétés données en location ainsi que l'état des bénéfices provenant des immeubles situés en ZFU (CGI, ann. III art. 49 N). En cas de transfert d'activité dans une ZFU, le contribuable doit indiquer les lieux antérieurs d'exercice de son activité, le service des impôts auprès duquel ses déclarations ont été souscrites et les montants des aides et subventions qui lui ont été accordées (CGI, ann. III art. 49 O).

1-65 Jeunes entreprises innovantes. Le statut de « jeune entreprise innovante réalisant des projets de recherche et de développement » (JEI) est accordé aux PME âgées de moins de 8 ans, dont le capital est détenu de manière continue, directement ou indirectement, à 50 % au moins par des personnes physiques ou par certaines structures d'investissement, et qui réalisent au moins 15 % de dépenses de recherche et de développement (CGI art. 44 sexies-0 A). Les exonérations sont accordées aux JEI créées entre le 1er janvier 2004 et le 31 décembre 2022.

L'entreprise qui remplit simultanément les cinq conditions d'application du régime peut notamment bénéficier, au titre de ce statut, d'une exonération totale d'impôt sur les bénéfices (BIC, IS, BNC) pendant 12 mois, puis d'une exonération de moitié au titre des 12 mois suivants (CGI art. 44 sexies A). Les avantages fiscaux sont placés sous l'encadrement communautaire des aides de minimis.

Le montant du bénéfice exonéré porté sous la rubrique 3 de la déclaration 2065-SD figure à la ligne XF et dans la case L5 du tableau 2058-A (ou dans la case 989 du tableau 2033-B pour les sociétés soumises au régime simplifié d'imposition).

1-66 Pôles de compétitivité. Les entreprises qui participaient, au 16 novembre 2009, à un projet de recherche et de développement et sont implantées dans une zone de recherche et de développement sont exonérées d'IR ou d'IS à raison des bénéfices qu'elles y réalisent au titre des 3 premiers exercices ou périodes d'imposition bénéficiaires, cette période d'exonération totale des bénéfices réalisés ne pouvant excéder 36 mois. Les bénéfices réalisés au titre des 2 exercices ou périodes d'imposition bénéficiaires suivant cette période d'exonération ne sont soumis à l'impôt sur le revenu ou l'impôt sur les sociétés que pour la moitié de leur montant (CGI art. 44 undecies).

Le montant du bénéfice exonéré n'apparaît plus dans une case distincte du tableau 2058-A. S'il subsiste en 2020 un montant exonéré, il est compris dans la somme portée dans la case XF du tableau 2058-A (ou dans la case 989 du tableau 2033-B pour les sociétés soumises au régime simplifié d'imposition).

Sur la déclaration 2065-SD, la case « Pôle de compétitivité » est cochée au cadre C, rubrique 3.

1-67 Exonérations dans les zones franches d'activité d'outre-mer. Réservé aux PME qui exercent leur activité dans certains secteurs, le régime des zones franches d'activité pour l'outre-mer consiste à appliquer un abattement sur le bénéfice (CGI art. 44 quaterdecies).

Le régime d'exonération s'applique dans les zones franches d'activité nouvelle génération pour l'outre-mer (ZFANG). L'activité doit relever des secteurs éligibles à la réduction d'impôt en faveur des investissements productifs (CGI art. 199 undecies B).

Les taux d'abattement sont de 50 % (taux normal) et 80 % (taux majoré). Le bénéfice ouvrant droit à l'abattement ne peut excéder 150 000 € (cas général) ou 300 000 € (application de taux majorés), pour un exercice ou une période d'imposition de 12 mois.

Le montant du bénéfice exonéré porté sous la rubrique 3 de la déclaration 2065-SD « zones franches d'activité, art. 44 quaterdecies » figure à la ligne XF et dans la case XC du tableau 2058-A (ou dans la case 345 du tableau 2033-B pour les sociétés soumises au régime simplifié d'imposition).

Le contribuable qui peut bénéficier des allégements joint à sa déclaration de résultat un tableau 2082-SD comportant les éléments nécessaires à la détermination et au suivi des bénéfices ouvrant droit à l'abattement (CGI, ann. III art. 49 ZB).

1-68 **Exonération pour création d'activités dans les zones de restructuration de la défense (ZRD).** Les entreprises qui s'implantent au sein des zones reconnues de restructuration de la défense peuvent bénéficier d'une exonération totale d'impôt sur les bénéfices pendant 5 ans à taux plein et d'une exonération partielle pendant les 2 années suivantes (CGI art. 44 terdecies). Le montant du bénéfice exonéré porté sous la rubrique 3 de la déclaration 2065-SD figure à la ligne XF et dans la case PA du tableau 2058-A.

Le contribuable qui peut bénéficier de l'exonération joint à sa déclaration un document conforme à un modèle établi par l'administration comportant les éléments nécessaires à la détermination et au suivi du bénéfice ouvrant droit à exonération ainsi qu'à la vérification du respect des conditions et limites prévues par l'encadrement communautaire (CGI, ann. III art. 49 Y ; BOFiP-FORM-000085-05/10/2016).

1-69 **Bassins urbains à dynamiser.** Ce régime d'allégement concerne les entreprises créées entre le 1er janvier 2008 et le 31 décembre 2022 dans un bassin urbain à dynamiser (CGI art. 44 sexdecies).

Ces entreprises bénéficient d'une exonération totale d'impôt sur les bénéfices (IR ou IS) pendant 2 ans puis d'une exonération partielle de 75 %, 50 % et 25 % de l'assiette les 3 années suivantes. Dans les zones d'aide à finalité régionale (AFR), le bénéfice de l'exonération est subordonné au respect des articles 13 et 14 du règlement général d'exemption par catégories (règlt 651/2014 du 17 juin 2014). En dehors de ces zones, il est subordonné au respect de l'article 17 de ce même règlement.

Le montant du bénéfice exonéré porté sous la rubrique 3 de la déclaration 2065-SD figure à la ligne XF et dans la case PP du tableau 2058-A.

1-70 **Zones de développement prioritaire.** Un régime d'allégement des bénéfices est institué pour les entreprises créées entre le 1er janvier 2019 et le 31 décembre 2022 dans une zone de développement prioritaire (ZDP) (CGI art. 44 septdecies).

Les entreprises éligibles (entreprises exerçant à titre exclusif, une activité industrielle, commerciale ou artisanale au sens de l'article 34 du CGI et qui répondent à la définition des PME au sens communautaire) bénéficient d'une exonération totale d'impôt sur les bénéfices (IR ou IS) à raison des bénéfices réalisés au cours de leurs 24 premiers mois d'activité, à l'exception des plus-values constatées lors de la réévaluation des éléments de l'actif. Puis, celles-ci bénéficient d'une exonération dégressive 75 %, 50 % et 25 % de l'assiette les 3 années suivantes.

Le classement des communes a été publié et concerne des communes de la seule région Corse. Ce classement est établi pour une durée portée à 4 ans (contre 2 auparavant) (arrêté du 11 mars 2019, JO du 17, texte 36 ; loi 2020-1721 du 29 décembre 2020, art. 223). Dans les zones d'aide à finalité régionale (AFR), le bénéfice de l'exonération est subordonné au respect des articles 13 et 14 du règlement général d'exemption par catégories (règlt 651/2014 du 17 juin 2014). En dehors de ces zones, il est subordonné au respect de l'article 17 de ce même règlement.

Le montant du bénéfice exonéré porté sous la rubrique 3 de la déclaration 2065-SD figure à la ligne XF et dans la case PB du tableau 2058-A (ou à la ligne 993 du tableau 2033-B pour les sociétés soumises au régime simplifié d'imposition).

1-71 **Sociétés immobilières cotées.** Les sociétés immobilières cotées peuvent, sur option, bénéficier d'une exonération d'IS sur certains produits et plus-values, à condition qu'un pourcentage des produits soit redistribué (CGI art. 208 C). Le montant du bénéfice exonéré porté sous la rubrique 3 de la déclaration 2065-SD figure à la ligne XF et dans la case K3 du tableau 2058-A.

1-72 **Autres dispositifs.** Faute de rubrique particulière, c'est à notre avis en cochant cette case que doit être mentionnée l'exonération dont bénéficient les entreprises au titre d'une implantation :

– dans les zones de revitalisation rurale (CGI art. 44 quindecies). Ce régime s'applique aux créations et aux reprises dans ces zones du 1er janvier 2011 au 31 décembre 2022 et concerne les entreprises de moins de 11 salariés. Le montant du bénéfice exonéré porté sous la rubrique 3 de la déclaration 2065-SD figure à la ligne XF et dans la case PC du tableau 2058-A ;

– dans les bassins d'emploi à redynamiser jusqu'au 31 décembre 2022 (CGI art. 44 duodecies). Le montant du bénéfice exonéré porté sous la rubrique 3 de la déclaration 2065-SD figure à la ligne XF et dans la case 1F du tableau 2058-A. L'entreprise doit par ailleurs produire une fiche de calcul dont le modèle est publié par l'administration (BOFiP-FORM-000053-01/09/2014).

La case « autres dispositifs » peut également concerner l'exonération en faveur des sociétés unipersonnelles d'investissement à risques (SUIR) (CGI art. 208 D) et les entreprises implantées dans les zones d'entreprises, exonérées en tout ou partie d'impôt sur les sociétés pendant 120 mois (CGI art. 208 quinquies).

Option pour le crédit d'impôt outre-mer [rubrique 4]

1-73 Les entreprises imposées à l'IR ou à l'IS d'après leur bénéfice réel ou temporairement exonérées qui réalisent des investissements productifs dans un département d'outre-mer (DOM) dans le cadre de leur entreprise ou de leur exploitation agricole peuvent bénéficier d'un crédit d'impôt (CGI art. 244 quater W) (voir § 65-1).

Les entreprises soumises à l'IS réalisant un chiffre d'affaires inférieur à 20 M€ peuvent bénéficier, soit de la déduction pour investissements productifs outre-mer, soit du crédit d'impôt. Dans ce cas, le bénéfice du crédit d'impôt est subordonné à l'exercice d'une option (CGI art. 244 quater W, V.1). S'il exerce l'option pour le crédit d'impôt, l'investisseur ne bénéficiera pas de la déduction (CGI art. 244 quater W, V.2).

Pour les entreprises relevant de l'IR, l'option pour le crédit d'impôt emporte renonciation à la réduction d'IR.

Si elle exerce l'option pour le crédit d'impôt, l'entreprise doit :

– la formaliser en cochant la case correspondante sur la première page de sa déclaration de résultat 2065-SD (IS) ou 2031-SD (IR) ;

– souscrire une déclaration 2079-CIOP (voir § 65-1) ;

– reporter le montant du crédit d'impôt sur la déclaration 2069-RCI (voir § 50-1).

Imputations [2065, cadre D]

Présentation générale

1-80 Ce cadre permet de répertorier les imputations réalisées au titre :

– des revenus mobiliers de source française ou étrangère, ayant donné lieu à la délivrance d'un certificat de crédit d'impôt (voir § 1-81) ;

– des revenus auxquels est attaché, en vertu d'une convention fiscale conclue avec un État étranger, un territoire ou une collectivité territoriale d'outre-mer, un crédit d'impôt représentatif de l'impôt de cet État, territoire ou collectivité (voir § 1-84) ; cette imputation est liée à l'établissement d'un formulaire 2066 (voir § 42-42).

Les certificats justifiant les crédits d'impôt et les déclarations relatives à des réductions ou crédits d'impôt sont à joindre au relevé de solde 2572 et non à la déclaration 2065-SD (voir § 1-11).

Revenus mobiliers de source française ou étrangère ayant donné lieu à un certificat [cadre d, rubrique 1]

1-81 **Principes.** Les personnes morales assujetties à l'IS qui ont perçu des dividendes ainsi que certains produits ayant donné lieu à une retenue à la source peuvent, dans la mesure où ces revenus sont compris dans leur résultat imposable, imputer le crédit d'impôt attaché à ces produits sur l'IS dont elles sont redevables (CGI art. 220). Le droit à imputation s'applique aux revenus perçus directement ou par l'intermédiaire d'une SICAV.

L'imputation peut résulter des crédits d'impôt attachés aux revenus de source française perçus par la société (qui ont été pris en compte dans son résultat selon la règle du couru) et qui est égale à la retenue opérée au taux de 10 % ou 12 % du brut. Le montant de la retenue à la source à imputer est mentionné sur le certificat délivré par l'établissement payeur des revenus. Exceptionnellement, les primes de remboursement ne donnent pas lieu à la remise d'un certificat de crédit d'impôt. Les primes comprises dans le résultat fiscal donnent lieu à un crédit d'impôt à mentionner sur la ligne 1 à condition, bien entendu, qu'elles aient subi la retenue à la source.

L'imputation peut résulter d'un crédit d'impôt attaché à des revenus de source étrangère (voir § 1-82).

1-82 Revenus de source étrangère perçus par l'intermédiaire d'un établissement payeur français. Lorsqu'ils sont perçus par l'intermédiaire d'un établissement payeur français, les crédits d'impôt correspondant aux revenus mobiliers de source étrangère donnent lieu à un certificat mentionnant la retenue à la source ou la décote opérée (en cas de perception de tels revenus à l'étranger, voir § 1-84).

Le montant à imputer n'a pas à être calculé par la société. Il est mentionné sur le justificatif délivré par l'établissement payeur.

Les revenus concernés doivent provenir de sociétés ayant leur siège dans des États liés à la France par une convention ou un accord prévoyant cette possibilité d'imputation.

• **Régime mère-fille.** Lorsque la société a opté pour le régime des sociétés mères et filiales pour les dividendes versés par ses filiales étrangères, aucune imputation du crédit d'impôt correspondant à la retenue à la source n'est possible, les revenus n'étant pas compris dans le résultat imposable.

• **Règle du butoir.** La retenue à la source à laquelle ont donné ouverture les revenus des capitaux mobiliers perçus par la société est imputée sur le montant de l'impôt à sa charge. Toutefois, la déduction à opérer de ce chef ne peut excéder la fraction de ce dernier impôt correspondant au montant desdits revenus (CGI art. 220, 1.a.al. 1 et 2).

En ce qui concerne les revenus de source étrangère, l'imputation est limitée au montant du crédit correspondant à l'impôt retenu à la source à l'étranger ou à la décote en tenant lieu, tel qu'il est prévu par les conventions internationales (CGI art. 220, 1.b).

Pour la mise en œuvre de la règle du butoir, la doctrine administrative et la jurisprudence considèrent que le montant du revenu soumis à l'impôt français sur la base duquel peut être imputé le crédit d'impôt étranger correspond au montant brut des dividendes distribués diminué de l'ensemble des charges justifiées, directement liées à l'acquisition, à la conservation ou à la cession des titres ayant donné lieu à la perception desdits dividendes (CGI art. 220, 1.a ; BOFiP-IS-RICI-30-10-20-20-§ 80-01/02/2017 ; CE 7 décembre 2015, n° 357189). Le litige concernait des exercices clos avant le 31 décembre 2010, le dispositif anti-abus institué pour les opérations d'achat-revente de titres autour de la date de détachement du coupon ne s'appliquait pas (voir plus loin « Règle du butoir et achat et revente de titres dans un bref délai »).

Dans une décision du 24 avril 2019, le Conseil d'État a saisi la Cour de Justice de l'Union européenne (CJUE) d'une question préjudicielle afin de savoir si les règles exposées ci-avant sont compatibles avec la liberté de circulation des capitaux prévue par le traité sur le fonctionnement de l'UE (CE 24 avril 2019, n° 399952). Avant de transmettre la question préjudicielle, le Conseil d'État a modifié la formulation qu'il avait retenue dans sa décision de 2015 et précisé que le montant maximal du crédit d'impôt étranger doit être déterminé, en l'absence de toute stipulation contraire dans la convention fiscale, en déduisant du montant des dividendes distribués, avant toute retenue à la source, et sauf exclusion par des dispositions spécifiques, les charges justifiées, qui ne sont exposées que du fait de l'acquisition, de la détention ou de la cession des titres ayant donné lieu à la perception des dividendes, qui sont directement liées à cette perception et qui n'ont pas pour contrepartie un accroissement de l'actif. Cette formulation est donc plus restrictive que celle retenue jusqu'à présent par l'administration fiscale et la jurisprudence qui retiennent l'ensemble des charges directement liées à la perception des dividendes et non les seules charges directement liées à la perception de ces dividendes.

• **Règle du butoir et achat et revente de titres dans un bref délai.** Lorsque les revenus sont perçus à raison de biens ou droits préalablement détenus par la personne (ou une autre personne liée), qui, dans le contrat ayant conféré au contribuable la détention de ces biens ou droits, s'est engagée à en retrouver ou s'est réservé la possibilité d'en retrouver ultérieurement la détention, le montant des revenus est diminué des charges engagées pour l'acquisition de ces revenus par le contribuable (et les personnes qui lui sont liées), y compris les moins-values de cession de ces biens ou droits et les sommes, autres que le prix d'acquisition de ces biens ou droits, versées à cette autre personne (ou aux personnes qui lui sont liées). Toutefois, ces dispositions ne s'appliquent pas si le contribuable apporte la preuve que la conclusion du contrat n'avait pas principalement pour objet ou pour effet de lui faire bénéficier du crédit d'impôt (CGI art. 220, 1.a.al. 3 à 6 ; BOFiP-IS-RICI-30-10-20-20-§§ 100 à 300-01/02/2017).

1-83 **Modalités d'imputation.** Il est prévu, à titre de règle pratique, que les sociétés n'intègrent dans leur résultat fiscal que les sommes effectivement perçues, abstraction faite par conséquent des crédits d'impôt qui s'y rattachent, ces crédits d'impôt n'étant admis, en contrepartie, que pour une fraction de leur montant (voir §§ 42-39 à 42-43).

Selon le taux de l'IS applicable à l'exercice concerné, la somme à imputer est égale à 72 % (IS à 28 %), 69 % (IS à 31 %) ou 66, 2/3 % (IS à 33 1/3 %) des crédits d'impôt.

L'imputation de l'impôt étranger afférent aux revenus mobiliers perçus au cours d'un exercice, si elle est prévue par la convention fiscale applicable, s'opère sur l'IS à la charge du bénéficiaire, sans qu'il y ait à distinguer selon que cet impôt est dû au taux normal ou au taux réduit (CE 26 juin 2017, n°s 386269 et 406437). Ainsi, en pratique, le crédit d'impôt s'impute directement sur l'IS dû, quel que soit son taux d'imposition, si le revenu étranger est bien compris dans la base imposable de l'IS liquidé en France (voir § 42-38).

Ces modalités d'imputation s'appliquent lorsqu'une société située en France, bénéficiaire d'un **prêt de titres** d'une société étrangère, encaisse des dividendes servis sur ces titres (diminués de la retenue à la source acquittée à l'étranger sur ces dividendes) puis reverse immédiatement une somme correspondant au montant brut de ces dividendes (CE 7 décembre 2015, n° 357189).

Dans cette situation, le reversement des dividendes pour leur montant brut à la société qui a prêté les titres auxquels ils sont attachés doit être regardé comme ayant constitué une charge directement liée à la perception de ces dividendes. Par conséquent, le montant des dividendes reversés doit être déduit du montant des dividendes perçus pour la détermination du revenu soumis à l'impôt français sur la base duquel peut être imputé le montant maximal du crédit d'impôt (CAA Versailles 17 mars 2016, n° 11VE02326).

Revenus de source étrangère encaissés dans un État étranger [rubrique 2]

1-84 Pour ces revenus qui, par hypothèse même, n'ont pu donner lieu à la délivrance d'un certificat de crédit d'impôt par un établissement payeur français, le calcul des droits à imputation s'effectue au moyen d'un imprimé spécial 2066-SD (voir § 42-44). La notice 2066-NOT-SD contient les indications permettant d'effectuer les calculs. Le total de la somme ouvrant droit à imputation, tel qu'il figure sur l'imprimé 2066-SD, doit être reporté sous la présente rubrique.

Pour les raisons exposées ci-dessus, la somme à imputer est égale à 72 %, 69 % ou 66 2/3 % (voir § 1-83) de la somme ouvrant droit à imputation telle qu'elle a été déterminée sur l'imprimé 2066-SD.

Contribution sur les revenus locatifs [2065, cadre E]

Personnes morales redevables de la contribution sur les revenus locatifs (CRL)

1-90 Les loyers des immeubles achevés depuis 15 ans au moins et non soumis à la TVA supportent une contribution sur les revenus locatifs (CRL) (CGI art. 234 nonies ; BOFiP-RFPI-CTRL-20-08/08/2014).

La CRL est due uniquement par les personnes morales suivantes :
– les personnes morales et organismes passibles de l'IS au taux de droit commun (33 1/3 %) ou au taux réduit des PME (15 %) (CGI art. 234 duodecies, I ; ann. III art. 375 à 377) ;
– les sociétés de personnes n'ayant pas opté pour l'IS si l'un au moins des associés est soumis, à la clôture de l'exercice, à l'IS au taux de droit commun (CGI art. 234 terdecies ; ann. III art. 378 à 380 ; BOFiP-RFPI-CTRL-20-10-§§ 40 à 70-08/08/2014) ; la société de personnes est alors assujettie à la CRL sur la totalité des loyers perçus, quelle que soit l'importance de la participation de l'associé soumis à l'IS. La

CRL est due par la société de personnes, et non par les associés ;

– toutes les personnes morales ou les organismes sans but lucratif imposés à l'IS au taux réduit de l'impôt sur les sociétés (CGI art. 219 bis) sur leurs revenus patrimoniaux (CGI art. 234 quaterdecies, al. 4 ; ann. III art. 381 quater) ;

– divers personnes morales ou organismes, de droit public ou de droit privé, non soumis à l'IS et ne relevant pas du régime des sociétés de personnes (CGI art. 234 quaterdecies, al. 1 à 3 ; ann. III art. 381 à 381 ter).

Les personnes physiques et les sociétés de personnes (et assimilées) dont aucun associé n'est soumis à l'IS échappent à cette contribution.

• **Sociétés passibles de l'IS.** Elles sont redevables de la CRL, y compris lorsqu'elles bénéficient d'un régime d'exonération d'IS (au titre de l'implantation dans certaines zones du territoire, par exemple) ou lorsqu'elles font partie d'un groupe intégré.

• Les **sociétés en commandite simple et les sociétés en participation**, qui peuvent être à la fois passibles de l'IS et soumises au régime des sociétés de personnes, s'acquittent de la CRL sur la totalité de leurs résultats selon les modalités propres aux organismes passibles de l'IS (CGI, ann. III art. 375).

• **Sociétés de personnes.** Une SARL soumise à l'IS détentrice en usufruit des parts sociales d'une SCI est un membre de cette SCI au sens de l'article 234 terdecies du CGI. Dans ces conditions, la SCI est soumise à la CRL (CAA Paris 18 février 2014, n° 12PA04738).

• **Organismes sans but lucratif et autres personnes morales.** Sont également redevables de la CRL toutes les personnes morales ou les organismes sans but lucratif imposés à l'IS au taux réduit de l'impôt sur les sociétés (CGI art. 219 bis) sur leurs revenus patrimoniaux (CGI art. 234 quaterdecies, al. 4). Il s'agit principalement des associations, des fondations, des congrégations ou des établissements publics non lucratifs (voir « Le guide des associations », guide RF, Édition 2021, § 1800).

La CRL vise également les personnes morales et les organismes dont les revenus locatifs ne sont ni passibles de l'IS (au taux de droit commun ou au taux réduit) ni soumis au régime fiscal des sociétés de personnes (CGI art. 234 quaterdecies, al. 1 à 3). Il s'agit, notamment, des associations et fondations qui perçoivent des loyers dans le cadre de leur activité sociale non lucrative et non patrimoniale et, plus généralement, de tout organisme qui, bien que percevant des loyers, n'est soumis à aucune obligation déclarative de ses résultats.

En pratique, lorsque ces organismes perçoivent également des loyers imposables soit à l'**IS au taux réduit de 24 %** (au titre de leur gestion patrimoniale immobilière), soit à l'**IS au taux de droit commun** (au titre d'une activité lucrative accessoire et sectorisée, par exemple), la contribution due au titre des loyers non imposables à l'IS peut suivre le régime de la contribution due au titre des loyers soumis à l'IS au taux normal ou au taux réduit (BOFiP-RFPI-CTRL-20-30-§ 430-08/08/2014).

Calcul, modalités de déclaration et de paiement de la CRL

1-91 **Pour les sociétés soumises à l'IS, la CRL est calculée sur les loyers encaissés** (voir § 1-99) **au cours de l'exercice, quelle que soit sa durée. Les loyers constituant l'assiette de la contribution due au titre de l'exercice clos en 2020 sont à mentionner au cadre E de la déclaration 2065-SD . Le taux de la CRL est fixé à 2,5 %** (CGI art. 234 quindecies).

La contribution est recouvrée en même temps que l'IS. Elle donne lieu au versement d'un acompte unique, égal à 2,5 % des recettes nettes perçues au cours de l'exercice précédent, payable avec le 4e acompte d'IS (CGI art. 234 duodecies, III ; CGI, ann. III art. 376) (voir §§ 41-32 et 41-33). **La contribution calculée sur les loyers encaissés au cours de l'exercice est mentionnée au cadre E de la déclaration 2065-SD et le solde est liquidé sur le relevé 2572** (voir § 42-25).

Pour autres personnes morales, la CRL est déclarée et payée selon les modalités rappelées dans le tableau suivant.

Locations imposables

1-92 **Locations à durée limitée. La CRL s'applique aux revenus des locations de locaux dont la durée est limitée** (CGI art. 234 nonies, I et III.5°). **Les locations d'immeubles à durée limitée sont susceptibles d'entrer dans le champ d'application de la contribution, même si elles résultent d'un contrat n'ayant pas le caractère juridique d'un bail** (BOFiP-RFPI-CTRL-20-10-§ 160-08/08/2014). **La CRL est due seulement pour les locations consenties par le propriétaire des locaux, l'usufruitier ou le titulaire d'un droit réel d'habitation (emphytéose, par exemple).**

Contribution sur les revenus locatifs : déclaration et paiement				
Personne morale redevable	**Période d'imposition**	**Déclaration des recettes sur la déclaration des résultats**	**Acompte**	**Solde**
Société passible de l'IS (CGI art. 234 duodecies)	exercice social	déclaration 2065, cadre E	Relevé 2571, avec le 4e acompte d'IS (voir § 41-32)	Relevé 2572 avec le solde de liquidation de l'IS (voir § 42-25)
Société de personnes dont un associé au moins est à l'IS (1) (CGI art. 234 terdecies)	exercice social	2072-C pour les sociétés immobilières	Relevé 2581 au plus tard le 15 du dernier mois de l'exercice	Pour les sociétés immobilières, déclaration 2072-C Pour les autres sociétés déclaration 2582 au plus tard à la date de la déclaration des résultats 2031
OSBL taxés sur les revenus de leur patrimoine (CGI art. 234 quaterdecies)	exercice social	déclaration 2070	Dispense d'acompte	Déclaration 2070
Autres personnes morales	année civile	-	Relevé 2073 au plus tard le 15 octobre (2)	Relevé 2073 au plus tard le 15 octobre

(1) Sociétés non soumises à l'IS et ne relevant pas du régime des sociétés de personnes.
(2) Acompte calculé sur les recettes de l'année précédente.
(3) Acompte calculé sur 75 % des recettes de l'année précédente.

En pratique, sont soumis à la CRL les revenus provenant des locations de locaux nus et des locations de locaux meublés ou équipés, y compris en cas de location saisonnière, des baux proprement dits et des locations verbales, des prorogations légales ou conventionnelles de baux écrits ou de locations verbales dont la durée est expirée, des locations renouvelées par tacite reconduction, des réquisitions et des baux emphytéotiques.

Le **bail à durée limitée** est celui qui est consenti pour une durée fixée entre les parties ou susceptible d'être déterminée avec certitude. Peu importe la durée de la location ou de l'occupation. Est considéré comme conclu pour une durée limitée :
– le bail établi pour 3 ans avec faculté de continuation indéfinie au choix réciproque des deux parties ou au gré d'une seule d'entre elles. En effet, dans ce cas, la prolongation de la location est considérée comme soumise à une condition suspensive ;
– le bail consenti pour une durée fixe mais indéfiniment renouvelable au gré des parties par tacite reconduction. La durée d'un tel bail est indéterminée mais non illimitée ;
– le bail indéfini, fait suivant l'usage des lieux, qui comporte une faculté réciproque de donner congé à terme d'usage.

La contribution n'est pas applicable aux revenus retirés de la **sous-location** consentie par le locataire principal (BOFiP-RFPI-CTRL-20-10-§ 180-08/08/2014). Une société bailleur non-propriétaire, mais locataire des hôtels qu'elle exploite et titulaire d'aucun droit réel sur ces locaux est donc fondée à se prévaloir de la doctrine et à demander pour ce motif la décharge des cotisations primitives de CRL auxquelles elle a été assujettie à raison de la location de ces locaux (CAA Paris 23 mars 2017, n° 16PA00198).

1-93 Prestations de nature hôtelière. **Les revenus retirés de prestations de nature hôtelière ou parahôtelière n'entrent pas dans le champ d'application de la CRL, dès lors que les services fournis ou proposés dépassent la simple jouissance du bien. Cela étant, les revenus des conventions au titre desquelles la fourniture de services de nature hôtelière présente un caractère accessoire par rapport à la location du bien restent soumis à la contribution dans les conditions de droit commun. Il en est ainsi, notamment, des résidences pour étudiants ou jeunes travailleurs, des chambres d'hôtes et des maisons de retraite** (BOFiP-RFPI-CTRL-20-10-§ 190-08/08/2014).

1-94 Immeubles bâtis achevés depuis 15 ans. **La CRL est applicable aux revenus retirés de la location de locaux situés dans des immeubles bâtis achevés depuis 15 ans au moins au 1er janvier de l'année d'imposition** (CGI art. 234 nonies, I). **Pour les revenus perçus en 2020, il s'agit, par conséquent, des immeubles achevés avant le 1er janvier 2005. La contribution n'est pas due lorsque la location a débuté courant 2020, si l'immeuble dans lequel**

se trouvent les locaux loués est achevé depuis plus de 15 ans au moment de la location mais ne l'était pas au 1er janvier 2020.

Les locations de terrains nus ne sont pas soumises à la CRL et les bâtiments ruraux sont exclus du champ d'application de cette contribution.

Échappent à la CRL les locations d'immeubles bâtis achevés depuis plus de 15 ans mais qui ont subi des transformations susceptibles de les faire considérer comme des constructions nouvelles (BOFiP-RFPI-CTRL-20-20-§§ 370 et 480 à 520-08/08/2014).

La preuve de la date de l'achèvement de l'immeuble peut résulter de la production du certificat de conformité ou du récépissé d'achèvement des travaux, ou de toute autre justification (documents du service des impôts et, notamment, ceux relatifs aux impôts locaux).

Une construction peut être considérée comme **nouvelle**, et donc échapper à la CRL, si elle a fait l'objet de travaux d'agrandissement, de construction ou de reconstruction (reconstruction complète après démolition intérieure d'une unité d'habitation, suivie de la création d'aménagements neufs, notamment). La date d'achèvement de tels locaux peut être justifiée par tous moyens de preuve attestant l'exécution des travaux et ayant un caractère suffisamment probant (factures, mémoires acquittés, par exemple). Les simples travaux d'amélioration n'exonèrent pas de la CRL.

→ **EXEMPLE** Une société soumise à l'IS est propriétaire de plusieurs immeubles :
– un immeuble A, achevé le 20 août 1955, entièrement loué et comportant à la fois des locaux à usage d'habitation et à usage commercial ;
– un immeuble B, achevé le 10 mai 1991, dont certains locaux sont loués à usage commercial et donnent lieu, sur option du propriétaire, au paiement de la TVA ;
– un immeuble C, achevé le 20 mars 1997, loué à usage d'habitation ;
– un immeuble D, achevé le 10 novembre 2010, loué à usage d'habitation.

La CRL est due, au titre de 2020, pour les revenus des locaux loués situés dans l'immeuble A, dans l'immeuble B, mais seulement pour les locaux loués affectés à un usage d'habitation et dans l'immeuble C, dès lors que celui-ci est achevé depuis plus de 15 ans au 1er janvier 2020.

La CRL n'est exigible ni pour les revenus des locaux loués situés dans l'immeuble B qui sont assujettis à la TVA, ni pour les revenus de l'immeuble D, dès lors que cet immeuble n'était pas achevé depuis 15 ans au moins au 1er janvier 2020.

Locations exonérées

1-95 Locations n'excédant pas 1 830 € par local. Sont exonérés les revenus des locations dont le montant annuel n'excède pas, par local, 1 830 € (CGI art. 234 nonies, III). **La période d'imposition à la contribution est constituée par l'exercice comptable ou par la période d'imposition** (CGI art. 37). **La limite de 1 830 € doit être ajustée en fonction de la durée de cette période d'imposition. Il n'y a pas lieu de procéder à l'ajustement *prorata temporis* de la limite de 1 830 € pour les locations d'une durée inférieure à la période d'imposition.**

→ **EXEMPLE** Pour une entreprise dont la durée de l'exercice est de 10 mois, la limite de 1 830 € est ajustée à : 1 830 € × 10 / 12 = 1 525 €. Pour une entreprise dont la période d'imposition est de 14 mois, la limite de 1 830 € est ajustée à : 1 830 € × 14 / 12 = 2 135 €.

• Lorsqu'un immeuble comporte **plusieurs locaux**, l'exonération s'applique, pour chacune des locations dont le revenu encaissé n'excède pas la limite de 1 830 €, local par local.

• La partie du loyer afférente aux **locaux accessoires** (caves, garages, notamment) est couverte par la même limite d'exonération et fait normalement l'objet d'une même convention conclue entre le propriétaire et le preneur. Le fait que certaines locations fassent l'objet de conventions distinctes pour le logement et le garage est sans incidence sur la limite d'exonération, qui s'apprécie de façon globale pour les conventions conclues entre le même bailleur et le même preneur, dès lors que la location d'un local annexe est étroitement liée à celle du logement principal et ce, quelle que soit la durée des locations en cause.

• Pour les sociétés ou organismes dont les revenus sont imposés dans la catégorie des revenus fonciers, des bénéfices non commerciaux ou du forfait agricole, la **période d'imposition** de la CRL est l'année civile.

1-96 Locations donnant lieu au paiement de la TVA. Les locations donnant lieu au paiement de la TVA sont exonérées de CRL (CGI art. 234 nonies, III.2°). **En revanche, la CRL est exigible dans tous les cas où la location ne donne pas lieu au paiement effectif de la TVA, soit parce qu'elle est exonérée de la taxe, soit parce que le bailleur est dispensé du paiement de la TVA. L'exonération de CRL s'applique également aux locations assujetties à la TVA**

sur option du bailleur. On rappelle que l'option pour la taxation des loyers à la TVA ne peut pas être exercée si les locaux nus donnés en location sont destinés à l'habitation (BOFiP-RFPI-CTRL-20-20-§§ 110 à 140-08/08/2014).

1-97 Travaux financés ou locaux conventionnés par l'ANAH. Sont exonérés les revenus (CGI art. 234 nonies, III.11° et 12° ; BOFiP-RFPI-CTRL-20-20-§§ 340 à 470-08/08/2014) :
– des logements remis en location, après une période de vacance continue de plus de 12 mois, et qui font l'objet d'une convention conclue avec l'ANAH, pour une période de 3 ans à partir de la conclusion du nouveau bail ;
– des logements réhabilités avec le concours de l'ANAH pour au moins 15 % du montant des travaux, pendant les 15 années suivant celle de l'achèvement des travaux.

1-98 Autres exonérations. Lorsque, accessoirement au contrat de travail, l'employeur consent à des salariés de son entreprise la prestation de logement, la CRL est en principe due par le bailleur du logement à raison des loyers perçus ou, si l'employeur est propriétaire du logement, de l'avantage en nature consenti au salarié. L'administration admet toutefois que la contribution ne soit pas due au titre de ces conventions, quelle qu'en soit la forme, lorsque, en raison de la nature du service requis, l'exécution du contrat de travail implique nécessairement, en droit et en fait, l'occupation du logement mis à la disposition du salarié (BOFiP-RFPI-CTRL-20-20-§ 570-08/08/2014).

Sont en outre exonérés de la CRL, notamment, les revenus retirés (CGI art. 234 nonies, III) :
– de la sous-location consentie par le locataire principal ;
– des locations à vie ou à durée illimitée ;
– des locations consenties à l'État ou aux établissements publics nationaux scientifiques, d'enseignement, d'assistance ou de bienfaisance ;
– des locations conclues avec des organismes gestionnaires de foyers de personnes âgées agréés ou de centres d'hébergement et de réadaptation sociale agréés (visés aux articles L. 231-4 et L. 345-1 du code de l'action sociale et des familles) ;
– des locaux d'habitation qui font partie d'une exploitation agricole ou qui sont annexés à celle-ci ;
– des locaux dont les propriétaires ont procédé au rachat du prélèvement sur les loyers (loi 64-1278, art. 11) ;
– des immeubles faisant partie de villages de vacances ou de maisons familiales de vacances agréés ;
– des immeubles appartenant ou destinés à appartenir à l'État dans le cadre de certains contrats, aux collectivités territoriales, aux établissements et organismes publics qui en dépendent et aux organismes d'habitations à loyer modéré.

• Sont visés les contrats énumérés à l'article 1048 ter du CGI, c'est-à-dire le contrat de partenariat, le bail emphytéotique administratif ou hospitalier, l'autorisation d'occupation temporaire du domaine public.
Sont également exonérés les revenus des immeubles appartenant :
– aux sociétés d'économie mixte de construction, ou ayant pour objet la rénovation urbaine ou la restauration immobilière dans le cadre d'opération confiées par les collectivités publiques, ainsi que ceux appartenant aux houillères de bassin (CGI art. 234 nonies, III.8°) ;
– aux organismes sans but lucratif ou aux unions sociales réalisant des activités mentionnées à l'article L. 365-1 du code de la construction et de l'habitation, et dont les dirigeants de droit ou de fait ne sont pas rémunérés (CGI art. 234 nonies, III.10°).

• Les personnels de la **Gendarmerie nationale** bénéficient d'une concession de logement par nécessité absolue de service. Pour certains logements, le gendarme est titulaire, à titre personnel, de l'engagement de location passé avec un organisme propriétaire du logement, mais le loyer et les charges locatives sont acquittés par l'État. Ces locations sont exonérées de CRL.

Revenus à prendre en compte

1-99 Revenu brut foncier. La CRL est assise sur les recettes nettes définies à l'article 29 du CGI (CGI art. 234 duodecies, I). Il s'agit donc des recettes brutes retenues pour le calcul des revenus fonciers.

Selon l'administration, les revenus des locations comprennent (BOFiP-RFPI-CTRL-20-30-§§ 1 à 20-08/08/2014) :
– les sommes encaissées par le bailleur à quelque titre que ce soit : loyer en principal, appels provisionnels de charges et remboursement de prestations, d'impôts, de taxes locatives ou de fournitures individuelles (voir § 1-100), ainsi que les recettes exceptionnelles et indemnités de résiliation versées par le locataire ;
– la valeur des avantages en nature stipulés au bail ;
– les subventions (y compris les subventions de l'ANAH), primes et indemnités d'assurance

destinées à financer des charges déductibles et les revenus accessoires (droit d'affichage, par exemple).

Ces revenus sont augmentés du montant des dépenses incombant normalement au bailleur et mises par convention à la charge du preneur. L'administration renvoie, pour les précisions relatives à l'assiette de la contribution, à sa documentation relative aux revenus fonciers (BOFiP-RFPI-BASE-10-10-14/02/2014 ; BOFiP-RFPI-BASE-10-20-§§ 40 à 230-13/01/2014).

Notons que, pour la détermination des recettes définies à l'article 29 du CGI auquel renvoie l'article 234 duodecies du même code, « il n'est pas tenu compte des sommes versées par les locataires au titre des charges leur incombant ».

➟ **ATTENTION** Les entreprises comptabilisant les produits courus doivent procéder à des retraitements pour déterminer l'assiette de la contribution.

1-100 Loyers en principal. Les loyers en principal perçus en 2020 ou lors de l'exercice en cours sont pris en compte, quelle que soit la période de location au titre de laquelle ils sont dus. Sont également à prendre en compte :
– les loyers qui font l'objet d'un abandon volontaire de la part du bailleur au titre de la période d'imposition à laquelle ils se rapportent ;
– les loyers arriérés ou dont le paiement est différé, ou encore les loyers perçus d'avance ;
– les loyers perçus par compensation.

Les loyers de substitution, telle que l'indemnité d'assurances perçue au titre de la garantie du risque de loyers impayés, sont assujettis à la CRL au titre de la période au cours de laquelle ils sont perçus.

Les loyers perçus en 2020 par un mandataire et revenant au propriétaire sont assujettis à la CRL au titre de 2020, sans qu'il y ait lieu de rechercher à quelle date le mandataire les a effectivement reversés au propriétaire.

• La circonstance qu'un propriétaire soit condamné à reverser le montant des loyers perçus au cours de périodes d'imposition antérieures entraîne, à concurrence du montant reversé, une diminution de l'assiette de la contribution de la période au cours de laquelle le reversement est effectué. Si cette imputation fait ressortir une assiette négative, le propriétaire peut demander, dans le délai de réclamation, le remboursement de la contribution calculée sur cette assiette.

• Les solutions retenues en matière de revenus fonciers, lorsque le loyer est anormalement bas, alors que le propriétaire ne justifie d'aucune circonstance indépendante de sa volonté qui soit de nature à faire obstacle à la location pour un prix normal, sont applicables à la CRL.

1-101 Appels provisionnels de charges. Les sommes correspondant aux appels provisionnels de charges et au remboursement de certaines prestations, taxes locatives et fournitures individuelles dont le bailleur fait l'avance, mais que la loi met à la charge des locataires, doivent, à notre sens, demeurer exclues de l'assiette de la CRL. En contrepartie, les dépenses correspondantes supportées par le propriétaire pour le compte du locataire ne peuvent pas être déduites. En effet, pour la détermination des revenus fonciers, la loi prévoit qu'il n'est pas tenu compte, en recettes, des sommes versées par les locataires au titre des charges leur incombant (CGI art. 29). Parallèlement, la déduction des charges acquittées à ce titre par le propriétaire n'est pas prévue (BOFiP-RFPI-BASE-10-10-§ 370-14/02/2014 ; BOFiP-RFPI-BASE-20-40-§§ 1 et 10-12/09/2012).

1-102 Dépenses mises à la charge du preneur. Le montant des recettes soumises à la contribution est augmenté du montant des dépenses incombant de droit au bailleur, mais dont le paiement est, par convention, mis à la charge du preneur (BOFiP-RFPI-CTRL-20-30-§ 20-08/08/2014). Ce sont, notamment :
– le montant des réparations, autres que les réparations locatives, payées par le locataire ;
– les impôts afférents à la propriété (taxe foncière en particulier et, le cas échéant, CRL) que le locataire est tenu de payer en vertu d'une clause expresse du bail ;
– les primes d'assurances contre les risques inhérents à la propriété de l'immeuble acquittées par le locataire.

Ces dépenses, remboursées au bailleur ou payées directement à des tiers par les locataires en l'acquit du bailleur, sont ajoutées aux recettes de la période d'imposition au cours de laquelle elles ont été payées directement par le locataire ou remboursées au bailleur par ce dernier. Rappelons que, en matière de revenus fonciers, l'administration admet que le propriétaire ne tienne pas compte de ces sommes pour la détermination de ses recettes s'il s'abstient également de les comprendre ensuite dans ses charges déductibles (BOFiP-RFPI-BASE-10-20-§ 60-13/01/2014).

Déclaration pays par pays [2065, cadre F]

1-105 Les informations à mentionner au cadre F sont relatives à l'identification de la personne morale chargée de souscrire la déclaration pays par pays (formulaire 2258-SD) également dénommée déclaration CBCR (« country by country reporting ») (voir § 1-36). Cette déclaration doit être souscrite (CGI art. 223 quinquies C) :

– par les groupes établis en France qui ne sont pas détenus par des sociétés françaises ou étrangères déjà soumises à cette déclaration ;

– par les sociétés établies en France et appartenant à un groupe étranger répondant aux critères de l'article 223 quinquies C du CGI lorsqu'elles ont été désignées par le groupe à cette fin, ou qu'elles ne peuvent démontrer qu'une autre entité française ou étrangère a été désignée à cette fin. Cela vise notamment les filiales françaises de groupes établis dans un État qui n'aurait pas mis en place le reporting pays par pays. Dans ce cas, deux possibilités sont offertes :

  – soit la filiale française du groupe étranger transmet à l'administration fiscale française les informations pays par pays relatives à l'ensemble du groupe,

  – soit une autre filiale du groupe, établie dans un pays qui met en œuvre le reporting pays par pays, a été désignée pour transmettre les informations du groupe.

Les caractéristiques du support informatique et le contenu de la déclaration sont fixés par décret (CGI, ann. III art. 46 quater-0 YE). La déclaration contient des informations sur les entités du groupe et la localisation de leurs bénéfices. Les informations et explications portées dans la déclaration doivent être en anglais.

Le cadre F doit être rempli différemment selon la qualité de la société :

– la société française, tête de groupe, soumise à l'obligation de souscrire la déclaration pays par pays doit cocher la case située au paragraphe 1 du cadre F, que la déclaration 2258-SD soit souscrite par elle-même ou par une autre entité du groupe. Si elle est soumise au dépôt de cette déclaration mais qu'elle a désigné une autre entité du groupe (située en France ou à l'étranger) pour souscrire la déclaration, elle doit également indiquer le nom, l'adresse et le numéro d'identification fiscale de l'entité désignée au paragraphe 2 du cadre F (a minima la ville et le pays pour l'adresse) ;

– la société française désignée par la société tête de groupe pour souscrire la déclaration 2258-SD doit cocher la case créée à cet effet au paragraphe 3 du cadre F. Dans ce cas, l'entité désignée doit également indiquer le nom, l'adresse et le numéro d'identification fiscale de la société tête de groupe (a minima la ville et le pays pour l'adresse).

Informations relatives aux comptes

Comptabilité informatisée [2065, cadre G]

1-110 Les entreprises sont invitées à préciser si leur comptabilité est informatisée. Dans l'affirmative, il convient d'indiquer le nom du logiciel utilisé. Ces informations sont portées au cadre G du formulaire 2065-SD.

Rappelons que les contribuables tenant leur comptabilité au moyen de systèmes informatisés sont soumis à l'obligation de remettre aux agents de l'administration les fichiers des écritures comptables au début des opérations de contrôle lorsqu'ils font l'objet d'une vérification de comptabilité (LPF art. L. 47 A, I) ou en adressant au service des impôts une copie des FEC sous forme dématérialisée dans un délai de 15 jours à compter de la réception d'un avis d'examen de comptabilité.
En 2019, l'administration fiscale avait répondu favorablement à la demande de la fédération ECF d'aligner les dates de validation des écritures du fichier des écritures comptables (FEC) avec celle de l'envoi des déclarations des résultats selon la procédure Edi-TDFC. Si cette tolérance est reconduite, la date de validation du FEC serait fixée au 19 mai 2021, date de dépôt des déclarations des résultats via Edi-TDFC.

Examen de conformité fiscale [2065, dernière ligne]

1-111 Un examen de conformité fiscale (ECF) peut être réalisé, à la demande des entreprises relevant de l'IR ou IS, pour les exercices clos à compter du 31 décembre 2020 (décret 2021-25 du 13 janvier 2021, JO du 14, texte 45 ; arrêté du 13 janvier 2021, JO du 14, texte 46 ; voir FH 3875, §§ 1-1 à 1-8).

L'ECF est une prestation de services dans laquelle un prestataire s'engage, à la demande d'une entreprise, à examiner l'ensemble des règles fiscales prévues dans un chemin d'audit et à se prononcer sur leur conformité fiscale. Les prestataires doivent, après avoir contrôlé le respect d'une série d'obligations fiscales, selon un cahier des charges préétabli, produire un compte rendu de mission.

Selon le cahier des charges, l'ECF produit les effets d'une mention expresse. En cas de contrôle et de rappel ultérieur sur un point validé par le tiers certificateur, aucune pénalité et aucun intérêt de retard ne seront appliqués à l'entreprise qui a respecté les recommandations de son tiers certificateur si l'administration remet en cause la position du certificateur.

Afin de produire les effets d'une mention expresse, l'existence d'un ECF doit être mentionnée dans la déclaration de résultat. Les entreprises doivent à cet effet cocher la case correspondante sur la dernière ligne du formulaire 2065 et mentionner l'identité du prestataire qui sera chargé de réaliser cet examen.

Une fois la déclaration de résultats déposée avec la mention d'un ECF, le prestataire peut commencer ou terminer son examen (cahier des charges, précisions d'ordre général, point 2.2).

Le compte rendu de mission devra être adressé à l'administration fiscale au plus tard le 31 octobre ou dans les 6 mois du dépôt.

Répartition des produits des actions et parts sociales [2065 bis, cadre H]

Présentation générale

1-115 Les sommes à déclarer dans ce cadre sont les bénéfices répartis entre les actionnaires, associés ou porteurs de parts ainsi que les sommes ou valeurs mises à leur disposition au cours de l'exercice (ou de la période d'imposition) pour lequel la déclaration est effectuée, et présentant le caractère de revenus distribués (CGI art. 223, 2.2°). En aucun cas, elles ne peuvent donc correspondre à la répartition du bénéfice qui fait l'objet de la déclaration.

L'ensemble de ces produits ou revenus a fait normalement l'objet, de la part de la société elle-même ou de l'établissement payeur, de relevés individuels adressés à l'administration fiscale au plus tard le 15 février de cette année (CGI art. 242 ter ; ann. III art. 49 D à 49 I ; voir FH 3875). Dans ces conditions, ces produits ou revenus sont à déclarer ici pour leur montant global seulement.

Il n'y a pas lieu d'indiquer les sommes qui n'ont pas le caractère de revenus de capitaux mobiliers.

Montant global brut des dividendes, revenus et autres produits

1-116 Doivent figurer sur cette ligne les intérêts, dividendes, revenus et autres produits des actions et parts sociales payés en 2020 aux associés, actionnaires et porteurs de parts.

L'imprimé conduit à déclarer distinctement :
– les produits payés par la société elle-même (ligne a) ;
– les produits payés par un établissement chargé du service des titres (ligne b).

Les sociétés de personnes qui ont opté pour le régime des sociétés de capitaux, ainsi que les sociétés de capitaux qui proviennent de la transformation d'une société de personnes, n'ont pas, en règle générale, à déclarer les sommes distribuées par prélèvement sur les bénéfices des exercices clos avant que l'option ou la transformation n'ait pris effet (ou sur des réserves constituées au moyen de ces bénéfices) et qui ont supporté, au nom des associés, commandités ou participants, l'impôt sur le revenu.

Rappelons que, lorsqu'elle assure elle-même le paiement de ces produits, la société est soumise aux obligations qui incombent aux établissements payeurs. Ces obligations, qui comprennent la charge d'opérer une retenue à la source sur les sommes versées à des personnes n'ayant pas en France leur domicile ou leur siège ainsi que celle d'effectuer diverses formalités (dont l'établissement des relevés individuels au moyen du formulaire 2561), sont examinées dans notre cahier « Dividendes, distributions ».

Montant des rémunérations ou avantages occultes

1-117 Il convient de reporter sur la ligne c le montant des revenus de toute nature, sous quelque forme que ce soit (rémunérations, cadeaux, avantages en nature...), que les sociétés et autres personnes morales passibles de l'IS versent ou distribuent directement ou par l'intermédiaire de tiers à des personnes dont elles ne révèlent pas l'identité à l'administration. Ces rémunérations ou distributions occultes sont soumises à une pénalité fiscale de 100 % ; toutefois, cette pénalité est égale à 75 % des sommes ainsi distribuées si la société mentionne leur montant global sur la présente ligne (CGI art. 1759).

• **Solidarité.** Les dirigeants sociaux mentionnés aux articles 80 ter b 1-2-3 et 62 du CGI ainsi que les dirigeants de fait sont solidairement responsables du paiement de cette pénalité qui est mise en recouvrement par voie de rôle (CGI art. 1754, V.3).

• **Caractère non déductible.** Cette pénalité, comme le montant des sommes ou avantages alloués au titre des rémunérations ou distributions occultes, n'est pas déductible du résultat imposable.

• **Coefficient de 1,25.** Lorsqu'ils sont soumis, sur option du contribuable, au barème progressif de l'impôt sur le revenu, les revenus réputés distribués demeurent compris dans l'assiette du revenu net global après application de la majoration de 1,25 (CGI art. 158, 7.2° ; BOFiP-RPPM-RCM-20-15-§ 90-20/12/2019). Cette majoration de 1,25 s'applique à l'impôt sur le revenu dû au titre de l'année 2020 et des années suivantes pour les revenus de capitaux mobiliers réputés distribués soumis au prélèvement forfaitaire unique (PFU) de 12,8 % (loi 2020-1721 du 29 décembre 2020, art. 39 ; CGI art. 200 A, I.A.1° modifié). En effet, bien que les revenus de capitaux mobiliers perçus depuis 2018 soient soumis de plein droit au PFU, la loi n'avait pas prévu l'application de la majoration d'assiette de 1,25 en cas d'imposition de certains revenus réputés distribués à un taux forfaitaire. Mais le coefficient multiplicateur de 1,25 ne s'applique pas pour l'établissement des prélèvements sociaux assis sur les revenus distribués visés à l'article 158, 7.2° du CGI (c. séc. soc. art. L. 136-6, I.al. 10 ; C. constit., décision 2016-610 QPC du 10 février 2017 ; C. constit., décision 2017-643/650 du 7 juillet 2017).

Prêts, avances ou acomptes aux associés ou actionnaires

1-118 Les prêts, avances ou acomptes consentis aux associés, actionnaires ou porteurs de parts soit directement, soit par personnes ou sociétés interposées (CGI art. 223, 2.2° ; ann. IV art. 23 H et 23 I) ont, sauf preuve contraire, le caractère de revenus mobiliers (CGI art. 111, a). Les sommes versées à ce titre au cours de l'exercice sont à mentionner sur la ligne d.

Autres distributions

1-119 Les autres distributions à mentionner sur les lignes e à h sont essentiellement, comme l'indique la notice de l'imprimé :
– la fraction des rémunérations allouées aux administrateurs non déductibles pour la détermination du résultat fiscal ;
– les distributions qui ne résultent pas de décisions régulières des organes compétents de la société ; par exemple : intérêts excédentaires des comptes courants d'associés ou dons et subventions non admis dans les charges ;
– les dépenses de caractère somptuaire et les rémunérations excessives ou non déclarées, exclues des charges déductibles.

Le service des impôts peut effectuer divers rapprochements avec, notamment :
– le taux d'intérêt le plus élevé servi aux associés en raison des sommes laissées ou mises par eux à la disposition de la société (ligne ZK du tableau 2058-C) ;
– le relevé 2067 des frais généraux en ce qui concerne l'appréciation du caractère déductible des rémunérations directes ou indirectes qui y sont portées ;
– le cadre I de la déclaration (voir § 1-130) et les bulletins de recoupement dont peut disposer l'administration en ce qui concerne les dépenses somptuaires à réintégrer dans les bases d'imposition en application de l'article 39, 4 du CGI.

S'agissant des dépenses somptuaires (chasse, pêche, résidence d'agrément, bateau de plaisance), elles sont considérées comme des revenus distribués, à l'exception des amortissements excédentaires des voitures particulières.

Abattement de 40 % sur les revenus distribués

1-120 Pour les personnes physiques qui ont opté pour l'imposition au barème de l'impôt sur le revenu, les dividendes mis en paiement en 2020 sont soumis à l'impôt sur le revenu sur 60 % de leur montant. Deux rubriques conduisent à distinguer :
– ligne i, les revenus distribués ouvrant droit à la réfaction de 40 % ; il s'agit des revenus distribués par des sociétés passibles de l'IS, de droit ou sur option, et résultant de décisions régulières des organes compétents ;
– ligne j, les revenus n'ouvrant pas droit à cet abattement.

Rémunérations versées aux membres de certaines sociétés [2065 bis, cadre I]

Sociétés concernées

1-130 Les personnes morales, sociétés et entreprises passibles de l'IS sont tenues de fournir à l'administration, dans les trois premiers mois de chaque année, un état indiquant les conditions dans lesquelles leurs bénéfices sont répartis ou ont été distribués, à titre de rémunération de leurs fonctions ou de leurs apports, entre les associés en nom ou commandités, associés-gérants, coparticipants ou membres de leur conseil d'administration (CGI art. 242, 2). Le cadre I est destiné à la présentation de cet état.

Sont concernées (CGI, ann. III art. 48, 3 à 6) :

– les SARL n'ayant pas opté pour le régime fiscal des sociétés de personnes ;

– les sociétés en commandite par actions ;

– les sociétés en nom collectif ou en commandite simple ayant opté pour le régime fiscal des sociétés de capitaux ;

– les sociétés en participation et des sociétés de copropriétaires de navires ayant opté pour le régime fiscal des sociétés de capitaux.

Informations à mentionner au cadre I

1-131 Les renseignements à mentionner au cadre I se rapportent à l'identité des associés, gérants ou non (associés-gérants pour les SCA) et aux rémunérations qui leur ont été versées en 2020 (voir tableau suivant).

Notons que le fait que les traitements et remboursements de frais alloués à un gérant minoritaire de SARL aient été déjà déclarés sur la DSN ou sur l'imprimé 2067 (relevé de frais généraux) ne dispense pas la société de cette déclaration.

Les indications demandées étant destinées à la vérification des déclarations personnelles des associés bénéficiaires des versements, il est très important d'indiquer l'année au cours de laquelle le versement a été effectué, surtout dans l'hypothèse où l'exercice social ne coïncide pas avec l'année civile.

Rappelons, par ailleurs, que pour les dirigeants ayant fiscalement la qualité de salarié les indemnités forfaitaires pour frais professionnels à mentionner colonnes 5 et 7 constituent un élément de leur revenu imposable.

Divers [2065 bis, cadre J]

1-132 Il convient d'indiquer dans ce cadre le nom et l'adresse du propriétaire du fonds en cas

Rémunérations versées en 2020	
Sociétés concernées	**Renseignements à déclarer**
SARL n'ayant pas opté pour le régime fiscal des sociétés de personnes (CGI, ann. III art. 48, 3)	- noms, prénoms, qualités et domiciles des associés ; - nombre de parts sociales appartenant en toute propriété ou en usufruit à chaque associé ; - montant des sommes versées à chacun des associés pendant la période retenue pour l'assiette de l'IS (1) et année au cours de laquelle ces versements ont été effectués.
Sociétés en commandite par actions (CGI, ann. III art. 48, 4)	- noms, prénoms et domiciles des associés gérants ; - montant des sommes versées à chacun des associés gérants pendant la période retenue pour l'assiette de l'IS (1) et année au cours de laquelle ces versements ont été effectués.
Sociétés en nom collectif ou en commandite simple ayant opté pour le régime fiscal des sociétés de capitaux (CGI, ann. III art. 48, 5)	- noms, prénoms et domiciles des associés ; - montant des sommes versées à chacun des associés en nom ou commandités, pendant la période retenue pour l'assiette de l'IS (1) et année au cours de laquelle ces versements ont été effectués.
Sociétés en participation et des sociétés de copropriétaires de navires ayant opté pour le régime fiscal des sociétés de capitaux (CGI, ann. III art. 48, 6)	- noms, prénoms, professions et domiciles des associés gérants et des coparticipants ; - montant des sommes versées à chaque associé-gérant ou coparticipant, pendant la période retenue pour l'assiette de l'impôt sur les sociétés (1) et année au cours de laquelle ces versements ont été effectués.
(1) À titre de traitements, émoluments et indemnités, remboursements forfaitaires de frais ou autres rémunérations de leurs fonctions dans la société.	

de gérance libre ainsi que l'adresse des divers établissements lorsque l'entreprise exerce son activité dans plusieurs établissements.

Entreprises placées sous le régime simplifié d'imposition [2065 bis, cadre K]

Rémunérations

1-133 Ces entreprises doivent indiquer dans le cadre « Rémunérations » divers renseignements qui, contrairement aux entreprises soumises au réel normal, ne figurent pas dans les tableaux annexes 2033-A à 2033-G qu'elles joignent à la présente déclaration.

Pour la souscription de ce cadre, on pourra se reporter aux précisions données pour le remplissage du tableau 2058 C, aux paragraphes 16-11 (rétrocessions d'honoraires, de commissions et de courtages) et 16-15 (salaires).

Moins-values à long terme

1-134 **Présentation du cadre « Moins-values à long terme imposées à 15 % ».** Ce cadre permet de suivre l'imputation des moins-values nettes à long terme relevant du taux de 15 %.

Pour les entreprises soumises au régime simplifié, le montant de la plus-value nette à long terme de l'exercice qui est déduit sur le tableau 2033 B, ligne 350, s'entend avant une éventuelle imputation des moins-values à long terme restant à reporter. Le montant de la plus-value nette imposable de l'exercice est mentionné au cadre C de la déclaration 2065-SD (voir §§ 1-55 à 1-58). Ce montant s'entend après imputation des moins-values à long terme. Le montant des imputations effectuées est mentionné au présent cadre K de la déclaration 2065 bis-SD.

Pour les entreprises qui relèvent du réel normal, le suivi des moins-values à long terme des exercices antérieurs est opéré sur l'imprimé 2059-C (voir § 19-1).

1-135 **Quelles sont les moins-values à long terme reportables ?** On rappelle que les entreprises ont dû, à l'ouverture du premier exercice ouvert en 2006, procéder à une sectorisation de leurs stocks de moins-values à long terme en report afin de délimiter la moins-value relevant du secteur taxable à 15 % et la moins-value relevant du secteur taxable à 8 %, cette dernière étant définitivement non imputable.

1-136 **Imputations réalisées au titre des moins-values à long terme (MVLT).** Sur la première ligne du cadre K « MVLT à reporter à l'ouverture de l'exercice », il convient de mentionner la somme figurant sur la déclaration 2065 bis-SD, cadre J, souscrite au titre du précédent exercice et portée sur la quatrième ligne « MVLT restant à reporter ».

La ligne suivante « MVLT imputée sur les PVLT de l'exercice » permet de mentionner le montant de l'imputation des moins-values relevant du taux de 15 % sur les plus-values à long terme de l'exercice relevant de ce même taux ou du taux de 19 %.

Les plus-values ou moins-values à long terme concernées par le taux de 16,5 % ou de 19 % continuent à appartenir à la même catégorie d'imposition que les plus-values ou moins-values à long terme relevant du taux de 15 %.

Sur la troisième ligne « MVLT réalisée au cours de l'exercice », l'entreprise doit mentionner la moins-value nette à long terme de l'exercice relevant des taux de 15 % ou 19 %.

Sur la quatrième ligne « MVLT restant à reporter », l'entreprise détermine le montant de la moins-value relevant du taux de 15 % (ou 16,5 % et 19 %) restant à reporter (ligne 1 – ligne 2 + ligne 3 = ligne 4).

Cette moins-value doit être, selon nous, diminuée :

– d'une part, des moins-values qui cessent d'être reportables au terme du dixième exercice qui suit celui de leur réalisation ;

– d'autre part, des moins-values se rapportant à des titres de sociétés à prépondérance immobilière exclus du régime du long terme et qui ont été imputées, pour une fraction de leur montant, sur le bénéfice imposable au taux normal (voir § 19-6).

S'agissant des autres plus-values imposables au taux de 19 % (voir § 1-58), on rappelle qu'aucune moins-value à long terme antérieure ne peut être imputée sur ces produits taxables à 19 %. En revanche, une telle imputation est possible sur les plus-values nettes à long terme se rapportant à des titres de participation dans des sociétés à prépondérance immobilière cotées et relevant du taux de 19 % (voir § 1-57).

2031 Déclaration du résultat (IR)

Déclaration annuelle des résultats des entreprises relevant de l'IR

Entreprises concernées

2-1 Règles générales. Les entreprises industrielles ou commerciales relevant de l'impôt sur le revenu sont tenues de produire chaque année la déclaration de leur résultat fiscal (CGI art. 53 A et 302 septies A).

Les entreprises individuelles qui relèvent de l'impôt sur le revenu dans la catégorie des BIC et qui ne sont pas soumises au régime des micro-entreprises doivent utiliser un formulaire 2031-SD (voir § 2-4). Il en est de même pour les sociétés non passibles de l'impôt sur les sociétés et des groupements d'intérêt économique.

Lorsqu'un contribuable exerce ses activités au sein de plusieurs entreprises qui, en raison de l'autonomie de leur clientèle et de la nature des prestations fournies, constituent des fonds de commerce séparés, il est tenu de souscrire une déclaration unique pour l'ensemble de ses exploitations au service des impôts dont dépend le principal établissement.

En cas d'exercice au sein d'une même entreprise d'une activité professionnelle et d'une activité non professionnelle, une seule déclaration 2031-SD doit être déposée, mais les résultats de ces activités doivent être individualisés (voir § 2-55).

2-2 Entreprises individuelles. La déclaration des résultats 2031 doit être souscrite par les exploitants individuels qui exercent une activité considérée, du point de vue fiscal, comme ayant un caractère industriel et commercial (catégorie des BIC).

Elle doit être souscrite par la personne qui exerce personnellement l'activité (CGI art. 172, 3°). Il appartient à la femme mariée de souscrire elle-même sa déclaration lorsqu'elle exerce personnellement l'activité imposable. Lorsque les membres d'une même famille exploitent chacun des entreprises distinctes, une déclaration séparée est établie pour chacune d'elles.

Lorsque l'exploitation appartient à un **enfant mineur**, c'est en principe au chef de famille qu'incombe cette obligation si l'exploitant est compris parmi les enfants à charge pour le calcul de l'impôt sur le revenu.

2-3 Sociétés et groupements non passibles de l'impôt sur les sociétés. Sont tenus de fournir la déclaration de leurs résultats sur l'imprimé 2031-SD :

– les sociétés en nom collectif ;

– les sociétés en commandite simple pour la fraction du bénéfice correspondant aux droits des commandités ;

– les sociétés en participation, dans la mesure où leurs membres sont indéfiniment responsables et sont désignés à l'administration (voir toutefois ci-après les allégements d'obligations déclaratives) ;

– les sociétés à responsabilité limitée de caractère familial qui ont opté pour le régime des sociétés de personnes, les sociétés à responsabilité limitée dont l'associé unique est une personne physique qui n'ont pas opté pour l'impôt sur les sociétés (EURL) ;

– les SA, SAS et SCA créées depuis moins de 5 ans qui ont exercé l'option pour le régime des sociétés de personnes (CGI art. 239 bis AB) ;

– les sociétés de fait ;

– les groupements d'intérêt économique, y compris les groupements européens d'intérêt économique.

• D'une manière générale, **les sociétés civiles** n'ont pas à remplir l'imprimé 2031-SD puisqu'elles sont passibles de l'impôt sur les sociétés dès lors qu'elles ont un objet réputé commercial ou industriel du point de vue fiscal (CGI art. 206, 2).

• **Option pour l'IS.** Les sociétés en nom collectif peuvent opter pour le régime des sociétés de capitaux, de même que les EURL, les sociétés en commandite simple (en ce qui concerne le bénéfice correspondant aux droits des commandités) et les sociétés en participation ; en pareil cas, ces sociétés doivent déposer la déclaration 2065.

• **Sociétés en participation.** Sont dispensés de la déclaration de bénéfices industriels et commerciaux les associés des sociétés en participation indéfiniment responsables et dont les noms et adresses ont été indiqués à l'administration, dans la mesure où la société en participation remplit ses obligations comptables et fiscales et détermine un résultat net réparti entre les associés au prorata de leurs parts (BOFiP-BIC-DECLA-30-20-10-§ 250-17/02/2017).
Pour permettre aux associés concernés de bénéficier de cette dispense, les sociétés en participation doivent annexer à leur déclaration globale de résultats un tableau sur lequel doivent être précisés les retraitements réalisés pour obtenir le résultat de chaque co-exploitant (tableau D de la déclaration 2031 bis). Le montant de ce résultat est à mentionner pour chacun d'eux sur la déclaration des revenus 2042 C PRO.
Cette mesure ne s'applique pas aux associés personnes physiques ayant des obligations fiscales au titre d'une autre activité professionnelle, ni aux associés groupements, ou personnes morales, inscrits au répertoire SIRENE. Ce dispositif a pour effet de dispenser les personnes concernées de télétransmettre une déclaration de résultat, un numéro SIREN n'étant plus requis pour les identifier.

• **Option des petites SA, SAS et SARL.** Les sociétés anonymes, les sociétés par actions simplifiées et les sociétés à responsabilité limitée – dont les titres ne sont pas admis aux négociations sur un marché d'instruments financiers et dont le capital et les droits de vote sont détenus à hauteur de 50 % au moins par une ou des personnes physiques et à hauteur de 34 % au moins par une ou plusieurs personnes ayant, au sein de ces sociétés, la qualité de président, directeur général, président du conseil de surveillance, membre du directoire ou gérant, ainsi que par les membres de leur foyer fiscal – peuvent opter pour le régime fiscal des sociétés de personnes. Pour pouvoir exercer cette option, la société doit être créée depuis moins de 5 ans, exercer à titre principal une activité industrielle, commerciale, artisanale, agricole ou libérale (à l'exclusion de la gestion de son propre patrimoine mobilier ou immobilier) employer moins de 50 salariés et réaliser un chiffre d'affaires annuel ou un total de bilan inférieur à 10 M€ au cours de l'exercice (CGI art. 239 bis AB).

• **Sociétés de personnes nouvellement créées.** Les sociétés de personnes nouvellement créées sont dispensées de produire la déclaration provisoire lorsque leurs associés, personnes morales, ont une date de clôture d'exercice en cours d'année civile, identique ou postérieure à la leur. En effet, la quote-part de résultat, provisoire comme définitive, revenant à chaque associé sera alors comprise dans son bénéfice de l'exercice clos au cours de l'année suivant celle de la création de la société nouvelle. Prenons, par exemple, une société de personnes A relevant de l'IR et créée le 1er juin N par deux sociétés dont les exercices sociaux sont clos en cours d'année. La société A qui clôture son exercice social le 31 mai N + 1 sera dispensée de la déclaration provisoire au 31 décembre N si ses deux associés clôturent leur exercice social au plus tôt le 31 mai N + 1 (rescrit 2008-19 repris au BOFiP-BIC-DECLA-30-50-§ 110-12/09/2012).

• Les **copropriétaires de navires** qui interviennent directement dans la gestion de la copropriété restent soumis aux obligations déclaratives de droit commun des exploitants individuels. Il s'agit du dépôt d'une déclaration 2031 accompagnée de ses tableaux annexes ou liasse fiscale. S'ils n'interviennent pas directement dans la gestion de la copropriété, le copropriétaire dépose la déclaration au service des impôts de son domicile.

Déclarations à souscrire

2-4 **Quel que soit leur régime réel d'imposition, les entreprises visées ci-dessus doivent souscrire leur déclaration des résultats à l'aide d'un imprimé commun 2031-SD et de ses annexes. La déclaration se compose de 2 pages (2031-SD et 2031 BIS-SD) et comprend 8 cadres numérotés A à H. Cet ensemble est dénommé ci-après déclaration 2031.**

À cette déclaration sont à joindre les tableaux comptables et fiscaux :
– tableaux 2050 à 2059-G pour les entreprises soumises au régime réel normal, deux tableaux supplémentaires 2059-H et 2059-I étant à produire par les grandes entreprises (voir § 1-10) **;**
– tableaux 2033-A à 2033-G pour les entreprises placées sous le régime simplifié d'imposition (voir § 25-1).

La déclaration 2031 et les tableaux annexes forment la « liasse fiscale ».

Les entreprises relevant de l'impôt sur le revenu doivent joindre à leur liasse fiscale :
– le relevé de frais généraux (2067), sauf pour les entreprises individuelles ;
– si elles bénéficient de crédits d'impôt et de réductions d'impôt, la déclaration 2069-RCI (voir § 50-1) **et, si elles sont obligatoires, les déclarations spéciales relatives aux crédits d'impôt ;**
– le relevé des frais déductibles liés à des États et territoires non coopératifs 2067-BIS-SD (CGI art. 54 quater) (voir § 1-5) **;**

– divers documents dont la liste figure dans les tableaux reproduits sous les commentaires relatifs à la déclaration 2065 (voir § 1-11).

Les entreprises bénéficiant de crédits d'impôt et de réductions d'impôt doivent souscrire une déclaration 2069-RCI. La souscription de cet imprimé vaut dispense de dépôt de certaines déclarations spécifiques (voir § 50-2).

• **Arrondis fiscaux, durée d'exercice, états « néant ».** On se reportera aux indications données pour la déclaration 2065 des sociétés soumises à l'IS (voir § 1-6).

• **Déclaration provisoire.** Lorsqu'un contribuable, ou une entreprise, relevant de l'impôt sur le revenu et arrêtant ses écritures au 31 décembre, éprouve des difficultés pour établir sa déclaration dans les délais, l'administration admet qu'une déclaration provisoire soit souscrite dans les conditions et sous les réserves suivantes (BOFiP-BIC-DECLA-30-10-10-20-§ 120-17/02/2017) :
– le contribuable doit justifier des circonstances l'ayant mis dans l'impossibilité de souscrire sa déclaration en temps utile ;
– la déclaration provisoire doit elle-même être souscrite dans le délai légal ;
– une déclaration appuyée des comptes définitifs doit être déposée aussitôt que possible.
Enfin, pour être recevable, la déclaration provisoire doit comporter l'indication chiffrée des éléments utiles à l'établissement d'une imposition, même provisoire, tels que ces éléments sont connus à la date de souscription de la déclaration provisoire. Le chef d'entreprise a seulement la faculté de formuler certaines réserves sur les données de la déclaration qui ne peuvent être considérées comme définitives.

• **Mention expresse.** On se reportera aux indications données pour la déclaration 2065 des sociétés soumises à l'IS (voir § 1-11).

Souscrire le 19 mai 2021 au plus tard

2-5 Les résultats réalisés par les entreprises relevant de l'IR imposées selon un régime réel au cours du ou des exercices clos pendant l'année d'imposition doivent faire l'objet d'une déclaration qui doit être souscrite au plus tard le 2e jour ouvré suivant le 1er mai (CGI art. 175 ; ann. III art. 344 I-0 bis). En 2021, cette date limite est le 4 mai au plus tard.

Toutefois, par tolérance administrative, l'administration accorde aux utilisateurs des téléprocédures un délai supplémentaire de 15 jours calendaires au-delà de la date limite de dépôt pour réaliser la télétransmission de leurs déclarations de résultats. Le délai s'applique à toute entreprise réalisant un dépôt dématérialisé de sa déclaration de résultats en mode EDI ou en mode EFI (BOFiP-BIC-DECLA-30-10-10-20-§ 60-17/02/2017 ; BOFiP-BIC-DECLA-30-20-10-§ 230-17/02/2017).

Pour les exercices clos en 2020, la date limite de transmission est le 19 mai 2021. La date limite du 19 mai 2021 s'applique aux entreprises qui relèvent de l'IR, quelle que soit la date de clôture de leur exercice en 2020.

En cas de cession ou de cessation, le délai pour le dépôt de la déclaration est le même que pour les sociétés passibles de l'impôt sur les sociétés (voir § 1-20).

En cas de décès, le délai est de 6 mois à compter du jour du décès.

Les sociétés relevant de l'IR continuent de joindre certaines déclarations des crédits d'impôt à leur déclaration de résultats 2031 (voir § 50-1).

Le tableau reproduit dans le chapitre consacré à la déclaration 2065 (voir § 1-11) mentionne par ailleurs la liste des documents et des déclarations à joindre à la déclaration 2031.

Modalités de souscription de la déclaration

Obligation de déposer des déclarations dématérialisées

2-6 Les déclarations de bénéfices industriels et commerciaux ainsi que leurs annexes sont souscrites par voie électronique (CGI art. 1649 quater B quater, II ; BOFiP-BIC-DECLA-30-60-40-§ 10-14/10/2020).

Sanction pour défaut de souscription dématérialisée. Le non-respect de l'obligation de souscrire la déclaration des résultats et ses annexes par voie électronique fait l'objet de sanctions spécifiques (voir § 1-25).

Modalités de transmission

2-7 **Transmission en mode EDI.** Cette procédure est obligatoire pour les entreprises qui relèvent du régime réel normal l'imposition. Dans ce mode de télétransmission des données, les données comptables de l'entreprise sont intégrées automatiquement dans des fichiers de déclaration et transmises à l'administration.

Pour les modalités de souscription à la procédure EDI, on se reportera aux indications données pour les sociétés soumises à l'IS (voir § 1-24).

2-8 Transmission en mode « EFI ». Cette transmission via le site Internet « impots.gouv.fr », n'est proposée qu'aux entrepreneurs individuels et aux sociétés relevant de la même catégorie de revenus soumis au régime simplifié d'imposition. Les entreprises au régime réel normal en sont exclues et doivent obligatoirement déclarer en mode EDI.

L'EFI (procédure en ligne d'Échange de Formulaires Informatisé) permet de remplir ses obligations fiscales directement en ligne depuis la rubrique « Professionnels > Téléprocédures > J'effectue mes démarches sur impots.gouv.fr dans mon espace abonné (EFI) » du site « www.impots.gouv.fr » (BOFiP-BIC-DECLA-30-60-20-§ 10-05/06/2019).

Pour créer un espace abonné, il suffit d'indiquer une adresse de messagerie électronique et un mot de passe, librement choisis. Cet espace constitue le point d'entrée pour l'adhésion ultérieure aux services de déclaration et de paiement en mode EFI des impôts professionnels. Deux modes d'accès à l'espace professionnel sont possibles :
– le mode « simplifié » si l'usager intervient pour le compte de sa propre entreprise et ne dispose d'aucun service en ligne ;
– le mode « expert » si l'usager représente une entreprise ou intervient pour le compte de plusieurs entreprises.

La souscription à la procédure prend effet à compter de (BOFiP-BIC-DECLA-30-60-20-§ 60-05/06/2019) :
– l'activation du service en ligne (voir § 2-9) ;
– la première télétransmission en mode EDI.

La souscription est valable pour une durée indéterminée pour les entreprises visées par les obligations de télédéclaration et de télépaiement (CGI art. 1649 quater B quater, 1695 quater et 1681 septies). Pour les autres entreprises, elle est valable jusqu'à la dénonciation expresse par l'une des parties.

Dans le cadre de l'obligation de recours aux téléprocédures professionnelles, l'envoi par la DGFiP des déclarations pré-identifiées est supprimé.

➟ **À NOTER** Les deux filières sont exclusives l'une de l'autre pour un impôt donné dans le cadre d'une même téléprocédure. L'usager peut utiliser des filières différentes pour chacune de ses téléprocédures (par exemple, télédéclaration et télépaiement de la TVA en EFI, téléréglement de l'IS en EDI) ou pour un impôt donné (ex : pour le régime simplifié d'imposition de la TVA, transmission des acomptes en EFI et de la déclaration annuelle en EDI) (BOFiP-BIC-DECLA-30-60-10-§ 40-05/06/2019).

2-9 Souscription à la procédure EFI sur Internet. En mode simplifié, l'espace professionnel est définitivement créé après son activation à l'aide du code d'activation (valable trente jours) transmis par voie postale par le service des impôts des entreprises (SIE). L'accès aux services en ligne utiles pour l'entreprise est immédiat, sans démarche supplémentaire.

En mode expert au sein de l'espace professionnel, le ou les services qui intéressent l'usager peuvent être choisis par ce dernier parmi la liste des services proposés. L'adhésion aux services en ligne ne sera effective qu'après activation par l'usager de son espace professionnel. Les démarches d'adhésion sont décrites à la rubrique « Votre espace professionnel > Créer mon entreprise > Je crée mon espace professionnel sécurisé » sur le site « impots.gouv.fr ». (BOFiP-BIC-DECLA-30-60-20-§ 40-05/06/2019).

L'utilisateur des filières d'échange dématérialisées s'engage à transmettre à la DGFiP des données déclaratives selon les modalités techniques mises à sa disposition. L'utilisateur est responsable de la bonne transmission des données télédéclarées et téléréglées. Les données transmises sont réputées émaner régulièrement des redevables.

Déclaration 2031 : indications générales

Présentation et nouveautés du millésime 2021

2-15 La déclaration millésimée 2021 comporte un feuillet numéroté 2031-SD (cadres A, B et C) et un feuillet numéroté 2031 Bis-SD (cadres D à H). L'unification des déclarations sociales et fiscales permet, à compter des revenus 2020, aux entreprises individuelles de déclarer en une seule fois, via internet, leurs revenus aux administrations sociales et fiscales.

Le millésime 2021 est aménagé à la marge par rapport au précédent. Un nouveau cadre est introduit en bas de la première page de la déclaration réservée à la mention de l'option pour l'examen de conformité fiscale (voir § 1-111).

Les chiffres indiqués renvoient aux commentaires de cette fiche

N° 2031-SD
2021
cerfa
N° 11085*23
Formulaire obligatoire
(art 53A ou 302 septies A bis du code général des impôts)

RÉPUBLIQUE FRANÇAISE
Liberté
Égalité
Fraternité

IMPÔT SUR LE REVENU

Bénéfices industriels et commerciaux

(Cocher la ou les cases correspondantes)

Exercice ouvert le	2-17	Régime "simplifié d'imposition"	ou "réel normal"
et clos le		Option pour la comptabilité super-simplifiée	TVA
		Option pour le régime de la taxation au tonnage	2-17

A IDENTIFICATION

Dénomination de l'entreprise :	Adresse du déclarant (quand celle-ci est différente de l'adresse du destinataire) et/ou adresse du domicile de l'exploitant si elle est différente de l'adresse de la direction de l'entreprise :
Adresse de l'entreprise : 2-16	
Mél :	
Téléphone :	
SIREN	Mél :
Préciser l'ancienne adresse en cas de changement :	**B DIVERS**
	Activités exercées (souligner l'activité principale) :
	Personne inscrite au répertoire des métiers (cocher la case)

C RÉCAPITULATION DES ÉLÉMENTS D'IMPOSITION (cf. notice, page 3)		Col. 1	Col. 2
1. Résultat fiscal Bénéfice col. 1, Déficit col.2 (report XN ou XO du 2058-A-SD ou 370 ou 372 du 2033-B-SD)		2-30	
2. Revenus de valeurs et capitaux mobiliers (compris dans les résultats ci-dessus)			
- Revenus exonérés de l'impôt sur le revenu..	a	2-31 à 2-36	
à déduire : quote-part des frais et charges correspondants ❶	b		
revenus nets exonérés (a – b)..	c		
- Revenus soumis à l'impôt sur le revenu..	d	Total c + d..............	
3. Total			
4. Bénéfice imposable (col. 1 – col. 2) ou **Déficit déductible** (col. 2 – col. 1) ❷		2-37	
***4bis.* Résultat net de cession, concession ou sous-concession des brevets et droits de propriété industrielle assimilés taxable au taux de 10 %** ❸			2-38
***4ter.* Revenus compris dans le bénéfice imposable mais exclus de l'assiette de l'acompte du prélèvement à la source (art. 204 G du CGI)**			2-39
- Quote-part de subvention d'équipement, d'indemnités d'assurance compensant la perte d'un élément de l'actif immobilisé et des plus-values à court terme définies à l'article 39 *duodecies* du CGI	e	2-39	
- Moins-values à court terme définies à l'article 39 *duodecies* du CGI	f	2-39	

5. Plus-values

taxées selon les règles prévues par les particuliers ❹	2-41	à court terme et à long terme exonérées❺	2-43	à long terme imposable à 12,8 % ❹	2-40
à long terme différée de 2 ans (Art. 39 *quindecies* I-1 du CGI)❹	2-42	dont plus-value à long terme exonérées (Art. 151 *septies* A du CGI) ❺*bis*	2-43	dont plus-value à court terme exonérée (Art. 151 *septies*, 151 *septies* A et 238 *quindecies*) ❺ter	2-43

6. Exonérations, Abattements et crédits d'impôt

Entreprise nouvelle art. 44 *sexies*	2-44	ZRR art. 44 *quindecies*		Zone franche d'activité art.44 *quaterdecies*		Autres dispositifs ❻	
ZFU art. 44 *octies* et 44 *octies* A		Zone de restructuration de la défense art. 44 *terdecies*		Jeunes entreprises innovantes (JEI) art. 44 *sexies* A			
Bassins urbains à dynamiser (BUD) art. 44 *sexdecies*	2-44	Zone de développement prioritaire art. 44 *septdecies*	2-44				
Exonération ou abattement pratique ❼ ➔		sur les plus-values imposables à 12,8 %	2-44	sur le bénéfice professionnel	2-44		

Option pour le crédit d'impôt outre-mer dans le secteur productif (art. 244 *quater* W) 2-45

7. BIC non professionnels (2031 *Bis*-SD) ❽ a – BÉNÉFICE 2-46 et 2-59 b – DÉFICIT 2-46 et 2-59

- Revenus compris dans le bénéfice imposable mais exclus de l'assiette de l'acompte du prélèvement à la source (art. 204 G).

PV à court terme, subventions d'équipement et indemnités d'assurance pour perte d'un élément d'actif (Art. 39 *duodecies*) 2-46 Moins-values à court terme (Art. 39 *duodecies*) 2-46

- Plus-values

PV nettes à long terme imposable à 12,8 % 2-46

- Exonération ou abattement pratique (art. 44 *sexies* et suivants) ❾ ➔ sur le bénéfice non professionnel 2-46

8. Régime des sociétés de personnes ❿

Cadre réservé aux sociétés de personnes dont les associés sont des personnes morales soumises à l'impôt sur le revenu et d'autres à l'impôt sur les sociétés.

Résultat fiscal issu du mode de calcul de l'impôt sur les sociétés 2-48

9. Comptabilité informatisée

L'entreprise dispose-t-elle d'une comptabilité informatisée ?	OUI	NON		Si oui, indication du logiciel utilisé	2-49

Les chiffres indiqués renvoient aux commentaires de cette fiche

ATTENTION : toutes les entreprises soumises à un régime réel d'imposition en matière de résultats ont l'obligation de souscrire leur déclaration de résultats et ses annexes par voie dématérialisée. Le non respect de cette obligation est sanctionné par l'application de la majoration prévue par l'article 1738 du code général des impôts (CGI). Vous trouverez toutes les informations utiles pour télédéclarer sur le site www.impots.gouv.fr

La notice n° 2033-NOT-SD est également accessible sur le site www.impots.gouv.fr.

CGA/OMGA **2-18 à** Viseur conventionné (Cocher la case correspondante)		
2-21 Nom et coordonnées du CGA/OMGA	Nom et coordonnées du viseur conventionné	
N° d'agrément du CGA/OMGA ou du viseur conventionné ou du certificateur conventionné	Identité du déclarant:	
	Lieu:	Date:
	Qualité et nom du déclarant:	
	Signature:	
ECF **2-22** *prestataire :*		

Les dispositions des articles 39 et 40 de la loi n° 78-17 du 6 janvier 1978 relative à l'informatique, aux fichiers et aux libertés, modifiée par la loi n° 2004-801 du 6 août 2004, garantissent les droits des personnes physiques à l'égard des traitements de données à caractère personnel.

Pour les informations à mentionner sur la déclaration 2031 Bis-SD (cadres D à H), une nouvelle colonne apparaît au cadre D de répartition des bénéfices et des déficits des sociétés relevant du régime des sociétés de personnes. Il convient de préciser dans la nouvelle colonne 2 si les associés ont la qualité de gérant.

Rappelons que la déclaration de revenus complémentaire des professions non salariées 2042-C PRO des entreprises individuelles sera préremplie de certaines informations déjà mentionnées sur la déclaration de revenus professionnels 2031-SD (voir § 2-47).

Identification et activité de l'entreprise [cadres A et B]

2-16 Si la déclaration est faite au nom d'une société, le domicile de tous les associés doit être indiqué au cadre D de la déclaration (voir §§ 2-50 et 2-51).

Si le déclarant est inscrit au répertoire des métiers, il doit cocher la case *ad hoc* du cadre B. Il convient de mentionner les activités exercées et de souligner l'activité principale.

Régime d'imposition et options

2-17 En tête de la déclaration, un emplacement est réservé à l'indication des dates d'ouverture et de clôture de l'exercice et du régime d'imposition (« simplifié d'imposition » ou « réel normal ») dont relève l'entreprise.

L'option pour la comptabilité supersimplifiée doit être indiquée à la case correspondante. Les exploitants individuels qui optent pour l'enregistrement forfaitaire des dépenses de carburant doivent annexer à leur déclaration un état spécial rédigé sur papier libre.

La case « TVA » doit être cochée par les exploitants qui renoncent au régime de la franchise de TVA (notice p. 3, observations).

Enfin, en cas d'option pour le régime de la taxation au tonnage, la case correspondante doit être cochée. Sur cette question, il convient de se reporter aux commentaires faits pour la déclaration d'IS (voir § 1-43).

→ **À NOTER** Les personnes morales soumises au régime simplifié peuvent n'enregistrer les créances et les dettes qu'à la clôture de l'exercice, à l'exception de celles ayant la qualité de commerçant qui sont contrôlées par une société établissant des comptes consolidés (CGI art. 302 septies A ter A-1 bis). Elles ne peuvent pas, en revanche, bénéficier des autres allégements accordés aux entreprises individuelles qui optent pour la comptabilité supersimplifiée (méthode d'évaluation des stocks et des travaux en cours, barème forfaitaire des frais de carburant, évaluation forfaitaire des frais généraux accessoires).

Adhésion à un CGA/OMGA et visa fiscal

2-18 **Avantages fiscaux liés à l'adhésion ou au visa fiscal.** Pour les contribuables passibles de l'impôt sur le revenu relevant d'un régime réel d'imposition, la base d'imposition est égale à leur résultat fiscal s'ils sont adhérents d'un organisme de gestion agréé (AGA, CGA ou OMGA) ou ont fait appel aux services d'un viseur fiscal (expert-comptable, société membre de l'ordre des experts comptables, association de gestion et de comptabilité, succursale d'expertise comptable) ou d'un certificateur à l'étranger autorisé.

Pour les autres contribuables, leur base d'imposition se voit majorée, par l'application à leur résultat d'un coefficient multiplicateur

Les chiffres indiqués renvoient aux commentaires de cette fiche

Formulaire obligatoire
(art 53 A ou 302 *septies* A *bis* du Code général des impôts)

IMPÔT SUR LE REVENU

ANNEXE AU FORMULAIRE N° 2031-SD

N° 2031 *Bis*-SD
2021

D RÉPARTITION DES BÉNÉFICES ET DES DÉFICITS DES SOCIÉTÉS *(voir notice)*

Ce cadre ne concerne que les sociétés en nom collectif et assimilées, les sociétés en commandite simple, les sociétés en participation et les sociétés créées de fait qui n'ont pas opté pour le régime fiscal des sociétés de capitaux, les sociétés à responsabilité limitée et les sociétés en commandite simple de caractère familial ayant opté pour le régime fiscal des sociétés de personnes, ainsi que les groupements d'intérêt économique et les sociétés de copropriétaires de navires (art. 48-1 et 48-2 ann. III au CGI).

(Si le cadre est insuffisant, joindre au présent formulaire un état du même modèle).

Nom, prénoms, adresse, date et lieu de naissance, n° fiscal (facultatif pour les personnes physiques) ou SIREN, qualité des associés et personnes physiques ou morales ❶	Associé ayant la qualité de gérant	BIC « B » ou BIC non professionnels « M » ❷	Quote-part du bénéfice ou du déficit ❸ à prendre en considération pour le calcul de la base d'imposition à l'impôt sur le revenu ou, éventuellement, à l'impôt sur les sociétés		Quote-part des plus-values imposables au taux réduit
2-50 et 2-51					

Sociétés en commandite simple ❸ montant des bénéfices distribués aux commanditaires au cours de l'année ____ ____

E RELEVÉ DE CERTAINS FRAIS GÉNÉRAUX

Cette rubrique ne concerne que les entreprises individuelles ❶, elle doit être remplie lorsque ces frais excèdent, par exercice : 3 000 € pour les cadeaux ou 6 100 € pour les frais de réception.

❶ Les autres entreprises doivent utiliser, le cas échéant, le relevé de frais généraux n° 2067-SD	Exercice
Montant des : - Cadeaux de toute nature, à l'exception des objets conçus spécialement pour la publicité, et dont la valeur unitaire ne dépasse pas 69 € par bénéficiaire (toutes taxes comprises).	**2-52**
- Frais de réception, y compris les frais de restaurant et de spectacles, qui se rattachent à la gestion de l'entreprise et dont la charge lui incombe normalement.	

F DIVERS

NOM ET ADRESSE DU PROPRIETAIRE DU FONDS (en cas de gérance libre)

2-53

ADRESSES DES AUTRES ETABLISSEMENTS (si ce cadre est insuffisant, joindre un état du même modèle)

G CADRE NE CONCERNANT QUE LES ENTREPRISES PLACÉES SOUS LE RÉGIME SIMPLIFIÉ D'IMPOSITION

RÉMUNÉRATIONS	Montant brut des salaires, abstraction faite des sommes comprises dans les D.A.D.S. et versées aux apprentis sous contrat et aux handicapés, figurant sur les DSN de 2020, montant total des bases brutes fiscales inscrites dans la colonne 18 A. Ils doivent être, le cas échéant, majorés des indemnités exonérées de la taxe sur les salaires, telles notamment les sommes portées dans la colonne 20 C au titre de la contribution de l'employeur à l'acquisition des chèques-vacances par les salariés.	**2-54**
	Rétrocessions d'honoraires, de commissions et de courtages…………	
	Montant des prélèvements financiers effectués à titre personnel au cours de l'exercice (*)…………	
	Montant des apports en capital ou des versements en compte courant faits au cours de l'exercice (*)………… *(*) À remplir par les entreprises passibles de l'impôt sur le revenu et dispensées de bilan.*	

PLUS-VALUES ACQUISES EN FRANCHISE D'IMPÔT

Cette rubrique concerne les entreprises qui optent pour le régime simplifié d'imposition et qui entendent se placer sous le régime d'exonération des plus-values. En exerçant pour la première fois l'option pour le régime simplifié, elles peuvent déterminer, en franchise d'impôt, les plus-values acquises à la date de prise d'effet de cette option pour les éléments non amortissables de leur actif immobilisé. Dans cette hypothèse, il conviendra de joindre au formulaire n° 2031-SD une note rédigée sur papier libre portant indication détaillée de la nature et de la valeur des éléments non amortissables réévalués et de la méthode de réévaluation.

Nature des immobilisations non amortissables	Valeur réévaluée	Prix d'acquisition	Plus-value ❹
2-54			

❹ Il convient de reporter chaque année le montant de la plus-value acquise en franchise d'impôt.

H BIC NON PROFESSIONNELS

Détermination du résultat de l'exercice

2-55 à 2-58	Bénéfice	Déficit
Locations meublées non professionnelle soumises aux contributions sociales par les organismes de sécurité sociale	**2-59**	**2-59**
Autres locations meublées non professionnelles		
Location-gérance		
Membre non professionnel de copropriété de cheval de course ou d'étalon		
Autres BIC non professionnels		
Résultat avant imputation des déficits antérieurs	à reporter case 7a	à reporter case 7b

(CGI art. 158, 7.1°). **Cette majoration du bénéfice appliquée aux entreprises qui n'adhèrent pas à un organisme de gestion agréée ou ne recourent pas aux services d'un professionnel du chiffre sera supprimée progressivement sur 3 ans, avec dans un premier temps un abaissement du coefficient pour les revenus des années 2020 à 2022 et une disparition effective à compter de l'imposition des revenus de l'année 2023** (loi 2020-1721 du 29 décembre 2020, art. 34). **La trajectoire de baisse est la suivante :**

- 2019 : coefficient 1,25
- 2020 : coefficient 1,20
- 2021 : coefficient 1,15
- 2022 : coefficient 1,10
- 2023 : par de coefficient

La majoration est calculée par l'administration sur les chiffres reportés dans la rubrique *ad hoc* de la déclaration des revenus 2042-C PRO.

La diminution prévue dès l'exercice 2020 sera appliquée lors de la régularisation du solde d'impôt sur le revenu pour l'imposition des revenus de 2020. S'il respecte les conditions requises, le professionnel peut demander, le cas échéant, la modulation de ses acomptes d'impôt sur le revenu.

Si l'entreprise est membre d'un centre de gestion agréé (CGA) ou d'un organisme mixte de gestion agréé (OMGA) ou si la déclaration a recueilli le visa fiscal d'un professionnel conventionné, il convient de cocher la case correspondante dans le cadre situé sous la rubrique 9 de la déclaration 2031-SD. Les noms, adresse, numéros de téléphone et de télécopie de ces organismes et professionnels doivent également être mentionnés, ainsi que le numéro d'agrément de l'organisme.

• La dispense de majoration peut également être accordée aux contribuables qui font appel à un certificateur étranger pour les revenus provenant d'un État membre de l'UE, d'Islande, de Liechtenstein ou de Norvège, qui a conclu une convention avec le directeur général des finances publiques ou son délégataire (CGI art. 1649 quater N et 158, 7.1° c).

La dispense de majoration est remise en cause si le contribuable n'a pas fourni de réponse suffisante aux demandes de justification, ou n'a pas donné suite à une demande de l'organisme de rectifier une déclaration fiscale ou est exclu de l'organisme de gestion. La majoration s'applique dès l'imposition des revenus de l'année au cours de laquelle l'adhérent est exclu de l'organisme (CGI art. 158, 7.1° .a).

• **Réduction d'impôt.** Il est toujours nécessaire d'adhérer à un CGA ou un OMGA pour bénéficier de la réduction d'impôt relative aux dépenses de tenue de la comptabilité (CGI art. 199 quater B ; BOFiP-IR-RICI-10-§ 340-01/06/2018) (voir § 14-69).

2-19 **Visa fiscal.** Le professionnel de l'expertise comptable qui souhaite éviter à ses clients ou adhérents l'application de la majoration du bénéfice imposable (voir § 2-18) doit signer une convention avec l'administration fiscale (CGI art. 1649 quater L ; ann. II art. 371 bis A à 371 bis L). Le terme « professionnels de l'expertise comptable » désigne :

- les experts-comptables ;
- les sociétés membres de l'ordre des experts-comptables ;
- et les associations de gestion et de comptabilité (AGC).

L'article 11 du code de déontologie des professionnels de l'expertise comptable leur fait obligation de conclure avec ceux de leurs clients ou adhérents qui souhaitent bénéficier de la dispense de majoration une lettre de mission spécifique (BOFiP-DJC-EXPC-20-30-30/01/2019) définissant leur mission et précisant les droits et obligations de chacune des parties.

• Le professionnel de l'expertise comptable doit tenir à la disposition de l'administration un registre des clients ou adhérents pour lesquels il a établi une lettre de mission spécifique.

• La dispense de majoration peut également être accordée aux contribuables qui font appel à un certificateur étranger pour les revenus provenant d'un État membre de l'UE, d'Islande, de Liechtenstein ou de Norvège, qui a conclu une convention avec le directeur général des finances publiques ou son délégataire (CGI art. 1649 quater N et 158, 7.1° .c).

Le contribuable n'est pas considéré comme le client ou l'adhérent d'un professionnel de l'expertise comptable conventionné s'il n'est pas lié avec ce professionnel par la lettre de mission spécifique pendant toute la durée de l'exercice considéré (CGI, ann. II art. 371 bis L). La lettre de mission doit donc, en principe, être conclue avant l'ouverture de l'exercice pour lequel l'entreprise souhaite être dispensée de majoration. Pour bénéficier de la dispense de majoration au titre de l'exercice 2020, la lettre de mission devrait donc, en principe, avoir été signée avant le 1er janvier 2020. Toutefois, cette condition n'est pas exigée dans les cas mentionnés dans le tableau suivant (CGI, ann. II art. 371 bis L).

La dispense de majoration est remise en cause si le contribuable n'a pas fourni de réponse suffisante aux demandes de justification, ou n'a pas donné suite à une demande de rectifier une déclaration fiscale. La majoration s'applique dès l'imposition des revenus de l'année au cours de laquelle la lettre de mission a été résiliée (CGI art. 158, 7.1° .a).

Événements	Date limite de signature de la lettre de mission
a. Exercice au cours duquel intervient la signature de la première lettre de mission avec un professionnel de l'expertise comptable (*)	Dans le délai de 5 mois suivant la date d'ouverture de l'exercice donné
b. Résiliation de la convention du professionnel de l'expertise comptable par le commissaire du gouvernement	Délai maximal de 60 jours suivant la date de réception de la notification au client ou à l'adhérent de la résiliation de la convention pour signer avec le nouveau professionnel ou adhérer
c. Désignation d'un administrateur provisoire	Délai maximal de 60 jours suivant la date de nomination de l'administrateur provisoire
d. Changement de professionnel de l'expertise comptable ou d'adhésion à un organisme agréé à l'initiative du client ou de l'adhérent en cours d'exercice (motifs autres que ceux mentionnés au b et au c)	Délai maximal de 30 jours suivant la date de la résiliation de la lettre de mission avec l'ancien professionnel de l'expertise comptable pour signer avec le nouveau professionnel (ou l'adhésion à l'organisme agréé)
e. Démission d'un CGA ou d'un OMGA pour signer avec un professionnel de l'expertise comptable	Délai maximal de 30 jours suivant la démission de l'organisme pour signer avec le nouveau professionnel
f. Signature d'une première lettre de mission avec un professionnel de l'expertise comptable pour les contribuables franchissant les limites de chiffre d'affaires des régimes micro.	Avant la clôture de l'exercice comptable
(*) Ce délai de 5 mois ne s'applique qu'à condition que le client ou l'adhérent n'ait pas été antérieurement le client ou l'adhérent de l'organisme lui permettant de bénéficier de la non-majoration de ses revenus.	

2-20 Adhésion à un organisme de gestion agréé. Toute entreprise commerciale, industrielle, artisanale ou agricole peut adhérer à un centre de gestion agréé (CGA) ou à un organisme mixte de gestion agréé (OMGA), quels que soient sa forme juridique et son mode d'imposition. Cette faculté vise également tous les contribuables qui disposent de revenus non professionnels imposés dans la catégorie des BIC, soumis à un régime d'imposition selon le bénéfice réel, normal ou simplifié.

Pour bénéficier des avantages fiscaux (voir § 2-18), le contribuable doit être l'adhérent de l'organisme pendant toute la durée de l'exercice considéré (CGI, ann. II art. 371 L et 371 W). La condition n'est toutefois pas exigée (CGI, ann. II art. 371 L, b) :
- en cas d'agrément postérieur à l'adhésion, pour l'imposition du bénéfice de l'exercice ouvert depuis moins de 3 mois à la date de l'agrément ;
- en cas de première adhésion pour l'imposition du bénéfice de l'exercice ouvert depuis moins de 5 mois à la date de l'adhésion (le contribuable ayant repris une activité après cessation est considéré comme adhérant pour la première fois) ;
- en cas de retrait d'agrément, pour l'imposition du bénéfice de l'année ou de l'exercice en cours ;
- en cas de démission d'un organisme suivie, dans le délai maximum de 30 jours à la date de la démission, de l'adhésion à un autre ;
- en cas de première adhésion à un organisme avant la clôture de l'exercice comptable pour les contribuables franchissant les limites de chiffre d'affaires des régimes micro-BIC ou micro-BA.

Organismes mixtes de gestion agréés (OMGA). Les centres de gestion agréés (CGI art. 1649 quater C) et les associations agréées (CGI art. 1649 quater F) peuvent avoir des adhérents relevant des BIC et des BA et des professionnels libéraux sous réserve d'obtenir un agrément spécifique d'organisme mixte de gestion agréé. Les adhérents des organismes mixtes de gestion agréés relevant des BIC sont soumis aux mêmes obligations qui s'ils étaient adhérents d'un CGA (CGI art. 1649 quater K ter).

2-21 Dématérialisation des déclarations et des attestations. Les organismes de gestion agréés ont l'obligation de dématérialiser et de télétransmettre aux services fiscaux, selon la procédure prévue par le système EDI, les attestations qu'ils délivrent à leurs adhérents, ainsi que les déclarations de résultats, leurs annexes et les autres documents les accompagnant. Ils doivent recevoir mandat de leurs adhérents pour transmettre les informations

correspondant à leurs obligations déclaratives (CGI art. 1649 quater E ; ann. III art. 344 I quater).

Les déclarations de résultats des membres adhérents d'un CGA ou d'un OMGA doivent être accompagnées d'une attestation fournie par l'organisme indiquant la date d'adhésion et, le cas échéant, la date à laquelle est intervenue la perte de la qualité d'adhérent (CGI, ann. II art. 371 L). **Ces attestations font également l'objet d'une télétransmission.**

De même, les professionnels de l'expertise comptable conventionnés doivent dématérialiser et télétransmettre aux services fiscaux, selon la procédure TDFC, les déclarations de résultats de leurs clients ou adhérents, leurs annexes et les autres documents les accompagnant. Ils doivent recevoir mandat pour transmettre les informations correspondant à leurs obligations déclaratives (CGI art. 1649 quater L ; BOFiP-DJC-EXPC-20-40-20-06/09/2017).

Les déclarations de résultats des clients ou adhérents d'un professionnel de l'expertise comptable ayant signé la convention sont accompagnées d'une attestation fournie par le professionnel de l'expertise comptable indiquant la date de signature de la lettre de mission spécifique et le montant de leur résultat imposable. Cette attestation est dématérialisée et télétransmise aux services fiscaux selon la procédure prévue par le système EDI (CGI, ann. II art. 371 bis L).

L'attestation établie par le professionnel de l'expertise comptable doit mentionner :
– la date de signature de la lettre de mission ;
– la date de résiliation de la lettre de mission, le cas échéant ;
– le montant imposable.

L'entreprise cliente ou adhérente du professionnel de l'expertise comptable reste libre de choisir l'auteur de la télétransmission qui peut être indifféremment l'entreprise elle-même, le professionnel de l'expertise comptable s'il est lui-même partenaire EDI, ou tout autre partenaire EDI, notamment celui dont le professionnel de l'expertise comptable utilise les services, s'il n'est pas lui-même partenaire EDI.

À l'exception du premier cas, le professionnel de l'expertise comptable doit disposer lui-même d'un mandat de son client ou adhérent, ou être informé du choix du partenaire EDI mandaté pour adresser les déclarations à l'administration fiscale (BOFiP-DJC-EXPC-20-40-20-§ 40-06/09/2017).

De même, l'entreprise adhérente peut mandater son CGA ou son OMGA pour effectuer, à ses lieu et place, toutes les formalités d'adhésion et de télétransmission TDFC, tant auprès de l'administration fiscale qu'auprès de tout partenaire EDI choisi par l'organisme agréé. Dans tous les cas, l'organisme agréé doit être informé du partenaire EDI retenu pour la télétransmission des déclarations de résultats et de leurs annexes. Aucun mandat de l'adhérent n'est nécessaire à l'organisme agréé pour télétransmettre l'attestation dès lors qu'il s'agit d'un document qui émane de l'organisme lui-même et non de son adhérent.

Examen de conformité fiscale

2-22 **Un examen de conformité fiscale (ECF) peut être réalisé, à la demande des entreprises relevant de l'IR ou IS, pour les exercices clos à compter du 31 décembre 2020** (décret 2021-25 du 13 janvier 2021, JO du 14, texte 45 ; arrêté du 13 janvier 2021, JO du 14, texte 46 ; voir FH 3875, §§ 1-1 à 1-8) (voir § 1-111).

L'existence d'un ECF doit être mentionnée dans la déclaration de résultat. Les entreprises doivent à cet effet cocher la case correspondante sur la dernière ligne du formulaire 2031-SD et mentionner l'identité du prestataire qui sera chargé de réaliser cet examen.

Récapitulation des éléments d'imposition [cadre C]

Résultat fiscal [rubrique 1]

2-30 **Le chiffre à inscrire au regard de cette rubrique est celui qui figure :**
– sur la ligne XN (bénéfice) ou XO (déficit) du tableau 2058-A « Détermination du résultat fiscal », si l'entreprise est soumise au régime réel normal ;
– sur la ligne 370 (bénéfice) ou 372 (déficit) du tableau 2033-B « Compte de résultat simplifié de l'exercice », si elle est placée sous le régime simplifié d'imposition.

Revenus de capitaux mobiliers compris dans le résultat fiscal [rubrique 2]

Présentation de la rubrique 2

2-31 **La rubrique 2 permet de déterminer les dividendes et les revenus de capitaux mobi-**

liers qui, compris dans le résultat imposable selon les règles des BIC, doivent être extournés de ce résultat, soit parce qu'ils sont exonérés, soit parce qu'ils sont imposables à l'impôt sur le revenu dans la catégorie des revenus de capitaux mobiliers (RCM). Les crédits d'impôt attachés aux revenus de capitaux mobiliers doivent par ailleurs être mentionnés la déclaration 2069-RCI (voir § 50-1).

Dans la rubrique 2, il convient de mentionner :
– lignes a à c, les revenus exonérés d'impôt sur le revenu (voir § 2-36) ;
– ligne d, les revenus soumis à l'impôt sur le revenu dans la catégorie des RCM (voir § 2-35).

Les intérêts de créances, dépôts, cautionnements et comptes courants n'ont pas à figurer dans cette rubrique. En effet, restent rattachés à la catégorie des BIC, lorsqu'ils figurent dans les recettes provenant de l'exercice d'une profession industrielle, commerciale, artisanale ou agricole, ou d'une exploitation minière, les intérêts, arrérages, primes de remboursement et tous autres produits (CGI art. 124) :
– des dépôts de sommes d'argent à vue ou à échéance fixe ;
– des cautionnements en numéraire ;
– des comptes courants ;
– des clauses d'indexation afférentes aux sommes mises ou laissées à la disposition d'une société par ses associés ou ses actionnaires ;
– des créances hypothécaires, privilégiées et chirographaires, à l'exclusion de celles représentées par des obligations, effets publics et autres titres d'emprunts négociables entrant dans les prévisions des articles 118 à 123 du CGI.

Ces revenus demeurent en principe compris dans le résultat industriel ou commercial et n'ont donc pas à figurer dans le cadre C de la déclaration 2031. Certains de ces produits ont toutefois dû être extournés du BIC sur le tableau 2058-A en application de la neutralisation des effets de la théorie du bilan (voir § 2-32).

➡ **À NOTER** Lorsque la déclaration 2031 est souscrite par une société de personnes qui comprend parmi ses membres des sociétés soumises à l'IS, la quote-part du résultat de la société de personnes doit être retenue sans tenir compte de ces déductions des RCM qui ne concernent que les associés personnes physiques.

Neutralisation des effets de la théorie du bilan

2-32 **Produits et charges à extourner.** Les règles énoncées ci-dessus (voir § 2-31) doivent être combinées avec ce qu'il est convenu de désigner « les effets de la neutralisation de la théorie du bilan ». Selon cette règle, les résultats tirés de l'exploitation non professionnelle des biens inscrits à l'actif du bilan sont extournés des bénéfices imposables dans la catégorie des BIC pour être imposés à l'impôt sur le revenu dans la catégorie d'imposition correspondant à la nature des produits concernés (CGI art. 155, II). Les produits et les charges concernés sont extournés sur le tableau 2058-A, ligne XY (voir § 14-21). Le bénéfice net est diminué des produits qui ne proviennent pas de l'activité exercée à titre professionnel et augmenté des charges admises en déduction qui ne sont pas nécessitées par l'exercice de l'activité à titre professionnel (BOFiP-BIC-BASE-90-§ §§ 160 à 230-04/07/2018).

Ainsi, ne sont pas pris en compte pour la détermination du résultat fiscal professionnel, les produits et les charges afférents aux éléments d'actif qui soit ne sont pas nécessaires à l'exercice de l'activité professionnelle, soit ne sont pas utilisés pour l'exercice de l'activité professionnelle. Les revenus perçus à l'occasion des actes nécessaires à l'activité exercée à titre professionnel restent inclus dans le résultat imposable, tels par exemple les intérêts de retard résultant d'une décision de justice ou d'une clause contractuelle en raison d'un retard de livraison par un fournisseur.

Pour les éléments d'actif à usage mixte, c'est-à-dire utilisé à la fois à des fins professionnelles et à des fins non professionnelles, les produits et charges y afférents doivent être ventilés de manière à ce que leur fraction correspondant à l'usage non professionnel soit extournée du résultat professionnel imposable. Il appartient au contribuable de réaliser, sous sa propre responsabilité et sous réserve du droit de contrôle de l'administration, la ventilation des produits et des charges correspondant à chacun des usages (pour un immeuble, en fonction des surfaces par exemple).

• **Exemple d'actifs non utilisés pour l'exercice de l'activité professionnelle** : immeubles de placement, portefeuilles de valeurs mobilières sans aucun lien avec l'activité professionnelle, immeubles d'exploitation qui cessent d'être utilisés pour les besoins de l'activité professionnelle.

• **Exemples d'actifs qui ne sont pas utilisés pour l'exercice de l'activité professionnelle** (même s'ils se situent dans le prolongement de celle-ci) : parts que détient un contribuable dans une société qui exerce une activité complémentaire à la sienne (commercialisation de ses produits) dans laquelle il ne participe pas activement, produits de placement de la trésorerie de l'activité professionnelle, quelle que soit leur forme (dépôt, compte courant, placement sous forme de produits financiers) qui sont donc exclus du bénéfice imposable professionnel.

• **Changement d'usage (professionnel à patrimonial et inversement) au cours d'un exercice.** Sont extournés du résultat professionnel les produits et les charges correspondant à la période d'usage non professionnel : les produits et les charges pouvant être rattachés exclusivement à cette période et, pour les produits et les charges ne pouvant pas l'être, la fraction définie prorata temporis de l'usage non professionnel.

2-33 **Exception (sur option).** Par exception, et sur option expresse du contribuable, les résultats des activités non professionnelles restent pris en compte dans le bénéfice professionnel BIC lorsque les produits y afférents ont un caractère marginal (CGI art. 155, II.3), c'est-à-dire lorsque les produits afférents à un bien non utilisé pour l'activité professionnelle représentent au plus 5 % de l'ensemble des produits de l'exercice, ou 10 % de ces produits si la condition de 5 % était satisfaite au titre de l'exercice précédent (BOFiP-BIC-BASE-90-§ 280-04/07/2018). Corrélativement, les charges correspondantes deviennent déductibles, mais leur déduction ne peut excéder les revenus produits par le bien.

Lorsque l'option pour le rattachement aux BIC des produits marginaux n'est pas exercée, les produits et les charges qui ne se rattachent pas à l'exercice de l'activité sont, quel que soit leur seuil, exclus du résultat professionnel (CGI art. 155, II.3).

Selon l'administration, les règles exposées ci-dessus sont obligatoires et ne constituent pas une faculté laissée à l'entreprise (BOFiP-BIC-BASE-90-§ 240-04/07/2018).

Tableau de synthèse

2-34 Le tableau suivant regroupe les solutions applicables aux revenus de capitaux mobiliers compris dans le résultat fiscal.

Dividendes et autres revenus de capitaux mobiliers à exclure du résultat			
Nature des produits	Ne provenant pas de l'exercice professionnel		Provenant de l'exercice professionnel
	Seuils de 5 % ou 10 % dépassés ou, si seuils de 5 % ou 10 % non dépassés, pas d'option pour le rattachement aux BIC	Seuils de 5 % ou 10 % non dépassés et option pour le rattachement aux BIC	
Produits des actions et parts qui figurent à l'actif du bilan (dividendes)	Extourné sur 2058-A pour imposition à l'IR dans la catégorie des RCM (1)	Pas de déduction, les produits demeurent imposés en tant que BIC	Déduction sur 2031 ligne d (2) pour imposition à l'IR dans la catégorie des RCM
Autres revenus de capitaux mobiliers (produits d'obligations, bons de caisse et autres titres d'emprunt négociables)	Extourné sur 2058-A pour imposition à l'IR dans la catégorie des RCM (1) (BOFiP-BIC-PDSTK-10-20-20-§ 5-09/01/2013)	Pas de déduction, les produits demeurent imposés en tant que BIC (BOFiP-BIC-PDSTK-10-20-20-§ 5-09/01/2013)	Déduction sur 2031 ligne d pour imposition à l'IR dans la catégorie des RCM des produits ayant donné lieu à une retenue à la source. La déduction porte sur le montant des revenus mobiliers effectivement perçus par l'entreprise sans aucune imputation de frais afférents auxdits revenus (3)

(1) Pour l'imposition dans la catégorie des RCM, ces revenus sont réputés avoir été perçus ou réalisés à la clôture de l'exercice ou de la période d'imposition pour l'application des obligations déclaratives et pour le recouvrement de l'impôt dû (CGI art. 155, III.3).

(2) Les produits de ces titres ne sont pas compris dans les résultats imposables de l'entreprise et doivent en être déduits extra-comptablement. Ils sont alors déclarés dans la catégorie des revenus de capitaux (BOFiP-BIC-PDSTK-10-20-10-§ 1-09/01/2013). La doctrine de l'administration ne fait plus référence aux frais correspondant à ces revenus.

(3) Pour ce qui concerne les produits de placement ayant donné lieu à une retenue à la source (revenus des obligations et titres émis avant le 1er janvier 1987 et intérêts de bons de caisse quelle que soit la date de leur émission), ils ouvrent droit à un crédit d'impôt d'égal montant qui s'impute sur le montant de l'IS ou de l'IR dont l'entreprise ou le bénéficiaire est redevable à raison de ces produits. Pour permettre cette imputation, ces revenus doivent être déclarés à part dans la catégorie des revenus mobiliers selon les modalités propres à cette catégorie et être déduits du résultat BIC. Cette déduction extra-comptable doit, en principe, porter sur le montant des revenus mobiliers effectivement perçus par l'entreprise sans aucune imputation de frais afférents auxdits revenus (BOFiP-BIC-PDSTK-10-20-20-§ 8-09/01/2013). Il n'y a donc pas lieu de déduire sur la déclaration 2042 les charges (frais de garde) afférents à ces revenus, ceux-ci demeurant compris dans les charges de l'entreprise.

Revenus soumis à l'impôt sur le revenu [ligne d]

2-35 Les produits mentionnés sur la ligne « d » sont des dividendes et autres revenus de valeurs mobilières qui proviennent de l'exercice professionnel de l'activité. Ces produits doivent être extournés du résultat BIC pour être imposés à l'impôt sur le revenu dans la catégorie des revenus de capitaux mobiliers (BOFiP-BIC-PDSTK-10-20-10-09/01/2013 et BOFiP-BIC-PDSTK-10-20-20-§ 8-09/01/2013). Compte tenu de la définition donnée par l'administration des activités non professionnelles (voir § 2-32), cette situation nous paraît peu fréquente.

Attention, il ne faut pas confondre ces produits avec ceux qui résultent de l'exercice non professionnel de l'activité (voir § 2-32), qui ont déjà été extournés du résultat BIC en application de la neutralisation des effets de la théorie du bilan.

Les différentes situations susceptibles de se présenter sont résumées dans le tableau ci-dessus (voir § 2-34).

Revenus exonérés de l'impôt sur le revenu [lignes a à c]

2-36 Pour ne pas faire échec au bénéfice d'une exonération, les produits qui seraient exonérés d'impôt sur le revenu et compris dans le résultat doivent en être extournés. Il s'agit notamment, selon l'administration, des revenus exonérés d'impôt sur le revenu au titre de l'article 157 du CGI tels que certains lots et primes de remboursement (BOFiP-BIC-PDSTK-10-20-20-§ 80-09/01/2013).

Il est précisé que le montant déduit du résultat de l'entreprise doit être égal au montant brut des revenus exonérés, diminué de la quote-part des frais afférente à ces revenus. Si l'entreprise n'est pas en mesure d'établir le montant des frais réels s'appliquant aux revenus mobiliers exonérés, il est admis, à titre de règle pratique, que cette quote-part de frais peut être évaluée à 10 % des revenus en cause. Ce pourcentage est toutefois porté à 30 % du même montant en ce qui concerne les sociétés de personnes dont les investissements en titres, en participations, ou en créances ont, à la clôture de l'exercice, une valeur supérieure à la moitié du capital social (BOFiP-BIC-PDSTK-10-20-20-§ 80-09/01/2013).

Il convient donc de porter ligne a le montant total compris dans le résultat imposable, ligne b la quote-part de frais déterminée comme il est exposé ci-dessus, la ligne c faisant alors ressortir par différence (a – b) le montant net à exclure du résultat fiscal.

Bénéfice imposable ou déficit déductible [rubrique 4]

2-37 Le bénéfice ou le déficit calculé sur la ligne 4 est à reporter sur la ligne correspondante de la déclaration d'ensemble des revenus 2042 C PRO (voir § 2-47).

Si l'entreprise déclarante est une société, il convient d'opérer, au préalable, la ventilation entre les associés en utilisant le cadre D de la déclaration 2031 bis.

Résultat net de cession et de concession des droits de la propriété industrielle [rubrique 4 bis]

2-38 Pour les exercices ouverts depuis le 1er janvier 2019, les entreprises industrielles et commerciales relevant de l'IR et soumises de plein droit ou sur option à un régime réel d'imposition peuvent, sur option, soumettre à un taux réduit d'imposition de 10 % le résultat net portant sur la cession, concession ou sous-concession de licence d'exploitation portant sur certains droits de la propriété industrielle (CGI art. 238 ; BOFiP-BIC-BASE-110-10-22/04/2020). Les sociétés de personnes et assimilées relevant de l'IR peuvent également bénéficier de ce régime (BOFiP-BIC-BASE-110-10-§ 1-22/04/2020).

Le résultat taxable à 10 % est déduit extra-comptablement du résultat de l'entreprise imposable dans les conditions de droit commun (barème progressif à l'IR ou taux normal à l'IS) pour être soumis au taux réduit.

Le résultat net doit être indiqué au niveau du cadre C, 4 bis « Résultat fiscal » et non au niveau du cadre C, 2 « Plus-values ». Ce montant correspond au montant du résultat net de cession, de concession ou de sous-concession de brevets et actifs incorporels assimilés imposable à 10 % après compensation éventuelle avec le déficit de l'exercice.

Des cases ont été créées sur la 2042 C PRO afin de reporter le montant des revenus nets des brevets et droits de propriété industrielle taxés au taux de 10 % (cases 5UI, 5VI et 5WI) (voir § 2-47).

Les entreprises qui ont opté pour ce régime doivent joindre à leur déclaration de résultat le formulaire 2468-SD (voir § 1-55).

Revenus exclus de l'assiette de l'acompte du prélèvement à la source [rubrique 4 ter]

2-39 La rubrique 4 ter permet d'isoler les sommes comprises dans le résultat imposable, mais qui sont exclues de la base de calcul de l'acompte de prélèvement à la source.

Depuis le 1er janvier 2019, les revenus imposables à l'impôt sur le revenu dans la catégorie des bénéfices industriels et commerciaux (BIC) donnent lieu, l'année de leur réalisation, à un acompte au titre du prélèvement à la source (CGI art. 204 A, 1 et 2.2° et 204 C). L'acompte est calculé par l'administration en appliquant à l'assiette de l'acompte le taux de l'IR calculé pour le foyer fiscal sur la base des revenus taxés l'avant-dernière année (acomptes de janvier à août), puis de la dernière année (acomptes de septembre à décembre).

L'assiette de l'acompte dû au titre des BIC est constituée du montant des bénéfices ou revenus imposés au barème progressif de l'impôt sur le revenu la dernière année pour laquelle l'impôt a été établi, cette dernière année étant appréciée à la date du versement de l'acompte (CGI art. 204, G.1). Ainsi, les acomptes exigibles de janvier à août 2021 sont calculés sur le revenu de 2019 (déclaré en mai 2020). Les acomptes exigibles de septembre à décembre 2021 et de janvier à août 2022 sont calculés sur le revenu de 2020 (déclaré en mai 2021).

L'assiette de l'acompte est déterminée pour chaque membre du foyer fiscal (CGI art. 204 G, 2.1°). Pour les BIC au régime réel, l'assiette de l'acompte est le bénéfice net fiscal, diminué du report déficitaire des déficits « tunnelisés », à savoir les déficits des BIC non professionnels (CGI art. 156, I.1° ter) et des loueurs en meublés non professionnels (CGI art. 156, I.1° bis).

Lorsque le contribuable bénéficie d'un régime d'exonération partielle ou temporaire de l'impôt sur les bénéfices, l'assiette des acomptes est en principe déterminée en tenant compte de l'abattement applicable au titre de l'année de paiement de cet acompte. En pratique, pour éviter d'alourdir les obligations déclaratives, il n'est pas demandé au contribuable de déclarer le taux d'abattement dont il bénéficiera l'année suivante. Le plus souvent, ce taux futur est moins élevé. Les acomptes seront donc sous-évalués et la régularisation interviendra lors du paiement du solde de l'impôt l'année suivante. Si le contribuable souhaite néanmoins verser des acomptes se rapprochant de son futur bénéfice, il peut effectuer en ligne une demande en ce sens (impots.gouv.fr ; gérer mon prélèvement à la source).

Ne sont pas retenus dans l'assiette de l'acompte (CGI art. 204 G, 2.7°) :

- les produits ou recettes imposables ayant la nature de plus-values professionnelles à court terme ou à long terme ;
- les subventions d'équipement ;
- les indemnités d'assurance compensant la perte d'un élément de l'actif immobilisé ;
- les charges ou dépenses ayant la nature de moins-values professionnelles à court terme ou à long terme.

Pour permettre à l'administration de calculer les acomptes sur le résultat de 2020, il convient de mentionner sur la déclaration 2031, rubrique 4 ter :

- ligne e, le total des subventions d'équipement, des indemnités d'assurance compensant la perte d'un actif immobilisé et des plus-values à court terme ;
- ligne f, les moins-values à court terme.

Les montants indiqués sur les lignes e et f sont à reporter sur la déclaration 2042 C PRO lorsque l'exploitant est le contribuable ou son conjoint (déclarant 1 ou déclarant 2).

Le montant indiqué case e est à reporter dans les cases 5DK à 5FL (BIC professionnels) ou 5UT à 5 VW (BIC non professionnels) de la déclaration 2042 C PRO (voir § 2-47).

Le montant indiqué case f est à reporter sur la déclaration 2042 C PRO, dans les cases 5DM à 5FN (BIC professionnels) ou 5UY à 5VX (BIC non professionnels).

Plus-values [rubrique 5]

2-40 **Plus-values à long terme imposables à 12,8 %.** Le total à indiquer dans la case « à long terme imposables à 12,8 % » correspond au montant de la ligne WV du tableau 2058-A (voir § 14-91) ou à la ligne 350 du tableau 2033-B pour le régime simplifié (sauf si cette somme comprend des plus-values à long terme dont l'imposition est différée). Compte tenu des prélèvements sociaux (17,2 %) le taux effectif d'imposition s'établit à 30 % (12,8 % + 17,2 %).

La plus-value exonérée en application d'un régime d'allégement est mentionnée à la rubrique 6, pour mémoire.

• Les cessions de titres de sociétés établies dans un **État ou territoire non coopératif** sont exclues du régime du long terme.

• Dans les **DOM**, les réductions prévues en matière d'impôt sur le revenu sont également applicables, par tolérance administrative, pour la taxation des plus-values nettes à long terme réalisées par des entreprises qui exercent leur activité dans ces départements (BOFiP-BIC-PVMV-20-40-10-§ 140-26/02/2019). Ces réductions sont de 30 % dans la limite de 2 450 € en Guadeloupe, Martinique et à La Réunion et de 40 % dans la limite de 4 050 € en Guyane et à Mayotte (CGI art. 197, I.3).

2-41 **Plus-values taxées selon le régime des plus-values des particuliers.** Ces plus-values se rapportent aux cessions d'immeubles loués en meublé réalisées par des loueurs non professionnels qui sont taxées selon le régime des plus-values des particuliers (CGI art. 151 septies).

2-42 **Plus-values à long terme dont l'imposition est différée de 2 ans.** En cas de décalage entre l'exercice de réalisation des plus-values et l'exercice au titre duquel elles doivent être imposées (plus-values consécutives à la perception d'une indemnité d'assurance ou d'une expropriation), les plus-values nettes à long terme ne sont mentionnées que sur la déclaration 2031 afférente à l'exercice au titre duquel elles doivent être effectivement imposées au taux réduit.

Le montant de la plus-value imposée en 2020 est inscrit dans la case « Plus-values à long terme imposables au taux de 12,8 % ». La plus-value à long terme dont l'imposition peut être différée est mentionnée dans la case « Plus-values à long terme dont l'imposition est différée de 2 ans ».

Pour ce qui est des plus-values à long terme dont l'imposition peut être différée de 2 ans (plus-values réalisées à la suite de la perception d'une indemnité d'assurance ou d'expropriation), il convient donc de reporter sur la déclaration de l'exercice 2020 les plus-values réalisées en 2018. Les plus-values de cette nature réalisées en 2020 seront reportées sur la déclaration afférente à 2022.

Le contribuable doit ensuite reporter le montant de ces plus-values sur les lignes correspondantes de la déclaration 2042 C PRO, lignes 5 KE, 5 LE ou 5 ME (BIC professionnels) ou lignes 5 NE, 5 OE ou 5 PE (BIC non professionnels) (voir § 2-47).

2-43 **Plus-values à court terme et à long terme exonérées.** La déduction de la plus-value exonérée a été opérée sur le tableau 2058-A (ligne XG) ou sur le tableau 2033-B (ligne 350). Il convient de mentionner, pour mémoire, dans les cases correspondantes les plus-values exonérées au titre des régimes suivants :

– exonération totale ou partielle des plus-values réalisées par les petites entreprises dont le chiffre d'affaires n'excède pas, pour une exonération totale, 250 000 € (ventes) ou 90 000 € (prestations) et, pour une exonération partielle, respectivement 350 000 € ou 126 000 €, et qui ont exercé leur activité pendant au moins 5 ans (CGI art. 151 septies) ;

– exonération des plus-values réalisées, en cas de cession à titre onéreux d'actifs professionnels à l'occasion d'un départ à la retraite (CGI art. 151 septies A) ; cette exonération ne s'étend pas aux prélèvements sociaux, en conséquence, le montant de la plus-value à long terme exonérée est à mentionner dans la case « Dont plus-values à long terme exonérées (CGI art. 151 septies A) » ;

– abattement pour durée de détention sur les plus-values immobilières à long terme réalisées par les entreprises relevant de l'IR (CGI art. 151 septies B) ;

– exonération totale ou partielle des plus-values réalisées en cas de transmission d'une entreprise individuelle, d'une branche complète d'activité ou des éléments assimilés pour une valeur inférieure à 300 000 € pour ouvrir droit à une exonération totale ou 500 000 € pour ouvrir droit à une exonération partielle (CGI art. 238 quindecies).

Le montant indiqué dans la case « Dont plus-values à long terme exonérées » (CGI art. 151 septies A) correspond au montant des plus-values à long terme exonérées d'IR à l'occasion du départ à la retraite (CGI art. 151 septies A) et qui sont soumises aux prélèvements sociaux.

Exonérations, abattements et crédits d'impôt [rubrique 6]

2-44 **Régimes d'exonération totale ou partielle.** Les entreprises bénéficiant de certains régimes d'exonération doivent mentionner pour mémoire, à la rubrique 6, l'allégement correspondant pratiqué, en distinguant la fraction concernant le bénéfice proprement dit et celle relative aux plus-values à long terme. Le total des montants inscrits dans les deux cases doit correspondre au montant indiqué sur la ligne XF (cases L2, L5, 0V, PA, 1F, XC, PC et PB) du tableau 2058-A.

Les montants mentionnés dans les cases de la rubrique 6 ne doivent pas être retranchés du « Bénéfice imposable » ou du « Déficit déductible » mentionnés rubrique 4, les déductions ayant déjà été effectuées sur le tableau 2058-A, ligne XF.

Sont concernés par cette rubrique les entreprises ou dispositifs suivants :
- entreprises nouvelles (CGI art. 44 sexies) (voir § 1-62) ;
- entreprises implantées dans les zones de revitalisation rurale (CGI art. 44 quindecies) (voir § 1-71) ;
- zones franches d'activités pour l'outre-mer (CGI art. 44 quaterdecies) (voir § 1-67) ;
- entreprises implantées en zones franches urbaines (CGI art. 44 octies ou 44 octies A) (voir § 1-64) ;
- zones de restructuration de la défense (CGI art. 44 terdecies) (voir § 1-68) ;
- jeunes entreprises innovantes (CGI art. 44 sexies A) (voir § 1-65) ;
- bassins urbains à dynamiser (CGI art. 44 sexdecies) (voir § 1-69) ;
- zones de développement prioritaire (CGI art. 44 septdecies) (voir § 1-70) ;
- autres dispositifs (voir § 1-69) : il s'agit notamment de l'exonération dans les bassins d'emploi à redynamiser (CGI art. 44 duodecies) et dans les pôles de compétitivité (CGI art. 44 undecies) (voir § 1-66).

Les montants figurant à la rubrique 6 de la déclaration 2031 doivent être reportés sur la déclaration 2042-C PRO (voir § 2-47). Le report s'effectue comme suit :
- rubrique revenus industriels et commerciaux professionnels - régime du bénéfice réel : cases 5KB, 5LB et/ou 5MB (CGA ou visa) ou 5KH, 5LH et/ou 5MH (sans) ;
- rubrique autres revenus industriels et commerciaux non professionnels - régime du bénéfice réel BIC : cases 5NB, 5OB et/ou 5PB (CGA ou visa) 5NH, 5OH et/ou 5PH (sans).

2-45 **Crédits d'impôts pour investissements outre-mer.** L'option pour le crédit d'impôt pour investissements productifs outre-mer (CGI art. 244 quater W) doit être formalisée sur la première page de la déclaration 2031, dans la rubrique 6, la case correspondante. Sur ce point, on se reportera également à nos commentaires faits pour la déclaration 2065 (voir § 1-73).

BIC non professionnels [rubrique 7]

2-46 Doivent être mentionnés sous cette rubrique le bénéfice ou le déficit provenant d'activités BIC réalisées à titre non professionnel. Le bénéfice à reporter en case 7 a et le déficit reporté en case 7 b sont calculés au cadre H de l'annexe 2031 bis (voir § 2-55). Ils s'entendent avant imputation des déficits antérieurs.

Le formulaire 2031-SD comprend les informations nécessaires au calcul des cotisations sociales qui seront transmises aux organismes de sécurité sociale.

Il convient de détailler sur le formulaire les revenus compris dans le bénéfice imposable, mais exclus de l'assiette de l'acompte du prélèvement à la source, à savoir le total des subventions d'équipement, des indemnités d'assurance compensant la perte d'un actif immobilisé et des plus-values à court terme et les moins-values à court terme. Ces indications sont identiques à celles qui sont données pour les BIC professionnels (voir § 2-39).

Il convient également de mentionner :
- le montant de la plus-value nette à long terme imposable au taux de 12,8 % ;
- le montant de l'exonération ou de l'abattement pratiqué au titre d'un des régimes d'exonération des bénéfices visés ci-dessus (voir § 2-44).

Deux cases qui figuraient l'année dernière sur le formulaire 2020 n'apparaissent plus sur le formulaire 2021 :
- les plus-values à long terme réalisées à l'occasion d'un départ à la retraite (CGI art. 151 septies A) (voir § 2-43) ;
- les plus-values à court terme exonérées à l'occasion d'un départ à la retraite (CGI art. 151 septies A) ou en en cas de transmission d'une entreprise individuelle, d'une branche complète d'activité ou des éléments assimilés pour une valeur inférieure à 300 000 € (exonération totale) ou 500 000 € (exonération partielle) (CGI art. 238 quindecies).

L'ensemble des résultats doit ensuite être reporté sur la déclaration 2042 C PRO, en distinguant selon que l'exploitant est ou non adhérent d'un organisme de gestion agréé ou a bénéficié du visa fiscal et qu'il s'agit d'un bénéfice ou d'un déficit ou bien d'une plus-value nette à long terme. Les reports sont effectués suivant les modalités décrites dans le tableau ci-après (voir § 2-47).

Les copropriétaires de navires, s'ils n'interviennent pas directement dans la gestion de la copropriété de navires, portent sous cette rubrique 7 de la déclaration 2031-SD la fraction des résultats de la copropriété qui leur revient, diminuée de l'amortissement de leurs parts et des frais financiers supportés pour acquérir ces parts. Ils n'ont pas à souscrire les imprimés 2050 à 2059 (ou 2033) mais doivent joindre à leur déclaration 2031-SD un tableau d'amortissement des parts.

Report des chiffres sur la déclaration 2042 C PRO

2-47 La déclaration de revenus complémentaire des professions non salariées 2042-C-PRO des entreprises individuelles sera préremplie de certaines informations déjà mentionnées sur la déclaration de revenus professionnels 2031-SD.

Pour permettre le report automatique des informations de la déclaration 2031-SD sur la déclaration 2042-C-PRO, il convient de télédéclarer la déclaration de résultats 2031-SD avant la déclaration d'impôt sur le revenu.

En cas de dépôt papier de la déclaration 2031-SD, aucun report automatique des données ne sera effectué : les données déclarées sur la déclaration de résultats 2031-SD devront être reportées manuellement par l'entreprise sur sa déclaration 2042-C-PRO.

Reports sur la déclaration 2042 C PRO		
Revenus industriels et commerciaux professionnels *(y compris locations meublées professionnelles)*		
Régime du bénéfice réel	CGA ou viseur	Sans (2)
Revenus exonérés (2)	5KB, 5LB, 5MB	5KH, 5 LH, 5MH
Revenus imposables cas général	5KC, 5LC, 5MC	5KI, 5LI, 5MI
- dont plus-values à court terme, subventions d'équipement, indemnités d'assurance pour perte d'éléments d'actifs	5DK, 5EK, 5FK	5DL, 5EL, 5FL
- dont moins-value à court terme	5DM, 5EM, 5FM	DN, 5EN, 5FN
Revenu de source étrangère avec crédit d'impôt égal à l'impôt français	5DF, 5EF, 5FF	5DG, 5EG, 5FG
Revenus nets de la cession ou concession de brevets taxables à 10 %	5UI, 5VI, 5WI	5UI, 5VI, 5WI
Déficits	5KF, 5LF, 5MF	5KL, 5LL, 5ML
Plus-values nettes à long terme	5KE, 5LE, 5ME	5KE, 5LE, 5ME
Revenus industriels et commerciaux non professionnels *(autres que les locations meublées non professionnelles)*		
Régime du bénéfice réel	CGA ou viseur	Sans (3)
Revenus exonérés (2)	5NB, 5OB, 5PB	5NH, 5OH, 5PH
Revenus imposables cas général	5NC, 5OC, 5PC	5NI, 5OI, 5 PI
- dont plus-values à court terme, subventions d'équipement, indemnités d'assurance pour perte d'éléments d'actifs	5UT, 5VT, 5VQ	5UU, 5VU, 5VW
- dont moins-value à court terme	5UY,5VY,5VV	5UZ, 5VZ, 5VX
Revenu de source étrangère avec crédit d'impôt égal à l'impôt français	5UR, 5VR, 5WR	5US, 5VS, 5WS
Revenus nets de la cession ou concession de brevets taxables à 10 %	5TF, 5UF, 5VF	5TF, 5UF, 5VF
Déficits	5NF, 5OF, 5PF	5NL, 5OL, 5PL
Plus-values nettes à long terme	5NE, 5OE, 5PE	5NE, 5OE, 5PE
Déficits des années antérieurs non encore déduits (2014 à 2019)	5RN (2014), 5RO (2015), 5PR (2016), 5RQ (2017), 5RR (2018), 5RW (2019)	

Reports sur la déclaration 2042 C PRO		
Revenus des locations meublées non professionnelles		
Régime du bénéfice réel	CGA ou viseur	Sans (2)
Revenus imposables cas général	5NA, 5OA, 5PA	5NK, 5OK, 5PK
Revenu de source étrangère avec crédit d'impôt égal à l'impôt français	5EY, 5FY, 5GY	5EZ, 5FZ, 5GZ
Revenus soumis aux contributions sociales par les organismes de sécurité sociale	5NM, 5OM, 5PM	5KM, 5LM, 5MM
Déficits cas général	5NY, 5OY, 5PY	5NZ, 5OZ, 5PZ
Déficits relevant des organismes de sécurité sociale	5 WE, 5XE, 5YE	5WF, 5XF, 5YF
Déficits des années antérieures non encore déduits (2010 à 2019)	5GA (2010), 5GB (2011), 5GC (2012), 5GD (2013), 5GE (2014), 5GF (2015), 5GG (2016), 5GH (2017), 5GI (2018), 5GJ (2019)	

(1) Ces revenus seront soumis aux prélèvements sociaux.
(2) Régimes zonés (CGI art. 1417, II.b).
(3) La majoration de 1,20 (voir § 2-18) est calculée par l'administration sur les chiffres portés dans les rubriques de la déclaration.

Régime des sociétés de personnes [Rubrique 8]

2-48 Cette rubrique concerne les sociétés de personnes dont les associés sont des personnes morales soumises les unes à l'impôt sur le revenu et les autres à l'impôt sur les sociétés. Ces sociétés déterminent le résultat fiscal revenant à leurs associés soumis à l'IS selon les règles propres à cet impôt (CGI art. 238 bis K).

Elles doivent déposer une déclaration unique 2031-SD complétée du résultat fiscal déterminé selon les règles de l'IS, et mentionné dans la case *ad hoc* de la rubrique 8, ainsi que 2 liasses fiscales distinctes selon les différentes méthodes de détermination du résultat.

Comptabilité informatisée [Rubrique 9]

2-49 Les entreprises sont invitées à préciser dans cette rubrique si leur comptabilité est informatisée. Dans l'affirmative, il convient d'indiquer le nom du logiciel utilisé (voir § 1-110).

Répartition des bénéfices et des déficits des sociétés [cadre D]

Rappel des obligations déclaratives

2-50 Les sociétés en nom collectif, en commandite simple, les sociétés en participation et les sociétés de copropriétaires de navires qui n'ont pas opté pour le régime fiscal des sociétés de capitaux, sont tenues de fournir à l'administration, en même temps que la déclaration annuelle de leur résultat un état indiquant les conditions dans lesquelles leurs bénéfices sont répartis ou ont été distribués entre les associés et coparticipants (CGI art. 242, 1). Le cadre D du formulaire 2031 Bis-SD est destiné à la présentation de cet état.

Les bénéfices de ces sociétés sont, en effet, directement taxés entre les mains de chacun des associés, pour la part correspondant à ses droits (CGI art. 8 et 218 bis).

Pour les sociétés en nom collectif ou en commandite simple qui n'ont pas opté pour le régime fiscal des sociétés de capitaux, l'état doit comporter les noms, prénoms et domiciles des associés, la part des bénéfices de l'exercice ou des exercices clos au cours de l'année précédente correspondant aux droits de chacun des associés en nom collectif ou commandités dans la société. En ce qui concerne les sociétés en commandite simple, il convient d'indiquer le montant des bénéfices distribués aux commanditaires au cours de l'année précédente. Les sociétés anonymes, les sociétés par actions simplifiées et les sociétés à responsabilité limitée ayant opté pour le régime des sociétés de personnes sont soumises aux mêmes obligations (CGI, ann. III art. 48, 1).

Les gérants des sociétés en participation et des sociétés de copropriétaires de navires qui n'ont pas opté pour le régime fiscal des sociétés de capitaux sont tenus de fournir un état indiquant les noms, prénoms, professions et domiciles des associés gérants et des coparticipants et la part des bénéfices de l'exercice ou des exercices clos au cours de l'année précédente revenant à chaque associé-gérant ou coparticipant (CGI, ann. III art. 48, 1).

Déclaration au cadre D de la part de chacun des associés

2-51 Dans ce cadre, les entreprises doivent, pour chacun des associés identifiés dans la colonne 1, indiquer séparément :
– colonne 2, si l'associé a la qualité de gérant ;
– colonne 3, la provenance des résultats en distinguant selon qu'ils ont un caractère professionnel (« B ») ou non professionnel (« M ») ;
– colonnes 4 et 5, la part respective de chaque associé dans le résultat fiscal dont le montant total est mentionné sous les rubriques 4 et/ou 7 du cadre C ; pour les associés imposés sur la part du résultat déterminé selon les règles de l'IS, il convient de mentionner au cadre D la part de chacun d'eux dans le résultat fiscal qui a été reporté dans la rubrique 8 du cadre C ;
– colonne 6, la part respective de chaque associé dans la plus-value imposable à 12,80 % ou taxée selon le régime prévu pour les particuliers, dont le montant figure sous la rubrique 5 du cadre C.

Pour déterminer le montant de la part de chaque associé ou membre imposé directement (à l'impôt sur le revenu ou à l'impôt sur les sociétés, suivant le cas), il convient de tenir compte non seulement de la part de chacun d'eux dans les bénéfices sociaux, mais aussi des intérêts et des appointements qui lui ont été alloués et qui ont été réintégrés pour l'évaluation du résultat fiscal.

Enfin, les sociétés en commandite simple doivent mentionner le montant des bénéfices distribués aux commanditaires au cours de l'année.

Certains éditeurs de liasse fiscale EDI scindent le cadre D en deux tableaux :
– un tableau de répartition des résultats entre les associés personnes morales, indiquant outre les renseignements obligatoires indiqués ci-dessus, le numéro SIREN des personnes concernées ;
– un tableau de répartition des résultats entre les associés personnes physiques, indiquant outre les renseignements obligatoires indiqués ci-dessus, le numéro fiscal des personnes concernées, ainsi que la date et leur lieu de naissance.

➟ **À NOTER** Les sociétés de personnes peuvent avoir la qualité d'établissement payeur pour les revenus mobiliers qu'elles encaissent et qui sont imposés au nom de leurs membres. Elles doivent déclarer ces revues chaque année sur la déclaration 2561 (IFU) (voir FH 3875).

Relevé de certains frais généraux [cadre E]

2-52 Les entreprises individuelles doivent remplir ce cadre pour les catégories de frais suivantes dont le montant excède respectivement 3 000 € pour les cadeaux ou 6 100 € pour les frais de réception :
– cadeaux de toute nature, à l'exception des objets conçus spécialement pour la publicité et dont la valeur unitaire TTC ne dépasse pas 69 € par bénéficiaire et par an ;
– frais de réception, y compris les frais de restaurant et de spectacles, qui se rattachent à la gestion de l'entreprise et dont la charge lui incombe normalement.

Quant aux sociétés soumises au régime fiscal des sociétés de personnes, elles sont tenues, au même titre d'ailleurs que les personnes morales soumises à l'impôt sur les sociétés, de fournir à l'appui de leurs déclarations de résultats le relevé détaillé des frais généraux 2067, lorsque ces frais excèdent les chiffres indiqués sur cet imprimé (voir § 23-1).

Si elles ne sont pas inscrites sur le relevé de frais généraux, les dépenses concernées donnent lieu à une pénalité spéciale de 5 % ou 1 % (CGI art. 1763, b). On se reportera à cet égard à la déclaration 2067 (voir § 23-30).

Divers [cadre F]

2-53 Il convient d'indiquer dans ce cadre le nom et l'adresse du propriétaire du fonds en cas de gérance libre ainsi que l'adresse des divers établissements lorsque l'entreprise exerce son activité dans plusieurs établissements.

Entreprises soumises au RSI [cadre G]

2-54 Les entreprises placées sous le régime simplifié d'imposition doivent indiquer ici divers renseignements qui, contrairement aux entreprises soumises au réel normal, ne figurent pas dans les tableaux annexes 2033-A à 2033-G qu'elles joignent à la présente déclaration.

Pour la souscription du cadre « Rémunérations », on pourra se reporter aux précisions données dans l'étude du tableau 2033-C :

– pour les salaires, au tableau 2058-C (voir § 16-15) ;

– pour les rétrocessions d'honoraires, de commissions et de courtages, au tableau 2058-C (voir § 16-11).

Les entreprises dispensées de bilan doivent mentionner dans ce cadre le montant des prélèvements financiers effectués à titre personnel et des apports en capital ou en compte courant faits au cours de l'exercice.

En ce qui concerne les plus-values acquises en franchise d'impôt lors d'une première option pour le régime simplifié, on se reportera aux précisions données au tableau 2058-C (voir § 16-16) et dans notre cahier « Détermination du résultat imposable ».

BIC non professionnels [cadre H]

Souscription du cadre H

2-55 Il convient de déterminer au cadre H le bénéfice ou le déficit non professionnel qui est à reporter ligne 7 du formulaire 2031-SD (voir § 2-46).

Dans le cadre de l'unification des déclarations sociales et fiscales à compter des revenus 2020,il convient de détailler, selon le cas, le bénéfice ou le déficit, des activités suivantes :

– locations meublées non professionnelles soumises aux contributions sociales par les organismes de sécurité sociale ;

– autres locations meublées non professionnelles ;

– location-gérance ;

– membres non professionnels de copropriété de cheval de course ou d'étalon ;

– autres activités BIC non professionnelles.

Le total des résultats provenant des activités BIC non professionnelles est mentionné sur la dernière ligne avant imputation des déficits antérieurs.

Sur la déclaration 2042 C PRO, les revenus des locations meublées non professionnelles sont à mentionner dans les cases 5 NM à 5MM si ces revenus ont été soumis aux contributions sociales par les organismes de sécurité sociale. Les revenus des autres locations meublées non professionnelles sont reportés dans les cases 5 NA à 5PK.

Les BIC non professionnels autres que les locations meublées non professionnelles sont quant à eux reportés dans les cases 5NC à 5PI.

• **L'imputation** des déficits antérieurs est effectuée sur la déclaration 2042 C PRO.

• **Affiliation des loueurs en meublés à la sécurité sociale**. Relèvent du régime des travailleurs indépendants non agricoles les personnes exerçant une activité de locaux d'habitation meublés dont les recettes annuelles tirées de cette activité pour l'ensemble des membres du foyer fiscal sont supérieures à 23 000 € (c. séc. soc. art. L. 611-1, 6°) :

– lorsque ces locaux sont loués à une clientèle y effectuant un séjour à la journée, à la semaine ou au mois et n'y élisant pas domicile, sauf option contraire de ces personnes lors de l'affiliation pour relever du régime général des salariés,

– ou lorsque ces personnes remplissent les conditions mentionnées à l'article 155, IV.2.1° du CGI (un membre du foyer fiscal devait être inscrit au RCS en qualité de loueur professionnel). Or, le 1° précité, a été jugé inconstitutionnel et abrogé au 1er janvier 2020 par la loi de finances pour 2020. La loi de financement de la sécurité sociale pour 2021 abroge en conséquence cette condition (loi 2020-1576 du 14 décembre 2020, art. 22, I, 4°), laquelle est remplacée, à compter du 1er janvier 2021, par la condition suivante : ou lorsque leurs recettes excèdent les revenus du foyer fiscal soumis à l'impôt sur le revenu dans les catégories des traitements et salaires, des BIC autres que ceux tirés de l'activité de location meublée, des bénéfices agricoles, des BNC et des revenus des gérants et associés (CGI art. 155, IV.2.3°).

• **Location-gérance**. Les revenus tirés de la location-gérance d'un fonds artisanal ou commercial, dans lequel le loueur poursuit son activité professionnelle ou réalise des actes de commerce dans le cadre de l'entreprise louée, sont assujettis à cotisations de sécurité sociale.

Activités professionnelle et non professionnelle exercées conjointement

2-58 En cas d'activités professionnelle et non professionnelle exercées conjointement au sein d'une même entreprise, une seule déclaration de résultat 2031-SD doit être déposée. Néanmoins, il convient d'effectuer une individualisation des résultats provenant des activités professionnelles et des activités non professionnelles afin de déterminer les modalités d'imputation des déficits résultant, le cas échéant, de ces activités (voir §§ 2-56 et 2-57).

La déclaration distincte des résultats non professionnels est réputée satisfaite par l'individualisation des résultats non professionnels dans le cadre H intitulé « BIC non professionnels » de la déclaration 2031-SD (BOFiP-BIC-DEF-20-10-§ 90-01/03/2017). Le résultat de l'activité exercée à titre non professionnel est déclaré ligne C 7 du formulaire (voir § 2-46), tandis que le résultat de l'activité professionnelle figure ligne C 4 (voir § 2-37).

Le détail des bénéfices industriels et commerciaux non professionnels est porté sur l'annexe 2031 Bis-SD, au présent cadre H.

La quote-part de résultat d'une copropriété de cheval de course ou d'étalon l'activité de location meublée non professionnelle ne font pas l'objet de déclaration distincte.

Lorsque l'activité non professionnelle est poursuivie dans le cadre d'une société dont les titres sont inscrits à l'actif de l'entreprise exploitant l'activité professionnelle, le déficit soumis à l'interdiction d'imputation sur le revenu global correspondant à la quote-part du déficit social subi par la société exploitante doit être simplement retranché du résultat d'ensemble de l'entreprise (BOFiP-BIC-DEF-20-10-§ 100-01/03/2017).

Selon les indications portées sur la notice du formulaire 2031-SD, il convient de préciser, dans une note jointe à la déclaration 2031, les éléments retenus pour la détermination du résultat de l'activité non professionnelle lorsque ceux-ci ont été portés au tableau de résultat fiscal 2058-A à la ligne WQ « Réintégrations diverses » (« Charges relatives aux BIC non professionnels ») et à la ligne XG « Déductions diverses » (« Recettes et plus-values sur BIC non professionnels ») ou sur les lignes 330 et 350 du tableau 2033-B. Une note distincte est rédigée pour chaque activité non professionnelle.

Les membres des copropriétés de navires non professionnels doivent mentionner leur quote-part dans les résultats de la copropriété diminuée de l'amortissement de leur part des frais financiers supportés pour cette acquisition. Un tableau d'amortissement doit être joint à la déclaration (BOFiP-FORM-000019-26/08/2013).

Les tableaux comptables

2050 Bilan - Actif

Généralités

3-1 Durée de l'exercice. La durée de l'exercice (et celle de l'exercice précédent), qui est à indiquer en tête de l'imprimé, doit être exprimée par un nombre entier de mois ; le cas échéant, la durée réelle est arrondie à l'unité la plus proche (notice de l'administration).

3-2 Identification de l'entreprise et rubriques à utiliser. L'entreprise doit indiquer son numéro SIRET, ce numéro étant celui du siège de la direction, s'il s'agit d'une entreprise passible de l'impôt sur le revenu, ou celui du principal établissement, s'il s'agit d'une entreprise relevant de l'impôt sur les sociétés (notice de l'administration).

Pour chacune des rubriques utilisées, les colonnes 1 « Brut » et 3 « Net » doivent être remplies, même lorsque, en l'absence d'amortissements ou de provisions pour dépréciation, la colonne 2 « Amortissements, provisions » demeure inutilisée (notice de l'administration).

En ce qui concerne les amortissements (colonne 2), on se reportera à l'étude de l'imprimé 2055 et, pour les provisions (colonne 2), à celle de l'imprimé 2056.

3-3 Règles sur les incorporels. Depuis le 1er janvier 2016, suite à la transposition de la directive comptable unique 2013/34/UE du 26 juin 2013, le règlement ANC 2015-06 du 23 novembre 2015 fixe les conditions de détermination de la durée d'utilisation, limitée ou non, des actifs incorporels (ANC, règlement 2015-06 du 23 novembre 2015 et sa note de présentation). Les impacts pratiques sont d'ordre comptable, ils visent principalement le fonds commercial (voir § 3-11) et n'ont pas pour l'instant suscité de modifications des tableaux comptables (notamment 2050 à 2055) par l'administration fiscale de la liasse fiscale (voir tome 1, compte 20, § 1 ; compte 203, § 1 ; compte 207, §§ 6 à 17). Par ailleurs, depuis le 1er janvier 2016 également, seuls peuvent être activés les coûts de développement lorsqu'ils remplissent certains critères (PCG art. 212-3), la référence « aux frais de recherche appliquée » étant par ailleurs supprimée dans plusieurs textes (c. com. art. R. 123-186, R. 123-187 et R. 123-188) (voir § 3-9).

Impacts de la Covid-19. Diverses mesures fiscales et comptables ont été adoptées au fil de l'année 2020 en faveur des entreprises pour tenir compte de cet évènement. Le lecteur pourra utilement se reporter au tableau de synthèse résumant les différents points développés à ce sujet dans notre tome 1 (voir tome 1, Covid-19 : Impacts sur les comptes 2020, § 6).

Étude du tableau 2050

Capital souscrit – non appelé

3-4 Capital souscrit – non appelé [ligne AA]. Son montant représente la créance de la société sur les actionnaires pour la fraction du capital non appelé. Du point de vue financier, il s'agit d'un élément soustractif des capitaux propres.

• À la **ligne AA** correspond le compte 109 « Actionnaires : capital souscrit – non appelé ».

Actif immobilisé

3-5 Droits de mutation, honoraires, commissions et frais d'actes liés. En principe, les droits de mutation, honoraires ou commissions et frais d'actes liés à l'acquisition ou à la construction sont compris dans la définition du coût d'entrée de l'actif. Ils peuvent, sur option dans les comptes individuels, soit être compris dans le coût d'entrée de l'immobilisation, soit être comptabilisés en charges. Depuis 2018, le rattachement au coût d'acquisition d'un actif des droits visés ci-dessus est une méthode de référence [ANC, règlt 2018-01 du 20 avril 2018 ; PCG art. 213-8, 213-22, (221-1 par renvoi au 213-8 et 222-1 par renvoi au 221-1) ; voir tome 1, compte 20, § 12 ; compte 11, § 13 à 16].

➡ **À NOTER** Pour les exercices clos à compter du 1er mai 2020, les frais externes afférents à des formations nécessaires à la mise en service de l'immobilisation acquise, corporelle ou incorporelle, peuvent, sur option, être rattachés au coût d'acquisition de cette immobilisation ou comptabilisés en charges. Cette option peut être exercée indépendamment de l'option « activation / charges » existant actuellement concernant les droits de mutation, honoraires ou commissions et frais d'actes liés à l'acquisition d'une immobilisation (ANC, règlt 2019-09 du 18 décembre 2019, homologué par arrêté du 22 avril 2020, JO du 30 ; PCG art. 213-8 et 213-22 modifiés ; voir tome 1, Introduction compte 2, § 18).

Rappelons que, du point de vue fiscal, pour les sociétés soumises à l'IS, les frais d'acquisition des titres de participation liés à l'acquisition de titres de participation de ces mêmes exercices doivent fiscalement être incorporés au prix de revient des titres et peuvent être déduits par voie d'amortissement sur une période de 5 ans (CGI art. 209, VII ; BOFiP-IS-BASE-30-10-12/09/2012 ; voir tome 1, compte 26, §§ 57 à 60).

Les modifications apportées par le règlement ANC 18-01 sont traitées au tome 1 compte 11, §§ 13 à 39.

On se reportera également à l'étude du tableau 2054 « Immobilisations » et à celle du tableau 2055 « Amortissements ».

Immobilisations incorporelles

3-6 **Frais d'établissement [ligne AB].** Ce sont les dépenses engagées à l'occasion d'opérations qui conditionnent l'existence ou le développement de l'entreprise mais dont le montant ne peut pas être rapporté à des productions de biens et de services déterminés (c. com. art. R. 123-186). La méthode de référence est l'imputation de ces frais en charges. Ces frais peuvent néanmoins être portés à l'actif (ANC, règlt 2018-01 du 20 avril 2018 précité ; PCG art. 212-9 ; voir tome 1, compte 20, § 3).

3-7 *Frais à mentionner sur cette ligne.* Les frais à mentionner sur cette ligne sont exclusivement (PCG et notice de l'administration) :
– les frais de constitution qui comprennent les droits d'enregistrement (apports à titre pur et simple ou à titre onéreux), les honoraires des intermédiaires (notaires, conseils juridiques...), le coût des formalités légales (frais d'insertion, de publication) ;
– les frais de premier établissement répartis entre frais de prospection et frais de publicité. Ces derniers correspondent aux frais engagés lors d'opérations qui conditionnent l'existence ou le développement de l'entreprise (implantation d'un nouvel établissement, création ou extension d'un réseau commercial...), ce qui exclut, notamment, les dépenses rattachables à des produits fabriqués par l'entreprise ;
– les frais d'augmentation de capital et d'opérations diverses (fusions, scissions, transformations), qui concernent les personnes morales et qui, pour l'essentiel, sont de même nature que ceux exposés lors de la constitution de la société.

Sur l'imputation de ces frais sur les primes d'émission et de fusion (cette méthode n'étant plus une méthode de référence), (voir tome 1, compte 201, § 6 ; PCG art. 212-9) (voir § 4-5, tableau 2051).

• À la **ligne AB** correspondent les comptes suivants du Plan comptable.

201 Frais d'établissement
2011 Frais de constitution
2012 Frais de premier établissement
20121 Frais de prospection
20122 Frais de publicité
2013 Frais d'augmentation de capital et d'opérations diverses (fusions, scissions, transformations)

3-8 *Contrôle sur pièces.* Dans le cadre d'un contrôle sur pièces, le service des impôts pourra demander à l'entreprise de lui fournir le détail des frais d'établissement afin de s'assurer que ce poste ne comprend pas :
– des éléments d'actif non amortissables (fonds de commerce, droit au bail, droit d'entrée, notamment) ;
– ou des frais constituant un élément du prix de revient des immobilisations proprement dites (frais de transport, d'installation, de montage, par exemple).

3-9 **Frais de développement [ligne CX].** Les coûts de développement peuvent être comptabilisés à l'actif s'ils se rapportent à des projets nettement individualisés, ayant de sérieuses chances de réussite technique et de rentabilité commerciale (PCG art. 212-3). La comptabilisation des coûts de développement à l'actif est considérée comme une « méthode de référence » (ANC règlt 2018-01 précité ; PCG art. précité ; voir tome 1, compte 203, § 1).

• À la **ligne CX** correspond le compte 203 du Plan comptable « Frais de recherche et de développement ».

L'administration fiscale a supprimé la disposition selon laquelle l'amortissement des frais de recherche et développement (sur 5 ans maximum) devait être pratiqué dès l'exercice au cours duquel les dépenses en cause ont été inscrites à l'actif du bilan, sans attendre que le projet de recherche ou le sujet de développement soit arrivé à son terme (BOFiP-BIC-CHG-20-30-30-§ 70-01/03/2017) (voir § 8-1, tableau 2055).

Depuis le 1er janvier 2016, la référence « aux frais de recherche appliquée » est également supprimée dans plusieurs textes (c. com. art. R. 123-186, R. 123-187 et R. 123-188). L'intitulé de la ligne CX du tableau 2050 « Frais de développement » ne faisait pas référence aux frais de recherche appliquée et reste de ce fait valide.

Pour les exercices ouverts depuis le 1er janvier 2018, les ressources minières constituent des frais de développement s'ils se rapportent à des projets nettement individualisés. Les dépenses activables sont les dépenses d'exploration proprement dites (forages par exemple) ainsi que les dépenses d'évaluation liées à la faisabillité technique. La comptabilisation à l'actif de ces dépenses constitue la méthode de référence (PCG art. 212-3/1 ; ANC, règlt 2017-03 du 3 novembre 2017).

3-10 Concessions, brevets et droits similaires [ligne AF]. Doivent être portées sur cette ligne les dépenses faites pour l'obtention de l'avantage que constitue la protection accordée sous certaines conditions à l'inventeur, à l'auteur ou au bénéficiaire du droit d'exploitation d'un brevet, d'une licence, d'une marque, d'un procédé, d'un logiciel, de droits de propriété littéraire et artistique ou au titulaire d'une concession.

• À la **ligne AF** correspond le compte 205 « Concessions et droits similaires, brevets, licences, marques, procédés, logiciels, droits et valeurs similaires ».

3-11 Fonds commercial [ligne AH]. Les modifications des règles comptables concernant les immobilisations incorporelles appliquées à compter de 2016 ont visé principalement le fonds commercial (voir § 3-3) qui, spécificité juridique française, n'est généralement pas amorti. Du point de vue comptable, le fonds commercial est présumé avoir une durée de vie non limitée et n'est pas amortissable, mais cette présomption peut être réfutée (voir tome 1, compte 207, §§ 7 à 11) (voir § 8-3, tableau 2055). Il y a lieu de mentionner sur cette ligne les éléments acquis du fonds de commerce constitués de la clientèle, l'achalandage et le droit au bail, éléments auxquels peuvent s'ajouter le nom commercial et l'enseigne. La fraction correspondant au droit au bail, qui est égale au montant versé ou dû au locataire précédent en considération du transfert à l'acheteur des droits résultant des conventions et de la législation sur la propriété commerciale, doit être indiquée distinctement au pied du tableau 2050.

➟ **À NOTER** Lors de l'acquisition d'un fonds de commerce, si le droit au bail ne fait pas l'objet d'une évaluation séparée, il est comptabilisé avec les autres éléments incorporels du fonds de commerce au compte 207.

Lorsque le fonds de commerce ou l'établissement artisanal est acquis par voie de crédit-bail, ce n'est qu'à l'échéance du contrat que le fonds doit figurer à l'actif pour son coût d'acquisition, date à laquelle le locataire devient, en règle générale, propriétaire du fonds de commerce ou de l'établissement artisanal, s'il accepte la promesse unilatérale de vente.

Toutefois, la quote-part des loyers retenue pour la fixation du prix de vente convenu pour la promesse unilatérale de vente n'étant pas déductible du bénéfice imposable du locataire, cette quote-part doit figurer, selon la notice de l'administration, au poste « Avances et acomptes sur immobilisations incorporelles » (ligne AL du tableau 2050) (voir § 3-13).

Un fonds commercial peut également apparaître à l'actif du bilan suite à l'absorption d'une société dont l'absorbante détient des titres. Dans ce dernier cas, un mali technique est susceptible d'être constaté et tout ou partie de ce mali technique peut être constitutif d'un fonds commercial (PCG art. 214-3 ; voir tome 1, compte 207, §§ 13 à 19).

Concernant les simplifications accordées aux petites entreprises et le relèvement de leurs seuils depuis le 31 mai, (voir tome 1, compte 207, § 11).

• À la **ligne AH** correspondent les comptes suivants du Plan comptable.

206 Droit au bail
207 Fonds commercial

3-12 Autres immobilisations incorporelles [ligne AJ]. Il y a lieu, selon nous, de porter sur cette ligne le prix d'acquisition d'un contrat de crédit-bail.

L'avis du Conseil national de la comptabilité sur le traitement comptable des logiciels a créé un compte 232 « Immobilisations incorporelles en cours » qui a été intégré dans le PCG. À défaut

Les chiffres indiqués renvoient aux commentaires de cette fiche

① **BILAN – ACTIF**

DGFiP N° 2050-SD **2021**

cerfa

N° 15949 * 03

Formulaire obligatoire (article 53 A du Code général des impôts)

Désignation de l'entreprise — Néant ☐ *

Adresse de l'entreprise

SIRET

Durée de l'exercice en nombre de mois* — Durée de l'exercice précédent *

Exercice N clos le

			Brut 1		Amortissements, provisions 2	Net 3
	Capital souscrit non appelé TOTAL (I)	AA	3-4			
ACTIF IMMOBILISÉ * – IMMOBILISATIONS INCORPORELLES	Frais d'établissement * (3-3)	AB	3-6	AC		
	Frais de développement * (3-3)	CX	3-9	CQ		
	Concessions, brevets et droits similaires (3-3)	AF	3-10	AG		
	Fonds commercial (1) (3-3)	AH	3-11	AI		
	Autres immobilisations incorporelles (3-3)	AJ	3-12	AK		
	Avances et acomptes sur immobilisations incorporelles	AL	3-11 et 3-13	AM		
IMMOBILISATIONS CORPORELLES	Terrains	AN	3-14	AO		
	Constructions	AP	3-15	AQ		
	Installations techniques, matériel et outillage industriels	AR	3-16	AS		
	Autres immobilisations corporelles	AT	3-17 à 3-22	AU		
	Immobilisations en cours	AV	3-23	AW		
	Avances et acomptes	AX	3-23	AY		
IMMOBILISATIONS FINANCIÈRES (2)	Participations évaluées selon la méthode de mise en équivalence	CS	3-25	CT		
	Autres participations	CU	3-25	CV	3-25	
	Créances rattachées à des participations	BB	3-26	BC		
	Autres titres immobilisés	BD	3-25 et 3-27	BE	3-27	
	Prêts	BF	3-28	BG		
	Autres immobilisations financières *	BH	3-29	BI		
	TOTAL (II)	BJ	3-30	BK		
ACTIF CIRCULANT – STOCKS *	Matières premières, approvisionnements	BL	3-32	BM		
	En cours de production de biens	BN	3-33	BO		
	En cours de production de services	BP	3-33	BQ		
	Produits intermédiaires et finis	BR	3-34	BS		
	Marchandises	BT	3-35	BU		
	Avances et acomptes versés sur commandes	BV	3-37	BW		
CRÉANCES	Clients et comptes rattachés (3) *	BX	3-38	BY		
	Autres créances (3)	BZ	3-39	CA		
	Capital souscrit et appelé, non versé	CB	3-40	CC		
DIVERS	Valeurs mobilières de placement (dont actions propres:..................)	CD	3-41	CE		
	Disponibilités	CF	3-42	CG		
	Charges constatées d'avances (3) *	CH	3-44	CI		
	TOTAL (III)	CJ	3-45	CK		
COMPTES DE RÉGULARISATION	Frais d'émission d'emprunt à étaler (IV)	CW	3-46			
	Primes de remboursement des obligations (V)	CM	3-47			
	Écarts de conversion actif * (VI)	CN	3-48			
	TOTAL GÉNÉRAL (I à VI)	CO		1A		

Renvois:(1) dont droit au bail :	3-49 et 3-11	(2) Part à moins d'1 an des immobilisations financières nettes	CP	3-24	(3) Part à plus d'1 an : CR	3-49
Clause de réserve de propriété * : 3-49	Immobilisations :	3-49	Stocks :	3-49	Créances :	3-49

* Des explications concernant cette rubrique figurent dans la notice n° 2032-NOT-SD

de ligne spécifique dans le tableau 2050, ce compte est, à notre avis, à porter à la ligne AJ.

Notons que les logiciels acquis d'une valeur unitaire inférieure à **500 € HT** peuvent être compris dans les charges immédiatement déductibles.

• À la ligne AJ correspondent le compte 208 « Autres immobilisations incorporelles » et, à notre avis, le compte 2081 « Mali de fusion sur actifs incorporels » ainsi que le compte 232 « Immobilisations incorporelles en cours ».

3-13 Avances et acomptes sur immobilisations incorporelles [ligne AL]. Il s'agit des avances et acomptes versés par l'entreprise à des tiers pour des opérations en cours ayant pour objet d'acquérir une immobilisation incorporelle. C'est sur cette ligne qu'il y a lieu de porter la quote-part des loyers non déductibles en matière de crédit-bail sur fonds de commerce, fonds artisanaux ou sur l'un de leurs éléments incorporels non amortissables.

• À la **ligne AL** correspond le compte 237 « Avances et acomptes versés sur immobilisations incorporelles ».

Immobilisations corporelles

3-14 Terrains [ligne AN]. Sur cette ligne est enregistrée la valeur des terrains dont l'entreprise est propriétaire.

• À la **ligne AN** correspondent les comptes suivants du Plan comptable.

211 Terrains
- 2111 Terrains nus
- 2112 Terrains aménagés
- 2113 Sous-sols et sur-sols
- 2114 Terrains de carrière (tréfonds)
- 2115 Terrains bâtis
- 2116 Compte d'ordre sur immobilisations (art. 6 du décret 78-737 du 11 juillet 1978)

212 Agencements et aménagements de terrains (même ventilation que celle du compte 211)

S'agissant de l'acquisition d'un immeuble pour un prix non ventilé entre le sol et l'élévation, seule la fraction du prix d'achat correspondant à la construction est amortissable. La répartition du prix de revient global entre le sol et l'élévation doit être effectuée d'après les circonstances de fait propres à chaque cas. En conséquence, lorsque l'entreprise acquiert un immeuble bâti, elle doit opérer, sous sa responsabilité, la ventilation du prix entre le prix du terrain et celui des constructions (à porter ligne AP).

S'agissant des spécificités concernant les terrains ou gîtes de carrières (voir tome 1, compte 211, § 4).

3-15 Constructions [ligne AP]. Elles comprennent essentiellement : les bâtiments, les installations, agencements, aménagements et les ouvrages d'infrastructure, c'est-à-dire les ouvrages destinés à assurer les communications sur terre, sous terre, par fer et par eau, ainsi que les barrages pour la retenue des eaux et les pistes d'aérodrome.

Y figurent également les constructions édifiées sur sol d'autrui.

• À la **ligne AP** correspondent les comptes suivants du Plan comptable.

213 Constructions
- 2131 Bâtiments
- 2135 Installations générales - agencements - aménagements des constructions
- 2138 Ouvrages d'infrastructure

214 Constructions sur sol d'autrui (même ventilation que celle du compte 213)

3-16 Installations techniques, matériel et outillage industriels [ligne AR]. Il est admis, sur le plan fiscal, de porter non sur cette ligne, mais sur la ligne FW « Autres achats et charges externes » du compte de résultat (voir § 5-18, tableau 2052) :

– le coût du petit outillage dit « à main » tel que pinces, tournevis, marteaux, limes (rép. Liot, JO 15 novembre 1972, Sén. quest. p. 2067) ;

– le coût des matériels et outillages dont la valeur unitaire est au plus égale à 500 € HT. Elle peut concerner des éléments séparés constitutifs d'un matériel et non pas le prix global du matériel.

• À la **ligne AR** correspondent les comptes suivants du Plan comptable.

215 Installations techniques, matériels et outillage industriels
- 2151 Installations complexes spécialisées
- 2153 Installations à caractère spécifique
- 2154 Matériel industriel
- 2155 Outillage industriel
- 2157 Agencements et aménagements du matériel et outillage industriels

3-17 Autres immobilisations corporelles [ligne AT]. Doivent notamment figurer sur cette ligne les immobilisations énumérées ci-après (comptes du Plan comptable).

• À la **ligne AT** correspondent les comptes suivants du Plan comptable.

218 Autres immobilisations corporelles
- 2181 Installations générales, agencements, aménagements divers
- 2182 Matériel de transport
- 2183 Matériel de bureau et matériel informatique
- 2184 Mobilier
- 2185 Cheptel
- 2186 Emballages récupérables
- 2187 Mali de fusion sur actifs corporels

3-18 *Installations générales, agencements et aménagements divers.* Le montant de ces éléments doit figurer sur la ligne AT s'ils sont incorporés dans des immobilisations dont l'entreprise n'est pas propriétaire ou sur lesquelles elle ne dispose d'aucun autre droit réel. Dans le cas contraire, le montant de ces éléments doit être ajouté aux immobilisations auxquelles ils s'incorporent et figurer, par conséquent, sur la ligne AN pour les terrains ou AP pour les constructions.

3-19 *Matériel de transport.* Il s'agit de tous les véhicules et appareils servant au transport du personnel et des marchandises, matières et produits.

3-20 *Matériel de bureau et matériel informatique.* Il s'agit des divers matériels, machines et instruments tels que machines à écrire, machines comptables ou ordinateurs utilisés par les différents services de l'entreprise.

Du point de vue fiscal, l'administration admet que soit porté non sur la ligne AT mais sur la ligne FW « Autres achats et charges externes » du compte de résultat le coût des équipements de bureau dont le prix d'achat unitaire n'excède pas **500 € HT**.

3-21 *Mobilier.* Il s'agit exclusivement des meubles et objets tels que tables, chaises, classeurs et bureaux utilisés par l'entreprise.

L'administration fiscale admet que soient portées non sur la ligne AT mais sur la ligne FW « Autres achats et charges externes » du compte de résultat (tableau 2052, voir § 5-18) les dépenses d'acquisition de meubles « meublants » de bureaux et de mobilier de magasins commerciaux dont les achats au cours d'un même exercice sont limités, pour un bien déterminé, à un petit nombre d'unités et dont la valeur unitaire hors taxes n'excède pas **500 € HT**.

3-22 *Emballages récupérables.* Du point de vue comptable, les emballages récupérables constituent normalement des immobilisations.

Du point de vue fiscal, le principe retenu est identique. Les emballages récupérables constituent normalement des immobilisations ; ils peuvent toutefois être assimilés à des stocks lorsqu'ils ne sont pas commodément identifiables (CGI, ann. III art. 38 ter).

3-23 **Immobilisations en cours [lignes AV] – Avances et acomptes [ligne AX].** Ces deux lignes concernent les immobilisations non terminées à la clôture de l'exercice. Il peut s'agir :

– soit d'immobilisations créées par l'entreprise grâce à ses propres moyens. Leur évaluation doit correspondre à leur coût, celui-ci pouvant être calculé par l'intermédiaire de la comptabilité analytique d'exploitation ou, à défaut, par des procédés statistiques (ligne AV) ;

– soit d'immobilisations résultant de travaux de plus ou moins longue durée confiés à des tiers. Dans ce cas, les montants versés à titre d'avances à la commande et d'acomptes représentant des règlements partiels sont portés sur la ligne AX.

• Aux **lignes AV et AX** correspondent les comptes suivants du Plan comptable.

231 Immobilisations corporelles en cours
238 Avances et acomptes versés sur commandes d'immobilisations corporelles

Immobilisations financières

3-24 Cette catégorie d'immobilisations regroupe certaines créances et certains titres. La part à moins d'un an de ces immobilisations financières nettes doit être indiquée pour mémoire au pied du tableau 2050 dans la case CP.

3-25 **Participations évaluées selon la méthode de mise en équivalence et autres participations [lignes CS et CU].** Les participations sont constituées par les droits dans le capital d'autres personnes morales, matérialisés ou non par des titres, qui, en créant un lien durable avec celles-ci, sont destinés à contribuer à l'activité de la société détentrice. Sont présumés être des participations les titres représentant une fraction du capital supérieure à 10 % (c. com. art. R. 123-184).

Cette présomption, issue du PCG 1982, concernant le seuil de 10 % est codifiée à l'article R. 123-184 du code de commerce dans sa version en vigueur depuis le 1er janvier 2016 et a été validée par le règlement de l'ANC 2016-07 pour les exercices comptables ouverts depuis le 29 décembre 2016 (ANC, règlt 2016-07 du 4 novembre 2016 ; PCG art. 221-3).

• Aux **lignes CS et CU** correspondent les comptes suivants du Plan comptable.

261 Titres de participation
266 Autres formes de participation
  2661 Droits représentatifs d'actifs nets remis en fiducie

Les titres de participation sont ventilés sur les lignes CS et CU selon la méthode d'évaluation retenue par l'entreprise. Les titres évalués par équivalence sont regroupés sur la ligne CS, les autres titres de participation sont portés sur la ligne CU.

Les titres immobilisés autres que les titres de participation sont portés sur la ligne BD « Autres titres immobilisés ».
Doivent également être mentionnées sur ces lignes les acquisitions et les souscriptions de parts de groupements d'intérêt économique, éventuellement pour mémoire si le groupement n'a pas de capital.

Les titres de participation évalués selon la méthode de mise en équivalence sont inscrits pour la quote-part des capitaux propres que ces titres représentent.

Cette valeur d'équivalence est alors comparée au coût d'acquisition des titres :
– si la valeur d'équivalence est supérieure au coût d'acquisition, les titres seront inscrits ligne CS pour cette valeur réévaluée. L'écart avec le coût d'acquisition figurera dans les capitaux propres au tableau 2051 « Bilan - Passif », ligne DC « Écarts de réévaluation dont écart d'équivalence » case EK (voir § 4-6, tableau 2051) ;
– si la valeur d'équivalence est inférieure au coût d'acquisition, les titres sont inscrits ligne CS pour leur coût d'origine. Une dépréciation doit alors être constatée et inscrite ligne CT.

Les autres titres de participation sont inscrits pour leur coût d'acquisition (c. com. art. L. 123-18). Le cas échéant, la moins-value résultant de leur estimation à la clôture de l'exercice donne lieu à une dépréciation inscrite ligne CV (voir lignes 02 et 06 du tableau 2056) (voir § 9-11, tableau 2056).

Quant aux titres non entièrement libérés, ils doivent néanmoins être inscrits pour leur valeur de souscription, les versements restant à effectuer étant à faire figurer au bilan passif (tableau 2051), ligne DZ « Dettes sur immobilisations et comptes rattachés ».

3-26 Créances rattachées à des participations [ligne BB]. Sont notamment à mentionner sur cette ligne :
– les créances nées à l'occasion de prêts octroyés à des entreprises dans lesquelles le prêteur détient une participation ;
– les avances assimilables à des prêts qui sont faites au groupement d'intérêt économique par l'entreprise membre et qui ne sont pas réalisables à court terme.

• À la **ligne BB** correspondent les comptes suivants du Plan comptable.

267 Créances rattachées à des participations
268 Créances rattachées à des sociétés en participation

3-27 Autres titres immobilisés [ligne BD]. Il y a lieu de porter sur cette ligne les titres autres que les titres de participation définis lors de l'étude des lignes CS « Participations évaluées selon la méthode de mise en équivalence » et CU « Autres participations », que l'entreprise n'a pas l'intention ou la possibilité de revendre à bref délai ; ils sont représentatifs de parts de capital ou de placements à long terme.

À notre avis, il y a également lieu de porter sur cette ligne les « Titres immobilisés de l'activité de portefeuille » (TIAP).

Ces titres sont à distinguer des valeurs mobilières de placement à porter ligne CD.

Comme les titres de participation, les autres titres immobilisés sont inscrits à l'actif pour leur coût d'acquisition ; le cas échéant, la moins-value résultant de leur estimation à la clôture de l'exercice donne lieu à une dépréciation inscrite ligne BE.

Précisons, par ailleurs, que les entreprises soumises à l'IS qui veulent bénéficier du régime des plus ou moins-values à long terme pour des titres qui, du point de vue comptable, ne sont pas des « Titres de participation » devront isoler ces titres dans une subdivision spécifique des comptes 271 et 273, intitulée « Titres relevant du régime des plus-values à long terme » (voir Tome 1, compte 26, § 13).

• À la **ligne BD** correspondent les comptes suivants du Plan comptable.

271 Titres immobilisés autres que les titres immobilisés de l'activité de portefeuille (droit de propriété)
272 Titres immobilisés (droit de créance)
273 Titres immobilisés de l'activité de portefeuille

276 Autres créances immobilisées
 2768 Intérêts courus
  27682 sur titres immobilisés (droit de créance)
277 (Actions propres ou parts propres)

3-28 **Prêts [ligne BF].** Les prêts sont des fonds versés à des tiers en vertu de dispositions contractuelles par lesquelles l'entreprise s'engage à transmettre à des personnes physiques ou morales l'usage de moyens de paiement pendant un certain temps. Il y a lieu de mentionner sur cette ligne, notamment :
– les « prêts participatifs » ;
– les prêts accordés au personnel de l'entreprise dans le cadre de la participation des employeurs à l'effort de construction ou les créances sur salaires consenties pour des motifs d'ordre social.

• À la **ligne BF** correspondent les comptes suivants du Plan comptable.

274 Prêts
276 Autres créances immobilisées
 2768 Intérêts courus
  27684 sur prêts

3-29 **Autres immobilisations financières [ligne BH].** Elles comprennent notamment les dépôts et cautionnements versés (notice de l'administration).

Il s'agit des sommes qui ont été versées à des tiers à titre de garantie et qui sont indisponibles jusqu'à la réalisation d'une condition suspensive (cette rubrique ne couvre pas les titres déposés en garantie). À titre d'exemple, on citera les loyers d'avance, les dépôts pour le gaz, l'électricité, le téléphone. Quant aux cautionnements, ils correspondent aux sommes versées d'avance pour soumissionner à un marché et pour garantir la bonne exécution de celui-ci.

• À la **ligne BH** correspondent les comptes suivants du Plan comptable.

275 Dépôts et cautionnements versés
276 Autres créances immobilisées
 2761 Créances diverses
 2768 Intérêts courus
  27685 sur dépôts et cautionnements
  27688 sur créances diverses
278 Mali de fusion sur actifs financiers

3-30 **Total actif immobilisé [ligne BJ].** Le total des lignes AB à BH est porté ligne BJ.

Sur la notice de l'administration figurent les rappels suivants concernant l'actif immobilisé :
– exception faite des frais d'établissement et de développement, les immobilisations demeurent inscrites au bilan tant qu'elles subsistent dans l'entreprise, y compris dans le cas où elles sont intégralement amorties ;
– les immobilisations doivent, le cas échéant, figurer au bilan pour leur valeur réévaluée (CGI art. 238 bis I et J).

Actif circulant

Stocks

3-31 **Définition.** Du point de vue comptable, un stock est un actif détenu pour être vendu ou destiné à être consommé dans le processus de production ou de prestations de services dont la fourniture interviendra ultérieurement (PCG art. 211-7). Les stocks qui constituent un des éléments de l'actif doivent répondre aux critères généraux de définition des actifs prévus aux articles 211-1 à 211-8 du PCG et notamment, la notion de contrôle.

Du point de vue fiscal, c'est la notion de « propriété » et non de contrôle qui est retenue par l'article 38 ter de l'annexe III du CGI. Toutefois, en pratique, le transfert de propriété intervient généralement en même temps que le transfert de contrôle.

À noter que les pièces de rechange et de sécurité dont l'utilisation est prévue sur plus d'un exercice doivent être immobilisées.

Le montant des stocks est évalué « hors TVA » et abstraction faite des amortissements dérogatoires (notice de l'administration).

Les dépenses non engagées à la date de clôture de l'exercice en vue de leur commercialisation ultérieure ne peuvent ni être retenues pour l'évaluation des stocks du point de vue fiscal ni faire l'objet d'une provision pour perte.

Impacts de la Covid-19. Une baisse du niveau de production (sous-activité) liée à l'événement Covid-19 n'est pas prise en compte dans l'évaluation du coût de production des stocks (le coût de production des stocks produits durant cette période ne peut pas être majoré du fait de la sous-activité liée à la pandémie) (ANC, « Recommandations et observations relatives à la prise en compte des conséquences de l'événement Covid-19 dans les comptes et situations établis à compter du 1er janvier 2020 », ANC, rec. F1 ; voir Tome 1, comptes 33/34/35, § 8).

Pour la souscription du tableau 2050, les stocks à mentionner sur les lignes BL à BT doivent être évalués conformément aux règles prévues par le dispositif comptable procédant, d'une part, du Plan comptable général et, d'autre part, des articles L. 123-12 à L. 123-28 et R. 123-172 à R. 123-208 du code de commerce.

Les règles fiscales concernant l'évaluation des stocks ne sont à prendre en compte que pour la détermination du résultat fiscal. Si les règles comptables retenues par l'entreprise s'avèrent incompatibles avec les règles fiscales, les divergences devront donner lieu à des rectifications extra-comptables, à mentionner sur les tableaux 2058-A et 2058-B, qui ont trait précisément à la détermination du résultat imposable.

3-32 Matières premières, approvisionnements [ligne BL]. Doivent figurer sur cette ligne tous les objets ou substances plus ou moins élaborés destinés à entrer dans la composition de produits traités ou fabriqués (matières premières et fournitures) et ceux qui, consommés au premier usage ou rapidement, concourent au traitement, à la fabrication ou à l'exploitation, sans entrer dans la composition des produits traités ou fabriqués (matières et fournitures consommables).

Il en est de même des matières destinées à la fabrication des emballages ou à leur achèvement (voir toutefois ligne AT, § 3-17, pour les emballages récupérables).

Le livre d'inventaire peut être tenu sous format électronique et, pour les exercices ouverts depuis le 1er janvier 2016, il ne fait plus partie des livres obligatoires (c. com. art. R. 123-173).

• À la **ligne BL** correspondent les comptes suivants du Plan comptable.

31 MATIÈRES PREMIÈRES (ET FOURNITURES)
32 AUTRES APPROVISIONNEMENTS

3-33 En-cours de production de biens [ligne BN] – En-cours de production de services [ligne BP]. Il s'agit des biens ou des services en cours de formation au travers d'un processus de fabrication.

• Aux **lignes BN et BP** correspondent les comptes suivants du Plan comptable.

33 EN-COURS DE PRODUCTION DE BIENS
34 EN-COURS DE PRODUCTION DE SERVICES

3-34 Produits intermédiaires et finis [ligne BR]. Il s'agit des produits qui ont atteint un stade d'achèvement mais qui sont destinés à entrer dans une nouvelle phase du cycle de production (produits intermédiaires) ou qui ont atteint un stade d'achèvement définitif dans le cycle de production (produits finis).

Doivent également être mentionnés sur cette ligne les produits résiduels de fabrication.

• À la **ligne BR** correspond le compte 35 « Stocks de produits » du Plan comptable.

3-35 Marchandises [ligne BT]. Doivent figurer sur cette ligne tous les biens et objets que l'entreprise achète pour revendre en l'état et qui existent en stock à la clôture de l'exercice.

Des biens qui présentent normalement, par leur nature, le caractère d'immobilisation doivent néanmoins être considérés comme formant des éléments du stock dès lors qu'ils font l'objet même du négoce de l'entreprise. Tel est le cas, par exemple :
– des immeubles acquis ou construits en vue de la vente (CE 18 juillet 1973, n° 78390 ; 3 octobre 1979, n° 6837) ;
– des voitures de démonstration utilisées par les commerçants en véhicules automobiles (CE 22 avril 1985, n° 35962 ; BOFiP-BIC-PDSTK-20-10-§ 270-12/09/2012).

• À la **ligne BT** correspond le compte 37 « Stocks de marchandises » du Plan comptable.

Créances

3-36 Rappel. Pour les comptes de tiers, comme pour l'ensemble des comptes de bilan, toute compensation pour une même catégorie de tiers entre comptes présentant un solde créditeur et comptes présentant un solde débiteur est à proscrire.

3-37 Avances et acomptes versés sur commandes [ligne BV]. Sur la ligne BV doivent être mentionnés les versements par l'entreprise d'avances ou d'acomptes sur des commandes qu'elle a passées auprès de ses fournisseurs et qui portent sur des objets ou substances destinés à être revendus en l'état, incorporés dans un cycle de production ou consommés par l'entreprise.

Les avances ou acomptes sur commandes d'immobilisations sont à porter sur les lignes AL et AX « Avances et acomptes ».

• À la **ligne BV** correspond le compte 4091 « Fournisseurs – Avances et acomptes versés sur commandes » du Plan comptable.

3-38 Clients et comptes rattachés [ligne BX]. Cette rubrique regroupe les créances commerciales ainsi que celles sur les sociétés apparentées pour les opérations réalisées en tant que fournisseur.

Il y a lieu d'y inscrire le total des soldes débiteurs des comptes individuels des clients. Ces soldes doivent être déterminés, abstraction faite des sommes reçues de ceux-ci à titre d'avances et d'acomptes sur commandes en cours.

Les effets à recevoir (traites, billets à ordre et autres effets gagés) et les factures à établir à la clôture de l'exercice sont rattachés aux créances correspondantes (notice de l'administration). Les billets de fonds sont rattachés aux créances sur cessions d'immobilisations et figurent sur la ligne BZ.

Afin de respecter la règle de non-compensation des éléments actifs et passifs dans les comptes annuels, il y a lieu de virer les soldes créditeurs des clients autres que 4191, 4196 et 4198 au crédit du compte 4197 « Clients – Autres avoirs ».

La part à plus d'un an de ces créances doit être mentionnée pour mémoire au pied du tableau 2050, case CR. De même, est indiqué au pied du bilan le montant des créances résultant de ventes avec réserve de propriété.

• À la **ligne BX** correspondent les comptes suivants du Plan comptable.

411	Clients
413	Clients - Effets à recevoir
416	Clients douteux ou litigieux
418	Clients - Produits non encore facturés

3-39 Autres créances [ligne BZ]. Il y a lieu de porter en particulier sur cette ligne :

– le total des soldes débiteurs des comptes individuels des fournisseurs pour ce qui concerne les emballages ou le matériel à rendre ainsi que les rabais, remises, ristournes à obtenir et autres avoirs non encore reçus ;

Les avances et acomptes versés sur commandes d'exploitation ou d'immobilisations doivent être portés respectivement sur la ligne BV « Avances et acomptes versés sur commandes » ou sur les lignes AL et AX « Avances et acomptes ».

– les sommes versées au personnel salarié et qui lui seront remboursées soit par un règlement à très court terme (avances), soit par imputation sur la prochaine paie (acomptes) ;

– la TVA qui n'a pas encore été récupérée ;

La taxe sur les biens et services facturée par un fournisseur redevable de la TVA d'après ses encaissements doit figurer sur cette ligne même si, la facture n'étant pas réglée à la clôture de l'exercice, le fait générateur du droit à déduction n'est pas encore intervenu (rép. Liot, JO 28 mai 1974, Sén. quest. p. 359).

– les impôts payés sous forme d'acomptes (l'impôt sur les sociétés, notamment) lorsque les acomptes versés pendant l'exercice sont supérieurs à l'impôt dû au titre de cet exercice ;

– la créance fiscale que détient l'entreprise passible de l'impôt sur les sociétés qui résulte de l'imputation du déficit sur les bénéfices des exercices antérieurs (voir §§ 14-117, 15-1, 15-2 et 24-24) ;

– les subventions à recevoir ;

– les avances, prêts ou acomptes consentis aux associés ;

– dans les sociétés apparentées, les avances consenties aux sociétés du groupe dans le cadre d'opérations financières réalisées en compte courant, ou encore la contrepartie de charges communes (frais de personnel, par exemple) dont la société demande le remboursement auprès d'autres sociétés du groupe. Lorsque la société agit en qualité de fournisseur ou de client, les opérations sont relatées aux comptes correspondants.

Devrait également figurer sur cette ligne la créance que détient l'entreprise en contrepartie des titres qu'elle a prêtés selon les modalités fixées par la loi sur l'épargne. Elle est à mentionner aussi sur la ligne Z1 « Créance représentative de titres prêtés » du tableau 2057 « État des échéances des créances et des dettes à la clôture de l'exercice ».

La part à plus d'un an de ces créances doit être mentionnée pour mémoire au pied du tableau 2050 case CR.

• À la **ligne BZ** correspondent notamment les soldes débiteurs des comptes suivants du Plan comptable.

	4096	Fournisseurs - Créances pour emballages et matériel à rendre
	4097	Fournisseurs - Autres avoirs
	4098	Rabais, remises, ristournes à obtenir et autres avoirs non encore reçus
425	Personnel - Avances et acomptes	
	4287	*Produits à recevoir*
	4387	*Produits à recevoir*
441	État - Subventions à recevoir	
443	Opérations particulières avec l'État, les collectivités publiques, les organismes internationaux	
444	**État - Impôts sur les bénéfices**	
445	**État - Taxes sur le chiffre d'affaires**	
	4487	*Produits à recevoir*
451	Groupe	
455	**Associés - Comptes courants**	
	4551	*Principal*
	4558	*Intérêts courus*
456	Associés - Opérations sur le capital	
462	*Créances sur cessions d'immobilisations*	
465	*Créances sur cessions de valeurs mobilières de placement*	
467	*Autres comptes débiteurs ou créditeurs*	

468 Divers - Charges à payer et produits à recevoir
4687 Produits à recevoir
478 Autres comptes transitoires
4781 Mali de fusion sur actif circulant

3-40 Capital souscrit et appelé, non versé [ligne CB]. Il s'agit des sommes restant dues par les actionnaires au titre du capital appelé.

• À la **ligne CB** correspond le sous-compte 4562 « Apporteurs – Capital appelé, non versé » du Plan comptable.

Divers

3-41 Valeurs mobilières de placement [ligne CD]. Il s'agit des titres acquis par l'entreprise en vue d'en tirer un revenu direct ou une plus-value à brève échéance (actions, obligations, bons du Trésor...). Nous proposons également de porter sur cette ligne les titres de créances négociables.

Ces titres sont appelés couramment, sur le plan fiscal, titres de placement. Ils s'opposent aux titres de participation que l'entreprise a l'intention de conserver durablement et qui sont portés dans les immobilisations financières (ligne CU). Mais ce qui est dit au sujet de la valeur d'entrée des titres de participation vaut également pour les titres de placement.

La valeur des actions propres provenant du rachat par l'entreprise des actions émises par elle-même doit être indiquée distinctement en regard de la ligne CD.

• À la **ligne CD** correspondent les comptes suivants du Plan comptable.

501 Parts dans des entreprises liées
502 Actions propres
503 Actions
504 Autres titres conférant un droit de propriété
505 Obligations et bons émis par la société et rachetés par elle
506 Obligations
507 Bons du Trésor et bons de caisse à court terme
508 Autres valeurs mobilières de placement et autres créances assimilées

3-42 Disponibilités [ligne CF]. Doivent figurer sur cette ligne tous les soldes débiteurs des comptes financiers autres que les valeurs mobilières de placement.

• À la **ligne CF** correspondent les comptes suivants du Plan comptable.

51 BANQUES, ÉTABLISSEMENTS FINANCIERS ET ASSIMILÉS
511 Valeurs à l'encaissement
514 Chèques postaux
515 « Caisses » du Trésor et des établissements publics
516 Sociétés de bourse
517 Autres organismes financiers
518 Intérêts courus
5188 Intérêts courus à recevoir
52 INSTRUMENTS FINANCIERS À TERME ET JETONS DÉTENUS
521 Instruments financiers à terme
522 Jetons détenus
523 Jetons auto-détenus
524 Jetons empruntés
53 CAISSE
54 RÉGIES D'AVANCE ET ACCRÉDITIFS

• Applicable depuis les comptes des exercices clos au 31 décembre 2018, le règlement relatif aux traitements des jetons numériques (tokens) dans le cadre des Initial Coin Offerings (ICOs) réalisés par des sociétés françaises, traite de la comptabilisation de jetons du côté de l'émetteur et du côté de l'acquéreur en fonction des caractéristiques des jetons émis et détenus (ANC, règlt 2018-07 du 10 décembre 2018, arrêté du 26 décembre 2018, JO du 30 ; PCG art. 619-1 à 619-17 ; voir tome 1, compte 52, §§ 14 à 23). Depuis l'application de ce règlement, le compte 52 se nomme « Instruments financiers à terme et jetons détenus » (voir 3-48). Ce texte vient d'être complété par le nouveau règlement ANC relatif au traitement comptable des prêts/emprunts de jetons et des dérivés sur jetons ainsi que des services sur actifs numériques, applicable, selon nous, pour les comptes 2020. Ce règlement a apporté des modifications concernant certains comptes (ANC, règlt 2020-05 du 24 juillet 2020, homologué par l'arrêté 29 décembre 2020, JO du 31 ; voir tome 1, compte 52, §§ 26 à 30) (voir 3-48).

Comptes de régularisation

3-43 Objectifs. Les comptes de régularisation servent à répartir les charges et les produits dans le temps de manière à rattacher à un exercice déterminé toutes les charges et tous les produits le concernant effectivement.

En cela, les comptes de régularisation permettent de respecter le principe de l'indépendance des exercices.

Entrent dans cette catégorie :
– les frais d'émission d'emprunt à étaler, les charges constatées d'avance, les charges à payer ou les dettes provisionnées ;
– les produits constatés d'avance, les produits à recevoir.

Sous cette rubrique du tableau 2050, sont notamment à indiquer les charges constatées d'avance et les frais d'émission d'emprunts à étaler.

Pour leur part, les produits à recevoir sont rattachés aux différentes rubriques de l'actif auxquelles ils correspondent.

3-44 Charges constatées d'avance [ligne CH]. Sont mentionnées sur cette ligne les charges ne correspondant pas à des consommations de l'exercice (notice de l'administration).

Les charges constatées d'avance sont en effet les charges enregistrées au cours de l'exercice mais qui correspondent à des achats de biens ou services dont la fourniture ou la prestation doit intervenir ultérieurement.

La part à plus d'un an de ces charges constatées d'avance doit être indiquée, pour mémoire, au pied du tableau 2050, case CR.

• À la **ligne CH** correspond le compte 486 « Charges constatées d'avance » du Plan comptable.

3-45 Total de l'actif circulant [ligne CJ]. Le total des lignes BL à CH est porté ligne CJ.

3-46 Frais d'émission d'emprunt à étaler [ligne CW]. Cette rubrique concerne les « Frais d'émission des emprunts ».

Pour les emprunts émis au cours d'exercices ouverts depuis 1994, les émetteurs peuvent, sur option globale et irrévocable pour une durée de 2 ans, pratiquer un étalement des frais d'émission des emprunts sur leur durée de vie. La fraction déduite chaque année peut être déterminée de manière linéaire ou au prorata de la rémunération courue (CGI art. 39, 1.1° quater). L'option est exercée par la première inscription des frais d'émission en « Charges à répartir sur plusieurs exercices » (voir tome 1, compte 48, § 17). En conséquence, pour marquer l'option, il convient d'avoir opéré un transfert de charges (voir tableau 2052, ligne FP, § 5-10 et renvoi (9) ligne A-1 du tableau 2053).

À la ligne CL correspondent les comptes suivants du Plan comptable :

481 Charges à répartir sur plusieurs exercices
4816 Frais d'émission des emprunts

3-47 Primes de remboursement des obligations [ligne CM]. Le montant des primes d'émission et des remboursements d'emprunts doit être porté à l'actif du bilan au poste « Primes de remboursement des obligations » (c. com. art. R. 123-185) **et non parmi les frais d'établissement.**

• À la **ligne CM** correspond le compte 169 du Plan comptable portant le même intitulé.

3-48 Écarts de conversion actif [ligne CN]. Les pertes latentes qui résultent des variations de valeur des créances et dettes libellées en monnaie étrangère sont portées sur cette ligne (contrepartie de l'augmentation de la valeur des dettes ou de la diminution de valeur des créances).

➠ **Précision** À l'occasion de la publication du règlement ANC 2018-07 relatif aux jetons numériques, l'ANC a modifié dans l'actif du bilan comptable du système de base et développé le poste « Écarts de conversion - Actif » renommé « Écarts de conversion et différences d'évaluation - Actif » (ANC, règlt 2018-07 précité ; PCG art. 821-1, 821-2 et 823-1 ; voir tome 1, compte 47 et compte 52) (voir § 3-42). Même si selon la notice 2032, la ligne CN concerne les pertes latentes qui résultent des variations de valeur des créances et dettes libellées en monnaie étrangère, elle abrite à présent, selon nous, du fait de la connexion entre comptabilité et fiscalité, les comptes modifiés ou créés par le règlement ANC 18-07, ces comptes concernant des différences d'évaluation sur les instruments financiers à terme ou sur jetons numériques (voir ci-dessous). Le règlement ANC 2020-05 a également clarifié un certain nombre de comptes (ANC, règlt 2020-05 du 24 juillet 2020, homologué par l'arrêté 29 décembre 2020, JO du 31).

• À la **ligne CN** correspondent les comptes suivants du Plan comptable.

474 (1) Différences d'évaluation de jetons sur des passifs
4746 (1) Différences d'évaluation de jetons sur des passifs - Actif

476 Différences de conversion - Actif
4761 Diminution des créances
4762 Augmentation des dettes
4768 Différences compensées par couverture de change

478 Autres comptes transitoires
4786 Différences d'évaluation - Actif (2)
47861 Différences d'évaluation sur instruments financiers à terme - Actif (1) (2)
47862 Différences d'évaluation sur jetons détenus - Actif (1) (2)

(1) (2) Comptes modifiés par le règlement ANC 2018-07 du 10 décembre 2018 puis par le règlement ANC 2020-05 du 24 juillet 2020.

Renvois

3-49 Pour ce qui est des différentes mentions à compléter pour mémoire au pied du tableau 2050, on se reportera aux développements donnés lors de l'étude :
– de la ligne AH pour le droit au bail ;
– des immobilisations financières (lignes CS, CU, BB, BD, BF et BH) pour la part à moins de 1 an des immobilisations financières nettes à reporter dans la case CP en bas de tableau ;
– des lignes BX, BZ et CH pour la part à plus de 1 an des clients et comptes rattachés, des autres créances et des charges constatées d'avance à reporter dans la case CR en bas de tableau ;
– de l'actif immobilisé et des stocks pour les biens acquis ou vendus avec clause de réserve de propriété.

La notice de l'administration rappelle, concernant ce renvoi, que chez l'acquéreur, la valeur des biens acquis avec clause de réserve de propriété est comprise dans les montants inscrits sur les lignes correspondantes des rubriques « immobilisations » ou « stocks » avec, en outre, mention dans les cases « immobilisations » ou « stocks » figurant au bas du tableau. Chez le vendeur, le montant des créances résultant de la vente des mêmes biens est inscrit dans la case « créances ».

2051 Bilan - Passif avant répartition

Généralités

4-1 Le tableau 2051 recense les éléments du passif du bilan de l'entreprise à la clôture de l'exercice.

Étude du tableau 2051

Capitaux propres

4-2 **Capital social ou individuel [ligne DA].** Pour les sociétés, le capital représente la valeur nominale des actions ou des parts sociales. C'est donc l'équivalent de cette valeur qui doit être porté sur la ligne DA sans qu'il y ait à distinguer entre capital libéré ou non libéré, amorti ou non amorti. Le montant du capital versé doit être indiqué en regard de la ligne DA. La créance de la société sur ses actionnaires figure au tableau 2050 « Bilan actif » sur la ligne AA « Capital souscrit non appelé » pour la fraction du capital non appelé et sur la ligne CB « Capital souscrit et appelé, non versé » pour la fraction du capital appelé mais non versé.

Fonds fiduciaires. La fiducie est l'opération par laquelle un ou plusieurs constituants transfèrent des biens, des droits ou des sûretés, présents ou futurs, à un ou plusieurs fiduciaires qui agissent pour un ou plusieurs bénéficiaires (loi 2007-211 du 19 février 2007). Les éléments transférés au fiduciaire (assimilés à un apport) sont comptabilisés dans la fiducie, au bilan d'un patrimoine séparé dit d'affectation, distinct du bilan propre du fiduciaire. La contrepartie des éléments reçus en fiducie est comptabilisée dans un compte **102** « Fonds fiduciaires » égal au montant de l'actif ou du passif net remis en fiducie. Son montant peut être débiteur ou créditeur (voir tome 1, compte 102, § 1). Le compte 102 est porté sur la ligne DA.

4-3 *Entreprises individuelles.* Pour les entreprises individuelles, le capital initial est égal à la différence entre la valeur des éléments actifs et celle des éléments passifs que l'exploitant, à défaut de règle de droit, décide d'inscrire au bilan de son entreprise. Le capital initial est modifié ultérieurement par les apports et retraits de capital et par l'affectation des résultats. Les apports ou les retraits personnels de l'exploitant peuvent être enregistrés en cours d'exercice dans un compte spécial dénommé « Compte de l'exploitant ». Le solde de ce compte est viré au compte « Capital individuel ».

Le chiffre à mentionner sur la ligne DA est donc la somme algébrique des apports ou des retraits personnels (prélèvements financiers ou retraits en nature de biens ou services) effectués par l'exploitant et les membres de sa famille.

Dans le cadre d'un contrôle sur pièces exercé à l'égard d'une entreprise individuelle, le service des impôts pourra étudier le compte « Capital » en calculant :
– le montant total, par année, des prélèvements de l'exploitant pour apprécier s'ils sont suffisants pour lui permettre d'assurer un train de vie normal ;
– le montant des apports de l'exploitant et la recherche de l'origine de ces apports qui doivent s'expliquer par des revenus disponibles suffisants ou la réalisation de capitaux.

4-4 *Écart de réévaluation incorporé au capital.* Formant au passif la contrepartie de la plus-value résultant de la réévaluation des immobilisations, cet écart peut en principe être incorporé au capital (alors que la provision réglementée résultant de la réévaluation légale ne peut être incorporée).

Dans cette situation, le montant de l'écart doit être indiqué distinctement pour mémoire sur la ligne 1B au pied du tableau 2051. Dans le cas contraire, l'écart de réévaluation est à porter sur la ligne DC.

À notre avis, c'est également sur cette ligne qu'il y a lieu de porter le compte 102 « Fonds fiduciaires ».

• À la **ligne DA** correspondent les comptes suivants du Plan comptable.

101 Capital
102 Fonds fiduciaires
108 Compte de l'exploitant

4-5 Primes d'émission, de fusion, d'apport… [ligne DB]. Dans le cas des sociétés anonymes, les primes d'émission sont formées de l'excédent du prix d'émission des actions sur leur valeur nominale. Il y a lieu, le cas échéant, de faire également figurer sur cette ligne :
– plus généralement, les primes d'apport, c'est-à-dire l'excédent de la valeur des apports sur la valeur nominale des parts sociales remises en contrepartie de ces apports ;
– ainsi que les primes de fusion ou d'opérations assimilées et les primes de conversion d'obligations en actions.

Les entreprises peuvent utiliser aux choix en tant qu'option comptable l'imputation des frais d'augmentation de capital sur la prime d'émission (en cas d'insuffisance, les frais sont comptabilisés en charges) ou enregistrer ces frais à l'actif en frais de constitution au compte 2013 « Frais d'augmentation de capital et d'opérations diverses (fusions, scissions, transformations) » (ANC, règlt 2018-01 du 20 avril 2018 et sa note de présentation ; voir tome 1, compte 11, §§ 13 à 17 et compte 201 § 6 ; PCG art. 212-9)(voir § 3-7, tableau 2050).
Pour l'établissement des comptes consolidés, l'imputation de ces frais sur les primes d'émission et de fusion est obligatoire (CRC, règlt 99-02, § 210, al. 5).

• À la **ligne DB** correspondent les comptes suivants du Plan comptable.

104 Primes liées au capital social
1041 Primes d'émission
1042 Primes de fusion
1043 Primes d'apport
1044 Primes de conversion d'obligations en actions
1045 Bons de souscription d'actions

4-6 Écarts de réévaluation, dont écart d'équivalence [ligne DC et case EK]. Cette rubrique inclut la réserve de réévaluation, dont le montant est indiqué ligne 1E, pour les entreprises ayant procédé à la réévaluation de leurs immobilisations non amortissables en application de l'article 238 bis, I du CGI. Le détail du calcul de la réserve spéciale est joint en annexe sur papier libre (notice de l'administration).

Plus généralement, doivent être mentionnées sur cette ligne toutes les plus-values qui, quelle que soit leur appellation au passif (réserve ou écart), résultent d'une réévaluation libre ou réglementée des immobilisations :
– sauf bien entendu si ces plus-values ont été incorporées au capital (voir ligne DA ; voir §§ 4-2 à 4-4) ;
– et à l'exclusion de la plus-value provenant de la dernière réévaluation légale (1976) des immobilisations amortissables qui constitue une provision réglementée (voir ligne DK ; voir § 4-15).

En revanche, la réserve de réévaluation (1976) pour les immobilisations non amortissables (CGI art. 238 bis, I) **est incluse dans cette rubrique et reportée ligne 1E (voir ci-après).**

➟ **À NOTER** Dans le contexte de la crise sanitaire du Covid-19, un mécanisme d'atténuation des conséquences d'une réévaluation libre opérée au terme d'un exercice clos du 31 décembre 2020 au 31 décembre 2022 a été institué (loi 2020-1721 du 29 décembre 2020, art. 31 ; CGI art. 238 bis JB ; voir tome 1, compte 105, §§ 14 à 17).

C'est également sur cette ligne (case EK) que sera porté l'écart d'évaluation pour les entreprises qui ont opté pour l'évaluation par équivalence de leurs titres de participation. L'écart d'équivalence est égal à la différence entre l'évaluation des titres selon la méthode d'équivalence et le prix d'acquisition des titres.

Il y a lieu d'indiquer distinctement pour mémoire au pied du tableau 2051 le montant de la réserve spéciale de réévaluation (1959) sur la ligne 1C, de l'écart de réévaluation libre sur la ligne 1D et de la réserve de réévaluation (1976) sur la ligne 1E.
• À la **ligne DC** correspondent les comptes suivants du Plan comptable.

105 Écarts de réévaluation
1051 Réserve spéciale de réévaluation
1052 Écart de réévaluation libre
1053 Réserve de réévaluation
1055 Écarts de réévaluation (autres opérations légales)
1057 Autres écarts de réévaluation en France
1058 Autres écarts de réévaluation à l'étranger
107 Écart d'équivalence

4-7 Réserve légale [ligne DD]. Seules les sociétés par actions et les sociétés à responsabilité limitée (y compris les entreprises unipersonnelles à responsabilité limitée) sont tenues de constituer une telle réserve et sont donc appelées à utiliser cette ligne. Rappelons que la constitution d'une telle réserve cesse d'être obligatoire lorsqu'elle atteint le dixième du capital social.

Le cas échéant, il y a lieu d'indiquer pour mémoire au pied du tableau 2051, sur la ligne EF, le montant de la réserve légale qui correspond à la réserve spéciale des plus-values à long terme (RSPVLT), c'est-à-dire le montant porté au compte 10612 « Plus-values nettes à long terme ».

Les chiffres indiqués renvoient aux commentaires de cette fiche

② **BILAN – PASSIF avant répartition**

DGFiP N° 2051-SD **2021**

Formulaire obligatoire (article 53 A du Code général des impôts)

Désignation de l'entreprise			Néant ☐ *
			Exercice N
CAPITAUX PROPRES	Capital social ou individuel (1) * (Dont versé : ....)	DA	**4-2 à 4-4**
	Primes d'émission, de fusion, d'apport...	DB	**4-5**
	Écarts de réévaluation (2) * (dont écart d'équivalence EK)	DC	**4-6**
	Réserve légale (3)	DD	**4-7**
	Réserves statutaires ou contractuelles	DE	**4-8**
	Réserves réglementées (3) * (dont réserve spéciale des provisions pour fluctuation des cours B1 **4-9**)	DF	**4-9**
	Autres réserves dont réserve relative à l'achat d'œuvres originales d'artistes vivants * EJ **4-9**)	DG	**4-11**
	Report à nouveau	DH	**4-12**
	RÉSULTAT DE L'EXERCICE (bénéfice ou perte)	DI	**4-13**
	Subventions d'investissement	DJ	**4-14**
	Provisions réglementées *	DK	**4-15**
	TOTAL (I)	DL	**4-16**
Autres fonds propres	Produit des émissions de titres participatifs	DM	**4-17**
	Avances conditionnées	DN	**4-18**
	TOTAL (II)	DO	**4-19**
Provisions pour risques et charges	Provisions pour risques	DP	**4-21**
	Provisions pour charges	DQ	**4-22**
	TOTAL (III)	DR	**4-23**
DETTES (4)	Emprunts obligatoires convertibles	DS	**4-25**
	Autres emprunts obligatoires	DT	**4-25**
	Emprunts et dettes auprès des établissements de crédit (5)	DU	**4-26**
	Emprunts et dettes financières divers (dont emprunts participatifs EI **4-27**)	DV	**4-27**
	Avances et acomptes reçus sur commandes en cours	DW	**4-28**
	Dettes fournisseurs et comptes rattachés	DX	**4-29**
	Dettes fiscales et sociales	DY	**4-30**
	Dettes sur immobilisations et comptes rattachés	DZ	**4-31**
	Autres dettes	EA	**4-32**
Compte de régul.	Produits constatés d'avance (4)	EB	**4-34**
	TOTAL (IV)	EC	**4-35**
	Écart de conversion passif * **TOTAL (V)**	ED	**4-36**
	TOTAL GENERAL (I à V)	EE	**4-37**
RENVOIS	(1) Écart de réévaluation incorporé au capital	1B	**4-38**
	(2) dont - Réserve spéciale de réévaluation (1959)	1C	**4-39**
	(2) dont - Écart de réévaluation libre	1D	**4-40**
	(2) dont - Réserve de réévaluation (1976)	1E	**4-41**
	(3) Dont réserve spéciale des plus-values à long terme *	EF	**4-10, 4-7 et 4-42**
	(4) Dettes et produits constatés d'avance à moins d'un an	EG	**4-34 et 4-43**
	(5) Dont concours bancaires courants, et soldes créditeurs de banques et CCP	EH	**4-44**

* Des explications concernant ces rubriques figurent dans la notice n° 2032-NOT-SD

• À la ligne DD correspondent les comptes suivants du Plan comptable.

1061 Réserve légale
10611 Réserve légale proprement dite
10612 Plus-values nettes à long terme

4-8 Réserves statutaires ou contractuelles [ligne DE et case B1]. Il s'agit des réserves dont la constitution est obligatoire en vertu soit des statuts de l'entreprise, soit de clauses contractuelles (contrats de concession, par exemple).

• À la ligne DE correspond le compte **1063** du Plan comptable qui porte le même intitulé.

4-9 Réserves réglementées [ligne DF]. Cette rubrique concerne en particulier :
– la réserve consécutive à l'octroi de subventions d'investissement lorsque le contrat de subvention prévoit la constitution et, le cas échéant, le maintien au passif d'une telle réserve ;
– la réserve consécutive au virement des provisions pour fluctuation des cours existant au bilan d'ouverture du premier exercice clos à compter du 31 décembre 1997 (loi 97-1269 du 30 décembre 1997, art. 6). Mention de cette réserve doit être portée dans la case B1 ;
– la réserve spéciale correspondant aux déductions pratiquées au titre de l'acquisition d'œuvres originales contemporaines (CGI art. 238 bis AB) avec mention du montant de cette réserve dans la case EJ.

À notre avis, s'agissant d'une réserve réglementée, cette réserve spéciale est incluse sur la ligne DF et non sur la ligne DG sur laquelle figure la case EJ. Une note précisera que le montant porté case EJ est compris dans la ligne DF et non dans la ligne DG.

4-10 Plus-values nettes à long terme. Est à mentionner sur la ligne DF le solde de la réserve spéciale à laquelle ont été portées, après taxation, les plus-values à long terme réalisées par les entreprises soumises à l'impôt sur les sociétés. L'obligation de doter la réserve spéciale a cessé de s'appliquer pour les plus-values imposées au titre des exercices ouverts depuis le 1er janvier 2004.

Le montant de la réserve doit être indiqué pour mémoire au pied du tableau 2051, sur la ligne EF.

• À la **ligne DF** correspondent les comptes suivants du Plan comptable.

1062 Réserves indisponibles
1064 Réserves réglementées

4-11 Autres réserves [ligne DG et case EJ]. D'une manière générale, les réserves sont constituées par les bénéfices conservés à la disposition de l'entreprise et non incorporés au capital. Lorsqu'ils ne doivent pas être affectés à la réserve légale, les bénéfices ainsi conservés sont à inscrire soit sur cette ligne, soit sur la ligne DE s'il s'agit de réserves statutaires ou contractuelles (voir § 4-8).

Parmi les autres réserves figure notamment la « réserve de propre assureur » destinée à couvrir la part de risque non couverte par une assurance lorsque ce risque n'est pas rattachable aux exercices clos.

Pour la case EJ, voir ligne DF (voir § 4-9).

• À la **ligne DG** correspondent les comptes suivants du Plan comptable.

1068 Autres réserves
10681 Réserve de propre assureur
10688 Réserves diverses

4-12 Report à nouveau [ligne DH]. Le report à nouveau est constitué par les bénéfices des exercices antérieurs qui n'ont pas été distribués ou affectés à un compte de réserve, ou par les pertes qui n'ont pas été compensées par des prélèvements opérés sur les bénéfices, les réserves ou le capital. S'il est débiteur, le report à nouveau doit être mentionné entre parenthèses ou crochets.

Le montant figurant sur cette ligne doit, en principe, correspondre à celui résultant de l'affectation des résultats de l'année précédente (voir tableau 2058-C, ligne ZG). Toutefois, cette correspondance ne pourra pas être réalisée dans le cas d'un changement de méthode intervenu au cours de l'exercice avec affectation de l'impact à l'ouverture en « Report à nouveau ». Une note explicative sera alors donnée pour justifier cette non-concordance.

L'impact du changement de méthode déterminé à l'ouverture, après effet d'impôt est porté en « Report à nouveau », sauf si pour des raisons fiscales, l'entité est amenée à le comptabiliser dans le résultat, hors du résultat courant (ANC, règlt 2018-01 du 20 avril 2018 ; PCG art. 122-3 ; voir tome 1, compte 11, § 26) (voir § 5-52, tableau 2053).

La ligne report à nouveau n'a évidemment pas à être servie par les entreprises individuelles pour lesquelles il n'est pas établi de distinction entre les bénéfices selon qu'ils sont distribués ou non.

• À la **ligne DH** correspondent les comptes suivants du Plan comptable.

11 REPORT À NOUVEAU (solde créditeur ou débiteur)
- *110 Report à nouveau (solde créditeur)*
- *119 Report à nouveau (solde débiteur)*

4-13 Résultat de l'exercice (bénéfice ou perte) [ligne DI]. Doit figurer sur cette ligne le montant du bénéfice net ou de la perte nette comptable (inscrite entre parenthèses ou crochets) afférent au seul exercice arrêté à la date du bilan qui est présenté avant affectation du résultat. Il correspond au bénéfice ou à la perte inscrit sur la ligne HN du tableau 2053 « Compte de résultat de l'exercice ». Bien entendu, les bénéfices ou les pertes des exercices antérieurs ne doivent y figurer en aucun cas, ceux-ci étant à comprendre éventuellement dans le report à nouveau, ligne DH.

• À la **ligne DI** correspondent les comptes suivants du Plan comptable.

12 RÉSULTAT DE L'EXERCICE (bénéfice ou perte)
- *120 Résultat de l'exercice (bénéfice)*
- *129 Résultat de l'exercice (perte)*

4-14 Subventions d'investissement [ligne DJ]. Du point de vue comptable, les subventions d'investissement sont celles dont bénéficie l'entreprise en vue d'acquérir ou de créer des valeurs immobilisées (subventions d'équipement) ou de financer des activités à long terme.

La ligne DJ est destinée à la fois à faire apparaître au bilan le montant des subventions reçues jusqu'à ce qu'elles aient rempli leur objet et à permettre à l'entreprise d'échelonner sur plusieurs exercices la constatation de l'enrichissement provenant de ces subventions.

Du point de vue fiscal, les subventions qui peuvent faire l'objet d'un rapport échelonné sont celles accordées aux entreprises par l'État ou les collectivités publiques pour la création ou l'acquisition d'immobilisations déterminées.

• À la **ligne DJ** correspondent les comptes suivants du Plan comptable.

13 SUBVENTIONS D'INVESTISSEMENT
- 131 Subventions d'équipement
- 138 Autres subventions d'investissement (même ventilation que celle du compte 131)
- 139 Subventions d'investissement inscrites au compte de résultat
  - 1391 Subventions d'équipement
  - 1398 Autres subventions d'investissement (même ventilation que celle du compte 1391)

4-15 Provisions réglementées [ligne DK]. Doivent figurer sur cette ligne, notamment, les provisions pour hausse des prix, les provisions spéciales des entreprises de presse, les provisions pour reconstitution de gisements, les provisions pour investissement (PPI) constituées en application de la réglementation concernant la participation des salariés aux résultats des entreprises.

Relèvent également de cette rubrique :

– la provision pour amortissement dérogatoire dont les mouvements sont analysés au cadre C du tableau 2055 « Amortissements » ;

– la provision spéciale de réévaluation des immobilisations amortissables (CGI art. 238 bis J).

Les provisions réglementées doivent être ventilées sur le tableau 2056 « Provisions » (notice de l'administration).

Les développements concernant les provisions sont fournis à propos de leur relevé (voir tableau 2056).

• À la **ligne DK** correspondent les comptes suivants du Plan comptable.

14 PROVISIONS RÉGLEMENTÉES
- 142 Provisions réglementées relatives aux immobilisations
- 143 Provisions réglementées relatives aux stocks
- 144 Provisions réglementées relatives aux autres éléments de l'actif
- **145 Amortissements dérogatoires**
- **146 Provision spéciale de réévaluation**
- **147 Plus-values réinvesties**
- **148 Autres provisions réglementées**

4-16 Ligne DL. Le total des lignes DA à DK est reporté ligne DL.

Autres fonds propres

4-17 Produits des émissions de titres participatifs [ligne DM]. Doivent être portées sur cette ligne les avances reçues par l'entreprise en contrepartie de titres participatifs (compte 1671) créés par la loi sur le financement des investissements et la protection de l'épargne.

4-18 Avances conditionnées [ligne DN]. Les avances conditionnées ne sont pas définies juridiquement et ne correspondent pas à une catégorie prévue par le Plan comptable général. Elles recouvrent certainement les avances reçues de l'État et à capitaliser ultérieurement (contrat de plan) (compte 1674).

Pourraient également figurer sur cette ligne les sommes déposées par un associé sur un compte individuel bloqué et pour lesquelles un engagement d'incorporation au capital aurait été pris (CGI art. 54 sexies et 212).

4-19 **Ligne DO.** Le total des lignes DM et DN est reporté ligne DO.

Provisions

4-20 **Notion.** Une provision est destinée à couvrir un passif dont l'échéance ou le montant ne sont pas fixés de façon précise.

Ne sont pas à comprendre dans la catégorie des provisions les charges à payer qui sont des passifs certains et dont il est parfois nécessaire d'estimer le montant ou l'échéance avec une incertitude moindre que s'il s'agissait de provisions.

Les développements concernant les provisions sont fournis à propos de leur relevé (voir tableau 2056).

4-21 **Provisions pour risques [ligne DP].** Sont à inscrire sur cette ligne toutes les provisions destinées à couvrir les risques identifiés inhérents à l'activité de l'entreprise, tels ceux résultant des garanties données aux clients ou des opérations traitées en monnaie étrangère.

• À la **ligne DP** correspondent les comptes suivants du Plan comptable.

151 Provisions pour risques
- *1511 Provisions pour litiges*
- *1512 Provisions pour garanties données aux clients*
- *1513 Provisions pour pertes sur marchés à terme*
- *1514 Provisions pour amendes et pénalités*
- *1515 Provisions pour pertes de change*
- *1516 Provisions pour pertes sur contrats*
- *1518 Autres provisions pour risques*

4-22 **Provisions pour charges [ligne DQ].** Les entreprises peuvent décider d'inscrire au bilan, sous forme de provision, tout ou partie de leurs engagements en matière de pensions, de compléments de retraite, d'indemnités ou d'allocations en raison du départ à la retraite ou d'avantages similaires (c. com. art. L. 123-13 ; PCG art. 324-1). Ainsi, pour ces engagements, contrairement au principe général exposé ci-dessus, l'entreprise a la liberté de les porter ou non au passif de son bilan.

Toutefois, si l'entreprise opte pour le provisionnement de cet engagement, elle ne peut plus, ensuite, changer de méthode comptable.

• À la **ligne DQ** correspondent les comptes suivants du Plan comptable.

153 Provisions pour pensions et obligations similaires
154 Provisions pour restructurations
155 Provisions pour impôts
156 Provisions pour renouvellement des immobilisations (entreprises concessionnaires)
157 Provisions pour charges à répartir sur plusieurs exercices
158 Autres provisions pour charges

4-23 **Ligne DR.** Le total des lignes DP et DQ est reporté ligne DR.

Dettes

4-24 **Principe.** Sont rattachés aux dettes, en fonction de leur nature, les effets à payer et les comptes de régularisation « factures non parvenues » (notice de l'administration).

Par ailleurs, la fraction des dettes et des produits constatés d'avance à moins d'un an doit être indiquée pour mémoire au pied du tableau 2051, sur la ligne EG.

On se reportera également à l'étude du tableau 2057 « État des échéances des créances et des dettes à la clôture de l'exercice ».

4-25 **Emprunts obligataires convertibles [ligne DS] - Autres emprunts obligataires [ligne DT].** Les emprunts obligataires doivent figurer, selon leur nature, sur l'une ou l'autre de ces lignes pour leur valeur totale, primes de remboursement incluses. La contrepartie de ces primes de remboursement est à porter à l'actif du bilan, sur la ligne CM « Primes de remboursement des obligations » (voir § 3-47, tableau 2050).

• Aux lignes **DS et DT** correspondent respectivement les comptes suivants du Plan comptable.

161 Emprunts obligataires convertibles
163 Autres emprunts obligataires
168 Autres emprunts et dettes assimilées
- *1688 Intérêts courus*
  - *16881 sur emprunts obligataires convertibles*
  - *16883 sur autres emprunts obligataires*

4-26 **Emprunts et dettes auprès des établissements de crédit [ligne DU et case EI].** La fraction de ces emprunts et dettes, qui correspond aux concours bancaires et aux soldes créditeurs de banques et de chèques postaux, doit être indiquée pour mémoire au pied du tableau 2051, sur la ligne EH.

• À la **ligne DU** correspondent les comptes **164** « Emprunts auprès des établissements de crédit » et **16884** « Intérêts courus » du Plan comptable, ainsi que les soldes créditeurs des comptes suivants.

➡ **À NOTER** Les prêts garantis par l'État (PGE), qui ont pu être obtenus pour faire face à la crise sanitaire et économique liée à la Covid-19, sont comptabilisés en compte 164 pour leur valeur nominale (ANC, « Recommandations et observations relatives à la prise en compte des conséquences de l'événement Covid-19 dans les comptes et situations établis à compter du 1er janvier 2020 », 18 mai 2020, ANC, rec. H1 et H2).

512 Banques
514 Chèques postaux
517 Autres organismes financiers
518 Intérêts courus
  5181 Intérêts courus à payer
519 Concours bancaires courants

4-27 Emprunts et dettes financières divers [ligne DV]. Sont notamment à porter sur cette ligne :
– les sommes laissées à la disposition de la société par les associés ou actionnaires ;
– les dépôts et cautionnements reçus ;
– le montant des sommes acquises aux salariés au titre de la participation aux résultats de l'entreprise ;
– les dettes financières envers les sociétés apparentées ;
– les emprunts participatifs contractés dans le cadre de la loi sur l'orientation de l'épargne vers le financement des entreprises. Le montant de ces emprunts est à mentionner dans la case EI.

• À la **ligne DV** correspondent les comptes suivants du Plan comptable lorsqu'ils présentent un solde créditeur.

162 Obligations représentatives de passifs nets remis en fiducie
165 Dépôts et cautionnements reçus
166 Participation des salariés aux résultats
167 Emprunts et dettes assortis de conditions particulières
  1675 Emprunts participatifs
168 Autres emprunts et dettes assimilées
  1681 Autres emprunts
  1685 Rentes viagères capitalisées
  1687 Autres dettes
  1688 Intérêts courus
    16885 sur dépôts et cautionnements reçus
    16886 sur participation des salariés aux résultats
    16887 sur emprunts et dettes assortis de conditions particulières
    16888 sur autres emprunts et dettes assimilées
171 Dettes rattachées à des participations (groupe)
174 Dettes rattachées à des participations (hors groupe)
178 Dettes rattachées à des sociétés en participation
426 Personnel - Dépôts
451 Groupe
455 Associés - Comptes courants
456 Associés - Opérations sur le capital
458 Associés - Opérations faites en commun et en GIE (dans certains cas en « Autres dettes »)

4-28 Avances et acomptes reçus sur commandes en cours [ligne DW]. Il s'agit des avances et acomptes reçus par l'entreprise sur les commandes à livrer, les travaux à exécuter et les prestations de services à rendre.

• À la **ligne DW** correspond le compte **4191** « Clients – Avances et acomptes reçus sur commandes » du Plan comptable.

4-29 Dettes fournisseurs et comptes rattachés [ligne DX]. Doit être porté sur cette ligne l'ensemble des dettes liées à l'acquisition de biens et services, à l'exception des sommes qui ont été versées aux fournisseurs à titre d'avances et d'acomptes sur commandes et qui sont portées à l'actif du bilan sur les lignes AL, AX ou BV (voir §§ 3-13, 3-23 et 3-37, tableau 2050).

Les dettes se rapportant à des immobilisations doivent être mentionnées sur la ligne DZ « Dettes sur immobilisations et comptes rattachés » (voir § 4-31).

En application du principe de non-compensation entre soldes débiteurs et soldes créditeurs, il y a lieu de virer les soldes débiteurs des fournisseurs d'exploitations et d'immobilisations, autres que 4091, 4096 et 4098, au débit du compte 4097 « Fournisseurs – Autres avoirs ».

• À la **ligne DX** correspondent les comptes suivants du Plan comptable.

401 Fournisseurs
  4011 Fournisseurs - Achats de biens et prestations de services
  4017 Fournisseurs - Retenues de garantie
403 Fournisseurs - Effets à payer
408 Fournisseurs - Factures non parvenues
  4081 Fournisseurs
  4088 Fournisseurs - Intérêts courus

4-30 Dettes fiscales et sociales [ligne DY]. Sont à porter sur cette ligne les impôts, taxes, participations, versements et

autres retenues dont l'entreprise est redevable, ainsi que les sommes dues aux différents organismes sociaux.

À NOTER

• **Forfait social.** Il est à rattacher comptablement et fiscalement à l'exercice au titre duquel sont attribuées les sommes issues de la participation ou de l'intéressement (CNCC, EC 2008-81, bull. 153, mars 2009) et donne lieu à la constatation à la clôture de l'exercice d'une charge en 645 « Charges de sécurité sociale et de prévoyance » par le compte 4386 « Organismes sociaux - Autres charges à payer ».

• **Prélèvement à la source.** Depuis le 1er janvier 2019, les montants prélevés à la source sont comptabilisés dans un compte de tiers 4421 « Prélèvements à la source (impôt sur le revenu) », crédité au moment de la retenue effectuée par l'employeur et débité au moment du versement à l'administration fiscale (ANC règlt 2018-02 du 6 juillet 2018 ; PCG art. 932-1). La même logique est appliquée aux prélèvements forfaitaires non libératoires de produits de placement à revenu fixe et aux prélèvements à la source sur les distributions comptabilisés en sous-comptes du compte 442 renommé « Contributions, impôts et taxes recouvrés pour le compte de l'État » (PCG art. 932-1 ; voir tome 1, compte 44, § 3).

La ventilation de cette ligne est à porter au tableau 2057, cadre B « État des dettes ».

• Cette ligne représente les subdivisions à solde créditeur des comptes ci-dessous.

421 Personnel - Rémunérations dues
422 Comités d'entreprise, d'établissement…
424 Participation des salariés aux résultats
4246 Réserve spéciale
4248 Comptes courants
427 Personnel - Oppositions
428 Personnel - Charges à payer et produits à recevoir
4282 Dettes provisionnées pour congés à payer
4284 Dettes provisionnées pour participation des salariés aux résultats
4286 Autres charges à payer
431 Sécurité sociale
437 Autres organismes sociaux
438 Organismes sociaux - Charges à payer et produits à recevoir
4382 Charges sociales sur congés à payer
4386 Autres charges à payer
442 Contributions, impôts et taxes recouvrés pour le compte de l'État
4421 Prélèvements à la source (impôt sur le revenu)
4422 Prélèvements forfaitaires non libératoires
4423 Retenues et prélèvements sur les distributions
4424 Obligataires
4425 Associés
443 Opérations particulières avec l'État, les collectivités publiques, les organismes internationaux
444 État - Impôts sur les bénéfices
445 État - Taxes sur le chiffre d'affaires
446 Obligations cautionnées
447 Autres impôts, taxes et versements assimilés
448 État - Charges à payer et produits à recevoir
4482 Charges fiscales sur congés à payer
4486 Charges à payer
449 Quotas d'émission à acquérir
457 Associés - Dividendes à payer

4-31 Dettes sur immobilisations et comptes rattachés [ligne DZ]. Sont à porter sur cette ligne les sommes dues aux tiers à raison de l'acquisition d'immobilisations.

Doit également y figurer, à notre avis, la contrepartie des immobilisations acquises contre paiement de rentes viagères.

• À la **ligne DZ** correspondent les comptes suivants du Plan comptable.

168 Autres emprunts et dettes assimilées
1685 Rentes viagères capitalisées
269 Versements restant à effectuer sur titres de participation non libérés
279 Versements restant à effectuer sur titres immobilisés non libérés
404 Fournisseurs d'immobilisations
4041 Fournisseurs - Achats d'immobilisations
4047 Fournisseurs d'immobilisations - Retenues de garantie
405 Fournisseurs d'immobilisations - Effets à payer
408 Fournisseurs - Factures non parvenues
4084 Fournisseurs d'immobilisations
4088 Fournisseurs - Intérêts courus (pour partie, voir également DX)

4-32 Autres dettes [ligne EA]. Doivent notamment figurer sur cette ligne :

– les soldes créditeurs des comptes individuels des clients, à l'exclusion des avances et acomptes reçus sur commandes qui sont à porter sur la ligne DW « Avances et acomptes reçus sur commandes en cours » ;

– les versements restant à effectuer sur valeurs mobilières de placement non libérées.

• À la **ligne EA** correspondent les comptes suivants du Plan comptable lorsqu'ils présentent un solde créditeur. Signalons également que la ligne EA correspond à la ligne **8K** du tableau 2057.

419 Clients créditeurs
4196 Clients - Dettes sur emballages et matériels consignés
4197 Clients - Autres avoirs
4198 Rabais, remises, ristournes à accorder et autres avoirs à établir
464 Dettes sur acquisitions de valeurs mobilières de placement
467 Autres comptes débiteurs ou créditeurs
4686 Charges à payer
478 Autres comptes transitoires
509 Versements restant à effectuer sur valeurs mobilières de placement non libérées
52 INSTRUMENTS FINANCIERS À TERME ET JETONS DÉTENUS (voir § 3-42, tableau 2050)

Comptes de régularisation

4-33 On se reportera au tableau 2050 « Actif » pour ce qui est de la définition des comptes de régularisation (lignes CH à CN) (voir §§ 3-43 à 3-48, tableau 2050).

4-34 Produits constatés d'avance [ligne EB]. Sont mentionnés sur cette ligne les produits perçus ou comptabilisés avant que les prestations et les fournitures les justifiant aient été effectuées ou fournies. La part à moins d'un an de ces produits doit être indiquée pour mémoire au pied du tableau 2051, sur la ligne EG.

• À la ligne EB correspond le compte 487 « Produits constatés d'avance » du Plan comptable plus, selon nous, le nouveau compte 4871 « Produits constatés d'avance sur jetons émis » créé par le règlement ANC 2020-05 du 24 juillet 2020 (voir § 4-36).

4-35 Ligne EC. Le total des lignes DS à EB est reporté ligne EC.

4-36 Écarts de conversion passif [ligne ED]. Sont à porter sur cette ligne les gains latents qui résultent des variations de valeur des créances et des dettes libellées en monnaie étrangère (contrepartie de l'augmentation de valeur des créances ou de la diminution de valeur des dettes) (notice de l'administration).

Précision Suite au règlement ANC 2018-07 relatif aux jetons numériques, le poste du bilan « Écarts de conversion - Passif » s'intitule dorénavant « Écarts de conversion et différences d'évaluation - Passif » (ANC, règlt 2018-07 précité ; PCG art. 821-1, 821-2 et 823-1 ; voir tome 1, compte 47, § 6 et compte 52) (voir § 3-48, tableau 2050). Même si, selon la notice 2032 de la liasse fiscale, la ligne ED concerne les gains latents qui résultent des variations de valeur des créances et dettes libellées en monnaie étrangère, elle abrite à présent, selon nous, du fait de la connexion entre comptabilité et fiscalité, les comptes relatifs aux différences d'évaluation sur les instruments financiers à terme ou sur jetons numériques.

Le règlement précité a été complété par celui relatif au traitement comptable des prêts/emprunts de jetons et des dérivés sur jetons ainsi que des services sur actifs numériques, applicable, selon nous, pour les comptes 2020 et qui apporte des modifications à certains comptes (ANC, règlt 2020-05 du 24 juillet 2020, homologué par l'arrêté 29 décembre 2020, JO du 31 ; voir tome 1, compte 52, §§ 26 à 30) **(voir ci-dessous).**

• À la **ligne ED** correspondent les comptes suivants du Plan comptable.

474 (1) Différences d'évaluation de jetons sur des passifs
4747 (1) Différences d'évaluation de jetons sur des passifs - Passif
477 Différences de conversion - Passif
4771 Augmentation des créances
4772 Diminution des dettes
4778 Différences compensées par couverture de change
478 Autres comptes transitoires
4787 Différences d'évaluation - Passif (2)
47871 Différences d'évaluation sur instruments financiers à terme - Passif (1) (2)
47872 Différences d'évaluation sur jetons détenus - Passif (1) (2)

(1) (2) Comptes modifiés par le règlement ANC 2018-07 du 10 décembre 2018 puis par le règlement ANC 2020-05 du 24 juillet 2020.

4-37 Ligne EE. Le total général du passif (lignes DL, DO, DR, EC et ED) est reporté ligne EE.

Renvois

4-38 Écart de réévaluation incorporé au capital [ligne 1B]. Il convient de se reporter à la ligne DA « Capital social ou individuel ».

4-39 Réserve spéciale de réévaluation (1959) [ligne 1C]. Il convient de se reporter au compte 1051 « Réserve spéciale de réévaluation ».

4-40 Écart de réévaluation libre [ligne 1D]. Il convient de se reporter au compte 1052 « Écart de réévaluation libre ».

4-41 Réserve de réévaluation (1976) [ligne 1E]. Il convient de se reporter à la ligne DC « Écarts de réévaluation » et au compte 1053 « Réserve de réévaluation ».

4-42 Dont réserve réglementée des plus-values à long terme [ligne EF]. Il convient de se reporter aux lignes DD « Réserve légale » et DF « Réserves réglementées ».

4-43 Dettes et produits constatés d'avance à moins d'un an [ligne EG]. Il convient de se reporter à la rubrique « Dettes » (lignes DS à EA) et à la ligne EB « Produits constatés d'avance ».

4-44 Dont concours bancaires courants et soldes créditeurs de banques et chèques postaux [ligne EH]. Il convient de se reporter à la ligne DU « Emprunts et dettes auprès des établissements de crédit ».

2052 et 2053 Compte de résultat de l'exercice

Généralités

5-1 Dans la notice, l'administration rappelle que :
– les produits et charges sont présentés pour leur montant hors TVA, après déduction des rabais, remises et ristournes accordés aux clients ou obtenus des fournisseurs ;
– les produits et charges sur exercices antérieurs sont enregistrés, suivant leur nature, dans les comptes concourant à la détermination des résultats d'exploitation, financier ou exceptionnel.

• **Impacts de la Covid-19.** Certaines dettes fiscales (impôts directs…), sociales (URSSAF), ou commerciales (loyers et factures d'énergie…) peuvent faire l'objet d'un rééchelonnement ou d'un report de paiement. Ces reports de charges qui ont pu être accordés au cours de la période de crise sanitaire sont sans conséquence sur les principes de comptabilisation et de déduction des charges (ANC, « Recommandations et observations relatives à la prise en compte des conséquences de l'événement Covid-19 dans les comptes et situations établis à compter du 1er janvier 2020 », ANC, rec. K1 ; voir tome 1, Introduction compte 6, § 5).

• Le tableau 2052, avec **sa présentation en liste**, permet de faire ressortir les soldes suivants :
– le résultat d'exploitation ;
– le résultat des opérations faites en commun ;
– le résultat financier ;
– le résultat courant avant impôts.
Le tableau 2053 « Compte de résultat (suite) » permet d'arriver au résultat net comptable de l'exercice en faisant ressortir :
– le résultat exceptionnel ;
– le bénéfice ou la perte.

Étude du tableau 2052

Résultat d'exploitation

Produits d'exploitation

5-2 **Principe.** Le montant des produits d'exploitation portés sur ce tableau et afférents à des exercices antérieurs doit être indiqué pour mémoire sur le tableau 2053 « Compte de résultat de l'exercice (suite) », ligne 1G, puis détaillé au pied du tableau 2053.

Les produits des locations immobilières sont reportés ligne HY du tableau 2053.

5-3 **Ventes de marchandises [ligne FC].** Il s'agit des seuls produits provenant de reventes en l'état. La ligne FC est formée du total des lignes FA (France) et FB (Exportation).

Le montant des ventes de biens produits ou transformés par l'entreprise doit figurer à la ligne FF « Production vendue de biens » (notice de l'administration).

• À la **ligne FC** correspondent les comptes suivants du Plan comptable.

707 Ventes de marchandises
709 Rabais, remises et ristournes accordés par l'entreprise
 7097 sur ventes de marchandises

Pour les rabais et assimilés se rapportant à cette catégorie de produits, le compte 709 vient en diminution des comptes principaux pour la présentation des comptes annuels.

• **Impacts de la Covid-19.** L'événement Covid-19 ne modifie pas les règles de reconnaissance des produits. Les risques liés aux ventes sont pris en compte à la clôture de l'exercice par la constitution d'un passif (ANC, « Recommandations et observations relatives à la prise en compte des conséquences de l'événement Covid-19 dans les comptes et situations établis à compter du 1er janvier 2020 », ANC, rec. J4).

5-4 Production vendue de biens [ligne FF]. Doit figurer sur cette ligne le montant des ventes des biens produits ou transformés par l'entreprise.

La ligne FF est formée du total des lignes FD (France) et FE (Exportation).

• À la **ligne FF** correspondent les comptes suivants du Plan comptable.

701 Ventes de produits finis
7011 Produits finis (ou groupe) A
7012 Produits finis (ou groupe) B
702 Ventes de produits intermédiaires
703 Ventes de produits résiduels
709 Rabais, remises et ristournes accordés par l'entreprise
7091 sur ventes de produits finis
7092 sur ventes de produits intermédiaires

Pour les rabais et assimilés se rapportant à cette catégorie de produits, le compte 709 vient en diminution des comptes principaux pour la présentation des comptes annuels.

5-5 Production vendue de services [ligne FI]. Il s'agit des travaux, études et prestations de services exécutés, comprenant, le cas échéant, les produits des activités annexes (services exploités dans l'intérêt du personnel, commissions et courtages, locations diverses, mises à disposition de personnel facturées, ports et frais accessoires facturés, bonis sur reprises d'emballages consignés...) (notice de l'administration).

La ligne FI est formée du total des lignes FG (France) et FH (Exportation).

• À la **ligne FI** correspondent les comptes suivants du Plan comptable.

704 Travaux
7041 Travaux de catégorie (ou activité) A
7042 Travaux de catégorie (ou activité) B
705 Études
706 Prestations de services
708 Produits des activités annexes
7081 Produits des services exploités dans l'intérêt du personnel
7082 Commissions et courtages
7083 Locations diverses
7084 Mise à disposition de personnel facturée
7085 Ports et frais accessoires facturés
7086 Bonis sur reprises d'emballages consignés
7087 Bonifications obtenues des clients et primes sur ventes
7088 Autres produits d'activités annexes (cessions d'approvisionnements...)
709 Rabais, remises et ristournes accordés par l'entreprise
7094 sur travaux
7095 sur études
7096 sur prestations de services
7098 sur produits des activités annexes

Pour les rabais et assimilés se rapportant à cette catégorie de produits, le compte 709 vient en diminution des comptes principaux pour la présentation des comptes annuels.

5-6 Chiffre d'affaires net [ligne FL]. Ce chiffre est égal au montant hors taxes des affaires réalisées par l'entreprise avec les tiers dans l'exercice de son activité professionnelle (notice de l'administration).

La ligne FL est formée du total des lignes FJ (soit FA + FD + FG) (France) et FK (soit FB + FE + FH) (Exportation).

Dans le cadre d'un contrôle sur pièces, c'est le chiffre d'affaires porté sur les lignes FJ à FL que le service des impôts comparera au chiffre d'affaires détaillé dans les déclarations de TVA souscrites par l'entreprise au cours de l'exercice (voir tome 1, compte 445, §§ 1, 9 à 15).

5-7 Production stockée [ligne FM]. Est à porter sur cette ligne la variation globale qui affecte, entre le début et la fin de l'exercice, le niveau des stocks de biens produits par l'entreprise (produits intermédiaires, produits finis et produits résiduels) et celui des en-cours de production de biens et de services, y compris en cas de variation négative (« déstockage ») (notice de l'administration).

La ligne FM est réservée en effet à la variation globale de la production stockée entre le début et la fin de l'exercice. Ce solde pouvant être créditeur ou débiteur, il vient augmenter (cas de production stockée) ou diminuer (cas de déstockage) les produits d'exploitation ; dans cette dernière situation, la somme doit être mentionnée entre crochets ou parenthèses.

• À la **ligne FM** correspond le compte **71** du Plan comptable qui porte le même intitulé et dont les subdivisions sont :

7133 Variation des en-cours de production de biens
7134 Variation des en-cours de production de services
7135 Variation des stocks de produits

On se reportera également aux comptes de la classe 3 et au tableau 2050 « Bilan – Actif », lignes BN « En-cours de production de biens », BP « En-cours de production de services » et BR « Produits intermédiaires et finis ».

5-8 Production immobilisée [ligne FN]. Figure sur cette ligne le coût des travaux faits par l'entreprise pour elle-même (notice de l'administration).

Les chiffres indiqués renvoient aux commentaires de cette fiche

③ **COMPTE DE RÉSULTAT DE L'EXERCICE (en liste)**

DGFiP N° 2052-SD **2021**

Formulaire obligatoire (article 53 A du Code général des impôts)

Désignation de l'entreprise							Néant ☐ *
		Exercice N					
		France		Exportations et livraisons intracommunautaires		TOTAL	
PRODUITS D'EXPLOITATION	Ventes de marchandises *	FA	**5-3**	FB	**5-3**	FC	**5-3**
	Production vendue – Biens *	FD	**5-4**	FE	**5-4**	FF	**5-3 et 5-4**
	Production vendue – Services *	FG	**5-5**	FH	**5-5**	FI	**5-5**
	Chiffres d'affaires nets *	FJ	**5-6**	FK	**5-6**	FL	**5-6**
	Production stockée *					FM	**5-7**
	Production immobilisée *					FN	**5-8**
	Subventions d'exploitation					FO	**5-9**
	Reprises sur amortissements et provisions, transferts de charges * (9)					FP	**5-10**
	Autres produits (1) (11)					FQ	**5-11**
	TOTAL DES PRODUITS D'EXPLOITATION (2) (I)					FR	**5-12**
CHARGES D'EXPLOITATION	Achats de marchandises (y compris droits de douane) *					FS	**5-14**
	Variation de stocks (marchandises) *					FT	**5-15**
	Achats de matières premières et autres approvisionnements (y compris droits de douane) *					FU	**5-16**
	Variation de stocks (matières premières et approvisionnements) *					FV	**5-17**
	Autres achats et charges externes (3) (6*bis*) *					FW	**5-18 à 5-21**
	Impôts, taxes et versements assimilés *					FX	**5-22**
	Salaires et traitements *					FY	**5-23 à 5-27**
	Charges sociales (10)					FZ	**5-28**
	DOTATIONS D'EXPLOITATION – Sur immobilisations – dotations aux amortissements *					GA	**5-30**
	DOTATIONS D'EXPLOITATION – Sur immobilisations – dotations aux provisions					GB	**5-31**
	DOTATIONS D'EXPLOITATION – Sur actif circulant : dotations aux provisions *					GC	**5-32**
	DOTATIONS D'EXPLOITATION – Pour risques et charges : dotations aux provisions					GD	**5-33**
	Autres charges (12)					GE	**5-20 et 5-34**
	TOTAL DES CHARGES D'EXPLOITATION (4) (II)					GF	**5-35**
1 – RÉSULTAT D'EXPLOITATION (I – II)						GG	**5-36**
Opérations en commun	Bénéfice attribué ou perte transférée * (III)					GH	**5-37**
	Perte supportée ou bénéfice transféré * (IV)					GI	**5-37**
PRODUITS FINANCIERS	Produits financiers de participations (5)					GJ	**5-38**
	Produits des autres valeurs mobilières et créances de l'actif immobilisé (5)					GK	**5-39**
	Autres intérêts et produits assimilés (5)					GL	**5-40**
	Reprises sur provisions et transferts de charges					GM	**5-41**
	Différences positives de change					GN	**5-42**
	Produits nets sur cessions de valeurs mobilières de placement					GO	**5-43**
	TOTAL DES PRODUITS FINANCIERS (V)					GP	**5-44**
CHARGES FINANCIÈRES	Dotations financières aux amortissements et provisions *					GQ	**5-45**
	Intérêts et charges assimilées (6)					GR	**5-21, 5-24 *et* 5-46**
	Différences négatives de change					GS	**5-47**
	Charges nettes sur cessions de valeurs mobilières de placement					GT	**5-48**
	TOTAL DES CHARGES FINANCIÈRES (VI)					GU	**5-49**
2 – RÉSULTAT FINANCIER (V – VI)						GV	**5-50**
3 – RÉSULTAT COURANT AVANT IMPÔTS (I – II + III – IV + V – VI)						GW	**5-51**

* Des explications concernant ces rubriques figurent dans la notice n° 2032-NOT-SD

• À la **ligne FN** correspond le compte **72** du Plan comptable qui porte le même intitulé.

Dans le cadre d'un contrôle sur pièces, le service des impôts pourra être amené à comparer les travaux faits par l'entreprise pour elle-même avec les livraisons à soi-même déclarées en matière de TVA (voir tome 1, compte 445, § 2).

5-9 Subventions d'exploitation [ligne FO]. Sur cette ligne doivent figurer les subventions qui ont été accordées par l'État, les collectivités publiques ou les tiers et qui ne sont ni des subventions d'investissement (voir § 4-14, tableau 2051), ni des subventions d'équilibre (voir § 5-53, tableau 2053) dès l'instant où elles sont comprises dans les recettes de l'exercice au cours duquel elles sont définitivement acquises à l'entreprise.

➡ **À NOTER** **Impacts de la Covid-19.** Le fonds de solidarité de l'État s'inscrit en subvention d'exploitation dès lors que l'entité en a fait la demande et estime en respecter les conditions d'octroi (ANC, « Recommandations et observations relatives à la prise en compte des conséquences de l'événement Covid-19 dans les comptes et situations établis à compter du 1er janvier 2020 », ANC, rec. J2 ; voir tome 1, compte 74, § 5).

• À la **ligne FO** correspond le compte **74** du Plan comptable qui porte le même intitulé.

5-10 Reprises sur amortissements et provisions, transferts de charges [ligne FP]. Figurent notamment sur cette ligne les réductions de provisions antérieurement constituées par des dotations d'exploitation (lignes GB à GD) (voir §§ 5-31 à 5-33) et les frais d'émission des emprunts répartis conformément aux dispositions de l'article 39, 1.1° quater du CGI (ligne CW du tableau 2050) (voir § 3-46, tableau 2050)(notice de l'administration).

En d'autres termes, ne sont à porter sur cette ligne que les reprises sur charges calculées d'exploitation, celles ayant un caractère financier ou exceptionnel devant figurer respectivement sur la ligne GM « Reprises sur provisions et transferts de charges » (Produits financiers) de ce tableau et sur la ligne HC « Reprises sur provisions et transferts de charges » (Produits exceptionnels) du tableau 2053 « Compte de résultat (suite) ».

Ainsi, les amortissements dérogatoires doivent être mentionnés non sur la ligne FP, mais sur la ligne HC précitée. Le montant des transferts de charges doit être indiqué en renvoi sur la ligne A1 du tableau 2053.

S'agissant, par ailleurs, des reprises sur provisions, on rappelle qu'elles doivent être déduites, de manière extra-comptable, pour la détermination du résultat fiscal lorsque, ne remplissant antérieurement pas les conditions de déduction, la provision a déjà été réintégrée dans le résultat imposable.

• À la **ligne FP** correspondent les comptes suivants du Plan comptable.

78 REPRISES SUR AMORTISSEMENTS, DÉPRÉCIATIONS ET PROVISIONS
- **781 Reprises sur amortissements, dépréciations et provisions (à inscrire dans les produits d'exploitation)**
  - 7811 Reprises sur amortissements des immobilisations incorporelles et corporelles
  - 7815 Reprises sur provisions d'exploitation
  - 7816 Reprises sur dépréciations des immobilisations incorporelles et corporelles
  - 7817 Reprises sur dépréciations des actifs circulants

79 TRANSFERTS DE CHARGES
- 791 Transferts de charges d'exploitation

5-11 Autres produits [ligne FQ]. On portera sur cette ligne tous les produits d'exploitation qui, en raison de leur nature, n'ont pu être mentionnés sur les lignes précédentes. Tel est le cas, par exemple :

– des redevances pour concessions, brevets, licences, marques ou droits et valeurs assimilés ;

Concernant les nouvelles règles fiscales relatives au régime d'imposition des produits nets issus de la propriété industrielle en vigueur depuis le 1er janvier 2019, (voir tome 1, compte 75, §§ 7 à 13).

– des loyers des immeubles figurant à l'actif.

En revanche, les résultats bénéficiaires d'un GIE appréhendés par les membres participants sont à mentionner au tableau 2052, ligne GJ « Produits financiers de participation » (voir § 5-38). Quant au résultat sur opérations réalisées dans le cadre d'une société en participation, il doit figurer au tableau 2052 sur la ligne GH « Bénéfice attribué ou perte transférée » ou GI « Perte supportée ou bénéfice transféré » (voir § 5-37).

Le montant des produits des redevances pour concessions de brevets et licences doit être mentionné sur la ligne A3 du tableau 2053.

➡ **À NOTER** Applicable depuis 2017, le règlement ANC 2015-05 consacré au traitement comptable des instruments financiers à terme (ANC, règlt 2015-05 du 2 juillet 2015) a conduit à la création de nouveaux comptes tels que les comptes 656/756 « Pertes/Gains de change sur créances et dettes commerciales » ; les comptes 666 et 766 étant désormais dédiés aux pertes et gains de change sur les opérations de nature financière (voir tome 1, compte 75, § 5). S'agissant des créances et dettes commerciales, les pertes de change concernent le résultat d'exploitation. Ces gains (enregistrés au compte 756) devraient, à notre avis, être reportés sur la ligne FQ du tableau 2052 (pour les pertes, compte 656, voir § 5-34).

• À la **ligne FQ** correspondent les comptes suivants du Plan comptable.

75 AUTRES PRODUITS DE GESTION COURANTE

- 751 Redevances pour concessions, brevets, licences, marques, procédés, logiciels, droits et valeurs similaires
- 752 Revenus des immeubles non affectés à des activités professionnelles
- **753 Jetons de présence et rémunérations d'administrateurs, gérants**
- **754 Ristournes perçues des coopératives (provenant des excédents)**
- 756 Gains de change sur créances et dettes commerciales
- 758 Produits divers de gestion courante

5-12 Total des produits d'exploitation [ligne FR]. Ce total I est composé de la somme des lignes FL à FQ (voir §§ 5-6 à 5-11). Rappelons qu'il convient d'isoler la partie de ces produits relative à des exercices antérieurs (tableau 2053, renvoi ligne 1G avec détail) et les produits de locations immobilières (tableau 2053, renvoi ligne HY).

Charges d'exploitation

5-13 Rappel. Le montant des charges d'exploitation portées sur ce tableau et afférentes à des exercices antérieurs doit être indiqué pour mémoire sur le tableau 2053, ligne 1H, puis détaillé au pied de ce tableau.

5-14 Achats de marchandises (y compris droits de douane) [ligne FS]. Sur cette ligne ne doit être porté que le montant des achats destinés à la revente en l'état. Les entreprises peuvent y inclure le montant des frais accessoires d'achat payés à des tiers (transports, commissions, assurances...) lorsque ces charges peuvent être affectées de façon certaine aux achats correspondants (notice de l'administration).

• À la **ligne FS** correspondent les comptes suivants du Plan comptable.

- 607 Achats de marchandises
- 609 Rabais, remises et ristournes obtenus sur achats

Pour les rabais et assimilés se rapportant à cette catégorie d'achats, le compte 609 vient en diminution des comptes principaux pour la présentation des comptes annuels.

5-15 Variation des stocks (marchandises) [ligne FT]. Sur cette ligne doit être mentionné le montant de la variation du stock de marchandises destinées à la revente en l'état : la diminution du niveau du stock vient en augmentation des charges d'exploitation, son augmentation venant en diminution de ces charges (montant indiqué entre parenthèses) (notice de l'administration).

La variation des stocks des matières premières et des autres approvisionnements doit figurer sur la ligne FV (voir § 5-17). Pour ce qui est de la production stockée et de la production immobilisée, voir lignes FM et FN (voir §§ 5-7 et 5-8).

• À la **ligne FT** correspond le compte **6037** du Plan comptable qui porte le même intitulé.

5-16 Achats de matières premières et autres approvisionnements [ligne FU]. Sont à porter sur cette ligne les objets et substances destinés à rentrer dans la composition des produits traités ou fabriqués, ainsi que les autres approvisionnements pouvant être stockés : matières et fournitures consommables, emballages (notice de l'administration).

S'agissant, par ailleurs, des emballages récupérables, on rappelle que ceux qui ne sont pas commodément identifiables peuvent figurer sur cette ligne.

• À la **ligne FU** correspondent les comptes suivants du Plan comptable.

- 601 Achats stockés - Matières premières (et fournitures)
- 602 Achats stockés - Autres approvisionnements
  - 6021 Matières consommables
  - 6022 Fournitures consommables
  - 6026 Emballages
- 609 Rabais, remises et ristournes obtenus sur achats

Pour les rabais et assimilés se rapportant à cette catégorie d'achats, le compte 609 vient en diminution des comptes principaux pour la présentation des comptes annuels.

➡ **À NOTER** **Impacts de la Covid-19.** L'ANC préconise le recours au compte 609 pour les remises éventuellement obtenues dans le cadre de la crise liée à la pandémie (ANC, « Recommandations et observations relatives à la prise en compte des conséquences de l'événement Covid-19 dans les comptes et situations établis à compter du 1er janvier 2020 », ANC, rec. J4 ; voir tome 1, compte 60, § 13).

5-17 **Variation des stocks (matières premières et approvisionnements) [ligne FV].** Cette ligne mentionne la variation du stock de matières premières et approvisionnements selon les mêmes modalités que celles indiquées pour la variation du stock de marchandises (ligne FT) (voir § 5-15) (notice de l'administration).

• À la **ligne FV** correspondent les comptes suivants du Plan comptable.

6031 Variation des stocks de matières premières (et fournitures)
6032 Variation des stocks des autres approvisionnements

5-18 **Autres achats et charges externes [ligne FW].** Doivent, notamment, figurer sur cette ligne les achats non stockés de matières et fournitures, d'études et prestations de services..., la sous-traitance, les redevances de crédit-bail, les locations, l'entretien et la réparation, les primes d'assurance, les études et recherches, le personnel extérieur à l'entreprise, la rémunération d'intermédiaires et les honoraires, la publicité, les déplacements, les frais postaux, les services bancaires (notice de l'administration).

En définitive, sont donc à porter sur cette ligne les achats non stockés de matières et fournitures, ainsi que les charges externes (services extérieurs et autres services extérieurs) autres que les achats en provenance de tiers.

5-19 *Achats non stockables ou non stockés.* Il s'agit des achats, tels que ceux de fournitures, qui ne passent pas par un compte de magasin et dont les existants neufs à la clôture de l'exercice constituent des charges constatées d'avance à porter au tableau 2050 « Bilan - Actif » sur la ligne CH (voir § 3-44).

• À cette rubrique correspondent les comptes suivants du Plan comptable.

606 Achats non stockés de matière et fournitures
609 Rabais, remises et ristournes obtenus sur achats
6096 d'approvisionnements non stockés

5-20 *Services extérieurs.* Cette rubrique concerne notamment :
– les charges de sous-traitance ;
– les redevances de crédit-bail, celles-ci devant ensuite être indiquées pour mémoire en renvoi sur la ligne HP ou HQ du tableau 2053 selon qu'il s'agit d'un crédit-bail mobilier ou immobilier. Les redevances dues pour concessions, brevets, licences et valeurs similaires sont à porter sur la ligne GE « Autres charges » du tableau 2052 (voir § 5-34) ;

En ce qui concerne la fraction non déductible des charges de crédit-bail ou de location sur véhicules de tourisme, (voir tome 1, compte 612, § 18).

• **Impacts de la Covid-19.** L'ANC a apporté des précisions quant à la comptabilisation des réductions et des abandons de loyers chez les bailleurs et les locataires (ANC, « Recommandations et observations relatives à la prise en compte des conséquences de l'événement Covid-19 dans les comptes et situations établis à compter du 1er janvier 2020 », ANC, rec. J5 et K2 ; voir tome 1, compte 612, §§ 7 à 10 et compte 613, § 1).

– les locations ainsi que les charges locatives et de copropriété ;
– les primes d'assurance contractées au profit de l'entreprise et destinées à couvrir le risque dont la réalisation entraînerait une charge ou la perte d'un élément d'actif ;
– le cas échéant, les frais d'études et de recherches (voir aussi tableau 2050 « Bilan – Actif », ligne CX « Frais de développement ») (voir § 3-9).

• À cette rubrique correspondent les comptes suivants du Plan comptable.

604 Achats d'études et prestations de services
605 Achats de matériel, équipements et travaux
609 Rabais, remises et ristournes obtenus sur achats
6094 d'études et prestations de services
6095 de matériel, équipements et travaux
611 Sous-traitance générale
612 Redevances de crédit-bail
613 Locations
614 Charges locatives et de copropriété
615 Entretien et réparations
616 Primes d'assurances
617 Études et recherches
618 Divers
619 Rabais, remises et ristournes obtenus sur services extérieurs

5-21 *Autres services extérieurs.* Cette rubrique concerne notamment :
– les frais de personnel intérimaire, ou bien de personnel détaché ou prêté par une autre entreprise du groupe ;

– les rémunérations d'intermédiaires et honoraires. Les commissions, honoraires et frais d'actes concernant l'entrée d'une immobilisation peuvent toutefois être inclus dans le coût d'entrée de cette immobilisation ;
– les frais de publicité, publications et relations publiques ;
– les frais de déplacement, mission et réception sans qu'il y ait lieu de distinguer suivant que ces dépenses sont réglées directement par l'entreprise ou remboursées au personnel d'après des pièces justificatives ;
– les services bancaires et assimilés, à l'exclusion des charges d'intérêts qui doivent être portées sur la ligne GR « Intérêts et charges assimilées » du tableau 2052 (voir § 5-46).

C'est sur la ligne FW qu'il y a lieu de porter les cotisations versées aux organisations syndicales et professionnelles.

• À cette rubrique correspondent les comptes suivants du Plan comptable.

621	Personnel extérieur à l'entreprise
622	Rémunérations d'intermédiaires et honoraires
623	Publicité, publications, relations publiques
624	Transports de biens et transports collectifs du personnel
625	Déplacements, missions et réceptions
626	Frais postaux et de télécommunications
627	Services bancaires et assimilés
628	Divers
629	Rabais, remises et ristournes obtenus sur autres services extérieurs

Dans le cadre d'un contrôle sur pièces, le service des impôts s'assurera que les frais de voyage et de déplacement engagés par les personnes les mieux rémunérées de l'entreprise ont été déclarés sur le relevé de frais généraux (voir § 23-18, relevé 2067), que leur règlement ait été assuré directement par l'employeur ou sous forme de remboursement de frais.

Les dons aux organismes d'intérêt général (CGI art. 238 bis) sont reportés ligne HX, au bas du tableau 2053.

5-22 Impôts, taxes et versements assimilés [ligne FX]. L'ensemble des prélèvements obligatoires, de nature fiscale, figure sur cette ligne, à l'exception :
– de la TVA et des taxes assimilées (voir tome 1, compte 445, § 1) ;
– de la contribution sociale des sociétés (ligne HK « Impôts sur les bénéfices » du tableau 2053) (voir § 5-65, tableau 2053) ;
– des impôts de caractère exceptionnel (ligne HE « Charges exceptionnelles sur opérations de gestion » du tableau 2053) (voir § 5-58).

Quant aux pénalités fiscales, elles doivent toutes être portées sur la ligne HE précitée.

➟ **À NOTER** Le libellé du compte 6333 est dorénavant « Contribution unique des employeurs à la formation professionnelle » (ANC, règlt 2019-9 du 18 décembre 2019 relatif aux frais de formation, arrêté du 22 avril 2019, JO du 30 ; PCG art. 932-1 modifié) (voir § 3-5, tableau 2050).

• À la **ligne FX** correspondent les comptes suivants du Plan comptable.

631	Impôts, taxes et versements assimilés sur rémunérations (administrations des impôts)
633	Impôts, taxes et versements assimilés sur rémunérations (autres organismes)
635	Autres impôts, taxes et versements assimilés (administrations des impôts)
637	Autres impôts, taxes et versements assimilés (autres organismes)

5-23 Salaires et traitements [ligne FY]. Sont à porter sur cette ligne toutes les rémunérations en espèces versées aux salariés, avant déduction des cotisations sociales à la charge de ces derniers, dès l'instant qu'elles trouvent leur origine dans le contrat de travail. Citons :
– les salaires et appointements proprement dits, y compris les primes, gratifications occasionnelles ou périodiques, etc. ;
– les indemnités correspondant à des remboursements globaux ou forfaitaires de frais ;
– la contrepartie d'avantages en nature non fournis ;
– les commissions versées au personnel, à l'exclusion de celles payées à des intermédiaires qui sont à porter sur la ligne FW « Autres achats et charges externes » (voir §§ 5-18 et 5-21).

5-24 *Rémunérations versées aux administrateurs, gérants et associés.* Ces rémunérations ne comprennent pas les jetons de présence qui sont à porter dans les autres charges de gestion courante, ligne GE du tableau 2052 (voir § 5-34).

5-25 *Charges connexes.* Elles s'entendent, notamment, des congés payés, des indemnités de préavis et de licenciement, ainsi que des suppléments familiaux (notice de l'administration). On y ajoutera tous les autres frais de personnel et, notamment, les frais d'embauche, les prestations sociales avancées au personnel et restant à la charge de l'employeur, ainsi que les frais de formation et de promotion professionnelles, à l'exclusion des taxes et participations assises sur les salaires, qui sont à porter sur la ligne FX « Impôts, taxes et versements assimilés » (voir § 5-22).

5-26 *Avantages en nature.* Ils sont alloués au cours de l'exercice et doivent figurer sur un état spécial qui n'a pas à être joint à la déclaration des résultats, mais doit seulement être tenu à la disposition du service des impôts en tant que document annexe à la comptabilité. Cet état répartit les avantages en nature, par catégorie et par bénéficiaire, s'il s'agit d'avantages particuliers, ou globalement, s'il s'agit d'avantages collectifs.

5-27 *Rémunération de l'exploitant individuel.* Lorsque la rémunération de l'exploitant individuel est comptabilisée en charge, la réintégration au résultat fiscal de cette charge non déductible est portée ligne WB du tableau 2058-A (voir § 14-7, tableau 2058-A).

• **Rémunération du travail de l'exploitant.** Depuis les exercices clos à compter de 2018, sous réserve que le salaire corresponde à la rémunération normale du travail fourni, la rémunération du conjoint de l'exploitant est déductible en totalité, que l'exploitant soit adhérent ou non d'un centre de gestion agréé ou d'un organisme de gestion agréé. Il en est de même de la rémunération des conjoints des associés de sociétés de personnes soumises à l'IR (voir tome 1, compte 644, § 27).

• **Prime exceptionnelle sur le pouvoir d'achat.** Dans sa version Covid-19, le dispositif de prime exceptionnelle défiscalisée de pouvoir d'achat « PEPA » est exonéré de cotisations et contributions sociales et d'impôt sur le revenu dans la limite de 2 000 € par bénéficiaire pour les entreprises dotées d'un accord d'intéressement et de 1 000 € pour les autres (alors que, initialement, l'accord d'intéressement était obligatoire et le seuil d'exonération invariablement fixé à 1 000 €). Par ailleurs, le montant de la prime peut être modulé en fonction des conditions de travail liées à l'épidémie. Enfin, la date limite de versement a été reportée jusqu'au 31 décembre 2020 (loi 2020-935 du 30 juillet 2020, art. 3).
Cette prime suit les mêmes règles comptables et fiscales que les primes et gratifications « classiques » et devrait être comptabilisée, selon nous, dans les charges de personnel dans le résultat d'exploitation (voir tome 1, compte 42, § 18).

• Concernant les assouplissements apportés en matière de prêt de main-d'œuvre, (voir tome 1, compte 644, §§ 33 à 35).

• À la **ligne FY** correspondent les comptes suivants du Plan comptable.

64 CHARGES DE PERSONNEL
- **641 Rémunérations du personnel**
- **644 Rémunération du travail de l'exploitant**
- 648 Autres charges de personnel

Dans le cadre d'un contrôle sur pièces, le service des impôts ne manquera pas de rapprocher le montant porté sur la ligne FY et le total de la déclaration des salaires effectuée sur la DSN, même si les chiffres ne coïncident pas nécessairement (frais engagés et frais effectivement payés au cours d'une année civile, exercice ne correspondant pas à l'année civile). Il s'assurera également qu'a bien été réintégrée de manière extra-comptable la rémunération de l'exploitant individuel et des associés de sociétés de personnes lorsqu'elle est comprise dans les charges (ligne WB du tableau 2058-A).

À NOTER

Impacts de la Covid-19. L'ANC recommande de porter l'allocation d'activité partielle au crédit d'un compte de charges de personnel (6414 ou 6491) (ANC, « Recommandations et observations relatives à la prise en compte des conséquences de l'événement Covid-19 dans les comptes et situations établis à compter du 1er janvier 2020 », ANC, rec. J1 ; voir tome 1, compte 644, § 13).

5-28 **Charges sociales [ligne FZ].** Sont notamment à mentionner sous cette rubrique, mais pour la part patronale seulement lorsque les cotisations comprennent également une part salariale :
– les cotisations aux caisses de sécurité sociale (régime général ou régimes spéciaux) ;
– les cotisations aux mutuelles et aux caisses de retraites ;
– les cotisations d'assurance chômage ;
– l'« abondement », c'est-à-dire la participation de l'employeur au plan d'épargne de l'entreprise sous forme de versements complémentaires, ou au titre de l'actionnariat ;
– les frais relatifs aux œuvres sociales (frais de cantine, allocation logement...).

De même, sont à porter sur cette ligne les cotisations personnelles de l'exploitant individuel.

• À la **ligne FZ** correspondent les comptes suivants du Plan comptable.

645 **Charges de sécurité sociale et de prévoyance**
646 **Cotisations sociales personnelles de l'exploitant**
647 Autres charges sociales
648 Autres charges de personnel

Le montant des charges sociales personnelles de l'exploitant doit être indiqué en renvoi sur la ligne A2 du tableau 2053. Sur cette ligne, doit également être reporté dans une nouvelle case A5, le montant des cotisations sociales obligatoires de l'exploitant hors CSG/CRDS.

➡ **ATTENTION** Alors que l'intitulé de la case A5 sur le tableau 2053 vise les cotisations sociales obligatoires de l'exploitant hors CSG/CRDS, la notice 2032-NOT de l'administration indique, à notre avis à tort, que le montant à porter dans cette case est celui de la CSG déductible due par les travailleurs indépendants.

Le montant des primes et cotisations complémentaires personnelles facultatives et obligatoires doit être mentionné séparément, respectivement dans les cases A6 et A9. Les cotisations facultatives peuvent être plus détaillées grâce à deux sous-rubriques : les cases A7 et A8, permettant respectivement de mentionner les cotisations facultatives Madelin et les cotisations facultatives aux nouveaux plans d'épargne retraite (voir tome 1, comptes 646 § 13 et 647 § 12).

5-29 **Dotations d'exploitation [lignes GA à GD].** On se reportera aux tableaux 2055 « Amortissements » et 2056 « Provisions inscrites au bilan ».

5-30 *Dotations aux amortissements sur immobilisations [ligne GA].* Les principes relatifs aux amortissements sont exposés classe 2 et aux comptes 68 concernés (voir tome 1, comptes 2 et 68). Lorsque la dépréciation de l'élément amortissable revêt un caractère exceptionnel, la dotation aux amortissements est portée sur la ligne HG (voir § 5-60, tableau 2053).

Les dotations aux amortissements ne comprennent pas la part d'amortissement dérogatoire qui doit être mentionnée à la ligne HG « Dotations exceptionnelles aux amortissements et provisions » du tableau 2053 (voir § 5-60).

• À la **ligne GA** correspondent les comptes suivants du Plan comptable.

6811 **Dotations aux amortissements sur immobilisations incorporelles et corporelles**
6812 **Dotations aux amortissements des charges d'exploitation à répartir**

5-31 *Dotations aux provisions sur immobilisations [ligne GB].* Sont à porter sur cette ligne les dépréciations des immobilisations.

• À la **ligne GB** correspond le compte **6816** « Dotations pour dépréciations des immobilisations incorporelles et corporelles ».

5-32 *Dotations aux provisions sur actif circulant [ligne GC].* Sont notamment portées sur cette ligne les dépréciations des créances clients et des stocks. Les dépréciations pour charges exceptionnelles sont portées sur la ligne HG « Dotations exceptionnelles aux amortissements et provisions » du tableau 2053 (voir § 5-60).

• À la **ligne GC** correspond le compte **6817** « Dotations aux dépréciations des actifs circulants ».

5-33 *Dotations aux provisions pour risques et charges [ligne GD].* Sont notamment à porter sur cette ligne les provisions pour garanties données aux clients, ainsi que pour pensions et obligations similaires.

• À la **ligne GD** correspond le compte **6815** « Dotations aux provisions d'exploitation » du Plan comptable.

5-34 **Autres charges [ligne GE].** Doivent notamment figurer sur cette ligne les redevances pour concessions, brevets, licences, marques, droits et valeurs similaires, les jetons de présence ainsi que les pertes sur créances irrécouvrables lorsqu'ils présentent un caractère inhabituel eu égard, notamment, à la nature de l'activité et au volume des affaires traitées.
Le montant des charges relatives aux redevances pour concessions de brevets et de licences doit être mentionné sur la ligne A4 du tableau 2053.

Dans le cadre du règlement 2015-05 sur les dérivés précité, les pertes de change sur créances et dettes commerciales concernent le résultat d'exploitation. Les pertes enregistrées au compte 656 sont, à notre avis, reportées sur la ligne GE du tableau 2052 (ANC règlt 2015-05 précité ; voir tome 1, compte 65, § 6) (pour les gains, compte 756, voir § 5-11).

➡ **À NOTER**

• Le terme « jetons de présence » est, depuis le 24 mai 2019, remplacé par la notion de « rémunération » allouée aux membres du conseil d'administration ou du conseil de surveillance (loi 2019-486 du 22 mai 2019, JO du 23 ; com. art. L. 225-45 et L. 225-83 ; CGI art. 117 bis,

120, 210 sexies et 223 B ; c. mon. et fin. art. L. 214-17-1 et L. 214-24-50 ; voir tome 1, compte 65, §§ 3 et 16). Le libellé comptable du compte 653 « jetons de présence » n'a pas été modifié pour le moment.

• Concernant la limitation de déductibilité des redevances de propriété intellectuelle versées entre entreprises liées depuis le 1er janvier 2019 (CGI art. 39, 12 ter ; voir tome 1, compte 65, § 13).

• À la **ligne GE** correspondent les comptes suivants du Plan comptable.

651 Redevances pour concessions, brevets, licences, marques, procédés, logiciels, droits et valeurs similaires
653 Jetons de présence
654 Pertes sur créances irrécouvrables
656 Pertes de change sur créances et dettes commerciales
658 Charges diverses de gestion courante

5-35 Total des charges d'exploitation [ligne GF]. Ce total II est formé de la somme des lignes FS à GE. Rappelons qu'il convient d'isoler la partie de ces charges relative à des exercices antérieurs (tableau 2053 en renvoi ligne 1H avec détail).

5-36 Résultat d'exploitation [ligne GG]. Ce premier résultat se calcule par différence entre les produits d'exploitation (ligne FR) et les charges d'exploitation (ligne GF) (soit total I – total II) (voir §§ 5-12 et 5-35).

Opérations en commun

5-37 Bénéfice attribué ou perte transférée (ligne GH) (total III) - Perte supportée ou bénéfice transféré (ligne GI) (total IV) [lignes GH et GI]. Est porté sur ces lignes le résultat des opérations réalisées dans le cadre de sociétés en participation. Sur la ligne GH sont mentionnés les montants qui viennent en augmentation du bénéfice d'exploitation (ou en diminution de la perte d'exploitation).

Sur la ligne GI sont portés les montants qui viennent en diminution du bénéfice d'exploitation (ou en augmentation de la perte d'exploitation).

• À la **ligne GH** correspondent les comptes suivants du Plan comptable.

755 Quotes-parts de résultat sur opérations faites en commun
7551 Quote-part de perte transférée (comptabilité du gérant)
7555 Quote-part de bénéfice attribuée (comptabilité des associés non gérants)

• À la **ligne GI** correspondent les comptes suivants du Plan comptable.

655 Quote-part de résultat sur opérations faites en commun
6551 Quote-part de bénéfice transférée (comptabilité du gérant)
6555 Quote-part de perte supportée (comptabilité des associés non gérants)

Résultat financier

Produits financiers

5-38 Produits financiers de participations [ligne GJ]. Ces produits sont isolés des autres produits financiers en raison du régime fiscal spécifique dont peuvent bénéficier les sociétés mères pour les produits qu'elles reçoivent de leurs filiales. La part de ces produits qui provient d'entreprises liées doit être indiquée pour mémoire en renvoi sur la ligne 1J « Dont produits concernant les entreprises liées » du tableau 2053.

• À la **ligne GJ** correspond le compte **761** « Produits de participations ».

5-39 Produits des autres valeurs mobilières et créances de l'actif immobilisé [ligne GK]. Sont à porter sur cette ligne les produits des immobilisations financières autres que ceux provenant des titres de participation ou des créances rattachées à des participations. La part de ces produits, qui proviennent d'entreprises liées, doit être indiquée pour mémoire en renvoi sur la ligne 1J « Dont produits concernant les entreprises liées » du tableau 2053.

• À la **ligne GK** correspond le compte **762** « Produits des autres immobilisations financières ».

5-40 Autres intérêts et produits assimilés [ligne GL]. Doivent notamment figurer sur cette ligne les intérêts des prêts et des comptes courants débiteurs, les revenus tirés des comptes en banque, les escomptes obtenus des fournisseurs et les produits réalisés sur le MATIF. La part de ces produits, qui proviennent d'entreprises liées, doit être indiquée pour mémoire en renvoi sur la ligne 1J « Dont produits concernant les entreprises liées » du tableau 2053.

• À la **ligne GL** correspondent les comptes suivants du Plan comptable.

763 Revenus des autres créances
764 Revenus des valeurs mobilières de placement
765 Escomptes obtenus
768 Autres produits financiers

5-41 Reprises sur provisions et transferts de charges [ligne GM]. Cette ligne n'appelle aucune observation particulière.

• À la **ligne GM** correspondent les comptes suivants du Plan comptable.

786 Reprises sur dépréciations et provisions (à inscrire dans les produits financiers)
 7865 Reprises sur provisions financières
 7866 Reprises sur dépréciations des éléments financiers
796 Transferts de charges financières

5-42 Différences positives de change [ligne GN]. Dans le cadre du règlement 2015-05 sur les dérivés, les comptes 666/766 sont désormais dédiés aux pertes et gains de change sur les opérations de nature financière. Le compte 766 enregistre les gains de change sur prêts, emprunts ou comptes courants libellés en devises (pour les pertes, compte 666, voir § 5-47) (voir tome 1, compte 76, § 15). Les écarts de conversion positifs constatés à la fin de l'exercice sur les disponibilités en devises sont également, considérés, à notre avis, comme des gains de change réalisés de nature financière (voir aussi § 5-11).

• À la **ligne GN** correspond le compte **766** « Gains de change financiers » du Plan comptable.

5-43 Produits nets sur cessions de valeurs mobilières de placement [ligne GO]. Ces produits sont isolés et peuvent être imposés selon le régime des plus-values de cession d'éléments d'actifs (voir tableaux 2059-A, 2059-B, 2059-C et 2059-D relatifs aux plus et moins-values) ou être compris dans le résultat imposable au taux normal, ou encore suivre le régime des OPCVM (voir tome 1, compte 50, §§ 1 et 15) selon qu'ils sont réalisés par une entreprise soumise à l'IS ou à l'impôt sur le revenu. Ils correspondent à la différence entre le prix de cession et la valeur brute des titres cédés.

• À la **ligne GO** correspond le compte **767** du Plan comptable qui porte le même intitulé.

5-44 Total des produits financiers [ligne GP]. Ce total V est composé de la somme des lignes GJ à GO (voir §§ 5-38 à 5-43).

Charges financières

5-45 Dotations financières aux amortissements et provisions [ligne GQ]. Doivent notamment figurer sur cette ligne les dotations aux dépréciations des titres (notice de l'administration).

• À la **ligne GQ** correspondent les comptes suivants du Plan comptable.

686 Dotations aux amortissements, aux dépréciations et aux provisions - Charges financières
 6861 Dotations aux amortissements des primes de remboursement des obligations
 6865 Dotations aux provisions financières
 6866 Dotations aux dépréciations des éléments financiers
 6868 Autres dotations

5-46 Intérêts et charges assimilées [ligne GR]. Doivent notamment figurer sur cette ligne, outre les escomptes accordés et les frais de recouvrement, les intérêts des emprunts et comptes courants créditeurs, pour le montant de ces intérêts courus à la clôture de l'exercice et les charges financières subies sur le MATIF. La fraction des intérêts versés ou dus à des entreprises liées doit être indiquée pour mémoire en renvoi sur la ligne IK « Dont intérêts concernant les entreprises liées » du tableau 2053.

En ce qui concerne la limitation des charges financières en fonction de l'EBITDA fiscal depuis le 1er janvier 2019, (voir tome 1, compte 66, §§ 38 à 47).

• À la **ligne GR** correspondent les comptes suivants du Plan comptable.

661 Charges d'intérêts
 6611 Intérêts des emprunts et dettes
 6612 Charges de la fiducie, résultat de la période
 6615 Intérêts des comptes courants et des dépôts créditeurs
 6616 Intérêts bancaires et sur opérations de financement (escompte…)
 6617 Intérêts des obligations cautionnées
 6618 Intérêts des autres dettes
664 Pertes sur créances liées à des participations
665 Escomptes accordés
668 Autres charges financières

Dans le cadre d'un contrôle sur pièces, le service des impôts exercera une surveillance particulière à l'égard des exploitants individuels qui se trouvent dans une situation débitrice vis-à-vis de leur entreprise (ligne DA « Capital social ou individuel » du tableau 2051 « Bilan –

Passif ») (voir § 4-2, tableau 2051). Pour les exploitants ayant financé leurs prélèvements personnels grâce à un découvert bancaire consenti à l'entreprise, l'administration pourra réintégrer dans le résultat imposable les agios correspondant à ce découvert et compris dans les frais financiers.

5-47 Différences négatives de change [ligne GS]. Suite au règlement 2015-05 sur les dérivés, le compte **666** enregistre à son débit les pertes de change sur des opérations de nature financière supportées par l'entité au cours de l'exercice (PCG art. 946-66). Sont concernées les pertes de change sur les prêts, emprunts ou comptes courants libellés en devises (voir aussi § 5-11). Les écarts de conversion négatifs constatés à la fin de l'exercice sur les disponibilités en devises sont également, à notre avis, considérés comme des pertes de change financières à enregistrer sur la ligne GS (pour les gains, compte **766**, voir § 5-42) (voir tome 1, compte 66, § 8).

• À la **ligne GS** correspond le compte **666** « Pertes de change financières » du Plan comptable.

5-48 Charges nettes sur cessions de valeurs mobilières de placement [ligne GT]. Ces charges sont isolées sur cette ligne et peuvent être imposées selon le régime fiscal des plus ou moins-values de cession d'éléments d'actif (voir tableaux 2059-A, 2059-B, 2059-C et 2059-D relatifs aux plus et moins-values) ou être comprises dans le résultat imposable au taux normal, ou encore suivre le régime des OPCVM selon qu'il s'agit d'une entreprise soumise à l'IS ou à l'impôt sur le revenu (voir tome 1, compte 50, §§ 27 et 40). Elles correspondent à la différence entre la valeur brute des titres cédés et leur prix de cession.

• À la **ligne GT** correspond le compte **667** du Plan comptable qui porte le même intitulé.

5-49 Total des charges financières [ligne GU]. Ce total VI est composé de la somme des lignes GQ à GT (voir §§ 5-45 à 5-48).

5-50 Résultat financier [ligne GV]. Ce second résultat (abstraction faite des opérations en commun) se calcule par différence entre les produits financiers (ligne GP) et les charges financières (ligne GU) (soit total V – total VI) (voir §§ 5-44 et 5-49).

5-51 Résultat courant avant impôts [ligne GW]. Ce résultat se calcule par la somme algébrique des produits et charges précédents (totaux I – II + III – IV + V – VI). Il est égal à la somme du résultat d'exploitation augmentée du résultat des opérations faites en commun et du résultat financier.

Étude du tableau 2053

Résultat exceptionnel

Produits exceptionnels

5-52 Rappel. Les produits exceptionnels doivent être détaillés au pied du tableau 2053 ou sur un état annexe.

• Les textes qui ont transposé la **directive comptable unique européenne** 2013/34/UE du 26 juin 2013 dans le référentiel comptable français (ord. 2015-900 du 23 juillet 2015 ; décret 2015-903 du 23 juillet 2015) ont supprimé du modèle du compte de résultat la présentation des éléments constituant le résultat exceptionnel, mais ceux-ci doivent toutefois être mentionnés dans l'annexe (dir. précitée, art. 16). Cette disposition n'avait pas été transposée dans le code de commerce car il revenait à l'Autorité des normes comptables d'établir le compte de résultat selon un modèle établi par un règlement (c. com. art. R. 123-193). Le nouveau projet de règlement l'ANC modernisant le PCG s'inscrit, sur ce sujet, dans le cadre de la transposition de la directive comptable unique de 2013 et prévoit une définition plus restrictive du résultat exceptionnel (ANC, « Consultation sur un projet de règlement relatif à la modernisation des états financiers », mise en ligne le 24 juillet 2020 ; voir tome 1, compte 67, § 1).

• **Impacts de la Covid-19.** L'ANC ne recommande pas d'utiliser les rubriques du résultat exceptionnel (pour les comptes annuels) ou non courant (pour les comptes consolidés) pour traduire systématiquement les conséquences de l'événement Covid-19. Il est préférable de privilégier la présentation dans l'annexe. Les entités poursuivent leurs pratiques antérieures en n'inscrivant dans les rubriques du résultat exceptionnel que les produits et les charges qui y sont portés de façon usuelle, ce qui pourra, le cas échéant, conduire à y inscrire certaines des conséquences de l'événement Covid-19 (dépréciation exceptionnelle par exemple). (ANC, « Recommandations et observations relatives à la prise en compte des conséquences de l'événement Covid-19 dans les comptes et situations établis à compter du 1er janvier 2020 », ANC, rec. précitée, B6.A ; voir tome 1, compte 67, §§ 1 et 2).

Les chiffres indiqués renvoient aux commentaires de cette fiche

④ **COMPTE DE RÉSULTAT DE L'EXERCICE (Suite)**

DGFiP N° 2053-SD **2021**

Formulaire obligatoire (article 53 A du Code général des impôts)

Désignation de l'entreprise			Néant ☐ *
			Exercice N
PRODUITS EXCEPTIONNELS	Produits exceptionnels sur opérations de gestion	HA	**5-53**
	Produits exceptionnels sur opérations en capital *	HB	**5-54**
	Reprises sur provisions et transferts de charges	HC	**5-55**
	Total des produits exceptionnels (7) (VII)	HD	**5-56**
CHARGES EXCEPTIONNELLES	Charges exceptionnelles sur opérations de gestion (6 *bis*)	HE	**5-58**
	Charges exceptionnelles sur opérations en capital *	HF	**5-59**
	Dotations exceptionnelles aux amortissements et provisions (6 *ter*)	HG	**5-60**
	Total des charges exceptionnelles (7) (VIII)	HH	**5-61**
4 – RÉSULTAT EXCEPTIONNEL (VII – VIII)		HI	**5-62**
Participation des salariés aux résultats de l'entreprise (IX)		HJ	**5-64**
Impôts sur les bénéfices * (X)		HK	**5-65**
	TOTAL DES PRODUITS (I + III + V + VII)	HL	**5-66**
	TOTAL DES CHARGES (II + IV + VI + VIII + IX + X)	HM	**5-67**
5 – BÉNÉFICE OU PERTE (Total des produits – Total des charges)		HN	**5-68**
RENVOIS	(1) Dont produits nets partiels sur opérations à long terme	HO	
	(2) Dont { produits de locations immobilières	HY	**5-2 et 5-12**
	(2) Dont { produits d'exploitation afférents à des exercices antérieurs (à détailler au (8) ci-dessous)	1G	**5-2**
	(3) Dont { - Crédit-bail mobilier *	HP	**5-20**
	(3) Dont { - Crédit-bail immobilier	HQ	**5-20**
	(4) Dont charges d'exploitation afférentes à des exercices antérieurs (à détailler au (8) ci-dessous)	1H	**5-13 et 5-35**
	(5) Dont produits concernant les entreprises liées	1J	**5-39 et 5-40**
	(6) Dont intérêts concernant les entreprises liées	1K	**5-46**
	(6*bis*) Dont dons faits aux organismes d'intérêts général (article 238 *bis* du CGI)	HX	**5-21**
	(6 *ter*) Dont { - amortissements des souscriptions dans des PME innovantes (art. 217 *octies* du CGI)	RC	
	(6 *ter*) Dont { - amortissements exceptionnels de 25% des constructions nouvelles (art. 39 *quinquies* D du CGI)	RD	
	(9) Dont transfert de charges	A1	**5-10**
	(10) Dont cotisations personnelles de l'exploitant (13) (dont montant des cotisations sociales obligatoires hors CSG/CRDS A5 **5-28**)	A2	**5-28**
	(11) Dont redevances pour concessions de brevets, de licences (produits)	A3	**5-11**
	(12) Dont redevances pour concessions de brevets, de licences (charges)	A4	**5-34**
	(13) Dont primes et cotisations complémentaires personnelles : Facultatives A6 **5-28** ; Obligatoires A9 **5-28**		
	dont cotisations facultatives Madelin A7 **5-28**		
	dont cotisations facultatives aux nouveaux plans d'épargne retraite A8 **5-28**		

(7) Détail des produits et charges exceptionnels (si le nombre de lignes est insuffisant, reproduire le cadre (7) et le joindre en annexe) :	Exercice N – Charges exceptionnelles	Exercice N – Produits exceptionnels

(8) Détail des produits et charges sur exercices antérieurs :	Exercice N – Charges antérieures	Exercice N – Produits antérieurs

* Des explications concernant ces rubriques figurent dans la notice n° 2032-NOT-SD

• L'impact d'un changement de méthode doit en principe s'imputer hors du résultat courant lorsque l'entité a dû le comptabiliser dans le résultat de l'exercice pour des raisons fiscales (ANC, règlt 2018-01 du 20 avril 2018 ; PCG art. 122-3 ; voir tome 1, compte 11, §§ 13 et s.) (voir § 4-12, tableau 2051). De même, l'incidence des corrections d'erreurs significatives est présentée sur une ligne séparée du compte de résultat, en dehors du résultat courant (le cas échéant, sur une ligne séparée du report à nouveau) (PCG art. 122-6).

5-53 Produits exceptionnels sur opérations de gestion [ligne HA]. Doivent notamment figurer sur cette ligne les dédits et pénalités perçus sur achats et sur ventes, les subventions d'équilibre destinées à combler en totalité ou en partie les déficits, les dégrèvements d'impôts autres que les impôts sur les bénéfices, les profits correspondant à des remises ou à des réductions de dettes.

• À la **ligne HA** correspondent les comptes suivants du Plan comptable.

771 Produits exceptionnels sur opérations de gestion

Il convient également d'y reporter les comptes **772** si les produits sur exercices antérieurs y ont été enregistrés (pour la partie « Produits exceptionnels »).

5-54 Produits exceptionnels sur opérations en capital [ligne HB]. Doivent notamment figurer sur cette ligne la fraction des subventions d'investissement rapportée au résultat de l'exercice, les produits bruts des cessions d'éléments de l'actif immobilisé.

• À la **ligne HB** correspondent les comptes suivants du Plan comptable.

774 Opérations de constitution ou liquidation des fiducies
775 Produits des cessions d'éléments d'actif
777 Quote-part des subventions d'investissement virée au résultat de l'exercice
778 Autres produits exceptionnels

5-55 Reprises sur provisions et transferts de charges [ligne HC]. Doivent notamment figurer sur cette ligne les « Reprises sur amortissements dérogatoires » lorsque l'amortissement technique vient à excéder l'amortissement fiscal.

• À la **ligne HC** correspondent les comptes suivants du Plan comptable.

787 Reprises sur dépréciations et provisions (à inscrire dans les produits exceptionnels)
7872 Reprises sur provisions réglementées (immobilisations)
7873 Reprises sur provisions réglementées (stocks)
7874 Reprises sur autres provisions réglementées
7875 Reprises sur provisions exceptionnelles
7876 Reprises sur dépréciations exceptionnelles
797 Transferts de charges exceptionnelles

5-56 Total des produits exceptionnels [ligne HD]. Ce total VII est composé de la somme des lignes HA à HC (voir §§ 5-52 à 5-55). Rappelons qu'il convient d'en donner le détail en renvoi du tableau ou, si ce cadre est insuffisant, sur un état annexe.

Charges exceptionnelles

5-57 Rappel. Les charges exceptionnelles doivent être détaillées au pied du tableau 2053 ou sur un état annexe.

5-58 Charges exceptionnelles sur opérations de gestion [ligne HE]. Doivent notamment figurer sur cette ligne les pertes sur créances irrécouvrables autres que celles présentant un caractère habituel, les pénalités et amendes fiscales, les rappels d'impôts autres que les impôts sur les bénéfices, les dons et libéralités.

• À la **ligne HE** correspondent les comptes suivants du Plan comptable.

671 Charges exceptionnelles sur opérations de gestion

Il convient également d'y reporter les comptes **672** si les charges sur exercices antérieurs y ont été enregistrées (pour la partie « Charges exceptionnelles »).

5-59 Charges exceptionnelles sur opérations en capital [ligne HF]. Doit notamment être portée sur cette ligne la valeur nette comptable des éléments de l'actif immobilisé cédés durant l'exercice.

• À la **ligne HF** correspondent les comptes suivants du Plan comptable.

674 Opérations de constitution ou liquidation des fiducies
675 Valeurs comptables des éléments d'actif cédés
678 Autres charges exceptionnelles

5-60 Dotations exceptionnelles aux amortissements et provisions [ligne HG]. Doivent notamment figurer sur cette ligne les dotations aux provisions réglementées, ainsi que les amortissements dérogatoires.

→ **À NOTER** Contrairement aux amortissements exceptionnels, les **déductions exceptionnelles** également appelées **suramortissements** issues des dispositifs en faveur de certains investissements (certains de ces dispositifs étant déjà en vigueur ou entrant en vigueur à compter de 2020 selon les cas) (voir tome 1, compte 68 première partie, §§ 73 à 79) ne sont **pas comptabilisées** mais font l'objet uniquement d'un retraitement fiscal (déduction extra-comptable sur la ligne XG comprenant les montants mentionnés cases X9, YA, YB, YI, YL, YH, YC et YD du tableau 2058-A) (voir § 14-138, tableau 2058-A).

• À la **ligne HG** correspond le compte **687** « Dotations aux amortissements, dépréciations et provisions – Charges exceptionnelles ».

5-61 **Total des charges exceptionnelles [ligne HH].** Ce total VIII est composé de la somme des lignes HE à HG (voir §§ 5-58 et 5-59). Rappelons qu'il convient d'en donner le détail en renvoi du tableau ou, si ce cadre est insuffisant, sur un état annexe.

5-62 **Résultat exceptionnel [ligne HI].** Ce résultat se calcule par différence entre les produits exceptionnels (ligne HD) et les charges exceptionnelles (ligne HH) (soit total VII – total VIII) (voir §§ 5-56 et 5-61).

Bénéfice ou perte

5-63 **Principe.** Pour obtenir le résultat net comptable à porter sur la ligne HN, il convient enfin de déduire la participation des salariés et les impôts sur les bénéfices.

5-64 **Participation des salariés aux résultats (total IX) [ligne HJ].** Doit être mentionné sur cette ligne le montant des sommes attribuées au cours de l'exercice en application de la réglementation concernant la participation des salariés aux résultats de l'entreprise.

• À la **ligne HJ** correspond le compte **691** du Plan comptable qui porte le même intitulé.

5-65 **Impôts sur les bénéfices (total X) [ligne HK].** Cette ligne ne concerne que les personnes morales soumises à l'impôt sur les sociétés. Elle fait apparaître le montant de cet impôt et des contributions additionnelles à l'impôt sur les sociétés.

C'est également sur cette ligne que devraient figurer les dégrèvements ou les rappels d'impôts sur les bénéfices au titre des exercices antérieurs.

Par ailleurs, il conviendra également de reporter sur cette ligne :
– le produit correspondant à la créance résultant du report en arrière des déficits (charge négative enregistrée au crédit du compte **699** et portée entre crochets ou parenthèses sur la ligne HK) ;
– le produit correspondant aux crédits d'impôt (CIR etc.) (pour le CICE, l'ANC avait proposé de le porter en moins des charges de personnel, à notre avis, dans le compte **649** « Produit d'impôt CICE »).

Pour la suppression du CICE depuis le 1er janvier 2019, sauf à Mayotte (voir § 53-1, tableau 2079-CICE).

Les sommes mentionnées sur la ligne HK sont réintégrées au tableau 2058-A « Détermination du résultat fiscal » à la ligne I7 « Impôt sur les sociétés ». Le montant négatif du report en arrière de déficit est indiqué ligne XG du tableau 2058-A. Il en va de même du montant des crédits d'impôt non imputés sur l'IS.

• À la **ligne HK** correspondent les comptes suivants du Plan comptable.

695 **Impôts sur les bénéfices**
698 Intégration fiscale
699 **Produits - Reports en arrière des déficits (auxquels il convient d'ajouter les subdivisions :)**

699(.) *Crédit d'impôt recherche.*
699(.) *Crédit d'impôt formation…*

5-66 **Total des produits [ligne HL].** Le total des produits figurant tant sur le tableau 2052 que sur le tableau 2053 est porté à cette ligne (totaux I + III + V + VII).

5-67 **Total des charges [ligne HM].** Le total des charges figurant tant sur le tableau 2052 que sur le tableau 2053 est porté à cette ligne (totaux II + IV + VI + VIII + IX + X).

5-68 **Bénéfice ou perte [ligne HN].** Le résultat net de l'exercice est porté à cette ligne (total des produits : ligne HL – total des charges : ligne HM). Il apparaît entre parenthèses ou crochets s'il s'agit d'une perte.

Ce résultat doit correspondre à la ligne DI « Résultat de l'exercice (bénéfice ou perte) » du tableau 2051 « Bilan – Passif » (voir § 4-13, tableau 2051).

2054 Immobilisations

Généralités

Variations des comptes d'immobilisations durant l'exercice

6-1 L'objet de ce tableau est de faire apparaître l'évolution des différents comptes d'immobilisations entre l'ouverture et la clôture de l'exercice, évolution résultant des augmentations (réévaluations, acquisitions, créations...), à mentionner au cadre A et des diminutions (cessions...), à porter au cadre B.

Dans chacun de ces deux cadres, les immobilisations sont détaillées d'après leur nature (incorporelle, corporelle ou financière) et dans l'ordre du bilan, les intitulés des lignes des deux cadres étant d'ailleurs pratiquement les mêmes que ceux des lignes AB à BH du tableau 2050 « Bilan – Actif » auxquelles on se reportera (voir §§ 3-6 à 3-30, tableau 2050).

➟ **À NOTER**

Concernant la nouvelle option d'activation des frais externes afférents à des formations nécessaires à la mise en service de l'immobilisation acquise, corporelle ou incorporelle (voir § 3-5, tableau 2050).

Précisions

6-2 On notera que :
– à l'exception des frais d'établissement et des frais de développement, les immobilisations entièrement amorties demeurent inscrites au bilan et doivent donc figurer également sur ce tableau tant qu'elles subsistent dans l'entreprise ;
– les postes particuliers prévus par les plans comptables professionnels doivent être rattachés aux postes dont relèvent normalement les immobilisations, compte tenu de leur nature.

La notice de l'administration indique par ailleurs :
– que les installations générales, agencements et aménagements (lignes KP et MH) concernent aussi bien les constructions sur sol appartenant en propre à l'entreprise que celles sur sol d'autrui ;
– que le montant des installations générales, agencements et aménagements divers financés par l'entreprise est enregistré au compte « Autres immobilisations corporelles » (lignes KV et MN) lorsque l'entreprise n'est pas propriétaire de ces éléments, c'est-à-dire quand ils sont incorporés dans des immobilisations dont elle n'est pas propriétaire ou sur lesquelles elle ne dispose d'aucun autre droit réel ;
– que pour le matériel de transport (lignes KY et MQ), les entreprises qui exercent une activité ambulante doivent indiquer sur un feuillet séparé le prix de revient du ou des véhicules utilisés pour cette activité ; Cette précision, qui était utilisée par la taxe professionnelle en vigueur jusqu'en 2009, n'a plus d'utilité en ce qui concerne la cotisation foncière des entreprises (CFE) mais continue cependant de figurer dans la notice 2032 à ce jour ;
– que les emballages récupérables qui sont susceptibles d'être conservés par la clientèle et que l'entreprise s'engage à reprendre constituent normalement des immobilisations (lignes LE et MW) ; toutefois, lorsqu'ils ne sont pas commodément identifiables, les emballages récupérables peuvent être assimilés à des stocks.

➟ **À NOTER** Les nouvelles règles comptables entrées en vigueur pour les immobilisations incorporelles au titre des exercices ouverts depuis 2016 n'ont pas induit de modification du tableau 2054 de la liasse fiscale (ni des tableaux 2050 et 2055). Ces modifications comptables touchent principalement le fonds commercial et les amortissements (soit les lignes « Autres postes d'immobilisations incorporelles » du tableau 2054) (voir §§ 3-3 et 3-11, tableau 2050 ; voir § 8-1, tableau 2055).

Étude du tableau 2054

Cadre A

6-3 **Les différentes lignes du cadre A.** Sur les lignes KJ, KM, KP et KS, il convient de faire apparaître la quote-part des immobilisations qui a été comptabilisée comme un composant distinct (hors structure) dans les cases L9, M1, M2 et M3. À noter que des composants peuvent exister sur d'autres actifs (ex. : matériel de transport). Ils n'ont pas à être mentionnés de manière distincte.

Ces cases ne sont prévues que dans le cadre A qui a trait à la valeur brute des immobilisations au début de l'exercice et aux augmentations de l'exercice. Elles ne figurent pas dans le cadre B relatif aux diminutions de l'exercice et à la valeur des immobilisations en fin d'exercice.

C'est à la consistance et à la valeur des immobilisations à l'ouverture de l'exercice 2019 qu'il y a lieu de se référer pour remplir ces cases.

6-4 Valeur brute des immobilisations au début de l'exercice [col. 1]. Il convient de porter dans cette colonne les valeurs d'origine ou réévaluées lors d'un exercice antérieur, ou encore les valeurs qui résultent du passage aux nouvelles règles comptables ; les valeurs réévaluées sont indiquées pour leur montant brut.

La valeur brute des immobilisations au début de l'exercice correspond aux lignes AB à BH du tableau 2050 de l'exercice précédent.

La ligne 8G correspond plus particulièrement aux « Participations évaluées par mise en équivalence ».

6-5 Augmentations consécutives à une réévaluation pratiquée au cours de l'exercice ou résultant d'une mise en équivalence [col. 2]. Cette colonne est réservée aux entreprises qui ont procédé à une réévaluation libre de leurs immobilisations au cours de l'exercice ou qui ont opté pour l'évaluation par équivalence de certains titres de participation. Les augmentations de valeur à mentionner sont égales, pour chaque catégorie d'immobilisation, à la différence entre la valeur brute réévaluée et la valeur d'origine (ou la valeur réévaluée lors d'un exercice antérieur). Pour les titres évalués par équivalence, les augmentations de valeur correspondent à la différence entre la valeur d'équivalence et la valeur d'origine (ou la valeur d'équivalence de l'exercice précédent).

6-6 Augmentations : acquisitions, créations, apports et virements de poste à poste [col. 3]. Il convient d'apporter les commentaires suivants.

6-7 *Immobilisations créées par l'entreprise.* Il y a lieu de porter dans cette colonne les dépenses passées au cours de l'exercice aux différents comptes d'immobilisations soit directement, soit par le crédit du compte des immobilisations en cours ; les sommes inscrites au cours de l'exercice aux subdivisions de ce dernier compte doivent être portées sur les lignes correspondantes de cette colonne 3.

Les « Immobilisations incorporelles en cours » sont, à défaut de ligne spécifique, à regrouper avec les « Autres postes d'immobilisations incorporelles ».

6-8 *Immobilisations apportées à l'entreprise.* Elles doivent être inscrites pour leur valeur d'apport qui est en principe égale à la valeur réelle des actions ou des parts remises à l'apporteur.

6-9 *Renouvellement d'un composant.* C'est également dans cette colonne qu'il y aura lieu de porter la valeur de l'immobilisation résultant du renouvellement d'un composant.

Cadre B

6-10 Diminutions par virements de poste à poste [col. 1]. Cette colonne concerne plus spécialement les immobilisations sorties du poste « Immobilisations en cours » par virement à un autre poste d'immobilisations.

6-11 Diminutions par cessions à des tiers ou mises hors service, ou résultant d'une mise en équivalence [col. 2]. Cette colonne enregistre les sorties d'actifs par cession ou mise hors service. C'est donc dans cette colonne qu'il convient, à notre avis, d'enregistrer la sortie des composants renouvelés.

La valeur des immobilisations qui sont sorties de l'actif par suite de cessions à des tiers ou de mises hors service est, en principe, la valeur pour laquelle elles sont comprises dans la colonne 1 du cadre A.

Pour les titres de participation évalués par équivalence, les diminutions correspondent à la différence entre la valeur d'origine (ou la valeur d'équivalence de l'exercice précédent) et la valeur d'équivalence.

6-12 Valeur brute des immobilisations à la fin de l'exercice [col. 3]. Les montants à faire figurer colonne 3 sont égaux à ceux figurant cadre A (colonnes 1 + 2 + 3), sous déduction des diminutions figurant au cadre B (colonnes 1 + 2).

Les chiffres indiqués renvoient aux commentaires de ce numéro

⑤ **IMMOBILISATIONS**

DGFiP N° 2054-SD **2021**

Formulaire obligatoire (article 53 A du Code général des impôts)

Désignation de l'entreprise | Néant ☐ *

CADRE A	IMMOBILISATIONS	Valeur brute des immobilisations au début de l'exercice	Augmentations : Consécutives à une réévaluation pratiquée au cours de l'exercice ou résultant d'une mise en équivalence	Augmentations : Acquisitions, créations, apports et virements de poste à poste
		1	2	3
INCORP.	Frais d'établissement et de développement **TOTAL I**	CZ	D8	D9
INCORP.	Autres postes d'immobilisations incorporelles **TOTAL II**	KD	KE	KF **6-13**
CORPORELLES	Terrains	KG	KH	KI
CORPORELLES – Constructions	Sur sol propre (dont composants L9 **6-3**)	KJ	KK	KL
CORPORELLES – Constructions	Sur sol d'autrui (dont composants M1 **6-3**)	KM	KN	KO
CORPORELLES – Constructions	Installations gales, agencts*, aménagts des constructions dont composants M2 **6-3**)	KP **6-4**	KQ	KR
CORPORELLES	Installations techniques, matériel et outillage industriels dont composants M3 **6-3**)	KS	KT	KU
CORPORELLES – Autres immo. corporelles	Installations générales, agencements, aménagements divers *	KV	KW	KX
CORPORELLES – Autres immo. corporelles	Matériel de transport *	KY **6-4**	KZ	LA **6-12 à**
CORPORELLES – Autres immo. corporelles	Matériel de bureau et mobilier informatique	LB **6-10**	LC **6-11**	LD **6-14**
CORPORELLES – Autres immo. corporelles	Emballages récupérables et divers *	LE **6-4**	LF	LG
CORPORELLES	Immobilisations corporelles en cours	LH	LI	LJ
CORPORELLES	Avances et acomptes	LK	LL	LM
CORPORELLES	**TOTAL III**	LN	LO	LP
FINANCIÈRES	Participations évaluées par mise en équivalence	8G	8M	8T
FINANCIÈRES	Autres participations	8U	8V	8W
FINANCIÈRES	Autres titres immobilisés	1P	1R	1S
FINANCIÈRES	Prêts et autres immobilisations financières	1T	1U	1V
FINANCIÈRES	**TOTAL IV**	LQ	LR	LS
	TOTAL GÉNÉRAL (I + II + III + IV)	ØG **6-10**	ØH **6-11**	ØJ **6-12 à 6-14**

CADRE B	IMMOBILISATIONS	Diminutions : Par virement de poste à poste	Diminutions : Par cession à des tiers ou mises hors service ou résultant d'une mise en équivalence	Valeur brute des immobilisations à la fin de l'exercice	Réévaluation légale* ou évaluation par mise en équivalence – Valeur d'origine des immobilisations en fin d'exercice
		1	2	3	4
INCORP.	Frais d'établissement et de développement **TOTAL I**	IN	CØ	DØ	D7
INCORP.	Autres postes d'immobilisations incorporelles **TOTAL II**	IO	LV	LW	1X
CORPORELLES	Terrains	IP	LX	LY	LZ
CORPORELLES – Constructions	Sur sol propre	IQ	MA	MB	MC
CORPORELLES – Constructions	Sur sol d'autrui	IR	MD	ME	MF
CORPORELLES – Constructions	Inst. Générales, agencements, aménagements des constructions	IS	MG	MH	MI
CORPORELLES	Installations techniques, matériel et outillages industriels	IT	MJ	MK	ML
CORPORELLES – Autres immobilisations corporelles	Installations gales, agencements, aménagements divers	IU	MM	MN	MO
CORPORELLES – Autres immobilisations corporelles	Matériel de transport	IV	MP	MQ	MR
CORPORELLES – Autres immobilisations corporelles	Matériel de bureau et informatique, mobilier	IW **6-20**	MS **6-21**	MT **6-22**	MU **6-23**
CORPORELLES – Autres immobilisations corporelles	Emballages récupérables et divers*	IX	MV	MW	MX
CORPORELLES	Immobilisations corporelles en cours	MY	MZ	NA	NB
CORPORELLES	Avances et acomptes	NC	ND	NE	NF
CORPORELLES	**TOTAL III**	IY	NG	NH	NI
FINANCIÈRES	Participations évaluées par mise en équivalence	IZ	ØU	M7	ØW
FINANCIÈRES	Autres participations	IØ	ØX	ØY	ØZ
FINANCIÈRES	Autres titres immobilisés	I1	2B	2C	2D
FINANCIÈRES	Prêts et autres immobilisations financières	I2	2E	2F	2G
FINANCIÈRES	**TOTAL IV**	I3	NJ	NK	2H
	TOTAL GÉNÉRAL (I + II + III + IV)	I4 **6-20**	ØK **6-21**	ØL **6-22**	ØM **6-23**

On veillera à la concordance des chiffres portés dans cette colonne avec les chiffres inscrits sur les lignes AB à BH, colonne 1, du tableau 2050 « Bilan – Actif » (voir §§ 3-6 à 3-30, tableau 2050).

➡ **En pratique** Cette concordance est généralement vérifiée par les logiciels utilisés pour l'établissement de la liasse fiscale (une liste d'anomalies, à rectifier avant envoi de la liasse en TDFC, apparaissant en cas de non-concordance).

6-13 Réévaluation légale ou évaluation par mise en équivalence : valeur d'origine des immobilisations en fin d'exercice [col. 4]. Le montant à retenir est celui servant au calcul des amortissements ou, pour les immobilisations réévaluées en application de l'article 238 bis J du CGI, celui qui a servi au calcul des amortissements avant cette réévaluation.

➡ **À noter**

Dans le contexte de la crise sanitaire et économique liée à la pandémie de Covid-19, un mécanisme d'atténuation des conséquences d'une réévaluation libre opérée au terme d'un exercice clos du 31 décembre 2020 au 31 décembre 2022 a été institué (loi 2020-1721 du 29décembre 2020, art. 31 ; CGI art. 238 bis JB ; voir tome 1, compte 105, §§ 14 à 17).

2055 Amortissements

Généralités

8-1 **Ce tableau doit être souscrit selon les règles comptables qui distinguent l'amortissement pour dépréciation de l'amortissement dérogatoire** (voir tome 1, compte 68 « 1re partie : Dotations aux amortissements », § 15). **Pour les règles particulières à chaque catégorie d'immobilisation, on se reportera également, dans le tome 1, aux comptes de la classe 2.**

• Rappelons, néanmoins, que ces règles comptables n'affectent en rien le régime fiscal de déductibilité des amortissements (voir également tableau 2058-A « Détermination du résultat fiscal »).

• **Amortissement pour dépréciation.** Un actif immobilisé dont la durée d'utilisation est limitée fait l'objet d'un amortissement. Le caractère limité de la durée d'utilisation d'un actif est déterminé, soit à l'origine, soit en cours d'utilisation, au regard des critères, généralement physiques, techniques, juridiques, ou économiques, inhérents à l'utilisation par l'entité de l'actif considéré. Si plusieurs critères sont pertinents, la durée d'utilisation la plus courte résultant de l'application de ces critères est retenue (PCG art. 214-1). A contrario, lorsqu'il n'y a pas de limite prévisible à la durée durant laquelle il est attendu qu'un actif immobilisé procurera des avantages économiques à l'entité, la durée d'utilisation de cet actif est non limitée et l'actif concerné ne fait pas l'objet d'amortissement. Lorsque la durée d'utilisation, estimée lors de l'acquisition de l'actif comme non limitée, devient limitée au regard d'un des critères cités au deuxième alinéa de cet article, un test de dépréciation est réalisé ; l'actif, le cas échéant déprécié, est amorti sur la durée d'utilisation résiduelle (PCG art. 214-2). Les éléments de l'actif immobilisé dont la durée d'utilisation est limitée sont amortis sur cette durée selon un plan d'amortissement (c. com. art. R. 123-179).

Ce tableau 2055 matérialise l'obligation qu'ont les entreprises d'annexer à leur déclaration des résultats un relevé normalisé des amortissements (CGI, ann. III art. 38, II).

L'édition 2021 de ce tableau (millésime 2021 portant sur les comptes clos en 2020) ne présente pas d'innovation par rapport à l'édition précédente. Il se compose d'un cadre A « Situations et mouvements de l'exercice des amortissements techniques (ou venant en diminution de l'actif) », d'un cadre B « Ventilation des mouvements affectant la provision pour amortissements dérogatoires » et d'un cadre C « Mouvements de l'exercice affectant les charges réparties sur plusieurs exercices ».

Signalons que les règles relatives au fonds commercial, applicables depuis les exercices ouverts à compter du 1er janvier 2016 (ANC, règlement 2015-06 du 23 novembre 2015)**, selon lesquelles le fond commercial est présumé avoir une durée de vie non limitée et ne pas être amortissable, sauf présomption contraire** (voir §§ 3-3 et 3-11, tableau 2050) (voir tome 1, compte 207, §§ 7 à 11)**, n'ont pas induit de modification du tableau 2055 de la liasse fiscale. Néanmoins, elles sont susceptibles d'avoir une incidence lors du remplissage de ce tableau si, par exemple, l'amortissement des fonds commerciaux est impacté par ces règles à compter de 2016 (impact sur les lignes « Autres postes d'immobilisations incorporelles » du tableau 2055).**

En outre, s'agissant des simplifications accordées aux petites entreprises pour l'amortissement de leurs fonds de commerce et le relèvement des seuils de ces entreprises par la loi PACTE (voir tome 1, compte 207, § 11).

Enfin, précisons que les frais de développement sont amortis sur la durée d'utilisation estimée des projets et cette durée est justifiée dans l'annexe. Si leur durée d'utilisation ne peut pas être déterminée de manière fiable, les frais de développement sont amortis sur une durée maximale de 5 ans (c. com. art. R. 123-187 ; PCG art. 214-3).

• **Impacts de la Covid-19.** En cas d'arrêt de l'activité, sauf à ce que l'amortissement soit fonction d'un nombre d'unités d'œuvre, l'amortissement des immobilisations incorporelles et corporelles ne peut pas en principe être interrompu pendant la non-utilisation des immobilisations concernées. Toutefois, lorsque le mode d'amortissement linéaire prévu à l'origine correspond à un niveau d'utilisation stable dans le temps sur la base d'une unité d'œuvre pertinente sous-jacente, le plan d'amortissement peut être modifié par référence à cette unité d'œuvre sous-jacente avec un effet sur l'exercice en cours et sur les exercices futurs. Les petites entreprises ont la possibilité de considérer que les périodes d'interruption ou de réduction d'activité sont représentatives d'une moindre consommation des avantages économiques de l'immobilisation concernée et de reporter à la fin du plan d'amortissement initial les dotations aux amortissements ainsi différées. Si besoin, l'amortissement économique est complété d'un amortissement dérogatoire (ANC, « Recommandations et observations relatives à la prise en compte des conséquences de l'événement Covid-19 dans les comptes et situations établis à compter du 1er janvier 2020 », 18 mai 2020, version mise à jour le 8 janvier 2021, ANC, rec. D1 ; voir tome 1, compte 28, § 26).

• Contrairement aux amortissements exceptionnels, les déductions exceptionnelles, également appelées **suramortissements**, issues des dispositifs temporaires en faveur de certains investissements (certains de ces dispositifs étant déjà en vigueur ou entrant en vigueur à compter de 2020 selon les cas) (voir tome 1, « 1re partie : Dotations aux amortissements » §§ 73 à 79) ne sont pas comptabilisées (et n'apparaissent donc pas dans le tableau 2055 en tant qu'« amortissements ») mais font l'objet uniquement d'un retraitement fiscal (déduction extra-comptable sur la ligne XG comprenant les montants mentionnés cases X9, YA, YB, YI, YL, YH, YC et YD du tableau 2058-A ; voir § 14-138, tableau 2058-A ; voir § 5-60).

Étude du tableau 2055

Cadre A : Situations et mouvements de l'exercice des amortissements techniques (ou venant en diminution de l'actif)

8-2 **Rappel.** Ce tableau retrace la situation des comptes d'amortissement pour dépréciation présentés en déduction des postes d'immobilisations à l'actif du bilan. Les amortissements dérogatoires ne doivent pas figurer dans ce cadre A.

Ce tableau est construit comme le tableau des amortissements prévu par l'article 841-2 du PCG.

8-3 **Montant des amortissements au début de l'exercice [col. 1].** Dans cette colonne, il convient de reprendre les chiffres qui ont été inscrits dans la colonne 4 du tableau 2055, cadre A, de l'exercice précédent.

Est à porter dans la première colonne le montant, le cas échéant réévalué, des amortissements pratiqués au cours des exercices antérieurs (notice de l'administration).

C'est le montant global (pour les immobilisations décomposées : amortissement de la structure et des composants) des amortissements venant en diminution de l'actif qu'il y a lieu d'indiquer pour chaque catégorie d'immobilisation. Par ailleurs, il n'y a pas lieu de tenir compte du mode d'amortissement (linéaire, dégressif...).

8-4 **Augmentation : dotations de l'exercice [col. 2].** Sont à porter dans cette colonne les dotations aux amortissements pour dépréciations économiquement justifiées, telles qu'elles résultent du plan d'amortissement de l'entreprise (voir tome 1, comptes 28 « Amortissements des immobilisations » et 68 « Dotations aux amortissements »). Les dotations de l'exercice à la provision pour amortissements dérogatoires seront à porter non pas dans cette colonne mais dans le cadre B.

Du point de vue fiscal, rappelons que la déduction de l'annuité d'amortissement est subordonnée à son enregistrement comptable et au respect de la règle de l'amortissement minimal (CGI art. 39 B ; voir tome 1, compte 68 « 1re partie : Dotations aux amortissements », §§ 24 à 26).

En ce qui concerne la fraction non déductible d'amortissement sur les véhicules de tourisme acquis, (voir tome 1, compte 218, § 5).

8-5 **Diminution : amortissements afférents aux éléments sortis de l'actif et reprises [col. 3].** Lors de la sortie de l'immobilisation (cession ou mise au rebut de l'immobilisation, ou remplacement d'un composant), le montant des amortissements pour dépréciation antérieurement comptabilisés est porté dans cette colonne. Il en est de même des reprises sur amortissements qui peuvent, dans des cas exceptionnels, être pratiquées.

8-6 **Montant des amortissements à la fin de l'exercice [col. 4].** Les montants colonne 4 sont égaux à ceux figurant colonne 1 + colonne 2 – colonne 3. On vérifiera que le total général ØR = ØN + ØP – ØQ.

Les chiffres figurant dans cette colonne 4 sont, avec les dépréciations, repris sur les lignes AC à AU correspondantes, colonne 2, du tableau 2050.

Les chiffres indiqués renvoient aux commentaires de ce numéro

⑥ **AMORTISSEMENTS**

DGFiP N° 2055-SD **2021**

Formulaire obligatoire (article 53 A du Code général des impôts)

Désignation de l'entreprise	Néant ☐ *

CADRE A — SITUATIONS ET MOUVEMENTS DE L'EXERCICE DES AMORTISSEMENTS TECHNIQUES (OU VENANT EN DIMINUTION DE L'ACTIF) *

IMMOBILISATIONS AMORTISSABLES		Montant des amortissements au début de l'exercice		Augmentations : dotations de l'exercice		Diminutions : amortissements afférents aux éléments sortis de l'actif et reprises		Montant des amortissements à la fin de l'exercice **8-3**	
Frais d'établissement et de développement **TOTAL I**		CY		EL		EM		EN	
Autres immobilisations incorporelles **TOTAL II**		PE		PF		PG		PH	
Terrains		PI		PJ		PK		PL	
Constructions	Sur sol propre	PM		PN		PO		PQ	
	Sur sol d'autrui	PR		PS		PT		PU	
	Inst. Générales, agencements et aménagements des constructions	PV	**8-11**	PW	**8-12**	PX	**8-15**	PY	**8-16**
Installations techniques, matériel et outillage industriels		PZ		QA		QB		QC	
Autres immobilisations incorporelles	Inst. Générales, agencements, aménagements divers	QD		QE		QF		QG	
	Matériel de transport	QH		QI		QJ		QK	
	Matériel de bureau et informatique, mobilier	QL		QM		QN		QO	
	Emballages récupérables et divers	QP		QR		QS		QT	
TOTAL III		QU		QV		QW		QX	
TOTAL GÉNÉRAL (I + II + III)		ØN	**8-11**	ØP	**8-12**	ØQ	**8-15**	ØR	**8-16**

CADRE B — VENTILATION DES MOUVEMENTS AFFECTANT LA PROVISION POUR AMORTISSEMENTS DÉROGATOIRES

IMMOBILISATIONS AMORTISSABLES		DOTATIONS						REPRISES						Mouvement net des amortissements à la fin de l'exercice **8-4 et 8-5**	
		Colonne 1 Différentiel de durée et autres		Colonne 2 Mode dégressif		Colonne 3 Amortissement fiscal exceptionnel		Colonne 4 Différentiel de durée et autres		Colonne 5 Mode dégressif		Colonne 6 Amortissement fiscal exceptionnel			
Frais d'établissement **TOTAL I**		M9		N1		N2		N3		N4		N5		N6	
Autres immobilisations incorporelles **TOTAL II**		N7		N8		P6		P7		P8		P9		Q1	
Terrains		Q2		Q3		Q4		Q5		Q6		Q7		Q8	
Constructions	Sur sol propre	Q9		R1		R2		R3		R4		R5		R6	
	Sur sol d'autrui	R7		R8		R9		S1		S2		S3		S4	
	Inst.gales, agenc., aménagements divers	S5	**8-22**	S6	**8-22**	S7	**8-22**	S8	**8-22**	S9	**8-22**	T1	**8-22**	T2	**8-24**
Installations techniques, matériel et outillage		T3		T4		T5		T6		T7		T8		T9	
Autres immob. Corporelles	Inst. Gales, agenc. Et aménagements divers	U1		U2		U3		U4		U5		U6		U7	
	Matériel de transport	U8		U9		V1		V2		V3		V4		V5	
	Matériel de bureau et informatique, mobilier	V6		V7		V8		V9		W1		W2		W3	
	Emballages, récupérations et divers	W4		W5		W6		W7		W8		W9		X1	
TOTAL III		X2	**8-22**	X3	**8-22**	X4	**8-22**	X5	**8-22**	X6	**8-22**	X7	**8-22**	X8	**8-24**
Frais d'acquisition de titres de participations **TOTAL IV**		NL	**8-25**					NM	**8-25**					NO	**8-25**
Total général (I + II + III + IV)		NP		NQ		NR		NS		NT		NU		NV	
Total général *non ventilé* (NP + NQ + NR)		NW	**8-23**			**Total général *non ventilé* (NS + NT + NU)**		NY	**8-23**	**Total général *non ventilé* (NW – NY)**		NZ			

CADRE C — MOUVEMENTS DE L'EXERCICE AFFECTANT LES CHARGES RÉPARTIES SUR PLUSIEURS EXERCICES *

	Montant net au début de l'exercice	Augmentations	Dotations de l'exercice aux amortissements		Montant net à la fin de l'exercice	
Frais d'émission d'emprunt à étaler			Z9	**8-30**	Z8	**8-30**
Primes de remboursement des obligations			SP	**8-30**	SR	**8-30**

* Des explications concernant cette rubrique figurent dans la notice n° 2032-NOT-SD

2055 colonne 4		2050 colonne 2
Ligne EN	=	Lignes AC + CQ
Ligne PH	=	Lignes AG + AI + AK
Ligne PL	=	Ligne AO
Lignes PQ + PU + PY	=	Ligne AQ
Ligne QC	=	Ligne AS
Lignes QG + QK + QO + QT	=	Ligne AU

Cadre B : Ventilation des mouvements affectant la provision pour amortissements dérogatoires

8-7 **Principe.** Ce cadre détaille les mouvements relatifs à l'amortissement dérogatoire.

8-8 **Les différentes colonnes du cadre B.** Les mouvements de l'exercice affectant les amortissements dérogatoires sont ventilés en « Dotations », « Reprises » et « Mouvements nets des amortissements à la fin de l'exercice ».

8-9 *Sous-ventilations des colonnes « Dotations » et « Reprises ».* Rappelons que les écarts entre le traitement comptable des amortissements et les règles de déductibilité fiscale peuvent résulter de la base amortissable (prise en compte d'une valeur résiduelle en comptabilité), de la durée d'amortissement (durée d'utilisation/durée d'usage), du mode d'amortissement appliqué.

Lorsque ces écarts conduisent à une dotation comptable inférieure à celle pouvant être admise fiscalement, un amortissement dérogatoire peut ou doit être comptabilisé. C'est la ventilation de cet amortissement dérogatoire qui est demandée dans les colonnes « Dotations » et « Reprises ».

Trois subdivisions sont en effet prévues :
- colonnes 1 et 4 « Différentiel de durée et autres » ;
- colonnes 2 et 5 « Mode dégressif » ;
- colonnes 3 et 6 « Amortissement fiscal exceptionnel ».

8-10 *Notice 2032 de l'administration.* Selon cette notice :
- les colonnes 1 et 4 sont servies lorsque la dotation de l'amortissement dérogatoire ou sa reprise résulte de toute différence entre les règles comptables et fiscales autres que l'application du mode dégressif ou d'un dispositif d'amortissement fiscal exceptionnel. En pratique, ces colonnes sont principalement servies en cas de différence entre la durée d'amortissement comptable et la durée retenue sur le plan fiscal. À titre subsidiaire, ces colonnes sont également servies en cas de différence de base amortissable liée à la prise en compte, sur le plan comptable, de la valeur de revente du bien ou de provisions pour dépréciation, ou bien encore de différence de mode d'amortissement lorsque l'amortissement en unités d'œuvre, retenu sur le plan comptable, n'est pas admis au plan fiscal ;
- les colonnes 2 et 5 sont servies lorsque la dotation de l'amortissement dérogatoire ou sa reprise résulte de l'application de l'amortissement dégressif autorisé, dans certains cas, sur le plan fiscal ;
- les colonnes 3 et 6 sont servies lorsque la dotation de l'amortissement dérogatoire ou sa reprise résulte de l'application d'un dispositif fiscal particulier prévoyant un régime d'amortissement exceptionnel (par exemple, sont concernées notamment les dotations et reprises concernant les dispositifs d'amortissement exceptionnel sur 24 mois des robots industriels acquis ou créés entre le 1er octobre 2013 et le 31 décembre 2016 et des imprimantes 3D et équipements de fabrication additive acquis ou créés entre le 1er octobre 2015 et le 31 décembre 2017) (CGI art. 39 AH et 39 AI).

Les logiciels et les sites Internet acquis au cours des exercices ouverts depuis le 1er janvier 2017 ne peuvent plus faire l'objet d'un amortissement exceptionnel sur 12 mois. Ces logiciels sont donc amortis selon les règles de droit commun (BOFiP-BIC-AMT-20-30-70-§ 40-01/03/2017 ; voir tome 1, compte 205 §§ 41 et 56).

8-11 *Difficultés : origines multiples des dotations ou reprises*

1) Amortissement exceptionnel. Lorsque les dotations ou reprises de provisions pour amortissements dérogatoires trouvent leur origine dans l'application d'un dispositif d'amortissement fiscal exceptionnel, les colonnes 3 et 6 sont servies pour le montant total des dotations et reprises sans qu'il soit nécessaire d'en affecter une partie aux autres colonnes du tableau.

2) Amortissement dégressif. Lorsque les dotations ou reprises de provisions pour amortissements dérogatoires trouvent à la fois leur origine dans les différences de durée (et/ou de base amortissable, et/ou de mode en cas

d'unité d'œuvre) ainsi que dans l'application du mode dégressif d'amortissement sur le plan fiscal, les dotations et reprises doivent, selon la notice de l'administration, être ventilées suivant leur origine entre les colonnes 1, 2, 4 ou 5 (voir RF Comptable 422, décembre 2014, dossier « Déterminez vos amortissements »).

Cette ventilation, outre qu'elle alourdit sensiblement les calculs à effectuer, fait apparaître dans les colonnes 1, 2, 4 et 5 des mouvements d'amortissements dérogatoires qui n'ont donné lieu ni à dotations ni à reprises en comptabilité.
En conséquence, les totaux NW et NY ne correspondront plus aux dotations et reprises enregistrées aux comptes **68725** et **78725**.
C'est pourquoi, pour les entreprises qui ne peuvent pas au moyen d'outils logiciels adaptés obtenir automatiquement la ventilation supplémentaire demandée par la notice de l'administration, nous proposons de porter la totalité de la dotation ou de la reprise dérogatoire dans les colonnes 2 ou 5 lorsque l'utilisation du mode dégressif est cumulée à une différence de durée d'amortissement.

8-12 *Colonne « Mouvement net des amortissements à la fin de l'exercice ».* Le montant porté dans cette colonne correspond au total des colonnes 1 + 2 + 3 moins le total des colonnes 4 + 5 + 6. Il représente, pour la ligne considérée, la variation nette sur l'exercice du poste amortissement.

8-13 Les différentes lignes du tableau. L'intitulé de la première ligne est noté « Frais d'établissement » mais il y a lieu de lire, à notre avis, « Frais d'établissement et de développement » par analogie avec le libellé du cadre A (sur la terminologie utilisée voir également § 3-2, tableau 2050).

La ligne NL concerne les sociétés soumises à l'IS qui ont opté, du point de vue comptable, pour l'incorporation des frais d'acquisition de titres de participation au coût d'entrée de ces titres. Cette ligne permet de suivre les dotations aux amortissements dérogatoires (NL) et les reprises lors de la sortie des titres (NM).

Cadre C : Mouvements de l'exercice affectant les charges réparties sur plusieurs exercices

8-14 Frais d'émission des emprunts. Les entreprises qui ont opté pour l'étalement des frais d'émission d'emprunts portent dans le cadre C le détail des augmentations et des dotations aux amortissements relatifs à leurs frais d'émission d'emprunts.

Le montant porté dans le cadre Z8 correspond au montant figurant dans la colonne 1, ligne CW du tableau 2050 (voir § 3-46, tableau 2050).

8-15 Primes de remboursement des obligations. Le montant porté sur la ligne SR correspond à celui figurant dans la colonne 1, ligne CM du tableau 2050 (voir § 3-47, tableau 2050).

2056 Provisions inscrites au bilan

Généralités

9-1 Du point de vue comptable, l'utilisation du terme « Provisions » est désormais réservée aux provisions inscrites au passif du bilan. Les provisions pour dépréciations sont dénommées « Dépréciations ». Quant aux tableaux des provisions prévus aux articles 831-2 et 841-4 du PCG, ils ne reprennent que les « Provisions réglementées », les « Provisions pour risques » et les « Provisions pour charges ». Les dépréciations relatives aux éléments d'actif sont présentées dans un tableau séparé intitulé « Tableau des dépréciations » (PCG art. 841-3).

Bien que de caractère comptable, le tableau 2056 ne reprend pas cette nouvelle ventilation et continue à couvrir :
- les provisions réglementées (compte 14) ;
- les provisions pour risques et charges (compte 15) ;
- les provisions pour dépréciations intitulées désormais « Dépréciations » du point de vue comptable (comptes 29, 39, 49 et 59).

À NOTER

Impacts de la Covid-19. Face aux interrogations posées par la crise économique accompagnant la crise sanitaire liée à l'événement Covid-19, l'ANC a précisé que les pertes d'exploitation futures, ne répondent pas à la définition d'un passif et ne peuvent donc pas être provisionnées (ANC, « Recommandations et observations relatives à la prise en compte des conséquences de l'événement Covid-19 dans les comptes et situations établis à compter du 1er janvier 2020 », ANC, rec. 13). En revanche, des pertes d'exploitation d'une activité peuvent être considérées comme un indice de perte de valeur des actifs ou groupe d'actifs liés à cette activité et peuvent dès lors conduire à la réalisation d'un test de dépréciation (ANC, recommandation précitée, ANC, rec. 11 ; voir tome 1, compte 29, § 22).

Certains contrats jusqu'alors bénéficiaires peuvent également se révéler à présent déficitaires du fait de l'événement Covid-19. Sur le plan comptable, une provision doit être constituée au titre d'une perte sur un contrat lorsque les conditions de reconnaissance d'un passif sont remplies. Il y aura une absence de provision, lorsque l'estimation de la perte à terminaison n'est pas possible (ANC, recommandation précitée, ANC, rec. 12 ; voir tome 1, compte 1516, § 1).

Pour chacune de ces trois rubriques, il doit être indiqué successivement le montant des provisions à l'ouverture de l'exercice, les dotations de l'exercice, les reprises de l'exercice et le montant des provisions à la clôture de l'exercice.

En outre, au pied du tableau, les dotations et les reprises doivent être ventilées selon leur niveau d'imputation au compte de résultat : exploitation, financier, exceptionnel.

La présentation de ce tableau diffère sensiblement de la classification fiscale des provisions proprement dites (provisions pour pertes et provisions pour charges) et ne prévoit aucune distinction entre les provisions déductibles et les provisions non déductibles pour la détermination du résultat fiscal.

Pour les règles particulières, tant comptables que fiscales, on se reportera aux comptes précités ainsi qu'au compte 68 « Dotations aux provisions » étudié dans « Le contrôle de la balance » (voir tome 1, compte 68 « 2e partie : Dotations aux dépréciations et provisions »).

IMPORTANT Le Conseil d'État a jugé qu'**une provision comptabilisée doit obligatoirement être déduite fiscalement dès lors qu'elle remplit les conditions de déductibilité** requises (CE 23 décembre 2013, n° 346018). En pratique, compte tenu de cet arrêt et afin de faciliter le suivi fiscal des provisions comptabilisées (reprises et suivi des dossiers clients des professionnels de l'expertise comptable), les entreprises qui n'ont pas déduit fiscalement une provision peuvent choisir d'adjoindre une annexe libre au tableau 2056, cette possibilité leur étant offerte dans le cadre de la mention expresse (CGI art. 1727, II.2). La mention expresse permet en effet aux entreprises d'indiquer les motifs de droit ou de fait qui les conduisent à ne pas mentionner en totalité ou en partie les éléments d'imposition. En outre, les entreprises peuvent aussi dans une note annexée à l'imprimé 2056 faire état des éléments justifiant selon elles que toutes les conditions de déductibilité fiscale des provisions concernées sont réunies au titre de l'exercice. On notera à cet égard que la condition selon laquelle la charge provisionnée doit résulter d'événements en cours à la clôture de l'exercice est une source de divergence difficilement contestable par l'administration (avec pour conséquence une déductibilité fiscale en général différée à l'exercice N + 1 alors que la déduction comptable est opérée sur N). Précisons également que l'intangibilité du bilan d'ouverture du premier exercice non prescrit ne peut pas être refusée à l'entreprise au seul motif que l'absence de déduction initiale d'une provision serait une erreur délibérée (CE 5 décembre 2016, n° 398859, plénière fiscale).

RAPPEL

• Les provisions (comme d'ailleurs les frais à payer) qui ne sont pas déductibles du résultat fiscal doivent être mentionnées sur le tableau 2058-B, dans le cadre II de l'état des déficits et provisions non déductibles. En outre :
– les dotations de l'exercice qui ne sont pas fiscalement déductibles doivent être réintégrées sur la ligne WI du tableau 2058-A ;
– les reprises sur provisions et charges à payer antérieurement taxées doivent être portées en déduction sur la ligne WU du même tableau 2058-A.

• Ce tableau 2056 tient lieu du relevé, dont la souscription est prévue par l'article 38, II de l'annexe III du CGI, et toute omission est sanctionnée par une amende égale à 5 % du montant des provisions non mentionnées sur ce relevé ; cette amende est ramenée à 1 % si les sommes correspondantes sont réellement déductibles du point de vue fiscal (CGI art. 1763, I.a).

Distinction charges à payer/provisions

9-2 Selon l'administration, c'est sous forme de provisions que les entreprises doivent, en principe, constater les charges de l'exercice non encore réglées à la clôture de cet exercice, chaque fois que leur montant n'est pas exactement connu ; seules les charges certaines dans leur principe et dans leur montant peuvent être considérées comme des frais à payer.

En revanche, selon la doctrine comptable, des charges dont l'échéance ou le montant est incertain mais qui sont nettement précisées quant à leur objet et qui ont été évaluées à l'arrêté des comptes sont à porter en charges à payer (dettes provisionnées rattachées aux comptes concernés des classes 4 et 5) si elles ont une vocation irréversible à se transformer en dettes.

Cela dit, l'administration admet la déductibilité des dépenses qui ont été portées en charges à payer, en application de la doctrine comptable, et qui, du point de vue fiscal, auraient dû être constatées par voie de provisions, mais à la condition que l'entreprise produise un relevé détaillé et distinct de ces charges en annexe à la déclaration des résultats (CGI, ann. III art. 38, II). C'est donc sur ce relevé – qui est à présenter sur papier libre – et non sur le tableau 2056 des provisions que doivent figurer les frais à payer (BOFiP-BIC-PROV-10-§ 250-17/12/2013).

Il est à noter que si une dette certaine est enregistrée à tort en provision et non en dette ou en charge à payer, cette provision risque en principe d'être non déductible. Néanmoins, le Conseil d'État en a jugé autrement, à propos de contributions dues au Fonds national de l'emploi (FNE), enregistrées en provisions et non en charges à payer, malgré leur caractère certain à la fois en principe et en montant (CE 17 mars 2016 2016, n° 381427 ; voir tome 1, compte 15, § 35). Le Conseil d'État a ainsi rendu une décision contraire à la doctrine administrative précitée (décision, en pratique, favorable aux entreprises) en jugeant que :
– une dette certaine dans son principe et dans son montant concourt à la réduction, à concurrence de ce montant, de l'actif net à la clôture de l'exercice et, par là même, du résultat imposable ;
– dès lors que la requalification de provision en dette certaine figurant au passif du bilan de l'exercice était sans incidence sur le résultat imposable de la société, la réintégration des sommes inscrites en provisions n'était pas justifiée.

Étude du tableau 2056

Provisions réglementées

9-3 **Rappel.** Constituées en vertu de textes particuliers, ces provisions ont en réalité le caractère de réserves non libérées d'impôt (voir tome 1, compte 14, § 1). Elles correspondent à la ligne DK du tableau 2051 « Bilan – Passif ».

9-4 **Provisions pour reconstitution des gisements miniers et pétroliers [ligne 3T].** Cette provision, qui concerne les entreprises minières et pétrolières, a été supprimée pour les exercices clos depuis le 31 décembre 2010.

Les chiffres indiqués renvoient aux commentaires de cette fiche

⑦ **PROVISIONS INSCRITES AU BILAN**

DGFiP N° 2056-SD **2021**

Formulaire obligatoire (article 53 A du Code général des impôts)

Désignation de l'entreprise | Néant ☐ *

	NATURE DES PROVISIONS		Montant au début de l'exercice		AUGMENTATIONS : Dotations de l'exercice		DIMINUTIONS : Reprises de l'exercice		Montant à la fin de l'exercice
			1		2		3		4
PROVISIONS RÉGLEMENTÉES	Provisions pour reconstitution des gisements miniers et pétroliers *	3T	**9-11**	TA		TB		TC	**9-11**
	Provisions pour investissement (art. 237 *bis* A-II du CGI) *	3U	**9-12 et 9-13**	TD		TE		TF	**9-12 et 9-13**
	Provisions pour hausse des prix (1) *	3V	**9-14**	TG		TH		TI	**9-14**
	Amortissements dérogatoires	3X	**9-15**	TM		TN		TO	**9-15**
	Dont majorations exceptionnelles de 30 %	D3	**9-15**	D4	**9-15**	D5	**9-15**	D6	**9-15**
	Provisions pour prêts d'installation (art. 39 *quinquies* H du CGI)	IJ	**9-16**	IK		IL		IM	**9-16**
	Autres provisions réglementées (1)	3Y	**9-17**	TP		TQ		TR	**9-17**
	TOTAL I	3Z		TS		TT		TU	
PROVISIONS POUR RISQUES ET CHARGES	Provisions pour litiges	4A	} **9-25**	4B		4C		4D	} **9-25**
	Provisions pour garanties données aux clients	4E		4F		4G		4H	
	Provisions pour pertes sur marchés à terme	4J		4K		4L		4M	
	Provisions pour amendes et pénalités	4N		4P		4R		4S	
	Provisions pour pertes de change	4T	**9-26**	4U		4V		4W	**9-26**
	Provisions pour pensions et obligations similaires	4X	**9-27**	4Y		4Z		5A	**9-27**
	Provisions pour impôts (1)	5B	**9-25**	5C		5D		5E	**9-25**
	Provisions pour renouvellement des immobilisations *	5F	**9-28**	5H		5J		5K	**9-28**
	Provisions pour gros entretien et grandes révisions	EO	**9-29**	EP		EQ		ER	**9-29**
	Provisions pour charges sociales et fiscales sur congés à payer *	5R	**9-30**	5S		5T		5U	**9-30**
	Autres provisions pour risques et charges (1)	5V	**9-25**	5W		5X		5Y	**9-25**
	TOTAL II	5Z		TV		TW		TX	
PROVISIONS POUR DÉPRÉCIATION	Sur immobilisations - incorporelles	6A	**9-35**	6B		6C		6D	**9-35**
	Sur immobilisations - corporelles	6E	**9-35**	6F		6G		6H	**9-35**
	Sur immobilisations - titres mis en équivalence	Ø2	**9-36**	Ø3		Ø4		Ø5	**9-36**
	Sur immobilisations - titres de participations	9U	**9-37**	9V		9W		9X	**9-37**
	Sur immobilisations - autres immobilisations financières (1) *	Ø6	**9-38**	Ø7		Ø8		Ø9	**9-38**
	Sur stocks et en cours	6N	**9-35**	6P		6R		6S	**9-35**
	Sur comptes clients	6T	**9-35**	6U		6V		6W	**9-35**
	Autres provisions pour dépréciation (1) *	6X	**9-39**	6Y		6Z		7A	**9-39**
	TOTAL III	7B		TY		TZ		UA	
	TOTAL GÉNÉRAL (I + II + III)	7C		UB		UC		UD	
	Dont dotations et reprises		- d'exploitation	UE	} **9-1**	UF	} **9-1**		
			- financières	UG		UH			
			- exceptionnelles	UJ		UK			
	Titres mis en équivalence : montant de la dépréciation à la clôture de l'exercice calculé selon les règles prévues à l'article 39-1-5ème du CGI							10	**9-36**

(1) à détailler sur feuillet séparé selon l'année de constitution de la provision ou selon l'objet de la provision

NOTA : les charges à payer ne doivent pas être mentionnées sur ce tableau mais être ventilées sur l'état détaillé des charges à payer dont la production est prévue par l'article 38 II de l'annexe III au CGI

* Des explications concernant cette rubrique figurent dans la notice n° 2032-NOT-SD

9-5 Provisions pour investissements [ligne 3U]. On se reportera, dans « Le contrôle de la balance », au sous-compte 1424 concerné de « Provisions réglementées relatives aux immobilisations » (CGI art. 237 bis A, II).

Cette ligne concerne la provision des entreprises soumises à la participation ainsi que la provision relative aux abondements de l'entreprise. Pour les exercices clos depuis le 17 août 2012, seules les SCOP peuvent constituer cette provision. Les entreprises autres que les SCOP ont pu constituer une PPI au titre des exercices clos jusqu'au 16 août 2012 (voir tome 1, compte 142, §§ 2 à 12).

Pour les entreprises autres que les SCoP, les règles sont les suivantes :
– elles ne peuvent plus doter de PPI pour les exercices clos depuis le 17 août 2012 (les PPI constituées cessent d'être admises en déduction des résultats imposables constatés au titre des exercices clos depuis le 17 août 2012) ;
– les provisions déjà constituées au titre des exercices clos avant le 17 août 2012 doivent être utilisées conformément aux règles applicables jusqu'à cette date (CGI art. 237 bis A, IV).

Les SCOP d'amorçage et (au titre des exercices clos à compter du 31 décembre 2015) les groupements de SCOP peuvent également constituer des PPI (CGI art. 237 bis A, II.3).

9-6 Provisions pour hausse de prix [ligne 3V]. On se reportera, dans « Le contrôle de la balance », au compte 1431 (voir tome 1, compte 143, §§ 1 à 7). La ligne correspondant à la provision pour fluctuation des cours (compte 1432) a été supprimée.

Il convient de détailler la provision, sur un feuillet séparé, selon l'année de constitution et l'objet de la provision.

9-7 Amortissements dérogatoires [lignes 3X et D3]. On se reportera, dans « Le contrôle de la balance », au compte 145.

La ligne D3 à D6 sert à isoler la majoration temporaire de 30 % de la dotation dégressive permise pour certains biens et comptabilisée en « Amortissement dérogatoire » (voir tome 1, compte 68 « 1re partie : Dotations aux amortissements », § 44).

Dès lors que la dotation fiscale devient inférieure à la dotation pour dépréciation, c'est la case D5 qu'il y a lieu de servir.

9-8 Provisions pour prêts d'installation (provision pour essaimage) [ligne IJ]. Il s'agit des provisions constituées en application de l'article 39 quinquies H du CGI. La provision pour essaimage est supprimée pour les exercices ouverts depuis le 1er janvier 2019 (loi 2018-1317 art. 30, V A). Les provisions déjà constituées au titre d'un exercice ouvert avant le 1er janvier 2019 ne font pas l'objet d'une reprise, mais sont rapportées aux résultats de manière échelonnée selon les règles en vigueur avant cette date (voir tome 1, compte 144, § 1).

9-9 Autres provisions réglementées [ligne 3Y]. On se reportera, dans « Le contrôle de la balance » notamment, au sous-compte 142 « Provisions réglementées relatives aux immobilisations » et au sous-compte 146 « Provision spéciale de réévaluation ».

Ces provisions sont à détailler sur un feuillet séparé selon leur objet et l'année de la constitution de la provision.

Provisions pour risques et charges

9-10 Les lignes 4A à 5V concernent ces provisions. Le total de ces provisions, qui figure à la ligne TX pour leur montant à la clôture de l'exercice, est égal à la ligne DR du tableau 2051 « Bilan – Passif ».

On se reportera, dans « Le contrôle de la balance », au compte 15 et aux sous-comptes concernés 151 « Provisions pour risques », 153 « Provisions pour pensions et obligations similaires », 154 « Provision pour restructurations », 155 « Provisions pour impôts », 157 « Provisions pour charges à répartir sur plusieurs exercices », 158 « Autres provisions pour charges », ainsi qu'au compte 68 « 2e partie : Dotations aux provisions ».

À noter que les « Provisions pour impôts » (ligne 5B) et les « Autres provisions pour risques et charges » (ligne 5V) sont à détailler sur un feuillet séparé selon l'année de constitution de la provision ou l'objet de la provision.

→ À NOTER

• Pour les attributions gratuites d'actions autorisées depuis le 8 août 2015, la provision constituée le cas échéant au titre de la contribution patronale n'est à notre avis déductible qu'au titre de l'exercice en cours à la date d'acquisition (et non plus d'attribution) des actions aux bénéficiaires et doit donc être réintégrée pour déterminer le résultat fiscal (voir tome 1, compte 647/648, §§ 8 et 12).

• Pour ce qui concerne l'impact du règlement de l'ANC 2015-05 dédié aux instruments financiers à terme (dérivés) et aux opérations de couverture sur la comptabilisation des provisions pour pertes de change, nos lecteurs se reporteront dans « Le contrôle de la balance » au sous-compte 1515 (ANC, règlt 2015-05 du 2 juillet 2015 ; voir tome 1, compte 1515, §§ 1 à 4).

Provisions pour dépréciation

9-11 **Les lignes 6A à 6X concernent ces provisions dénommées « Dépréciations » du point de vue comptable. Les montants figurant à la ligne 6X « Autres provisions pour dépréciation » doivent être détaillés sur un feuillet séparé selon leur objet ou l'année de constitution de la provision.**

On se reportera, dans « Le contrôle de la balance », aux comptes 29 « Dépréciations des immobilisations », 39 « Dépréciations des stocks et en-cours », 49 « Dépréciations des comptes de tiers », 59 « Dépréciations des comptes financiers », ainsi qu'au compte 68 « 2e partie : Dotations aux dépréciations et provisions ».

→ **À NOTER** Pour les exercices ouverts depuis le 1er janvier 2016, le règlement ANC 2015-06 du 23 novembre 2015 fixe les conditions de détermination de la durée d'utilisation, limitée ou non, des actifs incorporels (ANC, règlement 2015-06 du 23 novembre 2015). Les impacts pratiques en résultant concernent principalement le fonds commercial et dans une certaine mesure le mali de fusion qui s'affecte à des actifs sous-jacents pouvant s'amortir (durée limitée des actifs sous-jacents) ou se déprécier (perte de valeur des actifs sous-jacents) (PCG art. 745-7).

Le mali technique résiduel affecté au fonds commercial suit les règles de dépréciation applicables aux fonds commerciaux. S'il fait l'objet d'une dépréciation, celle-ci sera constatée par le biais du compte 2907 du PCG. Aucune reprise de dépréciation n'est possible (PCG art. 214-17 et 214-19).

Des sous-comptes spécifiques sont à utiliser pour comptabiliser la dépréciation constatée, le cas échéant, sur les quotes-parts de mali technique affectées aux actifs sous-jacents. À notre avis, doivent être inscrites respectivement sur les lignes 6A, 6E et Ø6 les dépréciations constatées dans les sous-comptes suivants :
– 29081 « Dépréciation du mali de fusion sur actifs incorporels » (inclus dans la ligne AK du tableau 2050) ;
– 29187 « Dépréciation du mali de fusion sur actifs corporels » (inclus dans la ligne AU du tableau 2050) ;
– 29787 « Dépréciation du mali de fusion sur actifs financiers » (inclus dans la ligne BI du tableau 2050) (voir tome 1, compte 207, §§ 13 à 20) (voir § 3-11, tableau 2050 et § 8-1, tableau 2055).

En ce qui concerne les titres, ils se répartissent selon leur classement comptable :
– titres de participation, ligne 9U à 9X ;
– titres immobilisés, ligne Ø6 à Ø9 ;
– valeurs mobilières de placement, ligne 6X à 7A « Autres provisions pour dépréciation ». Cette ligne est à détailler sur un feuillet séparé selon l'année de constitution de la provision ou l'objet de la provision.

En outre, concernant les lignes Ø6 à Ø9 et 6X à 7A, les entreprises passibles de l'impôt sur les sociétés devront indiquer sur un feuillet séparé les provisions afférentes aux titres inscrits aux subdivisions spéciales regroupant les titres éligibles au régime des plus ou moins-values à long terme qui ne constituent pas des titres de participation sur le plan comptable. Ces provisions concernent les titres inscrits aux « Autres immobilisations financières » et « Autres provisions pour dépréciation » (notice de l'administration).

Si l'entreprise a opté pour l'évaluation par équivalence de ses titres, elle portera sur la ligne Ø2 à Ø5, et non sur la ligne 9U à 9X, la provision comptable correspondante.

La provision pour dépréciation constatée en cas d'écart d'équivalence négatif (ligne Ø2 à Ø5) ne peut être prise en compte, du point de vue fiscal, que dans la limite de la dépréciation calculée selon les règles édictées par l'article 39, 1.5° du CGI, c'est-à-dire en fonction de la valeur réelle d'utilité des titres.

C'est pourquoi figurent :
– à la ligne Ø2 à Ø5, le montant retenu en comptabilité pour la provision pour dépréciation des titres évalués par équivalence et correspondant à la différence entre la valeur globale d'équivalence et leur prix d'acquisition ;
– dans un cadre spécifique, en bas du tableau 2056, case 10, le montant de la dépréciation à la clôture de l'exercice calculé selon les règles prévues à l'article 39, 1.5° du CGI.

Pour plus de détails concernant l'évaluation par équivalence, on se reportera, dans le tome 1 - Le contrôle de la balance, au compte 26 « Participations et créances rattachées à des participations ».

2057 État des échéances des créances et des dettes à la clôture de l'exercice

Généralités

10-1 Ce tableau regroupe les créances et les dettes ventilées :
- pour leur montant brut (avant provision) ;
- en fonction de leur échéance à la clôture de l'exercice (notice de l'administration).

Ce classement distingue, d'une part, les créances à 1 an au plus (cadre A, colonne 2) et à plus de 1 an (cadre A, colonne 3) et, d'autre part, les dettes à 1 an au plus (cadre B, colonne 2), à plus de 1 an et 5 ans au plus (cadre B, colonne 3) et à plus de 5 ans (cadre B, colonne 4).

La ventilation entre les différentes colonnes tient compte de la durée restant à courir de la créance ou de la dette à la date de clôture de l'exercice (et non de la date originelle).

Le classement est effectué en fonction de l'exigibilité globale du financement stipulée au contrat, même si, dans ses modalités pratiques, celui-ci est mobilisé sous forme de différents billets à ordre à court terme, renouvelables au gré de l'emprunteur (CNCC, bull. 129, mars 2003).

➟ **Attention** Le non-respect à la clôture de l'exercice de « covenants » liés à des emprunts peut entraîner l'exigibilité immédiate de la dette. Il y a lieu d'en tenir compte dans le tableau des échéances et les dettes doivent être reclassées dans le court terme (un an au plus). Dans le cas où une renégociation antérieure à la date d'arrêté des comptes reporte le terme de la dette, il s'agit d'un événement postérieur à la clôture, sans lien direct et prépondérant avec une situation existant à la clôture. Il n'y a donc pas lieu de corriger la situation existant à la clôture et de laisser subsister le classement des dettes dans le court terme (un an au plus). L'emprunt devenu immédiatement exigible doit être reclassé en totalité en court terme, peu importe que les banques concernées aient exercé leur droit d'exiger le remboursement immédiat de la dette ou que la déchéance du terme de la dette ait été notifiée par les banques à la date de clôture (CNCC EC 2009-45 et 2011-22).

Dans le cadre de la crise sanitaire et économique liée à la **Covid-19**, le traitement dépend de la rupture du covenant en fonction de la date de clôture (ANC, « Recommandations et observations relatives à la prise en compte des conséquences de l'événement Covid-19 dans les comptes et situations établis à compter du 1er janvier 2020 », 18 mai 2020, ANC, rec. H7 ; voir tome 1, compte 16, § 9).

Pour les emprunts et les dettes auprès des établissements de crédit, il est prévu une ventilation supplémentaire selon leur échéance à plus ou moins d'un an à l'origine (lignes VG et VH).

Ne sont pas à reprendre, dans ce tableau, les avances et acomptes versés et reçus sur commandes en cours.

Les lignes Z1 « Créance représentative de titres prêtés » et Z2 « Dette représentative de titres empruntés » sont réservées aux entreprises ayant procédé à des prêts, des emprunts ou des remises en garantie de titres dans les conditions prévues par le code monétaire et financier. On rappelle que la dépréciation des titres constituée, le cas échéant, avant l'opération de prêt n'a pas à être réintégrée ; elle demeure inchangée jusqu'à la fin du prêt et doit figurer dans la case UO.

Étude du tableau 2057

Cadre A : État des créances

10-2 **Créances de l'actif immobilisé.** Les correspondances suivantes existent entre les lignes du tableau 2057 et celles du tableau 2050 « Bilan - Actif ».

Les chiffres indiqués renvoient aux commentaires de différentes fiches

⑧ **ÉTAT DES ÉCHÉANCES DES CRÉANCES ET DES DETTES À LA CLÔTURE DE L'EXERCICE ***

DGFiP N° 2057-SD **2021**

Formulaire obligatoire (article 53 A du Code général des impôts)

Désignation de l'entreprise — Néant ☐ *

CADRE A	**ÉTAT DES CRÉANCES**			MONTANT BRUT 1		À 1 AN AU PLUS 2		À PLUS D'UN AN 3
DE L'ACTIF IMMOBILISÉ	Créances rattachées à des participations		UL	**3-54**	UM		UN	
	Prêts (1) (2)		UP	**3-56**	UR		US	
	Autres immobilisations financières		UT	**3-57**	UV		UW	
DE L'ACTIF CIRCULANT	Clients douteux ou litigieux		VA	**3-82**				
	Autres créances clients **10-31**		UX	**3-82**				
	Créance représentative de titres prêtés ou remis en garantie*	(Provisions pour dépréciation antérieurement constituée* UO)	Z1	**3-83 ; 10-1**				
	Personnel et comptes rattachés		UY					
	Sécurité sociale et autres organismes sociaux		UZ					
	État et autres collectivités publiques	Impôts sur les bénéfices	VM			**10-2**		
		Taxe sur la valeur ajoutée	VB	**3-83**		**et**		
		Autres impôts, taxes et versements assimilés	VN			**10-3**		
		Divers	VP					
	Groupe et associés (2)		VC					
	Débiteurs divers (dont créances relatives à des opérations de pension de titres)		VR	**3-83 ; 10-3**				
Charges constatées d'avance			VS	**3-83 ; 10-4**				
		TOTAUX	VT		VU		VV	
RENVOIS	(1) Montant des	- Prêts accordés en cours d'exercice	VD					
		- Remboursements obtenus en cours d'exercice	VE					
	(2) Prêts et avances consentis aux associés (personnes physiques)		VF					

CADRE B	**ÉTAT DES DETTES**		Montant brut 1	À 1 an au plus 2	À plus d'1 an et 5 ans au plus 3	À plus de 5 ans 4
Emprunts obligatoires convertibles (1)		7Y	**4-41**			
Autres emprunts obligatoires (1)		7Z	**4-41**			
Emprunts et dettes auprès des établissements de crédit (1)	à 1 an maximum à l'origine	VG	**4-42**			
	à plus d'1 an à l'origine	VH	**4-42**			
Emprunts et dettes financières divers (1) (2)		8A	**4-43**			
Fournisseurs et comptes rattachés		8B	**4-45**			
Personnel et comptes rattachés		8C				
Sécurité sociale et autres organismes sociaux		8D				
État et autres collectivités publiques	Impôts sur les bénéfices	8E				
	Taxe sur la valeur ajoutée	VW	**4-46**	**10-5**		
	Obligations cautionnées	VX				
	Autres impôts, taxes et assimilées	VQ				
Dettes sur immobilisations et comptes rattachés		8J	**4-47**			
Groupe et associés (2)		VI	**4-43 ; 10-1**			
Autres dettes (dont dettes relatives à des opérations de pension de titres)		8K	**4-44 et 4-48 ; 10-1**			
Dette représentative de titres empruntés ou remis en garantie *		Z2	**10-1**			
Produits constatés d'avance		8L	**4-56**			
	TOTAUX	VY		VZ		
RENVOIS (1)	Emprunts souscrits en cours d'exercice	VJ	**4-41 et 4-43 ; 10-5**	(2) Montant des divers emprunts et dettes contractés auprès des associés, personnes physiques	VL	**10-5**
	Emprunts remboursés en cours d'exercice	VK				

* Des explications concernant cette rubrique figurent dans la notice n° 2032-NOT-SD

Correspondances tableau 2057 / tableau 2050	
Lignes du tableau 2057	Lignes correspondantes dans le tableau 2050
UL	Créances rattachées à des participations : BB
UP	Prêts : BF
UT	Autres immobilisations financières : BH

En ce qui concerne les prêts, notons qu'il y a lieu de mentionner :

– ligne VD : le montant des prêts accordés en cours d'exercice (analyse des mouvements débit des sous-comptes 274 « Prêts ») ;

– ligne VE : le montant des remboursements obtenus en cours d'exercice (analyse des mouvements crédit des sous-comptes 274).

Il y a également lieu de noter, ligne VF, les prêts et avances consentis aux associés personnes physiques.

10-3 Créances de l'actif circulant. La ventilation de créances du tableau 2057 est plus détaillée que celle figurant au tableau 2050 « Bilan - Actif » sur les lignes BX, BZ et CB. Les lignes du tableau 2057 correspondent aux différents comptes suivants du PCG.

Correspondances tableau 2057 / comptes du PCG	
Lignes du tableau 2057	Comptes du PCG
VA	Clients douteux ou litigieux : compte 416
UX	Autres créances clients : comptes 411, 413, 417 (créances sur travaux non encore facturables) et 418
UY	Personnel et comptes rattachés : comptes 425 et 4287
UZ	Sécurité sociale et autres organismes sociaux : compte 4387
VM	Impôts sur les bénéfices : compte 444 (solde débiteur)
VB	Taxe sur la valeur ajoutée : comptes 4456, 44581, 44582, 44583 et 44586
VN	Autres impôts, taxes et assimilés : comptes 447 (solde débiteur) et 4487
VP	Divers (État) : comptes 441 et 443 (solde débiteur)
VC	Groupe et associés : (solde débiteur des) comptes 451, 455, 456 et 458
VR	Débiteurs divers (dont créances relatives à des opérations de pension de titres) : comptes 4096, 4097, 4098, 462, 465, 467, 4687 et 478 (solde débiteur)

Les avances aux associés personnes physiques figurant ligne VC sont également à mentionner, avec les prêts de même nature, à la ligne VF précitée.

10-4 Charges constatées d'avance. **La ligne VS du tableau 2057 correspond à la ligne CH du tableau 2050** (voir § 3-44, tableau 2050).

Cadre B : État des dettes

10-5 Les correspondances suivantes existent entre certaines lignes du tableau 2057, cadre B, et celles du tableau 2051 « Bilan - Passif ». Pour les autres lignes, qui représentent une ventilation plus détaillée du « Bilan - Passif », nous avons précisé les comptes du PCG qui sont à y faire figurer.

Correspondances tableau 2057 / tableau 2051 ou comptes du PCG	
Lignes du tableau 2057	Lignes correspondantes dans le tableau 2051 ou comptes du PCG
7Y	Emprunts obligataires convertibles : DS
7Z	Autres emprunts obligataires : DT
VG + VH	Emprunts et dettes auprès des établissements de crédit : DU
8A	Emprunts et dettes financières divers : DV
8B	Fournisseurs et comptes rattachés : DX
8C	Personnel et comptes rattachés : comptes 421, 422, 424, 427, 4282, 4284 et 4286
8D	Sécurité sociale et autres organismes sociaux : comptes 431, 437, 4382 et 4386
8E	Impôts sur les bénéfices : compte 444 (solde créditeur)
VW	Taxe sur la valeur ajoutée : comptes 4452, 4455, 4457, 44584 et 44587
VX	Obligations cautionnées : compte 446
VQ	Autres impôts, taxes et assimilés : comptes 442, 443 (solde créditeur), 447, 4482 et 4486
8J	Dettes sur immobilisations et comptes rattachés : DZ
VI	Groupe et associés : compte 45 (solde créditeur)
8K	Autres dettes (dont dettes relatives à des opérations de pension de titres) : EA + à notre avis ligne DW
8L	Produits constatés d'avance : EB

Soulignons que les montants d'emprunts portés lignes 7Y à 8A font l'objet des compléments d'informations suivants :

– ligne VJ : Emprunts souscrits en cours d'exercice (analyse des mouvements de crédit des comptes reportés aux lignes DS, DT, DU et DV du tableau 2051 « Bilan – Passif ») ;

– ligne VK : Emprunts remboursés en cours d'exercice (analyse des mouvements de débit des comptes ci-dessus).

Par ailleurs, les divers emprunts et dettes portés ligne 8A qui ont été contractés auprès d'associés personnes physiques sont à mentionner ligne VL.

À NOTER

Dans le cadre de la crise sanitaire et économique liée à la **Covid-19**, les prêts garantis par l'État (PGE) sont à notre avis comptabilisés sur la ligne DU (voir § 4-26, tableau 2051) (ANC, « Recommandations et observations relatives à la prise en compte des conséquences de l'événement Covid-19 dans les comptes et situations établis à compter du 1er janvier 2020 », 18 mai 2020, ANC, rec. H1 et H2 ; voir tome 1, compte 16, §§ 18 à 20).

L'annexe

Principes généraux

Les textes applicables

11-1 **Intérêt de l'annexe.** Parfois négligée ou bien remplie de façon mécanique et trop générale, l'information donnée dans l'annexe est pourtant essentielle en ce qu'elle permet de mieux comprendre le bilan et le compte de résultat. C'est pourquoi, doivent figurer dans l'annexe des informations ayant une importance significative et ciblées sur les spécificités de l'entreprise. Sa préparation doit être guidée par un objectif de pertinence (voir §§ 11-20 et 11-24).

11-2 **Cinq catégories d'entreprises.** Depuis 2016, suite à la transposition de la directive comptable 2013/34/UE, les informations à fournir dans l'annexe, du domaine de compétence de l'Autorité des Normes Comptables (ANC) (c. com. art. L. 123-15 et R. 123-196 abrogé par le décret 2015-903 du 23 juillet 2015) sont structurées en fonction des catégories d'entreprises selon leur forme juridique, leur taille et leur régime d'imposition (PCG, titre VIII, ch. III, art. 831-1 à 836-1 ; ANC, règlts 2015-06 et 2016-07 ; voir RF Comptable 447, mars 2017 « L'annexe des comptes individuels ») (voir §§ 11-11 à 11-19) :

– une personne physique « petite entreprise au sens comptable » ;
– une personne physique dépassant les seuils de cette catégorie ;
– une personne morale au RSI ;
– une personne morale au régime réel d'imposition appartenant de par sa taille à la catégorie des « petites entreprises au sens comptable » ;
– une personne morale dépassant les seuils de ces petites entreprises.

➟ **À NOTER** L'ANC a lancé une consultation concernant la modernisation des états financiers et la nomenclature des comptes à laquelle les parties prenantes étaient invitées à répondre avant fin 2020. L'un des futurs projets de l'ANC consiste en une réorganisation des dispositions de l'annexe (voir tome 1, Introduction, « Évolution des textes comptables », § 8 et « Le plan de comptes », § 1).

11-3 **L'obligation d'établir une annexe.** Toute personne physique ou morale ayant la qualité de commerçant doit établir des comptes annuels à la clôture de l'exercice qui comprennent le bilan, le compte de résultat et une annexe, qui forment un tout indissociable (c. com. art. L. 123-12). Il en résulte que les mêmes obligations de communication et de publication que celles associées au bilan et au compte de résultat sont applicables à l'annexe.

L'obligation d'établir l'annexe concerne les sociétés commerciales (sociétés anonymes, SARL, sociétés en commandite par actions, sociétés en nom collectif, sociétés en commandite simple, SAS), mais aussi les GIE à objet commercial. Toutefois, il existe des aménagements en fonction de la taille de l'entreprise, de son régime d'imposition et selon que l'activité est exercée par une personne physique ou morale (voir §§ 11-11 à 11-19).

11-4 **Les entreprises dispensées d'annexe.** Certaines entreprises sont par ailleurs dispensées d'établir une annexe, il s'agit des personnes physiques relevant du régime simplifié d'imposition (RSI) et des micro-entreprises au sens comptable (voir §§ 11-5 et 11-6).

11-5 *Les personnes physiques au RSI.* Comptablement, les personnes physiques placées sur option ou de plein droit au RSI peuvent ne pas établir d'annexe (c. com. art. L. 123-25).

Du point de vue fiscal, la production d'annexe n'est pas non plus exigée, mais les entreprises au RSI doivent produire, à l'appui de leur déclaration de résultats des informations qui apparaissent dans l'annexe du système de base. Il s'agit notamment (BOFiP-BIC-DECLA-30-20-10-§ 90-17/02/2017) :

– d'un tableau 2033-C « Immobilisations, amortissements, plus-values et moins values » ;
– d'un tableau 2033-D « Relevé des provisions, amortissements dérogatoires, déficits reportables et divers » ;
– d'un tableau 2033-G « Filiales et participations ».

11-6 *Micro-entreprises (au sens comptable).* Les micro-entreprises au sens comptable peuvent ne pas établir d'annexe, à l'exception de celles dont l'activité consiste à gérer des titres de participations et de valeurs mobilières (c. com. art. L. 123-16-1). Toutefois, elles ont l'obligation de mentionner certaines informations à la suite de leur bilan.

Précision Les micro-entreprises dispensées d'annexe mentionnent les informations suivantes à la suite de leur bilan (PCG art. 810-9) :
– la référence au règlement comptable de l'Autorité des normes comptables (ANC) appliqué pour l'élaboration des comptes annuels ;
– le montant global de tout engagement financier, toute garantie ou passifs éventuels qui ne figurent pas au bilan notamment les engagements de crédit-bail, et une indication de la nature et de la forme de toute sûreté réelle ;
– les engagements en matière de pension, de compléments de retraite, d'indemnités et d'allocations en raison du départ à la retraite ou avantages similaires des membres ou associés de son personnel ou de ses mandataires sociaux ;
– les engagements à l'égard d'entreprises liées ou associées ;
– le montant des avances et crédits alloués aux membres des organes d'administration, de direction ou de surveillance, avec indication des conditions consenties et des remboursements opérés pendant l'exercice, ainsi que du montant des engagements pris pour leur compte ;
– pour les personnes morales non tenues d'établir un rapport de gestion, le nombre et la valeur des actions propres détenues à la fin de l'exercice ainsi que les mouvements intervenus au cours de l'exercice.

Les personnes chargées de l'établissement de l'annexe

11-7 Les personnes chargées de l'établissement de l'annexe sont celles à qui incombe la responsabilité de l'élaboration du bilan et du compte de résultat, à savoir :
– le conseil d'administration ou le directoire, le cas échéant pour les sociétés anonymes (c. com. art. L. 232-1) ;
– Le président ou les dirigeants que les statuts désignent, pour les sociétés par actions simplifiées (c. com. art. L. 227-1) ;
– le gérant, pour les sociétés à responsabilité limitée (SARL et EURL) et les autres sociétés commerciales (c. com. art. L. 232-1) ;
– le commerçant, personne physique, pour l'entreprise individuelle et l'entreprise individuelle à responsabilité limitée (EIRL).

Objet de l'annexe : fournir des éléments complémentaires à ceux du bilan et du compte de résultat

11-8 **État qui complète et commente le bilan et le compte de résultat.** L'annexe complète et commente l'information donnée par le bilan et le compte de résultat (c. com. art. L. 123-13 et PCG art. 112-4).

Par conséquent, les informations requises déjà portées au bilan ou au compte de résultat n'ont pas à être reprises dans l'annexe (c. com. art. R. 123-199, al. 3 et PCG art. 810-5). De même, les éléments chiffrés qui figurent déjà au bilan ou au compte de résultat peuvent être omis dans l'annexe. Notons qu'à l'inverse, une inscription dans l'annexe ne peut pas se substituer à une inscription dans le bilan et le compte de résultat (PCG art. 112-4). En outre, les éléments chiffrés de l'annexe sont, sauf exception dûment justifiée, déterminés selon les mêmes principes et les mêmes méthodes que pour l'établissement du bilan et du compte de résultat (c. com. art. R. 123-199, al. 1).

Pour la prise en compte des impacts de la pandémie de Covid-19 sur l'annexe, (voir §§ 13-1 à 13-4).

→ **En pratique** L'objet de l'annexe est de fournir une description pertinente des éléments présentés dans les comptes, ainsi que des accords, droits et obligations de l'entreprise non comptabilisés mais existant à la date de clôture. En conséquence :

a. l'annexe doit fournir une information qui développe et explique les comptes ;

b. l'information figurant dans l'annexe doit porter sur les transactions passées et sur les autres événements existant à la date de clôture ; l'information relative au futur qui n'est pas liée à ces transactions passées et autres événements existant à la date de clôture n'est pas fournie dans l'annexe, à l'exception des informations requises spécifiquement ;

c. l'information figurant dans l'annexe doit être spécifique à l'entreprise concernée.

11-9 **En complément des montants comptabilisés.** Ainsi, dans le respect des principes énoncés ci-avant (voir §§ 11-1 à 11-8), en complément des montants comptabilisés

au titre de la situation financière et de la performance de l'entreprise dans le bilan et le compte de résultat, l'annexe doit notamment fournir une information sur :
(a) les hypothèses utilisées, la sensibilité de celles-ci et les jugements exercés pour comptabiliser ces éléments ;
(b) les informations sur les risques qui pourraient affecter ces montants comptabilisés ;
(c) et l'impact des méthodes d'évaluation alternatives lorsque cette information est pertinente.

11-10 Effets des choix en matière de méthodes comptables. Dans le respect des principes énoncés ci-avant (voir §§ 11-1 à 11-9), il est nécessaire que les effets des choix en matière de méthodes comptables sur les informations à fournir dans l'annexe soient pris en considération, afin que l'utilité de l'information fournie par les comptes soit appréciée dans son ensemble. En particulier, plus l'évaluation des montants comptabilisés dans les états de synthèse repose sur des estimations, plus des informations complémentaires dans l'annexe sont nécessaires.

Le contenu de l'annexe varie selon le régime d'imposition, la personnalité juridique et la taille de l'entité

11-11 Des seuils actualisés. Depuis le 24 mai 2019, les seuils des petites entreprises (PE) et des moyennes entreprises s'établissent selon les modalités indiquées dans le tableau suivant (loi 2019-486 du 22 mai 2019, art. 47 ; décret 2019-539 du 29 mai 2019, JO du 30 ; c. com. art. L. 123-16 et D. 123-200 ; voir RF Comptable 479, février 2020 « L'arrêté des comptes : points d'actualité », fiches « Nouvelles petites entreprises : bénéficiez des simplifications » et « Moyennes entreprises : les allègements n'attendent pas »).

Seuils de détermination des catégories comptables (1)

Non-dépassement de deux des trois critères au titre du dernier exercice clos (2)	Micro-entreprises	Petites entreprises (PE)	Moyennes entreprises (ME)
Total bilan (3)	≤ 350 000 €	≤ 6 M€	≤ 20 M€
Montant net du chiffre d'affaires (3)	≤ 700 000 €	≤ 12 M€	≤ 40 M€
Nombre de salariés (3)	≤ 10	≤ 50	≤ 250
Sources	c. com. art. L. 123-16-1 et D. 123-200, 1°	c. com. art. L. 123-16 et D. 123-200, 2°	c. com. art. L. 123-16 et D. 123-200, 2°

(1) Sont exclus de ces catégories et donc des simplifications associées, en dépit du non-franchissement des seuils les établissements de crédit et sociétés de financement, les établissements de paiement et établissements de monnaie électronique, le secteur des assurances et mutuelles, les entités cotées sur un marché réglementé ainsi que celles faisant appel à la générosité publique (c. com. art. L. 123-16-2).
(2) Pour l'application de ces critères, sont des micro-entreprises, des PE et des ME, les commerçants, personnes physiques ou personnes morales, pour lesquels, au titre du dernier exercice comptable clos et sur une base annuelle, deux des trois seuils suivants ne sont pas dépassés : le total du bilan, le montant net du chiffre d'affaires ou le nombre moyen de salariés employés au cours de l'exercice. Lorsqu'une entreprise dépasse ou cesse de dépasser deux des trois seuils précités, cette circonstance n'a d'incidence que si elle se produit pendant deux exercices consécutifs (c. com. art. L. 123-16 et L. 123-16-1).
(3) Le bilan est égal à la somme des montants nets des éléments d'actif. Le montant net de chiffre d'affaires est égal au montant des ventes de produits et services liés à l'activité courante, diminué des réductions sur ventes et de la TVA.
Pour les exercices ouverts à compter du 9 février 2020, le calcul de l'effectif salarié pour les seuils comptables et les seuils d'audit légal dans les sociétés est aligné sur celui de l'effectif « social ». Les effectifs mentionnés au code de commerce sont donc déterminés comme l'effectif « sécurité sociale » en vigueur à compter du 1er janvier 2020 (c. séc. soc. art. L. 130-1) (l'effectif n'est donc plus calculé comme la moyenne arithmétique des effectifs à la fin de chaque trimestre ; c. com. art. D. 123-200 dans sa version antérieure ; décret 2020-101 du 7 février 2020, JO du 8 ; c. com. art. D. 123-200, al. 7). En pratique, est donc impacté l'effectif pour déterminer les catégories comptables d'entreprises (micro-entreprises, petites entreprises, moyennes entreprises au sens comptable).

À NOTER Les seuils des PE au sens comptable (6/12/50) sont à distinguer des seuils qui définissent les petites entreprises au sens de l'audit légal rendant obligatoire la nomination d'un commissaire aux comptes dans toutes les sociétés commerciales qui sont, eux, fixés à (c. com. art. D. 221-5) : 4 M€ de total bilan, 8 M€ de chiffre d'affaires hors taxes, 50 salariés.

11-12 Types d'annexe selon les catégories d'entreprises. **L'annexe est présentée selon le système de base, abrégé ou développé selon la catégorie d'entreprises concernée** (voir §§ 11-13 à 11-15).

11-13 *Annexe de base et simplifiée.* **Les documents de synthèse : bilan, compte de résultat et annexe sont présentés en conformité avec un des systèmes suivants** (PCG art. 810-7) :

– système de base ;

– système abrégé concernant les entités, appartenant à la catégorie des petites entreprises (PE), autorisées à adopter une présentation simplifiée de leurs comptes annuels. Un modèle d'annexe abrégée est aussi prévu par le PCG pour les personnes morales au RSI.

Les ME (hors groupe) peuvent depuis 2019 adopter une présentation simplifiée de leur compte de résultat et ne rendre publique qu'une présentation simplifiée de leur bilan et de leur annexe (c. com. art. L. 232-25, al. 3 ; ANC, règlement 2019-02 du 7 juin 2019 ; PCG art. 810-7, 822-1, 822-3 et 822-4). Lors du dépôt au greffe, elles peuvent demander que ne soit pas rendue publique l'existence d'obligations convertibles, de bons de souscription (warrants), d'options et de titres ou droits similaires, avec indication de leur nombre et de l'étendue des droits qu'ils confèrent (informations requises pour les personnes morales par l'article 833-20/1 du PCG) (PCG art. 810-8 ; ANC, règlt 2020-02 du 5 juin 2020, homologué par l'arrêté du 29 décembre 2020, JO du 31 ; voir tome 1, Introduction, « Le plan de comptes », § 6).

EN PRATIQUE Les ME doivent accompagner le dépôt de leurs comptes sociaux d'une déclaration de publication simplifiée (c. com. art. R. 123-111-1). Un modèle type de cette déclaration figure à l'annexe 1-5-2 du code de commerce (c. com. art. A. 123-61-1, ann. 1-5-2).

11-14 *Annexe du système développé.* **L'entité a également la faculté d'établir des documents plus détaillés que ceux correspondant à l'obligation minimale à laquelle elle est soumise. Ainsi, elle peut adopter le système développé qui prévoit des documents mettant en évidence l'analyse des données de base en vue de mieux éclairer sa gestion. L'annexe du système développé comprend :**

– un tableau des soldes intermédiaires de gestion (PCG art. 842-1) ;

– la détermination de capacité d'autofinancement (CAF) (PCG art. 842-2) ;

– un tableau de financement (PCG art. 810-7, 842-3 et 842-4).

À NOTER Lorsque les entités relèvent du système abrégé ou lorsqu'elles utilisent le système développé, le contenu de l'annexe est modifié en conséquence sans qu'il en résulte un amoindrissement de l'information nécessaire pour que les documents de synthèse donnent l'image fidèle recherchée (PCG art. 810-7).

11-15 *Quel type d'annexe établir ?* **Le contenu de l'annexe dépend de la catégorie des entités soumises à l'obligation d'établir cet état de synthèse** (PCG art. 810-8). **Le tableau suivant récapitule les différents cas de figure qui font l'objet d'un développement dans la partie** « Structure et présentation de l'annexe ».

Le contenu de l'annexe selon la catégorie de l'entreprise	
Catégorie d'entreprises	**Type d'annexe**
Personnes morales relevant du RSI (régime simplifié d'imposition)	**abrégée** (c. com. art. L. 123-25, al. 2 et PCG art. 831-1 et 831-2)
Personnes morales « petites entreprises » (régime normal d'imposition)	**simplifiée** (c. com. art. L. 123-16 et PCG art. 832-1 à 832-20)
Autres personnes morales (régime normal d'imposition)	**de base (ou développée)** (PCG art. 833-1 à 833-20)
Personnes physiques « petites entreprises » (régime normal d'imposition)	**simplifiée** (c. com. art. L. 123-16 et PCG art. 834-1 à 834-15)
Autres personnes physiques (régime normal d'imposition)	**de base (ou développée)** (PCG art. 835-1 à 835-19)

Concernant la catégorie des moyennes entreprises, (voir §§ 11-11 et 11-13).

11-16 Les cas des SA petites entreprises ou au RSI. Les personnes morales d'une façon générale, SA et autres types de sociétés commerciales, ont l'obligation d'indiquer dans leur annexe de base des informations sur leurs transactions significatives effectuées avec des parties liées (au sens de l'article R. 123-199-1 du code de commerce) (PCG art. 833-16).

Les sociétés anonymes (SA), même lorsqu'elles répondent aux critères des petites entreprises et présentent une annexe simplifiée, doivent aussi fournir dans leur annexe des informations au titre des opérations réalisées avec certaines parties liées. Il s'agit de la liste des transactions effectuées entre, d'une part, la société et ses principaux actionnaires et, d'autre part, la société et les membres de ses organes d'administration et de surveillance, lorsque ces transactions n'ont pas été conclues aux conditions normales de marché (c. com. art. R. 123-197-1 et PCG art. 832-16) (voir « Structure et présentation de l'annexe »).

➡ **À NOTER** Les informations sur les différentes transactions peuvent être agrégées en fonction de leur nature, sauf lorsque des informations distinctes sont nécessaires pour comprendre les effets des transactions avec des parties liées sur la situation financière de la société (PCG art. 832-16).

Il en est de même pour les SA au RSI optant pour une présentation abrégée de l'annexe (PCG art. 831-2).

11-17 Le cas des EIRL

11-18 *L'obligation d'annexe dépend du régime d'imposition de l'EIRL.* L'entrepreneur individuel à responsabilité limitée n'a pas de personnalité morale et bénéficie par conséquent des simplifications accordées aux entreprises individuelles. On distingue trois cas de figure :
- l'EIRL soumis au régime micro-BIC dispensé de comptes annuels (c. com. art. L. 123-28). Il en va de même du point de vue fiscal (CGI art. 50-0, 3) ;
- l'EIRL soumis au RSI dispensé d'annexe (c. com. art. L. 123-25) ;
- l'EIRL soumis au réel normal. Il bénéficie d'une présentation simplifiée de l'annexe des personnes physiques, s'il ne dépasse pas la taille d'une petite entreprise.

11-19 *L'EIRL avec option pour le régime des EURL/EARL.* Du point de vue fiscal, l'EIRL soumis au régime réel (normal ou simplifié) peut être assimilé, sur option, à une EURL (CGI art. 1655 sexies). L'option pour l'assimilation à une EURL (ou une EARL pour une activité agricole) fait « basculer » l'EIRL dans la catégorie des personnes morales. L'EIRL qui opte peut présenter une annexe abrégée (s'il relève du RSI) ou simplifiée (s'il relève du réel normal d'imposition) (c. com. art. L. 123-16 et L. 123-25 ; PCG, art. 831-1 et 831-2 pour l'annexe abrégée et 832-1 à 832-20 pour l'annexe simplifiée).

L'information significative

Principe d'importance relative

11-20 L'annexe comporte toutes les informations significatives sur la situation patrimoniale et financière et sur le résultat de l'entreprise, outre les informations obligatoires prévues par les textes, dès lors que celles-ci sont significatives (c. com. art. R. 123-195 ; PCG art. 831-2, 832-1, 833-1, 834-1 et 835-1).

Le principe d'importance relative est le principe fondamental qui sous-tend le choix des informations à fournir dans l'annexe. Est considérée comme significative toute information qui, si elle n'était pas communiquée, serait susceptible de modifier le jugement du lecteur des comptes quant au patrimoine, à la situation financière et aux résultats de l'entreprise.

Le principe d'importance relative dont l'appréciation fait appel au jugement présent dans le référentiel IFRS a été introduit dans le référentiel français lors de la transposition de la directive comptable 2013/34/UE du 26 juin 2013 et figure dans le PCG (PCG art. 121-3). Il traite de la nécessité d'adapter le niveau de détail des informations présentées à l'importance relative du sujet.

En outre, le caractère significatif est à apprécier sur l'exercice clôturé ou sur les exercices ultérieurs, c'est notamment le cas lors de l'appréciation de l'impact d'un changement d'estimation comptable en matière d'amortissement (durée de l'amortissement, mode d'amortissement, valeur résiduelle) (PCG art. 833-3/2 et 835-3/2).

• Pour le CNC, déjà, le principe de l'importance relative dominait l'ensemble des prescriptions concernant l'annexe et les dispositions légales et réglementaires devaient s'interpréter à la lumière de ce principe (CNC, recommandation relative à l'annexe, document 53).

• Dans l'annexe abrégée, **les informations significatives** nécessaires à la bonne compréhension des comptes annuels, notamment celles relatives aux changements de méthodes comptables, aux événements postérieurs à la clôture et aux passifs éventuels sont à mentionner. En outre, les informations relatives aux rubriques « provisions pour risques » et « autres provisions » dans le tableau des provisions et celles relatives aux « sûretés reçues » et « sûretés données » dans le tableau des engagements financiers doivent être développées dans la mesure où celles-ci sont d'une importance particulièrement significative (PCG art. 831-2).

Qu'est-ce qu'une information significative ?

11-21 **La notion de « caractère significatif » est, avant tout, le fruit d'une appréciation subjective et ne saurait être ramenée à une dimension exclusivement quantitative. Elle implique, au contraire, une étude au cas par cas en fonction des particularités de l'entreprise. Toutefois le critère quantitatif peut, sur un plan pratique, aider à sa mise en œuvre.**

À titre indicatif, on peut considérer qu'une information quantifiée sur le plan financier a un caractère significatif dès lors que l'une au moins des conditions suivantes est remplie :
– lorsque le poste qu'elle explique ou précise représente un certain pourcentage du total du bilan (par exemple, entre 5 et 10 % au moins) ;
– ou lorsque la partie de variation du poste expliquée par l'information représente entre 10 et 20 % du montant total du poste ;
– ou lorsque le montant considéré représente plus de 10 % du bénéfice net (OEC, recommandation 22-08 « Le seuil de signification », mai 1976).

Les critères qui peuvent être retenus pour appliquer des taux afin de déterminer le seuil de signification sont, par exemple, le résultat courant, le résultat net, le chiffre d'affaires, les capitaux propres ou l'endettement net (NEP 320 « Application de la notion de caractère significatif lors de la planification et de la réalisation d'un audit », § 17 ; c. com. art. A. 823-6).

La nature de l'information en cause peut présenter un caractère qualitatif qui conduira également à une mention dans l'annexe. De même, une information peut être significative si elle répond par avance à une question susceptible de se poser à la lecture du bilan ou du compte de résultat.

En pratique ces critères sont donnés à titre indicatif car le **jugement personnel** doit moduler ces critères. Les critères quantitatifs élimineront donc toute information portant sur le montant d'un poste ou d'une variation du montant de ce poste négligeable. Mais pour apprécier correctement si un élément d'information présente une importance significative, les mêmes critères ne sauraient être appliqués pour les différents points de l'annexe.
C'est ainsi que, alors que les mouvements des amortissements proviennent, au moins en partie, de l'application d'un plan pluriannuel, les mouvements de provisions dépendent d'événements survenus au cours de l'exercice, de sorte que le seuil de significativité de ce dernier tableau devrait être généralement fixé plus bas (COB, bull. 188, janvier 1986).
Par ailleurs, le poids relatif d'un poste anormalement faible peut nécessiter une information.

➠ **EXEMPLES**

❶ Une entreprise de transports, dont les immobilisations corporelles seraient presque inexistantes (et donc a priori non significatives), devrait pourtant indiquer d'une phrase qu'elle a eu recours, pour la quasi-totalité de son matériel roulant, au crédit-bail et renvoyer à l'information relative à ce dernier.

❷ Une société avait mentionné dans son annexe qu'elle avait conclu des accords avec des actionnaires minoritaires pour l'acquisition éventuelle de titres. L'engagement total éventuel était de 27 M€ par rapport à un total de dettes financières de 170 M€ et de capitaux propres de 59 M€. Cet engagement présentait ainsi un caractère significatif et la mention retenue dans l'annexe pour ces engagements n'était ni précise ni sincère et ne permettait pas d'apprécier l'incidence de l'engagement sur la situation patrimoniale et financière de la société (COB, décision du 6 juillet 1999, bull. 337, juillet-août 1999, pp. 23 à 34).

❸ Dans une société de taille moyenne, l'indication de la rémunération des dirigeants, lorsqu'elle est d'un faible montant, peut améliorer le jugement du lecteur quant à la capacité bénéficiaire réelle de l'entreprise.

Conséquences de l'application du principe d'importance relative

11-22 **Présentation avec des chiffres arrondis. De façon à préserver la lisibilité de l'annexe, les montants fournis peuvent être arrondis. Les comptes annuels peuvent être présentés en négligeant les centimes** (c. com. art. R. 123-180 et PCG art. 810-4).

La CNCC envisage le cas des comptes arrêtés en milliers de francs (solution transposable aux comptes arrêtés en milliers d'euros). Dans cette hypothèse, le commissaire aux comptes appréciera l'importance relative de cette particularité dans la présentation des comptes annuels. Si cette importance est significative et de nature à remettre en cause l'image fidèle du patrimoine, de la situation financière et du résultat des opérations de l'exercice écoulé, il lui appartiendra d'en apprécier l'incidence sur sa certification (CNCC, bull. 67, septembre 1987, p. 349).

Dans le cas d'une présentation d'informations avec un montant arrondi, il convient de le préciser au début de l'annexe avec, par exemple, la mention suivante : « *Les notes 1 à 10 sont présentées en milliers d'euros* ».

Si l'entreprise choisit d'établir son annexe à partir des documents normalisés ou à partir de tout autre modèle, elle devra :
– ne servir, en milliers d'euros, que les lignes ou rubriques pour lesquelles les situations ou mouvements ont une importance significative ;
– ne conserver que ces rubriques, sans reprendre les intitulés des autres lignes qui seraient vides ou servies avec des montants non significatifs ;
– le cas échéant, pour obtenir le raccordement du total du poste explicité avec le montant inscrit au bilan, compléter le tableau avec une ligne « Autres ». Cela dit, cette ligne ne doit être utilisée que dans cette optique et non pas pour y faire figurer des montants de natures diverses, dont le total, d'un montant significatif, n'apporte rien au lecteur ;
– lorsqu'un tableau comporte un faible nombre de lignes, le remplacer éventuellement par un texte explicatif.

11-23 **Possibilité de ne pas fournir une information significative.** Une société peut s'abstenir de donner une information en raison du préjudice qui pourrait résulter de sa divulgation. Tel est le cas, notamment, pour l'information :
– du montant des rémunérations allouées. Ces informations sont données de façon globale pour chaque catégorie et peuvent ne pas être fournies lorsqu'elles permettent d'identifier la situation d'un membre déterminé de ces organes (PCG art. 833-17) ;
– les indications relatives à la ventilation du chiffre d'affaires (par catégories d'activités, par marchés géographiques) à condition qu'il soit fait mention du caractère incomplet de cette information dans l'annexe (PCG art. 833-14/1).

S'agissant des informations de l'annexe relatives aux « passifs non comptabilisés », dans les cas exceptionnels ou l'indication de tout ou partie d'une telle information causerait un préjudice sérieux à l'entité dans un litige l'opposant à un tiers sur le sujet faisant l'objet de la provision ou du passif éventuel, cette information n'est pas fournie. Sont alors indiqués la nature générale du litige, le fait que cette information n'a pas été fournie et la raison pour laquelle elle ne l'a pas été (PCG art. 832-12/3, 833-12/4, 834-9/3 et 835-9/4).

Information pertinente

11-24 L'annexe doit mettre en évidence tout fait pertinent, c'est-à-dire susceptible d'avoir une influence sur le jugement que leurs destinataires peuvent porter sur le patrimoine, la situation financière et le résultat de l'entité ainsi que sur les décisions qu'ils peuvent être amenés à prendre (PCG art. 810-1).

Ainsi, avec le caractère significatif de l'information, le caractère pertinent de l'information permet de répondre à l'objectif de l'annexe : aider à mieux comprendre la situation de l'entreprise à travers les éléments du bilan et du compte de résultat ainsi que des transactions, droits et obligations non comptabilisés et existant à la date d'arrêté.

→ **En pratique** L'AMF a présenté des pistes concrètes à destination des entreprises en vue d'**améliorer** leurs états financiers et **notamment** leurs **annexes** (AMF, « Guide sur la pertinence, la cohérence et la lisibilité des états financiers », Juin 2015). Cette assertion se reproduit d'une année sur l'autre dans les recommandations de l'AMF pour l'arrêté des comptes en IFRS. Pour l'année 2020, l'AMF a insisté sur la pertinence des informations à mentionner en annexe concernant la norme IFRS 16 sur les contrats de location (AMF, recommandation « Arrêté des comptes 2020 », AMF, DOC-2020-09, 28 octobre 2020).

Cette démarche d'évolution de l'annexe implique l'exercice accru du jugement sur la pertinence et le caractère significatif des informations à communiquer, tant par les entreprises que par leurs commissaires aux comptes dans le cadre de leur mission. Les **propositions d'amélioration en matière de pertinence** consistent à :
– présenter des informations pertinentes et spécifiques à la société. La présentation des principes comptables par exemple, sert à éclairer le lecteur sur la manière dont l'entreprise a mis en œuvre les règles qui lui sont applicables au regard notamment de son activité et de ses spécificités en précisant comment les principes généraux se déclinent spécifiquement pour elle ;

– adapter le niveau d'information à l'importance du sujet (voir ci-avant information significative) ;
– adapter l'information au contexte. Les états financiers ne sont pas une structure d'information figée mais évoluent en fonction des événements des périodes présentées et du contexte, notamment de marché. Il convient de s'interroger chaque année sur la pertinence des informations fournies afin de détailler les éléments nouveaux qui le nécessitent et d'éliminer les données non pertinentes et non significatives pour les périodes présentées.

Le « Guide sur la pertinence, la cohérence et la lisibilité des états financiers » de l'AMF, d'une part, pour le contenu et l'organisation des annexes au sein des états financiers des émetteurs, et d'autre part, pour les « Guidelines sur les indicateurs alternatifs de performance (APM) » de l'ESMA dans le cadre de leur communication financière, poursuivent aussi l'objectif d'accroître la pertinence et la lisibilité de l'information publiée par ces derniers. Au-delà des émetteurs, les principes et les bonnes pratiques décrits dans ces guides relatives à l'annexe des comptes consolidés, sous référentiel IFRS, peuvent aider, en tout état de cause, les entreprises, même non présentes sur les marchés, à préparer l'annexe des comptes sociaux.

Structure et présentation de l'annexe

Présentation de l'annexe

12-1 Les diverses informations que contient l'annexe peuvent être présentées sous de multiples formes ; il n'existe pas de présentation normalisée et il appartient à l'entreprise, et à elle seule, de trouver un ordre de classement et un enchaînement logique qui conviennent au souci de bonne information.

En effet, sous réserve que soit respecté l'ordonnancement général des rubriques et des postes du bilan et du compte de résultat, la présentation de l'annexe peut être différente d'une entreprise à l'autre (PCG art. 810-7).

Néanmoins, en pratique, les entreprises adoptent un plan type qui reprend :
– en premier lieu, des informations d'ordre général (faits marquants et éléments du référentiel comptable) ;
– puis des notes relatives aux postes de bilan et de compte de résultat ;
– et, en dernier, des informations de nature diverse.

Elles utilisent des tableaux pour améliorer la lisibilité de l'annexe (voir § 12-2).

Depuis 2016, les articles du PCG concernant l'annexe ont été reclassés selon un ordre et un enchaînement logique qui peuvent convenir au souci de bonne information. Le tableau ci-dessous synthétise le schéma d'annexe en huit parties pour les comptes individuels.

➠ **À noter** L'un des futurs projets de l'ANC consiste en une réorganisation des dispositions de l'annexe (voir tome 1, Introduction, « Évolution des textes comptables », § 8 et « Le plan de comptes », § 1).

Plan type selon l'ordonnancement du PCG	
1 – Principes et méthodes comptables	5 – Informations relatives aux opérations et engagements envers les dirigeants
2 – Informations relatives aux postes du bilan et du compte de résultat	6 – Informations relatives aux opérations et engagements hors bilan
3 – Informations relatives à la fiscalité	7 – Informations relatives à l'effectif
4 – Informations au titre des opérations réalisées avec des parties liées	8 – Informations relatives aux opérations de nature spécifique

Toutefois, l'entreprise peut, selon ses spécificités, choisir d'adopter une autre structure plus lisible en fonction de l'information qu'elle a à fournir. L'AMF propose ces dernières années de faciliter la lisibilité et la navigation dans les états financiers, de réorganiser les états financiers et notamment l'annexe (AMF, « Guide sur la pertinence, la cohérence, et la lisibilité des états financiers », juin 2015).

➠ **Rappel** Les types d'annexes à établir, selon la catégorie d'entreprises à laquelle l'entité concernée appartient sont les suivantes (voir §§ 11-11 et 11-15, « Principes généraux ») :

Le contenu de l'annexe selon la catégorie de l'entreprise	
Catégorie d'entreprises*	**Type d'annexe**
Personnes morales relevant du RSI (régime simplifié d'imposition)	**abrégée** (c. com. art. L. 123-25, al. 2 et PCG art. 831-1 et 831-2) (voir §§ 12-7 à 12-10)
Personnes morales « petites entreprises* » (régime normal d'imposition)	**simplifiée** (c. com. art. L. 123-16 et PCG art. 832-1 à 832-20) (voir § 12-6)
Autres personnes morales (régime normal d'imposition)	**de base (ou développée)** (PCG art. 833-1 à 833-20) (voir § 12-6)
Personnes physiques « petites entreprises* » (régime normal d'imposition)	**simplifiée** (c. com. art. L. 123-16 et PCG art. 834-1 à 834-15) (voir § 12-6)
Autres personnes physiques (régime normal d'imposition)	**de base (ou développée)** (PCG art. 835-1 à 835-19) (voir § 12-6)
Concernant les seuils des petites entreprises et des moyennes entreprises, (voir § 11-11 et 11-13).	

Utilisation de tableaux

12-2 Il appartient à l'entreprise de décider du recours ou non à un tableau pour expliciter les postes du bilan et du compte de résultat ainsi que leur variation. L'utilisation d'un tableau n'est pas, dans tous les cas, le meilleur choix. Un commentaire rédigé peut, pour certaines informations, être préférable et s'avérer suffisant. Il en est ainsi lorsque le nombre d'éléments à analyser est faible.

L'utilisation d'un tableau ne dispense pas de commentaires. Le tableau n'est en soi qu'une modalité pratique pour détailler une composante d'un ensemble et la faire ressortir ; la solution idéale est, bien entendu, le couplage entre le tableau et le commentaire, à condition que ce tableau ne fasse ressortir que l'information la plus significative. Dans la pratique, il peut être utile de produire, quand cela est nécessaire, un tableau par grandes masses et de fournir, en renvoi à ce tableau, les détails significatifs. Chaque tableau doit être simplifié au maximum dans sa présentation.

Ainsi, dans un souci de simplification, si l'entreprise choisit d'établir son annexe à partir des documents normalisés ou à partir de tout autre modèle, elle devra :
- ne servir, en milliers d'euros, que les lignes ou rubriques pour lesquelles les situations ou mouvements ont une importance significative ;
- ne conserver que ces rubriques, sans reprendre les intitulés des autres lignes qui seraient vides ou servies avec des montants non significatifs ;
- le cas échéant, pour obtenir le raccordement du total du poste explicité avec le montant inscrit au bilan, compléter le tableau avec une ligne « Autres » ;
- cela dit, la ligne « Autres » ne doit être utilisée que dans cette optique et non pas pour y faire figurer des montants de natures diverses, dont le total, d'un montant significatif, n'apporte rien au lecteur ;
- lorsqu'un tableau comporte un faible nombre de lignes, le remplacer éventuellement par un texte explicatif.

Lorsqu'une activité complexe ou une situation particulière le requiert, il conviendra de mettre au point un modèle de tableau particulier à la société pour adapter l'information donnée aux spécificités qu'elle présente.

Une présentation sous forme de tableaux a été retenue pour l'annexe abrégée (voir §§ 12-7 à 12-10) (PCG art. 831-2).

Lien entre l'annexe et d'autres documents

12-3 **Annexe et rapport de gestion.** L'annexe et le rapport de gestion ont chacun une finalité propre et des motivations distinctes. Ils doivent, en conséquence, être établis conformément à leurs règles respectives et présenter, le cas échéant, une même information sous des aspects différents, nonobstant toute redondance apparente (CNCC, bull. 69, mars 1988, p. 93).

En effet, l'annexe complète et explicite le bilan et le compte de résultat, et appartient à part entière aux comptes annuels, tandis que le rapport de gestion est un document de synthèse (voir § 11-8, « Principes généraux »), compréhensible par le non-spécialiste, donnant l'ensemble des informations significatives portant sur les aspects économique, juridique et social de la société ou du groupe.

Il n'est donc pas possible de se dispenser de fournir dans le rapport de gestion une information qui serait présente dans l'annexe. Ainsi, un événement postérieur à la clôture de l'exercice ayant un lien direct et prépondérant avec une opération qui aura été comptabilisée dans les comptes, dès lors qu'il est important, pourra être mentionné, d'une part, dans l'annexe des comptes annuels au titre des informations d'importance significative et, d'autre part, dans le rapport de gestion au titre des événements postérieurs à la clôture (CNCC, EC 2009-58).

Les informations relatives aux changements de méthodes comptables ne sont plus à mentionner dans le rapport de gestion, alors qu'elles le sont dans l'annexe (c. com. art. L. 123-17).

Impacts de la pandémie de Covid-19. L'information pertinente sur les conséquences financières et comptables de l'événement Covid-19 fait partie intégrante des comptes et situations établis en 2020 et constitue généralement un point de référence pour les commentaires de gestion, souvent plus étendus, présentés par ailleurs. Tous les commentaires complémentaires nécessaires (stratégie, risques et opportunités, vision prospective…) sont effectués dans le rapport de gestion en veillant à la cohérence globale des deux documents (ANC, « Recommandations et observations relatives à la prise en compte des conséquences de l'événement Covid-19 dans les comptes et situations établis à compter du 1er janvier 2020 », ANC, rec. B3) (voir §§ 13-1 à 13-4).

12-4 Annexe et liasse fiscale. À la déclaration de leur résultat, les contribuables relevant du réel normal sont tenus, notamment, de joindre (CGI, ann. III art. 38) :

– le tableau des immobilisations (2054) ;
– le tableau des amortissements (2055) ;
– le tableau des provisions (2056) ;
– l'état des échéances, des créances et des dettes (2057) ;
– le tableau des écarts de réévaluation (2054 bis) ;
– la composition du capital social (2059-F) ;
– la liste des filiales et participations (2059-G) ;
– la déclaration 2069-RCI récapitulative des crédits et réductions d'impôt dont l'entreprise souhaite bénéficier.

Nous avons indiqué au paragraphe 12-6, dans le tableau listant les informations à fournir dans l'annexe de base et dans l'annexe simplifiée, les correspondances de ces tableaux de la liasse fiscale avec les informations requises par le PCG.

Ces tableaux, dont la production est requise fiscalement, peuvent être utilisés pour servir certaines informations de même nature demandées pour l'annexe. Mais il ne s'agit pas d'une obligation. Les entreprises doivent joindre à leur déclaration de résultats, sur papier libre, les informations suivantes de l'annexe comptable :

– dérogations aux prescriptions comptables ;
– modifications affectant les méthodes d'évaluation et la présentation des comptes annuels ;
– produits à recevoir et charges à payer ;
– produits et charges figurant au bilan sous les postes « Comptes de régularisation ».

Notons, par ailleurs, que l'annexe comptable en elle-même ne figure pas dans la liste des documents à fournir avec la déclaration des résultats mais que les contribuables ayant la qualité de commerçants peuvent être tenus de produire à l'administration, sur sa demande, les éléments de l'annexe comptable qui ne sont pas énumérés par l'article 38 de l'annexe III du CGI.

12-5 Documents ne faisant pas partie de l'annexe. Certains tableaux sont à annexer aux comptes annuels. Les sociétés dont les actions sont admises aux négociations sur un marché réglementé annexent à leurs comptes annuels un tableau relatif à la répartition et à l'affectation des sommes distribuables (c. com. art. L. 232-7). Le tableau des affectations n'est pas à inclure dans l'annexe, même si, dans la pratique, beaucoup de sociétés les y intègrent afin de simplifier leur communication. Par ailleurs, les sociétés doivent joindre au rapport du conseil d'administration ou du directoire un tableau faisant apparaître les résultats de la société au cours de chacun des 5 derniers exercices (c. com. art. R. 225-102). Ce tableau ne fait pas partie de l'annexe des comptes (voir notre dossier « L'annexe des comptes individuels », RF Comptable 447, mars 2017).

Le contenu de l'annexe simplifiée et de l'annexe de base (personnes physiques et morales)

12-6 Le contenu de l'annexe présenté dans le tableau ci-après suit le cheminement des dispositions du PCG restructuré (voir §§ 12-1 et 11-1). Les informations prescrites par les textes en précisant les entreprises visées y sont récapitulées avec, le cas échéant, la référence au tableau de la liasse fiscale fournissant également l'information. Le principe d'importance relative (concernant l'information significative) demeure le critère de sélection de l'information à porter dans l'annexe. **Rappelons la possibilité des petites entreprises (PE) de présenter un modèle d'annexe simplifié, les autres entreprises devant se conformer au modèle de base** (voir §§ 11-11 et 11-15). **Les informations à fournir pour l'annexe abrégée des personnes morales soumises au RSI font l'objet des** paragraphes 12-7 à 12-10.

➠ **Précision** Depuis 2017, l'ANC a développé la notion d'information infra-réglementaire (IR) permettant de clarifier le caractère de l'information inclus dans son recueil en exergue des articles du PCG. Ces éléments sont hiérarchisés en cinq catégories dans le RNCF, à savoir (voir tome 1, Évolution des textes comptables, § 3) :
– commentaires contextuels sur l'origine d'un nouveau dispositif (IR1) ;
– recommandations relatives au champ d'application de l'article du PCG concerné (IR2) ;
– recommandations sur les modalités de mise en œuvre des dispositions réglementaires (IR3) ;
– commentaires illustratifs (IR4) ;
– recommandations relatives aux schémas d'écritures (IR5).

Depuis 2018, le RNCF intègre ces éléments infra-réglementaires dont certains peuvent concerner l'annexe.

Les modifications importantes apportées sur l'annexe sont issues du règlement ANC 2018-01 relatif aux changements comptables (ANC, règlt 2018-01 du 20 avril 2018 et sa note de présentation ; arrêté du 8 octobre 2018, JO du 9 ; voir tome 1, compte 11, §§ 13 et s.) (voir §§ 13-5 à 13-12), **du règlement 2018-07 relatif aux jetons numériques** (ANC, règlt 2018-07 du 10 décembre 2018, arrêté du 26 décembre 2018, JO du 30 ;voir tome 1, compte 52, § 14 et s.) (voir §§ 13-28 et 13-29). **Le règlement ANC 2018-07 a été complété par le règlement ANC 2020-05 du 24 juillet 2020 relatif au traitement comptable des prêts/ emprunts de jetons et des dérivés sur jetons ainsi que des services sur actifs numériques, applicable, selon nous, aux comptes 2020** (ANC, règlt 2020-05 du 24 juillet 2020, homologué par l'arrêté 29 décembre 2020, JO du 31 ; voir RF Comptable 488, décembre 2020, « Comptabilisation des jetons et services sur actifs numériques : précisions de l'ANC » ; voir tome 1, compte 52, §§ 14 à 30) (voir § 13-29). **Enfin, le règlement ANC 2019-09 concerne l'option d'activation des frais de formation** (ANC, règlt 2019-09 relatif aux frais de formation, arrêté du 22 avril 2020, JO du 30) (voir § 13-7).

	Pers. physiques		Pers. morales	
	PE hors RSI	Autres	PE hors RSI	Autres
1 - Principes et méthodes comptables				
• Mention du règlement comptable de l'ANC utilisé pour l'élaboration des comptes annuels (1).	X PCG art. 834-2/1.a	X PCG art. 835-2/1.a	X PCG art. 832-2/1.a	X PCG art. 833-2/1.a
• Informations complémentaires lorsque l'application d'une prescription comptable ne suffit pas pour donner l'image fidèle (c. com. art. L. 123-14, al. 2).	X	X	X	X
• Indication et justification des dérogations en précisant leur influence sur le patrimoine, la situation financière et les résultats (1) : - aux règles générales d'établissement et de présentation des comptes annuels ; - à la durée de l'exercice comptable.	X PCG art. 834-2/1.bi PCG art. 834-2/1.bii	X PCG art. 835-2/1.bi PCG art. 835-2/1.bii	X PCG art. 832-2/1.bi PCG art. 832-2/1.bii	X PCG art. 833-2/1.bi PCG art. 833-2/1.bii
• Liste des principales méthodes retenues par l'entité lorsqu'il existe un choix de méthode ou lorsqu'il n'existe pas de méthode explicite applicable à la transaction (1).	X PCG art. 834-2/1.c	X PCG art. 835-2/1.c	X PCG art. 832-2/1.c	X PCG art. 833-2/1.c
• Information sur les événements n'ayant aucun lien direct prépondérant avec une situation existant à la clôture de l'exercice survenus entre la date de clôture et la date d'établissement des comptes (1).	PCG art. 834-2/1.d	PCG art. 835-2/1.d	PCG art. 832-2/1.d	PCG art. 833-2/1.d

	Pers. physiques		Pers. morales	
	PE hors RSI	Autres	PE hors RSI	Autres
• Changements comptables « petites entreprises » (PE). En cas de changement de réglementation ou de méthode à l'initiative de l'entité, mention de l'impact du changement de réglementation déterminé à l'ouverture en précisant les postes concernés (c. com. art. L. 123-17) (1).	X PCG art. 834-2/2.ai, bi et bii	X	X PCG art. 832-2/2.ai, bi et bii	X
• Changements comptables appliqués de façon rétrospective aux autres entreprises non PE (changement de réglementation ou de méthode à l'initiative de l'entité). Mention des informations des PE ci-dessus, plus présentation des principaux postes des exercices antérieurs présentés, retraités selon la nouvelle méthode (c. com. art. L. 123-17) (1).		PCG art. 835-2/2. aii et biii		PCG art. 833-2/2.aii et biii
• Changements comptables appliqués de façon prospective aux autres entreprises non PE (changement de réglementation ou de méthode à l'initiative de l'entité). Mention des informations des PE plus indication de son impact sur les principaux postes concernés de l'exercice, sauf impraticabilité. Lorsqu'un changement de méthode a été appliqué de manière prospective, indication des raisons de son application prospective et de son impact sur les principaux postes concernés de l'exercice, sauf impraticabilité (c. com. art. L. 123-17) (1).		PCG art. 835-2/2. aiii et biv		PCG art. 833-2/2.aiii et biv
• Indication et justification des changements d'estimation (1).	X PCG art. 834-2/2.c	X PCG art. 835-2/2.c	X PCG art. 832-2/2.c	X PCG art. 833-2/2.c
• Corrections d'erreur. Mention de la nature de l'erreur corrigée. Mention de l'impact de la correction d'erreur sur les comptes de l'exercice. Présentation des principaux postes des exercices antérieurs présentés, corrigés de l'erreur (1).	X PCG art. 834-2/2.d	X PCG art. 835-2/2.d	X PCG art. 832-2/2.d	X PCG art. 833-2/2.d
• Le nom et le siège de l'entreprise qui établit les états financiers consolidés de l'ensemble le plus grand d'entreprises dont l'entreprise fait partie en tant qu'entreprise filiale en indiquant pour les entreprises françaises le numéro d'identification.				X PCG art. 833-2/9
• Le nom et le siège de l'entreprise qui établit les états financiers consolidés de l'ensemble le plus petit d'entreprises compris dans l'ensemble d'entreprises visé à l'alinéa 9 ci-dessus dont l'entreprise fait partie en tant qu'entreprise filiale en indiquant pour les entreprises françaises le numéro d'identification.				X PCG art. 833-2/10
• Le lieu où des copies des états financiers consolidés visés aux alinéas 9 et 10 ci-dessus peuvent être obtenues, pour autant qu'elles soient disponibles.				X PCG art. 833-2/11
2 - Informations relatives aux postes du bilan et du compte de résultat				
Actif immobilisé				
État de l'actif immobilisé				
• Modalités de détermination de la valeur brute comptable : modalités de détermination du coût de revient ou du prix d'acquisition pour chaque catégorie d'immobilisations.	X PCG art. 834-3/1	X PCG art. 835-3/1	X PCG art. 832-3/1	X PCG art. 833-3/1

	Pers. physiques		Pers. morales	
	PE hors RSI	Autres	PE hors RSI	Autres
• Rapprochement entre la valeur comptable à l'ouverture et à la clôture de l'exercice, faisant apparaître pour chaque catégorie d'immobilisations (modèle de tableau PCG art. 841-1) : - les entrées ; - les sorties ou mises au rebut ; - le coût estimé de démantèlement, d'enlèvement et de restauration des sites ; - les augmentations ou les diminutions résultant des réévaluations effectuées durant l'exercice. Liasse fiscale 2054	X PCG art. 834-3/1	X PCG art. 835-3/1	X PCG art. 832-3/1	X PCG art. 833-3/1
• Dans des cas exceptionnels et lors de l'établissement des premiers comptes normalisés, des éléments d'actif entreront en comptabilité pour leur valeur en l'état à l'ouverture de l'exercice.	X PCG art. 834-3/1	X PCG art. 835-3/1	X PCG art. 832-3/1	X PCG art. 833-3/1
Amortissements				
• L'utilisation ou les taux d'amortissement utilisés pour chaque catégorie d'immobilisations. Liasse fiscale 2055	X PCG art. 834-3/2	X PCG art. 835-3/2	X PCG art. 832-3/2	X PCG art. 833-3/2
• Les modes d'amortissement utilisés pour chaque catégorie d'immobilisations. Liasse fiscale 2055.	X PCG art. 834-3/2	X PCG art. 835-3/2	X PCG art. 832-3/2	X PCG art. 833-3/2
• Le(s) poste(s) du compte de résultat dans le(s)quel(s) est incluse la dotation aux amortissements pour chaque catégorie d'immobilisations.	X PCG art. 834-3/2	X PCG art. 835-3/2	X PCG art. 832-3/2	X PCG art. 833-3/2
• La nature et l'incidence d'un changement d'estimation comptable ayant un impact significatif sur l'exercice ou dont on peut s'attendre à ce qu'il ait un impact significatif sur les exercices ultérieurs pour chaque catégorie d'immobilisations : - durée de l'amortissement ; - mode d'amortissement ; - valeur résiduelle.	X PCG art. 834-3/2	X PCG art. 835-3/2	X PCG art. 832-3/2	X PCG art. 833-3/2
• Le détail et la justification des amortissements exceptionnels liés à la législation fiscale.	X PCG art. 834-3/2	X PCG art. 835-3/2	X PCG art. 832-3/2	X PCG art. 833-3/2
• En cas de comptabilisation séparée des différents éléments d'un actif du fait d'utilisations différentes, indication de la valeur brute, de l'utilisation ou du taux d'amortissement et du mode d'amortissement utilisé pour chacun des éléments.	X PCG art. 834-3/2	X PCG art. 835-3/2	X PCG art. 832-3/2	X PCG art. 833-3/2
Dépréciations de l'actif immobilisé (comptabilisées ou reprises au cours de l'exercice pour des montants individuellement significatifs)				
• Le montant de la dépréciation comptabilisée ou reprise. Liasse fiscale 2056.	X PCG art. 834-3/3	X PCG art. 835-3/3	x PCG art. 832-3/3	X PCG art. 833-3/3
• La valeur actuelle retenue : valeur vénale ou valeur d'usage ; si la valeur vénale est retenue, la base utilisée peut déterminer ce prix (par référence à un marché actif ou de toute autre façon) ; si la valeur d'usage est retenue, les modalités de détermination de celle-ci.	X PCG art. 834-3/3	X PCG art. 835-3/3	X PCG art. 832-3/3	X PCG art. 833-3/3

	Pers. physiques		Pers. morales	
	PE hors RSI	Autres	PE hors RSI	Autres
• Le(s) poste(s) du compte de résultat dans le(s)quel(s) est incluse la dotation.	X PCG art. 834-3/3	X PCG art. 835-3/3	X PCG art. 832-3/3	X PCG art. 833-3/3
• Les événements et circonstances qui ont conduit à comptabiliser ou à reprendre la dépréciation.	X PCG art. 834-3/3	X PCG art. 835-3/3	X PCG art. 832-3/3	X PCG art. 833-3/3
• Le détail et la justification des dépréciations exceptionnelles liées à la législation fiscale.	X PCG art. 834-3/3	X PCG art. 835-3/3	X PCG art. 832-3/3	X PCG art. 833-3/3
État de rapprochement				
• Un rapprochement entre les valeurs comptables à l'ouverture et à la clôture de l'exercice en distinguant : - les amortissements comptabilisés au cours de l'exercice ; - les dépréciations comptabilisées au cours de l'exercice ; - les dépréciations reprises au cours de l'exercice. Modèles de tableau des amortissements (PCG art. 841-2) et des dépréciations (PCG art. 841-3). Liasse fiscale 2055 et 2056	X PCG art. 834-3/4	X PCG art. 835-3/4	X PCG art. 832-3/4	X PCG art. 833-3/4
Réévaluation				
• En cas de réévaluation des immobilisations corporelles et financières, il est fait mention : - de la variation au cours de l'exercice de l'écart de réévaluation ; - du montant de l'écart incorporé au capital pendant l'exercice ; - du traitement fiscal de ces opérations ; - des informations en coûts historiques pour les immobilisations réévaluées, par la mise en évidence des compléments de valeur et des amortissements supplémentaires qui s'y rapportent ; - de la part des produits de cession des immobilisations réévaluées, transférée à un compte distribuable immobilisation par immobilisation. Liasse fiscale 2054 bis.	X PCG art. 834-4	X PCG art. 835-4	X PCG art. 832-4	X PCG art. 833-4
Précisions sur certains éléments de l'actif immobilisé				
Frais d'établissement				
• Indication du montant et du traitement comptable retenu.				X PCG art. 833-5/1
Frais de développement				
• Indication du traitement comptable retenu : inscription à l'actif ou comptabilisation en charges. Si inscription à l'actif : mention de la durée d'amortissement retenue. La durée d'amortissement doit être justifiée (c. com. art. R. 123-187). Si comptabilisation en charges : montant comptabilisé au cours de l'exercice.	X PCG art. 834-5/1	X PCG art. 835-5/1	X PCG art. 832-5/1	X PCG art. 833-5/2
Fonds commercial				
• Indication sur les montants inscrits au poste « Fonds commercial » et sur leurs modalités d'amortissement et de dépréciation. • Mention de la durée d'utilisation. • Modalités de mise en œuvre du test de dépréciation.	X PCG art. 834-5/2	X PCG art. 835-5/2	X PCG art. 832-5/2	X PCG art. 833-5/3

	Pers. physiques		Pers. morales	
	PE hors RSI	Autres	PE hors RSI	Autres
• Modalités d'affection à un groupe d'actifs.			X PCG art. 832-5/2	X PCG art. 833-5/3
Coûts d'emprunt				
• Coûts d'emprunt incorporés dans les coûts d'acquisition ou de production des immobilisations corporelles, incorporelles : - traitement utilisé pour la comptabilisation des coûts d'emprunt ; - montant des coûts d'emprunt incorporés dans le coût des actifs durant l'exercice par catégorie d'actifs et sa justification (c. com. art. R. 123-178) ; - taux de capitalisation utilisé pour déterminer le montant des coûts d'emprunt pouvant être incorporé dans le coût des actifs (en cas de coûts non attribuables directement).	X PCG art. 834-5/3	X PCG art. 835-5/3	X PCG art. 832-5/3	X PCG art. 833-5/4
Informations relatives aux filiales et participations				
• Le tableau des filiales et participations, selon le modèle présenté à l'article 841-6 du PCG (c. com. art. L. 233-15). Liasse fiscale 2059 G.			X PCG art. 832-6	X PCG art. 833-6
• Informations à donner en cas d'exemption de l'obligation d'établissement de comptes consolidés (c. com. art. R. 233-15).			X	X
Titres immobilisés de l'activité de portefeuille (TIAP)				
• Valeur estimative du portefeuille de titres immobilisés de l'activité de portefeuille par critères d'évaluation, variation de portefeuille. Cette information est présentée selon les formes les plus appropriées, et notamment au moyen des tableaux figurant sous l'article 841-7 du PCG.			X PCG art. 832-7	X PCG art. 833-7
Actif circulant				
État des stocks				
• Méthodes comptables adoptées pour évaluer les stocks, y compris les méthodes de détermination du coût.	X PCG art. 834-6/1	X PCG art. 835-6/1	X PCG art. 832-8/1	X PCG art. 833-8/1
• Valeur comptable globale des stocks et valeur comptable par catégories appropriées à l'entité.	X PCG art. 834-6/1	X PCG art. 835-6/1	X PCG art. 832-8/1	X PCG art. 833-8/1
• Méthodes utilisées pour le calcul des dépréciations et montants par catégories. Liasse fiscale 2056.	X PCG art. 834-6/1	X PCG art. 835-6/1	X PCG art. 832-8/1	X PCG art. 833-8/1
Stocks / Coûts d'emprunt				
• Coûts d'emprunt incorporés dans les coûts d'acquisition ou de production des stocks : - traitement utilisé pour la comptabilisation des coûts d'emprunt ; - montant des coûts d'emprunt incorporés dans le coût des actifs durant l'exercice par catégorie d'actifs et sa justification (c. com. art. R. 123-178) ; - taux de capitalisation utilisé pour déterminer le montant des coûts d'emprunt pouvant être incorporé dans le coût des actifs (en cas de coûts non attribuables directement).	X PCG art. 834-6/2	X PCG art. 835-6/2	X PCG art. 832-8/2	X PCG art. 833-8/2

	Pers. physiques		Pers. morales	
	PE hors RSI	Autres	PE hors RSI	Autres
Actif circulant / Dépréciations				
• Détail et justification des dépréciations. Détail et justification des corrections exceptionnelles de valeurs liées à la législation fiscale et concernant l'actif circulant.	X PCG art. 834-6/3	X PCG art. 835-6/3	X PCG art. 832-8/3	X PCG art. 833-8/3
Autres éléments fongibles de l'actif circulant				
• Pour chaque poste du bilan concernant les éléments fongibles de l'actif circulant, indication de la différence entre l'évaluation figurant au bilan et celle qui résulterait des derniers prix du marché connus à la clôture des comptes.				X PCG art. 833-8/4
État des échéances des créances à la clôture de l'exercice				
• Les créances sont classées selon la durée restant à courir jusqu'à leur échéance en distinguant, d'une part les créances à un an au plus et, d'autre part les créances à moins d'un an. Modèle de tableau des échéances des créances et des dettes (PCG art. 841-5). Liasse fiscale 2057.	X PCG art. 834-7	X PCG art. 835-7	X PCG art. 832-9	X PCG art. 833-9
Charges constatées d'avance et écarts de conversion actif				
• Précision sur la nature, le montant et le traitement comptable : - des charges constatées d'avance ; - des écarts de conversion actif.	X PCG art. 834-8	X PCG art. 835-8	X PCG art. 832-10	X PCG art. 833-10
Capitaux propres				
Capital social				
• Nombre et valeur nominale des actions et parts sociales : - émises pendant l'exercice ; - composant le capital social, le cas échéant, par catégories ; - accompagnés d'un état des réserves affectées à la contrepartie de la valeur comptable des actions détenues par la société elle-même ou par une personne morale agissant pour son compte. Liasse fiscale 2059-F			X PCG art. 832-11/1	X PCG art. 833-11/1
Actions propres				
• Mention du nombre et de la valeur des actions propres détenues à la fin de l'exercice, ainsi que les mouvements intervenus au cours de l'exercice tant aux comptes 502, que 2771 et 2772.			X PCG art. 832-11/2	X PCG art. 833-11/2
• Mention le cas échéant de la provision qui serait constatée sur les titres inscrits au compte 2772 s'ils suivaient les règles d'évaluation habituelles pour les titres immobilisés.			X PCG art. 832-11/2	X PCG art. 833-11/2
Parts bénéficiaires émises par la société avec indication par catégorie				
• Nombre et valeur nominale. • L'étendue des droits qu'ils confèrent.				X PCG art. 833-11/3
Variation des capitaux propres				
• Tableau des divergences constatées entre la variation des capitaux propres au cours de l'exercice et le résultat dudit exercice.			X PCG art. 832-11/3	X PCG art. 833-11/4

	Pers. physiques		Pers. morales	
	PE hors RSI	**Autres**	**PE hors RSI**	**Autres**
Passifs et provisions				
Provisions				
• Pour chaque catégorie de provision, une information est fournie sur : - la valeur comptable à l'ouverture et à la clôture de l'exercice ; - les provisions constituées au cours de l'exercice ; - les montants utilisés au cours de l'exercice et - les montants non utilisés repris au cours de l'exercice. Liasse fiscale 2055 et 2056	X PCG art. 834-9/1	X PCG art. 835-9/1	X PCG art. 832-12/1	X PCG art. 833-12/1
• Pour les risques et charges provisionnés pour des montants individuellement significatifs, une information est fournie sur : - la nature de l'obligation et l'échéance attendue des dépenses provisionnées ; - les incertitudes relatives aux montants et aux échéances de ces dépenses, et si cela s'avère nécessaire pour donner une information adéquate, les principales hypothèses retenues sur les événements futurs pris en compte pour l'estimation ; - le montant de tout remboursement attendu en indiquant, le cas échéant, le montant de l'actif comptabilisé pour celui-ci.	X PCG art. 834-9/1	X PCG art. 835-9/1	X PCG art. 832-12/1	X PCG art. 833-12/1
Passifs non comptabilisés				
• À moins que la probabilité d'une sortie de ressources soit faible, les informations suivantes sont données pour chaque catégorie de passif éventuel à la date de clôture : - description de la nature de ces passifs éventuels ; - estimation de leurs effets financiers ; - indication des incertitudes relatives au montant ou à l'échéance de toute sortie de ressources ; et - possibilité pour l'entité d'obtenir remboursement.	X PCG art. 834-9/2	X PCG art. 835-9/2	X PCG art. 832-12/2	X PCG art. 833-12/2
Passifs				
• Dans le cas exceptionnel où aucune évaluation fiable du montant de l'obligation d'un passif ne peut être réalisée, les informations suivantes sont fournies : - description de la nature de ce passif ; - indication des incertitudes relatives au montant ou à l'échéance de toute sortie de ressources.	X PCG art. 834-9/2	X PCG art. 835-9/3	X PCG art. 832-12/2	X PCG art. 833-12/2
• Dans les cas exceptionnels où l'indication de tout ou partie d'une telle information causerait un préjudice sérieux à l'entité dans un litige l'opposant à un tiers sur le sujet faisant l'objet de la provision ou du passif éventuel, cette information n'est pas fournie. Sont alors indiqués la nature générale du litige, le fait que cette information n'a pas été fournie et la raison pour laquelle elle ne l'a pas été.	X PCG art. 834-9/3	X PCG art. 835-9/4	X PCG art. 832-12/3	X PCG art. 833-12/4
Dettes				
État des échéances des dettes à la clôture de l'exercice				
• Les dettes sont classées selon la durée restant à courir jusqu'à leur échéance en distinguant les dettes à 1 an au plus, à plus d'un an et 5 ans au plus et à plus de 5 ans. Modèle de tableau des échéances des créances et des dettes (PCG art. 841-5). Liasse fiscale 2057.	X PCG art. 834-10/1	X PCG art. 835-10/1	X PCG art. 832-13/1	X PCG art. 833-13/1
• Indication pour chacun des postes relatifs aux dettes de celles garanties par des sûretés réelles.		X PCG art. 835-10/1		X PCG art. 833-13/1

	Pers. physiques		Pers. morales	
	PE hors RSI	Autres	PE hors RSI	Autres
Modalités d'amortissement des primes de remboursement d'emprunt				
• Modalités d'amortissement des primes de remboursement d'emprunt. Précisions sur la nature, le montant et le traitement comptable des primes de remboursement d'emprunt (c. com. art. R. 123-185). Liasse fiscale 2055.	X PCG art. 834-8 et 834-10/2	X PCG art. 835-10/2	X PCG art. 832-10 et 832-13/2	X PCG art. 833-13/2
Produits constatés d'avance et des écarts de conversion passif				
• Précision sur la nature, le montant et le traitement comptable : - des produits constatés d'avance ; - des écarts de conversion passif.	X PCG art. 834-10/3	X PCG art. 835-10/3	X PCG art. 832-13/3	X PCG art. 833-13/3
Compte de résultat				
Ventilation du chiffre d'affaires				
• Ventilation du chiffre d'affaires - par catégories d'activités ; - par marchés géographiques, dans la mesure où ces catégories d'activités ou marchés diffèrent entre eux de façon très importante. L'entité qui a opté pour l'indication dans l'annexe du montant des produits des activités courantes, joint un tableau de rapprochement chiffré avec le montant net du chiffre d'affaires. Si certaines de ces indications sont omises en raison du préjudice grave qui pourrait résulter de leur divulgation, il est fait mention du caractère incomplet de cette information.				X PCG art. 833-14/1
Montant détaillé des frais accessoires d'achat				
• Lorsqu'ils n'ont pas été enregistrés dans les comptes de charge par nature prévus à cet effet.				X PCG art. 833-14/2
Autres informations sur les produits et les charges				
• Précisions sur la nature, le montant et le traitement : - des produits à recevoir et charges à payer au titre de l'exercice ; - des produits et charges imputables à un autre exercice ; - quote-part de résultat sur opérations faites en commun ; - des produits exceptionnels et charges exceptionnelles ; - des transferts de charges. Liasse fiscale 2052, 2053 et 2058-A	X PCG art. 834-11	X PCG art. 835-11	X PCG art. 832-14	X PCG art. 833-14/3
• Précisions sur la nature, le montant et le traitement des créances résultant du report en arrière des déficits.	X PCG art. 834/11		X PCG art. 832-14	X PCG art. 833-14/3
Indication du montant total des honoraires des commissaires aux comptes				
• Indication, pour chaque commissaire aux comptes, du montant total des honoraires des commissaires aux comptes figurant au compte de résultat de l'exercice, en séparant les honoraires afférents à la certification des comptes de ceux afférents, le cas échéant aux autres services. Ces informations ne sont pas fournies si la personne morale est incluse dans un périmètre de consolidation.				X PCG art. 833-14/4

	Pers. physiques		Pers. morales	
	PE hors RSI	Autres	PE hors RSI	Autres
3 - Informations relatives à la fiscalité				
Informations relatives au régime fiscal				
• Indication de l'incidence sur le résultat de l'exercice de toute modification d'impôt votée entre les dates de clôture et l'arrêté.	X PCG art. 834-12	X PCG art. 835-12	X PCG art. 832-15	X PCG art. 833-15
• Détail et justification des corrections exceptionnelles de valeurs des immobilisations liées à la législation fiscale.		X PCG art. 835-12		X PCG art. 833-15
• Détail et justification des corrections exceptionnelles de valeurs de l'actif circulant liées à la législation fiscale.		X PCG art. 835-12		X PCG art. 833-15
• Montant des dettes et créances d'impôt différées provenant des décalages dans le temps entre le régime fiscal et le traitement comptable des produits et charges lorsque ces montants proviennent d'évaluations liées à l'application de la législation fiscale.				X PCG art. 833-15
• Répartition du montant global des impôts sur le bénéfice entre le résultat courant et le résultat exceptionnel en précisant notamment les bases et taux d'imposition ainsi que les crédits d'impôts, avoirs fiscaux et imputations diverses.				X PCG art. 833-15
• Indication, même approximative, de la mesure dans laquelle le résultat a été affecté par des évaluations dérogatoires en vue d'obtenir des allégements fiscaux.				X PCG art. 833-15
• Informations relatives aux crédits d'impôt (montants et nature)	X PCG art. 834-12		X PCG art. 832-15	X PCG art. 833-15
• Pour les entités intégrées fiscalement, les indications minimales sont les suivantes : - les modalités de répartition de l'impôt sur les sociétés assis sur le résultat d'ensemble du groupe ; - la différence entre l'impôt comptabilisé et l'impôt pour le paiement duquel l'entreprise est solidaire ; - la différence entre l'impôt comptabilisé et l'impôt qui aurait été supporté en l'absence d'intégration fiscale ; - les déficits reportables ; - la nature et le contenu spécifiques de la rubrique « impôts sur les bénéfices ».				X PCG art. 833-15
4 - Informations au titre des opérations réalisées avec des parties liées				
Informations au titre des opérations réalisées avec des parties liées				
• Les SA mentionnent dans l'annexe la liste des transactions effectuées entre, d'une part, la société et ses principaux actionnaires et, d'autre part, la société et les membres de ses organes d'administration et de surveillance, lorsque ces transactions n'ont pas été conclues aux conditions normales de marché. Cette liste comprend les informations suivantes : la désignation du tiers concerné, la nature de la relation avec le tiers concerné, le montant des transactions réalisées avec le tiers concerné et toute autre information sur les transactions nécessaires à l'appréciation de la situation financière de la société. Les informations sur les différentes transactions peuvent être agrégées en fonction de leur nature, sauf lorsque des informations distinctes sont nécessaires pour comprendre les effets des transactions avec des parties liées sur la situation financière de la société.			X PCG art. 832-16	

	Pers. physiques		Pers. morales	
	PE hors RSI	Autres	PE hors RSI	Autres
• L'entité fournit une liste des transactions, au sens de l'article R. 123-199-1 du code de commerce (référence à la définition d'IAS 24), significatives effectuées par la société avec des parties liées lorsque ces transactions n'ont pas été conclues aux conditions normales de marché. Cette liste comprend les informations suivantes : la désignation de la partie liée, la nature de la relation avec la partie liée, le montant des transactions réalisées avec la partie liée et toute autre information sur les transactions nécessaires à l'appréciation de la situation financière de la société. Les informations sur les différentes transactions peuvent être agrégées en fonction de leur nature, sauf lorsque des informations distinctes sont nécessaires pour comprendre les effets des transactions avec des parties liées sur la situation financière de la société. Ces informations ne sont toutefois pas requises pour les transactions effectuées : - par la société avec les filiales qu'elle détient en totalité ; - entre sociétés sœurs détenues en totalité par une même société mère.				X PCG art. 833-16
5 - Informations relatives aux opérations et engagements envers les dirigeants				
Informations relatives aux opérations et engagements envers les dirigeants				
• Il convient d'indiquer pour les membres des organes d'administration, de direction ou de surveillance, montant global, pour chaque catégorie : - des avances et crédits alloués avec indication des conditions consenties et des remboursements opérés pendant l'exercice, ainsi que le montant des engagements pris pour leur compte ; - le montant des engagements contractés pour pensions de retraite à leur profit.			X PCG art. 832-17	X PCG art. 833-17
• Il convient d'indiquer aussi le montant des rémunérations allouées ; ces informations sont données de façon globale pour chaque catégorie. Elles peuvent ne pas être fournies lorsqu'elles permettent d'identifier la situation d'un membre déterminé de ces organes.				X PCG art. 833-17
6 - Informations relatives aux opérations et engagements hors bilan				
Informations relatives aux opérations et engagements hors bilan				
Engagements financiers donnés et reçus				
• Sont notamment à mentionner les montants des engagements financiers suivants : - les avals, cautionnements et garanties ; - les créances cédées non échues (dont les effets de commerce escomptés non échus) ; - les garanties d'actif et de passif ; - les clauses de retour à meilleure fortune ; - les engagements consentis de manière conditionnelle.	X PCG art. 834-13/1	X PCG art. 835-13/1	X PCG art. 832-18/1	X PCG art. 833-18/1
• Sont également à mentionner les montants des engagements financiers suivants : - les engagements assortis de sûretés réelles ; - les engagements pris fermes sur titres de capital et non inscrits au bilan, ainsi que les engagements résultant de contrats qualifiés de « portage ».		X PCG art. 835-13/1	X PCG art. 832-18/1	X PCG art. 833-18/1
• Sont également à mentionner les montants des engagements financiers suivants : - les engagements consentis à l'égard d'entités liées. Il est précisé qu'une entreprise est considérée comme liée à une autre lorsqu'elle est susceptible d'être incluse par intégration globale dans un même ensemble consolidable ; - le montant des engagements de l'entreprise en matière de pensions, de compléments de retraite, d'indemnités et d'allocations en raison du départ à la retraite ou avantages similaires des membres ou associés de son personnel et de ses mandataires sociaux (c. com. art. L. 123-13).			X PCG art. 832-18/1	X PCG art. 833-18/1

	Pers. physiques		Pers. morales	
	PE hors RSI	Autres	PE hors RSI	Autres
Engagements pris en matière de crédit-bail				
• Valeur des biens pris en crédit-bail au moment de la signature du contrat (c. mon. et fin. art. R. 313-14).				X PCG art. 833-18/2
• Montant des redevances afférentes à l'exercice ainsi que le montant cumulé des redevances des exercices précédents (c. mon. et fin. art. R. 313-14).				X PCG art. 833-18/2
• Dotations aux amortissements qui auraient été enregistrées pour ces biens au titre de l'exercice clos s'ils avaient été acquis par l'entité ainsi que le montant cumulé des amortissements qui auraient été effectués au titre des exercices précédents (c. mon. et fin. art. R. 313-14).				X PCG art. 833-18/2
• Évaluation des redevances restant à payer ainsi que du prix d'achat résiduel de ces biens stipulés aux contrats en distinguant les opérations de crédit-bail mobilier et immobilier (c. mon. et fin. art. R. 313-14).	X PCG art. 834-13/2	X PCG art. 835-13/2	X PCG art. 832-18/2	X PCG art. 833-18/2
• Les informations prévues aux alinéas précédents sont ventilées selon les postes du bilan dont auraient relevé les biens concernés ; les informations prévues au dernier alinéa sont ventilées selon les échéances à 1 an au plus, à plus d'un an et 5 ans au plus et à plus de 5 ans (c. mon. et fin. art. R. 313-14).				X PCG art. 833-18/2
Autres opérations non inscrites au bilan				
• Dès lors que l'opération est susceptible d'avoir un impact significatif sur la situation financière de la société, une information est fournie comportant : - une description de la nature et des objectifs de l'opération ; - l'indication des garanties données dans le cadre de l'opération ; - toute autre information utile à la bonne compréhension de l'opération.			X PCG art. 832-18/3	X PCG art. 833-18/3
• L'indication du montant des risques et avantages attendus de l'opération sur toute la durée de l'accord.				X PCG art. 833-18/3
7 - Informations relatives à l'effectif				
• Mention de l'effectif employé pendant l'exercice tel que défini à l'article D. 123-200 du code de commerce.	X PCG art. 834-14	X PCG art. 835-14	X PCG art. 832-19	X PCG art. 833-19
8 - Informations relatives aux opérations de nature spécifique				
Informations données par les sociétés émettrices de bons de souscription				
Bons de souscription d'actions et actions à bons de souscription d'actions jusqu'à la date de péremption de ces bons				
• Modalités d'émission : montant de l'émission, nombre de bons, prix d'exercice, date limite d'exercice. • Mouvements sur les bons : nombre de bons exercés et montant reçus, nombre de bons rachetés et annulés, nombre de bons en circulation, augmentation de capital potentielle en nombre d'actions et en valeur, évolution des cours des bons et des actions. • Effet de la dilution potentielle sur le bénéfice par action.	X PCG art. 834-15	X PCG art. 835-19	X PCG art. 832-20	X PCG art. 833-20/1

	Pers. physiques		Pers. morales	
	PE hors RSI	Autres	PE hors RSI	Autres
Bons de souscription d'obligations jusqu'à la date de péremption des bons				
• Modalités d'émission : montant de l'émission, nombre de bons, prix d'exercice, date limite d'exercice. • Mouvements sur les bons : nombre de bons exercés et montant reçu, nombre de bons rachetés et annulés, nombre de bons en circulation, nouvel emprunt potentiel en valeur et en nombre d'obligations, évolution des cours des bons et des obligations.	X PCG art. 834-15	X PCG art. 835-19	X PCG art. 832-20	X PCG art. 833-20/1
Obligations à bons de souscription d'obligations jusqu'à l'échéance des obligations et à la date de péremption des bons				
• Modalités d'émission : montant de l'émission, nombre et valeur nominale des obligations, modalités de remboursement, taux d'intérêt, nombre de bons, prix d'exercice, date limite d'exercice. • Mouvements sur les obligations : nombre d'obligations en circulation, encours, nombre d'obligations rachetées ou amorties dans l'annexe, incidence éventuelle sur le résultat du rachat d'obligations, évolution des cours des obligations pendant l'exercice écoulé. • Mouvements sur les bons : nombre de bons exercés et montant reçu, nombre de bons rachetés et annulés, nombre de bons en circulation, évolution des cours des bons.	X PCG art. 834-15	X PCG art. 835-19	X PCG art. 832-20	X PCG art. 833-20/1
Obligations à bons de souscription d'actions jusqu'à l'échéance des obligations et à la date de péremption des bons				
• Modalités d'émission : montant de l'émission, nombre et valeur nominale des obligations, modalités de remboursement, taux d'intérêt, nombre de bons et prix d'exercice, date limite d'exercice. • Mouvements sur les obligations : nombre d'obligations en circulation, encours, nombre d'obligations rachetées ou amorties dans l'exercice, incidence éventuelle sur le résultat du rachat d'obligations, évolution des cours des obligations pendant l'exercice écoulé. • Mouvements sur les bons : nombre de bons exercés, montant reçu, nombre de bons rachetés et annulés, nombre de bons en circulation, augmentation de capital potentielle en nombre d'actions et en valeur, évolution des cours des bons et des actions. • Effet de la dilution potentielle sur le bénéfice par action.	X PCG art. 834-15	X PCG art. 835-19	X PCG art. 832-20	X PCG art. 833-20/1
Plans d'options d'achat ou de souscription d'actions et plans d'attribution d'actions gratuites aux salariés				
• Les principales caractéristiques du plan : - prix d'exercice ; - nombre total d'actions pouvant être émises ou achetées ; - valeur des actions retenue comme assiette de la contribution sociale ; - conditions d'acquisition des actions ou d'exercice des options d'achat (performance, présence) ; - nombre d'actions ou d'options attribuées pendant l'exercice et au cours de l'exercice précédent ; - nombre d'actions ou d'options attribuées cumulées depuis la date d'attribution pour chaque plan.	X PCG art. 834-15	X PCG art. 835-19	X PCG art. 832-20	X PCG art. 833-20/2
• Les informations sur les passifs éventuels (choix ouvert entre attribution d'actions nouvelles ou attribution d'actions existantes).	X PCG art. 834-15	X PCG art. 835-19	X PCG art. 832-20	X PCG art. 833-20/2
• Le nombre d'options annulées (pour les plans d'options). Montant de la charge comptabilisée au cours de l'exercice et de l'exercice précédent.	X PCG art. 834-15	X PCG art. 835-19	X PCG art. 832-20	X PCG art. 833-20/2

	Pers. physiques		Pers. morales	
	PE hors RSI	Autres	PE hors RSI	Autres
• Le montant du passif enregistré au bilan.	X PCG art. 834-15	X PCG art. 835-19	X PCG art. 832-20	X PCG art. 833-20/2
• Le détail du compte 502 (nombre d'actions, coût d'entrée) et informations sur l'affectation dans les deux sous comptes et la dépréciation correspondante.	X PCG art. 834-15	X PCG art. 835-19	X PCG art. 832-20	X PCG art. 833-20/2
Certificats de valeurs garanties, de bons de cession de valeur garantie et instruments assimilés				
• Pour les sociétés émettrices de certificats de valeur garantie, de bons de cession de valeur garantie et instruments assimilés, entre l'émission des titres et leur échéance : - valeur de marché des titres à la date d'arrêté des comptes ; - nombre de titres non rachetés pour annulation à cette date ; - caractéristiques des titres émis ; - montant maximum des engagements représentés par la garantie.	X PCG art. 834-15	X PCG art. 835-19	X PCG art. 832-20	X PCG art. 833-20/3
Informations relatives aux contrats à long terme				
• L'entité décrit les modalités d'application des principes comptables relatifs aux contrats à long terme, le cas échéant par catégorie de contrats, en précisant notamment : - l'inclusion éventuelle, dans les charges imputables, de charges financières ; - le montant des provisions pour pertes à terminaison ainsi que leur variation au cours de l'exercice ; - dans le cas où l'entité n'est pas en mesure de déterminer la provision correspondant à l'hypothèse de perte la plus probable, la description du risque additionnel mesuré par rapport à l'hypothèse de perte la plus faible ; - dans le cas où l'entité n'est pas en mesure d'estimer de façon raisonnable le montant d'une quelconque provision pour perte à terminaison, l'existence et la nature de l'incertitude ; - la méthode de calcul du pourcentage d'avancement lorsque l'entité applique la méthode à l'avancement ; - la prise en compte éventuelle, pour la détermination de l'effet du changement de méthode, de l'estimation du résultat à terminaison à la clôture de l'exercice du changement.	X PCG art. 834-15	X PCG art. 835-19	X PCG art. 832-20	X PCG art. 833-20/4
Informations relatives aux opérations d'échange				
• Les entreprises mentionnent les montants maintenus en produits et charges relatifs aux opérations d'échange, dont au moins un des lots échangés concerne une prestation publicitaire, pour chaque exercice présenté. Pour ces opérations d'échange mentionnées à l'alinéa ci-dessus, dont la valeur vénale n'a pu être déterminée de façon fiable, une information est fournie sur le volume et le type de publicité (ou autre) accordé ou obtenu.	X PCG art. 834-15	X PCG art. 835-19	X PCG art. 832-20	X PCG art. 833-20/5
Informations relatives aux quotas d'émission de gaz à effet de serre et instruments assimilés				
• Description du ou des modèles économiques retenus pour gérer et comptabiliser les quotas d'émission (modèle « Production », modèle « Négoce ») ; • Estimation des émissions réalisées de gaz à effet de serre ; • Les hypothèses prises en compte pour l'évaluation du passif « quotas d'émission à acquérir » ; • Toute information pertinente sur la gestion du risque CO_2 ; • Les quotas étant alloués pour des périodes d'affectation pluriannuelles, puis délivrés aux entreprises par tranches annuelles, les entreprises doivent faire apparaître en « Engagements reçus » la partie des quotas restant à recevoir au titre de la période d'affectation en cours.	X PCG art. 834-15	X PCG art. 835-19	X PCG art. 832-20	X PCG art. 833-20/6

	Pers. physiques		Pers. morales	
	PE hors RSI	Autres	PE hors RSI	Autres
Informations relatives aux certificats d'économies d'énergie				
• Description du ou des modèles économiques de gestion et de comptabilisation des certificats d'économies d'énergie (modèle « Économies d'énergie », modèle « Négoce »).	X PCG art. 834-15	X PCG art. 835-19	X PCG art. 832-20	X PCG art. 833-20/7
Remises accordées à un débiteur par ses créanciers dans le cadre du règlement des difficultés des entreprises				
• Inscription dans l'annexe du débiteur et dans celle du créancier des montants relatifs : - aux remises et/ou aux réductions obtenues ou accordées ; - aux engagements financiers futurs donnés ou reçus.	X PCG art. 834-15	X PCG art. 835-19	X PCG art. 832-20	X PCG art. 833-20/8
Opérations de désendettement de fait				
• L'entité qui transfère le service de la dette indique, lors de la réalisation de l'opération, ses conséquences financières et son coût global. Jusqu'à l'extinction juridique de la dette, elle fournit des informations sur l'opération, notamment le montant restant à rembourser inclus dans les engagements financiers.	X PCG art. 834-15	X PCG art. 835-19	X PCG art. 832-20	X PCG art. 833-20/9
Informations relatives à la vente à réméré				
• Mention par le cédant de l'engagement reçu du cessionnaire, par nature de titres, et le prix convenu. • Mention par le cessionnaire de l'engagement donné au cédant, par nature de titres, et le prix convenu. En cas de décote de la valeur actuelle des titres, le motif de la non-constitution d'une provision est précisé.	X PCG art. 834-15	X PCG art. 835-19	X PCG art. 832-20	X PCG art. 833-20/10
Actifs donnés en garantie dans le cadre de contrats de garantie financière assortis d'un droit de réutilisation				
• Chez le constituant : - nature des actifs donnés en garantie dans le cadre de contrats de garantie financière avec droit de réutilisation ; - montant des engagements donnés au titre des actifs donnés en garantie dans le cadre d'un contrat de garantie financière avec droit de réutilisation ; - montant des actifs donnés en garantie remis en pleine propriété dans le cadre de contrats de garantie financière avec droit de réutilisation.	X PCG art. 834-15	X PCG art. 835-19	X PCG art. 832-20	X PCG art. 833-20/11
• Chez le bénéficiaire : - nature des actifs reçus en garantie dans le cadre de contrats de garantie financière avec droit de réutilisation ; - montant des engagements reçus au titre des actifs reçus en garantie dans le cadre d'un contrat de garantie financière avec droit de réutilisation ; - montant des actifs reçus en pleine propriété dans le cadre de contrats de garantie financière avec droit de réutilisation.	X PCG art. 834-15	X PCG art. 835-19	X PCG art. 832-20	X PCG art. 833-20/11
Contrats de fiducie				
Informations à mentionner chez le constituant : • Le ou les contrats de fiducie conclus en précisant : - l'objet et la durée du ou des contrat(s) ; - l'identité du ou des autres constituant(s) et du fiduciaire ; - les principaux termes du contrat avec notamment les modalités particulières de prise en charge des passifs (c. civ. art. 2025, al. 2) et les dispositions contractuelles relatives aux transferts de trésorerie de la fiducie vers le constituant. • La nature des actifs et des passifs transférés ou à transférer en précisant : - la valeur brute, les amortissements, les dépréciations, la valeur nette comptable ; - les modalités d'évaluation retenues lors du transfert.	X PCG art. 834-15	X PCG art. 835-19	X PCG art. 832-20	X PCG art. 833-20/12

	Pers. physiques		Pers. morales	
	PE hors RSI	Autres	PE hors RSI	Autres
Informations à mentionner chez le fiduciaire : • Liste et nature des contrats de fiducie conclus et des comptabilités autonomes établies en tant que fiduciaire ; • Pour chaque contrat, indiquer si le contrat prévoit de mettre, en cas d'insuffisance d'actif, tout ou partie à la charge du fiduciaire (c. civ. art. 2025, al. 2).	X PCG art. 834-15	X PCG art. 835-19	X PCG art. 832-20	X PCG art. 833-20/12
Informations à mentionner chez le bénéficiaire quand il n'est pas le constituant : • Le ou les contrat(s) de fiducie conclu(s) en précisant : - l'objet et la durée du ou des contrat(s) ; - l'identité du ou des constituant(s) et du fiduciaire. • La nature des actifs et des passifs transférés ou à transférer par le(s) constituant(s) dans la fiducie : - la nature de la contrepartie attribuée au(x) constituant(s) ; - la nature des droits ou obligations revenant au bénéficiaire.	X PCG art. 834-15	X PCG art. 835-19	X PCG art. 832-20	X PCG art. 833-20/12
Si le constituant n'est pas le bénéficiaire de tout ou partie des droits, les informations sur l'identité du ou des bénéficiaires et la nature des droits et obligations transférés ou à transférer : • Le tableau des variations des comptes « 2661 Droits représentatifs d'actifs nets remis en fiducie » et « 162 Obligations représentatives de passifs nets remis en fiducie » détaillées par contrat. • Les modalités d'affectation du résultat de chaque contrat.	X PCG art. 834-15	X PCG art. 835-19	X PCG art. 832-20	X PCG art. 833-20/12
Informations à donner sur les instruments financiers à terme et les opérations de couverture				
Instruments financiers dérivés				
Pour chaque catégorie d'instruments financiers dérivés : • La juste valeur des instruments, si cette valeur peut être déterminée par référence à une valeur de marché ou par application de modèles et techniques d'évaluation généralement admis. • Les indications sur le volume et la nature des instruments (type de produit, sous-jacent). Cette information est donnée en lien avec la description des stratégies de couverture. Pour les opérations de couverture, le montant des gains et pertes réalisés différé au bilan est précisé en lien avec les stratégies de couverture.	X PCG art. 834-15	X PCG art. 835-19	X PCG art. 832-20	X PCG art. 833-20/13
Stratégies de couverture				
• Une information narrative est donnée sur les stratégies de couverture poursuivies, en précisant notamment le recours à des opérations d'optimisation avec ou sans prise de risque supplémentaire.	X PCG art. 834-15	X PCG art. 835-19	X PCG art. 832-20	X PCG art. 833-20/13
Informations relatives aux fusions et opérations assimilées (opérations visées par le titre VII du PCG « Comptabilisation et évaluation des opérations de fusions et opérations assimilées »)				
L'entité absorbante ou bénéficiaire des apports mentionne dans l'annexe de ses comptes annuels de l'exercice de l'opération (PCG art. 770-1). • Pour toute opération visée : - le contexte de l'opération ; - les modalités d'évaluation des apports retenues ; - l'adoption éventuelle de traitements dérogatoires prévus (filialisation de branche d'activité et actif net comptable apporté insuffisant pour permettre la libération du capital). • Lorsqu'une opération a conduit à la constatation d'un boni, l'entité doit mentionner le traitement retenu.	X PCG art. 834-15	X PCG art. 835-19	X PCG art. 832-20	X PCG art. 833-20/14

	Pers. physiques		Pers. morales	
	PE hors RSI	Autres	PE hors RSI	Autres
• Lorsqu'une opération a conduit à la constatation d'un mali, l'entité doit mentionner les éléments significatifs sur lequel le mali a été affecté. Elle doit aussi mentionner les modalités d'amortissement, de dépréciation et sortie définitive du mali. • Lorsqu'une perte intercalaire et/ou un « badwill » est enregistrée, l'entité doit mentionner le montant inscrit dans le sous-compte de la prime de fusion. • En cas d'opérations de filialisation d'une branche d'activité destinée à être cédée à une société sous contrôle distinct, les apports étant évalués à la valeur réelle, l'entité doit mentionner le résultat de cession intra-groupe constaté, afin de prévenir la distribution anticipée du résultat avant la réalisation de la cession à l'extérieur du groupe. • Le suivi par l'entité de son mali affecté aux actifs en détaillant par actif la valeur brute, et le cas échéant les amortissements, les reprises d'amortissement, les dépréciations et reprises de dépréciations (PCG art. 770-2).				
Informations relatives à la formation professionnelle (4)				
• Informations possibles sur l'effort de formation sous forme de tableaux normalisés indiquant : - le montant consacré à la formation, par type de formation (au cours de l'exercice, de l'exercice précédent et des trois derniers exercices en indiquant le cumul amorti sur trois exercices) ; - la répartition dans les principaux postes du compte de résultat ou du bilan (si la formation est immobilisée ; PCG art. 213-8 et 213-22) ; - le montant consacré à la formation professionnelle / la masse salariale ; - le nombre d'heures de formation, la part des salariés ayant bénéficié d'une formation au cours de l'exercice.				X PCG art. 833-20/15
Informations relatives aux jetons numériques émis et détenus (2)				
Émetteurs de jetons (PCG art. 619-9) Doivent être mentionnés : • Un descriptif du contexte et de l'objet de chaque émission. • Les informations sur les droits et obligations attachés aux jetons émis : - nature des jetons émis et descriptif des droits et obligations explicites ou implicites y étant attachés (ex : biens et/ou services à livrer, ou dettes) ; - en cas de jetons avec différentes natures de droits et obligations, modalités d'allocation des montants souscrits selon celles-ci ; - le cas échéant, mention d'absence de droits et obligations explicites ou implicites, explication des faits et circonstances de l'émission ; - descriptif des clauses et faits générateurs pouvant modifier ou interrompre les droits et obligations attachés aux jetons, conséquences comptables en cas de survenance du fait générateur. • Les principes de comptabilisation des produits relatifs aux jetons émis et les modalités retenues pour rapporter les produits constatés d'avance (PCA) au chiffre d'affaires. • Le cas échéant, le montant des emprunts et dettes assimilées remboursables en jetons ou indexés sur la valeur des jetons, les modalités de détermination des valeurs retenues pour ces jetons. • Les informations générales relatives aux jetons émis : - évolution de la cotation sur le marché secondaire, mention du cours en fin d'exercice, modalités de détermination du cours de référence à la clôture ; - calendrier et conditions d'émission de jetons pour les exercices futurs ; - nombre de jetons émis et restant à émettre, motifs d'évolution sur l'exercice, précision du nombre de jetons attribués gratuitement ou de manière préférentielle, contraintes de disponibilité de ces jetons, mention si le nombre de jetons restant à émettre n'est pas limité.	X PCG art. 834-15	X PCG art. 835-19	X PCG art. 832-20	X PCG art. 833-20/16

	Pers. physiques		Pers. morales	
	PE hors RSI	Autres	PE hors RSI	Autres
Détenteurs de jetons (PCG art. 619-16) • Doit être mentionné : - le nombre et montant des jetons détenus selon l'article 619-11 du PCG (immobilisations incorporelles), mention du caractère amortissable ou non, mention de leur valeur vénale ainsi que les éventuelles dépréciations constatées ; - le nombre et montant des jetons détenus selon l'article 619-12 du PCG (en compte 522 « Jetons détenus »), précision du mode de détermination des valeurs vénales retenues et du mode de prise en compte des cotations disponibles ; - le nombre et la valeur des jetons auto-détenus par l'entreprise, selon l'article 619-14 du PCG (achat sur le marché secondaire) ; - le nombre et valeur des jetons détenus donnés en garantie ; - le nombre et la valeur des jetons empruntés (PCG art. 619-16 modifié) (3). - l'utilisation de la méthode premier entré – premier sorti, ou du coût moyen pondéré.				X PCG art. 833-20/16
Informations relatives aux prestataires de services sur actifs numériques (PSAN) (PCG 629-4 nouveau) (3) • Doit être mentionné : - les engagements relatifs aux garanties de placement en cours sur actifs numériques ; - en cas de fourniture de services de conservation d'actifs numériques pour le compte de tiers, la dénomination et le nombre d'actifs numériques s'ils ne sont pas comptabilisés à l'actif et, dans le cas contraire, le montant des dettes indexées de restitution d'actifs numériques conservés comptabilisées à leur bilan.				X PCG art. 833-20/17
(1) Modifications apportées par le règlement ANC 2018-01 (2) Modifications apportées par le règlement ANC 2018-07 (3) Modifications apportées par le règlement ANC 2020-05 (4) Modifications apportées par le règlement ANC 2019-09 (voir ci-avant, paragraphe 12-6)				

L'annexe abrégée des personnes morales relevant du RSI

12-7 Les personnes morales placées sur option ou de plein droit sous le régime simplifié d'imposition ont la possibilité de présenter une annexe abrégée (c. com. art. L. 123-25). Si elle doit en tout état de cause comporter toutes les informations d'importance significative sur la situation patrimoniale et financière de l'entreprise et sur son résultat, le PCG précise le socle minimal d'informations indispensables et propose des modèles de tableaux (PCG art. 831-1 et 831-2). Les SA doivent en outre, pour leur part, indiquer les transactions conclues avec les actionnaires ou les dirigeants qui n'ont pas été conclues à des conditions normales de marché (PCG art. 831-2).

12-8 **Informations obligatoires communes à toutes les personnes morales au RSI.** Le modèle abrégé de l'annexe comporte toutes les informations d'importance significative sur la situation patrimoniale et financière ainsi que sur le résultat de l'entreprise, et comprend au moins les informations suivantes présentées en règle générale sous la forme de tableaux (PCG art. 831-2) :

– l'identification de l'entité reprenant notamment le nom (raison sociale), l'adresse et le secteur d'activité ;

– l'application par l'entité du PCG (règlt ANC 2014-03) ;

– les modes d'évaluation appliqués aux divers postes des comptes annuels ainsi que les méthodes de calcul des amortissements ;

– les mouvements des postes des comptes relatifs aux immobilisations, aux amortissements, aux provisions et dépréciations ;
– un état des échéances des créances et des dettes ;
– le montant des engagements financiers notamment les engagements de retraite et indemnités assimilées, les engagements de crédit-bail, ainsi que les garanties reçues et/ou données ;
– toute information significative nécessaire à la bonne compréhension des comptes annuels (notamment celles relatives aux changements de méthodes comptables, aux événements postérieurs à la clôture et aux passifs éventuels).

12-9 Informations obligatoires supplémentaires pour les SA (au RSI). Toute société anonyme indique les informations sur les transactions qu'elle a conclues avec, d'une part, les principaux actionnaires et celles qu'elle a conclues, d'autre part, avec les membres de ses organes d'administration et de surveillance lorsque ces transactions sont significatives et qu'elles n'ont pas été conclues à des conditions normales de marché (PCG art. 831-2). Il s'agit des mêmes informations requises des SA petites entreprises bénéficiant de la présentation simplifiée de l'annexe (c. com. art. R. 123-197-1 ; PCG art. 832-16).

12-10 Modèles de tableaux normalisés

Tableau des méthodes comptables appliquées			
Postes (a)		**Méthode d'évaluation ou de calcul (a)**	
Coût d'entrée des immobilisations	Incorporelles / Corporelles	Frais d'acquisition : - Charges	- Immobilisations
	Financières	Frais d'acquisition : - Charges	- Immobilisations
Amortissements des immobilisations corporelles		- Amortissement linéaire - Amortissement dégressif fiscal - Autre (à préciser)	
Évaluation des stocks		- Coût moyen unitaire pondéré (CUMP) - Premier entré, premier sorti (PEPS-FIFO)	
Contrats à long terme et travaux en cours		- Reconnaissance du chiffre d'affaires à l'avancement - Reconnaissance du chiffre d'affaires à l'achèvement	
Engagements de retraite et indemnités assimilées		- Provisions (Passif) - Information en annexe	

(a) À développer si nécessaire ou à supprimer si non applicable.

Immobilisations : rapprochements entre les valeurs comptables à l'ouverture et à la clôture, et variation des entrées et des sorties ou mises au rebut de l'exercice

Immobilisations	Valeur brute à l'ouverture de l'exercice	Augmentations	Diminutions	Valeur brute à la clôture de l'exercice
Fonds commercial				
Autres immobilisations incorporelles				
Total immobilisations incorporelles (I)				
Terrains				
Constructions				
Installations techniques, matériels et outillages industriels				
Installations générales, agencements divers				
Matériel de transport				
Autres immobilisations corporelles				
Total immobilisations corporelles (II)				
Immobilisations financières (III)				
Total général (I + II + III)				

Amortissements : rapprochements par catégorie d'immobilisations entre les valeurs comptables cumulées à l'ouverture et à la clôture de l'exercice, et indication des augmentations et diminutions de l'exercice					
Amortissements	**Durée (a)**	**Montant cumulé à l'ouverture de l'exercice**	**Augmentations**	**Diminutions**	**Montant cumulé à la clôture de l'exercice**
Fonds commercial					
Autres immobilisations incorporelles					
Total immobilisations incorporelles (I)					
Terrains					
Constructions					
Installations techniques, matériels et outillages industriels					
Installations générales, agencements divers					
Matériel de transport					
Autres immobilisations corporelles					
Total immobilisations corporelles (II)					
Total général (I + II)					
(a) Durée exprimée en nombre d'années. Indiquer, le cas échéant, la fourchette des durées retenues.					

Dépréciations : rapprochements par catégorie d'actifs entre les valeurs comptables cumulées à l'ouverture et à la clôture de l'exercice, et indication des augmentations et diminutions de l'exercice				
Dépréciations	**Montant cumulé à l'ouverture de l'exercice**	**Augmentations**	**Diminutions**	**Montant cumulé à la clôture de l'exercice**
Immobilisations incorporelles				
Immobilisations corporelles				
Immobilisations financières				
Stocks et en-cours				
Clients et comptes rattachés				
Autres actifs				
Total général				

Provisions : variations pour chaque catégorie de provisions des montants cumulés à l'ouverture et à la clôture de l'exercice, et indication des augmentations et diminutions de l'exercice				
Provisions	**Montant cumulé à l'ouverture de l'exercice**	**Augmentations**	**Diminutions**	**Montant cumulé à la clôture de l'exercice**
Amortissements dérogatoires				
Autres provisions réglementées				
Provisions pour risques (a)				
Autres provisions (a)				
(a) Ces rubriques sont développées dans la mesure où celles-ci sont d'une importance particulièrement significative (le cas échéant, mettre en évidence, entre autres, les provisions pour retraites et obligations similaires, les provisions pour gros entretiens et grandes révisions, les provisions pour litiges, etc.).				

État des échéances des créances et dettes à la clôture de l'exercice				
Créances	Montant brut	Échéance à 1 an au plus	Échéance à plus de 1 an	
Créances de l'actif immobilisé				
Créances de l'actif circulant				
Charges constatées d'avance				
Dettes	Montant brut	Échéance à 1 an au plus	Échéance à plus de 1 an et 5 ans au plus	Échéance à plus de 5 ans
Emprunts et dettes assimilées				
Fournisseurs et comptes rattachés				
Autres dettes				
Produits constatés d'avance				

Tableau des engagements financiers	
Nature de l'engagement (a)	Montant de l'engagement restant à la clôture de l'exercice
Contrat(s) de crédit-bail	
Retraites et indemnités assimilées	
Sûretés reçues (b)	
Sûretés données (b)	
Effets de commerce escomptés non échus, cessions de créances Dailly, affacturage	

(a) À développer si nécessaire.
(b) Ces rubriques sont développées dans la mesure où celles-ci sont particulièrement significatives (le cas échéant, mettre en évidence, entre autres, les hypothèques, les nantissements, les cautions, les avals, etc.).

Tableau des autres opérations non inscrites au bilan à détailler par nature en indiquant l'objectif commercial	
Opérations non inscrites au bilan (détail par nature)	Objectif commercial (description de l'objectif commercial)
Contrats de location de longue durée	

Les particularités de l'annexe 2020

Prise en compte des impacts de la pandémie de Covid-19 dans l'annexe

13-1 Informations nécessaires. Concernant les comptes établis à compter du 1er janvier 2020, l'événement Covid-19 et ses conséquences sur la situation financière, le patrimoine et le résultat constituent un fait pertinent (PCG art. 810-1) qui doit être mis en évidence dans les comptes et les situations établis à compter du 1er janvier 2020.

Il est donc attendu une information spécifique sur cet événement, que ses conséquences soient **significatives pour l'entité ou non.** Dans ce dernier cas, elle le justifie (ANC, « Recommandations et observations relatives à la prise en compte des conséquences de l'événement Covid-19 dans les comptes et situations établis à compter du 1er janvier 2020 », 18 mai 2020, version mise à jour le 8 janvier 2021, ANC, rec. B1 ; RF Comptable 483, juin 2020 « Covid-19 : une information spécifique de l'annexe 2020 » et RF Comptable 490, février 2021 « Covid-19 : impacts dans l'annexe des comptes 2020 »).

Pour une synthèse des impacts de la pandémie de Covid-19, (voir tome 1, « Covid-19 : Impacts sur les comptes 2020 »). Le lecteur pourra utilement se reporter aux comptes généraux dans lesquels les différents points « Covid-19 » sont développés.

➡ **À NOTER** Cette information pertinente a vocation à figurer dans l'annexe des comptes et des situations intermédiaires, au-delà des enregistrements appropriés au bilan et dans le compte de résultat.

L'ANC a rappelé les quatre principes généraux d'élaboration pour que l'information donnée soit pertinente et les a déclinés à la situation particulière de la crise actuelle (ANC, rec. B2) :

– la complétude : l'information doit être complète (impacts significatifs négatifs et positifs) et dépourvue de biais ;

– l'image fidèle : l'information doit refléter fidèlement la situation qui requiert sur un certain nombre de points l'exercice de jugements ;

– la pertinence analytique : l'information doit permettre une analyse pertinente des impacts bruts et nets ainsi que des impacts des mesures de soutien dont l'entité a bénéficié, l'important étant que les destinataires de l'information puissent apprécier la rentabilité et la situation financière de l'entité ;

– la clarté méthodologique : l'information doit être présentée de façon transparente notamment sur les répartitions, estimations et incertitudes éventuelles.

➡ **IMPORTANT** L'ANC ne recommande pas aux entités d'indiquer, au-delà de l'information donnée dans l'annexe, les impacts de l'événement Covid-19 en lecture directe dans leur compte de résultat et/ou au bilan. En effet, cette présentation agrégée ne serait pas de nature à faciliter l'information des destinataires des comptes (ANC, rec. B6.B).

De même l'ANC ne conseille pas d'utiliser les rubriques du **résultat exceptionnel** (pour les comptes annuels) ou non courant (pour les comptes consolidés) pour traduire systématiquement les conséquences de l'événement Covid-19. Il est préférable de privilégier en conséquence la présentation dans **l'annexe** (ANC, rec. B6.A ; voir tome 1, compte 67, § 2).

13-2 Informations selon deux approches possibles. Chaque entité peut choisir de fournir les informations selon une approche ciblée ou d'ensemble pour décrire les impacts de la pandémie de Covid-19 sur le bilan et sur le compte de résultat (ANC, rec. B4 et B5). L'entité indique clairement l'option retenue.

➡ **EXEMPLE** Pour le compte de résultat, l'approche d'ensemble de la performance de l'entité, particulièrement recommandée par l'ANC, est adaptée lorsque :

– l'entité estime que le niveau de visibilité sur ses conditions d'activité et/ou de recul par rapport à la survenance de l'événement permet d'estimer ses impacts de façon raisonnable dans une démarche d'ensemble ;

– une référence (dont la nature peut être précisée) suffisamment objective et justifiable est disponible ;
– mettre en cohérence les différents effets constatés en tenant compte de l'interaction entre eux est possible ;
– l'entité souhaite mettre en avant une communication portant sur l'incidence des effets de l'événement sur ses agrégats usuels de performance.

13-3 ***Incidences sur le compte de résultat.*** **L'entité indique l'option retenue (approche ciblée ou d'ensemble) selon les étapes suivantes :**
– étape 1 : établir le compte de résultat selon les règles applicables, en se référant en particulier aux recommandations spécifiques relatives à la date de reconnaissance de chaque opération, à sa mesure et à son classement comptable ;
– étape 2 : identifier, pour chaque poste du compte de résultat ainsi établi et selon l'option retenue, les impacts liés à la pandémie de Covid-19 en distinguant de préférence les impacts bruts, les impacts découlant de mesures de soutien et les impacts nets ;
– étape 3 : établir la note annexe correspondante visant à présenter les informations selon l'option retenue.

Modèles de présentation. L'ANC a mis à disposition des entités, en particulier des PME, dans les annexes de son document, des outils pratiques de préparation et de présentation des informations chiffrées à fournir dans l'annexe dans le cadre de l'approche d'ensemble pour le compte de résultat, en s'appuyant, d'une part, sur les formats et agrégats usuellement utilisés pour la présentation des soldes intermédiaires de gestion (SIG) et, d'autre part, sur la nomenclature du PCG (ANC, rec. B7). Une présentation en 4 colonnes peut être adoptée, mettant en regard :
– le compte de résultat (colonne 1) ;
– l'ensemble des impacts bruts de l'événement (colonne 2) ;
– les impacts des mesures de soutien (colonne 3) ;
– les impacts nets (colonne 4).
Une colonne complémentaire pourra être ajoutée pour refléter la performance hors événement Covid-19 (résultat étape 1 – impacts nets) (ANC, rec. ann. 1A « compte de résultat »).

13-4 ***Incidences sur le bilan.*** **L'entité indique les informations selon l'option retenue (approche ciblée ou d'ensemble).**
– évolution du crédit client et du crédit fournisseur à raison de l'événement ;
– report d'échéances ;
– prêts contractés dans le cadre de politiques de soutien (PGE…) ou dans d'autres cadres.

Approche d'ensemble. Il conviendra de procéder comme suit :
– établir le bilan selon les règles applicables, en se référant en particulier aux recommandations spécifiques relatives à la date de reconnaissance de chaque opération, à sa mesure et à son classement comptable ;
– porter une attention particulière à l'évolution du crédit client et du crédit fournisseur à raison de l'événement, aux effets de l'ensemble des éléments bilantiels sur la trésorerie active de l'entité…
– favoriser une présentation en colonnes dans l'annexe indiquant les effets de la pandémie de Covid-19.

➡ **Remarque** Dans le cas exceptionnel, où il y a absence d'une évaluation fiable d'un passif compte tenu du caractère incertain des impacts de l'événement Covid-19 (durée et résurgence de l'épidémie et des confinements, etc.), le passif n'est pas comptabilisé. L'annexe fournit des informations sur ce passif éventuel (ANC, rec. I4).

Modèles de présentation. L'ANC propose aux PME, en annexe de son document, des outils pratiques de préparation et de présentation des informations chiffrées à fournir dans l'annexe dans le cadre de l'approche d'ensemble pour le bilan, en s'appuyant d'une part sur une présentation synthétique des principaux agrégats et d'autre part sur la nomenclature du PCG (ANC, rec. B7). Une présentation en colonnes indiquant les effets de l'événement Covid-19 au bilan est également recommandée (ANC, rec. ann. 1B « bilan »).

Méthodes comptables, estimations et erreurs

13-5 Rappel des textes. Avec le règlement ANC 2018-01 relatif aux changements de méthodes, changements d'estimation et corrections d'erreurs, les informations à fournir en annexe ont été étoffées (ANC, règlt 2018-01 du 20 avril 2018 et sa note de présentation ; voir RF Comptable 463, septembre 2018 « Changements comptables : les nouveautés du PCG » ; voir tome 1, compte 11, § 13).

13-6 Principes et méthodes comptables. L'annexe doit faire référence au règlement comptable de l'ANC pour l'élaboration des comptes (PCG art. 832-2/1.a, 833-2/1.a, 834-2/1.a et 835-2/1.a).

Doivent être justifiées les dérogations aux principes de base, concernant notamment les règles générales d'établissement et de présentation

des comptes annuels et la durée de l'exercice, en précisant leur influence sur le patrimoine, la situation financière et les résultats (ANC, règlt 2018-01 ; PCG art. 832-2/1.bi et bii, 833-2/1.bi et bii, 834-2/1.bi et bii et 835-2/1.bi et bii).

13-7 Changements de méthodes. Pour que les informations comptables soient pertinentes, il convient qu'une certaine cohérence soit établie entre les exercices successifs. Leur comparabilité est garantie par le respect du principe de permanence des méthodes et de la réglementation applicable aux changements de méthodes.

Ce principe est à présent exprimé comme suit : une entité doit appliquer de manière cohérente et permanente une méthode comptable aux opérations et informations similaires (PCG art. 121-5, al. 6).

Les exceptions à ce principe sont uniquement (PCG art. 121-5, al. 6, 122-1 et 122-2) :

– un « changement de réglementation comptable », qui s'impose à l'entité. Le changement comptable en résultant n'a pas à être justifié ;

Les méthodes comptables considérées par l'ANC comme conduisant à une meilleure information sont qualifiées de méthodes de référence (PCG 121-5 ; voir tome 1, compte 11, § 16).

– un « changement de méthode comptable à l'initiative de l'entité » qui, d'une part, suppose le choix entre plusieurs méthodes conformes et qui, d'autre part, doit être justifié car elle conduit à une meilleure information financière.

• Ces options comptables au nombre de 11 découlent toutes de dispositions réglementaires du PCG (voir tome 1, compte 11, § 17). L'information sur ce choix est à fournir dans la partie de l'annexe relative aux principes et méthodes comptables avec la justification de l'application de cette méthode (PCG art. 832-2/1.c, 833-2/1.c, 834-2/1.c et 835-2/1.c) (voir § 12-1).

• Les méthodes comptables et changements d'estimation motivés à l'origine par la fiscalité ne constituent plus des options (ANC, note de présentation du règlement 18-01 ; voir tome 1, compte 11, § 18).

• **Nouvelle option d'activation des frais de formation.** Avec l'entrée en vigueur du règlement ANC 2019-09, les frais externes afférents à des formations nécessaires à la mise en service d'une immobilisation acquise, corporelle ou incorporelle, peuvent désormais, sur option, être rattachés au coût d'acquisition de cette immobilisation ou comptabilisés en charges. Aucune méthode de référence n'est indiquée pour cette option qui peut être exercée indépendamment de l'option « activation / charges » existant actuellement concernant les droits de mutation, honoraires ou commissions et frais d'actes liés à l'acquisition d'une immobilisation. Ce règlement s'applique pour les exercices clos à compter du 1er mai 2020 et donc aux comptes 2020 pour les entreprises dont l'exercice coïncide avec l'année civile (ANC, règlt 2019-09 du 18 décembre 2019, homologué par arrêté du 22 avril 2020, JO du 30, modifiant le PCG relatif aux frais de formation ; PCG art. 213-8 et 213-22 modifiés). Les personnes morales autres que celles visées à l'article L. 123-16 du code de commerce, c'est-à-dire autres que les petites et moyennes entreprises au sens comptable, peuvent mentionner une information dans l'annexe sous forme de tableaux normalisés (PCG art. 833-20/15) (§ 12-6) :

– le montant consacré à la formation professionnelle décomposé par type de formation (au cours de l'exercice, au cours de l'exercice précédent, au cours des trois derniers exercices en indiquant le cumul amorti sur trois exercices) ;

– la répartition de ce montant dans les principaux postes du compte de résultat ou du bilan si la formation est immobilisée (PCG art. 213-8 et 213-22) ;

– le montant consacré à la formation professionnelle rapporté à la masse salariale ;

– le nombre d'heures de formation, part des salariés ayant bénéficié d'une formation au cours de l'exercice.

• **Impacts de la pandémie de Covid-19.** Les entités poursuivent leurs pratiques antérieures en n'inscrivant dans les rubriques du résultat exceptionnel (pour les comptes annuels) ou du résultat non courant (pour les comptes consolidés) que les produits et les charges qui y sont portés de façon usuelle, ce qui pourra le cas échéant conduire à y inscrire certaines des conséquences de l'événement Covid-19 (dépréciation exceptionnelle par exemple) (ANC, rec. B6.A).

13-8 Information allégée dans l'annexe. L'information à fournir dans l'annexe sur les changements comptables a été restructurée à l'occasion de ce règlement, dans le sens de l'assouplissement, les petites entreprises (PE) bénéficiant d'informations à présenter allégées (voir §§ 11-13 et 12-6).

13-9 *Changements de méthodes « Petites entreprises ».* **Les PE au sens comptable** (c. com. art. L. 123-16 et D. 123-200) (voir § 11-11) **n'ont plus à présenter l'information pro forma des exercices antérieurs. Outre la justification d'un changement de méthode à leur initiative, les PE ne doivent présenter que la simple mention de l'impact du changement de méthode déterminé** à l'ouverture en précisant les postes concernés (changement de réglementation ou à l'initiative de l'entité) (PCG art. 832-2/2.ai, bi et bii, 834-2/2. ai, bi et bii).

Le relèvement des seuils définissant cette catégorie « PE », issu de la loi PACTE, permet en principe à plus d'entreprises de bénéficier de ces simplifications comptables (voir § 11-11).

13-10 *Changements de méthodes, autres que les entreprises dépassant les seuils des PE.* Pour les personnes morales ou physiques autres que PE s'ajoutent à l'information requise des petites entreprises les éléments d'information suivants :

- **changement de méthode appliqué de façon rétrospective**. Dans ce cas devra être fournie la présentation des principaux postes des exercices antérieurs présentés, retraités selon la nouvelle méthode (PCG art. 833-2/2.aii et biii, 835-2/2.aii et biii). Cet allègement par rapport à des comptes pro forma complets n'est en pratique qu'une modification du texte du PCG, car selon la Commission des études comptables de la CNCC, les dispositions actuelles du PCG (information pro forma) n'imposent pas de présenter un jeu complet de comptes N – 1 pro forma et des données ponctuelles peuvent suffire (CNCC, EC 2005-95, bull. 141, mars 2006, et EC 2010-53, bull. 161, mars 2011).
- **changement de méthode appliqué de façon prospective**. Devra être fournie l'indication de son impact sur les principaux postes concernés de l'exercice, sauf impraticabilité. De plus, pour un changement à l'initiative de l'entité, devra également être donnée, l'indication des raisons de son application prospective (PCG art. 833-2/2.aiii et biv, 835-2/2.aiii et biv).

13-11 **Changements d'estimations.** Selon le règlement ANC 18-01, les estimations comptables sont le résultat de l'exercice du jugement et de la mise en œuvre d'hypothèses dans l'application d'une méthode comptable (PCG art. 122-4). Dès lors qu'il s'agit d'une information significative, la mention et la justification des changements d'estimation doivent être portées dans l'annexe (PCG art. 832-2/2.c, art. 833-2/2.c, art. 834-2/2.c et art. 835-2/2.c).

13-12 **Erreurs.** Dans les annexes de toutes les entités (personnes physiques et personnes morales, quelle que soit leur taille), l'information demandée par le règlement ANC 18-01 a été allégée et comprend les éléments suivants (PCG art. 832-2/2.d, 833-2/2.d, 834-2/2.d et 835-2/2.d) :

- mention de la nature de l'erreur corrigée ;
- mention de l'impact de la correction d'erreur sur les comptes de l'exercice ;
- présentation des principaux postes des exercices antérieurs présentés, corrigés de l'erreur.

Le règlement ANC 18-01 ne demande plus, comme c'était le cas jusqu'à présent (PCG anciens art. 832-2/6, 833-2/6, 834-2/6 et 835-2/6) :

- de fournir, lorsque les erreurs corrigées sont relatives à un autre exercice présenté, en plus des principaux postes des exercices antérieurs corrigés de l'erreur, la présentation sous forme simplifiée du compte de résultat retraité ;
- ni de retraiter pro forma les informations comparatives données par l'annexe lorsqu'elles sont affectées par l'erreur corrigée.

Principe de continuité d'exploitation

13-13 **Convention de base.** Pour l'établissement de ses comptes annuels, l'entité est présumée poursuivre ses activités (c. com. art. L. 123-20). Cette perspective de continuité d'exploitation justifie notamment les méthodes d'évaluation appliquées. Cette information, implicite en période économique normale, devient toutefois sensible si l'entreprise traverse une période de difficultés liées au contexte économique général, à celui du secteur dans lequel elle est placée, ou encore en raison de son propre contexte fortement dégradé (ex : état du carnet de commandes, défaillance de clients importants, événements naturels mettant en péril l'activité…).

La continuité d'exploitation constituant la convention de base pour l'élaboration des comptes, l'entité doit, le cas échéant, donner en annexe les hypothèses et jugements clés qui sous-tendent cette hypothèse, ainsi que les sources d'incertitudes et les dispositions prises par l'entité au regard de ces éléments (CNCC, « Conséquences de la crise pour l'audit des comptes 2011 », note de janvier 2012).

13-14 **Incertitudes significatives.** La norme d'exercice professionnel 570 (NEP 570) relative à la continuité d'exploitation précise l'incidence sur le rapport d'audit d'une incertitude sur la continuité d'exploitation (NEP 570 ; c. com. art. L. 823-9 et R. 823-7 ; c. com. art. A. 823-18 ; voir RF Comptable 452, septembre 2017 « Le nouveau rapport d'audit »).

L'incertitude significative, pouvant avoir une incidence sur la continuité d'exploitation, est définie comme une incertitude dont l'ampleur de l'incidence potentielle et la probabilité de réalisations sont telles qu'une information appropriée dans les comptes est nécessaire pour assurer la régularité, la sincérité et l'image fidèle des comptes (NEP 570, §§ 4 et 5).

La situation d'incertitude peut provenir, par exemple, de la réalisation d'une opération, de la survenance d'un fait ou d'un événement dont dépend la continuité d'exploitation dans un avenir prévisible (CNCC, « Conséquences de la crise pour l'audit des comptes », note du 30 janvier 2009).

➠ **Précision** La continuité d'exploitation s'apprécie lors de l'arrêté des comptes en considérant tous les éléments susceptibles d'affecter la poursuite de l'activité dans un avenir prévisible (CNCC, NI n° 8, § 1.21).

À défaut d'information spécifique, la continuité d'exploitation est appréciée sur une période de 12 mois à compter de la clôture de l'exercice (NEP 570, § 7).

L'impact d'une incertitude sur la continuité d'exploitation sur le rapport d'audit dépend de la pertinence (voir § 13-15) ou non (voir § 13-16) des informations fournies dans l'annexe.

13-15 *Information pertinente dans l'annexe.* Si la situation d'incertitude est indiquée de façon pertinente dans l'annexe, le commissaire aux comptes l'indique dans une partie distincte de son rapport, intitulée « Incertitude significative liée à la continuité d'exploitation » (NEP 570 précitée, § 13).

13-16 *Absence ou insuffisance de mention pertinente dans l'annexe.* Ces manquements conduisent à une certification avec réserve ou un refus de certifier les comptes. Dans ce cas, le commissaire aux comptes indique, dans la partie relative à l'expression de son opinion, ce fait en indiquant que les comptes ne donnent pas d'information pertinente sur cette incertitude significative (NEP précitée, § 14). Le refus de certification s'applique dans tous les cas où les comptes sont établis dans une perspective de continuité d'exploitation alors que le commissaire aux comptes estime que l'application de ce principe est inappropriée (NEP précitée, § 15).

En cas d'incertitude significative sur la continuité d'exploitation, le commissaire aux comptes met en œuvre la procédure d'alerte en lien avec les organes d'administration et de direction (NEP précitée, § 16).

➠ **Précision** Il n'est plus fait référence à la présentation des comptes en valeur liquidative lorsque la continuité d'exploitation est définitivement compromise.

Au titre des exercices ouverts depuis le 29 juillet 2016, dans le cadre de l'audit légal des comptes opéré par les commissaires aux comptes, **l'impossibilité de certifier les comptes** (pour incertitude, par exemple) constitue une formulation d'opinion à part, différente du refus de certifier, alors qu'elle figurait jusqu'alors dans la catégorie « refus de certifier ». Le refus de certifier ne peut donc désormais être formulé qu'en cas de désaccord (NEP 700, § 6 « Rapport du CAC sur les comptes annuels et consolidés » ; c. com. art. A. 823-26).

13-17 **Continuité fondée sur des hypothèses structurantes.** Bien qu'il n'existe pas d'incertitudes significatives pesant sur la continuité d'exploitation, celle-ci peut être conditionnée par des hypothèses structurantes dont la réalisation s'inscrit dans les aléas de l'environnement global ou sectoriel (CNCC, « Conséquences de la crise pour l'audit des comptes », note du 30 janvier 2009).

➠ **Exemple** Une entreprise ayant un carnet de commandes en baisse, qui, sans avoir pour autant une incertitude sur la continuité d'exploitation avec son niveau actuel de liquidité, utilise une ligne de financement venant à échéance à court terme (dans les 12 mois de la clôture) sans que la banque n'ait pris d'engagement ferme sur son renouvellement.

Pour ces entreprises, dès lors que la confirmation de la convention de continuité d'exploitation, sous-jacente à l'élaboration des comptes, se fonde sur des hypothèses structurantes, la CNCC considère qu'il est utile de les rappeler dans le cadre de l'information financière communiquée au public et de le faire, de préférence, dans l'annexe (CNCC, note précitée).

13-18 **Information sur le risque de liquidité.** Corollaire de la continuité d'exploitation, l'information sur le risque de liquidité revêt une importance prégnante en cas de période d'instabilité financière, notamment celle sur les flux de trésorerie liés aux instruments financiers ainsi que celle (qualitative et/ou quantitative selon le cas) sur les flux de trésorerie liés à tous types de contrats / engagements / obligations, en particulier (CNCC, « Conséquences de la crise pour l'audit 2011 », note de janvier 2012) :

– les engagements d'investissements ;

– les engagements locatifs ;
– les passifs éventuels et litiges ;
– les ventes d'options, notamment aux minoritaires ;
– les engagements hors bilan.

L'information pertinente varie en fonction des circonstances et situations propres à chaque société. Elle doit couvrir à la fois les besoins de trésorerie futurs et les ressources disponibles, et indiquer les éléments susceptibles de les faire évoluer (CNCC, note précitée).

Par ailleurs, l'évolution des besoins de trésorerie dépend d'un certain nombre de facteurs et notamment de l'existence et de la nature de clauses de défaut et d'exigibilité anticipée. En dehors de situations de défaut, il peut être important de donner dans l'annexe une description des covenants et les conséquences associées à leur non-respect (exigibilité immédiate, accroissement du taux…) ainsi que sur les niveaux des ratios à la clôture (CNCC, note précitée).

13-19 Impacts de l'événement Covid-19 sur la continuité d'exploitation. Concernant les comptes établis à compter du 1er janvier 2020, le maintien de la convention de continuité d'exploitation est à justifier même en l'absence d'incertitudes.

• **Incertitude significative sur la continuité d'exploitation.** L'ANC recommande de fournir dans l'annexe les principaux éléments de jugement qui ont conduit l'entité à ne pas remettre en cause le caractère approprié de la convention de continuité d'exploitation. Compte tenu du climat d'incertitude général, les informations doivent être équilibrées en ne retenant des hypothèses ni uniquement pessimistes ni uniquement optimistes. Il s'agit alors de l'ensemble des informations disponibles considérées comme déterminantes au regard de son environnement et des circonstances sur lesquelles l'entité a exercé et fondé son jugement de maintenir la convention de continuité d'exploitation malgré l'existence d'incertitudes (ANC, « Recommandations et observations relatives à la prise en compte des conséquences de l'événement Covid-19 dans les comptes et situations établis à compter du 1er janvier 2020 », 18 mai 2020, ANC, rec. B9).

• **Continuité d'exploitation irrémédiablement compromise.** Dans cette hypothèse, l'ensemble des conséquences d'une liquidation ou d'une cessation d'activité est pris en compte et les comptes sont établis sur la base des valeurs liquidatives. L'annexe mentionne les raisons de l'abandon du principe de continuité d'exploitation et de certains principes comptables généraux et précise les modalités d'évaluation et de présentation retenues.

En pratique, en cas d'incertitude sur la continuité d'exploitation, même élevée, les comptes sont souvent établis par l'entité sans tenir compte de l'ensemble des conséquences susceptibles de découler d'une liquidation ou d'une cessation d'activité. Une telle situation doit ***a minima*** faire l'objet d'une information non équivoque dans l'annexe : situation d'incertitude et risques sur la continuité d'exploitation, conséquences prises en compte et conséquences potentielles non prises en compte en fin de période, etc. (ANC, rec. B8).

Événements postérieurs à la clôture de l'exercice

13-20 Rappel des textes. Selon le code de commerce, il doit être tenu compte des risques et des pertes intervenus au cours de l'exercice ou d'un exercice antérieur, même s'ils sont connus entre la date de clôture de l'exercice et celle de l'arrêté des comptes (c. com. art. L. 123-20).

Dans l'hypothèse où un événement n'ayant aucun lien direct prépondérant avec une situation existant à la clôture de l'exercice survient entre la date de clôture et celle de l'établissement des comptes, une information est donnée dans l'annexe si cet événement est susceptible, par son influence sur le patrimoine et la situation financière de l'entité, de remettre en cause la continuité de l'exploitation (ANC règlt. 2018-01 précité, PCG art. 832-2/1.d, 833-2/1.d, 834-2/1.d 835-2/1.d).

Il en découle des événements :
– ayant un lien direct et prépondérant avec une situation existant à la clôture ;
– n'ayant aucun lien direct et prépondérant avec une situation existant à la clôture.

13-21 Un événement postérieur à la clôture de l'exercice ayant un lien direct et prépondérant avec une situation à la clôture doit-il être mentionné dans l'annexe ? Oui, s'il est significatif.

Les événements qui ont un lien direct et prépondérant avec une situation existant à la date de clôture, survenus avant la date d'arrêté des comptes, doivent être constatés dans les comptes en ajustement des montants comptabilisés dans les différents postes affectés. Selon la CNCC, cet ajustement des montants comptabilisés pourra également donner lieu, en fonction de son caractère significatif, à un complément d'information dans l'annexe (CNCC, EC 2009-58, janvier 2010 et NI « Le commissaire aux comptes et les événements postérieurs à la clôture de l'exercice », décembre 2009).

Selon la Commission des études comptables de la CNCC, la **fermeture définitive d'un site** industriel, annoncée entre la date de clôture et la date d'arrêté des comptes, entraîne la cessation d'activité de la société ayant un lien direct et prépondérant avec la situation existant à la clôture de l'exercice (CNCC, EC 2013-45, décembre 2013).

13-22 **S'il n'est pas susceptible de remettre en cause la continuité de l'exploitation, faut-il mentionner dans l'annexe un événement postérieur, sans lien direct et prépondérant avec une situation existant à la clôture ?** Malgré la rédaction des articles du PCG mentionnés au paragraphe 13-15, la CNCC souligne qu'il est pertinent de mentionner dans l'annexe cet événement s'il a une importance significative, conformément à l'article R. 123-195 du code de commerce qui précise que l'annexe comporte toutes les informations d'importance significative sur la situation patrimoniale et financière, et sur le résultat de l'entreprise (CNCC, EC 2009-58, janvier 2010 et NI « Le commissaire aux comptes et les événements postérieurs à la clôture de l'exercice », décembre 2009).

Impacts de la pandémie de Covid-19. En fonction de l'évolution de l'épidémie et des décisions gouvernementales, l'entité devra exercer son jugement pour examiner si elle pouvait raisonnablement s'attendre, à la date de clôture, à ce que l'événement survienne postérieurement à la date clôture. Si tel est le cas, l'événement sera alors considéré comme devant être pris en compte pour ajuster les valeurs comptables en date de clôture sur l'exercice 2020. Les ajustements comptabilisés ne visent pas à anticiper la comptabilisation de ces événements mais uniquement à prendre en compte leurs effets attendus à la clôture, en tenant compte de perspectives d'avenir. Sont par exemple concernés : l'évaluation des immobilisations en fonction de leur niveau d'utilisation, des dépréciations de créances clients dont le recouvrement peut être remis en cause, des valeurs de stocks dont l'écoulement pourrait être rendu difficile du fait de contraintes de commercialisation (CNCC/CSOEC, FAQ précitée - 6e éd., 24 juillet 2020, ch. I, 2e partie, quest. 1.2).

Actifs incorporels

13-23 **Rappel des textes.** La directive comptable unique 2013/34/UE du 26 juin 2013 a été transposée en France par une ordonnance depuis le 1er janvier 2016, accompagnée par un décret d'application (ord. 2015-900 du 23 juillet 2015 ; décret 2015-903 du 23 juillet 2015). Les aménagements portent en particulier sur les conditions de détermination de la durée d'utilisation, limitée ou non, des actifs incorporels (ANC, règlement 2015-06 du 23 novembre 2015 et sa note de présentation).

• Pour les exercices ouverts depuis le 1er janvier 2016 :

– sont amortis les éléments de l'actif immobilisé qui ont une durée d'utilisation limitée ;

– que cette durée soit limitée (actif à amortir) ou non (pas d'amortissement), une dépréciation doit être constatée lorsque la valeur d'inventaire de l'actif est inférieure à la valeur comptable si l'on prévoit que la perte de valeur sera durable (c. com. art. R. 123-179) ;

– le fonds commercial (y compris la partie du mali de fusion/mali technique affectée à ce poste) est présumé avoir une durée de vie non limitée et n'est pas amortissable. Cette présomption peut être réfutée sous certaines conditions (PCG art. 214-3). Dans le cas exceptionnel où leur durée d'utilisation est limitée, mais ne peut être déterminée de façon fiable, le fonds doit être amorti sur une période de 10 ans (c. com. art. R. 123-187 ; PCG art. 214-3) ;

– en cas de non-amortissement du fonds commercial, un test de dépréciation obligatoire est effectué au moins une fois par exercice. Pour la détermination de sa valeur actuelle, le fonds commercial peut être intégré dans le groupe d'actifs auquel il appartient (PCG art. 214-15 ; voir RF Comptable 445, janvier 2017 « Test de dépréciation des fonds commerciaux ») ;

– les dépréciations afférentes au fonds commercial ne peuvent pas être rapportées au résultat (c. com. art. R. 123-179 ; PCG art. 214-19) ;

• **Les petites entreprises** peuvent, dans leurs comptes individuels : retenir la durée d'usage fiscale (CGI art. 39, 1.2) pour déterminer le plan d'amortissement de leurs immobilisations (PCG art. 214-13 et RNCF, note de présentation du règlt 2015-06 sous PCG art. précité) et amortir sur 10 ans tous leurs fonds commerciaux (PCG art. 214-3 ; voir tome 1, comptes 20, § 1 et 207).

• **Aménagements pour les petites entreprises (PE).** Le PCG intègre des mesures de simplification supplémentaires favorables aux petites entreprises qui perdent leur statut de PE au sens comptable du fait de dépassement des seuils au titre de deux exercices successifs

(ANC, règlt 2018-01 précité ; voir tome 1, compte 28, § 20) :
– elles peuvent maintenir le plan d'amortissement antérieur des actifs inscrits à leur bilan à la date de dépassement des seuils (PCG art. 214-13 modifié) ;
– lorsqu'elles ont pris antérieurement au dépassement des seuils l'option d'amortir sur 10 ans leurs fonds commerciaux, elles peuvent maintenir le plan d'amortissement de ceux inscrits à leur bilan à la date de dépassement des seuils (PCG art. 214-3).

13-24 **Fonds commerciaux. L'information ci-dessous doit être donnée lors de chaque arrêté des comptes** (PCG art. 832-5/2, 833-5/3, 834-5/2 et 835-5/2) :
– une indication sur les montants inscrits au poste « Fonds commercial » ainsi que les modalités d'amortissement et de dépréciation de ces fonds ;
– la mention de la durée d'utilisation lorsque le fonds commercial a une durée d'utilisation limitée ;
– les modalités de mise en œuvre du test de dépréciation ainsi que le cas échéant celles d'affectation à un groupe d'actifs.

• En ce qui concerne **le mali technique**, l'entité doit suivre à chaque clôture dans l'annexe son affectation aux actifs en détaillant par actif la valeur brute, et le cas échéant, les amortissements, les reprises d'amortissement (PCG art. 770-2). Dans le cas où une quote-part du mali a été affectée à un actif complètement amorti, celle-ci est amortie sur la durée d'utilisation restant à courir de cet actif. Ceci sera indiqué dans l'annexe avec une indication de la durée d'amortissement fixée (voir tome 1, compte 207, § 19).

• **Impacts de la pandémie de Covid-19.** Les dépréciations d'actifs constatées lors d'une situation intermédiaire dans le cadre de la crise sanitaire et économique et notamment celles constatées sur les fonds commerciaux et les écarts d'acquisition, ne sont pas définitives, une analyse doit être conduite à la clôture annuelle (ANC, rec. C2 ; voir tome 1, compte 207, § 9).

Dépréciation des actifs dans le cadre de la pandémie de Covid-19

13-25 Concernant les **immobilisations corporelles et incorporelles**, cet événement ne constitue pas à lui seul un indice de perte de valeur qui sera confirmé à l'issue d'un examen des caractéristiques propres à l'entité (ANC, « Recommandations et observations relatives à la prise en compte des conséquences de l'événement Covid-19 dans les comptes et situations établis à compter du 1er janvier 2020 », 18 mai 2020, ANC, rec. C1). **Les projections de flux de trésorerie ne sont nécessaires qu'en cas d'existence d'une nouvelle valeur actuelle. En effet, ce fait n'est confirmé qu'à l'issue d'un examen des caractéristiques propres à l'entité et de l'ensemble des éléments qui ont pu affecter les entreprises en 2020. Des changements importants, ayant un effet négatif sur l'utilisation de l'actif dans l'environnement dans lequel l'entité opère ou auquel l'actif est dévolu, sont, dans de nombreux cas, à considérer comme un indice de perte de valeur. Compte tenu du niveau d'incertitude actuel, l'ANC recommande que l'étendue des tests de dépréciation soit mise en cohérence avec les facteurs de risque identifiés. Lorsque le niveau d'incertitude demeure élevé sur les perspectives susceptibles de fonder les scénarii retenus pour les tests de dépréciation, l'entité indique clairement dans l'annexe** (ANC, rec. C2) :

Au sujet des stocks, l'existence de l'événement Covid-19 ne conduit pas à une dépréciation systématique des stocks. Pour évaluer la valeur actuelle des stocks qui peut s'avérer difficilement déterminable pendant cette période (absence de marché suffisamment actif, incertitudes sur les prix et perspectives de vente à court terme, difficultés d'effectuer des prévisions...), l'étendue des travaux d'analyse est à mettre en cohérence avec les facteurs de risque identifiés. Compte tenu des circonstances, l'entité s'efforce de fonder sa décision sur les informations fiables dont elle dispose et indique ainsi clairement dans l'annexe les incertitudes qui subsistent et le résultat des analyses de sensibilité dont elle peut disposer (ANC, rec. F2).

Quid des créances ? Un retard de paiement, lié aux circonstances particulières prévalant dans le cadre de l'événement Covid-19, ne constitue pas à lui seul un critère de déclassement, celui-ci étant fondé sur les caractéristiques propres aux débiteurs concernés (ANC, rec. G1). Bien que l'appréciation de la défaillance des clients doive être réalisée créance par créance, la pratique admet, en présence d'un grand nombre de créances, de raisonner sur l'ensemble d'un ou plusieurs portefeuilles de créances homogènes en utilisant des méthodes statistiques fondées sur l'expérience pour évaluer les dépréciations (ANC, rec. G2).

Engagements de retraite

13-26 Rappel des textes. Le montant des engagements de l'entreprise en matière de pension, de complément de retraite, d'indemnités et d'allocations en raison du départ à la retraite ou d'avantages similaires des membres ou associés de son personnel et de ses mandataires sociaux est indiqué dans l'annexe. Par ailleurs, les entreprises peuvent décider d'inscrire au bilan, sous forme de provision, le montant correspondant à tout ou partie de ces engagements. L'annexe complète et commente l'information donnée par le bilan et le compte de résultat (c. com. art. L. 123-13 ; PCG art. 324-1).

Pour la détermination du montant des engagements de retraite, la recommandation 2013-02 adoptée par l'ANC a remplacé celle du CNC de 2003. Ce texte ouvre deux options : continuer à appliquer la recommandation CNC (méthode 1) ou bien suivre IAS 19 révisée sauf pour comptabiliser les écarts actuariels (méthode 2) (pour plus de détails, voir tome 1, compte 153, §§ 3 à 7).

13-27 Informations à porter dans l'annexe. Quelle que soit la méthode retenue (1 ou 2), la recommandation préconise de limiter les informations fournies en annexe aux éléments suivants :
– l'indication que les engagements sont évalués, et comptabilisés le cas échéant, en application de la présente recommandation ;
– l'indication de la méthode retenue (méthode 1 ou méthode 2) et, le cas échéant, la description des modalités simplifiées d'évaluation ;
– l'indication de la méthode comptable utilisée, le cas échéant, pour la comptabilisation des écarts actuariels ;
– la description générale des types de régime. Ce descriptif distingue, par exemple, les régimes de retraite, les indemnités de départ à la retraite, les régimes de couverture médicale postemploi ;
– le cas échéant, le descriptif de la composition des actifs du régime et/ou droits à remboursement ;
– l'indication de la valeur retenue pour les principales hypothèses actuarielles à la date de clôture et de leur base de détermination (taux d'actualisation, taux d'augmentation des salaires, le cas échéant taux de rendement des actifs du régime et/ou des droits à remboursement, taux d'évolution des coûts médicaux...) ;
– le cas échéant, lorsque les engagements sont comptabilisés, le rapprochement à l'ouverture et à la clôture de l'exercice entre les montants comptabilisés à l'actif et au passif et la valeur actuelle de l'obligation au titre des prestations définies, en faisant ressortir :
  – les écarts actuariels non comptabilisés,
  – les coûts des services passés non comptabilisés au bilan,
  – le montant des actifs du régime et l'effet de leur plafonnement ;
– la description des principaux événements de l'exercice (modification, réduction ou liquidation de régime...) et de leur impact sur le bilan et le compte de résultat.

Ces informations peuvent être présentées globalement pour l'ensemble des régimes (RNCF, sous PCG art. 324-1).

La première information à fournir porte sur la conformité à la recommandation. Elle implique que l'absence de cette mention entraîne une non-conformité de l'entité à la recommandation, ce qui n'est pas, *a priori*, un inconvénient.

Par ailleurs, la recommandation rappelle les informations prescrites par le PCG en cas de provisionnement (RNCF, sous PCG art. précité) :
– la valeur comptable à l'ouverture et à la clôture ;
– le montant des provisions constituées au cours de l'exercice ;
– les montants utilisés au cours de l'exercice ;
– les montants non utilisés repris au cours de l'exercice.

➞ **À NOTER** Dans le règlement ANC 18-01 sur les changements comptables, le RNCF liste trois méthodes qui peuvent être utilisées pour l'évaluation des provisions des engagements retraites, tout changement entre ces trois méthodes représentant un changement de méthodes comptables (ANC, règlt 2018-01 précité ; RNCF, IR2 sous PCG art. 324-1).

Jetons numériques

13-28 Champ d'application. Le règlement ANC 2018-07 relatif aux jetons numériques (ANC, règlt 2018-07 du 10 décembre 2018 ;voir tome 1, compte 52, § 14 et s. ; voir RF Comptable 472, juin 2019, « L'offre au public de jetons numériques désormais encadrée ») vient d'être complété par le nouveau règlement ANC 2020-05 du 24 juillet 2020 relatif au traitement comptable des prêts/ emprunts de jetons et des dérivés sur jetons ainsi que des services sur actifs numériques, applicable, selon nous, aux comptes 2020 (ANC, règlt 2020-05 du 24 juillet 2020, homologué par l'arrêté 29 décembre 2020, JO du 31 ; voir RF Comptable 488, décembre 2020, « Comptabilisation des jetons et services sur actifs numériques : précisions de l'ANC » ; voir tome 1, compte 52, §§ 14 à 30).

13-29 **Information requise.** Compte tenu de l'essor récent des ICOs, informer les souscripteurs par le biais de l'annexe comptable, est incontournable. Dans son annexe, l'émetteur explique tant la nature du projet proposé que les différents effets de l'offre de jetons sur les états financiers. Des informations spécifiques sont demandées sur la cotation des jetons, ainsi que le nombre de jetons émis et restant à émettre, en vue de pouvoir en apprécier tous effets dilutifs potentiels (PCG art. 619-9 et 833-20/16 ; voir RF Comptable 468, février 2019, « Jetons numériques et transactions en cryptomonnaies : nouvelles règles pour 2018 »)(voir §12-6).

Dans l'annexe du détenteur de jetons, l'information porte essentiellement sur le classement comptable des jetons détenus, leur valorisation (CMP ou FIFO), et les modalités de détermination de leur valeur vénale (PCG art. 619-16 et 833-20/16) (voir §12-6).

S'agissant du règlement ANC 2020-05, les détenteurs de jetons mentionnent dans l'annexe le nombre et la valeur des jetons empruntés (PCG art. 619-16 modifié). Les prestataires de services sur actifs numériques (PSAN) mentionnent dans l'annexe de leurs comptes annuels notamment (PCG art. 833-20/17 et 629-4 nouveau) (voir §12-6) :
– les engagements relatifs aux garanties de placement en cours sur actifs numériques ;
– en cas de fourniture de services de conservation d'actifs numériques pour le compte de tiers, la dénomination et le nombre d'actifs numériques s'ils ne sont pas comptabilisés à l'actif et, dans le cas contraire, le montant des dettes indexées de restitution d'actifs numériques conservés comptabilisées à leur bilan.

Informations diverses

13-30 Depuis les comptes 2016, des informations doivent être mentionnées dans l'annexe des personnes physiques et morales au titre de l'effectif moyen de salariés (voir § 13-31). Par ailleurs, certaines informations des annexes à établir par les personnes morales n'étant pas des petites entreprises ont été introduites ou modifiées (voir §§ 13-32 et 13-33) et pour toutes les autres personnes morales (voir §§ 13-34 et 13-35) (ANC, réglt. 2016-07 du 4 novembre 2015 et sa note de présentation).

13-31 *Mention de l'effectif moyen.* L'annexe des comptes annuels des personnes physiques et morales, y compris les petites entreprises au sens comptable hors RSI, doit mentionner l'effectif employé pendant l'exercice tel que défini à l'article D. 123-200 du code de commerce (PCG art. 832-19, 833-19, 834-14 et 835-14).

Pour les exercices ouverts à compter du 9 février 2020, le calcul de l'effectif salarié pour les seuils comptables et les seuils d'audit légal dans les sociétés est aligné sur celui de l'effectif « social ». Les effectifs mentionnés au code de commerce sont donc déterminés comme l'effectif « sécurité sociale » en vigueur à compter du 1er janvier 2020 (c. séc. soc. art. L. 130-1) (l'effectif n'est donc plus calculé comme la moyenne arithmétique des effectifs à la fin de chaque trimestre ; c. com. art. D. 123-200 dans sa version antérieure ; décret 2020-101 du 7 février 2020, JO du 8 ; c. com. art. D. 123-200, al. 7). En pratique, est donc impacté l'effectif pour déterminer les catégories comptables d'entreprises (micro-entreprises, petites entreprises, moyennes entreprises au sens comptable).

13-32 *Identité de la tête de groupe et du sous-groupe consolidant.* Les personnes morales qui ne sont pas des petites entreprises au sens comptable (voir §§ 11-11 et 11-15) et donc présentant une annexe de base, doivent désormais mentionner dans leur annexe (PCG art. 833-2/9, 833-2/10 et 833-2/11) :
– le nom et le siège de l'entreprise qui établit les états financiers consolidés de l'ensemble le plus grand d'entreprises dont l'entreprise fait partie en tant que filiale en indiquant pour les entreprises françaises le numéro d'identification ;
– le nom et le siège de l'entreprise qui établit les états financiers consolidés de l'ensemble le plus petit d'entreprises compris dans l'ensemble visé au tiret précédent dont l'entreprise fait partie en tant que filiale en indiquant pour les entreprises françaises le numéro d'identification ;
– le lieu où des copies des états financiers consolidés visés aux deux alinéas précédents peuvent être obtenues, pour autant qu'elles soient disponibles.

13-33 *Honoraires des CAC : information individualisée.* L'information sur les honoraires des commissaires aux comptes à fournir dans les annexes de base par les personnes morales qui ne sont pas des petites entreprises doit désormais être fournie pour chaque commissaire aux comptes. Doit ainsi être indiqué, pour chacun d'entre eux, le montant total des honoraires figurant au compte de résultat de l'exercice, en séparant les honoraires afférents à la certification des comptes de ceux afférents, le cas échéant, aux autres services. Ces informations ne sont pas fournies si la personne morale est incluse dans un périmètre de consolidation (PCG art. 833-14/4).

➞ **Remarque** Le PCG a été modifié pour tenir compte de la réforme de l'audit. Le terme « autres services » (que la certification des comptes) se substitue à « conseils et prestations entrant dans les DDL » (PCG art. précité ; voir RF Comptable 444, décembre 2016 « Les nouveaux contours de l'audit après la réforme »).

13-34 *Information sur les entreprises liées réduite.* Concernant l'annexe des personnes morales, de base ou simplifiée, n'est plus requise l'indication de la fraction des immobilisations financières, des créances et des dettes ainsi que des charges et produits financiers concernant les entreprises liées. Ces entreprises doivent en revanche mentionner les engagements consentis à l'égard d'entités liées, sachant qu'une entreprise est considérée comme liée à une autre lorsqu'elle est susceptible d'être incluse par intégration globale dans un même ensemble consolidable (PCG art. 832-18/1 et 833-18/1).

13-35 *Information sur les filiales et participations.* Le conseil d'administration, le directoire ou le gérant de toute société ayant des filiales ou des participations inclut dans l'annexe de la société un tableau, en vue de faire apparaître la situation desdites filiales et participations, la possibilité d'omettre pour confidentialité cette information, n'étant plus possible (c. com. art. L. 233-15 ; PCG art. 832-6 et 833-6). **Le PCG en propose un modèle à l'article 841-6.**

Les tableaux fiscaux

2058-A Détermination du résultat fiscal

Principes

14-1 Ce tableau permet de déterminer, de manière extra-comptable, le résultat fiscal à partir du résultat comptable. En pratique, le bénéfice net imposable correspond donc au résultat net comptable compte tenu de diverses rectifications extra-comptables (réintégrations ou déductions) découlant de l'application des règles fiscales.

➠ **Important** L'entreprise a la possibilité, dans certaines limites, d'optimiser son résultat fiscal en choisissant entre diverses dispositions applicables. Si la recherche de la diminution du résultat imposable en vue de réaliser une économie d'impôt apparaît évidente, il convient de ne pas perdre de vue que l'accroissement du résultat imposable sera, dans certains cas, souhaitable, afin de pouvoir imputer des pertes antérieures, des crédits d'impôt qui risqueraient de tomber en non-valeur.
Ces possibilités de modulation peuvent se résumer ainsi, en se situant dans l'optique précitée d'un accroissement du résultat fiscal :
– limitations ou reprises anticipées des provisions ;
– limitations des amortissements ;
– activation et étalement de charges (par exemple : frais d'établissement) ;
– prise en compte immédiate de produits pour lesquels une possibilité d'étalement ou de report d'imposition existe (subvention d'équipement, plus-value à court terme résultant d'un sinistre ou d'une expropriation, etc.).
Chacune de ces possibilités d'optimisation du résultat fiscal est un choix offert aux entreprises. L'exercice de ces choix constitue une décision régulière de gestion opposable tant à l'administration qui ne peut la rectifier qu'à l'entreprise qui ne peut en demander la modification (même si elle apparaît par la suite défavorable).

Les entreprises doivent respecter les définitions et les règles d'évaluation prévues par la réglementation comptable. Lorsque ces principes présentent des divergences avec les définitions et règles d'évaluation fiscales, il appartient à toute entreprise de procéder hors comptabilité aux aménagements nécessaires pour déterminer son résultat fiscal.

Les réintégrations extra-comptables consistent essentiellement à ajouter au résultat comptable des charges qui ont été comptabilisées, mais ne sont pas déductibles du point de vue fiscal, et à tenir compte du régime spécial applicable aux plus-values.

Les déductions extra-comptables consistent à retrancher du résultat comptable des éléments déjà comptabilisés, mais non imposables ou bénéficiant d'un régime spécial. Les éventuels abattements fiscaux sont également déduits.

Dans la pratique, c'est au cours de l'analyse et de la révision des différents comptes de la balance que la fiche de travail permettant de calculer le résultat fiscal est complétée ou vérifiée (voir tome 1 – Le contrôle de la balance).

Rappelons, à cet égard, que les distorsions engendrées par la réglementation fiscale sont d'une double nature.

14-2 **Différences permanentes.** Elles concernent :
– les pertes ou charges figurant en comptabilité mais définitivement non admises en déduction du résultat imposable (augmentation définitive de la charge d'impôt) ;
– les profits ou produits figurant en comptabilité mais définitivement exclus du résultat imposable (diminution définitive de la charge d'impôt).

14-3 **Différences temporaires.** Elles concernent les décalages dans le temps entre enregistrement comptable et traitement fiscal :
– pertes ou charges (profits ou produits) comptabilisées au cours de l'exercice et déduites du (intégrées au) résultat imposable d'un exercice ultérieur ;
– pertes ou charges (profits ou produits) qui seront comptabilisées dans un exercice ultérieur et déjà déduites du (intégrées au) résultat imposable de l'exercice.

Les chiffres indiqués renvoient aux commentaires de cette fiche

⑨ **DÉTERMINATION DU RÉSULTAT FISCAL** — DGFiP N° 2058-A-SD **2021**

Formulaire obligatoire (article 53 A du Code général des impôts)

Désignation de l'entreprise		Néant ☐*	Exercice N clos le
	Formulaire déposé au titre de l'IR (cocher la case ci-contre)	ET	

I. RÉINTÉGRATIONS

					BÉNÉFICE COMPTABLE DE L'EXERCICE		WA	14-6
Charges non admises en déduction du résultat fiscal	Rémunération du travail de l'exploitant ou des associés (entreprises à l'IR)		14-12				WB	14-7
	Avantages personnels non déductibles* (sauf amortissements à porter ligne ci-dessous)	WD	14-8	Amortissements excédentaires (art.39-4 du CGI) et autres amortissements non déductibles	WE	14-9	XE	
	Autres charges et dépenses somptuaires (art. 39-4 du CGI)	WF	14-10	Taxe sur les véhicules des sociétés (entreprises à l'IS)	WG	14-11		
	Fraction des loyers à réintégrer dans le cadre d'un crédit-bail immobilier et de levée d'option	RA	14-12	(Part des loyers dispensés de réintégration (art. 239 *sexies* D du CGI)	RB	14-13)		
	Provisions et charges à payer non déductibles (cf. tableau n° 2058-B, cadre III)	WI	14-14	Charges à payer liées à des états et territoires non coopératifs non déductibles (cf. 2067-*bis*)	XX	14-15	XW	14-17
	Amendes et pénalités	WJ	14-16	Charges financières (art. 39-1-3° et 212 *bis* du CGI) *	XZ	14-17		
	Réintégrations prévues à l'article 155 du CGI *						XY	14-18
	Impôt sur les sociétés (cf. page 9 de la notice n° 2032-NOT-SD)						I7	14-19
Quote-part	Bénéfices réalisés par une société de personnes ou un GIE	WL	14-20	Résultats bénéficiaires visés à l'article 209 B du CGI	L7	14-21	K7	14-21
Régimes particuliers / impositions différées	Moins-values nettes à long terme			- imposées aux taux de 15 % ou de 19 % (12,80 % pour les entreprises à l'IR)			I8	14-22
				- imposées au taux de 0%			ZN	14-23
	Fraction imposable des plus-values réalisées au cours d'exercices antérieurs*			- Plus-values nettes à court terme			WN	14-24
				- Plus-values soumises au régime des fusions			WO	14-25
Écarts de valeurs liquidatives sur OPCVM * (entreprises à l'IS)							XR	14-26
Réintégrations diverses à détailler sur feuillet séparé DONT*	Intérêts excédentaires (art.39-1-3ème et 212 du CGI)	SU	14-54	Zone d'entreprises* (activité exonérée)	SW	14-71	WQ	14-29 à 14-75
	Déficits étrangers antérieurement déduits par les PME (art. 209 C)	SX	14-72	Quote-part de 12 % des plus-values à taux zéro	M8	14-64		
Réintégration des charges affectées aux activités éligibles au régime de taxation au tonnage							Y1	14-76
Résultat fiscal afférent à l'activité relevant du régime optionnel de taxation au tonnage							Y3	14-77
					TOTAL I		WR	

II. DÉDUCTIONS

					PERTE COMPTABLE DE L'EXERCICE		WS	14-6, 14-90
Quote-part dans les pertes subies par une société de personne ou un G.I.E. *							WT	14-91
Provisions et charges à payer non déductibles, antérieurement taxées et réintégrées dans les résultats comptables de l'exercice (cf. tableau n° 2058-B-SD, cadre III)							WU	14-92
Régime d'imposition particuliers et impositions différées	Plus-values nettes à long terme			- imposées au taux de 15 % (12,80 % pour les entreprises soumises à l'IR)			WV	14-93
				- imposées au taux de 0 %			WH	
				- imposées au taux de 19 %			WP	
				- imputées sur les moins-values nettes à long terme antérieure			WW	
				- imputées sur les déficits antérieurs			XB	
	Autres plus-values imposées au taux de 19 %						I6	14-94
	Fraction des plus-values nettes à court terme de l'exercice dont l'imposition est différée *						WZ	14-95
	Régime des sociétés mères et des filiales* / Produits net des actions et parts d'intérêts			(Quote-part de frais et charges restant imposable à déduire des produits nets de participation	2A	14-96)	XA	14-96
	Produits de participations inéligibles au régime des sociétés mères déductibles à hauteur de 99 % (art. 223 B du CGI)						ZX	14-97
Mesures d'incitation	Déduction autorisée au titre des investissements réalisés dans les collectivités d'outre-mer *						ZY	14-98
	Majoration d'amortissement *						XD	14-99
	Abattement sur le bénéfice et exonérations*						XF	14-100

Reprise d'entreprises en difficulté (art.44 *septies*)	K9	14-100	Entreprises nouvelles (art.44 *sexies*)	L2	14-100	J.E.I. (art. 44 *sexies* A)	L5	14-100
			S.I.I.C. (art. 208C)	K3		Zone de restructuration de la défense (art.44 *terdecies*)	PA	
ZFU – TE (art. 44 *octies* et *octies* A)	ØV		Bassin d'emploi à redynamiser (art. 44 *duodecies*)	1F		Zone franche d'activité nouvelle génération (art. 44 *quaterdecies*)	XC	
Bassin urbain à dynamiser (art. 44 *sexdecies*)	PP		Zone de revitalisation rurale (art. 44 *quindecies*)	PC		Zone de développement prioritaire (art. 44 *septdecies*)	PB	

Écarts de valeurs liquidatives sur OPCVM * (entreprises à l'IS)							XS	14-101
Déductions diverses à détailler sur feuillet séparé	dont déduction exceptionnelle (art. 39 decies)	X9	14-138	dont déduction exceptionnelle simulateur de conduite (art.39 decies E)	YH	14-138	XG	14-102 à 14-139
	dont déduction exceptionnelle (art.39 *decies* A)	YA		dont déduction exceptionnelle (art.39 *decies* C)	YC			
	dont déduction exceptionnelle (art.39 *decies* B)	YB		dont déduction exceptionnelle (art.39 *decies* D)	YD			
	dont déductions exceptionnelles (art. 39 decies F)	YI		Créance dégagée par le report en arrière de déficit	ZI	14-119		
	dont déduction exceptionnelle (art. 39 decies G)	YL						
Déduction des produits affectés aux activités éligibles au régime de taxation au tonnage							Y2	14-140
					TOTAL II		XH	

III. RÉSULTAT FISCAL

Résultat fiscal avant imputation des déficits reportables	Bénéfice (I moins II)	XI	14-150		
	Déficit (II moins I)			XJ	14-150
Déficits de l'exercice reporté en arrière (entreprises à l'IS) *		ZL	14-151		
Déficits antérieurs imputés sur les résultats de l'exercice (entreprises à l'IS) *				XL	14-152
RÉSULTAT FISCAL	BÉNÉFICE (ligne XN) ou DÉFICIT reportable en avant (ligne XO)	XN	14-153	XO	14-153

* Des explications concernant ces rubriques figurent dans la notice n° 2032-NOT-SD

Analyse de la déclaration 2058-A

Réintégrations

Bénéfice comptable de l'exercice [ligne WA]

14-6 Il convient de reporter ici le résultat net comptable de l'exercice (bénéfice) figurant au compte 120 « Résultat de l'exercice (bénéfice) ».

Ce bénéfice net est celui mentionné au passif du bilan (tableau 2051) à la ligne DI et au compte de résultat (tableau 2053) à la ligne HN. Si le résultat de l'exercice se solde par une perte, celle-ci est portée à la ligne WS du tableau 2058-A.

Rémunération du travail de l'exploitant ou des associés de sociétés soumises à l'IR [ligne WB]

14-7 Ni la rémunération de l'exploitant dans le cas d'une entreprise individuelle, ni celle des associés indéfiniment responsables dans le cas des sociétés de personnes n'ayant pas opté pour l'impôt sur les sociétés ne sont admises en déduction pour la détermination du résultat fiscal. Elles doivent donc être réintégrées si elles ont été comptabilisées au compte 644 « Rémunération du travail de l'exploitant » (voir tome 1, compte 641, § 26).

Doit également figurer sur cette ligne l'aide financière au titre des services à la personne (y compris le « CESU préfinancé ») allouée à l'entrepreneur individuel et qui a été comptabilisée en charge (BOFiP-BIC-CHG-40-50-10-§ 10-05/07/2017). Cette aide, réintégrée à hauteur de 1830 € viendra minorer le bénéfice imposable à déclarer par l'exploitant individuel sur sa déclaration 2042 C PRO. Néanmoins, cette minoration du bénéfice imposable ne saurait conduire ni à faire naître un déficit au titre de l'exercice d'attribution ni à augmenter le déficit de cet exercice.

Avantages personnels non déductibles (sauf amortissements) [ligne WD]

14-8 Doivent être notamment réintégrés, à ce titre, l'avantage en nature correspondant à l'utilisation privative, par l'exploitant, d'un immeuble inscrit à l'actif du bilan, la fraction des rémunérations excédant la rétribution normale des fonctions exercées (sociétés passibles de l'impôt sur les sociétés) ainsi que les dépenses personnelles des associés dirigeants comptabilisées en charges, sauf si elles peuvent être considérées comme des compléments de salaire.

Au titre des dépenses présentant un caractère personnel et par conséquent non déductibles, on peut citer :

– les dépenses afférentes à l'habitation principale, à la résidence secondaire et aux déplacements d'ordre privé d'un dirigeant de l'entreprise ainsi que les frais d'assurance des véhicules personnels des dirigeants (CE 16 janvier 1980, n° 9587) ;

– les dépenses relatives à l'utilisation de véhicules à des fins privées (CE 12 mars 1982, n° 22830).

➡ **Rappel** En règle générale, les avantages en nature dont le personnel est susceptible de bénéficier trouvent leur origine dans le contrat de travail et constituent, en conséquence, une partie de la rémunération du salarié qui s'ajoute au salaire versé (voir tome 1, compte 641, § 22).
Il conviendra de procéder à l'analyse de ces avantages qui, en comptabilité, se trouveront dans les divers comptes de charges ou auront été regroupés dans un sous-compte 641(..) « Avantages en nature ».
Il est souhaitable d'établir de façon extracomptable une récapitulation des avantages accordés par personne et par nature faisant la part de ceux qui ne sont pas déductibles.
En ce qui concerne plus précisément la mise à disposition à des fins privées d'immeubles figurant à l'actif du bilan (voir tome 1, compte 75, §§ 14 à 16).
Quelle que soit la qualité de l'occupant (l'exploitant, le dirigeant ou un tiers), le revenu de l'immeuble à prendre en compte pour la détermination du résultat fiscal de l'entreprise est constitué par la valeur locative réelle (CE 27 octobre 1982, n° 1363), c'est-à-dire par le montant du loyer qu'aurait dû acquitter normalement l'occupant.
Bien entendu, lorsque l'immeuble occupé gratuitement demeure affecté à l'exercice de l'activité (logement du personnel salarié chargé de la sécurité ou de la surveillance), aucune réintégration dans le résultat fiscal ne doit être pratiquée.
Pour ce qui est des cotisations sociales personnelles de l'exploitant individuel, voir ligne WQ, « Réintégrations diverses », paragraphe 14-52.

Amortissements excédentaires et autres amortissements non déductibles [ligne WE]

14-9 Sont à mentionner sous cette rubrique les amortissements ou fractions d'amortissements comptabilisés au cours de l'exercice et non déductibles du point de vue fiscal, notamment :

– les véhicules de tourisme dont le prix excède, en fonction de leur taux de CO_2, **30000 €, 20300 €, 18300 € ou 9900 €** (CGI art. 39, 4) ;

– les biens donnés en location (voir tome 1, compte 68 « 1re partie : Dotations aux amortissements », § 66) ;

– les amortissements exagérés ;

– les amortissements des biens somptuaires ;

Sous réserve de faire partie intégrante d'un établissement de production et de servir à l'accueil de la clientèle, les amortissements pratiqués dans les résidences de plaisance ou d'agrément échappent au principe de non-déductibilité des charges somptuaires. Sont principalement concernés par cet assouplissement les châteaux des domaines viticoles.
Bien entendu, les amortissements liés à la partie privative de ces mêmes résidences restent non déductibles (BOFiP-BIC-CHG-30-20-§§ 1 à 60-18/02/2014).

– les constructions et aménagements sur sol d'autrui lorsque la durée d'amortissement retenue au plan fiscal excède la durée du bail (voir tome 1, compte 214, § 3) ;

– la quote-part d'amortissement relative à des charges différées ou à étaler intégrées dans le coût d'une immobilisation (voir tome 1, compte 48, § 14) ;

– les amortissements excédentaires relatifs aux composants de « seconde catégorie » lorsque leur durée d'amortissement est différente de celle de l'immobilisation à laquelle ils se rattachent (voir tome 1, compte 157, § 5).

Les dotations aux amortissements non déductibles enregistrées en comptabilité dans les subdivisions du compte 68 « Dotations aux provisions » sont étudiées dans le tome 1 – Le contrôle de la balance ainsi qu'aux comptes 20 « Immobilisations incorporelles » et 21 « Immobilisations corporelles ».

Autres charges et dépenses somptuaires [ligne WF]

14-10 Il s'agit :

– des dépenses ayant trait à des résidences de plaisance ou à l'exercice de la chasse, de la pêche ou de la navigation de plaisance (sauf celle servant de siège social ou faisant partie intégrante d'un établissement de production et servant à l'accueil de la clientèle ; voir § 14-9), à moins que l'entreprise ne justifie que ces dépenses sont nécessaires à son activité en raison même de son objet ;

– pour les voitures particulières prises en location par contrat de crédit-bail ou de location de longue durée (location de plus de trois mois ou bien de moins de 3 mois renouvelables), de la fraction du loyer correspondant à l'amortissement pratiqué par le bailleur sur la partie du prix de revient excédant, en fonction de leur taux de CO_2, **30000 €, 20300 €, 18300 € ou 9900 €**.

Taxe sur les voitures particulières des sociétés [ligne WG]

14-11 La réintégration à opérer à ce titre ne concerne que les sociétés passibles de l'impôt sur les sociétés (CGI art. 1010). En effet, lorsqu'elle est due par une société non passible de l'impôt sur les sociétés, cette taxe peut être comprise dans les charges déductibles.

Lorsqu'il s'agit d'une société en commandite simple n'ayant pas opté pour le régime fiscal des sociétés de capitaux, la taxe n'est déductible qu'à concurrence du prorata de la part des bénéfices correspondant au droit des commandités (BOFiP-TFP-TVS-50-§ 20-04/10/2017).

Cette taxe figure en comptabilité dans un sous-compte 63 « Impôts, taxes et versements assimilés ».

Fraction des loyers à réintégrer dans le cadre d'un crédit-bail immobilier et de levée d'option [ligne RA]

14-12 Cette ligne concerne les conséquences fiscales liées à la levée de l'option d'achat d'un contrat de crédit-bail immobilier.

Dans cette situation, le locataire acquéreur de l'immeuble doit procéder, le cas échéant, à la réintégration d'une fraction des loyers versés en cours de contrat. Cette réintégration correspond à la différence entre la valeur de l'immeuble à la date de signature du contrat, diminuée du prix de levée d'option, et le montant des amortissements que le crédit-preneur aurait pu pratiquer s'il avait été propriétaire du bien depuis cette date.

Lorsque le contrat a été conclu depuis 1996, le montant de la réintégration est diminué des quotes-parts de loyers non déduites pendant la période de location (CGI art. 239 sexies ; voir tome 1, compte 21, § 91).

Part des loyers dispensée de réintégration [ligne RB]

14-13 Doit être mentionnée sur cette ligne la part des loyers dispensée de réintégration en cas de cession d'immeubles situés dans certaines zones d'aménagement. En effet, les locataires répondant aux conditions de l'article 39 quinquies D, a et b sont dispensés de toute réintégration à l'occasion de la cession d'immeubles à usage industriel et commercial pris en location par un contrat de crédit-bail d'une durée effective d'au moins 15 ans. Ces dispositions s'appliquent aux opérations conclues entre le 1er janvier 1996 et le 31 décembre 2015 pour la location, par un contrat de crédit-bail, d'immeubles situés dans les zones d'aide à finalité régionale et dans les zones de revitalisation rurale (CGI art. 239 sexies D ; voir tome 1, compte 21, § 91).

Le total des lignes WD, WE, WF, WG, RA et RB est porté ligne XE.

Provisions et charges à payer non déductibles [ligne WI]

14-14 Le détail de ces réintégrations est indiqué au cadre III du tableau 2058-B, paragraphes 15-12 à 15-16.

Doivent notamment être portées sur cette ligne :
– l'indemnité non déductible de congés à payer ainsi que les charges sociales et fiscales y afférentes, lorsque l'entreprise, créée avant 1987, a opté pour le maintien du régime fiscal antérieur selon lequel l'indemnité constitue une charge de l'exercice au cours duquel le salarié prend le congé correspondant (CGI art. 39, 1.1° bis.al. 2) ;
– les provisions pour indemnités de licenciement pour motif économique (voir tome 1, compte 158, § 63) ;
– la participation des salariés au résultat correspondant aux droits nés en 2020 dont la déductibilité ne pourra intervenir qu'en 2021 (voir tome 1, compte 424, § 44) ;
– la provision pour risques et pour dépréciation des titres de participation dans une société de personnes ou un GIE ;
– la quote-part de provision relative à des charges différées ou à étaler intégrées dans le coût d'une immobilisation (voir tome 1, compte 48, § 14) ;
– la provision pour dépréciation des titres de participation détenus dans des sociétés à prépondérance immobilière (cotées et non cotées), à hauteur de la plus-value latente existant à la clôture de l'exercice 2020, dans la limite de la dépréciation effectivement dotée à cette date (voir tome 1, compte 29, § 45) ;
– la dépréciation des immeubles de placement à hauteur de la plus-value latente existant à la clôture de l'exercice 2020, dans la limite de la dépréciation effectivement dotée à cette date (voir tome 1, compte 29, § 40) ;
– pour les exercices ouverts depuis le 1er janvier 2016, la dépréciation relative à la quote-part de mali technique affectée à des actifs amortissables lorsque la fusion est placée sous le régime de faveur des fusions (voir tome 1, compte 207, § 27) ;
– la dépréciation des immobilisations amortissables, calculée selon la valeur d'usage (à défaut de valeur vénale) (voir tome 1, compte 29, § 39) ;
– et, d'une manière générale, toutes les dépréciations qui ne répondent pas aux conditions fiscales de déduction des provisions.

En comptabilité, ces éléments se trouvent, selon leur nature :
– dans les comptes 68 « Dotations aux provisions » relatifs aux comptes ;
– 15 « Provisions pour risques » ;
– 29 « Dépréciation des immobilisations » ;
– 39 « Dépréciation des stocks et en-cours » ;
– 49 « Dépréciation des comptes de tiers » ;
– 59 « Dépréciation des valeurs mobilières de placement » ;
– dans la contrepartie (charges [à payer]) des comptes rattachés aux comptes de tiers concernés.

Provisions et charges à payer liées à des états et territoires non coopératifs non déductibles [ligne XX]

14-15 Sont à mentionner sur cette ligne les sommes payées à des personnes physiques ou morales domiciliées dans des États ou territoires non coopératifs. La déduction de ces sommes est exclue sauf si le débiteur apporte certaines preuves dont celle que les opérations auxquelles correspondent les dépenses ont principalement un objet et un effet autres que de permettre la localisation de ces dépenses dans un État ou territoire non coopératif. Un état (imprimé 2067-bis) est à joindre à la liasse fiscale.

La liste des États non coopératifs (ETNC) est définie par l'arrêté du 8 avril 2016 (JO du 10, texte 4) puis mise à jour en dernier lieu par l'arrêté du 6 janvier 2020 (JO du 7 janvier, texte n° 9). Cette liste intègre la liste noire européenne, comme prévu par la loi relative à la lutte contre la fraude (loi 2018-898 du 23 octobre 2018, JO du 24, texte 1, art. 31, I.A ; CGI art. 238-0 A, 2 bis.1° et 2°). Sont considérés comme des ETNC Panama et, à compter du 1er avril 2020, Anguilla, les Bahamas, les Fidji, Guam, les Îles Vierges américaines, les Îles Vierges britanniques, Oman, les Samoa américaines, les Samoa, les Seychelles, Trinité-et-Tobago et le Vanuatu. En revanche, Botswana, Brunei, Guatemala, Îles Marshall, Nauru, Niue sont retirés de la liste depuis le 7 janvier 2020.

Amendes et pénalités [ligne WJ]

14-16 **L'ensemble des sanctions pécuniaires et des pénalités de toute nature mises à la charge du contrevenant lors du non-respect d'obligations légales est non déductible des bénéfices imposables et doit faire l'objet d'une réintégration** (CGI art. 39, 2). **Cette non-déductibilité s'étend également aux sanctions infligées par les autorités administratives indépendantes.**

Les sanctions pécuniaires infligées sur les fondements de dispositions de droit international ou communautaire ou en vertu des dispositions légales d'États étrangers et liées à des opérations imposables en France ne sont pas déductibles (BOFiP-BIC-CHG-60-20-20-§ 40-12/09/2012).

Ainsi, ne sont pas déductibles notamment :

– les pénalités dues soit pour défaut de production ou pour production tardive des déclarations, soit pour insuffisance ou pour omission dans les déclarations ;

– les pénalités transactionnelles et les amendes pénales ;

– le versement libératoire ainsi que la pénalité de retard afférente prévus par la loi de programme fixant les orientations de la politique énergétique ;

– l'amende fiscale égale à 5 % du montant du rappel lorsqu'un redevable n'a pas déclaré la TVA due au titre d'une opération et qu'il aurait pu lui-même déduire (par exemple en cas d'acquisition intracommunautaire) (CGI art. 1788 A) ;

– l'intérêt de retard et de la majoration de 5 % pour paiement tardif de la TVA, de la taxe sur les salaires ou des droits d'enregistrement ;

– la majoration de 10 % exigée en cas de retard de paiement de la contribution économique territoriale ou de la taxe foncière pour les immeubles inscrits à l'actif de l'entreprise ;

– la majoration de 0,2 % pour non-respect d'une obligation de paiement par virement, par prélèvement ou par télérèglement ;

– les amendes infligées par l'Autorité des marchés financiers (AMF), la commission bancaire ou la commission informatique et liberté (CNIL), la Commission de régulation de l'énergie (CRE), l'Autorité de contrôle des assurances et des mutuelles (ACAM), et l'Autorité de régulation des communications électroniques et des postes (ARCEP) ;

– les majorations et pénalités de retard en matière de cotisations de sécurité sociale ou d'allocations familiales ;

– les amendes encourues pour contravention au code de la route, celles-ci ayant le caractère de peines personnelles aux auteurs des infractions.

En revanche, les pénalités contractuelles dues dans le cadre de relations commerciales sont déductibles dès lors qu'elles ne sanctionnent pas des manquements à des obligations légales.

La nature des pénalités et amendes réintégrées doit être mentionnée sur la ligne WJ. En cas de besoin, il conviendra d'en dresser la liste (nature et montant) sur un état joint à la déclaration.

Les amendes et pénalités figurent au compte 6712 « Pénalités, amendes fiscales et pénales » (voir tome 1, compte 67, §§ 12 à 17).

Charges financières [ligne XZ]

14-17 **Les sociétés soumises à l'IS reportent sur la ligne XZ le montant des charges financières nettes non déductibles en application du dispositif de limitation applicable aux exercices ouverts depuis le 1er janvier 2019** (CGI art. 212 bis).

Les sociétés non membres d'un groupe fiscal doivent au préalable souscrire un état spécial 2464-SD et joindre cet état à leur déclaration de résultat. Cette même obligation s'impose aux sociétés membres d'un groupe fiscal pour la détermination de leur résultat comme si elles étaient imposées séparément.

Le montant à reporter sur la ligne XZ est déterminé comme suit.

1 L'entreprise n'est pas en situation de sous-capitalisation (voir tome 1, compte 66, §§ 38 à 47). **Si l'entreprise ne bénéficie pas de la clause de sauvegarde en faveur des entreprises membres d'un groupe consolidé, elle reporte dans la case XZ du tableau 2058-A le montant calculé dans la case (c) du formulaire 2464-SD. Ce montant correspond à la fraction des charges financières nettes non admise en déduction au titre de l'exercice en application du plafond de droit commun, égal soit à 30 %**

de l'Ebitda fiscal de l'exercice, soit à 3 M€ si ce montant est supérieur. Ce même montant est inscrit sur la ligne (k) du formulaire 2464-SD, pour pouvoir être déduit au titre d'un exercice ultérieur.

Si l'entreprise bénéficie de la clause de sauvegarde en faveur des entreprises membres d'un groupe consolidé, elle peut obtenir un complément de déduction calculé case (f) du formulaire 2464-SD. Si le ratio fonds propres / actifs de l'entreprise, reporté ligne (d) de ce même formulaire est supérieur ou égal au ratio fonds propres / actifs du groupe consolidé calculé case (e), l'entreprise bénéficie d'un complément de 75 % du montant des charges nettes non déductibles calculé case (c). Dans ce cas, la somme portée dans la case XZ du tableau 2058-A est la différence entre le montant calculé dans la case (c) du formulaire 2464-SD et celui calculé dans la case (f). Cette même différence est inscrite sur la ligne (k) du formulaire 2464-SD, pour pouvoir être déduite au titre d'un exercice ultérieur. Attention, le montant porté sur la ligne (d) du formulaire 2464-SD est considéré comme égal à celui porté ligne (e) si la ligne (d) est inférieure à la ligne (e), mais que la différence n'excède pas 2 points.

❷ L'entreprise est sous-capitalisée. Dans cette situation, les charges financières nettes non déductibles sont mentionnées sur les lignes (g) et (h) du formulaire 2464-SD. La somme de ces lignes est reportée sur la ligne XZ du tableau 2058-A. Cette même somme est inscrite sur la ligne (k) du formulaire 2464-SD, pour pouvoir être déduite au titre d'un exercice ultérieur, avec toutefois une réfaction de 75 % pour les charges mentionnées sur la ligne (h). En effet, lorsqu'une entreprise se trouve en situation de sous-capitalisation et qu'elle ne peut déduire l'intégralité de ses charges financières nettes de l'exercice, celles-ci sont reportables (CGI art. 212 bis, VIII.1 ; BOFiP-IS-BASE-35-40-20-§ 410-31/07/2019 ; voir tome 1, compte 66, § 45) :
– intégralement pour la fraction de charges financières nettes non déductibles après l'application du premier plafond de déduction [ligne (g) du formulaire 2464-SD] ;
– à hauteur d'un tiers de leur montant pour la fraction de charges financières nettes non déductibles après l'application du second plafond de déduction [ligne (h) du formulaire 2464-SD].

• **Suivi des charges nettes en report**. La rubrique II. A du formulaire 2464-SD permet de déterminer les charges nettes financières en report de déduction à la clôture de l'exercice.

• **Suivi des capacités de déduction inemployées en report**. Les lignes (m), (n), (o), (p) et (q) du cadre II.B sont à servir lorsque l'entreprise n'a pas pu déduire la totalité de ses charges financières nettes de l'exercice en application du plafond de droit commun et qu'existe un stock de capacités de déduction inemployées au titre d'un des 5 exercices précédents.

Le total des lignes WI, XX, WJ et XZ est porté ligne XW.

Réintégrations prévues à l'article 155 du CGI [ligne XY]

14-18 Les entreprises individuelles et les sociétés de personnes relevant des BIC et des BA doivent extourner de leur résultat fiscal les produits et les charges afférents aux éléments d'actif qui, soit ne sont pas nécessaires à l'exercice de l'activité professionnelle, soit ne sont pas utilisés pour l'exercice de l'activité professionnelle (CGI art. 155, II.1). Toutefois, sur option expresse, pour les activités non professionnelles considérées comme marginales (produits relatifs à ces activités n'excédant pas 5 % ou 10 %), les produits sont intégralement compris dans le résultat professionnel alors que la fraction de charges qui excède le montant des produits est exclue du résultat professionnel imposable.

Pour les entreprises soumises au régime réel normal, les retraitements extra-comptables relatifs à ces mesures s'effectuent selon les modalités suivantes (BOFiP-BIC-BASE-90-§ 320-04/07/2018) :
– ligne WQ avec les réintégrations diverses pour les charges extournées ;
– ligne XG avec les déductions diverses pour les produits extournés (voir § 14-139).

Pour les contribuables soumis au régime simplifié, les rectifications sont effectuées sur les lignes 330 et 350 du formulaire 2033-B.

➟ **À NOTER** Aucune ligne particulière n'est en revanche prévue dans le cadre du formulaire réservé aux déductions.

Impôt sur les sociétés [ligne I7]

14-19 L'impôt sur les sociétés et la contribution sociale de 3,3 % dues par les sociétés relevant de l'IS ne sont pas déductibles du résultat.

Les sommes à réintégrer à ce titre sont celles qui figurent en charges au compte de résultat sur le tableau 2053, ligne HK et qui comprennent l'impôt sur les sociétés et, le cas échéant, la contribution sociale sur les bénéfices de 3,3 % (voir tome 1, compte 69, §§ 11 à 17).

Les sommes à réintégrer figurent aux subdivisions du compte 695 « Impôts sur les bénéfices » (voir tome 1, compte 69, §§ 3 et 5).

Pour ce qui est de la contribution sociale généralisée, voir ligne WQ, paragraphe 14-48.
Relevons que le montant d'impôt sur les sociétés est calculé à partir de la première étape d'élaboration du tableau de résultat fiscal [(résultat comptable avant IS et contribution sociale de 3,3 % + réintégrations, sauf IS et, contribution sociale de 3,3 % – déductions) = résultat fiscal], avec, par la suite, calcul de l'impôt sur les sociétés et de la contribution sociale de 3,3 %.

Les sociétés membres d'un groupe intégré doivent réintégrer la part positive de l'IS et, le cas échéant de la contribution sociale de 3,3 %résultant de la convention intragroupe dans le cadre de la méthode de neutralité. Pour un approfondissement, il convient de se reporter à la 13e édition de « L'intégration fiscale » de Patrick Morgenstern, édité par le Groupe Revue Fiduciaire.

Quote-part dans les bénéfices réalisés par une société de personnes ou un GIE [ligne WL]

14-20 L'entreprise membre d'une société de personnes ou d'un groupement d'intérêt économique doit rattacher à son résultat fiscal de l'exercice 2020 sa quote-part dans le résultat bénéficiaire obtenu par la société de personnes ou le GIE pour ce même exercice, sans en attendre la distribution. Le bénéfice de la société de personnes ou du GIE est considéré comme appréhendé fiscalement à la date de clôture de son exercice.

Rappelons que cette quote-part, calculée par la société ou le groupement, doit être déterminée en application de l'article 238 bis K du CGI en prenant en considération la qualité de l'entreprise membre (voir § 2-44).
En cas de démembrement de la propriété des parts sociales, et sauf convention prévoyant une répartition différente, l'usufruitier est imposable à hauteur des bénéfices courants de l'exploitation et le nu-propriétaire à hauteur des profits exceptionnels (BOFiP-BIC-CHAMP-70-20-10-20-§ 100-12/09/2012).

Corrélativement, la quote-part comptabilisée du bénéfice distribué doit être déduite extra-comptablement, ligne XG (voir § 14-128). Dans la plupart des cas, il s'agira d'un bénéfice compris dans les résultats fiscaux des années antérieures (voir tome 1, compte 76, § 19).

Bénéfices issus de sociétés établies dans un pays à fiscalité privilégiée [ligne L7]

14-21 Les bénéfices réalisés par une filiale établie dans un état dans lequel elle bénéfice d'un régime fiscal privilégié sont imposables sous certaines conditions au nom de la société mère française (CGI art. 209 B).

Doivent donc être mentionnés sur la ligne L7 les résultats provenant de la filiale étrangère concernée.

Le total des lignes L7 et WL est porté ligne K7.

Moins-values nettes à long terme imposées aux taux de 15 % ou 19 % [ligne I8]

14-22 Sur cette ligne, il y a lieu de reporter la moins-value à long terme de l'exercice qui a été déterminée sur le tableau 2059-A (cadre B, colonne 10) qui relève du taux de 12,8 % – majoré des prélèvements sociaux – pour les entreprises soumises à l'IR et des taux de 15 % ou de 19 % pour les entreprises soumises à l'IS.

Les entreprises soumises à l'IS relèvent du taux de **19 %** pour :
– le montant net des cessions de titres de participation de sociétés à prépondérance immobilière cotées détenus depuis au moins 2 ans ;
– les dotations et reprises des provisions pour dépréciation afférentes à ces titres ;
– les plus-values de cessions de locaux à usage de bureaux, à usage commercial, ou à usage industriel ou encore les terrains à bâtir réalisées jusqu'au 31 décembre 2022 à un cessionnaire qui s'engage à les transformer en locaux à usage d'habitation dans un délai de 4 ans à compter de la date de clôture de l'exercice au cours duquel l'acquisition est intervenue (CGI art. 210 F) ;

relèvent du taux de **15 %** pour :
– les cessions de parts de FCPR et SCR détenues depuis au moins 5 ans, pour la fraction qui ne relève pas du taux de 0 % ;
– certains produits distribués par les sociétés de capital-risque et les fonds communs de placement à risques pour la fraction qui ne relève pas du taux de 0 %.

et relèvent du taux de **25 %** pour la première cession de titres de sociétés titulaires d'une autorisation délivrée par le CSA (CGI art. 219, I.a.al. 4).

La moins-value à long terme de l'exercice 2020 relevant du taux de 12,8 % (entreprises relevant de l'IR) ou 15 % 19 % ou 25 % (entreprises soumises à l'IS) est imputable en principe sur les plus-values à long terme des dix exercices ultérieurs.

S'agissant des entreprises relevant de l'IS, la moins-value à long terme de 15 % n'est pas imputable sur la plus-value à long terme relevant du taux de 0 %, mais peut s'imputer sous certaines conditions sur celle relevant du taux de 19 % (voir tome 1, compte 77, § 44) ou 25 % (voir tome 1, compte 77, § 45). Le même raisonnement doit être tenu lorsque la moins-value à long terme relève du taux de 19 % ou 25 %.

Rappel Les enregistrements comptables ont été effectués aux comptes 667 « Charges nettes sur cessions de valeurs mobilières de placement », 675 « Valeur comptable des éléments d'actif cédés », 767 « Produits nets sur cessions de valeurs mobilières de placement » et 775 « Produits des cessions d'éléments d'actif » ainsi qu'aux comptes de provisions sur titres (voir tome 1, compte 26, § 41, compte 27, § 32 et compte 50, § 27).

Moins-values nettes à long terme relevant du taux de 0 % [ligne ZN]

14-23 Cette ligne est à renseigner par les sociétés soumises à l'IS lorsque la compensation des plus ou moins-values à long terme relevant du taux de 0 % de l'exercice 2020 fait ressortir une moins-value à long terme, prise en compte dans le résultat imposable au taux normal. Cette moins-value à long terme n'est plus imputable ou reportable sur les exercices postérieurs, y compris pour la fraction de la moins-value nette à long terme qui provient de la reprise d'une provision pour dépréciations afférentes aux éléments relevant de ce taux.

Rappel Relèvent du taux de 0 %, les moins-values et les dépréciations des titres de participation au sens fiscal (autres que les titres de sociétés à prépondérance immobilière) détenus depuis au moins deux ans (voir tome 1, compte 26, § 68).

Fraction imposable des plus-values réalisées au cours d'exercices antérieurs [lignes WN et WO]

14-24 **Plus-values nettes à court terme [ligne WN]** - La somme à réintégrer est égale au total des sommes inscrites sur l'imprimé 2059-B, cadre A, total 2, colonne 3.

On se reportera à l'étude des tableaux 2059-A et B et au compte 77, paragraphes 79 et suivants du tome 1.
Voir également ligne WZ, paragraphe 14-95.
On notera que les plus-values réalisées dans le cadre des opérations de cession-bail d'immeubles (« lease-back ») peuvent faire l'objet d'une imposition répartie sur la durée du contrat de crédit-bail sans excéder 15 ans (CGI art. 39 novodecies). Cette mesure qui s'est appliquée aux cessions réalisées jusqu'au 31 décembre 2012, est de nouveau en vigueur pour les opérations de cession-bail réalisées à compter du 1er janvier 2021 jusqu'au 30 juin 2023 qui sont précédées d'un accord de financement accepté par le crédit-preneur à compter du 28 septembre 2020 et au plus tard le 31 décembre 2022 (loi 2020-1721 du 29 décembre 2020, art. 33, 2° ; CGI art. 39 novodecies, II modifié) (voir compte 77, § 85).
En l'absence d'option pour l'étalement sur le plan comptable, au titre de chaque exercice d'option, la fraction de la plus-value à court terme doit être portée sur la ligne WN ou dans le tableau 2033 B (ligne 330) et la fraction de la plus-value à long terme doit être mentionnée sur la déclaration de résultat de l'exercice et être reportée sur la déclaration d'ensemble des revenus.
Si l'étalement a été réalisé du point de vue comptable dans des conditions similaires à celles retenues fiscalement (voir § 18-4).

14-25 **Plus-values soumises au régime des fusions [ligne WO]** - La somme à réintégrer est égale au total des sommes inscrites sur le tableau 2059-B, cadre B, total de la colonne 3.

Écarts de valeurs liquidatives sur OPCVM [ligne XR]

14-26 **Principes.** Les entreprises soumises à l'IS qui détiennent des parts ou actions d'OPCVM français ou étrangers évaluent ces titres, à la clôture de chaque exercice, à la valeur liquidative. Le montant de l'écart net d'évaluation constaté entre la valeur liquidative des titres à la clôture et à l'ouverture de l'exercice est compris dans le résultat imposable (CGI art. 209-0 A).

Sont toutefois exemptés de ce régime :
– les titres d'OPCVM, français ou établis dans un État de l'UE, principalement investis en actions ;
– certaines parts de fonds communs de placement à risques détenues en portefeuille.
Pour l'étude de ce régime applicable aux sociétés soumises à l'IS, il convient de se reporter au compte 50, paragraphes 44 à 47, du tome 1.

Les entreprises non soumises à l'IS ne sont pas concernées par ces dispositions.

14-27 Modalités d'imposition des écarts constatés. Au titre d'un exercice donné, il y a lieu, le cas échéant, de faire une compensation entre les écarts positifs et négatifs constatés pour chaque nature de titres d'OPCVM détenus par l'entreprise (CGI art. 209-0 A, 3°).

Le montant net, après compensation éventuelle, des écarts d'évaluation est rattaché au résultat imposable de l'exercice en cause, sur la ligne XR s'il est positif ou sur la ligne XS s'il est négatif.

Le montant net des écarts d'évaluation est retenu pour la détermination du résultat soumis à l'IS dans les conditions et au taux de droit commun.

Titres « A » :	- le 15 janvier 2019	acquisition de 10 actions à	100
	- le 15 juillet 2019	acquisition de 5 actions à	102
	- le 1er février 2020	acquisition de 15 actions à	105
	- le 5 mars 2020	cession de 10 actions à	106
	- le 15 novembre 2020	cession de 7 actions à	108
Titres « B » :	- le 2 mars 2019	acquisition de 20 actions à	100
	- le 15 septembre 2019	acquisition de 15 actions à	102
	- le 5 mars 2020	cession de 3 actions à	99
	- le 20 avril 2020	acquisition de 10 actions à	100
	- le 30 novembre 2020	cession de 10 actions à	98

Les valeurs liquidatives s'établissent ainsi :

	Titres « A »	Titres « B »
Au 31 décembre 2019	104	103
Au 31 décembre 2020	110	96

Année 2019

Le résultat comptable de l'exercice 2019 est de 0.

Résultat fiscal

	Titres « A »	Titres « B »
Valeur liquidative des titres à la clôture :		
15 × 104	1 560	
35 × 103		3 605
Valeur d'acquisition des titres acquis non cédés :		
10 × 100	1 000	
5 × 102	510	
20 × 100		2 000
15 × 102		1 530
Écart d'évaluation :		
1 560 – (1 000 + 510)	50	
3 605 – (2 000 + 1 530)		75
Écart global imposable	**125**	
Résultat comptable	0	
Résultat imposable	**125**	

Année 2020

Résultat comptable

Produits nets sur cession des titres A :	(106 – 100) × 10 = 60 (108 – 102) × 5 = 30 (108 – 105) × 2 = 6	+ 96
Charges nettes sur cession de titres B :	(99 – 100) × 3 = – 3 (98 – 100) × 10 = – 20	– 23
Dotation aux provisions titres B :		– 158 (1)
Résultat comptable		– 85

Résultat fiscal

	Titres « A »		Titres « B »
Valeur liquidative des titres à la clôture :			
13 × 110	1 430		
32 × 96			3 072
Valeur liquidative à l'ouverture des titres non cédés :			
22 × 103			2 266
Valeur d'acquisition des titres acquis non cédés :			
13 × 105	1 365		
10 × 100			1 000
Écart d'évaluation :			
1 430 – 1 365	65		
3 072 – (2 266 + 1 000)			– 194
Écart net global imposable (ligne XS)		– 129	
Plus-value déjà imposée (ligne XG) :			
5 × (104 – 102)	10		
10 × (104 – 100)	40		
13 × (103 – 100)			39
		– 89 (2)	– 16 (3)
Réintégration de la dotation non déductible (ligne WI)		158	
Résultat comptable		– 85	
Résultat imposable		– 145	

(1) (17 × 100) + (15 × 102) /32 = 100,9375 ; (96 – 100,9375) × 32 = 158.

(2) Cette somme se retrouve dans la colonne 7 du tableau de détermination du résultat des cessions.

(3) Résultat net de la cession apparaissant sur l'annexe, soit (22) augmenté du résultat de la cession des titres « A » acquis et vendus au cours de l'exercice 2020, soit 6 (2 titres acquis 105 et cédés 108).

Annexe 1
Écart des valeurs liquidatives des titres d'OPCVM détenus par les entreprises (exercice 2020)

Désignation des titres d'OPCVM	Détermination des écarts à la clôture de l'exercice										
	À la clôture de l'exercice			À l'ouverture de l'exercice et non cédés à la clôture de celui-ci			Acquis au cours de l'exercice et non cédés à la clôture de celui-ci			Écarts de VL constatés au cours de l'exercice	
	Nombre de titres	VL unitaire à cette date	Total	Nombre de titres	VL unitaire à l'ouverture de l'exercice	Total	Nombre de titres	VL unitaire à la date d'acquisition	Total	Montant ajouté aux résultats si col. 3 > col. 6 + col. 9	Montant déduit du résultat si col. 3 < col. 6 + col. 9
	(1)	(2)	(3)	(4)	(5)	(6)	(7)	(8)	(9)		
1. Titres A	13	110	1 430	0	0	0	13	105	1 365	65	
2. Titres B	32	96	3 072	22	103	2 266	10	100	1 000		194
3.											
4.											
5.											
6.											
7.											
8.											
...											
Total	–	–	4 502	–	–	2 266	–	–	2 365	65	194
Solde net	–	–	–	–	–	–	–	–	–		129

Annexe 2

Détermination du résultat des cessions, au cours de l'exercice, des titres d'OPCVM et des titres ou droits dans une personne ou organisme établi hors de France, dont le prix d'acquisition est affecté par les écarts des valeurs liquidatives des titres d'OPCVM détenus par l'entité étrangère (CGI art. 209-0-A-1°)

Titres cédés au cours de l'exercice		Détermination du résultat de cession							
Désignation	Nombre	Prix de cession		Prix d'acquisition		Écarts de VL antérieurs		Résultat de la cession (4) – [(6) + (7) – (8)]	
		Unitaire	Global (3) × (2)	Unitaire	Global (5) × (2)	Imposés	Déduits	Profit	Perte
(1)	(2)	(3)	(4)	(5)	(6)	(7)	(8)	(9)	(10)
I. OPCVM									
1. Titres A	{ 10 5	106 108	} 1 600	10 à 100 5 à 102 }	1 510	50		40	
2. Titres B	{ 3 10	99 98	} 1 277	100	1 300	39			62
3. ...									
Total						**89**		**40**	**62**
II. Titres concernés par l'article 209-0-A-1°, 3e al. du CGI									
1.									
2.									
3.									
4.									
...									
Total								**0**	**0**
							Total	40	62
							Profit		
							Perte		22

14-28 Régime des provisions pour dépréciation constatées sur le plan comptable. Les provisions constituées en vue de faire face à la dépréciation des titres ou droits soumis à ces règles de rattachement ne sont pas déductibles (CGI art. 209-0 A, 2°).

Un état, dont un modèle indicatif est reproduit ci-avant, doit être représenté à toute réquisition de l'administration (CGI art. 209-0 A, 3°).

Réintégrations diverses [ligne WQ]

14-29 Sont totalisées sur cette ligne toutes les réintégrations autres que celles mentionnées aux lignes précédentes, le détail devant en être fourni sur un feuillet annexe. Il n'est évidemment pas possible d'établir une liste exhaustive des réintégrations diverses susceptibles de devoir être opérées ; on examinera ci-après les principaux cas qui peuvent se présenter :

Produits financiers	
Opérations réalisées sur le marché à terme d'instruments financiers	voir § 14-30
Produits des placements à revenus fixes (à l'exclusion des créances)	voir § 14-31
Primes de remboursement	voir § 14-32
Bons de souscription d'actions	voir § 14-33
Produits exceptionnels	
Écart de réévaluation	voir § 14-34
Remboursement d'un emprunt par une assurance	voir § 14-35
Subventions	voir § 14-36
Indemnité versée en cas de sortie du groupe	voir § 14-39
Charges externes	
Assurance-vie au profit des dirigeants ou de certains collaborateurs	voir § 14-40
Crédit-bail	voir § 14-41
Commissions non déductibles	voir § 14-44
Déficits et charges relatifs aux BIC non professionnels	voir § 14-45
Autres charges de gestion courante	
Redevances	voir § 14-46
Jetons de présence	voir § 14-47
Impôts et taxes	
Impôts non déductibles	voir § 14-48
Charges de personnel	
Indemnités de congés payés dans certains cas de fusion	voir § 14-51
Cotisations personnelles	voir § 14-52
Rémunérations différées (« parachutes dorés »)	voir § 14-53
Charges financières	
Intérêts excédentaires des comptes courants d'associés (CASE SU)	voir § 14-54
Intérêts d'emprunts contractés en raison de prélèvements de l'exploitant	voir § 14-55
Intérêts sur effets escomptés	voir § 14-56
Emprunts	voir § 14-57
Charges exceptionnelles	
Dons	voir § 14-58
Pénalités de retard sur créances commerciales	voir § 14-59
Abandons de créances	voir § 14-60
Plus-values professionnelles	
Prélèvement sur la réserve spéciale des plus-values à long terme	voir § 14-61

Titres du portefeuille	
Frais d'acquisition de titres de participation	voir § 14-62
Cession de titres de participation entre entreprises liées	voir § 14-63
Quote-part de frais et charges en cas de cession de titres de participation [case M8]	voir § 14-64
Cessions de parts ou d'actions d'OPCVM	voir § 14-65
Échange de titres	voir § 14-66
Immobilisations	
Opérations archéologiques	voir § 14-67
Créances et dettes	
Profits latents sur créances et dettes libellées en monnaie étrangère	voir § 14-68
Crédit d'impôt et réduction d'impôt	
Dépenses de tenue de comptabilité	voir § 14-69
Crédit d'impôt	voir § 14-70
Exonération des bénéfices	
Zones d'entreprises [case SW]	voir § 14-71
Traitement des déficits	
Déficit étranger des PME précédemment déduit [case SX]	voir § 14-72
Divers	
Contrôle fiscal, déduction en cascade	voir § 14-73
Changement de méthode comptable	voir § 14-74
Autres opérations	voir § 14-75

14-30 Opérations réalisées sur le marché à terme d'instruments financiers. Doivent être mentionnés ligne WQ :
– en cas de positions symétriques, la fraction de la perte sur une position qui n'excède pas les gains non encore imposés sur les positions prises en sens inverse (CGI art. 38, 6.3°) ;
– le profit réalisé au titre de l'exercice précédent, en cas d'opérations de couverture au sens de l'article 38, 6.2° et 38, 6.2° bis du CGI ;
– tous les profits qui auront été différés sur le plan comptable (opérations de couverture).

On se reportera, pour l'étude de ces opérations, au compte 52, paragraphes 31 à 33 du tome 1 – Le contrôle de la balance.

Voir également ligne XG, paragraphe 14-106.

14-31 Produits des placements à revenu fixe (à l'exclusion des créances). Pour la détermination des résultats imposables des exercices ouverts depuis le 1er janvier 1993, les intérêts des placements à revenu fixe sont imposables selon la règle « du couru » (CGI art. 238 septies F ; BOFiP-BIC-PDSTK-10-20-20-§ 40-09/01/2013). Les produits imposables correspondent aux produits comptabilisés et aucun retraitement n'est à opérer sur la ligne WQ.

Toutefois, les titres figurant à l'actif du bilan d'ouverture et de clôture du premier exercice ouvert depuis le 1er janvier 1993 (titres figurant au bilan d'ouverture et de clôture de l'exercice 1993 pour les entreprises dont l'exercice coïncide avec l'année civile) font l'objet d'un régime transitoire qui a pour effet d'imposer, lors de la cession ultérieure des titres, les produits courus entre la date de paiement du dernier coupon et la date de clôture du dernier exercice soumis à la règle « de l'échu ».

Lors de la cession de ces titres soumis au régime transitoire, le résultat fiscal est calculé par rapport au coût d'acquisition, y compris le montant des revenus acquis à la date d'achat des titres et non encore déduits des résultats imposables, diminué d'une somme égale au montant des revenus de ces titres acquis et non imposés à l'ouverture de l'exercice.

En conséquence, lors de la cession de cette catégorie de titres, il convient de réintégrer sur la ligne WQ les intérêts courus et non imposés à l'ouverture de l'exercice du changement de méthode (c'est-à-dire au 1er janvier 1993 pour les entreprises dont l'exercice coïncide avec l'année civile) (voir tome 1, compte 76, §§ 30 à 33).

Voir également la ligne XG, paragraphe 14-104.

14-32 **Primes de remboursement.** En principe, les primes de remboursement sont rattachées aux résultats de l'exercice au cours duquel elles sont acquises par l'entreprise (CGI art. 38), c'est-à-dire celui au titre duquel leur remboursement est venu à échéance. Toutefois, la prime de remboursement et les intérêts versés chaque année sont imposés selon une répartition actuarielle lorsque la prime de remboursement excède 10 % du prix d'acquisition et le prix d'émission est inférieur ou égal à 90 % de la valeur de remboursement (CGI art. 238 septies E). Sont à porter sur la ligne WQ les régularisations afférentes aux primes de remboursement, lorsque leur rattachement en comptabilité n'est pas effectué selon une répartition actuarielle fondée sur la méthode des intérêts composés (voir tome 1, compte 76, § 34).

Voir également la ligne XG, paragraphe 14-105.

14-33 **Bons de souscription d'actions autonomes.** Lors de leur péremption, ces bons doivent être rattachés aux résultats imposables (CGI art. 38, 8.3°) alors que, du point de vue comptable, ils sont considérés comme des apports (voir tome 1, compte 104, § 17).

14-34 **Écart de réévaluation.** En comptabilité, la plus-value de réévaluation dégagée à l'occasion d'une réévaluation libre doit être inscrite au passif du bilan, au compte 1052 « Écart de réévaluation libre » et ne peut servir à compenser les pertes (voir tome 1, compte 105, § 14).

En fiscalité, la réévaluation libre entraîne une augmentation de l'actif net. Par conséquent, elle doit être comprise dans le résultat fiscal de l'exercice de réévaluation et portée sur la ligne WQ.

Néanmoins, l'écart de réévaluation constaté au terme d'un exercice clos à compter du 31 décembre 2020 jusqu'au 31 décembre 2022, (soit les exercices 2020, 2021 et 2022 pour les entreprises clôturant leur exercice le 31 décembre) peut, sur option, ne pas être immédiatement imposable mais faire l'objet d'un étalement ou d'un sursis d'imposition, en fonction de la nature amortissable ou non de l'immobilisation réévaluée (loi 2020-1721 du 29 décembre 2020, art. 31 ; CGI art. 238 bis JB). Ce régime optionnel ne s'applique qu'à une seule réévaluation réalisée sur la période concernée. Ainsi, pour les entreprises qui auraient procédé à une telle réévaluation au titre d'un exercice clos le 31 décembre 2020 et opté pour ce régime fiscal, l'opération sera sans incidence sur son résultat fiscal.

14-35 **Remboursement d'un emprunt par une assurance.** Lorsqu'un contrat d'assurance souscrit sur la tête d'un dirigeant garantit le remboursement d'un emprunt contracté pour les besoins de l'exploitation, l'annulation de la dette résultant du décès du dirigeant (compte 77 « Produits exceptionnels ») fait naître un profit dont l'imposition peut être répartie par parts égales sur l'année de sa réalisation et sur les 4 années suivantes (CGI art. 38 quater).

Ce système d'étalement s'applique également au profit qui résulte de l'indemnisation du préjudice économique en vertu d'un contrat d'assurance-vie souscrit auprès d'une compagnie d'assurances sur la tête d'un dirigeant ou d'une personne jouant un rôle déterminant dans le fonctionnement de l'entreprise.

Par conséquent, doit être réintégré ligne WQ 1/5 de l'indemnisation au titre des 4 exercices suivant l'étalement (voir § 14-115).

14-36 **Subventions.** Sont concernées les subventions d'équipement (voir § 14-37) ainsi que celles affectées aux opérations de recherche (voir § 14-38).

14-37 *Subventions d'équipement.* Ne peuvent bénéficier fiscalement de l'étalement que les subventions accordées à raison de la création ou de l'acquisition d'immobilisations déterminées et les subventions attribuées par l'intermédiaire d'une entreprise de crédit-bail si la décision d'octroi prévoit son reversement immédiat au crédit-preneur (voir tome 1, compte 13, §§ 14 à 22). Pour les autres subventions, si elles sont étalées du point de vue comptable, le montant de la subvention accordée doit être réintégré pour sa totalité sur la ligne WQ au cours de l'exercice de l'octroi.

L'étalement de la subvention s'effectue au même rythme que l'amortissement de l'immobilisation acquise. En principe, d'un point de vue comptable, cet amortissement est calculé sur la durée d'utilisation de l'immobilisation. Or, fiscalement, c'est la durée d'usage qui est retenue (voir tome 1, compte 13, § 17). Par conséquent, lorsque le montant de la subvention réintégrée sur le plan fiscal ne correspond pas au montant qui est réintégré dans les comptes sociaux, la divergence s'opère sur la ligne WQ ou sur la ligne XG « Déductions diverses » (en cas de réintégration comptable trop importante).

Par ailleurs, pour les biens décomposés, l'administration admet que l'imposition de la subvention puisse être répartie sur la durée moyenne pondérée d'amortissement de l'immobilisation en cause. Cette tolérance n'est pas prévue sur le plan comptable (voir tome 1, compte 13, § 18). Aussi, lorsque, au titre d'un exercice, le montant de la réintégration comptable est inférieur au montant à réintégrer sur le plan fiscal, l'entreprise doit, à notre avis, procéder à une réintégration extra-comptable sur la ligne WQ. À l'inverse, si le montant de la réintégration comptable excède le montant à réintégrer fiscalement, l'entreprise doit procéder à une déduction extra-comptable sur la ligne XG (voir § 14-111).

14-38 *Subventions affectées aux dépenses de recherche.* Pour l'exposé du régime correspondant à ces subventions, voir ligne XG « Déductions diverses », paragraphe 14-112 (voir tome 1, compte 13, § 23).

Dans la mesure où l'étalement n'a pas été réalisé du point de vue comptable, la fraction de la subvention à imposer doit être réintégrée ligne WQ (voir notice 2032 de l'administration).

14-39 **Indemnité versée à une filiale en cas de sortie de groupe.** L'indemnité reçue par une filiale qui sort d'un groupe soumis au régime d'intégration fiscale ne constitue pas une recette imposable pour la détermination de son résultat fiscal, lorsque ce produit a pour objet de compenser une future charge d'IS par nature non déductible (CGI art. 213). En effet, l'indemnité versée par la société mère à sa filiale en exécution de la convention d'intégration a pour objet de compenser le supplément d'impôt sur les sociétés que cette filiale supportera après sa sortie du groupe en raison de l'impossibilité de reporter ces déficits sur ses propres résultats.

En contrepartie, l'indemnité n'est pas déductible des résultats de la société mère (BOFiP-IS-GPE-30-30-10-§ 280-07/03/2018).

Sur le tableau 2058-A, il convient donc :
– de réintégrer, sur la ligne WQ, le montant de l'indemnité de sortie versée ;
– de déduire, sur la ligne XG, le montant de l'indemnité de sortie reçue.

14-40 **Assurance-vie au profit des dirigeants ou de certains collaborateurs.** Les primes versées en exécution de tels contrats doivent être considérées comme un placement et ne sont pas admises en déduction des résultats des exercices au cours desquels les dépenses ont été engagées (BOFiP-BIC-CHG-40-20-20-§ 110-08/04/2013). Toutefois, ne sont pas à réintégrer les primes afférentes aux contrats d'assurance pour perte d'exploitation liée à la disparition ou à l'invalidité de certaines personnes travaillant dans l'entreprise et présentant un intérêt économique tel que la survenance de ces sinistres lui ferait subir une perte pécuniaire (BOFiP-BIC-CHG-40-20-20-§§ 50 à 100-08/04/2013 ; voir tome 1, compte 616, § 15).

Voir également ligne XG « Déductions diverses », paragraphe 14-114.

14-41 **Crédit-bail.** Il convient de distinguer le crédit-bail mobilier ou immobilier (voir § 14-42) et le crédit-bail de fonds de commerce (voir § 14-43).

14-42 *Crédit-bail mobilier ou immobilier.* Il fait l'objet d'un régime fiscal particulier pour l'étude duquel il convient de se reporter dans le tome 1 – Le contrôle de la balance, aux comptes suivants :
– compte 206, paragraphe 12 (achat d'un contrat de crédit-bail mobilier ou immobilier) ;
– compte 612, paragraphe 21 (traitement des redevances) ;
– compte 77, paragraphe 83 (cession d'un contrat de crédit-bail).

Contrats de crédit-bail immobilier conclus à compter du 1er janvier 1996. Les possibilités de déduction de la part des loyers représentative du capital sont modulées en fonction du lieu de situation et de la nature de l'immeuble (CGI art. 39, 10) :
– pour la généralité des immeubles, le crédit-preneur ne peut déduire la fraction des loyers représentative du coût d'acquisition du terrain ;
– pour les immeubles achevés après le 31 décembre 1995 affectés à titre principal à usage de bureaux en Île-de-France et qui ne sont pas situés dans certaines zones d'aménagement du territoire, le crédit-preneur ne peut, durant la période de location, déduire au titre des loyers versés plus que s'il avait acquis le

bien directement à l'origine (déduction limitée aux frais d'acquisition de l'immeuble et à l'amortissement des constructions).
Pour calculer le montant des loyers déductibles, les loyers peuvent être imputés en priorité sur les frais d'acquisition de l'immeuble, puis sur le prix des constructions et enfin sur celui du terrain, ce qui permet de déduire intégralement les premiers loyers et de rapporter sur la ou les dernières années de location la quote-part non déductible des loyers.
Le crédit-preneur doit tenir sur papier libre un tableau récapitulatif faisant apparaître pour chaque échéance la quote-part non déductible pour la détermination de son bénéfice imposable.

Tableau des loyers non déductibles (1)

Année	Quote-part du loyer prise en compte pour la fixation du prix de vente	Quote-part réputée affectée au financement des frais d'acquisition	Quote-part réputée affectée au financement des éléments amortissables	Quote-part réputée affectée au financement des éléments non amortissables	Quote-part loyer non déductible

(1) BOFiP-BIC-PVMV-40-50-40-§ 150-12/09/2012.

Le locataire d'un bien loué en crédit-bail, qui cède le contrat de crédit-bail ou acquiert le bien pris en location, joint à la déclaration de résultats de l'exercice en cours, lors de la cession ou de l'acquisition, un état sur papier libre comportant le montant de la quote-part des loyers non déduite pour la détermination du résultat imposable au titre de chaque échéance de la période de location, en distinguant, le cas échéant, la quote-part afférente à des éléments non amortissables de celle relative aux éléments amortissables.
En cas de cession du contrat, une copie des documents délivrés par le crédit-bailleur ou par un précédent souscripteur est remise au cessionnaire.

Tableau des loyers non déduits (1)

		Quote-part du loyer non déduite	
Année	Quote-part de loyer prise en compte pour la fixation du prix de vente	Quote-part réputée affectée au financement des éléments amortissables	Quote-part réputée affectée au financement des éléments non amortissables

(1) BOFiP-BIC-PVMV-40-50-40-§ 160-12/09/2012.

En outre, les obligations déclaratives prévues tant pour le cédant que pour le cessionnaire demeurent (CGI, ann. III art. 38 quindecies G ; BOFiP-BIC-PVMV-40-50-40-§ 30-12/09/2012).
Voir également paragraphe 17-52 du tableau 2059-A.

Par ailleurs, le locataire d'un immeuble loué en crédit-bail doit conserver, à l'appui de sa comptabilité et pendant toute la durée de la location, des documents délivrés par l'entreprise bailleresse, à savoir :
– l'état récapitulant les conditions générales du contrat ;

État récapitulatif d'une opération de crédit-bail immobilier (1)
Le locataire : - raison sociale : - adresse :
Le contrat : - durée : - date d'effet : - prix convenu pour l'acquisition de l'immeuble à l'issue du contrat : - éléments permettant de déterminer le prix convenu pour l'acquisition de l'immeuble à l'issue du contrat :
Le bien : - lieu de situation : - frais d'acquisition : - prix de revient des éléments amortissables : - prix de revient des éléments non amortissables.
(1) BOFiP-BIC-PVMV-40-50-40-§ 110-12/09/2012.

– un tableau faisant apparaître, pour chaque loyer, la quote-part de ce dernier prise en compte pour la fixation du prix de cession éventuelle de l'immeuble à l'issue du contrat ou les informations permettant de déterminer celle-ci ainsi que son affectation aux financements respectifs des frais d'acquisition, des éléments amortissables et des éléments non amortissables.

Tableau des loyers (1)				
Année	Quote-part du loyer prise en compte pour la fixation du prix de vente	Quote-part réputée affectée au financement des frais d'acquisition	Quote-part réputée affectée au financement des éléments amortissables	Quote-part réputée affectée au financement des éléments non amortissables
(1) BOFiP-BIC-PVMV-40-50-40-§ 130-12/09/2012.				

14-43 *Crédit-bail de fonds de commerce.* En cas d'acquisition d'un fonds de commerce ou d'éléments isolés le composant, les redevances ne sont déductibles que pour la quote-part du loyer représentative des frais financiers. En revanche, la quote-part du loyer prise en compte pour la fixation du prix de vente convenu pour l'acceptation de la promesse unilatérale n'est pas déductible du résultat imposable et doit être réintégrée (CGI art. 39, 8). Cette quote-part est indiquée distinctement dans le contrat de crédit-bail (BOFiP-BIC-BASE-70-§ 30-12/09/2012). Ces dispositions s'appliquent quelle que soit la nature des éléments qui composent le fonds de commerce objet du contrat de crédit-bail, y compris, par conséquent, à la fraction du loyer correspondant aux éléments amortissables (voir tome 1, compte 612, § 19).

Notons que, selon la notice 2032 de l'administration, la quote-part de loyer non déductible est à faire figurer à l'actif, au poste « Avances et acomptes sur immobilisations incorporelles » (tableau 2050, ligne AL).

14-44 **Commissions non déductibles.** Les commissions versées par les entreprises exportatrices à des agents publics étrangers dans le cadre de transactions internationales sont exclues des charges déductibles pour la détermination des résultats imposables et doivent être portées ligne WQ (voir tome 1, compte 621/622, § 13).

14-45 **Déficits et charges relatives aux BIC non professionnels.** Les déficits (ou les charges) relatif à des activités exercées à titre non professionnel par des contribuables relevant de l'IR font l'objet d'un traitement différencié des déficits (CGI art. 156, I). En conséquence, les charges relatives à ces activités doivent être réintégrées pour déterminer le résultat BIC professionnel.

Il convient de joindre une note précisant les éléments retenus pour la détermination du résultat de l'activité non professionnelle lorsque ces éléments ont été portés aux lignes WQ et XG. Une note distincte sera rédigée pour chaque activité non professionnelle.

À NOTER La déduction des produits correspondants est examinée au paragraphe 14-125 de la ligne XG « Déductions diverses ».

14-46 Redevances de brevets entre entreprises liées. Pour les exercices ouverts à compter du 1er janvier 2019, la déduction des redevances de concession de licences d'exploitation de droits de la propriété intellectuelle versées à une entreprise liée au sens de l'article 39, 12 du CGI est limitée lorsque cette entreprise n'est pas, au titre de l'exercice en cours, soumise à raison de ces mêmes redevances à un impôt sur le revenu ou sur les bénéfices dont le taux effectif est au moins égal à 25 % (CGI art. 39, 12 ter ; voir tome 1, compte 65, § 13).

La fraction non déductible des redevances qui est à reporter ligne WQ est égale au produit du montant des redevances par le rapport entre, au numérateur, la différence entre 25 % et le taux effectif d'imposition auxquels ont été soumises les redevances, et, au dénominateur, 25 %.

14-47 Rémunérations allouées aux membres des organes de direction. Ces rémunérations sont comptabilisées au compte 653 « Jetons de présence ». Leur déduction est limitée du point de vue fiscal (voir tome 1, compte 65, §§ 17 et 18). Lorsque la limite de déduction trouve à s'appliquer, la fraction des rémunérations excédentaire doit être réintégrée dans le résultat fiscal de l'exercice de déduction et doit être reportée sur la déclaration 2065, annexe 2065 bis, cadre H, lignes e à h « Autres distributions ».

14-48 Impôts non déductibles. En règle générale, les impôts sont déductibles pour la détermination du résultat fiscal. Certains d'entre eux doivent toutefois être réintégrés dans le résultat fiscal en vertu d'une disposition expresse de la loi (voir tome 1, compte 63, § 10).

Rappelons, à cet égard, que la contribution sociale généralisée non déductible du résultat fiscal n'est pas, du point de vue comptable, une charge de l'entreprise. Les entreprises qui, en conséquence, ont dû enregistrer cette contribution en compte de tiers n'ont aucune réintégration à effectuer.

14-49 *Entreprises individuelles.* Ne constitue pas une charge déductible l'impôt sur le revenu. Étant une charge personnelle de l'exploitant, cet impôt ne figure normalement pas en comptabilité et n'a donc pas à être réintégré. Ces observations valent également pour les sociétés de personnes qui n'ont pas opté pour l'impôt sur les sociétés.

Pour les exploitants individuels, la quote-part de CSG déductible fiscalement doit normalement être portée dans les charges du point de vue comptable. Aucune régularisation n'est donc à effectuer à ce titre.

14-50 *Sociétés passibles de l'impôt sur les sociétés.* Les impôts à réintégrer aux bénéfices imposables sont : la taxe sur les véhicules de tourisme, la taxe annuelle de 3 % sur les immeubles possédés en France par des sociétés étrangères, la taxe annuelle sur les locaux à usage de bureaux, locaux commerciaux et locaux de stockage dans la région Île-de-France, les taxes d'urbanisme (taxe d'aménagement, versement pour sous-densité, redevance pour création de bureaux, locaux commerciaux et locaux de stockage dans la région Île-de-France, redevance d'archéologie préventive, certaines taxes et contributions applicables au secteur de la finance, la taxe sur les excédents de provisions des entreprises d'assurances de dommages...) (voir tome 1, compte 63, § 10).

On pointera donc les impôts à réintégrer fiscalement qui figurent en comptabilité au compte 63 « Impôts, taxes et versements assimilés ».

Le montant de l'IS non déductible est mentionné à la ligne I7 (voir § 14-19).

Toute déduction de retenue à la source conventionnelle prélevée conformément aux stipulations de la convention est expressément exclue des charges déductibles, quels que soient les termes de la convention. ***A contrario***, si l'État étranger prélève une retenue à la source qui n'est pas conforme à la convention, cette retenue est déductible (CGI art. 39, 1.4°).

14-51 Indemnités de congés payés dans certains cas de fusion. Lorsqu'une entreprise, ayant opté pour le maintien du régime fiscal antérieur (indemnité déductible au titre de l'exercice au cours duquel les salariés prennent leurs congés payés) applicable à l'indemnité de congés payés, a été absorbée par une société n'ayant pas exercé cette option, l'indemnité pour congés payés correspondant aux droits acquis par les salariés transférés, durant la période neutralisée, n'est pas déductible du résultat fiscal et doit donc être mentionnée sur la ligne WQ (CGI art. 236 bis).

La période neutralisée est celle durant laquelle ont été acquis les droits non utilisés par ces salariés à la date de la fusion. Sa durée ne peut être inférieure à celle de la période d'acquisition des droits à congés payés non utilisés à la clôture de l'exercice de la société absorbante qui est en cours lors de la fusion ; elle est au minimum de sept mois. L'indemnité correspondant à ces derniers droits est considérée comme déduite du point de vue fiscal.

Les droits à congés payés dus sont enregistrés au compte 4282 « Dettes provisionnées pour congés à payer » (voir tome 1, compte 42, § 22).

14-52 Cotisations sociales personnelles. Lorsqu'elles excèdent certaines limites, les cotisations sociales relatives à l'assurance vieillesse, à la prévoyance complémentaire et à la perte d'emploi versées par les exploitants individuels et leur conjoint-collaborateur non rémunéré, par les associés et membres de sociétés de personnes, qui exercent personnellement et directement leur activité dans le cadre de la société ainsi que par les gérants et associés imposés au titre de l'article 62 du CGI ne sont pas déductibles des résultats imposables et doivent être portées ligne WQ (CGI art. 154 bis ; voir tome 1, compte 646, § 17).

14-53 Rémunérations différées. Les sommes versées au départ des dirigeants de sociétés cotées (« parachutes dorés ») sont admises en déduction du résultat fiscal dans la limite de 3 fois le plafond annuel de sécurité sociale par bénéficiaire (soit 123 408 € en 2020). Au-delà de ce seuil, ces rémunérations ne sont plus fiscalement déductibles et sont à réintégrer ligne WQ (CGI art. 39, 5 bis ; voir tome 1, compte 641, § 29).

14-54 Intérêts excédentaires des comptes courants d'associés [case SU]. Sont à mentionner sur la ligne WQ :

– les intérêts versés aux associés qui doivent en principe être intégralement réintégrés pour la période où le capital n'a pas été entièrement libéré (CGI art. 39, 1.3°) ;

– les intérêts qui excèdent le taux effectif moyen pratiqué par les établissements de crédit pour les prêts à taux variable aux entreprises d'une durée initiale supérieure à 2 ans. Pour les exercices de 12 mois clos le 31 décembre 2020, ce taux est égal à 1,18 %.

Pour les exercices ne clôturant pas avec l'année civile, voir tome 1, compte 66, paragraphe 28.

– les intérêts versés aux associés à raison des sommes mises en comptes bloqués à la disposition de la société pour la fraction excédant le taux maximal légal indiqué ci-dessus ;

– les intérêts rémunérant les sommes mises à disposition par des sociétés liées (CGI art. 212 ; voir tome 1, compte 66, § 35). Les intérêts servis par une société soumise à l'IS à des entreprises liées, directement ou indirectement, au sens de l'article 39, 12 du CGI sont déductibles dans la limite du taux de référence (TMP) (voir ci-avant) ou, du taux du marché s'il est supérieur (CGI art. 212, I.a ; BOFiP-IS-BASE-35-20-10-31/07/2019). Néanmoins, les entreprises dont le taux d'intérêt servi aux entreprises liées est supérieur au taux de référence ont la possibilité d'apporter la preuve que celui-ci n'est pas excessif au regard du taux qu'elles auraient pu obtenir auprès d'établissements ou d'organismes financiers.

Les intérêts excédentaires en application de l'article 39, 1.3° et 212 du CGI (voir ci-avant) doivent également être mentionnés sur la case SU.

En outre, le taux d'intérêt le plus élevé servi aux associés ainsi qu'aux avances entre sociétés liées, à raison des sommes mises à la disposition de la société sera porté à la ligne ZK du tableau 2058-C « Tableau d'affectation du résultat et renseignements divers ».

Les intérêts versés aux associés excédant les limitations indiquées ci-avant ayant fait l'objet d'une réintégration doivent être reportés cadre H, lignes e à h de la déclaration 2065 (annexe 2065 bis).

14-55 Intérêts d'emprunts contractés en raison de prélèvements de l'exploitant. Ne sont pas déductibles du résultat imposable les frais financiers relatifs à la partie de l'emprunt destinée à couvrir le solde négatif du compte « Capital » qui ressortirait après virement du résultat de l'exercice. Selon l'administration, pour apprécier la déductibilité de ces frais, le solde du compte de l'exploitant doit être déterminé au jour le jour. Toutefois, l'entreprise peut recourir au solde moyen de ce compte et, dans ce cas, l'exercice est divisé en autant de périodes qu'il y a d'apports et de prélèvements effectués. Quant au résultat de l'exercice, il est réputé réalisé à la clôture de l'exercice (BOFiP-BIC-CHG-50-40-§ 20-12/09/2012 ; voir tome 1, compte 108, § 3). L'antériorité de l'avance par rapport à la situation débitrice du compte courant ne permet pas d'écarter la réintégration des charges financières (CE 13 novembre 1998, n°s 143728, 157690 et 181521).

14-56 **Intérêts sur effets escomptés.** Les intérêts versés lors de l'escompte d'effet de commerce sont, du point de vue comptable, à rattacher à l'exercice d'escompte de l'effet.

Du point de vue fiscal, pour les effets escomptés non échus à la clôture de l'exercice, la quote-part des intérêts précomptés lors de la remise à l'escompte qui se rattache à l'exercice suivant est une charge constatée d'avance (voir tome 1, compte 41, § 34).

Lors de l'exercice de remise à l'escompte, la part des intérêts se rattachant à l'exercice suivant et comptabilisé en charges est donc à réintégrer ligne WQ. La quote-part réintégrée en N – 1 devra être déduite ligne XG.

14-57 **Emprunts.** Les régularisations afférentes aux charges financières des emprunts, autres que les intérêts, soumises aux dispositions de l'article 39, 1.1° ter du CGI doivent être portées sur la ligne WQ lorsque leur déduction n'est pas effectuée en comptabilité de manière actuarielle selon la méthode des intérêts composés (voir tome 1, compte 16, § 31) (voir § 14-117).

14-58 **Dons.** Les dons et libéralités ne constituent pas, en principe, des charges déductibles à moins qu'ils ne soient consentis dans l'intérêt direct de l'entreprise ou de son personnel.

Les dons réalisés au titre du mécénat et comptabilisés en charges doivent être réintégrés dans le résultat fiscal.

En contrepartie, l'entreprise bénéficie d'une réduction d'impôt égale à 60 % ou 40 % des versements pris en compte dans la limite de 20000 € ou de 5 ‰ du chiffre d'affaires, pour les versements effectués au cours des exercices clos à compter du 31 décembre 2019.

Sont également à réintégrer les sommes versées par les sociétés soumises à l'IS au titre de la participation à l'achat par l'état de trésors nationaux ; ces sommes ouvrent droit à une réduction d'impôt de 90 % (CGI art. 238 bis ; voir tome 1, compte 67, § 21).

14-59 **Pénalités de retard sur créances commerciales.** Pour la détermination du résultat imposable, les produits et les charges correspondant aux pénalités de retard mentionnées aux articles L. 441-9 et L. 441-10 du code de commerce ainsi que les intérêts moratoires prévus à l'article 96 du code des marchés publics sont rattachés respectivement à l'exercice de leur encaissement et de leur paiement.

Les pénalités comptabilisées dans les charges et qui figurent, à la clôture de l'exercice, aux comptes de tiers « Fournisseurs » et « Fournisseurs – Factures non parvenues » (pénalités non encore payées) sont réintégrées sur la ligne WQ du tableau 2058-A (voir § 14-118).

14-60 **Abandons de créance.** Toutes les aides à caractère autre que commercial ne sont pas déductibles, à l'exception des aides consenties aux entreprises en difficulté. Ainsi, sous réserve qu'il procède d'un acte de gestion normal et qu'il ne constitue pas un élément du prix de revient d'une participation dans une autre société, l'abandon de créance présentant un caractère autre que commercial est considéré comme une charge déductible de l'exercice, lorsque cet abandon est consenti :

– en application d'un accord constaté ou homologué (c. com. art. L. 611-8) ;

– ou aux entreprises à l'encontre desquelles est ouverte une procédure de sauvegarde (c. com. art. L. 620-1 à L. 628-7), une procédure de redressement judiciaire (c. com. art. L. 631-1 à L. 632-4) ou de liquidation judiciaire (c. com. art. L. 640-1 à L. 644-6) ou toute procédure d'insolvabilité mentionnée à l'annexe A du règlement CE 1346/2000 du Conseil du 29 mai 2000.

Les aides ainsi accordées aux entreprises en difficulté sont déductibles à hauteur de la situation nette négative de l'entreprise bénéficiaire et, pour le montant excédant cette situation nette négative, à proportion des participations détenues par d'autres personnes que l'entreprise qui consent les aides.

Le montant porté ligne WQ correspond donc au montant intégral des aides à caractère financier consenties (cas général) ainsi qu'à la fraction des aides non déductibles accordées aux entreprises en difficulté.

14-61 **Prélèvement sur la réserve spéciale des plus-values à long terme.** Les sommes prélevées, au cours de l'exercice, au compte 10641 « Réserves réglementées – Plus-values nettes à long terme » donnent lieu à une imposition complémentaire destinée à porter l'imposition totale de la plus-value à long terme au taux normal d'IS applicable à l'entreprise au titre de l'exercice du prélèvement (CGI art. 209 quater, 2).

Néanmoins, cette imposition complémentaire n'est pas due en cas de dissolution de sociétés.

En pratique, la somme qui doit être rapportée au résultat fiscal de l'exercice doit permettre de porter l'imposition totale au taux normal de l'IS, compte tenu de l'imposition supportée initialement aux taux de 10 %, 15 %, 18 %, 19 % ou 25 %.

14-62 Frais d'acquisition des titres de participation. Pour les sociétés soumises à l'IS, les frais d'acquisition (droits de mutation, honoraires, commissions et frais d'actes) des titres de participation doivent fiscalement être incorporés au prix de revient des titres et déduits par voie d'amortissement sur une période de 5 ans (CGI art. 209, VII ; BOFiP-IS-BASE-30-10-12/09/2012 ; voir tome 1, compte 26, §§ 57 à 60). Cette mesure d'étalement ne concerne pas les frais d'acquisition des titres de placement pour lesquels le traitement fiscal demeure identique au traitement comptable.

Le rattachement obligatoire des frais d'acquisition des titres de participation au coût d'acquisition de ces titres va, selon l'option exercée en comptabilité, entraîner les conséquences fiscales suivantes :

– en cas d'option en comptabilité pour l'activation de ces frais, le prix de revient des titres de participation est identique sur les plans comptable et fiscal. Dans cette situation, la déduction des frais s'opère par la comptabilisation d'un amortissement dérogatoire. En cas de dépréciation des titres, la provision peut être déduite, dans la limite du prix de revient fiscal des titres de participation minoré des amortissements admis en déduction ou des déductions diverses ;

– en cas d'option pour la déduction immédiate de ces frais, d'un point de vue comptable ces frais, n'étant plus déductibles fiscalement, doivent donc être réintégrés sur la ligne WQ pour la détermination du résultat fiscal.

En contrepartie, l'amortissement de ces frais n'est pas comptabilisé en « Amortissement dérogatoire », mais simplement déduit de manière extra-comptable, ligne XG (voir § 14-126).

14-63 Cession de titres de participation entre entreprises liées. En présence de liens de dépendance entre l'entreprise cédante et l'entreprise cessionnaire (CGI art. 39, 12), la déduction de la moins-value réalisée lors de la cession de titres de participation détenus depuis moins de 2 ans fait l'objet d'un report de déduction (voir tome 1, compte 77, § 57).

Ce report concerne les moins-values de cession de titres de participation au sens fiscal (autres que des titres de sociétés à prépondérance immobilière non cotées) et détenus depuis moins de 2 ans (CGI art. 219, I.a septies). Sont donc visés, non seulement les titres de participation relevant du taux de 0 %, mais également les titres de participation dans des sociétés à prépondérance immobilière cotées relevant du taux de 19 %.

La déduction de la moins-value de cession n'est pas rattachée à l'exercice de la cession mais intervient, sauf situations particulières, à la date correspondant à l'expiration d'un délai de 2 ans, décompté à partir du jour où l'entreprise cédante a acquis les titres.

L'imposition est établie au nom de l'entreprise cédante selon le régime de moins-value qui aurait été applicable si l'entreprise avait cédé les titres à cette date. Le régime du long terme est donc applicable, sauf événement mettant fin au report survenant dans les 2 ans.

Lors de sa constatation, la moins-value à long terme doit être réintégrée ligne WQ.

14-64 Quote-part de frais et charges de 12 % en cas de cessions de titres de participation [case M8]. En cas de cessions de titres de participation relevant du taux de 0 % (voir § 14-93), les plus-values dégagées sont exonérées d'IS, sous réserve de la réintégration d'une quote-part de frais et charges égale à 12 % du montant brut des plus-values de cession, quel que soit le résultat net des plus ou moins-values de cession des titres (BOFiP-IS-BASE-20-20-10-20-§ 125-03/02/2016). Cette quote-part est portée sur les lignes WQ et M8.

Le montant exonéré de la plus-value est porté sur la ligne WH « Plus-values nettes à long terme de l'exercice » (voir § 14-93).

14-65 Cessions de parts ou d'actions d'OPCVM. Les variations de la valeur liquidative des parts ou actions d'OPCVM étant retenues pour la détermination du résultat imposable des entreprises soumises à l'IS, les modalités de calcul du résultat de cession de ces parts ou actions tiennent donc compte des écarts imposés antérieurement. Ainsi, les moins-values latentes relatives aux titres cédés et déjà déduites antérieurement sont à réintégrer sur la ligne WQ (voir §§ 14-26 et 14-27).

14-66 Échange de titres. Sont à porter sur cette ligne les moins-values subies lors de l'échange de titres soumis, sous certaines conditions, à un report d'imposition et qui ont été constatées en comptabilité (fusion, scission, offre publique d'échange, autres opérations d'échange ou de conversion...) (voir § 17-1).

14-67 Opérations archéologiques précédant des opérations d'aménagement. Les dépenses exposées à l'occasion d'opérations archéologiques et qui ont été déduites l'année où elles ont été engagées sur la ligne XG sont à réintégrer aux résultats du même exercice et des exercices suivants au même rythme que l'amortissement de l'immobilisation et pour leur montant total en cas de cession (CGI art. 236 ter ; voir tome 1, compte 21, § 97).

14-68 Profits latents sur créances et dettes libellées en monnaie étrangère. Les ajustements à opérer à ce titre avec le résultat comptable au tableau 2058-A sont exposés aux comptes 47, paragraphe 12 du tome 1 – Le contrôle de la balance.

Pour le cours des devises, il convient de se reporter au tome 1 – Le contrôle de la balance.

14-69 Dépenses de tenue de comptabilité. Les adhérents des centres de gestion agréés soumis sur option au RSI bénéficient d'une réduction d'impôt sur le revenu afin de tenir compte des dépenses exposées pour la tenue de leur comptabilité et, éventuellement, pour l'adhésion au centre de gestion (CGI art. 199 quater B). La réduction d'impôt d'un montant de 915 € maximum est égale aux 2/3 de ces dépenses. En contrepartie, les dépenses ouvrant droit à cette réduction d'impôt ne sont pas déductibles. Elles doivent être réintégrées sur la ligne WQ. En revanche, les dépenses sont déductibles à hauteur de 1/3 de leur montant.

14-70 Crédit d'impôt. Sont à réintégrer ligne WQ les crédits d'impôts sur les revenus de valeurs mobilières qui n'ont pas été comptabilisés et que l'entreprise décide d'inclure dans son résultat fiscal pour bénéficier de leur imputation maximale sur l'IS.

14-71 Zones d'entreprises [case SW]. Les entreprises implantées dans les bassins d'emploi de Dunkerque, d'Aubagne-La Ciotat et de Toulon-La Seyne sont en principe exonérées d'impôt sur les sociétés jusqu'au terme du cent vingtième mois suivant leur création (CGI art. 208 quinquies). Mais cette exonération ne s'applique ni aux produits qui ne proviennent pas directement de l'activité exercée dans ces zones ni aux activités ou produits expressément exclus du dispositif.

Le cadre III du tableau 2058-A, comme d'ailleurs le cadre C,1 de la déclaration 2065, ne faisant apparaître que le résultat imposable, il convient d'extourner du résultat fiscal les éléments relatifs au secteur exonéré. Il ne peut y avoir de compensation entre les résultats (déficits ou bénéfices) de différents secteurs.

Le déficit fiscal subi dans l'un des secteurs au cours d'un exercice doit être retranché des bénéfices des exercices suivants réalisés dans le même secteur ; il ne peut pas être imputé sur les bénéfices réalisés dans l'autre secteur pendant toute la période couverte par l'exonération. De même, les plus ou moins-values nettes d'un exercice sont déterminées secteur par secteur.

Pendant la période d'exonération, les moins-values à long terme subies dans l'un des secteurs ne sont donc imputables que sur les plus-values à long terme dégagées dans le même secteur.

La réintégration du déficit fiscal et des moins-values à long terme du secteur exonéré est effectuée case SW.

La déduction du bénéfice fiscal et des plus-values à long terme du secteur exonéré se fera sur la ligne XF « Abattement sur le bénéfice et exonérations ».

14-72 Déficit étranger des PME précédemment déduit [case SX]. Cette case ne représente plus d'utilité pour la détermination des résultats des exercices clos depuis le 31 décembre 2018 dès lors que pour les exercices clos depuis le décembre 2013, la possibilité pour les PME françaises de déduire provisoirement de leur résultat imposable en France les déficits subis par leurs filiales détenues à 95 % au moins et par leurs succursales établies à l'étranger est supprimée (loi 2013-1278 du 29 décembre 2013, art. 26-I-w).

Les sociétés devaient porter sur la ligne SX le montant des déficits des filiales ou succursales étrangères précédemment déduits des résultats imposables des PME qui devaient être réintégrés au fur et à mesure des bénéfices réalisés par les entités concernées ou, au plus tard, à l'issue du cinquième exercice suivant celui de leur déduction.

14-73 Contrôle fiscal, déduction en cascade. Les rappels de TVA ayant donné lieu à la déduction en cascade ne sont plus déductibles ultérieurement. En conséquence, lorsque l'entreprise enregistre les rappels de TVA, soit à la réception de la proposition de rectification sous forme de provisions, soit lors de la réception de l'avis de mise en recouvrement, la charge correspondante doit être réintégrée pour la détermination du résultat fiscal de l'exercice considéré.

14-74 Changement de méthode comptable. En application du Plan comptable général, l'impact à l'ouverture de l'exercice du changement de méthode comptable est imputé en « Report à nouveau » (PCG art. 122-2 ; voir tome 1, compte 11, § 41). Le montant porté au crédit du compte « Report à nouveau » est, du point de vue fiscal, à réintégrer dans le résultat fiscal sur la ligne WQ, lorsqu'il correspond à un produit imposable.

14-75 Autres retraitements. Doivent être également inscrits sur la ligne WQ :
– les moins-values de cession afférentes aux titres de sociétés établies dans un État ou un territoire non coopératif qui s'imputent exclusivement sur des plus-values de même nature (CGI art. 219, I.a sexies-0 ter) ;
– en cas d'échange de biens immobiliers avec l'État ou une collectivité publique en vue de la réalisation d'ouvrages d'intérêt collectif, la fraction de la plus-value sur biens amortissables constatée lors de l'exercice de l'échange et des exercices suivants au fur et à mesure des amortissements pratiqués sur ces biens (CGI art. 238 octies C) ;
– la quote-part, précédemment déduite, de déficits répartie par une société de personne ou un GIE (voir § 14-91) ;
– la provision relative à la contribution patronale sur les stock-options et actions attribuées gratuitement constituée au titre de l'exercice d'attribution des actions (voir tome 1, compte 647/648, § 12).

Pour une étude détaillée de ce régime, voir « Détermination du résultat (BIC-IS) » (voir RF 1120, janvier 2021).

Réintégration des charges affectées aux activités éligibles au régime de taxation au tonnage [ligne Y1]

14-76 Les sociétés soumises à l'IS dont le chiffre d'affaires provient pour au moins 75 % de l'exploitation de navires armés au commerce peuvent opter pour le régime de taxation au tonnage (CGI art. 209-0 B, I). Ces entreprises peuvent, sur option, calculer leur bénéfice imposable en fonction des jauges des navires.

En pratique, les charges affectées aux activités éligibles doivent, pour la détermination du bénéfice imposable de la société, être réintégrées sur la ligne Y1. Corrélativement, le résultat imposable des activités éligibles doit faire l'objet d'une réintégration ligne Y3 (voir § 14-77).

Résultat fiscal afférent à l'activité relevant du régime optionnel de taxation au tonnage [ligne Y3]

14-77 Cette ligne concerne les sociétés ayant opté pour le régime de taxation au tonnage (voir § 14-76). Le résultat imposable de ces sociétés est déterminé par application à chacun des navires exploités, par jour et par tranche de jauge nette de 100 unités d'un barème.

En pratique, ce résultat imposable doit faire l'objet d'une réintégration ligne Y3.

Déductions

Perte comptable de l'exercice [ligne WS]

14-90 Il convient de reporter ici le résultat de l'exercice (perte) figurant au compte 129 « Résultat de l'exercice (perte) ».

Cette perte est mentionnée au passif du bilan (tableau 2051) à la ligne DI et au compte de résultat (tableau 2053) à la ligne HN.

Quote-part dans les pertes subies par une société de personnes ou un GIE [ligne WT]

14-91 L'entreprise membre de la société de personnes ou du GIE est fiscalement imposable à raison de la quote-part des résultats sociaux correspondant à ses droits dans la société ou le GIE dès la clôture de réalisation des bénéfices.

Sa quote-part dans le résultat déficitaire de la société de personnes ou du GIE doit être déduite ligne WT.

Cette quote-part, calculée par la société ou le groupement, doit être déterminée en application de l'article 238 bis K du CGI en prenant en considération la qualité de l'entreprise membre.
Toutefois, cette déduction est éventuellement limitée si la quote-part de déficit provient d'une société de personnes ou d'un GIE qui donne en location des biens meubles ou immeubles par contrats conclus depuis le 25 février 1998 (voir tome 1, compte 68 « 1re partie : Dotations aux amortissements » § 66).

Par ailleurs, en comptabilité, la constatation de pertes ne peut se traduire pour l'entreprise membre par l'enregistrement direct d'une charge, mais par la comptabilisation d'une provision pour dépréciation des titres et éventuellement d'une provision pour risques si le montant de la quote-part de pertes est supérieur à celui de la participation (contribution aux pertes sociales).

En fiscalité, seule la quote-part de pertes subie par la société de personnes ou le GIE est déductible.

Par conséquent, les provisions pour dépréciation et pour risques passées, le cas échéant, en comptabilité ne sont pas, en principe, déductibles et doivent être réintégrées ligne WI.

En conséquence, tant en matière de bénéfices (voir § 14-20) que de pertes (ligne WT), seule la quote-part revenant à l'associé influence son résultat fiscal.

Provisions et charges à payer non déductibles, antérieurement taxées et réintégrées [ligne WU]

14-92 Est à porter sur cette ligne le total figurant ligne YO du cadre III du tableau 2058-B.

Le montant porté ligne WU correspond partiellement aux reprises comptabilisées au compte 78 et figurant ligne FP du tableau 2052 (voir tome 1, compte 78, § 8).

Plus-values nettes à long terme de l'exercice [lignes WV à XB]

14-93 Les plus-values nettes à long terme sont portées respectivement sur les lignes :
– WV pour la quote-part imposée au taux de 15 % (pour les sociétés soumises à l'IS) ou 12,8 % (pour les entreprises soumises à l'impôt sur le revenu) ;

On notera que lors d'une opération de cession-bail d'immeuble, la plus-value à long terme qui fait l'objet d'un étalement doit être mentionnée sur cette ligne au titre de l'exercice de l'option pour cet étalement (voir ligne WN).

– WH pour la quote-part imposée au taux de 0 % (pour les sociétés soumises à l'IS) sous réserve de la réintégration d'une quote-part de frais et charge de 12 % dans le résultat imposable ligne WQ et inscrite ligne M8 (voir § 14-64). Les plus-values imposées à 0 % concernent celles afférentes aux titres de participation, autres que les titres de sociétés à prépondérance immobilière, ainsi que sous certaines conditions, les produits et plus-values provenant de la détention de FCPR ou de SCR ;
– WP pour la quote-part imposée au taux de 19 % des plus-values à long terme afférentes aux titres de SPI cotées détenus par des sociétés soumises à l'IS ;
– WW pour la quote-part imputée sur les moins-values nettes à long terme des dix années antérieures ; le montant inscrit sur cette ligne correspond en principe au montant figurant colonne 5 du cadre II du tableau 2059-C ;
– XB pour la quote-part imputée sur les déficits antérieurs.

On observera que, sauf dans les cas d'imputation du déficit de l'exercice ou des moins-values nettes à long terme de l'exercice, le total des lignes WV à XB doit être égal au total des plus-values nettes à long terme de l'exercice (sous déduction des allégements pour les entreprises nouvelles et assimilées) telles qu'elles figurent au tableau 2059-A, cadre B sous la ligne 20, colonne 10 (B).
Au tableau 2058-A, la partie des lignes WV à XB ne reprend pas la quote-part de plus-value imputée sur le déficit de l'exercice. Le regroupement de lignes dénommées « Plus-values nettes à long terme » représente donc en réalité un montant tronqué (plus-values à long terme moins le déficit de l'exercice imputé).

Dans l'hypothèse où la plus-value fiscale est supérieure à la plus-value comptable, il convient de reporter la plus-value fiscale sur les lignes WV à XB et d'ajuster la plus-value comptable en procédant à une réintégration sur la ligne WQ « Réintégrations diverses ».

On se reportera à l'étude des tableaux 2059.

Signalons que l'imprimé 2058-A millésimé 2021 ne prévoit aucune ligne spécifique concernant la taxation au taux de 25 % des plus-values à long terme réalisées lors de la première cession de titres de sociétés titulaires d'une autorisation délivrée par le Conseil supérieur de l'audiovisuel (CSA) (CGI art. 219, I.1.a).

Autres plus-values imposées au taux de 19 % [ligne I6]

14-94 Les plus-values à reporter sur la ligne I6 sont notamment les suivantes :
– plus-values réalisées lors de la cession à titre onéreux de locaux à usage de bureaux ou à usage commercial ou industriel ou encore de terrains à bâtir par les sociétés soumises à l'IS (CGI art. 210 F) ;
– plus-values latentes imposées lors d'options pour le régime des sociétés d'investissements immobiliers cotées (CGI art. 208 C).

Ces plus-values sont également isolées dans une colonne spécifique du tableau 2059-A (colonne 11).

Fraction des plus-values nettes à court terme de l'exercice dont l'imposition est différée [ligne WZ]

14-95 Lorsque l'entreprise a réalisé au cours de l'exercice 2020 des plus-values à court terme et a opté pour l'étalement de leur imposition, il convient de porter sur cette ligne :
– la totalité du montant des plus-values à court terme provenant de la perception d'une indemnité d'assurance ou d'une expropriation d'immeubles figurant à l'actif d'une entreprise soumise à l'impôt sur le revenu ou à l'impôt sur les sociétés (leur réintégration sera effectuée l'exercice suivant, ligne WN) (CGI art. 39 quarterdecies, 1 ter ; voir tome 1, compte 77, § 80) (voir § 18-2) ;
– la totalité du montant des plus-values à court terme sur cessions de navires de pêche ou parts de copropriété de tels navires réalisées par les entreprises de pêche maritime (CGI art. 39 quaterdecies, 1 quater)(voir § 18-2) ;
– les deux tiers des plus-values à court terme réalisées par les entreprises soumises à l'IR (voir § 18-2)(voir tome 1, compte 77, § 79) ;
– les 9/10 des plus-values à court terme réalisées à l'occasion d'opérations de reconversion par les entreprises ayant obtenu l'agrément préalable du ministre du Budget (voir tome 1, compte 77, § 81) ;

Pour les sociétés non soumises à l'impôt sur les sociétés dont une fraction du capital est détenue par une entreprise soumise à cet impôt qui ne peut bénéficier de l'étalement, il conviendra de procéder à une double liquidation du résultat fiscal à répartir (voir déclaration 2031).

– pour la 1re année d'étalement la fraction de la plus-value à court terme réalisée en cas d'opération de cession-bail d'immeubles (voir § 14-24) ;
– la totalité du montant de la plus-value à court terme sur biens non amortissables réalisée lors de l'échange de biens immobiliers avec l'État ou une collectivité publique en vue de la réalisation d'ouvrages d'intérêt collectif (CGI art. 238 octies C).

Pour une étude détaillée de ce régime, voir « Détermination du résultat (BIC-IS) » (voir RF 1120, janvier 2021).

La fraction des plus-values nettes à court terme de l'exercice dont l'imposition est différée, qui est portée en déduction du résultat fiscal à la ligne WZ du tableau 2058-A, correspond à la somme figurant au tableau 2059-B, cadre A, total 1, colonne 4 « Montant restant à réintégrer ».

Produits des actions et parts d'intérêts : régime des sociétés mères et filiales [ligne XA]

14-96 Le régime fiscal des sociétés mères permet à une société de retrancher de son résultat imposable le montant des produits qu'elle reçoit en qualité d'actionnaire ou de porteur de parts (dividendes, intérêts excédentaires...) de ses filiales (françaises ou étrangères) qui répondent à certaines conditions, sous déduction d'une quote-part forfaitaire de frais fixée à 5 %.

Cette quote-part de frais est à mentionner dans la case 2A et vient en diminution du montant des dividendes à porter sur la ligne XA (CGI art. 216 ; BOFiP-IS-BASE-10-10-20-§§ 80 à 110-03/07/2019 ; voir tome 1, compte 76, §§ 24 à 29).

Le régime des sociétés mères est optionnel. L'option doit être exercée pour l'ensemble des titres détenus par une société participante dans une même société distributrice. Elle est annuelle, n'est soumise à aucune obligation déclarative particulière et résulte de la simple inscription des dividendes à la ligne XA.

Produits de participation inéligibles au régime des sociétés mères et filiales [ligne ZX]

14-97 Pour les exercices ouverts depuis le 1er janvier 2019, les produits de participation perçus par une société du groupe intégré depuis plus d'un exercice et qui sont inéligibles au régime mère-fille sont retranchés du résultat d'ensemble à hauteur de 99 %, ligne ZX (CGI art. 223 B, al. 2). Ces produits de participation sont donc compris dans le résultat du groupe à hauteur de 1 % de leur montant.

➟ **Remarque** Cette neutralisation à 99 % s'applique également :
– aux produits de participation perçus par une société française intégrée en provenance d'une filiale soumise à un impôt équivalent à l'impôt sur les sociétés dans un État de l'Union européenne, en Islande, en Norvège ou au Liechtentsein qui, si elle était établie en France, remplirait depuis plus d'un exercice les conditions pour être membre de ce groupe, autres que celle d'être soumise à l'impôt sur les sociétés en France ;
– aux produits de participation perçus par une société française non membre du groupe d'une société établie hors de France dans un des États mentionnés ci-dessus et soumise à un impôt équivalent à l'IS, sous réserve que ces sociétés eussent rempli les conditions pour appartenir à un même groupe si la société distributrice était établie en France, à l'exception, pour cette dernière de la condition d'être soumise à l'IS en France. Toutefois, il n'est pas procédé à cette neutralisation lorsque la société qui perçoit les distributions n'est pas membre d'un groupe fiscal uniquement du fait de l'absence des options et des accords à formuler pour intégrer un groupe fiscal (CGI art. 223 A, III al. 1 et 223 A bis, I).

Déduction autorisée au titre des investissements réalisés dans les DOM-COM [ligne ZY]

14-98 Les sociétés soumises à l'IS doivent porter sur cette ligne le montant des investissements, directs ou effectués par l'intermédiaire d'une société de personnes, d'un GIE ou d'un GEIE, déductibles et les souscriptions en capital réalisés au cours de l'exercice, dans les DOM-COM, à l'occasion d'investissements dans certains secteurs [CGI art. 217 undecies ; pour l'étude de ce régime, voir RF 1120, janvier 2021, « Détermination du résultat (BIC-IS) »].

L'entreprise doit joindre à sa déclaration de résultats, un état comportant les renseignements relatifs aux biens à raison desquels la déduction a été effectuée (déduction au titre des investissements directs en immobilisations) et une attestation délivrée par la société bénéficiaire des apports ou par l'intermédiaire agréé lorsque la souscription a été reçue par un tel intermédiaire (déduction au titre des souscriptions du capital).

Pour les entreprises soumises à l'impôt sur le revenu, les investissements réalisés dans ces secteurs (à l'exclusion des investissements dans le secteur locatif intermédiaire) ouvrent droit à une réduction d'impôt.

Majoration d'amortissement [ligne XD]

14-99 La base de calcul de l'amortissement des immobilisations acquises ou créées au moyen de primes de développement régional, de primes d'équipement dans les départements d'outre-mer et de primes d'orientation agricole, accordées jusqu'en 2006, est majorée, pour la détermination du bénéfice imposable, de la moitié du montant de la prime (CGI art. 39 quinquies FA).

La majoration de l'amortissement des immobilisations financées par de telles primes est mentionnée sur la ligne XD.

L'entreprise doit joindre à l'appui de la liasse fiscale le détail du calcul du suramortissement imputé sur les résultats de l'exercice.

Abattement sur le bénéfice et exonérations [ligne XF]

14-100 Certaines entreprises bénéficient d'abattement sur le bénéfice ou d'exonérations.

Elles doivent mentionner pour mémoire, dans le cadre C6 de la déclaration 2031 ou dans le cadre C3 de la déclaration 2065, l'allégement correspondant pratiqué, en distinguant la fraction concernant le bénéfice proprement dit et celle relative aux plus-values à long terme.

➟ **Exemple** Pour une étude détaillée de ces régimes, voir « Détermination du résultat (BIC-IS) » (voir RF 1120, janvier 2021).

Elles doivent également indiquer le montant des abattements et exonérations pratiqués dans le tableau 2058-A, cadre II, à la ligne XF « Abattement sur le bénéfice et exonérations » avec détail aux cases :
– K9 « dont : entreprises nouvelles » (reprise d'entreprises en difficulté) (CGI art. 44 septies) ;
– ØV « dont : entreprises implantées en zone franche urbaine » (CGI art. 44 octies et 44 octies A) ;
– PP « dont : bassin d'emploi à dynamiser » (CGI art. 44 sexdecies) ;
– L2 « dont : entreprises nouvelles » (CGI art. 44 sexies) ;
– K3 « dont : sociétés d'investissements immobiliers cotés » (CGI art. 208 C) ;
– 1F « dont : bassin d'emploi à redynamiser » (CGI art. 44 duodecies) ;
– PC « dont zone de revitalisation rurale » (CGI art. 44 quindecies) ;
– L5 « dont : jeunes entreprises innovantes » (CGI art. 44 sexies A) ;

– PA « dont : zones de restructuration de la défense » (CGI art. 44 terdecies) ;
– XC « dont : entreprises implantées en zone franche d'activité » (CGI art. 44 quaterdecies) ;
– PB « dont : entreprises implantées en zone de développement prioritaire » (CGI art. 44 quindecies).

Pour les sociétés créées dans les zones d'entreprises, la déduction du bénéfice et des plus-values à long terme relatives au secteur exonéré est pratiquée de manière extra-comptable et est à reporter case XF.
En cas de déficit et de moins-values à long terme, voir case SW « Zones d'entreprises (activité exonérée) », paragraphe 14-71.

Écarts de valeurs liquidatives sur OPCVM [ligne XS]

14-101 Le régime fiscal des titres d'OPCVM détenus par les sociétés soumises à l'IS est exposé dans le tome 1 – Le contrôle de la balance, compte 50 « Valeurs mobilières de placement », paragraphes 44 à 47 et à la ligne XR, paragraphes 14-26 à 14-28.

Lorsqu'il est négatif en 2020, le montant net des écarts d'évaluation obtenu après compensation entre les écarts positifs et négatifs constatés sur chaque catégorie de titres de même nature est à porter en « Déductions » sur la ligne XS. S'il est positif, ce montant net sera porté en « Réintégrations » sur la ligne XR.

Déductions diverses [ligne XG]

14-102 Sur cette ligne sont mentionnées les déductions fiscales qui n'ont pas déjà été reportées sur les lignes précédentes. Un détail de ces déductions doit être donné sur un feuillet séparé. Les subdivisions étudiées sont les suivantes :

Autres produits de gestion courante	
Résultat net de cession, de concession ou sous-concession des droits de la propriété industrielle	voir § 14-103
Produits financiers	
Produits des placements à revenus fixes (hors créances)	voir § 14-104
Produits financiers non imposables	voir § 14-105
Opérations réalisées sur le marché à terme d'instruments financiers	voir § 14-106
Primes de remboursement	voir § 14-107
Produits exceptionnels	
Dégrèvements sur impôts	voir § 14-108
Dons pour catastrophes naturelles	voir § 14-109
Subventions	voir § 14-110
Indemnité versée en cas de sortie du groupe	voir § 14-113
Charges externes	
Assurance-vie au profit des dirigeants ou de certains collaborateurs	voir § 14-114
Primes d'assurance-vie	voir § 14-115
Autres charges de gestion courante	
Redevances de crédit-bail sur fonds de commerce	voir § 14-116
Charges financières	
Emprunts	voir § 14-117
Charges exceptionnelles	
Pénalités de retard sur créances commerciales	voir § 14-118
Report en arrière des déficits	
Créance dégagée par le report en arrière du déficit [case ZI]	voir § 14-119
Provisions	
Reprises sur charges antérieures	voir § 14-120
Provision spéciale de réévaluation	voir § 14-121

Plus-values ou moins-values professionnelles	
Échange de titres ou de biens immobiliers	voir § 14-122
Moins-values nettes à long terme	voir § 14-123
Plus-values exonérées	voir § 14-124
Recettes et plus-values sur BIC non professionnel	voir § 14-125
Titres du portefeuille	
Amortissement des frais d'acquisition de titres de participation	voir § 14-126
Cession de titres de participation entre entreprises liées	voir § 14-63
Cessions de parts ou d'actions d'OPCVM	voir § 14-127
Quote-part de bénéfices répartie par une société de personnes ou un GIE	voir § 14-128
Décote consentie aux salariés dans le cadre d'émissions d'actions	voir § 14-129
Immobilisations	
Opérations archéologiques	voir § 14-130
Créances et dettes	
Pertes latentes sur créances et dettes libellées en monnaie étrangère	voir § 14-131
Crédit d'impôt et réduction d'impôt	
Crédit d'impôt pour la compétitivité et l'emploi, recherche, famille, apprentissage et autres crédits d'impôt	voir § 14-132
Achats d'œuvres originales d'artistes vivants et d'instruments de Musique	voir § 14-133
Exonération des bénéfices	
Abattement sur les bénéfices des artisans pêcheurs	voir § 14-134
Divers	
Passage aux nouvelles règles comptables	voir § 14-135
Frais d'augmentation de capital imputés sur la prime d'émission	voir § 14-136
Correction symétrique et intangibilité du bilan d'ouverture	voir § 14-137
Déduction exceptionnelle pour investissement	voir § 14-138
Opérations diverses	voir § 14-139

14-103 Résultat net de cession, de concession ou sous-concession des droits de la propriété industrielle - Pour les exercices ouverts depuis le 1er janvier 2019, les entreprises industrielles, commerciales, agricoles ou libérales relevant de l'IR et soumises de plein droit ou sur option à un régime réel d'imposition, ainsi que les entreprises passibles de l'IS peuvent, sur option, soumettre à un taux réduit d'imposition de 10 % le résultat net de cession, de concession ou de sous-concession de licence d'exploitation portant sur les actifs éligibles à ce régime (CGI art. 238 ; BOFiP-BIC-BASE-110-10-22/04/2020 ; voir tome 1, compte 75, §§ 8 à 13).

L'option doit être formulée dans la déclaration de résultat de l'exercice au titre duquel elle est exercée. Elle est matérialisée par la souscription d'un imprimé 2468-SD joint à la déclaration de résultat.

Le résultat net doit être indiqué au niveau du cadre C 1 « Résultat fiscal » de la déclaration 2065 (voir § 1-55) et au cadre C, rubrique 4 bis de la déclaration 2031 (voir § 2-38).

Des cases ont été créées sur la 2042 C PRO afin de reporter le montant des revenus nets des brevets et droits de propriété industrielle taxés au taux de 10 % (cases 5UI, 5VI et 5WI) (voir § 2-47).

Le résultat net bénéficiaire est déduit extra-comptablement du résultat de l'entreprise imposable dans les conditions de droit commun (barème progressif à l'IR ou taux normal à l'IS) pour être soumis au taux réduit de 10 %.Il doit être porté sur la ligne XG.

14-104 Produits de placements à revenus fixes (hors créances). Pour la détermination des résultats imposables des exercices ouverts depuis le 1er janvier 1993, les intérêts des placements à revenus fixes sont imposables selon la règle « du couru » (CGI art. 238 septies F ; BOFiP-BIC-PDSTK-10-20-20-§ 40-09/01/2013 ; voir tome 1, compte 76, §§ 30 à 33). Pour les cessions de titres soumis au régime transitoire (voir § 14-31), sont à porter sur la ligne XG les coupons courus achetés.

14-105 Produits financiers non imposables. Les sociétés soumises à l'IS qui possèdent un compte courant dans des sociétés de personnes soumises à l'IR sont autorisées à diminuer leur résultat imposable de la fraction non déductible des intérêts qui ont été réintégrés au résultat fiscal des sociétés de personnes. Dès lors, il n'y a pas double imposition juridique ou économique (compte rendu du comité fiscal de la mission d'organisation administrative du 25 septembre 1997).

14-106 Opérations réalisées sur le marché à terme d'instruments financiers. Les régularisations suivantes résultant de certaines opérations sur le marché à terme d'instruments financiers sont à porter sur la ligne XG (voir tome 1, compte 52, §§ 31 à 33) (ligne WQ, voir § 14-30) :

– en cas d'opérations de couverture au sens de l'article 38, 6.2° et 38, 6.2° bis du CGI, déduction du profit reporté sur l'un des deux exercices suivants (les exercices suivants pour la couverture de change) ;

– en cas d'opérations symétriques, déduction des pertes différées au titre des exercices précédents pour la fraction qui n'excède pas les gains non encore imposés sur les positions prises en sens inverse et qui ont dû faire l'objet d'une réintégration aux résultats imposables.

14-107 Primes de remboursement. Sont à rattacher à la ligne XG les déductions, le cas échéant, à opérer relatives aux titres ou contrats soumis aux dispositions de l'article 238 septies E (titres ou contrats à prime) lorsque leur rattachement n'est pas effectué en comptabilité selon la méthode des intérêts composés (voir tome 1, compte 76, §§ 34 et 35) (ligne WQ, voir § 14-32).

14-108 Dégrèvements sur impôts. Certains impôts ne sont pas fiscalement déductibles et doivent, par conséquent, être réintégrés dans le bénéfice imposable (voir § 14-48). En contrepartie, les dégrèvements accordés sur ces impôts non déductibles sont non imposables et sont déduits de manière extra-comptable (BOFiP-BIC-PDSTK-10-30-30-§§ 90 à 130-01/04/2015). Il en est de même des intérêts moratoires se rapportant à des dégrèvements d'impôts qui ne sont pas imposables (BOFiP-CTX-DG-20-50-30-§§ 320 et 330-22/01/2020).

En ce qui concerne les impôts déductibles (dégrèvements imposables), l'exercice de rattachement (fiscal) des dégrèvements est, en pratique, similaire à celui retenu en comptabilité, de sorte que le dégrèvement comptabilisé en produit à recevoir est immédiatement imposable sans qu'il soit besoin d'attendre l'accord de l'administration fiscale pour son paiement (ordonnancement).

14-109 Dons pour catastrophes naturelles. Les dons reçus par les entreprises victimes de catastrophes naturelles ou d'événements dommageables reconnus par arrêté ministériel sont exonérés (CGI art. 237 quater). En conséquence, ces dons doivent être déduits du résultat imposable (ligne XG).

14-110 Subventions. Sont à distinguer les subventions d'équipement (voir § 14-111) et les subventions affectées aux dépenses de recherche (voir § 14-112).

14-111 *Subventions d'équipement.* L'étalement ne bénéficie qu'aux subventions à raison de la création ou de l'acquisition d'immobilisations déterminées et aux subventions attribuées par l'intermédiaire d'une entreprise de crédit-bail si la décision d'octroi prévoit son reversement immédiat au crédit-preneur. Pour les autres subventions, si elles sont étalées du point de vue comptable, le montant de cet étalement doit être déduit du résultat, car l'intégralité de la subvention a été fiscalement rattachée à l'exercice de son octroi (voir tome 1, compte 13, §§ 14 à 22) (ligne WQ, voir § 14-37).

14-112 *Subventions affectées aux dépenses de recherche.* Les subventions allouées aux entreprises par l'État, les collectivités territoriales et les établissements publics et affectées au financement des dépenses de recherche que l'entreprise choisit d'immobiliser sont rattachées aux résultats imposables à concurrence des amortissements pratiqués sur le montant de ces dépenses à la clôture de l'exercice (CGI art. 236, I bis).

Si cet étalement n'est pas réalisé du point de vue comptable, la subvention à étaler est portée sur la ligne XG, la quote-part à imposer chaque année étant portée sur la ligne WQ (selon notice 2032 de l'administration).

14-113 Indemnité versée à une filiale en cas de sortie du groupe. Il convient de se reporter au paragraphe 14-39 de la ligne WQ « Réintégrations diverses ».

14-114 Assurance-vie au profit des dirigeants ou de certains collaborateurs. Lorsque les primes versées en exécution de tels contrats ont été réintégrées (voir § 14-40), elles sont déduites des résultats de l'exercice au titre duquel le capital est perçu soit lors de la réalisation du risque (décès, invalidité, accident), soit au terme du contrat (BOFiP-BIC-CHG-40-20-20-§ 110-08/04/2013).

14-115 Primes d'assurance-vie. Lorsque l'entreprise souhaite étaler son profit :
– au titre de l'année de sa réalisation, déduction sur la ligne XG du 4/5 de son montant pour les contrats d'assurance-vie destinés à garantir le remboursement d'un emprunt, ainsi que pour ceux souscrits auprès d'une compagnie d'assurance-vie sur la tête du dirigeant ou d'une personne jouant un rôle déterminant dans l'entreprise (voir tome 1, compte 616, § 15). Sont également à porter sur la ligne XG 1/5 des primes acquittées qui n'ont pas été précédemment déduites des résultats imposables ;
– au titre des 4 exercices suivants, réintégration sur la ligne WQ « Réintégrations diverses » de 1/5 de l'indemnisation (voir § 14-35).

14-116 Redevances de crédit-bail sur fonds de commerce. En l'absence de levée d'option d'achat ou de résiliation du contrat portant sur un fonds de commerce (ou sur des éléments isolés) pris en crédit-bail, la quote-part des redevances non déduites au cours du contrat (voir § 14-43) constitue une charge déductible fiscalement, qu'il convient de totaliser et de porter ligne XG.

14-117 Emprunts. Il y a lieu de déduire les régularisations afférentes aux charges financières des emprunts, autres que les intérêts, soumises aux dispositions de l'article 39, 1.1° ter du CGI lorsque leur déduction n'est pas effectuée en comptabilité de manière actuarielle selon la méthode des intérêts composés (voir tome 1, compte 16, § 31) (ligne WQ, voir § 14-57).

14-118 Pénalités de retard sur créances commerciales. On se reportera à la ligne WQ « Réintégrations diverses » (voir § 14-59) pour un exposé de ce régime.

Les pénalités de retard comptabilisées dans le résultat de l'exercice et qui figurent à la clôture de l'exercice, aux comptes « Clients » et « Clients – Produits non encore facturés » (pénalités non encore encaissées) devront être déduites sur la ligne XG du tableau 2058-A. Corrélativement, les provisions constatées en comptabilité sur le recouvrement de ces créances doivent être neutralisées sur la ligne WI du tableau 2058-A.

14-119 Créance dégagée par le report en arrière du déficit [case ZI]. Si elles remplissent les conditions requises les entreprises passibles de l'impôt sur les sociétés peuvent, sur option, reporter leur déficit sur le bénéfice non distribué de l'exercice précédent pour lequel l'impôt a été effectivement acquitté. Le montant du déficit reporté en arrière est plafonné à 1 M€.

L'imputation fait naître une créance dont le montant est égal au montant du déficit reporté en arrière multiplié par le taux de l'IS auquel le bénéfice d'imputation a été soumis. Cette créance a une incidence sur le résultat de la société et est enregistrée au compte 699 « Produits – Report en arrière des déficits et crédits d'impôt ».

Toutefois, cette créance ne constituant pas un produit imposable (pour la détermination du résultat fiscal de l'exercice), elle doit être déduite du résultat de manière extra-comptable, ligne XG (déductions diverses) puis isolée dans la case ZI.

Le montant de cette créance doit correspondre à la somme figurant dans le tableau 2039 réservé aux modalités du report en arrière des déficits qui est à joindre au relevé de solde d'IS (imprimé 2572).

On se reportera à l'étude du tableau 2039 pour le régime du report en arrière des déficits.

14-120 Reprises sur charges antérieures. Sont à porter ligne XG les reprises sur charges antérieures qui n'avaient pas été admises en déduction sur le plan fiscal telles que les provisions régulièrement constituées au cours d'un exercice antérieur et qui sont rapportées au résultat au cours de l'exercice 2020, alors qu'elles n'ont pu donner lieu à une déduction effective précédemment, exception faite des reprises sur provisions et charges à payer non déductibles qui sont mentionnées ligne WU.

14-121 Provision spéciale de réévaluation. Cette provision constituée en franchise d'impôt enregistre le montant de la plus-value résultant de la dernière réévaluation des immobilisations amortissables. Lorsqu'elle fait l'objet d'une reprise comptable, notamment lors de la cession de l'immobilisation réévaluée, elle doit être déduite du résultat fiscal, ligne XG (voir tome 1, compte 105, § 13).

14-122 Échange de titres. Sont à porter sur cette ligne les plus-values réalisées lors de l'échange de titres soumises, sous certaines conditions, à un report d'imposition et qui ont été constatées en comptabilité (fusion, scission, offre publique d'échange, de conversion d'obligations en actions...).

14-123 Moins-values nettes à long terme imputées pour une quote-part sur le résultat de l'exercice. Seules les entreprises soumises à l'impôt sur les sociétés sont concernées. Il conviendra de reporter la fraction des moins-values nettes à long terme qui s'impute sur le résultat taxable au taux normal de l'exercice de liquidation et qui est égale au rapport entre le taux d'imposition des plus-values à long terme applicable à l'exercice de réalisation des moins-values et le taux normal de l'IS applicable à l'exercice de liquidation et qui figure au tableau 2059-C, colonne 6 du cadre de « Suivi des moins-values à long terme des entreprises soumises à l'IS » (voir § 19-12).

14-124 Exonération des plus-values professionnelles. En cas de cession d'éléments de l'actif immobilisé, les entreprises peuvent, sous certaines conditions, bénéficier de l'un des régimes d'exonération des plus-values professionnelles suivants (voir tome 1, compte 77, §§ 58 à 77) :
- au titre de l'abattement pour durée de détention sur les plus-values à long terme dégagées lors de la cession d'immeubles (CGI art. 151 septies B) ;
- au titre des petites entreprises (CGI art. 151 septies) ;
- en cas de transmission d'une entreprise individuelle ou d'une branche d'activité (CGI art. 238 quindecies) ;
- lors du départ à la retraite (CGI art. 151 septies A) ;
- au titre des entreprises de transport fluvial (CGI art. 238 sexdecies) ;
- en cas de cession du droit de surélévation (CGI art. 238 octies A).

Le montant de la plus-value exonérée doit être porté ligne XG mais également au cadre C5 de la déclaration 2031, pour les entreprises soumises à l'IR, ou au cadre C2 de la déclaration 2065, pour les entreprises soumises à l'IS.

En cas d'exonération partielle, le montant de la plus-value imposable est mentionné sur les lignes WV à XB.

14-125 Recettes et plus-values sur BIC non professionnels. Ces produits pour lesquels les charges correspondantes ont été réintégrées à la ligne WQ « Réintégrations diverses » ne doivent pas être compris dans le résultat fiscal imposable. En effet, les résultats de l'activité non professionnelle sont, dans cette situation, déclarés séparément. De même, doivent être portées sur cette ligne les plus-values réalisées lors de la cession de locaux affectés à une activité de location meublée non professionnelle lorsqu'elles font l'objet d'une imposition selon les règles applicables aux plus-values des particuliers. Elles sont reportées sur la déclaration 2031, cadre C, ligne 5 (voir § 2-41).

14-126 Amortissement des frais d'acquisition des titres de participation. Lorsque les sociétés soumises à l'IS ont opté pour la déduction immédiate des frais d'acquisition sur le plan comptable, elles doivent porter ligne XG l'amortissement de ces frais lorsque celui-ci ne donne pas lieu à un amortissement dérogatoire.

Pour les sociétés de personnes non soumises à l'IS, quelle que soit l'option retenue sur le plan comptable (déduction immédiate ou incorporation au coût d'entrée), l'administration admet que l'amortissement ne soit pas comptabilisé dans les comptes de la société de personnes, mais déduit de manière extra-comptable pour la détermination du résultat revenant aux associés soumis à l'IS (BOFiP-IS-BASE-30-10-§ 200-12/09/2012).

14-127 Cessions de parts ou d'actions d'OPCVM. Lorsque les variations de valeurs liquidatives des parts ou actions d'OPCVM sont retenues pour la détermination du résultat imposable des entreprises soumises à l'IS, les modalités de calcul du résultat de cession de ces parts ou actions tiennent compte des écarts imposés antérieurement. Ainsi, les plus-values latentes relatives aux titres cédés déjà imposées antérieurement sont à déduire sur la ligne XG (voir §§ 14-26 à 14-28).

14-128 **Quote-part de bénéfices répartie par une société de personnes ou un GIE.** Cette quote-part précédemment imposée doit être déduite du résultat imposable (voir § 14-20).

14-129 **Décote consentie aux salariés dans le cadre d'émission d'actions à leur profit.** Les opérations concernées sont les levées d'options de souscription ou d'achat d'actions (c. com. art. L. 225-177 à L. 225-184) et les attributions gratuites d'actions (c. com. art. L. 225-197 à L. 225-197-3) consenties aux salariés. La déduction extra-comptable vise les titres attribués aux salariés dans le cadre d'une augmentation de capital. Les opérations de rachats d'actions déjà existantes ne sont, en revanche, pas visées par ces dispositions.

Au titre de ces opérations (qui génèrent une dilution du capital), les entreprises concernées peuvent déduire, ligne XG, la différence entre la valeur des titres à la date de l'augmentation de capital et leur prix de souscription (CGI art. 217 quinquies).

14-130 **Opérations archéologiques précédant des opérations d'aménagement.** Les entreprises relevant de l'IR ou de l'IS peuvent déduire des résultats de l'exercice au cours duquel elles sont engagées les dépenses exposées à l'occasion d'opérations archéologiques qui constituent un élément du prix de revient d'une immobilisation (CGI art. 236 ter). Ces dépenses sont réintégrées au même rythme que l'amortissement de l'immobilisation (voir § 14-67).

14-131 **Pertes latentes sur créances et dettes libellées en monnaie étrangère.** Sera portée ligne XG la perte latente de change résultant de la conversion des créances et dettes libellées en monnaie étrangère (compte 476 « Différences de conversion – Actif »). Pour le cours des devises, voir tome 1 – Le contrôle de la balance.

Notons qu'une option est offerte aux entreprises pour les prêts à plus de trois ans faits en monnaie étrangère à une filiale (implantée hors de la zone euro).

→ **Exemple** Pour une étude des créances et dettes en monnaie étrangère, on se reportera au tome 1 – Le contrôle de la balance, compte 47, paragraphe 12 pour un rappel de l'incidence des écarts de conversion dans le tableau 2058-A (voir également § 14-68).

14-132 **Crédit d'impôt pour la compétitivité et l'emploi Mayotte – Crédit d'impôt recherche – Crédit d'impôt famille et autres crédits d'impôt.** Ces crédits d'impôt (produits) n'étant pas fiscalement imposables, il y a lieu de déduire, ligne XG, les montants comptabilisés en compte 699 (.). Leur montant est également indiqué sur le tableau 2058-B.

Comptabilisation du CICE. Pour les sociétés soumises à l'IS, lorsque le crédit d'impôt est imputable et restituable, la certitude du bénéfice de celui-ci donne lieu à la constatation comptable d'un produit rattaché à l'exercice au titre duquel il est octroyé. À cet égard, l'ANC considère que, en raison de l'objectif poursuivi par le législateur de permettre la diminution des charges de personnel par le CICE, sa comptabilisation, dans les comptes individuels, au crédit d'un sous-compte dédié du compte 64 « Charges de personnel », est justifiée (ANC, note d'information du 28 février 2013).

14-133 **Achats d'œuvres originales d'artistes vivants et d'instruments de musique.** Les entreprises peuvent déduire, avant le 31 décembre 2022, le prix d'acquisition des œuvres d'artistes vivants et des instruments de musique (CGI art. 238 bis AB). La déduction est opérée par 1/5 sur l'année d'acquisition et les 4 années suivantes.

Le bénéfice de cette déduction est subordonné à une inscription en compte de réserves 10648 « Réserve réglementée – Acquisition d'œuvres originales d'artistes vivants » (voir tome 1, compte 106, § 18).

14-134 **Abattement sur les bénéfices des artisans pêcheurs.** Sera porté sur cette ligne l'abattement de 50 % applicable aux bénéfices réalisés au cours des 60 premiers mois d'activité des artisans pêcheurs qui s'établissent pour la première fois entre le 1er janvier 1997 et le 31 décembre 2010 et, dans les mêmes conditions, sur la quote-part de bénéfice revenant au pêcheur associé d'une société de pêche artisanale (CGI art. 44 nonies).

14-135 **Passage aux nouvelles règles comptables.** Certaines des charges imputées sur les capitaux propres ne sont en principe pas déductibles, dans la mesure où elles doivent être effectivement constatées en tant que telles dans la comptabilité de l'exercice pour pouvoir faire l'objet d'une déduction du résultat imposable. Cette règle vise notamment les provisions (CGI art. 39, 1.5°) et les amortissements (CGI art. 39, 1.2°). L'administration a toutefois admis que les minorations d'actif net liées à l'effet du changement de normes comptables relatives aux actifs soient considérées comme une charge déductible au titre de l'exercice de première application des nouvelles normes.

Lorsque l'impact du changement de méthode est comptabilisé au débit du compte « Report à nouveau » (minoration d'actif net), sa déduction du résultat est effectuée sur la ligne XG du tableau 2058-A.

Dans la situation où le changement de méthode comptable est comptabilisé au crédit du compte « Report à nouveau », on se reportera au paragraphe 14-74.

14-136 Frais d'augmentation de capital imputés sur la prime d'émission. Les frais d'augmentation de capital peuvent être imputés sur la prime d'émission (c. com. art. L. 232-9). Les frais ainsi imputés demeurent déductibles et sont à porter sur la ligne XG (voir tome 1, compte 104, § 13).

14-137 Correction symétrique et intangibilité du bilan d'ouverture. Selon la règle de l'intangibilité du bilan, l'actif net d'ouverture du premier exercice non prescrit ne peut être corrigé des omissions ou erreurs entraînant une sous-estimation ou une surestimation de celui-ci, pour le calcul de la différence entre les valeurs de l'actif net à la clôture et à l'ouverture de l'exercice (CGI art. 38, 4).

Néanmoins, cette règle de l'intangibilité du bilan d'ouverture du premier exercice non prescrit n'est pas opposable aux entreprises lorsque :
- celles-ci apportent la preuve que les erreurs ont été commises plus de sept ans avant l'ouverture de l'exercice non prescrit ;
- les omissions ou erreurs résultent de la déduction au titre d'exercices prescrits, de dotations aux amortissements excessives au regard des usages ou de la déduction de charges qui auraient dû venir en augmentation de l'actif immobilisé.

Les corrections de ces différentes erreurs restent sans incidence sur le résultat imposable lorsqu'elles affectent le bilan. Par conséquent, le produit comptable constaté lors de cette correction n'est pas taxable et doit donc être inscrit sur la ligne XG.

Néanmoins, en contrepartie, ces corrections ne doivent pas être prises en compte ni pour le calcul des amortissements ou des provisions ni pour la détermination du résultat de cession ; les amortissements comptabilisés devront être réintégrés sur la ligne WQ « Réintégrations diverses » et, lors de la cession du bien, la plus-value comptable devra être augmentée, pour la détermination du résultat fiscal, du prix de revient inscrit à l'actif.

14-138 Suramortissement temporaire des investissements productifs [lignes X9-YA-YI-YL-YB-YH-YC-YD]. Les sociétés soumises à l'IS et les entreprises relevant de l'IR imposées selon un régime réel d'imposition dans la catégorie des BIC ou des BA peuvent bénéficier, sur option d'une déduction exceptionnelle sur certains de leurs investissements.

Les investissements ouvrant droit à cette déduction sont ceux qui sont éligibles au régime de l'amortissement dégressif et qui relèvent de l'une des catégories prévues par ce dispositif. Cette déduction, calculée sur la valeur d'origine des biens éligibles, hors charges financières, est répartie linéairement sur leur durée d'utilisation. Elle s'opère de manière extra-comptable et elle se cumule avec l'amortissement du bien.

La déduction doit figurer :
- ligne X9, pour les investissements réalisés du 15 avril 2015 au 14 avril 2017 (CGI art. 39 decies ; voir tome 1, compte 68 « 1re partie : Dotations aux amortissements », § 81) ;
- ligne YA, pour les camions peu polluants (CGI art. 39 decies A ; voir tome 1, compte 68 « 1re partie : Dotations aux amortissements », § 73) ;
- ligne YB, pour les équipements robotiques et les investissements de transformation numérique (CGI art. 39 decies B ; voir tome 1, compte 68 « 1re partie : Dotations aux amortissements », § 74) ;
- ligne YI, pour les engins non routiers de substitution à ceux fonctionnant au gazole non routier (GNR) (CGI art. 39 decies F ; voir tome 1, compte 68 « 1re partie : Dotations aux amortissements », § 76) ;
- ligne YL, pour les installations de stockage et distribution du gazole non routier (CGI art. 39 decies G ; ; voir tome 1, compte 68 « 1re partie : Dotations aux amortissements », § 76) ;
- ligne YH, pour les simulateurs de conduite (CGI art. 39 decies E ; voir tome 1, compte 68 « 1re partie : Dotations aux amortissements », § 76) ;

– ligne YC, pour les navires et les bateaux de transport (CGI art. 39 decies C ; voir tome 1, compte 68 « 1re partie : Dotations aux amortissements », § 76) ;

– ligne YD, pour certains équipements frigorifiques (CGI art. 39 decies D ; voir tome 1, compte 68 « 1re partie : Dotations aux amortissements », § 75).

14-139 **Opérations diverses** - Doivent également être inscrits sur la ligne XG :

– la reprise de la provision pour investissement (voir tome 1, compte 142, § 7) ;

– la fraction exonérée du boni de fusion comptabilisé en produit financier lorsque la fusion est placée sous le régime de faveur (BOFiP-IS-FUS-10-50-20-03/10/2018) ;

– le coût de remplacement du composant de seconde catégorie immobilisé sur le plan comptable (voir tome 1, compte 157, § 5) ;

– en cas de rachat au créancier d'origine des créances d'un débiteur d'une valeur décotée, l'écart entre la valeur comptable des actions reçues après conversion et la valeur de rachat de la créance (CGI art. 209, VII bis) ;

– au titre de l'exercice de leur engagement, les frais de formation externes nécessaires à la mise en service d'une immobilisation, en cas d'exercice de l'option en comptabilité pour l'activation de ces frais (voir Introduction compte 2, § 18).

Déduction des produits affectés aux activités éligibles au régime de taxation au tonnage [Y2]

14-140 Les sociétés ayant opté pour le régime de taxation au tonnage peuvent, sur option, calculer leur bénéfice imposable en fonction des jauges des navires (CGI art. 209-0 B, I).

En pratique, les produits affectés aux activités éligibles doivent, pour la détermination du bénéfice imposable de la société, être déduits sur la ligne Y2. Corrélativement, le résultat imposable des activités éligibles doit faire l'objet d'une réintégration ligne Y3 (voir § 14-77).

Résultat fiscal

14-150 **Résultat fiscal avant imputation des déficits reportables [lignes XI et XJ]** - Lorsque les réintégrations et déductions opérées aux cadres I et II font apparaître un résultat positif, celui-ci est mentionné ligne XI ; si le résultat est négatif, il est indiqué ligne XJ.

→ **À NOTER** Comme les autres tableaux de la liasse, le tableau 2058-A est présenté en négligeant les centimes (ou les cents d'euro). Toutefois, aux termes de l'article 26 de la loi 98-546 du 2 juillet 1998, les bases d'imposition de toute nature sont arrondies à l'euro le plus proche (la fraction d'euro égale à 0,50 est comptée pour 1). En conséquence, le total à reprendre sur la ligne XI ou XJ est calculé à partir des montants non arrondis des différentes lignes puis est arrondi à l'euro le plus proche.

C'est le montant du résultat fiscal figurant ligne XI « Bénéfice » ou XJ « Déficit » qui est à reporter sur le relevé des frais généraux 2067, cadre C. Par ailleurs, le montant porté ligne XJ devra être reporté sur le tableau 2039 ligne 16, en cas d'option pour le report en arrière des déficits (voir § 24-23).

Le résultat fiscal ainsi calculé va être :

– augmenté du déficit de l'exercice reporté en arrière ;

– diminué par l'imputation des déficits antérieurs.

14-151 **Déficit de l'exercice reporté en arrière [ligne ZL].** La fraction du résultat déficitaire reporté en arrière figure ligne 15 du tableau 2039 et doit être mentionnée à la ligne ZL du tableau 2058-A (voir § 24-24).

14-152 **Déficits antérieurs imputés sur les résultats de l'exercice [ligne XL].** Le montant à mentionner ligne XL est le total dégagé ligne K5 du cadre I du tableau 2058-B (voir § 15-7).

14-153 **Résultat fiscal [ligne XN ou XO].** La ligne XN ou XO fait apparaître le résultat fiscal de l'exercice après les rectifications extra-comptables des cadres I et II du tableau 2058-A ainsi que les corrections à caractère fiscal effectuées au cadre III.

Le déficit fiscal de l'exercice figurant à la ligne XO est celui apparaissant après éventuelle compensation avec les plus-values à long terme de l'exercice (voir lignes WV à I6, voir §§ 14-93 et 14-94).Il est reporté à la ligne YJ du cadre I du tableau 2058-B qui assure le suivi des déficits restant à reporter, sauf en ce qui concerne les sociétés intégrées fiscalement.

Le résultat fiscal est à reporter cadre C1 sur la déclaration 2031 ou sur la déclaration 2065 en répartissant, le cas échéant, le bénéfice imposable au taux normal de 31 % ou de 28 % et le bénéfice imposable au taux réduit pour les PME (voir tome 1, compte 69, §§ 12 à 17).

2058-B Déficits, indemnités pour congés à payer et provisions non déductibles

Suivi des déficits [cadre I]

Généralités

15-1 Cette partie du tableau 2058-B est réservée aux suivis des déficits ordinaires. Elle ne concerne que les entreprises passibles de l'impôt sur les sociétés.

➟ **Précision** Les sociétés membres d'un groupe intégré fiscalement n'ont pas à servir la ligne YJ « Déficit de l'exercice », les déficits subis par une société membre depuis son entrée dans le groupe ne pouvant plus être reportés sur ses propres résultats ; toutefois, ces sociétés continuent à suivre et à apurer les déficits subis (et les amortissements réputés différés créés) avant leur entrée dans le groupe.

Pour les entreprises individuelles, le suivi des déficits catégorie « Bénéfice industriel et commercial » s'effectue par l'inscription sur la déclaration d'ensemble 2042 C PRO.

Régime du report des résultats fiscaux déficitaires

15-2 **Principes.** Pour les sociétés passibles de l'impôt sur les sociétés, le déficit subi au cours d'un exercice est considéré :

– soit comme une charge imputable sur le bénéfice de l'exercice suivant ; l'excédent, si ce bénéfice n'est pas suffisant pour absorber la totalité du déficit, étant reporté successivement sur les exercices suivants, sans limitation de durée (CGI art. 209, I) ; ce report en avant illimité dans le temps et non plafonné s'applique aux entreprises dont le bénéfice (et le déficit) n'excède pas 1 M€. En revanche, le report en avant des entreprises dont le bénéfice (et le déficit) excède 1 M€ est susceptible d'être plafonné ;

– soit, sur option régulièrement formulée par la société, comme une charge imputable sur le bénéfice de l'exercice précédent. En outre, le montant du déficit reporté en arrière est plafonné à 1 M€ (CGI art. 220 quinquies, I).

➟ **Attention** Le report des déficits n'est possible qu'au sein de la même entreprise. Ce principe suppose une « identité d'entreprise », tant au regard de l'activité exercée que de l'exploitant.

De plus, pour être déductible, le déficit doit présenter, du point de vue fiscal, le caractère d'une charge déductible. Il en résulte notamment que le déficit doit avoir été subi dans une exploitation à raison de laquelle le contribuable est passible de l'IS, ce qui exclut, en particulier, le report des déficits subis dans les entreprises exploitées hors de France.

On rappelle en outre que le déficit fiscal subi pendant un exercice peut être compensé avec la plus-value nette à long terme de l'exercice (CGI art. 39 quindecies, I.1.al. 3).

En présence d'un résultat fiscal déficitaire, le choix doit donc s'effectuer, hormis la possibilité de compensation précitée, entre :

– soit le report en avant (imputation du déficit sur les bénéfices des exercices suivants) ;

– soit le report en arrière – carry back – (imputation sur le bénéfice non distribué de l'exercice précédent qui a supporté l'impôt au taux normal ou au taux réduit des PME de 15 %), ce qui permet de faire naître, au profit de l'entreprise, une créance d'impôt et de constater un produit fiscalement non imposable (voir § 24-1).

15-3 **Droit au report illimité des déficits.** Les sociétés soumises à l'IS qui constatent un déficit au cours d'un exercice peuvent le reporter sur les résultats des exercices suivants, de façon illimitée.

Le montant du déficit reportable en avant est plafonné à 1 M€ majoré de 50 % du montant correspondant au bénéfice imposable de l'exercice excédant 1 M€.

Ces règles d'imputation des déficits concernent les résultats imposables à l'IS au taux de 31 % ou 28 % ou au taux réduit de 15 % des PME (CGI art. 219, 2.b). Les modalités d'imputation des moins-values à long terme ne sont pas concernées.
Le plafond de 1 M€ est majoré de 50 % du montant des abandons de créances consentis à des sociétés en difficulté (abandons consentis dans le cadre d'une procédure de conciliation, de sauvegarde, de redressement ou de liquidation judiciaires ouverte à son nom) (CGI art. 209, I.al. 4). Cette majoration est réservée aux seules entreprises bénéficiaires de ces abandons (BOFiP-IS-DEF-10-30-§ 220-10/04/2013).
Pour les sociétés clôturant leur exercice à compter du 15 avril 2020, les abandons de créances de loyers (voir tome 1, compte 67, § 28) qui leur ont été consentis dans le cadre de la crise sanitaire viennent majorer la limite de 1 M€ (CGI art. 209, I ; loi 2020-473 du 25 avril 2020, art. 3). Si l'administration applique sa doctrine précitée, le plafond d'imputation du déficit ne sera en pratique majoré qu'à hauteur de la moitié de l'abandon de loyer.

La fraction du déficit qui n'a pas été admise en déduction, en application de la règle du plafonnement, est reportable sur les bénéfices suivants et imputable dans les mêmes conditions (c'est-à-dire en appliquant la règle du plafonnement) sans limitation de délai (report illimité).

15-4 Ordre et délai de report. Le déficit constaté à la clôture d'un exercice doit, en principe, être imputé sur le ou les premiers exercices immédiatement postérieurs qui laissent apparaître un bénéfice fiscal suffisant. Il n'est pas possible de déduire sur le bénéfice d'un exercice un déficit qui aurait pu être absorbé par les bénéfices d'exercices antérieurs ni d'étaler le report déficitaire en déduisant du bénéfice de chaque exercice une fraction du déficit inférieure à ce bénéfice.

Les déficits peuvent être imputés sur les plus-values à long terme. Ils cessent alors d'être reportables.

Les déficits ne peuvent s'imputer que sur le bénéfice net établi après déduction de toutes les charges, dont les amortissements. Le déficit subi lors d'un exercice antérieur ne peut, dès lors, s'imputer avant les amortissements de l'exercice (CE 10 avril 2015, n° 369667). Cette décision revêt une importante particulière en matière d'intégration fiscale. Une société intégrée doit d'abord déduire les amortissements de l'exercice, puis imputer ses déficits subis avant l'intégration sur son résultat individuel.

15-5 Modalités d'imputation sur le résultat antérieur (report en arrière) - En cas d'option pour le report en arrière des déficits, le résultat net déficitaire mentionné sur la ligne XJ du tableau 2058-A doit être reporté sur l'imprimé 2039, ligne 16.

La fraction du résultat déficitaire reportée en arrière figure au cadre II, ligne 15 de l'imprimé 2039 et doit être mentionnée à la ligne ZL du tableau 2058-A.

Voir l'étude de la déclaration 2039 « Report en arrière des déficits ».

La fraction du résultat déficitaire qui, faute de bénéfices antérieurs suffisants, ne peut être reportée en arrière fait l'objet d'un report en avant (voir § 15-3).

Mentions à porter cadre I

15-6 Présentation générale du cadre I. Compte tenu des règles applicables en matière de report en avant des déficits, le cadre I du tableau 2058-B ne distingue pas les déficits ordinaires des amortissements réputés différés.

Pour les exercices ouverts jusqu'en 2003, les entreprises relevant de l'IR avaient la possibilité de constater des amortissements réputés différés en période déficitaire, le déficit correspondant aux ARD devant être imputé sur les premiers résultats bénéficiaires. Le suivi du stock d'ARD non imputé est effectué au cadre I de l'imprimé 2058-B.

15-7 Déficits restant à reporter au titre de l'exercice précédent et Déficits imputés [lignes K4, K 4bis, K4 ter et K5]. Sur l'imprimé millésimé 2021 deux nouvelles lignes ont été ajoutées, les lignes K4bis et K4 ter. Elles résultent des dispositions de l'article 53 de la loi de finances pour 2020 qui prévoient que pour les opérations de fusions réalisées depuis le 1er janvier 2020, les déficits antérieurs à l'opération de fusion non encore déduits par la société absorbée, scindée ou apporteuse peuvent être transférés vers la société bénéficiaire de l'apport de plein droit lorsque leur montant cumulé est inférieur à 200 000 €. Ce transfert est subordonné à la condition que la société absorbée n'ait pas cédé ou cessé l'exploitation d'un fonds de commerce au cours de la période déficitaire, et que

Les chiffres indiqués renvoient aux commentaires de cette fiche

⑩ **DÉFICITS, INDEMNITÉS POUR CONGÉS À PAYER ET PROVISIONS NON DÉDUCTIBLES**

DGFiP N° 2058-B-SD **2021**

Formulaire obligatoire (article 53 A du Code général des impôts)

Désignation de l'entreprise | Néant ☐ *

I. SUIVI DES DÉFICITS		
Déficits restant à reporter au titre de l'exercice précédent (1)	K4	15-7
Déficits transférés de plein droit (art. 209-II-2 du CGI) — K4 bis — Nombre d'opérations sur l'exercice (2)	K4 ter	15-7
Déficits imputés (total lignes XB et XL du tableau n° 2058-A-SD)	K5	15-8
Déficits reportables (différence K4 + K4bis– K5)	K6	
Déficit de l'exercice (tableau n° 2058-A-SD, ligne XO)	YJ	15-9
Total des déficits restant à reporter (somme K6 + YJ)	YK	15-9
II. INDEMNITÉS POUR CONGÉS À PAYER, CHARGES SOCIALES ET FISCALES CORRESPONDANTES		
Montant déductible correspondant aux droits acquis par les salariés pour les entreprises placées sous le régime de l'article 39-1. 1° *bis* al. 1er du CGI, dotations de l'exercice	ZT	

III. PROVISIONS ET CHARGES À PAYER, NON DÉDUCTIBLES POUR L'ASSIETTE DE L'IMPÔT

(à détailler sur feuillet séparé)		Dotation de l'exercice		Reprises sur l'exercice
Indemnités pour congés à payer, charges sociales et fiscales correspondantes non déductibles pour les entreprises placées sous le régime de l'article 39-1. 1° *bis* al. 2 du CGI *	ZV	15-12	ZW	15-12
Provisions pour risques et charges *				
	8X	15-13	8Y	15-13
	8Z		9A	
	9B		9C	
Provisions pour dépréciation *				
	9D	15-14	9E	15-14
	9F		9G	
	9H		9J	
Charges à payer				
	9K	15-15	9L	15-15
	9M		9N	
	9P		9R	
	9S		9T	
TOTAUX (YN = ZV à 9S) et (YO = ZW à 9T)	YN	15-16	YO	15-16
à reporter au tableau n° 2058-A-SD :		↓ ligne WI		↓ ligne WU

CONSÉQUENCES DE LA MÉTHODE PAR COMPOSANTS (art. 237 *septies* du CGI)

	Montant au début de l'exercice	Imputations	Montant net à la fin de l'exercice
Montant de la réintégration ou de la déduction	L1 15-17		

* Des explications concernant ces rubriques figurent dans la notice n° 2032-NOT-SD

(1) Cette case correspond au montant porté sur la ligne YK du tableau n° 2058-B-SD déposé au titre de l'exercice précédent

(2) Indiquer, sur un feuillet séparé, l'identification, opération par opération, du nom de la société (et son n° siren) dont proviennent les déficits et le montant du transfert.

les déficits et intérêts transférés ne proviennent pas de la gestion d'un patrimoine mobilier ou immobilier (CGI art. 209, II.2). Lorsque les déficits antérieurs non encore déduits subis par la société apporteuse ne bénéficient pas du transfert de plein droit, ils peuvent être reportés dans leur intégralité sur les bénéfices ultérieurs de la société bénéficiaire des apports si un agrément spécial est délivré.

La nouvelle ligne K4bis permet de renseigner le montant des déficits bénéficiant de ce nouveau dispositif. Le nombre d'opérations concernées doit être renseigné dans la case K4ter.

Sur la ligne K4, il convient de mentionner le montant des déficits restant à reporter à la clôture du précédent exercice clos. En pratique, il convient de mentionner ici la somme figurant ligne YK du tableau 2058 B déposé au titre de l'exercice précédent.

➟ **Remarque** Il résulte de la présentation de l'imprimé 2058-B que les déficits restant à reporter doivent être mentionnés pour leur montant global, sans distinction de leur millésime. Pour autant, l'ordre d'imputation mentionné au paragraphe 15-4 doit être respecté, ce qui oblige, à notre avis, les entreprises à suivre ces imputations sur un document séparé.

Sur la ligne K5, il convient de reporter la fraction des déficits imputés sur le bénéfice de l'exercice qui correspond aux lignes XB et XL du tableau 2058-A. Cette fraction du déficit imputé sur le bénéfice de l'exercice est plafonnée à 1 M€ et majorée, le cas échéant, de 50 % du bénéfice de l'exercice excédant ce plafond. Le montant porté sur la ligne XL du tableau 2058-A tient compte de cet éventuel plafonnement (voir § 14-152).

15-8 **Déficits reportables [ligne K6].** Cette ligne laisse apparaître les déficits antérieurs (plafonnés dans les conditions visées au paragraphe 15-7) qui, après imputation sur le bénéfice de l'exercice et/ou reporté en arrière sur le bénéfice antérieur, pourront encore être pris en compte pour la déclaration du résultat fiscal de l'exercice suivant (K6 = K4 + K4 bis – K5).

15-9 **Déficit de l'exercice – Total des déficits restant à reporter [lignes YJ et YK].** Le déficit fiscal de l'exercice (ligne XO du tableau 2058-A) est reporté à la ligne YJ du cadre I du tableau 2058-B. Le total apparaissant à la ligne YK de ce cadre représente l'ensemble des déficits (déficits antérieurs reportables et déficit de l'exercice imputable en avant) qui pourront être pris en compte lors de la prochaine déclaration (YK = YJ + K6). Ces déficits (déficits de l'exercice et déficits antérieurs reportables) devront, le cas échéant, être plafonnés dans les conditions visées au paragraphe 15-3.

➟ **Exemple** **Les sociétés faisant partie d'un groupe intégré fiscalement** ne renseigneront pas la ligne YJ dès lors que le déficit fiscal de l'exercice pris en compte dans le résultat d'ensemble n'est pas reportable sur les résultats propres ultérieurs.

La ligne YK ne comporte que la somme des déficits antérieurs à l'intégration encore reportables à la clôture de l'exercice.

Indemnités pour congés à payer, charges sociales et fiscales correspondantes [cadre II]

15-10 Ce cadre est réservé aux entreprises placées sous le régime de **droit commun** de déduction de l'indemnité de congés payés (CGI art. 39, 1.1° bis.al. 1), régime selon lequel cette indemnité ainsi que les charges sociales et fiscales correspondantes sont déductibles du résultat imposable de l'exercice au cours duquel les salariés ont acquis les droits correspondants.

La ligne ZT est réservée à la déduction de l'indemnité et des charges sociales et fiscales correspondantes.

➟ **Rappel** Ces montants correspondent à l'indemnité et aux charges sociales y afférentes qui sont enregistrées en comptabilité respectivement au débit du compte 6412 « Congés payés » par le crédit du compte 4282 « Personnel – Dettes provisionnées pour congés à payer » et au débit des comptes de charges par nature concernés par le crédit des comptes 4382 « Organismes sociaux – Charges sociales sur congés à payer » et 4482 « État – Charges fiscales sur congés à payer ».

Les entreprises créées avant le 1er janvier 1987 ayant opté pour le **régime dérogatoire** (correspondant à l'ancien système), selon lequel l'indemnité pour congés payés est considérée comme un salaire de substitution déductible fiscalement au titre de l'exercice au cours duquel les salariés prennent effectivement leurs congés, doivent utiliser les lignes ZV et ZW du cadre III (voir § 15-12).

Provisions et charges à payer non déductibles pour l'assiette de l'impôt [cadre III]

15-11 Généralités. Au tableau 2056, les provisions inscrites au bilan ne sont pas distinguées, selon qu'elles sont fiscalement déductibles ou non. Les provisions fiscalement non déductibles sont détaillées au tableau 2058-B, selon leur nature comptable : provisions pour risques et charges et provisions pour dépréciation ; les dotations de l'exercice 2020 sont réintégrées au résultat fiscal (ligne WI du tableau 2058-A), les reprises opérées en 2020 sur des provisions antérieurement constituées sont déduites du résultat fiscal (ligne WU du tableau 2058-A). Les charges à payer (ou dettes provisionnées) non déductibles sur le plan fiscal font l'objet d'une régularisation selon les mêmes modalités.

15-12 Indemnités pour congés à payer [lignes ZV et ZW]. Ces lignes sont réservées aux entreprises créées avant 1987 qui ont opté pour le maintien du régime fiscal antérieur selon lequel l'indemnité constitue une charge de l'exercice au cours duquel le salarié prend le congé correspondant (CGI art. 39, 1.1° bis.al. 2).

Dans cette situation, l'indemnité de congés payés et les charges sociales et fiscales y afférentes doivent être réintégrées dans le résultat fiscal. Elles seront déduites sur l'exercice au cours duquel les congés sont effectivement pris.

L'option pour ce régime est irrévocable et a dû être exercée avant l'expiration du délai imparti pour le dépôt de la déclaration des résultats du premier exercice clos à compter du 31 décembre 1987.

En cas de fusions ou d'opérations assimilées, effectuées postérieurement au 31 décembre 1987, le régime fiscal de l'indemnité pour congés à payer et des charges sociales et fiscales correspondantes nécessite diverses corrections lorsque la société apporteuse et la société bénéficiaire de l'apport relèvent de régimes différents.

Selon les cas rencontrés, il y aura lieu de procéder soit au dépôt d'une déclaration rectificative pour l'exercice précédant la fusion, soit à une neutralisation complémentaire qui sera alors opérée par une inscription sur la ligne ZT.

15-13 Provisions pour risques et charges [lignes 8X à 9C]. Les ajustements sont à effectuer pour, notamment :
- la provision pour risque global du portefeuille constituée dans le cadre de l'évaluation des titres de participation selon la méthode de mise en équivalence (voir tome 1, compte 26, § 32) ;
- certaines provisions pour garantie non déterminées avec une précision suffisante (voir tome 1, compte 1512, § 7) ;
- les provisions pour impôts non déductibles, pour sanctions et amendes et pour pénalités d'assiette et de recouvrement (voir tome 1, compte 1514, § 2) ;
- les provisions pour pertes de change (voir tome 1, compte 1515, § 7) ;
- les provisions pour pertes sur contrat (voir tome 1, comptes 1516, § 7) pour la part de provision relative aux travaux non réalisés à la clôture de l'exercice ;
- les provisions pour charges de retraite (voir tome 1, compte 153, § 26) ;
- les provisions pour renouvellement des immobilisations des entreprises concessionnaires ou locataires (voir tome 1, compte 156, § 4) ;
- les provisions pour indemnités de licenciement pour motif économique (voir tome 1, compte 158, § 63) ;
- les provisions pour risques constituées pour une participation dans une société de personnes ou un GIE ;
- d'une manière générale, les provisions qui présenteraient le caractère de réserves.

15-14 Provisions pour dépréciation [lignes 9D à 9J]. Pour les sociétés soumises à l'IS, ne sont pas déductibles :
- les provisions pour dépréciation des titres d'OPCVM, les écarts d'évaluation étant pris en compte pour la détermination du résultat fiscal (compte 590) ;
- les provisions pour dépréciation des titres évalués selon la méthode de mise en équivalence, pour son montant excédant la provision fiscalement déductible (voir tome 1, compte 26, § 64) ;
- les provisions pour dépréciation des titres transférés (titres de participation à un autre compte du bilan, ou inversement) lorsque la valeur comptable est supérieure à la valeur fis-

cale. Ces provisions doivent être réintégrées à concurrence de la différence existant, à la date du transfert, entre la valeur comptable et la valeur fiscale (voir tome 1, compte 26, § 74).

Pour l'ensemble des entreprises ne sont pas déductibles :
– la fraction des provisions pour dépréciation des titres de participation dans des sociétés à prépondérance immobilière (cotées ou non) qui n'excède pas les plus-values latentes constatées à la clôture de l'exercice, à raison de l'ensemble des titres de cette nature inscrits à l'actif (voir tome 1, compte 29, § 45). Le suivi de ces provisions est effectué sur l'état 2027-H joint à la liasse fiscale ;
– la fraction du montant des provisions pour dépréciation constatées au titre de l'exercice sur les immeubles de placement qui n'excède pas le montant des plus-values latentes constatées à la clôture de l'exercice concernant l'ensemble des immeubles de cette nature inscrits à l'actif (voir tome 1, compte 29, § 40). Le suivi de ces provisions est effectué sur l'état 2027-H joint à la liasse fiscale ;
– les provisions pour dépréciation des stocks qui incluraient des frais de distribution non engagés à la clôture de l'exercice (voir tome 1, compte 39, § 12) ;
– les provisions pour dépréciation de comptes de tiers (créances) lorsqu'elles sont calculées en appliquant un abattement ou un pourcentage forfaitaire au montant total des créances à recouvrer ou encore lorsqu'elles sont fondées sur la perspective d'une crise économique qui donnerait à penser que certains débiteurs vont peut-être éprouver des difficultés pour s'acquitter (voir tome 1, compte 49, §§ 13 à 17) ;
– d'une manière générale, les provisions pour dépréciation qui n'obéiraient pas aux règles fiscales de déductibilité.

15-15 Charges à payer [lignes 9K à 9T]. Du point de vue comptable, les dettes provisionnées ou charges à payer représentent des dettes potentielles évaluées à l'arrêté des comptes, nettement précisées quant à leur objet mais dont l'échéance ou le montant est incertain. Elles ont une vocation irréversible à se transformer ultérieurement en dettes. Les charges à payer doivent être détaillées dans l'annexe. Selon l'administration, constituent des charges à payer les seules charges qui revêtent pour les entreprises le caractère de dettes certaines dans leur principe comme dans leur montant – c'est-à-dire définitives – mais non encore susceptibles d'être utilement réclamées par les créanciers (loyers courus mais non encore échus, par exemple).

Compte tenu de cette divergence de définitions, l'administration admet que les entreprises inscrivant en charges à payer des dépenses qui, du point de vue fiscal, auraient dû donner lieu à provisions puissent comprendre les sommes correspondantes parmi les charges déductibles de l'exercice au cours duquel ces dernières ont été comptabilisées, à condition de joindre un relevé détaillé des frais en cause à la déclaration des résultats.

En pratique, les entreprises doivent joindre à leur déclaration de résultat, sur papier libre, des informations détaillées ayant trait aux charges à payer de l'exercice (CGI, ann. III art. 38, II). Cet état regroupera donc l'ensemble des charges à payer, y compris celles qui, du point de vue fiscal, présentent le caractère de provisions.

Les comptes concernés sont les suivants :

1688	« Intérêts courus »
408	« Fournisseurs - Factures non parvenues »
428	« Personnel - Charges à payer et produits à recevoir »
438	« Organismes sociaux - Charges à payer et produits à recevoir »
448	« État - Charges à payer et produits à recevoir »
468	« Divers - Charges à payer et produits à recevoir »

Les ajustements sont à effectuer pour, notamment :
– les rémunérations rattachées aux comptes du personnel (primes, commissions, qualifications, etc.) pour lesquelles l'entreprise n'aurait pas pris, à l'égard des salariés, des engagements fermes quant au principe et au mode de calcul des sommes dues (voir tome 1, compte 42, § 20) ;
– la participation des salariés pour la fraction non encore attribuée aux salariés qui n'est déductible fiscalement que du résultat de l'exercice au cours duquel intervient sa répartition effective (voir tome 1, compte 424, §§ 43 et 44) ;
– la participation à l'effort de construction : c'est seulement lorsque les versements sont consentis à fonds perdu que l'entreprise peut les comprendre dans ses charges déductibles pour la détermination du résultat fiscal. Peut donner lieu à la déduction d'une provision la cotisation de 2 % lorsqu'il n'a pas été satisfait, dans le cadre de la participation des employeurs à l'effort de construction, à l'obli-

gation d'investissement à la clôture de l'exercice (voir tome 1, compte 631, § 20) ;
– la contribution sociale de solidarité et la taxe sur les grandes surfaces dont la déductibilité fiscale intervient pour l'exercice en cours au premier jour de l'année civile au titre de laquelle elles sont effectivement dues (voir tome 1, compte 637, § 9) ; il en est de même de la contribution additionnelle à la contribution sociale de solidarité dont l'assiette est identique à celle de cette contribution (c. séc. soc. art. L. 245-15).

15-16 **Totaux à reporter au tableau 2058-A [lignes YN et YO].** Rappelons que le total – ligne YN – de la colonne « Dotations de l'exercice » (lignes ZV à 9S incluses) est reporté en réintégration, pour la détermination du résultat fiscal au tableau 2058-A, à la ligne WI « Provisions et charges à payer non déductibles ».

Le total – ligne YO – de la colonne « Reprises sur l'exercice » (lignes ZW à 9T incluses) est reporté en déduction pour la détermination du résultat fiscal au tableau 2058-A à la ligne WU « Provisions et charges à payer non déductibles, antérieurement taxées et réintégrées dans les résultats comptables de l'exercice ».

Conséquences de la méthode par composants

15-17 En application de l'article 237 septies du CGI, la majoration ou la minoration du bénéfice imposable du premier exercice ouvert à compter du 1er janvier 2005 résultant de l'application aux immobilisations de la méthode par composants est répartie par parts égales, sur cet exercice et les quatre exercices ou périodes d'imposition suivants.

Toutefois, lorsque le montant de la majoration ou minoration n'excède pas 150 000 €, l'entreprise peut renoncer à l'étalement.

Pour les entreprises qui ont opté pour l'étalement sur cinq ans de l'écart positif ou négatif résultant de la première application de la méthode par composants depuis 2005, aucun montant n'est à porter ligne L1. En effet, l'année 2009 était la dernière année d'étalement de l'écart de première application de la méthode par composants.

2058-C Affectation du résultat et renseignements divers

Tableau d'affectation du résultat de l'exercice précédent

Cadre réservé aux sociétés passibles de l'IS

16-1 Ce premier cadre, réservé aux entreprises soumises à l'impôt sur les sociétés, est destiné à faire apparaître l'origine et le montant des sommes distribuées ou mises en réserve au cours de l'exercice dont les résultats font l'objet de la déclaration. Il ne concerne donc pas, en principe, les résultats de cet exercice mais ceux des exercices antérieurs, qu'ils aient ou non déjà fait l'objet d'une précédente affectation.

Les soldes débiteurs (report à nouveau ou pertes de l'exercice) sont affectés du signe négatif et doivent être inscrits entre parenthèses.

Toutes les sommes mentionnées dans la partie « Origines » devant recevoir une affectation, le total I est nécessairement égal au total II.

Origines (des sommes distribuées ou mises en réserve)

16-2 Report à nouveau figurant au bilan de l'exercice antérieur à celui pour lequel la déclaration est établie [ligne ØC]. On inscrit sur cette ligne la somme correspondant à la ligne DH du tableau 2051 (bilan-passif) relatif à l'exercice précédent.

Relevons que ce montant est celui figurant à l'ouverture de l'exercice en « à nouveau » au compte 11 « Report à nouveau ».

16-3 Résultat de l'exercice précédant celui pour lequel la déclaration est établie [ligne ØD]. Il s'agit du résultat net comptable de l'exercice 2019, correspondant à la ligne DI du tableau 2051 (bilan-passif) ; en cas de résultat déficitaire, le montant doit être inscrit entre parenthèses sur la ligne ØD.

Ce montant est celui qui figure à l'ouverture de l'exercice en à nouveau au compte 12 « Résultat net de l'exercice ».

16-4 Prélèvements sur les réserves [ligne ØE]. Les sommes prélevées sur les réserves en 2020 sont analysées dans ce cadre ; le total est porté ligne ØE.

Il convient d'analyser les mouvements au débit des comptes 106 « Réserves ». Certains prélèvements (réserve spéciale des plus-values à long terme) peuvent conduire à un complément d'impôt sur les sociétés (voir § 20-2).

16-5 Total I [ligne ØF]. Ce montant totalise l'ensemble des sommes disponibles pour une affectation décidée au cours de l'exercice 2019.

Affectations

16-6 Affectations aux réserves [lignes ZB et ZD]. Les sommes peuvent être affectées à la réserve légale (voir § 16-7) et aux autres réserves (voir § 16-8).

16-7 *Réserve légale [ligne ZB].* Il conviendra d'étudier et de reporter les sommes affectées au crédit du compte 1061 « Réserve légale » durant l'exercice.

16-8 *Autres réserves [ligne ZD].* Les affectations portées au cours de l'exercice aux crédits des autres sous-comptes 106 « Réserves » sont regroupées à la ligne ZD.

16-9 Dividendes [ligne ZE]. Les montants à mentionner sont rapprochés des sommes affectées au cours de l'exercice par l'assemblée générale au titre des dividendes (crédit du compte 457 « Associés – Dividendes à payer »).

16-10 **Autres répartitions [ligne ZF].** Les sommes réparties en 2020 aux associés sous une forme autre que des dividendes sont à mentionner à la ligne ZF afin d'assurer l'égalité des deux parties « Origines », total I, ligne ØF et « Affectations », total II, ligne ZH.

Voir également déclaration 2065, cadre H « Répartition des produits des actions et parts sociales ainsi que des revenus assimilés distribués », paragraphes 1-115 à 1-120.

16-11 **Report à nouveau [ligne ZG].** Les sommes affectées au compte 11 « Report à nouveau » (mouvements crédits) sont portées ligne ZG.

16-12 **Total II [ligne ZH].** L'égalité « Origines » des sommes affectées (total I) et « Affectations » (total II) doit être assurée.

Renseignements divers

16-13 Toutes les entreprises sont appelées à remplir ce cadre.

Engagements

16-14 **Engagements de crédit-bail mobilier et immobilier [lignes YQ et YR].** Il y a lieu de mentionner sur ces lignes l'évaluation à la date du bilan du montant total des redevances restant à payer en exécution des obligations stipulées aux divers contrats de crédit-bail, majoré du prix d'achat résiduel éventuel du bien (option), en distinguant les opérations de crédit-bail mobilier (ligne YQ) des opérations de crédit-bail immobilier (ligne YR) ; ces informations sont à produire dans l'annexe comptable (PCG art. 831-2). Une information supplémentaire est demandée avec la mention, dans la case J7, du prix de revient d'origine des biens faisant l'objet d'un contrat de crédit-bail mobilier.

Voir tableau 2058-A, paragraphe 14-43.

16-15 **Effets escomptés [ligne YS].** Est porté à cette ligne le montant des effets portés à l'escompte et non échus à la fin de l'exercice. Ce montant figure dans l'annexe comptable.

Détail du poste : autres achats et charges externes

16-16 **Sous-traitance [ligne YT].** Les opérations de sous-traitance industrielle (comptes 604 « Achats d'études et prestations de services » et 605 « Achats de matériels, équipements et travaux ») et celles de sous-traitance générale (compte 611) sont totalisées sur cette ligne.

16-17 **Locations, charges locatives de copropriété [ligne XQ].** Le solde des comptes 613 « Locations » et 614 « Charges locatives et de copropriété » est reporté sur cette ligne. Une information supplémentaire est demandée avec la mention, case J8, des loyers relatifs aux biens pris en location pour une durée supérieure à 6 mois.

16-18 **Personnel extérieur à l'entreprise [ligne YU].** Le solde du compte 621 « Personnel extérieur à l'entreprise » est reporté sur cette ligne.

16-19 **Rémunérations d'intermédiaires et honoraires – Rétrocessions d'honoraires, commissions et courtages [lignes SS et YV].** À la ligne SS « Rémunérations d'intermédiaires et honoraires », le solde du compte 622 est diminué du montant des honoraires, commissions et courtages rétrocédés qui sont isolés ligne YV « Rétrocessions d'honoraires, commissions et courtages » ; cette distinction permet de déterminer le montant net des recettes réalisées par les agents d'affaires et les intermédiaires du commerce lorsque le nombre de salariés est inférieur à 5.

On observera que les charges ainsi ventilées entre ces différentes lignes ne sont pas diminuées des remises, rabais et ristournes obtenus correspondants (sous-comptes soustractifs des charges par nature concernés, ayant une terminaison 9).

16-20 **Autres comptes [ligne ST].** Les autres charges classées sous le poste « Autres achats et charges externes » du compte de résultat (ligne FW du tableau 2052) diminuées du montant total des rabais, remises, ristournes obtenus sont mentionnées ligne ST.

Les chiffres indiqués renvoient aux commentaires de cette fiche

(11) **TABLEAU D'AFFECTATION DU RÉSULTAT ET RENSEIGNEMENTS DIVERS**

DGFiP N° 2058-C-SD **2021**

Formulaire obligatoire (article 53 A du Code général des impôts)

Désignation de l'entreprise — Néant ☐*

ORIGINES	Report à nouveau figurant au bilan de l'exercice antérieur à celui pour lequel la déclaration est établie	ØC	**16-2**	AFFECTATIONS	Affectations aux réserves - Réserves légales	ZB	**16-7**
					Affectations aux réserves - Autres réserves	ZD	**16-8**
	Résultat de l'exercice précédant celui pour lequel la déclaration est établie	ØD	**16-3**		Dividendes	ZE	**16-9**
	Prélèvements sur les réserves	ØE	**16-4**		Autres répartitions	ZF	**16-10**
					Report à nouveau	ZG	**16-11**
	TOTAL I	ØF	**16-5**		(N.B : le total I doit être égal au total II) TOTAL II	ZH	**16-12**

RENSEIGNEMENTS DIVERS

					Exercice N :
ENGAGEMENTS	- Engagements de crédit-bail mobilier	(Précisez le prix de revient des biens pris en crédit-bail	J7	) YQ	**16-14**
	- Engagements de crédit-bail immobilier			YR	
	- Effets portés à l'escompte et non échus			YS	**16-15**
DÉTAIL DES POSTES – AUTRES ACHATS ET CHARGES EXTERNES	- Sous-traitance			YT	**16-16**
	- Locations, charges locatives et de copropriété	(dont montant des loyers des biens pris en location pour une durée > 6 mois	J8	) XQ	**16-17**
	- Personnel extérieur à l'entreprise			YU	**16-18**
	- Rémunérations d'intermédiaires et honoraires (hors rétrocessions)			SS	**16-19**
	- Rétrocessions d'honoraires, commissions et courtage			YV	
	- Autres comptes	(dont cotisations versées aux organisations syndicales et professionnelles	ES **16-20**	) ST	**16-20**
	Total du poste correspondant à la ligne FW du tableau n° 2052-SD			ZJ	
IMPÔTS ET TAXES	- Taxe professionnelle*, CFE et CVAE			YW	**16-21**
	- Autres impôts, taxes et versements assimilés	(dont taxe intérieure sur les produits pétroliers	ZS **16-22**	) 9Z	**16-22**
	Total du poste correspondant à la ligne FW du tableau n° 2052-SD			YX	
TVA	- Montant de la TVA collectée			YY	**16-23**
	- Montant de la TVA déductible comptabilisée au cours de l'exercice au titre des biens et services ne constituant pas des immobilisations			YZ	**16-24**
DIVERS	- Montant brut des salaires (cf. la dernière déclaration sociale nominative DSN au titre 2019) *			ØB	**16-25**
	- Montant de la plus-value constatée en franchise d'impôt lors de la première option pour le régime simplifié d'imposition *			ØS	**16-26**
	- Taux d'intérêt le plus élevé servi aux associés à raison des sommes mises à la disposition de la société *			ZK	**16-27** %
	- Numéro de centre agréé * XP **16-18**	- Filiale et participations (Liste au tableau 2059-G-SD prévue à l'art. 38 II de l'annexe III au CGI) - Si oui, indiquer 1, sinon 0		ZR	**16-29**
	- Aides perçues ayant donné droit à la réduction d'impôt prévue au 4 de l'article 238 *bis* du CGI pour l'entreprise donatrice			RG	**16-30**
	- Montant de l'investissement reçu qui a donné lieu à amortissement exceptionnel chez l'entreprise investisseur dans le cadre de l'article 217 *octies* du CGI			RH	**16-31**

RÉGIME DE GROUPE*	**Société** : résultat comme si elle n'avait jamais été membre du groupe	JA	**16-32**	Plus-values à 15 %	JK	**16-32**	Plus-values à 0 %	JL	**16-32**
				Plus-values à 19 %	JM		Imputations	JC	
	Groupe : résultat d'ensemble	JD	**16-32**	Plus-values à 15 %	JN		Plus-values à 0 %	JO	
				Plus-values à 19 %	JP		Imputations	JF	
	Si vous relevez du régime de groupe : indiquer 1 si société mère ou 2 si société filiale	JH		n° SIRET de la société mère du groupe	JJ	**16-32**			

* Des explications concernant ces rubriques figurent dans la notice n° 2032-NOT-SD

La ligne ST comporte une case ES qui mentionne les cotisations versées aux organisations syndicales et professionnelles.

Le total des lignes YT aux lignes ST est mentionné à la ligne ZJ, ce total correspondant à la ligne FW « Autres achats et charges externes » du compte de résultat (tableau 2052).

Détail des impôts et taxes

16-21 Contribution économique territoriale (CET) [ligne YW]. La cotisation de CET comptabilisée en charges (sous-compte 63511) est, en principe, celle dont l'exigibilité est intervenue durant l'année 2020.

Il convient d'indiquer le montant de la CET acquittée par l'entreprise. Il s'agit de la cotisation d'impôt mise en recouvrement au titre de l'année civile précédant celle du dépôt de la déclaration de résultats : les dégrèvements sollicités ou obtenus ne sont pas à déduire (notice de l'administration, dispositions applicables à la taxe professionnelle, transposables à notre avis à la CET).

→ **Remarque** La déduction du résultat imposable est limitée au montant de la CET plafonnée par l'entreprise en fonction de la valeur ajoutée.

16-22 Autres impôts, taxes et versements assimilés [ligne 9Z]. Les impôts et taxes – autres que la contribution économique territoriale – sont regroupés sous le poste « Impôts, taxes et versements assimilés » du compte de résultat, le montant de la taxe intérieure sur les produits pétroliers devant être indiqué pour mémoire dans la case ZS prévue spécialement à cet effet.

Le total des lignes YW et 9Z figure à la ligne YX, ce total correspondant à la ligne FX « Impôts, taxes et versements assimilés » du compte de résultat (tableau 2052) et au compte 63 « Impôts, taxes et versements assimilés ».

TVA

16-23 Montant de la TVA collectée [ligne YY]. Doit être mentionné sur cette ligne le total des sommes portées au crédit du compte 44571 « TVA collectée » durant l'exercice, à raison du chiffre d'affaires imposable à la TVA. Ce total doit être diminué de la TVA sur rabais, remises, ristournes accordés aux clients (portée au débit du compte 44571).

Ce montant à mentionner ligne YY peut être évalué de manière extra-comptable en appliquant au chiffre d'affaires de l'exercice correctement ventilé le taux de TVA correspondant, si la taxe est exigible d'après les livraisons ou les débits.

Soulignons toutefois que la notion de chiffre d'affaires ne correspond pas strictement à l'enregistrement en compte 70 « Ventes de produits fabriqués, prestations de services, marchandises ». De plus, ce compte doit être correctement ventilé pour donner :
- les parties imposables par taux ;
- les parties non imposables.

Il convient d'analyser notamment les comptes 63 « Impôts, taxes et versements assimilés », 44578 « Taxes assimilées à la TVA », ainsi que les comptes de produits 72 à 79 inclus, pour trouver les compléments de base imposables tels que impôts, taxes, livraisons à soi-même, subventions, produits divers, loyers, commissions, frais d'emballage, intérêts demandés aux clients, cessions de biens mobiliers d'investissement, prestations à soi-même, etc., en application de la notion d'assiette déterminée par le code général des impôts. En revanche, les escomptes de caisse consentis directement aux clients ne sont pas imposables (compte 665 « Escomptes accordés ») et viennent diminuer le montant des bases déclarées.

Pour un approfondissement des contrôles en matière de TVA collectée entre comptabilité et déclarations CA 3, voir le tome 1, compte 445.

16-24 Montant de la TVA déductible comptabilisée au cours de l'exercice au titre des biens et services ne constituant pas des immobilisations [ligne YZ]. Doit être mentionnée ici la masse débit des comptes 44566 « TVA (déductible) sur autres biens et services » et 445662 « TVA déductible intracommunautaire sur autres biens et services », diminuée de la TVA sur rabais, remises, ristournes, hors facture, obtenus des fournisseurs durant l'exercice, portée au crédit de ces comptes.

Pour un approfondissement des contrôles en matière de TVA déductible entre comptabilité et déclarations CA 3, voir le tome 1, compte 445.

Divers

16-25 Montant brut des salaires [ligne ØB]. Le montant à porter sur cette ligne est égal au montant brut des salaires figurant sur la DSN de 2020 (montant des bases brutes fiscales). L'ensemble de ces données est majoré, le cas échéant, des indemnités exonérées de la taxe sur les salaires (notamment, la contribution de l'employeur à l'acquisition des chèques-vacances) et diminué des sommes versées aux apprentis sous contrat et aux handicapés.

16-26 Montant de la plus-value constatée en franchise d'impôt lors de la première option pour le régime simplifié d'imposition [ligne ØS]. Cette rubrique concerne les entreprises qui ont opté pour un régime réel et qui se sont placées sous le régime de l'exonération des plus-values acquises par les éléments non amortissables de l'actif (CGI art. 39 octodecies). Contrairement à l'intitulé de cette rubrique, l'exonération s'applique en cas de première option pour un régime réel (normal ou simplifié).

Rappelons que les entreprises doivent mentionner dans le cadre G de l'annexe 2031 bis le montant de la plus-value ainsi acquise en franchise d'impôt, à la date d'effet de l'option et joindre à la déclaration de résultat une note sur papier libre portant l'indication de la nature et de la valeur des éléments non amortissables réévalués.

16-27 Taux d'intérêt [ligne ZK]. Cette ligne doit être renseignée par les sociétés, qu'elles soient soumises à l'impôt sur le revenu ou à l'impôt sur les sociétés.

Les sommes mises à la disposition de la société s'entendent non seulement des comptes courants mais encore des prêts, avances, créances non réclamées, etc. Le taux d'intérêt comprend, le cas échéant, le taux d'indexation et le taux de rémunération proprement dit (notice de l'administration). Rappelons que lorsque le taux des intérêts alloués et, dans certains cas, le montant des comptes rémunérés excèdent certains seuils, la société est tenue de réintégrer dans le résultat fiscal la fraction excédentaire des intérêts versés (voir § 14-54).

Le taux d'intérêt le plus élevé servi aux associés à raison des sommes mises à la disposition de la société doit être porté ligne ZK.

16-28 Centre de gestion agréé [ligne XP]. Les adhérents portent ici le numéro d'identification du centre de gestion agréé (6 chiffres) attribué par l'administration lors de l'agrément.

16-29 Filiales et participations [ligne ZR]. Les entreprises doivent joindre, le cas échéant, à leur déclaration de résultat la liste des filiales et participations (CGI, ann. III art. 38, II).

Il convient de porter sur cette ligne le chiffre 1 si l'entreprise a des filiales et participations et le chiffre 0 dans le cas contraire. Si le taux de détention est au moins égal à 10 %, la liste des filiales et participations doit être donnée sur l'imprimé 2059-G en précisant le taux de détention et le numéro Siren de chacune d'elles.

16-30 Aides perçues ayant donné droit à la réduction d'impôt pour dons pour l'entreprise donatrice [RG] - Cette ligne concerne les PME qui ont perçu des aides financières et prestations d'accompagnement d'organismes agréés. Les dons versés à ces organismes ouvrent droit à une réduction d'impôt pour l'entreprise donatrice (CGI art. 238 bis, 4) (voir § 51-5).

Ces organismes agréés doivent avoir pour objet exclusif d'accorder des aides financières permettant la réalisation d'investissements tels que définis à l'article 17, 3 du règlement général d'exemption par catégorie (UE) 651/2014 du 17 juin 2014 ou de fournir des prestations d'accompagnement à des PME au sens de la définition communautaire (CGI art. 238 bis, 4).

Les aides reçues de ces organismes agréés doivent être portées sur la ligne RG.

16-31 Montant de l'investissement qui a donné lieu à un amortissement exceptionnel chez l'entreprise investisseur [RH]. Cette ligne concerne les PME innovantes qui ont obtenu des fonds de la part de sociétés qui ont bénéficié d'un amortissement sur 5 ans des sommes ainsi versées (CGI art. 217 octies).

Rappelons que les sociétés soumises à l'IS ont la possibilité d'amortir sur 5 ans les souscriptions au capital de PME innovantes réalisées directement ou via un véhicule d'investissement (CGI art. 217 octies).

Le montant de l'investissement obtenu doit être porté ligne RH.

Régime de groupe

16-32 Pour l'étude des obligations déclaratives des sociétés ayant choisi de se placer sous le régime fiscal des groupes de sociétés, il convient de se reporter à la 13e édition de « L'intégration fiscale » de Patrick Morgenstern, Groupe Revue Fiduciaire.

2059-A Détermination des plus et moins-values

Objet du tableau 2059-A

Calcul et qualification des plus et moins-values

17-1 Événements générateurs d'une plus ou moins-value. Le tableau 2059-A doit être renseigné lorsque l'entreprise cède un élément de l'actif immobilisé, réalise une opération ayant pour objet de faire sortir un élément d'actif de l'entreprise (cession, échange, apport, donation, retrait d'actif, partage, éviction, expropriation, mises au rebut), ou encore est affectée par un événement qui entraîne, du point de vue fiscal, la cessation de l'entreprise (changement de régime fiscal, fusion, scission) (CGI art. 39 duodecies).

Doit également être mentionné sur le tableau 2059-A le résultat des opérations qui ne proviennent pas des cessions d'éléments d'actif immobilisé, lorsqu'elles suivent, du point de vue fiscal, le régime des plus et moins-values à long terme (tableau 2059-A, lignes 18 à 20).

• Le régime des plus-values ne s'applique pas aux plus-values réalisées par les sociétés de **crédit-bail ou de location** d'équipements (c. mon. et fin. art. L. 313-7) lors de la cession de leurs éléments d'actif immobilisé faisant l'objet d'un contrat de crédit-bail ou de location, lorsque l'élément cédé a été préalablement loué avant d'être vendu et que l'acheteur est le locataire lui-même (CGI art. 39 duodecies, 7).

• Les sociétés membres d'un groupe placé sous le régime d'**intégration fiscale** doivent mentionner dans un feuillet annexe les éléments qui font l'objet de cessions intragroupes et dont les plus-values seront neutralisées sur l'état des rectifications.

• Les sociétés qui relèvent du régime des **sociétés de personnes** et qui doivent procéder à une double détermination de leur résultat selon les règles des BIC et selon les règles de l'IS souscrivent à notre avis un tableau 2059-A distinct pour chacune de ces situations.

17-2 Objet du tableau 2059-A. Le tableau 2059-A a pour objet :
– d'une part, de calculer la valeur résiduelle des éléments cédés et les plus et moins-values réalisées (colonnes 1 à 8 des cadres A et B) ;
– d'autre part, de les qualifier, en distinguant les plus-values et les moins-values à court terme de celles à long terme (colonnes 9 et 10). Les produits taxables au taux réduit d'IS de 19 % qui ne sont pas assimilés à des plus-values à long terme sont isolés dans une colonne spécifique (colonne 11).

Sur le tableau 2059-A, les moins-values à court terme et à long terme sont affectées du signe négatif et inscrites entre parenthèses.

Le tableau 2059-A permet, en bas de l'imprimé, de calculer la plus ou moins-value nette à court terme de l'exercice, (rubrique [A] en bas du formulaire), la plus ou moins-value nette à long terme de l'exercice, (rubrique [B] ventilation par taux) et les autres produits taxables à 19 % de l'exercice (rubrique [C]). Pour cela, il convient d'effectuer la somme algébrique des montants mentionnés dans chacune des colonnes (et sous-colonnes, le cas échéant) 9, 10 et 11.

• Le tableau 2059-A permet de détailler, ligne par ligne, les plus ou moins-values relevant des différents taux d'imposition auxquels peuvent être imposées les plus-values, à savoir 19 %, 15 %, 12,8 % ou 0 %, suivant leur nature et selon que l'entreprise relève de l'IR ou de l'IS. Corrélativement, les entreprises n'ont pas à joindre à leur déclaration le détail de la ventilation effectuée.

• Lorsque la plus-value nette à court terme fait l'objet d'un étalement, l'entreprise utilise le tableau 2059-B et déduit, sur le tableau 2058-A (ligne WZ), la fraction de la plus-value à court terme dont l'imposition est différée (voir § 14-94). Les moins-values nettes à long terme sont, quant à elles, suivies sur le tableau 2059-C.

→ **À NOTER** Le formulaire millésimé 2021 n'est pas modifié par rapport au précédent millésime.

Rappel des taux d'imposition des plus-values réalisées par les entreprises relevant de l'IR

17-3 **Entreprises concernées.** Sont concernées les entreprises individuelles et les sociétés imposées suivant le régime des sociétés de personnes, pour la fraction de leur résultat revenant à leurs associés qui relèvent de l'IR (CGI art. 238 bis K) (voir §§ 2-1 à 2-4).

17-4 **Plus et moins-values à court terme.** La plus-value nette à court terme calculée dans la rubrique (A) résulte de la somme algébrique des plus-values à court terme et des moins-values à court terme réalisées au cours de l'exercice (voir § 17-38).

Cette plus-value nette à court terme constitue un élément du résultat imposable dans les conditions de droit commun soumis au barème progressif de l'IR. Les entreprises relevant de l'IR peuvent étaler cette plus-value nette à court terme par parts égales, sur l'année de réalisation et les 2 années suivantes (voir § 18-1). L'étalement peut être effectué sur une période plus longue pour certaines plus-values à court terme (voir §§ 18-1 et 18-2).

Lorsque, *a contrario*, la somme algébrique des plus-values et des moins-values à court terme fait apparaître une moins-value nette à court terme, celle-ci s'impute sur le bénéfice. Si le bénéfice n'est pas suffisant, la moins-value non imputée prend le caractère d'un déficit (BOFiP-BIC-PVMV-20-30-10-§§ 500 et 510-06/07/2016).

17-5 **Plus ou moins-values nettes à long terme.** La plus ou la moins-value nette à long terme de l'exercice (voir § 17-40) calculée au cadre (B) (colonne 10, intitulée « 15 % ou 12,8 % ») résulte de la somme algébrique des plus-values à long terme et des moins-values à long terme réalisées au titre de l'exercice (lignes 1 à 12 et 18 à 20).

Les entreprises peuvent imputer sur cette plus-value nette à long terme le déficit de l'exercice (le montant du déficit est totalement imputé sur celui de la plus-value, sans ajustement des bases) ainsi que les moins-values à long terme des 10 exercices précédents.

La plus-value nette est taxée au taux réduit de 12,8 % (CGI art. 39 quindecies, I) et majoré des prélèvements sociaux au taux de 17,2 %. Le taux effectif d'imposition des plus-values à long terme ressort ainsi à 30 %.

- Ce taux s'applique également aux plus-values réalisées sur les opérations de cession-bail entre le 23 avril 2009 et le 31 décembre 2012 pour lesquelles l'entreprise a choisi de bénéficier de l'étalement de la plus-value sur 15 ans au maximum (CGI art. 39 novodecies) (voir § 18-5).
- Par dérogation à la définition des plus et moins-values, et sous réserve des régimes d'exonération, les plus-values constatées en cas de décès de l'exploitant sont soumises au régime fiscal des plus-values à long terme (CGI art. 39 terdecies, 2).
- La taxation au taux réduit est différée de 2 ans (sauf cessation d'activité) pour les plus-values nettes réalisées à la suite de la perception d'indemnités d'assurance ou d'expropriation d'immeubles inscrits à l'actif. Ce report de taxation de 2 ans ne concerne que les entreprises relevant de l'IR et s'applique aux plus-values nettes à long terme provenant, ou non, d'éléments amortissables (CGI art. 39 quindecies).
- Dans les départements d'outre-mer, les réductions prévues en matière d'impôt sur le revenu (CGI art. 197, I.3) sont également applicables pour la taxation des plus-values nettes à long terme réalisées par des entreprises qui exercent leur activité dans ces départements (BOFiP-BIC-PVMV-20-40-10-§ 150-26/02/2019). Ces réductions sont égales à 30 %, dans la limite de 2450 € dans les départements de la Guadeloupe, de la Martinique et de La Réunion et à 40 %, dans la limite de 4050 € dans le département de la Guyane et de Mayotte.

Rappel des taux d'imposition des plus-values réalisées par les sociétés soumises à l'IS

17-6 **Sociétés concernées.** Sont concernées les sociétés passibles de l'IS, de plein droit ou sur option, ainsi que les sociétés ou groupements dont les résultats sont imposés suivant le régime des sociétés de personnes, pour la fraction revenant à leurs associés ou membres qui relèvent de l'IS (CGI art. 238 bis K, 1).

17-7 **Plus-values et moins-values relevant du taux normal de l'IS (court terme).** Les plus et moins-values de cession d'éléments d'actif réalisées par les entreprises soumises à l'IS relèvent du régime des plus ou moins-values à court terme (BOFiP-IS-BASE-20-10-11/03/2013). Les plus-values sont comprises dans les résultats imposables au taux normal de l'IS, et les moins-values s'imputent sur le bénéfice ou contribuent à la formation d'un déficit reportable dans les conditions de droit commun. Ces plus-values sont hors du champ d'application du régime des plus-values à long terme (CGI art. 219, I.a quater).

S'agissant des titres du portefeuille, relèvent de l'IS au taux de droit commun :
– les plus-values et les moins-values de cession de titres exclus du régime du long terme ; il en est de même des dotations et des reprises des dépréciations se rapportant à ces titres ;
– les plus ou moins-values provenant des cessions de titres de sociétés à prépondérance immobilière (SPI) non cotées ainsi que les dotations et reprises de provisions pour dépréciation afférentes à ces titres ;
– les plus-values et moins-values de cession de titres de participation au sens fiscal détenus depuis moins de 2 ans (y compris les titres de SPI cotées).

Relèvent du régime de droit commun les parts ou actions de sociétés dont l'actif est constitué principalement (au moins 50 % de la valeur) par des titres énumérés ci-dessus ou dont l'activité consiste, de manière prépondérante, en la gestion des mêmes valeurs pour leur propre compte (CGI art. 219, I.a ter.al. 2).

Les plus-values réalisées par les entreprises relevant de l'impôt sur le revenu ou de l'impôt sur les sociétés à l'occasion de la cession de titres de sociétés établies dans un État ou territoire non coopératif (ETNC) détenus depuis au moins deux ans sont exclues du régime du long terme (CGI art. 39 duodecies, 2.c et 219, a sexies-0 ter), sauf si la société détentrice des titres apporte la preuve que les opérations de la société établie hors de France dans laquelle est prise la participation correspondent à des opérations réelles qui n'ont ni pour objet ni pour effet de permettre, dans un but de fraude fiscale, la localisation des bénéfices dans un tel État ou territoire.

Les moins-values de cession de titres de participation détenus depuis moins de 2 ans entre sociétés liées sont en report de déduction (CGI art. 219, I.a septies) (voir § 14-62).

Seules les plus-values nettes afférentes à certains titres du portefeuille continuent à relever du régime du long terme et bénéficient d'une taxation atténuée ou d'une exonération (voir §§ 17-9 et 17-10).
Certaines cessions d'immeubles peuvent en outre bénéficier d'une imposition au taux réduit de 19 % (voir § 17-9).

17-8 Plus-values et produits relevant du taux de 15 %. Sont taxables au taux de 15 % les plus-values de cession de parts de fonds communs de placement à risque (FCPR) et de sociétés de capital-risque (SCR) détenus depuis au moins 5 ans, sous certaines conditions et pour la fraction qui ne bénéficie pas du taux de 0 % (voir § 17-9), ainsi que certains produits distribués par ces sociétés ou répartis par ces fonds qui ne bénéficient pas du taux de 0 % (CGI art. 219, I.a sexies).

17-9 Produits et plus-values relevant du taux de 19 %. Sont taxables au taux de 19 % :
1) les plus-values à long terme se rapportant à des titres de participation dans des SPI cotées (CGI art. 219, I.a.al. 3) sous réserve des mesures anti-abus prévues pour les cessions de titres de participation à des sociétés liées (voir § 14-62) ;
2) les plus-values latentes du secteur immobilier exonéré imposées en cas d'option pour le régime des SIIC (CGI art. 208 C et 219, IV ; BOFiP-IS-CHAMP-30-20-20-§ 110-12/09/2012) ; ces plus-values sont exonérées de la contribution sociale sur les bénéfices ;
3) les plus-values de cessions à titre onéreux de locaux d'activité ou de terrains à bâtir à une personne morale qui s'engage à transformer les locaux en logement ou à construire des logements (CGI art. 210 F).

17-10 Plus-value à long terme relevant du taux de 0 %. Sont exonérées d'IS (taux de 0 %), sous réserve de la taxation au taux de droit commun d'une quote-part de frais et charges, les plus-values de cession de titres de participation au sens fiscal (autres que les titres de SPI) détenus depuis au moins 2 ans.

Le montant de la quote-part de frais et charges imposé au taux normal de l'IS est fixé à 12 %. Cette quote-part de 12 % est calculée sur le montant brut des plus-values de cessions des titres de participation.

Peuvent également bénéficier du taux de 0 %, sous certaines conditions, la fraction des plus-values de cessions de titres de sociétés de capital-risque (SCR), de fonds communs de placement à risque (FCPR) et de fonds professionnels de capital investissement (FPCI) détenus depuis au moins 5 ans représentée par des titres de participation, ainsi que certains produits distribués par ces sociétés ou répartis par ces fonds.

Ce régime d'exonération est exclu s'agissant des titres de sociétés établies dans un état ou un territoire non coopératif (CGI art. 219, I.a sexies-0 ter).

Détermination de la valeur résiduelle [cadre A]

Présentation

17-11 Le cadre A du tableau 2059-A permet de déterminer la valeur résiduelle des éléments cédés. Pour chacun des éléments notés, la valeur résiduelle (col. 6) est calculée par différence entre la valeur d'origine (col. 2) ou la valeur réévaluée (col. 3) et les amortissements (col. 4 et 5).

Nature et date d'acquisition des éléments cédés [col. 1]

17-12 Il convient d'inscrire sur les lignes 1 à 12 toutes les immobilisations cédées au cours de l'exercice, dans l'ordre suivant :
– en premier lieu les plus-values afférentes aux éléments amortissables ayant fait l'objet d'une réévaluation libre ou légale ;
– puis les plus-values afférentes aux immobilisations non amortissables, réévaluées ou non ;
– et enfin, les plus-values afférentes aux immobilisations amortissables non réévaluées.

À côté de la nature de l'immobilisation, il convient d'indiquer entre parenthèses sa date d'acquisition (notice 2032-NOT-SD).

En cas de cession d'un bien décomposé, la plus ou moins-value à long terme est calculée pour l'ensemble de la structure et des composants. La valeur d'origine et les amortissements de la structure et des composants sont regroupés sur une seule ligne.

Les immobilisations mises au rebut doivent également figurer sur le tableau 2059-A (prix de cession égal à zéro, colonne 7).

Les entreprises soumises à l'impôt sur les sociétés doivent mentionner dans la colonne 1 les plus et moins-values professionnelles relatives à l'ensemble des éléments d'actif immobilisé cédés au cours de l'exercice, quel que soit le taux d'imposition des plus-values. Les plus ou moins-values réalisées exclues du régime du long terme sont soumises au régime des plus ou moins-values à court terme. Ces plus ou moins-values devant figurer colonne 9 (notice 2032-NOT-SD), les immobilisations corporelles et incorporelles sur lesquelles elles portent doivent donc être inscrites colonne 1. Les cessions de titres de participation relevant du taux de 0 % doivent également être mentionnées sur le tableau 2059-A.

Valeur d'origine [col. 2]

Règles générales

17-13 La valeur d'origine (ou prix de revient) est le prix d'acquisition tel qu'il ressort de la comptabilité. Cette valeur s'entend (CGI, ann. III art. 38 quinquies et 38 undecies) :
– pour les immobilisations acquises à titre onéreux, du coût d'acquisition, c'est-à-dire le prix d'achat, minoré des remises, rabais commerciaux et escomptes de règlement obtenus et majoré des coûts directement engagés pour la mise en état d'utilisation du bien et des coûts d'emprunt, si l'entreprise a fait le choix de les incorporer dans le coût d'origine ;
– pour les immobilisations apportées, de la valeur d'apport ;
– pour les immobilisations créées, du coût de production, c'est-à-dire le coût d'achat des matières et fournitures utilisées, augmenté des charges directes ou indirectes de production et des coûts d'emprunt si l'entreprise a fait le choix de les incorporer au coût d'origine.

Les droits de mutation, honoraires ou commissions et frais d'acte liés à l'acquisition peuvent être, au choix de l'entreprise, soit portés à l'actif du bilan en majoration du coût d'acquisition de l'immobilisation à laquelle ils se rapportent, soit déduits immédiatement en charges. Ce choix est exercé distinctement pour les titres immobilisés et les titres de placement, d'une part, pour les autres immobilisations acquises, d'autre part (CGI, ann. III art. 38 quinquies).

Pour ce qui concerne les frais d'acquisition des titres de participation détenus par les sociétés soumises à l'IS, voir le paragraphe 17-15.

• Rappelons qu'en comptabilité, la valeur d'origine figure aux comptes 20 « Immobilisations incorporelles », 21 « Immobilisations corporelles » ainsi qu'aux comptes susceptibles d'enregistrer les titres faisant partie de l'actif auxquels s'applique

Les chiffres indiqués renvoient aux commentaires de cette fiche

(12) **DÉTERMINATION DES PLUS ET MOINS VALUES**

DGFiP N° 2059-A-SD **2021**

Formulaire obligatoire (article 53 A du Code général des impôts)

Désignation de l'entreprise		Néant ☐ *

A – DÉTERMINATION DE LA VALEUR RÉSIDUELLE

		Nature et date d'acquisition des éléments cédés*	Valeur d'origine*	Valeur nette réévaluée*	Amortissements pratiqués en franchise d'impôt	Autres amortissements*	Valeur résiduelle
		1	2	3	4	5	6
I – IMMOBILISATIONS *	1						
	2	**17-12**	**17-13 à 17-23**	**17-24**	**17-25**	**17-26**	**17-27**
	3						
	4						
	5						
	6						
	7						
	8						
	9						
	10						
	11						
	12						

B – PLUS-VALUES, MOINS-VALUES — Qualification fiscale des plus et moins-values réalisées *

		Prix de vente	Montant global de la plus-value ou de la moins-value	Court terme	Long terme 19%	Long terme 15% ou 12,80%	Long terme 0%	Plus-value taxable à 19% (1)
		7	8	9	10			11
I – IMMOBILISATIONS *	1							
	2			**17-38**				
	3	**17-30 à 17-36**	**17-37**	et	**17-41**	**17-40 (IR)**	**17-41**	**17-42**
	4			**17-39**		**17-41 (IS)**		
	5							
	6							
	7							
	8							
	9							
	10							
	11							
	12							
II – AUTRES ÉLÉMENTS	13	Fraction résiduelle de la provision spéciale de réévaluation afférente aux éléments cédés	+	**17-43**				
	14	Amortissements irrégulièrement différés se rapportant aux éléments cédés	+	**17-44**				
	15	Amortissements afférents aux éléments cédés mais exclus des charges déductibles par une disposition légale	+	**17-45**				
	16	Amortissements non pratiqués en comptabilité et correspondant à la déduction fiscale pour investissement, définie par les lois de 1966, 1968 et 1975, effectivement utilisée	+	**17-46**				
	18	Provisions pour dépréciation des titres relevant du régime des plus ou moins-values à long terme devenues sans objet au cours de l'exercice			} **17-47 et 17-48**			
	19	Dotations de l'exercice aux comptes de provisions pour dépréciation des titres relevant du régime des plus ou moins-values à long terme						
	20	Divers (détail à donner sur une note annexe) *			**17-49 à 17-54**			
		CADRE A : plus ou moins-value nette à court terme (total algébrique des lignes 1 à 20 de la colonne 9)		**17-55**	**17-57 à 17-60**			**17-61**
		CADRE B : plus ou moins-value nette à long terme (total algébrique des lignes 1 à 20 de la colonne 10)		(A)	(B) avec une ventilation par taux			(C)
		CADRE C : autres plus-values taxables à 19 % (colonne 11)						

* Des explications concernant cette rubrique figurent dans la notice n° 2032-NOT-SD

(1) Ces plus-values sont imposables au taux de 19 % en application des articles 238 *bis* JA, 208 C et 210 E du CGI.

éventuellement le régime des plus ou moins-values : 261 « Titres de participation » ; 271 et 272 « Titres immobilisés » ; 50 « Valeurs mobilières de placement ».

• **Reversement de TVA.** Si la cession porte sur des immeubles ayant entraîné le reversement d'une fraction de la TVA antérieurement déduite, la valeur d'origine est rectifiée du montant de la TVA reversée.

• **Biens acquis à la suite de la levée d'option d'un contrat de crédit-bail.** Pour ce qui est de la cession des biens acquis dans le cadre d'une opération de crédit-bail, voir ligne 20, paragraphes 17-50 à 17-52.

Cession de titres

17-14 **Rappel des règles de calcul.** Les cessions de titres sont réputées porter par priorité sur les titres de même nature acquis ou souscrits à la date la plus ancienne (règle PEPS) (CGI art. 39 duodecies, 6). Pour les titres de participation, les entreprises sont autorisées, dans certaines conditions, à calculer le résultat de la cession des titres en fonction du prix de revient moyen pondéré (BOFiP-BIC-PVMV-30-30-10-§ 140-11/03/2013). D'un point de vue pratique, si la cession de titres de participation génère une moins-value et que la méthode du CMUP est appliquée en comptabilité, l'entreprise doit effectuer un double calcul du résultat de cession (méthode du CMUP et FIFO).

Dans les comptes individuels, les droits de mutation, honoraires ou commissions et frais d'actes liés à l'acquisition des titres peuvent, sur option, être rattachés au coût d'acquisition de l'actif ou comptabilisés en charges. Cette règle s'applique aux titres immobilisés ainsi qu'aux titres de placement (CGI art. 221-1 et avis CU 2005-J).

Pour les entreprises à l'IR, le régime des plus et moins-values s'applique aux titres faisant partie de l'actif immobilisé. Sont considérés comme tels, qu'il s'agisse de titres de participation ou de titres de placement les titres détenus en portefeuille depuis plus de 2 ans et les titres détenus en portefeuille depuis moins de 2 ans lorsque le portefeuille comprend des titres de même nature détenus depuis plus de 2 ans (BOFiP-BIC-PVMV-30-30-10-11/03/2013).

17-15 **Frais d'acquisition des titres de participation.** Pour les sociétés soumises à l'IS, les frais d'acquisition des titres de participation doivent fiscalement être intégrés au coût de revient des titres et déduits par voie d'amortissement sur une période de 5 ans (CGI art. 209, VII ; BOFiP-IS-BASE-30-10-12/09/2012).

Lorsque l'entreprise a opté comptablement pour l'incorporation des frais d'acquisition, la valeur d'origine inscrite dans la colonne 2 est le prix des titres majoré des frais concernés. Le montant des amortissements dérogatoires est inscrit dans la colonne 4.

Pour les entreprises qui ont opté pour la déduction immédiate des frais, nous préconisons d'inscrire dans la colonne 2 la valeur fiscale des titres, c'est-à-dire le prix de revient des titres intégrant les frais d'acquisition, quelle que soit l'option prise sur le plan comptable, minoré des amortissements ou des déductions pratiqués. Il est conseillé de mentionner le détail des calculs effectués sur la note annexe précisant le détail des ajustements entre les plus-values fiscales et les plus-values comptables.

En cas de cession des titres au cours de la période quinquennale d'amortissement des frais, la société peut pratiquer, au titre de l'exercice de cession, un amortissement ou une déduction pour tenir compte de la période écoulée entre la date d'ouverture de cet exercice et la date de cession des titres.

Si les titres sont cédés moins de 2 ans après leur acquisition, la plus-value réalisée ou la moins-value subie est soumise au régime des bénéfices ou pertes d'exploitation, sauf mesure anti-abus (voir § 17-16).

Si la cession intervient au moins 2 ans après l'acquisition des titres, l'administration admet que la plus-value dégagée soit considérée pour son montant total comme étant à long terme, y compris, donc, à concurrence de l'amortissement pratiqué sur la fraction du prix de revient correspondant aux frais d'acquisition des titres (BOFiP-IS-BASE-30-10-§ 260-12/09/2012).

En cas de réalisation d'une moins-value, elle est considérée à long terme si la cession intervient au moins 2 ans après l'acquisition des titres.

17-16 **Report de déduction.** La déduction de la moins-value réalisée lors de la cession par une entreprise à l'IS de titres de participation détenus depuis moins de 2 ans à une entreprise liée fait l'objet d'un report de déduction (CGI art. 219, I.a septies) (voir § 14-62).

17-17 **Titres ayant fait l'objet d'un transfert.** Les transferts de parts ou d'actions de sociétés entre des comptes auxquels s'applique le régime des plus-values à long terme (compte « Titres de participation » et subdivisions spéciales relevant du régime des plus-values à long terme) et les comptes dont les titres sont exclus de ce régime donnent lieu, selon le cas, à la constatation d'une plus ou moins-value, d'un profit ou d'une perte placé en report d'imposition jusqu'à la cession des titres concernés.

Le résultat ou la plus ou moins-value constaté lors du transfert est imposé au titre de l'exercice de cession des titres suivant le régime fiscal qui lui était applicable lors du transfert. Le résultat de la cession, calculé à partir de la valeur des titres transférés, est également imposé au titre de cet exercice d'après le régime fiscal des titres à la date de la cession.

Les entreprises qui procèdent aux transferts concernés doivent produire en annexe à leur déclaration de résultats, au titre de l'exercice de transfert, des états permettant le suivi respectif des résultats de transfert (BOFiP-FORM-000035-18/07/2013) et des provisions afférentes aux titres transférés (BOFiP-FORM-000036-18/07/2013). Ces états sont joints à la déclaration de résultat au titre de l'exercice de transfert et des exercices suivants, jusqu'à celui au cours duquel l'ensemble des titres transférés est cédé.

17-18 **Échange de titres.** Pour les titres échangés avec le bénéfice du sursis d'imposition (CGI art. 38, 5, 38, 7, 38, 7 bis, 38, 7 ter et 38, 7 quater et 38, 7 quinquies), la valeur d'origine correspond, pour le calcul de la plus ou moins-value de cession, à la valeur des titres remis à l'échange (BOFiP-IS-FUS-50-10-12/09/2012 ; BOFiP-IS-FUS-50-20-12/09/2012). Le sursis d'imposition s'applique en cas de conversion d'actions ordinaires en actions de préférence, d'actions de préférence en actions de préférence d'une autre catégorie, ou encore d'actions de préférence en actions ordinaires.

Dans ce cas, le montant du profit ou de la perte résultant de la cession ultérieure des titres reçus en échange est déterminé par référence à la valeur fiscale des titres remis à l'échange. C'est cette valeur qui doit être mentionnée dans la colonne 2.

Éléments reçus lors d'un apport ou d'une fusion

17-19 **Principe.** Lorsque le bien cédé a été acquis sous le bénéfice d'un régime fiscal de faveur, sa valeur d'origine fiscale peut être celle qui figurait dans la comptabilité de l'ancien exploitant.

17-20 **Entreprise individuelle transmise à titre gratuit.** Si le bien cédé est un élément d'actif d'une entreprise individuelle transmise à titre gratuit avant 2004, la valeur d'origine à retenir est celle qui figurait dans la comptabilité de l'ancien exploitant (CGI art. 41, I et II), à la condition, pour le nouvel exploitant, d'avoir établi un premier bilan d'ouverture lors de cette transmission (CE 19 octobre 1990, n° 69047).

17-21 **Bien apporté par une entreprise individuelle à une société.** Si l'opération d'apport a été placée sous le régime spécial (CGI art. 151 octies), on distingue selon que l'élément cédé est :
– non amortissable : c'est la valeur tirée des écritures de l'entreprise individuelle qui doit être retenue ;
– amortissable : c'est la valeur d'apport qui doit être retenue.

17-22 **Biens acquis par fusion ou scission.** La valeur d'origine diffère de la valeur comptable pour les biens reçus par l'entreprise dans le cadre d'opérations dans lesquelles les plus-values ont bénéficié d'un sursis d'imposition (fusions et opérations assimilées, échange, apport).

En cas de cession d'un élément provenant d'un apport soumis au régime spécial des fusions, la distinction suivante doit être faite (CGI art. 210 A) :
– si l'élément cédé n'est pas amortissable, c'est la valeur tirée des écritures de la société absorbée, scindée ou apporteuse qui doit être retenue ;
– si l'élément cédé est amortissable, c'est au contraire la valeur d'apport telle qu'elle résulte des écritures de la société bénéficiaire de l'apport dont il doit être fait état.

La plus-value de fusion afférente au bien cédé qui n'a pas encore été réintégrée fait l'objet d'une imposition (voir § 18-8). L'état de suivi des plus-values produit par la société bénéficiaire de l'apport doit être mis à jour (voir § 19-1).

Lorsque la fusion a été placée sous le régime spécial de l'article 210 A du CGI, mais réalisée avec maintien des valeurs comptables, la société bénéficiaire des apports a repris à son bilan les écritures comptables de la société apporteuse (valeur d'origine, amortissements) et a continué à calculer les amortissements à partir de la valeur d'origine des biens dans les écritures de la société apporteuse. Lors de la cession des biens, cette valeur d'origine est mentionnée colonne 2.

En cas de cession d'un bien acquis par fusion aux valeurs comptables placée sous le régime fiscal de droit commun, l'administration admet que le résultat de cession soit calculé en tenant compte de la valeur réelle retenue pour le calcul de la plus-value d'apport fiscalement imposée, diminuée des amortissements pratiqués depuis lors sur le bien en comptabilité et, le cas échéant, de la quote-part de plus-value latente prise en compte pour la détermination du mali technique (BOFiP-IS-FUS-30-20-§§ 180 à 200-15/04/2020).

17-23 **Apport partiel d'actif**. En cas de cession des actions émises en rémunération de l'apport, la société apporteuse doit déterminer la plus-value ou la moins-value de cession en comparant le prix de vente à la valeur que les biens apportés comportaient, du point de vue fiscal, dans ses propres écritures. Il en est ainsi quelle que soit la nature des biens apportés. La valeur à prendre en considération est le montant de l'actif net comptable apporté avant toute réévaluation pouvant résulter du traité d'apport. Cette valeur est donc atténuée après déduction des passifs pris en charge ainsi que des amortissements et provisions constitués sur les éléments d'actif transférés (BOFiP-IS-FUS-20-40-30-§ 160-10/04/2019).

En outre, pour la détermination de la nature à court terme ou à long terme de la plus-value ou moins-value de cession ultérieure des titres reçus en contrepartie, il y a lieu d'opérer une distinction en fonction de l'apport réalisé. Le délai de détention des titres est ainsi déterminé différemment selon que l'apport porte sur une branche complète d'activité ou sur des éléments assimilés (BOFiP-IS-FUS-20-40-30-§§ 173 et 175-10/04/2019) :

– le délai de détention des titres reçus en contrepartie de l'apport d'une branche complète d'activité est décompté à partir de leur date d'inscription à l'actif de la société apporteuse en conséquence de l'apport (voir exemple ❶) ;

– en cas d'apports de participations assimilés à une branche complète d'activité, la société apporteuse est réputée détenir les titres remis en contrepartie de l'apport depuis la date à laquelle celle-ci a acquis les éléments apportés (voir exemple ❷).

➟ Exemples

❶ Une société A a apporté à une société B une branche complète d'activité. La valeur comptable des actifs transférés est de 1 800 000 € et leur valeur réelle de 2 800 000 €. Les passifs transférés se décomposent en dettes à long terme (690 000 €) et dettes à court terme (534 000 €).

En principe, la valeur comptable des actions créées à l'occasion de la rémunération de cet apport s'élèvera à : 2 800 000 € – (690 000 € + 534 000 €) = 1 576 000 €.

Mais, en cas de cession, la plus-value de cession n'aura pas à être déterminée par référence à la valeur comptable des actions cédées mais par rapport à la valeur fiscale que les biens apportés avaient, au moment de l'apport, dans les écritures de la société apporteuse.

En l'occurrence cette valeur s'élevait à : 1 800 000 € (valeur comptable nette des actifs) – 1 224 000 € (passif transféré) = 576 000 €.

Par suite, si la cession de ces actions s'opère sur la base d'un prix de 1 900 000 €, la plus-value taxable s'élèvera à : 1 900 000 € – 576 000 € = 1 324 000 €. Elle sera entièrement soumise au régime du court terme, si les actions sont cédées dans un délai de deux ans à compter de leur date d'inscription à l'actif de la société apporteuse en conséquence de l'apport, ou du long terme nonobstant le fait que la valeur fiscale de l'actif apporté telle qu'elle résultait des écritures de la société apporteuse, soit 576 000 €, ait été déterminée après imputation de 360 000 € d'amortissements.

❷ Le 1er juin N, la société A fait l'acquisition de 60 % du capital d'une société B. Le 1er mars N + 5 la société A apporte à la société C l'ensemble des titres de participation de la société B qu'elle détient. Cet apport est placé sous le régime spécial des fusions. La valeur fiscale des titres de participation de la société B dans les écritures de la société A était de 2 millions d'euros. En contrepartie de son apport la société A a reçu à la même date des titres de participation de la société C.

Le 1er mars N + 6, la société A cède les titres de participation qu'elle détient sur la société C pour un prix de 6 M€. La plus-value de cession des titres de participation de la société C est en conséquence déterminée par référence à la valeur fiscale que les titres de la société B avaient dans les écritures de la société A.

Cette plus-value de cession est d'un montant de 4 M€ (6 M€ – 2 M€). Les titres de participation de la société C cédés par la société A le 1er mars N + 6 sont réputés être détenus par cette dernière depuis le 1er juin N.

Valeur nette réévaluée [col. 3]

17-24 Selon la notice 2032-NOT-SD, il s'agit de la valeur nette réévaluée à la date du 31 décembre 1976 (réévaluation effectuée en application de l'article 238 bis J du CGI) ou à celle de la réévaluation libre. Pour les éléments réévalués sous le régime de la loi de 1959, il convient de porter la valeur d'origine réévaluée.

En cas de cession de terrain ayant fait l'objet de la réévaluation légale (CGI art. 238 bis I), cette colonne n'est pas utilisée, la plus-value fiscale étant calculée d'après la valeur d'origine (voir § 17-13).

Pour les biens cédés ayant fait l'objet de la réévaluation légale prévue par les articles 238 bis I et 238 bis J du CGI, la valeur d'origine doit obligatoirement être mentionnée dans la colonne 2 (notice 2032-NOT-SD). On rappelle, en effet, que :
– pour les éléments non amortissables, la plus-value fiscale est calculée à partir de leur valeur non réévaluée (CGI art. 238 bis I, III), la réserve de réévaluation non capitalisée étant réintégrée au résultat de l'exercice de cession ;
– pour les éléments amortissables, la plus-value est calculée à partir de la valeur réévaluée, mais la fraction résiduelle de la provision spéciale correspondant à l'élément cédé est ajoutée au prix de cession de l'immobilisation réévaluée (CGI, ann. II art. 171 N) (voir § 17-43).

Amortissements [col. 4 et 5]

Amortissements pratiqués en franchise d'impôt [col. 4]

17-25 Ces amortissements s'entendent de ceux qui ont été inscrits en comptabilité et qui ont été admis en déduction pour la détermination du résultat fiscal, y compris les amortissements dérogatoires.

S'agissant des immobilisations amortissables réévaluées dans les conditions prévues par l'article 238 bis J du CGI, il convient d'indiquer les amortissements pratiqués après la réévaluation, ceux-ci venant en déduction de la valeur nette réévaluée (colonne 3) pour déterminer la valeur résiduelle (colonne 6).

À noter que l'entreprise peut, en cas de cession d'une immobilisation en cours d'exercice, constater un amortissement au prorata du temps écoulé depuis le début de l'exercice en cours jusqu'à la date de la cession. Cet amortissement vient alors en augmentation de la plus-value à court terme qui peut donc bénéficier, si l'entreprise relève de l'IR, de l'imposition échelonnée.

Dans le cas où les amortissements pratiqués sont expressément exclus des charges déductibles, ils doivent être portés à la ligne 15 (voir § 17-45) et ne doivent être repris ni dans la colonne 5 ni, bien entendu, dans la colonne 4. Les amortissements irrégulièrement différés se rapportant aux éléments cédés sont à faire figurer à la ligne 14 (voir § 17-44).

Pour les biens donnés en location par une personne physique ou une société de personnes relevant de l'IR, la fraction d'amortissement régulièrement comptabilisée, mais dont la déduction a été écartée (CGI art. 39 C), majore la valeur nette comptable prise en compte pour le calcul de la plus-value ou la moins-value de cession.

• **Amortissements comptabilisés par un précédent exploitant.** Les amortissements correspondent généralement aux amortissements comptabilisés par l'entreprise cédante. Toutefois, dans les cas où la valeur d'origine doit être tirée de la comptabilité du précédent exploitant (transmission à titre gratuit d'une entreprise individuelle sous le régime de l'article 41, II du CGI), il y a lieu de faire figurer dans la colonne 4 les amortissements pratiqués par cette entreprise.

• **Fusion avec maintien des valeurs comptables.** Pour les biens reçus par fusion avec maintien des valeurs comptables, la société absorbante a repris à l'actif de son bilan les amortissements pratiqués par la société absorbée, les amortissements inscrits colonne 4 reprennent les amortissements pratiqués par la société absorbée.

Autres amortissements [col. 5]

17-26 Il s'agit des amortissements correspondant aux plus-values d'actif réinvesties, à la déduction fiscale pour investissement (lois de 1966, 1968 et 1975), ainsi que des amortissements réévalués au titre de la loi du 28 décembre 1959 (notice 2032-NOT-SD).

Valeur résiduelle [col. 6]

17-27 Elle est égale à la valeur d'origine (col. 2), éventuellement réévaluée (col. 3), diminuée des amortissements (col. 4 et 5).

→ **À NOTER** La valeur résiduelle qui figure colonne 6 peut être différente de la valeur nette comptable.

Détermination et qualification fiscale des plus-values et moins-values réalisées [cadre B]

Présentation

17-30 Le cadre B permet de ventiler les plus-values ou les moins-values de cession d'immobilisations entre court terme et long terme. Les colonnes 7 et 8 du cadre B sont utilisées pour calculer le montant global de la plus ou moins-value afférente aux éléments visés dans la colonne 1 du cadre A. Les colonnes 9 et 10 du cadre B permettent d'effectuer une répartition de la plus-value globale ainsi calculée entre sa fraction à court terme et sa fraction à long terme.

La colonne 10 du tableau 2059-A « Long terme » est scindée en trois sous-colonnes permettant de mentionner, pour chaque plus-value et chaque moins-value, son taux d'imposition.

Dans cette colonne 10, les sociétés relevant de l'IR mentionnent les plus-values à long terme réalisées au titre de l'exercice 2020 uniquement dans la colonne « 15 % ou 12,80 % ».

Les sociétés soumises à l'IS, en revanche, peuvent être amenées à remplir les trois sous-colonnes de la colonne 10 puisque leurs plus et moins-values peuvent relever des taux de 19 %, 15 % ou 0 %. Les produits taxables à 19 % sont isolés dans la colonne 11 (voir § 17-42).

Les lignes 18 à 20 permettent de déterminer les autres éléments relevant du régime du long terme.

Enfin, les plus-values et les moins-values nettes sont déterminées en bas du cadre B dans les rubriques A, B et C.

→ **À NOTER** L'imprimé 2059-A ne mentionne pas le taux de 25 % auquel peuvent être taxées les plus-values de cession de titres de sociétés titulaires d'une autorisation pour l'édition d'un service de télévision (CGI art. 219, 1.a).

Prix de vente [col. 7]

17-31 **Principes.** Le prix de vente s'entend du prix net hors taxes, déduction faite, par conséquent, des frais qui ont été mis à la charge du cédant et qui s'appliquent directement à l'opération de cession : commissions ou courtages versés à un intermédiaire, par exemple. Bien entendu, les frais ainsi déduits du prix de vente ne peuvent être admis fiscalement dans les charges d'exploitation déductibles de l'entreprise cédante (BOFiP-BIC-PVMV-10-20-10-§ 10-11/03/2013). En revanche, les frais engagés au cours de la période qui a précédé la vente et qui ont concouru à sa réalisation sont des frais généraux (frais d'expertise notamment) (CE 21 juin 1995, n° 132531).

Rappelons que le prix de cession est enregistré au compte 775 « Produits de cessions d'éléments d'actif » et qu'il conviendra de déduire les frais sur ventes (compte 622 « Rémunérations d'intermédiaires et honoraires »). En matière de valeurs mobilières de placement, seul le résultat net généré par la cession est enregistré en comptabilité soit au compte 667 « Charges nettes sur cessions de valeurs mobilières de placement », soit au compte 767 « Produits nets sur cessions de valeurs mobilières de placement ».

17-32 **Cession d'un immeuble.** Lorsqu'une entreprise cède un immeuble bâti moyennant un prix global, la plus-value réalisée ou la moins-value subie à raison de la cession du terrain – élément non amortissable – et la plus-value réalisée ou la moins-value subie résultant de la cession de la construction – élément amortissable – sont déterminées distinctement en séparant la fraction du prix de vente afférente au terrain de celle qui se rapporte à la construction (BOFiP-BIC-PVMV-10-20-30-10-§ 50-13/05/2013).

17-33 **Biens subventionnés.** La subvention à réintégrer n'influence pas le calcul de la plus-value.

La fraction de la subvention à réintégrer est comprise dans les résultats de l'exercice de cession, sauf si la plus-value est réalisée lors d'opérations placées sous un régime fiscal de faveur (apport en société d'une entreprise individuelle sous le régime de l'article 151 octies du CGI, fusion, scission, apport partiel d'actif placé sous le régime de l'article 210 A du CGI).

17-34 **Fraction du prix aléatoire.** Concernant les éléments cédés moyennant le versement d'une rente viagère, un prix payable par annuités indexées, ou encore un prix libellé en devises étrangères, la plus ou moins-value est déterminée à partir du prix convenu par les parties. Ce prix présente un caractère définitif.

Pour les éléments cédés moyennant le versement de redevances annuelles, la détermination de la plus-value ou moins-value de cession, calculée sur la base provisoire, doit ultérieurement être révisée.

17-35 **Expropriation et éviction.** Il convient de faire figurer dans la colonne 7 l'indemnité principale, à l'exclusion des indemnités accessoires, celles-ci constituant des recettes passibles de l'impôt au taux normal. Toutefois, l'indemnité de « dépossession » accordée par le tribunal en réparation du préjudice subi par l'entreprise du fait des conditions défavorables dans lesquelles elle a été expropriée doit être assimilée à une plus-value provenant de la cession d'un élément de l'actif immobilisé et être, à cet effet, rattachée à l'indemnité principale. Tel est le cas, notamment, de l'indemnité « pour troubles d'exploitation définitifs », qui a pour objet de compenser la dépréciation subie par le fonds de commerce du fait de l'expropriation.

17-36 **Autres situations.** Une plus-value (ou une moins-value) imposable peut encore découler, notamment :
– d'une mise au rebut, destruction, etc. : le prix de cession est alors nul ;
– d'un sinistre : l'administration se réfère à la ventilation de l'indemnité résultant du décompte de l'assureur ;
– d'un apport : le chiffre à inscrire dans la colonne 7 doit alors correspondre à la valeur réelle des actions ou des parts reçues ;
– de l'attribution à un associé d'un élément d'actif appartenant à la société ou du retrait par le chef d'entreprise d'un élément d'actif qui avait été inscrit au bilan de l'entreprise : le chiffre à porter dans la colonne 7 doit alors correspondre à la valeur réelle de l'élément à la date de l'attribution ou du retrait ;
– d'un retrait d'éléments de l'actif commercial ou social : le chiffre à porter dans la colonne 7 doit alors correspondre à la valeur réelle au jour du retrait ;
– d'indemnités de fin de bail ou de contrat, si la nature des liens contractuels permet de considérer que les droits issus du contrat constituent des éléments incorporels de l'actif immobilisé ;
– d'une cession à titre gratuit : c'est la valeur vénale qu'il convient fiscalement de retenir pour le calcul de la plus ou moins-value. À noter, cependant, que la donation d'un fonds de commerce exploité à titre individuel peut bénéficier d'un report d'imposition suivi d'une exonération (CGI art. 41, II) ;
– du non-retour d'emballages consignés : leur non-restitution est génératrice d'une plus ou moins-value de cession lorsqu'ils ont été inscrits en immobilisations amortissables.

Montant global de la plus-value ou de la moins-value [col. 8]

17-37 Le calcul de la plus ou moins-value sur chaque élément, ou catégorie d'éléments, se fait à la colonne 8 par différence entre les colonnes 7 (Prix de vente) et 6 (Valeur résiduelle). Les plus et moins-values réalisées dont le montant global a ainsi été calculé colonne 8 doivent être ventilées entre leur fraction à court terme et celle à long terme. La qualification fiscale des plus-values et des moins-values diffère selon que l'entreprise relève de l'IR ou est passible de l'IS (voir §§ 17-38 et 17-39).

Le montant global de la plus-value ou moins-value figurant dans la colonne 8 doit être ventilé entre les colonnes 9, 10 et 11, en tenant compte des définitions ci-après (voir § 17-24 pour les immobilisations amortissables réévaluées).

Les plus-values à court terme (colonne 9) sont ainsi distinguées des plus-values à long terme (colonne 10) et des plus-values particulières taxées à 19 % (colonne 11).

Qualification fiscale des plus et moins-values réalisées [col. 9, 10 et 11, lignes 1 à 12]

Plus-values et moins-values à court terme [col. 9, lignes 1 à 12]

17-38 **Pour les entreprises relevant de l'IR**, les plus-values à court terme sont les plus-values afférentes (CGI art. 39 duodecies, 2) :
– à des éléments amortissables ou non amortissables (y compris les droits de la propriété industrielle acquis par l'entreprise) détenus depuis moins de 2 ans ;
– à des éléments amortissables détenus depuis 2 ans au moins, pour la fraction correspondant aux amortissements déduits pour l'assiette de l'impôt (colonne 4 du cadre A) – majorés des amortissements expressément exclus des

charges déductibles (voir § 17-45) **et de ceux irrégulièrement différés** (voir § 17-44) **– ainsi que, le cas échéant, à l'amortissement correspondant à la déduction fiscale pour investissement (qui figure dans la colonne 5).**

Pour ces entreprises relevant de l'IR, les moins-values à court terme sont celles afférentes (CGI art. 39 duodecies, 4) **:**

– à des éléments non amortissables détenus depuis moins de 2 ans ;

– à des éléments amortissables, quelle que soit la durée de leur détention, ces moins-values étant diminuées des amortissements expressément exclus des charges déductibles et de ceux irrégulièrement différés ;

– aux brevets, inventions brevetables et procédés de fabrication détenus depuis moins de 2 ans (sauf lorsque ces droits ont été découverts ou mis au point par l'entreprise ou cédés à titre gratuit).

• **Immobilisation décomposée.** Le délai de 2 ans (CGI art. 39 duodecies) est décompté par référence à la date de création ou d'acquisition de l'immobilisation, pour l'ensemble des composants de l'immobilisation (y compris pour la structure). Ainsi, lorsque l'immobilisation a été créée ou acquise depuis au moins 2 ans, la plus ou moins-value relative à l'ensemble de la structure et des composants est traitée comme une plus ou moins-value à long terme, pour sa fraction excédant le montant des amortissements déduits pour l'assiette de l'impôt. La fraction correspondant aux amortissements déduits au titre de la structure et des composants demeure, par ailleurs, qualifiée de plus ou moins-value à court terme.

• **La date de remplacement des composants** n'est, par conséquent, pas retenue pour déterminer la qualification à court ou à long terme de la plus ou moins-value de cession. Toutefois si, exceptionnellement, un composant est cédé isolément de la structure, le délai de 2 ans doit être décompté de la date d'acquisition du composant qui peut correspondre, le cas échéant, à la date de remplacement.

→ **EXEMPLES**

❶ **Incidence des amortissements dérogatoires.** Une immobilisation, acquise pour 136 000 € HT le 15 août N – 3, est cédée le 31 décembre N par une entreprise individuelle au prix de 100 000 € HT. Les amortissements économiques, comptabilisés jusqu'à la cession et calculés selon le mode linéaire, sont de 45 904 €. L'entreprise a amorti selon le système dégressif, jusqu'à la cession, en constatant des amortissements dérogatoires dont le solde s'élève à 38 697 €. La plus-value ou la moins-value de cession doit être calculée compte tenu des amortissements admis en déduction fiscalement, c'est-à-dire en prenant en compte les amortissements économiques linéaires et le solde des amortissements dérogatoires, soit 100 000 € – (136 000 € – 45 904 € – 38 697 €) = 48 601 €. Cette plus-value doit être considérée comme étant à court terme en totalité.

❷ **Cession d'une voiture particulière.** On se reportera, pour l'établissement du tableau 2059-A, à l'exemple inséré sous le paragraphe 17-45.

❸ **Résidence d'agrément.** Soit une entreprise, dont les exercices coïncident avec l'année civile, qui a acquis, en janvier N, une résidence d'agrément, qui n'était pas nécessaire à l'exercice de son activité professionnelle, ne faisant pas partie intégrante de l'établissement de production et ne servant pas à l'accueil de la clientèle (il est fait abstraction de la valeur du terrain par hypothèse). Cet immeuble, acquis pour 2 000 000 €, est cédé au début de l'année N + 4 pour 2 400 000 €. La totalité des amortissements comptabilisés (et réintégrés) est égale à 300 000 €. La plus-value de cession doit être calculée compte tenu des amortissements exclus des charges déductibles, soit : 2 400 000 € – (2 000 000 € – 300 000 €) = 700 000 €. Cette plus-value est considérée comme à court terme à concurrence des amortissements, soit 300 000 € et à long terme pour le surplus, soit 400 000 €.

17-39 **Pour les entités soumises à l'IS, les plus ou moins-values relatives aux biens exclus du régime des plus ou moins-values à long terme** (voir § 17-7) **sont soumises au régime des plus ou moins-values à court terme. Elles doivent être portées colonne 9. Sont également à mentionner dans la colonne 9 les plus et moins-values de cession de titres de participation et assimilés situés dans le champ d'application du régime du long terme, pour ceux cédés depuis moins de 2 ans.**

Les moins-values à court terme sont affectées du signe négatif et inscrites entre parenthèses dans la colonne 9.

Plus et moins-values à long terme [col. 10, lignes 1 à 12]

17-40 **Entreprises relevant de l'IR.** Il convient de distinguer selon la nature des actifs et leur durée de détention par l'entreprise. La cession d'éléments non amortissables de l'actif immobilisé relève du régime fiscal des plus et moins-values à long terme si ces éléments figurent dans l'actif depuis au moins 2 ans. Les plus-values provenant de la cession d'éléments

amortissables de l'actif immobilisé détenus depuis au moins 2 ans constituent des plus-values à long terme dans la mesure où elles excèdent le montant global :
– des amortissements déduits pour l'assiette de l'impôt ;
– des amortissements expressément exclus des charges déductibles ;
– des amortissements différés en infraction avec la règle de l'amortissement minimal obligatoire (CGI art. 39 B).

Les moins-values subies lors de la cession d'éléments amortissables de l'actif immobilisé constituent des moins-values à court terme, quel que soit le délai de détention des biens.

Sont également soumis au régime des plus-values à long terme, notamment :
– les plus-values nettes constatées en cas de décès de l'exploitant ;
– les reprises de provisions pour dépréciation de titres (les dotations sont corrélativement soumises au régime des moins-values à long terme) (voir § 17-47).

Les plus et moins-values à long terme réalisées par les entreprises relevant de l'IR relèvent du taux unique de 12,8 %. Elles sont mentionnées dans la subdivision « 15 % ou 12,8 % », de la colonne 10.

• Les reprises sur **provisions sur les titres** figurent ligne 18 et les dotations aux provisions sur titres figurent ligne 19 (voir § 17-47).

• **Annulation de la vente ou réduction du prix.** Quand la cession d'un élément de l'actif immobilisé est rétroactivement annulée, le montant de la perte consécutive à l'annulation est déductible, mais cette déduction s'opère selon un régime symétrique à celui appliqué à la plus-value constatée lors de la cession. Il en est de même si la plus-value initialement constatée est ultérieurement diminuée du fait d'une réduction du prix de la vente (CGI art. 39 duodecies, 9).

17-41 **Entités soumises à l'IS.** Pour les sociétés à l'IS, le régime des plus-values à long terme est susceptible de s'appliquer aux éléments mentionnés aux paragraphes 17-8 à 17-10. Dans les trois subdivisions de la colonne 10, pour chaque plus et moins-value mentionnée sur les lignes 1 à 12 relevant du régime des plus-values à long terme, il convient de préciser si elles relèvent du taux de 19 %, 15 % ou 0 %.

Cette ventilation doit être également effectuée pour les dotations et les reprises de provisions relatives aux titres relevant du régime des plus-values à long terme mentionnées sur les lignes 18 et 19 (voir § 17-48), et pour les divers produits relevant du régime des plus-values à long terme, ligne 20 (voir § 17-49).

Les plus et moins-values à mentionner dans la subdivision « 19 % » de la colonne 10 concernent uniquement les titres de SPI cotées (CGI art. 219, 1). Les plus-values réalisées sur les autres titres et taxées à 19 % sont, en revanche, à reporter dans la colonne 11 (voir § 17-42).

Rappel du régime fiscal des titres. Si les titres sont placés dans le champ du régime des plus-values à long terme :
– quelle que soit la durée de détention des titres par l'entreprise, les dépréciations (dotations) suivent le régime des moins-values à long terme, sauf exclusion fiscale particulière (plafonnement des dotations concernant les titres de participation dans des SPI, par exemple) et les reprises de provisions suivent le régime des plus-values à long terme (CGI art. 219, I.a bis) (voir § 17-48) ;
– les plus et moins-values constatées lors de la cession des titres relèvent du régime des plus-values à long terme pour les titres détenus depuis au moins 2 ans, et du régime des plus et moins-values à court terme prises en compte au taux d'IS de droit commun, dans le cas contraire.
Si les titres ne sont pas placés dans le champ du régime des plus-values à long terme (voir § 17-7) :
– les dépréciations (dotations) sont déduites du résultat imposable au taux normal de l'IS, sauf exclusion fiscale particulière (plafonnement des dotations concernant les titres de participation, par exemple) et les reprises de provisions sont imposables à l'IS au taux de droit commun ;
– les profits et les pertes résultant de la cession des titres sont compris dans les résultats imposables au taux de droit commun.

Plus-values taxables à 19 % [col. 11, lignes 1 à 12]

17-42 La colonne 11 concerne les sociétés soumises à l'IS. Elle a été créée pour isoler les plus-values qui ne concernent pas les titres de SPI cotées, à savoir :
– les plus-values dégagées lors des cessions à titre onéreux de locaux d'activité en vue de transformer ces locaux en logements ou de terrains à bâtir en vue de construire des logements (CGI art. 210 F) ;
– les plus-values imposées en cas d'option pour le régime des SIIC, y compris pour les filiales de SIIC ou de SPPICAV (CGI art. 208 C, 208 C ter et 219, IV) [renvoi (1) de l'imprimé 2059-A].

Le total des plus-values mentionné dans la colonne 11, mentionné case C en bas de la colonne 11 est reporté sur la ligne l6 du tableau 2058-A (voir § 14-93).

→ **À NOTER** Il n'est pas possible de compenser la moins-value nette à long terme relative aux titres de SPI cotées [déterminée en rubrique (B) colonne 19 % du tableau 2059-A] avec la plus-value taxable à 19 % calculée dans la rubrique (C) de la colonne 11 (tableau 2059-A).

Fraction résiduelle de la provision spéciale de réévaluation [col. 9, ligne 13]

17-43 Pour la détermination de la plus-value fiscale résultant de la cession d'une immobilisation amortissable réévaluée sous le régime de l'article 238 bis J du CGI, le reliquat de la provision spéciale de réévaluation doit être ajouté au prix de cession de l'immobilisation réévaluée (CGI, ann. II art. 171 N). En d'autres termes, le résultat fiscal dégagé par la cession est égal à la somme algébrique de la plus ou moins-value comptable de cession et du reliquat de la provision spéciale de réévaluation afférent à l'élément cédé. La ligne 13 permet d'effectuer cette opération.

Amortissements irrégulièrement différés des éléments cédés [col. 9, ligne 14]

17-44 Il est fait obligation aux entreprises de constater dans leurs écritures comptables, à la clôture de chaque exercice, un amortissement minimal (CGI art. 39 B).

Afin d'assurer sa pleine portée à cette obligation, il est prévu que les amortissements irrégulièrement différés se rapportant à un élément donné doivent venir en augmentation de la plus-value à court terme (ou en diminution de la moins-value à court terme) résultant de la cession de cet élément (voir §§ 17-38 et 17-40). La présente ligne a pour objet d'assurer l'application de ces principes.

Amortissements des éléments cédés mais exclus des charges [col. 9, ligne 15]

17-45 Il s'agit essentiellement des amortissements afférents à la fraction du prix d'acquisition des voitures particulières dont le prix excède certains seuils (9900 €, 18300 €, 20300 € ou 30000 € selon la date d'immatriculation et le taux d'émission du véhicule) ainsi que des amortissements des biens dits « somptuaires » (CGI art. 39, 4.a).

Les amortissements ainsi exclus des charges déductibles doivent néanmoins être pris en considération pour la détermination des plus-values ou moins-values résultant de la vente ultérieure de ces véhicules. Ils viennent donc soit majorer la plus-value à court terme, soit réduire la moins-value à court terme telle qu'elle a été calculée dans la partie supérieure du tableau.

→ **EXEMPLE** Soit une entreprise dont l'exercice coïncide avec l'année civile et qui a acquis, le 1er janvier N, une voiture particulière moyennant un prix de 24400 € amortissable au taux de 20 %. Par hypothèse, pour ce véhicule, le seuil limite applicable est de 18300 €.

Exercice N à N + 3 :
- amortissements comptables : 24400 × 20 % = 4880 ;
- amortissements réintégrés : 20 % × (24400 – 18300) = 1220.

Total des amortissements comptables de N à N + 3 : 4 880 × 4 = 19520.

Total des amortissements réintégrés de N à N + 3 : 1220 × 4 = 4880.

Les amortissements déduits pour l'assiette de l'impôt s'élèvent ainsi à : 19520 – 4880 = 14640.

Le véhicule est vendu en N + 3 pour un prix de 6440 € ; la plus-value de cession sera déclarée de la manière suivante dans les différentes rubriques des cadres A et B.

1	2	3	4	6	7	8	9	10
Matériel de transport	24400		14640	9760	6440	(3320)	(3320)	
Amortissements exclus des charges déductibles (ligne 15)							4880	–
Montant net de la plus-value à court terme : 1560								

Amortissements correspondant à la déduction pour investissement [col. 9, ligne 16]

17-46 Seules les entreprises qui n'ont pas affecté la déduction (lois de 1966 ou 1968) ou l'aide fiscale pour investissement (loi de 1975) à l'amortissement des immobilisations correspondantes doivent remplir cette ligne. En outre :

– si l'amortissement de ces immobilisations a été calculé d'après leur prix de revient non réduit du montant de l'aide ou de la déduction, la différence entre le montant de la déduction ou de l'aide fiscale et la fraction de celle-ci qui a été réintégrée pendant la période d'amortissement doit être portée sur la ligne 16 ; dans ce cas, la fraction réintégrée du montant de la déduction ou de l'aide fiscale doit figurer dans la colonne 5, l'amortissement déduit figurant colonne 4 ;

– si l'amortissement de ces immobilisations a été calculé sur leur prix de revient diminué de la déduction ou de l'aide fiscale, c'est la totalité de la déduction ou de l'aide fiscale qui doit être portée sur la ligne 16 et dans ce cas, la colonne 5 ne doit pas être renseignée, l'amortissement déduit figurant colonne 4.

Dépréciation des titres [col. 10, lignes 18 et 19]

17-47 **Entreprises relevant de l'IR.** Pour les entreprises relevant de l'IR, quelle que soit la durée de détention des titres :

– les dépréciations sont soumises au régime fiscal des moins-values à long terme, qu'elles concernent des titres de placement ou des titres de participation ;

– les reprises de dépréciations sont passibles du régime des plus-values à long terme, qu'il s'agisse de titres de participation ou de titres de placement.

Ces reprises et ces dotations sont donc à porter dans la colonne 10 (sous colonne « 15 % ou 12,8 % »), respectivement sur les lignes 18 et 19.

17-48 **Entités soumises à l'IS.** Pour les sociétés soumises à l'IS, les dotations aux provisions pour dépréciation des titres dont le résultat de cession est susceptible de relever du régime des plus ou moins-values à long terme sont normalement soumises au régime fiscal des moins-values à long terme. Lorsqu'elles deviennent ultérieurement sans objet, les reprises de provisions sont comprises dans les plus-values à long terme (CGI art. 39, 1.5°).

Les reprises et les dotations relevant du régime du long terme sont à porter dans la colonne 10, respectivement sur les lignes 18 et 19. Elles doivent être ventilées par taux d'imposition (19 %, 15 % ou 0 %).

• **Titres exclus du régime des plus-values.** Les dotations aux provisions sont déduites du résultat imposable dans les conditions de droit commun. Au titre de l'exercice au cours duquel elles deviennent sans objet, la reprise de telles provisions constitue un produit imposable dans les conditions et au taux de droit commun. Les dotations et les reprises de ces provisions n'ont pas à figurer sur les lignes 18 et 19.

• **Dépréciation des titres transférés.** Les provisions pour dépréciation constituées à raison des titres transférés, pour les exercices clos à compter de la date de transfert sont déterminées par référence à la valeur des titres à la date du transfert (CGI art. 219, I.a ter.al. 10). Par ailleurs, la provision déductible sur le plan fiscal ne peut excéder celle constatée en comptabilité. Un tableau de suivi des provisions est reproduit au BOFiP (BOFiP-FORM-000036-18/07/2013).

→ **À NOTER** Les dépréciations des titres de participation dans des sociétés à prépondérance immobilière (SPI) non déductibles à concurrence des plus-values latentes sur ces mêmes titres ne figurent pas sur le tableau 2059-A, mais sont réintégrées sur le tableau 2058-A, ligne WI (voir § 14-19) et mentionnées sur le tableau 2058-B (voir § 15-12) parmi les provisions non déductibles. Ces dispositions sont valables aussi bien pour les entreprises relevant de l'IR que pour les entreprises soumises à l'IS.

Divers [col. 10, ligne 20]

Ajustements concernés

17-49 Il convient de porter sur cette ligne les ajustements de calcul nécessaires entre les plus-values et les moins-values comptables, d'une part, les plus-values et moins-values fiscales, d'autre part.

De même, figurent sur cette ligne les plus et moins-values dégagées sur des éléments autres que des immobilisations (déjà mentionnés sur les lignes 1 à 12 du cadre B). Les ajustements sont à ventiler dans les colonnes 9 à 11. Le détail des ajustements opérés doit être précisé dans une note annexe (notice 2032-NOT).

Certaines distributions effectuées par les sociétés de capital-risque, les fonds communs de placement à risques et les fonds professionnels de capital investissement sont soumises au régime des plus-values à long terme. Ces sommes sont à porter ligne 20 dans la colonne 10, subdivision 0 % ou subdivision 15 % ou 16 % suivant le cas.

La ligne 20 doit également être utilisée lorsque la valeur d'origine en comptabilité, mentionnée colonne 2 du cadre A, diffère de la base des amortissements fiscaux admis en déduction (mentionnés colonne 4 du cadre A).

Ajustements liés au crédit-bail

17-50 **Crédit-bail de fonds de commerce d'un établissement artisanal ou de titres de sociétés commerciales non cotées.** Lorsque, dans le cadre d'un contrat de crédit-bail d'un fonds de commerce, d'un établissement artisanal ou de l'un de leurs éléments non amortissables ou de titres de sociétés commerciales non cotées, la quote-part des loyers représentative du capital n'a pas été imposée, celle-ci est ajoutée au prix de vente convenu au contrat pour la détermination de la plus-value de cession (CGI art. 38 ter). Cette quote-part est donc à porter ligne 20.

On rappelle qu'il s'agit de la fraction des redevances correspondant au prix du fonds de commerce de l'établissement artisanal ou des titres qui est exclue des charges déductibles du locataire et qui, en cours de contrat, a échappé à l'impôt chez le bailleur parce que celui-ci a constaté à son bilan une dette d'égal montant au profit du locataire (CGI art. 38 ter et 39, 8).

17-51 **Cession d'un contrat de crédit-bail.** En cas de cession d'un contrat de crédit-bail, la plus-value est égale au prix de cession si le cédant est le souscripteur du contrat. Si le cédant a acquis les droits en cours de contrat, la plus-value est égale à la différence entre le prix de cession des droits et leur valeur nette comptable.

Si le contrat cédé a été acquis ou souscrit depuis moins de 2 ans, la plus-value est à court terme. Dans le cas contraire, la plus-value est à court terme à concurrence des amortissements que le cédant aurait pu pratiquer selon le mode linéaire s'il avait été propriétaire du bien faisant l'objet du contrat, ces amortissements étant calculés sur le prix d'acquisition diminué du prix prévu au contrat pour l'acceptation de la promesse unilatérale de vente, et d'après la durée du contrat.

- S'agissant d'un contrat de **crédit-bail immobilier** conclu depuis 1996, la plus-value est à court terme à concurrence de la fraction déduite, pour l'assiette de l'impôt, de la quote-part de loyers prise en compte pour la fixation du prix de vente convenu pour le prix de cession de l'immeuble à l'issue du contrat, diminuée des frais d'acquisition de l'immeuble compris dans ces loyers (CGI art. 39 duodecies A, 1).
- Pour les sociétés passibles de l'IS, les plus-values réalisées lors de la cession d'un contrat de crédit-bail ou d'un bien acquis à l'échéance d'un tel contrat sont exclues du régime des plus-values à long terme.

17-52 **Cession d'un bien acquis à l'échéance d'un contrat de crédit-bail.** La plus-value de cession d'un bien acquis à l'échéance d'un contrat de crédit-bail et détenu depuis au moins 2 ans est à court terme à hauteur des amortissements pratiqués sur le prix de revient du bien (depuis la levée de l'option) et de ceux pratiqués sur les droits en cas d'acquisition du contrat en cours. Ces derniers sont augmentés des amortissements que le cédant aurait pu pratiquer durant la période au cours de laquelle il a été titulaire du contrat, eux-mêmes diminués du montant des sommes réintégrées en application des articles 239 sexies, 239 sexies A et 239 sexies B du CGI (amortissement théorique).

Pour les contrats de crédit-bail immobilier conclus depuis 1996, lorsque l'immeuble cédé a été acquis par le souscripteur du contrat de crédit-bail, la plus-value réalisée est considérée comme une plus-value à court terme à hauteur des amortissements pratiqués sur le prix de revient, augmentés de la fraction déduite, pendant la période au cours de laquelle l'entreprise a été titulaire du contrat, des quotes-parts de loyers prises en compte pour la fixation du prix de vente convenu pour la cession éventuelle de l'immeuble à l'issue du contrat. Ces quotes-parts sont elles-mêmes diminuées du montant des sommes réintégrées au moment de la levée de l'option et du montant des frais d'acquisition compris dans les loyers (BOFiP-BIC-PVMV-40-50-30-§ 140-16/12/2013). Lorsque l'immeuble cédé a été acquis à l'échéance d'un contrat de crédit-bail dont les droits ont été acquis d'un précédent locataire, la plus-value à court terme est déterminée en tenant compte des amortissements afférents aux droits attachés au contrat. La fraction de la plus-value globale qui excède la plus-value à court terme, définie ci-dessus, relève du régime des plus-values à long terme.

➟ **À NOTER** Le locataire d'un bien mobilier ou immobilier loué qui cède un contrat de crédit-bail mobilier ou immobilier, ou un bien acquis en application d'un tel contrat, souscrit un état établi sur un document conforme au modèle fixé par l'administration sur lequel figurent les informations nécessaires à la qualification des plus ou moins-values (CGI, ann. III art. 38 quindecies F).

Valeur d'origine différente de la base des amortissements

17-53 La ligne 20 doit également être utilisée lorsque la valeur d'origine en comptabilité, mentionnée colonne 2 du cadre A, diffère de la base des amortissements fiscaux admis en déduction (mentionnés colonne 4 du cadre A).

Distributions et répartitions effectuées par des SCR, des FCPR et FPCI

17-54 Les distributions et les répartitions effectuées par les sociétés de capital-risque (SCR), les fonds communs de placement à risque (FCPR) et les fonds professionnels de capital investissement (FPCI) bénéficient, sous certaines conditions, du régime des plus-values à long terme : les sommes distribuées ou réparties peuvent bénéficier du taux de 0 % et, pour la fraction non éligible à ce taux, du taux de 15 %. Il appartient à l'entreprise de les mentionner ligne 20 dans la colonne 10, subdivision « 0 % » ou subdivision « 15 % ou 12,80 % » lorsqu'elles relèvent du taux de 15 %.

Plus-values ou moins-values nettes à court terme [Rubrique (A)]

17-55 **Principes.** La somme algébrique des valeurs mentionnées dans la colonne 9 permet de déterminer, pour l'exercice concerné, une plus-value nette à court terme ou une moins-value nette à court terme qui est inscrite en rubrique (A) de l'imprimé 2059-A (case en regard de la ligne grisée cadre A).

La plus-value nette à court terme de l'exercice à inscrire en rubrique (A) est imposable dans les conditions de droit commun, sauf possibilité d'échelonnement pour les entreprises soumises à l'IR et pour toutes les entreprises en cas de sinistre ou d'expropriation ou dans le cadre de certaines opérations particulières (voir § 18-2).

La moins-value nette à court terme de l'exercice inscrite en rubrique (A) ne donne lieu à aucun traitement particulier puisqu'elle vient en déduction, pour la totalité de son montant, du résultat comptable et du résultat fiscal.

Étant ***de facto*** incluses dans le résultat comptable de l'entreprise, les moins-values nettes à court terme ne font l'objet d'aucune mention particulière dans le tableau 2058-A, puisqu'elles viennent simplement en déduction du résultat imposé au taux d'IS de droit commun (elles n'ont donc pas besoin d'être réintégrées au résultat pour être prises en compte dans le résultat fiscal imposé à un taux réduit, contrairement aux moins-values à long terme).

17-56 **Cas particulier.** Pour les sociétés à l'IS, il est à noter que les moins-values de cession afférentes à des titres (ou éléments) de sociétés établies dans un état ou territoire non coopératif (ETNC) peuvent s'imputer exclusivement sur des plus-values de même nature (CGI art. 219, I.a sexies-0 ter). Ces moins-values étant exclues du régime du long terme (voir § 17-7), il s'agit obligatoirement de moins-values à court terme (MVCT).

En conséquence, les MVCT dégagées sur des titres de sociétés situées dans un ETNC :
– devraient, à notre avis, être isolées ou clairement identifiées sur l'imprimé 2059-A pour en faciliter le suivi et afin qu'elles ne soient pas imputées par erreur sur des plus-values à court terme de nature différente ;
– parallèlement, lorsque des MVCT de cette nature n'auront pas pu être imputées sur des PVCT de même nature, la ou les moins-values nettes qui en résultent ne doivent pas venir en déduction du résultat et sont donc à réintégrer dans le tableau 2058-A (à notre avis sur la ligne WQ « Réintégrations diverses ») (voir § 14-66) ;
– ces moins-values nettes à court terme qui n'auront pas pu être imputées sur des plus-values à court terme de même nature au titre du même exercice n'auront donc pas pu venir en diminution du résultat imposable et sont en principe perdues.

Pour ce qui concerne les plus-values à court terme sur les titres issus d'ETNC, aucune restriction n'étant prévue par l'article 219-I a sexies-0 ter, elles peuvent a priori être utilisées pour imputer toutes les moins-values à court terme, quelle que soit leur nature.

Plus-values et moins-values à long terme et plus-values taxables à 19 % [Rubriques (B) ET (C)]

Entreprises relevant de l'IR

17-57 La somme algébrique des valeurs mentionnées dans la colonne 10, subdivision « 15 % ou 12,80 % », permet de déterminer, pour l'exercice concerné, une plus-value nette à long terme ou une moins-value nette à long terme qui est inscrite en rubrique (B) de l'imprimé 2059-A (case au-dessus de la ligne grisée cadre B). Pour les sociétés à l'IR, seule la subdivision « 15 % ou 12,80 % » de la colonne 10 est à remplir.

Après imputation des moins-values à long terme encore reportables des exercices antérieurs, les plus-values nettes à long terme de l'exercice sont imposées distinctement au taux réduit qui leur est applicable. Il y a donc lieu de les retrancher du résultat comptable en portant leur montant sur les lignes WV et WW du tableau 2058-A (voir § 14-93).

La moins-value nette à long terme calculée dans la case B n'est pas déductible du résultat imposable au taux de droit commun, mais s'impute sur les plus-values nettes à long terme réalisées au cours des dix exercices suivants. Il y a donc lieu de la réintégrer pour la détermination du résultat fiscal en la mentionnant sur la ligne I8 du tableau 2058-A.

Le suivi des moins-values à long terme est effectué sur le tableau 2059-C. La plus-value nette à long terme réalisée au titre de l'exercice est mentionnée :

– en haut du tableau 2059-C dans le cadre « Rappel de la plus ou moins-value de l'exercice relevant du taux de 15 % ou 12,80 % » ;

– à la première ligne millésimée N, colonne 2 du cadre I « Suivi des moins-values des entreprises soumises à l'impôt sur le revenu ».

Sociétés soumises à l'IS

17-58 **Ventilation des plus-values et des moins-values par taux et par nature (col. 10).** La somme algébrique des valeurs mentionnées dans les trois subdivisions de la colonne 10 permet de déterminer, pour l'exercice concerné, une plus-value nette à long terme ou une moins-value nette à long terme pour chacun des taux d'imposition de 19 %, 15 % et 0 %. Ces valeurs sont inscrites dans les trois cases de la rubrique (B) de l'imprimé 2059-A.

17-59 **Compensation des plus-values et des moins-values réalisées au titre de l'exercice.** Il n'y a pas de compensation possible entre la plus-value nette ou la moins-value nette relevant du taux de 0 % et les autres plus-values nettes ou moins-values nettes de l'exercice relevant des taux de 15 % et 19 %.

Il est impossible de compenser la moins-value nette à long terme relative aux titres de SPI cotées [déterminée en rubrique (B), colonne 19 %] avec la plus-value taxable à 19 % calculée dans la rubrique (C) de la colonne 11. En effet, les plus-values mentionnées dans la colonne 11 ne constituent pas des plus-values à long terme par nature, mais des produits taxables, au taux réduit des plus-values à long terme.

La plus-value nette à long terme qui relève du taux de 0 % est exonérée. La moins-value nette à long terme qui relève du taux de 0 % ne peut faire l'objet d'aucune déduction.

➡ **En pratique** Pour ce qui concerne les règles d'imputation des plus et moins-values relevant des taux de 15 % et de 19 %, (voir § 19-8).

17-60 **Report sur les formulaires 2058-A et 2059-C.** La moins-value nette relevant du taux de 0 % est inscrite dans le tableau 2058-A, ligne ZN, et la plus-value nette relevant de ce même taux est inscrite sur ce même tableau, ligne WH.

S'agissant des autres plus et moins-values nettes à long terme, nous développons ci-après les opérations à effectuer.

1 Si la société ne dispose pas de moins-values antérieures, les différentes plus-values nettes à long terme de l'exercice (hors taux à 0 %) sont reportées dans le tableau 2058-A :

– ligne WV, s'il s'agit d'une plus-value nette dégagée taxable à 15 % ;

– ligne WP, s'il s'agit d'une plus-value nette dégagée sur des titres de SPI cotées taxés à 19 % ;

– ligne XB, si cette plus-value est imputée sur les déficits d'exercices antérieurs.

La plus-value de l'exercice mentionnée dans la rubrique (C) (autres plus-values taxables à 19 %) correspondant à la colonne 11 est reportée sur le tableau 2058-A sur une ligne distincte : la ligne I6 (aucune moins-value ne peut être dégagée).

Les différentes moins-values nettes à long terme de l'exercice sont reportées :
– dans le tableau 2059-C, cadre II, sur la ligne intitulée « Moins-values nettes N », dans les colonnes 2, 3 ou 4 suivant la catégorie de titres concernés ;
– dans le tableau 2058-A, ligne I8, taux de 15 % ou 19 % confondus.

❷ Si la société dispose de moins-values reportables au titre des exercices antérieurs, les différentes plus-values nettes de l'exercice peuvent être utilisées pour l'imputation des moins-values antérieures. Pour rappel, les moins-values ne peuvent être imputées que sur les plus-values des 10 exercices qui suivent au-delà, elles sont perdues.

Il convient alors de mentionner dans le tableau 2058-A, ligne WW, les plus-values nettes à long terme qui ont pu être utilisées pour imputer les moins-values nettes à long terme antérieures (le total reporté correspond au total de la colonne 5 du tableau 2059-C). Sur les modalités de cette imputation des moins-values encore reportables, on se reportera au tableau 2059-C.

S'il subsiste des plus-values taxables après cette compensation, elles sont mentionnées sur le tableau 2058-A selon les modalités indiquées ci-dessus pour l'hypothèse 1.

Comme en l'absence de moins-values sur exercices antérieurs, la plus-value figurant dans la colonne 11 est reportée dans le tableau 2058-A sur une ligne distincte : la ligne I6.

17-61 **Plus-values taxables à 19 % (col. 11).** Les sociétés soumises à l'IS doivent mentionner distinctement sur les lignes 1 à 20 de la colonne 11 « Plus-values taxables à 19 % » les produits qui bénéficient d'une taxation au taux de 19 %. Les plus-values figurant dans cette colonne 11 sont taxées à 19 %, mais ne sont pas assimilées à des plus-values à long terme (c'est pourquoi elles sont isolées dans cette colonne 11 spécifique et ne sont pas reportées colonne 10).

Les sommes portées dans la colonne 11 ne comportant pas de valeur négative, il convient donc de reporter dans la rubrique (C) (ligne grisée cadre C) la somme des valeurs portées dans la colonne 11.

2059-B Affectation des plus-values à court terme de fusion ou d'apport

Éléments assujettis au régime fiscal des plus-values à court terme [cadre A]

Rappel des régimes d'étalement des plus-values à court terme

Étalement général de la plus-value nette à court terme des entreprises relevant de l'IR

18-1 La plus-value nette à court terme de l'exercice (imprimé 2059-A, colonne 9, sous la ligne 20) est, en principe, imposable dans les conditions et au taux de droit commun. En cours d'exploitation, les entreprises relevant de l'impôt sur le revenu peuvent toutefois la répartir, par parts égales, sur l'année de réalisation et sur les 2 années suivantes (CGI art. 39 quaterdecies, 1).

Cette répartition est impossible pour les plus-values réalisées en fin d'exploitation, mais elle est admise pour les plus-values réalisées dans le cadre de la cession ou de la cessation d'une branche d'activité ou d'un établissement, en l'absence de cessation (BOFiP-BIC-PVMV-20-30-10-06/07/2016).

➟ **À noter** En tête de l'imprimé, il convient de cocher le cadre EU si le formulaire est déposé au titre de l'IR.

Étalement de certaines plus-values réalisées par les entreprises soumises à l'IS ou relevant de l'IR

18-2 Description des régimes d'étalement. Toutes les entreprises, qu'elles soient soumises à l'IS ou à l'IR, peuvent répartir :
– sur 15 ans maximum la plus-value nette à court terme réalisée à la suite de la perception d'indemnités d'assurance versées en contrepartie de la destruction par sinistre d'éléments amortissables de l'actif immobilisé ou à la suite de l'expropriation d'immeubles amortissables (CGI art. 39 quaterdecies, 1 ter) (voir § 18-3) ;
– sur 10 ans les plus-values à court terme réalisées à l'occasion d'une opération de reconversion agréée (CGI art. 39 quaterdecies, 1 bis).

Elles ont pu également répartir (avec des effets susceptibles d'impacter le résultat imposable au titre de l'exercice 2020) sur 15 ans maximum les plus-values à court terme dégagées lors d'opérations de cession-bail d'immeubles (« lease-back ») qui ont été réalisées entre le 23 avril 2009 et le 31 décembre 2012 (voir § 18-4).

Afin de faciliter le refinancement des entreprises tout en leur permettant de poursuivre leur activité grâce à la jouissance du bien cédé, un nouveau dispositif d'étalement de la plus-value de cession réalisée dans le cadre d'une opération de cession-bail s'applique pour les cessions réalisées à compter du 1er janvier 2021 jusqu'au 30 juin 2023 qui sont précédées d'un accord de financement accepté par le crédit-preneur à compter du 28 septembre 2020 et au plus tard le 31 décembre 2022 (loi 2020-1721 du 29 décembre 2020, art. 33, 2° ; CGI art. 39 novodecies, II). Les comptes de 2020 ne sont donc pas impactés par ce dispositif.

18-3 Étalement après sinistre ou expropriation. La plus-value nette à court terme est susceptible de bénéficier d'une imposition étalée sur 15 années maximum à compter du premier exercice suivant celui de réalisation de la plus-value (CGI art. 39 quaterdecies, 1 ter ; BOFiP-BIC-PVMV-20-30-10-06/07/2016). L'étalement concerne les entreprises relevant de l'impôt sur le revenu et les sociétés soumises à l'IS. Pour les entreprises relevant du régime réel normal, le choix est matérialisé par l'inscription de la plus-value dans le cadre A du tableau 2059-B.

Tous les biens amortissables peuvent bénéficier de l'étalement, quelle que soit leur durée d'amortissement.

La durée d'étalement est égale à la durée moyenne d'amortissement déjà pratiquée sur les biens détruits ou expropriés, pondérée en fonction du prix d'acquisition des biens. Les plus ou moins-values se rapportant à des éléments non amortissables sont exclues du bénéfice de l'étalement.

Pour les entreprises relevant de l'impôt sur le revenu, la plus-value nette à court terme qui peut être étalée ne peut pas excéder le montant global de la plus-value nette à court terme de l'exercice et doit être plafonnée à ce montant (BOFiP-BIC-PVMV-20-30-10-§ 280-06/07/2016).

Les plus ou moins-values qui sont réalisées par les entreprises passibles de l'IS et qui sont exclues du régime du long terme conservent la qualification de plus ou moins-values et relèvent donc du régime fiscal des plus ou moins-values à court terme. Les plus-values afférentes à des éléments amortissables réalisées par des entreprises passibles de l'IS à l'occasion de la perception d'indemnités d'assurance ou d'expropriation d'immeubles peuvent donc bénéficier, pour leur totalité, de l'étalement de l'imposition (BOFiP-IS-BASE-20-11/03/2013).

Il convient de distinguer, parmi les éléments sortis de l'actif au cours d'un même exercice, ceux qui ont fait l'objet d'une cession ordinaire de ceux qui ont été indemnisés pour cause de sinistre ou d'expropriation. La compensation entre plus-values et moins-values s'effectue, dans un premier temps, à l'intérieur de chacune des catégories ainsi déterminées.

Si l'entreprise s'est abstenue de procéder à la comptabilisation d'une dotation aux amortissements au titre de l'exercice au cours duquel le bien est détruit ou exproprié, la période en cause ne peut pas, selon l'administration, être retenue pour déterminer la durée d'amortissement. Il en va de même des exercices au cours desquels l'entreprise a, régulièrement ou irrégulièrement, différé l'amortissement du bien.

→ **Exemple** À la suite d'un sinistre, les biens suivants ont été détruits :
– une machine A, acquise 10000 € le 1/01/N – 8, amortissable en 10 ans (taux 10 %) ;
– une machine B, acquise 50000 € le 1/01/N – 2, amortissable en 5 ans (taux 20 %).

L'entreprise perçoit, le 31/12/N, une indemnité de 41 000 €. À la date de la réalisation de la plus-value :
– la machine A a été amortie pendant 9 ans (exercices N – 8 à N) et sa valeur résiduelle est de 1 000 €, soit (10000 € – 9000 €) ;
– la machine B a été amortie pendant 3 ans (exercices N – 2 à N) et sa valeur résiduelle est de 20000 €, soit (50000 € – 30000 €).
La plus-value à court terme réalisée s'élève à : 41 000 € – (20000 € + 1 000 €) = 20000 €.

La durée moyenne d'amortissement déjà pratiquée sur les biens, pondérée en fonction du prix d'acquisition, est de : (9 ans × 10000 €/60000 €) + (3 ans × 50000 €/60000 €) = 4 ans. La plus-value à court terme de 20000 € peut être répartie sur 4 ans. Elle est réintégrée à concurrence de 5000 € dans les résultats des exercices N + 1 à N + 4.

18-4 Cession-bail d'immeubles. L'étalement de la plus-value concerne la plus-value à court terme, mais également pour les entreprises qui relèvent de l'IR, la plus-value à long terme. Il concerne les opérations qui ont été réalisées entre le 23 avril 2009 et le 31 décembre 2012 (CGI art. 39 novodecies). Un exemple chiffré est présenté ci-dessous (voir § 18-8).

L'étalement n'est pas soumis à des obligations déclaratives particulières et l'option pour le régime se concrétise par l'inscription des plus-values sur le tableau 2058-A. Le suivi des plus-values à court terme est assuré au moyen du tableau 2059-B (BOFiP-BIC-PVMV-40-20-60-§§ 100 à 120-12/09/2012).

18-5 Entreprises de pêche maritime. La plus-value à court terme provenant de la cession, avant le 31 décembre 2010, d'un navire de pêche maritime ou de parts de copropriété d'un tel navire, et réalisée en cours d'exploitation par une entreprise de pêche maritime ou dont l'activité est de fréter de tels navires a pu bénéficier d'un régime d'étalement sur les 7 exercices suivant celui de la cession (CGI art. 39 quaterdecies, 1 quater ; BOFiP-BIC-PVMV-20-30-20-22/01/2020). Ce régime ne devrait plus impacter les exercices clos en 2020.

Plus-values de l'exercice [cadre A du tableau 2059-B]

18-6 Montant net des plus-values réalisées [colonne 1]. Ce cadre comporte deux parties réservées respectivement aux plus-values réalisées au cours de l'exercice et aux plus-values réalisées au cours des exercices antérieurs (voir § 18-9). En tête de l'imprimé, il convient de cocher la case EU si le formulaire est déposé au titre de l'IR.

Dans la colonne 1, « Montant net des plus-values réalisées », on inscrira la plus-value nette à court terme de l'exercice résultant de la détermination des plus ou moins-values opérée sur le tableau 2059-A [cadre B, sous la ligne 20 rubrique (A) « Plus ou moins-value nette à court terme », colonne 9].

Il conviendra de faire figurer :
– sur la première ligne « sur 3 ans », la plus-value réalisée par les entreprises soumises à l'impôt sur le revenu qui peuvent bénéficier de l'étalement par tiers ;
– sur la deuxième ligne « sur 10 ans », la plus-value réalisée par toutes les entreprises qui peuvent bénéficier de l'étalement par dixième (opérations de reconversion agréée) ;
– sur la troisième ligne « sur une durée différente », la plus-value réalisée par toutes les entreprises à la suite de la perception d'une indemnité pour sinistre ou expropriation pouvant bénéficier d'un étalement (voir § 18-3). À notre avis, la plus-value réalisée sur opération de cession-bail à étaler sur 15 ans maximum doit aussi figurer sur cette ligne (voir § 18-4) ;
– sur la quatrième ligne « TOTAL 1 », le montant global des plus-values nettes à court terme réalisées au cours de l'exercice.

À notre avis, les entreprises relevant de l'IR doivent mentionner ici le montant global des plus-values à court terme, y compris celles pour lesquelles elles ne sollicitent pas d'étalement.

18-7 Montant compris dans le résultat et montant restant à réintégrer [colonnes 3 et 4]. Dans cette colonne, on portera le montant compris dans le résultat fiscal de l'exercice ; ce montant est égal :
– au montant total des plus-values si l'entreprise ne procède pas à leur étalement ;
– et, selon le cas, au tiers ou au dixième du montant des plus-values si l'entreprise peut opter (et opte) pour l'étalement.

Pour les plus-values réalisées à la suite d'un sinistre ou d'une expropriation intervenus au cours de l'exercice, le montant à porter colonne 3 est nul. On rappelle en effet que, dans ce cas, la réintégration des plus-values sur la durée d'amortissement des biens n'est à effectuer qu'à compter de l'exercice suivant.

Pour les plus-values réalisées dans le cadre des opérations de cession-bail, (voir §§ 18-4 et 18-8).

La différence, qui est à inscrire dans la colonne 4, doit être reportée en déduction dans le tableau 2058-A « Détermination du résultat fiscal », sur la ligne WZ « Fraction des plus-values nettes à court terme dont l'imposition est différée » (voir § 14-94).

18-8 Cas des plus-values étalées sur opérations de cession-bail réalisées du 23 avril 2009 au 31 décembre 2012. Les opérations éligibles à l'étalement sur 15 ans maximum (opérations réalisées entre le 23 avril 2009 et le 31 décembre 2012) sont susceptibles de dégager des plus-values à court terme et, pour les entreprises relevant de l'IR, des plus-values à long terme.

Le tableau 2059-B n'est réservé qu'au suivi de la fraction à court terme de ces plus-values. Nous commenterons toutefois ci-après l'ensemble des retraitements relatifs à ces opérations.

Les traitements à opérer varient selon que la plus-value a fait l'objet ou non d'un étalement en comptabilité. Ils sont illustrés par l'exemple suivant.

Rappelons que ces plus-values sont à court terme pour la totalité en ce qui concerne les sociétés soumises à l'**IS** (la plus-value est mentionnée dans la colonne 9 du tableau 2059-A).

Pour les sociétés relevant de l'**IR**, ces plus-values sont :
– à court terme pour leur montant total, s'il ne s'est pas écoulé plus de 2 ans entre l'acquisition et la cession de l'immeuble (la plus-value est mentionnée dans la colonne 9 du tableau 2059-A) ;
– à court terme à concurrence des amortissements pratiqués et à long terme pour le surplus, si le bien immobilier est cédé au moins 2 ans après son acquisition et est amortissable (la plus-value est mentionnée dans la colonne 9 du tableau 2059-A pour la partie à court terme et dans la colonne 10 de ce même tableau pour la partie à long terme, subdivision « 15 % ou 12,80 % ») ;
– à long terme pour leur montant total, si le bien immobilier est cédé au moins 2 ans après son acquisition et n'est pas amortissable (terrain de la construction par exemple) (la plus-value est mentionnée dans la colonne 10 du tableau 2059-A, subdivision « 15 % ou 12,80 % »).

Les chiffres indiqués renvoient aux commentaires de ce numéro

(13) **AFFECTATION DES PLUS-VALUES À COURT TERME ET DES PLUS-VALUES DE FUSION OU D'APPORT**

DGFiP N° 2059-B-SD **2021**

Formulaire obligatoire (article 53 A du Code général des impôts)

Désignation de l'entreprise		Formulaire déposé au titre de l'IR	EU	Néant ☐ *

A – ÉLÉMENTS ASSUJETIS AU RÉGIME FISCAL DES PLUS-VALUES À COURT TERME

(à l'exclusion des plus-values de fusion dont l'imposition est prise en charge par les sociétés absorbantes) (cf. cadre B)

Origine		Montant net des plus-values réalisées*	Montant antérieurement réintégré	Montant compris dans le résultat de l'exercice	Montant restant à réintégrer
	Imposition répartie				
Plus-values réalisées au cours de l'exercice	Sur 3 ans (entreprises à l'IR)				
	Sur 10 ans	18-3		18-4	18-4
	sur une durée différente (art. 39 *quaterdecies* 1 *ter* et 1 *quater* CGI)				
	TOTAL 1				

	Imposition répartie		Montant net des plus-values réalisées à l'origine	Montant antérieurement réintégré	Montant rapporté au résultat de l'exercice	Montant restant à réintégrer
Plus-values réalisées au cours des exercices antérieurs	Sur 3 ans au titre de	N-1				
		N-2				
	Sur 10 ans ou sur une durée différente (art. 39 *quaterdecies* 1 *ter* et 1 *quater* du CGI)	N-1				
		N-2				
		N-3				
		N-4	18-9	18-9	18-9	18-9
		N-5				
		N-6				
		N-7				
		N-8				
		N-9				
	TOTAL 2					

B – PLUS-VALUES RÉINTÉGRÉES DANS LES RÉSULTATS DES SOCIÉTÉS BÉNÉFICIAIRES DES APPORTS

(Cette rubrique ne comprend pas les plus-values afférentes aux biens non amortissables ou taxées lors des opérations de fusion ou d'apport)

Plus-values de fusion, d'apport partiel ou de scission (personnes morales soumises à l'impôt sur les sociétés seulement), cochez la case ci-contre ☐

Plus-values d'apport à une société d'une activité professionnelle exercée à titre individuel (toutes sociétés), cochez la case ci-contre ☐

Origine des plus-values et date des fusions ou des apports	Montant net des plus-values réalisées à l'origine	Montant antérieurement réintégré	Montant rapporté au résultat de l'exercice	Montant restant à réintégrer
	18-16 à 18-21			
TOTAL				

* Des explications concernant cette rubrique figurent dans la notice n° 2032-NOT-SD

➡ **Exemple** Soit une opération de lease-back (cession-bail) réalisée le 31 décembre 2012 et permettant de dégager une plus-value de 15 000 € (à long terme à hauteur de 3 000 € si l'entreprise relève de l'IR). L'entreprise a décidé d'opter pour un étalement de cette plus-value sur le maximum autorisé, soit 15 ans. Aucun ***prorata temporis*** n'est effectué. Au titre de chacune des 15 années de la période de 15 ans, il convient d'imposer :
– si l'entreprise est soumise à l'IS, une plus-value à court terme de 1 000 (15 000 € / 15) ;
– si l'entreprise relève de l'IR, une plus-value à court terme de 800 € (12 000 € × 1/15 ans) et une plus-value à long terme de 200 € (3 000 € × 1/15 ans).

❶ La plus-value est étalée en comptabilité

Pour la **plus-value à court terme**, il n'y a pas de retraitement particulier à effectuer sur le tableau 2058-A, la plus-value étant étalée en comptabilité et imposée dans les conditions de droit commun.

La plus-value fait l'objet d'un suivi sur le tableau 2059-B sur la ligne « Plus-values réalisées au cours de l'exercice/Sur une durée différente... ».

Le montant de la plus-value devrait être reporté dans la colonne 1, le montant imposable au titre de l'exercice devrait être calculé dans la colonne 3, la différence entre ces deux montants apparaissant dans la colonne 4. Cette méthode ne peut pas à notre avis être retenue car le total des sommes mentionnées dans la colonne 4 vient en déduction du résultat fiscal sur la ligne WZ « fraction des plus-values nettes à court terme dont l'imposition est différée ». Or, comme la plus-value n'est pas comprise dans le résultat comptable, il en résulterait une double déduction.

Pour éviter cette incohérence, nous proposons de reporter des montants identiques dans les colonnes 1 « montant net des plus-values réalisées » et 3 « montant compris dans le résultat de l'exercice », de sorte que le montant qui apparaît dans la colonne 4 est nul. La première année d'étalement (qui en principe a dû intervenir au 31 décembre 2012 au plus tard), l'imprimé a donc à notre avis pu être complété comme suit :
– colonne 1 : 1 000 € (IS) ou 800 € (IR) ;
– colonne 3 : 1 000 € (IS) ou 800 € (IR) ;
– colonne 4 : 0.

Cette méthode présente toutefois l'inconvénient de ne pas faire apparaître le montant initial de la plus-value et son montant restant à réintégrer.

Les années suivantes (jusqu'à N + 15) (l'exercice N + 1 commençant au plus tard courant 2013), le traitement est identique mais le montant de 1 000 € (IS) ou 800 € (IR) est reporté dans le tableau 2059-B dans la subdivision « Plus-values réalisées au cours des exercices antérieurs/Sur 10 ans ou sur une durée différente » sur la ligne correspondant à l'exercice de rattachement de la plus-value à court terme (N – 9 à N – 1).

Pour la **plus-value à long terme** réalisée par l'entreprise relevant de l'IR (1re année d'étalement, en principe en 2012 au plus tard), la fraction de plus-value à long terme incluse dans le résultat comptable (200 €) a dû être déduite du résultat fiscal, sur la ligne WV du tableau 2058-A.

❷ La plus-value n'est pas étalée en comptabilité

La plus-value n'étant pas étalée en comptabilité, il convient de procéder à l'étalement d'un point de vue fiscal dans le tableau 2058-A.

La 1re année d'étalement (qui en principe a dû intervenir au 31 décembre 2012 au plus tard) la plus-value à court terme a été comprise en totalité dans le résultat comptable et a donc dû être déduite du résultat fiscal pour sa fraction étalée.

Les années suivantes (jusqu'à N + 15) (l'exercice N + 1 commençant au plus tard courant 2013), aucun montant de plus-value à court terme n'est à reporter ligne WZ. En revanche, les 1 000 € (IS) ou 800 € (IR) de plus-value à court terme taxable sur l'exercice sont réintégrés ligne WN.

Dans le tableau 2059-B, 1 000 € (IS) ou 800 € (IR) sont reportés dans la subdivision « Plus-values réalisées au cours des exercices antérieurs/Sur 10 ans ou sur une durée différente », sur la ligne correspondant à l'exercice de rattachement de la plus-value à court terme (N – 9 à N – 1).

Le solde de la plus-value restant à imposer est mentionné dans la dernière colonne « Montant restant à réintégrer ».

Plus-values réalisées au cours des exercices antérieurs [cadre A du tableau 2059-B]

18-9 **Colonnes 1 à 4.** Il convient de reporter :
– colonne 1, le montant total de la plus-value antérieure ;
– colonne 2, la somme des montants réintégrés au cours des exercices précédents ;
– colonne 3, la fraction de la plus-value réintégrée dans le résultat de l'exercice. Elle est égale, selon le cas, à un tiers, un dixième, un

quinzième maximum pour certaines opérations de cession-bail ou à une fraction qui varie selon la durée d'amortissement déjà pratiquée à raison des biens sinistrés ou expropriés ;
– colonne 4, la fraction restant à réintégrer des plus-values à court terme ; elle correspond aux sommes ayant figuré au tableau 2059-B relatif à l'exercice 2019, cadre A colonne 4, diminué des réintégrations opérées en 2020, colonne 3.

En cas d'étalement de la plus-value sur une durée différente de celle de 3 ou 10 ans, il convient de préciser cette durée (cas applicable aux plus-values nettes à court terme afférentes à des éléments amortissables réalisées, à la suite de la perception d'indemnités d'assurances ou d'expropriations d'immeubles).

Le total des sommes inscrites dans la colonne 3 doit être reporté sur le tableau 2058-A « Détermination du résultat fiscal », ligne WN « Fraction imposable des plus-values nettes à court terme réalisées au cours d'exercices antérieurs ».

18-10 **Plus-values à court terme en report d'imposition.** Dans le cadre de l'apport en société d'une entreprise individuelle placée sous le régime de l'article 151 octies du CGI, il est possible de maintenir l'étalement du montant net des plus-values à court terme réalisées par l'entreprise individuelle apportée si la société bénéficiaire de l'apport a pris l'engagement dans l'acte d'apport de réintégrer à ses résultats les plus-values en cause comme aurait dû le faire l'entreprise apporteuse (CGI art. 39 quaterdecies, 2.al. 2 ; BOFiP-BIC-PVMV-20-30-10-§ 480-06/07/2016).

De même, en cas de fusion ou scission placée sous le régime spécial de l'article 210 A du CGI, la société absorbante doit prendre l'engagement de réintégrer dans ses bénéfices les plus-values dont l'imposition avait été différée chez la société absorbée et qui n'avaient pas encore été imposées chez cette dernière (BOFiP-IS-FUS-10-20-40-10-§ 130-03/06/2020). Le cadre A de l'imprimé 2059-B ne comporte aucune ligne adaptée à cette réintégration. Nous conseillons de mentionner ces plus-values restant à réintégrer sur une ligne spéciale et d'inscrire :
– dans la colonne 1, le montant des plus-values ;
– dans la colonne 3, la fraction qui est rapportée au résultat de l'exercice ;
– dans la colonne 4, la fraction restant à réintégrer.

Ces plus-values à court terme qui restent à réintégrer ne doivent pas être confondues avec les plus-values sur éléments amortissables réalisées lors de l'apport ou de la fusion qui sont mentionnées au cadre B (voir § 18-16).

Plus-values de fusion, d'apport partiel ou d'apport d'une activité professionnelle [cadre B]

Rappel des modalités d'imposition des plus-values de fusion

18-11 **Présentation.** Lorsque la fusion a été comptabilisée aux valeurs réelles et placée sous le régime défini à l'article 210 A du CGI, la plus-value réalisée par la société absorbée (CGI art. 210 A) ne donne lieu à aucune imposition à sa charge.

La société absorbante est notamment tenue de réintégrer dans son résultat imposable, au taux de droit commun, les plus-values afférentes aux éléments amortissables compris dans l'apport-fusion (CGI art. 210 A, 3.d). Les amortissements et les plus-values ultérieurs afférents aux éléments amortissables sont, en contrepartie, calculés d'après la valeur qui leur a été attribuée lors de l'apport.

18-12 **Plus-values sur éléments amortissables.** La réintégration des plus-values afférentes aux éléments amortissables dans les résultats imposables de la société bénéficiaire de l'apport est effectuée par parts égales sur une période de 15 ans pour les constructions et les droits qui se rapportent aux constructions (droits afférents à des contrats de crédit-bail, par exemple) et sur une période de 5 ans dans les autres cas.

• Lorsque la plus-value nette sur les **constructions** excède 90 % de la plus-value nette globale sur éléments amortissables, la réintégration des plus-values afférentes aux constructions est effectuée par parts égales sur une période égale à la durée moyenne pondérée d'amortissement de ces biens.

• La **durée moyenne pondérée** d'amortissement de l'immobilisation peut être calculée à partir de la durée d'amortissement fiscale de chacun des composants et de la structure pondérée en fonction de la valeur de chaque composant dans la valeur totale de l'immobilisation (BOFiP-IS-GPE-20-20-50-10-§ 340-15/04/2020).

Toutefois, la société absorbante peut procéder à la réintégration anticipée de tout ou partie des plus-values à réintégrer (BOFiP-IS-FUS-10-20-40-20-§ 120-03/10/2018).

En cas de cession d'un bien amortissable apporté, la fraction non réintégrée de la plus-value doit être immédiatement rapportée au résultat de l'exercice au cours duquel le bien est cédé, sauf si le bien cédé fait l'objet d'un nouvel apport placé sous un régime de faveur.

En principe, un suivi des plus-values et des amortissements correspondants **composant par composant** devrait entraîner l'imposition du solde de plus-value afférente au composant lors de la sortie de celui-ci. Or, la sortie d'un composant intervient dès son remplacement, sans que l'immobilisation dans son ensemble ne fasse l'objet d'une cession. Pour cette raison, l'administration admet que la sortie de la valeur nette comptable d'un composant lors de son remplacement n'est pas assimilée à la cession d'une immobilisation amortissable et n'entraînera donc pas les conséquences attachées à une telle cession. En revanche, lors de la cession effective de l'immobilisation, les réintégrations doivent être effectuées en tenant compte de l'intégralité des plus-values non encore rapportées aux résultats.

18-13 Plus-values sur éléments non amortissables. **Elles sont placées en sursis d'imposition et n'ont pas à figurer sur le tableau 2059-B.**

Les titres du portefeuille dont le résultat de la cession est exclu du régime des plus ou moins-values à long terme sont assimilés à des éléments de l'actif immobilisé (CGI art. 210 A, 6). **Ces titres suivent donc les modalités afférentes aux éléments non amortissables.**

• Rappelons que les plus et moins-values résultant de leur cession ultérieure par la société absorbante doivent être calculées d'après la valeur que ces éléments avaient, du point de vue fiscal, dans les écritures de la société apporteuse (CGI art. 210 A, 3.c).

• L'**état de suivi** indiqué ci-dessous doit également être souscrit pour les éléments non amortissables.

• Les plus-values dégagées sur les éléments non amortissables et bénéficiant d'un report ou d'un sursis d'imposition sont inscrites sur un **registre** tenu par l'entreprise qui a inscrit ces biens à l'actif de son bilan (CGI art. 54 septies, II).

18-14 État de suivi des plus-values en sursis d'imposition. **Pour les opérations qui ont été placées sous le régime de l'article 210 A du CGI, les entreprises doivent joindre à leur déclaration de résultat un état faisant apparaître, pour chaque nature d'élément, les renseignements nécessaires au calcul du résultat imposable de la cession ultérieure des éléments considérés, notamment le montant des plus-values afférentes à chaque nature de bien, qui n'ont pas été réintégrées dans les résultats des exercices clos depuis la fusion** (CGI art. 54 septies, I). **En application de ce principe :**

– il n'est pas nécessaire que les renseignements relatifs aux éléments auxquels n'est attaché aucun sursis ou report d'imposition figurent sur l'état de suivi dès lors que la valeur comptable de ces éléments permet de déterminer à elle seule le résultat imposable de leur cession ultérieure (BOFiP-IS-FUS-60-10-20-§ 90-03/10/2018) **;**

– lorsque la valeur comptable d'un bien auquel est attaché un sursis d'imposition (et non un report d'imposition) correspond régulièrement à sa valeur fiscale, il n'est pas nécessaire de mentionner les renseignements relatifs à ce bien sur l'état de suivi (BOFiP-IS-FUS-60-10-20-§ 110-03/10/2018) **;**

– l'absence de plus-value dégagée à l'occasion de la réalisation d'une opération ne dispense pas les sociétés de produire l'état de suivi (BOFiP-IS-FUS-60-10-20-§ 150-03/10/2018) **;**

– dans le cas d'une dissolution sans liquidation visée à l'article 1844-5 du code civil, il appartient à la société bénéficiaire venant aux droits et obligations de la société dissoute de produire cet état pour la société dissoute dans le délai de 60 jours de la cessation d'entreprise (BOFiP-IS-FUS-60-10-20-§ 180-03/10/2018).

L'état de suivi est établi selon un modèle fourni par l'administration (BOFiP-FORM-000017-15/07/2013) **reproduit ci-après.**

Il est souscrit un état par opération et par exercice tant qu'il existe, au titre de l'opération concernée, des éléments auxquels est attaché un sursis d'imposition (CGI, ann. III art. 38 quindecies, II).

Date de réalisation de l'opération : Désignation (nom ou dénomination, adresse et n° siret...) des personnes physiques et morales concernées (apporteuses, bénéficiaires des apports, associées...)					
Suivi des valeurs fiscales des biens non amortissables					
Biens non amortissables	**Valeur fiscale**	**Valeur comptable**	**Montant de la soulte éventuellement reçue (1)**	**Montant de la soulte imposée (1)**	**Valeur d'échange ou d'apport des biens**
	1	2	3	4	5
Fonds commercial					
Autres immobilisations incorporelles					
Terrains					
Participations					
Autres immobilisations financières					
(1) Ces colonnes ne sont à remplir que pour les opérations visées aux articles 38, 5 bis, 38, 7, 38, 7 bis, 93 quater V et 151 octies A du CGI et les opérations visées à l'article 210 B du CGI lorsque la société apporteuse a reçu une soulte à l'occasion d'un apport de titres assimilé à un apport de branche complète d'activité.					
Suivi des valeurs fiscales des biens amortissables					
Biens amortissables	**Montant net des plus-values réalisées**	**Durée de la période prévue pour la réintégration**	**Montant antérieurement réintégré**	**Montant réintégré dans le résultat de l'exercice**	**Montant restant à réintégrer**
	1	2	3	4	5
Brevets					
Autres droits incorporels					
Terrains servant à une exploitation (carrières, sablières, ardoisières...)					
Constructions					
Installations techniques, matériel et outillage industriels					
Autres immobilisations corporelles					
Total					

État de suivi des sursis et des reports d'imposition (CGI art. 54 septies-I ; BOFiP-FORM-000017-15/07/2013)			
Nature de l'opération			
- Fusions, apports partiels d'actif et scissions de sociétés (CGI art. 210 A et 210 B)	*	- Apport d'une entreprise individuelle à une société (CGI art. 151 octies)	*
- Échanges d'actions dans le cadre d'OPE, conversions de titres et remboursements d'obligations en actions (CGI art. 38, 7)	*	- Échanges de titres d'OPCVM (CGI art. 38, 5 bis)	*
		- Transformation en SCOP (CGI art. 210 D)	*
- Échanges de titres résultant d'une fusion ou d'une scission (CGI art. 38, 7 bis et 93 quater V)	*	- Apports réalisés par les SCP (CGI art. 151 octies A)	*
* Cocher la case correspondant à l'opération			

• L'état de suivi des plus-values en sursis d'imposition doit être fourni par la société absorbante à la clôture de l'exercice au cours duquel est réalisée la fusion. La société absorbée doit également produire cet état dans le délai de 60 jours de la fusion. Pour les exercices ultérieurs, l'état est souscrit par la société absorbante tant qu'il subsiste, au titre de l'opération concernée, des éléments auxquels est attaché un report d'imposition.

• Lorsque plusieurs opérations relevant des régimes de sursis d'imposition ou de report d'imposition sont réalisées au cours d'un même exercice, il est souscrit autant d'états que d'opérations (BOFiP-IS-FUS-60-10-20-§ 50-03/10/2018).

• Lorsque l'état de suivi n'est pas produit au titre de l'exercice de l'opération ou au titre des exercices ultérieurs, ou si les renseignements portés sur l'état de suivi sont inexacts ou incomplets, il est prononcé une amende égale à 5 % des résultats omis (CGI art. 1763, I.e ; BOFiP-IS-FUS-60-10-30-§ 1-03/10/2018). Le taux de l'amende s'applique sur le montant des résultats non déclarés (plus ou moins-values). L'amende n'est pas applicable, en cas de première infraction commise au cours de l'année civile en cours et des trois années précédentes, lorsque les intéressés ont réparé leur omission soit spontanément, soit à la première demande de l'administration avant la fin de l'année qui suit celle au cours de laquelle le document devait être présenté (CGI art. 1763, I ; BOFiP-CF-INF-20-10-20-§ 90-03/10/2018).

Rappel des modalités d'imposition des plus-values d'apport en société

18-15 **Les plus-values professionnelles constatées à l'occasion de l'apport d'une entreprise individuelle à une société peuvent bénéficier du régime suivant sur option des contribuables exercée dans l'acte constatant la constitution de la société** (CGI art. 151 octies) :
– les plus-values sur éléments non amortissables sont en report d'imposition jusqu'à la date de la cession à titre onéreux ou du rachat des droits sociaux reçus en rémunération de l'apport de l'entreprise ou jusqu'à la cession de ces immobilisations par la société si elle est antérieure ;
– les plus-values sur éléments amortissables sont réintégrées dans les résultats de la société bénéficiaire de l'apport selon les modalités prévues à l'article 210 A, 3.d du CGI pour les fusions de sociétés (voir § 18-12) **; en contrepartie, la société bénéficiaire de l'apport peut calculer les amortissements et les plus-values ultérieurs d'après les valeurs retenues lors de l'apport.**

L'apporteur peut opter pour l'imposition immédiate de la plus-value à long terme globale dégagée sur les biens amortissables (CGI art. 151 octies, I.b). **Cette plus-value globale est alors taxable au taux de 12,80 %, plus prélèvements sociaux. L'option de l'apporteur doit être globale et porter sur la totalité des plus-values à long terme afférentes aux éléments amortissables.**

Les obligations déclaratives et comptables prévues à l'article 54 septies I et II en matière de fusion et décrites ci-dessus sont applicables aux entreprises placées sous le régime de l'article 151 octies.

• Le maintien du report d'imposition des plus-values afférentes aux biens non amortissables apportés est subordonné à la **production par l'apporteur d'un état** comprenant les renseignements nécessaires au suivi, à joindre à **la déclaration 2042** des revenus de l'année au cours de laquelle l'opération d'apport est réalisée et au titre de chacune des années suivantes tant que le report d'imposition subsiste en tout ou en partie. L'état est fourni sur papier libre conformément au modèle donné par l'administration (BOFiP-FORM-000018-16/09/2013).

• Le bénéfice du report d'imposition est donc subordonné à la **souscription de deux états** de plus-values :
– un état souscrit par l'entreprise apportée et par la société bénéficiaire des apports (BOFiP-FORM-000017-15/07/2013) ;
– un état souscrit par l'apporteur à joindre à sa déclaration 2042 (BOFiP-FORM-000018-16/09/2013).

Souscription du cadre B du tableau 2059-B

Entreprises concernées

18-16 Ce cadre est renseigné :
– par les entreprises soumises à l'IS (case gauche cochée) bénéficiaires d'apports, absorbantes ou scindées. Ces entreprises mentionnent le montant des plus-values sur biens amortissables dégagées lors des opérations d'apport, de fusion ou de scission qu'elles ont réalisées et qui ont été transcrites aux valeurs réelles (à l'exclusion des plus-values déjà taxées ou afférentes aux biens non amortissables) ;

– par les sociétés bénéficiaires de l'apport d'une activité professionnelle placée sous le régime de l'article 151 octies du CGI (case droite cochée). Ces sociétés sont imposables au taux de droit commun sur le montant des plus-values dégagées par l'apport sur les éléments d'actif amortissables, avec toutefois des possibilités d'étalement prévues par l'article 210 A, 3.d du CGI.

En ce qui concerne le maintien de l'étalement des plus-values dont a bénéficié l'entreprise apportée, (voir § 18-10).

De même, la société absorbante doit se substituer à la société absorbée pour la réintégration des plus-values dont l'imposition avait été différée chez cette dernière (CGI art. 210 A, 3.b ; BOFiP-IS-FUS-10-20-40-10-§ 130-11/03/2013 ; BOFiP-IS-FUS-10-20-40-20-§ 150-03/10/2018).

Ajoutons que lorsqu'une société absorbante se trouve absorbée à son tour par une autre société, celle-ci doit prendre en charge les obligations de celle-là. Sur un plan pratique, les plus-values de fusion doivent être reprises chaque année dans le cadre relatif à ces opérations aussi longtemps que leur imposition n'est pas apurée. Il n'y a plus lieu, bien entendu, d'en faire état lorsqu'il n'existe plus aucune somme devant être réintégrée dans le résultat fiscal. Ces indications valent pour les opérations assimilées aux fusions : scissions ou apports partiels d'actif.

Modalités de souscription

18-17 Origine des plus-values et date des fusions ou des apports (première colonne). Il convient de rappeler brièvement la nature des immobilisations, l'identification de l'entreprise apporteuse ou absorbée et la date de l'opération.

18-18 Montant net des plus-values réalisées à l'origine (deuxième colonne). Le montant net des plus-values réalisées s'entend du montant de la plus-value réalisée à l'origine de l'opération tel qu'il figure sur la déclaration 2059-A, « Détermination des plus et moins-values » de l'exercice concerné par la fusion, souscrite par l'absorbée. Ce montant net est reporté sur les déclarations « Affectations des plus-values de fusion » des exercices ultérieurs pendant toute la durée de l'étalement. Lorsque la ou les fusions sont antérieures à 2020, il convient de reporter le montant figurant cadre B, colonne 1 de la déclaration 2059-B de l'exercice 2019.

18-19 Montant antérieurement réintégré (troisième colonne). Le montant antérieurement réintégré s'entend de la somme des fractions de plus-values rapportées aux résultats précédents de l'entreprise absorbante (auquel cas ce montant correspond à celui déclaré antérieurement) et des fractions de plus-values déjà rapportées par les entreprises apporteuses ou absorbées au cours de l'exercice (auquel cas le montant correspond à celui déclaré antérieurement par ces entreprises).

18-20 Montant rapporté au résultat de l'exercice (quatrième colonne). Le montant rapporté au résultat de l'exercice correspond à la fraction de plus-value (1/5 ou 1/15) que l'entreprise bénéficiaire des apports ou absorbante doit inclure dans ses résultats. En cas de cession en 2020 d'un bien ayant fait l'objet d'un apport, la fraction non réintégrée de la plus-value sera à indiquer dans cette colonne.

Le total des sommes inscrites dans la quatrième colonne doit être reporté dans le tableau 2058-A « Détermination du résultat fiscal », ligne WO « Fraction imposable des plus-values soumises au régime des fusions réalisées au cours d'exercices antérieurs ».

18-21 Montant restant à réintégrer (cinquième et dernière colonne). Le montant restant à réintégrer correspond à la différence entre, d'une part, les montants portés dans la deuxième colonne et, d'autre part, la somme des montants mentionnés dans les troisième et quatrième colonnes.

2059-C Suivi des moins-values à long terme

Présentation générale

19-1 L'excédent de moins-value(s) nette(s) à long terme d'un exercice, après compensation avec les plus-values nettes à long terme de la même période, ne peut en principe être imputé que sur les plus-values nettes à long terme réalisées au cours des 10 exercices suivants (CGI art. 39 quindecies). L'imprimé 2059-C a pour objet de permettre le suivi et l'imputation des moins-values à long terme encore reportables. Il comporte trois parties :
– un cadre en tête du tableau à renseigner par toutes les entreprises (voir § 19-2) ;
– un cadre I de suivi des moins-values réservé aux entreprises relevant de l'IR (voir § 19-5) ;
– un cadre II de suivi des moins-values réservé aux sociétés soumises à l'IS (voir § 19-7).

Cadres situés en tête du tableau

Première ligne « Rappel de la plus ou moins-value de l'exercice relevant des taux de 15 % ou 12,80 % »

19-2 Sur la première ligne, les entreprises relevant de l'IR doivent mentionner le montant de la plus-value à long terme ou de la moins-value à long terme de l'exercice 2020 relevant du taux réduit de 12,8 % (voir § 17-55).

Les sociétés soumises à l'IS doivent mentionner le montant de la plus-value à long terme ou de la moins-value à long terme de l'exercice relevant du taux réduit de 15 %. Bien que l'intitulé de la ligne ne mentionne pas le taux de 19 %, les sociétés concernées doivent, à notre avis, également faire figurer sur cette ligne leurs plus et moins-values à long terme taxées à 19 %, relatives aux cessions de titres de SPI cotées (voir § 17-9), les plus ou moins-values relevant du taux de 19 % étant de la même catégorie que les plus ou moins-values relevant du taux de 15 %.

Ces plus et moins-values nettes ont été déterminées sur le tableau 2059-A, cadre B colonne 10 (voir § 17-56). S'il apparaît une plus-value à long terme, la somme mentionnée dans ce cadre constitue la limite d'imputation, pour l'exercice, des moins-values à long terme reportables.

Deuxième ligne : gains nets de cession de titres de sociétés à prépondérance immobilière non cotées exclus du long terme

19-3 Cette seconde ligne ne concerne que les sociétés soumises à l'IS. L'information mentionnée sur cette ligne n'a plus d'utilité pour les entreprises clôturant leurs comptes après le 26 septembre 2017. Cette ligne a été utilisée pour permettre l'imputation du stock de moins-values à long terme afférentes à des cessions de titres de SPI non cotées, exclus du régime du long terme (CGI art. 219, I a sexies-0 bis).

Pour rappel, les moins-values à long terme afférentes à ces titres restant à reporter à l'ouverture du premier exercice clos à compter du 26 septembre 2007, ou réalisées au cours du même exercice, sont imputables et reportables sur les plus-values à long terme et produits imposables au taux de 15 % (19 % ou 16,5 % antérieurement) dans les conditions de droit commun, c'est-à-dire 10 exercices (soit jusqu'en 2017 au plus tard). Les entreprises ont été autorisées à compenser ces moins-values avec le bénéfice imposable au taux normal (après imputation prioritaire sur les plus-values nettes à long terme à 15 %, 16,5 % ou 19 %) sous deux limites :
– d'une part, l'imputation sur le résultat fiscal courant n'a été admise qu'à raison des 15/33,33 du montant de la moins-value à long terme afférente aux titres de SPI non cotées encore en report ;
– d'autre part, cette imputation n'a pu être réalisée que dans la limite des gains nets retirés de la cession de titres de même nature réalisés au cours du même exercice, c'est-à-dire des

Les chiffres indiqués renvoient aux commentaires de cette fiche

14 **SUIVI DES MOINS-VALUES À LONG TERME** DGFiP N° 2059-C-SD **2021**

Formulaire obligatoire (article 53 A du Code général des impôts)

Désignation de l'entreprise		Néant ☐ *

	Rappel de la plus-value de l'exercice relevant du taux de 15 % ❶ ou de 12,8 % ❷	**19-2**
❶ Entreprises soumises à l'IS ❷ Entreprises soumises à l'IR	Gains nets retirés de la cession de titre de sociétés à prépondérance immobilière non cotées exclus du régime du long terme (art. 219 I a *sexies*-0 *bis* du CGI) ❶	**19-3**
	Gains nets retirés de la cession de certains titres dont le prix de revient est supérieur à 22,8 M € (art. 219 I a *sexies*-0 du CGI) ❶	**19-4**

I – SUIVI DES MOINS-VALUES DES ENTREPRISES SOUMISES À L'IMPÔT SUR LE REVENU

Origine		Moins-values à 12,8 %	Imputations sur les plus-values à long terme de l'exercice imposables à 12,8 %	Solde des moins-values à 12,8 %
①		②	③	④
Moins-values nettes	N	**19-5**		
Moins-values nettes à long terme subies au cours des dix exercices antérieurs (montants restant à déduire à la clôture du dernier exercice)	N – 1			
	N – 2			
	N – 3			
	N – 4			
	N – 5	**19-6**	**19-6**	**19-6**
	N – 6			
	N – 7			
	N – 8			
	N – 9			
	N – 10			

II – SUIVI DES MOINS-VALUES À LONG TERME DES ENTREPRISES SOUMISES À L'IMPÔT SUR LES SOCIÉTÉS *

Origine		Moins-values			Imputations sur les plus-values à long terme	Imputations sur le résultat de l'exercice	Solde des moins-values à reporter (col.J= S+D+F-G-H)
		À 19 %, 16,5%(1) ou à 15 %	À 19 % ou 15 % imputables sur le résultat de l'exercice (art.219 I à *sexies*-0 du CGI)	À 19 % ou 15 % imputables sur le résultat de l'exercice (art.219 I à *sexies*-0 *bis* du CGI)	À 15 % ou à 16,5 % (1)		
①		②	③	④	⑤	⑥	⑦
Moins-values nettes	N	**19-9**	**19-9**	**19-9**		**19-12**	
Moins-values nettes à long terme subies au cours des exercices antérieurs (montants restant à déduire à la clôture du dernier exercice)	N – 1						
	N – 2						
	N – 3						
	N – 4						
	N – 5						
	N – 6	**19-10**	**19-10**	**19-10**	**19-11**	**19-13**	**19-14**
	N – 7						
	N – 8						
	N – 9						
	N – 10						

(1) Les plus-values et les moins-values à long terme afférentes aux titres de SPI cotées imposables à l'IS relèvent du taux de 16,5 % (article 219 I a du CGI), pour les exercices ouverts à compter du 31 décembre 2007.

* Des explications concernant cette rubrique figurent dans la notice n° 2032-NOT-SD

titres de SPI non cotées. C'est ce gain net qui est mentionné sur la deuxième ligne du premier cadre du tableau 2059-C.

Troisième ligne : gains nets retirés de la cession de titres dont le prix de revient excède 22,8 M€

19-4 Pour les sociétés soumises à l'IS, les gains nets retirés de la cession de titres dont le prix de revient est au moins égal à 22,8 M€ et qui satisfont aux conditions ouvrant droit au régime des sociétés mères autres que la détention de 5 % au moins du capital de la société émettrice sont exclus du régime des plus ou moins-values à long terme pour les exercices clos depuis le 31 décembre 2006. Ces sociétés ont été autorisées à imputer le stock de moins-values à long terme encore reportables afférentes à ces titres sur le bénéfice de l'exercice pour une fraction de leur montant et dans la limite du gain net retiré de la cession des éléments concernés mentionné sur la 3e ligne (CGI art. 219, I a sexies-0).

Suivi des moins-values des entreprises soumises à l'impôt sur le revenu [cadre I]

Moins-values nettes 2020 [ligne N]

19-5 Doit être mentionnée dans la colonne 2 intitulée « Moins-value à 12,80 % » la moins-value nette de l'exercice clos en 2020 subie par les entreprises relevant de l'IR (pour l'ensemble des moins-values à long terme) et figurant en tête de l'imprimé (ligne 1).

La colonne 3 est grisée puisque l'entreprise a subi une moins-value nette à long terme au titre de l'exercice clos en 2020 (N). Le montant mentionné dans la colonne 2 est reporté dans la colonne 4.

Moins-values nettes 2010 à 2019 [lignes N – 1 à N – 10]

19-6 Dans la colonne 2, sont à reporter les moins-values nettes à long terme encore reportables à l'ouverture de l'exercice 2020 et qui se rapportent aux exercices clos de 2010 à 2019 (N – 1 à N – 10) relevant du taux de 16 % (2010 à 2016) ou du taux de 12,8 % (depuis 2017). Ces moins-values figuraient au tableau 2059-C de l'exercice précédent « 2019 », colonne 4.

Dans la colonne 3, les entreprises soumises à l'IR doivent reporter, dans la limite de la plus-value nette à 12,8 % réalisée en 2020, les moins-values subies de 2010 à 2019 imputées sur la plus-value nette à long terme de 2020. La somme des montants figurant dans la colonne 3 ne peut excéder le montant de la plus-value nette à long terme réalisée en 2020 et reportée sur la première ligne du cadre 1.

La colonne 4 correspond au solde des moins-values non encore imputées. Il s'agit des moins-values à long terme non imputées colonne 3 (N – 1 à N – 10) et de la moins-value à long terme subie au titre de l'exercice (N). Ces moins-values seront imputables sur les plus-values nettes à long terme réalisées au cours des 10 exercices suivants et reportées sur l'imprimé 2059-C du prochain exercice.

➞ **À NOTER** Les moins-values à long terme relevant du taux de 16 % appartiennent à la même catégorie d'imposition que les plus-values relevant du taux de 12,8 %. Ainsi, les moins-values relevant du taux de 16 % s'imputent sur la plus-value nette à long terme relevant du taux de 12,8 %.

Suivi des moins-values à long terme des entreprises soumises à l'IS [cadre II]

Présentation du cadre II

19-7 Le tableau 2059-C millésimé 2021 ne comporte pas de nouveauté par rapport aux millésimes précédents. Ses colonnes 2 à 5 reprennent les différents taux d'imposition applicables aux moins-values à long terme dégagées par l'entreprise. Rappelons que le taux de 19 % instauré pour les moins-values à long terme notamment sur les titres de SPI cotées est en vigueur au titre des exercices clos depuis le 1er janvier 2009 (contre 16,50 % auparavant).

Les colonnes 3 et 4 se rapportent à des régimes anciens. Elles ont permis d'isoler les moins-values à long terme sur les titres dont le prix de revient est supérieur à 22,8 M€ (colonne 3 ; CGI art. 219, I a sexies-0) et les moins-values à long terme sur les titres de SPI non cotées (colonne 4 ; CGI art. 219, I a sexies-0 bis). Ces colonnes ne sont plus renseignées (voir § 19-10).

Rappel des règles d'imputation

19-8 Les plus et moins-values réalisées au cours de l'exercice sont déterminées et qualifiées (à court terme ou à long terme) sur l'imprimé 2059-A de la liasse fiscale (régime réel). Les plus et moins-values à court terme figurent dans la colonne 9 de cet imprimé 2059-A et relèvent du taux normal d'IS. Dans la colonne 10 du tableau 2059-A, figurent les plus et moins-values à long terme (taxables à 15 %, 19 % ou 0 % selon les cas). Enfin, dans la colonne 11 de cet imprimé, sont reportées les autres plus-values taxables à 19 % tout en ne relevant pas du régime du long terme.

Les plus et moins-values à long terme concernées par le taux de 19 %, continuent d'appartenir à la même catégorie d'imposition que les plus et moins-values relevant du taux de 15 %. Ainsi, lorsque la compensation fait apparaître un montant net de plus-value à long terme imposable au taux de 19 %, cette plus-value s'impute sur le montant net de la moins-value à long terme relevant du taux de 15 % éventuellement constatée au titre du même exercice. Le même raisonnement doit être tenu lorsque le résultat des compensations réalisées au titre de l'exercice fait apparaître une moins-value à long terme relevant du taux de 19 % et une plus-value à long terme relevant du taux de 15 %. La moins-value n'est pas considérée comme relevant d'un secteur d'imposition distinct du taux de 15 %.

L'excédent éventuel de la moins-value à long terme ainsi déterminée est reportable sur les plus-values nettes à long terme relevant des taux de 15 % ou 19 % des 10 exercices suivants (CGI art. 39 quindecies et 219, I a quinquies a).

Situations envisageables [tableau 2059-A, colonne 10, totaux de la rubrique (B)]	Imputations possibles
PVNLT* à 19 % et PVNLT à 15 %	Imputation sur ces plus-values : - des moins-values à long terme de même nature, constatées au cours des dix exercices antérieurs si ces moins-values à long terme relèvent des taux de 15 %, 16,5 % ou 19 % et sont toujours reportables ; - euro pour euro, sur le déficit de l'exercice et les déficits fiscaux reportables sur les bénéfices de cet exercice.
PVNLT à 19 % et MVNLT** à 15 %	Imputations possibles : - de la MVNLT de l'exercice à 15 % sur la PVNLT de l'exercice à 19 % ; - imputation sur la PVNLT des moins-values à long terme de même nature, constatées au cours des dix exercices antérieurs si ces moins-values à long terme relèvent du taux de 15 % et sont toujours reportables ; - euro pour euro, de la PVNLT, sur le déficit de l'exercice et les déficits fiscaux reportables sur les bénéfices de cet exercice.
PVNLT à 15 % et MVNLT à 19 %	Imputations possibles : - de la MVNLT de l'exercice à 19 % sur la PVNLT de l'exercice à 15 % ; - imputation prioritaire sur la PVNLT des moins-values à long terme de même nature, constatées au cours des dix exercices antérieurs si ces moins-values à long terme relèvent du taux de 15 % ou de 16,5 % ou 19 % et sont toujours reportables ; - euro pour euro de la PVNLT, sur le déficit de l'exercice et les déficits fiscaux reportables sur les bénéfices de cet exercice.

* PVNLT : plus-value nette à long terme dégagée au titre de l'exercice.
**MVNLT : moins-value nette à long terme dégagée au titre de l'exercice.

→ **Attention** Aucune moins-value à long terme antérieure ne peut être imputée sur la plus-value taxable à 19 % mentionnée dans la case C (colonne 11) du tableau 2059-A (voir §§ 17-39 et 17-57). En effet, les sommes concernées sont taxées au taux de 19 % des plus-values, mais ne suivent pas le régime fiscal des plus-values à long terme.

Par ailleurs, aucune compensation des moins-values antérieures n'est possible avec la plus-value nette à long terme de l'exercice qui relève du taux de 0 %. De même, aucune imputation n'est possible au titre des moins-values nettes à long terme constatées au cours des 10 exercices antérieurs qui relèvent du taux de 0 %, celles-ci n'étant plus ni imputables ni reportables.

Moins-values à long terme reportables [colonnes 2 à 4]

19-9 **Moins-values nettes subies au titre de l'exercice (N).** Il convient de mentionner dans la colonne 2 (ligne N) la moins-value subie au titre de l'exercice et relevant des taux de 15 %, ou 19 % (report de l'imprimé 2059-A, case B, colonnes 19 %, et 15 %). Si l'entreprise a réalisé, au titre de l'exercice 2020 (N), à la fois une moins-value nette à long terme relevant du taux de 15 % et une moins-value nette à long terme relevant du taux de 19 %, ces deux moins-values nettes à long terme sont à totaliser dans la colonne 2 ligne N. Elles sont ensuite reportées dans le tableau 2058-A, ligne I8 tous taux confondus (taux de 15 % et 19 %).

19-10 **Moins-values nettes subies au cours des 10 exercices antérieurs (N – 1 à N – 10).** Les colonnes 2 à 4 du cadre B permettent de distinguer le taux dont relèvent les moins-values restant à reporter au titre des exercices 2010 à 2019 (N – 1 à N – 10).

Dans la colonne 2, il convient donc de mentionner les moins-values des exercices antérieurs relevant des taux de 15 %, 16,5 % et 19 % et, le cas échéant, les anciennes moins-values qui relevaient du taux de 19 %. Ces moins-values sont exclues de l'imputation sur les résultats de l'exercice et sont imputables sur les plus-values à long terme relevant du taux de 15 %, 16,5 % ou 19 % réalisées au titre des 10 exercices ultérieurs.

Les sommes indiquées dans les colonnes 2 proviennent de la répartition de la colonne 7 du tableau 2059-C relatif à la précédente liasse fiscale.

La colonne 3 n'est plus susceptible d'être renseignée. En effet, cette colonne se rapporte aux moins-values nettes à long terme relatives à des titres de sociétés maintenus dans le régime du long terme pour les exercices clos avant le 31 décembre 2006, c'est-à-dire les **titres dont le prix de revient était au moins égal à 22,8 M€** et qui remplissaient les conditions ouvrant droit au régime des sociétés mères autres que la détention de 5 % au moins du capital et qui étaient inscrits dans une subdivision spéciale d'un compte du bilan autre que le compte de titres de participation (CGI art. 219, I a sexies-0). Le solde non imputé de la fraction des moins-values concernées tombe en non-valeur, le délai d'imputation de 10 ans étant écoulé en 2016.

La colonne 4 n'est plus susceptible d'être renseignée. Étaient en effet concernées les moins-values subies au titre des exercices clos avant le 26 septembre 2007 se rapportant à des titres de sociétés à prépondérance immobilière non cotées (CGI art. 219, I a sexies-0 bis) imputables (après imputation prioritaire sur les plus-values de l'exercice relevant des taux de 15 % ou 19 %) pour une fraction de leur montant sur le résultat de l'exercice, dans la limite du gain net mentionné sur la ligne 2 en tête de l'imprimé.

➞ **À NOTER** Ne sont traitées dans le tableau 2059-C que les moins-values à long terme imputables sur les plus-values à long terme des 10 exercices suivants.

Par conséquent, la (les) moins-value(s) nette(s) relevant du taux de 0 % n'y figurent pas puisqu'elles ne sont ni imputables ni reportables. La moins-value nette relevant du taux de 0 % est inscrite dans le tableau 2058-A, ligne ZN et la plus-value nette relevant de ce même taux est inscrite sur ce même tableau, ligne WH.

De même, pour les sociétés à l'IS, les moins-values de cession afférentes à des titres ou éléments de sociétés établies dans des états ou territoires non coopératifs (ETNC) sont exclues du régime du long terme (CGI art. 219, I a sexies-0 ter), il s'agit obligatoirement de moins-values à court terme (MVCT) imputables exclusivement sur des plus-values de même nature (voir § 17-54).

De même, la perte de déductibilité fiscale des moins-values résultant de la mise en œuvre de dispositifs anti-abus n'est pas prise en compte au niveau du tableau 2059-C, mais du tableau 2058-A.

Imputation sur les plus-values à long terme [colonne 5]

19-11 Rappelons que pour calculer les moins-values nettes de l'exercice, les moins-values n'ont pu être compensées avec les plus-values figurant dans la colonne 11 du tableau 2059-A, car ces dernières n'ont pas le caractère de plus-values à long terme. Sur la première ligne, cette case est grisée lorsque l'entreprise subit une moins-value nette à long terme au titre de l'exercice N.

Il convient de mentionner dans la colonne 5 les moins-values inscrites dans la colonne 2 (moins-values rattachées aux secteurs de 15 %, 16,5 % ou 19 %) qui sont imputables sur les plus-values à long terme de l'exercice taxables aux taux de 15 % ou 19 %. Sur les possibilités de compensation entre les plus et moins-values relevant des taux de 15 %, voir nos observations (voir § 19-8).

Le montant des moins-values de chaque année qui peuvent être imputées sur les plus-values de l'exercice est mentionné dans la colonne 5 du même tableau, sur la ligne correspondant à l'exercice concerné (de N – 1 à N – 10). L'entreprise impute par priorité les moins-values les plus anciennes (N – 10 avant N – 9) afin d'optimiser sa possibilité d'imputation des moins-values (10 années maximum).

Les moins-values les plus anciennes s'imputent en priorité, y compris, a indiqué l'administration, lorsque l'entreprise dispose de deux catégories de moins-values reportables.

Le montant des imputations opérées est donc effectué dans la colonne 5, en priorité avant les imputations de la colonne 6. Les montants inscrits colonne 5 correspondent aux imputations effectuées, dans la limite de la plus-value à long terme de 2020.

Parallèlement, dans le tableau 2058-A, les plus-values nettes à long terme qui ont pu être utilisées pour imputer les moins-values nettes à long terme antérieures sont reportées ligne WW (le total reporté correspond au total de la colonne 5 du tableau 2059-C).

Imputation sur le résultat de l'exercice [colonne 6]

19-12 **Moins-values de l'exercice 2020 (N).** Cette ligne est complétée en cas de liquidation en 2020 Dans ce cas, en effet, la moins-value nette à long terme subie au titre de l'exercice de liquidation de l'entreprise peut être déduite pour une fraction de son montant du bénéfice de cet exercice imposable dans les conditions de droit commun. Il en est de même pour les moins-values à long terme en report au titre des exercices précédents qui sont encore susceptibles de faire l'objet d'une imputation.

Ainsi, la fraction des moins-values nettes à long terme subies au cours de l'exercice de liquidation ou des dix exercices antérieurs peut être déduite du bénéfice de liquidation dans la limite du rapport qui existe (BOFiP-BIC-PVMV-20-40-20-§ 80-01/08/2018 ; BOFiP-IS-DEF-30-§ 100-01/08/2018) :
- entre le taux d'imposition des plus-values à long terme applicable au titre de l'exercice de réalisation des moins-values en cause ;
- et le taux normal de l'impôt sur les sociétés (CGI art. 219, I.al. 2) applicable au titre de l'exercice de liquidation.

Le bénéfice sur lequel cette déduction peut être opérée comprend, le cas échéant, la plus-value nette à court terme de l'exercice de cession ou de cessation et les plus-values à court terme des exercices antérieurs dont l'imposition a été différée. L'administration fiscale précise que le résultat fiscal est déterminé en retenant les abattements, déductions et exonérations de nature fiscale. Les moins-values à long terme sont imputées sur le bénéfice ainsi déterminé (BOFiP-BIC-PVMV-20-40-20-§ 70-01/08/2018). Par exemple, l'imputation de la fraction des moins-values à long terme est opérée dans la limite du bénéfice de l'exercice de liquidation, minoré du montant des plus-values à court terme exonérées qui ont été réalisées au cours dudit exercice (BOFiP-BIC-PVMV-20-40-20-§ 72-01/08/2018).

19-13 **Moins-values de 2010 à 2019 (N – 1 à N – 10).** Il convient d'indiquer les montants des moins-values qui sont imputés sur le bénéfice taxable au taux normal, après imputation sur la plus-value à long terme de l'exercice, colonne 5. La somme effectivement déduite du résultat est mentionnée sur le tableau 2058-A, ligne XG.

Solde des moins-values à reporter [colonne 7]

19-14 Il convient d'indiquer pour chaque ligne la différence entre :
- d'une part, la somme des montants inscrits colonnes 2, 3 et 4 ;
- d'autre part, la somme des montants figurant dans les colonnes 5 et 6.

2059-D Suivi des réserves spéciales

Présentation générale

20-1 L'imprimé 2059-D ne comporte que deux cadres :
– un cadre I, réservé aux sociétés passibles de l'IS, intitulé « Situation du compte affecté à l'enregistrement de la réserve spéciale pour l'exercice N » ;
– un cadre II, concernant toutes les entreprises, relatif au suivi de la réserve spéciale de provisions pour fluctuation des cours.

Situation du compte affecté à l'enregistrement de la réserve spéciale [cadre I]

Rappel du contexte

20-2 On rappelle que la réserve spéciale inscrite au bilan à la clôture du premier exercice clos à compter du 31 décembre 2004 a été obligatoirement virée à un autre compte de réserve avant le 31 décembre 2005 dans la limite de 200 M€. Pour la plupart des entreprises, le solde du compte de réserve spéciale des plus-values à long terme est nul à la clôture de l'exercice 2005. Les sommes ayant fait l'objet de ce virement obligatoire ont été assujetties à une taxe exceptionnelle de 2,5 % (taux porté à 5 % si l'entreprise n'a pas effectué ce virement obligatoire) libératoire de l'imposition complémentaire.

Jusqu'au 31 décembre 2006, les entreprises ont pu opter pour le virement de tout ou partie de la fraction de la réserve spéciale qui excède le plafond de 200 M€ à un autre compte de réserve. Ces sommes ont été assujetties, dans leur intégralité, à la taxe exceptionnelle de 2,5 %. Faute d'effectuer ce virement jusqu'au 31 décembre 2006 au plus tard, tout prélèvement ultérieur sur la réserve subsistant à cette date doit obligatoirement supporter le complément d'impôt sur les sociétés en cas de prélèvement ou de distribution, sauf dissolution de la société (voir § 20-6).

Le suivi de la réserve spéciale des plus-values à long terme effectué sur le tableau 2059-D concerne donc, en pratique, exclusivement les entreprises soumises à l'IS dont le montant des sommes inscrites dans la réserve spéciale était supérieur à 200 M€ et qui n'ont pas opté pour le virement en réserve ordinaire avant le 31 décembre 2006.

Le cadre I permet de calculer le montant de la réserve spéciale des plus-values à long terme à la clôture de l'exercice.

Montant de la réserve spéciale à la clôture de l'exercice précédent [ligne 1]

20-3 Sur la ligne 1, il convient d'indiquer le montant de la réserve spéciale à la clôture de l'exercice 2019 et de ventiler son montant dans les colonnes afférentes aux taux de 10 %, 15 %, 18 %, 19 % et 25 %.

En pratique, on reportera sur la ligne 1 les chiffres qui figuraient sur la ligne 16, cadre I de l'imprimé 2059-D relatif à l'exercice précédent, dans les colonnes correspondant aux différents taux.

Réserves au bilan des sociétés absorbées au cours de l'exercice [ligne 2]

20-4 Cette ligne est réservée aux sociétés qui ont réalisé en 2020 une fusion placée sous le régime spécial. L'exemption d'impôt sur les sociétés dont bénéficie la société absorbée est subordonnée notamment à la condition que la société absorbante reprenne à son passif la réserve spéciale qui avait été constituée par la société absorbée (CGI art. 210 A, 3.a) et les provisions y afférentes par l'imputation prioritaire sur la prime de fusion éventuellement dégagée

(BOFiP-IS-FUS-10-20-40-10-§ 330-30/06/2020). Il en est de même pour les scissions et apports partiels d'actif d'une branche complète d'activité (CGI art. 210 B).

Prélèvements donnant lieu à complément d'IS [ligne 4]

20-5 Les sommes qui sont prélevées sur la réserve pour être distribuées aux associés doivent être rapportées au résultat de l'exercice en cours à la date de ce prélèvement, sous déduction de l'impôt qui a été perçu lors de la réalisation des plus-values correspondantes (CGI art. 209 quater, 2). Il convient donc de les inscrire sur la ligne WQ du tableau 2058-A, pour une fraction de leur montant (voir § 14-59).

Une incorporation de la réserve spéciale au capital ou une imputation de perte sur la réserve n'est pas un cas de dispense de l'imposition complémentaire (CGI art. 209 quater, 3). De tels prélèvements sont donc à mentionner ligne 4.

Prélèvements ne donnant pas lieu à complément d'IS [ligne 5]

20-6 L'imposition complémentaire n'est pas exigible quand la société est dissoute (CGI art. 209 quater, 3). Les prélèvements exonérés s'entendent non seulement de ceux qui sont effectués au cours de la période de liquidation, mais également de ceux qui font suite à une dissolution de société sans liquidation (transmission universelle du patrimoine dans le cadre d'une fusion ou d'une scission, ou encore réunion de toutes les parts sociales en une seule main).

En cas de changement de régime fiscal ou de changement d'objet social ou d'activité réelle, si l'entreprise bénéficie du régime d'atténuation des conséquences de la cessation, la réserve n'a pas à être rapportée aux résultats imposables de l'exercice au cours duquel intervient cet événement (CGI art. 202 ter, I).

Montant de la réserve spéciale à la clôture de l'exercice [ligne 7]

20-7 Le chiffre porté sur cette ligne doit être le même que celui figurant au pied du tableau 2051 de l'exercice (ligne EF ; voir § 4-60), sauf si la société a décidé d'imputer sur la réserve des déficits fiscaux antérieurs ou des moins-values à long terme (voir ligne 5 de ce cadre). En effet, ces imputations qui affectent les comptes de réserves sont constatées en comptabilité ultérieurement.

Réserve spéciale des provisions pour fluctuation des cours [cadre II]

20-8 La provision pour fluctuation des cours a été supprimée depuis les exercices clos à compter du 31 décembre 1997 et les provisions existant à l'ouverture du premier exercice clos à compter de cette date ont été normalement rapportées aux résultats (CGI art. 39, I.5).

Ont toutefois échappé à cette réintégration les provisions portées, dans la limite de 9 146 941 €, à un compte de réserve spéciale. Les sommes prélevées sur cette réserve sont normalement à réintégrer dans les résultats de l'exercice en cours lors de ces prélèvements et leur montant doit alors figurer également sur le tableau 2058-A, ligne WQ ; elles n'ont pas cependant à être réintégrées si la société est dissoute ou si les sommes prélevées sont incorporées au capital ou affectées à l'imputation de pertes (dans ce cas, ces sommes sont mentionnées dans la colonne 4 du cadre II). Le cadre II de l'imprimé 2059-D sert ainsi au suivi de cette réserve spéciale.

Les chiffres indiqués renvoient aux commentaires de cette fiche

(15)

RÉSERVE SPÉCIALE DES PLUS-VALUES À LONG TERME
RÉSERVE SPÉCIALE DES PROVISIONS POUR FLUCTUATION DES COURS

DGFiP N° 2059-D-SD **2021**
Formulaire obligatoire (article 53 A du Code général des impôts)

(personnes morales soumises à l'impôt sur les sociétés seulement) *

Désignation de l'entreprise		Néant ☐ *

I SITUATION DU COMPTE AFFECTÉ À L'ENREGISTREMENT DE LA RÉSERVE SPÉCIALE POUR L'EXERCICE N

			Sous-comptes de la réserve spéciale des plus-values à long terme				
			Taxées à 10 %	Taxées à 15 %	Taxées à 18 %	Taxées à 19 %	Taxées à 25 %
Montant de la réserve spéciale à la clôture de l'exercice précédent (N – 1)		1	20-3	20-3	20-3	20-3	20-3
Réserves figurant au bilan des sociétés absorbées au cours de l'exercice		2	20-4	20-4	20-4	20-4	20-4
TOTAL (lignes 1 et 2)		3					
Prélèvements opérés	- donnant lieu à complément d'IS	4	20-5	20-5	20-5	20-5	20-5
	- ne donnant pas lieu à complément d'IS	5	20-6	20-6	20-6	20-6	20-6
TOTAL (lignes 4 et 5)		6					
Montant de la réserve spéciale à la clôture de l'exercice (ligne 3 – ligne 6)		7	20-7	20-7	20-7	20-7	20-7

II RÉSERVE SPÉCIALE DES PROVISIONS POUR FLUCTUATION DES COURS * (5ème, 6ème, 7ème alinéas de l'article 39-1-5ème du CGI)

Montant de la réserve à l'ouverture de l'exercice	Réserve figurant au bilan des sociétés absorbées au cours de l'année	Montants prélevés sur la réserve		Montant de la réserve à la clôture de l'exercice
		Donnant lieu à complément d'impôt	ne donnant pas lieu à complément d'impôt	
①	②	③	④	⑤
20-8	20-8	20-8	20-8	20-8

* Des explications concernant cette rubrique figurent dans la notice n° 2032-NOT-SD

2059-E Détermination de la valeur ajoutée

Présentation générale

Structure du tableau 2059-E

21-1 **L'imprimé 2059-E « Détermination des effectifs et de la valeur ajoutée » permet :**
– de préparer la déclaration 1330-CVAE-SD, et la déclaration 1329-DEF de liquidation de la CVAE 2020, en détaillant les éléments de calcul de la valeur ajoutée des entreprises relevant à la fois des BIC-IS selon le régime réel normal et, pour la CVAE, du régime de droit commun (CGI art. 1586 sexies, I ; BOFiP-CVAE-BASE-10-12/09/2012 ; BOFiP-CVAE-BASE-20-04/07/2018) **;**
– à celles de ces entreprises qui sont mono-établissement de demander la dispense de dépôt de la déclaration 1330-CVAE-SD et de fournir directement à l'administration les informations exigées (voir § 21-37).

• La valeur ajoutée déterminée sur le tableau 2059-E sera également utilisée pour calculer les **acomptes de CVAE au titre de 2021** (liquidés sur un formulaire 1329-AC).

• Pour les entreprises BIC-IS soumises au **régime simplifié**, la liasse fiscale comporte un tableau **2033-E** correspondant au tableau 2059-E (voir § 25-30).

• Ne sont pas commentées les règles particulières prévues pour les établissements de crédit et entreprises assimilées, les entreprises de gestion d'instruments financiers, les sociétés et groupements créés pour la réalisation d'une opération unique de financement, les entreprises d'assurance et de réassurance, les mutuelles et les institutions de prévoyance (CGI art. 1586 sexies, III à VI ; BOFiP-CVAE-BASE-30-18/11/2013 ; BOFiP-CVAE-BASE-40-12/09/2012 ; BOFiP-CVAE-BASE-50-12/09/2012 ; BOFiP-CVAE-BASE-60-16/12/2013).
Pour les entreprises de crédit, les entreprises d'assurances, de capitalisation et de réassurance de toute nature, le tableau doit être adapté pour tenir compte des modalités particulières de détermination de la valeur ajoutée ressortant des plans comptables professionnels (un extrait de ces rubriques est à joindre au tableau 2059-E).
Les modalités particulières de détermination de la valeur ajoutée concernant les établissements de crédit et les entreprises d'investissement agréées s'appliquent aussi à toute société exerçant le même type d'activité, alors même qu'elle n'aurait pas la qualité d'établissement de crédit, au sens des articles L. 511-1 et suivants du code monétaire et financier (CE 13 avril 2018, n° 410155).

L'imprimé 2059-E du millésime 2021 est identique à celui du millésime 2020. Sa structure se présente de la manière suivante :

❶ Un premier cadre dédié à la déclaration des effectifs de l'entité (voir §§ 21-8 et 21-9) **et qui concerne davantage la CFE que la CVAE.**

❷ Un deuxième cadre, consacré au calcul de la valeur ajoutée, aboutissant à la détermination de la valeur ajoutée assujettie à la cotisation sur la valeur ajoutée des entreprises (CVAE) (voir §§ 21-10 à 21-36). **Les cadres I à III de l'imprimé 2059-E-SD reprennent chacun des éléments visés par le code général des impôts (chiffre d'affaires, autres produits et charges) pour le régime de droit commun** (CGI art. 1586 sexies) **et commentés dans la doctrine fiscale relative à la CVAE** (BOFiP-CVAE-BASE-10-12/09/2012 ; BOFiP-CVAE-BASE-20-04/07/2018).

❸ Un cadre réservé aux mono-établissements, au sens de la CVAE (voir §§ 21-37 et 21-38).

Si le tableau 2059-E est déposé sans information (entreprises dont l'activité est entièrement hors champ d'application de la CFE, et donc de la CVAE, par exemple) (voir § 21-2)**, la case « néant » située en haut à droite du formulaire doit être cochée.**

➟ **EN PRATIQUE** Le tableau 2059-E fait partie du « formulaire n° 2050 liasse », accessible sur le site « impots.gouv.fr ». Indiquer dans le moteur de recherche du site la référence « liasse BIC/IS », puis aller sur le millésime 2021, permet d'accéder à l'ensemble des tableaux 2050 à 2059-G ainsi qu'à la notice 2032-NOT-SD qui peut faire l'objet d'une recherche spécifique.

Les précisions relatives au tableau 2059-E figurent dans la notice 2032-NOT-SD.

Les chiffres indiqués renvoient aux commentaires de cette fiche

(16) **DÉTERMINATION DES EFFECTIFS ET DE LA VALEUR AJOUTÉE** **21-1** et **21-5**

DGFiP N° 2059-E-SD **2021**
Formulaire obligatoire (article 53 A du Code général des impôts)

Désignation de l'entreprise		Néant ☐ *	**21-1**
Exercice ouvert le **21-6** / / et clos le **21-6** / /		Données en nombre de mois	
DÉCLARATION DES EFFECTIFS **21-1**			
Effectif moyen du personnel * :		YP	**21-8**
	- Dont apprentis	YF	**21-8**
	- Dont handicapés	YG	**21-8**
Effectif affectés à l'activité artisanale		RL	**21-9**
CALCUL DE LA VALEUR AJOUTÉE **21-4**			
I – Chiffre d'affaires de référence CVAE **21-5**			
Ventes de produits fabriqués, prestations de services et marchandises		OA	**21-10**
Redevances pour concessions, brevets, licences et assimilées		OK	**21-11**
Plus-values de cession d'immobilisations corporelles ou incorporelles si rattachées à une activité normale et courante		OL	**21-12 et 21-13**
Refacturations de frais inscrites au compte de transfert de charges		OT	**21-14**
	TOTAL 1	OX	
II – Autres produits à retenir pour le calcul de la valeur ajoutée			
Autres produits de gestion courante (hors quotes-parts de résultat sur opérations faites en commun)		OH	**21-15 et 21-16**
Production immobilisée à hauteur des seules charges déductibles ayant concouru à sa formation		OE	**21-17**
Subventions d'exploitation reçues		OF	**21-18 et 21-19**
Variation positive des stocks		OD	**21-20**
Transferts de charges déductibles de la valeur ajoutée		OI	**21-21**
Rentrées sur créances amorties lorsqu'elles se rapportent au résultat d'exploitation		XT	**21-22**
	TOTAL 2	OM	**21-23**
III – Charges à retenir pour le calcul de la valeur ajoutée (1)			
Achats		ON	**21-24**
Variation négative des stocks		OQ	**21-25**
Services extérieurs, à l'exception des loyers et redevances		OR	**21-26 et 21-27**
Loyers et redevances, à l'exception de ceux afférents à des immobilisations corporelles mises à disposition dans le cadre d'une convention de location-gérance ou de crédit-bail ou encore d'une convention de location de plus de 6 mois.		OS	**21-28**
Taxes déductibles de la valeur ajoutée		OZ	**21-29**
Autres charges de gestion courante (hors quotes-parts de résultat sur opérations faites en commun)		OW	**21-30**
Charges déductibles de la valeur ajoutée afférente à la production immobilisée déclarée		OU	**21-31**
Fraction déductible de la valeur ajoutée des dotations aux amortissements afférentes à des immobilisations corporelles mises à disposition dans le cadre d'une convention de location-gérance ou de crédit-bail ou encore d'une convention de location de plus de 6 mois		O9	**21-32**
Moins-values de cession d'immobilisations corporelles ou incorporelles si rattachées à une activité normale et courante		OY	**21-33**
	TOTAL 3	OJ	**21-34**
IV – Valeur ajoutée produite **21-7**			
Calcul de la valeur ajoutée **21-7**	(total 1 + total 2 – total 3)	OG	**21-35**
V – Cotisation sur la valeur ajoutée des entreprises			
Valeur ajoutée assujettie à la CVAE (à reporter sur le formulaire n° 1330-CVAE-SD pour les multi-établissements et sur les formulaires n°s 1329-AC et 1329-DEF). Si la VA calculée est négative, il convient de reporter un montant égal à 0 au cadre C des formulaires n°s 1329-AC et 1329-DEF.		SA	**21-7 et 21-36**

Cadre réservé au mono-établissement au sens de la CVAE					
Si vous êtes assujettis à la CVAE et mono-établissement au sens de la CVAE (cf. notice du formulaire n° 1330-CVAE-SD), veuillez compléter le cadre ci-dessous et la case SA, vous serez alors dispensés du dépôt du formulaire n° 1330-CVAE-SD					
Mono-établissement au sens de la CVAE, cocher la case ci-contre	EV	**21-37**			
Chiffre d'affaires de référence CVAE (report de la ligne OX, le cas échéant ajusté à 12 mois)	GX	**21-37**	Effectifs au sens de la CVAE *	EY	**21-37**
Chiffre d'affaires du groupe économique (entreprises répondant aux conditions de détention fixées à l'article 223 A du CGI) **21-3**				HX	**21-38**
Période de référence	GY / /	GZ / /	**21-39**		
Date de cessation	HR / /		**21-39**		

(1) ATTENTION : il ne doit pas être tenu compte dans les lignes ON à OW des charges déductibles de la valeur ajoutée, afférente à la production immobilisée déclarée ligne OE, portées en ligne OU.

* Des explications concernant ces cases sont données dans la notice n° 1330-CVAE-SD au § *Répartition des salariés* et dans la notice n° 2032-NOT-SD au § *Déclaration des effectifs*

Quelles entreprises doivent remplir le tableau 2059-E ?

21-2 Les informations du tableau 2059-E-SD doivent être fournies par les entreprises commerciales dont le chiffre d'affaires réalisé au cours de l'exercice clos, quelle que soit sa durée et, le cas échéant, ramené à 12 mois, est supérieur à 152 500 € hors taxes.

En effet, sont soumises à la CVAE (CGI art. 1586 ter, I et 1586 quinquies, II) les personnes, physiques et morales, qui exercent une activité passible de la cotisation foncière des entreprises (CFE) et dont le chiffre d'affaires, corrigé le cas échéant pour correspondre à une année pleine, est supérieur à 152 500 €.

• Pour les entreprises assujetties à la CVAE, la **valeur ajoutée à déclarer** est définie de manière distincte selon que l'entreprise applique les règles de la comptabilité commerciale, de la comptabilité de caisse ou exerce une activité de location d'immeubles et relève des revenus fonciers. À ces trois définitions de la valeur ajoutée, correspondent quatre imprimés fiscaux :
– le tableau 2059-E (ou 2033-E) pour les entreprises appliquant les règles de la comptabilité commerciale ;
– le tableau 2035-E pour la comptabilité de caisse des titulaires de bénéfices non commerciaux ;
– le formulaire 2072-E pour les titulaires de revenus fonciers.

• La **CVAE** est égale au produit (CGI art. 1586 ter, II) :
– de la valeur ajoutée produite par l'entreprise, telle que déterminée sur le tableau 2059-E pour les entreprises relevant des BIC ou de l'IS selon le régime réel normal (et sur le tableau 2033-E pour celles soumises au régime simplifié) ;
– par un pourcentage variant, au titre de 2020, de 0 % à 1,5 % selon le chiffre d'affaires de l'entreprise (CGI art. 1586 quater, I).
Les nouveaux taux de CVAE résultant de la loi de finances pour 2021 (0,75 %, par exemple, pour le taux maximal) ne s'appliquent pas à la CVAE due au titre de 2020. Ils permettent de calculer la CVAE due au titre de 2021, y compris les acomptes, et des années suivantes (loi 2020-1721 du 29 décembre 2020, art. 8, I).

Pour apprécier la limite de 152 500 €, il faut retenir l'ensemble du chiffre d'affaires réalisé par l'entreprise, à l'exception de la partie du chiffre d'affaires qui se rapporte aux activités hors champ de la CFE (activité non lucrative, activité de location nue de locaux d'habitation, activité de location de locaux à usage autre que l'habitation dont le chiffre d'affaires n'excède pas 100 000 €, notamment).

Lorsqu'une partie de l'activité est exonérée, de plein droit ou de manière facultative, il faut retenir le chiffre d'affaires de toutes les activités dans le champ, qu'elles soient exonérées ou non.

Dès lors :
– si le chiffre d'affaires des activités dans le champ de la CFE est au plus égal à 152 500 €, l'entreprise n'est pas assujettie à la CVAE et est donc dispensée des obligations déclaratives (BOFiP-CVAE-CHAMP-10-20-§ 10-15/07/2013) ;
– si le chiffre d'affaires des activités dans le champ de la CFE est supérieur à 152 500 € :
  – les entreprises totalement exonérées de plein droit de CFE (ces exonérations s'appliquant également à la CVAE) ne sont pas tenues de déposer une déclaration 1330-CVAE (BOFiP-CVAE-CHAMP-10-10-§ 40-12/09/2012). À notre avis, ces entreprises peuvent déposer le tableau 2059-E en cochant seulement la case néant,
  – les entreprises totalement exonérées de CVAE en application d'une exonération facultative doivent déclarer leur chiffre d'affaires, leur valeur ajoutée et leurs effectifs sur une déclaration 1330-CVAE (BOFiP-CVAE-DECLA-10-§ 50-21/11/2014). Elles doivent donc fournir les informations sur le tableau 2059-E,
  – lorsqu'une partie seulement de l'activité est exonérée, de plein droit ou de manière facultative, l'entreprise doit fournir les informations sur le tableau 2059-E,
  – les entreprises ne bénéficiant d'aucune exonération de CFE doivent fournir les informations sur le tableau 2059-E.

• Les **exonérations de plein droit** applicables à la CFE sont visées aux articles 1449 à 1463 B du CGI, à l'exception du 3° de l'article 1459 du CGI. Elles peuvent être permanentes (activités agricoles, par exemple) ou temporaires [fraction exonérée des activités dans les bassins urbains à dynamiser (BUD) ou les zones de développement prioritaires (ZDP), par exemple].

• Les **exonérations facultatives** de CFE sont celles qui sont subordonnées à une délibération ou à l'absence de délibération contraire des collectivités. Elles peuvent être permanentes (librairies, cinémas, par exemple) ou temporaires (notamment dans le cadre de l'aménagement du territoire). Elles s'appliquent à la CVAE (CGI art. 1586 nonies) sous réserve du dépôt de l'imprimé 1447-M dûment complété.

Chiffre d'affaires dans les groupes économiques

21-3 L'imprimé 2059-E comporte, cadre V, une ligne HX « Chiffre d'affaires du groupe économique (entreprises répondant aux conditions de détention fixées à l'article 223 A du CGI) » (voir § 21-38).

En effet, lorsqu'une entreprise assujettie à la CVAE remplit les conditions pour être membre d'un groupe économique, le chiffre d'affaires à prendre en compte pour la détermination du taux effectif de CVAE s'entend de la somme de son chiffre d'affaires et des chiffres d'affaires des entreprises, assujetties ou non à la CVAE, qui remplissent les mêmes conditions pour être membres du même groupe (CGI art.1586 quater).

En pratique, toutes les entreprises membres d'un groupe économique, placé ou non sous le régime d'intégration fiscale, doivent donc déterminer leur taux effectif de CVAE à partir de la somme du chiffre d'affaires des sociétés du groupe, dès lors qu'elles satisfont aux conditions de détention du capital prévues pour le régime de l'intégration fiscale (CGI art. 1586 quater, I bis).

En outre, la consolidation des chiffres d'affaires n'a pas à être effectuée si la somme des chiffres d'affaires des entreprises membres d'un groupe économique est inférieure à 7 630 000 €.

Enfin, sous certaines conditions et pour une période limitée, en cas d'opération de restructuration (apport, cession d'activité, scission d'entreprise, transmission universelle du patrimoine/TUP), le chiffre d'affaires utile au calcul du taux de CVAE des entreprises parties à l'opération est égal à la somme des chiffres d'affaires de ces entreprises (CGI art. 1586 quater, III).

➡ **ATTENTION** Les règles relatives à la consolidation des chiffres d'affaires dans les entreprises membres d'un groupe économique ou en cas d'opérations de restructuration concernent exclusivement le chiffre d'affaires déclaré ligne HX (voir § 21-38). Elles ne doivent être utilisées ni pour le calcul du chiffre d'affaires de référence qui permet de vérifier si le seuil d'assujettissement à la CVAE de 152 500 € est franchi (voir § 21-4), ni pour la détermination de la valeur ajoutée (voir §§ 21-35 et 21-36).

Référence aux normes comptables

21-4 La valeur ajoutée assujettie à la CVAE est égale à la différence entre d'une part, le chiffre d'affaires majoré de certains produits et, d'autre part, certaines charges (CGI art. 1586 sexies, 4).

Pour déterminer si une charge ou un produit se rattache à l'une des catégories d'éléments comptables qui doivent être pris en compte dans le calcul de la valeur ajoutée en matière de CVAE, et, par conséquent, dans le tableau 2059-E, il y a lieu de se reporter aux normes comptables dans leur rédaction en vigueur lors de l'année d'imposition concernée (CE 29 juin 2018, n° 416346), sous réserve que ces normes ne soient pas incompatibles avec les règles applicables pour l'assiette de l'impôt (CAA Versailles 6 juin 2017, n° 16VE00340 ; CE 28 novembre 2018, n° 413121).

Il y a lieu également de se reporter aux normes comptables en vigueur pour déterminer, le cas échéant, le mode de calcul des éléments comptables (CE 26 septembre 2018, n° 421182) (voir § 21-13, par exemple).

• L'administration peut **remettre en cause le bien-fondé d'une écriture comptable** et, en conséquence, réintégrer dans le calcul de la valeur ajoutée de l'entreprise des sommes qui soit devraient être regardées comme des produits, non comptabilisés à tort, soit ne pourraient, en tout ou partie, être regardées comme des charges déductibles (CE 6 juin 2018, n° 409645). Rendue en matière de taxe professionnelle, cette jurisprudence est transposable à la CVAE. Le Conseil d'État reconnaît ainsi à l'administration le droit de tirer les conséquences, pour la détermination de la valeur ajoutée utile au calcul de la CVAE, de la **rectification des prix de transfert**.

• De même, pour déterminer la valeur ajoutée CVAE, l'administration **peut réintégrer des management fees** (à notre avis mentionnées sur la ligne OR de l'imprimé 2059-E ; voir § 21-26) **non effectuées dans l'intérêt de l'exploitation** (CAA Paris 6 novembre 2019, n° 18PA02628). En l'espèce, il s'agissait de prestations de direction générale, d'animation commerciale et de direction comptable versées, dans le cadre d'une convention d'assistance, par une société à sa société-mère.

• Lorsque les **normes comptables** en vigueur permettent une **inscription alternative** des versements correspondant à des avantages octroyés aux salariés (compte 616 ou compte 645 « Charges de sécurité sociale et de prévoyance »), ces versements conservent, quelles qu'en soient les modalités de gestion, la nature de charges de personnel non déductibles de la valeur ajoutée pour le calcul de la CVAE (CE 28 novembre 2018, n° 413121) (voir § 21-27).

• L'**Autorité des normes comptables** ne recommande pas l'inscription des **charges et produits liés à l'événement Covid-19** en résultat exceptionnel. Toutefois, elle recommande aux entités de poursuivre leurs pratiques antérieures en la matière, ce qui pourra, le cas échéant, les conduire à inscrire en résultat exceptionnel certaines des conséquences de cet événement (dépréciation exceptionnelle par exemple) (ANC, Recommandations et observations – comptes et situations établis à compter du 1er janvier 2020, Questions-réponses B6.A MAJ 24/07/20).

Nous synthétisons, dans les 3 tableaux suivants, la concordance entre les éléments permettant de déterminer le chiffre d'affaires (tableau 1) et les produits (tableau 2), d'une part, ainsi que les charges (tableau 3), d'autre part, assortis, pour le détail, de renvois aux paragraphes de cette fiche.

Ces tableaux font le lien entre les comptes du PCG figurant dans la balance générale et les cadres I à III de l'imprimé 2059-E. Le tableau 1 permet de déterminer si l'entreprise établissant sa liasse fiscale est assujettie à la CVAE ou non (chiffre d'affaires supérieur ou non à 152 500 €, en se référant au total 1 apparaissant à la case OX égal à la somme les lignes OA à OT).

Si l'entreprise y est effectivement assujettie, le tableau 2 correspond au cadre II (Autres produits à retenir pour le calcul de la valeur ajoutée) et le tableau 3 (Charges à retenir pour le calcul de la valeur ajoutée) au cadre III de l'imprimé 2059-E.

1 Chiffre d'affaires de référence CVAE (total ligne OX) * (cadre I du tableau 2059-E) / comptes du PCG correspondant (1)	
Ventes de produits fabriqués, prestations de services et marchandises diminuées des rabais, remises et ristournes	Comptes 701 à 709 du PCG (2059-E, ligne OA ; voir § 21-10)
Redevances pour concessions, brevets, licences, marques, procédés, logiciels, droits et valeurs similaires	Compte 751 du PCG (2059-E, ligne OK ; voir § 21-11)
Plus-values de cession d'immobilisations corporelles et incorporelles, lorsqu'elles se rapportent à une activité normale et courante	Parmi les plus et moins-values comptabilisées dans les comptes 675 et 775 du PCG (2059-E, ligne OL ; voir §§ 21-12 et 21-13) Seules les plus-values sont retenues, sans compensation avec les moins-values (les moins-values sont déductibles de la valeur ajoutée) (2)
Refacturations de frais inscrits au compte de transfert de charges	Ensemble des produits enregistrés aux comptes 791 à 797 du PCG correspondant à des refacturations de frais préalablement engagés par l'entreprise (2059-E, ligne OT ; voir § 21-14)

*En pratique, CA CVAE = Lignes FC à FI du 2052 + Ligne FQ du 2052 (voir §§ 5-5 à 5-8 et 5-14) +, le cas échéant, montant des refacturations de frais enregistrées en transfert de charges et celui des plus-values de cession d'actifs liées à l'activité normale et courante.
(1) Sans ajustement *prorata temporis* si la période de référence ne correspond pas à 12 mois (voir § 21-5).
(2) Y compris, s'il y a lieu, les plus-values réalisées l'année de création de l'entreprise (voir § 21-12).

❷ Autres produits à retenir pour le calcul de la valeur ajoutée (total ligne OM) (cadre II du tableau 2059-E) / comptes du PCG correspondant	
Autres produits de gestion courante (1), à l'exception des quotes-parts de résultat sur opérations faites en commun	Comptes 752 à 758 du PCG, sauf compte 755 (quote-part de résultat sur opérations faites en commun) (2059-E, ligne OH ; voir §§ 21-15 et 21-16)
Production immobilisée (à hauteur des charges qui, ayant servi à déterminer son montant, peuvent être déduites de la valeur ajoutée)	Comptes 721 et 722 du PCG (2059-E, ligne OE ; voir § 21-17)
Subventions d'exploitation	Subventions comptabilisées aux comptes 74 et 7715 du PCG pour celles qui permettent à l'entreprise de compenser l'insuffisance de certains produits d'exploitation ou de faire face à certaines charges d'exploitation (subventions d'équilibre) (2059-E, ligne OF ; voir §§ 21-18 et 21-19)
Variation positive des stocks (2)	Solde créditeur des comptes 603 et 713 du PCG (2059-E, ligne OD ; voir § 21-20)
Transferts de charges déductibles de la valeur ajoutée (2059-E, ligne OI) (voir § 21-21)	Produits inscrits aux comptes 791 à 797 du PCG, à l'exception de ceux qui se rapportent : – à des refacturations de frais déjà compris ans le chiffre d'affaires (ligne OT ; voir § 21-14) – à des transferts de charges non déductibles de la valeur ajoutée (transferts de charges financières figurant au compte 796, par exemple)
Rentrées sur créances amorties se rapportant au résultat d'exploitation	Même si elles sont comptabilisées en produit exceptionnel au compte 7714 du PCG « Rentrées sur créances amorties » figurant ligne HA du tableau 2053 (2059-E, ligne XT ; voir § 21-22)

(1) Sauf si ces produits sont déjà compris dans le chiffre d'affaires (voir tableau ❶).
(2) Pour les dons en nature en faveur d'organismes caritatifs, (voir § 21-25).

❸ Charges à retenir pour le calcul de la valeur ajoutée (total ligne OJ) (cadre III du tableau 2059-E)/ comptes du PCG correspondant	
Achats de marchandises, de matières premières et autres approvisionnements (1)	Comptes 601 à 609 du PCG, à l'exception du compte 603 (2059-E, ligne ON ; voir § 21-24)
Variation négative de stocks (1)	Solde débiteur des comptes 603 et 713 (2059-E, ligne OQ ; voir § 21-25)
Services extérieurs, à l'exception de certains loyers (1)	Comptes 611, 613 à 619 et 621 à 629 (2059-E, ligne OR ; voir §§ 21-26 et 21-27)
Loyers et redevances, hors ceux afférents à des immobilisations corporelles mises à disposition dans le cadre d'une convention de location-gérance ou de crédit-bail ou d'une convention de location de plus de 6 mois (2)	(2059-E, ligne OS ; voir § 21-28)
Impôts et taxes (autres que l'impôt sur les bénéfices et les impôts assimilés) (1)	(2059-E, ligne OZ) (voir § 21-29)
Autres charges de gestion courante (1)	Comptes 651 à 658, sauf compte 655 (quote-part de résultat sur opérations faites en commun) (2059-E, ligne OW) (voir § 21-30)
Charges déductibles de la valeur ajoutée afférente à la production immobilisée déclarée	(2059-E, ligne OU ; voir § 21-31)
Fraction des dotations aux amortissements pour dépréciation afférents à des immobilisations corporelles mises à disposition dans le cadre d'une convention de location-gérance ou de crédit-bail, ou encore d'une convention de location de plus de 6 mois (2)	Compte 681 du PCG (2059-E, ligne O9) (voir § 21-32)
Moins-values de cession d'immobilisations corporelles et incorporelles attachées à une activité normale et courante (3)	Parmi les plus et moins-values comptabilisées dans les comptes 675 et 775 du PCG (3) (2059-E, ligne OY) (voir § 21-33)

(1) Il ne doit pas être tenu compte, dans les lignes ON à OW, des charges déductibles de la valeur ajoutée relative à la production immobilisée déclarée ligne OE (voir § 21-17), portées en ligne OU.
(2) Un prorata de déduction est appliqué lorsque la période de location ne couvre pas l'intégralité de la période de référence.
(3) En comptabilité, les plus et moins-values de cession relatives aux opérations normales et courantes sont en principe enregistrées aux comptes 758 et 658 et non aux comptes 775 et 675.

Valeur ajoutée à calculer sur le tableau 2059-E

Chiffre d'affaires

21-5 Chiffre d'affaires de référence. Le chiffre d'affaires à déclarer dans le cadre I du tableau 2059-E est le chiffre d'affaires comptable (voir §§ 21-2 et 21-4, tableau ❶) réalisé au cours de la période de référence (voir § 21-6). Pour le calcul de la valeur ajoutée, il ne doit pas faire l'objet d'un ajustement *prorata temporis* si la période de référence ne correspond pas à 12 mois.

Le chiffre d'affaires s'apprécie toujours au niveau de l'entreprise qui exerce une activité située dans le champ d'application de la CFE (BOFiP-CVAE-CHAMP-10-10-§1-12/09/2012).

Rappelons que, lorsqu'une entreprise bénéficie d'une exonération ou d'un abattement facultatif (voir § 21-2), son chiffre d'affaires est calculé selon les mêmes règles que si elle bénéficiait d'une exonération ou d'un abattement de plein droit. Ainsi, le chiffre d'affaires comprend celui réalisé par les établissements ou les activités exonérés (ou bénéficiant d'un abattement) (BOFiP-CVAE-CHAMP-20-§ 10-19/02/2020).

21-6 Période de référence à retenir. La CVAE est déterminée en fonction du chiffre d'affaires réalisé et de la valeur ajoutée produite au cours de l'exercice clos au cours de l'année au titre de laquelle l'imposition est établie, à savoir, pour 2020 (CGI art. 1586 ter, I et 1586 quinquies, I.1) :
– chiffre d'affaires et valeur ajoutée produite au cours de l'exercice clos en 2020 si l'exercice coïncide avec l'année civile ;
– chiffre d'affaires et valeur ajoutée du dernier exercice de 12 mois clos en 2020 lorsque cet exercice ne coïncide pas avec l'année civile.

Exercices de plus ou de moins de 12 mois clos en 2020. La CVAE est calculée d'après le chiffre d'affaires réalisé et la valeur ajoutée produite au cours de cet exercice (CGI art. 1586 quinquies, I.2).

• **Aucune clôture en 2020.** La CVAE est calculée d'après le chiffre d'affaires réalisé et la valeur ajoutée produite à compter du 1er jour suivant la fin de la période retenue pour le calcul de la CVAE de l'année précédente jusqu'au 31 décembre de l'année d'imposition. En cas de création d'entreprise au cours de l'année d'imposition, il faut retenir la période comprise entre la date de création et le 31 décembre de l'année d'imposition (CGI art. 1586 quinquies, I.3).

• **Plusieurs clôtures en 2020.** La CVAE est calculée d'après le chiffre d'affaires et la valeur ajoutée produite au cours des exercices clos en 2020 quelles que soient leurs durées respectives (CGI art. 1586 quinquies, I.4).

• **Quelle que soit la durée de l'exercice**, il ne faut jamais tenir compte de la fraction d'exercice clos qui se rapporte à une période retenue pour l'établissement de l'impôt dû au titre d'une ou de plusieurs années précédant celle de l'imposition (CGI art. 1586 quinquies, 5).

Valeur ajoutée

21-7 Le tableau 2059-E distingue :
– la valeur ajoutée produite, déclarée ligne OG du cadre IV, calculée à partir de la somme du chiffre d'affaires de référence et des autres produits, diminuée des charges limitativement prévues par la loi ;
– la valeur ajoutée assujettie à la CVAE, déclarée ligne SA du cadre V « Cotisation sur la valeur ajoutée des entreprises ».

Selon la notice millésimée 2021, le montant à reporter ligne SA du tableau 2059-E correspond au montant de la valeur ajoutée calculée en ligne OG diminué des exonérations de plein droit, permanentes ou temporaires (voir § 21-2) (2032-NOT-SD, p. 17).

• Le **montant déclaré ligne SA est égal au montant déclaré ligne OG** :
– pour les entreprises qui ne bénéficient d'aucune exonération de plein droit de CFE ;
– pour les entreprises qui, exerçant conjointement une activité imposable et une activité exonérée, ont extourné de leurs comptes les éléments afférents à la partie de leur activité bénéficiant d'une exonération de plein droit de CFE, permanente ou temporaire. En effet, l'administration admet que la valeur ajoutée correspondant aux exonérations de plein droit ou afférente aux activités hors champ de la CVAE ne soit pas déclarée sur l'imprimé 1330-CVAE-SD (BOFiP-CVAE-DECLA-10-§ 10-21/11/2014) et par conséquent, à notre avis, sur le tableau 2059-E.

• **La valeur ajoutée déclarée ligne SA est différente de celle déclarée ligne OG** lorsque l'entreprise, exerçant conjointement une activité imposable et une activité **exonérée de plein droit** de CFE, n'aura pas extourné de ses comptes les éléments afférents à cette exonération. Dans ce cas, à s'en tenir à la notice 2032-NOT :
– **la valeur ajoutée déclarée ligne OG** comprend les éléments des cadres I à III (chiffre d'affaires, produits et charges) afférents aux activi-

tés bénéficiant d'exonérations de plein droit de CFE, et donc de CVAE, que ces exonérations soient permanentes ou temporaires ;
– **la valeur ajoutée déclarée ligne SA** est minorée des éléments (chiffre d'affaires, produits et charges) afférents aux activités bénéficiant des exonérations de plein droit.

➟ **Attention** Les éléments déclarés dans les cadres I à III du tableau 2059-E, aboutissant au calcul de la valeur ajoutée déclarée ligne OG, et la valeur ajoutée déclarée ligne SA ne doivent jamais être diminués au titre des **exonérations facultatives** (voir § 21-2). C'est seulement pour le calcul de la cotisation de CVAE à payer (sur le formulaire 1329-DEF ou 1329-AC) que les exonérations facultatives sont prises en compte.

En outre, contrairement au chiffre d'affaires retenu pour apprécier la limite de 152 500 € (voir § 21-2), lorsque la période de référence ne correspond pas à 12 mois, la valeur ajoutée ne doit faire l'objet d'aucun ajustement pour correspondre à une année pleine.

Déclaration des effectifs

Effectif moyen du personnel [lignes YP, YF et YG]

21-8 **Ce cadre, non numéroté, figure en tête de l'imprimé.**

Sur la ligne YP « Effectif moyen du personnel », il convient de mentionner l'ensemble des personnes, titulaires d'un contrat de travail, rémunérées directement par l'entreprise. L'effectif moyen est égal à la moyenne arithmétique des effectifs à la fin de chacun des trimestres de l'exercice comptable (notice 2032-NOT). Il convient d'indiquer en outre :
– sur la ligne YF « dont apprentis », le nombre d'apprentis compris dans cet effectif moyen. Il s'agit du nombre de personnes liées à l'entreprise par un contrat d'apprentissage (c. trav. art. L. 6222-1 à L. 6225-8) **;**
– sur la ligne YG « dont handicapés », sera indiqué le nombre de personnes handicapées reconnues comme telles par la Commission des droits et de l'autonomie des personnes handicapées (CDAPH) (et non COTOREP encore mentionnée dans la notice 2032-SD).

Effectifs affectés à l'activité artisanale [ligne RL]

21-9 **Sur la ligne RL sont mentionnés les « Effectifs affectés à l'activité artisanale ». Cette donnée est utile à l'application d'une exonération ou d'une réduction de la base de la cotisation foncière des entreprises (CFE).**

Les artisans et façonniers (personnes physiques, associé unique d'une EURL n'ayant pas opté pour l'IS) qui travaillent seuls ou avec le seul concours d'une main-d'œuvre familiale ou d'apprentis sous contrat sont, sous certaines conditions, exonérés de CFE (CGI art. 1452).

L'embauche d'une ou plusieurs personnes handicapées n'a aucune incidence sur l'exonération. Si ces conditions sont remplies, il convient d'indiquer « 0 » dans le champ « Effectif affecté à l'activité artisanale » (2032-NOT-SD).

Par ailleurs, sous certaines conditions, une réduction de la base de CFE peut être accordée aux chefs d'entreprises immatriculés au répertoire des métiers (CGI art. 1468, I.2°).

• Les chefs d'entreprises peuvent prétendre à cette réduction de CFE s'ils remplissent les trois conditions suivantes :
– employer au plus 3 salariés, hors apprentis sous contrat et personnes handicapées ;
– réaliser, à titre principal, des travaux de fabrication, de transformation, de réparation ou de prestations de services ;
– avoir une activité véritablement artisanale. Cette condition est satisfaite lorsque la rémunération du travail représente plus de 50 % du chiffre d'affaires global (tous droits et taxes compris).
Si ces conditions sont remplies, il convient de porter dans cette case RL le nombre de salariés affecté à l'activité artisanale, en faisant abstraction des apprentis sous contrat, des handicapés physiques et des membres de la famille non rémunérés.
Sur le **décompte des salariés** (BOFiP-IF-CFE-20-30-10-§§ 70 et 90-12/09/2012).

• Les entreprises de la batellerie artisanale mentionnées à l'article L. 4430-1 du code des transports et immatriculées au répertoire des métiers, ou au registre des entreprises dans les départements d'Alsace-Moselle, employant au plus 3 salariés bénéficient également de cette réduction (CGI art. 1468, I. 2°).

Chiffre d'affaires de référence CVAE [cadre I]

Ventes de produits fabriqués, prestations de services et marchandises [ligne OA]

21-10 Sont à fournir dans le cadre I du tableau 2059-E « CALCUL DE LA VALEUR AJOUTÉE » les informations correspondantes du compte de résultat (tableau 2052) qu'il convient d'adapter pour répondre à la définition fiscale de la valeur ajoutée (CGI art. 1586 sexies).

Il faut reporter sur la ligne OA les ventes de produits fabriqués, prestations de services et marchandises, c'est-à-dire l'ensemble des produits à comptabiliser aux comptes 701 à 709 du PCG. Sont donc pris en compte en diminution du chiffre d'affaires les rabais, remises et ristournes (RRR) accordés par l'entreprise à ses clients (compte 709). Ainsi, sont à reporter sur cette ligne OA les sommes figurant respectivement sur les lignes FC, FF, FI du tableau 2052 (compte de résultat de l'exercice).

• Les opérations réalisées par les intermédiaires dits « opaques » (c. com. art. L. 132-1), qui agissent en leur nom propre ou sous un nom social pour le compte d'autrui (tels que les commissionnaires) doivent être retenues en totalité, dans les comptes de produits de l'entreprise adaptés à la nature de ces opérations (comptes 701 à 708 du PCG), ces produits étant à retenir pour la détermination du chiffre d'affaires (BOFiP-CVAE-BASE-20-§ 30-04/07/2018 ; CAA Marseille 14 janvier 2016, n° 15MA03030).

• Les loyers perçus en exécution d'un contrat de location-gérance constituent des recettes à prendre en compte (CAA Versailles 10 avril 2012, n° 10VE02376). De même, les omissions de recettes révélées par un contrôle fiscal (dans le cadre des prix de transfert, notamment) donnent lieu à une rectification en matière de CVAE (voir § 21-7).

• Le chiffre d'affaires des entreprises de **portage salarial** doit comprendre le montant intégral des prestations qu'elles facturent aux entreprises clientes (rép. Le Fur n° 38831, JO 11 février 2014, AN quest. p. 1305 ; CAA Lyon 13 octobre 2015, n° 14LY01968).

• Ne constituent pas des réductions sur ventes :

– les **remises directement versées par les laboratoires pharmaceutiques aux caisses d'assurance maladie** sur le chiffre d'affaires de spécialités réalisées en France (c. séc. soc. art. L. 162-18) ne constituent pas des réductions sur ventes au sens de l'article 1586 sexies du CGI interprétées à la lumière du compte 709 du PCG. Il en va de même des remises prévues par la convention, qui sont versées en fonction du prix de certains produits, en cas de non-respect des engagements souscrits sur les modalités d'utilisation de ces produits (CAA Versailles 28 janvier 2020, n° 17VE02790) ;

– la prise en charge, par une entreprise, des **intérêts des crédits souscrits par ses clients à taux préférentiel** auprès d'organismes de financement pour l'acquisition des produits qu'elle commercialise (CAA Versailles 5 mars 2019, n° 16VE02117).

Redevances pour concession de brevets, licences et assimilés [Ligne OK]

21-11 La ligne OK permet d'isoler les redevances de propriété industrielle sur une ligne spécifique, au lieu de figurer sur la ligne « Autres produits de gestion courante » (ligne OH) du cadre II du tableau 2059-E (voir § 21-15).

Sont à reporter sur cette ligne OK les redevances pour concessions, brevets, licences, marques, procédés, logiciels, droits et valeurs similaires, c'est-à-dire l'ensemble des produits comptabilisés au compte 751 du PCG.

Plus-values de cession d'immobilisations rattachées à une activité normale et courante [ligne OL]

21-12 **Conditions de prise en compte dans la valeur ajoutée.** Les plus-values de cession d'éléments d'actif ne sont prises en compte ligne OL que lorsqu'il s'agit d'opérations rattachées à une activité normale et courante (CGI art. 1586 sexies, I.1 ; CE 6 décembre 2006, n° 280800). Les cessions présentant un caractère normal et courant sont celles qui entrent dans le cycle de production de l'entreprise (BOFiP-CVAE-BASE-20-§ 50-04/07/2018) ou revêtent, compte tenu de la spécificité de l'activité de l'entreprise, un caractère habituel.

Tel est le cas des cessions :

– des biens donnés en location par des loueurs professionnels. Par exemple, dans les

entreprises de location de voitures qui cèdent systématiquement les véhicules à l'issue de la période de location (3 ans environ), les plus-values de cession des véhicules doivent être prises en compte dans le chiffre d'affaires ;
– d'engins de chantier par une entreprise de location et de location-bail de tels biens, dès lors que ces opérations sont régulières et systématiques (CAA Paris 10 mars 2020, n° 18PA04054) ;
– de quotas de gaz à effet de serre, étroitement liées au cycle économique de la société et résultant de sa gestion courante (CAA Versailles 4 mars 2014, n° 12VE01061).

• En revanche, ne sont pas visées les cessions d'immobilisations réalisées par une entreprise qui n'en a plus l'usage et **qui n'entrent pas dans son cycle de production** (cession d'une machine-outil devenue obsolète par une entreprise industrielle, cession du matériel informatique utilisé pour ses propres besoins par une entreprise d'achat-revente de biens, par exemple).
De même, les critères tenant à l'importance des plus-values en valeur (rapport entre les plus-values de cession et le montant total des produits, par exemple) ne sauraient être déterminants (BOFiP-CVAE-BASE-20-§ 50-04/07/2018).

• Les **gains de cessions d'immeubles** ne sont à retenir dans le chiffre d'affaires que si les immeubles détenus sont systématiquement cédés après une période de mise en location, qu'une telle rotation procède d'une stratégie de maintien de la rentabilité des actifs de la société ou encore que ces gains représentent une part structurelle de ses recettes. Dans le cas contraire, les plus-values réalisées (par une SIIC en l'espèce) ne constituent pas du chiffre d'affaires pour la CVAE (CE 25 septembre 2020, n° 436049 ; CE 25 septembre 2020, n° 433942).

• Les **cessions de contrats de joueurs professionnels par les clubs de football** présentant un caractère habituel doivent être prises en compte dans le calcul de la valeur ajoutée (CE 6 décembre 2017, n° 401533 ; CAA Versailles 28 avril 2020, n° 18VE00128).

➡ **Attention** Si elles sont de nature à être prises en compte pour le calcul de la valeur ajoutée, les plus-values réalisées l'**année de la création de l'entreprise** doivent être comprises dans le chiffre d'affaires retenu au titre de l'année suivante (CGI art. 1586 sexies, VII). Ainsi, les plus-values réalisées en 2019 dans le cadre de cessions présentant un caractère normal et courant par des entreprises créées en 2019 doivent être mentionnées ligne OL du tableau 2059-E au titre de 2020.

21-13 Valeur à déclarer ligne OL. Comptablement, le prix de cession de l'immobilisation est enregistré en compte de produit et la VNC est enregistrée en charge.

À cet égard, d'un point de vue comptable, lorsque ce type d'opérations fait partie de l'activité normale et courante de l'entreprise, celles-ci ne sont, en principe, pas enregistrées en résultat exceptionnel (comptes 775 et 675) mais dans des comptes de produits et charges d'exploitation (comptes 758 et 658, par exemple).

Ces plus-values devraient donc, en toute logique, être comprises dans les montants reportés sur les lignes OH et OW (voire sur les lignes OA et ON à OU).

Toutefois, dans la mesure où ces plus-values doivent être isolées sur une ligne spécifique, OL (ligne OY pour les moins-values, voir § 21-33), les entreprises devraient, à notre avis, procéder de la manière suivante :

Cas n° 1. Les plus-values de cession correspondant à une activité normale et courante ont été enregistrées dans des comptes du résultat d'exploitation (par exemple, compte 758 pour le prix de cession et compte 658 pour la VNC).

Dans ce cas, les plus-values font partie du résultat d'exploitation. Ces plus-values sont donc déjà comprises dans les montants reportés sur l'une des lignes précédentes du tableau 2059-E : ligne OH en principe pour le produit de cession (et ligne OW en principe pour la VNC) (pour une comptabilisation dans les comptes 758 et 658).

L'entreprise doit donc déduire ces plus-values d'une de ces lignes précédentes (par exemple, lignes OH et OW si ces plus et moins-values sont enregistrées en comptes 758/658) pour les faire figurer, de manière isolée, sur la ligne OL (ou OY dans le cas des moins-values).

Cas n° 2. Les plus-values de cession correspondant à une activité normale et courante ont été enregistrées dans des comptes du résultat exceptionnel (compte 775 pour le prix de cession et compte 675 pour la VNC).

Dans ce cas, ces plus-values ne sont donc pas déjà comprises dans les montants reportés dans l'une des lignes précédentes du tableau 2059-E (lignes OH à XT du cadre II ou OA à OT du cadre I).

L'entreprise doit alors mentionner le montant de ces plus-values sur la ligne OL, sans autre retraitement.

On procédera de la même manière, par symétrie, pour les moins-values de cessions d'immobilisations se rapportant à une activité normale et courante (ligne OY ; voir § 21-33**).**

→ **En pratique** Pour déterminer si une charge ou un produit se rattache à une catégorie d'éléments comptables énumérés à l'article 1586 sexies du CGI, ainsi que pour déterminer le mode de calcul de ces éléments comptables, il faut **se reporter aux normes comptables en vigueur** (voir § 21-3).

Dès lors qu'en comptabilité, la plus ou moins-value de cession d'une immobilisation résulte de la **différence entre le prix de cession et la VNC** de l'immobilisation cédée, cette dernière étant égale à la valeur d'origine diminuée du cumul des amortissements comptabilisés, c'est bien ce mode de calcul qui doit être retenu pour déterminer la plus ou moins-value entrant dans le calcul de la valeur ajoutée (CE 26 septembre 2018, n° 421182). Peu importe que les éventuelles dotations aux amortissements comptabilisées au titre de l'immobilisation cédée ne soient pas déductibles du chiffre d'affaires pour déterminer la valeur ajoutée servant de base à la CVAE (CGI art. 1586 sexies, I.4.b).

Refacturations de frais inscrites au compte de transfert de charges [Ligne OT]

21-14 **La ligne OT du cadre I du tableau 2059-E « Refacturations de frais inscrites au compte de transferts de charges » permet d'isoler les transferts de charges refacturées.**

Ces refacturations font ainsi partie intégrante du chiffre d'affaires de référence de la CVAE calculé au cadre I du tableau.

Le tableau 2059-E permet de les distinguer sur deux lignes séparées :
– la ligne OT, classée dans le cadre I « Chiffre d'affaires de référence CVAE » ;
– la ligne OI « Transferts de charges déductibles de la valeur ajoutée », classée dans le cadre II « Autres produits à retenir pour le calcul de la valeur ajoutée » (voir § 21-21).

Doivent figurer sur cette ligne OT toutes les refacturations de charges, dans la mesure où elles ne sont pas déjà incluses dans le chiffre d'affaires (compte 708 notamment).

Les refacturations de frais sont à prendre en compte, que les frais refacturés soient déductibles ou non de la valeur ajoutée. Par exemple, les refacturations de frais de personnel doivent être retenues dans le chiffre d'affaires même si les frais de personnel ne sont pas déductibles de la valeur ajoutée (voir § 21-27).

• Selon l'administration, les refacturations de frais inscrits au compte de transfert de charges s'entendent de l'ensemble des produits enregistrés aux comptes **791 à 797** correspondant à des **refacturations de frais préalablement engagés par l'entreprise**. Les frais pouvant donner lieu à refacturation sont constitués par les postes suivants du PCG (BOFiP-CVAE-BASE-20-§ 60-04/07/2018) :
– charges externes (comptabilisées dans les comptes 601 à 629) ;
– impôts, taxes et versements assimilés (comptabilisés dans les comptes 631 à 637) ;
– charges de personnel (comptabilisées dans les comptes 641 à 648) ;
– autres charges de gestion courante (comptabilisées dans les comptes 651 à 658) ;
– charges financières (comptabilisées dans les comptes 661 à 668) ;
– charges exceptionnelles (comptabilisées dans les comptes 671 à 678) ;
– participation des salariés et impôts sur les bénéfices et assimilés (comptabilisés dans les comptes 691 à 699).

• Les charges, notamment de personnel, refacturées par une holding à ses filiales constituent, pour la holding, des prestations de services concourant à la détermination du chiffre d'affaires qu'elle réalise avec des tiers dans le cadre de son activité professionnelle normale et courante, au sens de l'article 512-2 du PCG (CAA Versailles 17 mars 2015, n° 13VE03735).
Si ces produits sont comptabilisés en chiffre d'affaires (compte 70, et donc mentionnés sur la ligne OA du tableau 2059-E), ils seront, bien entendu, retenus dans le chiffre d'affaires soit en restant dans le montant global mentionné ligne OA, soit en étant soustraits du montant figurant ligne OA pour être isolés sur la ligne OT.

Autres produits à retenir pour le calcul de la valeur ajoutée [cadre II]

Autres produits de gestion courante [Ligne OH]

21-15 **Produits à mentionner.** La ligne OH « Autres produits de gestion courante hors quote-part de résultat sur opérations faites en commun » correspond à la ligne FQ du tableau 2052, déduction faite des redevances de propriété industrielle (compte 751) qui sont inscrites séparément sur la ligne OK (voir § 21-11).

Le montant reporté sur cette ligne OH reprend donc le montant de la ligne FQ du tableau 2052, hors redevances de propriété industrielle, à savoir :
– les soldes des comptes 752 à 758 ;
– exception faite du compte 755 (quotes-parts de résultat sur opérations faites en commun) (CGI art. 1586 sexies, 4.a).

On rappelle, en effet, que la ligne FQ du tableau 2052 regroupe les comptes 751 (redevances sur brevets), 752 (revenus des immeubles), 753 (jetons de présence/rémunérations ; voir ci-dessous), 754 (ristournes coopératives) et 758 (produits divers de gestion courante). Les quotes-parts de résultat sur opérations faites en commun (compte 755) sont mentionnées distinctement sur la ligne GH de l'imprimé 2052 (voir § 5-14, tableau 2052).

En ce qui concerne les entreprises pour lesquelles les cessions d'immobilisations corporelles ou incorporelles constituent une activité normale et courante voir le paragraphe 21-12.

La loi PACTE a supprimé l'expression « **jetons de présence** » de tous les textes dans lesquels elle était utilisée (loi 2019-486 du 22 mai 2019, art. 185). L'intitulé du compte du PCG 753 « Jetons de présence et rémunérations d'administrateurs, gérants » n'a pas été modifié à l'heure où nous mettons sous presse.

21-16 Spécificités pour les activités de location ou sous-location d'immeubles nus à usage professionnel. Pour les entreprises assujetties à la CVAE, les produits (et les charges) se rapportant à une activité de location ou de sous-location d'immeubles entrant dans le champ d'application de la CFE et comptabilisés au crédit du compte 752 « Revenus des immeubles non affectés aux activités professionnelles » doivent être reportés sur la ligne OH du tableau 2059-E.

• Une entreprise dont l'activité est située **dans le champ d'application de la CFE, même calculée sur une base minimum, et dont le chiffre d'affaires réalisé au cours de la période de référence est supérieur à 152 500 €est imposée à la CVAE**. Pour déterminer si une location ou sous-location immobilière entre dans le champ de la CVAE, il faut se référer au champ d'application de la CFE pour lequel la loi distingue :

– les activités soumises par nature à la CFE sur le fondement du 1er alinéa du I de l'article 1447 du CGI (critères de l'exercice à titre habituel d'une activité professionnelle non salariée par la mise en œuvre de moyens, la poursuite d'une exploitation commerciale antérieure ou la participation à l'exploitation). Dans ce cas, et quel que soit l'usage du bien (habitation ou autre), peu importe que la location porte sur des locaux nus ou sur des locaux meublés ou aménagés ;
– les activités de location ou de sous-location d'immeubles, autres que celles portant sur des immeubles nus à usage d'habitation, réputées professionnelles, et par conséquent soumises à la CFE, sur le fondement du 2e alinéa du I de l'article 1447 du CGI si le montant brut du chiffre d'affaires ou des recettes est supérieur à 100 000 €.

• **Activités de location ou sous-location d'immeubles nus à usage d'habitation.** Quel que soit le montant du chiffre d'affaires ou de recettes brutes, ces activités **échappent à la CFE**, sous réserve qu'elles relèvent de la gestion d'un patrimoine privé (BOFiP-IF-CFE-10-20-30-§ 1-30/06/2014).
Les activités de location ou sous-location d'immeubles nus à usage d'habitation s'entendent de celles consistant, pour le propriétaire ou le locataire d'un bien immobilier, à le louer ou le sous-louer nu à, respectivement, un preneur ou un sous-locataire dans le cadre d'un bail d'habitation (CE 4 mai 2018, n° 402897). Pour déterminer si des biens sont loués par le bailleur à usage d'habitation, il convient de se référer à l'utilisation des locaux par le preneur.
De même, en cas de sous-location d'un immeuble pris en crédit-bail, les activités de sous-location d'immeubles nus à usage d'habitation s'entendent de celles consistant, pour le locataire d'un bien immobilier, à le sous-louer nu à un sous-locataire dans le cadre d'un bail d'habitation (CE 4 mai 2018, n° 403027).

• **Autres activités de location ou de sous-location d'immeubles.** Lorsqu'elles ne portent pas sur des immeubles nus à usage d'habitation et sont exercées par des personnes qui, au cours de la période de référence, en retirent au moins **100 000 €** de chiffre d'affaires ou de recettes brutes hors taxes, les activités de location ou sous-location d'immeubles sont réputées exercées **à titre professionnel** et entrent dans le champ de la CFE (CGI art. 1447, I.al. 2). Pour les entreprises dont le chiffre d'affaires est supérieur à 152 500 €, cette activité est donc soumise à la CVAE.

• Hors du cas où un locataire principal dispose d'un bien dans le cadre d'un contrat de crédit-bail, une activité de **sous-location d'immeuble nu** n'entre dans le champ d'application de la CFE et, par conséquent, de la

CVAE, en raison de l'exercice à titre habituel d'une activité professionnelle non salariée, sur le seul fondement du premier alinéa du I de l'article 1447 du CGI, que si ce sous-loueur met en œuvre de manière régulière et effective, pour cette activité de sous-location, des moyens matériels et humains ou s'il poursuit, selon des modalités différentes, une exploitation commerciale antérieure ou encore participe à l'exploitation du locataire (CE 29 décembre 2020, n° 428973).

Production immobilisée [ligne OE]

21-17 Sur la ligne OE est reporté le montant de la production immobilisée, comptabilisée dans les comptes 721 (immobilisations incorporelles) et 722 (immobilisations corporelles) du PCG.

La production immobilisée n'est retenue dans la valeur ajoutée qu'à hauteur des charges qui ont servi à déterminer le montant de cette production et qui sont portées en ligne OU (CGI art. 1586 sexies, 4.a) (voir § 21-31).

➟ **Exemple** Une production immobilisée de 800 est composée pour 500 de dépenses de personnel, non déductibles de la valeur ajoutée, et pour 300 de prestations externes déductibles de la valeur ajoutée. Elle est retenue pour 300 dans la valeur ajoutée.

La **production immobilisée afférente à des œuvres audiovisuelles ou cinématographiques** inscrites à l'actif du bilan d'une entreprise de production audiovisuelle ou cinématographique est exclue du calcul de la valeur ajoutée, à condition que ces œuvres soient susceptibles de bénéficier de l'amortissement fiscal pratiqué sur une durée de 12 mois (CGI art. 1586 sexies, 4.a ; BOFiP-CVAE-BASE-20-§§ 150 à 170-04/07/2018 ; BOFiP-BIC-AMT-20-40-60-10-§§ 100 à 220-12/09/2012).

Subventions d'exploitation et abandons de créances à caractère commercial [ligne OF]

21-18 **Subventions d'exploitation.** Est à reporter sur la ligne OF la somme figurant sur la ligne FO « Subventions d'exploitation » du tableau 2052 (compte de résultat de l'exercice).

Ces subventions sont généralement enregistrées au crédit du compte 74 du PCG « Subventions d'exploitation ».

Toutefois, il ne faut pas se fier au mode de comptabilisation. En effet, sont également prises en compte dans la valeur ajoutée les subventions qui seraient comptabilisées dans un autre compte (dans le compte 7715 – Subventions d'équilibre, par exemple) dès lors qu'elles permettent à l'entreprise de compenser l'insuffisance de certains produits d'exploitation ou de faire face à certaines charges d'exploitation (BOFiP-CVAE-BASE-20-§ 180-04/07/2018).

En revanche, les subventions ayant le caractère de subventions d'investissement n'ont pas à être prises en compte dans le calcul de la valeur ajoutée.

Doivent être regardées comme des **subventions d'exploitation** :
- les subventions versées à une entreprise à sa filiale pour compenser l'insuffisance de recettes d'exploitation de cette filiale (CAA Nancy 3 juillet 2003, n° 00NC00871) ;
- les aides accordées à une entreprise sous forme de subventions et d'abandons de créances afin d'apurer ses pertes (CAA Nantes 4 mai 2001, nos 98NT00137 et 98NT00637) ;
- des subventions versées à une association (CAA Nantes 30 janvier 2014, n° 12NT01887) ;
- une subvention perçue régulièrement par un concessionnaire dans le cadre d'un contrat de concession avec une collectivité en vue de la réalisation, de l'exploitation technique et de l'entretien des installations d'une ligne de tramway, pour permettre à la société concessionnaire de faire face à ses charges d'exploitation et non en vue de lui permettre d'acquérir ou de créer des valeurs immobilisées ou de financer des activités à long terme. Et ce, **même** si elle est **calculée par référence aux charges d'amortissement** des investissements financés par la société concessionnaire. La société concessionnaire doit donc retenir cette subvention dans le calcul de sa valeur ajoutée (CE 10 juillet 2017, n° 399557).

21-19 **Abandons de créances à caractère commercial.** Les abandons de créances à caractère commercial perçus constituent, en règle générale, des produits exceptionnels qui ne sont pas à prendre en compte dans la valeur ajoutée, sauf s'ils présentent pour l'entreprise qui en bénéficie un caractère fréquent ou régulier (CAA Lyon 9 décembre 1998, n° 98LY00160).

De même, les aides à caractère autre que commercial (c'est-à-dire en pratique les abandons de créances à caractère financier) ne sont pas à prendre en compte pour le calcul de la valeur ajoutée effectué sur le tableau 2059-E, y compris lorsque l'entreprise bénéficiaire de l'abandon est une entreprise en difficulté (BOFiP-CVAE-BASE-20-§§ 190 et 310-04/07/2018) et n'ont pas à être mentionnés sur la ligne OF de l'imprimé 2059-E, même lorsqu'ils ont été accordés au profit d'entreprises en difficulté (notice 1330-CVAE-NOT).

Toutes les aides financières sont en principe concernées : abandons de créances à caractère financier mais également subventions, prestations, prêts et avances sans intérêts, prise en charge de dettes, engagements de caution et renonciation à recettes.

Ce principe s'impose à toutes les entreprises, quels que soient leur forme ou leur régime fiscal (entreprises individuelles, sociétés de personnes soumises à l'IR, sociétés de capitaux soumises à l'IS...) et le lieu d'exercice de leur activité.

Ces règles s'appliquent corrélativement pour les charges à prendre en compte dans le calcul de la valeur ajoutée (voir § 21-30).

Variation positive des stocks [ligne OD]

21-20 **Il convient de reporter sur la ligne OD « Variation positive des stocks » le solde créditeur, à l'issue de la période de référence servant de calcul à la CVAE, des comptes 603 « Variations des stocks d'approvisionnements et de marchandises » et 713 « Variation des stocks d'en-cours de production et de produits (intermédiaires, finis ou résiduels) » du PCG.**

Son pendant en charges est la ligne OQ du cadre III (« Variation négative des stocks ») (voir § 21-25).

Transferts de charges déductibles de la valeur ajoutée [Ligne OI]

21-21 **Cette ligne OI est consacrée uniquement aux transferts de charges déductibles de la valeur ajoutée (hors transferts de charges refacturées ;** voir § 21-14).

Les transferts de charges déductibles de la valeur ajoutée à prendre en compte dans les produits, sur cette ligne OI, sont l'ensemble des produits inscrits aux comptes 791 à 797 du PCG, à l'exception (BOFiP-CVAE-BASE-20-§ 210-04/07/2018) **:**

– des transferts de charges déjà pris en compte dans le chiffre d'affaires, c'est-à-dire de ceux qui se rapportent à des refacturations de frais (reportées sur la ligne OT du cadre I) (voir § 21-14) ;

– lorsqu'ils ne sont pas pris en compte dans le chiffre d'affaires, des transferts de charges non déductibles de la valeur ajoutée. Tel est le cas des transferts de charges financières figurant au compte 796 du PCG.

• Doivent être comptabilisés en transferts de charges les produits correspondant notamment aux opérations suivantes (BOFiP-CVAE-BASE-20-§ 210-04/07/2018) :
– remboursement, par l'État ou toute autre entité de droit public, de charges engagées par l'entreprise, dès lors que le remboursement est forfaitaire ;
– perception d'indemnités d'assurances à la suite d'un sinistre couvrant soit une immobilisation partiellement détruite (sont exclus les vols et les destructions totales, au titre desquels les indemnités d'assurances perçues constituent le prix de cession de l'immobilisation), soit un stock, soit un risque (assurance-vol et assurance obligatoire dommages-construction, par exemple) ;
– transferts d'une catégorie de charges à une autre.

• En revanche, ne sont pas admises dans un compte de transferts de charges les annulations de charges concourant à la production d'une immobilisation (utilisation du compte 72) ou à l'acquisition d'une immobilisation (utilisation de comptes de charges correspondants crédités).

➟ Exemples

❶ Il résulte de ces principes que les indemnités d'assurances reçues par l'entreprise et comptabilisées en transferts de charges :
– doivent être retenues lorsqu'elles ont pour objet de compenser des charges déductibles de la valeur ajoutée (indemnité d'assurance perçue en remboursement des frais de réparation d'un véhicule automobile accidenté, par exemple) ;
– ne doivent pas être retenues lorsqu'elles ont pour objet de compenser une charge non déductible de la valeur ajoutée (par exemple, frais de personnel ou transfert de charges visant au reclassement d'une charge financière ou exceptionnelle en charge d'exploitation) ou qu'elles correspondent à la VNC d'une immobilisation volée ou totalement détruite.

De même :
– sont, par exemple, compris dans la valeur ajoutée les transferts de charge d'exploitation constatant un avantage en nature quand la charge correspondante est déduite de la valeur ajoutée (avantages en nature liés aux repas payés par l'entreprise, quote-part privée d'un abonnement téléphonique, assurance, entretien

et carburant pour mise à disposition d'un véhicule professionnel, etc.) ;
– restent exclues de la valeur ajoutée les aides à l'emploi destinées à compenser des charges subies par l'entreprise si ces aides ont pour contrepartie des charges de personnel.

❷ L'impact des aides à l'emploi sur la valeur ajoutée est fonction de la nature de ces aides :
– si ces aides constituent des subventions d'exploitation, elles sont ajoutées aux produits ;
– si elles sont comptabilisées en transfert de charges de personnel ou en diminution du compte 64, elles ne sont pas retenues dans le calcul de la valeur ajoutée, les charges de personnel n'étant pas comprises dans la liste limitative des charges retenues pour le calcul de la valeur ajoutée.

Quels transferts de charges faut-il retenir sur la ligne OI ?		
Refacturations de frais (voir § 21-14)	**Transferts de charges non compris dans le CA calculé au cadre I**	
Non	Les charges correspondantes sont-elles déductibles de la valeur ajoutée ?	
Elles doivent être comprises dans le CA, que les charges correspondantes soient ou non déductibles de la valeur ajoutée. Veiller à ne pas les prendre en compte 2 fois	**Oui** Inclure les transferts de charges dans les produits	**Non** (IJSS, par exemple) Ne pas inclure les transferts de charges dans les produits

Rentrées sur créances amorties [ligne XT]

21-22 **Lorsqu'une entreprise ayant comptabilisé une créance en pertes irrécouvrables vient finalement à être payée, elle doit, en principe, constater un produit exceptionnel au crédit du compte 7714 « Rentrées sur créances amorties » (ligne HA du tableau 2053)** (BOFiP-CVAE-BASE-20-§ 220-04/07/2018).

Les rentrées sur créances amorties doivent être comprises dans les produits servant au calcul de la valeur ajoutée lorsqu'elles se rapportent au résultat d'exploitation (CGI art. 1586 sexies, 4.a).

Leur montant doit être mentionné sur la ligne spécifique XT pour leur partie se rapportant au résultat d'exploitation, et non sur la ligne OH (voir § 21-15).

• S'agissant plus précisément des créances clients, les dépréciations ou reprises sur dépréciations et les pertes sur créances irrécouvrables sont, en effet, généralement enregistrées en résultat d'exploitation (comptes 6817, 781 et 654).

• La ligne XT permet d'assurer une symétrie de traitement puisque, lorsqu'elles sont comptabilisées, les pertes sur créances irrécouvrables correspondantes sont déductibles de la valeur ajoutée (enregistrées en principe au débit du compte 654, elles figurent en principe sur la ligne OW ; voir § 21-30).

En pratique, il en résulte que :
– si une perte sur créance irrécouvrable a été comptabilisée dans un compte de résultat exceptionnel (par exemple au compte 6714 au lieu du compte 654), la rentrée sur créance amortie correspondante devrait, en toute logique, ne pas se rapporter au résultat d'exploitation et donc ne pas être prise en compte sur la ligne XT ;
– si une rentrée sur créance amortie se rapportant au résultat d'exploitation a été comptabilisée dans un autre compte que le compte 7714, par exemple, au compte 758, elle doit, bien entendu, également être prise en compte pour le calcul de la valeur ajoutée. En toute logique, elle devrait figurer sur la ligne OH « Autres produits de gestion courante » (voir § 21-15) **(puisqu'elle est enregistrée en compte 758), ce produit est donc pris en compte dans le calcul de la valeur ajoutée comme il se doit. Néanmoins, l'entreprise peut également décider de la mentionner sur la ligne spécifique XT, au lieu de la ligne OH.**

Ligne OM

21-23 **Cette ligne (Total 2) résulte du total des autres produits à retenir pour le calcul de la valeur ajoutée** (voir §§ 21-15 à 21-22).

Charges à retenir pour le calcul de la valeur ajoutée [cadre III]

Achats [ligne ON]

21-24 Les achats sont l'ensemble des charges à comptabiliser dans les comptes 601 à 609 du PCG, à l'exception du compte 603 (Variation des stocks). Ces éléments s'apprécient pour leur montant net de rabais, remises et ristournes obtenus, d'où la prise en compte du compte 609 (Rabais, remises et ristournes obtenus sur achats) du PCG.

Les montants figurant sur cette ligne ON correspondent ainsi aux sommes mentionnées sur les lignes FS et FU du tableau 2052.

• Une perte peut constituer une charge **déductible de la valeur ajoutée CVAE, même si elle provient d'une opération ne relevant pas de l'activité habituelle de l'entreprise** (perte résultant d'une commande de marchandises jamais livrées, par exemple ; CAA Versailles 3 juillet 2018, n° 17VE00440).

• Lorsque des **achats fictifs** sont comptabilisés en charges d'exploitation, l'administration peut rectifier à due concurrence la valeur ajoutée de l'exercice (CAA Bordeaux 18 juin 2020, nos 18BX01037 et 18BX01038).

Variation négative des stocks [ligne OQ]

21-25 La variation négative des stocks à retenir est le solde débiteur, à l'issue de la période de référence, des comptes 603 et 713 du PCG (voir § 21-20).

Les montants figurant sur cette ligne OQ correspondent aux sommes mentionnées sur les lignes FT et FV du tableau 2052.

La variation de stock à porter sur la ligne OQ est en principe retenue avant déduction des dotations aux provisions pour dépréciation (notice du formulaire 2059-E antérieure à 2018).

Des **dons en nature consentis au profit d'organismes caritatifs**, dont une société a comptabilisé l'effet sur le niveau des stocks de fin d'exercice, doivent être pris en compte, alors même que le PCG prévoit l'enregistrement de tels dons soit dans les charges d'exploitation au compte 6238 « divers (pourboires, dons courants…) », soit dans les charges exceptionnelles au compte 6713 « dons, libéralités » (CE 16 mars 2016, n° 383536).

Services extérieurs, loyers et redevances [lignes OR et OS]

21-26 **Services extérieurs déductibles de la VA [ligne OR].** Dans la case OR « Services extérieurs, à l'exception des loyers et redevances » sont reportés les autres achats et charges externes figurant sur la ligne FW du tableau 2052 (voir § 5-24, tableau 2052 ; voir également § 21-27), à l'exclusion des loyers et redevances à porter, au moins pour partie, sur la ligne OS (voir § 21-28).

Les services extérieurs sont l'ensemble des charges à comptabiliser dans les comptes 611 et 613 à 629 du PCG. Ils sont donc appréciés pour leur montant net de rabais, remises et ristournes obtenus (comptes 619 et 629). Lorsqu'ils sont déductibles de la valeur ajoutée, les loyers et redevances comptabilisés aux comptes 612 et 613 doivent être déclarés ligne OS (voir § 21-28) .

Ne constituent pas des impôts et taxes (voir § 21-29), mais des services extérieurs, les charges correspondant à des sommes versées en contrepartie directe d'un service rendu par une autre entreprise ou un organisme (BOFiP-CVAE-BASE-20-§ 295-04/07/2018).

Nous attirons l'attention sur le fait que les charges non déductibles des bénéfices sont exclues pour le calcul de la valeur ajoutée. En effet, si des redevances pour prestations de services (management fees, par exemple, mentionnées sur la ligne OR de l'imprimé 2059-E) versées par une société à sa société-mère ne sont pas effectuées dans l'intérêt de l'exploitation, elles ne peuvent pas être regardées comme des achats de prestations de services pour la détermination de la valeur ajoutée CVAE (CAA Paris 6 novembre 2019, n° 18PA02628) (voir § 21-7).

• Les frais constatés en charges financières et exceptionnelles et qui sont refacturés à l'euro l'euro par une autre entreprise sont assimilés, pour le calcul de la valeur ajoutée, à des services extérieurs, et sont par conséquent déductibles de cette dernière (BOFiP-CVAE-BASE-20-§ 250-04/07/2018).

• Dans les sociétés civiles de moyens **(SCM)**, les remboursements de charges communes par les associés constituent pour ces derniers, quelles que soient la catégorie d'imposition de leurs revenus et les modalités de détermination de leur résultat, des paiements de services extérieurs qui sont déductibles de leur valeur ajoutée (BOFiP-CVAE-BASE-20-§ 250-04/07/2018). Il convient donc de comprendre dans la ligne OR du cadre II le montant total des remboursements de charges à la SCM, y compris, à notre avis, les charges non déductibles de la valeur ajoutée (par exemple charges de personnel refacturées).

• Pour la détermination de la valeur ajoutée (CAA Paris 13 février 2014, n° 12PA03904) :
– les **commissions d'affacturage**, qui constituent le paiement des services de gestion comptable, de recouvrement et de garantie de bonne fin, sont déductibles ;
– les **commissions de financement**, qui représentent le coût du financement anticipé, constituent des frais financiers non déductibles.

• Le remboursement de la taxe foncière inclut la **taxe d'enlèvement des ordures ménagères** (TEOM), qui incombe à l'occupant des installations. Elle constitue donc une **charge locative déductible pour la détermination de la valeur ajoutée** prise en compte pour le calcul de la CVAE.

• Pour les **dépenses de mécénat** des entreprises, il convient de distinguer les dépenses présentant un caractère récurrent ou non. En effet, ces dépenses doivent être comptabilisées en charges d'exploitation mentionnées au compte 6238 divers (Pourboires, dons courants…) du plan comptable général (PCG) lorsque, en raison de leur **caractère récurrent**, elles peuvent être regardées comme relevant de l'activité habituelle et ordinaire de l'entreprise (CE 17 octobre 2018, n° 405414). Ces charges sont **déductibles pour le calcul de la valeur ajoutée**.
En revanche, lorsque, **dénuées de caractère récurrent**, elles ne peuvent pas être regardées, compte tenu des circonstances de fait, comme relevant de l'activité habituelle et ordinaire de l'entreprise, les dépenses de mécénat doivent être comptabilisées en charges exceptionnelles mentionnées au compte 6713 du PCG (Dons, libéralités) et ne sont alors **pas déductibles** pour le calcul de la valeur ajoutée (CAA Versailles 17 décembre 2019, n° 17VE01886).

• S'agissant des **dons en nature**, (voir § 21-23, tableau 2, note 2).

• Les **redevances pour droit à l'image** des mannequins sont **assimilées à des frais de personnel** non déductibles pour le calcul de la valeur ajoutée en CVAE (CAA Paris 22 février 2017, n° 16PA01855) (voir § 21-27).

21-27 Exclusion des charges de personnel. **Les charges de personnel ne sont jamais déductibles de la valeur ajoutée** (voir ci-après et §§ 21-29 et 21-34), **même lorsqu'il s'agit d'un avantage en nature inscrit en comptabilité dans un compte de charges déductibles de la valeur ajoutée (achat, charges de gestion courante…).**

En pratique, l'entreprise doit aussi s'assurer, *a contrario*, que ses charges de personnel n'englobent pas certaines dépenses qui pourraient être comptabilisées parmi les charges déductibles de la valeur ajoutée. Tel est le cas, par exemple :
– des charges de vêtements de travail des salariés, qui peuvent être enregistrées au compte 602 ou 606, et sont ainsi déductibles de la valeur ajoutée (CAA Versailles 18 juillet 2013, n° 11VE03979) ;
– des frais de mission et de réception (compte 625).

Ainsi, sont déductibles de la valeur ajoutée les remboursements de frais de déplacement versés aux salariés, déterminés sur le fondement du barème kilométrique réglementaire et comptabilisés au compte 625 (CAA Paris 13 février 2014, n° 12PA03904).

• Ne sont pas déductibles :
– les frais de médecine du travail (CAA Versailles 19 mars 2013, n° 11VE00481) ;
– les dépenses de médaille du travail comptabilisées au sous-compte 6447 « autres charges sociales » (CAA Versailles 23 janvier 2014, n° 12VE00130) ;
– des primes d'assurance-vie ou de retraite à comptabiliser en primes d'assurances au compte 616 (CE 28 novembre 2018, n° 413121) (voir § 21-4).

• Quel que soit son mode de comptabilisation, le produit correspondant à la **participation** du salarié au résultat de l'entreprise est exclu de la valeur ajoutée (BOFiP-CVAE-BASE-20-§ 300-04/07/2018).

• Dans la mesure où les charges de personnel ne sont pas déductibles de la valeur ajoutée, le CICE applicable à Mayotte ; CGI art. 244 quater C) n'a pas d'impact sur le calcul de la valeur ajoutée (BOFiP-BIC-RICI-10-150-30-10-§ 1-01/06/2016).

• La contribution financière des entreprises à la formation professionnelle continue, versée aux organismes paritaires collecteurs agréés (OPCO), n'est pas déductible de la valeur ajoutée.

• Les sommes versées par une entreprise dans le cadre de son plan de formation professionnelle continue qui constituent la contrepartie directe d'un service de formation des salariés sont déductibles de la valeur ajoutée

(CE 30 décembre 2015, n° 366716 ; CE 15 février 2016, n° 374767). En revanche, les sommes versées ne sont pas déductibles lorsqu'elles ont un caractère libératoire et qu'il s'agit de versements à fonds perdus ou de subventions (BOFiP-CVAE-BASE-20-§ 295-04/07/2018).

• Des **indemnités** qui constituent, par nature, des charges de personnel ne sont pas déductibles. En l'espèce, une société avait comptabilisé dans la catégorie des services extérieurs, au compte 625 « Déplacements, missions et réceptions » du PCG, les indemnités « **de grand déplacement** » versées à ses salariés et destinées à couvrir leurs frais de nourriture. Dans le cadre d'un contrôle fiscal, ces indemnités ont été requalifiées d'avantage en nature, et donc de suppléments de salaires. Selon la cour administrative d'appel, ces indemnités auraient dû être comptabilisées en charges de personnel, compte 641 « Rémunérations du personnel » et, particulièrement, sous-compte 6414 « Indemnités et avantages divers » (CAA Paris 29 décembre 2017, n° 17PA00382), et ont été comptabilisées à tort au compte 625. L'administration fiscale, se fondant sur la nature des charges et non sur l'enregistrement comptable erroné qui en avait été fait, était donc en droit de refuser de les déduire pour le calcul de la valeur ajoutée de la société.

• S'agissant des **assurances pour engagement de retraite**, les indemnités versées aux salariés d'une entreprise à l'occasion de leur départ à la retraite, qu'elles découlent d'une obligation législative ou réglementaire, d'engagements conventionnels ou d'une décision unilatérale de l'employeur, ont toujours, pour la société qui les verse, le caractère de dépenses de personnel, quelles qu'en soient les modalités de gestion, même si l'entreprise confie à un prestataire extérieur le soin d'en assurer le préfinancement et la gestion de leur versement. Ces versements ne sont donc pas déductibles de la valeur ajoutée pour le calcul de la CVAE (CE 28 novembre 2018, n° 413121).

21-28 Loyers et redevances [ligne OS]. **Les loyers et redevances (comptes 612 et 613 du PCG), afférents aux biens corporels pris en location ou en sous-location pour une durée de plus de 6 mois ou en crédit-bail, ne sont pas admis en déduction de la valeur ajoutée. Il en va de même des redevances afférentes à ces biens lorsqu'elles résultent d'une convention de location-gérance.**

Restent donc déductibles de la valeur ajoutée les loyers et redevances portant sur des biens incorporels et les loyers des biens en location pour 6 mois au plus. Ces sommes sont reportées sur la ligne OS.

• **Biens donnés en sous-location.** Lorsque les biens pris en location par l'assujetti à la CVAE sont donnés en sous-location pour une durée de plus de 6 mois, les loyers dus sont admis en déduction de la valeur ajoutée à concurrence du produit de cette sous-location, quelle que soit la situation du sous-locataire au regard de la cotisation foncière des entreprises ou de la CVAE (BOFiP-CVAE-BASE-20-§§ 260 à 280-04/07/2018).

En pratique, lorsque le locataire donne un bien corporel en sous-location pour plus de 6 mois, il doit retenir :

– dans sa valeur ajoutée, le loyer qu'il facture à son sous-locataire ;

– dans ses charges, le loyer qui lui est facturé.

Si le bien n'est donné qu'en partie en sous-location, le loyer n'est déductible que dans cette proportion.

Aucune déduction n'est admise au profit de l'assujetti qui prend les biens en crédit-bail ou en location-gérance et les donne en sous-location. Dans ce cas, le loyer est pris en compte dans les produits mais la redevance de crédit-bail ou de location-gérance n'est pas déductible de la valeur ajoutée.

• Pour les contrats portant à la fois sur des **immobilisations corporelles et incorporelles**, l'entreprise doit procéder à une répartition des loyers concernés de manière à n'exclure que la part de ces loyers afférents aux immobilisations corporelles (cas notamment de la location d'un fonds de commerce comprenant la location du matériel et pour laquelle il est prévu une redevance globale).

• **Exclusions des dépenses mises contractuellement à la charge des locataires.** Les charges correspondant à des dépenses incombant au propriétaire et mises contractuellement à la charge du locataire constituent des compléments de loyer non déductibles pour le calcul de la valeur ajoutée. Il convient en effet de distinguer :

– les charges correspondant à des dépenses incombant au propriétaire et mises contractuellement à la charge du locataire. Elles constituent des compléments de loyer non déductibles (CE 7 décembre 2012, n° 349913). Peu importe que ces dépenses soient inscrites au compte 614 du PCG « Charges locatives et de copropriété » et non au compte 613 « Locations » (CAA Versailles 7 juillet 2015, n° 13VE03776). Il peut s'agir, notamment, des honoraires de gestion facturés par le syndic, des frais d'assurance ou du remboursement d'impôts (impôts fonciers, taxe sur les bureaux, taxe sur les ordures ménagères afférente à un local commercial). Ces dépenses constituent des compléments de prix à inclure dans le montant du loyer ;

– les charges qui incombent effectivement au locataire. Ces charges doivent être rattachées à la catégorie des charges locatives (CAA Versailles 7 juillet 2015, n° 13VE03776). Elles seules constituent des consommations de biens et services en provenance de tiers, déductibles.

• **Immeubles nus à usage professionnel en location ou sous-location.** Pour le calcul de la valeur ajoutée des entreprises exerçant une activité de location ou de sous-location d'immeubles nus à usage professionnel qui sont assujetties à la CVAE, les charges afférentes à cette activité sont prises en compte en totalité au titre de 2019 (contre 90 % en 2018) (CGI art. 1586 sexies, II). Le montant de charges à faire figurer sur la ligne OS correspond à 100 % de ces charges (traitement identique à celui des produits de ces activités ; voir § 21-16).

• La **durée de location ou de sous-location** des biens, mobiliers ou immobiliers, **s'apprécie d'après les termes du contrat**. Ainsi, sont considérés comme étant d'une durée **supérieure à 6 mois** (BOFiP-CVAE-BASE-20-§ 270-04/07/2018) :
– les contrats dont la durée initiale est inférieure à 6 mois mais qui sont renouvelables par tacite reconduction ;
– ceux dont la durée effective de location ou de sous-location est supérieure à 6 mois.
Toutefois, pour apprécier cette condition, le Conseil d'État retient la durée globale de location ou de sous-location du bien pendant la période de référence et non la durée propre à chaque location ou sous-location. Il n'est donc pas exigé que la période de 6 mois soit continue au cours de la période de référence (CE 23 novembre 2015, n° 377390).

• Le caractère précaire et révocable de la **mise à disposition d'installations du domaine public** (installations portuaires, en l'espèce) n'empêche pas que cette mise à disposition soit regardée, dès lors qu'elle est accordée en contrepartie d'une rémunération, comme résultant d'une location. Peu importe que les sommes dues pour l'occupation ou l'utilisation du domaine public tiennent compte des avantages de toute nature procurés au titulaire de l'autorisation. Dans ces conditions, **les redevances versées ne sont pas déductibles pour le calcul de la valeur ajoutée**. Il en est **de même des taxes foncières** sur les installations portuaires mises contractuellement à la charge du bénéficiaire de la concession, qui constituent un complément de prix de la redevance (CAA Marseille 20 décembre 2016, n° 15MA00482).

• De même, ne sont pas déductibles pour le calcul de la CVAE les redevances versées par une société exerçant une activité de restaurant dans un musée dans le cadre d'une **délégation de service public** (DSP) conclue avec le musée pour une durée supérieure à 6 mois (CE 24 février 2020, n° 433881). Il convient de rechercher si ces redevances constituent, indépendamment de la nature de la convention en exécution, la contrepartie de la mise à disposition de biens corporels devant être regardés comme pris en location ou en sous-location pour une durée de plus de 6 mois, en crédit-bail ou en location-gérance.

Taxes déductibles de la valeur ajoutée [ligne OZ]

21-29 **Sur la ligne OZ « Taxes déductibles de la valeur ajoutée » sont mentionnées, en pratique, les taxes sur le chiffre d'affaires autres que la TVA, qui grèvent directement le prix des biens et des services vendus par l'entreprise** (notice de l'administration 2032-NOT), **les contributions indirectes et la taxe intérieure de consommation sur les produits pétroliers (TIPP)** (CGI art. 1586 sexies, I.4.b).

En effet, rappelons que les impôts, taxes et versements assimilés, autres que les impôts sur les bénéfices et autres impôts assimilés, comptabilisés dans les comptes 631 à 638 du PCG ne sont en principe pas déductibles de la valeur ajoutée. Tel est le cas, par exemple, de la participation de l'employeur à l'effort de construction, de la taxe d'apprentissage, de la CFE, ou encore de la participation à la formation professionnelle continue (CAA Douai 28 octobre 2003, n° 00DA00802 ; CE 4 novembre 2005, n° 263155).

Par exception, sont admises en déduction de la valeur ajoutée (BOFiP-CVAE-BASE-20-§ 290-04/07/2018) **:**
– les taxes sur le chiffre d'affaires et assimilées. Ces taxes s'entendent exclusivement de celles qui grèvent directement le prix des biens et services vendus par l'entreprise assujettie à la CVAE (CE 1er avril 2005, n° 267946). **Ne sont donc pas visées les taxes assises sur le chiffre d'affaires de l'entreprise mais qui ne rempliraient pas cette condition (contribution Organic/C3S, par exemple) ;**
– les contributions indirectes ;
– la taxe intérieure de consommation sur les produits énergétiques.

Le fait qu'une taxe soit calculée sur le chiffre d'affaires ne la rend pas nécessairement déductible.

Ne constituent pas des impôts et taxes, mais des services extérieurs (voir § 21-26), **les charges correspondant à des sommes versées en contrepartie directe d'un service rendu par une autre entreprise ou un organisme** (BOFiP-CVAE-BASE-20-§ 295-04/07/2018).

➡ **À NOTER** Selon le Conseil d'État, la notion de « taxes sur le chiffre d'affaires et assimilées » désigne non pas l'ensemble des taxes qui figurent au titre II de la première partie du livre premier du CGI, mais la TVA et les taxes qui, en application des normes comptables, grèvent le prix des biens et des services vendus par l'entreprise (CE 29 juin 2018, n° 416346).

• Généralement, sont déductibles les taxes refacturées à l'utilisateur dès lors que, en raison de leur objet, elles sont comprises dans le prix des biens et des services vendus par l'entreprise. Ainsi, sont **déductibles** (BOFiP-CVAE-BASE-20-§ 290-04/07/2018) :
– la taxe générale sur les activités polluantes (TGAP), dès lors qu'elle est répercutée sur les clients (CE 23 juin 2014, n° 352610). Encore faut-il que l'entreprise justifie avoir procédé à cette répercussion et démontre avoir intégré la taxe dans le calcul du prix facturé ; à défaut, elle ne peut pas déduire la taxe pour le calcul de sa valeur ajoutée (CAA Versailles 19 janvier 2012, n° 11VE00293). Cette justification est apportée par la mention distincte de la TGAP sur les factures (CAA Versailles 26 novembre 2009, n° 08VE03148) ;
– les taxes dues par les exploitants de remontées mécaniques (CGCT art. L. 2333-49 et L. 3333-4) dès lors que le montant de ces taxes est inclus dans le prix du titre de transport payé par l'usager (CE 7 juillet 2004, n° 250761) ;
– la contribution « Éco-emballages », qui doit être enregistrée en compte 611 (voir § 21-26) (CE 11 juillet 2011, n° 246698) ;
– la taxe sur le stockage des déchets ménagers. Cette taxe est obligatoirement supportée par le bénéficiaire de la prestation assurée par l'exploitant de l'installation de stockage (CE 4 novembre 2005, n° 263155) ;
– la **taxe de séjour** (CAA Marseille 20 décembre 2016, n° 15MA00482) ;
– la **taxe d'enlèvement des ordures ménagères** (TEOM) incombe à l'occupant des installations et constitue donc une charge locative déductible pour la détermination de la valeur ajoutée prise en compte pour le calcul de la CVAE.

• L'entreprise qui **refacture** ces impôts et taxes doit comprendre **les produits correspondants** dans son **chiffre d'affaires**.

• En revanche ne sont **pas déductibles** :
– la participation de l'employeur à l'effort de construction, la taxe d'apprentissage ou encore la cotisation foncière des entreprises (CAA Douai 28 octobre 2003, n° 00DA00802 ; CE 4 novembre 2005, n° 263155) ;
– la taxe à l'essieu (CAA Versailles 9 octobre 2012, n° 11VE00435) ; de même la taxe spéciale sur certains véhicules routiers et les taxes afférentes aux certificats d'immatriculation ne sont pas au nombre des taxes qui doivent être regardées comme grevant le prix des biens et des services vendus par l'entreprise (CE 15 octobre 2015, n° 366351 ; BOFiP-CVAE-BASE-20-§ 290-04/07/2018) ;
– les droits d'enregistrement, les droits de timbre, les cartes grises, les vignettes, les taxes de redevance des mines. En effet, ces taxes, ne faisant pas l'objet d'une facturation directe, ne sont pas acquittées par le consommateur final (CAA Versailles 9 octobre 2012, n° 11VE01333) ;
– la taxe foncière, la taxe annuelle sur les locaux en Île-de-France (CAA Versailles 31 mars 2015, n° 14VE03210), ainsi que la taxe sur les surfaces de stationnement ;
– les taxes sur la publicité diffusée par radio ou télévision ou encore par les chaînes de télévision, sur les services fournis par les opérateurs de communications électroniques, visées aux articles 302bis KD, 302 bis KG et 302 bis KH du CGI, ou la taxe sur les services de télévision visée à l'article L. 115-6 du code du cinéma (CE 29 juillet 2020, n° 436365).

• Bien que ces impôts et taxes ne soient pas déductibles, les produits provenant de leur refacturation doivent être retenus dans le chiffre d'affaires.

Autres charges de gestion courante [ligne OW]

21-30 Sur la ligne OW « Autres charges de gestion courante hors quotes-parts de résultat sur opérations faites en commun » sont reportées les autres charges de gestion courante, figurant sur la ligne GE du tableau 2052. Sur cette ligne OW sont donc mentionnées les charges enregistrées dans les comptes :
– 651 (redevances pour concessions de brevets et assimilés) ;
– 653 (jetons de présence/rémunérations ; voir § 21-15 nos précisions) ;
– 654 (pertes sur créances irrécouvrables) ;
– et 658 (charges diverses de gestion courante).

Les quotes-parts de résultat sur opérations faites en commun à comptabiliser au compte 655 sont exclues puisqu'elles figurent à la ligne GI et non sur la ligne GE du tableau 2052.

Charges afférentes à la production immobilisée déclarée [ligne OU]

21-31 Sur la ligne OU « Charges déductibles de la valeur ajoutée afférente à la production immobilisée déclarée » sont déclarées les charges déductibles de la valeur ajoutée afférente à la production immobilisée déclarée ligne OE. Les sommes mentionnées sur les lignes ON à OS, OZ et OW ne doivent pas tenir compte de ces charges.

En effet, la production immobilisée n'est à retenir dans la valeur ajoutée qu'à hauteur des charges qui, ayant servi à déterminer son montant, ont été déduites de la valeur ajoutée (BOFiP-CVAE-BASE-20-§ 150-04/07/2018) (voir § 21-17).

Fraction déductible de la VA des dotations aux amortissements [ligne O9]

21-32 La ligne O9 « Fraction déductible de la valeur ajoutée des dotations aux amortissements... » est à compléter par les entreprises qui donnent des biens corporels en location ou sous-location pour une durée de plus de 6 mois, en crédit-bail ou en location-gérance.

La déduction des dotations aux amortissements pour dépréciation est en effet autorisée uniquement lorsque les biens corporels auxquels les dotations se rapportent sont donnés en location ou en sous-location pour une durée de plus de 6 mois, sont donnés en crédit-bail ou font l'objet d'un contrat de location-gérance, et ce quelle que soit la situation du locataire, sous-locataire, crédit-preneur ou locataire-gérant au regard de la CFE (CGI art. 1586 sexies, I.4.b ; BOFiP-CVAE-BASE-20-§ 320-04/07/2018).

En pratique, cette ligne O9 est ainsi à compléter par les entreprises qui donnent des biens corporels en crédit-bail ou en location pour une durée de plus de 6 mois ou qui donnent ces mêmes biens en location-gérance. Les dotations aux amortissements pour dépréciation sont celles qui doivent être comptabilisées au compte 681 du PCG. Elles ne tiennent pas compte des dotations aux amortissements de nature fiscale (amortissement dégressif), lesquelles ne constatent pas une dépréciation des immobilisations corporelles et doivent être comptabilisées dans des comptes de dotations aux amortissements dérogatoires. Le droit à déduction des dotations aux amortissements pour dépréciation ne s'applique qu'en proportion de la seule période de location, de sous-location, de crédit-bail ou de location-gérance. Ainsi, un prorata de déduction doit être retenu lorsque la période de location ne couvre pas l'intégralité de la période de référence (BOFiP-CVAE-BASE-20-§§ 320 à 340-04/07/2018).

→ **Exemple** Une entreprise a clôturé en 2020 un exercice qui coïncide avec l'année civile. Elle a donné en location un bien entre le 1er janvier 2020 et le 31 octobre 2020. Le bien est temporairement non loué entre le 1er novembre 2020 et le 31 décembre 2020. Le montant de la dotation aux amortissements portant sur le bien au titre de 2020 est de 1 200 €.

La dotation aux amortissements déductible de la valeur ajoutée correspond à la seule fraction afférente à la période effective de location, soit (en €) : 1 200 × (10 / 12) = 1 000.

Moins-values de cession [ligne OY]

21-33 Sur la ligne OY « Moins-values de cession » sont reportées les moins-values de cessions se rapportant à l'activité normale et courante de l'entreprise. La prise en compte de ces moins-values qui viennent diminuer la valeur ajoutée servant de base à la CVAE assure la symétrie avec la ligne OL (« Plus-values de cessions d'immobilisations ») (voir §§ 21-12 et 21-13). Ainsi, comme pour les plus-values, les entreprises qui ont dégagé ces moins-values doivent distinguer deux cas :

Cas n° 1. Les moins-values de cession correspondant à une activité normale et courante ont été enregistrées dans des comptes du résultat d'exploitation (par exemple, compte 758 pour le prix de cession et compte 658 pour la VNC).

Dans ce cas, les moins-values font partie du résultat d'exploitation. Elles sont donc déjà comprises dans les montants reportés dans l'une des cases précédentes de l'imprimé 2059-E (ligne OW en principe pour la VNC ; voir § 21-13).

Les entreprises concernées doivent donc déduire ces moins-values d'une de ces cases précédentes (par exemple lignes OW et OH si ces plus-values et moins-values sont enregistrées en comptes 758/658) pour les faire figurer, de manière isolée, sur la ligne OY.

Cas n° 2. Les moins-values de cession correspondant à une activité normale et courante ont été enregistrées dans des comptes du résultat exceptionnel (compte 775 pour le prix de cession et compte 675 pour la VNC).

Dans ce cas, ces moins-values ne sont donc pas déjà comprises dans les montants reportés dans l'une des cases précédentes du tableau 2059-E. Les entreprises concernées doivent alors simplement mentionner le montant de ces moins-values sur la ligne OY, sans autre retraitement (voir § 21-13).

Ligne OJ

21-34 La ligne OJ (total 3) résulte de la somme des lignes ON à OY (voir §§ 21-34 et 21-24 à 21-33).

Calcul de la valeur ajoutée produite [cadre IV, ligne OG]

21-35 Le cadre IV « Valeur ajoutée produite » (ligne OG) correspond à la somme du total 1 (chiffre d'affaires ligne OX ; voir §§ 21-4 et 21-10 à 21-14) et du total 2 (Autres produits ligne OM ; voir § 21-23) diminuée du total 3 (Charges à retenir ligne OJ ; voir § 21-34).

➟ **À NOTER** Il n'y a pas forcément concordance entre la valeur ajoutée déterminée sur l'imprimé 2059-E et celle retenue pour le dégrèvement au titre du plafonnement en fonction de la valeur ajoutée. En effet, si la durée de l'exercice clos en 2020 est supérieure ou inférieure à 12 mois, excepté en cas de cession ou de cessation d'entreprise au cours de l'année d'imposition, la valeur ajoutée à retenir pour le plafonnement de la CET en fonction de la valeur ajoutée est corrigée pour correspondre à une année pleine (BOFiP-IF-CFE-40-30-20-30-§ 160-01/07/2015). Dans ce cas, la valeur ajoutée ne coïncide pas avec celle retenue pour la CVAE qui, elle, n'est pas proratisée (voir § 21-7).

Cotisation sur la valeur ajoutée des entreprises [cadre V]

Valeur ajoutée assujettie à la CVAE [ligne SA]

21-36 Sur la ligne SA « Valeur ajoutée assujettie à la CVAE » de ce cadre V, l'entreprise indique la valeur ajoutée effectivement imposable à la CVAE, que son montant soit identique ou non au montant de la ligne OG (voir §§ 21-2 et 21-35).

En effet, pour les entreprises exerçant conjointement une activité imposable et une activité exonérée et n'ayant pas appliqué la tolérance doctrinale (voir § 21-7), la valeur ajoutée assujettie à la CVAE déclarée ligne SA est égale au montant de la valeur ajoutée produite calculée ligne OG diminué des exonérations de plein droit, permanentes ou temporaires, applicables à la CFE (à l'exception de l'exonération de droit, sauf délibération contraire, en faveur des locations de l'habitation personnelles en meublé ou en meublé de tourisme prévue au 3° de l'article 1459 du CGI), ces exonérations s'appliquant également à la CVAE (CGI art. 1586 ter, II) (voir § 21-2).
En revanche, les exonérations facultatives ne doivent pas être soustraites pour la détermination du montant déclaré ligne SA ; elles sont prises en compte pour le calcul des acomptes et du solde de CVAE (case 09-G « exonérations » de la déclaration 1329-DEF, par exemple).
Il en est de même du plafonnement de la valeur ajoutée à 80 % ou 85 % du chiffre d'affaires de certaines entreprises (CGI art. 1586 sexies, I.7). Une rubrique distincte de la déclaration d'acompte ou de solde permet d'effectuer ce calcul (case 06-D de la déclaration 1329-DEF).

Le montant figurant ligne SA doit être reporté sur la déclaration :
- **1330-CVAE pour les entreprises multi-établissements et les entreprises mono-établissement ne bénéficiant pas de la dispense (case A2)** (notice 1330-CVAE) ;
- **1329-DEF (cadre 05 case C).**

Si la valeur ajoutée est négative, il convient de reporter un montant égal à 0 au cadre C des formulaires 1329-AC et 1329-DEF (notice 2032-NOT-SD).

Les lignes OG (voir § 21-35) et SA ont, à notre avis, vocation à être utilisées par l'administration fiscale pour effectuer des **contrôles de cohérence**, en particulier lorsque le montant reporté ligne OG est différent du montant de valeur ajoutée calculée dans le tableau ligne SA (voir § 21-5 aussi).

Entreprises mono-établissement [cases EV, GX, EY et HX]

21-37 **Cases EV, GX et EY.** Les entreprises assujetties à la CVAE et mono-

établissements au sens de la CVAE peuvent être dispensées du dépôt de la déclaration 1330-CVAE, sous réserve qu'elles aient dûment rempli la déclaration 2059-E.

Les entreprises sont dispensées du dépôt de la déclaration 1330-CVAE lorsqu'elles remplissent toutes les conditions suivantes (notice 2032-NOT-SD) :
– avoir dûment rempli le cadre réservé à la CVAE dans leur déclaration de résultat, c'est-à-dire les tableaux 2059-E (2033-E, 2035-E ou 2072-E selon le cas) ;
– ne disposer que d'un seul établissement au sens de la CFE ;
– ne pas employer des salariés exerçant leur activité plus de 3 mois sur un lieu hors de l'entreprise ;
– ne pas exercer plusieurs activités nécessitant des déclarations de résultats de natures différentes ;
– ne pas être une société civile de moyens (SCM) ;
– ne pas avoir clôturé plusieurs exercices au cours de la période de référence de la CVAE ;
– ne pas avoir fusionné au cours de l'exercice de référence CVAE ;
– ne pas être une entreprise qui, n'employant aucun salarié en France et n'exploitant aucun établissement en France, y exerce cependant une activité de location d'immeubles ou de ventes d'immeubles ;
– ne pas disposer d'un exercice de plus de 12 mois en dehors de l'exercice de création ;
– ne pas être soumis au régime des micro-entreprises ;

À cet effet, les entreprises mono-établissement doivent :
– cocher la case EV (mono-établissement au sens de la CVAE) du cadre réservé à cet effet sur l'imprimé 2059-E ;
– compléter la ligne GX en y indiquant le chiffre d'affaires de référence CVAE (report de la ligne OX) (voir §§ 21-10 à 21-14) **;**
– mentionner dans la case EY leurs effectifs au sens de la CVAE (BOFiP-CVAE-LIEU-17/06/2016).

➟ **À NOTER** La note reproduite au bas du tableau 2059-E renvoie à la notice de la déclaration 1330-CVAE, laquelle précise qu'il convient d'indiquer, par établissement ou par lieu d'emploi situé en France, le nombre de salariés employés au cours de la période de référence définie à l'article 1586 quinquies du CGI (CGI art. 1586 octies, II). Toutefois, les entreprises qui exploitent un établissement unique et qui n'emploient pas de salarié exerçant une activité plus de 3 mois sur un lieu hors de l'entreprise sont dispensées d'indiquer le nombre de leurs salariés (notice 1330-CVAE-NOT-SD millésime 2021, p. 10).

21-38 **Case HX.** **La case HX « Chiffre d'affaires du groupe économique (entreprises répondant aux conditions de détention fixées à l'article 223 A du CGI ») permet d'indiquer le chiffre d'affaires consolidé des entreprises appartenant à un groupe économique (même si ces entreprises ne sont pas effectivement membres d'une intégration fiscale)** (voir § 21-3).

À notre avis, le fait d'indiquer un chiffre d'affaires consolidé case HX aurait dû permettre aux entreprises mono-établissement membres d'un groupe économique (voir § 21-3) **de bénéficier de la dispense de déclaration 1330-CVAE. En effet, si elles indiquent leur chiffre d'affaires dans cette case HX, l'administration fiscale disposera bien de l'information utile au calcul du taux de CVAE, même en l'absence de déclaration 1330-CVAE.**

Pourtant, il n'est pas prévu que la dispense de déclaration 1330-CVAE bénéficie aux entreprises mono-établissement membres d'un groupe économique (voir § 21-37).

Période de référence et date de cession [lignes GY, GZ et HR]

21-39 **Les entreprises doivent indiquer la période de référence, à savoir la date de début de période indiquée ligne GY et la date de fin de période indiquée ligne GZ.**

Le cas échéant, il convient de préciser sur la ligne HR la date de cessation de l'entreprise.

Ces lignes figurent sur l'imprimé 2059-E à l'intérieur du cadre en gras réservé aux mono-établissement au sens de la CVAE mais, à notre avis, ces lignes GY, GZ et HR sont à remplir par toutes les entreprises, qu'elles soient mono-établissement ou non.

2059-F, 2059-G, 2059-H et 2059-I Liens de détention

Présentation générale

22-1 Les entreprises ont l'obligation de fournir lors du dépôt de leur déclaration de résultats (CGI, ann. III art. 38 et 40 A) :
– la liste des personnes détenant au moins 10 % de leur capital ;
– la liste de leurs filiales et de leurs participations.

En outre, les personnes morales ou groupements de droit ou de fait, dont le chiffre d'affaires hors taxes ou le total de l'actif brut figurant au bilan est supérieur ou égal à 400 M€ à la clôture de l'exercice sont tenus de communiquer à l'administration fiscale, lors du dépôt de leur déclaration de résultats, l'identité des entreprises auxquelles elles sont liées directement ou indirectement par une participation (CGI, ann. III art. 41-00 A).

➡ **À NOTER** Chaque manquement constaté par personne ou groupement de personnes au titre d'un exercice pour défaut de réponse ou réponse partielle à une mise en demeure de produire les listes des personnes ou groupements de personnes de droit ou de fait prévues par l'article 53 A du CGI entraîne l'application d'une amende de 1 500 €, ou 10 % des droits rappelés si ce dernier montant est plus élevé. La majoration de 10 % est calculée sur le montant des droits rappelés, à raison des éléments retenus pour l'assiette ou la liquidation de l'impôt relatifs à ces personnes ou groupements de personnes (CGI art. 1763, IV).

Le contenu de la déclaration des résultats ainsi que la liste des documents qui doivent y être joints est fixé par décret (CGI art. 53 A). Cette déclaration doit mentionner notamment la liste des personnes détenant au moins 10 % de leur capital, en précisant pour chacune d'entre elles le nombre de parts ou d'actions et le taux de détention et, pour les personnes morales, leur dénomination, adresse et numéro d'identification au répertoire national des établissements (numéro SIRET), pour les personnes physiques leurs nom, prénoms, adresse, date et lieu de naissance (CGI, ann. III, art. 38).

En pratique, sont donc notamment concernés par ces sanctions les tableaux déclaratifs mentionnant les actionnaires (liste des associés détenant au moins 10 % du capital ou des actifs d'une société ; tableau 2059-F) ainsi que les filiales et participations de l'entreprise déclarante (liste des filiales et participations détenues à 10 % au moins ; tableau 2059-G). Sont à notre avis aussi concernés les tableaux 2059-H et 2059-I.

Afin d'alléger les formalités des personnes visées par ces obligations, les mesures de simplification suivantes s'appliquent (BOFiP-IS-DECLA-30-20-§§ 100 et 110-18/03/2013) :
– pour l'ensemble des formulaires relatifs aux liens de détention, les entreprises déclarantes mentionnent uniquement le numéro Siren des sociétés liées lorsqu'elles sont établies en France (au lieu du numéro Siret) ;
– les entreprises concernées par l'obligation prévue à l'article 41-00 A de l'annexe III du CGI (entreprises relevant de la DGE) sont dispensées d'indiquer dans la liste des personnes liées indirectement par une participation celles qui sont interposées dans la chaîne des participations. Ainsi, s'agissant des liens de détention indirecte, elles déposent uniquement :
  – la liste des personnes morales ou groupements de personnes de droit ou de fait détenant à la clôture de l'exercice, indirectement, plus de la moitié de leur capital ou droits de vote (tableau 2059-H),
  – la liste des personnes morales ou groupements de personnes de droit ou de fait dont elles détiennent à la clôture de l'exercice, indirectement, plus de la moitié du capital ou des droits de vote (tableau 2059-I).

Par ailleurs, sur les formulaires relatifs aux liens d'associés directs, il convient de distinguer le nombre total d'associés personnes physiques, d'une part, et le nombre d'associés personnes morales, d'autre part, ainsi que le nombre total de parts ou d'actions correspondant à chacune de ces catégories (cases P1 à P4).

Sur les formulaires relatifs aux filiales et participations directes (tableau 2059-G), il convient de mentionner le nombre total de filiales détenues par l'entreprise déclarante (case P5).

Composition du capital social [tableau 2059-F]

Indications générales

22-5 Lorsque le nombre d'associés excède le nombre de lignes du tableau, il convient d'utiliser un ou plusieurs tableaux supplémentaires. Dans ce cas, il convient de numéroter chaque tableau et de mentionner son numéro dans la case en haut à droite du tableau.

En haut du tableau, il convient de préciser la date de clôture de l'exercice, la dénomination, l'adresse et le numéro Siret de l'entreprise déclarante.

Dans les quatre cadres suivants, en tête du tableau, il convient d'indiquer :
– le nombre total d'associés ou d'actionnaires personnes morales ou personnes physiques de l'entreprise à la date de clôture de l'exercice (cases P1 et P2) ;
– le nombre total de parts ou d'actions composant le capital social détenu par chacune de ces catégories d'associés ou d'actionnaires à la date de clôture de l'exercice (cases P3 et P4). Cette mention doit correspondre au nombre de parts ou d'actions tel qu'il apparaît dans les statuts à cette même date.

Les renseignements à indiquer dans les cadres I (associés personnes morales) et II (associés personnes physiques) ne concernent que les associés ou actionnaires qui détiennent au moins 10 % du capital ou des actifs de la société déclarante.

Capital détenu par les personnes morales [cadre I]

22-6 Le cadre I est réservé à la liste des personnes morales détenant directement au moins 10 % du capital de la société. L'article 38 de l'annexe III du CGI vise les seules détentions de capital. Il ne précise pas s'il s'agit de détentions directes ou de détentions directes et indirectes. Toutefois, le sous-titre du tableau limite l'information demandée aux détentions directes.

Bien que comparable, cette information ne recouvre pas exactement celle à donner par les sociétés par actions dans le rapport de gestion en application des dispositions de l'article L. 233-13 du code de commerce. En effet, dans le rapport de gestion, il convient de mentionner les personnes morales (ou physiques) détenant, directement ou indirectement, plus du dixième (d'autres pourcentages sont également requis) du capital ou des droits de vote aux assemblées générales.

Ne sont à mentionner ici, dans ce cadre I, que les personnes morales détenant directement au moins 10 % du capital. Les détentions indirectes, ainsi que les répartitions en droits de vote lorsqu'elles sont différentes de celles en capital, ne sont pas retenues.

Pour chaque personne morale détenant au moins 10 % du capital de la société, sont mentionnés :
– la forme juridique ;
– la dénomination ;
– le numéro Siren (société établie en France) ;
– l'adresse ;
– le nombre de parts ou d'actions qu'elle détient ;
– le pourcentage de détention en capital (ce pourcentage est égal au rapport entre la valeur nominale totale des parts ou d'actions qu'elle détient et le montant du capital social à la clôture × 100).

Capital détenu par les personnes physiques [cadre II]

22-7 Le cadre II est réservé à la liste des personnes physiques détenant au moins 10 % du capital de la société.

Pour chaque personne physique détenant directement au moins 10 % du capital de la société sont mentionnés :
– le titre (M pour Monsieur, MME pour Madame, MLE pour Mademoiselle) ;
– le nom patronymique ;
– le ou les prénoms ;
– le nom marital ;
– la date et le lieu de naissance ;
– l'adresse ;
– le nombre de parts ou d'actions qu'elle détient ;

– le pourcentage de détention en capital (ce pourcentage est égal au rapport entre la valeur nominale totale des parts ou d'actions qu'elle détient et le montant du capital social à la clôture de l'exercice × 100).

Entreprises relevant de la DGE

22-8 Ces entreprises doivent transmettre ce tableau 2059-F par voie électronique, selon la procédure TDFC, au plus tard en même temps que leur déclaration de résultats au service compétent de la DGE.

Les entreprises rattachées à la DGE doivent également transmettre à ce service les tableaux 2059-H et 2059-I (voir § 22-1) qui permettent de déclarer le périmètre de rattachement à la DGE. Pour ces derniers tableaux, le seuil de détention à retenir n'est pas de 10 % (voir § 22-5), mais de 50 %.

Filiales et participations [tableau 2059-G]

Indications générales

22-15 En haut du tableau, il convient d'indiquer la date de clôture de l'exercice, la dénomination, l'adresse et le numéro Siret de l'entreprise déclarante.

Le nombre total de filiales détenu est mentionné à l'en-tête du tableau (case P5).

Lorsque le nombre de filiales et participations excède le nombre de lignes du tableau, un ou plusieurs tableaux supplémentaires sont utilisés. Dans cette hypothèse, la case figurant en haut à droite du tableau sera remplie.

Liste des filiales et participations

22-16 Divers textes imposent déjà aux personnes morales de fournir une liste de leurs filiales et participations (c. com. art. L. 233-15 ; PCG art. 832-6, 833-6 et 841-6).

Pour les entreprises relevant du régime réel normal d'imposition, la réglementation fiscale exige la production de cette information des contribuables personnes physiques et personnes morales (CGI, ann. III art. 38, II). Toutefois, l'intitulé repris en sous-titre du tableau 2059-G (« … dont la société détient directement au moins 10 % du capital ») semble restreindre la production de cette information aux seules personnes morales.

Le code général des impôts ne définit pas le seuil de détention, mais le tableau précise qu'il s'agit de la possession directe d'au moins 10 % du capital. Cette précision est en accord avec les définitions données par le code de commerce pour les filiales et participations (c. com. art. L. 233-1 et L. 233-2), c'est-à-dire :
– filiales : lorsqu'une société possède plus de la moitié du capital d'une autre société, la seconde est considérée comme la filiale de la première ;
– participations : lorsqu'une société possède dans une autre société une fraction du capital comprise entre 10 % et 50 %, la première est considérée comme ayant une participation.

Une information semblable est à fournir dans l'annexe comptable.

Pour chaque filiale ou participation sont indiqués :
– sa forme juridique (SA, SARL…) ;
– sa dénomination ;
– son numéro Siren si la société est établie en France ;
– son adresse ;
– le pourcentage de détention.

Entreprises relevant de la DGE

22-17 Ces entreprises doivent transmettre le tableau 2059-G, par voie électronique selon la procédure TDFC, au plus tard en même temps que leur déclaration de résultats, au service compétent de la DGE.

Les entreprises rattachées à la DGE doivent également transmettre à ce service les tableaux 2059-H et 2059-I (voir § 22-1) qui permettent de déclarer le périmètre de rattachement à la DGE. Pour ces derniers tableaux, le seuil de détention à retenir n'est pas de 10 %, mais de 50 % (voir § 22-5).

Entreprises relevant de la DGE [tableaux 2059-H et 2059-I]

22-18 Ces entreprises (voir §§ 1-10 et 1-26 à 1-28) sont tenues de transmettre à la DGE, par voie électronique selon la procédure TDFC, au

plus tard en même temps que leur déclaration de résultats (BOFiP-IS-DECLA-30-20-§§ 300 à 510-18/03/2013) **:**

– le tableau 2059-H, relatif à la composition du capital (détention indirecte) ; ce tableau comporte la liste des personnes morales ou groupements de personnes de droit ou de fait détenant, à la clôture de leurs exercices, indirectement plus de 50 % de la société déclarante (capital ou droits de vote) ;

– le tableau 2059-I concernant la liste des filiales (détention indirecte) ; ce tableau comporte la liste des personnes morales ou groupements de personnes de droit ou de fait dont la déclarante détient, à la clôture de son exercice, indirectement, plus de 50 % du capital ou des droits de vote.

Pour l'ensemble des personnes ou groupements désignés ci-dessus, sont indiqués leur dénomination, leur adresse, le taux de détention et, pour ceux établis en France, leur numéro d'identification au répertoire national des établissements (numéro Siren). Rappelons que les personnes détenant directement le capital de la société sont à mentionner sur le tableau 2059-F et que les filiales détenues directement sont à mentionner sur le tableau 2059-G. Pour l'analyse des filiales détenues indirectement, il convient, à notre avis, de se référer aux pourcentages de contrôle de la société déclarante sur ses filiales.

2067 Relevé de frais généraux

Généralités

23-1 À l'appui de leurs déclarations de résultats, les entreprises sont tenues de fournir un relevé de frais généraux, souscrit obligatoirement en euros, lorsque ces frais excèdent certaines limites (CGI art. 39, 5 et 54 quater ; ann. II art. 36 ; ann. IV art. 4 J à 4 L). L'absence de production de ce relevé entraîne l'application des amendes prévues à l'article 1763 du CGI (voir § 23-30).

Le relevé de frais généraux doit être souscrit par voie électronique et annexé aux déclarations 2031 (entreprises soumises à l'IR) ou 2065 (entreprises soumises à l'IS) (voir § 1-11, déclaration 2065).

Sociétés – Groupements d'intérêt économique

23-5 Le relevé de frais généraux doit être fourni par les sociétés, quel que soit le régime fiscal auquel elles sont assujetties, ainsi que par les groupements d'intérêt économique, lorsque les frais énumérés ci-après excèdent les limites suivantes (CGI, ann. IV art. 4 J) :

Catégorie de frais	Seuils
Rémunérations directes et indirectes (y compris les remboursements de frais) versées (1) :	
- aux 10 personnes les mieux rémunérées dans les entreprises de plus de 200 salariés	300000 €
- aux 5 personnes les mieux rémunérées dans les entreprises de moins de 200 salariés	150000 €
- à l'une de ces personnes prises individuellement	50000 €
Frais de voyages et déplacements exposés par ces personnes (1)	15000 €
Dépenses et charges afférentes aux véhicules et autres biens mis à la disposition de ces personnes ainsi qu'aux immeubles non affectés à l'exploitation (1)	30000 €
Cadeaux de toute nature, à l'exception de ceux conçus spécialement pour la publicité et dont la valeur unitaire n'excède pas 69 € TTC (2)	3000 €
Frais de réception, y compris frais de restaurant et de spectacle	6 100 €

(1) Ces frais doivent être pris en considération globalement pour l'application du chiffre limite, mais ils doivent être ventilés respectivement aux colonnes 7 et 8 du cadre A de l'imprimé (voir §§ 23-19 et 23-20).
(2) En deçà de ce seuil, les cadeaux ne sont pas à inscrire sur le relevé des frais généraux (arrêté du 10 juin 2016, art. 1).

Il n'y a pas lieu d'ajuster ces chiffres limites pour tenir compte de la durée de l'exercice comptable lorsque cette durée est supérieure ou inférieure à 1 an (rép. Liot n° 6337, JO 5 février 1967, Sén. quest. p. 25, disposition non retrouvée au BOFiP).

Tous les frais exposés ci-dessus s'entendent des dépenses et des charges comprises dans les frais généraux de l'entreprise, et non des dépenses ayant fait l'objet d'un paiement effectif. Le Conseil d'État considère que l'obligation de fournir le relevé de frais généraux ne s'applique qu'aux seules catégories de frais pour lesquelles les seuils sont dépassés (CE 12 janvier 1983, n° 24530 ; CE 15 avril 1991, n° 76578).

Entreprises individuelles

23-10 Contrairement aux sociétés de personnes ou de capitaux, les entreprises individuelles ne sont tenues de fournir que les renseignements relatifs aux cadeaux et aux frais de réception. Ces entreprises doivent utiliser à cet effet non pas l'imprimé 2067, mais le cadre E de la déclaration des résultats 2031 (voir § 2-52).

Les précisions données (voir §§ 23-21 et 23-22) à propos des cadeaux et des frais de réception peuvent être utilement consultées par les entreprises individuelles pour remplir le cadre E de l'imprimé 2031.

Présentation du relevé

Identification de l'entreprise

23-15 Le relevé des frais devant être joint en un seul exemplaire aux déclarations 2031 et 2065, il doit porter comme adresse soit celle du principal établissement (pour les entreprises soumises à l'IS), soit celle de la direction de l'entreprise dans le cas contraire.

Le montant des sommes à indiquer doit être arrondi à l'euro le plus proche.

Frais alloués directement ou indirectement aux personnes les mieux rémunérées [cadre A]

23-16 **Personnes les mieux rémunérées.** Il s'agit des 10 ou 5 personnes les mieux rémunérées selon que l'effectif du personnel dépasse ou non 200 salariés. Pour déterminer quelles sont ces personnes, il convient de prendre en considération l'ensemble des rémunérations, directes ou indirectes, telles qu'elles sont définies au paragraphe 23-17 ; ces rémunérations comprennent, le cas échéant, les sommes que l'entreprise peut être amenée à reverser à une autre entreprise pour un dirigeant commun aux deux entreprises et directement rémunéré par une seule d'entre elles.

La désignation des personnes les mieux rémunérées peut être effectuée en fonction des dépenses exposées au cours de l'exercice précédent ; ce choix doit être indiqué dans le cadre C sous la forme suivante : « Relevé établi en fonction des personnes les mieux rémunérées de l'exercice 2019 ». Toutefois, si l'un des collaborateurs les mieux rémunérés en 2019 a cessé ses fonctions en 2020, c'est d'après les dépenses exposées par son successeur ou, à défaut, par le 6e ou le 11e collaborateur le mieux rétribué de l'exercice 2019 qu'il y a lieu, en principe, d'établir le relevé (BOFiP-BIC-CHG-40-60-10-§ 160-01/03/2017).

Les personnes les mieux rémunérées peuvent comprendre non seulement les **personnes ayant la qualité de salarié mais aussi les personnes telles que gérants majoritaires de sociétés à responsabilité limitée, gérants de sociétés en commandite, ainsi que les personnes qui, exerçant des activités non commerciales (avocats-conseils, architectes-conseils, conseillers techniques, etc.), prêtent un concours exclusif et permanent à l'entreprise intéressée** (cass. soc. 13 novembre 1996, BC V n° 386).

Les rémunérations versées aux salariés à temps partiel doivent être prises en compte (rép. Perrin n° 21356, JO 21 décembre 1966, AN quest. p. 5727, disposition non retrouvée au BOFiP).

Les indications fournies par l'article 39, 5 du CGI, relatif à la déductibilité des rémunérations allouées aux membres des organes de direction (anciennement jetons de présence), peuvent, à ce propos, être utilement prises en compte.

Sont, en revanche, exclues les personnes qui :
– relèvent de l'IR dans la catégorie des bénéfices industriels et commerciaux à raison de leur activité dans l'entreprise, et notamment les membres des sociétés de personnes lorsque ces sociétés n'ont pas opté pour l'IS (CGI, ann. IV art. 4 K a ; BOFiP-BIC-CHG-40-60-10-§ 50-01/03/2017) ;
– exercent une activité rémunérée à la commission, mais n'appartiennent ni au personnel dirigeant ni aux salariés de cette société (CE 18 juin 1984, n° 30707).

Peuvent figurer sur l'état 2067 les rémunérations de personnes « non salariées », contrairement à celles devant figurer sur la DSN.

23-17 **Rémunérations directes ou indirectes [col. 1 à 5].** Il convient de mentionner sous ces rubriques, pour les 10 ou 5 personnes les mieux rémunérées (CGI, ann. IV art. 4 K, a ; BOFiP-BIC-CHG-40-60-10-§ 40-01/03/2017) :
– colonne 1 : le montant total des rémunérations de toute nature fixes ou proportionnelles, les commissions ou honoraires, ainsi que les indemnités ou allocations diverses (autres que les indemnités professionnelles à porter colonne 2) admises en déduction du résultat imposable de l'employeur ;

Les rémunérations retenues sont celles portées en déduction des résultats de l'entreprise et non celles servant de base d'imposition pour les bénéficiaires (rép. Liot n° 11827, JO 11 octobre 1972, Sén. quest. p. 1738, disposition non retrouvée au BOFiP).

Doivent également figurer dans cette colonne les indemnités, remboursements ou allocations forfaitaires pour frais versés aux dirigeants salariés de sociétés ainsi qu'aux salariés dont la rémunération totale excède la plus faible des rémunérations allouées à ces dirigeants, ces indemnités ou allocations forfaitaires étant

Les chiffres indiqués renvoient aux commentaires de cette fiche

RÉPUBLIQUE FRANÇAISE
Liberté
Égalité
Fraternité

cerfa
N° 11093*22
Formulaire obligatoire (article 54 quater Du Code général des impôts)
N° 2067-SD
(2021)

RELEVÉ DE FRAIS GÉNÉRAUX

ANNÉE ______ ou exercice
du ______
au ______

Désignation de l' entreprise ______
Adresse ______

A – FRAIS ALLOUÉS DIRECTEMENT OU INDIRECTEMENT AUX PERSONNES LES MIEUX RÉMUNÉRÉS : v notice ①

	NOM, PRÉNOM ET EMPLOI OCCUPÉ	ADRESSE COMPLÈTE
1		
2	**23-16**	**23-16**
3		
4		
5		
6		
7		
8		
9		
10		

	RÉMUNÉRATIONS DIRECTES OU INDIRECTES (dans l'ordre du tableau ci-dessus)						DÉPENSES ET CHARGES AFFÉRENTES		
	Montant des rémunérations de toute nature (v. notice ②)	Montant des indemnités et allocations diverses (v. notice ③)	Valeur des avantages en nature (v. notice ④)	Montant des remboursements de dépenses à caractère personnel (v. notice ⑤)	TOTAL DES COLONNES 1 à 4	Frais de voyages et de déplacements (v. notice ⑥)	aux véhicules et autres biens (v. notice ⑦)	aux immeubles non affectés à l'exploitation (v. notice ⑧)	TOTAL DES COLONNES 5 à 8
	1	2	3	4	5	6	7	8	9
1									
2									
3									
4	**23-17**	**23-17**	**23-17**	**23-17**		**23-18**	**23-19**	**23-20**	
5									
6									
7									
8									
9									
10									
**									

** TOTAUX

B – AUTRES FRAIS	10
Cadeaux de toute nature, à l'exception des objets conçus spécialement pour la publicité, et dont la valeur unitaire ne dépasse pas 69 € par bénéficiaire (toutes taxes comprises)	**23-21**
Frais de réception, y compris les frais de restaurant et de spectacles, qui se rattachent à la gestion de l'entreprise et dont la charge lui incombe normalement	**23-22**
Totaux	

C - ÉLÉMENTS DE RÉFÉRENCE (v. notice ①) :

Total des dépenses		Bénéfices imposables ⑨	
- de l'exercice..........................(total col. 9 + total col. 10) ⑩	**23-23**	- de l'exercice............. ⑩	**23-24**
- de l'exercice précédent ⑩	**23-23**	- de l'exercice précédent ⑩	**23-24**

Nom et qualité du signataire

À.................................., Le...

Signature,

Les montants sont arrondis à l'unité la plus proche.

considérées comme des rémunérations imposables (CGI art. 80 ter) ; sont, en revanche, à exclure les indemnités versées à l'occasion du départ d'un collaborateur de l'entreprise sous forme d'indemnités de licenciement, de primes de mise à la retraite, d'indemnités de non-concurrence ou pour rupture de contrat ;

Les indemnités de licenciement ne s'analysent pas, de par leur nature juridique, comme un salaire, mais comme la réparation d'un dommage (CNCC, bull. 88, décembre 1992, pp. 640 à 643).

– colonne 2 : les indemnités et allocations professionnelles diverses de caractère forfaitaire (allocations forfaitaires pour frais de représentation et de déplacement, par exemple) autres que les indemnités, remboursements ou allocations forfaitaires pour frais qui, versés aux dirigeants de sociétés ou bien aux salariés et présentant le caractère d'un complément de salaire, sont à porter dans la colonne 1 ;

– colonne 3 : le montant des avantages en nature évalués dans tous les cas d'après leur valeur intrinsèque et réelle (mise à la disposition du salarié d'un logement ou d'une voiture pour ses déplacements privés, par exemple) ;

– colonne 4 : les remboursements de dépenses à caractère strictement personnel (loyer de l'immeuble d'habitation, impôts, par exemple), à l'exclusion de tout autre remboursement de frais. Ne sont donc pas à porter sur l'état 2067 les remboursements de frais qui se rattachent directement à un acte de gestion de l'entreprise.

Voyages de stimulation. En raison, notamment, de leur caractère aléatoire, ces voyages offerts par une entreprise, à l'issue d'un concours, aux meilleurs vendeurs de son réseau de vente ne constituent ni une rémunération ni un avantage en nature et n'ont donc pas à figurer sur le relevé de frais généraux, pas plus d'ailleurs que sur la DSN ; il en est de même pour le voyage offert à l'accompagnateur du lauréat (CE 10 février 1997, n° 167411 ; CAA Nancy 6 juillet 1995, n°s 92NC00110 et 92NC00272). Ces voyages ne peuvent pas davantage être assimilés à un cadeau (voir § 23-21).

Tous les montants indiqués ci-avant doivent correspondre aux charges effectivement supportées par l'entreprise, y compris, le cas échéant, celles restant à payer à la clôture de l'exercice.

23-18 Frais de voyages et de déplacements [col. 6]. Entrent dans cette catégorie tous les frais de voyages et de déplacements, notamment les frais d'hôtel ou de restaurant, qu'il s'agisse de frais habituels ou de frais exceptionnels, à l'exclusion des allocations forfaitaires qui ont été attribuées pour couvrir les frais de l'espèce et qui doivent être mentionnées, selon le cas, dans la colonne 1 ou 2.

Il n'y a pas lieu de rechercher, selon l'administration, si ces dépenses sont inhérentes à l'emploi ou exposées dans le cadre de la gestion de l'entreprise, ni de distinguer suivant que leur règlement a été assuré directement par l'employeur ou sous forme de remboursement de frais (BOFiP-BIC-CHG-40-60-10-§ 70-01/03/2017). En réalité, sont visés par le code général des impôts uniquement les « frais de voyages et de déplacements » qui sont engagés dans le cadre de la gestion de l'entreprise et dont la charge incombe normalement à cette dernière (CGI, ann. IV art. 4 K, b).

Si elles ont des difficultés pour effectuer les ventilations nécessaires, les entreprises peuvent inclure dans cette catégorie, les frais de réception liés aux voyages ou aux déplacements (voir colonne 10, cadre B).

23-19 Dépenses et charges afférentes aux véhicules et autres biens [col. 7]. Entrent dans cette catégorie les charges afférentes aux véhicules automobiles, avions de tourisme, bateaux ou navires de plaisance mis par l'entreprise à la disposition des personnes les mieux rémunérées, sans qu'il y ait lieu de rechercher si cette mise à disposition comporte ou non une contrepartie.

Il en est ainsi, notamment, des dépenses et charges somptuaires (y compris les amortissements) afférentes aux biens visés à l'article 39, 4 du CGI.

Mais il convient d'exclure de cette rubrique les dépenses qui, incombant normalement aux intéressés, ont été prises en charge par l'entreprise sous forme de rémunérations indirectes et comprises, à ce titre, dans les sommes portées dans les colonnes 2 à 4 ; tel sera, par exemple, le cas des frais d'essence et de réparation d'un véhicule mis gratuitement à la disposition d'un dirigeant ou d'un cadre pour son usage privé (BOFiP-BIC-CHG-40-60-10-§ 80-01/03/2017).

S'agissant des voitures, les dépenses et charges s'entendent de la totalité des frais d'essence, d'assurance, d'entretien et de réparation ainsi que des charges d'amortissement, sous déduction, le cas échéant, de la valeur de l'avantage en nature correspondant à l'usage gratuit du véhicule pour les besoins privés de l'utilisateur. Cet avantage doit être compris dans les sommes portées dans la colonne 3. La taxe sur les voitures particulières des sociétés est également à porter dans cette colonne (rép. Braconnier n° 311, JO 24 septembre 1981, Sén. quest. p. 1627, disposition non retrouvée au BOFiP).

Lorsque, en raison de l'importance du parc utilisé par l'entreprise, il existe des difficultés pratiques pour connaître exactement la part de carburant consommée par chaque véhicule, il est possible de procéder par voie d'évaluation faite en fonction de la consommation kilométrique habituelle et de la distance effectivement parcourue par chaque véhicule (rép. Liot n° 6813, JO 9 août 1967, Sén. quest. p. 890, disposition non retrouvée au BOFiP).

Dépenses de stationnement. Ces dépenses, telles que les frais de parking supportés par un commerçant dans l'exercice de sa profession, sont inscrites à la rubrique « Locations » (ligne « Autres achats et charges externes » du tableau 2052) lorsqu'elles se rapportent à des locaux ou emplacements pris à bail. Elles figurent à la rubrique « Déplacements, missions et réceptions » (même ligne du tableau précité) lorsqu'elles résultent de l'occupation occasionnelle d'un emplacement de stationnement et sont engagées par le chef d'entreprise ou ses collaborateurs à l'occasion de déplacements professionnels ou d'opérations de transport de marchandises. Quelle que soit la rubrique retenue, les frais de stationnement provenant de l'utilisation de véhicules mis par la société à la disposition des personnes les mieux rémunérées telles qu'elles sont définies par l'article 39, 5 du CGI doivent être portés sur le relevé de frais généraux 2067 (rép. Sergheraert n° 32497, JO 12 janvier 1981, AN quest. p. 141, disposition non retrouvée au BOFiP).

Dépenses et charges afférentes aux immeubles non affectés à l'exploitation [col. 8]

23-20 **Entrent dans cette catégorie les dépenses et charges de toute nature, y compris les amortissements, afférentes aux immeubles d'habitation mis par l'entreprise à la disposition des personnes les mieux rémunérées. Le montant de ces dépenses et charges est diminué, le cas échéant, du montant des rémunérations indirectes correspondant à l'avantage en nature résultant de la mise à la disposition de ces immeubles en faveur desdites personnes, cet avantage devant être mentionné dans la colonne 3** (BOFiP-BIC-CHG-40-60-10-§ 90-01/03/2017).

Les dépenses portées colonne 8 font, en principe, partie des montants réintégrés aux lignes WD « Avantages personnels non déductibles » et WE « Amortissements excédentaires (CGI art. 39, 4) et autres amortissements non déductibles » du tableau 2058-A « Détermination du résultat fiscal » (voir §§ 14-13 et 14-14).

Sont admises en déduction du résultat imposable, sous réserve d'être engagées dans l'intérêt de l'entreprise :
– les dépenses relatives aux résidences servant à la fois d'habitation et d'adresse de l'entreprise individuelle ou du siège social de la société ;
– les dépenses relatives aux résidences de plaisance ou d'agrément qui font partie intégrante d'un établissement de production et qui servent à l'accueil de la clientèle.

Autres frais [cadre B]

23-21 **Cadeaux autres que les objets conçus spécialement pour la publicité. Entrent dans cette catégorie les dépenses qui se rapportent aux cadeaux de toute nature, c'est-à-dire aux objets, denrées, espèces ou autres produits que l'entreprise remet gratuitement aux personnes qui entretiennent, ou sont susceptibles d'entretenir, avec elle des relations d'affaires.**

Ne constituent pas des cadeaux **les espèces ou produits** de toute nature **remis en prime** à l'occasion d'une vente ou d'une prestation de services et qui, à ce dernier titre, dépendent directement de l'importance de l'opération traitée avec chaque client ; il en est ainsi des **escomptes de caisse**, des objets offerts à titre de primes ou des cadeaux en nature offerts à l'occasion de ventes faites à des particuliers par un commerçant au détail (rép. Liot n° 6337, JO 5 février 1967, Sén. quest. p. 25, disposition non retrouvée au BOFiP).

Les voyages de stimulation (voir § 23-17).

Par ailleurs, il n'y a pas lieu de tenir compte des objets spécialement conçus pour la publicité et dont la valeur, pour l'année et pour un même bénéficiaire, ne dépasse pas 69 € toutes taxes comprises (BOFiP-BIC-CHG-40-60-10-§ 130-01/03/2017 ; CAA Nancy 26 janvier 1995, n° 93NC00211). **C'est pour leur montant global que les cadeaux de toute nature doivent figurer sur le relevé.**

23-22 **Frais de réception. Entrent dans cette catégorie les frais de réception, y compris les frais de restaurant et de spectacles, qui se rattachent à la gestion de l'entreprise et dont la charge lui incombe normalement, quand bien même ces frais auraient été avancés par un dirigeant ou un cadre de l'entreprise** (CGI, ann. IV art. 4 K, e ; BOFiP-BIC-CHG-40-60-10-§ 140-01/03/2017).

Les frais à considérer sont ceux qui sont exposés à l'occasion des contacts professionnels établis avec des personnes étrangères à l'entreprise (clients, fournisseurs, relations publiques). Tel est le cas, par exemple, des frais supportés à l'occasion de l'ouverture d'un magasin et relatifs à des invitations faites à diverses personnes étrangères à l'entreprise.

N'entrent donc pas dans cette catégorie les dépenses qu'une entreprise expose à l'occasion des réunions périodiques organisées entre membres de son personnel ou de ses représentants (VRP, concessionnaires, etc.) en vue, par exemple, de parfaire leurs connaissances professionnelles, de leur donner des instructions, de confronter les résultats de chacun, etc. De même, sont à exclure de cette catégorie les dépenses présentant un caractère essentiellement publicitaire ; il en est ainsi, par exemple, des frais qu'une entreprise expose pour mieux faire connaître ses produits et, notamment, des dépenses correspondant à la dégustation de ses propres denrées ou à la mise à disposition gratuite de ses clients ou de ses fournisseurs des biens ou services qu'elle produit ou fournit elle-même. En outre, les frais de réception liés à des voyages et déplacements professionnels peuvent être mentionnés sous la rubrique des frais de voyages et de déplacements (voir § 23-18).

C'est pour leur montant global que les frais de réception doivent figurer sur le relevé.

Éléments de référence [cadre C]

23-23 **Total des dépenses.** Pour les dépenses du dernier exercice (2020), il convient de reporter le total des « Frais alloués directement ou indirectement aux personnes les mieux rémunérées » (cadre A, colonne 9) et des « Autres frais » (cadre B, colonne 10).

Pour les dépenses de l'exercice précédent (2019), le contribuable doit reporter, à partir de la déclaration 2067 de l'exercice précédent, les totaux relatifs aux mêmes rubriques.

23-24 **Bénéfices imposables.** Il s'agit du résultat fiscal déclaré par l'entreprise pour le dernier exercice (2020) et pour l'exercice précédent (2019), abstraction faite des plus ou moins-values provenant de la cession des éléments de l'actif immobilisé et des déficits reportables des exercices antérieurs (CGI, ann. II art. 34 ; BOFiP-BIC-CHG-40-60-30-§ 130-12/09/2012).

Lorsque les deux exercices ont une durée différente, les chiffres afférents à l'exercice de référence sont ajustés au prorata de la durée de l'exercice pour lequel la comparaison est effectuée (CGI, ann. II art. 36 ; BOFiP-BIC-CHG-40-60-30-§ 150-12/09/2012).

Il convient de reporter les résultats fiscaux figurant aux tableaux 2058-A « Détermination du résultat fiscal » des exercices concernés à la ligne XI « Bénéfice » ou XJ « Déficit ».

Défaut de production du relevé – Inexactitudes

Sanction applicable aux sommes non déclarées

23-30 Les sociétés qui s'abstiennent de souscrire le relevé de frais généraux ou d'y mentionner des dépenses devant être déclarées sont soumises à une amende égale à 5 % des sommes ne figurant pas sur le relevé. Cette amende est limitée au seul exercice au titre duquel l'infraction est constatée et le taux est ramené à 1 % toutes les fois que les renseignements ainsi omis ou inexacts portent sur des sommes réellement déductibles pour la détermination du résultat de la société qui les a versées. Néanmoins, l'amende n'est pas applicable, en cas de première infraction commise au cours de l'année civile en cours et des trois années précédentes, lorsque les sociétés ont réparé leur omission soit spontanément, soit à la première demande de l'administration avant la fin de l'année qui suit celle au cours de laquelle le document devait être présenté (CGI art. 1763).

Mais qu'elles soient ou non portées sur le relevé de frais généraux, les dépenses en cause demeurent normalement déductibles pour la détermination du résultat fiscal (voir toutefois § 23-36).

Communication à l'assemblée générale des actionnaires

23-31 Lorsqu'il y a lieu à réintégration des sommes non déclarées, les chiffres globaux correspondant à chacune des catégories de frais doivent être communiqués à la plus proche assemblée générale des actionnaires sous la responsabilité des commissaires aux comptes (CGI art. 223 quinquies ; BOFiP-BIC-CHG-40-60-20-§ 150-08/04/2013).

Il s'agit donc des frais généraux excessifs et non engagés dans l'intérêt direct de l'entreprise (ou, le cas échéant, de ceux provenant d'un acte anormal de gestion), qui doivent figurer dans le rapport de gestion avec l'information sur les dépenses et charges somptuaires prévue à l'article 223 quater du CGI.

Utilisation du relevé de frais par l'administration

Dépenses excessives non engagées dans l'intérêt direct de l'entreprise

23-35 L'administration peut réintégrer dans le résultat fiscal de l'entreprise les dépenses devant figurer sur le relevé de frais lorsqu'elles sont excessives et qu'elles ne peuvent être considérées comme ayant été engagées dans l'intérêt direct de l'entreprise (CGI art. 39, 5 ; BOFiP-BIC-CHG-40-60-30-§ 20-12/09/2012).

Il lui appartient alors d'établir le caractère excessif des dépenses, et ce n'est qu'au terme de cette première appréciation qu'elle peut demander à l'entreprise de justifier que les dépenses en cause ont été exposées dans l'intérêt direct de l'exploitation.

En pratique, le recours à cette procédure se trouve donc limité aux hypothèses exceptionnelles de dépenses qui sont d'un montant manifestement disproportionné par rapport à l'importance de l'entreprise et qui, par suite, peuvent être considérées comme étrangères, en réalité, à l'intérêt de l'exploitation (BOFiP-BIC-CHG-40-60-30-§ 50-12/09/2012).

Dépenses en augmentation

23-36 L'administration ne peut, bien évidemment, réintégrer des frais généraux du seul fait qu'ils sont supérieurs aux bénéfices ou qu'ils ont augmenté plus rapidement que les bénéfices. Les dispositions de l'article 39, 5 du CGI n'ont pas, en effet, pour objet d'entraver une évolution normale des frais généraux, mais de faire échec à un gonflement abusif de ces frais. En pratique, ce n'est donc que dans des situations exceptionnelles que l'administration envisage de mettre en œuvre ces dispositions (BOFiP-BIC-CHG-40-60-30-§§ 70 à 90-12/09/2012).

Sort des dépenses dont le caractère déductible n'est pas reconnu

23-37 Lorsque l'administration établit le caractère excessif des dépenses devant figurer sur le relevé de frais et si la preuve n'est pas apportée par le contribuable qu'elles ont été engagées dans l'intérêt direct de l'entreprise, la fraction excessive de ces dépenses est réintégrée dans le résultat fiscal, selon la procédure de rectification contradictoire.

Il en est de même des dépenses dont l'entreprise ne peut établir qu'elles sont justifiées par sa gestion, lorsque l'administration constate qu'elles augmentent dans une proportion supérieure à celle des bénéfices imposables ou que leur montant excède celui de ces bénéfices (BOFiP-BIC-CHG-40-60-30-§§ 200 et 210-12/09/2012).

Imposition au titre des revenus distribués

23-38 Si l'entreprise est passible de l'IS, les sommes ainsi réintégrées dans le résultat fiscal doivent normalement, dans la mesure où les valeurs correspondantes ne se retrouvent pas dans l'actif social, être considérées comme des revenus distribués et imposées comme tels au nom des bénéficiaires (CGI art. 109 à 111, e ; BOFiP-BIC-CHG-40-60-30-§ 220-12/09/2012). Lorsque l'identité des bénéficiaires n'est pas révélée par l'entreprise à l'administration, les sommes en cause donnent lieu à l'application d'une amende égale à 100 % des sommes versées ou distribuées. Lorsque la société a spontanément fait figurer dans sa déclaration de résultat le montant des sommes en cause, le taux de l'amende est ramené à 75 % (CGI art. 1759).

Répartition du résultat dans les sociétés de personnes

23-39 Lorsque la société est imposable à l'IR, les sommes réintégrées dans le résultat fiscal doivent être imposées au nom des bénéficiaires. À ce titre, elles entraînent une modification de la répartition de ce résultat.

2039 Report en arrière des déficits

Sociétés concernées et mécanisme du report en arrière

Sociétés concernées

24-1 Toutes les personnes morales et collectivités passibles de plein droit ou sur option de l'impôt sur les sociétés (IS), sur tout ou partie de leur activité, peuvent opter pour le report en arrière des déficits (CGI art. 220 quinquies). Les conditions d'application du report en arrière sont appréciées au niveau des sociétés soumises à l'IS en France, sans qu'il y ait lieu de distinguer selon que ces entreprises sont françaises ou étrangères (CGI art. 220 quinquies, I).

Les sociétés étrangères sont imposables à l'IS en France à raison de leurs participations dans des sociétés de personnes qui exercent leur activité en France (CE 4 avril 1997, n° 144211). Elles peuvent alors bénéficier du report en arrière d'un déficit, à condition d'établir que le bénéfice d'imputation sur lequel elles entendent reporter leur déficit n'a pas été distribué (CAA Paris 30 décembre 1997, n° 94PA00686).

Mécanisme du report en arrière des déficits

24-2 Lorsqu'une entreprise soumise à l'IS subit un déficit au titre d'un exercice, elle peut, sur option, l'imputer sur le bénéfice de l'exercice précédent, dans la limite de la fraction non distribuée de ce bénéfice (CGI art. 220 quinquies). L'option pour le report en arrière des déficits porte sur le seul déficit constaté au titre de l'exercice et ne concerne donc pas les déficits reportables des exercices antérieurs. Le déficit susceptible d'être reporté en arrière ne peut excéder 1 000 000 €.

➡ **À noter** Du fait de cette limitation du report en arrière du déficit à un an et du plafonnement du déficit reportable, apprécié dans les groupes intégrés, au niveau de la société mère, ce dispositif s'adresse en priorité aux PME.

Le déficit imputé selon ce système dérogatoire et facultatif cesse d'être reportable en avant sur les résultats des exercices suivants.

L'imputation sur le bénéfice imposé de l'exercice précédent fait naître, au profit de l'entreprise, une créance sur le Trésor correspondant à l'impôt acquitté à raison du bénéfice d'imputation. La créance ainsi constituée peut être utilisée par la société pour le paiement de l'IS dû au titre des exercices clos au cours des 5 années suivantes ou, à défaut, être remboursée au terme de ces 5 ans (CGI art. 220 quinquies).

Dans les **groupes de sociétés**, les sociétés filiales ne peuvent pas exercer l'option pour le report en arrière de leur déficit. Le report en arrière s'applique au niveau du résultat du groupe. Le déficit d'ensemble de l'exercice s'impute, en respectant la limite de 1 000 000 €, sur le bénéfice d'ensemble de l'exercice précédent ou sur le bénéfice que la société mère a personnellement réalisé au cours de l'exercice précédant l'application du régime de groupe. Le plafond de 1 000 000 € est apprécié au niveau de la seule société mère et n'est pas fonction du nombre de sociétés déficitaires du groupe qui concourent à la formation du déficit d'ensemble (voir « L'intégration fiscale », 13e édition 2020, Groupe Revue Fiduciaire).

Exercice d'une option

24-3 Mention dans la déclaration de résultat et souscription du formulaire 2039. Les entreprises doivent formaliser leur option pour le report en arrière d'un déficit à la fois :
– en la mentionnant sur la déclaration du résultat de l'exercice ayant constaté ce déficit ;
– et en utilisant l'imprimé 2039-SD qui est à joindre au relevé de solde de liquidation de l'IS (imprimé 2572) (CGI, ann. III art. 46 quater-0 W).

En pratique, l'option est formalisée :
– pour les entreprises relevant du régime réel normal d'imposition, en complétant la ligne ZL

(« Déficit de l'exercice reporté en arrière ») du tableau 2058-A (voir § 14-151) ;
– pour les entreprises relevant du régime simplifié d'imposition, en complétant la ligne 356 (« Déficit de l'exercice reporté en arrière ») du tableau 2033-B (voir § 25-15) ;
– pour la société mère d'un groupe fiscal, en complétant la ligne HE (« Déficit de l'exercice reporté en arrière ») du tableau 2058 RG (voir § 36-22).

L'imprimé 2039 est complété par une notice 2039-NOT. Nous présentons ci-après le détail des modalités d'établissement de cet imprimé 2039.

Exercice de l'option après un contrôle fiscal. On se reportera aux indications données dans notre cahier « Détermination du résultat fiscal BIC-IS » (voir RF 1120, § 95).

24-4 Délai d'exercice de l'option. L'option, qui constitue une décision de gestion de l'entreprise, est réalisée au titre de l'exercice au cours duquel le déficit est constaté et dans les mêmes délais que ceux prévus pour le dépôt de la déclaration de résultat 2065 de cet exercice. L'option doit donc être exercée, en principe, dans les 3 mois suivant la clôture de l'exercice ou, pour les clôtures au 31 décembre au plus tard le 2e jour ouvré suivant le 1er mai (CGI art. 223, 1). Pour l'exercice clos le 31 décembre 2020, la date limite de transmission est le 19 mai 2021 (voir § 1-20). L'option pour le report en arrière est exercée sur le tableau 2058-A (régime normal) ou le tableau 2033-B (régime simplifié) joint à la déclaration du résultat 2065.

Quant à la déclaration 2039, qui doit être télédéclarée à la même date que le bordereau de liquidation de l'IS, la date limite est fixé au plus tard le 15 du 4e mois qui suit la clôture de l'exercice ou, pour les clôtures au 31 décembre, au 15 mai de l'année suivante (17 mai 2021 pour les clôtures au 31 décembre 2020, le 15 mai tombant un samedi) (voir § 1-21).

→ **À NOTER** Si la société n'opte pas dans les délais de dépôt de sa déclaration de résultat pour le report en arrière du déficit constaté au titre de l'exercice, elle perd définitivement le droit d'opter pour le report en arrière de ce déficit, qui demeure toutefois reportable en avant sans limitation de durée (CGI art. 209, I.al. 3 ; BOFiP-IS-DEF-20-10-§ 250-12/09/2012).

24-5 Situation excluant le bénéfice de l'option. L'option ne peut pas être exercée (BOFiP-IS-DEF-20-10-§ 30-12/09/2012) :
– au titre de l'exercice au cours duquel l'entreprise cesse totalement son activité ou cède la totalité de ses éléments d'actif. Cette interdiction ne s'applique pas à l'entreprise cessionnaire ;
– au titre de l'exercice au cours duquel l'entreprise a procédé à une opération de fusion, de scission ou d'apport partiel d'actif. Cette règle s'applique aussi bien à l'entreprise absorbante ou bénéficiaire de l'apport qu'à l'entreprise absorbée ou apporteuse. Toutefois, l'administration fiscale admet que l'entreprise absorbante ou bénéficiaire de l'apport puisse reporter le déficit constaté au titre de l'exercice au cours duquel l'opération est intervenue, sous réserve qu'il remplisse les conditions prévues pour ce report ;
– à compter de l'exercice au cours duquel un jugement plaçant l'entreprise en redressement judiciaire ou en liquidation judiciaire, est intervenu.

Dans les groupes de sociétés, les sociétés filiales ne peuvent pas exercer l'option pour le report en arrière de leur déficit (voir § 24-2).

L'option pour le report en arrière ne peut pas être exercée au titre de l'exercice de dissolution par anticipation et de liquidation amiable d'une société et alors même que la clôture de liquidation est intervenue au titre d'un exercice ultérieur (CE 20 novembre 2017, n° 397027).

Néanmoins, cette option peut être exercée par une société qui cesse d'être soumise à l'IS en raison de son option pour le régime des sociétés d'investissements immobiliers cotées (SIIC), même si cette société fait l'objet d'une imposition immédiate de ses bénéfices dans les mêmes conditions que celles qui sont prévues en cas de cession ou de cessation d'une entreprise industrielle ou commerciale (CE 7 juin 2019, n° 411648).

Comment remplir la déclaration 2039 ?

Structure de la déclaration

24-10 La première page du formulaire millésimé 2021 est identique au formulaire de 2020. Elle est consacrée à l'identification de l'entreprise souhaitant procéder au report en arrière du déficit de l'exercice.

Les chiffres indiqués renvoient aux commentaires de cette fiche

RÉPUBLIQUE FRANÇAISE
Liberté Égalité Fraternité

N° 2039-SD
(2021)

cerfa

N° 14471*10
Formulaire obligatoire
(article 220 *quinquies* du CGI)

REPORT EN ARRIÈRE DES DÉFICITS

(Article 220 *quinquies* du code général des impôts)

I. IDENTIFICATION DE L'ENTREPRISE	
Dénomination de la société et adresse du principal établissement	N° SIREN de l'entreprise :
24-11 Tél. :	Adresse du siège social (si elle est différente de l'adresse ci-contre) :
Activités exercées (souligner l'activité principale) : Société bénéficiant du régime fiscal des groupes de sociétés (cocher la case) : ☐ **24-11**	

II. OPTION FORMULÉE LORS DU DÉPÔT DE LA DÉCLARATION DE RÉSULTATS

Le soussigné (nom, prénom, qualité)......... **24-11** ....

....

Déclare que l'entreprise ci-dessus désignée a opté, lors du dépôt de la déclaration de résultats, pour le report en arrière :

1 – du déficit constaté au cours de l'exercice ouvert le .... et clos le ....

2 – du déficit d'ensemble du groupe (article 223 A du CGI) constaté au cours de l'exercice ouvert le .... et clos le ....

Le déficit reporté en arrière s'élève à .... (cf. ligne 15)

A ...., le ....

Signature du déclarant,

Les chiffres indiqués renvoient aux commentaires de cette fiche

		Exercice N-1			
I. DÉTERMINATION DU BÉNÉFICE D'IMPUTATION					
Taux de l'impôt sur les sociétés	1	33 1/3%[1]	31 %[2]	28 %[3]	15 %[4]
Bénéfice fiscal effectivement soumis à l'IS au taux normal ou au taux réduit	2		24-13		
Calcul du bénéfice exclu					
Distributions effectuées par prélèvement soit sur le bénéfice au taux normal, soit sur le bénéfice au taux réduit	3		24-14		
Fraction non distribuée des bénéfices imposés au taux normal et au taux réduit ayant donné lieu à un impôt payé au moyen de crédits d'impôt					
Montant de l'IS acquitté au moyen de crédits d'impôt attachés aux revenus mobiliers	4	24-15, 24-16 et 24-2020			
Montant de l'IS acquitté au moyen des autres crédits d'impôt	5		24-15, 24-17 et 24-20		
Total des lignes 4 et 5 divisé par le taux de l'impôt correspondant à la colonne	6		24-15, 24-18 et 24-20		
Ligne 6 x [(ligne 2 - ligne 3) : ligne 2]	7		24-15, 24-19 et 24-20		
Fraction des bénéfices ayant ouvert droit au crédit d'impôt rachat d'une entreprise par ses salariés (RES) (articles 220 quater et 220 quater A) qui n'a pas été distribuée et n'a pas donné lieu à un impôt payé au moyen de crédits d'impôt					
Calcul du crédit d'impôt retenu en application des articles 220 *quater* et 220 *quater* A	8		24-21		
Ligne 8 divisée par le taux d'impôt correspondant à la colonne	9				
Ligne 9 x [ligne 2 - (ligne 3 + ligne 7) : ligne 2)	10		24-22		
Montant du bénéfice exclu = total des lignes 3, 7 et 10	11				
Bénéfice d'imputation = ligne 2 - ligne 11	12				
II. IMPUTATION DU DÉFICIT					
Fraction du déficit reporté en arrière, dans la limite du montant le plus faible entre 1 000 000 € et le bénéfice fiscal d'imputation	13		24-23		
Calcul de la créance (montant porté ligne 13 multiplié par le taux de l'impôt correspondant à la colonne)	14		24-25		

Montant du déficit reporté en arrière = (totalisation des sommes portées ligne 13)	15	24-24

III. DÉTERMINATION DES DÉFICITS REPORTABLES EN AVANT

Montant du déficit constaté au titre de l'exercice ouvert le .... et clos le .... (report de la ligne XJ du tableau n° 2058-A ou ligne 354 du tableau n° 2033-B)[5]	16	24-27
Montant du déficit reporté en arrière (reporter le montant de la ligne 15)	17	
Montant du déficit reportable en avant (ligne 16 - ligne 17)	18	

IV. MONTANT DE LA CRÉANCE

Totalisation des sommes portées ligne 14[6]	19	24-25

V. ENTREPRISE AYANT FAIT L'OBJET D'UN RACHAT PAR SES SALARIÉS

Montant du crédit d'impôt rachat d'une entreprise par ses salariés (RES) (articles 220 *quater* et 220 *quater* A du CGI) obtenu pa la société constituée pour le rachat au titre de l'exercice N :

Exercice N	20	24-32

[1] Le taux de $33^{1/3}$ % s'applique à la tranche de bénéfice supérieur à 75 000 € pour les exercices ouverts en 2017, à la tranche de bénéfice supérieur à 500 000 € pour les exercices ouverts en 2018 et à la tranche de bénéfice supérieur à 500 000 € pour les seules entreprises dont le chiffre d'affaires est supérieur ou égal à 250 M€ pour les exercices ouverts en 2019.

[2] Le taux de 31 % s'applique à la tranche de bénéfice supérieur à 500 000 € pour les exercices ouverts à compter du 1er janvier 2019 pour les entreprises dont le chiffre d'affaires est inférieur à 250 M€.

[3] Le taux de 28 % s'applique aux petites et moyennes entreprises (PME) jusqu'à 75 000 € de bénéfice pour les exercices ouverts en 2017, à l'ensemble des redevables jusqu'à 500 000 € de bénéfice pour les exercices ouverts à compter du 1er janvier 2018.

[4] Les entreprises dont le chiffre d'affaires, le cas échéant ramené à 12 mois, est inférieur à 7 630 000 euros et dont le capital est détenu pour 75 % a moins par des personnes physiques directement ou indirectement sont imposées dans la limite de 38 120 euros par période de 12 mois au taux de 15 %.

[5] Reporter dans cette case le montant des lignes K6 et YJ du tableau 2058-B ou 984 et 860 du tableau 2033-D de l'exercice en cours.

[6] La créance de report en arrière du déficit est égale à l'impôt acquitté à raison du bénéfice d'imputation (article 220 *quinquies* I 3ème alinéa du CGI).

2

La seconde page de cette déclaration 2039 permet de procéder :
- à la détermination du bénéfice d'imputation (cadre I) ;
- à la détermination du montant du déficit reporté en arrière et au calcul de la créance (cadre II) ;
- à la détermination des déficits reportables en avant (cadre III) ;
- au calcul de la créance (cadre IV) ;
- au report des crédits d'impôt au titre du rachat d'une entreprise par ses salariés (RES) (cadre V).

Un exemple récapitulatif est présenté au paragraphe 24-33.

Identification de l'entreprise et formalisation de l'option [1re page]

24-11 Sur la première page de la déclaration 2039, le cadre I est consacré à l'identification de l'entreprise. Il convient de mentionner le n° SIREN de l'entreprise, son adresse, l'activité exercée et de cocher la case correspondante si l'entreprise fait partie d'un groupe de sociétés.

Le cadre II est, quant à lui, consacré à l'« Option formulée lors du dépôt de la déclaration de résultats ». Cet intitulé entérine le fait que le dépôt de la déclaration 2039 ne suffit pas, à lui seul, à formaliser l'option pour le carry-back (voir § 24-3). Cette précision est d'ailleurs reprise, soulignée, à l'intérieur de ce même cadre II, afin d'attirer l'attention des entreprises concernées sur ce formalisme. Soulignons qu'en pratique, le cadre II doit être complété, en dernier lieu, après que les autres parties de la déclaration sont remplies. Il concrétise l'option pour le report en arrière et reprend le montant du déficit reporté en arrière figurant ligne 15, page 2 de la déclaration 2039 (voir § 24-24).

Détermination du bénéfice d'imputation [2e page, cadre I]

Imputation possible uniquement sur le bénéfice de l'exercice N – 1

24-12 Le cadre I intitulé « Détermination du bénéfice d'imputation » est intitulé « Exercice N – 1 ». En effet, les entreprises ne peuvent imputer le déficit subi au titre d'un exercice N que sur leur bénéfice N – 1 (voir § 24-2).

Cette colonne « Exercice N – 1 » est elle-même subdivisée en 3 sous-colonnes suivant le taux d'IS appliqué au bénéfice d'imputation : 33 1/3 %, 31 %, 28 % ou 15 % (IS PME) (ligne 1).

Rappelons que pour les exercices ouverts à compter du 1er janvier 2019 :
- le taux de 33 1/3 % s'applique à la fraction du bénéfice supérieure à 500 000 € pour les entreprises dont le chiffre d'affaires est égal ou supérieur à 250 M€ ;
- le taux de 28 % s'applique à la fraction du bénéfice comprise entre 38 120 € et 500 000 € de bénéfices et le taux de 31 % au-delà de 500 000 € de bénéfices.

Bénéfice fiscal effectivement soumis à l'IS au taux normal ou au taux réduit [ligne 2]

24-13 Le bénéfice d'imputation est celui qui, déclaré dans les délais impartis, a été effectivement soumis à l'IS soit au taux normal de 33 1/3, 31 % ou 28 %, soit au taux réduit de 15 % prévu pour les PME (CGI art. 219, I.b), à l'exclusion du bénéfice ayant fait l'objet d'une exonération ou d'un abattement.

Sont, en effet, exclus les bénéfices exonérés de certaines sociétés (CGI art. 207 à 208 sexies) ou ceux temporairement exonérés en application des dispositifs d'allégements réservés aux entreprises nouvelles (CGI art. 44 sexies), aux JEI (CGI art. sexies A), aux reprises d'entreprises en difficulté (CGI art. 44 septies), aux ZFU (CGI art. 44 octies et 44 octies A), aux sociétés implantées en zones de restructuration de la défense (CGI art. 44 terdecies), situées en zones franches d'activité d'outre-mer (CGI art. 44 quaterdecies), aux entreprises créées ou reprises dans les zones de revitalisation rurale (CGI art. 44 quindecies) ou aux entreprises créée dans les bassins urbains à dynamiser (CGI art. 44 sexdecies) ou dans les zones de développement prioritaire (CGI art. 44 septdecies).

Les plus-values à long terme et les produits taxés au taux réduit sont également exclus du bénéfice d'imputation.

Sur le plan pratique, pour une option portant sur le déficit de l'exercice clos en 2020, on reportera le bénéfice fiscal figurant, au titre de l'exercice 2019, sur les tableaux de détermination du résultat :
- ligne XN du tableau 2058-A, pour les entreprises soumises au régime réel normal d'imposition ;
- ligne 370 du tableau 2033-B, pour les entreprises relevant du régime simplifié d'imposition.

Distributions effectuées par prélèvement sur le bénéfice [ligne 3]

24-14 Le bénéfice d'imputation est retenu dans la limite de la fraction non distribuée de ce bénéfice (CGI art. 220 quinquies). Le montant des distributions prélevées sur le bénéfice d'un exercice effectivement soumis au taux normal de l'IS ou aux taux réduits des PME est retranché de ce bénéfice pour la détermination du bénéfice d'imputation du déficit reporté en arrière. Concernant le report en arrière du déficit 2020, la fraction non distribuée du bénéfice 2019 est égale à la différence entre :
– d'une part, le bénéfice déclaré et soumis à l'impôt sur les sociétés ;
– d'autre part, le montant des distributions effectuées par prélèvement sur ce même bénéfice.

Le rehaussement d'un bénéfice qui provient pour un montant supérieur au bénéfice net retenu par l'administration, d'une modification de la variation des stocks relative à la correction de la valeur d'inscription dans le bilan d'ouverture, d'un immeuble cédé, n'entraîne, par elle-même, aucun désinvestissement. Par conséquent, le bénéfice ainsi rectifié ne doit pas être qualifié de revenu distribué pour l'application du report en arrière du déficit (CE 20 décembre 2019, n° 429309).

Les entreprises peuvent librement affecter les distributions qu'elles effectuent sur le montant de leur bénéfice soumis à l'IS au taux normal ou au taux réduit des PME, sans tenir compte des postes sur lesquels les distributions sont effectivement prélevées en comptabilité (rescrits 2010-65 et 2010-68, solutions non retrouvées au BOFiP).

Fraction non distribuée des bénéfices ayant donné lieu à un impôt payé par crédits d'impôt [lignes 4 à 7]

24-15 **Principe général.** La fraction des bénéfices imposés au taux normal et au taux réduit (en faveur des PME) qui a donné lieu à un IS payé avec des crédits d'impôt est exclue du bénéfice d'imputation sur lequel le déficit est reporté en arrière. Il en résulte que si l'impôt de l'exercice a été totalement acquitté par imputation de crédits d'impôt, aucun bénéfice n'est disponible au titre de cet exercice pour le report en arrière du déficit. Seule la fraction des crédits d'impôt utilisés pour le paiement de l'impôt sur les sociétés au taux normal ou au taux réduit des PME est prise en compte pour la détermination de la fraction du bénéfice exclue du bénéfice d'imputation. Ce montant correspond à la somme qui, au vu du relevé de solde déposé à l'occasion du paiement de l'IS afférent à l'exercice concerné, a été effectivement imputée sur cet impôt.

➟ **À NOTER** La contribution additionnelle à l'IS de 3,3 % n'est pas en principe à prendre en compte (CGI art. 235 ter ZC).

24-16 **IS acquitté avec des crédits d'impôt attachés aux revenus mobiliers [ligne 4].** Les crédits d'impôts attachés aux revenus mobiliers sont présumés utilisés pour le paiement de l'impôt sur les sociétés avant les autres crédits d'impôts. Ces crédits d'impôt sont mentionnés ligne 4.

Les crédits d'impôt sont réputés affectés au paiement de l'IS dû au taux normal de 28 %, 31 %, 33 1/3 % ou au taux réduit des PME dans la proportion existant entre l'impôt dû respectivement à ces taux et le montant total de l'IS dû au titre de l'exercice ou de la période d'imposition considérée (BOFiP-IS-DEF-20-10-§ 140-12/09/2012).

Dans cette situation, pour le remplissage de la ligne 4, il convient d'effectuer les calculs suivants (les données sont celles de l'exercice N – 1, c'est-à-dire l'exercice de réalisation du bénéfice d'imputation) :
– dans la colonne « 33 13 % » : crédits d'impôt afférents à des revenus mobiliers X (IS au taux de 33/13 % / IS total avant imputation des crédits d'impôt) ;
– dans la colonne « 31 % » : crédits d'impôt afférents à des revenus mobiliers X (IS au taux de 31 % / IS total avant imputation des crédits d'impôt) ;
– dans la colonne « 28 % » : crédits d'impôt afférents à des revenus mobiliers X (IS au taux de 28 % / IS total avant imputation des crédits d'impôt) ;
– dans la colonne « 15 % » : crédits d'impôt afférents à des revenus mobiliers X (IS au taux de 15 % / IS total avant imputation des crédits d'impôt).

24-17 **IS acquitté au moyen des autres crédits d'impôt [ligne 5].** Sont visés les crédits d'impôt (CI) autres que ceux attachés à des valeurs mobilières (CICE, crédit d'impôt recherche, crédit d'impôt famille par exemple) qui ont été utilisés pour acquitter, au titre de l'exercice d'imputation (2019 pour le déficit 2020 reporté en arrière), l'IS au taux normal de 33 1/3 %, 31 % ou de 28 % ou au taux réduit des PME.

Pour la détermination du bénéfice d'imputation, ces crédits d'impôt sont affectés aux bénéfices relevant, d'une part, du taux normal de 33 1/3 %, 31 %, 28 % et, d'autre part, du taux réduit de 15 % dans la proportion existant entre l'IS calculé, respectivement, à ces taux et qui n'a pas été acquitté au moyen de crédits d'impôt afférents à des revenus mobiliers, d'une part, et le montant total de l'impôt sur les sociétés dû au titre de l'exercice ou de la période d'imposition considérée, d'autre part (BOFiP-IS-DEF-20-10-§ 150-12/09/2012).

Il convient de procéder de la même manière lorsque le bénéfice d'imputation a donné lieu à un impôt payé par imputation d'une réduction d'impôt (rescrit 2010-67, solution non retrouvée au BOFiP).

Dans cette situation, pour le remplissage de la ligne 5, il convient d'effectuer les calculs suivants (les données sont celles de l'exercice N – 1, c'est-à-dire l'exercice de réalisation du bénéfice d'imputation et les crédits d'impôt afférents aux revenus mobiliers utilisés pour le paiement de l'IS sont désignés « crédits d'impôt RM ») :
– dans la colonne « 33 13 % » : montant total des autres crédits d'impôt, utilisés pour le paiement de l'IS × (montant de l'IS calculé au taux de 33 1/3 % – crédits d'impôt RM utilisés pour le paiement de l'IS au taux normal calculés ligne 4) / (montant total de l'IS – montant total des crédits d'impôt RM utilisés en paiement de l'IS) ;
– dans la colonne « 31 % » : montant total des autres crédits d'impôt, utilisés pour le paiement de l'IS × (montant de l'IS calculé au taux de 31 % – crédits d'impôt RM utilisés pour le paiement de l'IS au taux normal calculés ligne 4) / (montant total de l'IS – montant total des crédits d'impôt RM utilisés en paiement de l'IS) ;
– dans la colonne « 28 % » : montant total des autres crédits d'impôt, utilisés pour le paiement de l'IS × (montant de l'IS calculé au taux de 28 % – crédits d'impôt RM utilisés pour le paiement de l'IS au taux normal calculés ligne 4) / (montant total de l'IS – montant total des crédits d'impôt RM utilisés en paiement de l'IS) ;
– dans la colonne « 15 % » : (montant total des autres crédits d'impôt, utilisés pour le paiement de l'IS) × (montant de l'IS calculé au taux réduit – crédits d'impôt RM utilisés pour le paiement, de l'IS au taux réduit calculés ligne 4) / (montant total de l'IS – montant total des crédits d'impôt RM utilisés en paiement de l'IS de l'exercice).

24-18 Montant du bénéfice correspondant [ligne 6]. Sur la ligne 6, le calcul correspond au montant des bénéfices imposés au taux normal de 33 1/3 %, 31 %, 28 % ou au taux réduit de 15 % ayant donné lieu à un impôt payé au moyen de crédits d'impôt (total des lignes 4 et 5 divisé par le taux de la colonne).

24-19 Montant du bénéfice non distribué correspondant [ligne 7]. Le calcul effectué sur la ligne 7 correspond au montant du bénéfice non distribué ayant donné lieu à un impôt payé au moyen des crédits d'impôt précédemment visés, d'où la formule : ligne 7 = ligne 6 × [(ligne 2 – ligne 3) / ligne 2].

24-20 Exemple de remplissage des lignes 1 à 7. Une société opte pour le report en arrière de son déficit au 31 décembre 2020. La société respecte les conditions pour bénéficier du régime du taux réduit d'IS des PME. Elle a réalisé, en 2019, les résultats suivants :
– bénéfice fiscal imposé au taux réduit de 15 % de l'IS (ligne XN du tableau 2058-A) : 38 120 € ;
– plus-values à long terme imposées au taux réduit de 19 % : 8 000 €.

Le montant de l'IS au taux réduit de 15 % sur les bénéfices des PME est de 5 718 € et le montant de l'IS au taux réduit de 19 % relatif à une plus-value à long terme de 19 % est de 1 520 €, soit au total 7 238 €.

La société a imputé ses crédits d'impôt sur revenus mobiliers à hauteur de 200 € sur le montant de l'IS dû et a, en outre, utilisé un crédit d'impôt pour dépenses de recherche afin de payer l'IS à hauteur de 300 €.

Montant des crédits d'impôt utilisés pour le paiement de l'IS au taux réduit de 15 % (PME) :
200 × 5 718 / 7 238 = 158 €.

Montant du crédit d'impôt recherche utilisé pour le paiement de l'IS au taux réduit de 15 % (PME) :
300 × (5 718 – 158) / (7 238 – 200) = 237 €.

Montant total de l'IS au taux réduit de 15 % (PME) payé au moyen de crédits d'impôt :
158 + 237 = 395 €.

Montant du bénéfice imposé au taux réduit de 15 % ayant donné lieu à un impôt payé au moyen de crédits d'impôt :
395 / 15 % = 2 633 €.

Sous réserve des autres exclusions (dont l'incidence des distributions effectuées),

seule la fraction excédentaire de ce bénéfice (38 120 – 2 633 = 35 487 €) pourra être utilisée pour reporter en arrière le déficit, et la colonne 15 % est servie comme suit :
- ligne 2 : 38 120 € ;
- ligne 4 : 158 € ;
- ligne 5 : 237 € ;
- lignes 6, 7 et 11 : 2 633 € ;
- ligne 12 : 35 487 €.

Bénéfices ayant ouvert droit à un crédit d'impôt RES [lignes 8 à 10]

24-21 Les sociétés ayant fait l'objet d'un rachat par leurs salariés ne peuvent pas reporter en arrière leur déficit sur la fraction du bénéfice de l'année précédente, qui a ouvert droit, au profit de la société nouvelle, au crédit d'impôt prévu par ce dispositif. Pour 2020, est exclue du bénéfice d'imputation de la société rachetée au titre de l'exercice 2019, la fraction du crédit d'impôt obtenu l'année suivante (soit en 2020) par la société nouvelle et qu'elle a donc elle-même imputé sur l'impôt dû au titre de l'exercice correspondant à l'année 2019. La société rachetée doit joindre à la déclaration 2039 un document attestant le montant du crédit d'impôt obtenu par la société nouvelle au titre de l'exercice qui suit celui de la réalisation du bénéfice sur lequel le déficit est reporté en arrière (CGI, ann. III art. 46 quater-0 W).

Les sommes à inscrire ligne 8 font l'objet d'un calcul préalable, permettant de déterminer le montant du crédit d'impôt imputé sur l'impôt au taux normal et au taux réduit des PME de 15 %. Ce calcul est le suivant :
- dans la colonne « 33 13 % » : [(crédits d'impôt RES × montant de l'IS calculé au taux de 33,1/3 %) / montant total de l'IS] ;
- dans la colonne « 31 % » : [(crédits d'impôt RES × montant de l'IS calculé au taux de 31 %) / montant total de l'IS] ;
- dans la colonne « 28 % » : [(crédits d'impôt RES × montant de l'IS calculé au taux de 28 %) / montant total de l'IS] ;
- dans la colonne « 15 % » : [(crédits d'impôt RES × montant de l'IS calculé au taux de 15 %) / montant total de l'IS].

Le calcul effectué ligne 9 correspond au montant du bénéfice imposé au taux normal, au taux de 33 1/3 %, 31 %, 28 % ou au taux réduit de 15 % ayant donné lieu à un crédit d'impôt RES (total ligne 8 divisé par le taux de la colonne). Le calcul effectué ligne 10 correspond à la fraction des bénéfices ayant donné lieu à un crédit d'impôt RES qui n'a pas été distribué et n'a pas donné lieu à un impôt payé au moyen de crédits d'impôt, d'où la formule : ligne 10 = ligne 9 × [ligne 2 – (ligne 3 + ligne 7) / ligne 2].

Bénéfice exclu et bénéfice d'imputation [lignes 11 et 12]

24-22 Le montant total de bénéfice exclu du calcul pour déterminer le bénéfice d'imputation est porté ligne 11. Il correspond à la somme des lignes 3, 7 et 10, c'est-à-dire le total formé par les distributions prélevées sur le bénéfice (voir § 24-14), le bénéfice non distribué ayant donné lieu à un impôt payé au moyen de crédits d'impôt (voir §§ 24-18 et 24-19) et la fraction des bénéfices ayant donné lieu à un crédit d'impôt RES qui n'a pas été distribué et n'a pas donné lieu à un impôt payé au moyen de crédits d'impôt (voir § 24-21).

Ligne 12, figure le montant du bénéfice d'imputation de l'exercice précédent (N – 1) (soit, pour 2019, l'exercice 2018). Il est obtenu en retranchant du bénéfice fiscal déclaré et soumis à l'IS au taux normal ou au taux réduit des PME de 15 % (ligne 2) le total des exclusions, précédemment calculé sur la ligne 11 susvisée.

Imputation du déficit [rubrique II] et montant de la créance [rubrique IV]

24-23 **Fraction du déficit reporté en arrière [ligne 13].** Afin de tenir compte du plafonnement à 1 M€ du déficit reportable, il convient de reporter sur la ligne 13 de la déclaration 2039 la fraction du déficit reporté en arrière dans la limite du montant le plus faible entre 1 000 000 € et le bénéfice fiscal d'imputation calculé ligne 12.

Lorsqu'un déficit est susceptible d'être reporté en arrière sur les bénéfices d'un exercice soumis pour partie au taux de 15 %, pour partie au taux de 28 % et pour partie au taux normal de 33 1/3 ou de 31 % le déficit est imputé en priorité sur le bénéfice soumis au taux de 33 1/3 % ou de 31 %, puis au taux de 28 %, puis sur le bénéfice soumis au taux réduit.

Le montant du déficit ainsi reporté en arrière est inscrit ligne 13. Ce montant est reporté ligne 15 et au cadre II « Option » de la première page de l'imprimé (voir § 24-11). Il est également porté au cadre III « Détermination du déficit reportable en avant », ligne 17, afin de permettre le calcul du montant des déficits reportables en avant, ainsi qu'à la ligne ZL « Déficit de l'exercice reporté en arrière » du tableau 2058-A (voir § 14-151).

L'entreprise doit reporter en arrière le montant maximal du déficit, dans la limite du bénéfice d'imputation.

24-24 Montant du déficit reporté en arrière [ligne 15]. Le total porté ligne 13 (voir § 24-23) est reporté ligne 15. Ce montant doit également être reporté dans le cadre II de la page 1 relatif à la déclaration d'option.

24-25 Calcul de la créance [lignes 14 et 19]. La créance de report en arrière de déficit est égale au produit du déficit imputé (ligne 13) par le taux de l'IS applicable au bénéfice d'imputation.

Ainsi, la créance née de l'option pour le report en arrière d'un déficit (2020) imputés sur le bénéfice de l'exercice précédent (2019) est calculée en appliquant le taux de 33 1/3 %, de 31 % de 28 % ou de 15 % au montant du déficit reporté en arrière. Sur la déclaration 2039, les montants portés ligne 13 sont multipliés par le taux de l'impôt correspondant à la colonne (33 1/3 %, 31 %, 28 % ou 15 %). Le montant de la créance ainsi calculée pour chacun de ces taux ligne 14 est totalisé ligne 19.

La contribution sociale de 3,3 % est sans incidence sur le montant de la créance.

S'agissant des PME relevant du taux réduit d'IS à 15 %, le report en arrière d'un déficit peut être effectué indifféremment sur le bénéfice passible de l'IS au taux normal ou au taux réduit de 15 % (CGI, ann. III art. 46 quater-0 S, 1° bis). Toutefois, hors régime de groupe, lorsqu'un déficit est susceptible d'être reporté en arrière sur les bénéfices d'un exercice soumis, pour partie, au taux réduit de 15 % et, pour partie, au taux normal de l'IS, l'imputation doit être effectuée en priorité sur le bénéfice soumis au taux normal, puis sur le bénéfice soumis au taux réduit (BOFiP-IS-DEF-20-10-§ 100-12/09/2012).

→ **Exemple** Une entreprise relevant de l'IS a réalisé en N un bénéfice de 1 020 620 €, dont 38 120 € soumis au taux réduit de 15 %. En N + 1, elle subit un déficit de 1 500 000 € et opte dans les délais pour le report en arrière de son déficit, soit 1 M€, le surplus de 500 000 € étant reporté en avant. La créance de report en arrière est déterminée comme suit :

	Montants en €
	Exercice clos en N
Résultat fiscal soumis au taux réduit	38 120
Montant d'impôt acquitté à taux réduit (15 %)	5 718
Résultat fiscal soumis au taux normal	982 500 *
Montant d'impôt acquitté à taux normal	290 718 **
	Exercice clos en N + 1
Déficit reporté en arrière	1 000 000
Montant de la créance à taux normal	290 718***
Montant de la créance à taux réduit	2 625****
Montant total de la créance	293 343

* 1 020 620 € – 38 120 €.
** [(500 000 - 38 120) x 28 %] + [(1 020 620 - 500 000) x 31 %]
*** [(500 000 - 38 120) x 28 % + (520 620 × 31 %)]
**** (1 000 000 € – 982 500 €) × 15 % = 2 625 €.

La fraction de déficit non admise au titre du report en arrière demeure reportable en avant.

Régime de l'intégration fiscale. Dans les groupes de sociétés, la société mère peut opter pour le report en arrière du déficit d'ensemble (CGI art. 223 G, 1). Le déficit d'ensemble de l'exercice s'impute sur le bénéfice d'ensemble de l'exercice précédent en respectant la limite de 1 M€ ou sur le bénéfice que la société mère a personnellement réalisé au cours de l'exercice précédant l'application du régime de groupe.

Le plafond de 1 M€ est apprécié au niveau de la seule société mère et n'est pas déterminé en fonction du nombre de sociétés déficitaires du groupe qui concourent à la formation du déficit d'ensemble.

24-26 **Comptabilisation et régime fiscal.** La créance doit être enregistrée en comptabilité pour sa valeur nominale au titre de l'exercice au cours duquel la créance est constatée au débit du compte 444 « État - Impôts sur les bénéfices » par le crédit du compte 699 « Produits – Report en arrière des déficits ». N'étant pas imposable, le montant de la créance doit être déduit de manière extra-comptable et figurer à cet effet sur la ligne (BOFiP-IS-DEF-20-20-§ 10-29/07/2014) :

– XG du tableau 2058-A et être isolé dans la case ZI en regard de la même ligne, pour les sociétés soumises au régime réel normal (voir § 14-113) ;

– ou 350 du tableau 2033-B et être isolé dans la case 346 en regard de la même ligne, pour les sociétés soumises au régime simplifié d'imposition.

Détermination des déficits reportables en avant [rubrique III, lignes 16 à 18]

24-27 La fraction du déficit qui n'a pas pu être imputée en arrière en raison de l'insuffisance du bénéfice d'imputation (ou en raison de l'application du plafonnement) reste reportable en avant sur les bénéfices ultérieurs dans les conditions de droit commun. Trois lignes retracent le suivi du déficit reportable en avant :

– ligne 16 : il convient tout d'abord d'y indiquer les dates d'ouverture et de clôture de l'exercice au titre duquel le déficit est constaté. Ensuite, il convient de porter sur cette ligne 16, le montant de la ligne XJ du tableau 2058-A ou de la ligne 354 du tableau 2033-B (ou selon la note 2 de l'imprimé le montant des lignes K6 et YJ du tableau 2058-B ou 984 et 860 du tableau 2033-D de l'exercice en cours) ;

– ligne 17 : il convient de reporter sur cette ligne le montant du déficit reporté en arrière figurant ligne 15 ;

– ligne 18 : il convient d'inscrire sur cette ligne la différence ligne 16 – ligne 17, correspondant au déficit reportable en avant après application du report en arrière.

Utilisation de la créance

24-28 **Imputation sur l'IS.** La créance peut être utilisée par la société pour le paiement de l'IS au taux normal ou au taux réduit (acompte ou solde) dû au titre des exercices clos au cours des 5 années suivant celle de la clôture de l'exercice au titre duquel l'option pour le report en arrière a été exercée (CGI art. 220 quinquies). Elle peut également être imputée sur les rappels d'IS, cette imputation étant sans incidence sur le montant des pénalités dû à raison de ces rappels (BOFiP-IS-DEF-20-20-§ 30-29/07/2014). Si l'entreprise détient plusieurs créances, celles-ci ne peuvent être imputées sur l'IS qu'en respectant l'ordre dans lequel elles sont apparues (CGI, ann. III art. 46 quater-0 U, I).

• **Impacts covid-19.** Les entreprises soumises à l'IS, sans distinguer selon qu'elles sont ou non en difficulté, peuvent bénéficier, sur demande, d'un remboursement anticipé de leurs créances de report en arrière des déficits non utilisées et nées d'une option exercée au titre d'un exercice clos au plus tard le 31 décembre 2020. Cette procédure de remboursement anticipé concerne (loi 2020-935 du 30 juillet 2020, art. 5) :

– le stock de créances de report en arrière dont dispose déjà l'entreprise, à savoir les créances, non encore utilisées, nées au titre d'une option pour le report en arrière des déficits exercée à la clôture des exercices 2015, 2016, 2017, 2018 et 2019 ; la demande de remboursement est effectuée par voie électronique sur l'imprimé 2573, au plus tard à la date limite de dépôt de la déclaration de résultats de l'exercice clos le 31 décembre 2020, soit en pratique au plus tard le 19 mai 2021 ;

– les créances constatées au titre de l'exercice clos au plus tard le 31 décembre 2020. Les entreprises ont pu exercer l'option pour le report en arrière du déficit et ainsi demander le remboursement de la créance résultant de cette option dès le lendemain de la clôture de leur exercice, sans attendre la liquidation de l'IS afférent.

• La créance ne peut pas être utilisée pour le paiement des **contributions additionnelles à l'IS**.

• **Transfert de la créance.** La créance peut :
– être transférée en cas de fusion ou d'opération assimilée à la société absorbante ou bénéficiaire de l'apport (quel que soit le régime fiscal sous lequel a été placée la fusion) ;
– ou, pour les filiales d'un groupe intégré fiscalement disposant de créances nées avant la période d'intégration, être cédée à la société mère pour sa valeur nominale.

24-29 Remboursement immédiat de la créance pour les entreprises en difficulté. Les entreprises ayant fait l'objet d'une procédure de redressement ou liquidation judiciaires, ou sous procédure de sauvegarde, peuvent obtenir le remboursement anticipé de leur créance née d'une option pour le report en arrière des déficits dès la date du jugement ouvrant la procédure (CGI art. 220 quinquies). En principe, ce jugement doit avoir été prononcé au moment où la demande de remboursement est soumise au comptable chargé du recouvrement de l'impôt.

Pour les créances de report en arrière de déficits constatées à compter du 1er janvier 2021, cette procédure de remboursement anticipé de la créance de report en arrière du déficit s'applique également dans le cadre d'une procédure de conciliation (loi 2020-1721 du 29 décembre 2020, art. 19, II).

Les créances concernées par le remboursement anticipé sont en principe celles non utilisées à compter de la date du jugement qui a ouvert l'une des procédures de sauvegarde, de redressement ou de liquidation judiciaires, ainsi que celles nées pendant la période couverte par ces procédures (BOFiP-IS-DEF-20-20-§ 140-29/07/2014). Ce remboursement est effectué sous déduction d'un intérêt calculé, au taux de l'intérêt légal, à compter du premier jour du mois suivant la demande jusqu'au terme des 5 années suivant celle de la clôture de l'exercice au titre duquel l'option a été exercée. Le titulaire de la créance qui souhaite en obtenir le remboursement avant la liquidation de son IS doit déposer sa demande auprès du comptable des impôts dont il relève à l'aide du formulaire 2573.

• **Procédure de sauvegarde financière accélérée.** Les entreprises ayant fait l'objet d'une procédure de sauvegarde financière accélérée peuvent également demander le remboursement anticipé de leur créance sur le Trésor née du report en arrière de déficits, cette procédure étant soumise aux règles applicables à la procédure de sauvegarde (c. com. art. L. 628-1, 1er al. ; rép. Dosne n° 104859, JO 5 juillet 2011, AN quest. p. 7332, solution non retrouvée au BOFiP).

• La mise en œuvre d'une **procédure d'apurement du passif non judiciaire** ou qui ne fait pas l'objet d'un jugement ne permet pas de demander le remboursement par anticipation de la créance née du report en arrière des déficits. Il en est ainsi de la procédure de règlement amiable (loi 84-148 du 1er mars 1984). Le non-respect de l'accord conclu dans le cadre de cette dernière procédure peut toutefois conduire à l'ouverture d'une procédure de redressement ou de liquidation judiciaire. Il en est de même de la liquidation conventionnelle d'une société (BOFiP-IS-DEF-20-20-§ 80-29/07/2014).

24-30 Cession de la créance. La créance peut être cédée à titre de garantie à un établissement de crédit ou remise à l'escompte auprès d'une banque (rép. Micaux, JO 16 février 1987, AN quest. p. 867 ; BOFiP-IS-DEF-20-20-§§ 230 et 240-29/07/2014). Elle ne peut plus être imputée sur l'IS au titre d'un exercice clos à compter de la date de cession à hauteur de la fraction ainsi cédée (CGI, ann. III art. 46 quater-0 U, II). Elle cesse également d'être remboursable à la société cédante.

24-31 Remboursement de la créance non utilisée au terme du délai de 5 ans. La créance est remboursable, si elle est encore la propriété de l'entreprise, au terme des 5 années suivant celle de la clôture de l'exercice au titre duquel l'option a été exercée (CGI art. 220 quinquies, I).

L'exercice d'origine du déficit qui sert d'exercice de référence pour la computation du ou des exercices d'imputation est le point de départ du délai de 5 ans pour le remboursement de la créance (CE 4 août 2006, n° 285201). En définitive, les entreprises dont l'exercice coïncide avec l'année civile peuvent demander, à compter de N, le remboursement de la créance correspondant au déficit de N – 6 pour la fraction non encore utilisée ni cédée.

Entreprises ayant fait l'objet d'un RES [rubrique V, ligne 20]

24-32 Sur la ligne 20, il convient de reporter le montant du crédit d'impôt RES obtenu par la société constituée pour le rachat, au titre de l'exercice N. Le crédit d'impôt qui figure à cette rubrique est pris en compte pour la détermination du bénéfice d'imputation de la société rachetée au titre de l'exercice N – 1 (ligne 10) (voir § 24-19).

La société rachetée qui opte pour le report en arrière des déficits doit joindre à sa déclaration 2039 un document attestant le montant du crédit d'impôt obtenu par la société constituée pour le rachat au titre de l'exercice qui suit celui de la réalisation du bénéfice sur lequel un déficit est reporté en arrière (CGI, ann. III art. 46 quater-0 W).

À défaut de produire ce document, la société constituée pour le rachat serait considérée par l'administration comme ayant disposé d'un crédit d'impôt RES déterminé d'après le total de l'IS acquitté au taux normal par la société rachetée au titre de l'exercice bénéficiaire.

Exemple récapitulatif

24-33 Une société, dont l'exercice coïncide avec l'année civile, a constaté au titre de l'exercice 2020 un déficit d'un montant de 700 000 €. Cette société a réalisé en 2019 un bénéfice de 620 000 € imposé de la façon suivante :

– bénéfice imposé au taux réduit de 15 % : 38 120 € ;

– bénéfice imposé au taux réduit de 28 % (fraction de bénéfices comprise entre 38 120 € et 500 000 €) : 461 880 € ;

– bénéfice imposé au taux normal de 31 % (fraction supérieure à 500 000 €) : 120 000 € ;

– crédits d'impôts sur valeurs mobilières effectivement imputés sur l'IS : 1 500 € ;

– autres crédits d'impôt effectivement imputé sur l'IS : 7 000 €.

Le montant de l'IS avant imputation des crédits d'impôts est de (38 120 × 15 %) + (461 880 × 28 %) + (120 000 × 31 %) = 172 244 €.

Les distributions effectuées en 2020, prélevées sur le bénéfice de 2019, s'élèvent à 11 600 €.

La page 2 de la déclaration 2039 est servie comme suit lignes 1 à 19.

Solution de l'exemple					
		Exercice N – 1			
I. DÉTERMINATION DU BÉNÉFICE D'IMPUTATION					
Taux de l'impôt sur les sociétés	1	33 1/3 %	31 %	28 %	15 %
Bénéfice fiscal effectivement soumis à l'IS au taux normal ou au taux réduit	2		120 000	461 880	38 120
Distributions effectuées par prélèvement soit sur le bénéfice au taux normal, soit sur le bénéfice au taux réduit	3				11 600
Fraction non distribuée des bénéfices imposés au taux normal et au taux réduit ayant donné lieu à un impôt payé au moyen de crédits d'impôt					
Montant de l'IS acquitté au moyen de crédits d'impôt attachés aux revenus mobiliers	4		324 (1)	1 126 (2)	50 (3)
Montant de l'IS acquitté au moyen des autres crédits d'impôt	5		1 512 (4)	5 256 (5)	232 (6)
Total des lignes 4 et 5 divisé par le taux de l'impôt correspondant à la colonne	6		5 923	22 793	1 880
Ligne 6 x [(ligne 2 – ligne 3) : ligne 2]	7		5 923	22 793	1 308
Fraction des bénéfices ayant ouvert droit au crédit d'impôt rachat d'une entreprise par ses salariés (RES) (articles 220 quater et 220 quater A) qui n'a pas été distribuée et n'a pas donné lieu à un impôt payé au moyen de crédits d'impôt					
Calcul du crédit d'impôt retenu en application des articles 220 quater et 220 quater A	8				
Ligne 8 divisée par le taux d'impôt correspondant à la colonne	9				
Ligne 9 x [ligne 2 – (ligne 3 + ligne 7) : ligne 2)]	10				
Montant du bénéfice exclu = total des lignes 3, 7 et 10	11		5 923	22 793	12 908
Bénéfice d'imputation = ligne 2 – ligne 11	12		114 077	439 087	25 212
II. IMPUTATION DU DÉFICIT					
Fraction du déficit reporté en arrière, dans la limite du montant le plus faible entre 1 000 000 € et le bénéfice fiscal d'imputation	13		114 077	439 087	25 212
Calcul de la créance (montant porté ligne 13 multiplié par le taux de l'impôt correspondant à la colonne)	14		35 364	122 944	3 782
Montant du déficit reporté en arrière = (totalisation des sommes portées ligne 13)	15	578 376			
III. DÉTERMINATION DES DÉFICITS REPORTABLES EN AVANT					
Montant du déficit constaté au titre de l'exercice ouvert le 1.01.2020 et clos le 31.12.2020 (report de la ligne XJ du tableau 2058-A ou ligne 354 du tableau 2033-B)	16	700 000			
Montant du déficit reporté en arrière (reporter le montant de la ligne 15)	17	578 376			
Montant du déficit reportable en avant (ligne 16 – ligne 17)	18	121 624			
IV. MONTANT DE LA CRÉANCE					
Totalisation des sommes portées ligne 14	19	162 090			

(1) 1 500 x (37 200/172 244) = 324

(2) 1 500 x (129 326/172 244) = 1 126

(3) 1 500 x (5 718/172 244) = 50

(4) 7 000 x (37 200 – 324) / (172 244 – 1 500) = 1 512

(5) 7 000 x (129 326 – 1 126) / (172 244 – 1 500) = 5 256

(6) 7 000 x (5 718 – 50) / (172 244 – 1 500) = 232

Les crédits d'impôt

2069-RCI Réductions et crédits d'impôts de l'exercice

Déclaration 2069-RCI

Présentation générale de la déclaration

50-1 Les entreprises ont l'obligation de transmettre en même temps que la liasse fiscale une déclaration 2069-RCI des réductions et crédits d'impôt dont elles peuvent bénéficier au titre de la période fiscale concernée (décret 2016-395 du 31 mars 2016, JO du 2 avril), souscrite par voie électronique (CGI art. 1649 quater B quater, XI).

La déclaration regroupe les montants des crédits d'impôt et des réductions d'impôt dont une entreprise peut bénéficier au titre de la période fiscale, y compris ceux qui donnent lieu à une déclaration spéciale. Le dépôt de cette déclaration est obligatoire.

Pour accéder au formulaire sur le site « impots.gouv.fr », la référence à mentionner est **2069-RCI-SD** (RCI pour réductions et crédits d'impôt et SD pour support déclaratif).

En tête de la déclaration, l'entreprise renseigne sa désignation et coche la case correspondante :
– si elle est membre d'un groupe placé sous le régime d'intégration fiscale ;
– si elle répond à la définition de la PME au sens communautaire.

Pour la campagne déclarative 2021 (liasse fiscale, millésimée 2021, servant aux déclarations au titre de l'exercice clos en 2020), les entreprises doivent distinguer :
– au cadre I, les crédits et réductions d'impôt ne donnant pas lieu au dépôt d'une déclaration spéciale (voir la liste complète au § 50-2 ci-après) ;
– au cadre II, les crédits d'impôt donnant lieu au dépôt d'une telle déclaration (voir la liste complète au § 50-3 ci-après).

Dans chacun de ces cadres, une sous-distinction est opérée entre les crédits d'impôt qui donnent lieu, le cas échéant, à une créance reportable et ceux qui donnent lieu à une restitution au titre de l'exercice ou de l'année.

Au cadre II de la déclaration 2069-RCI, les entreprises doivent également mentionner les crédits d'impôt attachés aux valeurs mobilières qui ont donné lieu, le cas échéant, au dépôt d'une déclaration 2066. Ce crédit d'impôt n'est ni reportable, ni restituable (voir § 42-37).

La déclaration comporte une annexe (cadre III), reproduite au chapitre 51, permettant de satisfaire à l'obligation, pour les entreprises versant pour plus de 10 000 € de dons, de déclarer le montant et la date des dons et versements, l'identité des bénéficiaires et le cas échéant la valeur des biens et services reçus en contrepartie (CGI art. 238 bis, 6) (voir §§ 50-4, 51-1 et 51-4).

➡ **À NOTER** La déclaration 2069-RCI (millésimée 2021) compte de nouvelles rubriques dédiées à de nouveaux crédits d'impôt :
– en faveur des bailleurs pour abandon des loyers commerciaux au titre du mois de novembre 2020 (voir § 50-7) ;
– pour la rénovation énergétique des bâtiments à usage tertiaire (voir § 59-1).

Le nouveau crédit d'impôt en faveur des représentations théâtrales d'œuvres dramatiques ne trouve quant à lui à s'appliquer qu'aux demandes d'agrément déposées à compter du 1er janvier 2021 (loi 2020-1721 du 29 décembre 2020, art. 22 ; CGI art. 220 sexdecies).

L'imprimé compte également une nouvelle ligne dédiée, au titre de la réduction d'impôt mécénat, au montant des dons au profit de la reconstruction de Notre-Dame de Paris (voir § 51-1).

PRÉCISION Certaines données du formulaire sont susceptibles d'être transmises à la Commission européenne dans le cadre de la transparence des aides d'État :
– case « Crédit d'impôt pour la compétitivité et l'emploi »
– pour le crédit d'impôt recherche, case « dont crédit d'impôt pour les dépenses exposées dans des exploitations situées dans les DOM » ;
– case « crédit d'impôt pour investissements outre-mer dans le secteur productif ».

Les chiffres indiqués renvoient aux commentaires de ce cahier

RÉPUBLIQUE FRANÇAISE
Liberté
Égalité
Fraternité

N°2069-RCI-SD
(2021)
cerfa
N° 15252*07
Formulaire obligatoire

RÉDUCTIONS ET CRÉDITS D'IMPÔT 50-1

Le formulaire récapitulatif des réductions et crédits d'impôt doit être transmis obligatoirement par voie électronique.

Exercice du **au** **ou Année :**

Dénomination de l'entreprise : **Néant** ☐

SIREN de l'entreprise PME au sens communautaire (Cocher la case)

Régime de l'intégration fiscale (article 223 A du CGI) : la société mère du groupe doit souscrire le formulaire n°2069-RCI-SD pour chacune des sociétés du groupe y compris sa propre déclaration (article 49 septies Q de l'annexe III au CGI)

Si vous êtes la société mère, cocher la case ci-contre

Dans ce cas, indiquer la dénomination, adresse et SIREN de la société du groupe pour laquelle les réductions et crédits d'impôt sont déclarés (y compris pour les crédits et réductions d'impôt de la société mère)

Dénomination et adresse

SIREN

I – RÉDUCTIONS ET CRÉDITS D'IMPÔT NE DONNANT PAS LIEU AU DÉPÔT D'UNE DÉCLARATION SPÉCIALE[1]

CRÉANCES NON REPORTABLES ET NON RESTITUABLES		**50-2**
Réduction d'impôt pour mise à disposition d'une flotte de vélos (article 220 undecies A du CGI)		**52-1**
CRÉANCES REPORTABLES		**50-2**
Réduction d'impôt en faveur du mécénat[2]		**50-4 et 51-1**
Dont montant des dons et versements consentis à des organismes dont le siège est situé au sein de l'Union européenne ou de l'Espace économique européen		**51-6**
Dont montant des dons au profit de la reconstruction de Notre-Dame de Paris		**53-1**
Crédit d'impôt pour la compétitivité et l'emploi (Montant total (ligne 1 × 9 %[3]) + (ligne 2 × 9 %[3]) x 10/90 + ligne 3)		
dont montant préfinancé		
Montant total des rémunérations versées n'excédant pas 2,5 SMIC et ouvrant droit à crédit d'impôt versées à des salariés affectés à des exploitations situées à Mayotte	1	
Montant des rémunérations éligibles à la majoration pour les salariés affectés à des exploitations situées à Mayotte, des professions pour lesquelles le paiement des congés et des charges sur les indemnités de congés est mutualisé entre les employeurs affiliés obligatoirement aux caisses de compensation prévues à l'article L 3141-32 du code du travail	2	
Quote-part de crédit d'impôt résultant de la participation de l'entreprise dans des sociétés de personnes ou groupements assimilés	3	
CRÉANCES NON REPORTABLES ET RESTITUABLES AU TITRE DE L'EXERCICE OU DE L'ANNÉE		**50-2**
Crédit d'impôt formation des dirigeants d'entreprise		**56-1**
Crédit d'impôt pour le rachat d'une entreprise par ses salariés		**57-1**
Crédit d'impôt pour dépenses de production d'œuvres cinématographiques (article 220 *sexies* du CGI)		**60-1**
Crédit d'impôt pour dépenses de production d'œuvres audiovisuelles (article 220 *sexies* du CGI)		**60-1**
Crédit d'impôt pour dépenses de production de films et d'œuvres audiovisuelles étrangers (article 220 *quaterdecies* du CGI)		**60-1**

[1] Les déclarations spéciales des réductions et crédits d'impôt figurants au I ont été supprimées. Le formulaire n° 2069-RCI-SD constitue le seul support déclaratif de ces réductions et crédits d'impôt.
[2] Si le montant des dons et versements ouvrant droit à la réduction d'impôt en faveur du mécénat est supérieur à 10 000 € au cours de l'exercice, remplir le tableau III en annexe
[3] À partir du 1er janvier 2019, le CICE s'applique aux rémunérations n'excédant pas 2,5 fois le SMIC versées à des salariés affectés à des exploitations situées à Mayotte. Le taux est de 9 %.

Les chiffres indiqués renvoient aux commentaires de ce cahier

Crédit d'impôt en faveur des entreprises de spectacles vivants musicaux ou de variétés (article 220 *quindecies* du CGI) et crédit d'impôt en faveur des représentations théâtrales d'œuvres dramatiques (article 220 sexdecies du CGI)	**61-1 et 50-1**
Crédit d'impôt en faveur des bailleurs pour abandon de loyers commerciaux (article 20 de la loi n° 2020-1721 du 29 décembre 2020 de finances pour 2021)	**50-7**
Crédit d'impôt en faveur des PME pour rénovation énergétique des bâtiments à usage tertiaire (art. 27 de la loi n° 2020-1721 du 29 décembre 2020 de finances pour 2021)	**59-1**
II – CRÉDITS D'IMPÔT AVEC DÉPÔT OBLIGATOIRE D'UNE DÉCLARATION SPÉCIALE[4]	
CRÉANCES NON REPORTABLES ET NON RESTITUABLES	
Crédits d'impôt afférents aux valeurs mobilières	**1-81 et 42-37**
CRÉANCES REPORTABLES	
Crédit d'impôt pour investissement en Corse	**55-1**
Crédit d'impôt en faveur de la recherche	**54-1**
dont montant du crédit d'impôt pour les dépenses exposées dans des exploitations situées dans les DOM	
CRÉANCES NON REPORTABLES ET RESTITUABLES AU TITRE DE L'EXERCICE OU DE L'ANNÉE	**50-3**
Crédit d'impôt famille	**62-1**
Crédit d'impôt en faveur de l'agriculture biologique	
Crédit d'impôt pour dépenses de production d'œuvres phonographiques	**63-1**
Crédit d'impôt en faveur des métiers d'art	**58-1**
Crédit d'impôt en faveur des créateurs de jeux vidéo	**64-1**
Crédit d'impôt sur les avances remboursables pour travaux d'amélioration de la performance énergétique	
Crédit d'impôt prêt à taux zéro renforcé	
Crédit d'impôt en faveur du remplacement temporaire de l'exploitant agricole	
Crédit d'impôt pour investissements outre-mer dans le secteur productif	**65-1**
Crédit d'impôt pour investissements outre-mer dans le secteur du logement social	**65-50**

NOUVEAUTÉS

- Trois nouveaux crédits d'impôt ont été créés par la loi de finances pour 2021 :
  - le crédit d'impôt pour les bailleurs, personnes physiques domiciliées en France au sens de l'article 4 B du code général des impôts ou personnes morales au titre des abandons ou renonciations définitifs des loyers hors taxes et hors accessoires échus au titre du mois de novembre 2020, lorsqu'ils sont afférents à des locaux situés en France et consentis, au plus tard le 31 décembre 2021, au profit d'entreprises locataires (art. 20 de la loi n° 2020-1721 du 29 décembre 2020 de finances pour 2021) ;
  - le crédit d'impôt en faveur des représentations théâtrales d'œuvres dramatiques (art. 220 sexdecies du CGI) au titre des dépenses de création, d'exploitation et de numérisation de représentations théâtrales d'œuvres dramatiques qui s'applique aux demandes d'agrément provisoire déposées à compter du 1er janvier 2021 (art. 22 de la loi n° 2020-1721 du 29 décembre 2020 de finances pour 2021) ;
  - le crédit d'impôt en faveur des petites et moyennes entreprises au titre des dépenses engagées entre le 1er octobre 2020 et le 31 décembre 2021 pour la rénovation énergétique des bâtiments ou parties de bâtiments à usage tertiaire dont elles sont propriétaires ou locataires et qu'elles affectent à l'exercice de leur activité industrielle, commerciale, artisanale, libérale ou agricole (art. 27 de la loi n° 2020-1721 du 29 décembre 2020 de finances pour 2021) ;

RAPPELS

- Depuis le 1er janvier 2018, le formulaire n° 2069-RCI-SD doit être souscrit obligatoirement par voie électronique (article 1649 quater B quater du CGI modifié par la loi n° 2016-1918 du 29 décembre 2016 de finances rectificative pour 2016).
- Depuis le 1er janvier 2019, le CICE a un taux unique de 9 % (article 244 quater C du CGI) et s'applique aux rémunérations n'excédant pas 2,5 fois le SMIC versées à des salariés affectés à des exploitations situées à Mayotte.
- Pour la réduction d'impôt mécénat prévue à l'article 238 bis du CGI, les entreprises ayant effectué plus de 10 000 € de dons et versements ouvrant droit à la réduction d'impôt doivent déclarer des informations relatives aux dons et versements effectués (article 149 de la loi n° 2018-1317 du 28 décembre 2018 de finances pour 2019) sur le tableau III en annexe à cette déclaration.

[4] Les crédits d'impôt figurant au II doivent faire l'objet d'une déclaration spéciale distincte du formulaire n° 2069-RCI-SD.

INFORMATIONS

Certaines données du formulaire sont susceptibles d'être transmises à la Commission européenne dans le cadre de la transparence des aides d'État :

- case "Crédit d'impôt pour la compétitivité et l'emploi" ;
- case "dont crédit d'impôt pour les dépenses exposées dans des exploitations situées dans les DOM"(article 244 quater B du CGI);
- case "crédit d'impôt pour investissements outre-mer dans le secteur productif"(article 244 quater W du CGI)

Crédits et réductions d'impôt avec dispense de déclaration spéciale

50-2 Pour les crédits et réductions d'impôt dont la liste suit, les entreprises sont dispensées d'établir et de déposer une déclaration spéciale, mais doivent impérativement en reporter le montant sur la déclaration 2069-RCI à joindre à la liasse fiscale :

– réduction d'impôt pour mise à disposition d'une flotte de vélos ;
– réduction d'impôt en faveur du mécénat ;
– crédit d'impôt pour la compétitivité et l'emploi (CICE) pour Mayotte ;
– crédit d'impôt formation des dirigeants ;
– crédit d'impôt pour le rachat d'une entreprise par ses salariés ;
– crédits d'impôt cinéma ou audiovisuel ;
– crédit d'impôt cinéma international ;
– crédit d'impôt en faveur des entreprises de spectacles vivants musicaux ou de variétés ;
– crédit d'impôt pour abandon des loyers commerciaux ;
– crédit d'impôt des PME pour la rénovation énergétique des bâtiments.

Une distinction est opérée entre les crédits d'impôt qui donnent lieu, le cas échéant à une créance non reportable et non restituable (réduction d'IS vélos), à une créance reportable (réduction d'impôt mécénat) et ceux qui donnent lieu à une restitution au titre de l'exercice ou de l'année (autres crédits d'impôts mentionnés au cadre I).

Ces crédits et réductions d'impôt peuvent être déterminés à l'aide des fiches de calcul mises à disposition par l'administration et portent le suffixe FC (fiche de calcul). Ces fiches de calcul peuvent être présentées à l'administration fiscale en cas de demande d'information, mais le recours aux formulaires administratifs n'est pas obligatoire.

Le formulaire 2069-RCI reproduit dans ce chapitre mentionne les paragraphes dans lesquels sont données les explications relatives aux montants à reporter sur les lignes concernées.

Des informations particulières sont à reporter sur la déclaration 2069-RCI pour le crédit d'impôt recherche relatives à des éléments se rapportant aux dépenses exposées dans des exploitations situées dans les DOM, de même que pour le CICE spécifique à Mayotte. Ces informations sont susceptibles d'être transmises à la Commission européenne (voir § 50-1).

Crédits d'impôt avec dépôt obligatoire d'une déclaration spéciale

50-3 Pour les crédits d'impôt dont la liste suit, les entreprises doivent établir et déposer une déclaration spéciale et reporter le montant de ces crédits d'impôt sur la déclaration 2069-RCI à joindre à la liasse fiscale :

– crédit d'impôt pour investissement en Corse ;
– crédit d'impôt recherche (et crédit d'impôt recherche innovation) ;
– crédit d'impôt famille ;
– crédit d'impôt agriculture biologique ;
– crédit d'impôt pour la production d'œuvres phonographiques (nommé crédit d'impôt musique) ;
– crédit d'impôt métiers d'art ;
– crédit d'impôt en faveur des créateurs de jeux vidéo ;
– crédit d'impôt sur les avances remboursables pour travaux d'amélioration de la performance énergétique ;
– crédit d'impôt prêt à taux zéro renforcé ;
– crédit d'impôt en faveur du remplacement temporaire de l'exploitant agricole ;
– crédit d'impôt pour investissements productifs outre-mer ;
– crédit d'impôt pour investissements outre-mer dans le secteur du logement social.

La déclaration 2069-RCI est à déposer en même temps que la déclaration annuelle des résultats alors que les déclarations spéciales, quand elles sont obligatoires, sont à joindre, soit au relevé de solde pour les sociétés soumises à l'IS, soit à la déclaration annuelle des résultats pour les autres entreprises.

Une distinction est opérée entre les crédits d'impôt qui donnent lieu, le cas échéant à une créance reportable (Corse et crédit d'impôt recherche) et ceux qui donnent lieu à une restitution au titre de l'exercice ou de l'année (autres crédits d'impôts mentionnés au cadre II).

La déclaration comporte également le montant des crédits d'impôt afférents aux valeurs mobilières, lesquels ne sont ni reportables, ni restituables.

Annexe à la déclaration 2069-RCI

50-4 Les entreprises effectuant plus de 10 000 € de dons ouvrant droit à la réduction d'impôt mécénat doivent déclarer à l'administration fiscale le montant et la date des dons et des versements, l'identité des bénéficiaires ainsi que, le cas échéant, la valeur des biens et services reçus, directement ou indirectement, en contrepartie (CGI art. 238 bis, 6 ; ann. III art. 49 septies X). Cette déclaration est effectuée sur l'annexe à la déclaration 2069-RCI.

Le défaut de production de cette déclaration entraîne l'application d'une amende de 1 500 € (CGI art. 1729 B, 1).

Lorsque les dons et versements sont réalisés par l'intermédiaire d'un organisme qui n'intervient qu'à titre de simple collecteur de fonds, l'entreprise remplit les colonnes « Intermédiaire » du tableau (voir § 51-14).

ATTENTION Les entreprises doivent être particulièrement vigilantes pour le remplissage de la déclaration 2069-RCI. Si un crédit ou une réduction d'impôt bénéficiant de la dispense de déclaration spéciale n'est pas mentionné sur le tableau 2069-RCI, cela signifierait qu'ils ne sont pas demandés par l'entreprise.

Dans les groupes intégrés :

– il convient pour les sociétés intégrées qui complètent ce document de cocher la zone signifiant qu'elles appartiennent à un groupe intégré (case à cocher dans l'encadré en haut du tableau 2069-RCI) ;

– c'est la société mère qui produira en plus des autres déclarations à produire, la déclaration 2069-RCI réalisée par chacune des sociétés du groupe.

Modalités de souscription

50-5 La déclaration 2069-RCI, reproduite ci-après, doit être jointe à la déclaration des résultats des entreprises et télétransmise soit au moyen de la procédure TDFC, soit à partir de l'espace professionnel de l'entreprise (voir §§ 1-23 et 1-24, déclaration 2065).

Les entreprises doivent compléter les différentes déclarations spécifiques de crédits d'impôts qui sont obligatoires. Elles doivent calculer les autres crédits d'impôt et les réductions d'impôt, le cas échéant, à l'aide des fiches de calcul facultatives. Le montant de chaque crédit ou réduction d'impôt est reporté sur la déclaration 2069-RCI.

Principales caractéristiques des crédits d'impôt et réductions d'impôt des entreprises

50-6 Nous présentons ci-dessous un tableau récapitulatif des principales caractéristiques des crédits d'impôt et réductions d'impôt dont peuvent bénéficier les entreprises et qui sont étudiés dans le présent cahier, en précisant pour chacun d'eux, s'il doit faire l'objet d'une déclaration spéciale ou d'une simple fiche de calcul (FC).

Crédits d'impôt (les numéros renvoient à la fiche concernée) (1)	Entreprises concernées		Principales caractéristiques/dépenses éligibles sous certaines conditions	Déclaration spéciale ou fiche de calcul (FC)
	IR	IS		
51. Réduction d'impôt mécénat	X	X	Réduction d'impôt égale à 40 % ou 60 % des dons retenus dans la limite de 5 ‰ du chiffre d'affaires ou 20 000 €, les versements excédentaires pouvant donner lieu à la réduction d'impôt au titre des 5 exercices suivants (CGI art. 238 bis). La réduction d'impôt non imputée n'est pas remboursable et peut être utilisée pour le paiement de l'impôt des 5 exercices suivants	FC 2069-M
52. Réduction d'IS vélos		X	Réduction d'IS égale aux frais générés par la mise à la disposition gratuite de leurs salariés d'une flotte de vélos, pour leurs déplacements entre leur domicile et le lieu de travail. Le montant de la réduction d'IS est limité à 25 % du prix d'achat ou de location de la flotte de vélos (CGI art. 220 undecies A)	FC 2079-VLO
53. Crédit d'impôt compétitivité emploi (CICE)	X	X	Crédit d'impôt fixé à 9 % des rémunérations inférieures ou égales à 2,5 SMIC versées au cours de l'année civile des salariés affectés à des exploitations situées à Mayotte (CGI art. 244 quater C)	FC 2079-CICE

Crédits d'impôt (les numéros renvoient à la fiche concernée) (1)	Entreprises concernées		Principales caractéristiques/dépenses éligibles sous certaines conditions	Déclaration spéciale ou fiche de calcul (FC)
	IR	IS		
54. Crédit d'impôt recherche (CIR)*	X	X	Opérations de recherche scientifique et technique et dépenses de recherche externalisées, sous conditions de plafond. Le taux du CIR est de 30 % des dépenses éligibles (5 % sur la fraction supérieure à 100 M€) (CGI art. 244 quater B) CIR innovation égal à 20 % des dépenses éligibles pour les PME communautaires Taux spécifiques dans les DOM et en Corse	déclaration 2069-A
55. Crédit d'impôt pour investissement en Corse	X	X	Certaines PME peuvent opter pour un crédit d'impôt au titre des investissements, autres que de remplacement, financés sans aide publique pour 25 % au moins de leur montant, réalisés jusqu'au 31.12.2023 et exploités en Corse (CGI art. 244 quater E)	déclaration 2069-D
56. Crédit d'impôt pour dépenses de formation des dirigeants	X	X	Les entreprises qui exposent des dépenses pour former leurs dirigeants peuvent bénéficier d'un crédit d'impôt égal au produit du nombre d'heures de formation par le taux horaire du SMIC, dans la limite de 40 heures par année civile et par entreprise (CGI art. 244 quater M)	FC 2079-FCE
57. Crédit d'impôt pour rachat d'une entreprise par ses salariés		X	Pour chaque exercice, ce crédit d'impôt est égal au montant de l'IS dû par la société rachetée au titre de l'exercice précédent, à proportion des droits sociaux des salariés et dans la limite des intérêts d'emprunt dus par la société nouvelle (CGI art. 220 nonies)	FC 2079-RS
58. Crédit d'impôt en faveur des métiers d'art*	X	X	Les entreprises relevant des métiers d'art bénéficient d'un crédit d'impôt égal à 10 % (ou 15 % pour les entreprises titulaires du label « entreprise du patrimoine vivant ») des dépenses exposées entre le 1.01.2006 et le 31.12.2022 pour la création d'ouvrages réalisés en un seul exemplaire ou en petite série (CGI art. 244 quater O)	déclaration 2079-ART
59. Crédit d'impôt rénovation énergétique des PME*	X	X	Pour les dépenses engagées entre le 1.10.2020 et le 31.12.2021, un crédit d'impôt est ouvert aux PME industrielles, commerciales, artisanales, libérales ou agricoles soumises à l'IS ou à l'IR selon le régime du bénéfice réel. Les dépenses sont celles engagées pour la rénovation énergétique des bâtiments ou parties de bâtiment à usage tertiaire (loi 2020-1721 du 29 décembre 2020, art. 27)	Fiche de calcul (non disponible au jour de la publication de ce cahier)
60. Crédits d'impôt cinéma et audiovisuel		X	Sur agrément, les entreprises de production cinématographique ou audiovisuelle peuvent, sous certaines conditions, bénéficier de crédits d'impôt calculés à raison : – de leurs dépenses de production déléguée (CGI art. 220 sexies) ; – de leurs dépenses de production exécutive pour les films étrangers tournés en France (CGI art. 220 quaterdecies)	FC 2069-CI FC 2079-AV FC 2079-CINT
61. Crédit d'impôt pour dépenses de productions de spectacles vivants		X	Crédit d'impôt institué en faveur des entreprises exerçant l'activité d'entrepreneur de spectacles vivants (musicaux ou de variétés) au titre des dépenses de création, d'exploitation et de numérisation d'un spectacle vivant musical ou de variétés égal à 15 % du montant total des dépenses éligibles plafonné à 750 000 € par entreprise et par exercice (CGI art. 220 quindecies)	FC 2079-SV
62. Crédit d'impôt famille	X	X	Les entreprises qui financent des crèches ou haltes-garderies accueillant des enfants de moins de 3 ans ou qui aident au financement du CESU en faveur de leurs salariés peuvent bénéficier d'un crédit d'impôt de 50 % ou 25 % plafonné à 500 000 € (CGI art. 244 quater F)	déclaration 2069-FA

Crédits d'impôt (les numéros renvoient à la fiche concernée) (1)	Entreprises concernées		Principales caractéristiques/dépenses éligibles sous certaines conditions	Déclaration spéciale ou fiche de calcul (FC)
	IR	IS		
63. Crédit d'impôt entreprises de production phonographique (musique)		X	Sur agrément, les entreprises de production phonographique existant depuis 1 an au moins peuvent bénéficier, sous certaines conditions d'un crédit d'impôt égal à 15 % des frais de production et de développement d'enregistrements musicaux ou de vidéos musicales. Pour les PME au sens communautaire, le taux est de 30 %. Crédit d'impôt plafonné à 1,1 M€ par entreprise et par exercice (CGI art. 220 octies)	déclaration 2079-DIS
64. Crédit d'impôt en faveur des créateurs de jeux vidéo		X	Sur agrément, les entreprises de création de jeux vidéo peuvent sous certaines conditions bénéficier d'un crédit d'impôt égal à 30 % des dépenses éligibles (plafonné à 6 M€). Le coût de développement des jeux vidéo éligibles doit être supérieur ou égal à 100 000 € (CGI art. 220 terdecies)	déclaration 2079-VIDEO
65. Crédit d'impôt pour investissements productifs dans les DOM	X	X	Crédit d'impôt égal à 35 % (IS), 38,25 % ou 45,9 % (IR) des investissements productifs réalisés dans les DOM (CGI art. 244 quater W)	déclaration 2079-CIOP
Crédit d'impôt pour abandon de loyers (voir § 50-7)	X	X	Crédit d'impôt de 50 % des loyers échus au titre du mois de novembre 2020 dans certains secteurs (assiette plafonnée à 2/3 du montant du loyer prévu au bail pour les entreprises de plus de 250 salariés)	Fiche de calcul (non disponible au jour de la publication de ce cahier)

* Régime soumis au règlement sur les aides de minimis. Pour le CIR, le règlement des aides de minimis ne concerne que le secteur textile-habillement-cuir.

(1) Le nouveau crédit d'impôt pour abandon de loyers au titre du mois de novembre 2020 est présenté dans les développements ci-après, voir § 50-7.

Crédit d'impôt au profit des bailleurs renonçant à leurs loyers

Principales caractéristiques

50-7 Pour soutenir les locataires et inciter les propriétaires bailleurs à renoncer à percevoir les loyers qui leur sont dus durant la crise économique liée au Covid-19, les bailleurs peuvent bénéficier, sous certaines conditions, d'un crédit d'impôt allant jusqu'à 50 % des loyers abandonnés (loi 2020-1721 du 29 décembre 2020, art. 20, I à V).

Ce crédit d'impôt s'applique aux bailleurs, personnes physiques ou morales, à raison des abandons ou renonciations définitifs des loyers hors taxes et hors accessoires, échus au titre du mois de novembre 2020, lorsqu'ils sont afférents à des locaux situés en France et consentis au plus tard le 31 décembre 2021.

Pour bénéficier du crédit d'impôt, les bailleurs personnes physiques doivent être domiciliés en France.

Peuvent également y avoir droit les bailleurs bénéficiant d'un régime d'exonération des bénéfices (CGI art. 44 sexies, 44 sexies A, 44 septies, 44 octies, 44 octies A, 44 duodecies, 44 terdecies à 44 septdecies et 207 à 208 septies) ainsi que les bailleurs sociaux publics (offices publics de l'habitat).

Les entreprises locataires doivent satisfaire aux critères suivants (loi 2020-1721 du 29 décembre 2020, art. 20, I.1.1° à 4°) :

– louer des locaux faisant l'objet d'une interdiction d'accueil au public ou exercer leur activité dans certains secteurs particulièrement touchés par l'épidémie de covid-19 tels que l'hôtellerie, les cafés, la restauration ou la culture et l'événementiel (secteurs définis en annexe 1 au décret 2020-371 du 30 mars 2020) ;

– avoir un effectif inférieur à 5 000 salariés ; cette condition ne s'applique cependant pas aux entreprises locataires constituées sous forme d'association, mais celles-ci doivent être assujetties aux impôts commerciaux ou employer au moins un salarié ;

– ne pas être en difficulté au 31 décembre 2019 au sens du règlement général d'exemption par catégorie (RGEC) du 17 juin 2014. Néanmoins, les micro et petites entreprises au sens du droit européen qui sont en difficulté au 31 décembre 2019 sont éligibles, à condition de ne pas faire l'objet d'une procédure collective d'insolvabilité et de n'avoir pas bénéficié d'une aide au sauvetage ou d'une aide à la restructuration ;

– ne pas être en liquidation judiciaire à la date du 1er mars 2020 ;

– ne pas présenter de liens familiaux ou de liens de dépendance, au sens l'article 39, 12 du CGI, avec le bailleur, sauf si ce dernier est en mesure de justifier par tous moyens des difficultés de trésorerie de l'entreprise locataire.

Calcul et utilisation du crédit d'impôt

50-8 Le crédit d'impôt s'élève à 50 % des loyers abandonnés au titre du mois de novembre 2020.

Lorsque l'entreprise locataire a un effectif d'au moins 250 salariés, l'assiette du crédit d'impôt est plafonnée à hauteur des deux tiers du montant du loyer prévu au bail, échu ou à échoir au titre du mois concerné. Dans cette situation, le crédit d'impôt est donc égal à un tiers des loyers abandonnés.

Le crédit d'impôt s'impute :

– pour les entreprises relevant de l'IR, sur l'impôt dû au titre de l'année civile au cours de laquelle les abandons ou renonciations définitifs de loyers ont été consentis, y compris en cas de clôture d'exercice en cours d'année civile ;

– pour les entreprises redevables de l'IS, sur l'impôt dû au titre de l'exercice au cours duquel les abandons ou renonciations définitifs de loyers ont été consentis.

Si le montant du crédit d'impôt excède l'impôt dû au titre de cette année ou de cet exercice, l'excédent est restitué. La créance correspondant au crédit d'impôt non utilisé est inaliénable et incessible, sauf dans le cadre d'une cession Dailly.

Pour bénéficier du crédit d'impôt, les bailleurs doivent renseigner la déclaration 2069-RCI (cadre I), sans dépôt d'une déclaration spécifique.

Le montant total des abandons ou renonciations de loyers donnant lieu à crédit d'impôt dont bénéficie chaque entreprise locataire ne peut excéder le plafond des aides temporaires fixé à 800 000 €.

2069-M Réduction d'impôt pour mécénat

Présentation générale

Dons retenus dans la limite d'un plafond alternatif

51-1 Pour les versements effectués au cours des exercices clos à compter du 31 décembre 2020, les dépenses de mécénat sont retenues dans la limite de 20 000 € ou de 5 ‰ du chiffre d'affaires HT lorsque ce dernier montant est plus élevé (CGI art. 238 bis ; BOFiP-BIC-RICI-20-30-20-03/02/2021).

Pour rappel, pour les versements effectués au cours des exercices clos avant cette date, les versements étaient retenus dans la limite de 10 000 € ou de 5 ‰ du chiffre d'affaires HT de l'entreprise lorsque ce dernier montant est plus élevé.

Le chiffre d'affaires limite est le chiffre d'affaires hors taxes réalisé par l'entreprise au titre de l'exercice au cours duquel les versements sont effectués. Pour les sociétés holding, il comprend les dividendes et les produits financiers. Il ne doit être tenu compte que du chiffre d'affaires correspondant aux bénéfices imposables en France métropolitaine et dans les départements d'outre-mer.

Le plafond est commun :
- aux versements effectués au titre des dons aux œuvres (CGI art. 238 bis) (voir § 51-7) ;
- et aux versements effectués au titre de l'acquisition d'œuvres originales d'artistes vivants et d'instruments de musique, qui donnent lieu à une déduction du résultat fiscal et non à une réduction d'impôt (CGI art. 238 bis AB).

Taux variable selon le montant et la nature des dons

51-2 **Taux de 60 % ramené à 40 % au-delà de 2 M€ de dons.** La fraction inférieure ou égale à 2 M€ des versements effectués au profit d'œuvres ou d'organismes éligibles ouvre droit à une réduction d'impôt au taux de 60 %.

La fraction supérieure à ce montant ouvre droit à une réduction d'impôt au taux de 40 % pour les versements effectués au cours des exercices clos à compter du 31 décembre 2020 (CGI art. 238 bis, 2). Toutefois, ouvrent droit à une réduction d'impôt au taux de 60 % les versements effectués au profit d'organismes sans but lucratif qui procèdent à la fourniture de certains services à des personnes en difficulté (voir § 51-3).

La modulation du taux de la réduction d'impôt s'applique aux versements quelle que soit la date de signature de la convention de mécénat, y compris si celle-ci est antérieure à la promulgation de la loi finances pour 2020 qui a aménagé ce plafonnement (loi 2019-1479 du 28 décembre 2019 ; BOFiP-BIC-RICI-20-30-20-§ 1-03/02/2021).

Réduction d'impôt mécénat (CGI art. 238 bis)		
	Exercice clos à compter du 31.12.2019	Exercice clos à compter du 31.12.2020
Limites applicables (voir § 51-1)	Versements dans la limite de 10 000 € ou de 5 ‰ du CA HT	Versements dans la limite de 20 000 € ou de 5 ‰ du CA HT
Taux de la réduction d'impôt	60 %	60 % pour la fraction des versements inférieure ou égale à 2 M€
		40 % au-delà de 2M€, sauf cas des versements à des organismes sans but lucratif aidant des publics en difficulté (voir § 51-3)

51-3 **Taux de 60 % pour les dons aux organismes apportant une aide aux personnes en difficulté.** Demeurent éligibles à une réduction d'impôt au taux de 60 %, quel que soit leur montant, les versements effectués au profit de certains organismes sans but lucratif dont la liste a été fixée par décret (décret 2020-1013 du 7 août 2020 ; CGI, ann. III art. 49 septies XC ; BOFiP-BIC-RICI-20-30-20-§§ 2 à 9-03/02/2021). **L'administration précise que la fourniture d'une prestation ou d'un produit à des personnes en difficulté est réputée être effectuée à titre gratuit lorsqu'aucune contrepartie financière ou en nature n'est prévue. Tel n'est pas le cas des organismes qui acceptent ou demandent en contrepartie une rémunération, même très inférieure au prix normal, ou une participation symbolique** (BOFiP-BIC-RICI-20-30-20-§ 5-03/02/2021).

Pour l'application du seuil de 2 M€, il n'est pas tenu compte des versements effectués au profit des organismes proposant les prestations et produits listés ci-après.

Liste des prestations et produits mentionnés à l'article 238 bis, 2 du CGI

1°) Fourniture gratuite de repas à des personnes en difficulté

2°) Logement de personnes en difficulté

La fourniture de ces produits ou prestations mentionnés au 1° et 2° ne doit pas nécessairement être exercée à titre principal.

3°) Lorsqu'elle est exercée à titre principal, fourniture gratuite à des personnes en difficulté :

– de soins mentionnés à l'article 261, 4.1° du CGI ;

– de matériels mentionnés à l'article 2 du décret 2015-981 du 31 juillet 2015, ainsi que des meubles de rangement, linge de maison, équipements de salle de bains et de puériculture, biberons et matériels pour nourrissons et enfants en bas âge, petits et gros appareils électroménagers ;

– de matériels et équipements conçus spécialement pour les personnes handicapées ou à mobilité réduite, à savoir les appareillages, équipements et matériels mentionnés à l'article 278-0 bis, A.2° .a à c du CGI ;

– de fournitures scolaires, y compris jouets et jeux d'éveil et éducatifs ;

– de vêtements, y compris chaussures ;

– de produits sanitaires, y compris d'entretien ménager, et de produits d'hygiène bucco-dentaire et corporelle ;

– de produits de protection hygiénique féminine ;

– de couches pour nourrissons ;

– de produits et matériels utilisés pour l'incontinence ;

– de produits contraceptifs.

L'organisme doit fournir les prestations et produits mentionnés au 3°) à des personnes en difficulté gratuitement et à titre principal. Cette dernière condition est réputée remplie si l'organisme consacre plus de 50 % des sommes qui lui sont versées sous forme de dons à la réalisation de cet objet social (BOFiP-BIC-RICI-20-30-20-§ 6-03/02/2021).

Obligations déclaratives

51-4 **L'entreprise est dispensée de souscrire une déclaration spéciale. Pour déterminer le montant de la réduction d'impôt mécénat, elle peut utiliser la fiche d'aide au calcul 2069-M-FC-SD, laquelle permet également le suivi de l'excédent de la réduction d'impôt pour les entreprises à l'IR.**

Les entreprises ont l'obligation de souscrire une déclaration 2069-RCI afin d'y mentionner :

– la réduction d'impôt calculée au titre de l'exercice (CGI, ann. III art. 46 quindecies QC) (voir §§ 50-1 à 50-3), **reportée au cadre I, dans la rubrique « Créances reportables ». Le montant à reporter est celui déterminé au titre des dépenses réalisées au titre de l'exercice, et non pas son montant effectivement imputé sur l'IS et qui est mentionné au cadre VI de la fiche de calcul, si le montant de l'IS est inférieur à son montant** (voir § 51-21) ;

– pour les entreprises réalisant au cours d'un exercice pour plus de 10 000 € de dons ouvrant droit à la réduction d'impôt, le montant et la date de ces dons et versements, l'identité des bénéficiaires ainsi que, le cas échéant, la valeur des biens et services reçus, directement ou indirectement, en contrepartie (annexe à la déclaration 2069-RCI, cadre III). Des précisions sont apportées par l'administration pour les dons réalisés par l'intermédiaire d'organismes collecteurs (voir § 51-14)

➟ **Exemple** Au titre de l'exercice N, une entreprise peut bénéficier de la réduction dans la limite d'un plafond de versements de 11 000 €, compte tenu de son chiffre d'affaires. Cette entreprise a effectué des versements éligibles à la réduction d'impôt pour un montant de 15 000 € au cours de l'exercice N. L'entreprise déclare au titre de l'exercice N, les informations pour l'ensemble de ces versements, soit 15 000 €. L'excédent de versements non utilisé (4 000 €) est reporté (voir § 51-16).

Au titre de l'exercice N + 1, par hypothèse, le plafond de versements s'élève également à 11 000 €. L'entreprise effectue des versements pour un montant de 7 000 € au cours de l'exercice N + 1. L'assiette de sa réduction d'impôt au titre de N + 1 s'élève à 11 000 € (7 000 € + 4 000 €). Toutefois, l'entreprise n'ayant pas dépassé au titre de l'exercice N + 1 le seuil de 10 000 € de dons et versements effectués, elle n'a pas à déclarer les informations relatives aux 7 000 € de versements réalisés en N + 1.

Les chiffres indiqués renvoient aux commentaires de cette fiche

RÉPUBLIQUE FRANÇAISE
Liberté
Égalité
Fraternité

2069-M-FC-SD
(2021)
cerfa
N° 15438*06

RÉDUCTION D'IMPÔT MÉCÉNAT
(Article 238 *bis* du code général des impôts)
Exercice du au ou année [1]

FICHE D'AIDE AU CALCUL **51-1**

Ce formulaire ne constitue pas une déclaration. Il n'a pas à être transmis spontanément à l'administration. La déclaration des réductions et crédits d'impôt n° 2069-RCI-SD constitue le support déclaratif de la réduction d'impôt mécénat.

Chiffre d'affaires de l'exercice	1		Plafond de déductibilité *(20 000 € ou ligne 1 × 5 ‰)[2]*	2	**51-18**

I - DÉPENSES ENGAGÉES AU COURS DE L'EXERCICE OUVRANT DROIT À RÉDUCTION D'IMPÔT

Versements effectués au profit d'œuvres ou organismes[3]	3		
• *Dont montant des dons et versements consentis à des organismes dont le siège est situé au sein de l'Union européenne ou de l'Espace économique européen[4]*	3b		
• *Dont montant des dons au profit de la reconstruction de Notre-Dame de Paris*	3c	**51-19**	
• *Dont dépenses inférieures ou égales au plafond (montant ligne 3 limité au montant ligne 2)*	4		
• *Dont dépenses supérieures au plafond (ligne 3-ligne 4 si montant ligne 3 > montant ligne 2)*	5		

Dépenses engagées en vue de l'achat d'œuvres originales d'artistes vivants qui sont inscrites à un compte d'actif immobilisé (article 238 bis AB du CGI)	6	
Plafonnement des dépenses [*(ligne 6 dans la limite des montants (ligne 2 – ligne 4)]*	7	

II - APPRÉCIATION DU MONTANT DES DÉPENSES ENGAGÉES AU COURS DE L'EXERCICE AU REGARD DU PLAFOND DE DÉDUCTIBILITÉ

Plafond de déductibilité utilisé *(ligne 4 +ligne 7)*	8	
Montant maximum des excédents de versement des exercices antérieurs pouvant être pris en compte *(ligne 2 - ligne 8)*	9	**51-20** 0

[1] Pour les entreprises individuelles.
[2] Le plafond de 20 000 €, alternatif à celui de 5 ‰ du chiffre d'affaires, s'applique aux versements effectués au cours des exercices clos à compter du 31 décembre 2020. Les entreprises peuvent appliquer le plafond de 20 000 € ou celui de 5 pour mille du chiffre d'affaires lorsque ce dernier montant est plus élevé.
[3] Les entreprises qui effectuent au cours d'un exercice plus de 10 000 € de dons et versements ouvrant droit à la réduction d'impôt déclarent à l'administration fiscale le montant et la date de ces dons et versements, l'identité des bénéficiaires ainsi que, le cas échéant, la valeur des biens et services reçus, directement ou indirectement, en contrepartie. La transmission de ces informations s'effectue sur un tableau annexe du formulaire n° 2069-RCI-SD. L'obligation déclarative complémentaire ayant été intégrée à la déclaration n° 2069-RCI-SD, l'absence de dépôt de cette déclaration est sanctionnée par une amende fiscale prévue au second alinéa du 1 de l'article 1729 B du CGI.
[4] Montant des dons et versements consentis à des organismes agréés dans les conditions prévues à l'article 1649 *nonies* du code général des impôts et dont le siège est situé dans un État membre de l'Union européenne ou dans un autre État partie à l'accord sur l'Espace économique européen ayant conclu avec la France une convention d'assistance administrative en vue de lutter contre la fraude et l'évasion fiscales. Lorsque ces dons et versements ont été effectués au profit d'un organisme non agréé et situé dans un État précédemment cité, la réduction d'impôt fait l'objet d'une reprise, sauf lorsqu'il est produit dans le délai de dépôt de la déclaration les pièces justificatives attestant que cet organisme poursuit des objectifs et présente des caractéristiques similaires aux organismes dont le siège est situé en France.
Pour les entreprises à l'impôt sur les sociétés : reporter le montant des dons consentis à ces organismes sur le relevé de solde n° 2572-SD.

Les chiffres indiqués renvoient aux commentaires de cette fiche

III - PRISE EN COMPTE DES VERSEMENTS EFFECTUÉS AU TITRE D'EXERCICES ANTÉRIEURS ET REPORTABLES

Ce tableau est servi uniquement si l'entreprise dispose d'excédents de versement constatés au cours d'exercices antérieurs et si au cours de l'exercice considéré, la somme des versements effectués au titre des articles 238 bis et 238 bis AB du CGI est inférieure au plafond de déductibilité.

	Totalité des excédents de versements constatés au cours des exercices précédents imputables[5] 1	Limite de prise en compte des excédents de versements constatés au cours des exercices précédents[6] 2		Excédents imputés[7] 3		Excédents restant à imputer[8] (colonne 1 - colonne 3) 4
N-5		A		10		
N-4		B (A-10)		11		
N-3		C (B-11)		12		
N-2		D (C-12)		13		
N-1		E (D-13)		14		
				15	Total **51-21**	

IV - DÉTERMINATION DU MONTANT DE LA RÉDUCTION D'IMPÔT

Dépenses inférieures ou égales au plafond de déductibilité (reporter ligne 4)	16	
• **Dont fraction des versements inférieure ou égale à 2 millions d'euros**	17	
• **Dont fraction des versements supérieure à 2 millions d'euros**	18	
• **Dont fraction des versements ouvrant droit à une réduction au taux de 60 % sans application du seuil de 2 millions d'euros** [9]	19	**51-22**
Excédents des années antérieures imputés (reporter ligne 15)	20	
• **Dont excédents des années antérieures ouvrant droit à une réduction de 60 %**[10]	21	
• **Dont excédents des années antérieures ouvrant droit à une réduction de 40 %**	22	
Réduction d'impôt de l'exercice [11] [ligne 17 + ligne 19 + ligne 21] x 60 % + [ligne 18 + ligne 22] x 40 %	23	0

Entreprises individuelles : les montants déterminés lignes 3b, 3c et 23 doivent être reportés sur la déclaration n° 2069-RCI-SD et celui déterminé ligne 32 sur la déclaration n° 2042-C-PRO.
Entreprises soumises à l'impôt sur les sociétés : les montants déterminés lignes 3b, 3c et 23 doivent être reportés sur la déclaration n° 2069-RCI-SD et ceux déterminés lignes 3b et 23 sur le relevé de solde n° 2572-SD

V - RÉPARTITION DE LA RÉDUCTION D'IMPÔT ENTRE LES ASSOCIÉS DE LA SOCIÉTÉ DE PERSONNES (OU ASSIMILÉE) [12]

Nom et adresse des associés et n° SIREN (pour les entreprises)	% de droits détenus dans la société	Quote-part de la réduction d'impôt
	%	
	%	
	%	
	%	
	Total	**51-23**

[5] Reporter la totalité des excédents imputables y compris les montants supérieurs au plafond déterminé ligne 9.
[6] Reporter case A, le montant de l'excédent imputable limité au montant porté ligne 9.
Dans l'hypothèse où le montant porté dans la colonne 1 est inférieur au montant porté colonne 2, reporter sur les années suivantes dans la colonne 2 le reliquat de la limite de prise en compte des excédents.
[7] Le montant d'excédents imputés est égal au montant de la colonne 1 dans la limite du montant de la colonne 2.
[8] Ces montants seront reportés pour le calcul de la réduction d'impôt mécénat de l'année suivante.
[9] Les montants versés au profit de certains organismes sans but lucratif définis à la deuxième phrase du 2 de l'article 238 bis du CGI ouvrent droit au taux de 60 % sans application du seuil de 2 millions d'euros. Ces montants ne doivent pas être pris en compte dans les versements portés ligne 17 et 18.
[10] Le taux de réduction d'impôt applicable aux excédents de versements des années antérieures est le taux auxquels ils ont ouvert droit à la réduction d'impôt en application du premier alinéa du 2 de l'article 238 bis du CGI.
[11] Montant à reporter sur la déclaration n° 2069-RCI-SD.
[12] Seuls les associés personnes morales ou associés personnes physiques participant à l'exploitation au sens du 1° bis du I de l'article 156 du CGI peuvent faire valoir leur part dans la réduction d'impôt. Le montant global déterminé est réparti entre tous les associés, mais seuls ceux cités ci-avant peuvent prétendre au bénéfice de cette réduction d'impôt. Dès lors, le total de la répartition entre les associés peut être différent du montant déterminé ligne 23.

Les chiffres indiqués renvoient aux commentaires de cette fiche

Montant du solde de réduction d'impôt non imputée sur l'impôt *(montant case 25 - montant case 24 si case 25 > case 24)*	27	

VII – SUIVI DE LA RÉDUCTION D'IMPÔT POUR DÉTERMINER LE MONTANT À REPORTER SUR LA DÉCLARATION N° 2042-C-PRO (à servir uniquement par les entreprises soumises à l'impôt sur le revenu lorsque l'entrepreneur individuel ou l'associé de la société de personnes dispose de réductions d'impôt non imputées au titre des années antérieures) **51-24**

SITUATION AU TITRE DE L'ANNÉE N-1

Montant de la réduction d'impôt déclarée sur la déclaration n° 2042-C-PRO de l'année N-1[13]	28	
Montant de la réduction d'impôt utilisée en N-1 *(montant indiqué sur l'avis d'impôt sur le revenu de l'année N-1)*	29	
Montant de la réduction d'impôt non utilisée en N-1 *(ligne 28 – ligne 29)*	30	0

RÉPARTITION DE LA RÉDUCTION D'IMPÔT NON UTILISÉE EN N-1 SELON L'ANNÉE D'ORIGINE

Année d'origine de la réduction d'impôt	Réduction d'impôt déclarée en N-1 selon son année d'origine 1	Montant de la réduction d'impôt utilisée en N-1[14] 2	Montant de la réduction d'impôt restant à reporter sur l'année N[15] (colonne 1 – colonne 2) 3 **51-25**
N-1			
N-6			
N-5			
N-4			
N-3			
N-2			
Total colonne 1[16]		TOTAL	31
Montant de la réduction d'impôt à déclarer sur la déclaration n° 2042-C-PRO de l'année *(montant ligne 23 + montant ligne 31)*[17]			32 — 0

51-25

[13] Le montant de la réduction d'impôt déclarée en N-1 correspond au montant de la réduction d'impôt déclarée en N-1 et aux montants des réductions d'impôt reportables au titre des années antérieures à N-1.
[14] Reporter le montant indiqué ligne 29, en commençant par l'année N-1. Le reliquat éventuel est reporté sur les années antérieures en commençant par les années les plus anciennes.
[15] Ce montant sera reporté en colonne 1 lors du calcul de ce suivi au titre de l'année suivante.
[16] Le total de la colonne 1 doit être égal au montant indiqué ligne 28.
[17] Ce montant sera à reporter à la ligne 28 pour le calcul de la réduction d'impôt mécénat de l'année suivante.

Sont par ailleurs mentionnés sur des lignes distinctes de la déclaration 2069-RCI et de la fiche de calcul 2069-M-FC :
– le montant des dons et versements consentis à des organismes dont le siège est situé dans l'UE ou au sein de l'espace économique européen (voir § 51-8) ;
– le montant des dons au profit de la reconstruction de Notre-Dame de Paris. Rappelons qu'une souscription nationale est ouverte à compter du 16 avril 2019 pour la conservation et la restauration de la cathédrale Notre-Dame de Paris et que le montant des dons et versements effectués au titre de la souscription nationale fera l'objet d'un rapport remis au Parlement (loi 2019-803 du 29 juillet 2019, JO au 30 juillet).

Les chiffres indiqués renvoient aux commentaires de cette fiche

Annexe à la 2069-RCI-SD pour les entreprises ayant effectué au cours de l'exercice plus de 10 000 € de dons et versements ouvrant droit à la réduction d'impôt prévue à l'article 238 bis du code général des impôts. **51-1**

III – MÉCÉNAT – LISTE DES BÉNÉFICIAIRES FINAUX[5]

Montant des dons	Date de versement	Bénéficiaire[6]				Intermédiaire[6] **51-14**				Valeur de la contrepartie[7]
		N° d'identification[8]		Nom	Adresse	N° d'identification[8]		Nom	Adresse	
		N° SIREN	N° RNA			N° SIREN	N° RNA			

[5] Tableau à remplir pour les entreprises assujetties à l'impôt sur le revenu ou à l'impôt sur les sociétés ayant effectué au cours de l'exercice plus de 10 000 € de dons et versements ouvrant droit à la réduction d'impôt en faveur du mécénat prévue à l'article 238 bis du code général des impôts (BOI-BIC-RICI-20-30-20, § 130 et suivants).

[6] L'entreprise se fait communiquer par l'organisme collecteur l'identité du bénéficiaire final ainsi que le montant et la date des versements correspondants et, le cas échéant, la valeur des biens et services reçus, directement ou indirectement, en contrepartie. Il en va de même lorsque l'entreprise effectue des dons et versements à des organismes éligibles au régime fiscal du mécénat tels que les fonds de dotation, les fondations et associations reconnues d'utilité publique, les fondations d'entreprises qui les reversent à d'autres organismes eux-mêmes éligibles dans les conditions prévues à l'article 238 bis du CGI (cf. §150 du BOI-BIC-RICI-20-30-20).

[7] Valeur des biens et services reçus directement ou indirectement en contrepartie.

[8] Numéro SIREN et, à défaut, numéro RNA si entité française.

Conditions de la réduction d'impôt mécénat

Entreprises bénéficiaires de la réduction d'impôt

51-5 Entreprises soumises à un régime réel. La réduction d'impôt mécénat (CGI art. 238 bis) **bénéficie aux entreprises assujetties à l'impôt sur le revenu (IR) ou à l'impôt sur les sociétés (IS) selon un régime réel d'imposition, à l'exclusion des exploitants soumis au régime des micro-entreprises.**

Les entreprises exonérées d'IS en vertu d'une disposition particulière sont exclues du bénéfice de la réduction d'impôt. Toutefois, si ces entreprises réalisent par ailleurs des activités imposées dans les conditions de droit commun, elles peuvent en bénéficier au titre des versements effectués au profit des organismes éligibles, pris dans la limite de 20 000 € ou de 5 ‰ du chiffre d'affaires (voir § 51-1) se rapportant aux activités imposées lorsque ce dernier montant est plus élevé (BOFiP-BIC-RICI-20-30-10-10-§ 30-17/02/2021).

Les entreprises exonérées partiellement ou temporairement d'impôt, par application d'un abattement sur le montant de leur résultat, peuvent bénéficier de la réduction d'impôt soit au cours d'un exercice exonéré lorsqu'elles sont redevables de l'impôt en raison du dépassement des limites d'exonération, soit lorsqu'elles imputent la réduction d'impôt calculée au titre d'un exercice « exonéré » sur l'impôt dû au titre d'un exercice postérieur qui ne bénéficierait pas de l'exonération. Sont visées ici les entreprises qui bénéficient notamment d'exonérations dans certaines zones (zones d'aide à finalité régionale, zones franches urbaines...).

51-6 Choix à exercer par les entreprises individuelles relevant de l'IR. Les personnes physiques peuvent bénéficier, pour un don remplissant les conditions prévues par la loi :
– soit de la réduction d'impôt au titre des dons et versements qu'elles consentent à titre privé (CGI art. 200) ;
– soit de la réduction d'impôt au titre des dépenses effectuées dans le cadre du mécénat d'entreprise (CGI art. 238 bis).

→ **À NOTER** Ces deux dispositions sont indépendantes. Le même versement ne peut ouvrir droit à la fois à la réduction d'impôt au titre du mécénat d'entreprise et à la réduction d'impôt pour dons en faveur des particuliers.

Organismes bénéficiaires des dons ouvrant droit à la réduction d'impôt

Organismes éligibles

51-7 Les organismes bénéficiaires des dons ou des versements mentionnés dans le tableau suivant sont éligibles à la réduction d'impôt mécénat (CGI art. 238 bis ; BOFiP-BIC-RICI-20-30-10-10-17/02/2021).

La plupart des dons ouvrant droit à la réduction d'impôt mécénat d'entreprise (CGI art. 238 bis) sont également éligibles à la réduction d'impôt sur le revenu pour les dons consentis à titre privé (CGI art. 200).

S'agissant des organismes d'intérêt général éligibles, la doctrine de l'administration relative à l'impôt sur le revenu comporte des commentaires et des solutions particulières auxquels il peut donc être utile de se reporter (BOFiP-IR-RICI-250-10-20-14/10/2015). Les références de ces précisions doctrinales sont mentionnées dans le tableau suivant.

Organismes bénéficiaires des dons et des versements	Précisions
Œuvres ou organismes d'intérêt général ayant un caractère philanthropique, éducatif, scientifique, social, humanitaire, sportif, familial, culturel, ou concourant à la mise en valeur du patrimoine artistique, à la défense de l'environnement naturel ou à la diffusion de la culture, de la langue et des connaissances scientifiques françaises, notamment quand ces versements sont faits au bénéfice d'une fondation universitaire, d'une fondation partenariale (c éduc. art. L. 719-12 et L. 719-13) ou d'une fondation d'entreprise, même si cette dernière porte le nom de l'entreprise fondatrice (CGI art. 238 bis, 1.a)	(BOFiP-IR-RICI-250-10-20-10-§§ 10 à 160-10/05/2017) Ces dispositions s'appliquent même si le nom de l'entreprise versante est associé aux opérations réalisées par ces organismes
Fondations ou associations reconnues d'utilité publique (1) (CGI art. 238 bis, 1.b) Musées de France (CGI art. 238 bis, 1.b)	(BOFiP-IR-RICI-250-10-20-20-§§ 10 à 70-12/09/2012)
Associations cultuelles et de bienfaisance, ainsi que des établissements publics des cultes reconnus d'Alsace-Moselle (CGI art. 238 bis, 1.b)	(BOFiP-IR-RICI-250-10-20-20-§§ 80 à 100-12/09/2012)
Établissements d'enseignement supérieur ou d'enseignement artistique publics ou privés, d'intérêt général, à but non lucratif (CGI art. 238 bis, 1.c)	(BOFiP-IR-RICI-250-10-20-10-§§ 290 à 330-10/05/2017) (BOFiP-BIC-RICI-20-30-10-10-§ 370-17/02/2021)
Établissements d'enseignement supérieur consulaires mentionnés à l'article L. 711-17 du code de commerce pour leurs activités de formation professionnelle initiale et continue ainsi que de recherche (CGI art. 238 bis, 1.c bis)	(BOFiP-BIC-RICI-20-30-10-10-§ 450-17/02/2021)
Sociétés ou organismes publics ou privés, agréés pour la recherche (ord. 58-882 du 25 septembre 1958 ; CGI art. 238 bis, 1.d)	
Organismes publics ou privés dont la gestion est désintéressée et qui ont pour activité principale la présentation au public d'œuvres dramatiques, lyriques, musicales, chorégraphiques, cinématographiques, audiovisuelles et de cirque ou l'organisation d'expositions d'art contemporain, à la condition que les versements soient affectés à cette activité (2) Cette disposition ne s'applique pas aux organismes présentant des œuvres à caractère pornographique ou incitant à la violence (CGI art. 238 bis, 1.e)	(BOFiP-IR-RICI-250-10-20-10-§ 170 à 280-10/05/2017) (BOFiP-BIC-RICI-20-30-10-15-§§ 10 à 120-17/02/2021)
Projets de thèse proposés au mécénat de doctorat par les écoles doctorales dans des conditions fixées par décret (CGI art. 238 bis, 1.e bis)	
Sociétés, dont l'État est l'actionnaire unique, qui ont pour activité la représentation de la France aux expositions universelles (CGI art. 238 bis, 1.e ter)	
Sociétés nationales de programme, pour les versements affectés au financement de programmes audiovisuels culturels (CGI art. 238 bis, 1.e quater)	
Fondation du patrimoine ou association ou fondation affectant ses dons à la Fondation du patrimoine (CGI art. 238 bis, 1.f)	(BOFiP-IR-RICI-250-10-20-30-12/09/2012)
Fonds de dotation répondant aux caractéristiques des œuvres ou organismes d'intérêt général (voir première ligne du tableau) ou dont la gestion est désintéressée et qui reversent les revenus tirés des dons et versements à des organismes mentionnés ci-dessus ou à la Fondation du patrimoine, ou à une fondation ou association reconnue d'utilité publique agréée par le ministre chargé du budget (CGI art. 238 bis, 1.g)	(BOFiP-BIC-RICI-20-30-10-15-§§ 130 à 250-17/02/2021)
Organismes agréés dont l'objet exclusif est de verser des aides financières permettant la réalisation d'investissements ou de fournir des prestations d'accompagnement à des petites et moyennes entreprises (CGI art. 238 bis, 4). Sont visés les organismes agréés dont l'objet exclusif est de verser des aides financières permettant la réalisation d'investissements tels que définis à l'article 17, 3 du règlement général d'exemption par catégorie (UE) 651/2014 du 17 juin 2014 ou de fournir des prestations d'accompagnement à des PME au sens de la définition communautaire (3)	(BOFiP-IR-RICI-250-10-20-10-§ 370-10/05/2017) (BOFiP-BIC-RICI-20-30-10-15-§§ 260 à 560-17/02/2021) (BOFiP-SJ-AGR-60-10-§ 130-10/05/2017)

Organismes bénéficiaires des dons et des versements	Précisions
Organismes qui ont pour objet la sauvegarde des biens culturels mentionnés à l'article 1er de la Convention du 14 mai 1954 pour la protection des biens culturels en cas de conflit armé, dont le siège est situé dans un État membre de l'UE ou dans un autre État ayant conclu avec la France une convention d'assistance administrative en vue de lutter contre la fraude et l'évasion fiscales, sous réserve que l'État français soit représenté au sein des instances dirigeantes avec voix délibérative (CGI art. 238 bis, 5)	(BOFiP-BIC-RICI-20-30-10-15-§§ 570 à 610-17/02/2021)
Organismes ayant des activités musicales dont Radio France assure la gestion et le développement (CGI art. 238 bis, I.e quinquies)	Pour les exercices clos à compter du 31 décembre 2020

(1) La condition relative à la reconnaissance d'utilité publique est réputée remplie par les associations régies par la loi locale maintenue en vigueur dans les départements de la Moselle, du Bas-Rhin et du Haut-Rhin, lorsque la mission de ces associations est reconnue d'utilité publique.
(2) Les sociétés coopératives d'intérêt collectif (SCIC), étant des sociétés de personnes qui prennent la forme commerciale, soumises de plein droit aux impôts commerciaux, elles ne peuvent pas bénéficier de ces mesures quand bien même elles adopteraient des dispositions statutaires permettant de garantir le caractère désintéressé de leur gestion (BOFiP-RES-BIC-000076-17/02/2021 ; BOFiP-BIC-RICI-20-30-10-15-§ 40-17/02/2021).
(3) Les versements effectués, au cours des exercices clos à compter du 31 décembre 2021, seront éligibles les versements effectués aux fédérations ou unions d'organismes ayant pour objet exclusif de fédérer, d'organiser, de représenter et de promouvoir les organismes agréés dont l'objet exclusif est de participer à la création d'entreprises (sous réserve pour l'organisme de présenter une gestion désintéressée et de réaliser exclusivement des prestations non rémunérées au bénéfice de leurs membres) (loi 2020-1721 du 29 décembre 2020, art. 149 ; CGI art. 238 bis, 4, al. 9 nouveau ; BOFiP-BIC-RICI-20-30-10-15-§ 565-17/02/2021).

Organismes bénéficiaires établis dans l'UE

51-8 Siège et exercice de l'activité situé dans l'espace européen. La réduction d'impôt s'applique aux dons et versements consentis aux organismes agréés dont le siège est situé dans un État membre de l'Union européenne (UE) ou dans un État membre de l'Espace économique européen (EEE) ayant conclu avec la France une convention fiscale comportant une clause d'assistance administrative en vue de lutter contre la fraude ou l'évasion fiscales (Norvège, Islande ou Liechtenstein) (CGI art. 200, 4 bis et 238 bis ; CGI, ann. III art. 46 AW bis à 46 AW quater).

Sont également visées les régions ultra périphériques (RUP) de l'UE, qui font partie intégrante de l'Union. Au contraire, en sont exclus les pays et territoires d'outre-mer (PTOM), qui ne font pas partie de l'UE ni de l'EEE. Par exception, les organismes sis dans les collectivités d'outre-mer (Saint-Barthélemy, Saint-Martin, Polynésie française, Wallis-et-Futuna, Saint-Pierre-et-Miquelon, Nouvelle Calédonie), sont assimilés à des organismes français et ouvrent droit au régime fiscal du mécénat, dès lors qu'ils respectent les conditions au titre des dons effectués par les contribuables domiciliés fiscalement en France (BOFiP-BIC-RICI-20-30-10-10-§ 220-17/02/2021).

Une exception est prévue pour les organisations internationales faisant appel à la générosité du public, auxquelles la France est partie, dès lors que la France participe à l'élaboration de leurs programmes d'action et à leur gouvernance. Sont visées les institutions spécialisées de l'ONU, comme l'UNESCO, les fonds de l'ONU, tel l'Unicef, et les programmes des Nations Unies, tel le Programme alimentaire mondial. Les dons et versements effectués à ces organismes ouvrent donc droit à la réduction d'impôt et ce, même si leur siège social n'est pas situé dans l'espace européen. Ces organismes ne sont pas soumis à la procédure de l'agrément préalable (BOFiP-BIC-RICI-20-30-10-10-§ 350-17/02/2021).

• Les **organismes européens** concernés doivent poursuivre des objectifs et présenter des caractéristiques similaires, tant par leur forme que par leur objet, à ceux des organismes éligibles dont le siège est situé en France. En effet, il ne suffit pas qu'un organisme se prévale de la qualification d'intérêt général qui lui est reconnue par l'État dans lequel son siège est établi, il doit répondre à l'ensemble des conditions prévues pour l'application du régime français du mécénat. Par conséquent, pour que les dons consentis à son profit ouvrent droit au bénéfice des réductions d'impôt, l'organisme européen doit satisfaire aux conditions précitées. Ces organismes doivent exercer une activité éligible au mécénat en France ou dans l'espace européen (BOFiP-BIC-RICI-20-30-10-10-§ 230-17/02/2021).

• Un organisme sans but lucratif (OSBL) dont le siège se situe en dehors de l'espace européen, mais dont l'établissement français déclaré répond aux conditions posées pour être éligible au régime du mécénat en faveur des particuliers et des entreprises, peut bénéficier de ce régime fiscal, sous réserve que les dons qui lui sont alloués soient strictement affectés à son établissement français, lequel doit faire l'objet d'une comptabilité distincte (BOFiP-RES-BIC-000070-17/02/2021 ; BOFiP-BIC-RICI-20-30-10-10-§ 220-17/02/2021).

51-9 Actions menées hors de l'Europe. Ouvrent également droit au dispositif les actions réalisées hors les frontières européennes dès lors qu'il s'agit d'actions humanitaires, d'actions concourant à la mise en valeur du patrimoine artistique, à la diffusion de la culture, de la langue et des connaissances scientifiques françaises, d'actions en faveur de la protection de l'environnement naturel ou d'actions scientifiques ainsi que les dons versés à certaines organisations internationales (BOFiP-BIC-RICI-20-30-10-10-§ 250-17/02/2021). Les dons et versements à des organismes qui exercent des actions d'une autre nature ne sont éligibles que pour celles exercées au sein de la France ou de l'espace européen, hormis les actions constituant l'accessoire indispensable de celles menées en France ou dans l'espace européen. L'organisme doit donc pouvoir justifier par tous moyens de l'affectation des dons reçus en soutien de telles actions.

Dons ouvrant droit à la réduction d'impôt

51-10 Absence de contrepartie ou contrepartie symbolique. Le mécénat consiste à faire un don, en numéraire ou en nature, à un organisme d'intérêt général pour la conduite de ses activités sans attendre en retour de contrepartie équivalente (BOFiP-BIC-RICI-20-30-10-20-§ 120-03/02/2021). L'existence d'une contrepartie symbolique ou de faible importance ne remet pas en cause l'éligibilité des versements. Les organismes visés à l'article 238 bis du CGI (voir § 51-7) peuvent ainsi associer le nom de l'entreprise versante aux opérations qu'ils réalisent.

En revanche, les prestations publicitaires réalisées par les organismes bénéficiaires relèvent des dispositions relatives au parrainage. Le mécénat se distingue du parrainage dans le cadre duquel l'entreprise qui parraine retire un bénéfice direct de l'organisme parrainé en contrepartie du soutien accordé. À la différence du mécénat, les opérations de parrainage (BOFiP-BIC-RICI-20-30-10-20-§ 150-03/02/2021) :
- sont destinées à promouvoir l'image du « parraineur » dans un but commercial ;
- se distinguent essentiellement du mécénat par la nature et le montant des contreparties ;
- font l'objet d'un versement de l'entreprise qui correspond à la rémunération de la prestation rendue par l'organisme.

L'administration considère que **l'association du nom de l'entreprise versante** aux opérations réalisées par l'organisme relève du mécénat si elle se limite à la mention du nom du donateur, quels que soient le support de la mention (logo, sigle...) et la forme du nom, à l'exception de tout message publicitaire. S'il existe une disproportion marquée entre les sommes données et la valorisation de la prestation rendue, le bénéfice du dispositif du mécénat n'est pas remis en cause. La justesse de la qualification de l'opération est notamment vérifiée par la concordance du traitement fiscal dans les comptes du donataire et du donateur (non lucratif/mécénat ou lucratif/parrainage) ou à partir des pièces justificatives (facture, reçu...) émises par le bénéficiaire (BOFiP-BIC-RICI-20-30-10-20-§ 170-03/02/2021).

Une cour administrative d'appel commet une erreur de droit en jugeant que l'apposition du nom de la société mécène sur les véhicules de course utilisés par les membres d'une association ne remet pas en cause le bénéfice de la réduction d'impôt, quelle que fût la valeur économique de l'exposition médiatique dont la société aurait bénéficié à l'occasion des courses automobiles. Il appartient aux juges de rechercher si l'avantage publicitaire ainsi retiré par la société mécène n'a représenté, pour cette dernière, qu'une contrepartie très inférieure au montant des versements accordés (CE 20 mars 2020, n° 423664 ; BOFiP-BIC-RICI-20-30-10-20-§ 160-03/02/2021).

51-11 Abandon de recettes. Le versement de l'entreprise donatrice à l'organisme peut être effectué, sur ordre de celle-ci, directement par son créancier. Fiscalement, la situation est identique à celle dans laquelle le don aurait été directement versé par l'entreprise donatrice.

Peuvent ouvrir droit au bénéfice de la réduction d'impôt les abandons de recettes, qui constituent une modalité particulière de don en numéraire par laquelle l'entreprise donatrice demande à son client de verser, pour son compte, directement à l'association caritative désignée, tout ou partie du produit

de sa vente ou de sa prestation (BOFiP-BIC-RICI-20-30-10-20-§ 20-03/02/2021).

→ **EXEMPLE** Une entreprise vend des produits pour 100 € HT (soit un montant total TTC de 120 €). Elle donne la moitié du produit HT de sa vente à un organisme répondant aux conditions prévues et demande à son client de procéder, pour son compte, au versement de la somme correspondant à ce don (soit 50 €) à cet organisme. L'entreprise doit constater un produit imposable de 100 € HT, un don de 50 € et collecter une TVA de 20 €.

Dans l'hypothèse où elle demande à son client de procéder, pour son compte, au versement d'une somme de 120 € à l'organisme, soit l'intégralité de sa recette, elle doit constater un produit imposable de 100 € HT, un don de 120 € et collecter une TVA de 20 €.

Dans les deux situations, aucune régularisation de TVA déductible n'est à effectuer.

51-12 **Dons en nature.** **Lorsque les dons sont effectués en nature (don d'un bien mobilier, réalisation d'une prestation sans contrepartie par exemple...), il est nécessaire de procéder à leur valorisation pour les besoins du calcul de la réduction d'impôt et de la réintégration extra-comptable** (voir § 51-15). **Leur valorisation est effectuée au coût de revient du bien donné ou de la prestation de service donnée** (CGI art. 238 bis, 1).

S'agissant d'un bien inscrit dans un compte d'immobilisation, le don doit être valorisé à sa valeur de cession retenue pour la détermination de la plus ou moins-value liée à la sortie du bien de l'actif (BOFiP-BIC-RICI-20-30-10-20-§ 60-03/02/2021).

Lorsque le don en nature prend la forme d'une prestation non rémunérée, il doit être valorisé à son coût de revient, c'est-à-dire rémunération et charges sociales y afférentes (BOFiP-BIC-RICI-20-30-10-20-§ 70-03/02/2021). **La mise à disposition de personnel au profit d'une association peut constituer un don en nature à condition que cet organisme soit au nombre des organismes bénéficiaires** (voir § 51-7).

→ **À NOTER** Pour les exercices clos à compter du 31 décembre 2020, lorsque le don prend la forme d'une mise à disposition gratuite de salariés, le coût est retenu dans la limite de trois fois le plafond de la sécurité sociale (loi 2019-1479 du 28 décembre 2019, art. 134 ; CGI art. 238 bis, 1 ; BOFiP-BIC-RICI-20-30-10-20-§ 70-03/02/2021).

Les frais liés aux prestations sont retenus à la double condition d'être rattachables à un don éligible et que ces coûts soient effectivement supportés par l'entreprise dans le cas où elle ferait appel à un prestataire (frais de transport, de manutention et autres coûts directement engagés pour donner des biens à un organisme d'intérêt général). En revanche, les autres coûts tels que les frais de formation des personnels de l'entreprise à la collecte de denrées alimentaires au profit d'organismes d'aide alimentaire ne peuvent pas être retenus (rép. Laabid n° 7240, JO 12 juin 2018, AN quest. p. 5050).

Sapeurs pompiers volontaires et réservistes. La mise à disposition par une entreprise de salariés sapeurs-pompiers volontaires pendant les heures de travail à titre gratuit au profit des services départementaux d'incendie et de secours (SDIS) constitue un don en nature ouvrant droit à réduction d'impôt. Il en est de même de la mise à disposition par une entreprise de salariés réservistes pendant les heures de travail à titre gratuit au profit de la réserve opérationnelle des forces armées et des formations rattachées relevant du Ministre de la Défense ainsi que de la réserve opérationnelle de la gendarmerie nationale. La mise à disposition de salariés doit être réalisée pendant les heures de travail et pour des interventions opérationnelles ou des activités de formation nécessaires à la réalisation des missions de sapeur-pompier ou de réserviste.

Le don doit être valorisé à son prix de revient, c'est-à-dire rémunération et charges sociales y afférentes, dans la limite de trois fois le plafond de la sécurité sociale, déduction faite des éventuels dédommagements versés par le SDIS (subrogation de l'indemnité du sapeur-pompier) ou la réserve opérationnelle à l'entreprise. Cette valorisation doit être réintégrée extra-comptablement par l'entreprise (BOFiP-BIC-RICI-20-30-10-20-§ 75-03/02/2021).

51-13 **Justification des dons.** **Le bénéfice de la réduction d'impôt à raison des dons effectués à des organismes d'intérêt général n'est pas subordonné à la production, par les entreprises donatrices, des reçus des organismes bénéficiaires. Toutefois, il appartient à l'entreprise donatrice d'apporter la preuve qu'elle a effectué un versement qui satisfait aux conditions prévues.**

Les organismes bénéficiaires des dons peuvent, bien entendu, délivrer des reçus, pouvant être utilisés par les entreprises à titre de pièces justificatives.

• **Dons en nature.** Lorsque l'entreprise effectue un don en nature, l'attestation de don délivrée par l'organisme comporte, outre son identité, celle de l'entreprise donatrice et la (les) date(s) du don, la seule description physique des biens et services reçus qu'il a acceptés sans mention de leur valeur. Lorsque l'organisme bénéficiaire n'accepte pas tout ou partie des dons en nature proposés par une entreprise (par exemple, s'agissant de dons de produits alimentaires, parce qu'il n'est pas en mesure d'assurer la prise en charge et la distribution effective des produits au public bénéficiaire de son action), il ne peut délivrer une attestation qu'à raison des seuls dons acceptés. Corrélativement, l'entreprise ne peut pas prétendre au bénéfice de la réduction d'impôt à raison des dons en nature refusés par l'organisme.

Dans le cas où la valorisation des dons en nature est erronée, dans la mesure où cette valorisation relève de la responsabilité propre de l'entreprise donatrice, le montant de la réduction d'impôt dont elle a bénéficié peut être remis en cause, y compris dans l'hypothèse où elle disposerait d'une attestation délivrée par l'organisme donataire (BOFiP-BIC-RICI-20-30-10-30-§ 10-03/02/2021).

• **Régularité du reçu.** La délivrance irrégulière de reçus permettant à une entreprise de bénéficier de la réduction d'impôt entraîne l'application d'une amende. Le taux de l'amende est égal à celui de la réduction ou du crédit d'impôt et son assiette est constituée par les sommes indûment mentionnées sur les documents. Lorsque ces derniers ne mentionnent pas une somme, l'amende est égale au montant de l'avantage fiscal indûment obtenu (CGI art. 1740 A ; BOFiP-BIC-RICI-20-30-10-30-§ 1-03/02/2021).

La réduction d'impôt dont l'entreprise a bénéficié n'est pas remise en cause lorsqu'elle est en possession d'un reçu fiscal ou tout document émis par l'organisme reprenant les informations du reçu fiscal attestant notamment du respect des conditions posées par l'article 238 bis du CGI, de la réalité et du montant du versement réalisé par l'entreprise à son profit, sauf si sa mauvaise foi ou l'existence de manœuvres frauduleuses, comme par exemple la collusion avec la personne ou l'organisme ayant délivré l'attestation, est démontrée par l'administration (BOFiP-BIC-RICI-20-30-10-30-§ 1-03/02/2021).

51-14 Dons et versements réalisés par l'intermédiaire d'un organisme collecteur. Lorsque les dons et versements sont réalisés par l'intermédiaire d'un organisme qui n'intervient qu'à titre de simple collecteur de fonds, cet organisme n'est pas lui-même éligible au régime du mécénat. L'entreprise se fait communiquer par l'organisme collecteur l'identité du bénéficiaire final ainsi que le montant et la date des dons et versements correspondants et, le cas échéant, la valeur des biens et services reçus, directement ou indirectement, en contrepartie. Ces informations sont indiquées dans la déclaration annexe au tableau 2069-RCI, en complément de l'identité de l'organisme qui intervient comme intermédiaire.

Il en va de même lorsque l'entreprise effectue des dons et versements à des organismes éligibles au régime fiscal du mécénat tels que les fonds de dotation, les fondations et associations reconnues d'utilité publique, les fondations d'entreprises qui les reversent à d'autres organismes eux-mêmes éligibles.

Toutes les contreparties reçues doivent faire l'objet d'une valorisation, laquelle est effectuée par l'organisme bénéficiaire qui accorde la contrepartie et non par l'entreprise versante. Cette dernière déclare la valeur des contreparties directes accordées par le bénéficiaire des dons et, le cas échéant, des contreparties indirectes accordées par un autre organisme (BOFiP-BIC-RICI-20-30-40-§ 80-03/02/2021).

Si une convention de mécénat prévoit l'existence de contreparties, la valeur des biens et services à déclarer par l'entreprise versante reprend celle mentionnée dans cette convention. En l'absence de convention, lorsque le bien ou le service reçu en contrepartie fait l'objet d'une offre commerciale de la part de l'organisme bénéficiaire, la valorisation de la contrepartie ainsi accordée à titre gratuit qu'il convient de déclarer est le prix de vente de ce bien ou service. Lorsque le bien ou le service reçu en contrepartie ne fait pas l'objet d'une offre commerciale de la part de l'organisme bénéficiaire, il doit être valorisé à son coût de revient. Le coût de revient d'un bien ou d'un service comprend l'ensemble des coûts supportés par l'organisme pour acquérir ou produire ce bien ou ce service. L'ensemble des contreparties reçues par l'entreprise versante doivent être déclarées, qu'elles aient été utilisées ou non. Si des contreparties, dont le principe était convenu entre l'organisme bénéficiaire et l'entreprise versante au moment du don, sont reçues postérieurement, elles doivent être déclarées l'année où le don a été effectué. Toutefois, les contreparties ayant fait l'objet d'une rétrocession à des organismes éligibles ne sont pas à déclarer par l'entreprise mécène. Ces contreparties n'ouvrent pas droit à une nouvelle réduction d'impôt.

Retraitements extra-comptables

51-15 Les dépenses de mécénat ouvrant droit à réduction d'impôt ne sont pas déductibles et sont réintégrées de manière extra-comptable, pour la détermination du résultat fiscal, sur la ligne « Réintégrations diverses » du tableau 2058-A (ligne WQ).

S'agissant des dons en nature, les entreprises doivent réintégrer extra-comptablement le montant correspondant à la valorisation des dons acceptés par l'organisme. Le montant résultant de la mise à disposition de salariés doit également être réintégré, les versements correspondants n'étant plus déductibles du résultat fiscal.

S'agissant des dons de biens immobilisés, la réintégration fiscale de leur valorisation est effectuée et le régime des plus et moins-values afférent à la sortie du bien de l'actif immobilisé reste applicable. L'opération conduit donc dans un premier temps à constater par voie extra-comptable le prix de cession correspondant à la valeur vénale du bien transmis à la date de donation. En cas de donation ouvrant droit à la réduction d'impôt, cette opération extra-comptable est également assurée par l'application du dispositif de l'article 238 bis du CGI. Dans un second temps, la plus ou moins-value elle-même est susceptible de faire l'objet de corrections extra-comptables (application du régime du long terme ou d'étalement d'imposition) (BOFiP-BIC-RICI-20-30-10-20-§ 110-03/02/2021).

➡ **Exemple** Une entreprise fait don d'une fourgonnette acquise pour 50 000 €, d'une valeur nette comptable de 10 000 € (amortissements pratiqués pour 40 000 €) et valorisée pour 20 000 € à la date du don. Elle constate alors une charge comptable de 10 000 €, procède à une réintégration extra-comptable du don de 20 000 € sur le tableau 2058-A, ouvrant droit à une réduction d'impôt de 12 000 €. Il en résulte une plus-value de 10 000 € (20 000 – 10 000).

Si l'entreprise est passible de l'IS, la plus-value est à court terme et doit être prise en compte dans le résultat imposable dans les conditions de droit commun. En l'espèce, l'entreprise n'a donc aucune régularisation à opérer compte tenu de la réintégration déjà opérée sur le tableau 2058-A.

Si l'entreprise relève de l'IR et que le bien est détenu depuis au moins 2 ans, la plus-value est à court terme à hauteur des amortissements pratiqués, soit en l'espèce l'intégralité de la plus-value et l'entreprise n'a donc aucune régularisation à opérer.

Sort des versements excédant le plafond

51-16 Les versements excédant le plafond (voir § 51-1) au cours d'un exercice peuvent donner lieu à réduction d'impôt au titre des 5 exercices suivants, après prise en compte des versements effectués au titre de chacun de ces exercices, sans qu'il puisse en résulter un dépassement du plafond. Le taux de réduction d'impôt applicable aux excédents de versement est le taux auquel ils ont ouvert droit (BOFiP-BIC-RICI-20-30-20-§ 45-03/02/2021).

➡ **Exemple** Au titre d'un exercice N, une entreprise a effectué des versements au profit d'une association de défense de l'environnement pour un montant total de 3 000 000 €. Ces versements peuvent ouvrir droit à une réduction d'impôt égale à 2 000 000 € x 60 % et 1 000 000 € x 40 %. Par hypothèse, un plafond de 1,7 millions d'euros est applicable compte tenu de son chiffre d'affaires.

L'excédent de versement constaté en N est reportable au titre des 5 exercices suivants. Cet excédent pourra ouvrir droit à une réduction d'impôt égale à 300 000 € x 60 % et 1 000 000 € x 40 %.

Si l'entreprise réalise également des dépenses d'acquisition d'œuvres d'artistes vivants (voir § 51-1), les excédents de versements réalisés au titre des dons faisant l'objet d'un report ne peuvent donner lieu à la réduction d'impôt que si la somme des dépenses effectuées en N au titre des dons aux œuvres (CGI art. 238 bis) et au titre de l'acquisition d'œuvres d'artistes vivants (CGI art. 238 bis AB) n'atteint pas le plafond (BOFiP-BIC-RICI-20-30-20-§§ 40 et 50-03/02/2021).

Réduction d'impôt excédant le montant de l'impôt

51-17 Lorsque le montant de la réduction d'impôt excède le montant de l'impôt à acquitter, le solde non imputé peut être utilisé pour le paiement de l'impôt dû au titre des 5 années (ou exercices) suivant celle (ou celui) au titre de laquelle (ou duquel) la réduction d'impôt est constatée. Le solde non imputé n'est pas remboursable.

Ces dispositions s'appliquent aux entreprises soumises à l'IR (CGI art. 200 bis) et à l'IS (CGI art. 220 E).

En cas de cessation d'entreprise, la fraction de réduction d'impôt qui ne peut être imputée sur l'IS dû au titre du dernier exercice est définitivement perdue. En cas de fusion, la fraction de réduction d'impôt non utilisée par la société apporteuse est transférée à la société absorbante qui l'utilisera pour le paiement de son propre impôt jusqu'à expiration du délai d'imputation. Ce transfert n'est pas subordonné à la condition que l'opération de fusion soit placée sous le régime spécial des fusions

➟ **À NOTER** Le report de la réduction d'impôt se cumule avec le report des versements excédant le plafond (voir § 51-16). Il existe donc un double suivi en base et en impôt.

Calcul de la réduction, fiche de calcul 2069-M

Calcul du plafond de déductibilité pour l'exercice

51-18 Le chiffre d'affaires de l'exercice est mentionné dans la case 1. Le plafond de déductibilité (selon le cas 20000 € ou 5 ‰ du CA) est reporté dans la case 2.

Dépenses engagées au cours de l'exercice [rubrique I]

51-19 Le montant des versements effectués au cours de l'exercice au profit d'œuvres ou d'organismes éligibles est mentionné à la ligne 3 du cadre I.

Sont isolés sur la ligne 3b les dons effectués au profit d'organismes européens et en ligne 3c les dons effectués au profit de la reconstruction de Notre-Dame de Paris.

Les montants mentionnés sur les lignes 3b et 3c (voir § 51-4) doivent être reportés sur la déclaration 2069-RCI. Pour les sociétés soumises à l'IS, le montant indiqué sur la ligne 3b est également reporté sur le relevé 2572 (relevé de solde de l'IS de l'exercice).

Le montant des versements effectués mentionné lignes 3 est ensuite ventilé entre les lignes 4 et 5 :
– ligne 4 : montant limité au plafond de 20000 € ou 5 ‰ du chiffre d'affaires (voir § 51-1) ;
– ligne 5 : fraction excédant le plafond.

➟ **EXEMPLE** Une entreprise réalise un chiffre d'affaires de 1 M€ et effectue en N un don de 26000 € à un organisme éligible. La fiche de calcul est remplie comme suit :
– case 1 : 1 000000 € ;
– case 2 : 20 000 € (le plafond de 20000 € est plus élevé que 5 ‰ du CA) ;
– case 3 : 26 000 € ;
– case 4 : 20 000 € ;
– case 5 : 6 000 €.

Il convient de reporter sur la ligne 6 le montant des dépenses inscrites à l'actif, effectuées au titre de l'acquisition d'œuvres originales d'artistes vivants et d'instruments de musique, qui sont placées sous le même plafond de 20000 € ou 5 ‰ du chiffre d'affaires. La fraction du plafond utilisé pour cette déduction est calculée sur la ligne 7.

Plafond de déductibilité [rubrique II]

51-20 Le plafond de déductibilité utilisé, compte tenu des dépenses réalisées au titre de l'exercice, est calculé sur la ligne 8 de la rubrique II (total des dons mentionnés ligne 4 et des sommes ouvrant droit à déduction mentionnées ligne 7).

Si le plafond de déductibilité n'est pas atteint, il convient de mentionner ligne 9 le plafond utilisable pour des versements effectués au titre des exercices antérieurs.

➟ **EXEMPLE** Une entreprise réalise un chiffre d'affaires de 1 M€ et effectue en N un don de 2000 € à un organisme éligible. La fiche de calcul 2069-M est remplie comme suit :
– case 1 : 1 000000 € ;
– case 2 : 20 000 € (> à 5000 €) ;
– case 3 : 2 000 € ;
– case 4 : 2 000 € ;
– case 5 : néant ;
– case 8 : 2 000 € ;
– case 9 : 18 000 € (plafond de l'exercice non utilisé disponible).

Prise en compte des versements antérieurs et reportables [rubrique III]

51-21 Le tableau de la rubrique III est servi uniquement si l'entreprise dispose d'excédents de versements constatés au cours d'exercices antérieurs et si, au cours de l'exercice considéré, la somme des versements effectués est inférieure au plafond de déductibilité. Le montant maximal d'excédents de versements antérieurs pouvant être pris en compte a été calculé à la ligne 9 de la rubrique II (voir § 51-20).

Il convient :

– de reporter, dans la colonne 1, la totalité des excédents de versements constatés au cours des exercices précédents imputables, y compris les montants supérieurs au plafond déterminé ligne 9 ;

– de servir, colonne 2, le tableau ligne par ligne, en reportant dans la case A un montant imputable limité au montant porté ligne 9.

Dans l'hypothèse où le montant porté colonne 1 est inférieur au montant porté colonne 2, il convient de reporter sur les années suivantes dans la colonne 2 le reliquat de la limite de prise en compte des excédents.

Dans la colonne 3, le montant d'excédents imputés est égal au montant de la colonne 1 dans la limite du montant de la colonne 2.

Les excédents restant à imputer (colonne 1 – colonne 3) seront reportés sur la prochaine fiche de calcul.

➟ **Exemple** Reprise des données de l'exemple ci-dessus (voir § 51-20), sachant que l'entreprise dispose d'excédents non imputés de 1 000 € au titre de N – 1 et de 500 € au titre de N – 2.

Le tableau du cadre II est rempli comme suit (le montant de 18 000 inscrit sur la ligne A est le report de la somme calculée ligne 9).

	Totalité des excédents de versements constatés au cours des exercices précédents imputables	Limite de prise en compte des excédents de versements constatés au cours des exercices précédents		Excédents imputés		Excédents restant à imputer (colonne 1 – colonne 3)
N – 5	0	A	18 000	10	0	0
N – 4	0	B (A – 10)	18 000	11	0	0
N – 3	0	C (B – 11)	18 000	12	0	0
N – 2	500	D (C – 12)	18 000	13	500	0
N – 1	1 000	E (D – 13)	17 500	14	1 000	0
				15	Total 1 500	

Détermination du montant de la réduction d'impôt [rubrique IV]

51-22 Le montant de la réduction d'impôt de l'exercice est calculé case 23 du cadre IV, qui compte de nouvelles rubriques permettant de déterminer le niveau de versements éligible à la réduction d'impôt selon le cas au taux de 60 ou 40 % (voir §§ 51-2 et 51-3).

Après avoir reporté en ligne 16 le total des versements effectués (report de la ligne 4, voir § 51-19), il convient d'indiquer :

– ligne 17, la fraction de versements inférieure ou égale à 2 M€ ;

– ligne 18, la fraction de versements supérieure à 2 M€, hors dons aux organismes apportant une aide aux personnes en difficulté ;

– ligne 19, la fraction de versements ouvrant droit à une réduction d'impôt au taux de 60 % sans application du plafond de 2 M€ (voir § 51-3).

Cette rubrique IV compte un nouvel encadré permettant de renseigner les excédents des années antérieures (figurant ligne 15), lequel est ventilé selon que ces excédents ouvrent droit à une réduction d'impôt à 60 % (ligne 21) ou 40 % (ligne 22) (voir § 51-16). En pratique, la modulation du taux de la réduction d'impôt ne trouvant à s'appliquer que pour les exercices clos à compter du 31 décembre 2020, la ligne 22 ne devrait pas être encore à renseigner.

La réduction d'impôt est déterminée en ligne 23 et est égale à :

– 60 % de la somme formée par les dépenses de l'exercice plafonnées (ligne 17 et 19) et les excédents de dépenses des exercices antérieurs imputés (ligne 21) ;

– et 40 % de la somme formée par les dépenses de l'exercice plafonnées (ligne 18) et les excédents de dépenses des exercices antérieurs imputés (ligne 22).

Le montant déterminé ligne 23 est à reporter sur l'imprimé 2069-RCI (voir § 50-2). Pour les sociétés soumises à l'IS, ce montant doit, en plus de l'imprimé 2069-RCI, figurer sur le relevé 2572 (relevé de solde de l'IS de l'exercice).

Répartition de la réduction d'impôt entre les associés d'une société de personnes [rubrique V]

51-23 Pour les entreprises soumises au régime des sociétés de personnes, la réduction d'impôt est transférée aux membres de ces sociétés et groupements au prorata de leurs droits. Cette répartition est effectuée dans le cadre V.

Les personnes physiques membres de sociétés de personnes portent sur leur déclaration de revenus 2042 C PRO le montant de la quote-part de la réduction d'impôt correspondant à leurs droits sociaux et déterminée par la société de personnes sur la fiche de calcul.

Utilisation de la réduction d'impôt

51-24 **Sociétés soumises à l'IS [rubrique VI].** Le cadre VI est utilisé pour déterminer le montant du solde de la réduction d'impôt au titre de l'exercice non imputée sur l'IS.

Il convient d'indiquer :
- ligne 24, le montant de l'IS dû au titre de l'exercice, avant imputation de la réduction d'impôt ;
- ligne 25, le montant de la réduction d'impôt calculée ligne 23 (voir § 51-22) ;
- ligne 26, le montant de l'impôt dû après imputation de la réduction d'impôt ou ligne 27 le montant de la réduction d'impôt non imputée sur l'IS.

Si l'entreprise dispose de réductions d'impôt reportables au titre d'années ou d'exercices antérieurs, celles-ci s'imputent par ordre d'ancienneté sur l'IS (CGI, ann. III art. 49 septies XB). Cette imputation n'est pas mentionnée sur la fiche de calcul (2069-M-FC-SD), mais sur le relevé de liquidation du solde de l'IS (relevé 2572).

Les entreprises ne peuvent pas s'acquitter de la contribution sociale sur les bénéfices par imputation de crédits d'impôt de toute nature (CGI art. 235 ter ZC, IV).

51-25 **Entreprises individuelles [rubrique VII].** La réduction d'impôt calculée au titre de l'exercice est utilisée en paiement de l'IR avant les réductions d'impôt de même nature calculées au titre d'années ou d'exercices antérieurs. Les réductions d'impôt reportables au titre d'années ou d'exercices antérieurs s'imputent alors par ordre d'ancienneté (CGI, ann. III art. 49 septies XB)

Le cadre VII de la fiche de calcul permet de déterminer le montant qui doit figurer sur la déclaration de revenus 2042 C PRO (rubrique 7 US) lorsque l'intéressé (entrepreneur individuel ou membre d'une société de personnes) dispose de réductions d'impôt non imputées au titre des années antérieures.

Sur les lignes 28 à 30, chaque personne physique détermine le montant de la réduction d'impôt qui n'a pas pu être utilisée l'année précédente.

Elle détermine dans le cadre suivant l'origine de cette réduction d'impôt non utilisée. La colonne 1 reprend le montant de la réduction d'impôt déclarée en N – 1 et détaillée selon son année d'origine (N – 2 à N – 6). La colonne 2 permet l'imputation de la réduction d'impôt en commençant par l'année N – 1. Le reliquat est reporté sur les années antérieures en commençant par les plus anciennes. La colonne 3 reprend le montant de la réduction d'impôt restant à reporter pour chacune des années. Le total du reliquat est porté ligne 31.

Sur la ligne 32, il convient de faire la somme du reliquat calculé ligne 31 avec la réduction d'impôt de l'année calculée ligne 23. Ce montant est reporté sur la déclaration d'impôt sur le revenu 2042 C PRO (ligne 7 US).

Pour les sociétés de personnes comprenant plusieurs associés personnes physiques, il convient d'utiliser un cadre VII par associé disposant de réductions d'impôt antérieures non imputées.

➟ **Exemple** Un entrepreneur individuel a déterminé au titre de son exercice clos en 2019 une réduction d'impôt pour mécénat de 5 000 €, utilisée à concurrence de 3 000 € sur ses revenus 2019 déclarés en 2020. Il bénéficie en 2020 d'une réduction d'impôt de 1 000 € (calculée ligne 23).

Le cadre VII de la fiche de calcul 2069-M-FC-SD est rempli comme suit.

Situation au titre de l'année N – 1		
Montant de la réduction d'impôt déclarée sur la déclaration 2042 C Pro de l'année N – 1	28	5000
Montant de la réduction d'impôt utilisée en N – 1 (montant indiqué sur l'avis d'impôt sur le revenu de l'année N – 1)	29	3000
Montant de la réduction d'impôt non utilisée en N – 1 (ligne 28 – ligne 29)	30	2000

Dans le cadre « Répartition de la réduction d'impôt non utilisée selon l'année d'origine », il convient de mentionner :
– ligne N – 1 : colonne 1 : 5000 ; colonne 2 : 3000 ; colonne 3 : 2000 ;
– ligne 31 : 2000 ;
– ligne 32 : 3000.

Réductions d'impôt pour participation à l'achat de trésors nationaux

Participation à l'achat de trésors nationaux par l'État (IS)

51-26 Versements ouvrant droit à une réduction d'impôt. Les sociétés soumises à l'IS effectuant des versements en vue de l'acquisition, par l'État ou toute personne publique, de biens culturels répondant à la définition de trésors nationaux qui ont fait l'objet d'un refus de délivrance d'un certificat d'exportation par l'administration et qui ont donné lieu à une offre d'achat par l'État bénéficient d'une réduction d'impôt égale à 90 % des versements effectués. Ces derniers doivent faire l'objet d'une acceptation conjointe par le ministre chargé de la culture et le ministre chargé du budget (CGI art. 238 bis-0 A ; BOFiP-SJ-AGR-50-30-23/09/2013).

Donnent également lieu à la réduction d'impôt les versements effectués pour contribuer à l'achat de biens culturels dont l'acquisition présente un intérêt majeur pour le patrimoine national du point de vue de l'histoire, de l'art ou de l'archéologie.

Les versements ne sont pas déductibles pour la détermination du bénéfice imposable. Ils doivent donc faire l'objet d'un retraitement fiscal sur le tableau 2058-A joint à la déclaration de résultats 2065 (réintégration à la ligne SU).

51-27 Modalités de calcul de la réduction d'impôt. La réduction d'impôt s'impute sur l'IS dû au titre de l'exercice au cours duquel les versements sont acceptés. Égale à 90 % des versements effectués, elle ne peut excéder 50 % du montant de l'impôt dû (IS au taux réduit ou au taux de droit commun). En cas de pluralité de versements, cette limite de 50 % s'apprécie par rapport au montant global des versements effectués au cours de l'exercice.

→ **EXEMPLE** Une entreprise effectue, au cours de son exercice clos le 31 décembre, deux versements pour des montants de 23000 € et 16000 € en vue de l'acquisition par l'État de trésors nationaux ayant fait l'objet d'un refus de délivrance du certificat d'exportation et pour lesquels l'État a fait aux propriétaires une offre qui a été acceptée.

L'IS dû par cette entreprise au titre de l'exercice est de 63000 €.

La réduction d'impôt dont peut bénéficier cette entreprise est limitée à 31 500 €, soit 90 % de (23000 + 16000), limités à 50 % de 63000 €.

51-28 Imputation de la réduction d'impôt sur le montant de l'IS. La réduction d'impôt s'impute uniquement sur l'IS dû par l'entreprise au titre de l'exercice de versement des sommes. L'imputation se fait au moment du paiement du solde de l'impôt, après les crédits d'impôt non remboursables dont bénéficie l'entreprise (crédits d'impôt français et étrangers), mais avant les crédits d'impôt reportables (crédit d'impôt recherche).

• La réduction d'impôt ne peut pas être utilisée pour le paiement de la contribution sociale sur les bénéfices (voir § 51-24). Sa fraction non imputée ne peut pas donner lieu à remboursement ni à report sur l'IS dû au titre des exercices suivants.

• Pour bénéficier de la réduction d'impôt, l'entreprise doit joindre à son bordereau-avis de liquidation une copie de la décision d'acceptation conjointe des ministres.

Achats de biens culturels présentant le caractère de trésors nationaux (IR et IS)

51-29 Réduction d'impôt supprimée. Les entreprises relevant de l'IR ou soumises à l'IS pouvaient bénéficier d'une réduction d'impôt égale à 40 % des sommes consacrées à l'achat de biens culturels présentant le caractère de trésor national ou d'archives historiques et faisant l'objet, à la date d'acquisition, d'un refus de certificat d'exportation (CGI art. 238 bis-0 AB).

Ces dispositions ont été abrogées pour les opérations pour lesquelles le compromis de vente ou le contrat de vente n'a pas été signé à la date du 1er janvier 2020.

51-30 Remise en cause de la réduction d'impôt. La cession du bien pendant le délai d'incessibilité de 10 ans à compter de son acquisition, sa non-mise en dépôt auprès d'un musée de France, d'un service public d'archives ou d'une bibliothèque relevant de l'État ou placée sous son contrôle technique, pendant la même période ou le non-respect de l'engagement de consentir au classement du bien comme monument historique entraînent la remise en cause des réductions d'impôt.

Le montant de la réduction d'impôt doit alors être rapporté à l'impôt dû au titre de l'exercice au cours duquel une des conditions n'est plus respectée. La somme due par l'entreprise est recouvrée par voie de rôle.

2079-VLO Réduction d'IS pour mise à disposition d'une flotte de vélos

Présentation générale

52-1 Les entreprises soumises à l'IS peuvent bénéficier d'une réduction d'impôt égale aux frais générés, jusqu'au 31 décembre 2024, par la mise à la disposition gratuite de leurs salariés d'une flotte de vélos, pour leurs déplacements entre leur domicile et le lieu de travail. Le montant de la réduction d'IS est limité à 25 % du prix d'achat ou de location de la flotte de vélos (CGI art. 220 undecies A ; BOFiP-IS-RICI-20-30-13/02/2019 ; loi 2020-1721 du 29 décembre 2020, art. 148).

Ouvrent droit à la réduction d'IS les dépenses dont la liste est donnée ci-après (voir § 52-3).

Fiche de calcul 2079-VLO et déclaration 2069-RCI

52-2 Le montant de la réduction d'impôt au titre de l'exercice, déterminé à l'aide de la fiche de calcul (formulaire 2079-VLO-FC-SD), est reporté au cadre I de la déclaration 2069-RCI « Créances non reportables et non restituables » (voir §§ 50-1 à 50-3), puis sur le relevé de solde de liquidation de l'IS 2572.

La société mère d'un groupe intégré déclare les réductions d'impôt pour le compte des sociétés du groupe, y compris celle la concernant, lors du dépôt de la déclaration relative au résultat d'ensemble du groupe (CGI, ann. III art. 46 quater-0 YZF).

Dépenses éligibles [lignes 1 à 7]

52-3 La réduction d'impôt s'applique aux cycles et cycles à pédalage assisté au sens du code de la route (c. route art. R. 311-1, 6.10 et 6.11).

Ouvrent droit à la réduction d'IS les dotations aux amortissements fiscalement déductibles et les frais calculés par exercice se rapportant aux dépenses suivantes (CGI, ann. III art. 46 quater-0 YZE) :

– dotations aux amortissements relatives à l'acquisition de vélos ;
– dotations aux amortissements ou charges déductibles afférentes aux achats ou locations d'équipements nécessaires à la sécurité (notamment casques, protections, gilets réfléchissants, antivols) ;
– frais d'assurance contre le vol et couvrant les déplacements en vélo des salariés entre leur domicile et leur lieu de travail ;
– frais d'entretien des vélos ;
– dotations aux amortissements relatives à la construction ou à l'aménagement d'une aire de stationnement ou d'un local destiné aux vélos ;
– frais afférents à la location d'une aire de stationnement ou d'un local destiné aux vélos.

Les frais de location de la flotte de vélos sont pris en compte depuis le 1er janvier 2019, à la condition que le contrat de location soit souscrit pour une durée minimale de 3 ans (CGI art. 220 undecies A, I ; BOFiP-IS-RICI-20-30-§ 50-13/02/2019).

Calcul de la réduction d'IS [lignes 8 à 10]

52-4 Le montant de la réduction d'impôt est égal aux dépenses éligibles (voir § 52-3), retenues dans la limite de 25 % du prix d'achat ou location de la flotte de vélos appréciée par exercice (BOFiP-IS-RICI-20-30-§ 60-13/02/2019). Dans la mesure où la TVA n'est pas déductible sur l'achat de ces véhicules, le prix est entendu toutes taxes comprises (TTC).

Le prix d'achat ou de location de la flotte de vélos est mentionné au cadre II sur la ligne 8 de la fiche de calcul (2079-VLO-FC). Le plafond de la réduction d'impôt est calculé sur la ligne 9 (ligne 8 × 25 %).

Les chiffres indiqués renvoient aux commentaires de cette fiche

RÉPUBLIQUE FRANÇAISE
Liberté
Égalité
Fraternité

N° 2079-VLO-FC-SD
(2021)

cerfa

N° 15608*05

RÉDUCTION D'IMPÔT POUR MISE À DISPOSITION D'UNE FLOTTE DE VÉLOS

(Article 220 *undecies* A du code général des impôts)
Exercice du au

FICHE D'AIDE AU CALCUL **52-2**

Ce formulaire ne constitue pas une déclaration. Il n'a pas à être transmis spontanément à l'administration. La déclaration des réductions et crédits d'impôt n° 2069-RCI-SD constitue le support déclaratif de la réduction d'impôt pour mise à disposition d'une flotte de vélos.

I - DÉPENSES ENGAGÉES AU TITRE DE L'EXERCICE OUVRANT DROIT À LA RÉDUCTION D'IMPÔT[1]

Dotations aux amortissements fiscalement déductibles relatives à l'acquisition de vélos et/ou dépenses de location de vélos	1	
Dotations aux amortissements ou charges déductibles afférentes aux achats ou locations d'équipements nécessaires à la sécurité (notamment casques, protections, gilets réfléchissants, antivols)	2	
Frais d'assurance contre le vol et couvrant les déplacements en vélo des salariés entre leur domicile et leur lieu de travail	3	52-3
Frais d'entretien des vélos	4	
Dotations aux amortissements fiscalement déductibles relatives à la construction ou à l'aménagement d'une aire de stationnement ou d'un local destiné aux vélos	5	
Frais afférents à la location d'une aire de stationnement ou d'un local destiné aux vélos	6	
Montant total des dépenses *[somme des lignes (1, 2, 3, 4, 5, 6)]*	7	0

II - CALCUL DE LA RÉDUCTION D'IMPÔT DE L'ENTREPRISE

Prix d'achat ou de location[2] de la flotte de vélos (montant TTC)	8	
Plafond de la réduction d'impôt au titre de l'exercice (ligne 8 × 25 %)	9	52-4 0
Montant de la réduction d'impôt (ligne 7 dans la limite du montant calculé ligne 9)	10	

III - UTILISATION DE LA RÉDUCTION D'IMPÔT 52-2

Le montant de la réduction d'impôt (ligne 10) doit être reporté sur la déclaration n° 2069-RCI-SD et sur le relevé de solde n° 2572-SD.

[1] cf. § 40 et 50 du BOI-IS-RICI-20-30
[2] Lorsque la flotte de vélos est prise en location, le bénéfice de la réduction d'impôt est subordonné à la condition que le contrat de location soit souscrit pour une durée minimale de trois ans

Le montant de la réduction d'impôt est mentionné sur la ligne 10 sur laquelle il convient de reporter le montant calculé sur la ligne 7 (total des dépenses), dans la limite de celui calculé ligne 9 (25 % du prix d'achat ou de location).

→ **Exemple** Au cours de l'exercice N correspondant à l'année civile, une société acquiert 10 vélos pour un montant total de 6 000 € TTC mis à la disposition gratuite de ses salariés pour des déplacements entre leur domicile et leur lieu de travail. Au titre de l'exercice N, les frais générés par l'acquisition et la mise à disposition de cette flotte de vélos (dotations aux amortissements, frais d'assurances et location d'un local à vélo) sont comptabilisés pour un montant de 1 600 €.

Le montant de la réduction d'impôt accordé au titre de l'exercice N est de 1 500 €, compte tenu du plafonnement (25 % des 6 000 € du prix d'achat).

En N + 1, la société achète 7 vélos à assistance électrique d'un montant total de 8 400 €. La limite de la réduction d'impôt au titre de l'exercice N + 1 est portée à 3 600 € soit (25 % de 6 000 € + 8 400 €). Les frais occasionnés par la flotte de vélos de cette même année sont de 3 200 €. Ces frais sont ainsi retenus pour leur totalité, la réduction d'impôt au titre de N + 1 est égale à 3 200 €.

Imputation

52-5 **La réduction d'impôt s'impute sur l'IS dû par l'entreprise au titre de l'exercice au cours duquel les frais ont été engagés. Lorsque le montant de la réduction d'impôt dépasse le montant de l'impôt dû, le solde non imputé n'est ni reportable, ni restituable.**

2079-CICE Crédit d'impôt pour la compétitivité et l'emploi

Ses caractéristiques

53-1 Depuis le 1er janvier 2013, les entreprises ont pu bénéficier d'un « crédit d'impôt pour la compétitivité et l'emploi » (CICE) à raison des rémunérations n'excédant pas 2,5 SMIC qu'elles ont versé à leurs salariés au cours de l'année civile (CGI art. 244 quater C ; BOFiP-BIC-RICI-10-150-04/04/2018). Pour les rémunérations versées depuis le 1er janvier 2019, le bénéfice de ce crédit d'impôt est réservé aux seules entreprises situées à Mayotte sous réserve du respect de l'article 15 du règlement général d'exemption déclarant certaines catégories d'aides compatibles avec le marché intérieur (règlt UE 651-2014 du 17 juin 2014, art. 15 ; BOFiP-BIC-RICI-10-150-20-§ 260-05/06/2019). Son taux est fixé à 9 % des rémunérations n'excédant pas 2,5 SMIC.

Les entreprises situées à Mayotte, quelle que soit leur activité agricole ou non agricole, doivent déclarer le montant de leur CICE sur la déclaration 2069-RCI (voir §§ 53-25 et 53-26) dans les mêmes délais que la déclaration de résultat. La déclaration 2069-RCI peut être télétransmise au moyen de la procédure TDFC ou à partir de l'espace professionnel.

La fiche d'aide au calcul 2079-CICE-FC facilite la détermination du montant du CICE dont bénéficie l'entreprise. Elle n'a pas à être déposée auprès de l'administration fiscale.

Le CICE est imputable sur l'impôt sur le revenu (IR) ou l'impôt sur les sociétés (IS). L'excédent non imputé constitue une créance sur l'État dont certaines entreprises peuvent obtenir le remboursement immédiat. Par ailleurs, l'utilisation de ce crédit d'impôt doit être retracée dans les comptes annuels de l'entreprise. Le suivi de sa mise en œuvre et son évaluation seront assurés par des comités de suivi.

Les entreprises détentrices de créances CICE en 2019, qui ne peuvent plus bénéficier du CICE à compter des rémunérations versées le 1er janvier 2019, peuvent les utiliser pour le paiement de l'impôt dû au titre des trois années suivant celle au titre de laquelle elles ont été constatées et demander le remboursement de la fraction non utilisée à l'expiration de cette période (BOFiP-BIC-RICI-10-150-30-§ 1-05/06/2019).

L'exercice du droit de reprise de l'administration s'exerce jusqu'à la fin de la troisième année suivant celle du dépôt de la déclaration 2069-RCI (ord. 2015-681 du 18 juin 2015, art. 1).

Quelles sont les entreprises concernées ?

53-2 Pour bénéficier du CICE, les entreprises (sociétés commerciales, autres organismes de droit privé, établissements publics) doivent être soumises à l'impôt sur les bénéfices (IS ou IR) selon le régime du bénéfice réel normal ou simplifié, de plein droit ou sur option. Les entreprises imposées selon un régime micro sont exclues (BOFiP-BIC-RICI-10-150-10-§ 10-05/06/2019).

- Les organismes partiellement dans le champ de l'impôt sur les bénéfices (organismes privés autres que les sociétés réalisant des activités lucratives accessoires et organismes publics) peuvent bénéficier du CICE à raison des rémunérations versées à leurs salariés affectés à leurs activités imposées.

- Par exception, les entreprises exonérées totalement ou partiellement de l'impôt sur les bénéfices en application d'un régime temporaire peuvent bénéficier du CICE pour leurs salariés éligibles.

- L'entreprise de travail temporaire peut bénéficier du CICE au titre des rémunérations versées aux salariés mis à disposition temporaire d'entreprises utilisatrices (c. trav. art. L. 1251-2).

À quels salariés s'adresse-t-il?

Tous les salariés quel que soit leur statut sont visés

53-3 Le CICE bénéficie aux entreprises au titre des rémunérations qu'elles versent à leurs salariés. La notion de salarié doit s'entendre dans un sens large : salariés de droit privé et de droit public, agents des entreprises et établissements publics, quel que soit le régime de sécurité sociale auquel ils sont affiliés, dès lors que l'organisme employeur remplit les conditions mentionnées au paragraphe 53-2. La rémunération versée au stagiaire en entreprise n'est pas éligible au crédit d'impôt.

Des règles particulières existent pour certaines catégories de salariés (BOFiP-BIC-RICI-10-150-10-§§ 115 à 150-05/06/2019).

Cumul du CICE avec des exonérations sociales et d'autres crédits d'impôt

53-4 **Exonération de cotisations sociales.** L'existence de dispositifs d'exonération de cotisations sociales dont peuvent bénéficier les rémunérations des salariés est sans incidence sur l'éligibilité de ces rémunérations au CICE.

53-5 **Crédit d'impôt.** En l'absence de dispositions contraires, les mêmes dépenses de rémunération peuvent entrer dans la base de calcul du CICE et d'un autre crédit d'impôt (CICE et crédit d'impôt recherche, par exemple).

Toutefois, les rémunérations retenues dans l'assiette du CICE ne peuvent pas l'être dans celle du crédit d'impôt en faveur des métiers d'art (CIMA) (CGI art. 244 quater O). *A contrario*, les rémunérations non retenues dans l'assiette du CICE, peuvent l'être dans celle du crédit d'impôt en faveur des métiers d'art, à la condition qu'elles répondent aux conditions d'éligibilité de ce crédit d'impôt.

Traitement comptable et fiscal du CICE

Comptabilisation du CICE

53-6 **Mécanisme de comptabilisation.** Dans sa note d'information du 28 février 2013, l'autorité des normes comptables (ANC) a préconisé d'enregistrer le CICE au crédit d'un sous-compte de charges de personnel.

Cette règle concerne les sociétés soumises à l'IS. Pour les entreprises relevant de l'IR, il convient de se reporter aux précisions données en février 2014 par la commission commune de doctrine comptable du CSOEC et de la CNCC (voir § 53-7).

Néanmoins, cette comptabilisation en diminution des charges de personnel ne présente pas de caractère obligatoire mais constitue une option, les entreprises ayant toujours la possibilité de comptabiliser le CICE de façon similaire au crédit d'impôt recherche, comme un produit à comptabiliser au crédit d'une subdivision du compte 699 « Produits-Crédit d'impôt ». En revanche, la comptabilisation du CICE comme une subvention d'exploitation n'est pas retenue.

➡ **À NOTER** L'avis de l'ANC permet ainsi aux entreprises de constater le bénéfice du CICE dans leur résultat d'exploitation, sans que cela entraîne une augmentation de leur charge de cotisation sur la valeur ajoutée (CVAE), les charges de personnel étant exclues de la base de calcul de cette contribution.

53-7 **Exercice de rattachement du crédit d'impôt.** La note d'information de l'ANC n'a pas pris position sur l'exercice de rattachement du produit relatif au CICE. La note de la CNCC du 23 mai 2013 a comblé cette lacune en précisant qu'un produit à recevoir au titre du CICE est comptabilisé au rythme de l'engagement des charges de rémunération correspondantes (CNCC, note du 23 mai 2013 relative à la comptabilisation, l'évaluation et la présentation du CICE en IFRS et selon les règles françaises).

Ce traitement conduit à prendre en compte pour le calcul du produit à recevoir les ver-

sements ainsi que les passifs comptabilisés au titre des rémunérations éligibles. Sont notamment concernés, selon la note de la CNCC, les passifs comptabilisés au titre :
– des décalages de paie (salaires du mois N payés en début N + 1) ;
– des absences rémunérées (congés payés, RTT, etc.) ;
– des primes et bonus.

En pratique, compte tenu des conditions de fiabilité et de probabilité d'obtention du CICE, la prise en compte du CICE pour les éléments de rémunérations différées à long terme (indemnité de départ à la retraite, par exemple) devrait être rare.

La comptabilisation, dès l'engagement des charges de personnel, d'un produit à recevoir pour le crédit d'impôt généré par celles-ci permet de rattacher le produit de crédit d'impôt à la charge comptabilisée et de ne prendre en compte, en résultat, que le coût réel du personnel supporté par l'entreprise (rémunération acquise diminuée du crédit d'impôt auquel cette rémunération donne droit).

Pour les entreprises qui clôturent leur exercice comptable à une date différente du 31 décembre, la quote-part de crédit d'impôt générée par les rémunérations versées durant l'exercice est à rattacher à l'exercice.

➡ **À noter** Le CICE étant un produit non imposable, une déduction extra-comptable doit être opérée sur l'imprimé 2058-A, ligne XG.

➡ **Exemple** Une société qui clôture ses comptes avec l'année civile a versé en N des rémunérations ouvrant droit à un crédit d'impôt de 5 000 €. Elle versera en janvier N + 1, au titre de l'exercice N, des primes ouvrant droit à un crédit d'impôt de 1 000 €. Le traitement comptable sera le suivant.

4487	Produits à recevoir	1 000	
444(.)	État – CICE imputable	5 000	
	649 Produit d'impôt CICE		6 000

Comptabilisation dans les entreprises soumises à l'IR

53-8 Dans sa note de février 2014, la Commission commune de doctrine comptable du CSOEC et de la CNCC a précisé qu'aucune écriture comptable au titre du CICE n'est à passer dans les comptes annuels des sociétés de personnes, des entreprises individuelles et des EIRL soumises à l'impôt sur le revenu.

Dans les entreprises individuelles, le CICE sera imputé sur l'IR qui sera acquitté par l'exploitant individuel. Il ne sera donc pas perçu par l'entreprise individuelle ou l'EIRL qui a versé les rémunérations.

Dans les sociétés de personnes soumises à l'IR, une distinction doit être opérée selon que les associés sont des personnes physiques participant à l'exploitation (CGI art. 156, I.1° bis) ou des personnes morales soumises à l'IS.

➡ **Remarque** On rappelle que la quote-part du crédit d'impôt revenant aux personnes physiques qui n'exercent pas leur activité dans la société n'est ni imputable ni restituable.

Ainsi, lorsque les associés sont des personnes physiques participant à l'exploitation, le CICE n'est pas attribué à la société de personnes soumise à l'IR qui emploie les salariés mais vient en diminution de l'IR des associés proportionnellement à leurs droits dans la société.

En revanche, lorsque les associés sont des personnes morales soumises à l'IS, le CICE peut être utilisé proportionnellement à leurs droits dans la société. À défaut d'avoir supporté les charges de personnel ouvrant droit au crédit d'impôt, les sociétés associées peuvent comptabiliser le CICE dans leurs comptes annuels en diminution de leur IS, comme un crédit d'impôt. Ce traitement comptable ne préjuge pas de celui retenu par ces sociétés associées au titre du CICE qu'elles pourraient avoir au titre de leur propre personnel.

Comptabilisation de la créance mobilisée

Existence de deux formes de mobilisation

53-9 La cession de la créance de CICE (y compris la cession de créance « en germe ») à un établissement de crédit peut être pure et simple (cession escompte) ou à titre de garantie (nantissement).

Que la cession de créance de CICE soit effectuée à titre d'escompte ou en garantie, elle transfère à l'établissement de crédit la propriété de la créance cédée. Celle-ci (ou la quote-part de celle-ci qui est cédée) ne peut plus être imputée par l'entreprise sur l'impôt dû. L'établissement de crédit auprès duquel la créance a été cédée peut bénéficier du remboursement de la créance de CICE dans les mêmes conditions que l'entreprise cédante. En cas de créance cédée à titre de garantie, l'entreprise bénéficiaire peut récupérer, sous certaines conditions, sa créance et peut, à nouveau, imputer celle-ci sur l'impôt dû.

Traitement comptable de la cession de créance existante de CICE

53-10 **Cession à titre d'escompte.** La cession de la créance de CICE à titre d'escompte a pour conséquence le transfert définitif de sa propriété à l'établissement de crédit. Elle entraîne la décomptabilisation de ladite créance (ou de la quote-part de celle-ci) au bilan de l'entreprise cédante en contrepartie de la trésorerie reçue de l'établissement de crédit. Une information sur la cession de créance de CICE est à donner dans l'annexe.

Exemple La créance de CICE constatée au titre de l'exercice N et non imputée sur le résultat de cet exercice est égale à 3 000 €. En mars de N + 1, l'entreprise transfère la propriété (cession escompte) de sa créance à sa banque en contrepartie d'une avance de trésorerie de même montant. La cession et l'avance de trésorerie sont constatées, à notre avis, par l'écriture suivante (hors frais de cession) :

512	Banques		3 000	
	444(.)	État – CICE imputable		3 000

53-11 **Cession à titre de garantie.** Lorsque la créance (ou la quote-part de la créance) de CICE est cédée en garantie du remboursement d'un prêt, le traitement proposé par la commission commune de doctrine comptable du CSOEC et de la CNCC du 7 mai 2014 ne permet pas de décomptabiliser la créance figurant au bilan de l'entreprise cédante, comme c'est le cas de la cession escompte (voir § 53-7).

La trésorerie reçue au titre du prêt accordé par l'établissement de crédit est comptabilisée en dette vis-à-vis de l'établissement de crédit. La créance de CICE (ou la quote-part de la créance) cédée est sortie de l'actif du bilan de l'entreprise cédante, mais il lui est substitué une créance vis-à-vis de l'établissement de crédit.

À notre avis, cette créance sur l'établissement de crédit pourrait donner lieu à un enregistrement dans une subdivision du compte de créance 46, par exemple 466 « CICE – Créance cédée à titre de garantie » et non dans une subdivision du compte « Banques », car il ne s'agit pas, pour la présentation du bilan, de disponibilités.

En conséquence, l'entreprise a une dette et une créance vis-à-vis de l'établissement de crédit. Cette dette et cette créance ne se compensent pas.

Une information sur la cession de créance du CICE est à donner dans l'annexe.

Exemple La créance de CICE constatée au titre de l'exercice N et non imputée sur le résultat de cet exercice est égale à 3 000 €. En septembre de N + 1, l'entreprise cède à sa banque la totalité de sa créance de CICE à titre de garantie en contrepartie d'une avance de trésorerie de 2 800 €. L'avance est remboursée en janvier N + 2. Les écritures suivantes peuvent, selon nous, constater ces opérations (hors frais de cession) :

• En septembre N + 1, cession de la créance et obtention de l'avance de trésorerie.

466	CICE – Créance cédée à titre de garantie		3 000	
	444(.)	État – CICE imputable		3 000
512	Banques		2 800	
	519	Concours bancaires courants		2 800

• Présentation du bilan de clôture et de l'annexe

À l'actif, la ligne BZ « Autres créances » : 3 000 €.

Au passif, ligne DU « Emprunts et dettes auprès des établissements de crédit » : 2 800 €.

L'annexe devra contenir une information sur la cession de créance à titre de garantie.

• En janvier N + 2, remboursement du financement et récupération de la créance de CICE.

519	Concours bancaires courants		2 800	
	512	Banques		2 800
444(.)	État – CICE imputable		3 000	
	466	CICE – Créance cédée à titre de garantie		3 000

Traitement comptable de la cession de la créance « en germe »

53-12 Cession à titre d'escompte. Lors de la cession de la créance « en germe » à titre d'escompte, la trésorerie reçue de l'établissement de crédit est comptabilisée en contrepartie d'une dette envers cet établissement.

→ **À NOTER** La créance « en germe » comprend deux composantes :

– la créance de CICE comptabilisée à l'actif du bilan de l'entreprise cédante à la date du préfinancement (produit à recevoir comptabilisé au rythme de l'engagement des charges de rémunérations correspondantes) (CNCC, note du 23 mai 2013) ;

– la créance de CICE restant à comptabiliser au titre de l'année civile.

La créance de CICE comptabilisée est alors sortie de l'actif du bilan de l'entreprise cédante en contrepartie de l'annulation de la dette envers l'établissement de crédit.

Si les fonds versés par l'établissement de crédit au titre du préfinancement sont supérieurs à la créance de CICE comptabilisée, le différentiel sera maintenu en dettes financières. Cette dette financière sera soldée au fur et à mesure de la naissance effective de la créance de CICE cédée et de sa comptabilisation.

Une information sur le préfinancement de la créance de CICE est à donner dans l'annexe.

→ **EXEMPLE** Une entreprise enregistre, tous les mois de l'année N, un CICE à recevoir de 3000 €, soit un CICE prévu sur l'année N de 36000 €. Fin novembre N, cession escompte à la banque de la créance en germe à hauteur de 30000 € en contrepartie d'un financement de même montant. À la clôture de l'exercice N, le montant du CICE s'élève, en définitive, à 40000 € et le résultat de l'exercice est déficitaire. Les écritures suivantes peuvent, selon nous, constater ces opérations (hors frais de cession).

• Tous les mois, enregistrement du produit à recevoir pour 3000 €.

4487	Produits à recevoir		3000	
	649	Produit d'impôt CICE		3000

• Fin novembre N, obtention du préfinancement de la créance de CICE pour 30000 € et annulation de la créance « en germe » de CICE comptabilisée.

512	Banques		30000	
	519	Concours bancaires courants		30000
519	Concours bancaires courants		30000	
	4487	Produits à recevoir		30000

• Lors de la clôture de l'année N, constatation de la créance effective de CICE.

444(.)	État – CICE imputable		10000	
	4487	Produits à recevoir		6000
	649	Produit d'impôt CICE		4000

• Présentation du bilan et de l'annexe.

À l'actif du bilan, ligne BZ « Autres créances » : 10000 €.

Une information sur le préfinancement de la créance de CICE est donnée dans l'annexe.

53-13 Cession à titre de garantie. Lors de la cession à titre de garantie, la trésorerie reçue de l'établissement de crédit est comptabilisée en contrepartie de la dette envers cet établissement.

→ **À NOTER** Comme pour la cession escompte (voir § 53-12), la créance en germe comprend deux composantes, la créance en germe comptabilisée à l'actif en « Produits à recevoir » et la créance restant à comptabiliser au titre de l'année civile.

La créance comptabilisée est alors sortie de l'actif du bilan de l'entreprise cédante, mais il lui est substitué une créance vis-à-vis de l'établissement de crédit.

En conséquence, l'entreprise a une dette et une créance envers l'établissement de crédit. Cette dette et cette créance ne se compensent pas.

→ **EXEMPLE** Une entreprise enregistre, tous les mois de l'année N, un CICE à recevoir de 3000 €, soit un CICE prévu sur l'année N de 36000 €. Fin novembre de N, cession, à titre de garantie à la banque, de la créance en germe à hauteur de 30000 € en contrepartie d'un financement de même montant. À la clôture de l'exercice N, le montant du CICE s'élève, en définitive, à 40000 € et le résultat de l'exercice est déficitaire. En janvier N + 1, le financement est remboursé et la créance de CICE est récupérée par l'entreprise. Les écritures suivantes peuvent, selon nous, constater ces opérations (hors frais de cession) :

• Tous les mois, enregistrement du produit à recevoir pour 3 000 €.

4487	Produits à recevoir	3 000	
	649 Produit d'impôt CICE		3 000

• Fin novembre N, obtention du préfinancement de la créance de CICE pour 30 000 € et substitution de la créance « en germe » de CICE comptabilisée par une créance sur l'établissement de crédit.

512	Banques	30 000	
	519 Concours bancaires courants		30 000
466	CICE – Créance cédée à titre de garantie	30 000	
	4487 Produits à recevoir		30 000

• Lors de la clôture de l'année N, constatation de la créance effective de CICE.

444(.)	État – CICE imputable	10 000	
	4487 Produits à recevoir		6 000
	649 Produit d'impôt CICE		4 000

À l'actif du bilan, ligne BZ « Autres créances » : 40 000 €.

Au passif, ligne DU « Emprunts et dettes auprès des établissements de crédit » : 30 000 €.

Une information sur le préfinancement de la créance de CICE est donnée dans l'annexe.

• En janvier N + 1, remboursement du financement et récupération de la créance cédée à titre de garantie.

519	Concours bancaires courants	30 000	
	512 Banques		30 000
444(.)	État – CICE imputable	30 000	
	466 CICE – Créance cédée à titre de garantie		30 000

Comptabilisation des frais de cession liés à la créance de CICE

53-14 Les frais supportés par l'entreprise à l'occasion de la cession de la créance de CICE (y compris la créance « en germe ») constituent des charges de l'exercice.

Les frais versés à l'établissement de crédit pour la mise en place de l'opération, tels que les commissions de financement, sont comptabilisés en charges financières au compte 668 « Autres charges financières », alors que les autres frais liés à l'opération, tels que les honoraires d'expertise ou de conseil, sont comptabilisés en charges selon leur nature (par exemple au compte 628 « Honoraires »).

Comment établir la fiche de calcul 2079-CICE ?

Entreprises relevant de l'IR

53-15 Le montant du CICE déterminé sur la fiche de calcul 2079-CICE est reporté sur la déclaration 2069-RCI et sur la déclaration de revenus 2042 C PRO (ligne 8 TL ou ligne WL).

Les sociétés de personnes qui ont versé des rémunérations ouvrant droit au CICE ne peuvent utiliser directement ce crédit d'impôt lorsqu'elles n'ont pas opté pour leur assujettissement à l'IS.

L'associé (personne morale assujettie à l'IS ou personne physique participant à l'exploitation) bénéficie de sa quote-part du CICE déclaré sur la déclaration 2069-RCI de la société de personnes. S'il bénéficie d'autres CICE (au titre des dépenses engagées directement par lui ou de sa quote-part d'autres sociétés de personnes dans lesquelles il est associé), ceux-ci doivent être cumulés sur la déclaration 2069-RCI qu'il dépose lui-même, en son nom (BOFiP-BIC-RICI-10-150-40-§ 100-05/06/2019).

Entreprises relevant de l'IS

53-16 Les entreprises relevant de l'IS doivent déclarer le montant de leur CICE sur la déclaration 2069-RCI dans les mêmes délais que leur déclaration de résultats. La déclaration 2069-RCI peut être télétransmise au moyen de la procédure TDFC ou à partir de l'espace professionnel.

Dans les groupes intégrés, la société mère dépose les déclarations 2069-RCI pour le compte des sociétés du groupe. Le montant total du crédit d'impôt pour l'ensemble des sociétés membres du groupe doit être porté sur le relevé de solde 2572 relatif au résultat d'ensemble du groupe.

Les sociétés membres du groupe sont dispensées d'annexer la déclaration 2069-RCI les concernant à leur déclaration de résultats.

Les chiffres indiqués renvoient aux commentaires de cette fiche

RÉPUBLIQUE FRANÇAISE
Liberté Égalité Fraternité

N° 2079-CICE-FC-SD (2021)

cerfa

N° 15442*06

CRÉDIT D'IMPÔT POUR LA COMPÉTITIVITÉ ET L'EMPLOI - MAYOTTE

(Article 244 *quater* C du code général des impôts)

Dépenses engagées au titre de l'année civile 2020

FICHE D'AIDE AU CALCUL

Ce formulaire ne constitue pas une déclaration. Il n'a pas à être transmis spontanément à l'administration. La déclaration des réductions et crédits d'impôt n° 2069-RCI constitue le support déclaratif du crédit d'impôt pour la compétitivité et l'emploi. Il est rappelé que le CICE subsiste à compter des dépenses 2019 uniquement à Mayotte.

I – CALCUL DU CRÉDIT D'IMPÔT		ANNÉE CIVILE 2020
Montant total des rémunérations n'excédant pas 2,5 SMIC versées à des salariés affectés à des exploitations situées à Mayotte	1	**53-17**
Montant du crédit d'impôt applicable aux rémunérations versées à des salariés affectés à des exploitations situées à Mayotte (ligne 1 x 9%)	2	**53-22**
Montant des rémunérations versées à des salariés affectés à des exploitations situées à Mayotte éligibles à la majoration pour les salariés des professions pour lesquelles le paiement des congés et des charges sur les indemnités de congés est mutualisé entre les employeurs affiliés obligatoirement aux caisses de compensation prévue à l'article L. 3141-32 du code du travail[1] (secteurs du BTP, des transports, des spectacles et des dockers).	3a	**53-23**
Montant de la majoration prévue pour les employeurs visés à l'article L. 3141-32 du code du travail ((ligne 3a x 9 %) x 10/90)	3b	**53-23**
Montant du crédit d'impôt majoré applicable aux rémunérations versées à des salariés affectés à des exploitations situées à Mayotte *(ligne 2 + ligne 3b)*	4	**53-24** 0
Quote-part de crédit d'impôt résultant de la participation de l'entreprise dans des sociétés de personnes ou groupements assimilés *(reporter le montant indiqué ligne 7)*	5	**53-25**
Montant total du crédit d'impôt *(ligne 2 ou ligne 4 + ligne 5)*	6	**53-26**

II – CADRE À SERVIR PAR LES ENTREPRISES DÉCLARANTES QUI DÉTIENNENT DES PARTICIPATIONS DANS DES SOCIÉTÉS DE PERSONNES OU GROUPEMENTS ASSIMILÉS NON SOUMIS À L'IMPÔT SUR LES SOCIÉTÉS

Nom et adresse des sociétés de personnes ou groupements assimilés et n° SIREN	Montant total du crédit d'impôt ①	Montant de la créance « en germe » cédée (préfinancement) ②	% de droits détenus dans la société ③	Quote-part du crédit d'impôt (①-②) x ③
	53-27	**53-27**	**53-27**	**53-27**
TOTAL				7 **53-27** 0

[1] Cf. § 55 du BOI-BIC-RICI-10-150-20

III – CADRE À SERVIR POUR LA RÉPARTITION DU CRÉDIT D'IMPÔT ENTRE LES ASSOCIÉS MEMBRES DE SOCIÉTÉS DE PERSONNES OU GROUPEMENTS ASSIMILÉS NON SOUMIS À L'IMPÔT SUR LES SOCIÉTÉS

Nom et adresse des associés membres de sociétés de personnes ou groupements assimilés et n° SIREN (pour les entreprises)	Montant total du crédit d'impôt ①	Montant de la créance « en germe » cédée (préfinancement) ②	% de droits détenus dans la société ③	Quote-part du crédit d'impôt (①-②) x ③
	53-28	**53-28**	**53-28**	**53-28**
			TOTAL	**53-28**

IV – UTILISATION DE LA CRÉANCE

IV-1. Détermination du montant du crédit d'impôt disponible pour l'entreprise (sociétés soumises à l'impôt sur les sociétés et les entreprises individuelles relevant de l'impôt sur le revenu) :

Cas général		
Montant du crédit d'impôt (hors quote-part résultant de la participation de l'entreprise dans des sociétés de personnes ou groupements assimilés) *(report de la ligne 2 ou 4)*	8	**53-29**
Montant cédé à un établissement de crédit au titre du préfinancement[2]	9	**53-30**
Montant du crédit d'impôt disponible *Reporter en ligne 10 :* *- le résultat du calcul (ligne 8 - ligne 9) s'il est positif ;* *- zéro si le résultat du calcul (ligne 8 - ligne 9) est négatif ou égal à zéro.*	10	**53-31**
Montant total du crédit d'impôt disponible (incluant la quote-part résultant de la participation de l'entreprise dans des sociétés de personnes ou groupements assimilés) *(ligne 7 du cadre II + ligne 10)*	11	**53-32**

Cas particulier des sociétés relevant du régime de groupe (à compléter exclusivement par la société mère)		
Montant total du crédit d'impôt du groupe *(totalisation de l'ensemble des montants de CICE des sociétés du groupe)*	12	**53-33**
Montant cédé à un établissement de crédit au titre du préfinancement[2]	13	**53-34**
Montant du crédit d'impôt disponible *Reporter en ligne 14 :* *- le résultat du calcul (ligne 12 - ligne 13) s'il est positif ;* *- zéro si le résultat du calcul (ligne 12 - ligne 13) est négatif ou égal à zéro.*	14	**53-35**
Montant total du crédit d'impôt disponible (incluant la quote-part résultant de la participation des entreprises dans des sociétés de personnes ou groupements assimilés) *[(totalisation de la ligne 7 de l'ensemble des déclarations du groupe) + ligne 14]*	15	**53-36**

IV-2. Entreprises à l'impôt sur les sociétés :

Montant imputé sur l'impôt sur les sociétés *(dans la limite du montant de l'impôt dû et du crédit d'impôt déterminé ligne 11 ou ligne 15)*	16	**53-38**
Montant de l'excédent de crédit d'impôt restant à imputer sur l'impôt éventuellement dû au titre des 3 années suivantes (cas général) ou dont la restitution (cas particuliers des entreprises nouvelles, jeunes entreprises innovantes, PME au sens communautaire et entreprises en procédure collective) est à demander à partir du formulaire n° 2573-SD	17	**53-39**

- Pour les sociétés hors régime de groupe :
Les montants déterminés lignes 1, 3a, 5, 6 et 9 doivent être reportés sur la déclaration n° 2069-RCI-SD et ceux déterminés lignes 6 et 9 sur le relevé de solde n° 2572-SD.

- Pour la société mère d'un groupe de sociétés :
Les montants déterminés lignes 1, 3a, 5, 6 et 9 doivent être reportés sur la déclaration n° 2069-RCI-SD et ceux déterminés lignes 12 (augmentés de la totalité des lignes 7 de l'ensemble des entreprises du groupe) et 13 sur le relevé de solde n° 2572-SD.

[2] Il convient de porter le montant total de la créance cédée, et non le montant de l'avance reçue.

- Pour les sociétés filiales d'un groupe de sociétés :
Les montants déterminés lignes 1, 3a, 5, 6et 9 doivent être reportés sur la déclaration n° 2069-RCI-SD.

IV-3. Entreprises individuelles relevant de l'impôt sur le revenu : les montants déterminés lignes 1, 3a, 5, 6et 9 doivent être reportés sur la déclaration n° 2069-RCI-SD et celui du crédit d'impôt disponible déterminé ligne 11 dans la partie réductions et crédits d'impôt de la déclaration de revenus n° 2042-C-PRO (case 8TL ou 8UW).

Les demandes de restitution anticipées ou à l'issue de la période d'imputation du crédit d'impôt non imputé sur l'impôt sur les sociétés sont formulées sur l'imprimé n°2573-SD par voie dématérialisée ou sur l'imprimé n°2573-SD disponible sur le portail fiscal www.impots.gouv.fr.

Comment se calcule le CICE ? [cadre I]

Montant des rémunérations versées n'excédant pas 2,5 SMIC [lignes 1 et 5]

Règles applicables

53-17 Le CICE est assis sur les rémunérations que les entreprises versent à leurs salariés affectés à des exploitations situées à Mayotte au cours de l'année civile (voir § 53-19) qui n'excèdent pas 2,5 le SMIC calculé sur la base de la durée légale de travail, augmentée le cas échéant des heures complémentaires ou supplémentaires de travail, sans prise en compte des majorations auxquelles elles donnent lieu (BOFiP-BIC-RICI-10-150-20-05/06/2019).

➡ **À NOTER** La valeur du SMIC à Mayotte au 1er janvier 2020 est de 7,66 €.

Lorsque la rémunération annuelle d'un salarié dépasse ce plafond, elle est exclue, pour sa totalité, de l'assiette du crédit d'impôt.

La rémunération des salariés qui respecte le plafond est prise en compte pour sa totalité dans la base de calcul du crédit d'impôt dans les conditions précisées aux paragraphes 53-19 à 53-21.

➡ **EN PRATIQUE** Le montant du CICE, du plafond d'éligibilité et de l'assiette est arrondi à l'euro le plus proche. La fraction d'euro égale à 0,50 est comptée pour 1.

Les entreprises reportent sur la ligne 1 de la fiche de calcul 2079-CICE le montant cumulé figurant sur le bordereau récapitulatif de cotisations (BRC) ou la déclaration unifiée de cotisations sociales (DUCS) ou la déclaration trimestrielle de salaires (DTS) relatif au dernier mois ou au dernier trimestre de l'année (voir § 53-87).

Par ailleurs, le montant déterminé ligne 1 doit être reporté sur la déclaration 2069-RCI.

Appréciation du seuil de 2,5 SMIC

53-18 **Principe.** Le SMIC de référence est le SMIC annuel calculé pour un an sur la base de la durée légale du travail augmentée du nombre d'heures complémentaires ou supplémentaires éventuellement réalisées, sans prise en compte des majorations auxquelles elles donnent lieu (CGI art. 244 quater C). Si un des paramètres de détermination du SMIC évolue en cours d'année, sa valeur annuelle est égale à la somme des valeurs déterminées pour les périodes antérieure et postérieure à l'évolution. Ainsi, en cas de revalorisation du SMIC en cours d'année, le plafond des 2,5 SMIC est apprécié pour les deux périodes (BOFiP-BIC-RICI-10-150-20-§ 20-05/06/2019).

➡ **EXEMPLE** Si la valeur du SMIC horaire est par exemple revalorisée à compter du 1er juillet N, sa valeur annuelle est calculée comme suit : (SMIC initial × 6 mois × 151,67 heures) + (SMIC revalorisé × 6 mois × 151,67 heures).

Pour les salariés employés à temps plein selon une durée collective de travail égale à la durée légale (35 h/semaine), le montant annuel du SMIC à prendre en compte est égal à 1 820 fois le salaire horaire minimum de croissance. Il est aussi possible de retenir 12 fois 151,67 SMIC horaire (BOFiP-BIC-RICI-10-150-20-§ 10-05/06/2019).

Pour les salariés à temps partiel, le SMIC est corrigé à proportion de la durée de travail inscrite à leur contrat de travail rapportée à la durée légale du travail (BOFiP-BIC-RICI-10-150-20-§ 50-05/06/2019).

➡ **EXEMPLE** Un salarié a un temps partiel de 28 h hebdomadaires (80 % de la durée légale). Sur la base du SMIC en vigueur au 1er janvier 2020, le plafond de 2,5 SMIC est égal à : 2,5 × 1 820 × 7,66 € × 80 % = 27 882,40 € arrondi à 27 882 € auquel se compare la rémunération du salarié.

Le temps de travail pris en compte est le temps de travail effectif, c'est-à-dire toute la période pendant laquelle le salarié est à la disposition de l'employeur, dans l'obligation de se conformer à ses directives sans pouvoir se consacrer librement à ses occupations personnelles. S'ils répondent à ces critères, les temps de restauration et de pause sont considérés comme temps de travail effectif.

➡ **À NOTER** Le SMIC horaire brut est fixé à 7,66 € au 1er janvier 2020.

Le SMIC mensuel base 35 heures hebdomadaires est fixé à 1 161,77 € au 1er janvier 2020.

Des modalités de calcul particulières existent en cas de réalisation d'heures complémentaires et supplémentaires, de durée collective du travail différente de la durée légale, pour les salariés à temps partiel... (BOFiP-BIC-RICI-10-150-20-§§ 30 à 120-05/06/2019).

Rémunérations prises en compte pour le calcul du CICE

53-19 **Rémunérations définies pour le calcul des cotisations de sécurité sociale.** La rémunération prise en compte pour l'assiette du CICE est la rémunération brute versée au salarié au cours de l'année et soumise à cotisations de sécurité sociale au sens de l'article L. 242-1 du code de la sécurité sociale (CGI art. 244 quater C, II.al. 2). Cet article désigne les éléments qui doivent être pris en compte pour le calcul de la rémunération du salarié indépendamment du régime social auquel il est affilié.

• La référence à l'article L. 242-1 du code de la sécurité sociale permet de viser l'ensemble des rémunérations attribuées en contrepartie ou à l'occasion du travail, quelle que soit leur dénomination : salaire, prime, gratifications et tous autres avantages en argent et en nature. Les sommes perçues directement ou par l'entremise d'un tiers à titre de pourboire doivent également être prises en compte, de même que les rémunérations des heures supplémentaires et complémentaires, y compris les majorations auxquelles elles donnent droit (BOFiP-BIC-RICI-10-150-20-§§ 150 et 160-05/06/2019).

• Les indemnités de rupture du contrat de travail sont prises en compte dans l'assiette du CICE si elles sont assujetties aux cotisations de sécurité sociale visées à l'article L. 242-1 du code de la sécurité sociale.

53-20 **Frais professionnels.** Les sommes exonérées de cotisations au titre des frais professionnels sont exclues de la rémunération à retenir pour calculer le CICE.

Pour les salariés auxquels l'employeur applique une déduction forfaitaire spécifique pour frais professionnels, c'est la rémunération annuelle après application de la déduction forfaitaire qu'il convient de comparer au plafond de 2,5 SMIC. Si le salarié ouvre droit au CICE, l'assiette du crédit d'impôt est constituée de la rémunération versée après application de cette déduction (BOFiP-BIC-RICI-10-150-20-§ 170-05/06/2019).

Notons que si l'employeur rembourse au salarié des frais professionnels tout en appliquant simultanément la déduction forfaitaire spécifique, ces remboursements sont réintégrés dans l'assiette du CICE dans la mesure où ils donnent lieu à cotisations sociales.

→ **Exemple** Un salarié à temps plein est payé 1,8 SMIC, soit 2 066,61 € par mois et son employeur bénéficie d'une déduction forfaitaire spécifique au taux de 10 %. Le salarié obtient également un remboursement mensuel de frais professionnels d'un montant de 100 €. La rémunération à comparer à 2,5 SMIC est déterminée comme suit : (2 066,61 € + 100 €) × 90 % = 1 949,95 €, soit 23 399,39 € annuels.

Cette rémunération est prise en compte dans l'assiette du crédit d'impôt car elle est inférieure au plafond annuel de 2,5 SMIC, soit 34 853 € en 2020 (1 820 × 7,66 € × 2,5).

L'assiette du crédit d'impôt est constituée de la rémunération versée après application de la déduction, soit 23 399 € (après arrondi).

Rémunérations versées au cours de l'année civile et déductibles

53-21 Le CICE est calculé pour l'ensemble de l'année sur les rémunérations versées à des salariés affectés à des exploitations situées à Mayotte au titre de l'année civile, quelle que soit la date de clôture des exercices et quelle que soit leur durée. En cas de clôture d'exercice en cours d'année, le montant du CICE est calculé en prenant en compte les rémunérations éligibles versées au titre de la dernière année civile écoulée (CGI, ann. III art. 49 septies P).

Les rémunérations à retenir au titre d'une année civile sont celles qui ont été versées au cours de ladite année. Les données de la comptabilité doivent donc être adaptées pour l'application de cette règle, aucune détermination forfaitaire n'étant admise (BOFiP-BIC-RICI-10-150-30-10-§ 10-12/06/2019).

En outre, pour être éligibles au crédit d'impôt, les rémunérations versées doivent être des dépenses retenues pour la détermination du résultat imposable à l'impôt sur les bénéfices dans les conditions de droit commun (BOFiP-BIC-RICI-10-150-30-20-§ 200-12/06/2019).

Montant du crédit d'impôt [lignes 2 et 6]

53-22 Le taux applicable est de 9 % au titre des rémunérations versées en 2020, lorsqu'elles n'excèdent pas 2,5 SMIC (BOFiP-BIC-RICI-10-150-§ 1-04/04/2018).

Montant des rémunérations éligibles à la majoration de 10 % [lignes 3 a, 3b]

53-23 Les rémunérations des salariés des professions pour lesquelles le paiement des congés et des charges sur les indemnités de congés est mutualisé entre les employeurs affiliés obligatoirement aux caisses de compensation (c. trav. art. L. 3141-30) (secteurs du BTP, transport, spectacles et dockers) doivent être mentionnées sur la ligne 3a. Le crédit d'impôt relatif à ces salariés est calculé selon les modalités de calcul énoncées au paragraphe 53-22.

Le montant du crédit d'impôt résultant de ce calcul est ensuite majoré du rapport 100/90, par référence à la valeur fixée aux IV de l'article D. 241-10 du code de la sécurité sociale (CSS) réduction « Fillon » (BOFiP-BIC-RICI-10-150-20-§ 55-05/06/2019). Le résultat est porté ligne 3b et doit être reporté sur la déclaration 2069-RCI.

Montant du crédit d'impôt majoré [lignes 4]

53-24 L'entreprise doit porter ligne 4, la somme de la ligne 2 (voir § 53-22) et de la ligne 3b (voir § 53-23).

Quote-part de crédit d'impôt résultant de la participation de l'entreprise dans des sociétés de personnes [ligne 5]

53-25 Les entreprises qui détiennent des parts dans des sociétés de personnes ou des groupements assimilés peuvent bénéficier du CICE à raison des opérations réalisées par ces entités. La fraction du crédit d'impôt attribuée à ces entreprises correspond à leur quote-part de droits détenus dans la société de personnes ou l'organisme assimilé.

Elles doivent mentionner ligne 5 la quote-part de crédit d'impôt qui leur revient. Ce montant est à reporter sur la déclaration 2069-RCI.

Montant total du crédit d'impôt [ligne 6]

53-26 Le montant total du CICE est calculé à la ligne 6. Ce montant correspond à la somme :

– du montant du CICE calculé au titre des rémunérations versées par l'entreprise (crédit d'impôt calculé ligne 2 ou crédit d'impôt majoré calculé lignes 4) ;

– et, le cas échéant, de la quote-part de CICE revenant à l'entreprise par l'intermédiaire de sociétés de personnes ou de groupements dont elle est membre (report sur la ligne 5 du montant détaillé au cadre II).

Le montant porté ligne 6 est à reporter sur la déclaration 2069-RCI.

Participation dans des sociétés de personnes ou groupements assimilés [cadre II]

53-27 Ce cadre n'est à remplir que par les entreprises qui disposent d'une quote-part de crédit d'impôt transmise par des sociétés de personnes ou groupements assimilés.

Les associés personnes physiques qui ne bénéficient que d'un crédit d'impôt correspondant à leur participation dans ces sociétés de personnes ou groupements sont dispensés de déposer la déclaration 2069-RCI (CGI, ann. III art. 49 septies Q).

Les associés tenus de souscrire la déclaration doivent indiquer dans la première colonne les éléments permettant l'identification de la société de personnes (nom, adresse, n° SIRET).

Sont mentionnés successivement dans la 2e colonne le montant total du CICE de ces sociétés et groupements et dans la troisième colonne la créance « en germe » cédée (montant du CICE préfinancé).

La dernière colonne sert à déterminer la quote-part du crédit d'impôt issu des participations dans des sociétés de personnes ou assimilées : il s'agit de la différence entre la colonne 2 et la colonne 3 multipliée par le pourcentage de droits détenus dans la société (colonne 4). Le total des quotes-parts est porté ligne 7.

Associés personnes physiques. En principe, les associés personnes physiques peuvent utiliser la quote-part de CICE leur revenant, à condition de participer à l'exploitation.

La fraction du CICE correspondant aux parts des associés personnes physiques qui ne participent pas de manière personnelle, directe et continue à l'activité de l'entreprise n'est ni imputable ni restituable. Elle est donc définitivement perdue (BOFiP-BIC-RICI-10-150-30-20-§ 30-05/06/2019).

Modalités de répartition du crédit d'impôt entre les associés membres de sociétés de personnes [cadre III]

53-28 Les entreprises déclarantes qui sont des sociétés de personnes ou des groupements assimilés et qui n'ont pas opté pour l'IS doivent remplir ce cadre en mentionnant l'identité de leurs associés, le montant total du crédit d'impôt ainsi que le montant total de la créance en germe cédée. Elles doivent ensuite indiquer la quote-part de droits détenus par chacun des associés et la quote-part du crédit d'impôt leur revenant sous déduction de la créance en germe cédée (voir § 53-30).

Utilisation du CICE [cadre IV]

Cas général : détermination du montant du crédit d'impôt disponible pour l'entreprise [cadre IV-I]

53-29 **Montant du crédit d'impôt [ligne 8].** Sur cette ligne, il convient de reporter le montant du crédit d'impôt indiqué aux lignes 2 (voir § 53-22) de la fiche de calcul 2079-CICE (voir § 53-24), c'est-à-dire hors quote-part résultant de la participation de l'entreprise dans des sociétés de personnes et groupements assimilés.

53-30 **Montant cédé à un établissement de crédit [ligne 9].** Sur la ligne 9, l'entreprise indique le montant de la créance qui a fait l'objet d'une cession auprès d'un établissement de crédit au titre du préfinancement. En effet, la créance en germe de CICE peut faire l'objet d'une cession ou d'un nantissement avant la liquidation de l'impôt sur les bénéfices sur lequel le crédit d'impôt s'impute, à la condition que l'administration en ait été préalablement informée (CGI art. 199 ter C, I.al. 3).

La créance en germe, c'est-à-dire calculée l'année même du versement des rémunérations sur lesquelles est assis le crédit d'impôt, et avant la liquidation de l'impôt en N + 1, peut ainsi faire l'objet d'une cession ou d'un nantissement unique auprès d'un seul organisme de financement, pour son montant brut évalué avant imputation sur l'impôt dû.

La cession peut ne porter que sur une partie de la créance telle qu'elle a été évaluée, mais celle-ci ne peut faire l'objet que d'une seule cession ou d'un seul nantissement, et ne peut être divisée pour être cédée en plusieurs parties (BOFiP-BIC-RICI-10-150-30-20-§ 170-05/06/2019).

Lorsque le montant de la créance réellement constatée est supérieur au montant de la créance en germe cédée, l'entreprise cédante peut imputer sur son impôt la partie de la créance non cédée, à savoir la différence entre le montant cédé et le montant réellement constaté du crédit d'impôt. Si le montant de la créance réellement constatée est inférieur au montant de la créance en germe cédée, le comptable de la DGFiP doit, lorsque la créance est devenue restituable, se désengager auprès de l'établissement de crédit, la société de financement ou le FIA cessionnaire, dans la limite du montant de la créance réellement constatée.

53-31 **Montant du crédit d'impôt disponible [ligne 10].** L'entreprise doit indiquer sur cette ligne le montant disponible du crédit d'impôt qui correspond à la différence entre le montant du crédit d'impôt calculé (ligne 8) et le montant cédé à un établissement de crédit au titre du préfinancement (ligne 9).

Le montant du crédit d'impôt disponible indiqué ligne 10 est positif lorsque le montant cédé à un établissement de crédit est inférieur au montant calculé du crédit d'impôt (ligne 8), et à l'inverse égal à zéro lorsque le montant cédé à un établissement de crédit est supérieur au montant du crédit d'impôt indiqué ligne 8.

53-32 **Montant total du crédit d'impôt disponible [ligne 11].** L'entreprise doit reporter sur cette ligne le montant total de son crédit d'impôt y compris le montant de sa quote-part résultant de sa participation dans des sociétés de personnes, tel qu'indiqué ligne 7 (voir § 53-27). Ce montant est à reporter sur la déclaration 2069-RCI.

Sociétés relevant du régime de l'intégration fiscale

53-33 **Montant total du crédit d'impôt du groupe [ligne 12].** La société mère d'un groupe intégré est substituée aux sociétés du groupe pour l'imputation sur le montant de l'IS dont elle est redevable au titre de chaque exercice des CICE dégagés par chaque société du groupe.

La société mère du groupe calcule sur les lignes 12 à 15 le montant total du crédit d'impôt disponible au niveau du groupe. Le montant indiqué ligne 12 doit être reporté sur le relevé de solde 2572.

• Le CICE afférent à un exercice antérieur à l'entrée dans le groupe fiscal ne peut être transmis à la société mère du groupe. Il est utilisé par la société filiale dans les conditions de droit commun (BOFiP-BIC-RICI-10-150-30-20-§ 120-05/06/2019).

• L'excédent de crédit d'impôt du groupe qui n'est pas imputé sur l'IS du groupe constitue une créance sur le Trésor d'égal montant qui appartient à la société mère du groupe et lui reste acquise, y compris en cas de cessation du groupe fiscal. Corrélativement, en cas de sortie du groupe d'une ou de plusieurs sociétés au titre desquelles un ou plusieurs crédits d'impôt ont été pris en compte pour le calcul du crédit d'impôt du groupe, aucune régularisation n'est à opérer au niveau du groupe.

53-34 **Montant cédé à un établissement de crédit [ligne 13].** La société mère, qui est seule autorisée à utiliser les créances du groupe, peut seule procéder au préfinancement du CICE par la cession d'une créance en germe.

Sur la ligne 13, la société mère indique le montant de la créance cédé à un établissement de crédit au titre du préfinancement. Ce montant doit être indiqué sur le relevé de solde 2572.

53-35 **Montant du crédit d'impôt disponible [ligne 14].** La société mère doit indiquer sur cette ligne le montant disponible du crédit d'impôt qui correspond à la différence entre le montant total du crédit d'impôt groupe (ligne 12) et le montant cédé à un établissement de crédit au titre du préfinancement (ligne 13).

Le montant du crédit d'impôt disponible indiqué ligne 14 est positif lorsque le montant cédé à un établissement de crédit est inférieur au montant calculé du crédit d'impôt (ligne 12), et à l'inverse égal à zéro lorsque le montant cédé à un établissement de crédit est supérieur au montant du crédit d'impôt indiqué ligne 12.

53-36 **Montant total du crédit d'impôt disponible [ligne 15].** La société mère doit reporter sur cette ligne le montant total de son crédit d'impôt, y compris le montant de sa quote-part résultant de sa participation dans des sociétés de personnes, tel qu'indiqué ligne 7 (voir § 53-27) de l'ensemble des déclarations du groupe.

Entreprises soumises à l'IS [cadre IV-2]

Exercice d'imputation

53-37 Le CICE est imputé sur l'impôt sur les bénéfices dû par le contribuable (CGI art. 199 ter C). L'imputation se fait au moment du paiement du solde de l'impôt. Le crédit d'impôt calculé pour 2020 est imputé sur le solde de l'IS dû au titre de 2020 si l'exercice coïncide avec l'année civile.

Les créances qui n'ont pas pu être imputées en totalité sur le solde de l'impôt peuvent s'imputer sur les acomptes d'impôt sur les sociétés dû au titre de l'exercice suivant (BOFiP-BIC-RICI-10-150-30-10-§ 10-12/06/2019).

Les entreprises dont l'exercice ne coïncide pas avec l'année civile imputent le CICE sur l'impôt dû au titre de l'exercice clos l'année qui suit celle pendant laquelle les rémunérations ont été versées. Le crédit d'impôt est donc imputé sur l'impôt dû au titre d'une année qui est différente de celle au cours de laquelle les rémunérations ont été versées.

Imputation sur l'IS [ligne 16]

53-38 Les entreprises soumises à l'IS imputent le CICE sur le solde de l'IS dû au titre de l'exercice. Le montant imputé sur l'IS est mentionné sur la ligne 16.

Le crédit d'impôt n'est imputable ni sur la contribution sociale de 3,3 %, ni sur les rappels d'IS qui se rapportent à l'exercice clos avant le 31 décembre de l'année au titre de laquelle il est obtenu.

Excédent non imputé [ligne 17]

53-39 **Utilisation de la créance.** L'excédent du crédit d'impôt non imputé, mentionné ligne 17, constitue une créance sur l'État d'égal montant qui peut être utilisée pour le paiement de l'impôt dû au titre des 3 années suivant celle au titre de laquelle elle est constatée, puis s'il y a lieu, remboursée à l'expiration de cette période pour sa fraction non utilisée.

Elle peut s'imputer sur les acomptes d'impôt sur les sociétés versés postérieurement au dépôt des déclarations relatives à ce crédit d'impôt (BOFiP-BIC-RICI-10-150-30-20-§ 40-05/06/2019).

Si l'entreprise détient plusieurs créances, celles-ci doivent être imputées en respectant l'ordre dans lequel elles sont apparues (BOFiP-BIC-RICI-10-150-30-20-§ 40-05/06/2019). En cas de cession de la créance, celle-ci n'a plus, à compter de la date du transfert de propriété, à être prise en compte pour l'appréciation du respect de cet ordre d'imputation. En revanche, celui-ci doit être à nouveau retenu lorsque l'entreprise en retrouve la pleine propriété avant l'échéance de la date de remboursement.

La demande de restitution est formulée sur le relevé de solde d'IS déposé auprès du service des impôts des entreprises dont relève la société. Néanmoins, si la demande de restitution a lieu à une date différente de celle de la liquidation de l'IS, elle doit être formulée sur l'imprimé 2573-SD, qui est à souscrire par voie électronique.

53-40 **Remboursement immédiat de la créance pour certaines entreprises.** La créance de CICE est immédiatement remboursable lorsqu'elle est constatée par les entreprises suivantes (CGI art. 199 ter C) :

- les PME au sens de la réglementation communautaire (effectif salarié < 250, CA annuel ⩽ 50 M€ ou total du bilan annuel ⩽ 43 M€, ces seuils s'appréciant selon des modalités différentes selon que les entreprises concernées sont considérées comme autonomes, partenaires ou liées) ;
- les entreprises nouvelles répondant à certaines conditions (celles-ci peuvent demander le remboursement immédiat des créances de crédit d'impôt constatées au titre de l'année de création et des 4 années suivantes) ;
- les jeunes entreprises innovantes (JEI) ;
- les entreprises faisant l'objet d'une procédure de conciliation ou de sauvegarde, de redressement judiciaire ou de liquidation judiciaire (celles-ci peuvent demander le remboursement de leur créance non utilisée à compter de la date de la décision ou du jugement qui a ouvert ces procédures) (BOFiP-BIC-RICI-10-150-30-10-§§ 160 à 410-12/06/2019).

À titre d'exemple, une créance de CICE relative à des rémunérations versées l'année N constatée par une société passible de l'IS qualifiée de PME au sens de la réglementation communautaire est immédiatement remboursable en N + 1 après liquidation de l'IS et mention de cette créance restituable sur le relevé de solde 2572.

Entreprises individuelles relevant de l'IR [ligne IV-3]

53-41 Il convient de se reporter au paragraphe 53-15.

Mobilisation de créances auprès d'un établissement de crédit (hors préfinancement)

53-42 L'excédent de CICE non imputé constitue une créance sur le Trésor qui peut être cédée à titre d'escompte ou à titre de garantie auprès d'un établissement de crédit, d'une société de financement ou d'un FIA. La cession peut ne porter que sur une partie de la créance, mais celle-ci ne peut faire l'objet que d'une seule cession ou d'un seul nantissement, et ne peut pas être divisée pour être cédée en plusieurs parties.

L'établissement de crédit, la société de financement ou le FIA auprès duquel la créance a été cédée peut bénéficier du remboursement de la créance de CICE dans les mêmes conditions que le propriétaire originel de la créance (remboursement immédiat si l'entreprise cédante est une JEI, par exemple) (BOFiP-BIC-RICI-10-150-30-20-§ 60-05/06/2019).

Un imprimé unique 2574 permet la mobilisation de la créance constituée par le crédit d'impôt restant à imputer (voir § 54-124, déclaration 2069-A).

Autres obligations des entreprises

Suivi de l'utilisation du CICE dans les comptes

53-43 Le crédit d'impôt a pour objet le financement de l'amélioration de la compétitivité des entreprises, à travers notamment des efforts en matière d'investissement, de recherche, d'innovation, de formation, de recrutement, de prospection de nouveaux marchés, de transition écologique et énergétique et de reconstitution de leur fonds de roulement (CGI art. 244 quater C).

L'entreprise ne peut ni financer une hausse de la part des bénéfices distribués, ni augmenter les rémunérations des personnes exerçant des fonctions de direction dans l'entreprise.

Ainsi, l'entreprise doit faire le bilan de l'utilisation du CICE. Il est à ce titre prévu que l'entreprise retrace dans ses comptes annuels l'utilisation du crédit d'impôt conformément aux objectifs mentionnés ci-dessus : ces informations pourront notamment figurer en annexe du bilan ou dans une note jointe aux comptes (BOFiP-BIC-RICI-10-150-30-20-§ 220-05/06/2019).

Obligations déclaratives auprès des organismes collecteurs des cotisations sociales

53-44 **Communication des données relatives aux rémunérations éligibles.** Les entreprises doivent fournir à l'organisme chargé du recouvrement des cotisations de sécurité sociale dont elles relèvent, les données relatives aux rémunérations éligibles au CICE, en indiquant dans la rubrique afférente à cette catégorie de rémunération l'assiette du crédit d'impôt et l'effectif salarié correspondant dans les déclarations obligatoires relatives aux cotisations et contributions sociales (BOFiP-BIC-RICI-10-150-40-§ 10-05/06/2019). Ces données sont transmises par cet organisme à la direction générale des finances publiques au moyen des déclarations obligatoires relatives aux cotisations et contributions sociales suivant une périodicité mensuelle ou trimestrielle.

Les entreprises souhaitant bénéficier du CICE doivent être à jour de leurs obligations déclaratives auprès de l'administration fiscale, mais également auprès des organismes sociaux. Il appartient, le cas échéant, aux entreprises de régulariser leur situation auprès des organismes sociaux en déposant par voie dématérialisée un tableau récapitulatif annuel. Néanmoins, la production de tableaux récapitulatifs de salaires et avantages soumis à cotisations sociales établis sur des formulaires de l'URSSAF ne présume pas du respect des obligations déclaratives auprès des organismes collecteurs des cotisations sociales, pour bénéficier du CICE (CAA Paris 9 juillet 2020, n° 19PA01362).

En pratique, l'assiette du CICE et l'effectif salarié concerné doivent être déclarés par les entreprises au fur et à mesure du versement des rémunérations éligibles dans les déclarations mensuelles ou trimestrielles de cotisations aux URSSAF (DUCS, BRC) (CGI, ann. III art. 49 septies R ; BOFiP-BIC-RICI-10-150-40-§ 20-05/06/2019). En principe, les données sont transmises via la déclaration sociale nominative.

53-45 **Pouvoirs de contrôle des organismes collecteurs.** En principe, la caisse de sécurité sociale de Mayotte est habilitée à recevoir, dans le cadre des déclarations auxquelles sont tenues les entreprises auprès d'elle, les données relatives aux rémunérations donnant lieu au crédit d'impôt, et qui figurent dans les déclarations obligatoires relatives aux cotisations et contributions sociales.

Elle est également habilitée à vérifier ces données dans le cadre des contrôles qu'elle effectue (notamment URSSAF, CGSS ou MSA). Elle indique, le cas échéant, dans le document mentionnant le résultat du contrôle, les observations faites au cours du contrôle relatives aux rémunérations éligibles au CICE (BOFiP-BIC-RICI-10-150-40-§ 120-05/06/2019).

À l'issue du délai ouvert à l'employeur pour répondre aux observations formulées dans le document mentionné ci-avant, le résultat des contrôles effectués portant sur l'assiette du CICE par les organismes collecteurs de cotisations sociales est transmis à la DGFiP (BOFiP-BIC-RICI-10-150-40-§ 140-05/06/2019).

2069-A Crédit d'impôt recherche

Présentation générale

54-1 Les entreprises qui engagent des dépenses de recherche peuvent bénéficier d'un crédit d'impôt imputable sur l'impôt sur les bénéfices (impôt sur le revenu ou impôt sur les sociétés) (CGI art. 244 quater B).

Les entreprises répondant à la définition des PME communautaires et qui exposent des dépenses d'innovation peuvent bénéficier du crédit d'impôt recherche au titre de ces dépenses (CGI art. 244 quater B ; BOFiP-BIC-RICI-10-10-45-§ 60-01/07/2015). Les dépenses d'innovation concernées sont celles qui concourent à la réalisation d'opérations de conception de prototypes ou d'installations pilotes de nouveaux produits. Ce crédit d'impôt innovation s'insère dans le dispositif du crédit d'impôt recherche (CIR).

Par ailleurs, les demandes de rescrit s'appliquent également à la validation d'un montant plancher de dépenses de recherche pour les PME. En outre, les entreprises peuvent saisir un comité consultatif en cas de différend les opposant à l'administration fiscale sur l'éligibilité des dépenses de recherche au CIR.

Comment bénéficier du crédit d'impôt recherche ?

Entreprises éligibles

54-2 Les entreprises éligibles au crédit d'impôt recherche doivent satisfaire aux deux conditions suivantes (CGI art. 244 quater B ; BOFiP-BIC-RICI-10-10-10-10-24/06/2013) :
– elles sont imposées selon un régime réel d'imposition ou relèvent d'un régime spécifique d'exonération ;
– elles exercent une activité industrielle, commerciale ou agricole.

Seules les entreprises qui sont imposées selon un régime réel d'imposition peuvent bénéficier du crédit d'impôt. Les entreprises qui bénéficient d'un régime spécifique d'allégement de leurs bénéfices sont également éligibles au crédit d'impôt (voir ci-après).

Les entreprises éligibles doivent exercer une activité industrielle, commerciale ou agricole quel que soit leur mode d'exploitation (entreprise individuelle, sociétés). Ainsi, les sociétés commerciales, quelle que soit la qualification donnée à leur activité, peuvent bénéficier du crédit d'impôt recherche (CE 7 juillet 2006, n° 270899). En revanche, une société de portage qui a pour objet la mise à disposition de chercheurs pour ses clients ne peut pas bénéficier du CIR pour des recherches dont elle n'a pas défini le contenu ni supporté le coût et les risques (CAA Bordeaux 16 mars 2018, n°s 16BX00922, 16BX00923 et 16BX00924).

Le crédit d'impôt s'applique aux entreprises qui bénéficient des régimes d'allégements suivants :
– entreprises nouvelles implantées en zones d'aide à finalité régionale (CGI art. 44 sexies) ;
– jeunes entreprises innovantes (CGI art. 44 sexies A) ;
– entreprises créées pour la reprise d'une entreprise en difficulté (CGI art. 44 septies) ;
– entreprises implantées dans les zones franches urbaines (CGI art. 44 octies et 44 octies A), dans un bassin d'emploi à redynamiser (CGI art. 44 duodecies), dans les zones de restructuration de la défense (CGI art. 44 terdecies), dans les zones franches d'activité pour l'outremer (CGI art. 44 quaterdecies), dans les zones de revitalisation rurale (CGI art. 44 quindecies), dans les bassins d'emplois à dynamiser (CGI art. 44 sexdecies) et dans les zones de développement prioritaire (CGI art. 44 septdecies).

Lorsque les entreprises bénéficient, pour tout ou partie de leur activité, d'un régime d'exonération distinct de celui que l'article 244 quater B du CGI énumère, elles ne peuvent prétendre au CIR qu'à raison, le cas échéant, des dépenses de recherche se rattachant à leurs activités non exonérées (CE 18 septembre 2015, n° 376154).

En revanche, le fait d'exercer une activité sous la forme d'une structure associative ne constitue pas en soi un obstacle au bénéfice du crédit d'impôt recherche. En effet, les associations professionnelles peuvent bénéficier du CIR dès lors, notamment, qu'elles exercent une activité économique afin d'être qualifiables d'entreprises et sont soumises à l'IS. Elles doivent donc exercer des activités lucratives de nature industrielle, commerciale ou agricole (rép. Gérard n° 59458, JO du 17 août 2010, AN. quest. p. 9056).

Dépenses éligibles

54-3 Les dépenses éligibles au crédit d'impôt doivent correspondre à des activités de recherche et satisfaire aux deux conditions suivantes :

– elles doivent être retenues pour la détermination du résultat fiscal ; seules les dépenses déductibles du résultat imposable sont éligibles au crédit d'impôt ;

– elles correspondent à des opérations localisées dans un État membre de l'UE ou dans un État partie à l'accord sur l'Espace économique européen (EEE) ayant conclu avec la France une convention fiscale contenant une clause d'assistance administrative en vue de lutter contre la fraude ou l'évasion fiscales.

En pratique, dans la mesure où tous les États de l'Union européenne sont dans l'EEE, cette condition a pour conséquence de rendre éligibles au crédit d'impôt les opérations réalisées en Islande ou en Norvège. En revanche, les opérations de recherche qui seraient réalisées au Liechtenstein sont exclues du crédit d'impôt.

Cette condition de territorialité ne s'applique pas aux frais de défense de brevets et de certificats d'obtention végétale (voir § 54-56), aux dépenses de veille technologique (voir § 54-65) ainsi qu'aux frais de prise et de maintenance de brevets et de certificats d'obtention végétale (voir §§ 54-58 et 54-103).

Les dépenses de recherche ou d'innovation visant à lutter contre la cybercriminalité sont éligibles au crédit d'impôt recherche. En revanche, les autres dépenses liées à la lutte contre la cybercriminalité en sont exclues. Elles constituent néanmoins des charges déductibles qui viennent minorer le résultat imposable des entreprises concernées (rép. Gorce n° 237, JO 10 août 2017, Sén. quest. p. 2579).

Calcul et utilisation du crédit d'impôt

Calcul du crédit d'impôt recherche

54-25 Quelle que soit la date de clôture de l'exercice, le crédit d'impôt est calculé par années civiles et son taux est fixé à :

– 30 % sur la fraction des dépenses de recherche inférieure ou égale à 100 M€. Ce taux est porté à 50 % dans des exploitations situées dans les DOM (BOFiP-BIC-RICI-10-10-30-10-§ 20-05/04/2017) ;

– 5 % sur la fraction des dépenses de recherche qui est supérieure à 100 M€.

Utilisation du crédit d'impôt

54-26 Le crédit d'impôt s'impute sur l'impôt sur les bénéfices dû au titre de l'année au cours de laquelle les dépenses de recherche prises en compte pour le calcul du crédit d'impôt ont été exposées. L'imputation se fait au moment du paiement du solde de l'impôt.

Lorsque l'exercice ne coïncide pas avec l'année civile, le crédit d'impôt s'impute sur l'impôt dû au titre de l'exercice clos l'année qui suit celle pendant laquelle les dépenses de recherche ont été engagées (CGI art. 199 ter B ; BOFiP-BIC-RICI-10-10-50-§ 10-06/03/2019) (voir § 54-118).

Le crédit d'impôt est donc imputé sur l'impôt dû au titre d'une année qui est différente de celle au cours de laquelle les dépenses de recherche ont été engagées. Les dépenses de recherche à retenir au titre d'une année civile sont celles qui ont été engagées au cours de ladite année. Les données de la comptabilité devront donc être adaptées pour l'application de cette règle, aucune détermination forfaitaire n'étant admise.

Traitement comptable du CIR

54-27 **Produit de l'exercice.** Pour les entreprises soumises à l'impôt sur les sociétés, le crédit d'impôt recherche constitue un produit de l'exercice.

En revanche, pour les entreprises soumises à l'IR, il n'a pas à figurer dans les comptes puisque le crédit d'impôt s'impute directement sur l'IR dû par le contribuable (BOFiP-BIC-RICI-10-10-50-§ 510-06/06/2019).

Exercice social ne correspondant pas à l'année civile. Le crédit d'impôt recherche est déterminé sur l'année civile quelles que soient la date de clôture des exercices et leur durée. La quote-part de crédit d'impôt correspondant aux dépenses de recherche engagées à la clôture doit être constatée en produit à recevoir à la clôture d'un exercice décalé (ou d'une période intermédiaire) (CNCC/OEC, EC 2013-48, septembre 2013).

54-28 **Enregistrement et suivi.** Le crédit d'impôt est enregistré au crédit du compte 699 « Produits – Crédit d'impôt recherche » par le débit du compte 444 (.) « État – Crédit d'impôt recherche » (montant figurant sur la déclaration 2069-A et sur la ligne II-B10, case 31, de l'imprimé 2572). L'impôt sur les sociétés dû au titre de l'exercice est, pour sa part, enregistré au débit du compte 695 « Impôts sur les bénéfices » par le crédit du compte 444 (.) « État – Impôt sur les bénéfices » pour son montant avant imputation du crédit d'impôt recherche (IS brut figurant dans la case I-A de l'imprimé 2572).

Le produit comptabilisé au compte 699 n'est pas imposable. En conséquence, il doit être inscrit dans les déductions diverses sur la ligne XG du tableau 2058-A (voir § 14-126).

Lors de la liquidation de l'impôt, à hauteur du montant du crédit d'impôt imputé sur l'IS, le compte 444 (.) « État – Crédit d'impôt recherche » est crédité par le débit du compte 444 (.) « État – Impôt sur les bénéfices ». Le solde du compte 444 (.) « État – Crédit d'impôt recherche » représente la créance d'impôt qui pourra être imputée sur l'impôt dû au cours des 3 années suivantes ou qui sera restituée à l'expiration de cette période ou antérieurement (voir § 54-119).

Ce compte peut être subdivisé en 444 (.) « État – Crédit d'impôt recherche non imputable » et 444 (.) « État – Crédit d'impôt recherche imputable » pour suivre éventuellement la part de la créance mobilisée afin d'identifier clairement le montant des créances qui peuvent être imputées sur l'IS ou remboursées du montant de celles qui ne le peuvent pas.

En cas d'imputation ou de restitution au cours d'un des 3 exercices suivants, seuls les comptes de tiers seront mouvementés. Le compte 444 (.) « État – Crédit d'impôt recherche » sera crédité par le débit du compte 444 (.) « État – Impôt sur les bénéfices » (montants portés sur les lignes II-B-23, 24 et 25 de l'imprimé 2572).

En cas de restitution, le compte 444 (.) « État – Crédit d'impôt recherche » sera soldé par le débit du compte de trésorerie intéressé.

Modalités de comptabilisation du produit lié à une réclamation du CIR. Lorsqu'une entreprise a engagé des dépenses éligibles au CIR au cours de périodes antérieures non prescrites et qu'elle dépose en année N une réclamation et une déclaration au titre de ces dépenses, le produit du CIR est à comptabiliser dès la réclamation et la déclaration déposées à l'administration fiscale, soit sur l'exercice N, sous réserve que les conditions de fond et de forme soient remplies à cette date. Si ces conditions sont respectées, la créance du CIR est certaine. Conformément à la position de l'ANC donnée dans sa note d'information du 11 janvier 2011, le produit du CIR sera comptabilisé, dans les comptes individuels, en diminution de l'IS, sur l'exercice N.
S'agissant des honoraires du cabinet de conseil, rémunéré en fonction d'une quote-part du CIR obtenu, ils sont à prendre en compte dès la réclamation et la déclaration sur l'exercice N. En effet, il existe bien un passif à cette date, correspondant à l'obligation de payer le cabinet de conseil engendrant une sortie de ressources sans contrepartie attendue de sa part sur l'exercice N + 1 (PCG art. 321-1 ; CNCC, EC 2016-52, avril 2017)

Établissement de la déclaration 2069-A

Service destinataire

54-29 Afin de bénéficier du crédit d'impôt, les entreprises doivent souscrire la déclaration 2069 A.

→ **À NOTER** Depuis le 1er janvier 2020, la déclaration 2069 A doit être obligatoirement déposée par voie électronique selon la procédure EDI-TDFC (loi 2017-1775 du 28 décembre 2017, JO du 29, texte 1, art. 76).

Pour les entreprises soumises à l'impôt sur les sociétés, cette déclaration doit être déposée (procédure électronique ou papier) en même temps que le relevé de solde de liquidation de l'impôt sur les sociétés (imprimé 2572) auprès du service des impôts dont l'entreprise relève.

Les chiffres indiqués renvoient aux commentaires de cette fiche

RÉPUBLIQUE FRANÇAISE
Liberté Égalité Fraternité

N° 2069-A-SD
Dépenses engagées au titre de 2020

CRÉDIT D'IMPÔT EN FAVEUR DE LA RECHERCHE

cerfa
N° 11081*23
(article 244 *quater* B du CGI)

Les déclarations 2069-A-SD, 2069-A-1-SD et 2069-A-2-SD sont obligatoirement télé-déclarées depuis le 1er janvier 2020 en utilisant la procédure EDI-TDFC. Pour plus d'information sur la télédéclaration, veuillez consulter le portail fiscal www.impots.gouv.fr, rubrique « Professionnels ». Dans ces conditions, il n'est plus nécessaire d'adresser une copie au ministère chargé de la recherche, les données lui étant directement transmises.

Le modèle de dossier justificatif du CIR est à la disposition des entreprises sur le site du ministère chargé de la recherche. Ce dossier est à remplir chaque année par les entreprises pour justifier leur déclaration.

Exercice ouvert le [1]				Clos le				

Cachet du Service	Nom et prénoms ou dénomination et adresse de l'entreprise	N° SIREN de l'entreprise	Code NACE	- - - - -
			Activités *(cf. notice)*	
		(ancienne adresse en cas de changement)		

• Société bénéficiant du régime fiscal des groupes de sociétés (article 223 A du CGI)*	CX	
N° SIREN de la société mère		**54-30 et 54-35**
Nombre de sociétés du groupe (y compris la société mère) pour lesquelles une déclaration 2069-A-SD est ou sera déposée,		
Montant du crédit d'impôt du groupe *(à compléter exclusivement dans le cadre du dépôt de la déclaration de la société mère, renseignement non demandé à une société fille)*	DX	**54-35**

Entreprises ayant engagé pour la 1ère fois des dépenses de recherche en 2020*	AZ	**54-31**

• Entreprises nouvelles créées en 2020*	BZ	**54-32**	*Préciser la date de début d'activité (cf. notice)*					
• PME au sens communautaire*	KZ	**54-32**	*Préciser si entreprise autonome, partenaire et/ou liée (cf. notice)*					
• Chiffre d'affaires HT	DZ							
• Nombre de salariés	CZ	**54-35**	• Nombre de chercheurs et techniciens	EZ	**54-35**	• Nombre de « jeunes docteurs » (si dépenses déclarées ligne I-5)	FZ	**54-35**
• Sociétés de personnes n'ayant pas opté pour l'IS*	IZ	**54-33**	• Société bénéficiant du régime des JEI (article 44 *sexies* A du CGI)*				GZ	**54-32**

* Cocher la case correspondante

I - DÉPENSES DE RECHERCHE OUVRANT DROIT À CRÉDIT D'IMPÔT	**ANNÉE CIVILE 2020**	
Dotations aux amortissements des immobilisations affectées à la recherche	1	**54-36 à 54-38**
Dotations aux amortissements pour les immobilisations sinistrées	2	**54-39**
Dépenses de personnel relatives aux chercheurs et techniciens de recherche *(sauf dépenses lignes 4 et 5)*	3	**54-40 à 54-48**
Rémunérations et justes prix au profit des salariés auteurs d'une invention résultant d'opérations de recherche	4	**54-49**
Dépenses de personnel relatives aux jeunes docteurs *(à indiquer pour le double de leur montant pour les vingt-quatre premiers mois suivant leur premier recrutement)*	5	**54-50 à 54-53**
Autres dépenses de fonctionnement (hors frais de collection) : *(ligne 1 × 75 %) + [(ligne 3 + ligne 4) x 43 %)] + ligne 5*	6	**54-54**
Montant total des dépenses de fonctionnement : *(ligne 1 + ligne 2 + ligne 3 + ligne 4 + ligne 5 + ligne 6)*	7	**54-55**
Frais de prise et maintenance de brevets et de certificats d'obtention végétale (COV)	8	**54-56 et 54-57**
Dépenses de défense de brevets et de certificats d'obtention végétale (COV)	9	**54-58**
Dotations aux amortissements de brevets acquis en vue de la recherche et du développement expérimental et de certificats d'obtention végétale (COV)	10	**54-59**

[1] Le crédit d'impôt est calculé par référence aux dépenses exposées au cours de l'année civile. En cas de clôture d'exercice en cours d'année, le montant du crédit d'impôt est calculé en prenant en compte les dépenses éligibles exposées au titre de l'année d'ouverture de l'exercice.

Les chiffres indiqués renvoient aux commentaires de cette fiche

Dépenses liées à la normalisation *(à indiquer pour la moitié de leur montant cf. notice)*	11	**54-60** à **54-63**
Primes et cotisations ou part des primes et cotisations afférentes à des contrats d'assurance de protection juridique prévoyant la prise en charge des dépenses exposées dans le cadre de litiges portant sur un brevet ou un certificat d'obtention végétale (COV) dont l'entreprise est titulaire dans la limite de 60 000 €	12	**54-64**
Dépenses de veille technologique dans la limite de 60 000 €	13	**54-65**
Montant total des dépenses de recherche réalisées par l'entreprise ***(ligne 7 + ligne 8 + ligne 9 + ligne 10 + ligne 11 + ligne 12 + ligne 13)***	14	**54-66**

Dépenses de sous-traitance[2] *(joindre la liste des organismes à partir du formulaire n° 2069-A-2-SD)*		**Année civile 2020**
Organismes publics		
Opérations confiées à des organismes de recherche publics, à des établissements d'enseignement supérieur délivrant un diplôme conférant un grade de master, à des fondations de coopération scientifique agréées, à des établissements publics de coopération scientifique, à des fondations reconnues d'utilité publique du secteur de la recherche agréées, à certaines associations régies par la loi de 1901 et sociétés de capitaux[3], aux instituts techniques agricoles ou agro-industriels et à leurs structures nationales de coordination, à des communautés d'universités et établissements, à des stations ou fermes expérimentales dans le secteur de la recherche scientifique et technique agricole ayant pour membre une chambre d'agriculture départementale ou régionale[4], **avec un lien de dépendance :** en France :	15a	**54-69**
à l'étranger[4] :	15b	
Opérations confiées à des organismes de recherche publics, à des établissements d'enseignement supérieur délivrant un diplôme conférant un grade de master, à des fondations de coopération scientifique agréées, à des établissements publics de coopération scientifique, à des fondations reconnues d'utilité publique du secteur de la recherche agréées, à certaines associations régies par la loi de 1901 et sociétés de capitaux[2], aux instituts techniques agricoles ou agro-industriels et à leurs structures nationales de coordination, à des communautés d'universités et établissements, à des stations ou fermes expérimentales dans le secteur de la recherche scientifique et technique agricole ayant pour membre une chambre d'agriculture départementale ou régionale[3], **sans lien de dépendance** *(indiquer le double du montant)* en France :	16a	
à l'étranger[4] :	16b	
Total des opérations confiées aux organismes de recherche publics mentionnés aux lignes 15a à 16b : *(ligne 15a + ligne 15b + ligne 16a + ligne 16b)*	17	
Organismes privés		
Opérations confiées à des organismes de recherche privés ou experts scientifiques ou techniques agréés **avec un lien de dépendance** en France :	18a	**54-70**
à l'étranger[5] :	18b	
Opérations confiées à des organismes de recherche privés ou experts scientifiques ou techniques agréés **sans lien de dépendance** en France :	19a	
à l'étranger[4] :	19b	
Total des opérations confiées à des organismes de recherche privés ou experts scientifiques ou techniques agréés : *(ligne 18a + ligne 18b + ligne 19a + ligne 19b)*	20	
Plafonnement des opérations de sous-traitance confiées à des organismes de recherche privés ou experts scientifiques ou techniques agréés *Si ligne 20 inférieure à [(ligne 14 + ligne 17) x 3], reporter le montant indiqué ligne 20* *Si ligne 20 supérieure à [(ligne 14 + ligne 17) x 3], reporter le résultat du calcul précité*	21	**54-71**
Total des dépenses de sous-traitance		
Total des opérations de sous-traitance : *(ligne 17 + ligne 21)*	22	**54-71**

[2] Conformément à l'article 132 de la loi de finances pour 2020, les opérations de sous-traitance doivent être réalisées par des organismes publics éligibles ou des organismes privés agréés et le doublement d'assiette pour la sous-traitance publique est réservé à la part des dépenses afférentes aux opérations effectivement réalisées par les organismes publics éligibles.

[3] Associations ayant pour fondateur et membre un organisme de recherche public ou un établissement d'enseignement supérieur délivrant un diplôme conférant un grade de master ; sociétés de capitaux dont le capital ou les droits de vote sont détenus pour plus de 50 % par un organisme de recherche public ou un établissement d'enseignement supérieur délivrant un diplôme conférant un grade de master. Se reporter à la notice pour connaître l'ensemble des conditions d'éligibilité.

[4] La prise en compte des opérations confiées à des stations ou fermes expérimentales dans le secteur de la recherche scientifique et technique agricole ayant pour membre une chambre d'agriculture départementale ou régionale dans le calcul du crédit d'impôt ne s'applique qu'aux sommes venant en déduction de l'impôt dû (article 103 de la loi n° 2016-1918 du 29 décembre 2016 de finances rectificative pour 2016).

[5] Les prestataires publics ou privés peuvent être implantés en France, dans un État membre de l'Union Européenne ou de l'Espace économique européen (UE, Norvège, Islande et Liechtenstein).

Les chiffres indiqués renvoient aux commentaires de cette fiche

Plafonnement des opérations de sous-traitance confiées à des organismes avec un lien de dépendance : *Si la somme des lignes 15a, 15b, 18a et 18b (dans la limite du montant figurant ligne 22) n'excède pas 2 000 000 €, reporter ce montant en ligne 23* *Si la somme des lignes 15a, 15b, 18a et 18b excède 2 000 000 €, reporter 2 000 000 € en ligne 23* *Pour la somme des lignes 18a et 18b, son montant ne doit pas excéder la limite du montant figurant ligne 21*	23	**54-73**
Montant plafonné des opérations de sous-traitance confiées à des organismes sans lien de dépendance *(ligne 16a + ligne 16b + ligne 19a + ligne 19b à prendre en compte dans la limite du montant suivant : (ligne 22 - ligne 23))*	24	**54-74**
Plafonnement général des dépenses de sous-traitance *- Sont complétées les seules lignes 15a et/ou 15b et/ou 18a et/ou 18b (lignes 19a, b et 16a, b non complétées) : reporter 2 000 000 € ligne 25* *- Sont complétées (les lignes 15a et/ou 15b et/ou 18a et/ou 18b) + (lignes 19a ou 19b)(lignes 16a, b non complétées) : reporter 10 000 000 € ligne 25* *- Sont complétées [(les lignes 15a et/ou 15b et/ou 18a et/ou 18b) + (lignes 19a et/ou 19b)] + (lignes 16a et/ou 16b) : reporter [10 000 000 € + (ligne 16a + ligne 16b dans la limite de 2 000 000 €)] ligne 25*	25	**54-75**
Montant total des dépenses de sous-traitance après plafonnements *Si la somme des lignes 23 et 24 n'excède pas la ligne 25 : reporter cette somme à la ligne 26* *Si la somme des lignes 23 et 24 est supérieure à ligne 25 : reporter le montant indiqué ligne 25 à la ligne 26*	26	**54-76**

MONTANT TOTAL DES DÉPENSES DE RECHERCHE	**ANNÉE CIVILE 2020**	
Montant des dépenses de recherche *(ligne 14 + ligne 26)*	27	**54-76**
Montant des subventions publiques remboursables ou non[6]	28a	**54-77**
Pour les sous-traitants, le montant des sommes encaissées au titre des opérations de recherche qui leur ont été confiées	28b	
Montant des dépenses exposées auprès de tiers au titre de prestations de conseil pour l'octroi du bénéfice du crédit d'impôt[7]	29	**54-78**
Montant des remboursements de subventions publiques[8]	30	**54-79**
Montant net total des dépenses de recherche ***(ligne 27 - ligne 28a - ligne 28b - ligne 29 + ligne 30)***	31a	**54-80**
Dont montant net des dépenses de recherche exposées dans des exploitations situées dans un DOM	31b	**54-81**

II - DÉPENSES DE COLLECTION OUVRANT DROIT À CRÉDIT D'IMPÔT	**ANNÉE CIVILE 2020**	
Frais de collection	32	**54-82**
Frais de défense des dessins et modèles dans la limite de 60 000 €	33	
Total des dépenses de collection *(ligne 32 + ligne 33)*	34	
Montant des subventions publiques remboursables ou non[5]	35	
Montant des dépenses exposées auprès de tiers au titre de prestations de conseil pour l'octroi du bénéfice du crédit d'impôt[6]	36	
Montant des remboursements de subventions publiques[7]	37	
Montant net total des dépenses de collection ***(ligne 34 - ligne 35 - ligne 36 + ligne 37)***	38a	
Dont montant net des dépenses de collection exposées dans des exploitations situées dans un DOM	38b	
MONTANT NET TOTAL DES DÉPENSES DE RECHERCHE ET DE COLLECTION ***(ligne 31a + ligne 38a)***	39a	
Dont montant net des dépenses de recherche et de collection exposées dans des exploitations situées dans un DOM (ligne 31b + ligne 38b)	39b	

III - CALCUL DU CRÉDIT D'IMPÔT AU TITRE DES DÉPENSES DE RECHERCHE ET DE COLLECTION

A. LORSQUE LES DÉPENSES PORTÉES LIGNE 39a N'EXCÈDENT PAS 100 000 000 €

[6] Les subventions publiques, remboursables ou non, doivent être déduites de la base de calcul du crédit d'impôt calculé au titre de l'année ou des années au cours de laquelle ou desquelles les dépenses éligibles, que ces avances ou subventions ont vocation à couvrir, sont exposées, conformément au III de l'article 244 quater B du CGI. (BOI-BIC-RICI-10-10-30-20 § 10).

[7] Le montant des dépenses à déduire correspond soit au montant total des rémunérations allouées en contrepartie de ces prestations fixées proportionnellement au montant du crédit d'impôt obtenu par l'entreprise, soit le montant des dépenses exposées autres que les rémunérations proportionnelles excédant 15 000 € hors taxes ou 5 % du montant des dépenses éligibles au crédit d'impôt minoré des subventions publiques (cf. notice).

[8] Le montant des remboursements de subventions publiques doit être multiplié par le rapport existant entre le taux du crédit d'impôt de l'année où la subvention remboursable a été déduite et le taux du crédit d'impôt de l'année où elle est remboursée partiellement ou totalement.

Les chiffres indiqués renvoient aux commentaires de cette fiche

DÉTERMINATION DU CRÉDIT D'IMPÔT POUR LES DÉPENSES DE RECHERCHE			
Montant net total des dépenses de recherche *(report de la ligne 31a)*	40a		54-84
Dont montant net total des dépenses de recherche exposées dans des exploitations situées dans un DOM (report de la ligne 31b)	40b		
Montant du crédit d'impôt [*(ligne 40a - ligne 40b) × 30 % + ligne 40b x 50 %*][9]	41		
Quote-part de crédit d'impôt résultant de la participation de l'entreprise dans des sociétés de personnes ou groupements assimilés *(reporter le montant indiqué ligne 87a)*	42		
Montant du crédit d'impôt pour les dépenses de recherche *(ligne 41 + ligne 42)*	43a		
Dont montant du crédit d'impôt pour dépenses de recherche exposées dans des exploitations situées dans un DOM	43b		

DÉTERMINATION DU CRÉDIT D'IMPÔT POUR LES DÉPENSES DE COLLECTION			
Montant net total des dépenses de collection *(report de la ligne 38a)*	44a		54-85
Dont montant net total des dépenses de collection exposées dans des exploitations situées dans un DOM (report de la ligne 38b)	44b		
Montant du crédit d'impôt pour dépenses de collection exposées par l'entreprise avant plafonnement [*(ligne 44a - ligne 44b)× 30 % + ligne 44b x 50 %*][8]	45		
Quote-part de crédit d'impôt résultant de la participation de l'entreprise dans des sociétés de personnes ou groupements assimilés *(reporter le montant indiqué ligne 87b)*	46		
Montant du crédit d'impôt pour dépenses de collection avant plafonnement des aides *(ligne 45 + ligne 46)*	47a		
Dont montant du crédit d'impôt pour dépenses de collection exposées dans des exploitations situées dans un DOM avant plafonnement	47b		
Montant des aides *de minimis* accordées à l'entreprise dans les conditions du règlement (UE) n° 1407/2013 de la Commission, du 18 décembre 2013, relatif à l'application des articles 107 et 108 du traité sur le fonctionnement de l'Union européenne aux aides de *minimis*	48		54-86
Montant cumulé *(ligne 47a + ligne 48)*	49		
Montant du crédit d'impôt pour dépenses de collection après plafonnement : *Si le montant ligne 48 est égal à 200 000 €, reporter zéro ligne 50a* *Si le montant ligne 49 est inférieur à 200 000 €, reporter à la ligne 50a le montant déterminé ligne 47a* *Si le montant ligne 49 est supérieur à 200 000 €, le montant à reporter ligne 50a est égal à (200 000 € - montant ligne 48)*	50a		
Dont montant du crédit d'impôt pour dépenses de collection exposées dans des exploitations situées dans un DOM après plafonnement	50b		

Montant total du crédit d'impôt au titre des dépenses de recherche et de collection *(ligne 43a + ligne 50a)*	51a		54-87
Dont montant total du crédit d'impôt pour dépenses de recherche et de collection exposées dans des exploitations situées dans un DOM (ligne 43b + ligne 50b)	51b		

B. LORSQUE LES DÉPENSES PORTÉES LIGNE 39a SONT SUPÉRIEURES À 100 000 000 €

DÉTERMINATION DU CRÉDIT D'IMPÔT POUR LES DÉPENSES DE RECHERCHE			
Montant net total des dépenses de recherche limité à 100 000 000 € *(montant indiqué ligne 31a dans la limite de 100 000 000 €)*	52a		54-89
Dont montant net total des dépenses de recherche exposées dans des exploitations situées dans un DOM (report de la ligne 31b dans la limite de 100 000 000 €)	52b		
Montant du crédit d'impôt relatif aux dépenses de recherche [*(ligne 52a - ligne 52b) x 30 % + ligne 52b x 50 %*][8]	53		
Indiquer la part des dépenses de recherche supérieure à 100 000 000 € *(ligne 31a - 100 000 000 €)*	54		
Puis déterminer le montant du crédit d'impôt relatif à la fraction supérieure à 100 000 000 € *(ligne 54 × 5 %)*	55		
Montant total du crédit d'impôt *(ligne 53 + ligne 55)*	56		
Quote-part de crédit d'impôt résultant de la participation de l'entreprise dans des sociétés de personnes ou groupements assimilés *(reporter le montant indiqué ligne 87a)*	57		
Montant du crédit d'impôt pour les dépenses de recherche *(ligne 56 + ligne 57)*	58a		
Dont montant du crédit d'impôt pour dépenses de recherche *exposées dans des exploitations* situées dans un DOM	58b		

DÉTERMINATION DU CRÉDIT D'IMPÔT POUR LES DÉPENSES DE COLLECTION			
Montant net total des dépenses de collection *(report du montant porté ligne 38a)*	59a		54-90
Dont montant net total des dépenses de collection exposées dans des exploitations situées dans un DOM (report de la ligne 38b)	59b		
Plafond disponible (*100 000 000 € - ligne 52a)*	60		

[9] Ce taux est de 50 % pour les dépenses exposées à compter du 1er janvier 2015 dans des exploitations situées dans un département d'outre-mer

Les chiffres indiqués renvoient aux commentaires de cette fiche

Crédit d'impôt pour dépenses de collection exposées par l'entreprise *[(Dépenses portées ligne 59a dans la limite de la ligne 60 - Dépenses portées ligne 59 b dans la limite de la ligne 60) x 30 % + (Dépenses portées ligne 59b dans la limite de la ligne 60) x 50 %*[8]	61	54-90
Lorsque la part des dépenses de collection excède le plafond disponible *[(ligne 59a - ligne 60)>0]* le crédit d'impôt est égal à *[(ligne 59a - ligne 60) x 5 %]*	62	54-90
Crédit d'impôt pour dépenses de collection exposées par l'entreprise avant plafonnement *(ligne 61 + ligne 62)*	63	54-90
Quote-part de crédit d'impôt résultant de la participation de l'entreprise dans des sociétés de personnes ou groupements assimilés *(reporter le montant indiqué ligne 87b)*	64	54-90
Montant du crédit d'impôt avant plafonnement des aides *(ligne 63 + ligne 64)*	65	54-90
Montant des aides *de minimis* accordées à l'entreprise dans les conditions du règlement (UE) n° 1407/2013 de la Commission, du 18 décembre 2013, relatif à l'application des articles 107 et 108 du traité sur le fonctionnement de l'Union européenne aux aides de *minimis*	66	54-91
Montant cumulé *(ligne 65 + ligne 66)*	67	54-91
Montant du crédit d'impôt pour dépenses de collection après plafonnement : *Si le montant ligne 66 est égal à 200 000 €, reporter zéro ligne 68a* *Si le montant ligne 67 est inférieur à 200 000 €, reporter à la ligne 68a le montant déterminé ligne 65* *Si le montant ligne 67 est supérieur à 200 000 €, le montant à reporter ligne 68a est égal à (200 000 € - montant ligne 66)*	68a	54-91
Dont montant du crédit d'impôt pour dépenses de collection exposées dans des exploitations situées dans un DOM	68b	54-91
Montant total du crédit d'impôt au titre des dépenses de recherche et de collection *(ligne 58a + ligne 68a)*	69a	54-91
Dont montant du crédit d'impôt pour dépenses de recherche et de collection exposées dans des exploitations situées dans un DOM (ligne 58b + ligne 68b)	69b	54-91

IV - CALCUL DU CRÉDIT D'IMPÔT AU TITRE DES DÉPENSES D'INNOVATION ENGAGÉES PAR LES PME AU SENS DU DROIT DE L'UNION EUROPÉENNE

DÉTERMINATION DU CRÉDIT D'IMPÔT	ANNÉE CIVILE 2020	
Dotations aux amortissements des immobilisations affectées aux opérations de conception de prototypes ou installations pilotes de nouveaux produits	70	**54-100**
Dépenses de personnel affecté à la réalisation d'opérations de conception de prototypes ou installations pilotes de nouveaux produits	71	**54-101**
Autres dépenses de fonctionnement *[(ligne 70 × 75 %) + (ligne 71 × 43 %)]*	72	**54-102**
Dotations aux amortissements, frais de prise et de maintenance de brevets et de certificats d'obtention végétale (COV), frais de dépôt de dessins et modèles	73	**54-103**
Frais de défense des brevets, certificats d'obtention végétale (COV), dessins et modèles	74	**54-104**
Opérations confiées à des entreprises ou bureaux d'études et d'ingénierie agréés	75	**54-105**
Montant total des dépenses d'innovation réalisées par l'entreprise *(ligne 70 + ligne 71 + ligne 72 + ligne 73 + ligne 74 + ligne 75)*	76	**54-106**
Total des dépenses d'innovation après plafonnement (ligne 76 dans la limite de 400 000 €)	77	**54-107**
Montant des subventions publiques remboursables ou non[10]	78	**54-108**
Pour les sous-traitants, montant des sommes encaissées au titre des travaux d'innovation qui leur ont été confiés	79	**54-109**
Montant des dépenses exposées auprès de tiers au titre de prestations de conseil pour l'octroi du bénéfice du crédit d'impôt[11]	80	**54-110**
Montant des remboursements de subventions publiques[12]	81	**54-111**
Montant net des dépenses d'innovation (ligne 77 - ligne 78 - ligne 79 - ligne 80 + ligne 81)	82a	**54-112**
Dont montant net des dépenses d'innovation exposées dans des exploitations situées dans un DOM	82b	**54-112**
Dont montant net des dépenses d'innovation exposées par les micro et petites entreprises dans des exploitations situées sur le territoire de la collectivité de Corse	82c	**54-112**
Dont montant net des dépenses d'innovation exposées par les moyennes entreprises dans des exploitations situées sur le territoire de la collectivité de Corse	82d	**54-112**

[10] Les subventions publiques, remboursables ou non, doivent être déduites de la base de calcul du crédit d'impôt calculé au titre de l'année ou des années au cours de laquelle ou desquelles les dépenses éligibles, que ces avances ou subventions ont vocation à couvrir, sont exposées, conformément au III de l'article 244 quater B du CGI. (BOI-BIC-RICI-10-10-30-20 § 10).
[11] Le montant des dépenses à déduire correspond soit au montant total des rémunérations allouées en contrepartie de ces prestations fixées proportionnellement au montant du crédit d'impôt obtenu par l'entreprise, soit le montant des dépenses exposées autres que les rémunérations proportionnelles excédant 15 000 € hors taxes ou 5 % du montant des dépenses éligibles au crédit d'impôt minoré des subventions publiques (cf. notice).
[12] Le montant des remboursements de subventions publiques doit être multiplié par le rapport existant entre le taux du crédit d'impôt de l'année où la subvention remboursable a été déduite et le taux du crédit d'impôt de l'année où elle est remboursée partiellement ou totalement.

Les chiffres indiqués renvoient aux commentaires de cette fiche

Montant total du crédit d'impôt [(ligne 82a - ligne 82b - ligne 82c – ligne 82d) x 20 % + ligne 82b x 40% + ligne 82c x 40 % + ligne 82d x 35 %][13]	83	**54-112**
Quote-part de crédit d'impôt résultant de la participation de l'entreprise dans des sociétés de personnes ou groupements assimilés *(reporter le montant indiqué ligne 87c)*	84	**54-113**
Montant du crédit d'impôt au titre des dépenses d'innovation (ligne 83 + ligne 84)	85a	**54-114**
Dont montant du crédit d'impôt pour dépenses d'innovation exposées dans des exploitations situées dans un DOM	85b	
Dont montant du crédit d'impôt pour dépenses d'innovation exposées dans des exploitations situées sur le territoire de la collectivité de Corse	85c	

Montant total du crédit d'impôt au titre des dépenses de recherche, de collection et d'innovation *(ligne 51a ou 69a + ligne 85a)*	**86a**	**54-115**
Dont montant du crédit d'impôt pour dépenses de recherche, de collection et d'innovation exposées dans des exploitations situées dans un DOM (ligne 51b ou 69b + ligne 85b)	**86b**	

V - CADRE À SERVIR PAR LES ENTREPRISES DÉCLARANTES QUI DÉTIENNENT DES PARTICIPATIONS DANS DES SOCIÉTÉS DE PERSONNES OU GROUPEMENTS ASSIMILÉS

Nom et adresse des sociétés de personnes ou groupements assimilés et n° SIREN (pour les entreprises)	% de droits détenus dans la société	Quote-part du crédit d'impôt Pour dépenses de recherche	Pour dépenses de collection	Pour dépenses d'innovation
	TOTAL	87a **54-116**	87b **54-116**	87c **54-116**

VI - CADRE À SERVIR POUR LA RÉPARTITION DU CRÉDIT D'IMPÔT ENTRE LES ASSOCIÉS MEMBRES DE SOCIÉTÉS DE PERSONNES OU GROUPEMENTS ASSIMILÉS

Nom et adresse des associés membres de sociétés de personnes et n° SIREN (pour les entreprises)	% de droits détenus dans la société	Quote-part du crédit d'impôt Pour dépenses de recherche	Pour dépenses de collection	Pour dépenses d'innovation
	TOTAL	88a **54-117**	88b **54-117**	88c **54-117**

VII - UTILISATION DE LA CRÉANCE[14]

VII-1. Entreprises à l'impôt sur les sociétés : reporter le montant du crédit d'impôt déterminé ligne 86a sur le relevé de solde n° 2572-SD et les montants déterminés lignes 86a et 86b sur la déclaration des réductions et crédits d'impôt n° 2069-RCI-SD.

VII-2. Entreprises à l'impôt sur le revenu : reporter le montant du crédit d'impôt déterminé ligne 86a sur la déclaration de revenus n° 2042-C-PRO et les montants déterminés lignes 86a et 86b sur la déclaration des réductions et crédits d'impôt n° 2069-RCI-SD.

VII-3. Mobilisation de créance auprès d'un établissement de crédit :

Montant des créances dont la mobilisation est demandée	89	**54-124**

Les demandes de remboursement immédiat ou à l'issue de la période d'imputation du crédit d'impôt non imputé sur l'impôt sur les sociétés sont formulées sur l'imprimé n° 2573-SD par voie dématérialisée ou sur l'imprimé n° 2573-SD disponible sur le portail fiscal www.impots.gouv.fr.

VIII - SIGNATURE

A...................................... Le......................................

Nom, Qualité.. Signature

Adresse e-mail..

Téléphone..........................

[13] Ce taux est porté à 40 % pour les dépenses exposées à compter du 1er janvier 2015 dans des exploitations situées dans un département d'outre-mer. Ce taux est porté respectivement à 35 % pour les moyennes entreprises et à 40 % pour les petites entreprises pour les dépenses exposées dans des exploitations situées sur le territoire de la collectivité de Corse.

[14] S'agissant des sociétés relevant du régime de groupe prévu à l'article 223 A du CGI, la société mère joint les déclarations spéciales des sociétés du groupe y compris sa propre déclaration au relevé de solde 2572 relatif au résultat d'ensemble. Le crédit d'impôt de chaque société du groupe est porté sur la déclaration n°2058-CG.

Le dépôt d'une déclaration rectificative de CIR est possible jusqu'au 31 décembre de la deuxième année qui suit celle au cours de laquelle la déclaration initiale a été souscrite (CAA Versailles 3 mars 2015, n° 13VE01024).

Pour les entreprises dont les résultats sont imposés à l'impôt sur le revenu, la déclaration doit être déposée (procédure électronique ou papier) avec la déclaration de résultats (déclaration 2031 pour les BIC, 2139 ou 2143 pour les BA).

➡ **À NOTER** Le montant du CIR déterminé au moyen de la déclaration 2069-A doit être reporté sur la déclaration des réductions et crédits d'impôt 2069-RCI (voir § 50-1).

Modalités déclaratives

54-30 Les entreprises devant transmettre leur déclaration 2069-A par voie électronique (voir § 54-29), elles n'ont plus à adresser une copie au Ministère chargé de la Recherche, les données lui étant directement transmises (notice CIR).

• **Groupes de sociétés (case CX).** Les sociétés qui font partie du périmètre d'un groupe intégré fiscalement sont dispensées du dépôt de la déclaration 2069-A au service des impôts. Les filiales cochent la case CX en tête de l'imprimé et adressent l'exemplaire destiné au service des impôts à la société mère du groupe (voir § 26-1). La société mère du groupe est substituée aux autres sociétés du groupe pour l'utilisation des crédits d'impôt et doit télédéclarer sa déclaration 2069-A ainsi que celle de ses filiales dans le même délai que celui qui est prévu pour le relevé de solde 2572 du groupe. Elle mentionne le montant du CIR sur l'imprimé 2058-CG qui doit être obligatoirement servi.

• **Documents à joindre à la déclaration.** Sont également à joindre à la déclaration, le cas échéant :
– l'attestation remise par le crédit-bailleur lorsque les immobilisations affectées à la recherche sont financées par crédit-bail (voir § 54-37) ;
– la liste des organismes de recherche agréés auxquels des opérations de recherche ont été confiées (voir § 54-67) ;
– un état des dépenses de normalisation (voir § 54-60) ;
– l'état des frais de collection exposés par les entreprises du secteur textile-habillement-cuir (voir § 54-82).

Renseignements à porter en tête de l'imprimé

54-31 **Entreprises ayant engagé pour la première fois des dépenses de recherche [cases AZ].** Les entreprises qui ont engagé pour la première fois des dépenses de recherche en 2020 doivent cocher la case AZ.

54-32 **Entreprises pouvant bénéficier de la restitution immédiate de CIR [cases BZ, KZ, GZ].** Les entreprises nouvelles créées en 2020, les PME au sens communautaire (voir § 54-120) ainsi que les entreprises bénéficiant du statut de JEI qui peuvent obtenir la restitution immédiate du crédit d'impôt recherche (voir § 54-120) cochent respectivement les cases BZ, KZ et GZ.

54-33 **Sociétés de personnes [case IZ].** Les sociétés de personnes qui n'ont pas opté pour l'IS doivent cocher la case IZ et souscrire le cadre V de la déclaration (voir § 54-116).

54-34 **Champ d'activité de la recherche.** Il convient de mentionner le code correspondant au champ de l'activité de recherche (voir tableau suivant).

54-35 **Autres indications générales.** Les entreprises déclarantes sont par ailleurs invitées à fournir les renseignements suivants :
– le nombre de salariés [CZ], le nombre de chercheurs et de techniciens [EZ] ainsi que le nombre de jeunes docteurs [FZ] ;
– le chiffre d'affaires HT de l'entreprise [DZ] ;
– si la société bénéficie du régime fiscal des groupes de sociétés [CX] lorsque la déclaration de crédit d'impôt recherche est celle de la société mère, le montant du crédit d'impôt groupe doit être précisé ligne DX ;

Selon nos informations, ces renseignements sont mentionnés dans un but statistique.

A1	Automatique	H1	Sciences médicales
A2	Électronique	H2	Sciences pharmacologiques
A3	Génie électronique	J	Sciences juridiques, Sciences politiques
A4	Télécommunications	K	Sciences agronomiques et alimentaires
A5	Informatique	L	Littérature, Langues, Linguistique, Sciences de l'art, Histoire, Archéologie
A6	Optique	M	Mathématiques
B1	Biologie	O	Océan, Atmosphère, Terre, Environnement naturel
B2	Botanique	P	Physique fondamentale
C	Chimie	R	Philosophie, Psychologie, Sciences de l'éducation, Information et Communication
E	Économie, science de la gestion	S	Sociologie, Démographie, Ethnologie, Anthropologie, Géographie, Aménagement de l'espace
G1	Génie des matériaux	T1	Thermique
G2	Génie civil	T2	Énergétique
G3	Mécanique	T3	Génie des procédés
G4	Acoustique	Z	Études pluridisciplinaires particulières sur un pays, un continent
G5	Design	Z2	Textile-habillement-cuir

Cadres I et II : dépenses de recherche et de collection ouvrant droit au crédit d'impôt

Dotations aux amortissements des immobilisations affectées à la recherche [ligne 1]

54-36 **Immobilisations concernées.** Il s'agit des dotations aux amortissements fiscalement déductibles des immobilisations créées ou acquises à l'état neuf affectées directement à la réalisation d'opérations de recherche.

Sont considérés comme affectés directement à des opérations de recherche les biens qui permettent, en eux-mêmes, la réalisation des programmes de recherche de l'entreprise. Tel est notamment le cas des instruments de manipulation, des instruments de calcul, des ordinateurs, des machines servant à fabriquer les pièces entrant dans la composition d'un prototype. En revanche, les biens non destinés spécifiquement à l'exécution des opérations de recherche n'ouvrent pas droit au crédit d'impôt ; sont ainsi exclus les machines à écrire, les téléphones, le petit matériel de bureau ainsi que les meubles de bureau.

En cas d'utilisation mixte (recherche et fabrication), seule la part recherche doit être retenue pour le calcul des dotations aux amortissements (l'entreprise la détermine au prorata du temps d'utilisation).

• Les amortissements des immobilisations affectées à la réalisation d'opérations de recherche ne peuvent être pris en compte par une société pour le calcul de son crédit d'impôt recherche que dans la mesure où elle a elle-même exposé, au cours de l'année en cause, les dépenses de recherche correspondantes. Ainsi, une société qui donne une immobilisation, affectée à des opérations de recherche, en location-gérance n'expose pas elle-même les dépenses de recherche susceptibles d'ouvrir droit au crédit d'impôt, les immobilisations sont considérées comme étant exploitées par le locataire-gérant. Le bailleur ne peut donc pas bénéficier du crédit d'impôt recherche affecté à ces immobilisations (CE 17 septembre 2010, n° 313576).

• Des dépenses de développement immobilisées au plan comptable peuvent être retenues et déclarées au titre de l'année au cours de laquelle elles sont exposées (et non au titre de l'année de constatation de l'amortissement correspondant), dès lors qu'elles sont éligibles par nature au dispositif du CIR. L'éligibilité au CIR est donc conditionnée par la nature et la réalité des dépenses exposées ainsi que par le caractère scientifique et technique des programmes auxquels elles se rapportent, indépendamment de leur mode de comptabilisation (rép. Feltesse n° 12558, JO 19 mars 2013, AN quest. p. 3058).

54-37 **Immobilisations financées par crédit-bail.** Si les immobilisations ouvrant droit au crédit d'impôt sont financées par crédit-bail, l'amortissement pratiqué par le bailleur peut être retenu. En cas de levée de l'option pour l'acquisition des biens, les amortissements sont ceux qui sont effectivement pratiqués par l'entreprise bénéficiaire du crédit d'impôt.

La prise en compte par l'entreprise locataire des amortissements opérés par l'établissement de crédit-bail est subordonnée à la remise, par celui-ci, d'une attestation comportant la désignation et la valeur d'acquisition des biens loués et le montant des amortissements pratiqués à raison de ces biens par l'entreprise de crédit-bail. Cette attestation doit être jointe à la déclaration 2069-A qui est souscrite par l'entreprise locataire (BOFiP-BIC-RICI-10-10-20-10-§ 90-04/04/2014).

54-38 **Immeubles.** Les dotations aux amortissements des immeubles sont prises en compte pour le calcul du crédit d'impôt recherche dans les mêmes conditions que celles afférentes aux autres immobilisations affectées à la réalisation d'opérations de recherche, y compris les immobilisations financées par le biais d'un contrat de crédit-bail (voir § 54-37).

Lorsque le contrat de crédit-bail immobilier est consenti par une SOFERGIE, l'amortissement retenu est déterminé en appliquant au prix de revient amortissable des constructions, tel qu'il figure dans les écritures du bailleur, un taux d'amortissement linéaire correspondant à leur durée normale d'utilisation appréciée à la date d'acquisition ou de construction par le bailleur.

Dotations aux amortissements des immobilisations sinistrées [ligne 2]

54-39 En cas de sinistre touchant une immobilisation visée à la ligne 1, les entreprises peuvent continuer à prendre en compte dans le calcul de leur CIR une fraction des dotations aux amortissements de ces immobilisations correspondant à l'écart existant entre le montant indemnisé par l'assurance et le coût de reconstruction et de remplacement de l'immobilisation sinistrée (loi 2011-1977 du 28 décembre 2011, art. 15).

Dépenses de personnel relatives aux chercheurs et techniciens de recherche [ligne 3]

Personnels concernés

54-40 Le personnel de recherche comprend les chercheurs et les techniciens de recherche (CGI, ann. III art. 49 septies G). Le personnel de soutien est expressément exclu du champ d'application du crédit d'impôt. Il s'agit notamment des personnels affectés au secrétariat, à la dactylographie, au nettoiement des locaux de l'entreprise ou à l'entretien purement matériel des équipements. Ces dépenses sont en effet couvertes par le forfait relatif aux dépenses de fonctionnement (BOFiP-BIC-RICI-10-10-20-20-05/12/2018).

Les chercheurs

54-41 Ce sont des scientifiques ou des ingénieurs travaillant à la conception ou à la création de connaissances, de produits, de procédés, de méthodes ou de systèmes nouveaux. Sont assimilés aux ingénieurs, les salariés qui, sans remplir les conditions de diplôme, ont acquis cette qualification au sein de leur entreprise.

La qualité de scientifique est reconnue aux titulaires d'un diplôme de niveau master au minimum ou d'un diplôme équivalent.

Une personne non titulaire d'un diplôme d'ingénieur est considérée comme ayant la qualification d'ingénieur (CGI, ann. III art. 49 septies G) dès lors qu'elle a acquis des compétences au sein de l'entreprise ou antérieurement l'assimilant, par le niveau et la nature de ses activités, aux ingénieurs impliqués dans les travaux de recherche (BOFiP-BIC-RICI-10-10-20-20-§ 20-05/12/2018).

Il n'est pas exigé que la qualification d'ingénieur, acquise par expérience professionnelle, ait fait l'objet d'une reconnaissance expresse par l'entreprise. Ainsi, peut être considérée comme un chercheur (CGI art. 244 quater B, II.b) une personne « assimilée aux ingénieurs », dès lors qu'elle satisfait aux conditions cumulatives suivantes :

– elle est directement et exclusivement affectée aux opérations de recherche ;

– elle a acquis, au sein de l'entreprise ou antérieurement, des compétences l'assimilant, par le niveau et la nature de ses activités, aux ingénieurs impliqués dans les travaux de recherche.

Sont assimilables à des ingénieurs, pour le calcul du CIR, le président-directeur général, le responsable d'atelier et le responsable technique qui, sans posséder un diplôme d'ingénieur, ont acquis cette qualification au sein de leur entreprise, ont participé directement à des opérations de recherche effectuées au sein de cette entreprise et qui, d'ailleurs, sont à l'origine du dépôt de brevets (CE 25 mai 2007, n° 297280). De même, les salariés qui sont indispensables à la réalisation de travaux de recherche et de développement entrent dans le champ du CIR, même s'ils ne disposent pas des diplômes ou des qualifications dans le domaine scientifique concerné (CAA Paris 23 janvier 2014, n° 12PA03786).

Les techniciens

54-42 Les techniciens de recherche sont des personnes qui travaillent en étroite collaboration avec les chercheurs, pour assurer le soutien technique indispensable aux travaux de recherche et de développement expérimental. Ils réalisent notamment les opérations suivantes (BOFiP-BIC-RICI-10-10-20-20-§ 40-05/12/2018) :
– préparation des substances, matériaux et appareils pour la réalisation d'expériences ;
– assistance des chercheurs pendant le déroulement des expériences ou exécution des expériences sous le contrôle des chercheurs ;
– entretien et surveillance du fonctionnement des appareils et des équipements nécessaires à la recherche et au développement expérimental.

• **Ne peuvent être regardés comme des techniciens de recherche** dont la rémunération entre dans la base de calcul du crédit d'impôt recherche :
– le PDG et directeur technique d'une société titulaire d'un BTS dès lors qu'il ne travaille pas en collaboration avec des chercheurs (CAA Paris 11 février 1999, n° 97PA00879) ;
– l'exploitant individuel ayant créé un bureau d'études, en rémunération de ses prestations (CAA Nantes 18 juin 2003, n° 00NT00697) ;
– les travailleurs saisonniers et les stagiaires placés sous l'autorité de responsables de recherche (CE 21 décembre 2007, n° 288099).

• **Éligibilité des fonctions supports.** Une société ayant développé un logiciel d'évaluation de la valeur vénale des biens immobiliers peut prendre en compte pour le calcul de son CIR les rémunérations afférentes à des salariés de formation commerciale ayant collaboré à la mise au point du logiciel (CAA Paris 7 novembre 2013, n° 13PA00896).

Quelle que soit leur qualification, les techniciens de recherche exécutent, en étroite collaboration avec le chercheur et sous son contrôle, des tâches nécessaires pour l'exécution des projets de recherche et développement. La technicité, l'expérience, ou le savoir-faire pratique dont les techniciens font preuve, les rendent indispensables au bon déroulement des travaux de recherche et de développement (BOFiP-BIC-RICI-10-10-20-20-§ 50-05/12/2018 ; CAA Lyon 10 novembre 2009, n° 07LY00295).

Sont assimilés à des techniciens de recherche, sous réserve qu'ils remplissent les conditions ci-dessus :
– les stagiaires. Les gratifications qui leur sont versées ont alors le caractère de dépenses de personnel (CAA Versailles 6 novembre 2014, n° 13VE01842 ; CAA Versailles 8 juillet 2015, n° 14VE00310) ;
– les apprentis, quel que soit leur cycle de formation.

Rémunérations à prendre en compte

54-43 **Dépenses de personnel retenues.** Les dépenses de personnel, afférentes aux chercheurs et techniciens de recherche, sont retenues pour leur montant réel. Les dépenses retenues pour déterminer le crédit d'impôt comprennent les rémunérations et leurs accessoires, ainsi que les charges sociales dans la mesure où celles-ci correspondent à des cotisations obligatoires (CGI, ann. III art. 49 septies I, b). Sont donc pris en compte les salaires proprement dits, les avantages en nature, les primes et les cotisations sociales obligatoires (sécurité sociale, assurance chômage, caisses de retraite complémentaire).

• **Intéressement et participation.** Les sommes versées aux salariés en application d'un accord d'intéressement et du régime légal de participation constituent pour les chercheurs qui en bénéficient un accessoire de leur rémunération que la société peut prendre en compte en tant que dépenses de personnel dans l'assiette du CIR (CE 12 mars 2014, n° 365875 ; BOFiP-BIC-RICI-10-10-20-20-§ 360-05/12/2018).

• **Frais de mutuelle santé.** La contribution de l'employeur à une mutuelle santé collective et obligatoire en application d'un accord d'entreprise est un élément de la rémunération des salariés qui doit être retenue pour le calcul du crédit d'impôt recherche. La dépense exposée à ce titre par l'employeur doit être en effet regardée comme une cotisation sociale obligatoire à inclure dans l'assiette du crédit d'impôt (CGI, ann. III art. 49 septies I ; TA Paris 6 mars 2014, n° 1301796/2-3).

Les dépenses de personnel concernant les dirigeants salariés (président du conseil d'administration d'une SA par exemple) ou non (notamment gérant majoritaire de SARL) exposées par les sociétés soumises à l'IS peuvent être incluses dans l'assiette du CIR. Pour être prises en compte dans l'assiette du CIR, les rémunérations des dirigeants doivent répondre aux mêmes conditions que celles posées pour être déductibles du résultat fiscal et, seule la rémunération ayant trait à l'activité de recherche à l'exclusion de celle qui se rapporte à l'exercice des fonctions de dirigeant peut être retenue dans l'assiette du CIR (BOFiP-BIC-RICI-10-10-20-20-§ 3301-05/12/2018).

➟ **EXEMPLE** Soit une SARL soumise à l'IS ayant réalisé les dépenses de recherche suivantes au titre de l'exercice N :
– montant des dotations aux amortissements : 10000 € ;
– montant des dépenses de personnel engagées (rémunérations et charges sociales) :
  – rémunération allouée au gérant majoritaire à concurrence des travaux de recherche auxquels il participe personnellement et charges sociales correspondantes : 60000 €,
  – salaires et charges sociales des autres chercheurs : 300000 €,
  – total : 360000 € ;
– dépenses de fonctionnement évaluées forfaitairement à : 10000 × 75 % + 360000 × 43 % = 162300 € ;
– autres dépenses de recherche engagées : 470000 € ;
– assiette du CIR : 1002300 € (10000 € + 360000 € + 162300 € + 470000 €) ;
– montant du CIR (taux applicable : 30 %) = 300690 €.

En revanche, les rémunérations des dirigeants d'entreprises individuelles ou des associés de sociétés soumises au régime fiscal des sociétés de personnes, à l'instar des SARL de famille ou des EURL qui n'ont pas opté pour l'IS, constituent une modalité particulière de répartition du résultat de l'entreprise et, à ce titre, ne sont pas des charges déductibles du résultat imposable. La rémunération allouée à ces dirigeants ou associés n'est donc pas prise en compte dans l'assiette du CIR au titre des dépenses de personnel (CE 28 mai 2001, n° 221133 sous BOFiP-BIC-RICI-10-10-20-20-§ 340-05/12/2018).

Toutefois, pour ne pas pénaliser les petites entreprises dont le dirigeant participe lui-même aux projets de recherche, l'administration admet de retenir, pour le calcul des frais de fonctionnement, un forfait représentatif de la participation personnelle des dirigeants d'entreprises individuelles et des associés de sociétés soumises au régime fiscal des sociétés de personnes aux opérations de recherche de l'entreprise. Ce forfait est égal au salaire moyen d'un cadre tel qu'il est établi à partir des données statistiques de l'INSEE et du ministère chargé du travail, dans la limite de la rémunération qu'ils se sont effectivement attribuée (BOFiP-BIC-RICI-10-10-20-20-§ 350-05/12/2018).

Le salaire moyen annuel à retenir correspond au dernier salaire net annuel moyen des cadres dans le privé et le semi-public, connu à la date de clôture de l'exercice. Cette donnée est disponible sur le site Internet de l'INSEE (www.insee.fr) sous l'onglet « statistiques » en suivant les rubriques suivantes (BOFiP-BIC-RICI-10-10-20-25-§ 50-07/12/2016) :
– Thèmes : marché du travail et salaires ;
– Niveau géographique : France ;
– Catégorie : données.
Ce montant doit être :
– multiplié par 12 pour obtenir le salaire moyen annuel net ;
– puis majoré d'un coefficient représentatif de charges sociales de 1,35 ;
– et, enfin actualisé au moyen de l'indice de variation des salaires mensuels de base des cadres (ensemble des secteurs non agricoles) figurant sur le site Internet du ministère chargé du travail.
Ce montant s'applique par dirigeant ou associé, quel que soit le nombre de projets auquel il participe. Il convient de retenir la plus faible des deux sommes entre la rémunération réelle allouée au titre des travaux de recherche et le salaire moyen annuel.

➟ **EXEMPLE** Pour un exercice de 12 mois clos le 31 décembre N :
– le dernier salaire moyen mensuel net des cadres dans le privé et les entreprises publiques connu à la date de clôture de l'exercice est de Y euros (salaire de l'année N – 2 par hypothèse) ;
– le forfait représentatif de la participation personnelle du dirigeant ou associé qui doit être ajouté pour le calcul des dépenses de fonctionnement est donc de : Y euros x 12 × 1,35 x (indice de salaires mensuels de base des cadres de décembre N / indice de salaires mensuels de base des cadres de décembre N – 2).

54-44 Cotisations sociales éligibles. **Les cotisations sociales obligatoires s'entendent des cotisations patronales légales ou conventionnelles à caractère obligatoire versées par l'entreprise, assises sur des éléments de rémunération éligibles au CIR et ouvrant directement droit, au profit des personnels concernés ou leurs ayants**

droit, à des prestations et avantages (BOFiP-BIC-RICI-10-10-20-20-§ 310-05/12/2018).

Ces cotisations sociales obligatoires sont exposées dans le tableau suivant :

Nature des cotisations sociales obligatoires dues	Détail des cotisations sociales obligatoires selon leur nature
Assurances sociales	- assurance maladie, maternité, invalidité et décès (c. séc. soc. art. L. 241-2) - assurance vieillesse et assurance veuvage (c. séc. soc. art. L. 241-3) - accidents de travail et maladies professionnelles (c. séc. soc. art. L. 241-5) - allocations familiales (c. séc. soc. art. L. 241-6)
Régime d'assurance chômage	- assurance chômage (c. trav. art. L. 5422-13) - association pour la gestion du régime d'assurance des créances des salariés (AGS) (c. trav. art. L. 3253-6)
Retraite complémentaire légale obligatoire prévue par les dispositions légales et réglementaires ou par les accords nationaux interprofessionnels régissant ces régimes	- assurance vieillesse complémentaire en faveur des salariés non cadres (régime Arrco institué par l'accord collectif du 8 décembre 1961, mis à jour au 1er janvier 2018, en faveur des salariés non cadres), parmi laquelle sont incluses les cotisations dues au titre de la garantie minimale de points (GMP) - assurance vieillesse complémentaire pour les cadres (régime AGIRC institué par la convention collective du 14 mars 1947, mis à jour au 1er janvier 2018, en faveur des cadres), parmi laquelle sont incluses les cotisations dues au titre de la garantie minimale de points (GMP) - association pour la gestion du fonds de financement (AGFF)
Contributions versées par l'employeur au titre des régimes de prévoyance complémentaire	Versements au titre des garanties collectives dont bénéficient les salariés en complément de celles qui résultent de l'organisation de la sécurité sociale (c. séc. soc. art. L. 911-1 et s.) (conventions ou accords collectifs, projet d'accord proposé par le chef d'entreprise soumis à ratification à la majorité des intéressés, décision unilatérale du chef d'entreprise constatée dans un écrit remis par celui-ci à chaque intéressé)

54-45 Cotisations sociales exclues de l'assiette du CIR. Les versements dus par l'employeur qui ne sont pas assis sur des éléments de rémunération éligibles au CIR ou sont sans contrepartie directe pour les personnels de recherche concernés sont exclus du CIR (BOFiP-BIC-RICI-10-10-20-20-§ 320-05/12/2018).

Il s'agit :

– des cotisations et contributions correspondant à des impositions de toute nature telles que la contribution générale de solidarité (CSG), la contribution pour le remboursement de la dette sociale (CRDS), la contribution solidarité autonomie et la contribution exceptionnelle associée (CASF art. L. 14-10-4), des taxes assises sur les salaires (taxe d'apprentissage, participation des employeurs au développement de la formation professionnelle continue et à l'effort de construction, contribution au développement de l'apprentissage et contribution supplémentaire à l'apprentissage), de la contribution patronale sur les stock-options et les attributions gratuites d'actions (c. séc. soc. art. L. 137-13), du forfait social (c. séc. soc. art. L. 137-15), de la cotisation au fonds national d'aide au logement (c. constr. et hab. art. L. 813-5) et du versement mobilité (c. coll. loc. art. L. 2531-2) ;

– des subventions versées pour le fonctionnement du comité social économique (CSE), des contributions au financement des organisations professionnelles et des organisations syndicales, de la contribution versée à l'association pour l'emploi des cadres (APEC), des contributions versées à la médecine du travail (c. trav. art. L. 4622-6), de la contribution exceptionnelle temporaire (CET) versée à l'AGIRC, de la contribution AGEFIPH (c. trav. art. L. 5212-9), et de la contribution sur les avantages de préretraite (c. séc. soc. art. L. 137-10) ;

– les versements au profit du fonds national d'aide au logement, la taxe sur les contributions des employeurs au bénéfice des salariés pour le financement de prestations complémentaires de prévoyance ainsi que la contribution additionnelle de solidarité pour l'autonomie, dont la mission est de mettre en œuvre des actions en faveur de l'autonomie des personnes âgées ou handicapées (CE 19 juin 2019, n° 413000).

• La contribution exceptionnelle temporaire à l'AGIRC et à l'APEC ne constituent pas des cotisations sociales obligatoires pouvant être retenues dans l'assiette du CIR, dès lors que de telles dépenses ne génèrent pas de droits ou de prestations au profit des salariés, auxquels elles ne bénéficient pas directement (CAA Paris 14 avril 2016, n° 14PA04805).

• Les subventions versées au comité d'entreprise, qui ne contribuent pas au financement d'un régime de sécurité sociale, ne constituent ni un accessoire des rémunérations du personnel de recherche, ni des cotisations sociales obligatoires à retenir dans l'assiette du CIR (CE 19 juin 2019, n° 413000).

Les autres dépenses de personnel prises en compte pour le calcul du crédit d'impôt dans le cadre des dépenses de fonctionnement sont également exclues.

Personnel mis à disposition par une autre entreprise

54-46 **Sont retenues les dépenses afférentes aux personnels de recherche dont l'entreprise n'est pas l'employeur, mais qui sont mis à sa disposition par une autre entreprise ou une association (association du travail en temps partagé, groupement d'employeurs) dans les conditions prévues à l'article L. 8241-1 du code du travail et l'article L. 8241-2 du code du travail relatives au prêt de main-d'œuvre à but non lucratif.**

Toutefois, seules sont prises en compte dans l'assiette du CIR les rémunérations et les charges sociales des personnels de recherche concernés, à l'exclusion des frais indirects (frais de gestion de personnel, d'administration générale) (BOFiP-BIC-RICI-10-10-20-20-§ 80-05/12/2018).

• **Fonctionnaires civils apportant leur concours scientifique.** Les rémunérations allouées aux fonctionnaires autorisés à apporter leur concours scientifique à une entreprise qui assure la valorisation de leurs travaux de recherche peuvent être prises en compte dans le calcul du crédit d'impôt recherche, sous réserve que les fonctionnaires en question aient opté pour l'imposition des revenus provenant de cette activité selon les règles prévues en matière de traitements et salaires (BOFiP-BIC-RICI-10-10-20-20-§ 90-05/12/2018).
Ces rémunérations sont également retenues pour le calcul forfaitaire des dépenses de fonctionnement (forfait égal à 43 % des dépenses de personnel) (voir § 54-54).

• **Titulaires d'un contrat « volontariat international en entreprise » (VIE).** Lorsqu'ils répondent à la définition de chercheur ou de technicien de recherche, les VIE peuvent être qualifiés de personnel de recherche.
Les indemnités (à l'exclusion de tout autre frais) versées, effectivement supportées par l'entreprise (soit qu'elle les verse directement, soit qu'elle les rembourse à l'organisme qui en a assumé le paiement), sont admises dans l'assiette de son CIR, sous réserve qu'elles correspondent à des opérations de recherche localisées au sein de l'Union européenne ou dans un autre État partie à l'accord sur l'Espace économique européen ayant conclu avec la France une convention d'assistance administrative en vue de lutter contre la fraude et l'évasion fiscales (BOFiP-BIC-RICI-10-10-20-20-§ 130-05/12/2018).

• **Chercheurs mis à disposition.** Les rémunérations et charges sociales qu'une entreprise prend en charge au titre de la mise à sa disposition par un tiers de personnes afin d'y effectuer dans ses locaux et avec ses moyens des opérations de recherche constituent des dépenses de personnel éligibles au CIR (CE 25 janvier 2017, n° 390652).

Affectation directe et exclusive des personnels à des opérations de recherche

54-47 **Les dépenses retenues doivent correspondre à des chercheurs et techniciens de recherche directement et exclusivement affectés à des opérations de recherche. Cette disposition doit être appliquée comme suit** (BOFiP-BIC-RICI-10-10-20-20-§§ 160 et 170-05/12/2018) :

– les salaires des chercheurs et techniciens de recherche affectés en permanence à des opérations de recherche sont intégralement pris en compte pour la détermination du crédit d'impôt y compris le montant total des indemnités de congés payés versé à ce personnel ;

– les salaires des chercheurs et techniciens de recherche affectés à temps partiel ou en cours d'année à des opérations de recherche sont pris en compte au prorata du temps effectivement consacré à ces opérations ; à cet égard, les entreprises doivent établir le temps réellement et exclusivement passé à la réalisation d'opérations de recherche, toute détermination forfaitaire étant exclue.

Ce prorata d'affectation permettant de déterminer la part de rémunération des personnels non affectés exclusivement à des opérations de recherche prise en compte dans la base de calcul du CIR, est donc calculé en rapprochant le nombre d'heures ou jours consacrés à la recherche par rapport au total d'heures travaillées. Ce prorata est ensuite appliqué à la totalité du salaire des personnels concernés dès lors qu'il constitue la contrepartie des heures travaillées, y compris des congés payés (BOFiP-BIC-RICI-10-10-20-20-§ 300-05/12/2018).

Exemples

❶ Soit une entreprise employant un salarié affecté pour 50 % de son temps de travail à des opérations de recherche et 50 % de son temps de travail à des opérations de production.

Le salarié travaille 35 h par semaine pendant 47 semaines de travail et bénéficie de 5 semaines de congés payés.

Sa rémunération brute annuelle est de 120 000 €.

Le montant de la dépense de personnel à prendre en compte pour le calcul du CIR sera égal à 60 000 € dès lors que le temps de travail consacré aux opérations de recherche est de 50 % et qu'il convient d'appliquer ce pourcentage à la rémunération brute annuelle de 120 000 € comprenant les indemnités de congés payés.

❷ Lorsqu'une entreprise ne dispose pas d'un département de recherche, elle doit pour le calcul de son crédit d'impôt recherche déterminer la part du temps de travail consacrée par chacun de ses salariés à la réalisation d'opérations de recherche. Tel est le cas lorsque l'entreprise s'appuie sur l'organigramme et les fiches de postes décrivant les fonctions exercées par les salariés concernés (CAA Douai 15 décembre 2009, n° 07DA01370).

Application aux dépenses de conception de logiciels

54-48 Pour l'essentiel, les dépenses de conception de logiciels sont constituées de dépenses de personnel. Seules les quotes-parts de salaires correspondant à l'activité de conception de logiciels assimilable à des opérations de recherche et de développement sont éligibles. Sont donc pris en compte les salaires, charges sociales incluses, des chercheurs et techniciens, à l'exclusion des salaires des personnels administratifs et de soutien.

Rémunérations et justes prix au profit des salariés auteurs d'une invention résultant d'opérations de recherche [ligne 4]

54-49 Sont éligibles au crédit d'impôt les rémunérations supplémentaires et justes prix (c. propr. intell. art. L. 611-7 I et II) au profit des salariés auteurs d'une invention résultant d'opérations de recherche (CGI art. 244 quater B, II.c).

Les inventions visées sont les suivantes (BOFiP-BIC-RICI-10-10-20-20-§ 60-05/12/2018) :
– les inventions de mission qui sont celles effectuées par le salarié dans le cadre de son contrat de travail ;
– les inventions hors mission attribuables qui sont réalisées par un salarié de sa propre initiative mais dans le cadre de son poste dans l'entreprise ;
– les inventions hors mission non attribuables qui n'appartiennent pas aux deux précédentes.

Dépenses de personnel relatives aux jeunes docteurs [ligne 5]

Conditions à respecter

54-50 Les dépenses de rémunération afférentes aux personnes titulaires d'un doctorat ou d'un diplôme équivalent sont retenues pour le double de leur montant pendant les 24 premiers mois suivant leur premier recrutement.

Pour bénéficier de la majoration, les conditions suivantes doivent être satisfaites :
– le contrat de travail des personnes concernées doit être à durée indéterminée ;
– l'effectif salarié de l'entreprise ne doit pas être inférieur à celui de l'année précédente. Il convient de comparer l'effectif moyen de l'année de l'embauche à l'effectif moyen de l'année précédente (voir § 54-53) ;
– les personnes concernées doivent être affectées directement et exclusivement à des opérations de recherche.

À noter Le dirigeant d'une entreprise qui participe personnellement aux opérations de recherche et développement de l'entreprise peut être considéré comme « jeune docteur » dès lors que les conditions mentionnées ci-dessus sont respectées (BOFiP-BIC-RICI-10-10-20-20-§ 190-05/12/2018).

• **Notion de doctorat.** Le doctorat s'entend d'un titre sanctionnant une expérience de recherche ainsi que la rédaction et la soutenance d'un mémoire ou d'une thèse. Ce diplôme national est l'unique diplôme de niveau Bac + 8, plus haut niveau du référentiel européen de Bologne (dit « 3-5-8 » ou « LMD » en France) (BOFiP-BIC-RICI-10-10-20-20-§ 200-05/12/2018). Ne sont donc pris en compte que les titres et diplômes conférant le grade de docteur ou leur équivalent international (Ph. D...), excluant ainsi les diplômes d'État de docteur (médecine, pharmacie, vétérinaire, dentiste). En effet, l'obtention d'un doctorat d'exercice ou doctorat professionnel n'est pas liée à un travail de recherche mais à l'aboutissement d'un cycle de formation à un métier (les titulaires de doctorats d'exercice souhaitant poursuivre leur carrière académique doivent préalablement effectuer une thèse de doctorat).

Par « diplôme équivalent », il y a lieu d'entendre un diplôme de même niveau que le doctorat obtenu dans un autre pays. La date d'obtention du doctorat correspond à la date de la soutenance de thèse à l'issue de laquelle le jury a prononcé l'admission du candidat, indépendamment de la date à laquelle le diplôme est formellement délivré par l'école doctorale. La délivrance du diplôme doit néanmoins être justifiée sur demande de l'administration.

• **Affectation partielle à des opérations de recherche.** Lorsque les « jeunes docteurs » sont affectés à temps partiel ou, en cours d'année, à des opérations de recherche, les salaires pris en compte dans le calcul du crédit d'impôt sont proratisés en fonction du temps effectivement consacré à ces opérations. Les entreprises doivent pouvoir établir, avec précision et rigueur, le temps réellement et exclusivement passé à la réalisation d'opérations de recherche, toute détermination forfaitaire étant exclue (BOFiP-BIC-RICI-10-10-20-20-§ 190-05/12/2018).

Notion de premier recrutement

54-51 **La notion de « premier recrutement » s'apprécie non pas au niveau de l'entreprise mais au niveau du jeune docteur. Ainsi, la notion de premier recrutement s'entend du premier contrat de travail à durée indéterminée (CDI) conclu postérieurement à son doctorat par un jeune docteur pour des fonctions liées à son niveau de diplôme, quel que soit le lieu de recrutement (en France ou à l'étranger)** (BOFiP-BIC-RICI-10-10-20-20-§ 210-05/12/2018).

Le premier CDI conclu postérieurement au doctorat n'est pas considéré comme un premier recrutement ouvrant droit à une prise en compte des salaires et cotisations sociales obligatoires pour le double de leur montant lorsque, entre l'obtention de son doctorat et la conclusion du CDI avec l'entreprise, le docteur a exercé une activité salariée au sein d'un organisme public sous un statut équivalent à un CDI (statut de fonctionnaire dans une université par exemple).

• **Conclusion d'un CDI avant l'obtention du doctorat.** Dans l'hypothèse où, avant l'obtention de son doctorat, le jeune docteur a déjà conclu un CDI dans l'entreprise, le premier recrutement est réputé avoir lieu, en l'absence de conclusion d'un nouveau CDI (BOFiP-BIC-RICI-10-10-20-20-§ 220-05/12/2018) :

– à la date à laquelle a été signé un avenant au CDI initial reconnaissant la qualité de jeune docteur suite à l'obtention du doctorat ;

– ou à la date prévue dans une clause du CDI initial, qui détermine la reconnaissance de la qualité de jeune docteur suite à l'obtention du doctorat, sans que cette date puisse être antérieure à l'obtention effective du doctorat.

• **Incidence de l'absence du docteur pour maladie.** Le délai de 24 mois pendant lequel les dépenses ouvrant droit au CIR sont prises en compte pour le double de leur montant est suspendu pendant la durée d'absence du jeune docteur pour cause de maladie, de maternité, d'adoption ou d'accident du travail. Le délai court à nouveau à compter de la réintégration du salarié. Pendant la durée de cette absence, aucune charge afférente au jeune docteur ne doit être prise en compte dans l'assiette du CIR (BOFiP-BIC-RICI-10-10-20-20-§ 210-05/12/2018).

• **Rupture d'un CDI au cours de la période d'essai.** Lorsqu'un premier CDI prend fin au cours de la période d'essai, il n'est pas compté comme un premier recrutement. Cette tolérance n'est admise qu'une fois (BOFiP-BIC-RICI-10-10-20-20-§ 230-05/12/2018). Dans cette hypothèse, les dépenses de personnel engagées par l'entreprise signataire du premier CDI lors de la période d'essai restent comprises dans l'assiette du CIR pour le double de leur montant.
En outre, dans l'hypothèse où, en l'absence de période d'essai prévue par son CDI, un jeune docteur est licencié durant les mois qui auraient pu correspondre à cette période d'essai, ce salarié est toujours considéré comme un jeune docteur lors d'un second recrutement (BOFiP-BIC-RICI-10-10-20-20-§ 235-05/12/2018).

• **Incidence des restructurations.** En principe, les opérations de fusions, scissions, apports partiels d'actif ou opérations assimilées n'ont aucun effet sur le point de départ du délai de 24 mois.
La société absorbante ou bénéficiaire de l'apport peut bénéficier des avantages fiscaux liés à la situation du jeune docteur pour la période d'éligibilité au doublement d'assiette restant à courir à la date d'effet de l'opération de restructuration (BOFiP-BIC-RICI-10-10-20-20-§ 240-05/12/2018).

Modalités de détermination de la variation de l'effectif du personnel de recherche

54-52 **Notion de personnel de recherche salarié.** Pour que les dépenses de personnel qui se rapportent à des personnes titulaires d'un doctorat (ou d'un diplôme équivalent) soient prises en compte pour le double de leur montant pendant les 24 premiers mois suivant leur premier recrutement, l'effectif salarié de l'entreprise ne doit pas notamment être inférieur à celui de l'année précédente (BOFiP-BIC-RICI-10-10-20-20-§ 250-05/12/2018).

L'effectif salarié s'entend du personnel de recherche titulaire d'un contrat de travail avec l'entreprise éligible au CIR, c'est-à-dire les chercheurs et techniciens de recherche salariés dont la rémunération et les cotisations sociales obligatoires entrent dans l'assiette du CIR.

Les personnels de recherche qui ne sont pas salariés de l'entreprise (mis à disposition, intérimaires, dirigeant non salarié) ne doivent pas être pris en compte dans le calcul de l'effectif.

54-53 Calcul de la variation de l'effectif du personnel de recherche salarié. L'administration précise la méthode à suivre pour déterminer la variation de l'effectif du personnel de recherche salarié (BOFiP-BIC-RICI-10-10-20-20-§ 260-05/12/2018).

Ainsi, l'effectif moyen de l'année de l'embauche doit être comparé à l'effectif moyen de l'année précédente. Pour ce faire, l'entreprise doit dans un premier temps procéder au calcul de l'effectif du personnel de recherche de l'entreprise.

Pour le calcul de l'effectif du personnel de recherche, les salariés titulaires d'un contrat de travail à durée indéterminée et employés à temps plein sont comptés pour une unité.

Il s'agit des personnes occupées en permanence dans l'entreprise, qui y effectuent des journées normales et complètes de travail correspondant à la durée légale ou conventionnelle. À cet égard et par mesure de simplicité, les personnels de recherche employés à temps plein mais affectés à temps partiel aux opérations de recherche et développement sont comptés pour une unité.

Les salariés titulaires d'un contrat de travail à durée déterminée sont pris en compte dans l'effectif de l'entreprise à proportion de leur temps de présence au cours de l'année.

Les salariés employés à temps partiel sont pris en compte au prorata du rapport entre les horaires inscrits au contrat de travail et la durée légale ou conventionnelle de travail.

Les absences ne sont pas prises en compte pour le calcul de l'effectif du personnel de recherche. Par ailleurs, l'embauche, la cessation de fonctions ou tout autre événement qui affecte ces conditions sont réputées intervenir le premier jour du mois au cours duquel ces événements se produisent.

Dans un second temps, l'entreprise doit déterminer le nombre moyen de salariés au titre de chaque mois de l'année civile concernée.

La moyenne annuelle du personnel de recherche salarié correspond au douzième de la somme des effectifs mensuels de l'année civile. Il n'est procédé à aucun arrondi pour le calcul du nombre mensuel de salariés.

➡ **Exemple** Soit une société qui emploie 15 ingénieurs et 5 techniciens de recherche affectés à un projet de recherche et de développement éligible au CIR et employés à temps plein. Le 15 juin de l'année N, la société complète l'équipe de recherche par l'embauche d'un jeune docteur.

Le 20 juillet de l'année N, elle recrute un ingénieur supplémentaire employé à temps partiel (50 % de la durée légale) et affecté au projet de recherche. Le 28 août de l'année N, elle procède au licenciement d'un des 5 techniciens de recherche.

❶ Le nombre moyen de salariés est le suivant :

	Effectif du mois précédent	Embauche	Fin de contrat	Effectif du mois
Juin	20	1	0	21
Juillet	21	0,5	0	21,5
Août	21,5	0	1	20,5

❷ La moyenne annuelle (mêmes données que l'exemple précédent) des salariés au titre de chaque mois est la suivante :

	Effectif du mois	Nombre de mois	Total
Janvier à mai	20	5	100 (20 × 5)
Juin	21	1	21 (21 × 1)
Juillet	21,5	1	21,5 (21,5 × 1)
Août à décembre	20,5	5	102,5 (20,5 × 5)
Total			245
Moyenne			20,41 (245 / 12)

La moyenne de l'effectif est de 20,41 salariés. Il conviendra de comparer cette moyenne à celle de l'année précédente pour savoir si l'embauche du jeune docteur ouvre droit au doublement d'assiette.

Dépenses de fonctionnement [ligne 6]

54-54 Les dépenses de fonctionnement, indiquées sur la ligne 6, sont évaluées forfaitairement à la somme de :
– 75 % des dotations aux amortissements des immobilisations affectées directement aux activités de recherche (indiquées ligne 1) (BOFiP-BIC-RICI-10-10-20-25-§ 10-07/12/2016) ;
– et depuis le 1er janvier 2020, 43 % (contre 50 % auparavant) des dépenses de personnel afférentes aux chercheurs et techniciens de recherche directement et exclusivement affectés aux opérations de recherche (indiquée ligne 3) ;
– et depuis le 1er janvier 2020, le cas échéant, 43 % (contre 50 % auparavant) des rémunérations supplémentaires et justes prix alloués aux salariés auteurs d'une invention résultant d'opérations de recherche (indiquée ligne 4).

Ce montant est porté à 200 % des dépenses de personnel se rapportant aux jeunes docteurs pendant les 24 premiers mois suivant leur premier recrutement à la condition que le contrat de travail de ces personnes soit à durée indéterminée et que l'effectif salarié de l'entreprise ne soit pas inférieur à celui de l'année précédente. Au-delà des 24 premiers mois suivant leur premier recrutement, les dépenses de fonctionnement sont calculées au taux de 43 %.

Pour les dépenses liées à l'élaboration de nouvelles collections exposées par les entreprises industrielles du secteur textile-habillement-cuir, le montant des autres dépenses de fonctionnement reste fixé à 75 % des dépenses de personnel chargé de la création et de la réalisation de prototypes et d'échantillons non vendus (voir § 54-82).

Montant total des dépenses de fonctionnement [ligne 7]

54-55 Sur cette ligne doit être porté le montant total des dépenses mentionnées aux lignes 1 à 6.

Prise et maintenance de brevets et de certificats d'obtention végétale (COV) [ligne 8]

54-56 **Prise des brevets et COV.** Peuvent être prises en compte les dépenses suivantes (BOFiP-BIC-RICI-10-10-20-40-§ 10-04/04/2014) :
– les honoraires versés aux conseils en brevets d'invention et aux mandataires auprès de l'Institut national de la propriété industrielle (INPI) ;
– les honoraires versés aux mandataires chargés du dépôt du brevet directement à l'étranger si le brevet est également déposé en France ainsi que les frais de traduction, le cas échéant ;
– les taxes diverses perçues au profit de l'INPI pour la délivrance de brevets et au profit des États étrangers ou des organismes internationaux qui assurent la protection de l'invention.

Les dépenses exposées à l'étranger sont éligibles dans les mêmes conditions que les dépenses exposées en France dès lors qu'elles sont prises en compte pour la détermination du résultat imposable en France.

• **Taxes perçues au profit de l'INPI.** Parmi les taxes perçues au profit de l'INPI figurent la taxe versée au moment du dépôt de la demande de brevet (qui couvre la première annuité de maintenance), la taxe d'avis documentaire, la taxe de transformation de demande de certificat d'addition en demande de brevet, la taxe de délivrance et d'impression des fascicules.

• **Exclusion des dessins, modèles et marques de fabrique.** Seuls les frais afférents aux titres de propriété industrielle protégeant les inventions – à savoir les brevets proprement dits, les certificats d'utilité et les certificats d'addition rattachés à un brevet ou à un certificat d'utilité – sont pris en compte pour le calcul du crédit d'impôt, à l'exclusion de ceux relatifs aux dessins, modèles et marques de fabrique.

• **Refacturation des frais liés aux brevets.** Les frais de prise, de maintenance et de défense de brevets, y compris les taxes versées à l'INPI et à l'OEB, pris en charge par une société d'un groupe qui, ensuite refacture ces différentes dépenses à des sociétés titulaires de brevets situées hors de France ne peuvent pas être inclus dans l'assiette de son CIR, faute pour cette société d'avoir exposé elle-même de telles dépenses (CAA Versailles 25 février 2020, n° 18VE02357).

54-57 **Au titre de la maintenance.** Les frais de maintenance sont limités, en principe, au montant de la taxe annuelle pour le maintien en vigueur des titres, prévue par les articles 41 de la loi du 2 janvier 1968 et 25 de la loi du 13 juillet 1978 concernant la valorisation des brevets (à l'exclusion de celle versée en ce qui concerne les titres de propriété industrielle antérieurs à l'entrée en vigueur de l'article 67 de la loi de finances pour 1983). Toutefois, sont également admises au titre de ces frais les rémunérations versées en France et à l'étranger aux conseils et aux mandataires chargés de la surveillance des brevets et du paiement de la taxe annuelle de maintien en vigueur.

Dépenses de défense de brevets et de certificats d'obtention végétale [ligne 9]

54-58 Les frais doivent avoir été engagés en vue de la défense de brevets et de COV. Ainsi, sont éligibles les dépenses exposées dans le cadre d'actions en contrefaçon menées par les entreprises, et notamment les frais de justice, dont les émoluments des auxiliaires de justice (avocats, experts judiciaires) ainsi que les dépenses de personnel (dont les frais de mission) supportées par l'entreprise au titre de la défense de brevets et de COV (BOFiP-BIC-RICI-10-10-20-40-§ 30-04/04/2014).

En revanche, ne sont pas éligibles les dépenses supportées par l'entreprise consécutivement à une condamnation pour contrefaçon (dommages et intérêts, dépenses, amendes…).

Contrats de licence de brevets. Le régime du crédit d'impôt recherche s'applique à ces contrats dans le respect des règles définies par le code de la propriété intellectuelle (CPI). Dès lors que l'action en contrefaçon est, en principe, exercée par le propriétaire du droit (c. propr. intell. art. L. 615-2), les frais de défense de brevets sont pris en compte par celui-ci dans la base de calcul de son crédit d'impôt recherche. Toutefois, le bénéficiaire d'un droit exclusif d'exploitation pouvant exercer l'action en contrefaçon (sous certaines conditions), les frais de défense de brevets exposés par ce dernier peuvent aussi être pris en compte dans la base de calcul de son crédit d'impôt recherche (rép. Gorce n° 237, JO 10 août 2017, Sén. quest. p. 2579).

Les dépenses de défense de brevets et de COV exposées à l'étranger sont éligibles dans les conditions énumérées ci-dessus dès lors qu'elles sont prises en compte pour la détermination du résultat imposable en France.

Ces frais sont éligibles au crédit d'impôt, indépendamment du fait que les brevets et certificats soient consécutifs ou non à des opérations de recherche.

Dotations aux amortissements de brevets acquis en vue de la recherche et de COV [ligne 10]

54-59 Sont mentionnées à la ligne 10 les dotations aux amortissements des brevets et des COV acquis pour être utilisés par l'entreprise en vue de réaliser des opérations de recherche et de développement expérimental (BOFiP-BIC-RICI-10-10-20-10-§ 100-04/04/2014).

Sont prises en compte les dotations fiscalement déductibles. Par contre, ne sont pas retenus les amortissements de brevets destinés à être intégrés au processus de fabrication, à améliorer la productivité ou la rentabilité et, d'une manière générale, à être affectés à des opérations qui ne se situent pas dans le domaine de la recherche. Les dépenses qui correspondent à l'acquisition de licences ou de savoir-faire ne sont pas prises en compte pour le calcul du crédit d'impôt.

- Une entreprise ne peut pas obtenir le bénéfice du crédit d'impôt recherche pour des dépenses d'amortissement d'un brevet si elle n'est pas en mesure d'établir que ce brevet a effectivement fait l'objet d'une inscription régulière à l'actif de son bilan à la clôture de l'exercice et a donné lieu à la comptabilisation régulière d'un amortissement. En l'espèce, la publication du brevet auprès de l'Institut national de la propriété industrielle (INPI) avait été faite au nom d'une personne physique. Le brevet avait ensuite été cédé à l'entreprise par acte sous seing privé dépourvu de date certaine et le transfert de propriété du brevet avait été enregistré par l'INPI postérieurement à la date à laquelle l'entreprise avait demandé le bénéfice du crédit d'impôt (CAA Paris 3 octobre 2012, n° 11PA01129).

- Le dépôt d'un brevet ne suffit pas, à lui seul, à établir le caractère substantiel d'innovations techniques, et à présumer l'objet du brevet éligible au CIR (CE 13 novembre 2013, n° 341432).

- Une société qui est incapable de produire la demande de brevet correspondant à son invention, qui ne justifie pas la délivrance de brevets sur ses projets et n'apporte aucun élément permettant de concrétiser la réalisation d'opérations de développement expérimental, ne permet pas au juge de constater la réalité d'opérations éligibles au CIR. Compte tenu de l'absence de brevet sur l'invention et du rejet de la demande de dépôt de brevet par l'INPI, les dotations aux amortissements des brevets correspondantes ne sont pas fiscalement déductibles et ne peuvent pas dès lors être incluses dans l'assiette du CIR (CAA Paris 30 mai 2013, n° 11PA04777).

• Les dotations aux amortissements tant des brevets acquis que des droits d'exploitation attachés à la qualité de concessionnaire de brevets ouvrent droit au crédit d'impôt recherche (CE 28 décembre 2017, n° 399516).

• Les dépenses de logiciels constituant des charges et non des immobilisations susceptibles de dotations aux amortissements sont exclues de l'assiette du CIR (CAA Bordeaux 25 octobre 2018, n° 16BX02726).

Dépenses liées à la normalisation [ligne 11]

54-60 **Dépenses concernées.** L'activité de normalisation consiste à mettre au point des documents techniques de référence, relatifs à la définition des normes. La normalisation doit être distinguée des autres opérations, notamment les dépenses exposées pour adapter les produits aux normes et les dépenses de certification. Toutefois, les travaux engagés pour adapter les produits aux normes constituent des dépenses de recherche, s'ils entraînent des innovations réelles dans la conception des produits (BOFiP-BIC-RICI-10-10-20-50-§ 20-06/07/2016).

Sont à prendre en compte pour le calcul du crédit d'impôt recherche pour 50 % de leur montant :
– les salaires et charges sociales afférents aux périodes pendant lesquelles les salariés de l'entreprise participent aux réunions officielles de normalisation ;
– les autres dépenses liées à la normalisation ;
– les dépenses liées à la participation des dirigeants à des réunions officielles de normalisation.

54-61 **Salaires et charges sociales liés à la normalisation.** Sont retenus les salaires proprement dits, les avantages en nature, les primes ainsi que les cotisations sociales obligatoires (sécurité sociale, assurance chômage, caisses de retraite complémentaire). Sont donc exclues les taxes annexes assises sur les salaires (taxe d'apprentissage, formation continue, etc.).

La durée de la participation aux réunions officielles correspond à la durée de l'absence du salarié qui participe à ces réunions. Elle comprend donc :
– le temps de la participation aux réunions proprement dites ;
– le temps de transport nécessaire pour se rendre à ces réunions et en revenir.

Les salaires et charges à retenir pour chaque journée de participation correspondent à 50 % des salaires et charges mensuels, divisés par le nombre de jours ouvrés du mois (BOFiP-BIC-RICI-10-10-20-50-§ 120-06/07/2016).

• Les dépenses doivent être relatives aux réunions officielles de normalisation (AFNOR et bureaux de normalisation agréés, CEN, CEN élec., ETSI, ISO, CEI exclusivement) afférentes à l'élaboration de normes concernant les produits fabriqués ou les services rendus par l'entreprise, mais aussi les produits et services utilisés par celle-ci dans le cadre de son activité.

• **Justifications.** En pratique, la justification de la durée et de la présence aux réunions officielles de normalisation est apportée par le procès-verbal de la réunion de normalisation, établi systématiquement par les organismes concernés, auquel est jointe ou intégrée la liste des personnes présentes (BOFiP-BIC-RICI-10-10-20-50-§ 110-06/07/2016).

• **Experts salariés.** Les experts qui représentent l'entreprise aux réunions officielles de normalisation doivent être des salariés de l'entreprise. N'ouvre donc pas droit au crédit d'impôt la participation des entreprises aux réunions officielles de normalisation lorsqu'elles y sont représentées par un représentant extérieur à l'entreprise (conseil en normalisation, par exemple) (BOFiP-BIC-RICI-10-10-20-50-§ 90-06/07/2016).

54-62 **Les autres dépenses liées à la normalisation.** Ces dépenses sont prises en compte pour la moitié d'un montant qui est évalué forfaitairement à 30 % des salaires afférents aux périodes pendant lesquelles les salariés participent aux réunions officielles de normalisation. Ce forfait est de droit. Il ne peut en aucun cas être fait état de frais réels. Ces dépenses comprennent l'ensemble des dépenses autres que les salaires et charges sociales, et notamment le temps de préparation des réunions, les frais administratifs, de traduction, de transport, d'hébergement (BOFiP-BIC-RICI-10-10-20-50-§ 130-06/07/2016).

54-63 Participation des dirigeants aux réunions officielles de normalisation. Sont retenues les dépenses comptabilisées dans les charges d'exploitation et liées à la participation des chefs d'entreprise et assimilés aux réunions officielles de normalisation, plafonnées à 450 € par jour, éventuellement réduites *prorata temporis*. Ces dépenses concernent les chefs d'entreprise individuelle, les mandataires sociaux et les associés de sociétés de personnes qui exercent leur activité professionnelle dans la société.

• **Associés de sociétés de personnes.** Ce sont ceux qui exercent leur activité professionnelle dans la société soumise au régime fiscal des sociétés de personnes dont ils sont membres (CGI art. 151 nonies). Ils s'entendent des associés qui participent directement, régulièrement et personnellement à l'exercice de l'activité professionnelle de nature industrielle, commerciale ou agricole de la société. La participation à l'exercice de l'activité professionnelle (CGI art. 151 nonies) suppose que l'associé accomplisse des actes précis et des diligences réelles caractérisant l'exercice d'une profession et dont la nature dépend de la taille de l'exploitation, des secteurs d'activité et des usages (présence sur le lieu de travail, réception et démarchage de la clientèle, participation directe à la conception et à l'élaboration des produits, participation aux décisions engageant l'exploitation…). Bien entendu, ces tâches peuvent faire l'objet d'une répartition entre les associés et il n'est donc pas nécessaire que chacun d'eux accomplisse l'ensemble des actes et diligences caractérisant la profession exercée par la société.

• **Les mandataires sociaux.** Ce sont les dirigeants de société qui ne sont pas titulaires d'un contrat de travail et les dirigeants de société qui sont, par ailleurs, liés à la société par un contrat de travail, mais qui participent aux réunions officielles de normalisation en leur qualité de dirigeant et non de salarié.
Les dirigeants de société concernés qui peuvent se trouver dans l'un ou l'autre des deux cas sont :
– les gérants de SARL ;
– les gérants de sociétés en nom collectif ou en commandite ;
– les dirigeants de société anonyme (administrateurs, président, président-directeur général, membres du directoire ou du conseil de surveillance).
Bien entendu, lorsque le mandataire social d'une société est également lié à celle-ci par un contrat de travail, les dépenses exposées par l'entreprise et liées à la participation du mandataire social aux réunions officielles de normalisation ne peuvent être prises en compte qu'une seule fois pour le calcul du crédit d'impôt recherche (BOFiP-BIC-RICI-10-10-20-50-§ 180-06/07/2016).

• **Montant réel des dépenses.** Toutes les dépenses exposées pour la participation aux réunions officielles de normalisation sont prises en compte pour leur montant réel (achat de documents, frais de traduction, de transport, d'hébergement…). En revanche, les dépenses qui ne sont pas liées à la participation aux réunions officielles de normalisation ne peuvent pas être retenues. Tel est le cas, notamment, des cotisations sociales à la charge de l'exploitant individuel.

Primes et cotisations d'assurance pour les brevets et les certificats d'obtention végétale [ligne 12]

54-64 **Sont éligibles au crédit d'impôt recherche, dans la limite de 60 000 € par an, les primes et cotisations ou la part des primes ou cotisations afférentes à des contrats d'assurance de protection juridique prévoyant la prise en charge des dépenses exposées dans le cadre de litiges portant sur un brevet ou un certificat d'obtention végétale dont l'entreprise est titulaire** (BOFiP-BIC-RICI-10-10-20-40-§§ 40 et 50-04/04/2014).

Il s'agit des primes et cotisations afférentes à des contrats d'assurance qui prennent en charge les frais de justice (émoluments des auxiliaires de justice, avocats, experts…) facturés dans le cadre de litiges portant sur un brevet ou un certificat d'obtention végétale de l'entreprise.

Seules sont éligibles les primes et cotisations afférentes aux contrats d'assurance couvrant les frais de justice exposés lors de procédures suivies par l'entreprise pour faire reconnaître ou respecter son titre (brevet ou certificat d'obtention végétale), que celle-ci soit à l'origine ou non de la procédure.

En revanche, sont exclues de l'assiette du crédit d'impôt recherche les primes et cotisations d'assurance afférentes à un contrat souscrit par une entreprise pour se couvrir à raison de son propre comportement de contrefacteur. Ainsi, les primes ou la part des primes d'assurance afférentes à des contrats prévoyant la prise en charge des dépenses procédant d'une condamnation éventuelle (dommages et intérêts, amendes, dépens…) sont exclues de l'assiette du crédit d'impôt.

Enfin, les cotisations et primes ou la part des primes et cotisations afférentes à des contrats d'assurance qui prévoient la compensation de la perte de chiffre d'affaires subie par l'entreprise victime de contrefaçons ne sont pas prises en compte dans l'assiette du crédit d'impôt, ces cotisations étant afférentes à des contrats d'assurance qui prennent en charge des dépenses autres que celles exposées dans le cadre du litige.

Dépenses de veille technologique [ligne 13]

54-65 Sont éligibles au crédit d'impôt recherche les dépenses de veille technologique exposées en France, comme à l'étranger, lors de la réalisation d'opérations de recherche, dans la limite de 60 000 € par an et par entreprise (CGI art. 244 quater B, II. j ; BOFiP-BIC-RICI-10-10-20-50-§ 230-06/07/2016).

La veille technologique est un processus de mise à jour permanent ayant pour objectif l'organisation systématique du recueil d'informations sur les acquis scientifiques, techniques et relatifs aux produits, procédés, méthodes et systèmes d'informations afin d'en déduire les opportunités de développement.

Sont éligibles les dépenses d'abonnement à des revues scientifiques, à des bases de données et de participation à des congrès scientifiques. Les dépenses de personnel générées par la participation à ces congrès (versements de primes, d'indemnités, etc.) ne sont pas prises en compte lorsqu'elles constituent des dépenses de personnel déjà éligibles au crédit d'impôt recherche.

Les dépenses de veille technologique exposées à l'étranger sont éligibles dans les conditions énumérées ci-dessus, dès lors qu'elles sont prises en compte pour la détermination du résultat imposable en France.

Montant total des dépenses de recherche réalisées par l'entreprise [ligne 14]

54-66 Sur cette ligne doit être porté le montant total des dépenses mentionnées aux lignes 7 à 13.

Dépenses de sous-traitance [lignes 15 a à 26]

Identification des organismes

54-67 Les dépenses exposées pour la réalisation d'opérations de recherche, confiées à des organismes de recherche publics ou à des organismes assimilés ou à des organismes de recherche privés agréés par le ministre chargé de la recherche ou à des experts scientifiques ou techniques agréés dans les mêmes conditions sont retenues pour déterminer la base du crédit d'impôt.

Les dépenses engagées doivent correspondre à la réalisation de véritables opérations de recherche et de développement, nettement individualisées (BOFiP-BIC-RICI-10-10-20-30-§ 1-05/04/2017). Ainsi, les cotisations à des organismes de recherche ne sauraient être considérées comme correspondant à de véritables opérations de recherche et de développement nettement individualisées dans la mesure où elles sont indépendantes de la réalisation effective d'opérations de recherche spécifiques.

Néanmoins, lorsqu'une entreprise confie à des organismes privés et publics agréés l'exécution de prestations nécessaires à la réalisation d'opérations de recherche qu'elle mène, elle peut prendre en compte dans l'assiette de son CIR ces prestations sous-traitées, quand bien même celles-ci prises isolément, ne constitueraient pas des opérations de recherche (CE 22 juillet 2020, n° 428127).

Imprimé 2069-A-2. Lorsque les dépenses de sous-traitance sont prises en compte par une entreprise pour la détermination du crédit d'impôt recherche, il convient de joindre à la déclaration 2069 A l'imprimé 2069-A-2 qui établit la liste des sous-traitants.
C'est au donneur d'ordre de s'assurer que le sous-traitant est bien agréé l'année au cours de laquelle les travaux sont réalisés et facturés. L'agrément est accordé après constitution d'un dossier disponible sur le site du MESRI (http://www.enseignementsup-recherche.gouv.fr/pid24835/le-credit-impot-recherche.html). La liste des organismes et des experts agréés est consultable sur ce même site.

Les modalités de prise en compte des dépenses relatives à des opérations de recherche varient selon que l'organisme sous-traitant a ou non un lien de dépendance au sens de l'article 39, 12 du CGI avec l'entreprise.

Prise en compte des dépenses confiées à des organismes situés hors de France

54-68 Les entreprises peuvent confier leurs opérations de recherche à des organismes de recherche publics, des universités ou encore à des organismes privés agréés (ou des experts scientifiques ou techniques) établis dans un autre État membre de l'Union européenne ou dans un autre État partie à l'accord sur l'Espace économique européen ayant conclu avec la France une convention fiscale contenant une clause d'assistance administrative en vue de lutter contre la fraude ou l'évasion fiscales (BOFiP-BIC-RICI-10-10-20-30-§ 10-05/04/2017).

Cette prise en compte des dépenses de sous-traitance confiées à des organismes situés hors de France est sans incidence au regard de la nécessité pour ceux-ci de disposer ou non d'un agrément du ministère de la Recherche pour que les opérations de recherche qui leur sont confiées soient éligibles au dispositif. À l'inverse des organismes de recherche privés ou des experts scientifiques ou techniques, les organismes de recherche publics n'ont pas à solliciter d'agrément.

Opérations de recherche confiées à des organismes publics [lignes 15 a à 17]

54-69 Il faut indiquer :
– lignes 15 a et 15 b : pour leur montant réel, les dépenses confiées aux organismes suivants avec lesquels l'entreprise a un lien de dépendance : organismes de recherche publics, établissements d'enseignement supérieur délivrant un diplôme conférant un grade de master, fondations de coopération scientifique agréées ou établissements publics de coopération scientifique, fondations reconnues d'utilité publique du secteur de la recherche agréées ou centres techniques exerçant des missions d'intérêt général ou certaines associations régies par la loi de 1901 et sociétés de capitaux situées en France, instituts techniques agricoles ou agro-industriels et à leurs structures nationales de coordination, communautés d'universités et établissements, aux stations ou fermes expérimentales dans le secteur de la recherche scientifique et technique agricole ayant pour membre une chambre d'agriculture départementale ou régionale, en France (ligne 15 a) ou à l'étranger (ligne 15 b) (BOFiP-BIC-RICI-10-10-20-30-§§ 20 à 190-05/04/2017) ;
– lignes 16 a et 16 b : pour le double de leur montant, les dépenses confiées aux organismes visés aux lignes 15 a et 15 b, avec lesquels l'entreprise n'a aucun lien de dépendance pour les opérations de recherche effectuées en France (ligne 16 a) ou pour les opérations de recherche effectuées à l'étranger (ligne 16 b).

Le montant total des dépenses de sous-traitance confiées à ces organismes est indiqué ligne 17 (somme des lignes 15 a, 15 b, 16 a et 16 b).

➞ **À NOTER** Les entreprises qui sous-traitent leurs opérations de recherche à des organismes de recherche publics avec lesquels elles n'ont aucun lien de dépendance peuvent les inclure dans l'assiette de leur CIR pour le double de leur montant et, pour les dépenses exposées à compter du 1er janvier 2020, pour la seule part des travaux réalisés par ces organismes publics (CGI art. 244 quater B, II).

Opérations de recherche confiées à des organismes privés [lignes 18 a à 20]

54-70 Il convient d'indiquer :
– lignes 18 a et 18 b : pour leur montant réel, les dépenses confiées aux organismes de recherche privés ou experts scientifiques ou techniques agréés situés en France (ligne 18 a) ou à l'étranger (ligne 18 b) avec lesquels l'entreprise a un lien de dépendance ;
– lignes 19 a et 19 b : pour leur montant réel, les dépenses confiées aux organismes de recherche privés ou experts scientifiques ou techniques agréés situés en France (ligne 19 a) ou à l'étranger (ligne 19 b) avec lesquels l'entreprise n'a aucun lien de dépendance.

Le montant total des dépenses de sous-traitance confiées à ces organismes est indiqué ligne 20 (somme des lignes 18 a, 18 b, 19 a et 19 b).

L'agrément par lequel le ministre chargé de la recherche reconnaît à une entreprise la qualité d'organisme de recherche privé a pour seul objet la reconnaissance de la capacité de l'entreprise à mener des travaux de recherche et développement pour le compte de tiers et ne présume pas de la réalisation effective d'un projet dont les dépenses seraient éligibles sans autre condition au CIR (CAA Paris 23 mars 2016, n° 14PA02526).

Plafonnement des opérations de sous-traitance confiées à des organismes privés agréés [ligne 21]

54-71 **Principe.** Le montant des dépenses de recherche réalisées par les organismes visés au paragraphe 70 est retenu dans l'assiette du crédit d'impôt dans la limite de trois fois le montant total des autres dépenses de recherche ouvrant droit au crédit d'impôt, avant application de la limite globale de 2 M€ par an, limite portée à 10 M€ dans certaines circonstances (CGI art. 244 quater B, II.d bis).

En revanche, cette limite ne s'applique pas aux opérations de recherche confiées à des organismes de recherche publics, établissements d'enseignement supérieur ou assimilés (voir § 54-69). Elle implique en pratique que l'entreprise donneuse d'ordre réalise au minimum un quart des dépenses de recherche en interne ou qu'elle en confie la réalisation dans cette même proportion à ces organismes.

Le plafond maximal des dépenses de recherche confiées à des organismes de recherche privés ou experts scientifiques ou techniques agréés pouvant être reporté ligne 21 est égal à : (ligne 14 + ligne 17) × 3.

Si le montant des dépenses de sous-traitance confiées aux organismes privés, déterminé en ligne 20 (voir § 54-70), est inférieur au plafond calculé ci-dessus, il convient de reporter en ligne 21 le montant indiqué ligne 20. En revanche, si le montant des dépenses, déterminé en ligne 20 (voir § 54-70), est supérieur au plafond calculé ci-dessus, il faut indiquer en ligne 21 le montant calculé du plafond applicable.

Sur la ligne 22, sera indiqué le montant total des opérations de sous-traitance avant plafonnement de 2 M€ ou 10 M€ (voir §§ 54-73 à 54-75), correspondant à la somme des lignes 17 et 21.

Exemples

❶ Soit une entreprise qui a réalisé au titre de l'exercice clos le 31 décembre N des dépenses de recherche en interne éligibles au crédit d'impôt pour un montant de 800 000 €. Elle a également confié des travaux de recherche pour un montant de 3 000 000 € à un organisme de recherche privé agréé par le ministère chargé de la recherche. Il n'existe aucun lien de dépendance entre les deux entités.

• 1re limite applicable : les dépenses de recherche externalisées sont éligibles dans la limite de 3 fois le montant total des autres dépenses de recherche ouvrant droit au crédit d'impôt, soit un plafond de 2 400 000 € (800 000 € × 3).

Le montant éligible des dépenses de sous-traitance confiées à un organisme de recherche privé agréé est donc limité à 2 400 000 €.

• Application du plafond en l'absence de lien de dépendance entre les deux entités : 10 M€.

En conséquence, le montant des dépenses de recherche externalisées éligibles au crédit d'impôt au titre de l'exercice N est égal à 2 400 000 €.

❷ Soit une société qui a réalisé au titre de l'exercice clos le 31 décembre N des dépenses de recherche en interne éligibles au crédit d'impôt pour un montant de 800 000 €. Elle a également confié des travaux de recherche :
– pour un montant de 3 000 000 € à une filiale dont elle détient 80 % du capital et qui est agréée par le ministère chargé de la recherche ;
– à une entreprise indépendante agréée par ce même ministère pour un montant de 7 000 000 € ;
– ainsi qu'à un établissement public de coopération scientifique pour 1 000 000 € (il n'existe pas de lien de dépendance entre cette entité et l'entreprise donneuse d'ordre).

Le montant des dépenses confiées à des organismes extérieurs à retenir dans le calcul du crédit d'impôt est détaillé dans le tableau suivant.

	Dépenses de recherche réalisées par l'entreprise	Dépenses de recherche externalisées à un organisme de recherche privé agréé		Dépenses de recherche externalisées à un organisme de recherche public	Total
		Filiale agréée (lien de dépendance)	Entreprise indépendante agréée (sans lien de dépendance)	Établissement public de coopération scientifique (sans lien de dépendance)	
Dépenses de recherche réalisées par l'entreprise	800 000 €				
Dépenses de recherche externalisées		3 000 000 €	7 000 000 €	1 000 000 €	11 000 000 €
Première limite applicable = [800 000 € + 2 000 000 € (2)] × 3		8 400 000 €			8 400 000 €
Dépenses sous-traitées prises en compte dans la base de calcul avant plafonnement		8 400 000 €		2 000 000 € (1)	10 400 000 €
Dépenses sous-traitées prises en compte dans la base de calcul après plafonnement (2, 10 ou 12 M€ selon le cas)		2 000 000 € (3)	6 400 000 € (3)	2 000 000 € (3)	10 400 000 € (4)

(1) Les dépenses correspondant aux opérations de recherche confiées à l'établissement public de coopération scientifique sont prises en compte pour le double de leur montant (CGI art. 244 quater B, II.d bis).
(2) Première limite applicable : Les dépenses de recherche externalisées et confiées à des organismes privés agréés sont éligibles dans la limite de trois fois le montant total des autres dépenses de recherche ouvrant droit au crédit d'impôt, soit un plafond de 8 400 000 € [(800 000 € + 2 000 000 €) x 3].
(3) Autres plafonds à appliquer :
- pour la filiale agréée par le ministre de la Recherche : 2 M€ en raison des liens de dépendance avec l'entreprise donneuse d'ordre ;
- pour l'entreprise indépendante agréée par le ministre de la Recherche : 10 M€, mais la première limite de 8,4 M€ est applicable. Le plafond de 2 M€ est inclus dans le plafond global de 10 M€ ;
- pour l'établissement public de coopération scientifique : 12 M€ (le plafond de 10 M€ est majoré de 2 M€ pour les opérations confiées à de tels organismes) ;
- le plafond global des dépenses externalisées à prendre en compte pour l'entreprise donneuse d'ordre est donc de 12 M€.
(4) Compte tenu de l'application combinée des deux plafonds indiqués au (3), le montant des dépenses externalisées éligibles au CIR de l'entreprise donneuse d'ordre est égal à 10 400 000 €.

54-72 Calcul du CIR des organismes sous-traitants. **Un organisme agréé sous-traitant n'a pas le droit de tenir compte, dans l'assiette de son propre CIR, des sommes qu'il a facturées à un donneur d'ordre éligible au CIR. Il doit alors déduire de la base de calcul de son propre CIR les sommes reçues des organismes pour lesquels les opérations de recherche sont réalisées et facturées** (CGI, art. 244 quater B, III). **Ces dispositions doivent être interprétées comme interdisant uniquement aux organismes agréés d'inclure dans l'assiette de leur CIR les dépenses exposées pour réaliser des opérations de recherche pour le compte de tiers** (CE 9 septembre 2020, n° 440523).

Dans cette décision du 9 septembre 2020, le Conseil d'État annule la doctrine administrative qui considère que selon les dispositions de l'article 244 quater B, III du CGI les sous-traitants agréés doivent comprendre dans l'assiette de leur CIR le montant global des dépenses liées aux travaux éligibles à ce crédit d'impôt puis déduire de cette assiette les sommes perçues des donneurs d'ordre en contrepartie de ces travaux (BOFiP-BIC-RICI-10-10-20-30-§ 220-05/04/2017). Cette interprétation de la doctrine administrative peut s'avérer défavorable pour le calcul du CIR de l'organisme sous-traitant agréé, dès lors que celui-ci doit déduire de l'assiette de son propre CIR la marge dégagée à l'occasion de la réalisation d'opérations de recherche refacturées à son donneur d'ordre. Cette situation est illustrée par l'exemple suivant.

Un organisme de recherche agréé expose des dépenses de recherche éligibles au CIR pour

un montant de 30 000 € qui sont refacturées à son donneur d'ordre pour un montant de 35 000 €. En outre, il expose pour son propre compte des dépenses de recherche pour un montant de 40 000 €.
Selon la doctrine administrative précitée, le sous-traitant agréé doit retenir dans l'assiette de son CIR : 40000 (+ 30000 – 35 000) = 35 000 €. Cette situation conduit donc à diminuer le montant du CIR dont le sous-traitant peut bénéficier sur d'autres projets de recherche.
Selon la haute juridiction précitée, l'assiette du CIR du sous-traitant doit s'établir à 40 000 € (et non plus 35 000 €).

Les plafonds de 10 M€ ou 2 M€ (voir §§ 54-73 à 54-75) **doivent être respectés, ce qui signifie que le montant des dépenses qui excède ces plafonds ne peut pas être pris en compte dans l'assiette du CIR de l'entreprise qui confie la réalisation d'opérations de recherche à l'organisme de recherche privé agréé et ne peut pas davantage être inclus dans la base de calcul du CIR propre de ce dernier** (BOFiP-BIC-RICI-10-10-20-30-§ 220-05/04/2017).

Incidence de la non-éligibilité du donneur d'ordre au CIR. Lorsque l'entreprise qui a confié les travaux de recherche à l'organisme de recherche agréé ne peut pas bénéficier du CIR parce qu'elle ne satisfait pas à l'ensemble des conditions prévues, en particulier s'il s'agit d'un organisme public de recherche non lucratif ou d'une entreprise étrangère, l'organisme agréé n'est alors pas tenu de déduire de la base de calcul de son propre CIR les sommes reçues de cette entreprise (l'organisme agréé peut donc prendre en compte les dépenses correspondantes pour le calcul de son propre CIR) (BOFiP-BIC-RICI-10-10-20-30-§ 225-05/04/2017).
En revanche, le fait que cette entreprise renonce volontairement au bénéfice du CIR au titre de l'année considérée (soit pour la seule fraction des dépenses de recherche qu'elle a externalisées, soit pour l'ensemble des dépenses de recherche qu'elle a exposées, y compris en interne) n'est pas de nature à permettre à l'organisme agréé de prendre les sommes correspondantes en compte pour le calcul de son propre crédit d'impôt (l'organisme agréé doit donc les déduire de son propre CIR).Cette solution a été confirmée par le Conseil d'État selon lequel un organisme agréé ne peut retenir dans l'assiette de son CIR les dépenses exposées pour la réalisation d'opérations de recherche qui lui ont été confiées par un donneur d'ordre extérieur soumis à l'IS, quand bien même les dépenses de sous-traitance du donneur d'ordre seraient plafonnées ou que ce dernier renoncerait à les retenir dans son propre CIR (CE 5 mars 2018, n° 416836).

Cependant, un sous-traitant agréé qui réalise des opérations de recherche et développement pour son propre compte peut les retenir dans l'assiette de son CIR (CAA Versailles 22 janvier 2019, n° 17VE01717).

Quant aux organismes non agréés, ils peuvent inclure dans la base de calcul de leur propre CIR les dépenses exposées dans le cadre d'opérations de recherche réalisées soit, pour le compte d'entreprises auxquelles elles sont facturées (BOFiP-BIC-RICI-10-10-20-30-§ 227-05/04/2017), **soit pour le compte d'organismes agréés qui refacturent ces dépenses à un tiers, sauf caractérisation d'un montage constitutif d'une fraude à la loi** (CE 9 juin 2020, n° 427441).

Encadrement de la sous-traitance en cascade. Pour les dépenses exposées depuis le 1er janvier 2020, les dépenses de recherche confiées à des sous-traitants publics ou privés agréés sont prises en compte dans l'assiette du donneur d'ordre à la condition que les opérations de recherche soient réalisées directement par ces sous-traitants, ou le cas échéant par des sous-traitants publics ou privés agréés de second niveau (CGI art. 244 quater B, II.d ter). Cette disposition est destinée à éviter à ce que la même dépense afférente à une opération de recherche soit prise en compte deux fois, à la fois chez le donneur d'ordre principal et chez le sous-traitant de deuxième niveau privé et non agréé.

Plafonnement des opérations de sous-traitance confiées à des organismes avec un lien de dépendance [ligne 23]

54-73 **Le montant total des opérations de recherche confiées aux organismes publics** (voir § 54-69) **et privés** (voir § 54-70) **avec lesquels l'entreprise a un lien de dépendance est plafonné à 2 M€.**

Il convient d'indiquer, ligne 23, dans la limite de 2 M€, la somme des montants mentionnée aux lignes 15 a, 15 b, 18 a et 18 b.

Plafonnement des opérations de sous-traitance confiées à des organismes sans lien de dépendance [ligne 24]

54-74 **Sur la ligne 24, doit être porté le résultat issu de la somme des montants figurant aux lignes 16 a, 16 b, 19 a et 19 b dans la limite du montant figurant ligne 22** (voir § 54-71) **sous déduction du montant plafonné des opérations de sous-traitance confiées à des**

organismes avec lien de dépendance, indiqué ligne 23 (voir § 54-73).

Plafonnement général des dépenses de sous-traitance [ligne 25]

54-75 Trois situations sont à envisager :
– lorsque l'entreprise confie des opérations de recherche à des organismes publics et/ou privés agréés (voir §§ 54-69 et 54-70) avec lesquels elle entretient des liens de dépendance, le montant des dépenses sous-traitées est plafonné à 2 M€ (voir § 54-73). Il convient alors de compléter les seules lignes 15 a et/ou 15 b et/ou 18 a et/ou 18 b, et de reporter 2 M€ ligne 25 ;
– lorsque l'entreprise sous-traite des opérations de recherche à des organismes publics (voir § 54-69) avec lesquels elle entretient des liens de dépendance (lignes 15a ou 15b ou 18a ou 18b) et à des organismes privés agréés avec lesquels elle n'entretient pas de liens de dépendance (lignes 19 a et/ou 19 b), il convient de reporter 10 M€ ligne 25 ;
– lorsque l'entreprise sous-traite des opérations de recherche à des organismes publics (voir § 54-69) ou privés agréés (voir § 54-70) avec lesquels elle entretient des liens de dépendance (lignes 15a ou 15b ou 18a ou 18b), et à des organismes privés agréés ou publics avec lesquels elle n'entretient pas de liens de dépendance (lignes 19 a et/ou 19 b et lignes 16 a et/ou 16 b), il convient de reporter ligne 25 le montant de 10 M € majoré à hauteur de la somme des montants figurant lignes 16a et 16b, prise dans la limite de 2 M €.

Le plafond de 10 M€ est majoré, dans la limite de 2 M€ pour les seules dépenses de recherche confiées aux organismes de recherche publics, à des établissements d'enseignement supérieur délivrant un diplôme conférant un grade de master, à des fondations de coopération scientifique agréées, à des établissements publics de coopération scientifique, à des fondations d'utilité publique du secteur de la recherche agréées, à des associations agréées ayant pour fondateur et membre un organisme de recherche public ou un établissement d'enseignement supérieur délivrant un diplôme conférant un grade de master et ayant conclu une convention avec l'un de ces mêmes organismes, à des sociétés de capitaux agréées dont le capital ou les droits de vote sont détenus pour plus de 50 % par un organisme de recherche public ou un établissement d'enseignement supérieur délivrant un diplôme conférant un grade de master et ayant conclu une convention avec l'un de ces mêmes organismes, et aux instituts techniques liés aux professions mentionnées à l'article L. 830-1 du code rural et de la pêche maritime, ainsi qu'à leurs structures nationales de coordination ainsi qu'aux communautés d'universités et établissements.

Montant total des dépenses de sous-traitance après plafonnements [ligne 26]

54-76 Doit être portée sur la ligne 26 la somme des lignes 23 et 24 lorsqu'elle n'excède pas la ligne 25 (voir § 54-75). Si la somme des lignes 23 et 24 est supérieure à la ligne 25, le montant indiqué sur cette dernière est reporté ligne 26.

Sur la ligne 27, est à mentionner le montant total des dépenses portées aux lignes 14 et 26.

Prise en compte des subventions publiques et des dépenses exposées auprès des tiers [lignes 28 a à 31 b]

54-77 **Subventions publiques reçues [lignes 28 a et 28 b].** Les subventions publiques, remboursables ou non, reçues par les entreprises à raison des opérations ouvrant droit au crédit d'impôt, doivent être déduites des bases de calcul du crédit d'impôt calculé au titre de l'année ou des années au cours desquelles les dépenses éligibles, que ces avances ou subventions ont vocation à couvrir, sont exposées (BOFiP-BIC-RICI-10-10-30-20-§ 10-04/04/2014).

Le prêt à taux zéro innovation octroyé par la société Oseo à une société exerçant l'activité de conception de station météo à destination du monde agricole doit être regardé comme une subvention publique indirecte, devant être déduite de la base du crédit d'impôt recherche de l'année de son octroi (CAA Marseille 17 janvier 2019, n° 17MA00208).

Dans l'hypothèse où une subvention publique, remboursable ou non, fait l'objet d'un versement au cours d'une année et que les dépenses éligibles au crédit d'impôt, que cette subvention a vocation à couvrir, sont exposées par l'entreprise bénéficiaire au cours des années suivantes, cette subvention doit faire l'objet d'une déduction à hauteur des dépenses engagées l'année ou les années au cours desquelles les dépenses éligibles sont exposées.

➠ **EXEMPLE** Une entreprise reçoit une subvention de 70000 € à raison d'un projet de recherche qu'elle va entreprendre à compter de N + 1. Le versement de la subvention a lieu le 8 décembre N.

Les dépenses de recherche engagées par cette entreprise sont de 50000 € en N + 1, 60000 € en N + 2 et 45 000 € en N + 3.

Les modalités de calcul de l'assiette du CIR sont :
– en N + 1 : 50 000 – 50000 = 0 ;
– en N + 2 : 60000 – [70000 – 50000 (déjà déduits)] = 60000 – 20000 = 40000 ;
– en N + 3 : 45 000.

Corrélativement, le montant remboursé constitue une dépense de recherche éligible au crédit d'impôt calculé au titre de l'année au cours de laquelle un remboursement est effectué, y compris dans l'hypothèse où aucune autre dépense de recherche ne serait exposée pendant l'année de remboursement.

Les entreprises doivent indiquer, ligne 28 a, le montant des subventions publiques remboursables ou non reçues à raison des opérations ouvrant droit au crédit d'impôt.

Quant aux sous-traitants, ils doivent indiquer ligne 28 b les sommes reçues des entreprises donneuses d'ordre. En effet, les organismes ou experts visés aux paragraphes 54-69 **et** 54-70 **doivent déduire de la base de calcul de leur propre crédit d'impôt les sommes reçues des organismes qui leur ont confié la réalisation d'opérations de recherche** (voir § 54-72).

54-78 Dépenses exposées auprès de tiers au titre de prestations de conseil [ligne 29]. **Les entreprises doivent déduire de l'assiette du CIR le montant des dépenses exposées auprès de tiers au titre de prestations de conseil pour l'octroi du bénéfice du crédit d'impôt, totalement ou partiellement selon les cas** (CGI art. 244 quater B, III). **Ainsi, le montant des dépenses à déduire de l'assiette de calcul du crédit d'impôt s'effectue selon les modalités suivantes** (BOFiP-BIC-RICI-10-10-20-30-§§ 340 et 350-05/04/2017) **:**

– soit en totalité lorsque les rémunérations allouées en contrepartie de ces prestations sont fixées proportionnellement au montant du crédit d'impôt obtenu par l'entreprise ;

– soit pour leur part qui excède le plus élevé des deux montants suivants :

– 15000 € hors taxes,

– ou 5 % du total hors taxes des dépenses de recherche éligibles minoré des subventions publiques reçues, lorsque la rémunération du prestataire n'est pas déterminée en proportion du crédit d'impôt.

Ce dispositif s'applique à l'ensemble des prestations de conseil réalisées relatives au CIR, quelle que soit la qualité du prestataire : conseils spécialisés en recherche ou innovation, avocats ou experts-comptables, etc.

Le montant des prestations de conseil doit être porté en déduction de l'assiette du CIR de l'année au titre de laquelle ces prestations sont déduites du résultat imposable à l'IR ou à l'IS dans les conditions du droit commun.

➠ **EN PRATIQUE** Le montant des rémunérations fixées proportionnellement est déduit au titre de l'année N + 1, l'obtention du crédit d'impôt en N + 1 déclenchant la facturation du conseil. Bien entendu, si le montant des dépenses est déterminé à la fin de l'année N et donc déduit du résultat relatif à cette même année, le montant des honoraires vient en diminution de l'assiette du crédit d'impôt calculé au titre de l'année N.

➠ **EXEMPLE** Au cours de l'année civile N, une PME passible de l'IS qui clôture son exercice comptable au 31 décembre expose des dépenses de recherche dans le cadre d'un nouveau programme de recherche pour un montant de 400000 € après déduction des subventions publiques reçues. Le montant du CIR potentiel s'élève à 120000 € (taux applicable : 30 %).

En N + 1, elle a engagé 600000 € de dépenses éligibles et n'a pas perçu de subventions publiques, soit un CIR potentiel de 180000 € calculé au taux de 30 %.

1re hypothèse : Rémunération fixée proportionnellement

La PME a eu recours en N et N + 1 aux services d'un cabinet de conseil en innovation pour déterminer si ce nouveau programme était éligible au crédit d'impôt. À la suite de l'examen de son dossier, le cabinet a confirmé l'éligibilité de ses travaux de recherche et établi à ce titre une déclaration de CIR pour l'année N d'un montant de 120000 € que la société a déposée en N + 1 avec le relevé de solde de l'IS. Elle a demandé le remboursement immédiat de la créance de CIR correspondante non imputée sur l'IS dû auprès des services fiscaux et l'a obtenu.

Le cabinet lui a facturé à ce titre courant N + 1 un montant d'honoraires de 30000 € hors taxes qui était conditionné à l'obtention du CIR au titre de l'année N et fixé à 25 % du CIR obtenu.

Les honoraires fixés proportionnellement au CIR devront donc être déduits de l'assiette du CIR calculé au titre de l'année N + 1 :
– assiette du CIR avant déduction du montant des honoraires : 600000 € ;
– assiette du CIR après déduction des honoraires : 600000 € – 30000 € = 570000 € ;
– montant du CIR au titre de l'année N + 1 : 171 000 € (570000 € × 30 %).

Si l'entreprise est en mesure de déterminer le montant des honoraires du cabinet de conseil en innovation au titre de l'année N pour l'obtention du CIR calculé au titre de l'année N, elle déduira ce montant de l'assiette du CIR au titre de cette même année.

2e hypothèse : Rémunération autre que proportionnelle

La PME a eu recours en N aux services d'une société d'avocats qui a présenté une demande de rescrit auprès de l'administration fiscale concernant l'éligibilité de certaines dépenses exposées pour la réalisation du programme de recherche. Une facture lui a été adressée à ce titre en fin d'année N pour un montant de 30000 € hors taxes (rémunération fixée en fonction du temps de travail nécessité par le traitement du dossier).

Montant à déduire de l'assiette des dépenses de recherche éligibles au CIR calculé au titre de l'année N :
– 400000 € × 5 % = 20000 € (ce montant est le plus élevé, car supérieur à 15000 € HT) ;
– montant à déduire : 30000 € – 20000 € = 10000 €.

Assiette du CIR :
400000 € – 10000 € = 390000 €.

Montant du CIR calculé au titre de l'année N : 117000 € (390000 € × 30 %).

3e hypothèse : Rémunération mixte

Des prestations de conseil ont été facturées en N à l'entreprise par une société de conseil en recherche et en innovation selon les modalités suivantes :
– une rémunération proportionnelle et conditionnelle à l'obtention du CIR de l'année N – 1 pour un montant de 50000 € hors taxes au titre de son précédent programme de recherche ;
– et un forfait de 18000 € hors taxes pour une prestation complémentaire liée au CIR de l'année N.

Les honoraires fixés proportionnellement au CIR devront être déduits comme suit de l'assiette de calcul du crédit d'impôt :
400000 € – 50000 € = 350000 €.b

Les honoraires dont le montant est forfaitaire (18000 €) n'ont, en revanche, pas à être déduits de l'assiette de calcul du crédit d'impôt, puisque leur montant est inférieur à 20000 € (400000 € × 5 % = 20000 €, ce montant est le plus élevé car supérieur à 15000 € HT).

CIR calculé au titre de l'année N :
350000 × 30 % = 105000 €.

54-79 Remboursement des subventions publiques [ligne 30]. Lorsque ces subventions sont remboursables, elles sont ajoutées aux bases de calcul du crédit d'impôt de l'année au cours de laquelle elles sont remboursées à l'organisme qui les a versées (BOFiP-BIC-RICI-10-10-30-20-§ 10-04/04/2014) (voir § 54-77).

Les entreprises doivent alors indiquer, ligne 30, le montant des subventions remboursées (ce montant doit être multiplié par le rapport entre le taux du crédit d'impôt l'année de la déduction de la subvention et celui applicable l'année du remboursement).

54-80 Montant net total hors dépenses de collection [ligne 31 a]. Le montant net total des dépenses de recherche hors dépenses de collection porté ligne 31, correspond à la différence entre, d'une part, le total des dépenses hors collection mentionné à la ligne 27 et, d'autre part, la somme des subventions reçues (lignes 28 a et 28 b) et des dépenses de conseil (ligne 29). Ce montant doit être majoré des remboursements de subventions publiques (ligne 30).

54-81 Dont montant net des dépenses de recherche exposées dans des exploitations situées dans un DOM [ligne 31 b]. Cette ligne permet d'isoler les dépenses de recherche réalisées dans des exploitations situées dans un département d'outre-mer (DOM), dont le taux du crédit d'impôt est différent de celui des opérations réalisées hors DOM (voir § 54-84).

Cadre II : Dépenses de collection ouvrant droit au crédit d'impôt

54-82 Jusqu'au 31 décembre 2022, les entreprises industrielles du secteur textile-habillement-cuir peuvent bénéficier du crédit d'impôt recherche à raison des opérations liées à l'élaboration de nouvelles collections qu'elles exécutent elles-mêmes (CGI art. 244 quater B, II.h) ou qu'elles confient à des stylistes ou bureaux de style agréés (CGI art. 244 quater B, II.i).

Les entreprises industrielles du secteur textile-habillement-cuir inscrivent ligne 32 le total des dépenses liées à l'élaboration des nouvelles collections et correspondant :

– aux salaires et charges sociales des personnels chargés de la création et de la réalisation de prototypes et d'échantillons non vendus ;

– aux dotations aux amortissements fiscalement déductibles des immobilisations créées ou acquises à l'état neuf qui sont directement affectées à la conception des nouvelles collections ou à la réalisation des prototypes et échantillons non vendus tels que, notamment, les logiciels de conception, de fabrication, de dessin et de gestion de la production assistés par ordinateur (CAO, FAO, DAO, GPAO) ;

– aux autres dépenses de fonctionnement liées à l'élaboration des nouvelles collections ou à la réalisation de prototypes ou d'échantillons non vendus, retenues de manière forfaitaire pour un montant égal à 75 % des dépenses de personnel ;

– aux frais de dépôt des dessins et modèles ;

– aux dépenses liées à l'élaboration de nouvelles collections confiée à des stylistes ou bureaux de style agréés.

Les frais de défense des dessins et modèles, mentionnés ligne 33, sont pris en compte dans la limite de 60 000 € par an et par entreprise.

Par ailleurs, il convient de mentionner :

– ligne 35, le montant des subventions publiques reçues par les entreprises à raison des opérations d'élaboration de nouvelles collections ouvrant droit au crédit d'impôt ; celles-ci doivent être déduites des dépenses y compris les avances remboursables ;

– ligne 36, le montant des dépenses exposées au titre des prestations de conseil pour l'octroi du crédit d'impôt collection ;

– ligne 37, le montant des remboursements opérés au cours de l'année qui se rapportent à des avances antérieurement déduites de la base de calcul du crédit d'impôt. Ces remboursements sont à porter sur cette ligne selon les mêmes modalités que lorsqu'ils se rapportent à d'autres dépenses (voir § 54-79) ;

– ligne 38 a, le montant total des dépenses de collection qui résulte de la différence entre, d'une part, le total des dépenses de collection (ligne 34) et, d'autre part, la somme des subventions reçues (ligne 35) et des dépenses de conseil (ligne 36). S'y ajoute le montant des remboursements des subventions opérées (ligne 37) ;

– ligne 38 b, le montant net total des dépenses de collection réalisées dans des exploitations situées dans un DOM.

• **Secteurs concernés.** Font partie du secteur textile-habillement-cuir les entreprises qui fabriquent des produits relevant, dans la nomenclature détaillée de produits prévue par le décret 83-831 du 5 septembre 1983, des classes suivantes : secteur textile (classes 43 et 44), secteur de l'habillement (classe 47), secteur du cuir (classes 45 et 46).

• **Entreprises industrielles.** Sont seules concernées les entreprises du secteur textile-habillement-cuir qui exercent une activité industrielle (BOFiP-BIC-RICI-10-10-40-§ 20-13/02/2019). Le fait de réserver le bénéfice de ce crédit d'impôt à ces seules entreprises est conforme à la constitution (C. constit., décision 2016-609 QPC du 27 janvier 2017). Présentent un caractère industriel les entreprises exerçant une activité qui concourt directement à la fabrication ou à la transformation de biens corporels mobiliers et pour laquelle le rôle des installations techniques, matériels et outillages mis en œuvre est prépondérant (CE 13 juin 2016, n° 380490). Tel n'est pas le cas :

– d'une société qui exerce une activité de conception, d'achat et de vente de vêtements en gros (CAA Marseille 21 janvier 2010, n° 07MA01018) ;

– d'une entreprise fabriquant des chapeaux de série à partir de modèles de collection dès lors que le rôle des matériels et outillages est d'une importance moindre que celui joué par les salariés dans le processus de production (CAA Nantes 12 juin 2014, n° 13NT01922) ;

– d'une société ayant une activité de fabrication de prêt-à-porter féminin dès lors que d'une part, l'essentiel de son activité n'est pas la transformation des matières premières ou de produits semi-finis en produits fabriqués et que, d'autre part, l'examen de son extrait de bilan démontre qu'elle ne dispose pas du matériel ou de l'outillage lui permettant de réaliser directement cette transformation (CAA Versailles 13 octobre 2015, n° 13VE01292) ;

Contrairement à l'administration (BOFiP-BIC-RICI-10-10-40-§§ 40 à 60-13/02/2019), la jurisprudence considère que le bénéfice du crédit d'impôt n'est pas subordonné au renouvellement des collections à intervalles réguliers et connus d'avance (CAA Nantes 27 mars 2007, n° 05NT01700).

• **Recours à la sous-traitance.** Les entreprises exerçant une activité industrielle, qui ont recours à la sous-traitance mais qui n'ont pas concédé leur droit de fabrication, peuvent bénéficier du crédit d'impôt dès lors qu'elles sont propriétaires de la matière première et qu'elles assurent tous les risques de la fabri-

cation et de la commercialisation. Ne sont toutefois pas éligibles au CIR les dépenses liées à l'élaboration de nouvelles collections commercialisées sous la propre marque de l'entreprise mais dont l'entière fabrication est confiée à des sous-traitants, y compris lorsque cette entreprise exerce par ailleurs une activité de fabrication en qualité de sous-traitant pour le compte d'entreprises tierces (BOFiP-BIC-RICI-10-10-40-§ 25-13/02/2019). Ainsi, ne peut pas bénéficier du CIR :
– une société de conception et de commercialisation, sous sa propre marque, d'articles de maroquinerie et d'accessoires de mode dont elle confie l'entière fabrication à des sous-traitants établis à l'étranger (CE 26 juin 2017, n° 390619) ;
– une société sous-traitant l'ensemble de sa production à des prestataires et qui ne dispose pas de capacité de production (CAA Douai 11 janvier 2018, n° 17DA02299) ;
– une entreprise commercialisant des produits de maroquinerie dont la fabrication de tous ses prototypes est sous-traitée et qui dispose de peu de moyens de production (CAA Paris 25 février 2020, n° 18PA02588).
Par ailleurs, bien que relevant de la codification NAF (nomenclature d'activités française) « industrie de l'habillement » les entreprises qui ne présentent pas de caractère industriel ou sous-traitent l'intégralité de la production, ne peuvent pas bénéficier du CIR « collection » (rép. Grau n° 14136, JO du 16 avril 2019, AN quest. p. 3574).

• **Salaires et charges sociales.** Sont pris en compte les salaires et charges sociales afférents :
– aux stylistes et techniciens de bureaux de style qui ont la qualité de salarié et qui ont pour fonction exclusive de concevoir et d'exécuter les modèles à partir desquels seront réalisés les prototypes et échantillons de produits nouveaux ; les stylistes et techniciens de style extérieurs à l'entreprise (sous-traitants, membres de cabinets de stylistes) ne sont donc pas concernés par le dispositif. Néanmoins, la condition relative à la qualité de salarié n'étant pas exigée les dépenses de personnels non salariés comme les créateurs chefs d'entreprise, peuvent être retenues pour autant que ceux-ci soient, bien entendu, chargés de la création et de la réalisation des prototypes et échantillons ;
– aux ingénieurs et techniciens de production chargés de la réalisation de prototypes et d'échantillons non vendus.
Les stylistes et techniciens de bureaux de style ainsi que les ingénieurs et techniciens de production constituent deux catégories distinctes de dépenses de personnel pouvant être prises en compte séparément pour l'application du crédit d'impôt (CE 18 juillet 2018, n° 413314).

Une société qui fabrique des échantillons de tissus non destinés à la vente peut bénéficier du crédit d'impôt recherche « textile » dès lors que, même si elle n'élabore pas elle-même de nouvelles collections, elle participe directement à leur conception, les dépenses de personnel engagées à ce titre sont éligibles au CIR (CE 23 janvier 2020, n° 430846).

La ligne 39 a permet le calcul de la somme des dépenses de recherche (ligne 31 a) et des dépenses de collection (ligne 38 a).

La fraction des dépenses de recherche (ligne 31 b) et des dépenses de collection (ligne 38 b) exposées dans les DOM doivent être mentionnées sur la ligne 39 b.

Cadre III : calcul du crédit d'impôt au titre des dépenses de recherche et de collection

Les dépenses de recherche n'excèdent pas 100 M€ [cadre A]

54-83 Ce cadre est à servir par les entreprises dont les dépenses de recherche exposées au cours de l'année 2020 n'excèdent pas 100 M€. Il est prévu de faire deux calculs de crédit d'impôt, l'un relatif aux dépenses de recherche hors dépenses de collection, l'autre afférent aux dépenses de collection.

54-84 **Détermination du crédit d'impôt hors dépenses de collection [lignes 40 a à 43 b].** Sur la ligne 40 a, est reporté le montant figurant sur la ligne 31 a et qui correspond au montant des dépenses éligibles autres que celles se rapportant à l'élaboration de nouvelles collections. La fraction des dépenses de recherche exposées dans les DOM est isolée ligne 40 b.

Le montant du crédit d'impôt, porté ligne 41, consiste à multiplier le montant total net des dépenses de recherche (ligne 40 a) par le taux applicable de 30 % ou le taux de 50 % pour les entreprises exploitées dans les DOM (ligne 40 b x 50 %).

➟ **À noter** Le bénéfice du taux majoré de 50 % pour les exploitations situées dans les DOM est subordonné au respect de l'article 15 du règlement général d'exemption par catégorie (RGEC) 651/2014 de la Commission européenne du 17 juin 2014 déclarant certaines catégories d'aides compatibles avec le marché intérieur en application des articles 107 et 108 du traité de fonctionnement de l'Union européenne (BOFiP-BIC-RICI-10-10-30-10-§ 30-05/04/2017).

Le montant du crédit d'impôt pour les dépenses hors collections est alors égal (ligne 43 a) à la somme, d'une part, du produit des dépenses de recherche par le taux applicable (ligne 41), d'autre part, de la quote-part de crédit d'impôt qui résulte de la participation dans une société de personnes ou un groupement assimilé (ligne 42). Le montant porté sur la ligne 42 correspond au montant indiqué ligne 87 a (voir § 54-116).

Sur la ligne 43 b, doit être indiqué le montant du crédit d'impôt pour les dépenses hors collections exposées dans les DOM.

Le montant du crédit d'impôt hors DOM et dans les DOM ainsi déterminé n'est pas plafonné.

54-85 **Détermination du crédit d'impôt pour les dépenses de collection [lignes 44 a à 47 b].** Le calcul est identique à celui prévu pour le crédit d'impôt relatif aux autres dépenses de recherche.

Les entreprises doivent mentionner ligne 44 a, le montant des dépenses de collection (report de la ligne 38 a) et ligne 44 b, le montant des dépenses de collection exposées dans les DOM (voir § 54-82).

Le montant du crédit d'impôt pour dépenses de collection exposées par l'entreprise avant plafonnement des aides, mentionné ligne 47 a est égal à la somme, d'une part, du produit des dépenses de collection par le taux applicable de 30 % (ligne 45), d'autre part, de la quote-part de crédit d'impôt qui résulte de la participation dans une société de personnes ou un groupement assimilé (ligne 46). Le montant porté sur la ligne 46 correspond au montant indiqué ligne 87 b.

La fraction du crédit d'impôt pour dépenses de collection exposées dans les DOM par l'entreprise avant plafonnement des aides est isolée sur la ligne 47 b.

Le montant du crédit d'impôt ainsi déterminé est plafonné en application de la réglementation communautaire relative aux aides d'État (voir § 54-86).

54-86 **Encadrement communautaire et application de la réglementation relative aux aides de minimis [lignes 48 à 50 b].** Le bénéfice du crédit d'impôt recherche pour dépenses de collection (voir § 54-82) est subordonné au respect de la réglementation communautaire relative aux aides de minimis (règlt (UE) 1407/2013 de la Commission, du 18 décembre 2013, relatif à l'application des articles 107 et 108 du traité sur le fonctionnement de l'Union européenne aux aides de minimis).

Ainsi, le montant brut total des aides de minimis octroyées ne peut pas en principe excéder 200 000 € sur une période de 3 exercices fiscaux (l'exercice en cours à la date d'octroi de l'aide et les deux exercices précédents).

La somme du montant des aides de minimis obtenues antérieurement (ligne 48) et du montant du crédit d'impôt collection (ligne 47 a) doit être mentionnée ligne 49.

La ligne 50 a permet de calculer le montant du crédit d'impôt collection après plafonnement. Si le montant de la ligne 49 (total des lignes 47 a et 48) est égal à 200 000 €, il convient d'indiquer 0 sur la ligne 50 a. En revanche, si le montant de la ligne 49 est inférieur à 200 000 €, il faut reporter ligne 50 a le montant déterminé ligne 47 a. Enfin, si le montant de la ligne 49 est supérieur à 200 000 €, il convient de reporter ligne 50 a le résultat de la différence entre 200 000 € et la somme figurant ligne 48.

Sur la ligne 50 b doit être mentionné le montant du crédit d'impôt pour dépenses de collection situées dans les DOM après plafonnement.

54-87 **Montant total du crédit d'impôt [ligne 51 a et ligne 51 b].** Le montant total du crédit d'impôt (ligne 51 a) résulte de la somme du crédit d'impôt hors dépenses de collection (ligne 43 a) et du crédit d'impôt relatif aux dépenses de collection (ligne 50 a).

La fraction du crédit d'impôt pour dépenses de recherche et de collection situées dans les DOM est isolée ligne 51 b. Elle correspond à la somme du crédit d'impôt hors dépenses de collection (ligne 43 b) et du crédit d'impôt relatif aux dépenses de collection (ligne 50 b).

Les dépenses de recherche excèdent 100 M€ [cadre B]

54-88 Le calcul du crédit s'effectue selon les mêmes modalités que celles décrite au paragraphe 54-84. Toutefois, le taux du crédit d'impôt est de 5 % pour la fraction des dépenses qui excède 100 M€.

Les entreprises dont le montant des dépenses de recherche exposées et éligibles au CIR est supérieur à 100 M€ doivent transmettre à l'administration des finances publiques des informations précises sur leurs travaux de recherche en cours et pour lesquels elles bénéficient du CIR (BOFiP-BIC-RICI-10-10-60-§§ 80 à 130-17/04/2019).

Pour les déclarations déposées à compter du 1er janvier 2020, les entreprises dont les dépenses ouvrant droit au CIR sont supérieures à 10 M€ et inférieures ou égales à 100 M€ doivent joindre à leur déclaration de CIR un état précisant, pour l'exercice au titre duquel la déclaration porte, la part de titulaires d'un doctorat financés par ces dépenses ou recrutés sur leur base, le nombre d'équivalents temps plein correspondant et leur rémunération moyenne (CGI art. 244 quater B, III bis). En cas de non-respect de leur obligation documentaire, les entreprises concernées ne sont pas soumises à l'amende majorée de 1 500 € applicable aux entreprises qui engagent plus de 100 M€ de dépenses de recherche (voir ci-après), mais à la pénalité de droit commun de 150 €.
Le seuil de 100 M€ de dépenses de recherche éligibles est déterminé avant les déductions à opérer de l'assiette de calcul du crédit d'impôt (notamment subventions publiques éventuellement reçues par l'entreprise ou dépenses exposées auprès de tiers au titre de prestations de conseil pour l'octroi du bénéfice du crédit d'impôt).

Les entreprises doivent ainsi annexer l'imprimé 2069-A-1 à leur déclaration 2069-A souscrite au titre des opérations de recherche réalisées au titre de l'année précédente, décrivant la nature de leurs travaux de recherche en cours et pour lesquels elles bénéficient du CIR, l'état d'avancement de leurs programmes, les moyens humains et matériels mis en œuvre, directs ou indirects, et leur localisation. Elles doivent également indiquer la part de titulaires d'un doctorat financés par ces dépenses ou recrutés sur leur base, le nombre d'équivalents temps plein correspondants et leur rémunération moyenne (BOFiP-BIC-RICI-10-10-60-§ 90-17/04/2019).

Ainsi, les entreprises qui ont exposé en 2020 des dépenses éligibles pour un montant supérieur à 100 M€ doivent annexer l'imprimé 2069-A-1 relatif à leurs travaux de recherche en cours en 2021.

L'absence de dépôt de l'état susmentionné dans le délai prévu pour le dépôt de la déclaration 2069 A est sanctionnée par une amende fiscale de 1 500 €. Par ailleurs, les omissions ou inexactitudes constatées entraînent une amende de 15 € par omission ou inexactitude sans que le total puisse être inférieur à 60 € ni supérieur à 10 000 €. Toutefois, l'amende n'est pas applicable, en cas de première infraction commise au cours de l'année civile en cours et des 3 années précédentes, lorsque l'intéressé a réparé l'infraction soit spontanément, soit dans les 30 jours suivant une demande de l'administration (CGI art. 1729 B).

54-89 Détermination du crédit d'impôt hors dépenses de collection [lignes 52 a à 58 b]. L'entreprise doit d'abord déterminer, ligne 52 a, le montant du crédit d'impôt afférent aux dépenses hors collection exposées au cours de l'année dont le montant est inférieur à 100 M€ (report du montant inscrit ligne 31 a limité à 100 M€). Le montant total des dépenses hors collection exposées dans les DOM est indiqué ligne 52 b (report de la ligne 31 b dans la limite de 100 M€).

Puis, l'entreprise doit mentionner ligne 53 le montant du crédit d'impôt correspondant à la somme d'une part, du produit des dépenses de recherche hors collection dans la limite de 100 M€ (ligne 52 a) (sous déduction des dépenses de recherche exposées dans les DOM figurant ligne 52 b) par le taux applicable de 30 %, d'autre part du produit des dépenses de recherche hors collection exposées dans les DOM dans la limite de 100 M€ par le taux de 50 % (ligne 52 b).

Elle doit ensuite déterminer le montant du crédit d'impôt relatif aux dépenses hors collection pour la fraction de ces dépenses qui excède 100 M€. Ce montant porté ligne 55 est égal à 5 % multiplié par le montant des dépenses de recherche hors collection figurant ligne 54. Sur cette dernière est indiquée la part des dépenses de recherche qui excède 100 M€ (différence entre la ligne 31 a et 100 M€).

Le crédit d'impôt hors dépenses de collection qui est égal à la somme des montants indiqués lignes 53 et 55 doit être porté à la ligne 56.

Le montant du crédit d'impôt hors dépenses de collection est alors égal à la somme des trois termes suivants (ligne 58 a) :
– montant total du crédit d'impôt hors dépenses de collection pour la fraction des dépenses inférieure ou égale à 100 M€ (ligne 53) ;
– montant du crédit d'impôt hors dépenses de collection pour la fraction des dépenses supérieure à 100 M€ (ligne 55) ;

– quote-part de crédit d'impôt résultant de la participation de l'entreprise dans des sociétés de personnes (report de la ligne 87 a) (ligne 57).

La fraction du crédit d'impôt hors dépenses de collection exposées dans les DOM est indiquée ligne 58 b.

54-90 Détermination du crédit d'impôt pour les dépenses de collection [lignes 59 a à 65]. Le montant des dépenses liées à l'élaboration de nouvelles collections est mentionné ligne 59 a (report de la ligne 38 a). La fraction des dépenses exposées dans les DOM est mentionnée ligne 59 b (report de la ligne 38 b).

La ligne 60 n'est servie que dans le cas où les dépenses autres que celles se rapportant à l'élaboration de collections n'ont pas atteint 100 M€. Est à porter sur cette ligne la différence entre 100 M€ et le montant mentionné ligne 52 a (hors DOM) (voir § 54-86).

En cas d'activités mixtes (élaboration de collections et activités de recherche), les dépenses liées à l'élaboration de nouvelles collections sont prises en compte dans la base de calcul du CIR après les autres dépenses éligibles au crédit d'impôt. Le crédit d'impôt est alors déterminé en deux temps.

❶ **Pour la fraction des dépenses de recherche inférieure ou égale à 100 M€.** Dans la mesure où le plafond de 100 M€ s'applique à l'ensemble des dépenses éligibles au crédit d'impôt, en cas d'activités mixtes (élaboration de collections et activités de recherche), il faut également tenir compte des autres dépenses de recherche qui ne sont pas afférentes à des dépenses de collection.

Le montant des dépenses de collection susceptible de bénéficier du taux de 30 % (taux de 50 % pour les entreprises exploitées dans les DOM) est inscrit ligne 61. Il correspond à la différence entre les dépenses de collection figurant à la ligne 59 a, dans la limite du plafond disponible mentionné à la ligne 60 [100 M€ – montant net total des dépenses de recherche hors dépenses de collection (ligne 52 a ou ligne 52 b)], et les dépenses de collection exposées outre-mer (ligne 59 b) dans la limite de la ligne 60. Le montant issu de cette différence est multiplié par le taux de 30 % (ou 50 % pour les entreprises exploitées dans les DOM).

En l'absence d'activités de recherche distinctes de l'élaboration de collections, le montant des dépenses de collection qui bénéficie du taux de droit commun du crédit d'impôt est égal à 100 M€.

❷ **Pour la fraction des dépenses de recherche supérieure à 100 M€.** Le crédit d'impôt dont les dépenses de recherche excèdent 100 M€ relève du taux de 5 %.

Le crédit d'impôt afférent à la fraction des dépenses auxquelles le taux de 5 % s'applique est porté ligne 62. Il est déterminé en appliquant le taux de 5 % à la différence entre le montant des dépenses net total de collection (ligne 59 a) et le plafond des dépenses qui bénéficie du taux de droit commun (ligne 60).

❸ **Le montant total du crédit d'impôt** pour dépenses de collection avant application de la réglementation communautaire est égal à la somme (ligne 65) :
– du montant du crédit d'impôt pour dépenses de collection avant plafonnement (somme du crédit d'impôt calculé au taux de 30 % et de celui calculé au taux de 5 %) (ligne 63) ;
– de la quote-part de crédit d'impôt résultant de la participation de l'entreprise dans des sociétés de personnes (report du montant indiqué ligne 87 b) (ligne 64).

54-91 Encadrement communautaire [lignes 66, 67, 68 a à 69 b]. L'application des encadrements communautaires est identique à celle prévue lorsque les dépenses de recherche n'excèdent pas 100 M€ (voir § 54-86).

Il convient d'indiquer :
– ligne 66, le montant des aides de minimis obtenues antérieurement dans la limite de 200 000 € ;
– ligne 67, la totalité des aides de minimis y compris le montant total de crédit d'impôt calculé au titre des dépenses de collection avant plafonnement : (ligne 65 + ligne 66) ;
– ligne 68 a, le montant du crédit d'impôt afférent aux dépenses de collection après plafonnement.

Sur la ligne 68 b, doit être mentionnée la fraction du crédit d'impôt afférent aux dépenses de collection exposées dans les DOM après plafonnement.

Lorsque le montant porté sur la ligne 66 est égal à 200 000 €, il convient d'indiquer 0 sur la ligne 68 a. Si le montant indiqué sur la ligne 67 est inférieur à 200 000 €, il convient de reporter ligne 68 a le montant déterminé ligne 65 (somme des lignes 63 et 64 ; voir § 54-90). Enfin, si le montant porté ligne 67 est supérieur à 200 000 €, le résultat de la différence entre 200 000 € et le montant porté ligne 66 est indiqué ligne 68 a.

Le crédit d'impôt recherche total qui résulte de la somme du crédit d'impôt hors dépenses de collection (ligne 58 a) et du crédit d'impôt collection (ligne 68 a) figure ligne 69 a.

La fraction du crédit d'impôt recherche DOM qui résulte de la somme du crédit d'impôt hors dépenses de collection (ligne 58 b) et du crédit d'impôt collection (ligne 68 b) figure ligne 69 b.

Cadre IV : calcul du crédit d'impôt au titre des dépenses d'innovation engagées par les PME

Qu'entend-on par PME communautaires?

54-92 Jusqu'au 31 décembre 2022, le bénéfice du CIR est étendu aux PME communautaires qui exposent des dépenses de recherche-développement liées à des opérations de conception de prototypes ou d'installations pilotes de nouveaux produits (autres que celles déjà éligibles au CIR) (CGI art. 244 quater B, I et II.k).

• **Les PME communautaires** sont celles qui satisfont à la définition des micro, petites et moyennes entreprises donnée à l'annexe I au règlement général d'exemption (règlement UE 651/2014 de la Commission du 17 juin 2014). Il s'agit d'entreprises qui occupent moins de 250 personnes et dont le chiffre d'affaires annuel n'excède pas 50 M€ ou dont le total du bilan annuel n'excède pas 43 M€.

• **La date d'appréciation de ces données** (effectif, chiffre d'affaires et total de bilan) est la date de fin du dernier exercice clôturé au jour du dépôt de la déclaration 2069-A. Ces données sont calculées sur une base de 12 mois. Lorsqu'une entreprise dépasse, à la date de clôture des comptes, le seuil d'effectif ou les seuils financiers visés ci-dessus, cette circonstance ne lui fait perdre la qualité de PME que si elle se produit au titre de deux exercices consécutifs.

➟ **Exemple** Soit une entreprise dont l'exercice coïncide avec l'année civile. Elle perd la qualité de PME au titre de l'exercice clos le 31/12/N + 1 si :
– l'un des seuils visés ci-dessus est franchi au titre de l'exercice clos le 31/12/N ;
– et l'un de ces mêmes seuils est dépassé au titre de l'exercice clos le 31/12/N + 1.

Quelles sont les activités éligibles au crédit d'impôt innovation ?

54-93 **Crédit d'impôt réservé aux seuls produits innovants.** Ouvrent droit au crédit d'impôt innovation les dépenses se rapportant à la réalisation d'opérations de conception de prototypes ou d'installations pilotes de nouveaux produits. Est considéré comme nouveau produit un bien, corporel ou incorporel, qui satisfait aux deux conditions cumulatives suivantes :
– il n'est pas encore mis à disposition sur le marché ;
– il se distingue des produits existants ou précédents par des performances supérieures sur le plan technique, de l'éco-conception, de l'ergonomie ou de ses fonctionnalités.

Le crédit d'impôt innovation ne concerne donc que les innovations de produits qui sont définies à cet effet par le Manuel d'Oslo comme l'introduction d'un bien nouveau ou sensiblement amélioré sur le plan de ses caractéristiques ou de l'usage auquel il est destiné (BOFiP-BIC-RICI-10-10-45-10-§ 60-02/03/2016). Ainsi, lorsqu'une innovation de biens est incluse dans une innovation de service, elle est seule éligible au dispositif.

Détermination du crédit d'impôt innovation

54-100 **Dotations aux amortissements des immobilisations affectées aux opérations de conception de prototypes ou installations pilotes de nouveaux produits [ligne 70].** Il s'agit des dotations aux amortissements correspondant à des biens créés ou acquis à l'état neuf et affectés directement à la réalisation d'opérations de conception de prototypes ou installations pilotes de nouveaux produits.

En cas d'utilisation mixte d'une immobilisation pour des opérations de conception de prototypes ou installations pilotes de nouveaux produits et pour d'autres activités (relevant, par exemple, de la phase de production), les amortissements sont pris en compte au prorata du temps effectif d'utilisation des biens pour les opérations de conception précitées, à condition que l'entreprise puisse déterminer avec précision ce temps d'utilisation.

54-101 Dépenses de personnel affecté à la réalisation d'opérations de conception de prototypes ou installations pilotes de nouveaux produits [ligne 71]. Le personnel éligible est celui directement et exclusivement affecté à la réalisation d'opérations de conception de prototypes ou installations pilotes de nouveaux produits. À ce titre, le personnel de soutien est expressément exclu du champ d'application du crédit d'impôt.

Ainsi, les rémunérations des personnels éligibles, affectés en permanence à la réalisation d'opérations de conception de prototypes ou installations pilotes de nouveaux produits, sont prises en compte intégralement pour la détermination du crédit d'impôt. Les rémunérations des personnels éligibles, affectés à temps partiel ou en cours d'année à la réalisation de ces opérations, sont prises en compte au prorata du temps qui leur est effectivement consacré. Les entreprises doivent pouvoir établir, avec précision et rigueur, le temps réellement et exclusivement passé à la réalisation de ces opérations, toute détermination forfaitaire étant exclue.

Les dépenses de personnel correspondant aux dépenses facturées dans le cadre de la mise à disposition de personnel ne peuvent pas être prises en compte dans la base de calcul du crédit d'impôt recherche de l'entreprise qui met à disposition ce personnel.

54-102 Autres dépenses de fonctionnement [ligne 72]. Les autres dépenses de fonctionnement exposées à raison des opérations de conception de prototypes ou installations pilotes de nouveaux produits sont fixées forfaitairement à la somme de :
– 75 % des dotations aux amortissements des immobilisations affectées directement à la réalisation de ces opérations ;
– depuis le 1er janvier 2020, 43 % (contre 50 % avant 2020) des dépenses de personnel directement et exclusivement affecté à la réalisation de ces opérations.

54-103 Dotations aux amortissements, frais de prise et de maintenance de brevets et de certificats d'obtention végétale, frais de dépôt de dessins et modèles [ligne 73]. Sont à porter sur cette ligne, à condition qu'ils soient relatifs aux opérations de conception de prototypes ou installations pilotes de nouveaux produits :
– les dotations aux amortissements des brevets et des certificats d'obtention végétale acquis en vue de réaliser ces opérations ;
– les frais de prise et de maintenance de brevets et de certificats d'obtention végétale, qu'ils soient consécutifs ou non à la réalisation de ces opérations ;
– les frais de dépôt de dessins et modèles ; sont pris en compte les frais et taxes versés à l'Institut national de la propriété industrielle (INPI) pour la publication du dépôt du dessin ou du modèle au bulletin officiel de la propriété industrielle (BOPI) ou à des organismes étrangers qui assurent la protection des dessins et modèles ainsi que les honoraires éventuellement versés aux conseils ou mandataires chargés par l'entreprise de procéder en son nom au dépôt des dessins et modèles ou de maintenir en vigueur la protection des dessins et modèles ;
– les frais de prise et de maintenance de brevets et de certificats d'obtention végétale ainsi que les frais de dépôt de dessins et modèles qui doivent correspondre à des opérations localisées dans un État membre de l'UE ou partie à l'accord sur l'EEE. La condition de territorialité n'est pas exigée pour ces frais.

54-104 Frais de défense des brevets, certificats d'obtention végétale, dessins et modèles [ligne 74]. Sont pris en compte :
– les frais de défense de brevets et de certificats d'obtention végétale ; ils sont éligibles, qu'ils soient consécutifs ou non à la réalisation d'opérations de conception de prototypes ou installations pilotes de nouveaux produits ;
– les frais de défense des dessins et modèles à condition qu'ils soient relatifs aux opérations de conception de prototypes ou installations pilotes de nouveaux produits ; sont visées les dépenses exposées dans le cadre d'actions en contrefaçon menées par les entreprises, et notamment les frais de justice, dont les émoluments des auxiliaires de justice (avocats, experts judiciaires) ainsi que les dépenses de personnel (dont les frais de mission) supportées par l'entreprise au titre de la défense des dessins et modèles. En revanche, ne sont pas éligibles les dépenses supportées par l'entreprise consécutivement à une condamnation pour contrefaçon (dommages et intérêts, dépens, amendes, etc.).

54-105 Opérations confiées à des entreprises ou bureaux d'études et d'ingénierie agréés [ligne 75]. Deux situations sont à distinguer :

– si l'entreprise tierce est agréée, l'entreprise donneuse d'ordre doit inclure dans la base de calcul de son crédit d'impôt innovation les dépenses externalisées. En contrepartie, l'entreprise tierce agréée doit déduire de sa base de calcul de son crédit d'impôt innovation les sommes reçues de l'entreprise donneuse d'ordre. Cependant, les sommes reçues sont déduites dans la limite des dépenses engagées par l'organisme éligibles au crédit d'impôt. Dans l'hypothèse où l'entreprise donneuse d'ordre ne peut pas bénéficier elle-même du crédit d'impôt innovation, l'entreprise sous-traitante agréée peut prendre en compte les dépenses correspondantes pour le calcul de son propre crédit d'impôt à condition de remplir les conditions pour en bénéficier ;

– si l'entreprise tierce est non agréée, l'entreprise donneuse d'ordre ne peut pas prendre en compte dans la base de calcul du crédit d'impôt innovation des dépenses externalisées à ce titre qui lui sont facturées. Dans ces conditions, l'entreprise non agréée peut inclure dans la base de calcul de son propre crédit d'impôt innovation, des sommes correspondantes, sous réserve de remplir les conditions pour bénéficier du crédit d'impôt innovation.

Les entreprises tierces agréées pour la réalisation d'opérations d'innovation peuvent être notamment : des bureaux d'études et d'ingénierie, des agences de design, des centres techniques industriels (CTI) dont les missions sont définies aux articles L. 342-1 et suivants du code de la recherche ; ces CTI sont dispensés de l'agrément (BOFiP-BIC-RICI-10-10-45-20-§ 180-05/04/2017).

L'agrément des entreprises et des bureaux d'études et d'ingénierie auxquels est confiée la réalisation d'opérations de conception de prototypes ou installations pilotes de nouveaux produits est accordé (CGI, ann. III art. 49 septies I quinquies) :

– par décision du ministre chargé de la recherche, lorsque l'entreprise ou le bureau d'études et d'ingénierie concerné se voit confier, outre la réalisation des opérations de conception de prototypes ou installations pilotes de nouveaux produits précitées, la réalisation d'opérations de recherche ;

– par décision du ministre chargé de l'industrie dans le cas contraire. Il est attribué après examen d'un dossier visant à s'assurer que l'entreprise ou le bureau d'études et d'ingénierie concerné dispose en interne de la capacité et des moyens humains et matériels suffisants pour mener à bien les travaux mentionnés ci-avant.

La procédure d'agrément est résumée dans le tableau suivant (BOFiP-BIC-RICI-10-10-45-20-§§ 150 à 170-05/04/2017).

	Demande d'agrément pour le crédit d'impôt innovation (CIRI)	Demande simultanée d'un agrément pour le CIR et le CIRI
Entreprise tierce non agréée au titre du CIR	Agrément délivré par le ministre chargé de l'industrie (demande adressée, par courrier, à la Direction générale de la compétitivité, de l'industrie et des services)	Agrément délivré par décision du ministre chargé de la recherche (demande adressée, par courrier, à la Direction générale pour la recherche et l'innovation, Département des politiques d'incitation à la R&D des entreprises, Gestion des agréments)
Entreprise tierce agréée au titre du CIR	Demande d'agrément adressée, par courrier, à la Direction générale pour la recherche et l'innovation (joindre la copie de l'agrément délivré au titre du CIR)	

54-106 Montant total des dépenses d'innovation réalisée par l'entreprise [ligne 76]. Sur cette ligne, doit être mentionné le montant total des dépenses d'innovation réalisées par l'entreprise (addition des lignes 70 à 75).

54-107 Total des dépenses d'innovation après plafonnement [ligne 77]. Le crédit d'impôt innovation s'établit à 20 % des dépenses visées aux paragraphes 54-100 à 54-105 (BOFiP-BIC-RICI-10-10-45-20-§ 220-05/04/2017). Il est plafonné à 80 000 € par entreprise et par année civile (soit un montant maximum annuel de dépenses éligibles s'élevant à 400 000 €).

Le taux du crédit d'impôt est porté à 40 % pour les dépenses exposées dans des exploitations situées dans les DOM (BOFiP-BIC-RICI-10-10-45-20-§ 225-05/04/2017).

Pour les dépenses exposées dans des exploitations situées en Corse, à compter du

1er janvier 2020, il est fixé à (loi 2020-1721 du 29 décembre 2020, art. 35, I.1. a à c ; CGI art. 244 quater B, I.al. 1) :
– 40 % pour les petites entreprises, c'est-à-dire celles dont le chiffre d'affaires ou le total de bilan n'excède pas 10 M€ et qui emploient moins de 50 salariés ;
– 35 % pour les moyennes entreprises.

54-108 Montant des subventions publiques remboursables ou non [ligne 78]. Il convient de se reporter au paragraphe 54-77.

54-109 Opérations de sous-traitance [ligne 79]. Il convient de se reporter aux paragraphes 54-69 à 54-76.

54-110 Montant des dépenses exposées auprès de tiers au titre de prestations de conseil [ligne 80]. Il convient de se reporter au paragraphe 54-78.

54-111 Montant des remboursements de subventions publiques [ligne 81]. Il convient de se reporter au paragraphe 54-79.

54-112 Montant total du crédit d'impôt [lignes 82 a à 83]. Les entreprises doivent porter sur la ligne 82 a le montant net des dépenses d'innovation après prise en compte des subventions, des sommes encaissées par les sous-traitants au titre de travaux d'innovation qui leur ont été confiés, et enfin des dépenses exposées auprès de tiers au titre de prestations de conseils. La fraction des dépenses d'innovation exposées dans les DOM et en Corse est mentionnée respectivement ligne 82 b, 82 c et 82 d.

Le montant du crédit d'impôt innovation mentionné ligne 83 est égal à 20 % de ces dépenses sous déduction des dépenses situées dans les DOM mentionnées ligne 82 b ainsi que de celles exposées en Corse portées lignes 82 c et 82 d. Ce montant est majoré de celui relatif d'une part, aux entreprises exploitées dans les DOM qui est égal à 40 % des dépenses portées ligne 82 b et d'autre part, aux entreprises exploitées en Corse, dont le taux varie selon la taille de l'entreprise, et qui est porté lignes 82 c ou 82 d (voir § 54-107).

54-113 Quote-part de crédit d'impôt résultant de la participation de l'entreprise dans des sociétés de personnes ou groupements assimilés [ligne 84]. Les entreprises doivent mentionner sur cette ligne la quote-part de crédit d'impôt résultant de la participation de l'entreprise dans des sociétés de personnes ou groupements assimilés (report du montant indiqué ligne 87 c).

54-114 Montant du crédit d'impôt au titre des dépenses d'innovation [lignes 85 a à 85 c]. Les entreprises doivent indiquer ligne 85 a (ou ligne 85 b pour celles exploitées dans les DOM ou encore ligne 85 c pour celles exploitées en Corse) le montant total du crédit d'impôt au titre des dépenses d'innovation qui correspond à la somme du montant total des dépenses d'innovation (ligne 83) et de la quote-part de crédit d'impôt résultant de la participation de l'entreprise dans des sociétés de personnes ou groupements assimilés (ligne 84).

La fraction du crédit d'impôt innovation correspondant à des dépenses exposées dans un DOM est portée ligne 85b et celle correspondant à des dépenses exposées en Corse est indiquée ligne 85 c ou ligne 85 d.

54-115 Montant total du crédit d'impôt au titre des dépenses de recherche, de collection et d'innovation [lignes 86 a et 86 b]. Les entreprises doivent mentionner ligne 86 a le montant total du crédit d'impôt recherche (ligne 51 a), de collection (ligne 69 a) et d'innovation (ligne 85 a).

La fraction du crédit d'impôt correspondant aux dépenses de recherche (ligne 51 b), de collection (ligne 69 b) et d'innovation (ligne 85 b) exposées dans les DOM doit être indiquée ligne 86 b.

Les montants déterminés lignes 86 a et 86 b sont à reporter sur la déclaration 2069-RCI.

Cadre V : sociétés détenant des droits dans des sociétés de personnes ou groupements assimilés

54-116 Les entreprises qui détiennent des parts dans des sociétés de personnes ou des groupements assimilés peuvent bénéficier du crédit d'impôt recherche, de collection ou d'innovation à raison des opérations réalisées par ces sociétés de personnes ou assimilées.

La fraction du crédit d'impôt attribuée aux entreprises associées correspond à leur quote-part de droits détenus dans la société de personnes ou l'organisme assimilé.

Les entreprises doivent indiquer dans la première colonne les éléments permettant l'identification de la société de personnes (nom, adresse, n° SIREN). Dans la deuxième colonne, elles doivent préciser le pourcentage de droits détenus dans la société de personnes.

Enfin, les entreprises doivent mentionner dans les troisième, quatrième et cinquième colonnes la quote-part détenue dans la société de personnes ou le groupement et le crédit d'impôt correspondant aux dépenses hors collection (ligne 87 a), aux dépenses de collection (ligne 87 b) et d'innovation (ligne 87 c).

Cette quote-part s'ajoute au propre crédit d'impôt des entreprises déclarantes.

Cadre VI : répartition du crédit d'impôt entre les associés membres de sociétés de personnes ou groupements assimilés

54-117 Les entreprises déclarantes qui sont des sociétés de personnes ou des groupements assimilés et qui n'ont pas opté pour l'impôt sur les sociétés doivent remplir ce cadre en mentionnant l'identité de leurs associés et la quote-part de droits détenus par chacun d'eux. Elles doivent ensuite indiquer la fraction du crédit d'impôt attribuée à chaque associé.

Il est rappelé que les associés personnes physiques qui n'exercent aucune activité dans la société de personnes ou le groupement ne peuvent pas bénéficier de la fraction du crédit d'impôt recherche susceptible de leur être attribuée (CGI art. 199 ter B). Cette fraction ne peut en aucun cas être transférée aux autres associés.

La première colonne du tableau permet d'identifier les associés auxquels sera transféré le crédit d'impôt. Dans la deuxième colonne doit être indiqué le pourcentage des droits que chacun des associés détient dans la société de personnes ou le groupement. Les troisième, quatrième et cinquième colonnes permettent de déterminer les quotes-parts de crédit d'impôt revenant à chaque associé en distinguant ligne 88 a le crédit d'impôt hors dépenses de collection, ligne 88 b le crédit d'impôt pour dépenses de collection et ligne 88 c le crédit d'impôt innovation.

Cadre VII : utilisation de la créance

Exercice d'imputation

54-118 Le crédit d'impôt est imputé sur l'impôt sur le revenu ou l'impôt sur les sociétés dû par l'entreprise au titre de l'année au cours de laquelle les dépenses de recherche prises en compte pour le calcul du crédit d'impôt ont été exposées (CGI art. 199 ter B, I et 220 B). Pour les entreprises dont l'exercice ne coïncide pas avec l'année civile, l'imputation se fait sur l'impôt dû au titre de l'exercice clos au cours de l'année suivant celle pendant laquelle l'entreprise a exposé ses dépenses de recherche. L'imputation se fait au moment du paiement du solde de l'impôt (BOFiP-BIC-RICI-10-10-50-06/03/2019).

Entreprises à l'impôt sur les sociétés [ligne VII-1]

Cas général

54-119 Les entreprises soumises à l'IS imputent le crédit d'impôt recherche et innovation 2020 en priorité sur le solde de l'IS dû au titre de l'année 2020. Le montant du crédit d'impôt (ligne 86 a) doit être reporté sur le relevé de solde d'IS.

Les entreprises dont l'exercice ne coïncide pas avec l'année civile imputent le crédit d'impôt sur l'impôt dû au titre de l'exercice clos l'année qui suit celle pendant laquelle les dépenses de recherche ont été engagées (voir § 54-26).

Le crédit d'impôt est imputé sur l'impôt dû après les prélèvements non libératoires et les autres crédits d'impôt dont bénéficie l'entreprise (crédits d'impôt français et étrangers) (CGI, ann. III art. 49 septies L).

L'excédent du crédit d'impôt non imputé constitue au profit de l'entreprise une créance sur l'État d'égal montant qui s'impute sur l'impôt dû au titre des 3 années suivantes. La fraction de cette créance qui n'a pas été utilisée est remboursée à l'issue de cette période. La demande de restitution est formulée sur le relevé de solde d'IS déposé auprès du service des impôts des entreprises dont relève la société. Néanmoins, si la demande de restitution a lieu à une date différente de celle de la liquidation de l'IS, elle doit être formulée par voie électronique sur l'imprimé 2573.

• **Impacts Covid-19.** Les entreprises qui ont bénéficié d'une créance de CIR restituable en 2020 ont pu demander le remboursement anticipé du solde, après imputation le cas échéant sur l'IS dû au titre de l'exercice 2019, sans attendre le dépôt de leur liasse fiscale 2020. En pratique, la demande s'effectue via l'espace professionnel de l'entreprise sur impots.gouv.fr en télédéclarant la demande de remboursement de crédit d'impôt (formulaire 2573), la déclaration permettant de justifier du crédit d'impôt (déclaration 2069-RCI ou déclaration spécifique, sauf si celle-ci a déjà été déposée antérieurement) et, à défaut de déclaration de résultat, le relevé de solde d'IS (formulaire 2572) permettant de liquider l'impôt dû et de constater la créance restituable pour 2020.

• Une créance de CIR détenue par une société ne constitue pas une garantie permettant d'obtenir un sursis de paiement (CE 5 juin 2015, n° 386793).

• Le défaut de remboursement d'une créance de CIR ne présente pas le caractère d'une procédure de reprise ou de redressement et ne constitue donc pas un rehaussement d'impôt (CAA Paris 19 janvier 2016, n° 14PA04836).

• La restitution d'un crédit d'impôt recherche obtenue par une société après une réclamation a le caractère de dégrèvement contentieux de la même nature que celui prononcé par un tribunal au sens de l'article 208 du LPF et doit donner lieu au paiement d'intérêts moratoires (CAA Nantes 2 juillet 2020, n° 18NT03291).

Le crédit d'impôt qui n'a pas pu être imputé en totalité sur le solde de l'impôt sur les sociétés dû au titre du dernier exercice clos, peut s'imputer sur les acomptes d'impôt sur les sociétés dû au titre de l'exercice suivant (BOFiP-IS-DECLA-20-10-§ 110-10/06/2020). **Il n'est imputable ni sur la contribution sociale de 3,3 %, ni sur les rappels d'IS qui se rapportent à l'exercice clos avant le 31 décembre de l'année au titre de laquelle il est obtenu.**

Cas particulier

54-120 Restitution immédiate de la créance pour certaines entreprises. Pour certaines entreprises, l'excédent de crédit d'impôt sur l'impôt dû est immédiatement remboursable. Il s'agit des entreprises créées à compter du 1er janvier 2004 dont le capital est détenu, directement ou indirectement, à 50 % au moins par des personnes physiques au titre de l'année de création et des 4 années suivantes, des entreprises faisant l'objet d'une procédure collective et des jeunes entreprises innovantes.

En outre, les entreprises qui satisfont à la définition des micro, petites et moyennes entreprises donnée à l'annexe 1 au règlement général d'exemption (règlt (UE) 651/2014 du 17 juin 2014) **peuvent également bénéficier du remboursement immédiat des créances de crédit d'impôt** (CGI art. 199 ter, II ; BOFiP-BIC-RICI-10-10-50-§§ 50 à 160-06/03/2019). **Sont ainsi concernées, si elles sont autonomes, les entreprises qui occupent moins de 250 personnes et dont le chiffre d'affaires annuel n'excède pas 50 M€ ou dont le total du bilan annuel n'excède pas 43 M€. Ces seuils sont appréciés selon des règles particulières en présence d'entreprises partenaires ou liées.**

Les PME créées depuis moins de 2 ans qui sollicitent le remboursement immédiat de la créance de crédit d'impôt doivent présenter, à l'appui de leur demande, les **pièces justificatives** attestant de la réalité des dépenses de recherche (CGI art. 199 ter B ; BOFiP-BIC-RICI-10-10-60-§ 50-17/04/2019). Elles peuvent ainsi joindre à leur demande de remboursement de créance de CIR des documents tels que contrats, factures, déclaration DSN et feuilles de paie délivrées aux chercheurs et techniciens ou tout autre moyen de preuve. Néanmoins, elles n'ont pas à produire l'ensemble des justificatifs relatifs aux différentes catégories de dépenses éligibles au crédit d'impôt. En revanche, les demandes de restitution de crédit d'impôt ayant le caractère de réclamation contentieuse, l'administration des Finances publiques est fondée à demander toutes pièces justificatives complémentaires aux entreprises avant remboursement des créances de CIR (BOFiP-BIC-RICI-10-10-60-§ 70-17/04/2019).

54-121 Remboursement anticipé des entreprises en difficulté. Les entreprises ayant fait l'objet d'une procédure de conciliation, de sauvegarde, de redressement judiciaire ou de liquidation judiciaire peuvent demander le remboursement anticipé de leur créance de crédit d'impôt dès la date de la décision d'ouverture de la procédure de conciliation ou du jugement d'ouverture de la procédure considérée (BOFiP-BIC-RICI-10-10-50-§§ 250 et 430-06/03/2019).

54-122 **Crédit d'impôt dont la restitution est demandée.** La demande de remboursement immédiat de la créance est formulée par voie électronique sur le formulaire 2573.

Entreprises soumises à l'IR [ligne VII-2]

54-123 Le crédit d'impôt recherche est imputé sur l'impôt dû après les prélèvements non libératoires et les autres crédits d'impôt (CGI, ann. III art. 49 septies I). En pratique, la déduction du crédit d'impôt recherche s'effectuera donc sur la cotisation d'impôt sur le revenu après imputation des retenues à la source et des crédits d'impôt afférents aux revenus mobiliers.

Le montant de l'impôt sur le revenu servant de référence au calcul des acomptes provisionnels s'entend de l'impôt résultant de l'application du barème progressif après la prise en compte des correctifs éventuels tels que les crédits d'impôt.

L'imputation du crédit d'impôt sur l'IR s'effectue sur la déclaration des revenus 2042 C-PRO, page 4, rubrique 8, ligne TB (entreprises nouvelles bénéficiant de la restitution immédiate) ou TC (autres entreprises) souscrite par l'exploitant individuel.

Mobilisation de la créance auprès d'un établissement de crédit [ligne 89]

54-124 La créance de CIR est inaliénable et incessible, sauf dans les cas et conditions prévues par les articles L. 313-23 à L. 313-35 du code monétaire et financier.

Néanmoins, elle peut être cédée à titre d'escompte ou à titre de garantie auprès d'un établissement de crédit.

L'établissement de crédit auprès duquel la créance a été cédée peut bénéficier du remboursement de la créance de crédit d'impôt recherche dans les mêmes conditions que le propriétaire originel de la créance.

Les entreprises qui souhaitent mobiliser leur créance de crédit d'impôt indiquent leur montant à la ligne 89 et formalisent leur demande en utilisant l'imprimé 2574.

La société complète les cadres I (identification de l'entreprise), II (certificat de créance - cas général) de l'imprimé 2574 et mentionne le détail des réductions et crédits d'impôt déjà imputés sur les acomptes de l'exercice en cours.

Elle adresse deux exemplaires de ce document au service des impôts des entreprises du lieu de dépôt de la déclaration des résultats ou au service comptable de la DGE si la société relève de cette direction.

Le comptable des finances publiques indique (cadre IV de l'imprimé) le montant de la créance dont dispose l'entreprise à la date de la délivrance du certificat de créance. Il transmet ce certificat à l'entreprise. Celle-ci le remet à l'établissement de crédit qui notifie au comptable des finances publiques la cession ou le nantissement de la créance par lettre recommandée avec accusé de réception.

À compter de cette notification, le comptable ne peut se libérer de sa dette qu'auprès de l'établissement de crédit. La créance ne peut donc plus être imputée sur l'impôt sur les sociétés dû par l'entreprise.

Si l'établissement de crédit est toujours propriétaire de la créance au moment du remboursement du crédit d'impôt non imputé, le remboursement est effectué au bénéfice de l'établissement de crédit, même si la société a été dissoute ou liquidée.

Comité consultatif de crédit d'impôt pour dépenses de recherche

Compétence du comité consultatif

54-140 Lorsqu'un désaccord subsiste entre l'administration et le contribuable sur des rehaussements portant sur la réalité de l'affectation à la recherche des dépenses prises en compte pour la détermination du CIR, le contribuable peut saisir le comité consultatif du crédit d'impôt pour dépenses de recherche pour les propositions de rectification adressées à compter du 1er juillet 2016. Le comité émet un avis qui ne lie pas l'administration (LPF art. L. 59 ; BOFiP-CF-CMSS-60-10-06/07/2016). Il ne peut pas être saisi à l'initiative de l'administration (BOFiP-CF-IOR-10-§ 30-06/07/2016).

Soulignons que les modalités de fonctionnement et de saisine de ce comité sont alignées sur celles des commissions départementales ou nationales des impôts directs et des taxes sur le chiffre d'affaires. Ces commissions ne sont pas compétentes s'agissant de la qualification des dépenses de recherche (LPF art. L. 59).

Le comité consultatif du crédit d'impôt pour dépenses de recherche peut être amené à se prononcer sur la réalité de l'affectation à la recherche des dépenses pour la détermination du CIR (BOFiP-CF-CMSS-60-10-§ 20-06/07/2016). De même, il peut être amené à se prononcer sur la réalité de l'affectation à l'innovation des dépenses exposées par les PME communautaires (BOFiP-CF-CMSS-60-10-§ 40-06/07/2016).

Il peut, sans trancher une question de droit, se prononcer sur les faits susceptibles d'être pris en compte pour l'examen de cette question de droit (LPF art. L. 59 D).

Modalités de saisine du comité

54-141 Désaccord persistant entre l'administration et le contribuable. Lorsqu'un contribuable reçoit une proposition de rectification, il dispose d'un délai de 30 jours à compter de sa réception pour formuler son acceptation ou présenter ses observations sur lesdits rehaussements (LPF art. R. 57-1). L'acceptation, formelle ou tacite, exclut, faute de désaccord, le recours au comité consultatif.

Lorsque le contribuable exprime son désaccord et demande, en même temps, l'intervention du comité consultatif, sa saisine doit être demandée par le service dès réponse de l'intéressé et sans attendre, le cas échéant, l'expiration du délai de 30 jours. L'administration lui adresse, par ailleurs, un imprimé 3926-SD destiné à formaliser la persistance du désaccord (BOFiP-CF-CMSS-60-20-§ 130-06/07/2016).

En principe, l'administration est tenue de donner suite aux demandes de saisine des contribuables. Elle ne peut s'abstenir de le faire que lorsque les conditions de recevabilité de telles demandes ne sont pas remplies. À défaut, la procédure d'imposition est viciée et l'imposition consécutive à cette omission doit être allouée en décharge.

Lorsque le contribuable présente de simples observations qui sont totalement prises en considération par le service, il n'y a plus de désaccord et le comité consultatif ne saurait être saisi. Au contraire, si le service maintient totalement ou partiellement les rehaussements envisagés, le désaccord demeure (BOFiP-CF-CMSS-60-20-§ 160-06/07/2016).

54-142 Recevabilité de la demande devant le comité. La réception par le contribuable de la réponse de l'administration à ses observations (date de signature de l'avis de réception postale, y compris en cas de retrait après mise en instance au guichet, date de remise en mains propres, date de présentation du pli en l'absence de retrait) (voir § 54-141) constitue le point de départ du délai de saisine du comité consultatif du crédit d'impôt pour dépenses de recherche.

Le contribuable dispose alors d'un délai de 30 jours à compter de la réception de la réponse de l'administration à ses observations pour demander, sous peine d'irrecevabilité, la saisine du comité consultatif (BOFiP-CF-CMSS-60-20-§ 40-06/07/2016).

Le délai de 30 jours doit être considéré comme un délai franc. Les demandes présentées à l'expiration du délai ne seront pas prises en compte et la forclusion sera opposée au contribuable (BOFiP-CF-CMSS-60-20-§ 70-06/07/2016).

➡ **EN PRATIQUE** L'intervention du comité consultatif est subordonnée aux conditions suivantes (BOFiP-CF-CMSS-60-20-§ 80-06/07/2016) :
– la procédure de rectification contradictoire doit s'appliquer ;
– ladite procédure ne doit pas être close ;
– le désaccord doit persister.

Le comité n'est pas compétent en cas d'application de la procédure d'imposition d'office ou en cas d'application de la procédure de l'abus de droit fiscal (BOFiP-CF-CMSS-60-20-§ 90-06/07/2016). Il ne peut plus valablement intervenir après l'établissement du rôle ou de l'émission de l'avis de mise en recouvrement correspondant à la rectification proposée. À ce stade, le litige ne peut en effet être tranché que dans le cadre d'une réclamation contentieuse (BOFiP-CF-CMSS-60-20-§ 100-06/07/2016).

54-143 Forme de la saisine. Aucune forme particulière de saisine du comité consultatif n'est prévue. Il peut s'agir d'une simple lettre adressée par le contribuable au service des impôts ou au secrétariat du comité consultatif (BOFiP-CF-CMSS-60-20-§ 170-06/07/2016).

Déroulement de la procédure devant le comité

54-144 Rapport de l'administration et convocation du contribuable. L'agent des impôts auteur de la proposition de rectification établit un rapport sur la nature et l'étendue du désaccord, à l'aide de l'imprimé 2210-CIR. Il doit mentionner le montant du crédit d'impôt recherche que le contribuable était, en dernier lieu, disposé à accepter.

Le contribuable est convoqué 30 jours au moins avant la date de la réunion du comité. Cette convocation peut être envoyée par tout moyen, y compris par courrier électronique (LPF art. R. 60-1, al. 1).

La lettre de convocation indique :
– que le rapport du service et les documents de procédure sont tenus à sa disposition ou envoyés par courrier électronique ;
– qu'il peut se faire assister par deux conseils de son choix ou se faire représenter par un mandataire habilité ;
– qu'il peut faire parvenir au comité ses observations écrites préalablement à la réunion du comité consultatif ou se faire entendre en séance.

Le comité consultatif du crédit d'impôt pour dépenses de recherche peut demander, avant la tenue de la séance, aux services du ministère chargé de la recherche ou du ministère chargé de l'innovation un rapport complémentaire d'expertise technique sur la qualification des dépenses de recherche. Ce rapport est transmis par le ministère au président du comité qui le communique au contribuable et à l'administration fiscale dans un délai raisonnable avant la tenue de la séance (LPF art. R. 60-2 B ; BOFiP-CF-CMSS-60-20-§ 290-06/07/2016).

54-145 Motivation de l'avis du comité. Les séances du comité consultatif ne sont pas publiques (voir § 54-150).

Les agents de l'administration des finances publiques, du ministère chargé de la recherche et du ministère chargé de l'innovation sont déliés de leur obligation de secret professionnel à l'égard du comité (BOFiP-CF-CMSS-60-20-§ 340-06/07/2016). Mais, ces différents agents sont eux-mêmes soumis au secret professionnel.

Quant à l'avis du comité consultatif, il doit être motivé.

54-146 Notification de l'avis du comité. L'administration fiscale notifie au contribuable l'avis dans son intégralité. Cette notification est effectuée par lettre recommandée avec accusé de réception (BOFiP-CF-CMSS-60-20-§ 390-06/07/2016).

➙ **À NOTER** Le comité, qui intervient en tant qu'organe consultatif formule un avis qui ne lie pas l'administration, de la même manière que ceux rendus par les commissions départementales ou nationales des impôts directs et des taxes sur le chiffre d'affaires.

Dans la même lettre, l'administration fait connaître au contribuable le chiffre qu'elle se propose de retenir comme montant du crédit d'impôt recherche. Ce chiffre, qui peut être supérieur à celui retenu par le comité consultatif, ne saurait excéder celui figurant dans la dernière correspondance du service (BOFiP-CF-CMSS-60-20-§ 400-06/07/2016).

La notification de l'avis n'ouvre aucun délai de réponse au contribuable (BOFiP-CF-CMSS-60-20-§ 410-06/07/2016).

Charge de la preuve en cas de contentieux

54-147 Lorsque le comité est saisi d'un litige, l'administration supporte la charge de la preuve (BOFiP-CF-CMSS-60-20-§ 460-06/07/2016). Néanmoins, dans l'hypothèse où le contribuable présente une comptabilité comportant de graves irrégularités, la charge de la preuve lui incombe si l'imposition a été établie conformément à l'avis du comité (BOFiP-CF-CMSS-60-20-§ 470-06/07/2016). L'intervention du comité consultatif peut ne pas aboutir à un avis sur le fond du désaccord, notamment lorsqu'il :
– refuse de se prononcer parce que les conditions de recevabilité ne sont pas satisfaites ou en raison de l'insuffisance des éléments d'appréciation dont il disposait ;
– se déclare incompétent ;
– se borne à émettre un avis limité à certains des points qui étaient soumis à son appréciation.

L'avis du comité est irrégulier dans les cas où (BOFiP-CF-CMSS-60-20-§ 490-06/07/2016) :
– il a été formulé malgré l'irrecevabilité de la demande ;
– le comité n'a pas été régulièrement constitué ;
– ses règles de fonctionnement n'ont pas été respectées ;
– le comité s'est prononcé sur un point dont il n'a pas été saisi.

L'absence d'avis sur le désaccord, ou l'irrégularité de l'avis, n'a pas pour effet de vicier la procédure d'imposition.

En ce qui concerne la dévolution de la charge de la preuve, elle a pour conséquence, en cas de recours contentieux, de laisser le litige en l'état où il serait resté sans l'intervention du comité.

Composition du comité

Désignation des membres du comité

54-148 **Le comité consultatif est présidé par un membre de la juridiction administrative désigné par le vice-président du Conseil d'État. Le président peut être suppléé par un ou deux magistrats administratifs nommés dans les mêmes conditions. Ce président a voix prépondérante** (CGI art. 1653 F).

Lorsque le comité examine des litiges relatifs à des dépenses de recherche, il est composé d'un agent de l'administration fiscale et d'un agent du ministère chargé de la recherche. Ce dernier est remplacé par un agent du ministère chargé de l'innovation si le litige concerne exclusivement des dépenses d'innovation exposées par les PME.

Modalités de désignation des membres appelés à siéger au sein du comité. Ainsi (CGI, ann. III art. 350 CA) :

– les représentants de l'administration fiscale sont désignés par le directeur régional des finances publiques d'Ile-de-France et du département de Paris ;

– les représentants du ministère chargé de la recherche sont désignés par le directeur général de la recherche et de l'innovation ;

– les représentants du ministère chargé de l'innovation sont désignés par le directeur général des entreprises.

Un agent appartenant à un corps de catégorie A de la DGFiP remplit les fonctions de secrétaire auprès du comité. Un ou plusieurs agents de la même direction générale peuvent assister aux séances du comité en qualité de secrétaires adjoints. Le secrétaire et, le cas échéant, les secrétaires adjoints ont voix consultative. Ils agissent pour ordre et par délégation du président du comité.

Fonctionnement du comité

54-149 **Convocation du comité. Le comité se réunit sur convocation de son président qui arrête, pour chaque affaire, sa composition. Avec l'accord du président, les membres du comité peuvent participer aux débats au moyen d'une conférence téléphonique ou audiovisuelle.**

Le quorum est atteint lorsque la moitié au moins des membres du comité sont présents, y compris les membres prenant part aux débats au moyen d'une conférence téléphonique ou audiovisuelle (CGI, ann. III art. 350 CA, al. 5 à 7). **En cas de partage des voix, celle du président du comité est prépondérante. L'avis du comité consultatif doit être motivé.**

54-150 **Audition des parties. Les contribuables concernés sont invités à se faire entendre ou à faire parvenir leurs observations écrites** (LPF art. R. 60-1 B). **Devant le comité, le contribuable peut se faire assister par deux conseils de son choix** (LPF art. R. 60-2).

À la demande de l'un de ses membres, le comité consultatif du crédit d'impôt pour dépenses de recherche peut, s'il l'estime utile, entendre en séance tout agent qui a pris part à la qualification des dépenses prises en compte pour la détermination du CIR qui fait l'objet du désaccord dont il est saisi ou, en cas d'absence ou de mutation, son successeur ou remplaçant (LPF art. R. 60-2 A).

2069-D Crédit d'impôt pour investissement en Corse

Entreprises et investissements éligibles

PME concernées

55-1 Présentation. Les PME relevant d'un régime réel d'imposition peuvent opter pour un crédit d'impôt au titre des investissements, autres que de remplacement, financés sans aide publique pour 25 % au moins de leur montant, réalisés jusqu'au 31 décembre 2023 et exploités en Corse pour les besoins d'une activité industrielle, commerciale, artisanale, libérale ou agricole (CGI art. 244 quater E ; BOFiP-BIC-RICI-10-60-03/07/2019).

Les PME faisant l'objet d'une procédure de sauvegarde ou de redressement judiciaire ou dont la situation financière rend imminente la cessation d'activité ne peuvent bénéficier du crédit d'impôt que sur agrément préalable (CGI art. 244 quater E, I.4° ; BOFiP-ANNX-000442-01/07/2015).

Le bénéfice du crédit d'impôt est subordonné au respect de l'article 14 du règlement général d'exemption par catégorie, relatif aux aides à l'investissement à finalité régionale (règlt (UE) 651/2014 du 17 juin 2014 ; CGI art. 244 quater E, V).

➡ **À NOTER** L'option pour le crédit d'impôt est irrévocable et emporte renonciation définitive aux autres régimes d'allégements (CGI art. 244 quater E, II), notamment l'exonération des entreprises implantées dans les zones de développement prioritaires, lesquelles recouvrent les communes de Corse (CGI art. 44 septdecies). L'option pour le crédit d'impôt emporte également renonciation aux régimes d'exonération en faveur des entreprises nouvelles (CGI art. 44 sexies), des JEI (CGI art. 44 sexies A), des reprises d'entreprises en difficulté (CGI art. 44 septies), des entreprises implantées dans les dans les zones de revitalisation rurale (CGI art. 44 quindecies) et dans les bassins urbains à dynamiser (CGI art. 44 sexdecies).

Elle est applicable à compter du premier jour de l'exercice ou de l'année au titre duquel elle est formulée. Elle est exercée au moment du dépôt de la déclaration spéciale 2069-D-SD (CGI, ann. III art. 49 septies WB). Elle couvre les investissements réalisés au titre des exercices et périodes d'impositions suivantes jusqu'au 31 décembre 2023 (BOFiP-BIC-RICI-10-60-10-30-§ 20-03/07/2019).

55-2 Conditions d'effectif, de chiffre d'affaires et de détention du capital. Pour les exercices clos à compter du 31 décembre 2019, les PME éligibles sont désignées par référence à la définition retenue par la Commission européenne (règlt 651-2014 du 17 juin 2014, ann. I ; CGI art. 244 quater E, I.1°). Selon les critères fixés, les entreprises doivent avoir un effectif inférieur à 250 personnes, un chiffre d'affaires annuel ne devant pas excéder 50 M€ ou un total bilan annuel ne devant pas excéder 43 M€.

Cette mesure a eu pour effet de rehausser les seuils définissant les PME éligibles au crédit d'impôt. Pour les clôtures antérieures au 31 décembre 2019, les PME étaient définies de manière distincte selon les critères fixés par l'article 244 quater E du CGI dans sa rédaction antérieure à la loi de finances pour 2019 (loi 2018-1317 du 28 décembre 2018).
Étaient concernées les PME qui, au cours de l'exercice de réalisation des investissements, employaient moins de 250 salariés et réalisaient soit un chiffre d'affaires inférieur à 40 M€ (ramené le cas échéant à douze mois), soit un total de bilan inférieur à 27 M€ (BOFiP-BIC-RICI-10-60-10-10-§ 90-07/06/2017). Le capital des sociétés devait être entièrement libéré et détenu de manière continue, pour 75 % au moins, par des personnes physiques ou par une société répondant aux mêmes conditions.
Pour les sociétés membres d'un groupe fiscalement intégré, l'effectif salarié et le chiffre d'affaires à prendre en considération s'entendaient de la somme des effectifs et chiffres d'affaires de chacune des sociétés du groupe. La condition relative à la composition du capital devait être remplie par la société mère du groupe.

Secteurs expressément exclus

55-3 **Les investissements réalisés pour les besoins des activités suivantes sont exclus du champ d'application du crédit d'impôt** (CGI art. 244 quater E, I.1° a et b ; BOFiP-BIC-RICI-10-60-10-20-§§ 250 à 370-24/10/2019) :

– gestion ou location d'immeubles, lorsque les prestations correspondantes ne portent pas exclusivement sur des biens situés en Corse ;

– gestion et location de meublés de tourisme situés en Corse pour les investissements réalisés à compter du 1er janvier 2019 (voir précision ci-après pour les mesures de tempérament concernant l'entrée en vigueur de cette exclusion) ;

– exploitation de jeux de hasard et d'argent ;

– production et transformation de houille et lignite ;

– sidérurgie ;

– industrie des fibres synthétiques ;

– pêche (les activités de pêche sportive ou de loisirs non suivies de la vente des produits pêchées ne sont pas visées) ;

– transports terrestres, maritimes, aériens de personnes ou de biens ;

– construction et réparation de navires d'au moins 100 tonnes de jauge brute ;

– construction automobile (BOFiP-ANNX-000165-05/08/2015) ;

– secteur de l'agroalimentaire et de l'agriculture. Les investissements réalisés pour les besoins d'une activité agricole ou consistant en la transformation et la commercialisation de produits agricoles ne peuvent bénéficier du crédit d'impôt pour investissement que si l'entreprise qui procède à l'investissement peut bénéficier des aides à l'investissement au titre du règlement (CE) 1257/1999 du 17 mai 1999 concernant le soutien au développement rural par le FEOGA.

Gestion et location de meublés de tourisme situés en Corse. Pour résoudre les difficultés rencontrées par l'entrée en vigueur de cette suppression instituée par la loi de finances pour 2019 (loi 2018-1317 du 28 décembre 2018, art. 22), des mesures transitoires ont été instituées par la loi de finances pour 2020 (loi 2019-1479 du 28 décembre 2019, art. 57). L'exclusion du crédit d'impôt ne s'applique pas aux investissements que le contribuable justifie avoir pris l'engagement de réaliser avant le 31 décembre 2018, et dès lors que ces investissements sont achevés au 31 décembre 2020. À titre transitoire, les investissements effectués dans des meublés de tourisme ayant fait l'objet d'un contrat préliminaire de réservation, signé et déposé au rang des minutes d'un notaire ou enregistré au service des impôts des entreprises au plus tard le 31 décembre 2018, sont éligibles au crédit d'impôt dès lors que ces investissements sont achevés au 31 décembre 2020.

Le règlement (CE) 1257/1999 a été en partie abrogé et remplacé, avec effet au 1er janvier 2007, par le règlement (CE) 1698/2005 du 20 septembre 2005 concernant le soutien au développement rural par le Fonds européen agricole pour le développement rural qui a été abrogé et remplacé par le nouveau règlement (UE) 1305/2013 du 17 décembre 2013 relatif au soutien au développement rural par le Fonds européen agricole pour le développement rural (FEADER). Les références aux règlements abrogés s'entendent comme faites au nouveau règlement (BOFiP-BIC-RICI-10-60-10-20-§ 350-24/10/2019). En pratique, l'entreprise concernée devra joindre à la déclaration de résultat de l'exercice ou de la période d'imposition en cours lors de la réalisation des investissements éligibles un document établi par les services du Ministère de l'agriculture attestant que l'entreprise est éligible à ces dispositifs d'aides financières.

Investissements éligibles

55-4 **Biens concernés. Les investissements susceptibles d'ouvrir droit au crédit d'impôt sont** (CGI art. 244 quater E, I.3° ; BOFiP-BIC-RICI-10-60-10-20-§§ 1 à 190-24/10/2019) :

– les biens d'équipement amortissables selon le mode dégressif (y compris les biens pris en crédit-bail) ;

– les agencements et installations de locaux commerciaux habituellement ouverts à la clientèle créés ou acquis à l'état neuf (y compris les biens pris en crédit-bail) ;

– les logiciels constituant des éléments de l'actif immobilisé et nécessaires à l'utilisation des investissements visés ci-dessus ;

– les travaux de rénovation d'hôtels ;

– à compter du 1er janvier 2021, les travaux de construction et de rénovation des établissements de santé privés réalisés pour l'exercice de l'activité mentionnée à l'article L. 6111-1 du code de la santé publique (loi 2020-1721 du 29 décembre 2020, art. 24).

Les biens amortissables selon le mode dégressif s'entendent de ceux qui entrent, par nature, dans le champ d'application du régime de l'amortissement dégressif sans qu'aucune obligation ne pèse sur l'entreprise quant au mode d'amortissement effectivement retenu pour le bien en cause. Les biens de cette nature pris en crédit-bail sont éligibles, le caractère neuf s'appréciant à la date de conclusion du contrat de crédit-bail.

Ces investissements doivent, en outre, satisfaire aux conditions suivantes :
– être exploités en Corse pour les besoins d'une activité industrielle, commerciale, artisanale (au sens des articles 34 et 35 du CGI, y compris les activités de location en meublé éligibles), agricole ou libérale autre que les activités qui en sont exclues expressément (CGI art. 244 quater E, I.1°) ;
– ne pas avoir pour objet le remplacement d'investissements déjà exploités en Corse pour les besoins de la même activité éligible ; cette condition résulte de l'encadrement communautaire des aides d'État à finalité régionale ;
– être financés par l'entreprise sans aide publique pour 25 % au moins de leur montant ;
– être acquis, créés, pris en crédit-bail jusqu'au 31 décembre 2023.

55-5 **Prix de revient diminué des subventions publiques.** Le prix de revient des investissements est diminué du montant des subventions publiques attribuées en vue de les financer. Le montant des subventions à retenir est apprécié à la date de clôture de l'exercice au titre duquel les investissements ouvrant droit au crédit d'impôt sont acquis, créés ou pris en crédit-bail (CGI, ann. III art. 49 septies WD).

Montant du crédit d'impôt

Taux de droit commun

55-6 Quelle que soit l'activité de l'entreprise, le crédit d'impôt est égal à 20 % du prix de revient hors taxes des investissements éligibles (voir § 55-4), diminué des subventions (voir § 55-5). En pratique, le taux de droit commun concerne les entreprises de 11 salariés au moins (voir § 55-7).

Le crédit d'impôt étant subordonné au respect du règlement communautaire sur les aides AFR (voir § 55-1), l'avantage obtenu du fait de son application est plafonné.

Taux majoré pour les très petites entreprises

55-7 **Entreprises concernées.** Le taux du crédit d'impôt est de 30 % pour les entreprises qui ont employé moins de 11 salariés et ont réalisé soit un chiffre d'affaires n'excédant pas 2 M€ au cours de l'exercice ou de la période d'imposition (ramené le cas échéant à 12 mois) en cours lors de la réalisation des investissements éligibles, soit un total de bilan n'excédant pas 2 M€ (CGI art. 244 quater E, I.3° bis).

Le capital de la société doit être entièrement libéré et être détenu de manière continue, pour 75 % au moins, par des personnes physiques ou par une société répondant aux mêmes conditions. Pour la détermination du pourcentage de 75 %, les participations des sociétés de capital-risque, des fonds communs de placement à risques, des fonds professionnels spécialisés relevant de l'article L. 214-37 du code monétaire et financier dans sa rédaction antérieure à l'ordonnance 2013-676 du 25 juillet 2013, des fonds professionnels de capital investissement, des sociétés de libre partenariat, des sociétés de développement régional et des sociétés financières d'innovation ne sont pas prises en compte à la condition qu'il n'existe pas de lien de dépendance entre la société en cause et ces dernières sociétés ou ces fonds.

55-8 **Décompte de l'effectif pour les exercices ouverts avant le 1er janvier 2020.** L'effectif de l'entreprise est apprécié par référence au nombre moyen de salariés employés au cours de cet exercice ou de cette période d'imposition.

Au titre des exercices clos entre le 31 décembre 2017 et le 31 décembre 2018, lorsqu'une entreprise constate, à la date de la clôture de son exercice, un dépassement du seuil d'effectif, cette circonstance ne lui fait pas perdre le bénéfice du crédit d'impôt au titre de cet exercice et des deux exercices suivants.

➟ **EXEMPLE** Une société remplit les conditions pour bénéficier du crédit d'impôt au taux majoré de 30 %. Du 1er janvier au 31 mars 2018, elle emploie 9 salariés en contrat à durée indéterminée (CDI) à temps plein. Le 1er avril 2018, elle recrute 3 salariés en CDI à temps plein.

Au titre de son exercice clos le 31 décembre 2018, la société a employé un nombre moyen de salariés égal à 11,25 (9 × 3/12 + 12 ×

9/12). Elle franchit le seuil d'effectif, mais peut appliquer le taux de 30 % pour déterminer le montant de son crédit d'impôt.

En 2019, la société ne procède à aucune embauche et réalise un nouvel investissement éligible au crédit d'impôt. Dès lors que les conditions de chiffre d'affaires, de libération et composition du capital sont respectées, la société conserve le taux de 30 %.

55-9 Décompte de l'effectif pour les exercices ouverts à compter du le 1er janvier 2020. L'effectif salarié est apprécié, au titre de chaque exercice, selon les modalités par l'article L. 130-1, I du code de la sécurité sociale (voir FH 3827, § 11-1).

Lorsqu'une entreprise constate, à la date de la clôture de son exercice, un dépassement du seuil d'effectif, cette circonstance ne lui fait pas perdre le bénéfice du crédit d'impôt au taux de 30 % au titre de l'exercice au cours duquel les investissements éligibles sont réalisés (CGI art. 244 quater E, I.3° bis).

➟ **À NOTER** Le décompte de l'effectif selon les règles prévues par l'article L. 130-1, I du code de la sécurité sociale devait initialement s'appliquer pour les exercices ouverts à compter du 1er janvier 2019 (loi 2019-486 du 22 mai 2019, art. 12, III.B). Cette date a été repoussée au 1er janvier 2020 (loi 2019-1479 du 28 décembre 2019, art. 41).

Déclaration et utilisation du crédit d'impôt

Déclaration 2069-D-SD obligatoire

55-10 L'option irrévocable pour le crédit d'impôt est exercée sur une déclaration spéciale 2069-D-SD. Cette déclaration doit (CGI, ann. III art. 49 septies WB) :

– pour les entreprises soumises à l'IR, être annexée à la déclaration des résultats qui est à déposer auprès du service des impôts dont dépendent ces entreprises. L'entrepreneur individuel devra reporter sur la déclaration 2069-RCI et sur sa déclaration de revenus 2042 C PRO (rubrique 8) le montant de son crédit d'impôt ;

– pour les sociétés soumises à l'IS, être déposée au service des impôts avec le relevé de solde d'IS (CGI, ann. III art. 49 septies WB).

Le montant du crédit d'impôt résultant de cette déclaration doit par ailleurs être reporté sur la ligne « Crédit d'impôt pour investissement en Corse » du tableau 2069-RCI (cadre II, créances reportables). Le report du crédit d'impôt sur la déclaration récapitulative 2069-RCI ne dispense pas du dépôt de la déclaration spéciale 2069-D-SD (voir §§ 50-2 et 50-4).

Imputation du crédit d'impôt

55-11 Exercice d'imputation. Le crédit d'impôt pour investissement en Corse est en principe utilisé en paiement de l'IR ou de l'IS dû par le redevable (CGI art. 199 ter D et 220 D). L'imputation est opérée au titre de l'année ou de l'exercice en cours lors de la réalisation des investissements qui y ont ouvert droit. Toutefois, lorsque les investissements éligibles sont acquis, créés ou pris en crédit-bail au cours d'une année donnée mais au titre d'un exercice ne coïncidant pas avec l'année civile, le crédit d'impôt correspondant est imputable sur l'impôt dû au titre de l'année au cours de laquelle l'exercice est clos. La créance n'est pas imposable (CGI art. 199 ter D).

• **Pour les sociétés soumises à l'IS**, le crédit d'impôt ne peut pas être utilisé pour le paiement des contributions additionnelles à l'IS. De même, le crédit d'impôt ne peut pas être utilisé pour acquitter un rappel d'impôt sur les bénéfices qui se rapporterait à des exercices antérieurs à l'exercice au cours duquel les investissements ayant ouvert droit au crédit d'impôt sont acquis, créés ou pris en crédit-bail.
Les redevables disposant pour la liquidation de l'IS dû au titre d'un exercice à la fois d'un crédit d'impôt pour investissement en Corse et de crédits d'impôts accordés en vertu d'autres dispositions législatives ou conventionnelles peuvent déterminer librement l'ordre d'imputation de ces crédits d'impôt (BOFiP-BIC-RICI-10-60-20-10-§ 240-03/07/2019).

• **Investissements sur plusieurs années.** Le crédit d'impôt correspondant aux investissements réalisés au titre de l'année ou de l'exercice au titre duquel l'impôt est calculé est utilisé en paiement de cet impôt avant les crédits d'impôts reportables provenant de la réalisation d'investissements au titre d'années ou d'exercices antérieurs. Lorsque le redevable dispose de crédits d'impôts reportables provenant de la réalisation d'investissements au titre de plusieurs années ou exercices antérieurs, ceux-ci s'imputent par ordre d'ancienneté (CGI, ann. III art. 49 septies WE).

55-12 **Sociétés de personnes.** Le crédit d'impôt correspondant aux investissements réalisés par les sociétés soumises au régime des sociétés de personnes et groupements assimilés peut être utilisé par leurs associés ou membres, proportionnellement à leurs droits, à condition qu'il s'agisse de redevables de l'IS ou de personnes physiques participant à l'exploitation à titre professionnel (CGI art. 244 quater E, II).

En cas de démembrement de propriété des parts ou actions de ces sociétés ou organismes, le crédit d'impôt est attribué au nu-propriétaire proportionnellement à ses droits (BOFiP-BIC-RICI-10-60-20-10-§ 80-03/07/2019).

La répartition du crédit d'impôt entre les associés ou membres doit être opérée au cadre II de la déclaration 2069-D.

Les associés ou membres des sociétés ou organismes non soumis à l'IS ne peuvent utiliser la fraction du crédit d'impôt correspondant à leurs droits que s'ils sont, soit des personnes morales redevables de l'IS, soit des personnes physiques participant à titre professionnel à l'activité poursuivie par la société ou l'organisme ayant réalisé l'investissement éligible. Les participations de ces personnes doivent être directes. Il en résulte que le crédit d'impôt pour investissement correspondant aux droits détenus par des sociétés ou organismes non redevables de l'IS interposés ne peut être utilisé par les associés ou membres de ces sociétés ou organismes, redevables de l'IS ou personnes physiques poursuivant une activité professionnelle au sein de la société ou de l'organisme ayant réalisé l'investissement éligible au crédit d'impôt. La qualité de redevable de l'IS ou la participation à titre professionnel à l'activité s'apprécient au titre de l'année de réalisation de l'investissement (BOFiP-BIC-RICI-10-60-20-10-§ 90-03/07/2019).

Crédit d'impôt non utilisé

Report sur les 9 années suivantes

55-13 Le solde du crédit d'impôt qui n'a pu être imputé sur l'impôt de l'année de réalisation de l'investissement peut être utilisé en paiement de l'impôt dû au titre des 9 années suivantes.

Il existe cependant des possibilités de remboursement avant la fin de cette période (voir §§ 55-13 à 55-15).

Remboursement du crédit d'impôt non utilisé (cas général)

55-14 La fraction du crédit d'impôt qui n'a pas été imputée au terme du délai de 9 années suivant l'année au titre de laquelle le bien éligible a été acquis, créé ou pris en crédit-bail est remboursée dans la limite de 50 % du crédit d'impôt initial et de 300 000 € (CGI art. 199 ter D, I).

Toutefois, le bénéficiaire du crédit d'impôt peut demander le remboursement du crédit d'impôt non imputé, à partir de la 5e année, dans la limite de 35 % du crédit d'impôt initial et de 300 000 €.

Le remboursement anticipé porte, dans ces limites, sur la fraction du crédit d'impôt qui n'a pu être imputée sur l'impôt dû au titre de l'année de réalisation des investissements et des 3 années suivantes. En ce qui concerne les redevables de l'IS, le décompte est effectué non en années, mais en exercices dans la mesure où ceux-ci ont une durée égale à 12 mois.

En pratique, les personnes physiques titulaires du crédit d'impôt doivent joindre à leur déclaration d'impôt sur le revenu de l'année un état de suivi, dès lors qu'elles disposent de crédit d'impôt restant imputable au titre de cette année (CGI, ann. III art. 49 septies WD). En ce qui concerne les exploitants individuels, cet état de suivi doit être joint à la déclaration de résultat de l'exercice.

La demande de remboursement peut être adressée au comptable chargé du recouvrement de l'impôt sur les bénéfices (BOFiP-BIC-RICI-10-60-20-10-§ 290-03/07/2019) :
– s'agissant des redevables de l'IR, dès réception de l'avis d'imposition relatif à la 3e année suivant celle au titre duquel le ou les investissements ont été réalisés ;
– s'agissant des redevables de l'IS, à compter de la date de liquidation de l'impôt dû au titre de l'exercice au cours de laquelle expire le délai de 4 ans décompté de quantième à quantième à partir du premier jour de l'exercice de réalisation des investissements correspondants.

Pour les redevables de l'impôt sur le revenu, la demande est effectuée au moyen d'un état de suivi dûment complété (CGI, ann. III 49 septies WF). Pour les redevables de l'IS, elle est effectuée au moyen du bordereau avis de liquidation de l'IS (imprimé 2572) (BOFiP-BIC-RICI-10-60-20-10-§ 290-03/07/2019). Un formulaire 2573 est utilisé lorsque la société demande le remboursement de la créance à une date distincte de celle de la liquidation de l'IS ou en cas de cession ou transfert de la créance.

Les seuils de 50 et 35 % s'apprécient par rapport au montant total des investissements éligibles réalisés au titre de la même année ou du même exercice. Lorsque le contribuable sollicite le remboursement du crédit d'impôt, le montant non remboursé en raison du plafonnement tombe en non-valeur et ne peut donc plus être imputé sur l'impôt dû au titre des années ou des exercices ultérieurs.

Demande de remboursement anticipé

55-15 Entreprises nouvelles. Les entreprises nouvelles peuvent demander le remboursement immédiat de la créance constatée au titre de l'année de création et des créances constatées au titre des quatre années suivantes. Pour bénéficier de la mesure, l'entreprise doit avoir un capital entièrement libéré détenu de manière continue à 50 % au moins par des personnes physiques ou par une société dont le capital est détenu pour 50 % au moins par des personnes physiques ou par des entités de capital-risque et ne pas être créée dans le cadre d'une concentration, d'une restructuration ou d'une extension d'activités préexistante ou pour la reprise d'activités préexistantes (CGI art. 199 ter D, II.1°).

55-16 Entreprises en difficulté. Les entreprises ayant fait l'objet d'une procédure de conciliation ou de sauvegarde, d'un redressement ou d'une liquidation judiciaires peuvent demander le remboursement de leur créance non utilisée à compter de la date de la décision ou du jugement qui a ouvert ces procédures (CGI art. 199 ter D, II.2°).

55-17 PME et JEI. La créance est immédiatement remboursable lorsqu'elle est constatée par (CGI art. 199 ter D, II.3° et 4°) :
- les jeunes entreprises innovantes ;
- les entreprises qui satisfont à la définition des micro, petites et moyennes entreprises donnée par la réglementation communautaire.

Transmission de la créance

55-18 La créance sur l'État correspondant au crédit d'impôt pour investissement non utilisé est inaliénable et incessible, sauf mobilisation auprès d'un établissement de crédit (c. mon. et fin. art. L. 313-23 à L. 313-35).

Il en résulte que la propriété de cette créance ne peut, en principe, être transmise à quelque titre que ce soit. Elle ne peut en conséquence faire l'objet d'une cession ou d'un apport, être donnée en garantie ou transmise à titre gratuit. En particulier, le décès du contribuable titulaire emportant extinction de la créance, celle-ci n'est pas transmise aux héritiers, légataires ou donataires de la succession.

Toutefois (CGI art. 199 ter D, I.al. 4 à 6) :
- dans le cadre d'opérations placées sous un régime fiscal de faveur de transmission d'une entreprise individuelle (CGI art. 41), de l'apport en société d'une entreprise individuelle (CGI art. 151 octies) ou de fusion, scission ou apport partiel d'actif (CGI art. 210 A et 210 B), la fraction de la créance qui n'a pas encore été imputée est transférée au bénéficiaire de la transmission ;
- en cas de fusion ou d'opération assimilée bénéficiant du régime prévu à l'article 210 A du CGI et intervenant au cours d'un exercice ne coïncidant pas avec l'année civile, la fraction de la créance qui n'a pas encore été imputée par la société absorbée ou apporteuse est transférée à la ou aux sociétés bénéficiaires des apports pour sa valeur nominale ;
- en cas de scission ou d'apport partiel d'actif, la créance est transmise en proportion de l'actif net réel apporté à la ou aux sociétés bénéficiaires des apports.

Remise en cause du crédit d'impôt

Événement entraînant la remise en cause

55-19 Le crédit d'impôt pour investissement en Corse qui a été imputé fait l'objet d'une reprise lorsque, soit les biens ayant ouvert droit au crédit d'impôt, soit la personne qui en a bénéficié sont affectés par certains événements dans le délai de 5 ans ou pendant la durée normale d'utilisation de cet investissement si elle est inférieure. La fraction du crédit d'impôt non encore imputée à la date de survenance de l'événement motivant la reprise est annulée (CGI art. 244 quater E, III.al. 1).

Il en est de même en cas de cession dans le délai de 5 ans des parts ou actions de sociétés ou organismes soumis au régime fiscal des sociétés de personnes par les associés ou membres ayant bénéficié d'une fraction du crédit d'impôt correspondant aux investissements réalisés par ces sociétés ou organismes (CGI art. 244 quater E, III.al. 3).

La reprise du crédit d'impôt pour investissement s'effectue au titre de l'année ou l'exercice au cours duquel intervient l'événement la motivant.

Les événements décrits ci-après entraînent la remise en cause du crédit d'impôt lorsqu'ils se produisent dans un délai de 5 ans décompté à partir de la date de réalisation de l'acquisition, de la création ou de la prise en crédit-bail de l'investissement ou pendant sa durée normale d'utilisation si elle est inférieure (BOFiP-BIC-RICI-10-60-20-20-§§ 40 à 100-07/06/2017) :
– cession du bien ayant ouvert droit au crédit d'impôt ;
– changement d'affectation du bien, lorsque le bien ayant ouvert droit au crédit d'impôt cesse d'être affecté à l'activité pour laquelle il a été acquis ou créé pour être affecté en totalité ou en partie à une activité inéligible ;
– cessation d'activité de l'acquéreur ;
– cession des parts ou actions par les associés ou membres de sociétés ou groupements soumis au régime fiscal des sociétés de personnes dans le délai de 5 ans décompté de la date de réalisation de l'investissement ayant ouvert droit au crédit d'impôt (ce délai est ramené à la durée normale d'utilisation de l'investissement si elle est inférieure à 5 ans).

• **La réalisation d'un des événements** visés ci-dessus dans le délai de 5 ans, ou pendant la durée normale d'utilisation de cet investissement si elle est inférieure, entraîne la restitution de la part du crédit d'impôt correspondant déjà imputée et l'annulation de la fraction de ce crédit d'impôt restant à imputer à cette date. Lorsque l'événement n'affecte qu'une partie des investissements éligibles réalisés au titre d'une année ou d'un exercice donné, il y a lieu de considérer que le crédit d'impôt déjà imputé s'applique aux biens éligibles qui ne sont pas affectés par cet événement (CGI, ann. III art. 49 septies WG). La cession, le rachat ou l'annulation, dans le délai de 5 ans, de tout ou partie des actions ou parts des sociétés ou groupements qui ont réalisé l'investissement éligible au crédit d'impôt entraîne pour l'associé ou le membre cédant de cette société ou de ce groupement le reversement du crédit d'impôt.

• **Obligations déclaratives.** Si le bénéficiaire est une personne morale soumise à l'IS, le reversement doit être effectué spontanément au plus tard à la date du paiement du solde de l'IS de l'exercice au cours duquel intervient cet événement. Si le bénéficiaire est une personne physique, le crédit d'impôt déjà imputé est repris au titre de l'année au cours de laquelle cet événement est intervenu. En pratique, la reprise et/ou l'annulation du crédit d'impôt doivent être indiquées sur la déclaration 2069-D accompagnant la déclaration de résultat ou le relevé de solde de l'IS ainsi que sur l'état de suivi mentionné à l'article 49 septies WD de l'annexe III au CGI.
Le propriétaire des investissements affectés par l'un des événements est tenu de délivrer aux personnes ou entreprises concernées, dans les 2 mois suivant l'un de ces événements, un relevé d'information (CGI, ann. III art. 49 septies WH ; BOFiP-ANNX-000151-01/07/2015). Une copie de ce relevé d'information doit également être adressée dans les 2 mois suivant l'un de ces événements au service des impôts dont dépend le propriétaire des investissements. En pratique, ce relevé d'information doit être fourni lorsque le titulaire du crédit d'impôt est une personne différente du propriétaire des investissements affectés par l'un de ces événements.

Caractère intercalaire de certains événements

55-20 Le crédit d'impôt pour investissement n'est pas remis en cause en cas de transmission des biens éligibles dans le cadre d'une des opérations visées ci-après, si le bénéficiaire de la transmission prend l'engagement d'exploiter les biens en Corse dans le cadre d'une activité éligible pendant la fraction du délai de conservation restant à courir à la date de la transmission (CGI art. 244 quater E, III).

Sont visées les opérations suivantes bénéficiant des régimes de faveur :
– transmission à titre gratuit d'une entreprise individuelle (CGI art. 41) ;
– apport d'une entreprise individuelle ou d'une branche complète d'activité à une société (CGI art. 151 octies) ;
– fusion, scission ou apport partiel d'actif et toutes opérations bénéficiant du régime spécial prévu à l'article 210 A du CGI.

L'engagement est pris dans l'acte constatant la transmission ou, en cas d'opérations de dissolution sans liquidation visées à l'article 1844-5 du code civil, dans la décision de dissolution. À défaut, notamment dans le cas des transmissions visées à l'article 41 du CGI qui ne donnent pas nécessairement lieu à établissement d'un acte, l'engagement doit être pris par un acte sous seing privé ayant date certaine établi à cette occasion.

2079-FCE Crédit d'impôt pour dépenses de formation des dirigeants

Généralités

56-1 **Les entreprises qui exposent des dépenses pour former leurs dirigeants peuvent bénéficier d'un crédit d'impôt égal au produit du nombre d'heures de formation par le taux horaire du SMIC, dans la limite de 40 heures par année civile et par entreprise** (CGI art. 244 quater M ; ann. III 49 septies ZF ; BOFiP-BIC-RICI-10-50-06/04/2016).

Le crédit d'impôt s'impute sur l'IR ou sur l'IS dû au titre de l'année de réalisation des dépenses. Pour en bénéficier, les entreprises doivent mentionner le montant du crédit d'impôt sur la déclaration 2069-RCI (voir § 56-2), **qui peut être déterminé à l'aide de la fiche de calcul 2079-FCE** (voir §§ 56-6 à 56-8).

Le dispositif ne devrait s'appliquer qu'aux heures de formation effectuées jusqu'au 31 décembre 2022 (CGI art. 244 quater M, IV). L'opportunité de proroger le dispositif à son échéance sera appréciée par le Parlement.

Déclaration 2069-RCI et fiche de calcul 2079-FCE

56-2 **Une déclaration 2069-RCI doit être souscrite afin de mentionner le crédit d'impôt pour dépenses de formation des dirigeants sollicité au titre de l'exercice** (CGI, ann. III 49 septies ZH) (voir §§ 50-1 à 50-3). **Le crédit d'impôt est mentionné au cadre I « Réductions et crédits d'impôt ne donnant pas lieu au dépôt d'une déclaration spéciale », dans la rubrique « Créances non reportables et restituables au titre de l'exercice ou de l'année ».**

La déclaration 2069-RCI constitue le support déclaratif du crédit d'impôt pour dépenses de formation des dirigeants et dispense l'entreprise d'établir une autre déclaration, la fiche de calcul 2079-FCE étant utilisée à titre facultatif. Le montant du crédit d'impôt à reporter sur la déclaration 2069-RCI est celui qui est déterminé à raison des dépenses réalisées au titre de l'exercice.

L'entrepreneur individuel doit reporter sur sa déclaration 2042 C PRO (ligne 8 WD) le montant de son crédit d'impôt.

Pour les entreprises soumises à l'IS, le montant du crédit d'impôt est reporté sur le relevé de solde 2572.

Champ d'application du crédit d'impôt

Entreprises concernées

56-3 **Le crédit d'impôt pour formation des dirigeants est réservé aux entreprises industrielles, commerciales, artisanales, libérales ou agricoles soumises à l'IS ou à l'IR selon le régime du bénéfice réel.**

Peuvent également en bénéficier les entreprises exonérées d'impôt sur les bénéfices au titre d'un régime d'allégement (voir § 54-5), **à l'exception des régimes d'exonération au titre de la reprise d'une entreprise en difficulté** (CGI art. 44 septies) **et dans les bassins d'emploi à redynamiser** (CGI art. 44 duodecies) **qui ne sont visés ni par la loi ni par l'instruction administrative** (CGI art. 244 quater M ; BOFiP-BIC-RICI-10-50-§ 1-06/04/2016).

S'agissant des **associés de sociétés de personnes**, l'associé (personne morale assujettie à l'IS ou personne physique participant à l'exploitation) :
– bénéficie de sa quote-part du crédit d'impôt formation des dirigeants déclaré sur la déclaration des réductions et crédits d'impôt 2069-RCI de la société de personnes ;
– s'il bénéficie d'autres crédits d'impôt formation des dirigeants (au titre des dépenses engagées directement par lui ou de sa quote-part d'autres sociétés de personnes dans lesquelles il est associé), ceux-ci doivent être cumulés

sur le formulaire 2069-RCI qu'il souscrit lui-même, en son nom (BOFiP-BIC-RICI-10-50-§ 140-06/04/2016).

Les sociétés de personnes doivent indiquer au cadre III la répartition du crédit d'impôt entre leurs associés.

Chefs d'entreprise visés

56-4 **Les dirigeants dont la formation est éligible au crédit d'impôt s'entendent des exploitants individuels, gérants, présidents du conseil d'administration ou du directoire, administrateurs, directeurs généraux et membres du directoire** (CGI, ann. III art. 49 septies ZC).

Dépenses éligibles

56-5 **Ouvrent droit à ce crédit d'impôt les dépenses de formation exposées au profit du dirigeant, imputables sur l'obligation légale de participation à la formation continue, réalisées conformément à un programme préétabli en fonction d'objectifs déterminés** (c. trav. art. L. 6353-1) **et déductibles du bénéfice imposable** (CGI, ann. III art. 49 septies ZD).

Le crédit d'impôt n'a pas vocation à s'appliquer aux formations qui sont délivrées à titre gratuit ni a fortiori aux formations rémunérées (BOFiP-BIC-RICI-10-50-§ 20-06/04/2016).

Calcul du crédit d'impôt, fiche de calcul 2079-FCE [cadre I]

Nombre d'heures effectuées [ligne 1]

56-6 **L'entreprise doit retenir le nombre d'heures passées en formation au cours de l'année civile, dans la limite de 40 heures. Lorsque l'exercice est clôturé en cours d'année, le nombre d'heures à retenir s'entend du nombre d'heures passées en formation au cours de l'année civile précédente.**

Pour les GAEC, le plafond de 40 heures est multiplié par le nombre d'associés chefs d'exploitation que compte le groupement (CGI art. 244 quater M, II bis).

Pour les entreprises implantées **outre-mer** bénéficiant du dispositif zone franche d'activité (ZFA), les heures de formation correspondant aux dépenses de formation professionnelle du personnel de l'exploitation n'étaient pas prises en compte pour le plafond de 40 heures (CGI art. 244 quater M, II et 44 quaterdecies, V). Ce dispositif a été remplacé par la nouvelle mesure de zone franche d'activité nouvelle génération (ZFANG), pour les exercices ouverts depuis le 1er janvier 2019, avec un maintien pour la seule année 2019 de la mesure ZFA. En principe les heures de formation effectuées par les entreprises bénéficiant du dispositif ZFANG sont désormais prises en compte pour le crédit d'impôt (CGI art. 244 quater M, II).

Taux horaire du SMIC [ligne 2]

56-7 **Le taux horaire à prendre en compte est celui en vigueur au 31 décembre de l'année au titre de laquelle est calculé le crédit d'impôt. Ce taux horaire est de 10,15 € pour le crédit d'impôt calculé au titre de 2020.**

Montant du crédit d'impôt [ligne 3]

56-8 **Le crédit d'impôt est égal au produit du nombre d'heures passées en formation par le dirigeant, plafonné à 40 par année civile** (voir § 56-6), **par le taux horaire du SMIC en vigueur au 31 décembre 2020** (voir § 56-7) (CGI, ann. III art. 49 septies ZE).

Le montant du crédit d'impôt 2020 s'élève au plus à 406 €.

Les chiffres indiqués renvoient aux commentaires de cette fiche

RÉPUBLIQUE FRANÇAISE
Liberté Égalité Fraternité

N° 2079-FCE-FC-SD (2021)
cerfa
N° 15448*06

CRÉDIT D'IMPÔT POUR DÉPENSES DE FORMATION DES DIRIGEANTS

(Article 244 *quater* M du code général des impôts)
Dépenses engagées au titre de l'année..........[1]

FICHE D'AIDE AU CALCUL **56-1**

Ce formulaire ne constitue pas une déclaration. Il n'a pas à être transmis spontanément à l'administration. La déclaration des réductions et crédits d'impôt n° 2069-RCI-SD constitue le support déclaratif du crédit d'impôt pour dépenses de formation des dirigeants.

I - Détermination du crédit d'impôt

A - Cas général

Nombre de dirigeants ayant suivi des heures de formation au cours de l'année		**56-4**
Nombre d'heures de formation effectuées par le chef d'entreprise ou le dirigeant au cours de l'année civile	1	**56-5, 56-6**
Taux horaire du salaire minimum de croissance[2]	2	**56-7**
Montant du crédit d'impôt [(*ligne 1 dans la limite de 40 heures) x ligne 2]*	3	**56-8**
Quote-part du crédit d'impôt pour la formation des chefs d'entreprises ou des dirigeants résultant de la participation de l'entreprise dans des sociétés de personnes *(reporter le montant indiqué ligne 12)*	4	**56-9**
Montant total du crédit d'impôt *(ligne 3 + ligne 4)*	5	0

B - Cas particulier Groupement agricole d'exploitation en commun (G.A.E.C.)

Nombre d'heures de formation effectuées par les associés chefs d'exploitation du GAEC au cours de l'année civile	6	
Nombre d'associés chefs d'exploitation du GAEC	7	
Taux horaire du salaire minimum de croissance[3]	8	
Montant du crédit d'impôt *[ligne 6 (dans la limite de 40 heures x ligne 7)] x ligne 8*	9	**56-6**
Quote-part du crédit d'impôt résultant de la participation de l'entreprise dans des sociétés de personnes *(reporter le montant indiqué ligne 12)*	10	
Montant total du crédit d'impôt *(ligne 9 + ligne 10)*	11	0

II - Cadre à servir par les entreprises déclarantes qui détiennent des participations dans des sociétés de personnes ou groupements assimilés

Nom et adresse des sociétés de personnes ou groupements assimilés et n° SIREN (pour les entreprises)	% de droits détenus dans la société		Quote-part du crédit d'impôt
			56-3
Montant total du crédit d'impôt dégagé		12	0

[1] Préciser l'année civile concernée.
[2] Le taux horaire à prendre en compte est celui en vigueur au 31 décembre de l'année au titre de laquelle est calculé le crédit d'impôt.

III – Utilisation du crédit d'impôt

Entreprises individuelles : le montant déterminé ligne 11 doit être reporté sur les déclarations n° 2069-RCI-SD et n° 2042 C-PRO.

Entreprises soumises à l'impôt sur les sociétés : le montant déterminé ligne 11 doit être reporté sur la déclaration n° 2069-RCI-SD et sur le relevé de solde n° 2572-SD.

Répartition du crédit d'impôt entre les associés de la société de personnes (ou assimilée)[3]

Nom et adresse des associés et n° SIREN (pour les entreprises)	% de droits détenus dans la société	Quote-part du crédit d'impôt
	Total	13 0

Les demandes de restitution du crédit d'impôt non imputé sur l'impôt sur les sociétés sont formulées sur l'imprimé n°2573-SD par voie dématérialisée ou sur l'imprimé n°2573-SD disponible sur le portail fiscal www.impots.gouv.fr.

[3] Seuls les associés personnes morales ou associés personnes physiques participant à l'exploitation au sens du 1° bis du I de l'article 156 du CGI peuvent faire valoir leur part dans le crédit d'impôt. Le montant global déterminé est réparti entre tous les associés, mais seuls ceux cités ci-avant peuvent prétendre au bénéfice de ce crédit d'impôt.

Sociétés de personnes [ligne 4]

56-9 L'entreprise doit indiquer à la ligne 4 la quote-part de crédit d'impôt pour formation du chef d'entreprise qui lui revient au titre de ses participations dans des sociétés de personnes (voir § 56-11).

Utilisation du crédit d'impôt [cadre III]

Exercice d'imputation

56-10 Le crédit d'impôt est imputé sur l'IR ou sur l'IS dû par l'entreprise au titre de l'année au cours de laquelle le ou les dirigeants ont suivi ces heures de formation. Lorsqu'il excède l'impôt dû au titre de ladite année, l'excédent est restitué.

Pour les entreprises dont l'exercice ne coïncide pas avec l'année civile, l'imputation se fait sur l'impôt dû au titre du premier exercice clos au cours de l'année suivant celle durant laquelle l'entreprise a engagé ses dépenses (CGI, ann. III art. 49 septies ZF).

Pour les entreprises soumises à l'IS, le montant du crédit d'impôt est reporté sur le relevé de solde 2572. Pour les entreprises individuelles, il est reporté sur la déclaration 2042 C PRO (voir § 56-1).

Dans le régime de l'**intégration fiscale**, le crédit d'impôt calculé par une société membre du groupe est transféré à la société mère et pris en compte pour le calcul du crédit d'impôt du groupe.

Modalités d'imputation

56-11 L'imputation se fait au moment du paiement du solde de l'impôt. Elle a lieu après celle des prélèvements non libératoires et des autres crédits d'impôt (CGI, ann. III art. 49 septies ZG). Le crédit d'impôt ne peut pas être utilisé pour le paiement des contributions assimilées à l'IS.

Le crédit d'impôt des sociétés de personnes et des groupements non soumis à l'IS est transféré à leurs associés proportionnellement à leurs droits, à condition que ces associés soient redevables de l'IS ou des personnes physiques participant à l'exploitation.

→ **Exemple** Une entreprise, dont l'exercice coïncide avec l'année civile, engage des dépenses pour la formation de son dirigeant éligibles au crédit d'impôt (35 heures en 2019 et 60 heures en 2020).

	2019	2020
Nombre d'heures de formation effectuées par le dirigeant	35	60
Montant du crédit d'impôt avant plafonnement (1)	35 × 10,03 = 351,05	60 × 10,15 = 609
Crédit d'impôt plafonné	40 × 10,03 = 401,20	40 × 10,15 = 406
Impôt dû par l'entreprise	500	100
Crédit d'impôt imputé	351	100
Crédit d'impôt restitué	0	306
(1) Montant horaire du SMIC : 10,03 € en 2019 et 10,15 en 2020.		

Demande de remboursement de la créance

56-12 L'entreprise peut solliciter la restitution immédiate du crédit d'impôt lorsque celui-ci n'a pas pu être, totalement ou partiellement, imputé sur l'impôt dû. Les demandes de restitution du crédit d'impôt non imputé sur l'IS sont effectuées sur le formulaire 2573 par voie dématérialisée (TDFC) ou sur le formulaire 2573.

2079-RS Crédit d'impôt pour rachat d'une entreprise par ses salariés

Présentation générale du crédit d'impôt

57-1 Les sociétés constituées exclusivement pour le rachat de tout ou partie du capital d'une société, réalisé jusqu'au 31 décembre 2022, peuvent bénéficier d'un crédit d'IS. Pour chaque exercice, ce crédit d'impôt est égal au montant de l'IS dû par la société rachetée au titre de l'exercice précédent, à proportion des droits sociaux des salariés et dans la limite des intérêts d'emprunt dus par la société nouvelle (CGI art. 220 nonies).

Pour en bénéficier, les entreprises doivent mentionner le montant du crédit d'impôt sur la déclaration 2069-RCI (voir § 57-2), montant qui peut être déterminé à l'aide de la fiche de calcul 2079-RS (voir § 57-4).

→ **À NOTER** Pour les rachats réalisés jusqu'au 31 décembre 2022, les conditions d'éligibilité au crédit d'impôt ont été assouplies, en supprimant temporairement la condition de seuil de salariés minimum. Cette suppression s'accompagne d'un dispositif anti-abus (les droits de vote pris en compte pour le calcul du crédit d'impôt devront être détenus par une ou plusieurs personnes qui, à la date du rachat, sont salariées de la société rachetée depuis au moins 18 mois).

La mise en œuvre de cet assouplissement est effective depuis le 1er janvier 2020 (loi 2018-1317 du 28 décembre 2018, art. 110 ; décret 2019-1544 du 30 décembre 2019, JO du 31).

Déclaration 2069-RCI et fiche de calcul 2079-RS

57-2 Les entreprises ont l'obligation de souscrire une déclaration 2069-RCI et d'y mentionner le crédit d'impôt sollicité au titre de l'exercice (CGI, ann. III art. 46 quater-0 YZB) au cadre I « Réductions et crédits d'impôt ne donnant pas lieu au dépôt d'une déclaration spéciale », dans la rubrique « Créances non reportables et restituables au titre de l'exercice ou de l'année ».

La fiche de calcul 2079-RS peut être utilisée pour déterminer le montant du crédit d'impôt.

Le montant du crédit d'impôt est reporté sur le relevé de solde d'IS 2572.

Conditions à respecter

57-3 Les sociétés constituées exclusivement pour le rachat, de tout ou partie, du capital d'une société peuvent bénéficier d'un crédit d'impôt lorsque (CGI art. 220 nonies, II et ann. III art. 46 quater-0 YX à 46 quater-0 YZC ; BOFiP-IS-RICI-10-60-06/04/2016) :

– la société rachetée et la société nouvelle sont soumises au régime de droit commun de l'IS et ne font pas partie d'un même groupe placé sous le régime de l'intégration fiscale ;

– l'opération de reprise a fait l'objet d'un accord d'entreprise satisfaisant aux conditions du 2° de l'article L. 3332-16 du code du travail. L'accord doit donc préciser, notamment, l'identité des salariés impliqués dans l'opération et le contrôle de l'entreprise ;

– les droits de vote attachés aux actions ou aux parts de la société nouvelle sont détenus par une ou plusieurs personnes qui, à la date du rachat, étaient salariées de la société rachetée depuis au moins 18 mois (CGI art. 220 nonies, II, 2° ; décret 2019-1544 du 30 décembre 2019, JO du 31).

Le seuil de salariés minimum pour recourir au crédit d'impôt est supprimé. Il était prévu que les droits de vote attachés aux actions ou aux parts de la société nouvelle devaient être détenus par au moins 15 personnes salariées de la société rachetée, ou par au moins 30 % des salariés de cette société si l'effectif n'excède pas 50 salariés. Dans les deux cas, la condition d'effectif s'appréciait à la date de rachat.

Les salariés s'entendent des personnes rémunérées directement par l'entreprise et titulaires d'un contrat de travail, à durée déterminée ou non, quelles que soient leur situation ou leur affectation et la nature du contrat de travail (CGI, ann. III, art. 46 quater-0 YZA).

Calcul du crédit d'impôt

57-4 Pour chaque exercice, le crédit d'impôt est égal au montant de l'IS dû par la société rachetée au titre de l'exercice précédent :

– dans la proportion des droits de vote attachés aux actions ou parts de la société rachetée détenus indirectement par les salariés de cette dernière ;

– et dans la limite du montant des intérêts dus par la société nouvelle au titre de l'exercice d'imputation à raison des emprunts qu'elle a contractés pour le rachat (CGI art. 220 nonies, I).

➡ **Exemple** Une société A est rachetée par ses salariés en N – 3 par l'intermédiaire d'une société B, constituée pour le rachat de A. L'IS dû par A au titre de l'exercice N – 1 s'est élevé à 100 000 € (ligne 1 de la fiche de calcul). Le taux de participation indirect des salariés dans le capital de A est de 60 % (ligne 2 de la fiche de calcul).

Les intérêts d'emprunt dus par B arrivés à échéance en N s'élèvent à 55 000 € (ligne 3 de la fiche de calcul).

Le montant du crédit d'impôt au titre de N est égal à 55 000 € (montant à porter ligne 4 de la fiche de calcul et à reporter sur la déclaration 2069-RCI) soit 100 000 × 60 % plafonné à 55 000 € (ligne 1 x ligne 2 dans la limite du montant mentionné ligne 3 de la fiche de calcul).

Le montant de l'impôt s'entend de l'impôt sur les sociétés dû avant imputation des réductions et/ou crédits d'impôt.

Le taux de participation que les salariés détiennent dans la société rachetée est calculé comme suit : la proportion des droits sociaux détenus par les salariés de la société rachetée dans la société nouvelle multipliée par la proportion des droits sociaux détenus par la société nouvelle dans la société rachetée. Pour la première année d'entrée en vigueur du dispositif, le taux de participation s'apprécie à la clôture de l'exercice. Pour les exercices suivants, ce taux correspond à la proportion de droits sociaux détenue de manière continue au cours de l'exercice. Il s'agit donc du taux de participation le plus faible détenu au cours de l'exercice.

Les intérêts d'emprunt s'entendent des intérêts dus sur les emprunts contractés par la société nouvelle pour le rachat et qui viennent à échéance au cours de l'exercice au titre duquel le crédit d'impôt est calculé (CGI, ann. III art. 46 quater-0 YY).

Imputation et utilisation du crédit d'impôt

57-5 Le crédit d'impôt s'impute sur l'IS dû par la société holding au titre des exercices au cours desquels les intérêts des emprunts contractés par la société nouvelle en vue du rachat ont été comptabilisés. L'imputation intervient au moment du paiement du solde de l'IS, au cours de l'exercice suivant celui au titre duquel desquels les intérêts d'emprunt ont été comptabilisés.

Le crédit d'impôt est imputé sur l'impôt dû après les prélèvements non libératoires et les autres crédits d'impôt (CGI, ann. III art. 46 quater-0 YZC).

L'excédent éventuel est remboursé (CGI art. 220 R). **Les demandes de restitution du crédit d'impôt non imputé sur l'IS sont formulées sur l'imprimé 2573 par voie dématérialisée (TDFC) ou sur l'imprimé 2573. Les crédits d'impôt restituables peuvent être utilisés, sur demande, pour le paiement des impôts professionnels recouvrés par les comptables des impôts.**

Pour les sociétés rachetées membres d'un groupe de sociétés placé sous le régime de l'intégration fiscale, l'IS dû par la société rachetée s'entend du montant qu'elle aurait dû acquitter en l'absence d'application de ce régime (CGI art. 220 nonies, I).

Sous le régime de l'intégration fiscale, la société mère est substituée aux sociétés du groupe et peut imputer sur l'IS dont elle est redevable la somme des crédits d'impôt pour rachat de société dégagé par chaque société du groupe (CGI art. 223 O, 1.r).

Les chiffres indiqués renvoient aux commentaires de ce numéro

RÉPUBLIQUE FRANÇAISE
Liberté Égalité Fraternité

N° 2079-RS-FC-SD (2021)
cerfa
N° 15445*06

CRÉDIT D'IMPÔT EN FAVEUR DES SOCIÉTÉS CONSTITUÉES POUR LE RACHAT DU CAPITAL D'UNE SOCIÉTÉ **57-1**

(Article 220 *nonies* du code général des impôts)

Au titre de l'exercice ouvert le ________ **et clos le** ________

FICHE D'AIDE AU CALCUL

Ce formulaire ne constitue pas une déclaration. Il n'a pas à être transmis spontanément à l'administration. La déclaration des réductions et crédits d'impôt n° 2069-RCI-SD constitue le support déclaratif du crédit d'impôt en faveur des sociétés constituées pour le rachat du capital d'une société. **57-1**

DÉNOMINATION DE LA SOCIÉTÉ CONSTITUÉE POUR LE RACHAT D'UNE AUTRE SOCIÉTÉ (B)[1]	**57-3**	N° SIREN :	**57-3**
DÉNOMINATION DE LA SOCIÉTÉ RACHETÉE (A)		N° SIREN :	

I - Calcul du crédit d'impôt

Montant de l'impôt sur les sociétés dû [2] au titre de l'exercice précédent par la société rachetée (A)	1	**57-4**
Proportion des droits de votes attachés aux actions ou parts de la société rachetée détenus indirectement par les salariés de la société rachetée (A)[3]	2	
Application du plafond : Montant des intérêts d'emprunt[4] dus par la société constituée pour le rachat (B) venus à échéance au cours de l'exercice au titre duquel le crédit d'impôt est calculé	3	
Crédit d'impôt [*(ligne 1 x ligne 2) dans la limite du montant indiqué ligne 3*]	4	

II - Utilisation du crédit d'impôt

Le montant déterminé ligne 4 doit être reporté sur la déclaration n° 2069-RCI-SD et sur le relevé de solde n° 2572-SD. **57-5**

Les demandes de restitution du crédit d'impôt non imputé sur l'impôt sur les sociétés sont formulées sur l'imprimé n° 2573-SD par voie dématérialisée ou sur l'imprimé n° 2573-SD disponible sur le portail fiscal www.impots.gouv.fr.

[1] Les sociétés A et B doivent être soumises au régime de droit commun de l'IS et ne peuvent appartenir au même groupe fiscal.
[2] Ce montant s'entend de l'impôt sur les sociétés dû avant imputation des réductions et crédit d'impôt.
[3] Le bénéfice du crédit d'impôt est subordonné à la condition que les droits de vote attachés aux actions ou parts de la société nouvelle, pris en compte pour le calcul du montant du crédit d'impôt, soient détenus par une ou plusieurs personnes qui, à la date du rachat étaient salariées de la société rachetée depuis au-moins dix-huit mois.
Les salariés s'entendent des personnes rémunérées directement par l'entreprise et titulaires d'un contrat de travail à durée déterminée ou non quelle que soit leur situation ou leur affectation et la nature du contrat de travail.
Cette proportion, exprimée en pourcentage, se détermine comme suit : *la proportion des droits de vote détenus par les salariés de la société rachetée dans la société nouvelle multipliée par la proportion des droits de vote détenus par la société nouvelle dans la société rachetée.*
[4] Les intérêts d'emprunt s'entendent des intérêts dus sur les emprunts contractés par la société nouvelle pour le rachat et qui viennent à échéance au cours de l'exercice au titre duquel le crédit d'impôt est calculé.

2079-ART Crédit d'impôt en faveur des métiers d'art

Champ d'application [cadre I]

Généralités

58-1 **Les entreprises relevant des métiers d'art bénéficient d'un crédit d'impôt égal à 10 % des dépenses exposées entre le 1er janvier 2006 et le 31 décembre 2022** (CGI art. 244 quater O, VIII). **Le taux est porté à 15 % lorsque les dépenses sont exposées par une entreprise titulaire du label « entreprise du patrimoine vivant ».**

Ouvrent droit au crédit d'impôt les dépenses exposées pour la création d'ouvrages réalisés en un seul exemplaire ou en petite série (CGI art. 244 quater O, I.1° ; BOFiP-BIC-RICI-10-100-§ 50-04/03/2020). **Les dépenses éligibles sont celles exposées au cours de l'année civile** (voir § 58-15).

Le crédit d'impôt est plafonné à 30 000 € par an et par entreprise, qui s'ajoute au plafond relatif aux « aides de minimis » (voir §§ 58-35 et 58-36).

• La notion d' « ouvrages réalisés en un seul exemplaire ou en petite série » a remplacé la notion antérieure de « nouveaux produits ».

• Les entreprises de **restauration du patrimoine** peuvent également bénéficier du crédit d'impôt métiers d'art au titre de certaines dépenses exposées depuis le 1er janvier 2017 (CGI art. 244 quater O, I bis) (voir § 58-4).

Entreprises concernées

58-2 **Le crédit d'impôt métiers d'art (CIMA) est réservé aux entreprises passibles de l'IS ou soumises à l'IR selon un régime réel, de droit ou sur option. Les entreprises qui bénéficient d'un régime spécifique d'exonération sont également éligibles au crédit d'impôt.**

Il s'agit des entreprises exonérées au titre des dispositifs suivants (CGI art. 244 quater O, I et I bis) : entreprise nouvelle (CGI art. 44 sexies), jeune entreprise innovante (CGI art. 44 sexies A), société créée pour la reprise d'une entreprise en difficulté (CGI art. 44 septies), ZFU (CGI art. 44 octies ou 44 octies A), bassins d'emploi à redynamiser (CGI art. 44 duodecies), zones de restructuration de la défense (CGI art. 44 terdecies), zones de développement prioritaire (CGI art. 44 septdecies).

Activités visées [cadre I]

58-3 **Principe. Le CIMA est ouvert aux entreprises qui présentent l'une des caractéristiques suivantes** (CGI art. 244 quater O, III) :
– les entreprises dont les charges de personnel afférentes aux salariés qui exercent un métier d'art (arrêté du 24 décembre 2015, JO du 31 janvier 2016) **représentent au moins 30 % de la masse salariale totale. Les métiers d'art visés sont ceux qui sont mentionnés dans la colonne « métiers » du tableau figurant en annexe de l'arrêté du 24 décembre 2015 précité et non ceux indiqués dans la colonne « spécialités » de ce même tableau** (BOFiP-BIC-RICI-10-100-§ 10-04/03/2020). **L'entreprise doit indiquer au cadre I le pourcentage des charges de personnel correspondantes ;**
– les entreprises industrielles des secteurs de l'horlogerie, de la bijouterie, de la joaillerie, de l'orfèvrerie, de la lunetterie, des arts de la table, du jouet, de la facture instrumentale et de l'ameublement, les nomenclatures des activités industrielles et des produits éligibles sont fixées par arrêté (arrêté du 14 juin 2006, JO du 24, p. 9539). **L'entreprise doit mentionner au cadre I la nomenclature correspondant à son activité ;**
– les entreprises portant le label « entreprise du patrimoine vivant ». L'entreprise doit préciser, le cas échéant, la date du dépôt de la demande d'octroi du label et la date à laquelle celui-ci a été octroyé.

• Le seuil susmentionné **de 30 %** est apprécié en tenant compte du total des charges de personnel relatives aux salariés exerçant un métier d'art au sens des dispositions précitées (y compris la part ne se rapportant pas à la réalisation de travaux de création d'ouvrages uniques ou en petite série, pour ceux qui ne sont pas exclusivement affectés à ces travaux) (BOFiP-BIC-RICI-10-100-§ 10-04/03/2020). Les juges d'appel (CAA Nantes 10 septembre 2020, n° 18NT03033) ont écarté la prise en compte des charges de personnel afférentes aux salariés exerçant les fonctions de chef de studio – directeur artistique, chef de studio – relecteur, directeur conseil, assistant directeur conseil, technicien commercial en publicité et chargé de développement. Les fiches de poste révélaient pour les uns des fonctions d'encadrement et contrôle des graphistes et pour les autres des fonctions commerciales. En outre, les salariés exerçant ces fonctions n'avaient aucune formation en matière de graphisme et les fiches de poste ne faisaient pas mention de la nécessité de disposer, pour assurer ces fonctions, de connaissances artistiques ou de compétences en matière de graphisme.

• Les **activités industrielles** s'entendent de celles qui concourent directement à l'élaboration ou à la transformation de biens corporels mobiliers. Ces activités consistent en la transformation de matières premières ou de produits semi-finis en produits fabriqués. Ainsi, le rôle du matériel ou de l'outillage y est prépondérant. Les entreprises qui n'exercent aucune activité de production n'ouvrent donc pas droit au crédit d'impôt (arrêté du 14 juin 2006, JO du 24, p. 9539).
Les entreprises qui exercent une activité de production de biens meubles corporels, fabriqués en un exemplaire ou en petite série et devant être incorporés physiquement à un immeuble (escaliers, sculptures, portails, etc.), sont éligibles au CIMA. Il en résulte que les entreprises (voir § 58-2) qui réalisent uniquement des prestations de services ne sont **pas éligibles** au crédit d'impôt alors même que certaines activités de prestations de services sont mentionnées dans le tableau annexe à l'arrêté du 24 décembre 2015 précité (BOFiP-BIC-RICI-10-100-§ 20-04/03/2020).
Le CIMA est réservé aux seules entreprises exerçant une activité de **production de biens meubles corporels** (rép. Bonnot n° 43499, JO 12 mai 2015, AN quest. p. 3575). Ainsi, une entreprise d'activité de **conception et design graphique** n'est pas éligible au CIMA (CE 9 avril 2014, n° 373436 ; rép. Azero n° 90950, JO 6 juillet 2016, AN quest. p. 6295). Toutefois, une jurisprudence, rendue sur l'ancien dispositif, a admis l'application du CIMA à une société d'infographie en considérant que les images, logos et présentations graphiques conçus avaient la nature de produits graphiques (CAA Paris 7 juillet 2017, n° 16PA00418).

• Le **label « entreprises du patrimoine vivant »** est attribué à toute entreprise qui détient un patrimoine économique, composé en particulier d'un savoir-faire rare, renommé ou ancestral, reposant sur la maîtrise de techniques traditionnelles ou de haute technicité et circonscrit à un territoire (loi 2005-882 du 2 août 2005, art. 23).
Les critères et la procédure à respecter pour bénéficier du label « entreprise du patrimoine vivant » sont définis par :
– le décret 2006-595 du 23 mai 2006 (JO du 25, p. 7788) ;
– deux arrêtés du 26 mai 2006 (JO du 21 juin, p. 9275) et du 3 août 2006 (JO du 15, p. 12080) modifiés (arrêtés du 12 décembre 2012, JO du 18, texte 32 ; du 5 février 2020, JO du 20, texte 20 et du 2 juillet 2020, JO du 4, texte 26). Le label est par ailleurs ouvert aux métiers du **secteur alimentaire** (décret 2011-1091 du 9 septembre 2011, JO du 11).
L'obtention du label entreprise du patrimoine vivant ne permet pas, à lui seul, de bénéficier du CIMA (CAA Lyon 3 avril 2020, n° 18LY02802).

58-4 **Restauration du patrimoine. Peuvent également bénéficier du CIMA, pour les dépenses exposées depuis le 1er janvier 2017, les entreprises œuvrant dans le domaine de la restauration du patrimoine réunissant les conditions suivantes** (CGI art. 244 quater O, I bis) **:**
– être imposées suivant un régime réel d'imposition (ou exonérées au titre d'un régime d'exonération zoné, voir § 58-2**) ;**
– avoir des charges de personnel afférentes aux salariés qui exercent un des métiers d'art (voir § 58-3) **représentant au moins 30 % de la masse salariale totale ;**
– porter le label « entreprises du patrimoine vivant ».

L'activité de restauration du patrimoine ouvre droit au CIMA lorsqu'elle est exercée sur le patrimoine matériel défini au premier alinéa de l'article L.1 du code du patrimoine. Il s'agit de l'ensemble des biens, immobiliers ou mobiliers, relevant de la propriété publique ou privée, qui présentent un intérêt historique, artistique, archéologique, esthétique, scientifique ou technique (BOFiP-BIC-RICI-10-100-§ 95-04/03/2020).

Déclaration 2079-ART

Entreprises relevant de l'IR

58-10 **La déclaration spéciale 2079-ART permet de calculer le montant du crédit d'impôt métiers d'art** (CGI, ann. III art. 49 septies ZO)

et doit être déposée. Le montant du crédit d'impôt ainsi calculé doit être reporté sur la déclaration 2069-RCI (voir § 50-1).

- S'agissant de **l'associé d'une société de personnes**, deux situations sont à distinguer :
– lorsque l'associé qui participe à l'exploitation bénéficie à la fois d'un crédit d'impôt métiers d'art propre et de crédits d'impôt métiers d'art au titre de ses participations dans des sociétés de personnes, il doit porter sur la déclaration 2079-ART (ligne 20 et report en ligne 14) la quote-part de crédit d'impôt dégagée au titre de chacune de ses participations dans les sociétés de personnes (la ou les sociétés de personnes dépose une déclaration n° 2079-ART permettant de calculer le crédit d'impôt et de le répartir entre chaque associé) (voir §§ 58-35, 58-40 et 58-41) ;
– lorsque l'associé ne bénéficie d'aucun autre crédit d'impôt métiers d'art (propre ou issu de sa participation dans une autre société de personnes), il doit alors porter le montant de la quote-part du crédit d'impôt calculée au niveau de la société de personnes dont il est associé sur la déclaration de résultats (associés personnes morales soumis à l'IS) ou sur sa déclaration de revenus (associés personnes physiques soumis à l'IR).

- Pour les **exploitants individuels**, le montant du crédit d'impôt doit être reporté sur leur déclaration de revenus 2042 C PRO (ligne 8 WR).

- Les **sociétés de personnes** doivent indiquer au **cadre V** la répartition du crédit d'impôt entre leurs associés (voir § 58-41).

Entreprises soumises à l'IS

58-11 **Les entreprises doivent reporter le montant du crédit d'impôt, déterminé sur la déclaration spéciale 2079-ART, sur la déclaration 2069-RCI** (CGI, ann. III art. 49 septies ZO) (voir § 50-1). **Le report du crédit d'impôt ne dispense pas du dépôt de la déclaration spéciale 2079-ART.**

Elles doivent en principe joindre la déclaration spéciale 2079-ART à leur relevé de solde d'IS (relevé 2572) télédéclaré auprès du comptable chargé du recouvrement de l'IS, sur lequel est reporté le CIMA.

Dans le cadre d'un **groupe fiscal intégré**, la société mère télédéclare les déclarations pour le compte des sociétés du groupe. En principe, elle les joint, y compris celle la concernant, au relevé de solde 2572 relatif au résultat d'ensemble du groupe.

Dépenses éligibles [cadre II]

Dépenses exposées au cours de l'année civile

58-15 **Quelles que soient la date de clôture et la durée de l'exercice, le crédit d'impôt est calculé par année civile** (CGI art. 244 quater O, IV ; BOFiP-BIC-RICI-10-100-§ 180-04/03/2020). **Lorsque l'entreprise clôture son exercice en cours d'année, le crédit d'impôt est calculé en prenant en compte les dépenses éligibles engagées au cours de la dernière année civile écoulée.**

Dépenses liées à la création d'ouvrages réalisés en un seul exemplaire ou en petite série

58-16 **Ouvrages uniques ou réalisés en petite série.** **Les dépenses éligibles sont celles qui se rapportent aux « ouvrages réalisés en un seul exemplaire ou en petite série ». La création d'ouvrages uniques, réalisés en un exemplaire ou en petite série, se définit selon deux critères cumulatifs** (CGI art. 244 quater O, I.1° ; BOFiP-BIC-RICI-10-100-§§ 50 à 90-04/03/2020) :

a) un ouvrage pouvant s'appuyer sur la réalisation de plans ou maquettes, ou de prototypes ou de tests, ou encore de mise au point manuelle particulière à l'ouvrage (voir § 58-17) ;

b) un ouvrage, produit en un exemplaire ou en petite série, ne figurant pas à l'identique dans les réalisations précédentes de l'entreprise et se distinguant des objets industriels ou artisanaux existants (voir §§ 58-18 à 58-20).

En définitive, 5 catégories de dépenses, liées aux ouvrages ainsi définis, sont éligibles au crédit d'impôt (voir § 58-21).

La réalité de la création d'ouvrages réalisés en un seul exemplaire ou en petite série peut, sans préjudice des pouvoirs de contrôle de l'administration, qui demeure seule compétente pour l'application des procédures de rectification, être vérifiée par les agents des ministères chargés de l'industrie, du commerce et de l'artisanat (LPF art. L. 45 BA).

Les chiffres indiqués renvoient aux commentaires de cette fiche

RÉPUBLIQUE FRANÇAISE
Liberté Égalité Fraternité

N° 2079-ART-SD (2021)

cerfa

CRÉDIT D'IMPÔT EN FAVEUR DES MÉTIERS D'ART
(Article 244 *quater* O du code général des impôts) **58-10**

Formulaire obligatoire N° 13342*14
Art 49 septies ZO de l'annexe III au CGI

*Au titre de l'année..........[1]

Nombre d'intercalaires [/]

Dénomination de l'entreprise		Nature de l'activité exercée	**58-1**
Adresse			
N° SIREN :		Exercice clos le	
Nom et adresse personnelle de l'exploitant[2]			

Société bénéficiant du régime fiscal des groupes de sociétés (cocher la case) ☐

Dénomination de la société mère		N° SIREN	
Adresse			

I - ENTREPRISES[3] CONCERNÉES PAR LE DISPOSITIF

Entreprises dont les charges de personnel afférentes aux salariés qui exercent un des métiers d'art énumérés dans un arrêté du ministre chargé des petites et moyennes entreprises représentent au moins 30 % de la masse salariale totale de l'entreprise (*mentionner le % des charges de personnel correspondantes*)[4]	% **58-2 et 58-3**
Entreprises industrielles des secteurs de l'horlogerie, de la bijouterie, de la joaillerie, de l'orfèvrerie, de la lunetterie, des arts de la table, du jouet, de la facture instrumentale et de l'ameublement[5] *(se référer à la nomenclature)*	
Entreprises portant le label « entreprise du patrimoine vivant » : cocher la case ☐ - Date du dépôt de la demande d'octroi du label « entreprise du patrimoine vivant » : - Date d'octroi du label « entreprise du patrimoine vivant » :	

II - DÉTERMINATION DE LA BASE DE CALCUL DU CRÉDIT D'IMPÔT

Nature des dépenses ouvrant droit à crédit d'impôt*		**Montant**
Salaires et charges sociales afférents aux salariés directement affectés à la création d'ouvrages réalisés en un seul exemplaire ou en petite série[6]	1	**58-22**
Dotations aux amortissements des immobilisations créées ou acquises à l'état neuf qui sont directement affectées à la création d'ouvrages réalisés en un seul exemplaire ou en petite série et à la réalisation de prototypes	2	**58-23**
Frais de dépôt des dessins et modèles relatifs aux ouvrages réalisés en un seul exemplaire ou en petite série	3	**58-24**
Les dépenses liées à l'élaboration d'ouvrages réalisés en un seul exemplaire ou en petite série confiées à des stylistes ou bureaux de style externes	4	**58-26**
Salaires et charges sociales afférents aux salariés directement affectés à l'activité de restauration du patrimoine[7]	5	**58-22**

* Les mêmes dépenses ne peuvent entrer à la fois dans la base de calcul du crédit d'impôt en faveur des métiers d'art et d'un autre crédit d'impôt.
[1] Préciser l'année civile concernée.
[2] Pour les entreprises individuelles.
[3] Les entreprises éligibles au crédit d'impôt en faveur des métiers d'art sont celles mentionnées au III de l'article 244 quater O du CGI qui exercent une activité de production de biens meubles corporels fabriqués en un exemplaire ou en petite série ainsi que celles mentionnées aux 1° et 3° du même III lorsqu'elles œuvrent dans le domaine de la restauration du patrimoine, en application respectivement du I et du I bis de l'article 244 quater O du CGI.
[4] Cf arrêté du 24 décembre 2015 fixant la liste des métiers de l'artisanat de l'art.
[5] Cf arrêté du 14 juin 2006 fixant la nomenclature des activités et des produits concernés.
[6] La notion de création d'ouvrages uniques est définie selon deux critères cumulatifs. Il s'agit d'ouvrages pouvant s'appuyer sur la réalisation de plans, maquettes, prototypes, tests ou encore de mise au point manuelle particulière à l'ouvrage et ne figurant pas à l'identique dans les réalisations précédentes de l'entreprise.
[7] L'activité de restauration du patrimoine ouvre droit au crédit d'impôt en faveur des métiers d'art lorsqu'elle est exercée sur le patrimoine matériel défini au premier alinéa de l'article L.1 du code du patrimoine. Il s'agit de l'ensemble des biens, immobiliers ou mobiliers, relevant de la propriété publique ou privée, qui présentent un intérêt historique, artistique, archéologique, esthétique, scientifique ou technique.

Les chiffres indiqués renvoient aux commentaires de cette fiche

Dotations aux amortissements des immobilisations créées ou acquises à l'état neuf qui sont directement affectées à l'activité de restauration du patrimoine	6	**58-23**
Frais de dépôt des dessins et modèles relatifs à l'activité de restauration du patrimoine	7	**58-24**
Les dépenses liées à l'activité de restauration du patrimoine confiées à des stylistes ou à des bureaux de style externes	8	**58-26**
Frais de défense des dessins et modèles *(dans la limite de 60 000 € par an)*	9	**58-25**
Subventions publiques reçues par les entreprises à raison des dépenses ouvrant droit au crédit d'impôt	10	**58-21**
Total *(lignes 1 + 2 + 3+ 4 + 5+ 6 + 7 + 8 + 9 - 10)*	11	

III - CALCUL DU CRÉDIT D'IMPÔT

Montant du crédit d'impôt (*montant ligne 11 × 10 %)*	12	**58-35**
Montant du crédit d'impôt à taux majoré *(montant ligne 11 × 15 %)*[8]	13	
Quote-part de crédit d'impôt métiers d'art résultant de la participation de l'entreprise dans des sociétés de personnes ou groupements assimilés *(reporter le montant indiqué ligne 20)*	14	0
Montant du crédit d'impôt brut avant plafonnement (*montant ligne 12 ou ligne 13 + ligne 14)*	15	
Montant du crédit d'impôt net après plafonnement : *si montant ligne 15 < 30 000 €, reporter à la ligne 16 le montant déterminé ligne 15* *si montant ligne 15 > 30 000 €, reporter à la ligne 16 le montant de 30 000 €*	16	**58-36**
Montant des aides de minimis accordées à l'entreprise [ensemble des aides obtenues au titre de l'exercice au cours duquel la déclaration est déposée et au cours des deux exercices précédents dans la limite de 200 000 € **et dans les conditions du règlement (UE) n° 1407/2013 de la Commission, du 18 décembre 2013, relatif à l'application des articles 107 et 108 du traité sur le fonctionnement de l'Union européenne**[9]	17	
Montant cumulé du crédit d'impôt et des aides de minimis (*montant ligne 16 + montant ligne 17)*	18	
Montant du crédit d'impôt net après plafonnement : *si montant ligne 17 = 200 000 €[9] reporter zéro ligne 19* *si montant ligne 18 < 200 000 €[9], reporter à la ligne 19 le montant déterminé ligne 16* *Si montant ligne 18 > 200 000 €[9], le montant à reporter ligne 19 est égal à (200 000 € - montant ligne 17)*	19	

IV - PARTICIPATION DE L'ENTREPRISE DÉCLARANTE DANS DES SOCIÉTÉS DE PERSONNES OU GROUPEMENTS ASSIMILÉS

Nom et adresse des sociétés de personnes ou groupements assimilés et n° SIREN (pour les entreprises)	% de droits détenus dans la société	Quote-part du crédit d'impôt
		58-40
Montant total du crédit d'impôt dégagé	20	

V - RÉPARTITION DU CRÉDIT D'IMPÔT ENTRE LES ASSOCIÉS MEMBRES DE SOCIÉTÉS DE PERSONNES (OU GROUPEMENTS ASSIMILÉS)[10]

Nom et adresse des associés membres de sociétés de personnes et n° SIREN (pour les entreprises)	% de droits détenus dans la société	Quote-part du crédit d'impôt
Total		

[8] Le taux est porté à 15 % lorsque les dépenses engagées au cours d'une année sont exposées par une entreprise portant le label « entreprise du patrimoine vivant » au 31 décembre de cette même année.
[9] En particulier, le seuil est de 100 000 € pour les entreprises du secteur du transport routier de personnes ou de marchandises.
[10] Nécessité pour ces associés de participer à l'exploitation au sens du 1° bis du I de l'article 156 du CGI pour faire valoir leur part dans le crédit d'impôt.

VI - UTILISATION DU CRÉDIT D'IMPÔT

Entreprises individuelles : reporter le montant du crédit d'impôt sur les déclarations n° 2042 C-PRO et n° 2069-RCI-SD.
Entreprises soumises à l'impôt sur les sociétés : reporter le montant du crédit d'impôt sur le relevé de solde n° 2572-SD et sur la déclaration n° 2069-RCI-SD.

Les demandes de restitution du crédit d'impôt non imputé sur l'impôt sur les sociétés sont formulées sur l'imprimé n°2573-SD par voie dématérialisée ou sur l'imprimé n°2573-SD disponible sur le portail fiscal www.impots.gouv.fr.

58-17 Plans, maquettes, prototypes, tests ou mise au point. L'entreprise doit pouvoir justifier d'un travail de recherche et de création en amont de la production qui se traduit par la réalisation (BOFiP-BIC-RICI-10-100-§ 60-04/03/2020) :

– soit d'un plan, soit d'une maquette ou d'un prototype ;

– ou de tests permettant d'éprouver les qualités et le bon fonctionnement de l'ouvrage (par exemple, tests menés par des céramistes en fonction de la température du four, pour obtenir la couleur ou l'effet esthétique recherchés sur l'ouvrage réalisé) ;

– soit par une mise au point manuelle particulière à l'ouvrage.

• Le prototype correspond au premier exemplaire en vue d'une réalisation en série.

• La notion de mise au point manuelle particulière à l'ouvrage est la mise en œuvre d'un savoir-faire nécessitant une technicité éprouvée. Cela sera d'autant plus facile à établir dans le cadre de l'élaboration d'une pièce unique.

➠ **En pratique** Pour des raisons de preuve, les entreprises ont intérêt à conserver les « épreuves » ou les photos des opérations qui ont conduit à la création de l'ouvrage concerné.

58-18 Notion de petite série. Une petite série correspond à une production de quelques dizaines d'unités (BOFiP-BIC-RICI-10-100-§ 70-04/03/2020). Pour certains ouvrages, l'unité est composée de plusieurs éléments, dès lors que la preuve peut être apportée de l'indissociabilité de ces derniers. Par exemple, dans le cas des arts de la table, l'unité considérée sera le service et non l'assiette. De même, pour une reliure de création d'un ouvrage en plusieurs volumes, l'unité considérée sera l'œuvre reliée et non pas le volume.

Corrélativement, si la production de l'ouvrage excède quelques dizaines d'unités, les dépenses de création correspondantes ne sont pas éligibles au CIMA.

➠ **Exemple** Ne constitue pas une production en petite série la production de 1 000 exemplaires numérotés de flacons de parfum en verre, même si traditionnellement le secteur de la parfumerie lui reconnaît la qualification de petite série.

➠ **En pratique** L'entreprise doit être en mesure d'apporter la preuve que la production de l'ouvrage ouvrant droit au CIMA n'excède pas cette limite. S'agissant d'une série limitée, l'entreprise devra numéroter chaque exemplaire en référençant chaque unité (1, 2...).

58-19 Ouvrages ne figurant pas à l'identique dans les réalisations précédentes de l'entreprise. L'entreprise doit, par ailleurs, pouvoir démontrer que l'ouvrage réalisé n'est pas identique aux réalisations précédentes de l'entreprise en termes de forme, fonctionnalités, matériaux qui le composent ou lignes, ces critères n'étant pas cumulatifs. À ce titre, une pièce peut être identique dans la forme mais le seul changement d'une dimension ou d'une des matières utilisées peut nécessiter de trouver de nouvelles techniques de fabrication ou de nouveaux outils pour le fabriquer (BOFiP-BIC-RICI-10-100-§ 80-04/03/2020).

La preuve peut être apportée par tout moyen et notamment le fait que l'ouvrage fasse l'objet d'une protection à titre de dessin ou modèle (voir §§ 58-24 et 58-25).

58-20 Ouvrages réalisés sur mesure. La création d'ouvrages réalisés en un seul exemplaire peut s'entendre également de la production de pièces réalisées sur mesure conformément à la commande d'un client, dès lors que les deux critères cumulatifs (voir § 58-16) sont réunis (BOFiP-BIC-RICI-10-100-§ 90-04/03/2020).

Analyse des dépenses éligibles au CIMA

58-21 Cinq catégories de dépenses. Cinq catégories de dépenses sont éligibles au CIMA et sont à reporter sur les lignes 1 à 9 de la déclaration spéciale 2079-ART. Il s'agit des dépenses suivantes, liées soit à la création des ouvrages précédemment définis, soit à l'activité de restauration du patrimoine (voir §§ 58-16 à 58-20) :

– les salaires et charges sociales afférents aux salariés directement affectés à l'activité éligible (lignes 1 ou 5) (voir § 58-22) ;

– les dotations aux amortissements des immobilisations créées ou acquises à l'état neuf, qui sont directement affectés à l'activité éligible (lignes 2 ou 6) (voir § 58-23) ;

– les frais de dépôt des dessins et modèles (lignes 3 ou 7) (voir § 58-24) ;

– les frais de défense des dessins des modèles, dans la limite de 60 000 € par an (ligne 9) (voir § 58-25) ;

– les dépenses liées à l'élaboration des ouvrages (ligne 4) ou de l'activité de restauration du patrimoine (ligne 8) confiées à des stylistes ou des bureaux de style externes (voir § 58-26).

Ces dépenses ne peuvent pas entrer à la fois dans la base de calcul de ce crédit d'impôt et de celle d'un autre crédit d'impôt (le crédit d'impôt recherche, notamment).

Les subventions publiques reçues par les entreprises à raison des dépenses éligibles au crédit d'impôt sont déduites des bases de calcul de ce crédit d'impôt (ligne 10). Le total des dépenses éligibles, après déduction des subventions, doit être indiqué ligne 11.

Contrairement au **crédit d'impôt recherche** dont bénéficient les entreprises du secteur textile-habillement-cuir, le crédit d'impôt métiers d'art n'exige pas que les stylistes ou les bureaux de style externes soient agréés (voir § 54-100). Les dépenses de sous-traitance ne sont pas plafonnées et la sous-traitance n'est pas limitée géographiquement.

➟ **À NOTER** L'entreprise peut demander à l'administration, dans le cadre de la procédure de rescrit préalable, de confirmer que les dépenses qu'elle expose en vue de la création d'un ouvrage réalisé répondent bien aux conditions définies par l'article 244 quater O du CGI (LPF art. L. 80 B ; BOFiP-BIC-RICI-10-100-§ 260-04/03/2020).

58-22 Salariés directement affectés à la création des ouvrages ou à la restauration du patrimoine [lignes 1 ou 5]. Sont éligibles au CIMA les salaires et charges sociales des salariés directement affectés (BOFiP-BIC-RICI-10-100-§§ 100 à 110-04/03/2020) :

– aux travaux de création d'un ouvrage unique ou fabriqué en petite série (de la conception à la production finale de l'ouvrage) ;

– à l'activité de restauration du patrimoine (voir § 58-4).

Sont visés les salariés liés à l'entreprise par un contrat de travail qui participent réellement à la production finale de l'ouvrage ou à l'activité de restauration du patrimoine, à savoir les personnes qui, au sein de l'entreprise, maîtrisent une technique ou un savoir-faire et interviennent dans le travail de création ou de transformation de la matière (y compris les apprentis), ou interviennent dans la restauration du patrimoine.

Sont exclus du CIMA les postes administratifs (secrétariat, comptabilité, commercial...) mais aussi les stagiaires. Dans l'hypothèse où le salarié exerce d'autres fonctions (que celles relatives à la participation directe aux travaux de création ou à l'activité de restauration de patrimoine), le montant des charges de personnel éligibles au CIMA est calculé *prorata temporis*.

➟ **EXEMPLE** Une entreprise employant 2 salariés affectés, d'une part, à des opérations de création d'ouvrages en petite série et, d'autre part, à des opérations de fabrication de produits en grande série (plus de quelques dizaines d'unités) ne peut faire figurer sur la déclaration 2079-ART que la fraction de la rémunération relative aux opérations de création d'ouvrages en petite série, déterminée selon les modalités suivantes :

– salaires et charges sociales au titre de l'année N : 85 000 € ;

– nombre d'heures consacrées à la création d'ouvrages en petite série : 2 000 ;

– nombre d'heures consacrées à la création d'ouvrages en grande série : 1 100 ;

– nombre d'heures travaillées : 2 000 + 1 100 = 3 100 ;

– dépense éligible au crédit d'impôt : 85 000 × (2 000 / 3 100) = 54 838 €.

➟ **ATTENTION** L'entreprise qui est dans l'incapacité de fournir la preuve du temps passé par ses salariés à la création des ouvrages éligibles ou à l'activité de restauration du patrimoine perd le bénéfice du crédit d'impôt au titre des dépenses de personnel concernées.

S'agissant des dirigeants, seules les rémunérations ayant la nature de salaires (ainsi que les charges sociales y afférentes) peuvent être prises en compte dans la base de calcul du crédit d'impôt. Les **rémunérations des dirigeants non salariés** ne peuvent pas être incluses dans la base de calcul du CIMA, quand bien même ils participeraient aux opérations de création d'ouvrages uniques ou en petite série. Ainsi, le temps passé par un entrepreneur individuel à la réalisation d'un ouvrage unique ne peut être pris en compte pour le calcul du crédit d'impôt (BOFiP-BIC-RICI-10-100-§ 110-04/03/2020).

58-23 Dotations aux amortissements des immobilisations [lignes 2 ou 6]. Dès lors que l'immobilisation a été créée ou acquise à l'état neuf et est directement affectée à la création d'ouvrages éligibles et à la réalisation de prototypes ou à l'activité de restauration du patrimoine, l'entreprise peut inclure dans la base de calcul du CIMA la dotation aux amortissements de cette immobilisation, mais uniquement au prorata de son utilisation pour les activités éligibles au crédit d'impôt.

Ainsi, les dotations aux amortissements relatives à un nouveau local, créé ou acquis à l'état neuf affecté directement à la création d'ouvrages éligibles au crédit d'impôt constituent, en principe, des dépenses éligibles au CIMA. En cas d'affectation partielle à cette activité, les dotations aux amortissements sont calculées au prorata de l'utilisation de cette immobilisation pour les activités précitées. En revanche, si le local est destiné à accueillir un « show room », les dotations afférentes à ce local n'entrent pas dans l'assiette du CIMA.

Les **droits de mutation**, les honoraires ou commissions et les frais d'acte liés à l'**acquisition** de ces immobilisations peuvent être, au choix de l'entreprise, soit portés à l'actif du bilan en majoration du coût d'acquisition de l'immobilisation à laquelle ils se rapportent, soit déduits immédiatement en charges (CGI, ann. III art. 38 quinquies). Dès lors que ces dépenses ont été immobilisées par l'entreprise et qu'elles correspondent effectivement à la création ou l'acquisition de biens éligibles, elles peuvent être incluses dans la base de calcul du CIMA selon les modalités précitées. En revanche, si l'entreprise a choisi de procéder à la déduction de ces dépenses en tant que charges, elles sont exclues de la base de calcul du crédit d'impôt (BOFiP-BIC-RICI-10-100-§ 130-04/03/2020).

58-24 Frais de dépôt des dessins et modèles [lignes 3 ou 7]. Les frais à retenir sont (BOFiP-BIC-RICI-10-100-§ 140-04/03/2020) :
– les honoraires versés aux conseils et mandataires en dessins et modèles habilités auprès de l'Institut national de la propriété industrielle (INPI) ;
– les honoraires versés aux mandataires chargés du dépôt des dessins et modèles directement à l'étranger, ou à l'Organisation mondiale de la propriété intellectuelle (OMPI) pour le (s) pays désigné (s) par l'entreprise, à la condition que les dessins et modèles soient également déposés en France ;
– les frais de traduction, le cas échéant ;
– les droits divers perçus par l'INPI et par les organismes étrangers ou internationaux qui assurent la protection des dessins et modèles.

Seules les dépenses afférentes au dépôt des dessins et modèles sont éligibles au CIMA. Les dépenses exposées pour le dépôt d'un brevet ne sont pas éligibles au crédit d'impôt.

58-25 Frais de défense des dessins et modèles [ligne 9]. Les frais à retenir (CGI art. 244 quater O, I.4° et I bis.4°) peuvent être exposés en « interne » (service juridique de l'entreprise) ou en « externe » (par l'intermédiaire d'un conseil) (BOFiP-BIC-RICI-10-100-§ 150-04/03/2020) et sont les suivants :
– frais de justice, dont les émoluments des auxiliaires de justice (avocats, experts judiciaires) ;
– dépenses de personnel supportées par l'entreprise au titre de l'activité de défense des dessins et modèles (rémunérations et charges sociales des salariés, au prorata du temps consacré à cette activité).

Ces frais sont pris en compte dans l'assiette de calcul du CIMA dans la limite de 60 000 €/an et par entreprise.

Ne sont pas éligibles les dépenses supportées par l'entreprise consécutivement à une condamnation (dommages et intérêts, amendes...). Les conseils auxquels l'entreprise a recours pour la défense de dessins et modèles n'ont pas à être préalablement agréés.

58-26 Dépenses confiées à des stylistes ou bureaux de style [lignes 4 ou 8]. Est considérée comme un styliste ou bureau de style toute entreprise qui procède, pour le compte de l'entreprise bénéficiaire du CIMA, à des opérations d'élaboration de nouvelles collections ou gammes de produits. Les dépenses confiées à des concepteurs externes (designers, stylistes ou bureaux d'études) sont éligibles au crédit d'impôt.

Aucun agrément de ces professionnels n'est exigé (voir § 58-21).

Les dépenses éligibles peuvent notamment prendre la forme de rémunérations forfaitaires (pourcentage de chiffre d'affaires annuel lié aux nouveaux modèles créés) sous réserve, bien entendu de correspondre à un travail effectif et de ne pas être excessives eu égard au service rendu (BOFiP-BIC-RICI-10-100-§ 160-04/03/2020).

Calcul du crédit d'impôt [cadres III à V]

Crédit d'impôt brut [cadre III, lignes 12 à 15]

58-35 Le crédit d'impôt est égal à 10 % des dépenses, énumérées plus haut (voir §§ 58-21 à 58-26), calculées ligne 12.

Le taux est porté à 15 % (ligne 13) lorsque les dépenses engagées au cours d'une année sont exposées par une entreprise titulaire du label « entreprise du patrimoine vivant » (voir § 58-3) (CGI art. 244 quater O, II et ann. III art. 49 septies ZM).

La quote-part de crédit d'impôt résultant de la participation de l'entreprise dans une société de personnes doit être indiquée ligne 14 et correspond au montant figurant ligne 20 (voir § 58-40). Le crédit d'impôt avant plafonnement est reporté ligne 15.

Plafonnement [cadre III, lignes 16 à 19]

58-36 Le crédit d'impôt est plafonné à 30 000 € par an et par entreprise (CGI art. 244 quater O, II). Ce plafonnement est appliqué en ligne 16 de l'imprimé, avant application du plafond relatif aux aides de minimis (lignes 17 et 18) (règlt UE 1407/2013 du 18 décembre 2013, JO UE du 24).

Le montant du CIMA après plafonnement est reporté ligne 19.

Sociétés de personnes [cadres IV et V]

Détails des participations détenues [cadre IV]

58-40 Le crédit d'impôt dont bénéficient les sociétés de personnes ou groupements est transféré au prorata de leurs droits aux associés personnes physiques participant à l'exploitation et aux associés personnes morales (BOFiP-BIC-RICI-10-100-§ 220-04/03/2020). Afin que ces associés puissent imputer leur quote-part de crédit d'impôt, ils doivent indiquer dans le cadre IV :

– les coordonnées des sociétés de personnes et groupements assimilés dans lesquels ils ont des participations ;

– le pourcentage des droits détenus dans ces sociétés ;

– les quotes-parts de crédit d'impôt leur revenant (le total doit figurer ligne 20 et être reporté ligne 14 ; voir § 58-36).

Répartition du crédit d'impôt par la société de personnes [cadre V]

58-41 Les sociétés de personnes et les groupements assimilés doivent indiquer les informations suivantes sur les associés bénéficiant d'une quote-part du crédit d'impôt :

– noms, adresses et, pour les entreprises, le numéro SIREN ;

– pourcentage détenu par chacun de ces associés ;

– quote-part revenant à chacun.

Les associés personnes physiques qui ne participent pas à l'exploitation ne peuvent pas imputer leur quote-part de crédit d'impôt. Le montant du crédit d'impôt après plafonnement dégagé par la société de personnes (figurant ligne 19 ; voir § 58-36) peut donc être différent du total des quotes-parts imputables mentionné au cadre V.

➟ **Exemple** Une SNC est détenue à 50 % par une SARL A, à 30 % par Monsieur B qui participe à l'exploitation et à 20 % par Madame B. La SNC dégage un crédit d'impôt métiers d'art de 100 000 € (montant figurant ligne 15). Elle devra indiquer dans le cadre V de la déclaration :

– la quote-part de la SARL A : 100000 € × 50 % = 50 000 € ;

– la quote-part de Monsieur B : 100 000 € × 30 % = 30 000 €.

Le total des quotes-parts imputables est donc de 80 000 €.

Utilisation du crédit d'impôt

58-45 Le crédit d'impôt est imputé sur l'IR ou l'IS dû au titre de l'année civile au cours de laquelle les dépenses éligibles ont été exposées, après imputation des prélèvements non libératoires et les autres crédits d'impôt (CGI, ann. III art. 49 septies ZN). Lorsque l'exercice ne coïncide pas avec l'année civile, le crédit d'impôt est calculé en fonction des dépenses engagées au cours de la dernière année civile écoulée. Si le crédit d'impôt est supérieur à l'impôt dû, l'excédent est immédiatement restituable.

Le montant du crédit d'impôt métiers d'art est à reporter sur la déclaration 2069-RCI (voir §§ 58-10 à 58-11).

Crédit d'impôt pour la rénovation énergétique

Champ d'application

Entreprises et travaux éligibles

59-1 Un nouveau crédit d'impôt, pour les dépenses pour la rénovation énergétique des bâtiments engagées entre 1er octobre 2020 et le 31 décembre 2021, est ouvert aux entreprises industrielles, commerciales, artisanales, libérales ou agricoles soumises à l'IS ou à l'IR selon le régime du bénéfice réel.

Peuvent également en bénéficier les entreprises exonérées d'impôt sur les bénéfices au titre de certains régimes d'allégement (exonérations prévues aux articles 44 sexies, 44 sexies A, 44 septies, 44 octies, 44 octies A, 44 duodecies et 44 terdecies à 44 septdecies du CGI) (loi 2020-1721 du 29 décembre 2020, art. 27).

Le crédit d'impôt est réservé aux petites et moyennes entreprises au sens de la définition communautaire.

Bâtiments et travaux éligibles

59-2 Bâtiments concernés et date de réalisation des travaux. Les dépenses ouvrant droit au crédit d'impôt sont celles engagées pour la rénovation énergétique des bâtiments ou parties de bâtiments à usage tertiaire, à la condition que la construction du bâtiment soit achevée depuis plus de deux ans à la date d'exécution des travaux (loi 2020-1721 du 29 décembre 2020, art. 27, I.2).

Le crédit d'impôt concerne les bâtiments dont les entreprises sont propriétaires ou locataires et qu'elles affectent à l'exercice de leur activité.

Le crédit d'impôt s'applique aux dépenses engagées entre 1er octobre 2020 et le 31 décembre 2021.

59-3 Travaux concernés. La liste et les caractéristiques des équipements, matériaux et appareils dont l'acquisition et la pose ouvrant droit au crédit d'impôt sont fixées par arrêté des ministres chargés de l'énergie, du logement et du budget (arrêté du 29 décembre 2020, JO du 31, texte 28).

Sont éligibles au crédit d'impôt les dépenses engagées au titre de l'acquisition et de la pose de systèmes d'isolation thermique :
- en rampant de toitures ou en plafond de combles ;
- sur murs, en façade ou pignon, par l'intérieur ou par l'extérieur ;
- en toiture-terrasse ou couverture de pente inférieure à 5 %.

Sont également éligibles au crédit d'impôt les dépenses engagées au titre de l'acquisition et de la pose :
- d'un chauffe-eau solaire collectif ou d'un dispositif solaire collectif pour la production d'eau chaude sanitaire ;
- d'une pompe à chaleur, autre que air/air, dont la finalité essentielle est d'assurer le chauffage des locaux ;
- d'un système de ventilation mécanique simple flux ou double flux ;
- d'une chaudière biomasse ;
- d'un système de régulation ou de programmation du chauffage et de la ventilation.

Les dépenses engagées au titre du raccordement à un réseau de chaleur ou de froid sont également éligibles.

Dans les DOM, pour les seules dépenses afférentes à un bâtiment situé à La Réunion, en Guyane, en Martinique, en Guadeloupe ou à Mayotte, sont éligibles les dépenses portant sur l'acquisition et la pose :
- d'une toiture ou d'éléments de toiture permettant la réduction des apports solaires ;
- de protections de baies fixes ou mobiles contre le rayonnement solaire ;
- d'un climatiseur fixe de classe supérieure ou égale à A, en remplacement d'un climatiseur existant.

59-4 Qualification de l'entreprise prestataire. L'entreprise réalisant les travaux doit en outre respecter un critère de qualification, exception faite des opérations relatives aux équipements et travaux relatifs au raccordement à un réseau de chaleur ou de froid et à l'acquisition et la pose d'un système de régulation ou de programmation du chauffage et de la ventilation (arrêté du 29 décembre 2020, JO du 31, art. 7 et 9).

Pour les dépenses afférentes à un bâtiment situé à La Réunion, en Guyane, en Martinique, en Guadeloupe ou à Mayotte, l'exigence de qualification de l'entreprise prestataire ne sera pas exigée pour les dépenses portant sur l'acquisition et la pose d'une toiture ou d'éléments de toiture permettant la réduction des apports solaires ainsi que pour les protections de baies fixes ou mobiles contre le rayonnement solaire.

Détermination du crédit d'impôt

Montant du crédit d'impôt

59-5 Le crédit d'impôt proposé est égal à 30 % du prix de revient hors taxes des dépenses (voir §§ 59-2 et 59-3) desquelles sont déduites :
- les aides perçues au titre des certificats d'économie d'énergie (c. énergie art. L. 221-1 à L. 221-13) ;
- les aides publiques reçues à raison des opérations ouvrant droit au crédit d'impôt.

Les mêmes dépenses ne peuvent entrer à la fois dans la base de calcul du crédit d'impôt et dans celle d'un autre crédit d'impôt.

Le montant total de crédit d'impôt, octroyé au titre d'un ou plusieurs exercices, dont peut bénéficier une entreprise, toutes dépenses éligibles confondues, ne peut excéder, au titre des dépenses engagées du 1er octobre 2020 au 31 décembre 2021, un plafond de 25 000 €.

Obligations déclaratives et encadrement communautaire

59-6 Pour bénéficier de la mesure, les entreprises doivent mentionner le montant du crédit d'impôt sur la déclaration 2069-RCI-SD jointe à la déclaration annuelle de résultat (voir § 50-2).

La société mère d'un groupe déclarera les crédits d'impôt pour le compte des sociétés du groupe, y compris ceux qui la concernent, lors du dépôt de la déclaration relative au résultat d'ensemble du groupe.

Ce crédit d'impôt est placé sous le régime des aides de minimis (règlt 1407/2013 du 18 décembre 2013).

Le crédit d'impôt non imputé sur l'impôt dû par l'entreprise sera restitué.

2069-CI, 2079-AV et 2079-CINT Crédits d'impôt cinéma et audiovisuel

Présentation générale

60-1 Les entreprises de production cinématographique ou audiovisuelle assujetties à l'IS sont susceptibles de bénéficier de crédits d'impôt calculés à raison :
– de leurs dépenses de production déléguée d'œuvres cinématographiques ou audiovisuelles agréées admises au bénéfice du soutien financier à la production cinématographique ou audiovisuelle (CGI art. 220 sexies) (voir § 60-2) ;
– de leurs dépenses de production exécutive pour les films étrangers tournés en France (CGI art. 220 quaterdecies) (voir § 60-23).

Le crédit d'impôt cinéma et audiovisuel et le crédit d'impôt cinéma international font l'objet d'une procédure comparable : l'entreprise doit d'abord obtenir un agrément provisoire, permettant d'évaluer l'éligibilité des dépenses envisagées au crédit d'impôt (voir §§ 60-7 et 60-25). Un agrément définitif vérifie ensuite que les dépenses effectivement engagées respectent bien les conditions requises. Si ce n'est pas le cas, les entreprises s'exposent à un remboursement du crédit d'impôt initialement obtenu. L'agrément est délivré par le centre national du cinéma et de l'image animée (voir § 60-7).

L'entreprise est dispensée de souscrire des déclarations spéciales, mais peut utiliser les fiches d'aide au calcul publiées par l'administration pour déterminer le montant de ces crédits d'impôt :
– fiche **2069-CI-FC-SD** pour le crédit d'impôt relatif aux œuvres cinématographiques de fiction, documentaire ou d'animation (CGI art. 220 sexies ; ann. III art. 46 quater-0 YP) ;
– fiche **2079-AV-FC-SD** pour le crédit d'impôt en faveur de la production audiovisuelle de ces mêmes œuvres (CGI art. 220 sexies ; ann. III art. 46 quater-0 YP) ;
– fiche **2079-CINT-FC-SD** pour le crédit d'impôt en faveur des entreprises de production exécutive d'œuvres cinématographiques ou audiovisuelles étrangères (CGI art. 220 quaterdecies ; ann. III art. 46 quater-0 ZY septies).

Le montant des crédits d'impôts est reporté au cadre I de la déclaration **2069-RCI**, dans le cadre « Créances non reportables et restituables au titre de l'exercice ou de l'année », puis sur le relevé de solde **2572** (voir §§ 50-1 et 50-2).

➡ **À NOTER** **Éditeurs particulièrement touchés par la crise de la Covid-19.** La 3e loi de finances rectificative pour 2020 a institué un crédit d'impôt en faveur des entreprises soumises à l'IS exerçant l'activité d'éditeur de services de télévision, de services de radio ou de services de médias audiovisuels à la demande, lorsqu'elles justifient d'une diminution de chiffre d'affaires d'au moins 10 % pour la période allant du 1er mars 2020 au 31 décembre 2020, par comparaison avec la période allant du 1er mars 2019 au 31 décembre 2019 (loi 2020-935 du 30 juillet 2020, art. 49, I ; CGI art. 220 sexies A et 220 F bis nouveau ; voir § FH 3854, §§ 2-10 à 2-13).

La date d'entrée en vigueur de ce dispositif sera fixée par un décret qui sera publié au plus tard 1 mois à compter de la date de réception par le Gouvernement de la réponse de la Commission européenne permettant de considérer le dispositif comme conforme au droit de l'UE en matière d'aides d'État (loi 2020-935 du 30 juillet 2020, art. 49, II). Ce décret n'est pas publié au jour au jour de la publication du présent cahier.

Il convient de noter que ce crédit d'impôt ne figure pas sur la déclaration 2069-RCI.

Crédit d'impôt pour la production cinématographique et audiovisuelle

Champ d'application

Entreprises de production déléguée

60-2 Le crédit d'impôt est réservé aux entreprises de production cinématographique et aux entreprises de production audiovisuelle soumises à l'IS qui assument les fonctions d'entreprises de production déléguées (CGI art. 220 sexies ; ann. III art. 46 quater-0 YL à 46 quater-0 YR).

En cas de coproduction déléguée, le crédit d'impôt est accordé à chacune des entreprises de production proportionnellement à sa part dans les dépenses exposées (CGI art. 220 sexies, VI.3). Dans cette situation, le pourcentage est mentionné sur la ligne 1 des fiches de calcul 2069-CI et 2079-AV.

A la qualité d'entreprise de production déléguée l'entreprise qui, dans le cadre d'une coproduction, prend l'initiative et la responsabilité financière, technique et artistique de la réalisation de l'œuvre et en garantit la bonne fin (c. du cinéma et de l'image animée art. D. 331-1). Pour une même œuvre, cette qualité ne peut être reconnue qu'à deux entreprises au plus à la condition qu'elles agissent conjointement. Cette qualité peut également être reconnue à l'entreprise de production qui, en dehors d'une coproduction, prend seule l'initiative et la responsabilité financière, technique et artistique de la réalisation de l'œuvre audiovisuelle et en garantit la bonne fin.

Sont exclues du crédit d'impôt les sociétés exonérées d'IS en vertu d'une disposition particulière, mais non celles qui le sont partiellement ou temporairement au titre d'une implantation dans certaines zones ou en qualité de JEI notamment (BOFiP-IS-RICI-10-20-10-§ 50-02/11/2016 ; BOFiP-IS-RICI-10-30-10-§ 50-02/11/2016).

Le bénéfice du crédit d'impôt est subordonné au respect par les entreprises de production déléguée de la législation sociale. Elles ne doivent donc pas avoir recours à des contrats à durée déterminée pour pourvoir des postes ayant un caractère permanent (BOFiP-IS-RICI-10-20-10-§ 60-02/11/2016 ; BOFiP-IS-RICI-10-30-10-§ 60-02/11/2016).

Œuvres ouvrant droit au crédit d'impôt

60-3 **Dépenses de production cinématographique.** Bénéficient du crédit d'impôt les œuvres cinématographiques de longue durée agréées par le CNC et bénéficiant du soutien à la production cinématographique, sous réserve du respect de certaines conditions (voir § 60-6). Les œuvres éligibles peuvent être des œuvres de fiction, documentaires ou d'animation.

Pour tenir compte des difficultés de ce secteur dans le contexte de la crise sanitaire, le crédit d'impôt est temporairement élargi au genre de l'adaptation audiovisuelle de spectacles, pour les dépenses éligibles exposées jusqu'au **31 décembre 2022** (loi 2020-1721 du 29 décembre 2020, art. 118). Cette disposition s'appliquera aux exercices clos à compter du 31 décembre 2021, sous réserve de la réception préalable par le Gouvernement de la réponse de la Commission européenne permettant de considérer la disposition lui ayant été notifiée comme étant conforme au droit de l'UE en matière d'aides d'État.

Constituent des œuvres cinématographiques de **longue durée** les œuvres dont la durée de projection en salles est supérieure à une heure. Les œuvres cinématographiques fixées sur support pellicule de format 70 mm comportant au moins huit perforations par image sont assimilées, lorsqu'elles ont une durée de projection supérieure à huit minutes, à des œuvres cinématographiques de longue durée (BOFiP-IS-RICI-10-20-10-§ 80-02/11/2016).

➡ **À NOTER** Les œuvres audiovisuelles ne sont pas admises au bénéfice du dispositif du crédit d'impôt cinéma. Pour ces œuvres, c'est le crédit d'impôt au titre des dépenses de production audiovisuelle qui s'applique (voir § 60-4).

60-4 **Dépenses de production audiovisuelle.** Bénéficient du crédit d'impôt au titre des dépenses de production audiovisuelle les œuvres audiovisuelles agréées par le Centre national du cinéma et de l'image animée et bénéficiant du soutien financier à la production audiovisuelle (CGI art. 220 sexies, II.b), sous réserve du respect de certaines conditions (voir § 60-6). Les œuvres éligibles peuvent être des œuvres de fiction, documentaires ou d'animation.

Pour tenir compte des difficultés de ce secteur dans le contexte de la crise sanitaire, le crédit d'impôt est temporairement élargi au genre de l'adaptation audiovisuelle de spectacles, pour les dépenses éligibles exposées jusqu'au 31 décembre 2022 (loi 2020-1721 du 29 décembre 2020, art. 118). Cette disposition s'appliquera aux exercices clos à compter du 31 décembre 2021, sous réserve de la réception préalable par le Gouvernement de la réponse de la Commission européenne permettant de considérer la disposition lui ayant été notifiée comme étant conforme au droit de l'UE en matière d'aides d'État.

Constituent des œuvres audiovisuelles, les œuvres destinées à une première exploitation sur un service de télévision ou sous forme de vidéogramme destiné à l'usage privé du public et qui ne sont pas agréées dans les conditions prévues au livre II de l'annexe au code du cinéma et de l'image animée, relatif au soutien à la création et à la diffusion en salle.

60-5 **Œuvres exclues.** N'ouvrent pas droit au crédit d'impôt (CGI art. 220 sexies II, 2) :
- les œuvres à caractère pornographique ou d'incitation à la violence ;
- les œuvres utilisables à des fins de publicité ;
- les programmes d'information, les débats d'actualité et les émissions sportives, de variétés ou de jeux ;
- tout document ou programme audiovisuel ne comportant qu'accessoirement des éléments de création originale.

60-6 **Conditions relatives à la réalisation.** Le crédit d'impôt est accordé sous réserve que les œuvres remplissent les conditions suivantes (CGI art. 220 sexies, II.1 ; BOFiP-IS-RICI-10-20-10-§ 90-02/11/2016 ; BOFiP-IS-RICI-10-30-10-§ 100-02/11/2016) :
- être réalisées intégralement ou principalement en langue française ou dans une langue régionale en usage en France à l'exception, pour les œuvres cinématographiques des œuvres d'animation, des œuvres de fiction assimilées à des œuvres d'animation et des œuvres pour lesquelles l'emploi d'une langue étrangère est justifié pour des raisons artistiques tenant au scénario ;
- être admises au bénéfice du soutien financier à la production cinématographique et des aides financières à la production audiovisuelle ;
- être réalisées principalement sur le territoire français ;
- contribuer au développement de la création française et européenne ainsi qu'à sa diversité.

Les modalités d'appréciation de ces conditions sont précisées par les articles D. 331-2 à D. 331-5 du code du cinéma et de l'image animée.

Les œuvres audiovisuelles d'animation peuvent bénéficier du crédit d'impôt si le coût de production est supérieur ou égal à 3000 € par minute produite. Les œuvres audiovisuelles de fiction peuvent bénéficier du crédit d'impôt si le coût de production est supérieur ou égal à 5000 € par minute produite (3000 € par minute produite pour les œuvres destinées au jeune public) (c. cinéma et image animée art. D. 331-4).

Les œuvres audiovisuelles documentaires peuvent bénéficier du crédit d'impôt lorsque le montant des dépenses éligibles est supérieur ou égal à 2000 € par minute produite (CGI art. 220 sexies, II.3).

Dans le cas de l'adaptation audiovisuelle de spectacles, ce plancher est fixé à 1000 € pour les œuvres d'une durée supérieure à 90 minutes et à 1250 € pour les œuvres d'une durée comprise entre 60 et 90 minutes (loi 2020-1721 du 29 décembre 2020, art. 118 ; CGI art. 220 sexies, II.3).

→ **À NOTER** Les conditions de réalisation des conditions sont appréciées au moyen d'un barème de points.

Pour les œuvres cinématographiques, le respect des conditions est apprécié au moyen du barème de points issu de celui utilisé par le CNC pour délivrer ses agréments ouvrant droit aux aides financières (BOFiP-IS-RICI-10-20-10-§§ 100 à 330-02/11/2016).

Pour les œuvres audiovisuelles, les modalités d'appréciation de ces conditions sont différenciées entre les œuvres de fiction, les œuvres documentaires et les œuvres d'animation (BOFiP-IS-RICI-10-30-10-§§ 110 à 340-02/11/2016).

Agrément des œuvres

60-7 Le CNC délivre aux entreprises de production qui souhaitent bénéficier du crédit d'impôt au titre d'une œuvre cinématographique un agrément :
- délivré à titre provisoire attestant qu'à ce stade l'œuvre remplira les conditions lui permettant de bénéficier du crédit d'impôt, c'est-à-dire obtiendra le nombre minimum de points exigé selon le barème (sous réserve que les conditions de réalisation de l'œuvre ne soient pas substantiellement modifiées au cours du tournage) ;
- puis à titre définitif attestant que l'œuvre achevée a effectivement rempli lesdites conditions (BOFiP-IS-RICI-10-20-10-§§ 350 à 390-02/11/2016).

Il en est de même pour les entreprises de production audiovisuelle qui souhaitent bénéficier du crédit d'impôt audiovisuel au titre d'une œuvre audiovisuelle (BOFiP-IS-RICI-10-30-10-§§ 360 à 400-02/11/2016).

Dans le premier cadre des fiches de calcul 2069-CI et 2079-AV, l'entreprise peut renseigner les informations relatives aux modalités d'octroi de l'agrément.

➡ **À NOTER** Les dépenses exposées sont éligibles au crédit d'impôt dès la date de réception, par le président du CNC, de la demande de délivrance d'agrément à titre provisoire (CGI art. 220 sexies, IV).

Par exception, pour le crédit d'impôt œuvres cinématographiques, toutes les dépenses d'auteur exposées pendant l'exercice fiscal au cours duquel a été reçue la demande d'agrément à titre provisoire sont également prises en compte, y compris celles engagées avant la date de réception de la demande d'agrément (BOFiP-IS-RICI-10-20-20-§§ 160-02/11/2016).

Dépenses éligibles

60-8 Catégories de dépenses éligibles. Le crédit d'impôt est calculé sur montant des dépenses visées au III, 1 de l'article 220 sexies du CGI. Les articles 46 quater-0 YM à 46 quater-0 YO de l'annexe III au CGI détaillent les dépenses à retenir selon la nature des œuvres, des précisions étant en outre apportées par la doctrine de l'administration (BOFiP-IS-RICI-10-20-20-§§ 100 à 135-02/11/2016 ; BOFiP-IS-RICI-10-30-20-§§ 10 à 155-02/11/2016) **(voir tableau ci-dessous).**

Dépenses éligibles (1)
Œuvres cinématographiques, de fiction, documentaires ou d'animation (Fiche de calcul 2069-CI-FC-SD, lignes 2 à 7) (2)
Rémunérations versées aux auteurs du scénario, aux auteurs de l'adaptation, aux auteurs du texte parlé, aux auteurs des compositions musicales avec ou sans paroles spécialement réalisés pour l'œuvre, aux réalisateurs et charges sociales afférentes (ligne 2)
Rémunérations versées aux artistes interprètes et aux artistes de complément par l'entreprise de production et charges sociales afférentes (ligne 3)
Salaires versés aux personnels de la réalisation et de la production et charges sociales afférentes (ligne 4)
Dépenses liées au recours aux industries techniques et autres prestataires de la création cinématographique (ligne 5)
Dépenses de transport, de restauration et d'hébergement occasionnées par la production de l'œuvre sur le territoire français (ligne 6)
Production audiovisuelle, œuvre audiovisuelle de fiction, documentaire, ou d'animation (Fiche de calcul 2079-AV-FC-SD, ligne 2 à 7) (2)
Rémunérations et charges sociales afférentes versées aux auteurs du scénario, aux auteurs de l'adaptation, aux auteurs du texte parlé, aux auteurs des compositions musicales avec ou sans paroles spécialement réalisés pour l'œuvre, aux réalisateurs (ligne 2)
Rémunérations et charges sociales afférentes versées aux artistes interprètes et aux artistes de complément par l'entreprise de production (ligne 3)
Salaires et charges sociales afférentes versés aux personnels de la réalisation et de la production (ligne 4)
Dépenses liées au recours aux industries techniques et autres prestataires de la création (ligne 5)
Dépenses de transport, de restauration et d'hébergement occasionnées par la production de l'œuvre sur le territoire français (ligne 6)
Dépenses d'acquisition de droits d'exploitation d'images d'archives (ligne 7)
(1) Les auteurs, artistes-interprètes et personnels de la réalisation et de la production doivent être, soit de nationalité française, soit ressortissants d'un État membre de l'UE, d'un État partie à l'accord sur l'Espace économique européen, d'un État partie à la convention européenne sur la télévision transfrontière du Conseil de l'Europe, d'un État partie à la convention européenne sur la coproduction cinématographique du Conseil de l'Europe ou d'un État tiers européen avec lequel l'Union européenne a conclu des accords ayant trait au secteur audiovisuel. Les étrangers, autres que les ressortissants européens précités, ayant la qualité de résidents français sont assimilés aux citoyens français (CGI art. 220 sexies, III.2 ; BOFiP-IS-RICI-10-30-10-§ 100-02/11/2016). (2) Dans le cas de l'adaptation audiovisuelle de spectacles, sera également pris en compte le complément de droits artistiques effectivement payé au producteur du spectacle lié à des dépenses françaises et le « coût plateau » en numéraire (loi 2020-1721 du 29 décembre 2020, art. 118 ; CGI art. 220 sexies, III.d bis).

Pour les crédits d'impôt calculés au titre des exercices ouverts à compter du 1er janvier 2020, le montant cumulé des rémunérations mentionnées sur les fiches de calcul 2069-CI-FC-SD et 2079-AV-FC-SD, ligne 2 et des salaires mentionnés ligne 4 versés au réalisateur en qualité de technicien est retenu, par personne physique, dans la limite d'un montant cumulé calculé comme suit : 15 % de la part du coût de production de l'œuvre inférieure à 4000000 € ; 8 % de la part du coût de production de l'œuvre supérieure ou égale à 4000000 € et inférieure ou égale à 7000000 € ; 5 % de la part du coût de production de l'œuvre supérieure ou égale à 7000000 € et inférieure à 10000000 € (CGI art. 220 sexies, III.1).

Notons que, lorsqu'une œuvre audiovisuelle et une œuvre cinématographique sont réalisées simultanément à partir d'éléments artistiques et techniques communs, les dépenses éligibles communes ne peuvent être éligibles qu'au titre d'un seul crédit d'impôt. À l'inverse, les dépenses éligibles qui ne sont pas communes à la production de ces deux œuvres ouvrent droit soit au crédit d'impôt cinéma, soit au crédit d'impôt audiovisuel (CGI art. 220 sexies, VI.4). En conséquence, l'entreprise de production déléguée doit choisir entre la prise en compte des dépenses communes pour le calcul du crédit d'impôt cinéma ou la prise en compte de ces dépenses pour le calcul du crédit d'impôt audiovisuel.

• Les dépenses de **transport** des équipes artistiques et techniques sont comprises dans l'assiette du crédit d'impôt dans la limite de 200 € par trajet et par personne en France métropolitaine et de 500 € par trajet effectué par personne entre la France métropolitaine et les départements et autres collectivités d'outre-mer ou entre la France et un autre pays, lorsqu'une partie du temps de tournage est réalisée dans ce pays pour des raisons artistiques tenant à un scénario imposant le recours à des décors naturels ou historiques.
Les dépenses de **restauration** sont comprises dans l'assiette du crédit d'impôt dans la limite de 30 € par repas et par personne.
Les dépenses d'**hébergement** sont comprises dans l'assiette du crédit d'impôt dans la limite de 270 € par nuitée dans la ville de Paris et les départements des Hauts-de-Seine, de la Seine-Saint-Denis et du Val-de-Marne, et de 200 € dans les autres départements (CGI, ann. III art. 46 quater-0 YM).

• Les **dotations aux amortissements** fiscalement déductibles, afférentes aux immobilisations détenues par l'entreprise de production déléguée et affectées directement à la réalisation de l'œuvre ouvrent droit au crédit d'impôt. Seules sont prises en compte les dotations aux amortissements correspondant à la période durant laquelle l'immobilisation a été effectivement utilisée pour la réalisation de l'œuvre éligible au crédit d'impôt (CGI, ann. III art. 46 quater-0 YN). En cas d'utilisation d'une même immobilisation pour la réalisation de plusieurs œuvres audiovisuelles ou d'une œuvre audiovisuelle et d'une œuvre cinématographique, seule la part correspondant à l'œuvre éligible doit être retenue. Pour ce faire, les amortissements sont pris en compte au prorata du temps effectif d'utilisation du bien pour la réalisation de l'œuvre concernée, l'entreprise devant déterminer précisément le temps d'utilisation du bien (BOFiP-IS-RICI-10-20-20-§ 140-02/11/2016 ; BOFiP-IS-RICI-10-30-20-§ 160-02/11/2016).

60-9 Déduction des subventions. Les subventions publiques non remboursables et directement affectées aux dépenses éligibles doivent être déduites des bases de calcul du crédit d'impôt de l'année au cours de laquelle elles ont été versées, quel que soit le régime fiscal applicable à ces subventions (CGI art. 220 sexies, V ; BOFiP-IS-RICI-10-20-20-§ 150-02/111/2016 ; BOFiP-IS-RICI-10-30-20-§ 170-02/11/2016).

Les subventions sont déduites sur la ligne 7 de la fiche de calcul 2069-CI et sur la ligne 8 de la fiche de calcul 2079-AV.

Lorsqu'une subvention versée par une collectivité publique est affectée à une œuvre dans sa globalité, le montant de cette subvention, qui doit être déduit des bases de calcul du crédit d'impôt, est déterminé en faisant application d'un prorata (montant des dépenses éligibles au crédit d'impôt engagées au titre de la production de l'œuvre / Montant des dépenses engagées au titre de la production de l'œuvre).

60-10 Plafonnement de l'assiette des dépenses. Pour le calcul du crédit d'impôt, l'assiette des dépenses éligibles est plafonnée à 80 % du budget de production de l'œuvre et, en cas de coproduction internationale, à 80 % de la part gérée par le coproducteur français (CGI art. 220 sexies III, 3).

Le budget global de production de l'œuvre est reporté sur la ligne 9 de la fiche de calcul 2069-CI et sur la ligne 10 de la fiche de calcul 2079-AV. En cas de coproduction déléguée (voir § 60-2), la part de budget gérée par le coproducteur français est inscrite sur les lignes 10 et 11 de ces mêmes fiches de calcul. Le plafond de 80 % est ensuite calculé sur les lignes 12 et 13 de ces fiches de calcul.

Calcul du crédit d'impôt

Crédit d'impôt œuvres cinématographiques

60-11 Taux de droit commun. Le crédit d'impôt est égal à 20 % du montant total des dépenses de production cinématographique exposées au cours de l'exercice au titre duquel le crédit d'impôt est calculé (CGI art. 220 sexies, III ; BOFiP-IS-RICI-10-20-20-§ 170-02/11/2016). Le crédit d'impôt au taux de 20 % est calculé sur la ligne 13 de la fiche de calcul 2069-CI.

Le crédit d'impôt sera calculé au taux de 10 % en ce qui concerne les œuvres d'adaptation audiovisuelle de spectacles.

Dans le cas d'une coproduction déléguée, le crédit d'impôt est accordé à chacune des entreprises de production déléguée proportionnellement à sa part dans les dépenses exposées, et non proportionnellement à sa part dans la coproduction. En effet, une entreprise de production déléguée qui détient 50 % des parts de coproduction d'une œuvre peut tout à fait engager plus de 50 % des dépenses éligibles.

60-12 Taux majoré. Le taux du crédit d'impôt est égal à 30 % des dépenses pour les œuvres cinématographiques d'animation, les œuvres cinématographiques de fiction assimilées à des œuvres d'animation (celles dans lesquelles au moins 15 % des plans, soit en moyenne un plan et demi par minute, font l'objet d'un traitement numérique permettant d'ajouter des personnages, des éléments de décor ou des objets participant à l'action ou de modifier le rendu de la scène ou le point de vue de la caméra) et pour les œuvres autres que d'animation, réalisées intégralement ou principalement en langue française ou dans une langue régionale en usage en France.

Le crédit d'impôt au taux de 30 % est calculé sur la ligne 14 de la fiche de calcul 2069-CI.

60-13 Application du plafond de 30 M€. Le crédit d'impôt cinéma est plafonné à 30 M€ par œuvre, quel que soit le genre de l'œuvre cinématographique concernée (CGI art. 220 sexies, VI).

Le crédit d'impôt est plafonné pour chaque œuvre cinématographique et non par entreprise de production cinématographique. Le plafond s'applique pour une même œuvre cinématographique en additionnant le cas échéant les crédits d'impôt dont l'œuvre aura bénéficié au cours de plusieurs exercices successifs (BOFiP-IS-RICI-10-20-20-§ 180-02/11/2016). Sur la fiche de calcul 2079-CI, rubrique II A, le calcul du plafonnement est effectué sur les lignes 16 à 18.

Dans le cas d'une coproduction, pour apprécier quelle part de ce plafond revient à chaque entreprise de production déléguée (voir § 60-2), il est fait application d'un prorata calculé en multipliant le montant du plafond par le pourcentage de dépenses éligibles engagées par chaque entreprise. Sur la fiche de calcul 2079-CI, rubrique II B, le calcul du plafonnement est effectué sur les lignes 19 à 25.

60-14 Plafonnement global des aides publiques. Le montant total des aides publiques accordées au titre de la production d'une œuvre cinématographique, crédit d'impôt inclus, ne peut excéder 50 % du coût définitif de production de cette œuvre (CGI art. 220 sexies, VII).

Cependant des dérogations à ce seuil peuvent être accordées par le Président du CNC pour les œuvres remplissant l'une des deux conditions suivantes (BOFiP-IS-RICI-10-20-20-§ 190-02/11/2016) :
- avoir un budget total inférieur ou égal à 1,25 M€ (films à petit budget) ;
- être la première ou la seconde œuvre d'un réalisateur (films difficiles).

Dans cette hypothèse, le pourcentage des aides ne peut alors dépasser 60 % du coût définitif de l'œuvre.

Le crédit d'impôt cinéma est pris en compte pour le calcul des plafonds précités (50 % et 60 % du coût définitif de production de l'œuvre).

À cet effet, l'entreprise de production déléguée fournit au CNC un récapitulatif des différents crédits d'impôt cinéma obtenus. En cas de dépassement de ces plafonds, le montant du soutien financier à la production cinématographique accordé par le CNC à l'entreprise de production déléguée est réduit à due concurrence.

Crédit d'impôt audiovisuel

60-15 Taux du crédit d'impôt. Le crédit d'impôt est égal à 20 % des dépenses de production exposées en France au cours de l'exercice au titre duquel il est calculé. Ce taux est porté à 25 % pour les œuvres audiovisuelles de fiction et d'animation (CGI art. 220 sexies, III.1), et pour les exercices clos à compter du 31 décembre 2021, pour les œuvres audiovisuelles documentaires, sous réserve de la publication d'un décret faisant suite à l'accord de la Commission européenne validant sa conformité au droit de l'UE en matière d'aide d'État (loi 2020-1721 du 29 décembre 2020, art. 145, II et III).

Dans le cas d'une coproduction déléguée, il convient d'appliquer les règles énoncées au paragraphe 60-11.

Le crédit d'impôt sera calculé au taux de 10 % en ce qui concerne les œuvres d'adaptation audiovisuelle de spectacles.

60-16 Plafonnement du crédit d'impôt audiovisuel. Le crédit d'impôt est plafonné pour chaque œuvre audiovisuelle. Une distinction est opérée entre :
– les œuvres audiovisuelles documentaires : plafond de 1 150 € par minute produite et livrée (1 450 € pour les exercices clos à compter du 31 décembre 2021, sous réserve de la publication d'un décret faisant suite à l'accord de la Commission européenne validant sa conformité au droit de l'UE en matière d'aide d'État ; loi 2020-1721 du 29 décembre 2020, art. 145, II et III) ;
– les œuvres audiovisuelles d'animation : plafond de 3 000 € par minute produite et livrée ;
– les œuvres d'adaptation audiovisuelle de spectacles (exercices clos à compter du 31 décembre 2021) : plafond de 1 450 € par minute produite et livrée ;
– les œuvres audiovisuelles de fiction : plafond entre 1 250 € et 10 000 € chacune par minute produite et livrée (CGI art. 220 sexies, VI.2.a), selon le barème suivant.

Le coût de production par minute produite ne peut excéder les montants suivants par minute produite et livrée :
– coût de production < 10 000 € : 1 250 € ;
– coût de production ⩾ 10 000 € et < 15 000 € : 1 500 € ;
– coût de production ⩾ 15 000 € et < 20 000 € : 2 000 € ;
– coût de production ⩾ 20 000 € et < 25 000 € : 3 000 € ;
– coût de production ⩾ 25 000 € et < 30 000 € : 4 000 € ;
– coût de production ⩾ 30 000 € et < 35 000 € : 5 000 € ;
– coût de production ⩾ 35 000 € et < 40 000 € : 7 500 € ;
– coût de production ⩾ 40 000 € : 10 000 €.

On entend par minutes produites et livrées le nombre de minutes figurant sur l'attestation d'acceptation de la version définitive de l'œuvre audiovisuelle par un éditeur de service de télévision. Le plafond s'apprécie pour une même œuvre audiovisuelle en additionnant, le cas échéant, les crédits d'impôt dont l'œuvre aura bénéficié au cours de plusieurs exercices successifs.

Le plafond s'apprécie pour une même œuvre audiovisuelle en additionnant, le cas échéant, les crédits d'impôt dont l'œuvre aura bénéficié au cours de plusieurs exercices successifs.

Dans le cas d'une coproduction, pour apprécier quelle part de ce crédit d'impôt plafonné revient à chaque entreprise de production déléguée, il est fait application d'un prorata calculé en multipliant le montant du plafond par le pourcentage de dépenses éligibles engagées par chaque entreprise (BOFiP-IS-RICI-10-30-20-§ 190-02/11/2016).

Articulation entre le crédit d'impôt cinéma et le crédit d'impôt audiovisuel

60-17 Lorsqu'une œuvre cinématographique et une œuvre audiovisuelle sont réalisées simultanément à partir d'éléments artistiques et techniques communs, les dépenses éligibles communes à la production de ces deux œuvres ne peuvent être éligibles qu'au titre d'un seul crédit d'impôt. En conséquence, l'entreprise de production déléguée doit choisir entre la prise en compte des dépenses communes pour le calcul du crédit d'impôt cinéma ou la prise en compte de ces dépenses pour le calcul du crédit d'impôt audiovisuel (CGI art. 220 sexies VI, 4 ; BOFiP-IS-RICI-10-20-20-§ 200-02/11/2016 ; BOFiP-IS-RICI-10-30-20-§ 200-02/11/2016).

Réalisation de plusieurs œuvres au cours du même exercice

60-18 Les fiches de calcul 2069-CI et 2079-AV comportent une rubrique III intitulée « Montant du crédit d'impôt ».

Si la société a réalisé une seule œuvre au titre de l'exercice, le montant du crédit d'impôt figure dans la rubrique III-A.

Dans l'hypothèse où l'entreprise de production déléguée réalise plusieurs œuvres ouvrant chacune droit à un crédit d'impôt au titre du même exercice, elle additionne les crédits d'impôt dans le tableau de la rubrique III-B.

Le montant total du crédit d'impôt est alors reporté sur la déclaration 2069-RCI (voir § 50-2) et sur le relevé de solde d'IS (relevé 2572).

Utilisation du crédit d'impôt

60-19 **Imputation sur l'IS et créance.** Le crédit d'impôt est imputé sur l'IS dû par l'entreprise au titre de l'exercice au cours duquel les dépenses éligibles ont été engagées (CGI art. 220 F). L'imputation se fait à la date de liquidation de l'impôt. Le crédit d'impôt ne peut pas être utilisé pour le paiement des contributions additionnelles d'IS.

Le crédit d'impôt est imputé sur l'impôt dû après les prélèvements non libératoires et les crédits d'impôts non restituables dont bénéficie l'entreprise (crédits d'impôt français et étrangers) (CGI, ann. III art. 46 quater-0 YR).

Si le montant du crédit d'impôt excède l'impôt dû au titre de cet exercice, l'excédent constitue, au profit de l'entreprise, une créance sur l'État d'égal montant.

• La créance est inaliénable et incessible, sauf dans les conditions prévues pour les créances professionnelles par les articles L. 313-23 à L. 313-35 du code monétaire et financier.

• La créance ne constitue pas un produit imposable pour la détermination du résultat fiscal de l'exercice au cours duquel elle est constatée. Il convient donc d'en déduire extra-comptablement le montant.

60-20 **Restitution du crédit d'impôt non imputé.** L'excédent de crédit d'impôt ne pouvant pas être imputé sur l'IS dû au titre de l'exercice au cours duquel les dépenses ouvrant droit au crédit ont été exposées par l'entreprise de production est restitué à cette dernière. La créance est donc remboursée à concurrence du montant non employé en règlement de l'IS.

Les demandes de restitution du crédit d'impôt non imputé sur l'IS sont formulées sur un imprimé 2573-SD.

Régularisation du crédit d'impôt perçu

60-21 Si l'œuvre cinématographique ou audiovisuelle pour laquelle le bénéfice du crédit d'impôt est demandé n'obtient pas l'agrément définitif du CNC dans les 8 mois de la délivrance du visa d'exploitation (date d'achèvement pour les œuvres audiovisuelles), l'entreprise de production doit reverser le crédit d'impôt dont elle a bénéficié (CGI art. 220 F).

Lorsque l'entreprise procède au reversement du crédit d'impôt, elle doit déposer auprès du comptable de la DGFiP le formulaire 2573-SD.

Lorsque l'œuvre se voit refuser l'agrément provisoire par le CNC, le crédit d'impôt doit être reversé dans la mesure où elle n'obtiendra pas l'agrément définitif.

L'œuvre peut se voir refuser l'agrément si, notamment, ses conditions de réalisation et de production ont évolué depuis la délivrance de l'agrément provisoire d'une manière telle qu'elle ne remplit plus les conditions ouvrant droit au bénéfice du crédit d'impôt (c'est-à-dire si l'œuvre n'a pas obtenu le nombre minimum de points exigé sur le barème). Par exemple, s'il apparaît que le tournage est effectué en grande partie à l'étranger alors que l'œuvre devait à l'origine être tournée en France, sa délocalisation n'étant par ailleurs pas justifiée par des raisons artistiques ou techniques (BOFiP-IS-RICI-10-20-30-§ 80-06/04/2016 ; BOFiP-IS-RICI-10-30-30-§ 70-02/11/2016).

• **Œuvres non terminées.** Lorsqu'une œuvre cinématographique n'obtient pas le visa d'exploitation dans les 2 ans suivant la clôture de l'exercice au titre duquel un crédit d'impôt a été obtenu au titre de l'œuvre concernée, l'entreprise de production ayant bénéficié de cette part de crédit d'impôt devra procéder à son reversement. Le point de départ du délai de 2 ans correspond à la clôture du dernier exercice au titre duquel un crédit d'impôt cinéma a été obtenu à raison des dépenses de production afférentes à cette œuvre.

• **Œuvres non achevées.** Lorsqu'une œuvre audiovisuelle n'est pas achevée dans les 2 ans suivant la clôture de l'exercice au titre duquel un crédit d'impôt a été obtenu au titre de l'œuvre concernée, l'entreprise de production ayant bénéficié de cette part de crédit d'impôt doit procéder à son reversement.

• Le Centre national du cinéma et de l'image animée peut, dans les trois ans suivant la date de délivrance du visa d'exploitation cinématographique ou dans les trois ans suivant la date d'achèvement de l'œuvre audiovisuelle, procéder ou faire procéder par un expert indépendant à un audit du compte de production de l'œuvre (c. cinéma et image animée art. L. 213-27 et L. 251-4). Lorsque le rapport d'audit révèle une irrégularité relative aux dépenses ayant servi au calcul du crédit d'impôt, le Centre national du cinéma et de l'image animée transmet ce rapport à l'administration fiscale.

Crédit d'impôt en faveur des films étrangers tournés en France

Champ d'application

60-23 Entreprises concernées. Les entreprises de production exécutive (cinématographique ou audiovisuelle) soumises à l'IS bénéficient d'un crédit d'impôt au titre des opérations effectuées en France dans le cadre de la réalisation d'œuvres cinématographiques ou audiovisuelles produites par des entreprises étrangères de production (CGI art. 220 quaterdecies I ; ann. III art. 46 quater-0 ZY bis à 46 quater-0 ZY septies ; BOFiP-IS-RICI-10-40-03/05/2017). Le crédit d'impôt, calculé par exercice, quelle que soit la date de clôture de cet exercice, concerne les dépenses engagées jusqu'au 31 décembre 2024 (loi 2020-1721 du 29 décembre 2020, art.146).

Ce crédit d'impôt vise à encourager le tournage en France de films étrangers.

Le bénéfice du crédit d'impôt est subordonné au respect par les entreprises de production exécutive de la législation sociale. Il doit notamment être refusé aux entreprises de production qui, en cas d'accroissement temporaire d'activité, ont recours à des CDD (c. trav. art. L. 1242-2, al. 3) afin de pourvoir des emplois qui ne sont pas directement liés à la production d'une œuvre déterminée (BOFiP-IS-RICI-10-40-§ 40-03/05/2017).

Pour le calcul du crédit d'impôt en faveur des entreprises de production exécutive d'œuvres cinématographiques ou audiovisuelles étrangères, l'entreprise peut utiliser la fiche 2079-CINT-FC-SD (voir § 60-1).

Sont exclues du crédit d'impôt les sociétés exonérées d'IS en vertu d'une disposition particulière, mais non celles qui le sont partiellement ou temporairement au titre d'une implantation dans certaines zones ou en qualité de JEI notamment (BOFiP-IS-RICI-10-40-§ 30-03/05/2017).

60-24 Œuvres visées. Le contrat auquel est liée l'entreprise de production exécutive susceptible de bénéficier du crédit d'impôt doit être conclu avec une entreprise de production qui détient la maîtrise de l'œuvre et en assure la responsabilité et dont le siège est hors de France.

Les œuvres éligibles au crédit d'impôt sont des œuvres de fiction (cinéma ou télévision) et d'animation répondant aux conditions cumulatives suivantes (CGI art. 220 quaterdecies, II ; BOFiP-IS-RICI-10-40-§§ 60 à 90-03/05/2017) :

a) ne pas être admises au bénéfice des aides financières à la production du Centre national du cinéma et de l'image animée (CNC) ;

b) comporter, dans leur contenu dramatique, des éléments rattachés à la culture, au patrimoine ou au territoire français. Le respect de cette condition est vérifié au moyen d'un barème de points dont le contenu est fixé par décret (c. cinéma et de l'image animée art. D. 331-40 à D. 331-51) ;

c) faire l'objet de dépenses éligibles (voir § 60-26) d'un montant supérieur ou égal à 250 000 € ou, lorsque le budget de production de l'œuvre est inférieur à 500 000 €, d'un montant correspondant au moins à 50 % de ce budget. S'agissant des œuvres de fiction, elles doivent, en outre, faire l'objet d'au moins 5 jours de tournage en France.

• Les œuvres éligibles ne doivent pas faire l'objet d'aides financières à l'article de l'article L. 111-2, 2° a et b du code du cinéma et de l'image animée. Une œuvre cinématographique ou audiovisuelle ne peut à la fois être éligible au crédit d'impôt prévu à l'article 220 quaterdecies et au crédit d'impôt prévu à l'article 220 sexies (voir § 60-2) puisque le bénéfice de ce dernier est subordonné au soutien financier précité (BOFiP-IS-RICI-10-40-§ 80-03/05/2017).

• N'ouvrent pas droit au crédit d'impôt les œuvres à caractère pornographique ou d'incitation à la **violence**, ou encore utilisables à des fins de **publicité** (CGI art. 220 quaterdecies, II.2).

60-25 Nécessité d'un agrément. Les dépenses éligibles ouvrent droit au crédit d'impôt à compter de la date de réception par le président du CNC d'une demande d'agrément provisoire (CGI art. 220 quaterdecies, IV).

Par mesure de tolérance, sont admises les dépenses se rapportant à l'acquisition des droits d'auteur exposées au cours de l'exercice fiscal durant lequel a été reçue la demande d'agrément provisoire (BOFiP-IS-RICI-10-40-§ 130-03/05/2017).

Si, dans les 24 mois des derniers travaux exécutés en France, l'agrément définitif n'a pas été obtenu, le crédit d'impôt fait l'objet d'un reversement (total ou partiel) (CGI art. 220 Z bis).

Dépenses éligibles

60-26 **Le crédit d'impôt est calculé au titre de chaque exercice sur le montant total des dépenses suivantes correspondant à des opérations ou prestations effectuées en France** (CGI art. 220 quaterdecies, III.1 ; BOFiP-IS-RICI-10-40-§§ 140 à 170-03/05/2017) :

– les rémunérations versées aux auteurs sous forme d'avances à valoir sur les recettes d'exploitation des œuvres, ainsi que les charges sociales afférentes ;

– les rémunérations versées aux artistes-interprètes et aux artistes de complément, par référence pour chacun d'eux à la rémunération minimale prévue par les conventions et accords collectifs conclus entre les organisations de salariés et d'employeurs de la profession, ainsi que les charges sociales afférentes ;

– les salaires versés aux personnels de la réalisation et de la production, ainsi que les charges sociales afférentes ;

– les dépenses liées au recours aux industries techniques et autres prestataires de la création cinématographique ou audiovisuelle ;

– les dépenses de transport et de restauration, ainsi que les dépenses d'hébergement dans la limite d'un montant par nuitée, occasionnées par la production de l'œuvre sur le territoire français.

Les subventions publiques reçues par les entreprises de production exécutive à raison des opérations ouvrant droit au crédit d'impôt sont déduites des bases de calcul de ce crédit, qu'elles soient définitivement acquises par elles ou remboursables (CGI art. 220 quaterdecies, V ; BOFiP-IS-RICI-10-40-§§ 270 à 310-03/05/2017).

• **Salaires et rémunérations.** Lorsque les personnels sont employés à titre permanent, seuls sont éligibles au crédit d'impôt les salaires et charges sociales qui correspondent à la période pendant laquelle ces personnels ont été effectivement employés à la réalisation de l'œuvre éligible au crédit d'impôt.

• **Nationalité des bénéficiaires des salaires et rémunérations.** Les auteurs, les artistes-interprètes et les personnels de la réalisation et de la production doivent être soit de nationalité française, soit ressortissants d'un État membre de l'UE, d'un État partie à l'accord sur l'EEE, d'un État partie à la convention européenne sur la coproduction cinématographique du 2 octobre 1992, ou d'un État tiers européen avec lequel la Communauté européenne a conclu des accords ayant trait au secteur audiovisuel. Les étrangers, autres que les ressortissants européens précités, ayant la qualité de résidents français, sont assimilés aux citoyens français (CGI art. 220 quaterdecies, III.2).

• Les dépenses liées au **recours aux industries techniques** et autres prestataires de la création cinématographique ou audiovisuelle sont éligibles au crédit d'impôt selon les modalités précisées par décret (CGI, ann. III art. 46 quater-0 ZY ter). Seules sont éligibles les dépenses de prestations techniques et des autres prestataires de la création acquittées par le producteur exécutif français auprès d'opérateurs établis en France, notamment les dépenses relatives à la location de biens meubles corporels (ex : matériel de tournage pour les besoins du tournage en France). Néanmoins, les dépenses de prestations techniques et des autres prestataires de la création acquittées auprès d'opérateurs établis en France pour une partie résiduelle du tournage effectuée à l'étranger pour des raisons artistiques tenant au scénario sont éligibles (BOFiP-IS-RICI-10-40-§§ 160-03/05/2017).

• **Les dépenses de transport, de restauration et d'hébergement** occasionnées par la production de l'œuvre sur le territoire français sont éligibles, à la double condition qu'elles soient strictement nécessaires aux besoins de la production de l'œuvre et qu'elles ne présentent pas de caractère somptuaire et dans la mesure où elles sont exécutées en France.

Les **dépenses d'hébergement** sont comprises dans l'assiette du crédit d'impôt dans la limite de 270 € par nuitée dans Paris et les départements des Hauts-de-Seine, de Seine-Saint-Denis et du Val-de-Marne, et de 200 € dans les autres départements (CGI, ann. III art. 46 quater-0 ZY ter, 5).

Pour les crédits d'impôt calculés à compter du 1er janvier 2020, les **dépenses de transport** des équipes artistiques et techniques sont comprises dans l'assiette du crédit d'impôt dans la limite de 200 € par trajet et par personne en France métropolitaine et de 500 € par trajet effectué par personne entre la France métropolitaine et les départements et autres collectivités d'outre-mer ou entre la France et le pays dont sont ressortissants les membres des équipes artistiques et techniques.

Les dépenses de **restauration** sont comprises dans l'assiette du crédit d'impôt dans la limite de 30 € par repas et par personne (CGI, ann. III art. 46 quater-0 ZY ter, 5).

Calcul du crédit d'impôt

Taux

60-27 Le crédit d'impôt est calculé par exercice, quelle que soit sa date de clôture. Le taux du crédit d'impôt est fixé à 30 % des dépenses éligibles (CGI art. 220 quaterdecies, III.1).

Le taux est porté à 40 % en ce qui concerne les œuvres cinématographiques ou audiovisuelles de fiction dans lesquelles au moins 15 % des plans, soit en moyenne un plan et demi par minute, font l'objet d'un traitement numérique permettant d'ajouter des personnages, des éléments de décor ou des objets participant à l'action ou de modifier le rendu de la scène ou le point de vue de la caméra, à la condition que, au sein du budget de production de l'œuvre, le montant total des dépenses éligibles afférentes aux travaux de traitement numérique des plans soit supérieur à 2 M€.

Plafonds

60-28 **Assiette plafonnée.** L'assiette des dépenses éligibles est plafonnée à 80 % du budget de production de l'œuvre (CGI art. 220 quaterdecies, III.3). Le respect de ce plafond s'apprécie sur toute la période au cours de laquelle des dépenses relatives à l'œuvre sont engagées et quel que soit le nombre d'exercices clos pendant cette période (BOFiP-IS-RICI-10-40-§§ 210 à 220-03/05/2017).

60-29 **Plafond du montant de crédit d'impôt.** La somme des crédits d'impôt calculés au titre d'une même œuvre est plafonnée à 30 M€ par œuvre. En cas de dépassement, le dernier crédit accordé doit être réduit à due concurrence afin de respecter ce plafond (CGI art. 220 quaterdecies, VI ; BOFiP-IS-RICI-10-40-§§ 230 et 240-03/05/2017).

60-30 **Plafond global des aides publiques.** Les crédits d'impôt obtenus pour la production d'une même œuvre cinématographique ou audiovisuelle ne doivent pas avoir pour effet de porter à plus de 50 % du budget de production de l'œuvre le montant total des aides publiques accordées (CGI art. 220 quaterdecies, VII ; BOFiP-IS-RICI-10-40-§§ 250 et 260-03/05/2017).

→ **Exemple** Une entreprise de production exécutive engage des dépenses éligibles au crédit d'impôt. Le budget de production de l'œuvre est de 30 M€. Dans l'hypothèse où l'entreprise ne perçoit aucune autre aide publique, les règles de plafonnement sont les suivantes :
– montant global des dépenses éligibles : 24 M€ (soit 30 M € x 80 %) ;
– montant maximal du crédit d'impôt : 7,2 M€ (24 M€ x 30 %) ;
– plafonnement du crédit d'impôt : 30 M€ (non atteint) ;
– plafonnement global des aides publiques : 15 M€ (non atteint).

60-31 **Articulation des plafonds avant la déduction des subventions publiques.** Pour le calcul du crédit d'impôt, les subventions publiques sont déduites de la base de calcul du crédit d'impôt avant application de la règle de plafonnement des dépenses éligibles.

→ **Exemple** Reprise des données précédentes, mais l'entreprise reçoit une subvention publique de 4 M€. Les règles de plafonnement sont les suivantes :
– montant maximal des dépenses éligibles : 20,8 M€ [80 % x (30 – 4)] ;
– montant maximal du crédit d'impôt : 6,24 M€ (20,8 × 30 %) ;
– montant total maximal des aides publiques : 10,24 M€ (6,24 + 4) ;
– plafonnement du crédit d'impôt 30 M€ (non atteint) ;
– plafonnement global des aides 15 M€ (non atteint).

Utilisation du crédit d'impôt

60-32 Le crédit d'impôt est imputé en totalité sur l'IS dû par l'entreprise de production exécutive au titre de l'exercice au cours duquel les dépenses ont été exposées. Si le montant du crédit d'impôt excède l'impôt dû au titre dudit exercice, l'excédent est restitué (CGI art. 220 Z bis).

L'excédent de ce crédit d'impôt constitue, au profit de l'entreprise de production exécutive, une créance sur l'État d'un montant égal. Cette créance est inaliénable et incessible, sauf dans les conditions prévues aux articles L. 313-23 à L. 313-35 du code monétaire et financier (cession « Dailly ») (CGI art. 220 Z bis).

La créance de crédit d'impôt est en principe reportée sur le relevé de solde d'IS (relevé 2572). Lorsque la créance n'a pu être, totalement ou partiellement imputée sur l'impôt dû, le remboursement peut être demandé. Les demandes de restitution du crédit d'impôt non imputé sur l'IS sont formulées sur l'imprimé 2573 par voie dématérialisée (TDFC) ou sur l'imprimé 2573.

2079-SV Crédit d'impôt pour production de spectacles vivants

Champ d'application

Entreprises concernées

61-1 **Activités de l'entreprise.** Les entreprises soumises à l'IS exerçant l'activité d'entrepreneur de spectacles (telle que définie par le code du travail) peuvent bénéficier d'un crédit d'impôt pour production de spectacles vivants musicaux, applicable aux dépenses éligibles réalisées avant le 31 décembre 2022 (CGI art. 220 quindecies, III). Les spectacles de variété ont été réintégrés dans le champ d'application du crédit d'impôt, pour les demandes d'agrément déposées à compter du 1er janvier 2020 (loi 2020-935 du 30 juillet 2020, art. 38 ; CGI art. 220 quindecies modifié). Les spectacles de théâtre sont également éligibles à compter de cette même date.

Outre l'exercice d'une activité d'entrepreneur de spectacles vivants, l'entreprise doit :
– avoir la responsabilité du spectacle, notamment celle d'employeur à l'égard du plateau artistique et ;
– supporter le coût de la création du spectacle.

• Est entrepreneur de spectacles vivants toute personne qui exerce une activité d'exploitation de lieux de spectacles, de production ou de diffusion de spectacles, seul ou dans le cadre de contrats conclus avec d'autres entrepreneurs de spectacles vivants, quel que soit le mode de gestion, public ou privé, à but lucratif ou non, de ces activités (c. trav. art. L. 7122-2).

• Dans le cas d'une coproduction, le crédit d'impôt spectacles vivants est accordé à chacune des entreprises de spectacles vivants, ayant déposé une demande d'agrément, proportionnellement à sa part dans les dépenses exposées, et non proportionnellement à sa part dans la coproduction (BOFiP-IS-RICI-10-45-§ 240-03/07/2019).

• À compter du 1er janvier 2021, les spectacles de théâtre seront exclus du bénéfice de ce crédit d'impôt et bénéficieront d'une mesure dédiée (CGI art. 220 sexdecies ; voir FH 3872, § 5-14).

61-2 **Entreprises soumises à l'IS.** Peuvent bénéficier du crédit d'impôt spectacles vivants, toutes les entreprises soumises à l'IS, quelle que soit leur forme (sociétés commerciales ou bien même associations). Sont donc exclues les entreprises soumises à l'IR ou exonérées d'IS par une disposition particulière.

Pour l'administration fiscale (BOFiP-IS-RICI-10-45-§ 20-03/07/2019), peuvent bénéficier du crédit d'impôt les entreprises exonérées temporairement ou partiellement d'IS au titre des dispositifs suivants : JEI (CGI art. 44 sexies A), des entreprises nouvelles implantées en ZAFR (CGI art. 44 sexies), de l'implantation dans certaines zones (ZFU-TE, bassins d'emploi ou zone de développement prioritaire) (CGI art. 44 octies, 44 octies A, 44 duodecies et 44 septdecies) ou pour reprise d'une entreprise en difficulté (CGI art. 44 septies).

L'article 220 quindecies du code n'aborde pas la question du cumul du crédit d'impôt et d'une exonération d'impôt mais prévoit uniquement que les entreprises doivent être soumises à l'impôt sur les sociétés. Pour le Conseil d'État (en matière de crédit d'impôt recherche et régime réel) la notion d'imposition vise les entreprises relevant du régime du bénéfice réel et non celles effectivement assujetties à l'impôt à raison de ce bénéfice (CE 9 février 2005, n° 253349).

Agrément

61-3 Pour obtenir l'agrément des spectacles vivants susceptibles d'ouvrir droit au crédit d'impôt, les entreprises doivent respecter leurs obligations légales, fiscales et sociales (CGI art. 220 S, al 3). S'agissant des obligations sociales, les entreprises ne doivent pas avoir recours à des contrats à durée déterminée pour pourvoir des postes permanents (c. trav. art. L. 1242-2).

Les dépenses éligibles (voir § 61-8) ouvrent droit au crédit d'impôt à compter de la date de réception d'une demande d'agrément provisoire attestant que le spectacle remplit les conditions requises (CGI art. 220 quindecies, VI).

Est délivré aux entreprises (BOFiP-IS-RICI-10-45-§ 110-03/07/2019) :
– un agrément provisoire attestant que le spectacle remplit toutes les conditions lui permettant de bénéficier du crédit d'impôt :
– un agrément définitif délivré dans le délai de 36 mois à compter de la délivrance de l'agrément provisoire et attestant que le spectacle a rempli les conditions imposées.

À compter du 1er octobre 2020, le président du Centre national de la musique est compétent pour délivrer, au nom du ministre chargé de la culture, les agréments (décret 2019-1445 du 24 décembre 2019, art. 11 et 23 ; décret 2020-1795 du 30 décembre 2020).

Les modalités de constitution des dossiers d'agrément sont précisées par décret (décret 2016-1209 du 7 septembre 2016, JO du 9, modifié). En cas de **coproduction**, la demande d'agrément, définitif et provisoire, est présentée par chaque entreprise de production.

Si l'entreprise n'obtient pas l'agrément définitif dans le délai de 36 mois à compter de l'agrément provisoire, l'entreprise doit reverser le crédit d'impôt dont elle a bénéficié au titre de l'exercice au cours duquel intervient la décision de refus de l'agrément définitif (CGI art. 220 S). Ce reversement est assorti de l'intérêt de retard calculé à compter du premier jour du mois qui suit l'expiration du délai de 36 mois jusqu'au dernier jour du mois du reversement.

• L'entreprise qui procède au reversement du crédit d'impôt doit déposer auprès du comptable de la DGFiP le formulaire 2573-SD.

• L'entreprise ne doit reverser que la fraction du crédit d'impôt correspondant à des dépenses afférentes à des spectacles vivants n'ayant pas obtenu l'agrément définitif du ministère chargé de la culture. Elle doit procéder à ce reversement au titre de tous les exercices antérieurs au cours desquels elle a bénéficié d'un crédit d'impôt pour le spectacle vivant n'ayant pas reçu l'agrément définitif (BOFiP-IS-RICI-10-45-§ 290-03/07/2019).

Spectacles vivants musicaux ou de variétés

61-4 Catégories de spectacles vivants musicaux. Un spectacle vivant musical est défini comme une série de représentations présentant une continuité artistique et esthétique caractérisée par la réalisation des conditions suivantes :
– une scénographie identique (décor, costumes, mise en lumière et mise en scène) ;
– un répertoire constant dans la limite d'une variation de 25 % ;
– une distribution stable de la majorité des interprètes à l'affiche ;
– des arrangements musicaux inchangés.

Le spectacle est réputé constituer un nouveau spectacle dès lors que l'une des quatre conditions ci-dessus n'est pas remplie.

Les catégories de spectacles vivants musicaux concernées sont (décret 2016-1209 du 7 septembre 2016, art. 2, modifié) :
– les concerts de musiques actuelles (au sens de l'arrêté du 5 mai 2017, JO du 13, texte 14). Le champ des musiques actuelles regroupe notamment : la chanson, le jazz et les musiques improvisées, les musiques traditionnelles et les musiques du monde, le rock, la pop, l'électro, le rap ;
– les comédies musicales ;
– les concerts vocaux et de musique de chambre interprétés par un effectif inférieur ou égal à 15 musiciens ou chanteurs, les spectacles lyriques ;
– les concerts vocaux et de musique de chambre interprétés par un effectif supérieur à 15 musiciens ou chanteurs, les concerts symphoniques y compris les concerts de forme oratorios ;
– les spectacles d'humour entendus comme une suite de sketchs ou un récital parlé donnés par un ou plusieurs artistes non interchangeables.

61-5 Conditions cumulatives à respecter. Pour ouvrir droit au crédit d'impôt, les dépenses engagées pour la création, l'exploitation et la numérisation d'un spectacle musical doivent satisfaire aux deux conditions cumulatives suivantes (CGI art. 220 quindecies, II) :

– les dépenses doivent être réalisées par des entreprises établies en France, ou dans un autre État membre de l'UE ou de l'EEE ayant conclu avec la France une convention d'assistance administrative en vue de lutter contre la fraude et l'évasion fiscales et qui y effectuent les prestations liées à la réalisation d'un spectacle ;
– les dépenses doivent porter sur un spectacle respectant les caractéristiques suivantes : les coûts de création sont majoritairement engagés sur le territoire français ; comprendre un minimum de représentation dans des lieux différents et être présenté dans un lieu dont la « jauge » (effectif maximal du public qu'il est possible d'admettre dans ce lieu) est supérieure à un nombre de personnes défini par décret par catégorie de spectacle (voir tableau ci-après).

La condition relative à un minimum de représentations est temporairement aménagée, pour tenir compte des restrictions imposées dans le cadre de la crise sanitaire (voir tableau).

Minimum de représentation	
Caractéristiques du spectacle (1)	**Date de demande d'agrément provisoire**
Comprendre au minimum 2 représentations dans au moins 2 lieux différents	Spectacles ayant obtenu un agrément provisoire ou pour lesquels une demande d'agrément a été déposée avant le 1er janvier 2021, à la condition que les entreprises justifient lors de la demande d'agrément définitif (CGI art. 220 S) que des représentations ont été annulées à compter du 4 mars 2020 en application des mesures relatives à la lutte contre la propagation de l'épidémie de covid-19.
	Demandes d'agrément provisoire déposées entre le 1er janvier 2021 et le 31 décembre 2022.
Comprendre au minimum 4 représentations dans au moins 3 lieux différents	Demandes d'agrément provisoire déposées à compter du 1er janvier 2023.
(1) La série de représentations peut comprendre, en complément du nombre de représentations prévu, la participation de l'artiste ou du groupe d'artistes à des premières parties de spectacle et à des festivals.	

Catégories de spectacles vivants éligibles		Jauge (1)
Catégorie 1	Concerts de musiques actuelles	2 100 personnes
Catégorie 2	Comédies musicales	4 800 personnes
Catégorie 3	Concerts vocaux et de musique de chambre interprétés par un effectif inférieur ou égal à 15 musiciens ou chanteurs, spectacles lyriques	1 700 personnes
Catégorie 4	Concerts vocaux et de musique de chambre interprétés par un effectif supérieur à 15 musiciens ou chanteurs, concerts symphoniques y compris concerts de forme oratorios	2 500 personnes
Catégorie 5	Spectacles d'humour entendus comme une suite de sketchs ou un récital parlé donnés par un ou plusieurs artistes non interchangeables	2 100 personnes
(1) décret 2016-1209 du 7 septembre 2016, modifié par décret 2020-1213 du 1er octobre 2020.		

Calcul du crédit d'impôt

Utilisation de la fiche de calcul 2079-SV-FC

61-6 La fiche d'aide au calcul 2079-SV-FC facilite la détermination du montant du crédit d'impôt et n'a pas à être déposée.

Le montant du crédit d'impôt est reporté sur le relevé de solde de l'IS (relevé 2572).

Report sur la déclaration 2069-RCI

61-7 Les entreprises ont l'obligation de souscrire une déclaration 2069-RCI et d'y mentionner le crédit d'impôt sollicité au titre de l'exercice (§§ 50-1 à 50-3) (CGI, ann. III art. 46 quater-0 ZY undecies). Le crédit d'impôt calculé au titre de l'exercice est mentionné au cadre I « Réductions et crédits d'impôt ne donnant pas lieu au dépôt d'une déclaration spéciale », dans la rubrique « Créances non reportables et restituables au titre de l'exercice ou de l'année ».

Les chiffres indiqués renvoient aux commentaires de cette fiche

RÉPUBLIQUE FRANÇAISE
Liberté
Égalité
Fraternité

2079-SV-FC-SD
(2021)
cerfa
N° 15609*05

CRÉDIT D'IMPÔT POUR DÉPENSES DE PRODUCTION DE SPECTACLES VIVANTS

(Article 220 *quindecies* du code général des impôts)

Exercice du au

FICHE D'AIDE AU CALCUL

Cette fiche permet de calculer le crédit d'impôt par exercice et par spectacle vivant musical ou de variétés puis le montant global du crédit d'impôt pour l'entreprise

Ce formulaire ne constitue pas une déclaration. Il n'a pas à être transmis spontanément à l'administration. La déclaration des réductions et crédits d'impôt n° 2069-RCI-SD constitue le support déclaratif du crédit d'impôt production de spectacles vivants.

Délivrance de l'agrément

Titre du spectacle	**61-6**
Date de réception par le ministre chargé de la culture de la demande d'agrément provisoire	**61-3**
Date de délivrance et numéro de l'agrément provisoire	
Date de délivrance et numéro de l'agrément définitif	

Répartition des dépenses entre les sociétés de coproduction agissant dans le cadre d'une coproduction déléguée

% des dépenses engagées dans l'œuvre par la société	1	**61-1**

I - DÉPENSES ENGAGÉES AU TITRE DE L'EXERCICE OUVRANT DROIT AU CRÉDIT D'IMPÔT [1]

Salaires et charges sociales afférents au personnel permanent directement concerné par le spectacle[2]	2	**61-9** et **61-10**
Rémunération, incluant les charges sociales, du ou des dirigeants correspondant à leur participation directe à la création et à l'exploitation du spectacle[3]	3	
Salaires et charges sociales afférents aux artistes et techniciens affectés au spectacle[4]	4	
Rémunérations, droits d'auteurs, honoraires et prestations versés à des personnes physiques ou morales ayant contribué directement au spectacle[5]	5	**61-11**
Redevances versées aux organismes de gestion collective des droits d'auteur au titre des représentations de spectacle	6	
Frais de location de salles de répétition et de salles de spectacles	7	
Frais de location de matériels utilisés directement ou indirectement dans le cadre du spectacle ou à des fins d'accueil du public	8	
Frais d'achat du petit matériel utilisé dans le cadre du spectacle ou à des fins d'accueil du public[6]	9	
Dotations aux amortissements des immobilisations corporelles ou incorporelles utilisées exclusivement dans le cadre du spectacle	10	

[1] En cas de coproduction, porter la totalité des dépenses pour le spectacle.
[2] Directeurs artistiques, directeurs de production, directeurs musicaux, directeurs de la communication ou des relations publiques, directeurs de la commercialisation, responsables des relations publiques ou de la communication, administrateurs de production, de tournée ou de diffusion, conseillers artistiques, coordinateurs, chargés de production, de diffusion ou de commercialisation, répétiteurs, collaborateurs artistiques, attachés de production ou de diffusion, attachés de presse ou de relations publiques, responsables de la billetterie, gestionnaires de billetterie, responsables de placement, chargés de réservation, attachés à l'accueil, agents de billetterie et d'accueil, webmasters.
[3] Cette rémunération est prise en compte dans l'assiette du crédit d'impôt dans la limite d'un plafond de 45 000 € par an. Elle n'est éligible au crédit d'impôt que pour les petites entreprises, au sens de l'article 2 de l'annexe I du règlement (UE) n° 651/2014 de la Commission, du 17 juin 2014, déclarant certaines catégories d'aides compatibles avec le marché intérieur en application des articles 107 et 108 du traité.
[4] Les rémunérations des artistes prises en compte pour le calcul du crédit d'impôt sont plafonnées à cinq fois le montant du salaire minimum conventionnel en vigueur.
[5] Graphiste, créateur de costumes, maquilleur, habilleur, coiffeur, couturier, accessoiriste, créateur de décors, créateur de lumières, créateur d'effets ou d'ambiances sonores, créateur de vidéo ou d'effets spéciaux, metteur en scène, chorégraphe.
[6] Il s'agit de matériel non immobilisé et utilisé exclusivement dans le cadre du spectacle éligible.

Les chiffres indiqués renvoient aux commentaires de cette fiche

Frais d'assurance annulation ou d'assurance du matériel directement rattachables au spectacle éligible	11	61-11
Dépenses occasionnées lors de la tournée du spectacle[7]	12	
Dépenses nécessaires à la promotion du spectacle[8]	13	
Dépenses liées à la numérisation de tout ou partie du spectacle[9]	14	61-12
Déduction des subventions publiques non remboursables reçues par l'entreprise calculées sur la base du rapport entre le montant des dépenses éligibles et le montant total des charges de l'entreprise figurant au compte de résultat	15	61-13
Déduction des aides dites " tours supports " reçues par l'entreprise de la part du producteur phonographique et directement affectées aux dépenses éligibles au crédit d'impôt	16	
Montant total des dépenses *[somme des lignes 2 à 14 - montant lignes 15 et 16]*	17	0
Montant des dépenses ayant ouvert droit au crédit d'impôt pour ce même spectacle au titre des exercices précédents	18	61-15
Montant total des dépenses plafonnées ***Si somme des lignes 17 et 18 est inférieure à 500 000 € : reporter le montant indiqué ligne 17*** ***Si somme des lignes 17 et 18 est supérieure à 500 000 € : indiquer (500 000 – ligne 18)***	19	61-15

II - CALCUL DU CRÉDIT D'IMPÔT RELATIF À CE SPECTACLE

A - CRÉDIT D'IMPÔT DE L'ENTREPRISE EN L'ABSENCE DE COPRODUCTION

Montant du crédit d'impôt relatif à ce spectacle au titre de l'exercice *(montant ligne 19 × 15 %)* *ou (montant ligne 19 × 30 %) si l'entreprise satisfait à la définition des micro, petites et moyennes entreprises prévue à l'article 2 de l'annexe I du règlement (UE) n° 651/2014 de la commission du 17 juin 2014.*	20	61-14

B - CRÉDIT D'IMPÔT DE L'ENTREPRISE AGISSANT DANS LE CADRE D'UNE COPRODUCTION

Montant des dépenses de l'entreprise ouvrant droit au crédit d'impôt *(pourcentage des dépenses de coproduction de l'entreprise mentionné ligne 1 x montant ligne 19)*	21	61-16 0
Montant du crédit d'impôt au titre de l'exercice *(montant ligne 21 × 15 %)* *ou (montant ligne 21 × 30 %) si l'entreprise satisfait à la définition des micro, petites et moyennes entreprises prévue à l'article 2 de l'annexe I du règlement (UE) n° 651/2014 de la commission du 17 juin 2014.*	22	

[7] Frais d'entretien et de réparation du matériel de tournée, frais de régie, frais de transport, frais de restauration et d'hébergement dans la limite d'un montant par nuitée fixé par décret, qui ne peut être supérieur à 270 € par nuitée à Paris et en petite couronne et à 200 € dans les autres départements.

[8] Dépenses engagées pour la création, la réalisation, la fabrication et l'envoi des supports promotionnels physiques ou dématérialisés, dépenses liées à la réalisation et à la production d'images permettant le développement de la carrière de l'artiste, dépenses liées à la création d'un site internet consacré à l'artiste dans le cadre du développement de sa carrière dans l'environnement numérique et dépenses engagées au titre de la participation de l'artiste à des émissions de télévision ou de radio.

[9] Frais d'acquisition des droits d'auteur des photographies, des illustrations et créations graphiques, ainsi que les frais techniques nécessaires à la réalisation de ces créations, les frais de captation (son, image, lumière), les frais d'acquisition d'images préexistantes, les cessions de droits facturés par l'ensemble des ayants droit, les frais correspondant aux autorisations délivrées par des exploitants de salles ou par des organisateurs de festivals, les dépenses de postproduction (frais de montage, d'étalonnage, de mixage, de codage et de matriçage), les rémunérations et charges sociales nécessaires à la réalisation de ces opérations ainsi que, dans le cadre d'un support numérique polyvalent musical, les frais de conception technique tels que la création d'éléments d'interactivité ou d'une arborescence ou le recours à des effets spéciaux.

Les chiffres indiqués renvoient aux commentaires de cette fiche

III - MONTANT DU CRÉDIT D'IMPÔT DE L'ENTREPRISE

A - SI LA SOCIÉTÉ A PRODUIT UN SEUL SPECTACLE OUVRANT DROIT AU CRÉDIT D'IMPÔT AU TITRE DE L'EXERCICE :

Montant du crédit d'impôt (report du montant ligne 20 ou 22)	23	**61-15**

B - SI LA SOCIÉTÉ A RÉALISÉ PLUSIEURS SPECTACLES AU TITRE DE L'EXERCICE :

Titre du spectacle		Montant du crédit d'impôt[10]
-		
-		
-		
-		
-		
- **61-17**		**61-16**
-		
-		
-		
-		
-		
-		
-		
-		
-		
TOTAL :	24	0
Crédit d'impôt pour dépenses de production de spectacles vivants au titre de l'exercice pour l'entreprise *Si montant ligne 24 est inférieur à 750 000 €[11], porter le montant indiqué ligne 24 ;* *Si montant ligne 24 est supérieur à 750 000 €[11], porter 750 000 €[11].*	25	

IV - UTILISATION DU CRÉDIT D'IMPÔT

Le montant du crédit d'impôt déterminé ligne 23 ou 25 doit être reporté sur la déclaration n° 2069-RCI-SD et sur le relevé de solde n° 2572-SD.

Les demandes de restitution du crédit d'impôt non imputé sur l'impôt sur les sociétés sont formulées sur l'imprimé n°2573-SD par voie dématérialisée ou sur l'imprimé n°2573-SD disponible sur le portail fiscal www.impots.gouv.fr.

[10] Report de la totalité des montants déterminés ligne 20 ou 22 de la fiche de calcul pour chaque spectacle.
[11] Lorsque l'exercice est d'une durée inférieure ou supérieure à douze mois, le montant du plafond est diminué ou augmenté dans les mêmes proportions que la durée de l'exercice

Détermination du crédit d'impôt

Dépenses éligibles

Conditions communes à l'ensemble des dépenses

61-8 Pour le calcul du crédit d'impôt, seules sont retenues les dépenses engagées pour des spectacles effectués en France, dans un autre État membre de l'UE, ou dans un autre État partie à l'accord sur l'EEE ayant conclu avec la France une convention fiscale contenant une clause d'assistance administrative en vue de lutter contre la fraude ou l'évasion fiscales.

Les dépenses engagées ne peuvent ouvrir droit au crédit d'impôt :
– que si elles constituent des charges déductibles du résultat imposable dans les conditions de droit commun ;
– qu'à compter de la date de réception de la demande d'agrément à titre provisoire.

➡ **À NOTER** Les mêmes dépenses ne peuvent entrer à la fois dans les bases du calcul du crédit d'impôt pour production de spectacles vivants (CGI art. 220 quindecies, IV) et dans celles de tout autre crédit d'impôt et notamment le crédit d'impôt pour dépenses de production d'œuvres phonographiques (CGI art. 220 octies).

Frais de création et d'exploitation

61-9 **Personnel permanent.** Sont à prendre dans la base de calcul du crédit d'impôt, les salaires et charges sociales des personnels permanents de l'entreprise dès lors qu'ils sont directement concernés par le spectacle (CGI art. 220 quindecies, III.1° .a) :
– directeurs artistiques, directeurs de production, directeurs musicaux, directeurs de la communication ou des relations publiques, directeurs de la commercialisation ;
– responsables des relations publiques ou de la communication, administrateurs de production, de tournée ou de diffusion, conseillers artistiques, coordinateurs, chargés de production, de diffusion ou de commercialisation, répétiteurs, collaborateurs artistiques, attachés de production ou de diffusion, attachés de presse ou de relations publiques ;
– responsables de la billetterie, gestionnaires de billetterie, responsable de placement, chargés de réservation, attachés à l'accueil, agents de billetterie et d'accueil, webmasters ;
– pour les petites entreprises au sens communautaire (occupant moins de 50 personnes et dont le chiffre d'affaires annuel ou le total du bilan n'excède pas 10 M€) est également comprise la rémunération, incluant les charges sociales, du ou des dirigeants correspondant à leur participation directe à la création et à l'exploitation du spectacle. Cette rémunération ne peut excéder un montant fixé par décret dans la limite d'un plafond de 50 000 € par an (le décret a fixé le montant à 45 000 € par an ; CGI, ann. III art. 46 quater-0 ZY octies).

Les salaires et charges sociales sont pris en compte au prorata du temps effectif passé par le personnel permanent à la production du spectacle par rapport au temps total travaillé, l'entreprise devant déterminer précisément le temps d'affectation de son personnel au spectacle (BOFiP-IS-RICI-10-45-§ 140-03/07/2019).

61-10 **Personnel non permanent.** Les frais de personnel non permanent de l'entreprise entrent également dans le calcul du crédit d'impôt. Il s'agit des salaires et charges sociales afférents aux artistes et techniciens affectés au spectacle. Les rémunérations des artistes prises en compte pour le calcul du crédit d'impôt sont plafonnées à 5 fois le montant du salaire minimum conventionnel en vigueur.

Sont également pris en compte : les droits d'auteur, les honoraires et prestations versées à des personnes physiques ou morales ayant contribué directement au spectacle. Il s'agit des graphistes, des créateurs de costumes, des maquilleurs, habilleurs, coiffeurs, couturiers, accessoiristes, créateurs de décors, créateurs de lumières, créateurs d'effets ou d'ambiance sonores, créateurs de vidéo ou d'effets spéciaux, metteurs en scène, chorégraphe (BOFiP-IS-RICI-10-45-§ 150-03/07/2019).

61-11 **Autres dépenses.** Sont également à prendre en compte (CGI art. 220 quindecies, III.1° .c à j) :
– les redevances versées aux organismes de gestion collective des droits d'auteur au titre des représentations de spectacles ;
– les frais de location de salles de répétition et de salles de spectacles ;
– les frais de location de matériels utilisés directement ou indirectement dans le cadre du spectacle ou à des fins d'accueil du public ;

– les frais d'achat du petit matériel utilisé dans le cadre du spectacle ou à des fins d'accueil du public, dès lors que ces matériels ne font pas l'objet d'immobilisation et qu'ils sont exclusivement utilisés dans le cadre du spectacle éligible ;
– les dotations aux amortissements lorsqu'elles correspondent à des immobilisations corporelles ou incorporelles utilisées exclusivement dans le cadre du spectacle ;

Il y a lieu de retenir les dotations aux amortissements fiscalement déductibles afférentes aux immobilisations détenues par l'entreprise et affectées directement à la réalisation du spectacle vivant musical ou de variétés ouvrant droit au crédit d'impôt. Seules sont prises en compte les dotations aux amortissements correspondant à la période durant laquelle l'immobilisation a été effectivement utilisée pour la réalisation du spectacle éligible au crédit d'impôt (CGI, ann. III art. 46 quater-0 ZY nonies).

– les frais d'assurance annulation ou d'assurance du matériel directement imputables au spectacle éligible ;
– les dépenses occasionnées lors de la tournée du spectacle : frais d'entretien et de réparation du matériel de tournée, frais de régie, frais de transport, frais de restauration et d'hébergement dans la limite de 270 € par nuit à Paris et dans les départements limitrophes et 200 € dans les autres départements (CGI, ann. III art. 46 quater-0 ZY decies) ;
– les dépenses nécessaires à la promotion du spectacle : dépenses de création, réalisation, fabrication et envoi des supports promotionnels physiques ou dématérialisés, les dépenses liées à la réalisation et à la production d'images permettant le développement de la carrière de l'artiste, les dépenses liées à la participation de l'artiste à des émissions de télévision ou de radio.

Dépenses liées à la numérisation

61-12 Entrent dans la base de calcul du crédit d'impôt, les dépenses liées à la numérisation de tout ou partie du spectacle (CGI art. 220 quindecies, III.2°) :
– les frais d'acquisition des droits d'auteur des photographies, des illustrations et créations graphiques, ainsi que les frais techniques nécessaires à la réalisation de ces créations ;
– les frais de captation (son, image, lumière) ;
– les frais d'acquisition d'images préexistantes ;
– les cessions de droits facturés par l'ensemble des ayants droit ;
– les frais correspondant aux autorisations délivrées par des exploitants de salles ou par des organisateurs de festivals ;
– les dépenses de postproduction (frais de montage, d'étalonnage, de mixage, de codage et matriçage) ;
– les rémunérations et charges sociales nécessaires à la réalisation de ces opérations, ainsi que, dans le cadre d'un support numérique polyvalent musical, les frais de conception technique tels que la création d'éléments d'interactivité ou d'une arborescence ou le recours à des effets spéciaux (BOFiP-IS-RICI-10-45-§ 170-03/07/2019).

Déduction des subventions publiques

61-13 Les subventions publiques non remboursables reçues par les entreprises doivent être déduites des bases du crédit d'impôt, sur la base du rapport entre le montant des dépenses éligibles et le montant total des charges de l'entreprise figurant au compte de résultat (CGI art. 220 quindecies, VII ; BOFiP-IS-RICI-10-45-§ 200-03/07/2019).

Les aides « tours supports » directement affectées aux dépenses éligibles doivent être déduites des bases de calcul du crédit d'impôt.

Les subventions et les aides doivent être déduites de la base de calcul du crédit d'impôt calculé au titre de l'année ou des années au cours de laquelle ou desquelles les dépenses éligibles sont exposées – quel que soit le régime fiscal applicable à ces subventions et aides.

Calcul du crédit d'impôt

61-14 **Taux.** Le taux crédit d'impôt est égal à 15 %, porté à 30 % pour les entreprises qui satisfont à la définition des micro, petites et moyennes entreprises au sens du droit communautaire.

61-15 **Plafonnement des dépenses.** Le montant des dépenses éligibles est limité à 500000 € par spectacle (CGI art. 220 quindecies, VIII).

Dans un groupe de sociétés placé sous le régime de l'intégration fiscale, le montant et le plafond du crédit d'impôt sont calculés au niveau de chaque société du groupe.

→ **EXEMPLE** Une entreprise exploite deux spectacles éligibles au crédit d'impôt au cours de l'exercice de l'année N. L'entreprise répond à la définition communautaire des petites entreprises.

Calcul du crédit d'impôt		
Dépenses de l'exercice clos	**Spectacle 1**	**Spectacle 2**
Personnel permanent	200 000 €	260 000 €
Personnel non permanent	100 000 €	130 000 €
Location de salles de répétition et de spectacles	75 000 €	100 000 €
Dépenses de tournée	50 000 €	75 000 €
Dépenses de numérisation	25 000 €	35 000 €
Dépenses éligibles avant plafonnement	450 000 €	600 000 €
Dépenses éligibles après application du plafond de 500 000 €	450 000 € (1)	500 000 € (2)
Montant des crédits d'impôt (taux de 30 %)	135 000 €	150 000 €

(1) Le plafond n'étant pas atteint, l'entreprise pourra, le cas échéant, bénéficier d'un crédit d'impôt pour ce même spectacle en N + 1.
(2) L'entreprise ne pourra plus bénéficier du crédit d'impôt pour ce spectacle en N + 1.

61-16 Plafonnement du crédit d'impôt. Le crédit d'impôt est plafonné à 750 000 € par entreprise et par exercice. Lorsque l'exercice est d'une durée inférieure ou supérieure à 12 mois, le montant du plafond est diminué ou augmenté dans les mêmes proportions que la durée de l'exercice.

Le bénéfice du crédit d'impôt pour production de spectacles vivants est placé sous l'encadrement communautaire du règlement général d'exemption (règlt 651/2014, art. 53).

Encadrement communautaire. Le crédit d'impôt étant une aide au fonctionnement égale au montant des dépenses éligibles multiplié par le taux du crédit d'impôt (15 % ou 30 %), son montant ne doit pas excéder ce qui est nécessaire pour couvrir les pertes d'exploitation et un bénéfice raisonnable sur la période concernée sur la base de projections raisonnables, ou au moyen d'un mécanisme de récupération (RGEC, art. 53, 7). Toutefois, lorsque l'aide n'excède pas 2 M€, le montant maximal de l'aide peut être fixé, sans tenir compte de la méthode de calcul du plafond d'aide ci-dessus, à un montant égal à 80 % des dépenses éligibles (RGEC, art. 53, 8). Si le crédit d'impôt pour dépenses de production de spectacles vivants est la seule aide d'État obtenue par l'entreprise au titre d'un seul et même spectacle, cette seconde méthode sera toujours applicable. En effet, étant donné le plafond de dépenses éligibles de 500 000 €, l'aide maximale est de 150 000 € (500 000 € x 30 %).

Utilisation du crédit d'impôt

Imputation sur l'IS

61-17 Le crédit d'impôt pour production de spectacles vivants est imputé sur l'IS dû au titre de l'exercice au cours duquel l'entreprise a exposé les dépenses concernées (CGI art. 220 quindecies, 220 S et ann. III 46 quater-0 ZY duodecies). Il s'impute après les prélèvements non libératoires et les crédits d'impôt non restituables. Il ne constitue pas un produit imposable. Il ne peut pas être utilisé pour le paiement des contributions calculées sur l'IS, ni pour acquitter un rappel d'IS qui se rapporterait à des exercices clos avant la clôture de l'exercice pour lequel il a été obtenu.

Lorsque le montant du crédit d'impôt excède le montant de l'IS dû au titre du même exercice, l'excédent non imputé est restitué (CGI art. 220 S).

La société mère est substituée aux sociétés du groupe pour l'imputation sur le montant de l'IS dont elle est redevable au titre de chaque exercice des crédits d'impôt dégagés par chaque société du groupe (CGI art. 220 quindecies, VIII).
L'excédent de crédit d'impôt du groupe qui n'est pas imputé sur l'IS du groupe constitue une créance sur le Trésor public d'égal montant qui appartient à la société mère du groupe et lui reste acquise. Elle peut en obtenir la restitution. En cas de sortie du groupe d'une société dont le crédit d'impôt a été pris en compte pour le calcul du crédit d'impôt du groupe, aucune régularisation n'est à opérer.
La société mère doit souscrire les déclarations des réductions et crédits d'impôt 2069-RCI de chacune des sociétés membres du groupe,

y compris sa propre déclaration déposée au titre de son activité, lors du dépôt de la déclaration relative au résultat d'ensemble du groupe. Le montant total du crédit d'impôt pour l'ensemble des sociétés membres du groupe doit être porté sur le relevé de solde 2572 relatif au résultat d'ensemble du groupe.

Fusions, scissions, apports partiels d'actifs

61-18 En cas d'opération de fusion, de scission ou d'apport partiel d'actif, le bénéfice du crédit d'impôt afférent au spectacle concerné est transféré à la société absorbante ou bénéficiaire des apports dès lors que cette dernière assume, à la suite de cette opération, les fonctions d'entreprise exerçant l'activité d'entrepreneur de spectacle vivant et engage les dépenses éligibles au spectacle afférentes en cours de réalisation.

Le transfert du bénéfice du crédit d'impôt résulte de la transmission des droits et obligations de la société absorbée ou apporteuse à la société absorbante ou bénéficiaire et n'est pas subordonné à la condition que l'opération de fusion ou assimilée soit placée sous le régime spécial. La date d'effet rétroactif est prise en compte pour la détermination du crédit d'impôt au niveau de chacune des sociétés.

2069-FA Crédit d'impôt famille

Champ d'application

Généralités

62-1 Les entreprises imposées d'après un régime de bénéfice réel, qui réalisent des dépenses permettant à leurs salariés ayant des enfants à charge de mieux concilier leur vie professionnelle et leur vie familiale, bénéficient d'un crédit d'impôt, plafonné à **500 000 €** par an. Le taux du crédit d'impôt est égal à 25 % ou 50 %, selon la nature des dépenses éligibles et la date à laquelle elles sont exposées (CGI art. 244 quater F ; BOFiP-BIC-RICI-10-130-10-01/03/2017 ; BOFiP-BIC-RICI-10-130-20-12/09/2012).

Ce crédit d'impôt s'impute sur l'IR ou l'IS dû au titre de l'année de réalisation des dépenses. Pour en bénéficier, les entreprises doivent déposer la déclaration **2069-FA** (voir §§ 62-5 et 62-6).

Entreprises concernées

62-2 Le crédit d'impôt famille est ouvert aux entreprises industrielles, commerciales, libérales ou agricoles soumises à l'IS ou à l'IR selon le régime du bénéfice réel normal ou simplifié d'imposition, de plein droit ou sur option, ou à l'IR selon le régime de la déclaration contrôlée.

Sont exclues du dispositif :
– les entreprises relevant d'un régime micro (BA, BIC ou BNC) ;
– les entreprises non soumises à l'IS au taux de droit commun (cas des associations n'exerçant pas d'activités lucratives) (CGI art. 206, 1) ou qui sont exonérées de cet impôt par une disposition spéciale (cas des sociétés anonymes de crédit immobilier) (CGI art. 207, 1.4°).

L'administration précise que les entreprises exonérées totalement ou partiellement par application d'un abattement sur les bénéfices peuvent bénéficier du crédit d'impôt famille (BOFiP-BIC-RICI-10-130-10-§ 60-01/03/2017).

Pour le Conseil d'État les dispositions prévoyant que les entreprises doivent être imposées d'après le bénéfice réel visent les entreprises relevant du régime du bénéfice réel et non celles effectivement assujetties à l'impôt à raison de ce bénéfice (CE 9 février 2005, n° 253349).

Les établissements publics et les associations peuvent en bénéficier lorsqu'ils sont soumis à l'IS. Les sociétés civiles professionnelles (SCP) peuvent bénéficier de ce dispositif (BOFiP-BIC-RICI-10-130-10-§ 10-01/03/2017).

Déclaration 2069-FA

Entreprises relevant de l'IR

62-5 La déclaration 2069-FA doit être annexée à la déclaration de résultats transmise au service des impôts (voir § 2-5).

Un exemplaire de cette déclaration doit être transmis dans le même délai au ministre chargé de la famille (Bureau des familles et de la parentalité – Sous-direction de l'enfance et de la famille – Direction Générale de la Cohésion Sociale, 14 Avenue Duquesne 75350 PARIS SP 07) (CGI, ann. III art. 49 septies YC).

Le montant du crédit d'impôt doit par ailleurs être reporté sur la ligne « Crédit d'impôt famille » du tableau 2069-RCI (voir § 62-7).

• **L'entrepreneur individuel** devra reporter le montant de son crédit d'impôt sur sa déclaration de revenus 2042 C PRO (ligne 8 UZ).

• S'agissant des **associés de sociétés de personnes**, deux situations sont à distinguer :
– lorsque l'associé qui participe à l'exploitation bénéficie à la fois d'un crédit d'impôt famille propre et d'un crédit d'impôt au titre de ses participations dans des sociétés de personnes, il doit porter sur la déclaration 2069-FA (ligne 8) sa quote-part de crédit d'impôt famille dégagée au titre de ses participations dans des sociétés de personnes ; l'associé doit alors préciser, cadre IV, l'identité des sociétés de personnes concernées (raison sociale, n° Siren, adresse, pourcentage de droits détenus par l'entreprise dans la société de personnes, quote-part

du crédit d'impôt revenant à l'entreprise) (voir § 62-31) ;
– lorsque l'associé ne bénéficie d'aucun crédit d'impôt famille (propre ou issu de sa participation dans d'autres sociétés de personnes), il doit porter le montant de la quote-part de crédit d'impôt famille calculée au niveau de la société de personnes dont il est associé sur la déclaration de résultats (associés personnes morales soumis à l'IS) ou de revenus (associés personnes physiques soumis à l'IR).

• Les **sociétés de personnes** doivent indiquer au cadre V la répartition du crédit d'impôt entre leurs associés.

Entreprises soumises à l'IS

62-6 **La déclaration 2069-FA doit être déposée avec le relevé de solde de l'IS (relevé 2572), télédéclaré auprès du comptable chargé du recouvrement de l'IS** (voir § 1-7, déclaration 2065) **; le montant du crédit d'impôt famille étant reporté sur le relevé 2572.**

Un exemplaire de la déclaration spéciale est à adresser au ministre chargé de la famille dont les coordonnées sont mentionnées au paragraphe précédent (voir § 62-5)**, dans le même délai que l'exemplaire destiné à l'administration fiscale.**

Le montant du crédit d'impôt doit être reporté sur la ligne « Crédit d'impôt famille » du tableau 2069-RCI (voir § 62-7).

Pour les sociétés membres d'un **groupe fiscal**, les sociétés filiales devront annexer la déclaration 2069-FA à leur déclaration de résultats et en adresser une copie à la société mère qui la joindra au relevé de solde (relevé 2572) qu'elle est tenue de déposer auprès du comptable chargé du recouvrement de l'IS lors du paiement du solde de cet impôt.

Report obligatoire sur la déclaration 2069-RCI

62-7 **La déclaration spéciale 2069-FA permet de calculer le montant du crédit d'impôt** (CGI, ann. III art. 49 septies YC).

Pour bénéficier du crédit d'impôt, les entreprises doivent reporter le montant du crédit d'impôt (calculé sur la déclaration spécifique 2069-FA) sur le tableau 2069-RCI récapitulatif (cadre II « Créances d'impôt avec dépôt obligatoire d'une déclaration spéciale », ligne « Crédit d'impôt famille ») (voir §§ 62-5 et 62-6, 50-2 et 50-4)**. Ce report sur la déclaration 2069-RCI ne dispense pas du dépôt de la déclaration 2069-FA.**

Dépenses éligibles et emploi [cadre I et III]

Période de réalisation des dépenses

62-9 **Les dépenses à retenir au titre d'une année civile sont celles engagées au cours de ladite année. Les données de la comptabilité doivent donc être adaptées pour l'application de cette règle, aucune détermination forfaitaire n'étant admise** (BOFiP-BIC-RICI-10-130-20-§ 60-12/09/2012).

➟ **Exemple** Une entreprise clôture son exercice au 30 juin de chaque année.

Hypothèse 1

Au titre de l'exercice clos le 30 juin N, elle a engagé des dépenses éligibles au crédit d'impôt pour un montant de 1 M€ :
– 200 000 € pour la période du 1er juillet N – 1 au 31 décembre N – 1 ;
– 800 000 € pour la période du 1er janvier N au 30 juin N.

Pour la période antérieure au 1er juillet N – 1, l'entreprise n'a pas engagé de dépenses éligibles au crédit d'impôt famille.

Au 30 juin N, l'entreprise calcule le crédit d'impôt famille en prenant en compte les dépenses engagées en N – 1, soit 100 000 € (200 000 € × 50 %).

Hypothèse 2

Au titre de l'exercice clos au 30 juin N, l'entreprise a engagé entre le 1er janvier N – 1 et le 30 juin N – 1 des dépenses éligibles au crédit d'impôt pour un montant de 100 000 €. Pour la période du 1er juillet N – 1 au 31 décembre N – 1, les dépenses s'élèvent à 200 000 €.

Au 30 juin N – 1, son crédit d'impôt imputable sur l'impôt exigible au titre de l'exercice N / N – 1 sera égal à 150 000 € soit (100 000 + 200 000) × 50 %.

Les chiffres indiqués renvoient aux commentaires de cette fiche

RÉPUBLIQUE FRANÇAISE
Liberté Égalité Fraternité

N° 2069-FA-SD (2021)

cerfa

N° 12444*15
Formulaire obligatoire
Art. 49 septies YC annexe III au CGI

CRÉDIT D'IMPÔT FAMILLE

(Article 244 *quater* F du code général des impôts)

Le formulaire n° 2069-FA-SD est à déposer auprès du service des impôts des entreprises et une copie doit être adressée dans le même délai au ministre chargé de la famille[1] (art 49 septies YC annexe III au CGI)

Année civile | | | | | **62-10, 62-30 et 62-35** **Exercice du** **au**

Dénomination de l'entreprise :	**62-1 à 62-6**	N° SIREN :	
		Nature de l'activité exercée :	
Adresse :			
Nom et adresse du déclarant (pour les exploitants individuels)			

Société bénéficiant du régime fiscal des groupes de sociétés (cocher la case) ☐

Dénomination de la société mère :	
Adresse :	
N° SIREN :	

I - Détermination des dépenses ouvrant droit à crédit d'impôt[2]

Dépenses ayant pour objet de financer la création et le fonctionnement d'établissements mentionnés aux deux premiers alinéas de l'article L 2324-1 du code de la santé publique et assurant l'accueil d'enfants de moins de trois ans de leurs salariés	1	**62-12 à 62-19**
Déduction des subventions publiques reçues à raison des dépenses ouvrant droit à crédit d'impôt[3]	2	**62-20**
Crédit d'impôt (ligne 1 – ligne 2) x 50 %	3	

Dépenses engagées au titre de l'aide financière de l'entreprise mentionnée aux articles L 7233-4 et L 7233-5 du code du travail	4	**62-21**
Déduction des subventions publiques reçues à raison des dépenses ouvrant droit à crédit d'impôt[3]	5	
Crédit d'impôt (ligne 4 – ligne 5) x 25 %	6	

II - Calcul du crédit d'impôt

Montant du crédit d'impôt (lignes 3 + 6)	7	**62-30**
Quote-part de crédit d'impôt résultant de la participation de l'entreprise dans des sociétés de personnes ou groupement assimilés *(reporter le montant indiqué ligne 13)*	8	**62-31**
Montant total du crédit d'impôt plafonné à 500 000 € ***(somme des lignes 7 + 8 dans la limite de 500 000 €)***	9	**62-30 et 62-7**

[1] L'exemplaire à destination du ministre de la famille est à transmettre à l'adresse suivante : Bureau des familles et de la parentalité – Sous-direction de l'enfance et de la famille – Direction générale de la Cohésion Sociale – 14, avenue Duquesne – 75350 PARIS SP 07
[2] Porter les dépenses engagées au titre d'une année civile.
[3] Les subventions qui peuvent être directement rattachées à une dépense particulière doivent être déduites des bases de calcul du crédit d'impôt calculé au titre de la dépense à laquelle elles sont rattachées. Les subventions qui ne peuvent pas être rattachées à une dépense particulière doivent être réparties entre chaque catégorie de dépenses éligibles au prorata de celles-ci.

Les chiffres indiqués renvoient aux commentaires de cette fiche

III - EMPLOI DE CERTAINES DÉPENSES OUVRANT DROIT À CRÉDIT D'IMPÔT **62-11**

Nombre de places financées en établissements mentionnés aux deux premiers alinéas de l'article L. 2324-1 du code de la santé publique et assurant l'accueil des enfants de moins de trois ans des salariés		10	**62-12 à 62-18**
Nombre d'heures de garde d'enfants financées au titre de l'aide financière de l'entreprise mentionnée aux articles L. 7233-4 et L. 7233-5 du code du travail	En accueil collectif[4]	11	**62-21**
	En accueil individuel[5]	12	

IV - PARTICIPATIONS DES SOCIÉTÉS DÉCLARANTES DANS DES SOCIÉTÉS DE PERSONNES OU GROUPEMENTS ASSIMILÉS

Nom et adresse des sociétés de personnes ou groupements assimilés et n° SIREN (pour les entreprises)	% de droits détenus dans la société	Quote-part du crédit d'impôt
		62-31
	Montant total du crédit d'impôt dégagé 13	

V - UTILISATION DU CRÉDIT D'IMPÔT

Entreprises soumises à l'impôt sur les sociétés : reporter le montant du crédit d'impôt déterminé ligne 9 sur le relevé de solde n° 2572-SD et sur la déclaration n° 2069-RCI-SD.

Les demandes de restitution du crédit d'impôt non imputé sur l'impôt sur les sociétés sont formulées sur l'imprimé n°2573-SD par voie dématérialisée ou sur l'imprimé n°2573-SD disponible sur le portail fiscal www.impots.gouv.fr.

Entreprises individuelles : reporter le montant du crédit d'impôt déterminé ligne 9 sur la ligne prévue à cet effet des déclarations n° 2042 C-PRO et n° 2069-RCI-SD.

Répartition du crédit d'impôt famille entre les associés de la société de personnes (ou assimilée)[6]

Nom et adresse des associés et n° SIREN (pour les entreprises)	% de droits détenus dans la société	Quote-part du crédit d'impôt
		62-31, 62-35 à 62-41
	Total	

[4] Par exemple : crèche, halte-garderie, micro-crèche.
[5] Par exemple : garde au domicile d'un assistant maternel, en maison d'assistant maternel, au domicile des parents.
[6] Seuls les associés personnes morales ou associés personnes physiques participant à l'exploitation au sens du 1° bis du I de l'article 156 du CGI peuvent faire valoir leur part dans le crédit d'impôt. Le montant global déterminé est réparti entre tous les associés, mais seuls ceux cités ci-avant peuvent prétendre au bénéfice de ce crédit d'impôt. Dès lors, le total de la répartition entre les associés peut être différent du montant déterminé ligne 9.

Nature des dépenses ouvrant droit au crédit d'impôt

62-10 Seuls deux types de dépenses ouvrent droit au crédit d'impôt (CGI art. 244 quater F) :

a) les dépenses ayant pour objet de financer la création et le fonctionnement de « crèches » et « haltes-garderies » assurant l'accueil des enfants de moins de trois ans des salariés de l'entreprise (voir §§ 62-11 à 62-20) ;

b) l'aide financière attribuée aux salariés afin qu'ils accèdent aux services à la personne (l'aide peut notamment prendre la forme du chèque emploi-service universel CESU) (voir § 62-21).

Ces dépenses à caractère social supportées dans l'intérêt du personnel constituent des **charges déductibles** du résultat fiscal de l'entreprise. Le crédit d'impôt famille dont bénéficie l'entreprise se cumule donc avec la déduction fiscale de ces dépenses (BOFiP-BIC-RICI-10-130-10-§ 80-01/03/2017).

Éléments déclaratifs supplémentaires

62-11 Il convient d'indiquer :

- le nombre de places (crèches, halte-garderie, etc.) dont bénéficient ou sont susceptibles de bénéficier les salariés de l'entreprise, pour l'accueil de leur enfant de moins de 3 ans (cadre III, lignes 10) ;
- le nombre total d'heures de garde d'enfants, financées par CESU, au titre d'un accueil en collectivité (crèche, halte-garderie, micro-crèche, etc.) ou d'un accueil individuel (garde au domicile d'un assistant maternel, en maison d'assistant maternel, au domicile des parents) communiquées par les salariés bénéficiaires de l'aide (cadre III, ligne 11 et 12).

Dépenses liées aux structures d'accueil des enfants de moins de 3 ans [lignes 1 à 3]

Structures concernées

62-12 Seules sont éligibles au crédit d'impôt les dépenses, retenues pour leur montant HT, relatives à des établissements susceptibles d'accueillir des enfants de moins de 3 ans.

Les structures sont (c. santé pub. art. L. 2324-1, al. 1 et 2) :

- les crèches, établissements d'accueil régulier ouverts aux enfants de moins de 3 ans ;
- les haltes-garderies, établissements d'accueil à temps partiel ou de manière occasionnelle des enfants de moins de 6 ans.

Ces établissements peuvent être gérés soit par une collectivité publique (commune), soit par une personne physique ou morale de droit privé (association, entreprise).

Si une structure accueille à la fois des enfants de moins de 3 ans et des enfants de plus de 3 ans, les dépenses de création et de fonctionnement de cette structure n'entreront dans l'assiette du crédit d'impôt qu'au prorata du nombre d'enfants de moins de 3 ans par rapport au nombre total d'enfants accueillis (BOFiP-BIC-RICI-10-130-10-§§ 240 et 250-01/03/2017).

Il n'est pas nécessaire que la crèche financée **accueille exclusivement** les enfants des salariés de l'entreprise. Cependant, si l'entreprise crée une structure accueillant à la fois les enfants de moins de 3 ans de ses salariés et des enfants de personnes non salariées de l'entreprise, les dépenses n'entreront dans l'assiette du crédit d'impôt qu'au prorata du nombre d'enfants de moins de 3 ans de ses salariés par rapport au nombre total d'enfants accueillis (rép. Untermaier n° 100469, JO 7 mars 2017, AN quest. p. 2088).

Les enfants inscrits en crèche sont réputés respecter la condition d'âge.

Pour les enfants inscrits en halte-garderie, il doit être tenu compte du nombre de demi-journées d'accueil d'enfants de moins de 3 ans par rapport au nombre total de demi-journées d'accueil réalisées par la halte-garderie. Sont considérés comme respectant la condition d'âge les enfants qui n'ont pas atteint l'âge de 4 ans au 31 décembre de l'année au cours de laquelle ils ont été en halte-garderie (BOFiP-BIC-RICI-10-130-10-§ 170-01/03/2017).

→ Exemples

❶ Un enfant né le 15 juillet 2017 n'aura pas encore 4 ans le 31 décembre 2020. Ses demi-journées de présence dans la halte-garderie pourront donc être comptabilisées pour le calcul du crédit d'impôt famille de l'année 2020, mais pas pour celui de l'année 2021.

❷ Une entreprise exploite dans ses locaux une halte-garderie pouvant accueillir simultanément 30 enfants. Au titre de l'année 2020, elle a engagé des dépenses éligibles au crédit d'impôt pour un montant de 500 000 € ; elle a accueilli des enfants de moins de 3 ans pendant 8 000 demi-journées et des enfants de plus de 3 ans pendant 6 000 demi-journées.

L'entreprise peut bénéficier en 2020 d'un crédit d'impôt égal à : 500 000 € × 50 % × 8 000 / (8 000 + 6 000) = 142 857 €.

Si en 2021 la halte-garderie n'accueille plus que des enfants de moins de 3 ans et qu'elle engage au titre de cette année des dépenses éligibles pour un montant de 500 000 €, elle pourra bénéficier d'un crédit d'impôt égal à : 500 000 € × 50 % = 250 000 €.

❸ Une entreprise exploite un établissement multiaccueil qui comprend :

- 10 places d'accueil permanent ;
- 15 places d'accueil occasionnel ;
- et 5 places polyvalentes.

Au cours de l'année 2020 les places d'accueil permanent ont toutes été occupées par des enfants de moins de 3 ans, les places d'accueil occasionnel et les places polyvalentes ayant été occupées durant 4000 demi-journées (sur 7000 au total) par des enfants respectant les conditions d'âge.

L'entreprise a engagé des dépenses éligibles au crédit d'impôt famille pour un montant de 300000 € au titre de cette même année.

Le crédit d'impôt est ainsi calculé : 300000 € × 50 % × [10 + (4000/7000 × 20)] / 30, soit 107143 €.

Dépenses des structures externes à l'entreprise

62-13 **Entrent dans la base de calcul les versements effectués par l'entreprise au profit d'organismes de droit public ou privé exploitant une crèche ou une halte-garderie, en contrepartie de la réservation de places dans ces structures pour les enfants de moins de 3 ans de ses salariés.**

• La structure financée n'est pas tenue d'accueillir exclusivement les enfants des salariés de l'entreprise. Néanmoins, si l'entreprise crée une **structure qui accueille à la fois les enfants** de moins de 3 ans **de ses salariés et des enfants de personnes non salariées de l'entreprise,** les dépenses de création et de fonctionnement de cette structure n'entreront dans l'assiette du crédit d'impôt famille qu'au prorata du nombre d'enfants de moins de 3 ans de ses salariés par rapport au nombre total d'enfants accueillis.

• Ne sont pas éligibles au crédit d'impôt les dépenses engagées par une entreprise ne comprenant **aucun personnel salarié ou dont seul le personnel non salarié** a recours au service de crèche (BOFiP-BIC-RICI-10-130-10-§ 250-01/03/2017).

Dépenses de création ou financement de structures propres à l'entreprise

62-14 **Amortissements des immobilisations.** Il s'agit des dotations aux amortissements fiscalement déductibles d'immobilisations créées ou acquises à l'état neuf et affectées directement à l'activité de crèche ou de halte-garderie accueillant les enfants de moins de 3 ans des salariés de l'entreprise (BOFiP-BIC-RICI-10-130-10-§ 270-01/03/2017).

En cas d'**utilisation mixte** des immobilisations (par exemple, des locaux abritant à la fois la « crèche » et d'autres services de l'entreprise), les dotations aux amortissements ne sont prises en compte dans le calcul du crédit d'impôt qu'au prorata de leur utilisation pour l'activité de garde d'enfants. La répartition peut s'effectuer au prorata de la surface utilisée (pour les immeubles) ou du temps effectif d'utilisation pour les autres immobilisations, à condition que l'entreprise puisse déterminer avec précision le temps d'utilisation du bien pour l'activité de garde d'enfants (exemple, un micro-ordinateur dont l'utilisation est partagée entre la « crèche » et le service comptabilité).

Si les immobilisations sont financées par crédit-bail, l'amortissement pratiqué par le bailleur est retenu si elles ont été acquises à l'état neuf et sont affectées par l'entreprise locataire directement à l'activité de crèche ou halte-garderie. En cas de levée de l'option, les amortissements en cause sont ceux qui sont effectivement pratiqués par l'entreprise bénéficiaire du crédit d'impôt.

62-15 **Dépenses de fonctionnement.** Il s'agit des dépenses exposées au titre de l'exploitation de la crèche ou de la halte-garderie, dès lors qu'elles accueillent les enfants de moins de 3 ans des salariés de l'entreprise, à savoir (BOFiP-BIC-RICI-10-130-10-§ 320-01/03/2017) :
– les achats de matières consommables, les dépenses de petit matériel et biens de faible valeur ;
– les frais d'entretien et de réparation lorsqu'ils sont destinés à maintenir en état les immobilisations et installations ;
– les loyers et charges locatives des immeubles dont l'entreprise n'est pas propriétaire et qui abritent la structure d'accueil ;
– les loyers du matériel dont l'entreprise est locataire ;
– les rémunérations du personnel affecté à la structure d'accueil ainsi que les charges sociales obligatoires correspondantes ;
– les primes d'assurance payées en vue de garantir les risques encourus par les divers éléments de l'actif immobilisé affectés à l'établissement d'accueil ;
– les intérêts des emprunts afférents à l'acquisition d'éléments de l'actif immobilisé affectés à la crèche ou la halte-garderie ;
– les dépenses relatives aux prestations d'études et de conseil, concernant exclusivement la création ou la gestion de structures destinées à accueillir les enfants de moins de 3 ans des salariés de l'entreprise engageant les dépenses. Les dépenses de conseil relatives à des domaines plus étendus (organisation du travail, aménagement du temps de travail, etc.) ne sont pas éligibles au crédit d'impôt.

Dépenses de création et/ ou financement de structures interentreprises

62-16 Le dispositif du crédit d'impôt est également ouvert aux entreprises qui cofinancent la création ou participent aux dépenses de fonctionnement et d'équipement de crèches ou haltes-garderies interentreprises ou de droit public ou privé, en contrepartie de la réservation de places pour les enfants de moins de 3 ans de leurs salariés (BOFiP-BIC-RICI-10-130-10-§ 350-01/03/2017).

Dans cette situation, la participation financière de l'entreprise doit être proportionnelle au service rendu par l'organisme public ou privé qui exploite l'établissement d'accueil (par exemple, financement par une entreprise d'une crèche associative, au prorata du nombre d'enfants de moins de 3 ans des salariés de l'entreprise accueillis dans cette crèche).

Les versements effectués au profit de l'organisme sont compris dans l'assiette du crédit d'impôt, sous réserve que l'entreprise dispose, en contrepartie, de places dans l'établissement d'accueil. Il en est de même des dépenses d'études et de conseil exposées en vue de décider du choix du mode de gestion de l'établissement d'accueil lorsqu'elles concernent la création ou la gestion d'établissement d'accueil d'enfants de moins de 3 ans. Sont, par contre, exclues de l'assiette du crédit d'impôt les dépenses de conseil relatives à des domaines plus étendus (organisation du travail, aménagement du temps de travail...).

Mise à la disposition de l'établissement d'accueil de locaux par l'entreprise

62-17 Lorsque les bâtiments appartiennent à l'entreprise ou sont loués par elle, mais qu'elle n'exploite pas directement l'établissement d'accueil (l'exploitation pouvant être assurée, par exemple, par une association), deux cas peuvent se présenter :

a) l'entreprise met gratuitement les locaux à la disposition de l'établissement d'accueil. Dans ce cas, entrent dans l'assiette du crédit d'impôt non seulement les dépenses de fonctionnement mentionnées au paragraphe 62-15 mais également les dotations aux amortissements des immeubles dont elle est propriétaire ou les loyers des immeubles dont elle est locataire. Par ailleurs, peuvent également entrer dans le calcul du crédit d'impôt toutes les dépenses éligibles au crédit d'impôt exposées par l'entreprise et qui ne seraient pas refacturées à l'organisme gestionnaire de la crèche ;

b) l'entreprise met les locaux à la disposition de l'établissement d'accueil mais facture cette prestation de location. Dans ce cas, le loyer à la charge de l'établissement d'accueil est compris dans la prestation de garde d'enfants refacturée à l'entreprise. Dans cette situation, les dotations aux amortissements ou les loyers afférents à l'immeuble considéré n'entrent pas dans la base de calcul du crédit d'impôt famille.

Versement au profit de structures gérées par le CSE

62-18 L'entreprise qui, via le CSE, engage des dépenses visant à financer la création ou le fonctionnement de structures d'accueil peut bénéficier du crédit d'impôt au titre de sa contribution effectivement utilisée par le CSE à cette activité. Cependant, les versements de l'entreprise ne peuvent être pris en compte que s'ils sont effectivement affectés à un établissement destiné à l'accueil d'enfants de moins de 3 ans de ses salariés.

La subvention de fonctionnement versée au CSE (c. trav. art. L. 2315-61) est exclue de l'assiette du crédit d'impôt (BOFiP-BIC-RICI-10-130-10-§ 510-01/03/2017).

En cas de demande de l'administration, l'entreprise doit être en mesure de justifier que les sommes versées ont été utilisées pour financer la création ou le fonctionnement d'une crèche ou d'une halte-garderie. Si les sommes versées par l'entreprise sont affectées à plusieurs activités sociales, elle doit pouvoir justifier de la proportion de la contribution globale qui a été effectivement affectée à l'activité de crèche ou halte-garderie, ainsi que du montant des subventions publiques ou privées reçues par le comité au titre des dépenses afférentes à ladite activité. Cette justification peut être apportée notamment par la production d'un justificatif établi par le comité. En effet, les subventions publiques reçues au titre de dépenses ouvrant droit au crédit d'impôt doivent être déduites du montant du crédit d'impôt calculé par l'entreprise (BOFiP-BIC-RICI-10-130-10-§ 510-01/03/2017).

Absence de cumul avec le dispositif du mécénat d'entreprise

62-19 Une entreprise ne peut bénéficier, au titre des mêmes dépenses, à la fois du crédit d'impôt famille et du régime du mécénat d'entreprise (CGI art. 238 bis) (voir § 51-1).

Les versements n'ouvrent droit à la réduction d'impôt pour mécénat que lorsqu'ils sont effectués sans contrepartie directe ou indirecte au profit de l'entreprise donatrice. Cette condition d'absence de contrepartie conduit à exclure du dispositif du mécénat d'entreprise les dons qui seraient effectués par une entreprise à une association exploitant une crèche lorsque cette dernière, en contrepartie des versements de l'entreprise, accueille les enfants de moins de 3 ans des salariés de l'entreprise.

Les mêmes dépenses ne peuvent pas ouvrir droit à la fois au crédit d'impôt famille et à un autre dispositif de réduction d'impôt ou de crédit d'impôt (BOFiP-BIC-RICI-10-130-10-§§ 540 à 570-01/03/2017).

Subventions publiques [ligne 2]

62-20 Les subventions publiques reçues par l'entreprise au titre de ces dépenses ouvrant droit au crédit d'impôt (voir §§ 62-12 à 62-19) sont déduites sur la ligne 2.

• Les subventions publiques reçues sont déduites des bases de calcul du crédit afférent à l'année au titre de laquelle elles ont été versées, quel que soit le régime fiscal applicable à ces subventions.

• Des aides versées après la conclusion d'une convention avec la caisse d'allocations familiales (CAF) qualifiées de « prestations de service unique pour les structures accueillant des enfants âgés de moins de quatre ans », bien que non qualifiées de subventions publiques sont à déduire pour l'assiette de calcul du crédit d'impôt (CAA Lyon 29 septembre 2020, n° 19LY01500).

Aide financière, CESU [lignes 4 à 6]

62-21 Les dépenses engagées au titre de l'aide financière de l'entreprise permettant aux salariés d'accéder aux services à la personne, notamment par le biais de chèques emploi-service universel (CESU) (c. trav. art. L 7233-4 et L 7233-5), sont éligibles au crédit d'impôt. Peu importe que l'aide versée par l'entreprise soit gérée par cette dernière, le CSE ou conjointement, conformément à l'article L. 7233-8 du code du travail.

En revanche, les dépenses relatives au financement du CESU mais engagées par les CSE n'ouvrent pas droit au crédit d'impôt.

Les subventions publiques reçues par l'entreprise au titre des dépenses ouvrant droit au crédit d'impôt sont déduites sur la ligne 5.

L'administration admet que le financement de **services de conciergerie** ou la cotisation versée par l'entreprise à une entreprise de conciergerie soient éligibles au crédit d'impôt mais uniquement si les prestations rendues sont qualifiables de services à la personne et susceptibles d'être financées par le CESU (BOFiP-BIC-RICI-10-130-10-§ 590-01/03/2017).

Calcul du crédit d'impôt et participations des sociétés de personnes [cadres II et IV]

Montant du crédit d'impôt propre à l'entreprise [ligne 7]

62-30 Le crédit d'impôt, apprécié à l'année civile, est plafonné pour chaque entreprise (y compris les sociétés de personnes) à 500 000 € par an.

Le taux est de (BOFiP-BIC-RICI-10-130-20-§ 40-12/09/2012) :

– 50 % pour les dépenses correspondant à la création ou au fonctionnement des crèches et haltes-garderies (voir § 62-12) ;

– 25 % de l'aide financière permettant l'accès aux services à la personne (CESU, notamment ; voir § 62-21).

Le montant du crédit d'impôt (ligne 7) correspond au total des crédits d'impôts calculés dans le cadre I pour chacune des deux catégories de dépenses éligibles (lignes 3 + 6).

Dans le régime de l'**intégration fiscale**, la société mère est substituée aux sociétés membres pour l'imputation sur le montant de l'impôt du groupe des crédits d'impôt famille dégagés par chaque société du groupe (CGI art. 223 O, 1.f). Le crédit d'impôt est plafonné à 500 000 € au niveau de chaque société membre du groupe et non au niveau de la société mère.

Sociétés de personnes [Cadre II, ligne 8 et cadre IV, ligne 13]

62-31 Le crédit d'impôt est transféré à leurs membres proportionnellement à leurs droits dans ces sociétés ou ces groupements, à condition que ces associés soient redevables

de l'IS ou des personnes physiques exerçant leur activité professionnelle dans la société de personnes.

Pour ces associés, le plafond de 500 000 € s'apprécie en prenant en compte la fraction du crédit d'impôt correspondant aux participations détenues dans ces sociétés et groupements.

Le montant du crédit d'impôt revenant aux associés est donc susceptible d'être soumis à un double plafonnement :
– au niveau de la société de personnes elle-même, avant d'être réparti aux associés au prorata de leurs droits ;
– au niveau de chaque associé, en fonction de son propre crédit et de la part lui revenant à raison de sa participation dans une société de personnes (BOFiP-BIC-RICI-10-130-20-§ 110-12/09/2012).

Lorsque l'entreprise déclarante dispose de participations dans des sociétés de personnes ou des groupements assimilés, elle doit établir l'identité de ces sociétés de personnes en précisant :
– leur raison sociale, leur numéro Siren, leur adresse ;
– le pourcentage de droits détenus dans chacune de ces sociétés ;
– la quote-part de crédit d'impôt lui revenant.

➟ **Exemples**

❶ Une SNC est détenue par les sociétés A et B à hauteur respectivement de 60 % et 40 % du capital. Au titre de N, la SNC a déterminé un crédit d'impôt famille d'un montant de 1 000 000 €. La société A a déterminé pour son propre compte un crédit d'impôt égal à 300 000 €. La société B n'a pas réalisé de dépenses éligibles au crédit d'impôt famille et ne bénéficie donc d'aucun crédit d'impôt en propre.

Le crédit d'impôt de la SNC est plafonné à 500 000 €. C'est ce montant qui servira de base à la répartition du crédit d'impôt entre les associés, à hauteur de :
– 300 000 € pour la société A (500 000 € × 60 %) ;
– 200 000 € pour la société B (500 000 € × 40 %).

Le montant du crédit d'impôt s'élève :
– pour la société A à 600 000 € (300 000 € + 300 000 €), plafonnés à 500 000 € ;
– pour la société B à 200 000 €.

❷ Le capital d'une SNC est détenu par trois associés comme suit :
– la SA B, qui n'a pas engagé directement de dépenses éligibles au crédit d'impôt famille : 50 % ;
– M. X, personne physique participant à l'exploitation : 30 % ;
– Mme X, son épouse, qui ne participe pas à l'exploitation : 20 %.

La SNC a réalisé en N des dépenses éligibles au crédit d'impôt pour un montant de 1 200 000 € donnant droit à un crédit d'impôt de 50 % × 1 200 000 € = 600 000 €, plafonné à 500 000 €.

La SNC ne pouvant utiliser elle-même le crédit d'impôt, elle le transfère à ses associés :
– SA B : 250 000 € (500 000 € × 50 %) ;
– M. X : 150 000 € (500 000 € × 30 %). En revanche, Mme X, simple apporteuse de capitaux, ne peut utiliser tout ou partie du crédit d'impôt.

Utilisation du crédit d'impôt [cadre V]

Exercice d'imputation

62-35 **Le crédit d'impôt famille est imputé sur l'IR dû par le contribuable ou sur le montant de l'IS dû par l'entreprise au titre de l'année au cours de laquelle les dépenses ont été engagées. Si son montant excède l'impôt dû au titre de cette période, l'excédent est restitué. S'agissant des associés de sociétés de personnes, pour qu'une restitution soit opérée, ils doivent exercer leur activité professionnelle au sein de la société.**

Pour les entreprises dont l'exercice ne coïncide pas avec l'année civile, l'imputation se fait sur l'impôt dû au titre de l'exercice clos au cours de l'année suivant celle durant laquelle l'entreprise a engagé ses dépenses.

Modalités d'imputation

62-36 **L'imputation se fait au moment du paiement du solde de l'impôt. Elle a lieu après celle des prélèvements non libératoires et des autres crédits d'impôt** (CGI, ann. III art. 49 septies YB).

Le crédit d'impôt ne peut pas être utilisé pour le paiement des contributions assimilées à l'IS ou d'un rappel d'impôt sur les bénéfices qui se rapporterait à des exercices clos avant le 31 décembre de l'année au titre de laquelle il est obtenu.

Demande de restitution

62-37 Les sociétés soumises à l'IS peuvent demander la restitution du crédit d'impôt non imputé. Les demandes de restitution du crédit d'impôt non imputé sur l'IS sont formulées sur l'imprimé 2573 par voie dématérialisée (TDFC) ou sur l'imprimé 2573.

Incidence des restructurations

Cessation de l'entreprise

62-38 En cas de cessation, les dépenses éligibles au crédit d'impôt famille engagées par l'entreprise entre la date d'ouverture de l'exercice et la date de cessation définitive ouvrent droit à un crédit d'impôt imputable sur l'IS ou sur l'IR dû par l'entreprise au titre de son dernier exercice. Si le montant du crédit d'impôt excède le montant de l'impôt dû, le solde non imputé est restitué à l'entreprise.

Fusions de sociétés

62-39 **Principe.** Deux situations doivent être distinguées selon que l'opération est réalisée avec ou sans effet rétroactif au premier jour de l'exercice en cours de la société apporteuse. Le fait que l'opération de fusion soit placée ou non sous le régime spécial (CGI art. 210 A) est sans incidence sur le sort du crédit d'impôt (BOFiP-BIC-RICI-10-130-20-§§ 290 et 300-12/09/2012).

Dans le cadre d'une opération d'apport partiel ou de scission, les dépenses éligibles au crédit d'impôt ne peuvent pas être transmises (BOFiP-BIC-RICI-10-130-20-§§ 360 à 380-12/09/2012).

62-40 **Fusion sans effet rétroactif.** Le crédit d'impôt famille ne peut être transféré à la société absorbante. Cette dernière venant aux droits et obligations de la société absorbée dépose la déclaration 2069-FA pour le compte de la société absorbée et, le cas échéant, sa propre déclaration. Chaque société bénéficiera donc du plafond de 500 000 € (BOFiP-BIC-RICI-10-130-20-§§ 310 à 330-12/09/2012).

➡ **Exemple** La société A absorbe la société B le 1er août N sans effet rétroactif. Les sociétés A et B ont des exercices qui coïncident avec l'année civile. Cette opération n'est pas placée sous le régime spécial des fusions.

La société B a comptabilisé du 1er janvier au 31 juillet N des dépenses éligibles ouvrant droit au crédit d'impôt famille d'un montant total de 700 000 €. Parallèlement, la société A a comptabilisé au titre de l'année N des dépenses éligibles ouvrant droit à un crédit d'impôt famille d'un montant de 800 000 €.

La société A déposera pour le compte de la société B la déclaration 2069-FA de cette dernière d'un montant de crédit d'impôt de 700 000 € plafonné à 500 000 €. Par la suite, lors du paiement du solde de l'IS dont elle est redevable, la société A déposera sa propre déclaration 2069-FA d'un montant de 800 000 € plafonné à 500 000 €.

62-41 **Fusion réalisée avec un effet rétroactif au premier jour de l'exercice en cours de la société apporteuse.** Dans ce cas, les dépenses éligibles au crédit d'impôt famille comptabilisées chez la société absorbée sont, du fait de la rétroactivité, reprises dans la comptabilité de la société absorbante et prises en compte pour la détermination du crédit d'impôt famille de cette dernière. L'entreprise absorbante déposera alors une seule déclaration avec application d'un plafond unique de 500 000 €.

➡ **Exemple** La société X absorbe la société Y le 1er septembre N avec effet rétroactif au 1er janvier N. Les deux sociétés ont des exercices qui coïncident avec l'année civile. Cette opération n'est pas placée sous le régime spécial des fusions. La société Y a comptabilisé du 1er janvier au 31 août N des dépenses éligibles ouvrant droit à un crédit d'impôt famille d'un montant total de 300 000 €. Corrélativement, la société X a comptabilisé au titre de l'année N des dépenses éligibles ouvrant droit à un crédit d'impôt famille d'un montant de 400 000 €.

La société X, qui reprend dans ses écritures comptables les dépenses engagées par la société Y du fait de la fusion, déposera une seule déclaration 2069-FA au titre des dépenses engagées en N par elle-même et par la société Y. Le montant du crédit d'impôt s'établit à (300 000 € + 400 000 €) = 700 000 €, plafonné à 500 000 €.

2079-DIS Crédit d'impôt pour production d'œuvres phonographiques

Champ d'application

Généralités

63-1 Les entreprises de production phonographique bénéficient d'un crédit d'impôt égal à un pourcentage des frais de production et de développement d'enregistrements musicaux ou de vidéos musicales. Le dispositif est applicable aux dépenses engagées entre le 1er juillet 2007 et le 31 décembre 2024 (CGI art. 220 octies ; loi 2020-1721 du 29 décembre 2020, art. 21).

Le crédit d'impôt musique est subordonné à un agrément. L'entreprise doit ainsi d'abord obtenir un agrément provisoire permettant d'évaluer l'éligibilité des dépenses envisagées au crédit d'impôt. Un agrément définitif vérifie ensuite que les dépenses effectivement engagées respectent bien les conditions requises (voir § 63-5). Les productions d'enregistrements phonographiques ou vidéographiques musicaux sont agréées par le président du Centre national de la musique au nom du ministre chargé de la culture (décret 2006-1764 du 23 décembre 2006, art. 1er modifié par le décret 2020-1795 du 30 décembre 2020).

Le bénéfice du crédit d'impôt musique est subordonné au respect de l'article 53 du règlement général d'exemption par catégorie (UE) 651/2014 du 17 juin 2014. Le dispositif constitue « une aide en faveur de l'écriture, l'édition, la production, la distribution, la numérisation et la publication d'œuvres musicales et littéraires, y compris de traductions » au sens de l'article 53, 2.f du règlement précité. Le montant maximal de l'aide accordée est prévu à l'article 53, 9. Les entreprises doivent en particulier s'assurer que le montant total des aides dont elles bénéficient au titre d'un même projet respecte les plafonds prévus par ce règlement.

Les mêmes dépenses ne peuvent entrer à la fois dans les bases de calcul du crédit d'impôt musique et dans celles du crédit d'impôt pour dépenses de production de spectacles vivants.

Entreprises concernées

63-2 Le crédit d'impôt concerne les entreprises de production phonographique (au sens de l'article L. 213-1 du code de la propriété intellectuelle) soumises à l'IS, à condition de ne pas être détenues, directement ou indirectement, par un éditeur de services de télévision ou de radiodiffusion (CGI art. 220 octies, I ; BOFiP-IS-RICI-10-10-10-§ 10-10/04/2019).

Pour l'administration fiscale (BOFiP-IS-RICI-10-10-10-§ 30-10/04/2019), peuvent bénéficier du crédit d'impôt les entreprises exonérées temporairement ou partiellement d'IS au titre des dispositifs suivants : JEI (CGI art. 44 sexies A), des entreprises nouvelles implantées en ZAFR (CGI art. 44 sexies), de l'implantation dans certaines zones (ZFU-TE, bassins d'emploi, zone de restructuration de la défense, ZFA, ZRR, BUD ou zone de développement prioritaire) (CGI art. 44 octies A, 44 duodecies à 44 septdecies) ou pour reprise d'une entreprise en difficulté (CGI art. 44 septies).

• La société n'a plus, depuis le 31 décembre 2018, à satisfaire à une condition d'ancienneté.

• Sont exclues du crédit d'impôt musique les sociétés contrôlées, au sens de l'article L. 233-3 du code de commerce, par une société qui édite un service de radiodiffusion ou de télévision dans le cadre d'une convention avec le CSA ou d'une déclaration auprès de ce dernier en application des dispositions de la loi 86-1067 du 30 septembre 1986 relative à la liberté de communication, ou qui édite un service de radiodiffusion ou de télévision distribué en France dans le cadre des dispositions de l'article 43-6 de la loi de 1986 (BOFiP-IS-RICI-10-10-10-§ 70-10/04/2019).

Productions visées

63-3 Production d'albums de nouveaux talents (ANT). Pour ouvrir droit au crédit d'impôt, les productions d'enregistrements phonographiques ou vidéographiques musicaux doivent porter sur des albums de nouveaux talents. On entend par album tout enregistrement de plus de deux titres sur un support physique ou numérique.

Sont considérés comme des nouveaux talents les artistes, les groupes d'artistes, les compositeurs ou les artistes-interprètes qui n'ont pas dépassé (CGI art. 220 octies, II.b) :

– pour les demandes d'agrément provisoire déposées à compter du 1er janvier 2020, un seuil de ventes et d'écoutes fixé à 100 000 équivalents-ventes. Un équivalent-vente correspond à la vente d'un album ou à 1 500 écoutes, chacune d'une durée supérieure à 30 secondes des titres de cet album sur les offres payantes des services de musique en ligne. Le total d'équivalents-ventes relatif aux écoutes est obtenu en soustrayant du nombre total des écoutes des titres d'un album, la moitié des écoutes du titre le plus écouté de cet album (décret 2020-380 du 30 mars 2020, texte 43) ;

– pour les demandes antérieures au 1er janvier 2020, un seuil de 100 000 ventes pour deux albums distincts précédant ce nouvel enregistrement.

Lorsque ces albums sont chantés en langue autre que le français ou une langue régionale en usage en France (albums d'expression), le bénéfice du crédit d'impôt est subordonné au respect d'une condition de « francophonie », qui s'apprécie au niveau de l'entreprise pour l'ensemble des albums d'expression qu'elle produit chaque année. Les albums d'expression doivent pour la moitié au moins être d'expression française ou dans une langue régionale en usage en France.

L'application de la clause de francophonie implique que si, au titre d'un exercice, la production d'albums de nouveaux talents d'expression en français ou dans une langue régionale en usage en France est majoritaire, alors tous les albums d'expression de nouveaux talents, y compris ceux dans une langue étrangère, sont éligibles au crédit d'impôt. Cette condition ne s'applique pas aux albums de nouveaux talents composés en tout ou partie d'une ou plusieurs œuvres libres de droit d'auteur, au sens des articles L. 123-1 à L. 123-12 du code de la propriété intellectuelle.

Si, au titre d'un exercice, la production d'albums de nouveaux talents d'expression en français ou dans une langue régionale en usage en France est minoritaire (inférieure à 50 %), alors seuls les albums en français ou dans une langue régionale en usage en France sont éligibles au crédit d'impôt (BOFiP-IS-RICI-10-10-10-§ 110-10/04/2019).

La condition de francophonie est levée pour les entreprises qui satisfont à la définition de micro-entreprise au sens des règles communautaires pour les exercices ouverts à compter du 1er janvier 2020. Les albums d'expression ouvrent droit au bénéfice du crédit d'impôt dans la limite du nombre d'albums d'expression française ou dans une langue régionale en usage en France, produits la même année au cours du même exercice par la même entreprise.
Sont visées les entreprises de moins de 10 salariés (hors personnels rémunérés au cachet) et dont le chiffre d'affaires annuel ou le total du bilan annuel n'excède pas 2 M€.

Le schéma suivant indique la démarche à suivre par les entreprises pour déterminer si elles peuvent bénéficier du crédit d'impôt musique.

→ Exemples

❶ L'entreprise de production A a produit au cours de l'année 6 albums d'expression de nouveaux talents, parmi lesquels 1 album est composé d'une ou plusieurs œuvres libres de droit d'auteur, 2 albums sont d'expression française et 3 albums sont d'expression étrangère. En conséquence, l'entreprise de production A ne respecte pas la clause de francophonie, puisque parmi les 5 albums non composés d'œuvres libres de droit d'auteur, une minorité (soit 2 sur 5) est d'expression française ou dans une langue régionale en usage en France. Seuls les albums en français sont donc éligibles au crédit d'impôt (sous réserve du respect des autres conditions prévues à l'article 220 octies du CGI).

❷ L'entreprise de production B a produit au cours de l'année 5 albums d'expression de nouveaux talents, parmi lesquels 1 album est composé d'une ou plusieurs œuvres libres de droit d'auteur, 2 albums sont d'expression française, 2 albums sont d'expression étrangère. Dans cette hypothèse, l'entreprise de production B respecte la clause de francophonie, puisque parmi les 4 albums non composés d'œuvres libres de droit d'auteur, la moitié au moins (soit 2/4) est d'expression française ou dans une langue régionale en usage en France. L'ensemble des albums d'expression de nouveaux talents sont donc éligibles au crédit d'impôt (sous réserve du respect des autres conditions).

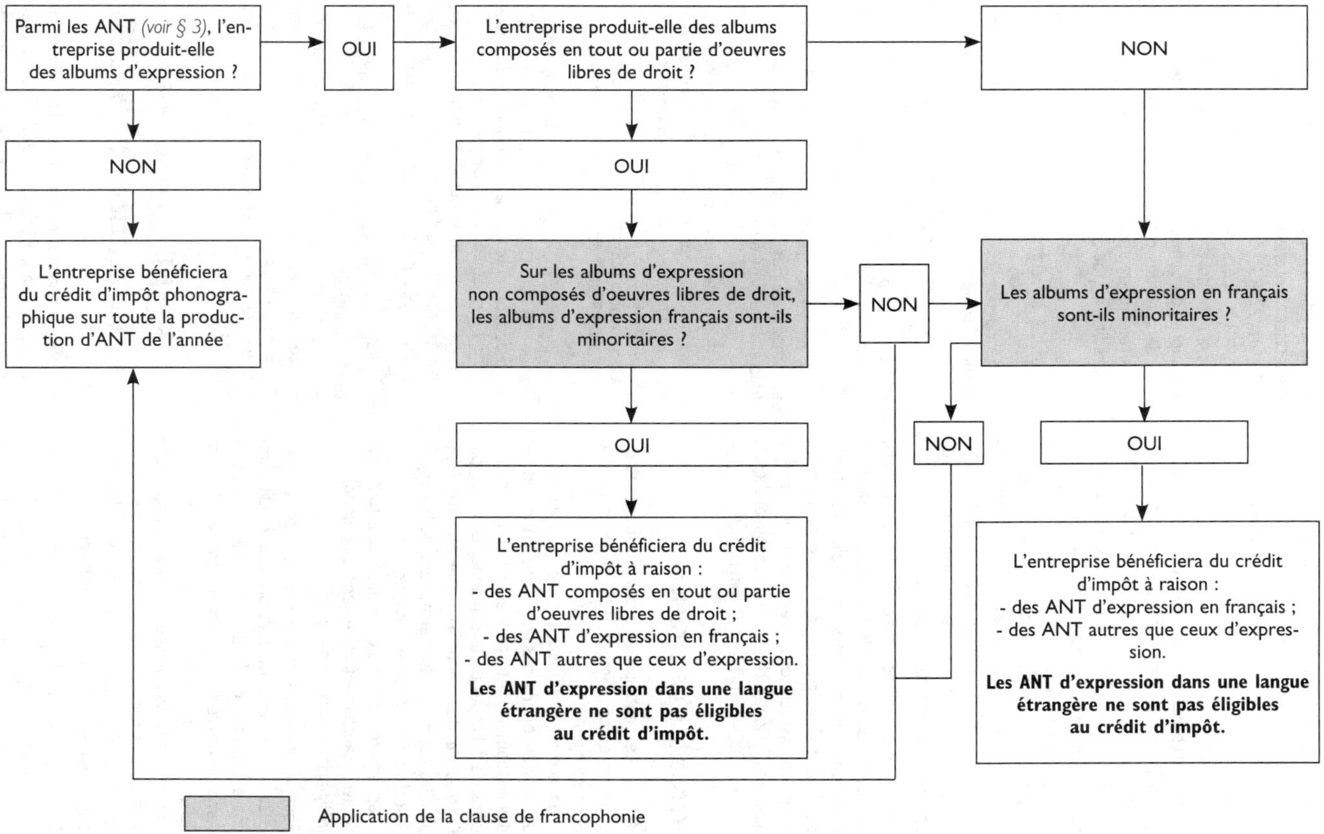
Parmi les ANT (voir § 3), l'entreprise produit-elle des albums d'expression ?
OUI
NON
L'entreprise produit-elle des albums composés en tout ou partie d'oeuvres libres de droit ?
NON
OUI
L'entreprise bénéficiera du crédit d'impôt phonographique sur toute la production d'ANT de l'année
Sur les albums d'expression non composés d'oeuvres libres de droit, les albums d'expression français sont-ils minoritaires ?
NON
Les albums d'expression en français sont-ils minoritaires ?
OUI
NON
OUI
L'entreprise bénéficiera du crédit d'impôt à raison :
- des ANT composés en tout ou partie d'oeuvres libres de droit ;
- des ANT d'expression en français ;
- des ANT autres que ceux d'expression.
Les ANT d'expression dans une langue étrangère ne sont pas éligibles au crédit d'impôt.
L'entreprise bénéficiera du crédit d'impôt à raison :
- des ANT d'expression en français ;
- des ANT autres que ceux d'expression.
Les ANT d'expression dans une langue étrangère ne sont pas éligibles au crédit d'impôt.
Application de la clause de francophonie

63-4 **Conditions de réalisation.** Pour bénéficier du crédit d'impôt, les enregistrements phonographiques doivent respecter des conditions de réalisation (CGI art. 220 octies, II. a), à savoir :
– les entreprises et industries techniques liées à la production phonographique sont établies en France ou dans un autre État membre de l'UE ou dans un autre État partie à l'accord sur l'EEE ayant conclu avec la France une convention fiscale contenant une clause administrative en vue de lutter contre la fraude ou l'évasion fiscale ;
– elles y effectuent les prestations liées à la réalisation d'un enregistrement phonographique ou vidéographique musical ainsi qu'aux opérations de postproduction.

Les œuvres réalisées avec le concours d'une association en qualité de sous-traitante dans les conditions définies ci dessus sont éligibles au crédit d'impôt phonographique. Il en est ainsi notamment des associations prestataires en matière d'œuvres lyriques, chants, chorale ou orchestre (BOFiP-IS-RICI-10-10-30-§ 160-10/04/2019).

Nécessité d'un agrément

63-5 Les entreprises qui souhaitent bénéficier du crédit d'impôt doivent avoir obtenu deux agréments :
– un agrément à titre provisoire, sollicité au début des opérations de production ou de développement, attestant au vu des éléments transmis à l'appui de la demande formulée par l'entreprise de production, que l'œuvre remplira les conditions lui permettant de bénéficier du crédit d'impôt phonographique ;
– un agrément à titre définitif attestant que l'œuvre satisfait effectivement aux conditions d'éligibilité du crédit d'impôt.

Pour les exercices clos à compter du 1er août 2020, les dépenses ouvrent droit au crédit d'impôt à compter de la date de réception de la demande d'agrément provisoire par le ministère (loi 2020-935 du 30 juillet 2020, art. 8) et non plus à compter de la date de la délivrance de l'agrément à titre provisoire. Cet assouplissement permet de retenir les dépenses exposées entre la demande d'agrément et la délivrance de celui-ci.

Si une œuvre pour laquelle le bénéfice du crédit d'impôt phonographique est demandé n'obtient pas l'agrément définitif dans les 24 mois de sa date de fixation (c. propr. intell. art. L. 213-1) ou de la production d'un disque numérique polyvalent musical, l'entreprise doit reverser le crédit d'impôt qu'elle a perçu au titre d'exercices antérieurs pour la même œuvre (CGI art. 220 Q ; BOFiP-IS-RICI-10-10-30-§ 200-10/04/2019). **Lorsque l'entreprise procède au reversement du crédit d'impôt, elle doit déposer auprès du comptable de la DGFiP le formulaire de suivi des créances 2573, permettant à ce dernier d'identifier la nature et le millésime du crédit d'impôt concerné.**

• L'agrément des œuvres susceptibles d'ouvrir droit au crédit d'impôt phonographique est subordonné au respect par les entreprises de production de l'ensemble des **obligations légales, fiscales et sociales** (CGI art. 220 Q).

• La demande d'agrément à titre provisoire est accompagnée des pièces dont la liste est donnée par décret (décret 2006-1764 du 23 décembre 2006, art. 7, modifié par le décret 2020-1795 du 20 décembre 2020).

• La demande d'agrément à titre définitif est accompagnée des pièces justificatives suivantes (décret 2006-1764 du 23 décembre 2006, art. 7) :
– un document comptable certifié par un expert-comptable indiquant le coût définitif de l'œuvre ayant bénéficié d'un agrément provisoire ainsi que les moyens de son financement et faisant apparaître le détail des dépenses engagées pour sa production et son développement ;
– un justificatif attestant la publication de l'œuvre ;
– un justificatif mentionnant la date de première fixation de l'œuvre correspondant à la date du matriçage ou à celle de l'attribution du code ISRC ou, à défaut, à la date de publication ;
– la liste nominative des personnels pris en compte pour le calcul du crédit d'impôt qui ont été employés par l'entreprise de production (voir § 63-8) ;
– la liste nominative des prestataires auxquels il a été fait appel ;
– les extraits des contrats d'artiste ou de licence permettant de justifier les autres dépenses (voir § 63-9) ;
– une attestation de versement des cotisations de sécurité sociale.

Établissement de la déclaration 2079-DIS

63-6 Les entreprises soumises à l'IS doivent en principe joindre la déclaration 2079-DIS-SD avec le relevé de solde de l'IS (imprimé 2572), télédéclaré (CGI, ann. III art. 46 quater-0 YT) pour chaque œuvre. En cas de pluralité d'œuvres, elles doivent produire l'état récapitulatif 2079-DIS-R.

Les chiffres indiqués renvoient aux commentaires de cette fiche

RÉPUBLIQUE FRANÇAISE
Liberté Égalité Fraternité

2079-DIS-SD (2021)

cerfa

Formulaire obligatoire n°13064*14
Art. 46 quater-0 YT de l'annexe III au CGI

CRÉDIT D'IMPÔT EN FAVEUR DES DÉPENSES DE LA PRODUCTION D'ŒUVRES PHONOGRAPHIQUES **63-1**

(Article 220 octies du code général des impôts)[1]

Une copie de cette déclaration doit être adressée au Centre national de la musique

Exercice du au

Dénomination de l'entreprise[2]	**63-2**	N° SIREN	
Adresse			

SOCIÉTÉ BÉNÉFICIANT DU RÉGIME FISCAL DES GROUPES DE SOCIÉTÉS (COCHER LA CASE) ☐

Dénomination de la société mère		N°SIREN	
Adresse			

DÉLIVRANCE DE L'AGRÉMENT

Agrément	Date de délivrance	Numéro
Provisoire		
Définitif		**63-5**

EN CAS DE COPRODUCTION (COCHER LA CASE) ☐

% des dépenses engagées par la société dans l'œuvre	1	**63-17**

NATURE DE L'ŒUVRE CONCERNÉE

Date de la fixation de l'œuvre ou de la production du disque	Titre de l'œuvre concernée	Nom du ou des artistes concernés[3]
	63-3 et 63-4	- - -

I - DÉPENSES ENGAGÉES AU TITRE DE L'EXERCICE OUVRANT DROIT AU CRÉDIT D'IMPÔT [4, 5]

Frais de production d'un enregistrement phonographique ou vidéographique musical		
Frais de personnel non permanent de l'entreprise (salaires et charges sociales afférents aux artistes interprètes, réalisateurs, ingénieurs du son et techniciens engagés pour la réalisation d'un enregistrement phonographique)	2	
Frais de personnel permanent de l'entreprise directement concerné par les œuvres : les salaires et charges sociales afférents aux assistants label, chefs de produit, coordinateurs label, techniciens sons, chargés de production, responsables artistiques, directeurs artistiques, directeurs de label et juristes label, gestionnaires d'espace (physique et digital), gestionnaires des royautés, gestionnaires des paies intermittents, chargés de la comptabilité analytique[6].	3	**63-8** (lignes 2 à 4)
Rémunération incluant les charges sociales, du ou des dirigeants, correspondant à leur participation directe à la réalisation des œuvres[7]	4	
Dépenses liées à l'utilisation des studios d'enregistrement ainsi qu'à la location et au transport de matériels et d'instruments	5	
Dépenses liées à la conception graphique d'un enregistrement phonographique	6	
Dépenses de post-production (montage, mixage, codage, matriçage et frais de création des visuels)	7	**63-9** (lignes 5 à 10)
Dépenses liées au coût de numérisation et d'encodage des productions	8	
Dépenses liées à la réalisation et à la production d'images associées à l'enregistrement phonographique[8]	9	
Total des frais de production d'un enregistrement phonographique ou vidéographique musical	10	

Dépenses liées au développement de productions phonographiques ou vidéographiques musicales		
Frais de répétition des titres ayant fait l'objet d'un enregistrement phonographique ou vidéographique musical éligible au crédit d'impôt (location de studio, location et transport de matériels et d'instruments, salaires et charges sociales afférents aux personnes mentionnées au a du 1° du III de l'article 220 *octies* du CGI et au personnel permanent suivant : administrateurs de site, attachés de presse, coordinateurs promotion, graphistes, maquettistes, chefs de produit nouveaux médias, responsables synchronisation, responsables nouveaux médias, assistants nouveaux médias, directeurs de promotion, directeurs marketing, responsables export, assistants export, chefs de projet digital, analystes de données, gestionnaires de données, gestionnaires des royautés, prestataires en marketing digital[9] et la rémunération incluant les charges sociales, du ou des dirigeants, correspondant à leur participation directe aux répétitions[7])	11	
Dépenses engagées afin de soutenir la production de concerts de l'artiste en France ou à l'étranger dont le montant global est fixé dans le cadre d'un contrat d'artiste ou de licence[10]	12	**63-10** (lignes 11 à 15)
Dépenses engagées au titre de la participation de l'artiste à des émissions de télévision ou de radio dans le cadre de la promotion de l'œuvre agréée prévues par le contrat d'artiste ou de licence[10]	13	
Dépenses liées à la réalisation et à la production d'images[11] permettant le développement de la carrière de l'artiste[10]	14	
Dépenses liées à la création d'un site Internet dédié à l'artiste dans le cadre du développement de sa carrière dans l'environnement numérique[10]	15	
Plafond des dépenses de développement à 350 000 € ou 700 000 €[12] Si la somme des lignes 11 à 15 > 350 000 € ou 700 000 € *indiquer sur la ligne 15 : 350 000 € ou 700 000 €* Si la somme des lignes 11 à 15 < 350 000 € ou 700 000 € *indiquer le résultat du calcul ainsi obtenu*	16	**63-11**

Les chiffres indiqués renvoient aux commentaires de cette fiche

Déduction des subventions publiques reçues par les entreprises à raison des dépenses ouvrant droit au crédit d'impôt	17	**63-12**
Montant total des dépenses [somme des lignes (10+16) - montant ligne 17] **dans la limite de 2 300 000 €**[13]	18	**63-13**

II - CALCUL DU CRÉDIT D'IMPÔT

EN L'ABSENCE DE COPRODUCTION

A - CRÉDIT D'IMPÔT AVANT PLAFOND

PME au sens communautaire[14] - Montant du crédit d'impôt avant application du plafond *(montant ligne 18 × 30 % ou 40 %[15])*	19a	**63-15**
Pour les autres entreprises - Montant du crédit d'impôt avant application du plafond *(montant ligne 18 × 15 % ou 20 %[16])*	19b	**63-14**

B - APPLICATION DU PLAFOND

Montant plafonné du crédit d'impôt au titre de l'exercice ***(report de la ligne [19a ou 19b] dans la limite de 1 100 000 € ou 1 500 000 €[17])***	20	**63-16**

EN PRÉSENCE D'UNE COPRODUCTION[18] **63-17**

Dénomination des autres sociétés dans la coproduction	Adresses :	N° SIRET :	Pourcentage des dépenses exposées
-	-	-	-
-	-	-	-
-	-	-	-
-	-	-	-

A - CRÉDIT D'IMPÔT AVANT PLAFOND

Montant des dépenses de l'entreprise ouvrant droit au crédit d'impôt (pourcentage des dépenses engagées dans l'œuvre multiplié par le montant total des dépenses) *(montant ligne 18 x ligne 1)*	21	
PME au sens communautaire[14] - Montant du crédit d'impôt avant application du plafond *(montant ligne 21 × 30 % ou 40 %[15])*	22a	
Pour les autres entreprises - Montant du crédit d'impôt avant application du plafond *(montant ligne 21 × 15% ou 20 %[16])*	22b	

B - APPLICATION DU PLAFOND

Montant plafonné du crédit d'impôt au titre de l'exercice ***(report de la ligne [22a ou 22b] dans la limite de 1 100 000 € ou 1 500 000 €[17])***	23	

III - MONTANT DU CRÉDIT D'IMPÔT

Montant du crédit d'impôt imputable *(report du montant ligne 20 ou 23)* : [ ]

Si l'entreprise a produit pendant l'exercice plusieurs œuvres bénéficiant du crédit d'impôt phonographique, le montant du crédit d'impôt doit être reporté sur la déclaration récapitulative n° 2079-DIS-R-SD. Sinon, ce montant doit être reporté sur le relevé de solde n° 2572-SD et sur la déclaration des réductions et crédits d'impôt n° 2069-RCI-SD.

Les demandes de restitution du crédit d'impôt non imputé sur l'impôt sur les sociétés sont formulées sur l'imprimé n° 2573-SD par voie dématérialisée ou sur l'imprimé n° 2573-SD disponible sur le portail fiscal www.impots.gouv.fr.

Une copie de la déclaration 2079-DIS-SD doit être adressée dans le même délai au Centre national de la musique (CGI, ann. III art. 46 quater-0 YT).

Le montant du crédit d'impôt est à reporter sur la ligne dédiée de la déclaration 2069-RCI (voir § 50-1).

Dépenses éligibles [cadre I]

Nature des dépenses

Critère de territorialité

63-7 Les dépenses doivent être exposées en France, dans un autre État membre de l'UE ou dans un autre État partie à l'accord sur l'Espace économique européen ayant conclu avec la France une convention fiscale contenant une clause administrative en vue de lutter contre la fraude ou l'évasion fiscales (CGI art. 220 octies, II.a).

Frais de production d'un enregistrement

63-8 **Frais de personnel et rémunération du dirigeant.** Ces dépenses sont détaillées sur les lignes 2 à 4 de la déclaration 2079-DIS.

Sont compris dans l'assiette du crédit d'impôt (CGI, ann. III art. 46 quater-0 YS, 1.a et 1.d) :
- les frais de personnel (salaires et charges sociales) non permanent de l'entreprise (ligne 2) ;
- les frais de personnel (salaires et charges sociales) permanent de l'entreprise directement concernés par les œuvres (ligne 3) ;
- pour les seules petites entreprises, au sens communautaire, la rémunération, incluant les charges sociales, du ou des dirigeants (gérant de SARL, président du conseil d'administration ou du directoire, directeur général, administrateur, etc.), correspondant à leur participation directe à la réalisation des œuvres, qu'il s'agisse de frais de production ou de frais de répétitions des titres (CGI art. 220 octies, III.1.a.ter ; BOFiP-IS-RICI-10-10-20-§§ 25 et 80-10/04/2019). La rémunération du dirigeant prise en compte dans l'assiette du crédit d'impôt est toutefois plafonnée à 45 000 € par an (décret 2015-704 du 19 juin 2015) (ligne 4).

Pour les seules demandes d'agrément provisoire déposées à compter du 1er janvier 2021, les dépenses éligibles seront élargies aux dépenses des métiers du digital notamment (loi 2020-1721 du 29 décembre 2020, art. 21). Pour les dépenses correspondant aux frais de production d'un enregistrement phonographique ou vidéographique musical, seront inclus au titre des frais de personnel permanent de l'entreprise directement concerné par les œuvres, les salaires et charges sociales afférents aux gestionnaires d'espace (physique et digital), gestionnaires des royautés, gestionnaires des paies intermittents et chargés de la comptabilité analytique. La ligne 3 de la déclaration 2079-DIS inclut d'ores et déjà cette évolution.

63-9 **Autres dépenses de production ouvrant droit au crédit d'impôt.** Sont prises en compte (CGI, ann. III art. 46 quater-0 YS, 1.b et 1.c ; BOFiP-IS-RICI-10-10-20-§§ 30 à 60-10/04/2019) :
- les dépenses liées à l'utilisation des studios d'enregistrement ainsi qu'à la location et au transport de matériels et d'instruments (ligne 5) ;
- les dépenses liées à la conception graphique de l'enregistrement (ligne 6) ;
- les dépenses de post-production (montage, mixage, codage, matriçage, création des visuels) (ligne 7) ;
- les dépenses liées au coût de numérisation et d'encodage des productions (ligne 8).

La déclaration compte une nouvelle ligne dédiée aux dépenses liées à la réalisation et à la production d'images associées à l'enregistrement phonographique (CGI art. 220 octies, III.1° .f nouveau). Ces dépenses seront prises en compte pour les seules demandes d'agrément provisoire déposées à compter du 1er janvier 2021 (ligne 9).

Dépenses liées au développement

63-10 **Dépenses éligibles.** Les dépenses de développement regroupent (BOFiP-IS-RICI-10-10-20-§§ 70 à 140-10/04/2019) :
- les frais de répétition des titres (location de studios, location et transport de matériels et d'instruments, salaires et charges sociales du personnel non permanent mentionné ci-dessus et du personnel permanent suivant : administrateurs de sites, attachés de presse, coordinateurs promotion, graphistes, maquettistes, chefs de produit nouveaux médias, responsables synchronisation, responsables et assistants nouveaux médias, directeurs de promotion, directeurs marketing, responsables et assistants

export) (ligne 11) ; est également visée la rémunération, incluant les charges sociales, du ou des dirigeants, correspondant à leur participation directe aux répétitions, sous les conditions et limites indiquées au paragraphe 63-8 ;
– les frais liés à la production de concerts de l'artiste en France ou à l'étranger, dont le montant global est fixé dans le cadre d'un contrat d'artiste ou de licence (ligne 12) ;
– les frais de participation de l'artiste à des émissions de télévision ou de radio, dans le cadre de la promotion de l'œuvre agréée, prévues par le contrat d'artiste ou de licence (ligne 13) ;
– les frais liés à la réalisation et à la production d'images ou à la création d'un site Internet permettant le développement de la carrière de l'artiste (ligne 14) ;
– les dépenses liées à la création d'un site Internet dédié à l'artiste dans le cadre du développement de sa carrière dans l'environnement numérique (ligne 15).

Pour les seules demandes d'agrément provisoire déposées à compter du 1er janvier 2021 (loi 2020-1721 du 29 décembre 2020, art. 21) :
– au titre des frais de répétition (ligne 11) seront inclus les salaires et charges sociales afférents au personnel permanent et notamment les chefs de projet digital, analystes de données, gestionnaires de données, gestionnaires des royautés et prestataires en marketing digital (CGI art. 220 octies, III.2° .a) ;
– les dépenses liées à la réalisation et à la production d'images (ligne 14) devront être autres que celles de la ligne 9 au titre des dépenses de production (CGI art. 220 octies, III.1°.f) (voir § 63-8).

63-11 **Plafond des dépenses.** Les dépenses de développement sont prises en compte dans la limite de 350 000 € par enregistrement et à condition d'être engagées dans les 18 mois suivant la fixation de l'œuvre (au sens de l'article L. 213-1 du code de la propriété intellectuelle) ou de la production d'un disque numérique polyvalent musical. Ce plafond est global et s'applique à des dépenses qui peuvent être engagées au titre d'exercices différents.

Ce plafond est porté à 700 000 € pour les dépenses relatives aux demandes d'agrément provisoire déposées à compter du 1er janvier 2021.

Le montant des dépenses de développement plafonné est calculé ligne 16.

Déduction des subventions publiques

63-12 Les subventions publiques reçues par les entreprises à raison des dépenses éligibles sont déduites des bases du crédit d'impôt, déduction opérée ligne 17.

Les financements émanant de sociétés de perception et de répartition des droits (SPRD) ou du fonds pour la création musicale (FCM) ne constituent pas des subventions publiques (BOFiP-IS-RICI-10-10-30-§ 1-10/04/2019).

Plafonnement des dépenses externalisées

63-13 Lorsqu'elles sont confiées à une autre entreprise, les dépenses de production et de développement éligibles au crédit d'impôt phonographique sont plafonnées à 2 300 000 € par entreprise et par exercice (CGI art. 220 octies, III.2° .e). L'entreprise doit être établie en France ou dans un autre État membre de l'Union européenne ou dans un autre État partie à l'accord sur l'Espace économique européen ayant conclu avec la France une convention d'assistance administrative en vue de lutter contre la fraude et l'évasion fiscales (BOFiP-IS-RICI-10-10-20-§ 170-10/04/2019).

Le plafond de 350 000 € des dépenses de développement (voir § 63-11) et le plafond de 2 300 000 € de dépenses externalisées qui s'apprécient selon des modalités distinctes, sont des plafonds cumulatifs.

Calcul du crédit d'impôt [cadres II et III]

Taux

63-14 **Taux normal.** Le taux du crédit d'impôt phonographique est égal à 15 % du montant total des dépenses éligibles exposées au cours de l'exercice au titre duquel le crédit d'impôt est calculé (CGI art. 220 octies, III ; BOFiP-IS-RICI-10-10-30-§ 10-10/04/2019). Le crédit d'impôt est calculé sur la ligne 19 b de la déclaration 2079-DIS, en l'absence de coproduction.

Ce taux est porté à 20 % pour les demandes d'agrément provisoire déposées à compter du 1er janvier 2021.

63-15 **Taux majoré.** Le taux est de 30 % pour les entreprises qui satisfont à la définition des micro, petites et moyennes entreprises au sens de la définition de la PME communautaire. Le crédit d'impôt au taux normal est calculé sur la ligne 19 a de la déclaration 2079-DIS, en l'absence de coproduction.

Ce taux est porté à 40 % pour les demandes d'agrément provisoire déposées à compter du 1er janvier 2021.

Plafonnement global et montant du crédit d'impôt

63-16 La somme des crédits d'impôt phonographiques ne doit pas dépasser un plafond global de 1 100 000 € par entreprise et par exercice (CGI art. 220 octies, VI.1), plafond relevé à 1 500 000 € pour les demandes d'agrément provisoire déposées à compter du 1er janvier 2021.

Pour déterminer ce plafond, l'entreprise de production doit additionner la somme des crédits d'impôt phonographiques calculés au titre d'un exercice donné, quel que soit le nombre d'œuvres produites ouvrant droit au bénéfice de l'avantage fiscal (BOFiP-IS-RICI-10-10-30-§§ 30 et 40-10/04/2019).

En l'absence de coproduction, le plafond est appliqué sur la ligne 20 de la déclaration 2079-DIS. Ce montant, qui constitue le montant du crédit d'impôt imputable de l'exercice, est inscrit au cadre III.

Si l'entreprise a produit, pendant l'exercice, plusieurs œuvres bénéficiant du crédit d'impôt phonographique, le montant du crédit d'impôt doit être reporté sur la déclaration récapitulative 2079-DIS-R. Sinon, ce montant doit être reporté sur le relevé de solde 2572 et sur la déclaration des réductions et crédits d'impôt 2069-RCI.

Calcul du crédit d'impôt en présence d'une coproduction

63-17 Dans le cas d'une coproduction, le crédit d'impôt phonographique est accordé à chacune des entreprises de production phonographique proportionnellement à sa part dans les dépenses exposées, et non proportionnellement à sa part dans la coproduction (BOFiP-IS-RICI-10-10-30-§ 10-10/04/2019).

Le crédit d'impôt est déterminé sur les lignes 21 à 23 de la déclaration 2079-DIS.

Utilisation du crédit d'impôt

63-18 Le crédit d'impôt est imputable sur le montant de l'IS dû au titre de l'exercice au cours duquel les dépenses éligibles sont exposées. L'imputation est réalisée lors du paiement du solde (relevé 2572). Le crédit d'impôt non utilisé en règlement de l'IS est restitué (CGI art. 220 Q). Les demandes de restitution du crédit d'impôt non imputé sur l'IS sont formulées sur l'imprimé 2573 par voie dématérialisée (TDFC) ou sur l'imprimé 2573.

Le crédit d'impôt ne peut pas être imputé sur la contribution additionnelle à l'IS.

2079-VIDEO Crédits d'impôt jeux vidéo

Champ d'application

Entreprises concernées

64-1 Le crédit d'impôt jeux vidéo (CGI art. 220 terdecies) **est réservé aux entreprises de création de jeux vidéo respectant la législation sociale en vigueur, soumises à l'IS ou exonérées au titre de certains régimes d'allégement (voir ci-après). Les jeux vidéo destinés à un public d'adultes sont également éligibles au crédit d'impôt sous certaines conditions** (voir § 64-2). **En pratique, le crédit d'impôt concerne les studios de développement de jeux vidéo** (BOFiP-IS-RICI-10-50-06/09/2017).

Les dépenses engagées par les entreprises ne peuvent ouvrir droit au crédit d'impôt jeux vidéo que si elles constituent des charges déductibles du résultat imposable dans les conditions de droit commun (voir §§ 64-7 à 64-10).

• Peuvent bénéficier du crédit d'impôt les entreprises exonérées partiellement ou temporairement d'IS au titre des régimes suivants : entreprises nouvelles implantées en ZAFR (CGI art. 44 sexies), jeunes entreprises innovantes (CGI art. 44 sexies A), reprise d'entreprise industrielle en difficulté (CGI 44 septies), entreprises implantées en ZFU (CGI art. 44 octies et 44 octies A), dans les bassins d'emploi à redynamiser (CGI art. 44 duodecies) dans les zones de revitalisation rurale (CGI art. 44 quindecies), dans les bassins à dynamiser (CGI art. 44 sexdecies) et dans les zones de développement prioritaires (CGI art. 44 septdecies).

• **Preuve du respect de la législation sociale.** L'entreprise doit remettre, dans le cadre de la délivrance de l'agrément définitif, des copies des bordereaux de déclaration des cotisations et de la déclaration sociale nominative (BOFiP-IS-RICI-10-50-§ 30-06/09/2017).

• Est considérée comme une **entreprise de création de jeux vidéo** l'entreprise qui, d'une part, assure la réalisation artistique et technique d'un jeu vidéo et, d'autre part, initie et engage les dépenses nécessaires à la création de ce jeu vidéo. Cette qualité peut être reconnue à plusieurs entreprises agissant conjointement (c. cinéma et image animée art. D. 331-19).

• Le crédit d'impôt peut concerner des **entreprises agissant conjointement**. Dans ce cas, celles-ci doivent s'assurer que les informations relatives aux jeux vidéo et transmises à l'appui des demandes d'agrément provisoire et définitif au CNCIA sont communes. En particulier, les éléments financiers et le décompte des collaborateurs de création devront être agrégés (BOFiP-IS-RICI-10-50-§ 110-06/09/2017).

Jeux vidéo ouvrant droit au crédit d'impôt

64-2 **Conditions cumulatives.** **Est visé tout logiciel de loisir mis à la disposition du public sur un support physique ou en ligne intégrant des éléments de création artistique et technologique, proposant à un ou plusieurs utilisateurs une série d'interactions s'appuyant sur une trame scénarisée ou des situations simulées et se traduisant sous forme d'images animées, sonorisées ou non** (CGI art. 220 terdecies, II).

Les jeux vidéo ouvrant droit au bénéfice du crédit d'impôt doivent répondre aux conditions suivantes (CGI art. 220 terdecies, II.1) :

1) avoir un coût de développement supérieur ou égal à 100 000 € ;

2) être destinés à une commercialisation effective auprès du public ;

3) être réalisés principalement avec le concours d'auteurs et de collaborateurs de création qui sont, soit de nationalité française, soit ressortissants d'un autre État membre de l'UE, ou d'un autre État partie à l'accord sur l'EEE ayant conclu avec la France une convention d'assistance administrative en vue de lutter contre la fraude et l'évasion fiscales. Les auteurs et collaborateurs étrangers, autres que les ressortissants européens précités, ayant la qualité de résidents français sont assimilés aux citoyens français ;

4) contribuer au développement de la création française et européenne en matière de jeux vidéo ainsi qu'à sa diversité en se distin-

guant notamment par la qualité, l'originalité ou le caractère innovant du concept et le niveau des dépenses artistiques (BOFiP-IS-RICI-10-50-§ 90-06/09/2017) ;

5) s'ils sont spécifiquement destinés à un public d'adultes et sont commercialisés comme tels, respecter des critères liés à la contextualisation de la violence (CGI art. 220 terdecies, III.2).

Le respect des conditions de création prévues aux 3) à 5) est vérifié au moyen d'un barème de points dont le contenu est fixé par décret (c. cinéma et image animée art. D. 331-22).

• Le **coût de développement** s'entend de l'ensemble des dépenses engagées pour la réalisation de la première version du jeu vidéo prête à être dupliquée en vue de sa commercialisation ou à être mise à disposition du public en ligne (c. cinéma et image animée art. D. 331-20).

• La condition 2) est considérée comme satisfaite lorsque le jeu **vidéo est finalisé** sous la forme d'une première version prête à être dupliquée en vue de sa commercialisation ou à être mise à disposition du public en ligne (BOFiP-IS-RICI-10-50-§ 70-06/09/2017).

• Pour l'application du **barème de points** au titre des membres de l'équipe de création, comprenant notamment les artistes conceptuels et environnementaux, les infographistes, les concepteurs de niveau, les personnels en charge du son, les concepteurs des mécaniques du jeu vidéo et les programmeurs (c. cinéma et image animée art. D. 331-23, 6°), les points ne sont obtenus que si au moins deux tiers des dépenses salariales correspondantes sont réalisées en France ou sur le territoire de l'UE.

• **Jeux exclus**. N'ouvrent pas droit au bénéfice du crédit d'impôt les jeux vidéo comportant des séquences à caractère pornographique ou de très grande violence, susceptibles de nuire gravement à l'épanouissement physique, mental ou moral des utilisateurs (BOFiP-IS-RICI-10-50-§ 40-06/09/2017).

64-3 Agrément du centre national du cinéma et de l'image animée (CNC). Le Centre national du cinéma et de l'image animée (CNCIA) délivre aux entreprises de création de jeux vidéo deux agréments :

– un agrément provisoire attestant que le jeu vidéo devrait satisfaire toutes les conditions lui permettant de bénéficier du crédit d'impôt, notamment au regard du barème de points (CGI art. 220 terdecies, IV.2) ;

– un agrément définitif, délivré dans un délai de 36 mois ou de 72 mois (jeux dont le coût de développement est supérieur à 10 M€), à compter de la délivrance de l'agrément provisoire (CGI art. 220 X) après l'achèvement du jeu et sous réserve que les conditions de création du jeu vidéo respectent toujours les conditions d'éligibilité.

L'obtention de l'agrément provisoire n'entraîne pas automatiquement la délivrance de l'agrément définitif, notamment dans l'hypothèse où le jeu, dans sa version définitive, est modifié de façon substantielle par rapport au projet ayant obtenu l'agrément provisoire (BOFiP-IS-RICI-10-50-§ 110-06/09/2017).

La demande de délivrance d'agrément définitif adressée au CNC doit notamment comporter un document comptable certifié par un commissaire aux comptes, indiquant le coût définitif du jeu vidéo, les moyens de son financement et faisant apparaître précisément les dépenses éligibles engagées (c. cinéma et image animée art. D. 331-34).

Les dépenses éligibles au crédit d'impôt sont celles qui sont engagées entre la date de réception de la demande d'agrément provisoire par le CNC et la date à laquelle l'entreprise constitue sa demande d'agrément définitif, de sorte que toutes les dépenses engagées pour la création du jeu vidéo soient indiquées au CNC.

Ainsi, une entreprise peut bénéficier du crédit d'impôt pour des dépenses afférentes à un jeu vidéo déjà mis en ligne à disposition du public, à la condition (BOFiP-IS-RICI-10-50-§ 180-06/09/2017) :

– d'une part, que ces dépenses correspondent aux dépenses éligibles (voir § 64-6) ;

– d'autre part, qu'elles soient engagées à compter de la demande d'agrément provisoire et qu'elles soient mentionnées dans la demande d'agrément définitif.

Déclarations à établir

Déclaration 2079-VIDEO

64-4 Les entreprises à l'IS doivent en principe joindre la déclaration 2079-VIDEO-SD avec le relevé de solde de l'IS (relevé 2572), télédéclaré auprès du comptable chargé du recouvrement de l'IS (voir § 1-7). Une copie de cette déclaration doit être adressée dans le même délai au CNC (CGI, ann. III art. 46 quater-0 YZH). Le montant du crédit d'impôt résultant de cette déclaration doit par ailleurs être reporté sur la ligne « Crédit d'impôt en faveur des créateurs de jeux vidéo » du tableau 2069-RCI (voir § 50-2).

Les chiffres indiqués renvoient aux commentaires de cette fiche

RÉPUBLIQUE FRANÇAISE
Liberté Égalité Fraternité

N° 2079-VIDEO-SD (2021)

cerfa

N° 13606*14
Formulaire obligatoire
Art. 46 quater –0 YZH de l'annexe III au CGI

CRÉDIT D'IMPÔT EN FAVEUR DES CRÉATEURS DE JEUX VIDÉOS[1]

(Article 220 terdecies du code général des impôts)

L'entreprise doit déposer un formulaire par jeu vidéo. Elle doit joindre l'imprimé récapitulatif n° 2079-VDO-R-SD lorsqu'elle crée plusieurs jeux.

Une copie de la déclaration doit être adressée au Centre national du cinéma et de l'image animée	**Exercice du** **au**

DÉSIGNATION DE L'ENTREPRISE DÉCLARANTE

Dénomination de l'entreprise		N° SIREN	
Adresse			

SOCIÉTÉ BÉNÉFICIANT DU RÉGIME FISCAL DES GROUPES DE SOCIÉTÉS *(cocher la case)* ☐

Dénomination de la société mère		N° SIREN	
Adresse			

DÉSIGNATION DU JEU VIDÉO

MODALITÉS D'OCTROI DE L'AGRÉMENT

Date de réception par le Centre national du cinéma et de l'image animée (CNC) de la demande d'agrément provisoire	**64-3**	Date et numéro de délivrance de l'agrément définitif[2]	**64-3**

Montant du coût de développement du jeu vidéo (en €)	**64-2**

I - DÉPENSES ENGAGÉES AU TITRE DE L'EXERCICE OUVRANT DROIT AU CRÉDIT D'IMPÔT[3] **64-7**

Dotations aux amortissements des immobilisations créées ou acquises à l'état neuf et affectées directement à la création du jeu vidéo fiscalement déductibles[4]	1	**64-7**
Rémunérations versées aux auteurs ayant participé à la création du jeu vidéo en application d'un contrat de cession de droits d'exploitation et charges sociales afférentes (dans la mesure où ce sont des cotisations sociales obligatoires)	2	**64-8**
Rémunérations et leurs accessoires relatives aux salariés de l'entreprise employés directement à la création du jeu vidéo et aux personnels techniques et administratifs qui y concourent, et charges sociales afférentes (dans la mesure où ce sont des cotisations sociales obligatoires)	3	**64-8**
Autres dépenses de fonctionnement pour leur quote-part affectée à l'activité de création du jeu vidéo	4	**64-9**
Dépenses exposées pour la création d'un jeu vidéo confiées à d'autres entreprises ou organismes **dans la limite de 2 000 000 € par exercice**	5	**64-10**
Déduction des subventions publiques reçues par les entreprises à raison des dépenses ouvrant droit au crédit d'impôt	6	**64-11**
Montant total des dépenses *(lignes 1+2 + 3 + 4 + 5 - 6)*	7	

[1] Est considéré comme un jeu vidéo tout logiciel de loisir mis à la disposition du public sur un support physique ou en ligne intégrant des éléments de création artistique et technologique, proposant à un ou plusieurs utilisateurs une série d'interactions s'appuyant sur une trame scénarisée ou des situations simulées et se traduisant sous forme d'images animées, sonorisées ou non.

[2] En cas de non-obtention de l'agrément définitif dans un délai de trente-six mois, ou de soixante-douze mois pour les jeux dont le coût de développement est supérieur à 10 millions d'euros, à compter de l'agrément provisoire, l'entreprise doit reverser le crédit d'impôt dont elle a bénéficié. En cas de dépassement du délai de trente-six mois pour l'obtention de l'agrément définitif pour les jeux dont le coût de développement est supérieur à 10 millions d'euros, l'entreprise reverse le crédit d'impôt obtenu au titre de dépenses exposées antérieurement à la période de trente-six mois qui précède la délivrance de l'agrément définitif.

[3] Les opérations doivent avoir été effectuées en France, dans un autre État membre de l'Union européenne ou dans un autre État partie à l'accord sur l'Espace économique européen ayant conclu avec la France une convention d'assistance administrative en vue de lutter contre la fraude et l'évasion fiscales.

[4] Seules sont prises en compte les dotations aux amortissements correspondant à la période durant laquelle l'immobilisation a été effectivement utilisée pour la création du jeu vidéo éligible au crédit d'impôt. Les dotations aux amortissements des immeubles ne sont pas retenues dans la base de calcul du crédit d'impôt.

Les chiffres indiqués renvoient aux commentaires de cette fiche

II - CALCUL DU CRÉDIT D'IMPÔT[5]

Montant du crédit d'impôt au titre de l'exercice avant application du plafond *(ligne 7 × 30 %)*	8		**64-12**
Montant du plafond *(indiquer le montant du plafond)*[6]	9		
Montant du crédit d'impôt après plafonnement *(ligne 8 dans la limite du montant mentionné ligne 9)*	10		

III - MONTANT DU CRÉDIT D'IMPÔT **64-4, 64-5 et 64-13**

Montant du crédit d'impôt imputable sur l'impôt sur les sociétés : Reporter sur le relevé de solde n° 2572 et la déclaration des réductions et crédits d'impôt n° 2069-RCI-SD le montant déterminé ligne 10.

Les demandes de restitution du crédit d'impôt non imputé sur l'impôt sur les sociétés sont formulées sur l'imprimé n° 2573-SD par voie dématérialisée ou sur l'imprimé n° 2573-SD disponible sur le portail fiscal www.impots.gouv.fr.

[5] N'ouvrent pas droit au crédit d'impôt mentionné les jeux vidéo comportant des séquences à caractère pornographique ou de très grande violence, susceptibles de nuire gravement à l'épanouissement physique, mental ou moral des utilisateurs. À l'exception de ceux comportant des séquences à caractère pornographique ou de très grande violence, les jeux vidéo spécifiquement destinés à un public d'adultes et qui sont commercialisés comme tels ouvrent droit au crédit d'impôt dès lors que leur contribution au développement et à la diversité de la création française et européenne en matière de jeux vidéo présente un niveau particulièrement significatif.

[6] Les lignes 9 et 10 sont à servir uniquement lorsque l'entreprise crée un seul jeu vidéo. Lorsque l'entreprise crée plusieurs jeux vidéos, elle doit servir l'imprimé 2079-VDO-R-SD.

Le plafond de 6 000 000 € doit être adapté dans les mêmes proportions que la durée de l'exercice lorsque l'exercice est d'une durée inférieure ou supérieure à 12 mois.

L'entreprise doit, également, compléter un état 2079-VDO-R lorsqu'elle a engagé des dépenses éligibles en vue de la création de plusieurs jeux vidéo ouvrant droit, chacun, à un crédit d'impôt au cours du même exercice.

S'agissant des sociétés relevant du régime des **groupes de sociétés**, la société mère envoie les déclarations spéciales des sociétés du groupe jointes au relevé de solde relatif au résultat d'ensemble.

Report sur la déclaration 2069-RCI

64-5 La déclaration spéciale 2079-VIDEO permet de calculer le montant du crédit d'impôt en faveur des créateurs de jeux vidéo. Pour bénéficier du crédit d'impôt, les entreprises doivent reporter le montant du crédit d'impôt calculé sur la déclaration spéciale 2079-VIDEO, sur la déclaration 2069-RCI récapitulant les réductions et crédits d'impôt dont elles souhaitent bénéficier (ligne « Crédit d'impôt en faveur en faveur des créateurs de jeux vidéo », cadre II « Crédits d'impôt avec dépôt obligatoire d'une déclaration spéciale » – 6e ligne du sous cadre « Créances non reportables et restituables au titre de l'exercice ou de l'année ») (voir §§ 50-2 et 50-4). La déclaration du crédit d'impôt en faveur des créateurs de jeux vidéo sur la déclaration 2069-RCI ne dispense pas du dépôt de la déclaration 2079-VIDEO.

Détermination du crédit d'impôt

Dépenses ouvrant droit au crédit d'impôt

64-6 **Condition de territorialité.** Pour la création d'un jeu vidéo déterminé, le crédit d'impôt calculé au titre de chaque année est calculé sur les dépenses correspondant à des opérations effectuées en France, dans un autre État membre de l'UE, ou dans un autre État partie à l'accord sur l'EEE ayant conclu avec la France une convention d'assistance administrative en vue de lutter contre la fraude et l'évasion fiscales, dès lors qu'elles entrent dans la détermination du résultat imposable (CGI art. 220 terdecies, IV.1).

64-7 **Dotations aux amortissements.** Sont en premier lieu éligibles les dotations aux amortissements des immobilisations (à l'exception des immeubles) créées ou acquises à l'état neuf et affectées directement à la création des jeux vidéo.

Lorsqu'une immobilisation est affectée directement à la création du jeu vidéo mais de manière non exclusive, ces amortissements sont pris en compte au prorata du temps effectif d'utilisation du bien à la réalisation du jeu vidéo éligible concerné (BOFiP-IS-RICI-10-50-§ 130-06/09/2017).

64-8 **Rémunérations.** Il s'agit des dépenses suivantes, à condition qu'elles rentrent dans la détermination du résultat imposable (CGI art. 220 terdecies, IV et ann. III art. 46 quater-0 YZG) :

– les rémunérations des auteurs ayant participé à la création du jeu vidéo, en application d'un contrat de cession de droits d'exploitation ainsi que les charges sociales correspondantes ;

– les dépenses de personnel et les charges sociales relatives aux salariés de l'entreprise affectés directement à la création des jeux vidéo.

Ces dépenses de personnel éligibles sont étendues également aux dépenses salariales des personnels techniques et administratifs qui concourent à la création des jeux vidéo (ainsi qu'aux charges sociales y afférentes) (CGI art. 220 terdecies, IV.1.3°). Cette disposition permet donc la prise en compte des salaires de ces personnels indirectement employés à la création du jeu vidéo.

Les catégories de personnels concernées sont les personnels techniques (par exemple : gestionnaires de bases de données ou ingénieurs réseau) et des personnels administratifs (par exemple : coordinateurs de production, juristes, comptables). Dans la mesure où ces salariés sont employés à titre permanent, sont seuls pris en compte, les salaires correspondant à la période durant laquelle ils ont effectivement concouru à la création du jeu vidéo (CGI, ann. III art. 46 quater-0 YZG).

Les salaires et charges sociales sont pris en considération au prorata du temps effectif passé à la réalisation du jeu vidéo éligible concerné. Les charges sociales ne sont prises en considération que si elles correspondent à des cotisations sociales obligatoires. En pratique, sont donc pris en compte les rémunérations et salaires proprement dits, les avantages en nature, les primes et les cotisations de sécurité sociale, d'assurance chômage et de caisses de retraite complémentaire. Les taxes assises sur les salaires sont exclues des dépenses éligibles.

→ **Exemple** Le salaire du responsable juridique ayant rédigé les contrats de cessions de droits entre les auteurs du jeu vidéo et l'entreprise créatrice de celui-ci pourra être compris dans l'assiette du crédit d'impôt. De même, le salaire d'un administrateur réseau qui aura assuré la gestion du réseau, c'est-à-dire les comptes et les machines du réseau informatique de l'entreprise créatrice du jeu vidéo, durant la période où le jeu était créé sera éligible au crédit d'impôt (BOFiP-IS-RICI-10-50-§ 150-06/09/2017).

64-9 **Autres dépenses de fonctionnement.** Les autres dépenses de fonctionnement sont éligibles pour leur quote-part affectée à l'activité de création du jeu.

Ces dépenses doivent être directement engagées pour la création du jeu vidéo et comprennent les achats de matière première, les fournitures et matériels, les loyers des immeubles, les frais d'entretien et de réparation afférents à ces immeubles, les frais de voyages et de déplacement (déplacement en France ou en UE), les frais de documents techniques, les frais postaux et de communication électronique.

64-10 **Dépenses de sous-traitance.** Sont éligibles les dépenses confiées à d'autres entreprises ou organismes et respectant les conditions financières, commerciales et de créativité (voir § 64-2) ; ces dépenses sont prises en compte dans la limite de 2 M€ par exercice (CGI art. 220 terdecies, IV.1.5° ; BOFiP-IS-RICI-10-50-§ 170-06/09/2017).

Ces entreprises ou organismes doivent être établis en France ou dans un autre état de l'UE ou dans un autre État partie à l'accord sur l'Espace économique européen ayant conclu avec la France une convention d'assistance administrative en vue de lutter contre la fraude et l'évasion fiscales (BOFiP-IS-RICI-10-50-§ 170-06/09/2017).

64-11 **Déduction des subventions publiques.** Les subventions publiques reçues par les entreprises à raison des opérations ouvrant droit au crédit d'impôt sont déduites des dépenses éligibles.

Calcul du crédit d'impôt

64-12 Le taux du crédit d'impôt jeux vidéo est égal à 30 % des dépenses éligibles engagées au cours de l'exercice au titre duquel le crédit d'impôt est calculé (CGI art. 220 terdecies, IV).

Le crédit d'impôt est plafonné, pour chaque entreprise, à 6 M€ par exercice. Ce plafond est ajusté en fonction de la durée de l'exercice (CGI art. 220 terdecies, VI ; BOFiP-IS-RICI-10-50-06/09/2017).

→ **Exemple** Une entreprise A clôture le 31 octobre N un exercice de 8 mois. Le plafond de crédit d'impôt dont elle peut bénéficier au titre de cet exercice est ramené à 4 M€ (6 000 000 € x 8/12).

Une entreprise B clôture le 31 décembre N + 1 un exercice de 15 mois. Le plafond de crédit d'impôt dont elle peut bénéficier au titre de cet exercice est porté à 7 500 000 € (6 000 000 € x 15/12).

Utilisation du crédit d'impôt

64-13 **Le crédit d'impôt pour création de jeux vidéo s'impute sur l'impôt dû après les prélèvements non libératoires et les crédits d'impôt non restituables** (CGI, ann. III art. 46 quater-0 YZI).

Le cas échéant, l'excédent de crédit d'impôt jeux vidéo constitue pour l'entreprise une créance sur l'État. Cette créance est inaliénable et incessible, sauf dans le cadre de cessions et nantissements de créances professionnelles (bordereaux « Dailly ») (CGI art. 220 X ; c. mon. et fin. art. L. 313-23 à L. 313-35).

Le montant du crédit d'impôt est reporté sur le relevé sur le relevé de solde d'IS (relevé 2572) et sur la déclaration récapitulative 2069-RCI (voir § 50-5). **Les sociétés soumises à l'IS peuvent demander la restitution du crédit d'impôt non imputé. Les demandes de restitution du crédit d'impôt non imputé sur l'IS sont formulées sur l'imprimé 2573 par voie dématérialisée (TDFC) ou sur l'imprimé 2573.**

Reversement du crédit d'impôt

64-14 **Si le jeu vidéo pour lequel le bénéfice du crédit d'impôt est demandé n'obtient pas l'agrément définitif dans le délai de 36 mois ou 72 mois à compter de l'agrément provisoire obtenu pour le même jeu vidéo, l'entreprise doit reverser le crédit d'impôt dont elle a bénéficié** (CGI art. 220 X). **Lorsque l'entreprise procède au reversement du crédit d'impôt dont elle a bénéficié, elle doit déposer un formulaire 2573-SD. L'entreprise ne doit reverser que la fraction du crédit d'impôt correspondant à des dépenses afférentes à des jeux vidéos n'ayant pas obtenu l'agrément définitif. Elle doit procéder à ce reversement au titre de tous les exercices antérieurs au cours desquels elle a bénéficié d'un crédit d'impôt pour le jeu vidéo n'ayant pas reçu l'agrément définitif** (BOFiP-IS-RICI-10-50-§ 250-06/09/2017).

Si l'entreprise ne reverse pas le crédit d'impôt dont elle a bénéficié, celui-ci fait l'objet d'une reprise par l'administration au titre de l'exercice au cours duquel intervient la décision de refus de l'agrément définitif (CGI art. 220 X, al. 2).

En cas de dépassement du délai de 36 mois pour l'obtention de l'agrément définitif pour les jeux dont le coût de développement est supérieur à 10 M€, l'entreprise reverse le crédit d'impôt obtenu au titre de dépenses exposées antérieurement à la période de 36 mois qui précède la date de délivrance de l'agrément définitif. À défaut, le crédit d'impôt fait l'objet d'une reprise au titre de l'exercice au cours duquel intervient la délivrance de l'agrément définitif (CGI art. 220 X ; BOFiP-IS-RICI-10-50-§§ 110 et 255-06/09/2017). En conséquence, dans le cas où l'entreprise obtient l'agrément définitif dans le délai de 72 mois, elle bénéficie du crédit d'impôt au titre des 36 derniers mois de développement, mais doit restituer le crédit d'impôt obtenu au titre des dépenses antérieures. Cette restitution n'est toutefois pas immédiate, puisqu'elle n'intervient qu'au moment de l'obtention de l'agrément définitif (CGI art. 220 X, al. 4).

2079-CIOP et 2079-CIOL Crédits d'impôt pour investissements dans les DOM

Crédits d'impôt pour investissements outre-mer dans le secteur productif

Présentation générale

65-1 Les entreprises imposées à l'IR ou à l'IS d'après leur bénéfice réel ou temporairement exonérées (voir § 65-9) qui réalisent des investissements productifs dans un département d'outre-mer (DOM) dans le cadre de leur entreprise ou de leur exploitation agricole peuvent bénéficier d'un crédit d'impôt (CGI art. 244 quater W). Dans ce chapitre, sauf précision contraire, c'est ce dispositif qui est visé sous l'expression « le crédit d'impôt ».

Le crédit d'impôt est applicable aux investissements mis en service à compter du 1er janvier 2015, et jusqu'au 31 décembre 2025, aux travaux de réhabilitation hôtelière achevés au plus tard à cette date et aux acquisitions d'immeubles à construire et constructions d'immeubles dont les fondations sont achevées au plus tard à cette date (CGI art. 244 quater W, IX.1).

Le crédit d'impôt pour investissement productif outre-mer bénéficie aux entreprises exerçant une activité agricole, industrielle, commerciale ou artisanale ou relevant de l'article 34 du CGI, imposées selon le régime du bénéfice réel normal ou simplifié, de plein droit ou sur option qui réalisent dans un DOM un investissement productif pour le besoin de leur activité relevant d'un secteur éligible (CGI art. 244 quater W, I ; BOFiP-BIC-RICI-10-160-10-§ 20-04/04/2018).

• L'octroi du crédit d'impôt est subordonné au respect par les entreprises exploitantes de leurs **obligations fiscales et sociales** et de l'obligation de dépôt de leurs comptes annuels selon les modalités prévues par le code de commerce (c. com. art. L. 232-21, L. 232-22 et L. 232-23) à la date de réalisation de l'investissement (CGI art. 244 quater W, VIII.3). Il en est de même pour le crédit d'impôt en faveur des organismes de logement social (voir § 65-60) (CGI art. 244 quater X).
La date de réalisation de l'investissement s'entend de la date à laquelle le fait générateur de l'avantage fiscal intervient (voir § 65-4).
Sont considérés comme à jour de leurs obligations fiscales et sociales les employeurs qui, d'une part, ont souscrit et respectent un plan d'apurement des cotisations restant dues et, d'autre part, acquittent les cotisations en cours à leur date normale d'exigibilité (BOFiP-BIC-RICI-10-160-40-§ 110-24/12/2019). Le respect de l'obligation de dépôt des comptes annuels s'apprécie au regard des cinq derniers exercices clos à la date de réalisation de l'investissement en application de la prescription de droit commun (c. civ. art. 2224).
En cas de non-respect de ces obligations, le crédit d'impôt n'est pas attribué et peut, le cas échéant, faire l'objet d'une remise en cause dans le délai normal de reprise. Cela étant, en cas de manquement ponctuel à l'obligation de dépôt des comptes annuels, l'administration peut ne pas remettre en cause l'avantage fiscal si l'entreprise concernée est de bonne foi et a spontanément régularisé sa situation avant la date du fait générateur de cet avantage (BOFiP-BIC-RICI-10-160-40-§ 110-24/12/2019).

• **Contrôle.** Les agents mandatés par le directeur général des finances publiques peuvent, dans les départements d'outre-mer, contrôler sur le lieu d'exploitation le respect des conditions liées à la réalisation, l'affectation et la conservation des investissements productifs ayant ouvert droit au bénéfice de l'aide fiscale à l'investissement outre-mer (LPF art. L. 45 F).

• **Encadrement communautaire.** Le bénéfice du crédit d'impôt est subordonné au respect de l'article 14 du règlement général d'exemption par catégorie (UE) 651/2014 du 17 juin 2014 relatif aux aides à l'investissement à finalité régionale (CGI art. 244 quater W, X) (voir également § 65-12).

Exercice d'une option

65-2 Entreprises dont le chiffre d'affaires inférieur à 20 M€. Lorsque l'entreprise exploitante réalise un chiffre d'affaires au moins égal à 20 M€, le crédit d'impôt s'applique sans qu'une option ne soit requise. Le dispositif du crédit d'impôt demeure le seul régime d'aide fiscale à l'investissement productif dans les DOM pour ces entreprises, depuis le 1er janvier 2015. Les avantages fiscaux antérieurs ne s'appliquent plus, notamment pour les sociétés soumises à l'IS, la déduction pour investissements (CGI art. 217 undecies).

Les entreprises soumises à l'IS réalisant un chiffre d'affaires inférieur à 20 M€ peuvent bénéficier, soit de la déduction pour investissement, soit du crédit d'impôt. Dans ce cas, le bénéfice du crédit d'impôt est subordonné à l'exercice d'une option (CGI art. 244 quater W, V.1). S'il exerce l'option pour le crédit d'impôt, l'investisseur ne bénéficiera pas de la déduction (CGI art. 244 quater W, V.2).

Pour les entreprises relevant de l'IR, l'option pour le crédit d'impôt emporte renonciation à la réduction d'IR. Pour ces entreprises, la loi réduit progressivement le chiffre d'affaires permettant d'opter pour le crédit d'impôt. Le seuil de chiffre d'affaires est ramené à 15 M€ pour les investissements que l'entreprise réalise au cours des exercices ouverts à compter du 1er janvier 2019, puis à 10 M€ pour les investissements que l'entreprise réalise au cours des exercices ouverts à compter du 1er janvier 2020 (CGI art. 199 undecies B, I.al. 1).

• Le **chiffre d'affaires** à retenir est celui du dernier exercice clos précédant celui au cours duquel l'investissement est réalisé.

• L'option exercée au titre d'un investissement s'applique à l'**ensemble des autres investissements d'un même programme**. Cette règle implique que les divers investissements d'un même programme, soit bénéficient tous du crédit d'impôt, soit sont tous placés en dehors de ce dispositif. Il n'est pas possible qu'une partie des investissements seulement bénéficie du crédit d'impôt, alors que les autres investissements composant le programme seraient placés sous d'autres dispositifs. En pratique, les entreprises doivent donc exercer leur option non pour un investissement donné mais au titre de l'ensemble du programme envisagé (BOFiP-BIC-RICI-10-160-10-§ 110-04/04/2018).

65-3 Modalités d'exercice de l'option. L'option est exercée par l'entreprise ou l'organisme qui exploite l'investissement. Lorsque l'investissement consiste en un bien pris en location avec option d'achat ou en crédit-bail, c'est donc l'entreprise locataire ou crédit-preneuse qui exploite l'investissement qui doit exercer l'option. Lorsque l'investissement est mis à la disposition d'une entreprise via un contrat de location avec option d'achat ou un crédit-bail, l'entreprise exploitante est tenue d'informer le loueur ou le crédit bailleur de cette option. Le loueur ou le crédit-bailleur doit alors lui-même joindre cette option à sa propre déclaration de résultat de l'exercice au cours duquel l'option a été formulée par l'entreprise exploitante.

L'option est notifiée sur un document conforme à un modèle établi par l'administration, au service des impôts auprès duquel est souscrite la déclaration de résultat de l'entreprise (CGI, ann. III art. 49 septies ZZQ). Par mesure de simplification, l'option est réputée être exercée par l'entreprise lorsqu'elle coche la case correspondante sur sa déclaration de résultats (voir §§ 1-72 et 2-41).

Cependant, lorsque l'entreprise bénéficie, au titre d'un même exercice, du crédit d'impôt et de la déduction pour investissement au titre de la réalisation de plusieurs programmes d'investissements outre-mer, elle doit préciser pour quel programme d'investissements elle entend bénéficier du crédit d'impôt. L'entreprise doit joindre à cet effet l'option à sa déclaration de résultats (BOFiP-LETTRE-000226-01/06/2016).

65-4 Date d'exercice de l'option. La date de l'exercice de l'option correspond à celle du fait générateur du crédit d'impôt. Ainsi, l'option doit être exercée au plus tard aux dates suivantes :
– investissement réalisé directement par l'entreprise : date à laquelle l'investissement est mis en service ;
– investissement faisant l'objet d'un contrat de crédit-bail ou d'un contrat de location avec option d'achat : date à laquelle l'investissement est mis à la disposition de l'entreprise ;
– investissement prenant la forme de travaux de rénovation et de réhabilitation d'immeubles : date d'achèvement des travaux ;
– investissement consistant en l'acquisition d'un immeuble à construire ou en la construction d'un immeuble : date d'achèvement des fondations.

L'option ainsi exercée est formalisée dans la déclaration de résultat de l'exercice au cours duquel intervient la date limite d'option applicable à l'investissement considéré. L'option peut être exercée et formalisée au service des impôts avant cette date, par exemple lorsque l'entreprise prend la décision de réaliser l'investissement. Dans cette situation, il est demandé à l'entreprise de rappeler la date à laquelle l'option a été exercée dans sa déclaration de résultat de l'exercice au cours duquel intervient le fait générateur du crédit d'impôt afférent à l'investissement concerné. Elle peut également joindre à cette déclaration de résultat une copie de l'option antérieurement exercée et notifiée.

Déclarations à souscrire

65-5 **Sociétés soumises à l'IS.** Les entreprises exploitantes doivent souscrire une déclaration spéciale 2079-CIOP-SD permettant de déterminer le montant du crédit d'impôt dont peut bénéficier l'entreprise (CGI, ann. III art. 49 septies ZZR). Cette déclaration est à transmettre dans les mêmes délais que le relevé du solde 2572 pour les entreprises à l'IS.

Les modalités de remplissage de la déclaration 2079-CIOP sont détaillées ci-après (voir § 65-42).

Le montant du crédit d'impôt déclaré est reporté sur la déclaration 2069-RCI. Pour les entreprises à l'IS, il est reporté sur le relevé de solde d'IS 2572.

En cas de pluralité d'investissements au cours d'un même exercice ouvrant droit chacun à un crédit d'impôt au cours du même exercice, il convient de déposer le formulaire 2079-CIOPR-SD.

S'agissant des sociétés relevant du régime d'intégration fiscale, la société mère dépose les déclarations spéciales pour le compte des sociétés du groupe. Le montant total du crédit d'impôt pour l'ensemble des sociétés membres du groupe doit être porté sur le relevé de solde 2572-SD relatif au résultat d'ensemble du groupe.

65-6 **Entreprises relevant de l'IR.** Les entreprises soumises à l'impôt sur le revenu déposent la déclaration spéciale dans les mêmes délais que la déclaration annuelle de résultat qu'elles sont tenues de souscrire. Le montant du crédit d'impôt déterminé au moyen de cette déclaration spéciale doit être reporté :
– sur la déclaration 2069-RCI (voir § 50-3) ;
– sur la déclaration complémentaire de revenus 2042 K IOM dans la case HJA.

65-7 **Sociétés de personnes.** Les sociétés et groupements fiscalement translucides déposent également la déclaration spéciale dans les mêmes délais que la déclaration annuelle de résultat qu'elles sont tenues de souscrire. L'associé d'une telle société ou d'un tel groupement dépose une déclaration spéciale (cadre II de la déclaration 2079-CIOP-SD indiquant la quote-part des crédits d'impôt provenant de chacune des sociétés de personnes ou groupements assimilés dont il est associé). L'associé personne physique qui ne bénéficie que d'un crédit d'impôt correspondant à sa participation dans ces sociétés de personnes ou groupements est dispensé de déposer la déclaration spéciale correspondante. Cette dispense ne s'applique bien entendu qu'aux personnes qui exercent leur activité dans la société ou le groupement considéré, étant rappelé que les personnes qui ne participent pas à l'exploitation ne peuvent utiliser le crédit d'impôt.

65-8 **Obligations déclaratives particulières.** Les personnes qui réalisent des investissements bénéficiant du crédit d'impôt déclarent à l'administration fiscale la nature, le lieu de situation, les modalités de financement et les conditions d'exploitation de ces investissements (CGI art. 242 sexies ; CGI, ann. II art. 171 AX ; CGI, ann. III art. 46 quaterdecies Y). Ces informations sont mentionnées sur le formulaire 2083-SD. Le non-respect de l'obligation de déclaration entraîne le paiement d'une amende d'un montant égal à la moitié de l'avantage fiscal obtenu (CGI art. 1740-0 A). Le défaut de production dans les délais prescrits d'un document qui doit être remis à l'administration fiscale entraîne l'application d'une amende portée à 1 500 € s'agissant de la déclaration prévue à l'article 242 sexies du CGI (CGI art. 1729 B, 1).

Les entreprises exerçant l'activité professionnelle consistant à obtenir pour autrui des avantages fiscaux liés à des investissements outre-mer sont tenues à certaines obligations (CGI art. 242 septies ; CGI, ann. II art. 171 BK et 171 BL), notamment l'inscription sur un registre public tenu par le représentant de l'État dans les départements et collectivités désignés par arrêté conjoint des ministres chargés du budget et de l'outre-mer (arrêté du 3 mai 2019, JO du 2 juin 2019). Le non-respect de ces obligations entraîne le paiement d'une amende dont le montant ne peut excéder 50 000 €. L'amende n'est pas applicable, en cas de première infraction commise au cours de l'année civile en cours et des 3 années précédentes, lorsque l'intéressé a réparé son omission, soit spontanément, soit dans les trente jours suivant une demande de l'administration (CGI art. 1740-00 AB).

Les chiffres indiqués renvoient aux commentaires de cette fiche

RÉPUBLIQUE FRANÇAISE
Liberté Égalité Fraternité

N° 2079-CIOP-SD (2021)

cerfa

N° 15363*07
(article 244 *quater* W du CGI)

CRÉDIT D'IMPÔT POUR INVESTISSEMENTS OUTRE-MER DANS LE SECTEUR PRODUCTIF

Déclaration à déposer par programme d'investissement au titre d'un exercice (1) :
- dans les mêmes délais que le relevé de solde pour les entreprises passibles de l'impôt sur les sociétés ;
- dans les mêmes délais que la déclaration annuelle de résultats pour les autres entreprises.

Exercice ouvert le				Clos le				**65-42**

Nom et prénoms ou dénomination et adresse de l'entreprise	N° SIREN de l'entreprise

Société bénéficiant du régime fiscal des groupes de sociétés (article 223 A du CGI)	**Désignation et adresse de la société mère :**	N° SIREN de la société mère

Dénomination et localisation du programme d'investissement					
• Pour les investissements immobiliers :					
Date de l'achèvement des fondations		Date de mise hors d'eau		Date de livraison	
• Pour les investissements mobiliers :		Date de mise en service			
• Pour les travaux de rénovation hôtelière :		Date d'achèvement des travaux			

I – CALCUL DU CRÉDIT D'IMPÔT

Assiette éligible au crédit d'impôt au titre de l'exercice : *(hors construction d'immeuble ou acquisition d'un immeuble à construire ou acquisition d'un navire de croisière neuf d'une capacité maximale de 400 passagers)*	1	**65-17 à 65-22 et 65-43**
Taux du crédit d'impôt (2) - Pour les investissements réalisés par une entreprise soumise à l'impôt sur le revenu : *en Guadeloupe, en Martinique ou à la Réunion : 38,25 % *en Guyane ou à Mayotte : 45,9 % - Pour les investissements réalisés par une entreprise soumise à l'impôt sur les sociétés : 35 %	2	**65-23**
Sous-total - montant du crédit d'impôt *(ligne 1 x ligne 2)*	3	
Assiette éligible au crédit d'impôt au titre de l'exercice : *(navires de croisières neufs d'une capacité maximale de 400 passagers)*(3)	4	**65-14, 65-17 et 65-44**
Taux du crédit d'impôt - Pour les investissements réalisés par une entreprise soumise à l'impôt sur le revenu : 38,25 % - Pour les investissements réalisés par une entreprise soumise à l'impôt sur les sociétés : 35 %	5	
Sous-total - montant du crédit d'impôt *(ligne 4 x ligne 5)*	6	

(1) *Lorsque l'entreprise qui exploite l'investissement réalise un chiffre d'affaires inférieur à 20 millions d'euros, le bénéfice du crédit d'impôt est subordonné à l'exercice d'une option. Le seuil du chiffre d'affaires de 20 millions d'euros est abaissé, pour les entreprises soumises à l'impôt sur le revenu, à 15 millions puis 10 millions d'euros pour les investissements que l'entreprise réalise au cours des exercices ouverts respectivement à compter du 1er janvier 2019 et du 1er janvier 2020. Le chiffre d'affaires à retenir s'entend de la somme de celui de l'entreprise et de l'ensemble des entreprises qui lui sont liées au sens du 12 de l'article 39 du code général des impôts. L'option est formalisée avec la déclaration de résultats de l'exercice au cours duquel l'investissement a été mis en service ou mis à disposition (V de l'article 244 quater W du code général des impôts).*

(2) *Le taux du crédit d'impôt reporté en lignes 2 et 8 est déterminé selon que l'entreprise est soumise à l'impôt sur le revenu ou l'impôt sur les sociétés et en fonction de la localisation de l'investissement (cf. détail du taux ligne 2 du présent tableau).*

(3) *L'article 138 de la loi n° 2018-1317 du 28 décembre 2018 de finances pour 2019 a étendu le dispositif prévu à l'article 244 quater W du code général des impôts aux navires de croisière neufs d'une capacité maximale de 400 passagers affectés exclusivement à la navigation dans la zone économique exclusive de la Guadeloupe, de la Guyane, de la Martinique, de La Réunion, de Mayotte, de la Polynésie française, de Saint-Barthélemy, de Saint-Martin, de Saint-Pierre-et-Miquelon, des îles Wallis et Futuna ou de la Nouvelle-Calédonie. Une escale ponctuelle au cours du circuit dans une île appartenant à un autre Etat ne remet pas en cause cette condition. L'assiette éligible est égale à 20 % du coût de revient, hors taxes et hors frais de toute nature, notamment les commissions d'acquisition et les frais de transport de ces navires, diminuée du montant des subventions publiques accordées pour leur financement et, lorsque l'investissement a pour objet de remplacer un investissement ayant bénéficié de l'un des dispositifs définis aux articles 199 undecies B ou 217 undecies ou 244 quater W, de la valeur réelle de l'investissement remplacé.*

Les chiffres indiqués renvoient aux commentaires de cette fiche

Assiette éligible au crédit d'impôt au titre de l'exercice : *(construction d'immeuble ou acquisition d'un immeuble à construire)*			7	**65-25, 65-26 et 65-45**
Part du crédit d'impôt acquise pour l'exercice au titre de :	Pour les immeubles dont l'achèvement des fondations est intervenu avant le 1er janvier 2019	Pour les immeubles dont l'achèvement des fondations est intervenu à compter du 1er janvier 2019		
- l'achèvement des fondations :	☐ 50 %[4]	☐ 70 %[4]		
- la mise hors d'eau de l'immeuble :	☐ 25 %[4]	☐ 20 %[4]		
- la livraison de l'immeuble :	☐ solde[5]	☐ solde[5]		
Taux du crédit d'impôt [2]			8	
Sous-total - montant du crédit d'impôt acquis au titre de l'exercice *(ligne 7 x part déterminée ligne ci-dessus x ligne 8)*			9	
Montant du crédit d'impôt au titre de l'exercice *(ligne 3 + ligne 6 + ligne 9)*			10	
Quote-part de crédit d'impôt résultant de la participation de l'entreprise dans des sociétés de personnes ou groupements assimilés *(reporter le montant indiqué en ligne 12)*			11	**65-29 et 65-46**

II – CADRE À SERVIR PAR LES ENTREPRISES DÉCLARANTES QUI DÉTIENNENT DES PARTICIPATIONS DANS DES SOCIÉTÉS DE PERSONNES OU GROUPEMENTS ASSIMILÉS NON SOUMIS À L'IMPÔT SUR LES SOCIÉTÉS

Nom et adresse des sociétés de personnes ou groupements assimilés et n° SIREN	Montant total du crédit d'impôt ①	Montant de la créance « en germe » cédée (préfinancement) ②	% de droits détenus dans la société ③	Quote-part du crédit d'impôt (①-②) x ③
			TOTAL 12	**65-7**

III – CADRE À SERVIR POUR LA RÉPARTITION DU CRÉDIT D'IMPÔT ENTRE LES ASSOCIÉS MEMBRES DE SOCIÉTÉS DE PERSONNES OU GROUPEMENTS ASSIMILÉS NON SOUMIS A L'IMPÔT SUR LES SOCIÉTÉS

Nom et adresse des associés membres de sociétés de personnes ou groupements assimilés et n° SIREN (pour les entreprises)	Montant total du crédit d'impôt ①	Montant de la créance « en germe » cédée (préfinancement) ②	% de droits détenus dans la société ③	Quote-part du crédit d'impôt (①-②) x ③
			TOTAL	**65-46**

IV – UTILISATION DE LA CRÉANCE

IV-1. Détermination du montant du crédit d'impôt disponible pour l'entreprise (sociétés soumises à l'impôt sur les sociétés et entreprises individuelles relevant de l'impôt sur le revenu) :

Cas général		
Montant du crédit d'impôt (hors quote-part résultant de la participation de l'entreprise dans des sociétés de personnes ou groupements assimilés) *(report du total ligne 10)*	13	
Montant cédé à un établissement de crédit au titre du préfinancement	14	**65-30 à 65-34**
Montant du crédit d'impôt disponible *Résultat (lignes 13 - 14) : s'il est positif, indiquer le montant, s'il est négatif, indiquer 0.*	15	**65-37 à 65-50**
Montant total du crédit d'impôt disponible (incluant la quote-part résultant de la participation de l'entreprise dans des sociétés de personnes ou groupements assimilés) *(ligne 12 + ligne 15)*	16	

Cas particulier des sociétés relevant du régime de groupe (à compléter exclusivement par la société mère)		
Montant total du crédit d'impôt du groupe	17	

(4) Calculé sur le montant prévisionnel du prix de revient
(5) Calculé sur le montant définitif du prix de revient

Les chiffres indiqués renvoient aux commentaires de cette fiche

Montant cédé à un établissement de crédit au titre du préfinancement	18	**65-35**
Montant du crédit d'impôt disponible *Résultat (lignes 17 - 18) s'il est positif, indiquer le montant, s'il est négatif, indiquer 0.*	19	
Montant total du crédit d'impôt disponible (incluant la quote-part résultant de la participation des sociétés du groupe dans des sociétés de personnes ou groupements assimilés) *(lignes 19 + 12)*	20	

IV-2. Entreprises à l'impôt sur les sociétés :

Montant imputé sur l'impôt sur les sociétés *(dans la limite du montant de l'impôt dû et du crédit d'impôt déterminé lignes 16 ou 20)*	21	**65-5**
Montant dont la restitution est à demander à partir du formulaire n° 2573-SD	22	

Les demandes de remboursement du crédit d'impôt non imputé sur l'impôt sur les sociétés sont formulées sur le formulaire n° 2573-SD par voie dématérialisée ou sur le formulaire n° 2573-SD disponible sur le site www.impots.gouv.fr

IV-3. Entreprises individuelles relevant de l'impôt sur le revenu : reporter le montant du crédit d'impôt disponible déterminé ligne 16 sur la déclaration de revenus n° 2042-K-IOM, case HJA.

Réalisation et exploitation des investissements dans un DOM

65-9 L'entreprise n'est pas exonérée. Le crédit d'impôt pour investissement productif outre-mer est institué en faveur des entreprises imposées à l'IS ou à l'IR. Les entreprises exonérées de l'impôt sur les bénéfices sont exclues, à l'exception des JEI, des entreprises exonérées en raison d'une implantation dans certaines zones et de certains organismes de logement social (BOFiP-BIC-RICI-10-160-10-§§ 30 et 40-04/04/2018).

Les entreprises exonérées d'IS en application des dispositifs suivants peuvent bénéficier du crédit d'impôt : entreprises nouvelles implantées en ZAFR (CGI art. 44 sexies), jeunes entreprises innovantes (CGI art. 44 sexies A), entreprises créées pour la reprise d'une entreprise industrielle en difficulté (CGI art. 44 septies), entreprises implantées en ZFU (CGI art. 44 octies et 44 octies A), dans les bassins d'emploi à redynamiser (CGI art. 44 duodecies), dans les zones de restructuration de la défense (CGI art. 44 terdecies), dans les zones franches d'activité pour l'outre-mer (CGI art. 44 quaterdecies) dans les zones de revitalisation rurale (CGI art. 44 quindecies), dans les bassins urbains à dynamiser (CGI art. 44 sexdecies) et dans les zones de développement prioritaire (CGI art. 44 septdecies).

65-10 L'entreprise exploite l'investissement. Les entreprises éligibles au crédit d'impôt sont en premier lieu celles qui exploitent elles-mêmes les investissements dont elles sont propriétaires.

Le crédit d'impôt bénéfice en second lieu aux entreprises locataires de biens pris en location ou en crédit-bail, sous réserve de respecter les conditions suivantes (CGI art. 244 quater W, I.3 ; BOFiP-BIC-RICI-10-160-10-§ 50-04/04/2018) :

– le bien est mis à la disposition d'une l'entreprise dans le cadre d'un contrat de location avec option d'achat ou de crédit-bail d'une durée au moins égale à 5 ans ou à la durée normale d'utilisation du bien si elle est inférieure à ce délai. Le contrat ne doit prévoir aucune prestation annexe autre que celles strictement accessoires et nécessaires à la mise à disposition du bien. Si le contrat de location ne prévoit aucune option d'achat (locations simples), le crédit d'impôt ne s'applique pas ;

– le contrat de location ou de crédit-bail a un caractère commercial. Cette condition implique que l'entreprise bailleresse soit propriétaire de l'investissement donné en location. Les biens qu'elle détient dans le cadre d'un contrat de crédit-bail et qui font l'objet d'une sous-location, ou d'une convention équivalente, à l'entreprise exploitante n'ouvrent pas droit au crédit d'impôt. Il en est de même lorsque le bien donné à bail par son propriétaire est sous-loué par le locataire à l'utilisateur final ;

– l'entreprise locataire ou crédit-preneuse aurait pu bénéficier du crédit d'impôt si elle avait acquis directement le bien.

65-11 L'investissement est exploité dans un DOM. Seules les entreprises exerçant leur activité dans un département d'outre-mer peuvent bénéficier du crédit d'impôt au titre des investissements qu'elles exploitent exclusivement dans ces départements (Guadeloupe, Guyane, Martinique, Mayotte et La Réunion). L'activité de transport terrestre doit être exercée exclusivement dans un département d'outre-mer. Les entreprises ou

établissements de transport maritime et aérien sont considérés comme exerçant leur activité dans un département d'outre-mer lorsque les conditions suivantes sont remplies (BOFiP-BIC-RICI-10-160-10-§ 70-04/04/2018) :
– le siège et les installations nécessaires à la maintenance des navires ou avions sont situés dans un DOM ;
– les investissements afférents aux activités de transports maritime et aérien ont pour objet exclusif un trafic local ou régional (au sens géographique) ; les DOM doivent constituer le « nœud » des liaisons maritimes ou aériennes.

65-12 **Exclusion des entreprises en difficulté.** Les investissements réalisés à compter du 1er janvier 2015 ne doivent pas être exploités par une entreprise en difficulté au sens du règlement général d'exemption (UE) 651/2014 du 17 juin 2014 (CGI art. 244 quater W, X).

Par dérogation, le crédit d'impôt s'applique aux investissements exploités par des entreprises en difficulté au sens du règlement précité, sous réserve qu'il concoure, en complément d'une ou plusieurs autres aides publiques, à la reprise ou à la restructuration de l'entreprise exploitante dans le cadre d'un plan de reprise ou de restructuration mis en œuvre à l'issue de l'une des procédures définies aux articles L. 611-3, L. 611-4 ou L. 620-1 du code de commerce et qu'il fasse l'objet d'une décision individuelle de la Commission européenne autorisant l'aide fiscale. Cette dérogation s'applique aux investissements pour lesquels le fait générateur de l'aide fiscale intervient entre le 1er janvier 2021 et le 31 décembre 2022 (loi 2020-1721 du 29 décembre 2020, art. 15).

65-13 **Agrément nécessaire pour certains investissements.** Le crédit d'impôt s'applique sous réserve d'un agrément pour certains investissements (CGI art. 244 quater W, VII) :
– investissements dont le montant total par programme est supérieur à 1 000 000 € lorsque les investissements sont réalisés par une entreprise soumise à l'IR ou à l'IS. Cette disposition est également applicable aux investissements éligibles dont le montant total par programme est supérieur à 250 000 €, lorsqu'ils sont réalisés par une société ou un groupement fiscalement translucides (seuils mentionnés à l'article 217 undecies, II quater du CGI) ;
– investissements réalisés dans certains secteurs d'activité (CGI art. 217 undecies, III.1), quel que soit leur montant (BOFiP-BIC-RICI-10-160-40-§ 90-24/12/2019). Toutefois, les investissements dans les secteurs concernés dont le montant total n'excède pas 250 000 € par programme sont dispensés de la procédure d'agrément préalable lorsqu'ils sont réalisés par une entreprise qui exerce son activité dans les départements d'outre-mer depuis au moins deux ans dans l'un de ces secteurs. Il en est de même lorsque ces investissements sont donnés en location à une telle entreprise. Cette dispense ne s'applique pas au secteur des transports, à l'exception des véhicules neufs de moins de sept places acquis par les entreprises de transports publics de voyageurs et affectés de façon exclusive à la réalisation desdits transports lorsque les conditions de transport sont conformes à un tarif réglementaire (CGI art. 217 undecies, III.3).

• **Secteurs concernés**. Investissements réalisés dans les secteurs des transports, de la navigation de plaisance, de l'agriculture, de la pêche maritime et de l'aquaculture, de l'industrie charbonnière et de la sidérurgie, de la construction navale, des fibres synthétiques, de l'industrie automobile, ou concernant la rénovation et la réhabilitation d'hôtel, de résidence de tourisme et de village de vacances classés ou des entreprises en difficultés, ou qui sont nécessaires à l'exploitation d'une concession de service public local à caractère industriel et commercial.

• Quiconque a sciemment fourni des renseignements inexacts en vue de l'obtention des agréments ou de l'autorisation préalable prévus par les articles 199 undecies A, 199 undecies B du CGI, 217 undecies, 217 duodecies, 244 quater W et 244 quater X du CGI est passible des peines pénales prévues à l'article 1741 du CGI (CGI art. 1743, 3°).

Nature des investissements éligibles au crédit d'impôt

65-14 **Immobilisations corporelles neuves et amortissables.** D'une manière générale, les investissements éligibles au crédit d'impôt sont de même nature que ceux qui peuvent bénéficier de la réduction d'IR pour investissement (CGI art. 199 undecies B), et donc en conséquence de la déduction pour investissements, à l'exception des équipements et opérations de pose de câbles sous-marins de communication (ces équipements et opérations ne sont en effet pas éligibles au crédit d'impôt) (BOFiP-BIC-RICI-10-160-10-§ 160-04/04/2018). Les investisse-

ments éligibles au crédit d'impôt sont les immobilisations neuves, corporelles et amortissables. Les investissements productifs réalisés doivent constituer des investissements initiaux au sens règlement général d'exemption (règlt 651/2014, art. 2).

Sont éligibles :
– les travaux de rénovation et de réhabilitation d'hôtel, de résidence de tourisme et de village de vacances classés ;
– les opérations de rénovation de biens immobiliers ;
– les logiciels strictement nécessaires à l'utilisation des investissements éligibles ;
– les véhicules strictement indispensables à l'activité ;
– les investissements nécessaires à l'exploitation d'une concession de service public local à caractère industriel et commercial ;
– l'acquisition, l'installation ou l'exploitation d'équipements de production d'énergie renouvelable ;
– les investissements dans des navires de croisière neufs d'une capacité maximum de 400 passagers affectés exclusivement à la navigation dans la zone économique exclusive de la Guadeloupe, de la Guyane, de la Martinique, de La Réunion, de Mayotte, de la Polynésie française, de Saint-Barthélemy, de Saint-Martin, de Saint-Pierre-et-Miquelon, des îles Wallis et Futuna ou de la Nouvelle-Calédonie (une escale ponctuelle au cours du circuit dans une île appartenant à un autre État ne remet pas en cause cette condition).

Secteurs exclus. N'ouvrent pas droit à la réduction d'impôt les investissements réalisés, dans les secteurs d'activité suivants (CGI art. 199 undecies B, I.a à l) : commerce ; cafés, débits de tabac et débits de boisson, restauration (sauf les restaurants dont le dirigeant ou un salarié est titulaire du titre de maître-restaurateur, ainsi que, le cas échéant, des restaurants de tourisme classés à la date de publication de la loi 2009-888 du 22 juillet 2009) ; conseils ou expertise ; éducation, santé et action sociale ; banque, finance et assurance ; toutes activités immobilières ; navigation de croisière, réparation automobile, locations sans opérateurs, à l'exception de la location directe de navires de plaisance ou au profit des personnes physiques utilisant pour une durée n'excédant pas 2 mois des véhicules de tourisme ; services fournis aux entreprises, à l'exception de la maintenance, des activités de nettoyage et de conditionnement à façon et des centres d'appel ; activités de loisirs, sportives et culturelles, à l'exception, d'une part, de celles qui s'intègrent directement et à titre principal à une activité hôtelière ou touristique et ne consistent pas en l'exploitation de jeux de hasard et d'argent et, d'autre part, de la production et de la diffusion audiovisuelles et cinématographiques ; activités associatives ; activités postales.

65-15 Acquisition ou construction de logements neufs à usage locatif. Toutes les entreprises soumises à l'impôt sur les sociétés exerçant leur activité dans le département dans lequel d'investissement est réalisé peuvent bénéficier du crédit d'impôt au titre des opérations d'acquisitions de logements et de constructions d'immeuble ou d'acquisitions d'immeuble à construire (CGI art. 244 quater W, I.4 ; BOFiP-BIC-RICI-10-160-10-§ 255-04/04/2018). Les investisseurs exerçant leur activité dans un autre département sont exclus de cet avantage fiscal, alors même qu'ils exercent leur activité dans un autre département d'outre-mer. Cette mesure s'applique aux investissements dont le fait générateur intervient à compter du 1er janvier 2019 (loi 2018-1317 du 28 décembre 2018, art. 131, III C).

Le crédit d'impôt s'applique aux acquisitions ou constructions de logements neufs à usage locatif situés dans les DOM, à l'exception des logements neufs répondant à certains critères sociaux (critères mentionnés à l'article 244 quater X, I.1. b et c et 5 du CGI) (voir § 65-63). L'administration renvoie à ses commentaires relatifs à la déduction fiscale pour investissement, ces opérations étant de même nature que celles éligibles à cette déduction (CGI art. 217 undecies, I.al. 6 à 8 ; BOFiP-IS-GEO-10-30-10-30-§§ 80 à 140-06/07/2016). Le bénéfice du crédit d'impôt est subordonné aux conditions suivantes (CGI art. 244 quater W, I.4.1°) :
– l'entreprise ou l'organisme s'engage à louer l'immeuble nu dans les 12 mois de son achèvement, ou de son acquisition si elle est postérieure (délai de 6 mois pour les immeubles achevés ou acquis avant le 1er juillet 2018), et pendant 5 ans au moins à des personnes qui en font leur résidence principale ;
– le loyer et les ressources du locataire n'excèdent pas des plafonds fixés par décret.

Le crédit d'impôt s'applique également (CGI art. 244 quater W, I.4.2°) :
– aux logements neufs à usage locatif qui sont mis à disposition dans le cadre d'un contrat de crédit-bail d'une durée au moins égale à 5 ans, si l'entreprise avait pu bénéficier du crédit d'impôt si elle avait acquis directement le bien ;
– aux acquisitions ou construction de logements neufs à usage locatif qui sont loués dans

le cadre d'un contrat de location-accession signé dans les 12 mois de l'achèvement de l'immeuble ; là aussi, l'administration renvoie à ses commentaires relatifs à la déduction fiscale pour investissement, ces opérations étant de même nature que celles éligibles à cette déduction (CGI art. 217 undecies, I bis ; BOFiP-IS-GEO-10-30-10-30-§ 150-06/07/2016). Pour ces logements, la comptabilisation desdits logements en stock et non en immobilisation ne fait pas obstacle au bénéfice du crédit d'impôt (BOFiP-BIC-RICI-10-160-10-§ 175-04/04/2018).

65-16 **Activités exercées.** Pour ouvrir droit à l'aide fiscale, les investissements productifs doivent être réalisés outre-mer dans le cadre d'une entreprise exerçant une activité agricole ou une activité industrielle, commerciale ou artisanale relevant de l'article 34 du CGI (CGI art. 244 quater W, I).

Les activités éligibles au crédit d'impôt et celle qui en sont exclues sont identiques à celles retenues pour la déduction d'impôt pour investissement.

Toutefois, par exception à l'exclusion des activités immobilières mentionnées à l'article 199 undecies B-I, g du CGI, certaines opérations afférentes aux logements à usage locatif sont éligibles au crédit d'impôt (voir § 65-15).

Bien entendu, les immobilisations doivent être affectées exclusivement et directement par l'entreprise à la réalisation des opérations professionnelles relevant des secteurs éligibles.

Assiette du crédit d'impôt

Prix de revient des investissements

65-17 Le crédit d'impôt est assis sur le montant des investissements productifs, y compris les frais de transport, d'installation et de mise en service amortissables.

L'assiette du crédit d'impôt correspond au prix de revient pour lequel les immobilisations sont inscrites au bilan de l'entreprise propriétaire et qui sert de base au calcul des amortissements déductibles du résultat fiscal. Certains éléments sont à défalquer de ce prix de revient.

Pour les investissements dans des navires de croisière, l'assiette du crédit d'impôt est égale à 20 % de leur coût de revient, hors taxes et hors frais de toute nature, notamment les commissions d'acquisition et les frais de transport de ces investissements, diminuée du montant des subventions publiques accordées pour leur financement (CGI art. 244 quater W, II.1).

Éléments à défalquer du prix de revient

65-18 Le prix de revient doit être défalqué (CGI art. 244 quater W, II.1.al. 1) :
- des taxes et frais de toute nature, notamment les commissions d'acquisition ;
- la fraction du prix de revient financée par une aide publique.

En cas d'investissement de remplacement, l'assiette du crédit d'impôt est diminuée du montant correspondant à la valeur réelle du bien effectivement remplacé (CGI art. 244 quater W, 2).

En ce qui concerne les aides publiques défalquées de l'assiette du crédit d'impôt, il s'agit du montant des aides et subventions publiques obtenues à la clôture de l'exercice au cours duquel intervient le fait générateur du crédit d'impôt, mais également de celles demandées et non encore accordées à cette date. Il est admis que le suramortissement de certains investissements (CGI art. 39 decies) ne constitue pas une aide publique et par conséquent qu'elle n'a pas à être déduite de la base éligible (BOFiP-BIC-RICI-10-160-20-§ 30-01/06/2016).

Pour ce qui concerne la défalcation de la valeur réelle du bien remplacé en cas d'investissement de remplacement, cette règle ne peut trouver à s'appliquer que dans le cas particulier où l'investissement éligible, qui est un investissement initial au sens du règlement communautaire précité, vient remplacer un investissement précédent (par exemple, situation dans laquelle le bien de remplacement permet une augmentation de la capacité de production) (BOFiP-BIC-RICI-10-160-20-§ 40-01/06/2016).

Modalités particulières de détermination de l'assiette de calcul du crédit d'impôt pour certains investissements

65-19 **Investissements dans le secteur de l'énergie renouvelable.** Pour les projets d'investissements comportant l'acquisition, l'installation ou l'exploitation d'équipements de production d'énergie renouvelable, l'assiette éligible est déterminée en tenant compte d'un montant comprenant les coûts d'acquisition et d'installation directement liés aux équipements, dans la limite d'un montant par watt installé, fixé par arrêté (CGI art. 244 quater W, II.1).

65-20 Investissements réalisés dans le secteur de la rénovation hôtelière. Pour les investissements réalisés dans le secteur de la rénovation hôtelière, le crédit d'impôt est assis sur le prix de revient de l'hôtel, de la résidence de tourisme ou du village de vacances classés après réalisation des travaux, diminué du prix de revient de ces mêmes biens avant réalisation des travaux (CGI art. 244 quater W, II.3).

Pour les investissements réalisés à compter du 1er janvier 2022, ce prix sera également diminué de la fraction du prix de revient des travaux financée par une aide publique. Pour les investissements réalisés à Saint-Martin, ce changement entrera en vigueur à une date fixée par décret, qui ne peut être postérieure de plus de 6 mois à la date de réception par le Gouvernement de la réponse de la Commission européenne permettant de considérer le dispositif législatif lui ayant été notifié comme conforme au droit de l'UE en matière d'aides d'État (CGI art. 244 quater W, II.3 ; loi 2020-1721 du 29 décembre 2020, art. 108, I.H.1° et 108, IV.B).

65-21 Investissements réalisés dans le secteur du logement. Pour les projets d'investissements réalisés dans le secteur du logement à usage locatif, l'assiette du crédit d'impôt est déterminée en ôtant du prix de revient des logements (CGI art. 244 quater W, II.4) :

– les taxes et les commissions d'acquisition versées ;
– et les subventions publiques reçues.

Les aides publiques qui n'auraient pas la nature de subventions publiques ne sont pas concernées par cette exclusion de l'assiette du crédit d'impôt. D'une manière générale, l'assiette du crédit d'impôt en faveur du logement doit être déterminée d'une manière identique aux règles prévues en faveur du logement social (réduction d'impôt prévue à l'article 199 undecies C du CGI et crédit d'impôt prévu à l'article 244 quater X du CGI).

Dans le cadre des investissements réalisés dans le secteur du logement, l'assiette du crédit d'impôt est plafonnée à un montant par mètre carré de surface habitable. La limite applicable aux investissements réalisés en 2020 est fixée à 2 615 € hors taxes par m² de surface habitable (cette limite était fixée à 2 538 € par m² pour les investissements réalisés en 2019). Cette limite s'applique quelle que soit la collectivité dans laquelle l'investissement est réalisé (BOFiP-IR-RICI-80-20-10-§§ 100 à 130-06/02/2020).

La surface à prendre en compte pour le plafonnement de l'assiette du crédit d'impôt est la surface habitable au sens de l'article R* 111-2 du code de la construction et de l'habitation (CGI, ann. III art. 46 AG terdecies).

La limite est relevée au 1er janvier de chaque année dans la même proportion que la variation de la moyenne sur quatre trimestres de l'indice national mesurant le coût de la construction publié par l'INSEE. La moyenne est celle des quatre indices connus au 1er novembre qui précède la date de référence.

65-22 Investissements financés par un apport en capital ayant ouvert droit à avantage fiscal ou par l'intermédiaire d'une SOFIOM. Pour éviter qu'un même investissement ne bénéficie d'un double avantage fiscal, le crédit d'impôt ne s'applique qu'à la fraction du prix de revient des investissements réalisés par les entreprises qui excède le montant des souscriptions en capital réalisées dans le cadre des dispositifs de réduction d'IR ou de déduction d'IS (CGI art. 199 undecies A et 217 undecies, II ou II ter) ou des financements en capital et prêts participatifs apportés par les sociétés de financements (SOFIOM). Il suffit que la souscription entre dans le champ d'application de la réduction d'IR ou de la déduction d'IS précitées, sans qu'il soit nécessaire que les associés bénéficient effectivement de l'aide. Le montant des financements apportés par les SOFIOM vient également en diminution du montant déductible de l'investissement, quelle que soit l'origine des sommes provenant de la SOFIOM.

Taux et fait générateur du crédit d'impôt

Taux du crédit d'impôt

65-23 Il convient de se reporter au tableau suivant. On notera que, contrairement à la réduction d'impôt de l'article 199 undecies B du CGI, le taux du crédit d'impôt n'est pas modulé en fonction du secteur d'activité dans lequel l'investissement est réalisé. Seule est prévue une majoration des taux du crédit d'impôt lorsque l'investissement est réalisé en Guyane ou à Mayotte par une entreprise soumise à l'impôt sur le revenu (CGI art. 244 quater W, III).

Taux du crédit d'impôt		
	Entreprise exploitante soumise à l'IR	Entreprise exploitante soumise à l'IS
Guadeloupe, Martinique, La Réunion	38,25 %	35 %
Guyane et Mayotte	45,9 % (2)	35 %

(1) Dans les limites définies par les règles européennes relatives aux aides d'État.
(2) Ce taux majoré ne s'applique pas aux investissements dans les navires de croisière de 400 passagers au plus.

Fait générateur du crédit d'impôt

65-24 **Cas général.** Le crédit d'impôt est accordé au titre de l'année de mise en service de l'investissement (CGI art. 244 quater W, IV). Lorsque les investissements sont réalisés dans le cadre d'un contrat de crédit-bail ou de location avec option d'achat, le fait générateur du crédit d'impôt intervient au titre de l'année de mise à disposition du bien à l'entreprise ou crédit-preneuse ou locataire.

65-25 **Constructions d'immeubles.** En cas de construction d'immeuble ou d'acquisition d'immeuble à construire, le crédit d'impôt est accordé de manière étalée dans le temps, au rythme des phases de construction. Cette règle vaut quelle que soit l'affectation de l'immeuble (immeuble affecté à un secteur d'activité éligible ou au logement).

Si l'achèvement des fondations, la mise hors d'eau et la livraison de l'immeuble interviennent au cours du même exercice, le crédit d'impôt est attribué à hauteur de 100 % de son montant, mais celui-ci doit être déterminé sur la base du prix de revient définitif. Lorsque le prix de revient définitif diffère du prix de revient prévisionnel qui a été retenu pour l'assiette du crédit d'impôt au titre d'exercices antérieurs, la régularisation, à la hausse ou à la baisse, du montant définitif du crédit d'impôt doit être effectuée au titre de l'exercice de livraison de l'immeuble, avec la liquidation de la dernière fraction du crédit d'impôt.

Assiette éligible au crédit d'impôt		
Part du crédit d'impôt acquise pour l'exercice au titre de	Achèvement des fondations avant le 1.01.2019	Achèvement des fondations depuis le 1.01.2019
- l'achèvement des fondations	50 % (1)	70 % (1)
- la mise hors d'eau de l'immeuble	25 % (1)	20 % (1)
- la livraison de l'immeuble	solde (2)	solde (2)

(1) Calculé sur le montant prévisionnel du prix de revient. Le prix de revient prévisionnel ne doit être retenu que pour la première ou deuxième phase de construction, lorsque celles-ci interviennent au cours d'un exercice distinct de celui de la livraison.
(2) Calculé sur le montant définitif du prix de revient

➞ **Exemple** Une entreprise A soumise à l'IS, dont l'exercice coïncide avec l'année civile engage la construction d'une usine. Le prix de revient prévisionnel de l'immeuble est de 1 M€, et le coût des équipements est estimé à 50000 €. Toutefois le prix de revient définitif de l'immeuble, compte tenu de divers frais complémentaires incorporés au coût de la construction, s'élève à 1,2 M€ soit un investissement total de 1,25 M€. Les phases de réalisation de l'investissement sont les suivantes : achèvement des fondations en N, mise hors d'eau en N + 1, livraison de l'immeuble, installation des équipements et mise en service de l'usine en N + 2.

L'entreprise doit déterminer le crédit d'impôt comme suit :

– au titre de N, l'assiette du crédit d'impôt est de 50 % du prix de revient prévisionnel de l'immeuble, soit 500000 €, soit un crédit d'impôt au taux de 35 % de 175000 € ;
– au titre de N + 1, l'assiette du crédit d'impôt est de 25 % du prix de revient prévisionnel de l'immeuble, soit 250000 €, soit un crédit d'impôt au taux de 35 % de 87500 € ;
– au titre de N + 2, l'assiette du crédit d'impôt correspond à la somme du solde du crédit d'impôt relatif à l'immeuble (25 %) et du crédit d'impôt relatif au mobilier accordé au titre de la mise en service de l'usine, qui doivent être déterminés en tenant compte du prix de revient définitif de 1,2 M€. L'assiette du crédit d'impôt est ainsi de 25 % x 1,2 M€ + 50000 € = 350000 €, soit un crédit d'impôt,

au taux de 35 %, de 122500 €. Ce montant doit être complété de la régularisation des deux premières tranches du crédit d'impôt afférent à l'immeuble, en tenant compte du prix de revient définitif. Le coût supplémentaire étant de 200000 €, le montant complémentaire du crédit d'impôt est déterminé sur une assiette de 75 % x 200000 € = 150000 €, soit un complément de crédit d'impôt acquis au titre de N + 2 de 52500 €.

65-26 **Rénovation ou réhabilitation d'immeuble.** Lorsque l'investissement consiste en la rénovation ou la réhabilitation d'un immeuble, le crédit d'impôt est accordé au titre de l'exercice au cours de laquelle les travaux sont achevés (CGI art. 244 quater W, IV.2.b).

Utilisation du crédit d'impôt hors cession ou nantissement de la créance future

65-27 **Entreprises soumises à l'impôt sur le revenu.** Les entreprises exploitantes soumises à l'IR peuvent imputer le crédit d'impôt sur l'impôt sur le revenu dû au titre de l'exercice au cours duquel le fait générateur du crédit d'impôt est intervenu (CGI art. 199 ter U).

L'imputation se fait au moment du paiement du solde de l'impôt. Le crédit d'impôt ne peut s'imputer ni sur l'impôt sur le revenu résultant de la reprise des crédits d'impôts ou des réductions d'impôts antérieurement, ni sur l'impôt résultant de la majoration du revenu global.

Lorsque le montant du crédit d'impôt est supérieur au montant de l'impôt dû au titre de l'exercice au cours duquel le fait générateur du crédit d'impôt est intervenu, l'excédent est immédiatement restitué. La restitution s'opère lors de la liquidation de l'impôt sur le revenu, après le report du montant du crédit d'impôt disponible sur la déclaration de revenus 2042 C PRO.

En cas d'acquisition d'immeuble à construire ou de construction d'immeuble, le crédit d'impôt peut être accordé au titre de plusieurs années distinctes. Le crédit d'impôt ainsi accordé s'impute au titre de chacune des années concernées, et peut faire l'objet d'un remboursement de l'excédent au titre de ces mêmes années (CGI, ann. III art. 49 septies ZZR).

65-28 **Entreprises soumises à l'impôt sur les sociétés.** Les entreprises soumises à l'IS bénéficient des mêmes modalités d'imputation du crédit d'impôt et de remboursement de l'éventuel excédent que celles soumise à l'IR (CGI art. 220 Z quater).

L'imputation sur l'IS est effectuée sur le relevé de solde 2572-SD.

La demande de remboursement du crédit d'impôt disponible s'opère à l'aide de l'imprimé 2573-SD accompagné de l'imprimé 2079-CIOP-SD.

En cas d'acquisition d'immeuble à construire ou de construction d'immeuble, de même que pour l'impôt sur le revenu, l'imputation et, le cas échéant, la restitution de l'excédent, peut être effectuée au titre de chacune des années concernées.

Traitement comptable. La CNCC rappelle que l'ANC a préconisé la comptabilisation des produits liés à des crédits d'impôt (en dehors du CICE) en diminution de l'IS dans les comptes individuels établis selon le PCG (ANC, note d'information du 11 janvier 2011). Pour le crédit d'impôt pour investissement productif outre-mer (CGI art. 244 quater W), elle préconise les situations suivantes (CNCC, EC 2015-40 mars 2016) :

– acquisition ou construction d'une immobilisation corporelle (autre qu'un immeuble) : à la date de mise en service de l'immobilisation en cause, le produit lié à ce crédit d'impôt est comptabilisé en contrepartie d'une créance vis-à-vis de l'État ;

– acquisition ou construction d'un immeuble à construire : dans ce cas, le crédit d'impôt est accordé de manière étalée au rythme des différentes phases de construction (voir § 65-25). Les fractions du crédit d'impôt correspondant à ces phases permettent à l'entreprise de reconnaître, à chacune d'entre elles, une créance vis-à-vis de l'État en contrepartie, au passif, d'un compte « acomptes reçus de l'État » (à notre avis, un sous-compte du 444). Ensuite, ce compte est soldé au moment de la livraison de l'immeuble par la constatation du crédit d'impôt, la créance étant définitivement acquise ;

– réhabilitation d'immeuble : le crédit d'impôt doit être constaté à la date d'achèvement des travaux ;

– investissement pris en crédit-bail : le fait générateur étant la mise à disposition du bien au crédit-preneur, c'est à cette date que doit être constaté le crédit d'impôt.

65-29 **Sociétés de personnes ou groupements.** Le crédit d'impôt calculé par les sociétés de personnes non soumises à l'IS peut être utilisé par leurs associés proportionnellement à leurs droits dans ces sociétés ou groupements, à condition qu'il s'agisse de redevables de l'IS qui exercent leur activité dans un secteur éligible dans le département dans lequel l'investissement est réalisé ou de personnes physiques participant à l'exploitation ou, pour les investissements locatifs, d'entreprises qui exercent leur activité dans le département dans lequel l'investissement est réalisé (CGI art. 244 quater W, VI). Cette dernière précision concerne les investissements dont le fait générateur intervient à compter du 1er janvier 2019 (loi 2018-1317 du 28 décembre 2018, art. 131).

La fraction du crédit d'impôt pour investissement productif outre-mer correspondant aux droits des associés personnes physiques qui ne participent pas de manière personnelle, directe et continue à l'activité de l'entreprise n'est ni imputable, ni restituable.

Cession et nantissement de la créance future du crédit d'impôt

65-30 Possibilité de céder ou de nantir la créance avant la liquidation de l'impôt. La créance sur l'État constituée par le crédit d'impôt DOM avant imputation sur l'impôt sur les bénéfices de l'entreprise exploitante est inaliénable et incessible. Toutefois, les entreprises ont la possibilité de céder ou nantir leur créance future de crédit d'impôt (créance en germe) avant la liquidation de l'IR ou de l'IS (CGI art. 199 ter U et 220 Z quater) dans les cas et conditions prévues par le code monétaire et financier (c. mon. et fin. art. L. 313-23 et L. 313-35) et à la condition que l'administration en ait été préalablement informée. Cette faculté s'applique indifféremment à toutes les formes d'investissement ouvrant droit au crédit d'impôt, que l'investissement soit réalisé directement ou pris à bail.

65-31 Conditions tenant à la créance. La créance en germe, c'est-à-dire celle calculée sur le montant de l'investissement dont le fait générateur intervient en N, et avant la liquidation de l'impôt en N + 1, peut faire l'objet d'une cession ou d'un nantissement unique auprès d'un seul établissement de crédit ou auprès d'une seule société de financement, pour son montant brut évalué avant imputation sur l'impôt dû.

Cette créance ne peut faire l'objet que d'une seule cession ou d'un seul nantissement, et ne peut être divisée pour être cédée en plusieurs parties. La cession peut porter sur l'intégralité de la créance ou seulement une partie de celle-ci.

En cas de pluralité d'investissements au titre d'un exercice, la créance est déterminée de manière distincte par programme d'investissements, au titre de l'ensemble des investissements d'un même programme au titre dudit exercice.

En cas d'acquisition d'immeuble à construire ou de construction d'immeuble, le crédit d'impôt peut être accordé au titre de plusieurs années distinctes. Dans ce cas, la créance est déterminée distinctement au titre de chacune des années concernées. La créance sur le Trésor peut être cédée à titre d'escompte ou à titre de garantie auprès d'un établissement de crédit ou d'une société de financement (BOFiP-BIC-RICI-10-160-30-§ 140-01/06/2016).

65-32 Modalités de cession ou de nantissement de la créance future. L'établissement de crédit ou la société de financement notifie au comptable de la Direction générale des finances publiques (DGFiP) la cession de la créance en germe. À la réception de la notification, le service des impôts retourne à l'établissement de crédit le formulaire 2577-CIO-SD intitulé « Préfinancement du crédit d'impôt pour investissements outre-mer - Certificat délivré par l'administration fiscale » par lequel il indique si la créance en germe a déjà fait ou non l'objet d'une cession ou d'un nantissement.

65-33 Liquidation définitive. Lors de la liquidation de l'impôt sur les bénéfices (IR ou IS), l'entreprise cédante doit déclarer sa créance sur la déclaration spéciale 2079-CIOP-SD en précisant si la créance en germe a été cédée dans le cadre du dispositif de préfinancement.

Le montant de la créance définitivement constatée sur le formulaire 2079-CIOP-SD peut être différent du montant initialement cédé au titre de la créance en germe :

– si le montant de la créance réellement constatée est supérieur au montant de la créance en germe cédée, l'entreprise cédante peut imputer sur son impôt la partie de la créance non cédée, à savoir la différence entre le montant cédé et le montant réellement constaté du crédit d'impôt ;

– si le montant de la créance réellement constatée est égal au montant de la créance en germe cédée, l'entreprise cédante ne peut pas imputer la créance sur son impôt sur les bénéfices ;

– si le montant de la créance réellement constatée est inférieur au montant de la créance en germe, aucune créance ne peut être imputée sur l'impôt sur les bénéfices de l'entreprise cédante.

L'entreprise cédante doit impérativement fournir, en complément de l'imprimé 2079-CIOP-SD les documents permettant de justifier que le fait générateur du crédit d'impôt DOM est intervenu.

Selon les investissements, ces documents justificatifs peuvent prendre la forme d'un PV d'huissier (concernant l'achèvement des fondations d'un immeuble, la mise hors d'eau ou la livraison), d'une autorisation administrative (mise en service de matériels de chantier, autorisation d'ouverture pour les hôtels) ou d'une immatriculation (carte grise pour les véhicules). Cette liste n'est pas exhaustive.

65-34 Pluralité d'investissements. En cas de pluralité d'investissements au cours d'un même exercice, l'entreprise cédante est également tenue de déposer le formulaire 2079-CIOPR-SD qui doit contenir l'ensemble des informations nécessaires à l'administration pour déterminer les programmes d'investissements faisant l'objet de la cession de la créance en germe, le montant total de la créance en germe, le montant de la créance non acquise en début d'exercice, et la part de la créance acquise au titre de l'exercice.

Quel que soit le montant de la créance définitivement constatée, le comptable de la DGFiP adresse, à réception d'une déclaration 2079-CIOP-SD faisant état d'une cession de créance en germe, un certificat de créance 2574-SD à l'établissement de crédit ou à la société de financement cessionnaire.

Le cadre III de ce certificat permet d'informer cet établissement de crédit du montant à hauteur duquel la cession ou le nantissement de créance en germe précédemment notifié est prise en compte.

Il s'agit soit du montant initialement cédé lorsque le montant de la créance réellement constatée est supérieur ou égal au montant cédé, soit du montant de la créance réellement constatée lorsque son montant est inférieur à celui de la créance initialement cédé.

Ce certificat 2574-SD permet, lorsque la créance sera devenue restituable, à l'établissement de crédit ou à la société de financement cessionnaire de justifier du montant dont la restitution est demandée.

65-35 Sociétés membres d'un groupe d'intégration fiscale. La société-mère du groupe est substituée aux sociétés du groupe pour l'utilisation des crédits d'impôt pour investissements productifs outre-mer dégagés par chaque société du groupe.

Ainsi, la société-mère, qui est seule autorisée à utiliser les créances du groupe, peut seule procéder au préfinancement du crédit d'impôt pour investissement productif outre-mer par la cession d'une créance en germe. La créance en germe ne peut faire l'objet que d'une cession ou d'un nantissement unique auprès d'un seul établissement de crédit.

La cession ou le nantissement peut en revanche porter sur seulement une partie de la créance. S'agissant des groupes, la créance s'entend de la somme des crédits d'impôt acquis par les sociétés du groupe au titre de l'exercice.

L'établissement de crédit ou la société de financement notifie au comptable la cession de créance en germe dans les conditions prévues ci-dessus et joint le certificat 2577-CIO-SD pré-renseigné des sociétés membres du groupe bénéficiant du préfinancement.

Lors de la liquidation de l'impôt sur les bénéfices, la société-mère cédante doit déclarer sa créance, dans les conditions précisées ci-dessus. Elle indique à ce titre le montant total du crédit d'impôt du groupe, en précisant si la créance en germe a été cédée dans le cadre du dispositif du préfinancement. À réception d'une déclaration 2079-CIOP-SD faisant état d'un préfinancement, le service des impôts adresse un certificat de créance 2574-SD à l'établissement de crédit ou à la société de financement cessionnaire.

65-36 Modalités de reprise de l'avantage fiscal en cas de préfinancement. Alors que, en l'absence de cession ou de nantissement, le crédit d'impôt doit être repris en totalité chez l'entreprise qui en a bénéficié lorsque l'une quelconque de ses conditions d'application n'a pas été respectée, en revanche, lorsque la créance a été cédée ou nantie, le crédit d'impôt fait l'objet d'une reprise auprès (CGI art. 199 ter U et 220 Z quater) :

– de l'exploitant, à concurrence du prix de cession ou de nantissement ;

– de l'établissement de crédit cessionnaire, à concurrence de la différence entre le montant total du crédit d'impôt et le prix d'acquisition ou du nantissement de la créance. En d'autres termes, l'établissement de crédit ou la société de financement cessionnaire doit reverser au Trésor la fraction du crédit d'impôt correspondant à sa rémunération prélevée lors de la cession ou du nantissement.

Obligations de conservation et d'affectation des biens

Délais de conservation et d'affectation

65-37 Les investissements doivent être conservés par l'entreprise qui a bénéficié du crédit d'impôt pendant un délai minimal et maintenus affectés à l'exploitation pour laquelle ils ont été réalisés pendant ce délai (CGI art. 244 quater W, VIII.1).

Le délai est de 5 ans, décompté à partir de la date de l'acquisition ou de la création du bien. Il est réduit à la durée normale d'utilisation de l'investissement si cette durée est inférieure à 5 ans.

Pour les investissements réalisés à compter du 1er janvier 2022, le délai est porté à 7 ans lorsque la durée normale d'utilisation de l'investissement est égale ou supérieure à 7 ans. Pour les investissements réalisés à Saint-Martin, ce changement entrera en vigueur à une date fixée par décret, qui ne peut être postérieure de plus de 6 mois à la date de réception par le Gouvernement de la réponse de la Commission européenne permettant de considérer le dispositif législatif lui ayant été notifié comme conforme au droit de l'UE en matière d'aides d'État (CGI art. 244 quater W, II.3 ; loi 2020-1721 du 29 décembre 2020, art. 108, I.H.2° et 108, IV.B).

Le délai est fixé à :

– 5 ans pour les investissements consistant en la construction, la rénovation ou la réhabilitation d'hôtels, de résidences de tourisme ou de villages de vacances ;

– 10 ans pour les investissements portant sur les navires de croisière neufs d'une capacité maximum de 400 passagers.

Conséquences du non-respect de l'obligation de conservation et d'affectation

65-38 **Reprise du crédit d'impôt.** Si dans le délai énoncé ci-dessus, l'investissement ayant ouvert droit au crédit d'impôt est cédé ou cesse d'être affecté à l'activité pour laquelle il a été créé ou acquis, ou si l'acquéreur cesse son activité, le crédit d'impôt fait l'objet d'une reprise au titre de l'année au cours de laquelle cet événement est intervenu, sauf exception. Ces dispositions s'appliquent notamment en cas de transfert des biens ayant ouvert droit à crédit d'impôt dans le patrimoine privé de l'entrepreneur individuel.

Les exceptions à l'absence de reprise du crédit d'impôt en cas de non-respect des obligations de conservation et d'affectation des investissements ne s'appliquent pas aux investissements réalisés dans le secteur du logement. L'impôt résultant de cette reprise ne peut être payé au moyen de l'utilisation d'un nouveau crédit d'impôt qui ferait suite à un investissement réalisé au titre de l'année de reprise (CGI, ann. III art. 49 septies ZZN).

65-39 **Exceptions pour certaines transmissions d'entreprises.** La reprise du crédit d'impôt n'est pas effectuée en cas de transmission de l'investissement dans le cadre des opérations suivantes (CGI art. 244 quater W, VIII.1.a) :

– transmission à titre gratuit d'une entreprise individuelle (CGI art. 41) ;

– apport en société d'une entreprise individuelle (ou d'une branche complète d'activité de cette entreprise) (CGI art. 151 octies) ;

– fusion ou scission d'une société placée sous le régime spécial (CGI art. 210 A) ;

– apport partiel d'actif comprenant les biens ayant ouvert droit à la déduction et placé sous le régime spécial (CGI art. 210 B).

Dans le cadre de ces opérations, l'avantage fiscal n'est pas remis en cause si l'entreprise bénéficiaire de la transmission prend l'engagement de conserver et de maintenir l'affectation initiale des immobilisations en cause pendant la fraction du délai de conservation restant à courir à compter de la transmission.

Cet engagement est pris dans l'acte constatant la transmission. À défaut, notamment dans le cas des transmissions d'entreprises individuelles qui ne donnent pas nécessairement lieu à établissement d'un acte, l'engagement doit être pris par un acte sous seing privé ayant date certaine et établi à cette occasion.

Si cet engagement n'est pas respecté, l'entreprise bénéficiaire de la transmission doit, au titre de l'exercice au cours duquel cet événement est intervenu, ajouter à son résultat une somme égale au triple du montant du crédit d'impôt auquel les biens transmis ont ouvert droit, et ce, même lorsque le non-respect de l'engagement porte sur une fraction seulement des biens transmis.

Les dispositions de la décision d'agrément dont a bénéficié le cas échéant l'entreprise transmise s'appliquent à l'entreprise bénéficiaire de la transmission. Toutefois, celle-ci doit en informer l'autorité qui a délivré l'agrément.

Ces dispositions ont seulement pour effet de permettre que le crédit d'impôt accordé à l'exploitant initial ne soit pas repris, et non d'ouvrir droit à un avantage fiscal chez l'entreprise bénéficiaire de la transmission. S'agissant en effet de biens qui ne peuvent être considérés comme neufs lors de la transmission, ni le crédit d'impôt, ni la réduction d'impôt, ni la déduction fiscale ne s'appliquent lors de l'acquisition des investissements transmis.

65-40 **Reprise de l'investissement par une autre entreprise en cas de défaillance de l'exploitant initial.** Le crédit d'impôt n'est pas repris lorsque, en cas de défaillance de l'exploitant, les biens ayant ouvert droit au crédit d'impôt sont exploités par une nouvelle entreprise qui s'engage à les maintenir dans l'activité pour laquelle ils ont été acquis ou créés pendant la fraction du délai de 5 ans restant à courir (CGI art. 244 quater W, VIII.1.b). Durant ce délai restant à courir, les conditions relatives à la conservation et à l'affectation des investissements doivent être respectées. Si ces conditions ne sont pas respectées dans le délai imparti, le crédit d'impôt fait l'objet d'une reprise.

Défaut d'achèvement des immeubles

65-41 Le défaut d'achèvement des immeubles à construire ou acquis en tant qu'immeubles à construire dans les 2 ans suivant l'achèvement des fondations conduit à la reprise du crédit d'impôt au titre de l'année au cours de laquelle le terme de ce délai de 2 ans intervient (CGI art. 244 quater W, VIII.2). Pour les entreprises dont l'exercice ne coïncide pas avec l'année civile, la reprise est effectuée au titre de l'exercice au cours duquel le terme du délai de 2 ans intervient. Le délai de 2 ans s'apprécie de date à date à compter de l'achèvement des fondations. En ce qui concerne les seuls logements neufs à usage locatif, le crédit d'impôt est repris lorsque l'une des conditions prévues cesse d'être respectée (notamment la durée de location pour les opérations hors location-accession). Toutefois, le crédit d'impôt ne fait pas l'objet d'une reprise lorsque, en cas de défaillance de l'exploitant ou de l'organisme de logement social, les logements ayant ouvert droit au crédit d'impôt sont repris par une autre entreprise ou un autre organisme de logement social qui s'engage à louer ces logements pendant la fraction du délai minimal de location restant à courir, et dans les conditions prévues. En cas de manquement à cet engagement, le crédit d'impôt doit être repris.

Établissement de la déclaration 2079-CIOP

En-tête de la déclaration

65-42 Une déclaration 2079-CIOP doit être déposée par programme d'investissement au titre d'un exercice. Si l'entreprise a réalisé plus d'un programme d'investissement ouvrant droit à un crédit d'impôt pour investissements productifs au cours du même exercice, elle doit par ailleurs souscrire un état récapitulatif 2079-CIOPR.

Sur chaque déclaration l'entreprise mentionne la date d'ouverture et de clôture de l'exercice au titre duquel la déclaration est souscrite. Elle mentionne également sa dénomination, son adresse et son numéro SIREN. Si elle appartient à un groupe placé sous le régime de l'intégration fiscale, la désignation et l'adresse de la société mère sont mentionnées sur la déclaration, ainsi que le numéro SIREN de la société mère.

Sur chaque déclaration 2069-CIOP, l'entreprise doit en outre indiquer la dénomination et la localisation du programme d'investissement.

Pour les immeubles, il convient de préciser la date d'achèvement des fondations, celle de la mise hors d'eau et la date de livraison (voir § 65-25).

Calcul du crédit d'impôt [cadres I et II]

65-43 **Investissements éligibles autres que les immeubles et les navires de croisière.** Le crédit d'impôt est accordé au titre de l'année de mise en service de l'investissement (CGI art. 244 quater W, IV) (voir § 65-24). L'assiette de calcul du crédit d'impôt est mentionnée sur la ligne 1. Elle correspond au prix de revient pour lequel les immobilisations sont inscrites au bilan de l'entreprise propriétaire et qui sert de base au calcul des amortissements déductibles du résultat fiscal. Certains éléments sont à défalquer de ce prix de revient (voir § 65-18).

Le taux du crédit d'impôt est mentionné sur la ligne 2 (voir § 65-23).

Le montant du crédit d'impôt est calculé sur la ligne 3.

65-44 **Navires de croisière.** Pour les investissements en navire de croisière d'une capacité maximale de 400 passagers, l'assiette de calcul du crédit d'impôt est mentionnée sur la ligne 4. L'assiette éligible est égale à 20 % du coût de revient (voir §§ 65-14 et 65-17). Le taux du crédit d'impôt est mentionné sur la ligne 5.

65-45 **Construction d'immeubles ou acquisition d'immeubles à construire.** Il convient d'indiquer sur la ligne 7 l'assiette du crédit d'impôt, soit le prix de revient prévisionnel, soit le prix de revient définitif (voir § 65-25).

Le crédit d'impôt est accordé de manière étalée dans le temps, au rythme des phases de construction (voir § 65-25). La déclaration 2079-CIOP est aménagée en conséquence. Il convient de cocher la case correspondant à la situation de l'immeuble (voir § 65-25).

Le taux du crédit d'impôt est mentionné ligne 8.

Sur la ligne 9, il convient de calculer le montant du crédit d'impôt calculé au titre du programme immobilier, constitué par le produit de son assiette (ligne 7), du taux d'avancement des travaux et de son taux (ligne 8).

65-46 **Participation dans une société de personnes.** Les associés personnes physiques de sociétés de personnes et groupements qui participent à l'exploitation (voir § 65-7) complètent le cadre II de la déclaration et déterminent la quote-part du crédit d'impôt qui leur revient. Ce montant, calculé à la ligne 12 de cadre II, est reporté sur la ligne 11 du cadre I.

Il en est de même des associés soumis à l'IS.

Crédit d'impôt déterminé par une société de personnes non soumise à l'IS [cadre III]

65-47 Le crédit d'impôt déterminé par la société est réparti entre ses associés. Cette répartition est effectuée au cadre III de la déclaration.

Utilisation de la créance [cadre IV]

65-48 **Principes généraux.** Les entreprises exploitantes peuvent imputer le crédit d'impôt pour investissement productif outremer sur l'impôt sur le revenu ou l'impôt sur les sociétés de l'exercice au titre duquel le fait générateur du crédit d'impôt est survenu (CGI art. 199 ter U et 220 Z). Si le montant du crédit d'impôt excède l'impôt dû au titre l'exercice, l'excédent est restitué.

Par ailleurs, les entreprises ont la possibilité de céder ou nantir leur créance future de crédit d'impôt pour investissement productif outremer dès avant la liquidation de l'IR ou de l'IS (voir § 65-30).

65-49 **Détermination du crédit d'impôt disponible.** Le cadre IV-1 permet aux entreprises soumises à l'IS et aux entreprises individuelles à l'IR de déterminer le crédit d'impôt disponible pour une imputation sur le solde de liquidation de l'IS dû au titre de l'exercice ou sur l'IR. Il permet de retrancher le montant de la créance en germe cédé à un établissement de crédit dans le cadre du préfinancement du crédit d'impôt. Ce cadre mentionne :
– ligne 13, le montant du crédit d'impôt calculé ligne 10, c'est-à-dire hors quote-part résultant de la participation de l'entreprise dans des sociétés de personnes ou groupements assimilés ;
– ligne 14, le montant du crédit d'impôt cédé à un établissement de crédit ou à une société de financement au titre du préfinancement ;
– ligne 15, le montant disponible propre à l'entreprise. Il est égal à la différence entre le crédit d'impôt calculé au titre de l'exercice (ligne 13) et le montant cédé (ligne 14). Si ce montant est négatif, aucune créance ne peut être imputée sur l'impôt sur les bénéfices et il convient d'indiquer « 0 » à la ligne 15 ;
– ligne 16, le montant total du crédit d'impôt disponible (incluant la quote-part résultant de la participation de l'entreprise dans des sociétés de personnes ou groupements assimilés) (ligne 12 + ligne 15).

Le cadre IV-2 est réservé à la société mère d'un groupe placé sous le régime de l'intégration fiscale. Il reproduit sur les lignes 17 à 20 les mêmes informations que celles décrites ci-dessus, lignes 13 à 16, mais au niveau du groupe, la société mère étant chargée de liquider l'IS dû par le groupe.

65-50 **Montant de la créance imputé sur le montant de l'impôt.** Les sociétés soumises à l'IS (y compris la société mère du groupe) mentionnent sur la ligne 21 le montant du crédit d'impôt effectivement imputé sur l'impôt dû. Le montant du crédit d'impôt dont la restitution est demandée à partir du formulaire 2753 est mentionné ligne 21.

Pour les entreprises relevant de l'IR, le montant du crédit d'impôt est reporté sur la déclaration 2042-IOM, dernière page, case HJA. Les indications relatives au montant de l'investissement et au calcul du crédit d'impôt sont par ailleurs à reporter dans le dernier cadre de la fiche de calcul annexée à la déclaration 2042 IOM.

Crédit d'impôt pour investissements outre-mer dans le secteur du logement social

Organismes et sociétés bénéficiaires du crédit d'impôt

65-60 Les organismes de logement social (OLS) qui réalisent entre le 1er janvier 2015 et le 31 décembre 2025 des investissements dans le secteur du logement locatif social dans un département d'outre-mer dans le cadre de leur activité peuvent bénéficier d'un crédit d'impôt sur les sociétés (CGI art. 244 quater X ; BOFiP-IS-RICI-10-70-15/05/2019).

Sont visés les organismes d'habitations à loyer modéré mentionnés à l'article L. 411-2 du code de la construction et de l'habitation (CCH), les sociétés d'économie mixte exerçant une activité immobilière outre-mer et les organismes mentionnés à l'article L. 365-1 du CCH (organismes concourant aux objectifs de la politique d'aide au logement). Le crédit d'impôt ne s'applique qu'aux OLS qui exercent leur activité dans un DOM.

Le bénéfice du crédit d'impôt est ouvert aux entreprises soumises à l'IS au titre de la construction ou l'acquisition de logements bénéficiant des prêts conventionnés définis à l'article D. 372-21 du CCH (CGI art. 244 quater X, I.5). Sont ainsi éligibles au crédit d'impôt les entreprises soumises à l'IS, établies dans les DOM et y exerçant leur activité. Ces entreprises doivent par ailleurs respecter leurs obligations fiscales et sociales et l'obligation de dépôt de leurs comptes annuels selon les modalités prévues par à l'article du code de commerce à la date de réalisation de l'investissement. Le dispositif s'applique aux acquisitions et constructions d'immeubles faisant l'objet d'une déclaration d'ouverture de chantier à compter du 1er janvier 2019.

Le taux du crédit d'impôt est fixé à 40 % (CGI art. 244 quater X, III).

Les entreprises exploitantes peuvent imputer le crédit d'impôt pour investissement en faveur du logement social outre-mer sur l'IS de l'exercice au titre duquel le fait générateur du crédit d'impôt est survenu. Si le montant du crédit d'impôt excède l'impôt dû au titre de l'exercice, l'excédent est restitué (CGI art. 220 Z quinquies).

L'imputation sur l'impôt sur les sociétés est effectuée sur le relevé de solde 2572. La restitution de l'excédent s'opère via l'imprimé 2573. En cas d'acquisition d'immeuble à construire ou de construction d'immeuble, l'imputation et, le cas échéant, la restitution de l'excédent, peut être effectuée au titre de chacune des années concernées.

Par ailleurs, les entreprises ont la possibilité de céder ou nantir leur créance future de crédit d'impôt avant la liquidation de l'IS (BOFiP-IS-RICI-10-70-§§ 30 à 130-15/05/2019).

➞ **À NOTER** L'option ayant été supprimée (voir § 65-61), ce dispositif est le seul mécanisme mobilisable au titre des investissements réalisés dans les DOM dans le secteur du logement social pour les investissements réalisés depuis le 25 septembre 2018.

Option supprimée

65-61 Les organismes visés au paragraphe 65-60 concernés avaient le choix pour un investissement donné, d'appliquer le crédit d'impôt ou d'opter pour un financement via un régime de défiscalisation existant, sans possibilité de cumul au titre d'un même investissement (CGI art. 244 quater X, V). L'option qui leur était offerte entre le crédit d'impôt et la déduction est supprimée (CGI art. 244 quater X). La loi de finances pour 2019 exclut de la déduction pour investissement les logements locatifs neufs sociaux qui répondent à certains critères prévus pour le crédit d'impôt en faveur des organismes de logements sociaux, à savoir le critère de ressources des personnes physiques bénéficiaires de la location et le critère du montant du loyer à la charge de ces personnes (CGI art. 244 quater X, I.1.b et c et 217 undecies, I.al. 6). Ces changements s'appliquent aux acquisitions d'immeubles à construire et aux constructions d'immeubles n'ayant pas fait l'objet d'une déclaration d'ouverture de chantier à la date du 24 septembre 2018 ainsi qu'aux investissements pour l'agrément desquels une demande n'est pas parvenue à l'administration à la date du 24 septembre 2018. Le développement du logement social dans les départements d'outre-mer ne peut ainsi se faire que par le recours au crédit d'impôt de l'article 244 quater X du CGI.

Sont en revanche maintenues dans le champ d'application de la déduction les opérations d'acquisition et de construction des logements situés dans les collectivités d'outre-mer (CGI art. 217 duodecies).

Investissements éligibles

65-62 D'une manière générale, les investissements éligibles au crédit d'impôt sont de même nature que ceux ouvrant droit à la réduction d'impôt définie à l'article 199 undecies C du CGI. Ainsi, le crédit d'impôt est accordé au titre de l'acquisition ou de la construction de logements neufs, et au titre de l'acquisition de logements achevés depuis plus de 20 ans faisant l'objet de travaux de réhabilitation permettant à ces logements d'acquérir des performances techniques voisines de celles des logements neufs ou permettant leur confortation contre le risque sismique ou cyclonique. Il est subordonné au respect des conditions tenant notamment aux ressources des locataires (CGI art. 244 quater X, I.3).

Ouvrent également droit au crédit d'impôt les travaux de rénovation ou de réhabilitation des logements achevés depuis plus de 20 ans et situés dans les quartiers visés par le nouveau programme de renouvellement urbain (NPNRU), permettant aux logements d'acquérir des performances techniques voisines de celles des logements neufs ou permettant leur confortation contre le risque sismique ou cyclonique (CGI art. 244 quater X, I.4). Cette condition est appréciée à la date à laquelle les travaux ont commencé.

Le champ d'application du crédit d'impôt est élargi :
– aux immeubles situés dans les quartiers prioritaires de la politique de la ville (QPV) d'outre-mer. Cette mesure s'applique aux travaux de rénovation et de réhabilitation pour lesquels une déclaration préalable de travaux ou une demande de permis de construire est déposée à compter du 1er janvier 2020 (loi 2019-1479 du 28 décembre 2019, art. 144 ; CGI art. 244 quater X, I modifié) ;
– aux travaux de démolition préalables à la construction de logements neufs lorsque l'achèvement des fondations de l'immeuble intervient dans un délai de deux ans suivant la date de fin des travaux de démolition, dans la limite d'un plafond de 25 000 € par logement démoli. Cette mesure s'applique aux travaux pour lesquels une demande de permis de construire est déposée à compter du 1er janvier 2020 (loi 2019-1479 du 28 décembre 2019, loi art. 142 ; CGI art. 244 quater X, I.6 nouveau). Pour ces travaux de démolition, le crédit d'impôt est assis sur le prix de revient des travaux de démolition minoré, d'une part, des taxes versées et, d'autre part, des subventions publiques reçues au titre de ces mêmes travaux. Le crédit d'impôt est accordé pour ces seuls travaux au titre de l'année de leur achèvement.

Conditions de réalisation et d'exploitation des logements

65-63 **Présentation générale.** Le bénéfice du crédit d'impôt prévu est subordonné au respect de plusieurs conditions cumulatives :
– les logements doivent être donnés en location nue ou meublée par l'OLS dans le respect de plafonds de ressources et de loyers ;
– pour les programmes d'investissements d'un montant supérieur à 2 millions d'euros, une part minimale de la surface habitable des logements doit être affectée au secteur dit très social et une fraction du coût de la construction ou des travaux de réhabilitation doit correspondre à des dépenses relatives à l'acquisition d'équipements de production d'énergie renouvelable ;
– les logements ou les travaux de réhabilitation doivent être financés par un montant minimum de subvention publique ;
– les investissements doivent respecter les conditions prévues dans la décision 2012/21/UE de la Commission du 20 décembre 2011 relative à l'application du paragraphe 2 de l'ar-

ticle 106 du traité sur le fonctionnement de l'UE aux aides d'État sous forme de compensations de service public octroyées à certaines entreprises chargées de la gestion de services d'intérêt économique général (SIEG).

Pour les entreprises soumises à l'IS qui acquièrent des immeubles bénéficiant de prêts locatifs sociaux, le bénéfice du crédit d'impôt est soumis au respect de plusieurs conditions cumulatives :
– l'entreprise bénéficie des prêts conventionnés définis à l'article D. 372-21 du CCH ;
– les logements sont donnés en location nue, dans les 12 mois de leur achèvement ou de leur acquisition si elle est postérieure, et pour une durée au moins égale à 5 ans, à des personnes physiques qui en font leur résidence principale ;
– les logements doivent être donnés en location nue ou meublée par l'OLS dans le respect de plafonds de ressources et de loyers ;
– une fraction du coût de la construction ou des travaux de réhabilitation doit correspondre à des dépenses relatives à l'acquisition d'équipements de production d'énergie renouvelable lorsque le montant du programme est supérieur à deux millions d'euros ;
– les logements doivent avoir reçu l'agrément préalable du responsable de l'État dans le département de situation des logements ;
– les entreprises exploitantes respectent leurs obligations fiscales et sociales et leur obligation de dépôt de leurs comptes annuels à la date de réalisation de l'investissement.

Enfin, les investissements doivent respecter les conditions prévues dans la décision 2012/21/UE de la Commission, du 20 décembre 2011, relative à l'application du paragraphe 2 de l'article 106 du traité sur le fonctionnement de l'Union européenne aux aides d'État sous forme de compensations de service public octroyées à certaines entreprises chargées de la gestion de services d'intérêt économique général (SIEG).

65-64 **Caractéristiques de la location.** Les organismes de logement social doivent donner les logements en location nue ou meublée, pour au moins 5 ans, à des personnes physiques qui en font leur résidence principale.

Ces organismes peuvent, par convention, confier les logements en gestion à un centre régional des œuvres universitaires et scolaires (CROUS) pour le logement d'étudiants bénéficiaires de la bourse d'enseignement supérieur sur critères sociaux (BOFiP-IS-RICI-10-70-10-§ 140-15/05/2019).

Le dispositif prévoit que les logements peuvent être spécialement adaptés à l'hébergement de personnes âgées de plus de soixante-cinq ans ou de personnes handicapées auxquelles des prestations de services de nature hôtelière peuvent être proposées. Dans cette hypothèse, il convient que le bien donné en location ait la nature de logement et que les prestations éventuellement proposées en sus du logement soient uniquement de nature hôtelière (gardiennage, blanchisserie, ménage, restauration, etc.) et non de nature médicale.

En outre, les logements peuvent être adaptés pour recevoir des logements foyers (BOFiP-IS-RICI-10-70-10-§ 155-15/05/2019).

La location ou la mise en gestion doit être consentie dans les 12 mois de l'achèvement de l'immeuble ou de son acquisition si elle est postérieure, et pour une durée minimale de 5 ans.

Calcul du crédit d'impôt

65-65 Le crédit d'impôt est assis sur le prix de revient des logements ou des travaux, minorés, d'une part des taxes et des commissions d'acquisition versées et, d'autre part, des subventions publiques reçues.

Pour les travaux de réhabilitation et de rénovation de logements achevés depuis plus de 20 ans, le prix de revient des travaux est retenu dans la limite d'un plafond de 50 000 € par logement.

L'assiette du crédit d'impôt subventions déduites, ne peut être supérieure à 2 615 € HT par mètre carré de surface (investissements réalisés en 2020, 2 538 € en 2019) (CGI art. 199 undecies A, 5).

Le taux du crédit d'impôt est fixé à 40 %.

Le crédit d'impôt est accordé au titre de l'année d'acquisition des logements ou de l'achèvement des travaux. En cas de construction d'immeuble ou d'acquisition d'immeubles à construire, le crédit d'impôt est accordé de manière étalée dans le temps, au rythme des phases de construction (voir § 65-25).

Déclaration et utilisation du crédit d'impôt

65-66 Les organismes concernés doivent souscrire une déclaration **2079-CIOL**. Les entreprises soumises à l'IS déposent cette déclaration spéciale auprès du service des impôts des entreprises dont elles dépendent dans les mêmes délais que la déclaration de résultat (BOFiP-IS-RICI-10-70-30-§ 200-15/05/2019).

Le montant du crédit d'impôt déclaré est porté sur la déclaration **2069-RCI** et sur le relevé de solde **2572**.

Un état récapitulatif **2079-CIOLR** doit être déposé dans les mêmes délais dans l'hypothèse où l'entreprise a réalisé plusieurs programmes d'investissement ouvrant droit chacun à un crédit d'impôt au cours du même exercice.

Enfin, les personnes qui réalisent des investissements bénéficiant du crédit d'impôt déclarent à l'administration fiscale la nature, le lieu de situation, les modalités de financement et les conditions d'exploitation de ces investissements (CGI art. 242 sexies). Ces informations sont mentionnées sur le formulaire **2083**.

Les modalités de comptabilisation de ce crédit d'impôt ont été précisées par la CNCC (CNCC, EC 2015-38, mars 2016).

Les entreprises exploitantes peuvent imputer le crédit d'impôt sur l'impôt sur les sociétés de l'exercice au titre duquel le fait générateur du crédit d'impôt est survenu (CGI art. 220 Z quinquies). Si le montant du crédit d'impôt excède l'impôt dû au titre dudit exercice, l'excédent est restitué. En outre, la créance ne constitue pas un produit imposable pour la détermination du résultat fiscal de l'exercice au titre duquel elle est constatée.

Par ailleurs, les entreprises ont la possibilité de céder ou nantir leur créance future de crédit d'impôt avant la liquidation de l'impôt sur les sociétés (BOFiP-IS-RICI-10-70-§§ 1 à 130-15/05/2019).

Aux éditions du Groupe Revue Fiduciaire

SOCIAL

Les codes

Le Code du Travail (non annoté)
Le Code du Travail Annoté

Les dictionnaires

Jurisprudence Sociale - Dictionnaire pratique
Social - Dictionnaire pratique

Les essentiels

Le droit du travail en infographies pratiques

Les guides

Contrôle URSSAF
Épargne salariale et actionnariat salarié
Inaptitude physique et maladie du salarié
La retraite du salarié
Mobilité internationale des salariés
Réforme du code du travail
Ruptures conventionnelles

Pratiques d'experts

Le comité social et économique
Comprendre le droit du travail
Durée et aménagement du temps de travail
Les clés pour négocier un accord d'entreprise
Moi manager, mes droits et mes devoirs en droit du travail
Piloter le contrôle de gestion sociale
Procès aux prud'hommes

PAYE

Les dictionnaires

DSN - Dictionnaire pratique
Paye - Dictionnaire pratique

VIE DES AFFAIRES

Les guides

Créer, organiser, gérer un groupe de PME
Guide des associations
Le bail commercial
Le mémento de la SA non cotée
Le mémento de la SARL et de l'EURL
Le mémento de la SAS et de la SASU
Le mémento de la SCI
Le mémento de l'EIRL
Professions libérales
Faire échec aux impayés

Pratiques d'experts

Dirigeants de sociétés
Maîtriser le RGPD dans l'entreprise

MÉTIERS

Pratiques d'experts

Comment réussir la transformation numérique du cabinet
L'Expert comptable augmenté